Die Geschichte der 21. (ostpr./westpr.) Infanterie-Division

Christoph Freiherr von Allmayer-Beck

Die Geschichte der 21.(ostpr./westpr.) Infanterie-Division

Entwurf der Titelseite: Florian Urich, Gräfelfing
Skizzen und Anlagen: Heinz Lindner, München

Bild im Vorsatz: „Gräber bei Borok."
August 1941 beim Angriff auf Nowgorod.
Bild im Nachsatz: Findling beim AR 7 (Bw), Dülmen

Herausgegeben vom Traditionsverband der 21. Infanterie-Division Kameradenhilfswerk e.V.

© Copyright 1990 by Schild-Verlag, GmbH, 8000 München 60
Litho-Herstellung: Typographischer Betrieb Walter Biering/
Hans Numberger, München
Druck und Satz: Bosch-Druck, 8300 Landshut/Ergolding
Bindung: Sellier Druck GmbH, 8060 Freising
ISBN 3-88014-097-9

Inhaltsverzeichnis

	Seite
Vorwort des Herausgebers	8

Die Geschichte der 21. (ostpr./westpr.) Infanterie-Division von Johann Christoph Allmayer-Beck:

I.	Die Friedensjahre	9
II.	Der Polenfeldzug 1939	28
III.	Verwendung im Operationsgebiet der Westfront Oktober 1939 – Mai 1940	52
IV.	Der Feldzug in Frankreich 1940	58
V.	Verwendung im Heimatkriegsgebiet der Ostfront	107
VI.	Der Rußlandfeldzug 1941	118
VII.	Das Jahr am Wolchow – 1942	246
VIII.	Abwehrschlachten südlich des Ladoga-Sees (1943)	315
IX.	Der Zusammenbruch der Nordfront und Rückzug auf die „Pantherstellung"	389
X.	Abwehrschlachten bei Pleskau, Stellungskämpfe an der Welikaja	424
XI.	Schlachten im Baltikum	444
XII.	Abwehrschlachten um Ostpreußen	478

Erlebnisberichte:
A. Polen-Feldzug	539
B. West-Feldzug	545
C. Ost-Feldzug	558

Unsere Standorte in Ost- und Westpreußen von Dr. Günter Will	603
Die Entstehung des Traditionsverbands Kameradenhilfswerk e.V. von Dr. Fritz Scheunemann	612
Divisionskommandeure bzw. Führer der 21. Inf. Division 1935–1945	614
Die Ritterkreuzträger der 21. Division	615
Die Träger des Deutschen Kreuzes in Gold der 21. Division	616
Die Träger der Nahkampfspange in Gold der 21. Division	620
Die Träger der Ehrenblatt-Spange des Heeres der 21. Division	621
Anlagen (Nr. 1 bis 58)	623 bis 709

Die in der Divisionsgeschichte enthaltenen Fotos sind von den nachstehend aufgeführten Kameraden zur Verfügung gestellt worden:

Allmayer-Beck
Becker
Brosch
Cordier
Droste
Fischöder
Fleer
Freimuth
Fülle
Gerlach
Goldberg
Gommel
Herzberg
Jundel
Kalmbacher
Kelm
Kroll
Lickfett
Liedigk
Meinhof
Menne
v. Oeynhausen
Osterkamp
Pogorzelski
Propolanis
Reefke
Ritgen
Rothe
Salewski
Sponheimer
Scheunemann
Schild-Verlag, Bildarchiv
Tzschirner

Dazu: Archiv und NA 21

Ihnen allen sei herzlich gedankt!

Skizzen-Auflistung, wo seitenzahlmäßig untergebracht

1 – 21, 2 – 29, 3 – 34, 4 – 36, 5 – 59, 6 – 67, 7 – 78, 8 – 81, 9 – 86, 10 – 113,
11 – 135, 12 – 139, 13 – 147, 14 – 150, 15 – 159, 16 – 169, 17 – 173,
18 – 178, 19 – 181, 20 – 205, 21 – 209, 22 – 257, 23 – 261, 24 – 262,
25 – 265, 26 – 267, 27 – 271, 28 – 274, 29 – 284, 30 – 289, 31 – 294,
32 – 300, 33 – 305, 34 – 317, 35 – 319, 36 – 324, 37 – 328, 38 – 331,
39 – 332, 40 – 337, 41 – 340, 42 – 346, 43 – 350, 44 – 352, 45 – 354,
46 – 365, 47 – 391, 48 – 397, 49 – 403, 50 – 404, 51 – 409, 52 – 411,
53 – 418, 54 – 428, 55 – 434, 56 – 439, 57 – 446, 58 – 451, 59 – 454,
60 – 463, 61 – 465, 62 – 469, 63 – 480, 64 – 482, 65 – 485, 66 – 493,
67 – 498, 68 – 505, 69 – 507, 70 – 520.

Anlagen-Auflistung gem. erster Erwähnung im Text

1 – 12, 2 – 17, 3 – 20, 4 – 20, 5 – 35, 6 – 56, 7 – 56, 8 – 57, 9 – 70, 10 – 77,
11 – 107, 12 – 110, 13 – 112, 14 – 119, 15 – 136, 16 – 148, 17 – 148,
18 – 165, 19 – 165, 20 – 177, 21 – 204, 22 – 204, 23 – 204, 24 – 204,
25 – 252, 26 – 258, 27 – 258, 28 – 275, 29 – 277, 30 – 277, 31 – 277,
32 – 278, 33 – 279, 34 – 280, 35 – 290, 36 – 298, 37 – 303, 38 – 319,
39 – 320, 40 – 329, 41 – 330, 42 – 335, 43 – 335, 44 – 335, 45 – 342,
46 – 345, 47 – 348, 48 – 363, 49 – 366, 50 – 394, 51 – 436, 52 – 440,
53 – 446, 54 – 464, 55 – 484, 56 – 490, 57 – 490, 58 – 492.

Vorwort

Diese Divisionsgeschichte soll an Soldaten erinnern, die getreu ihrem Fahneneid ihre Pflicht getan und unzählige Male ihren Mut, ihre Einsatzbereitschaft, ihr Durchhalten, ihre immerwährende Kameradschaft bewiesen haben. — Zugleich soll die Erinnerung wachgehalten werden an die gefallenen Kameraden, die in West und Ost liegen, zur Ruhe gebettet in Hunderten von Einzelgräbern und auf Soldatenfriedhöfen. Ihre Grabstätten in unserer alten Heimat, in Polen, den baltischen Ländern und der Sowjetunion können wir nicht aufsuchen — wir würden sie aber auch nicht finden, denn auf dem Boden der Sowjetunion gibt es keine deutschen Soldatengräber aus der Kriegszeit mehr...

Dieses Buch ist Denkmal für die Toten und Lebenden unserer alten, stolzen Division. Es schließt zugleich eine Lücke in den Darstellungen über den letzten Krieg und wird in der militärgeschichtlichen Literatur seinen besonderen Platz finden. — Daß es erst 45 Jahre nach Kriegsende erscheint, hat viele Gründe, auf die einzugehen es sich hier nicht lohnt. Nun liegt die Geschichte der Division vor von der Aufstellung bis zum bitteren Ende.

Vielen haben wir dafür zu danken: an erster Stelle Herrn Dr. Joh. Christoph Allmayer-Beck — vormals AR 21, der unserer gemeinsamen Vorstellung gemäß es in besonderem Maße verstanden hat, eine kriegsgeschichtlich fundierte Darstellung des Wegs der Division von ihrer Aufstellung bis zum Mai 1945 zu geben. — Bei Sammlung, Durcharbeit und erster Wertung des für die meisten Zeitabschnitte in erdrückender Fülle vorliegenden Materials (so u. a. Kriegstagebücher der Division, Akten vorgesetzter Kommandobehörden, Aufzeichnungen einzelner Soldaten, Erlebnisberichte) konnte auch auf sehr umfangreiche und verdienstvolle Vorarbeiten von Herrn Dr. Horst Gerlach, dessen Vater Divisionsangehöriger war, zurückgegriffen werden.

Herrn Helmut Damerau — vormals IR 24 — gebührt besonderer Dank dafür, daß er uns die Zusage gegeben hat, die Geschichte der 21. ID ohne Absatzgarantie unserseits im Schild-Verlag zu verlegen.

Die beigegebenen Erlebnisberichte sollen die kriegsgeschichtliche Darstellung ergänzen helfen und Zugang zum persönlichen Kriegserleben schaffen; im einen oder anderen Fall ergaben sich damit naturgemäß Abweichungen von der vorangehenden Darstellung.

Eine Geschichte unserer 21. ID ohne ein Gedenken an die verlorene Heimat, an unsere alten Standorte wäre unvollendet: die Erinnerung an unser schönes ostpreußisch-westpreußisches Zuhause, in dem sich gerade auch die aus anderen Gegenden Deutschlands Einberufenen wohlfühlten, soll wachgehalten bleiben!

Daß die Division, ihre Heimat, ihr Leben in Sieg und Niederlage, ihr vielmals von oberen Kommandobehörden lobend anerkannter Geist mit unserem Ableben nicht dem Vergessen preisgegeben sind, danken wir der 1987 begründeten Truppenkameradschaft mit dem AR 7 (Bw) in Dülmen: damit sind unsere toten Kameraden und wir selbst wieder Glied in der Kette der Generationen...

Dr. Fritz Scheunemann

Joh. Christoph ALLMAYER-BECK

DIE GESCHICHTE DER 21. (ostpr.-westpr.) INFANTERIE-DIVISION

Vorbemerkung

Die Verbreiterung der für diese Arbeit notwendigen Quellenbasis war nur durch die überaus intensive Mitarbeit von Herrn Dr. Friedrich-Christian Stahl – zeitweilig auch Divisionsangehöriger und langjähriger Leitender Direktor des Bundesarchiv/Militärarchiv in Freiburg – möglich gewesen. Dem Militärarchiv selbst und seinem derzeitigen Leitenden Archivdirektor, Oberst a. D. und d. R. Dr. Manfred Kehrig, sei für hilfreiche Unterstützung an dieser Stelle ebenfalls gedankt, wie auch einer Reihe von alten Soldaten, die durch zusätzliche Informationen, Auskunftserteilung und kritische Durchsicht des Manuskripts im besonderen Maße an der Fertigstellung der Divisionsgeschichte mitgewirkt haben.

I. Die Friedensjahre

Über die Zeitspanne von der Aufstellung der 21. Division bis zum Ausbruch des Krieges im September 1939 zu berichten, ist nicht leicht, obgleich in der etwas über zehnjährigen Geschichte der Division dieser Abschnitt fast die erste Hälfte ausmacht. Der Grund für diese Schwierigkeit liegt einmal darin, daß die Friedenszeit an einschneidenden Ereignissen naturgemäß ärmer war, als das was nachher folgte. „Des Dienstes ewig gleich gestellte Uhr" sorgte dafür, daß während dieser Jahre von nur wenigen, für die Allgemeinheit herausragenden Ereignissen die Rede sein konnte. Aber auch diese sind, infolge des fast vollständigen Mangels an Quellen aus dieser Periode, schwer faßbar; selbst dann, wenn es sich um einen so bedeutungsvollen, über den lokalen Rahmen des Garnisonslebens hinausgehenden Vorgang, wie etwa die Aufstellung der Division, handelt. Er läßt sich nur annähernd beschreiben.[1]
So viel steht jedenfalls fest, daß die Anfänge der Division im Frühjahr 1934 zu suchen sind. Die bisherigen Divisionsstäbe der Reichswehr wurden bis zum Oktober 1934 in Generalkommandos unter Kommandierenden Generalen umgewandelt, behielten oder erhielten aber aus Tarnungsgründen bisherige oder andere Bezeichnungen, z. B. „Befehlshaber im Wehrkreis I", (für I. Armeekorps), „Befehlshaber Heeresdienststelle Breslau" (für VIII. Armeekorps).
Der gleichzeitige erste Schritt auf dem Wege zur Aufstellung neuer Divisionen stellte die Bildung von 23 Wehrgauleitungen dar, deren räumliche Begrenzungen, mit Ausnahme von Berlin und Hamburg, sich mit den bisherigen Bereichen der 21 Reichswehr-Infanterie-Regimenter deckten. So wurde der neugebildeten Wehrgauleitung Marienburg (Westpr.) derjenige Raum

zugeteilt, in dem die künftige 21. Division mit den ihr zugehörigen Truppenteilen aufgestellt und untergebracht werden sollte.

Am 1. Oktober 1934 begann der Ausbau gemäß A-Plan von 1932 (!) der sieben Reichswehr-Divisionen zu 21 (neuen) Divisionen. Alle Neuaufstellungen — aber auch alle schon bestehenden Kommandostellen bzw. -behörden und Verbände — erhielten ab diesem Zeitpunkt Tarnbezeichnungen. Für die Neuaufstellungen wurden, neben den ausreichend zur Verfügung stehenden Freiwilligen, Teile der Landespolizei zur Übernahme in das Heer herangezogen. Im Wehrkreis I (Ostpreußen) standen bis April 1934 lediglich die 1. Division mit den Infanterieregimentern 1, 2, 3 und dem Artillerieregiment 1 sowie die dazugehörigen Divisionstruppen, ferner Teile der 1. Kavalleriedivision (Reiterregiment 1 und 2). Während nun im Zuge des Heeresaufbaus aus letzteren die spätere 1. Kavalleriebrigade und das Kavallerieregiment 4 gebildet wurden, kam der 1. Division die Aufgabe zu, aus ihren Stämmen drei neue Infanteriedivisionen aufzustellen, d. h. also aus jedem ihrer drei Infanterieregimenter eine Division.

Das Regiment, aus dem die Masse der späteren 21. Division gebildet werden sollte, war das 3. (Preuß.) Infanterie-Regiment, das bis zum Herbst 1934 auf vier Standorte verteilt war: Rgt. Stab, II. und 13. (MW)Kp. in Deutsch Eylau, I. (ab 1929) in Marienburg (Westpr.), III. in Osterode (Ostpr.) und das Ausbildungsbataillon (ab 1929) in Marienwerder (Westpr.). In der Folge wurde nun jedes dieser vier Bataillone geteilt und aus den so gebildeten acht Bataillonen zunächst zwei Regimenter zu je drei Feldbataillonen und einem Ausbildungsbataillon unter der Tarnbezeichnung IR. Marienburg und IR. Deutsch Eylau zusammengefaßt. Ein neuntes Bataillon für die in Aufstellung befindliche Division, das spätere I./IR. 24, wurde aus dem von Elbing nach Braunsberg verlegten Landespolizei-Bataillon gebildet.

Durch Vergleich der Standortentwicklung wie auch durch Zeugenaussagen[2]) läßt sich der Übergang vom alten 3. Inf. Rgt. zu den Regimentern 3, 24 und 45 der neuen 21. Division mit einiger Sicherheit rekonstruieren. In tabellarische Form gebracht sah dies wie folgt aus:

Der Stammtruppenteil	teilte sich am 1. 10. 1934 in:	und erhielt am 1. 10. 1935 die Bezeichnung:
I./3	I./IR. Marienburg	III./45
	III./IR. Marienburg	I./45
II./3	I./IR. Deutsch Eylau	I./3
	II./IR. Deutsch Eylau	II./3
III./3	III./IR. Deutsch Eylau	III./3
	A./IR. Marienburg	III./24
A./3	II./IR. Marienburg	II./45
	A./IR. Deutsch Eylau	II./24

1935 wurden auch bei den neuen Regimentern die 14. Kompanien aufgestellt. Kommandeure der neuen Regimenter waren beim IR. 3 Oberst von Kortzfleisch, beim IR. 24 Oberst Laux und beim IR. 45 Oberst Denecke.

In ähnlicher Weise wie bei den Infanterieregimentern vollzog sich die Aufstellung des Artillerieregiments (AR.) 21 aus einer Abteilung des alten 1. (Preuß.) AR. das mit Stab und II. Abteilung in Königsberg, I. Abteilung in Insterburg und III. Abteilung in Allenstein lag. Die für das neue AR. 21 „zuständige" Abteilung war die I./AR. 1. Sie stellte mit 1. 10. 1934 vier Abteilungen eines neuen Artillerieregiments Elbing auf und zwar mit den Standorten: I. vorläufig Tilsit, II. Elbing, III. vorläufig Königsberg, IV. Braunsberg.

Das neue Regiment besaß allerdings zunächst eine wesentlich schwächere Feuerkraft als das alte 1. (Preuß.) AR., denn bei den neuen Abteilungen fehlten jeweils die dritten Batterien. Außerdem hatten die Batterien vorerst nur 3 Geschütze, das Regiment also insgesamt 24 Rohre, wovon die 10. und 11. Batterie, schwere, bespannte Batterien waren. Am 15. 10. 1935 trat dann noch eine V., schwere, motorisierte Abteilung hinzu, die mit der bisher IV. Abteilung eine eigene Regimentsnummer, nämlich AR. 57 erhielt. Ein entsprechender Regimentsstab wurde jedoch nicht gebildet, sondern beide Abteilungen unterstanden im Frieden dem AR. 21; im Mobilmachungsfall sollte die II. (mot)/AR. 57 zur Korpsartillerie (später Heeresartillerie) treten. 1937 wurden dann auch die dritten Batterien (also 3., 6., 9./AR. 21 und 3./AR. 57) aufgestellt und die Batterien auf 4 Geschütze aufgefüllt.

Über die Aufstellung des Pionierbataillons 21 und der Nachrichtenabteilung 21 sind wir relativ gut informiert:[3]) Aus einem in Königsberg errichteten „Pionierlehrkommando" wurde mit 1. 10. 1934 das Pionierbataillon Königsberg (B) errichtet und mit 15. 10. 1935 in Pionierbataillon 21 umbenannt. Acht Tage später rückte das Bataillon in seine neue Garnison Elbing ein, wo sich bereits seit 8. 10. auch die neue Nachrichtenabteilung 21 befand.

Die letztere war ihrerseits aus der 1. (Preuß.) Nachrichtenabteilung hervorgegangen. Diese hatte sich bereits im Herbst 1934 nach bewährter Weise geteilt und hierbei auch die Nachrichtenabteilung Königsberg mit sieben Kompanien und einem Lehrkommando aufgestellt. Aus der 6. und 7. Kompanie war dann die Nachrichtenabteilung Elbing entstanden, die mit 15. 10. 1935 die Nummer 21 annahm.

Zu der fechtenden Truppe der neuen 21. Division zählte ebenfalls die mit 1. 10. 1934 aus der 2./Kraftfahrabteilung 1 unter der Tarnbezeichnung Kraftfahrabteilung Osterode aufgestellte Panzerabwehrabteilung, die ebenfalls mit 15. 10. 1935 die neue Divisionsnummer erhielt.

Wie man sieht, ist also der 15. 10. 1935 für die verschiedenen Truppenkörper der Division gewissermaßen der offizielle Geburtstag, wenngleich sie unter Tarnbezeichnungen vielfach schon länger bestanden hatten. Dies gilt vor allem auch für den Führungsstab dieser Verbände.

Die Anfänge desselben reichten bis in das Frühjahr 1933 zurück, als in der ehemaligen Marienburger Taubstummenanstalt die „Kommandantur Marienburg" eingerichtet wurde, deren Leitung der bisherige Wehrgaubefehlshaber Marienburg, Generalmajor Albert Wodrig, übernahm. Ein Jahr später wurde diese Dienststelle nach Elbing als „Kommandantur Elbing" verlegt und am 10. 10. 1935 in Stab der 21. Division umbenannt. Diesem gehörte unter General Wodrig noch an:

als 1. Generalstabsoffizier (Ia): Major i. G. Friedrich Wolf,
    2. Generalstabsoffizier (Ib): Hptm. i. G. Stieff (später Chef der Org. Abt. OKH und nach dem 20. 7. 1944 hingerichtet),
    3. Generalstabsoffizier (Ic): Hptm. Bloch von Blottnitz.

Divisions-Adjutant war Rittm. von Bischoffshausen.

Im Oktober 1935 begann die Aufstellung der Ergänzungs- (E)-Truppenteile für die „weißen" Jahrgänge. Für den Bereich der 21. Division waren das die Inf. E-Bataillone 1 und 2 in Deutsch Eylau und Osterode (Ostpr). Am 6. 10. 1936 wurden beide Bataillone dem Inf. Rgt. 3 mit der Bezeichnung I. E./bzw. II. E/ unterstellt. Am 10. 11. 1938 wurde das II. E/ = II. E/Inf. Rgt. 103 in Löbau (Sachsen); das in Deutsch Eylau verbliebene Btl. wurde E/Inf. Rgt. 3. – Die Artillerie begann im April 1936 mit der Aufstellung von E-Einheiten. Die Art. E-Bttr. 20 in Elbing wurde am 6. 10. 1936 10.(E) Bttr./AR. 21 und der II. Abt. unterstellt. – Gleichfalls im April 1936 wurde die E-Pi. Kp. 1 aufgestellt und am 6. 10. 1936 als 4.(E)/ dem Pi. Btl. 21 in Elbing zugeteilt. – Die E-Nachr. Kp. 1 trat zum gleichen Zeitpunkt als 3./EF e)/ zur Nachrichten-Abteilung (NA.) 21 in Elbing.

Zu erwähnen wäre auch die Aufstellung der Sanitätsabteilung 21 im Jahre 1935, der das Standort-Lazarett in Elbing und die Sanitätsstaffeln in sämtlichen Standorten der Division sowie die 1938 aufgestellten Sanitätsstaffeln in Stablack und Zinten unterstanden.

Die neu aufgestellte Division zählte ihrem Typ nach zu den sogenannten Divisionen 1. Welle. Diese Divisionen verfügten bereits im Frieden über fast alle in der Kriegsgliederung vorgesehenen Truppenkörper mit Ausnahme der leichten Infanteriekolonnen, der Aufklärungsabteilungen und der rückwärtigen Dienste (vgl. Anlage 1). Das war auch bei der 21. Division der Fall. Lediglich die auch für den Frieden vorgesehene Beobachtungs-Abteilung 21 kam vor der Mobilisierung nicht mehr zur Aufstellung. Dafür unterstanden der Division (abgesehen von der II. (mot)/AR. 57) im Frieden ausbildungs- und dienstaufsichtsmäßig das MG-Bataillon 9, das im Mobilmachungsfall zu den Armeetruppen zu treten hatte.

Die Waffenausstattung (Soll) betrug bei einer Division 1. Welle theoretisch: 378 lMG, 138 sMG, 93 GW (5 cm), 54 GW (8 cm), 20 l. IG (7,5 cm), 6 s. IG (15 cm), 75 Pak (3,7 cm), 36 lFH (10,5 cm), 12 sFH (15 cm), 12 Flak (2 cm) und 3 Pz-Spähwagen. Ob die 21. Division über diese Waffenausstattung im Mobilmachungsfall tatsächlich verfügte, ist auf Grund der vorhandenen Unterlagen nicht nachweisbar, aber eher fraglich.

Wie alle ostpreußischen Divisionen erster Welle (also 1., 11. und 21.) unterschied sich die neu aufgestellte Division von den Divisionen gleichen Typs im Reich durch einige, kleinere Besonderheiten. Infolge einer geringeren Zuteilung von Kraftfahrkolonnen (4 statt 8), dafür aber einer höheren mit bespannten Kolonnen war die Division mit einer Mob.-Stärke von 17.875 Mann um rund 150 Mann stärker als die Divisionen im Reich. Auch war die leichte Divisionsartillerie, im Hinblick auf den möglichen Einsatzraum, nicht mit den neuen lFH 18, sondern noch mit den leichteren lFH 16 ausgerüstet.

Die nachstehende Tabelle[4]) zeigt die Aufgliederung der Stärken einer Infanteriedivision 1. Welle, wie sie im Großen und Ganzen auch für die 21. Division gegolten haben mag, wenn man die vorhin angeführten Besonderheiten nicht berücksichtigt: Vgl. S. 14.

Vorerst war es freilich noch nicht so weit, sondern es galt zunächst die wesentlich schwächeren Friedenstruppenteile in zum Teil ganz neuen Standorten unterzubringen. Dazu waren bereits seit dem Beginn der Dreißigerjahre zum Teil umfangreiche Kasernenneubauten in Elbing, Braunsberg, Mohrungen und Preußisch Eylau begonnen worden, die bei Einzug der Truppe oft gar nicht fertig waren. Insgesamt verteilte sich die 21. Division nach ihrer Aufstellung auf neun Garnisonen und zwar:

Divisions-Stab	Elbing
IR. 3	
Stab, II., 13. Kp. (IG), 14. Kp. (PzAbw) und E-Bataillon	Deutsch Eylau
I.	Mohrungen
III.	Osterode (Ostpr.)
IR. 24	
Stab, I., III., 13. Kp., 14. Kp.	Braunsberg (Ostpr.)
II.	Preußisch Eylau
IR. 45	
Stab, I., 13. Kp., 14. Kp.	Marienburg (Westpr.)
II.	Marienwerder (Westpr.)
III.	Elbing
AR. 21	
Stab, II. mit 10. (E) Battr.	Elbing
I.	Mohrungen
III.	Preußisch Eylau
I./AR. 57	Braunsberg (Ostpr.)
II./AR. 57	Elbing
Pz.Abw. Abt. 21	Osterode (Ostpr.)
Pionierbataillon 21	Elbing
Nachrichtenabteilung 21	Elbing
Sanitätsabteilung 21	Elbing
Kraftfahrabteilung 1	(vorläufig) Tr. Üb. Pl. Stablack
MG.-Bataillon 9	Heiligenbeil

Diesen Truppenteilen waren vom Oberbefehlshaber des Heeres die Traditionspflege von folgenden Verbänden der alten kgl. preußischen Armee übertragen worden:[5])

IR. 3: Rgt. Stab, II., 13., 14. Kp.:
Kgl. preuß. IR. Freiherr Hiller von Gaertringen (4. Posensches) Nr. 59. Friedensstandort (FStO) 1914: Deutsch Eylau, II. Btl. Soldau

Einheit	Offz.	Beamte	Uffz.	Mann-sch.	Summe Personal Zahl	%	Pferde	besp. Fahr-zeuge	Pkw	Lkw	Krad	Bei-wagen
1. Fechtende Teile												
1 Kommando Inf. Div.	18	13	28	114	174	1,0	6	–	10	13	43	1
3 Infanterieregimenter	255	21	1.482	7.422	9.180	51,8	1.923	588	102	75	138	39
1 Aufklärungsabteilung	19	2	90	512	623	3,5	260	5	29	20	50	28
1 Art. Regt. (mit Beob.Abt., aber ohne Ballon Battr.)	114	10	427	2.621	3.172	17,7	2.208	240	76	80	57	8
1 Pionierbataillon	22	2	100	655	779	4,4	52	19	11	58	41	23
1 Pz. Abw. Abteilung (einschl. M.G. Komp. (S) (motZ)	22	3	132	551	708	4,0	–	–	45	91	78	46
1 Nachrichtenabteilung	15	3	79	379	476	2,7	56	7	78	25	32	3
Summe der fechtenden Teile	465	54	2.338	12.254	15.111	85,1	4.505	859	351	362	439	148
2. Rückwärtige Dienste	53	46	235	1.413	1.747	9,9	277	36	43	248	85	53
3. Feldersatzbataillon	16	2	128	730	876	5,0	60	24	–	5	3	–
Gesamtstärke der Division:	534	102	2.701	14.397	17.734	100,0	4.842	919	394	615	527	201

Bemerkungen: Sämtliche Pz.Abw.Einheiten der Division (Pz.Abw.Abt. und Pz.Abw.Einheiten der Truppenteile) machen eine Kopfstärke von etwa 1.120, das sind 6,3 % der Gesamtstärke, aus.

Sämtliche Nachrichteneinheiten der Division (Nachr.Abt. und Truppennachr.Züge) machen eine Kopfstärke von etwa 1.505 Köpfen aus, das sind 8,5 % der Gesamtstärke.

Die Versorgungsdienste der fechtenden Teile (leichte Kolonnen, 2. Staffeln der Artillerie, Verpflegungs- und Gepäcktrosse) machen eine Kopfstärke von etwa 1.695 Köpfen aus, das sind 9,6 % der Gesamtstärke.

I. Bataillon:
Kgl. preuß. 9. Westpreußisches IR. 176. FStO 1914: Thorn
III. Bataillon:
Kgl. preuß. IR. von Grolman (1. Posensches) Nr. 18; FStO 1914: Osterode

IR. 24: Rgt. Stab, I. u. III., 13., 14. Kp.:
Kgl. preuß. 5. Westpreußisches IR. 148; FStO 1914: Bromberg, III. Braunsberg
II. Bataillon:
Kgl. preuß. Kulmer IR. 141; FStO 1914: Graudenz, III. Strasburg i. Westpr.

IR. 45: Rgt. Stab, I. u. II., 13., 14. Kp:
Kg. preuß. Deutsch-Ordens-IR. 152; FStO 1914: Marienburg, III. Stuhm
III. Bataillon:
Kgl. preuß. Danziger IR. 128; FStO 1914: Danzig, III. Neufahrwasser

AR. 21: Rgt. Stab, II.:
Kgl. preuß. 2. Westpreußisches FAR. Nr. 36; FStO 1914: Danzig
I. Abteilung:
Kgl. preuß. 1. Westpreußisches FAR. Nr. 35; FStO 1914: Deutsch Eylau
III. Abteilung:
Kgl. preuß. FAR. Nr. 72 Hochmeister; FStO 1914: Marienwerder u. Preußisch Stargard

I./AR. 57:
Kgl. preuß. 3. Ostpreußisches FAR. Nr. 79; FStO 1914: Osterode

II./AR. 57:
Kgl. preuß. 2. Westpreußisches Fußart. Rgt. Nr. 17; FStO 1914: Danzig, Neufahrwasser, Pillau

Pionier-Batl. 21:
Kgl. preuß. 2. Westpreußisches Pionier-Batl. Nr. 23; FStO 1914: Graudenz

Der Panzerabwehr-Abt. 21 war keine Traditionspflege übertragen. Ob dem MG-Bataillon 9, der Nachrichtenabteilung 21 und der Kraftfahrzeug-Abteilung 1 eine solche übertragen war, war nicht zu klären.

Eine Traditionspflege besonderer Art ergab sich für die Garnison Osterode (also III./IR. 3 und Pz. Abw. Abt. 21) insofern, als sie im Turnus mit den Garnisonen von Allenstein und Lötzen für jeweils 3 Tage die Wache am Reichsehrenmal bei Hohenstein zu stellen hatte.

Schließlich erfolgte am 20. 4. 1937, aus Anlaß von „Führers-Geburtstag", wie bei allen Truppenteilen der Wehrmacht auch, die Übergabe der neu eingeführten Fahnen und Standarten an die Bataillone und Abteilungen der Division. Daß es sich hier nicht um Feldzeichen im eigentlichen Sinne handelte, sollte sich rund anderthalb Jahre später herausstellen, als die Division ins Feld rückte, die Feldzeichen aber weisungsgemäß in den Standorten zurückblieben.

Damit war zwar nicht offiziell, aber irgendwie formell die Aufstellung der Division abgeschlossen. Allerdings war die Division kaum formiert, als sie bereits mit einer Erscheinung konfrontiert wurde, die sie von nun an, während der nächsten Jahre, immer wieder begleiten sollte, nämlich dauernde Abgaben an immer weitere Neuaufstellungen. Jetzt, im Oktober 1936 war es die im Saarland neu zu bildende 36. ID., für die zumindest die 10./IR. 3 und die 13./IR. 24 abgegeben werden mußten. Es ist aber durchaus möglich, daß noch weitere Unterabteilungen abgetreten wurden.

Nach Aufstellung und Unterbringung der Division blieb dieser als dritte Aufgabe die Ausbildung. Im Herbst 1935 wurden die ersten Rekruten auf Grund der allgemeinen Wehrpflicht eingezogen und zwar in Ostpreußen auf Grund von Sonderbestimmungen die Geburtsjahrgänge 1910 bis 1913, beginnend mit dem Geburtsjahrgang 1910. Die Eingezogenen waren nur zu einem Jahr aktiver Dienstzeit verpflichtet und wurden entlassen, wenn sie nicht ein zweites Jahr freiwillig weiterdienten. Mitte Oktober 1936 trafen dann die ersten Wehrpflichtigen ein, die eine zweijährige Dienstzeit abzuleisten hatten. Die der Division zugeteilten Rekruten setzten sich in der Hauptsache aus Ostpreußen, Rheinländern, Westfalen und Freiwilligen aus Danzig zusammen, was eine sehr glückliche Mischung darstellte und besonders leistungsfähige Kampfverbände ergab.

Über den Ausbildungsbetrieb in den der Aufstellung folgenden Jahren liegen wiederum nur ungenügende Angaben vor.[6]) Man wird jedoch nicht fehlgehen, wenn man auch hier den bekannten Zyklus annimmt, der im Herbst (1. Oktober) mit dem Einrücken der Rekruten begann, woran sich im Winter die Grundausbildung derselben anschloß. Im Frühjahr folgte die Rekrutenbesichtigung und dann die zeitweise Verlegung auf einen Truppenübungsplatz. Für die 21. Division war dies zunächst Arys und dann auch der neu eingerichtete Truppenübungsplatz Stablack bei Preußisch Eylau, über den heute die russisch-polnische Grenze verläuft. Anschließend werden wohl Verbandsübungen im kleineren und größeren Rahmen stattgefunden haben. So weiß man, daß im Sommer 1936 eine Nachrichtenrahmenübung des I. Armeekorps und anschließend Manöver im Raum Elbing, Marienburg, Christburg stattfanden. Im Jahre 1937 wurden die Herbstmanöver der Division im Raum Preußisch Holland, Wormditt, Guttstadt und im Anschluß daran Manöver des gesamten I. Armeekorps im Raum Allenstein, Heilsberg, Domnau abgehalten. Diese Manöver, die am 30. 8. begonnen hatten, endeten am 18. 9. mit einer Feldparade des gesamten Korps bei Dahlheim (südl. Königsberg) vor dessen Kommandierendem General, General d. Art. von Küchler. Im folgenden Jahr übte die 21. Division in und um Arys. Auch diesmal beendete eine Feldparade, allerdings nur von Truppen der Division, das Manöver. Sie galt als Abschiedsgruß für den scheidenden Divisionskommandeur, Generalleutnant Wodrig, der mit 10. 11. 1938 als General z. b. V. zum I. AK. trat. An seiner Stelle übernahm der bisherige Kommandeur der Kriegsschule Hannover, Generalleutnant Kuno Hans von Both, die Division.

Aber auch bei den Regimentern der Division waren in rund einem Jahr sämtliche Regimentskommandeure ausgewechselt worden. Bereits mit 1. 6. 1937 hatte Oberst von Behr das IR. 45 übernommen, mit 1. 10. 1937 erhielt Oberst von Reibnitz, bisher Kommandeur I./IR. 3, als Nachfolger des Obersten von Kortzfleisch, das IR. 3 und zum gleichen Zeitpunkt übernahm Oberst Sponheimer das IR. 24. Schließlich löste am 1. 3. 1938 Oberst Steinbach seinen Vorgänger Oberst Sinnhuber als Kommandeur des AR. 21 ab. Damit standen nun alle jene Männer vor der Front, die am 1. 9. 1939 mit ihren Regimentern in den Krieg ziehen sollten.

Die Offizierstellenbesetzung der Division vom Jahresbeginn 1939 ist in der Anlage 2 beigefügt. Bis zum 1. 9. 1939 sollten sich freilich auf der unteren Ebene noch zahlreiche Veränderungen ergeben, denn etwa ab Mai 1939 wurde gerüchtweise verlautet, daß es in diesem Jahre — ähnlich wie dies ja schon 1937 der Fall gewesen ist — Wehrmachtmanöver geben werde. Die „Herbstübungen 1939", in deren Rahmen auch eine große Gedenkfeier aus Anlaß des 25. Jahrestages der Schlacht bei Tannenberg vorgesehen war, begleiteten nunmehr mit einer sich ständig steigernden Intensität den Dienstbetrieb bei der Truppe.[7]

Zu den ersten Anzeichen gehörte, daß nun sehr bald der Division und hier vor allem der Artillerie zusätzlich Pferde zugewiesen wurden, die angeblich von der in Liquidierung befindlichen tschechoslowakischen Armee stammten. Bei der Infanterie erfolgte die Ausrüstung mit den neuen Maschinengewehren (MG. 34); die ausgegebenen brandneuen Stiefel wurden „einmarschiert", auch wurden einzelne Truppenteile zu einer mehrwöchigen Feldstellungsbauübung in Grenznähe bei Deutsch Eylau eingesetzt. Schon im Juli konnte man an einzelnen Straßen verlegte schwere Feldkabel sehen. Trotzdem blieb die Truppe im Unklaren über den Zweck dieser Vorbereitungen. Bei Offiziersbesprechungen wurde von den Kommandeuren ausdrücklich erklärt, daß keinerlei Zusammenhang zwischen den nun schon offiziell angekündigten „Herbstübungen" und den sich mit Polen abzeichnenden Spannungen bestünden.

Bereits während des Winters waren die bei den Bataillonen wie Abteilungen zu führenden Mobilmachungskalender auf den letzten Stand gebracht worden und wurde ihre Effizienz durch ständige Mob-Übungen überprüft. Auch dies fiel nicht besonders auf, denn wie alle ostpreußischen Divisionen gehörte auch die 21. Division zu denen mit „beschleunigter Ausrückungsfähigkeit", d. h. daß nach Ausgabe des Alarmbefehls die alarmierten Einheiten binnen 12 Stunden kriegsmäßig marschbereit sein mußten.

Im Juli erging dann von den Wehrmeldeämtern der Befehl, daß die Reservisten der Wehrbezirke Ostpreußens am 16. August in ihre Garnisonsorte zu einer sechswöchigen Waffenübung einzurücken hätten. Dieser Auffüllung der Friedensstände standen aber in der ersten Augusthälfte auch Abgaben gegenüber, denn für die „Herbstübungen" war offensichtlich auch die zusätzliche Aufstellung von „Übungs-Stäben" und „Übungs-Einheiten" in Aussicht genommen. Der 21. ID. fiel insbesondere die Aufgabe zu, neben den anderen aktiven ostpreußischen Divisionen, zur Aufstellung der „61. Übungs-Infanteriedivision" das ihrige beizutragen.[8] So wurde durch die 21. Division aus ihren Stämmen das IR. 176 und die III./AR. 161 aufgestellt. Darüber hinaus stellte aber die Division eine ganze Reihe von Kommandeuren für diese Neuaufstellung ab, so etwa den Regimentskommandeur IR. 176 (Obstlt. Sattler, IR. 24), ferner die Kommandeure I./IR. 176 (Major Werner IR. 3), IV./AR. 161 (Hptm. Mellin AR. 21), Pz. Abw. Abt. 161 (Major v. Tluck u. Toschonowitz, Pz. Abw. Abt. 21), Nachrichtenabteilung 161 (Major Achenbach, NA. 21), schließlich Chef der Veterinär-Kompanie 161 (Stabsvet. Dr. Wilke, III./AR. 21). – Von der II. (mot)/AR. 57, die mit Eintritt der Mobilmachung zur Heeresartillerie gehörte, wurde der Artillerieregimentsstab z. b. V. 511 aufgestellt, den der bisher beim Rgt. St. AR. 21 als z. b. V. eingeteilte Oberstleutnant Raab als Kommandeur übernahm. – Schließlich gab die Pz. Abw. Abt. 21 ihre 3. Kompanie ab, die unter Hptm. Reinel zur Pz. Abw. Abt. 521 aufgestockt zu einem als Gruppe Brand bezeichneten Mob-Verband trat.

Etwa zur gleichen Zeit wurden auch die in den Einheiten der Division aus dem Freistaat Danzig gebürtigen freiwillig dienenden Soldaten in ihre Heimat „entlassen".

Der 16. 8. 1939, an dem die neuen „Übungs-Verbände" zusammenzutreten hatten, war gleichzeitig auch der Termin, an dem jene Verbände aufgestellt wurden, die der 21. ID. noch für ihre endgültige Kriegsgliederung fehlten: Aus dem Kavallerieregiment 4 in Allenstein wurde die Aufklärungsabteilung 21 formiert und in Königsberg die Beobachtungsabteilung 21 aufgestellt. Tags darauf trat in Stablack der Inf. Div. Nachschubführer 21 mit den entsprechenden Versorgungseinheiten zusammen. Die 3. Kompanie des MG-Bataillon 31 (2 cm Flak) wurde der Pz. Abw. Abt. 21 als 4. Kompanie angegliedert. Schließlich wurde noch am 24. 8. das Feldersatz-Bataillon 21 gebildet.

Zu diesem Zeitpunkt befand sich aber die 21. Division bereits in ihrem „Übungsraum" in der äußersten Südwestecke Ostpreußens, wo sie dem XXI. (Übungs-)Armeekorps unterstand, das den Befehl über die ihm unterstellten aktiven Truppen bereits am 14. August übernommen hatte.

Über den Ausmarsch aus den Friedensstandorten liegen nur sehr vereinzelte Angaben vor. Sicher ist, daß das XXI. (Übungs-)AK bereits am 15. 8. die Sicherung seines „Übungs-", sprich Aufmarschraums gegen Polen durch Truppen der 21. Division verfügt hatte. Ab diesem Tag sicherten in Feldwachaufstellung zwischen Weichsel und der Drewenz: II./IR. 45 (West), Pz. Abw. Abt. 21 mit unterstellter 3. (mot)Pi. 21 (Mitte) und III./IR. 3 mit unterstellter 14./IR. 3 (Ost). In der Nacht vom 18./19. 8. wurde die Pz. Abw. Abt. 21 aber bereits vom MG-Bataillon 9 und in der Nacht vom 22./23. 8. das III./IR. 3 durch das inzwischen aufgerufene Grenzwacht-Regiment 11 (Deutsch Eylau) abgelöst. Nur das II./IR. 45 blieb vorderhand noch im Sicherungsdienst; hier fielen auch die ersten scharfen Schüsse, die von Truppen der 21. Division abgegeben wurden: am Abend des 23. 8. beschoß eine Pak des IR. 45 einen scheinbar die Grenze überfliegenden vermeintlichen Ballon; ein deutliches Zeichen für die damals bereits herrschende Spannung und Nervosität.[9]

Inzwischen vollzog sich hinter diesem Sicherungsschleier der Aufmarsch der Division. Soweit feststellbar, erfolgte er keineswegs in einer einzigen, geschlossenen „Heersäule", sondern über mehrere Tage verteilt und in kleinere oder größere Marschgruppen aufgelöst. So hat z. B. die III./AR. 21, die vom Versammlungsraum der Division am weitesten entfernt stand, ihre Garnison am 16. August verlassen. Die I./AR. 21 rückte in der Nacht vom 19./20. 8. aus Mohrungen ab, da sich in ihrer Kaserne am folgenden Tag das (Übungs-)Armeeoberkommando 3 (Gen. d. Art. Küchler) einrichtete. Die Masse der Division scheint aber in den Tagen zwischen dem 20. und 23. 8. ausmarschiert zu sein.

In den numehr weitgehend leer stehenden Unterkünften etablierten sich die neuen Formationen des Ersatzheeres, sei es, daß bereits vorhandene Ergänzungseinheiten, wie z. B. die 3.(E)/NA. 21 gar nicht ausrückten, oder daß neue Einheiten geschaffen wurden. So erfolgte mit Wirkung vom 26. 8. sowohl die Aufstellung des Infanterie-Ersatz-Regiments 21, mit den Ersatzbataillonen 3 (Mohrungen), 24 (Braunsberg) und 45 (Elbing), als auch der Artillerie-Ersatzabteilung 21 in Elbing.

Auch der Stab der in Versammlung begriffenen Division bezog zunächst sein Stabsquartier in einer Marienwerder Kaserne. Über die Unterkünfte, bzw. die Biwakräume der einzelnen Truppenteile liegen nur vereinzelte Angaben vor. Sie dürften sich aber von dem Raum Marienwerder aus, über die Wälder um Riesenburg bis in den Alt-Christburger Forst erstreckt haben.

Natürlich wurde auf eine gegen Erd- und Luftbeobachtung sorgfältig getarnte Unterbringung der Truppe größter Wert gelegt. Soweit sie Ortsunterkunft bezogen hatten, durften die Soldaten so gut wie nicht auf die Straße. Die Verbindung mit der Bevölkerung wurde weitgehend unterbunden und Sicherungen ausgestellt. Auch sonst sollte eine mögliche Ausspähung erschwert werden. Zu diesem Zweck hatten schon vor dem Ausmarsch aus den Garnisonen die Divisionsangehörigen die Achselklappen mit den Regimentsnummern umgekehrt, beziehungsweise die metallenen Nummern von den Schulterstücken entfernt oder mit einer Tuchschleife verdeckt. Die Einheitsbezeichnungen auf den Fahrzeugen wurden gelöscht und durch taktische Zeichen ersetzt. Zu einem späteren Zeitpunkt erhielten die Infanterieregimenter zur besseren Unterscheidung Farben zugewiesen: Das IR. 3 weiß, IR. 24 rot und IR. 45 gelb. Das Divisionsabzeichen, das von „oben" her verfügt wurde, war (bis zum Jahre 1943!) eine runde, rote Scheibe, darunter ein viereckiges, weiß umrandetes Feld.

Von „Übungen" war selbstverständlich keine Rede.[10]) Vielmehr war der Truppe beim Ausrücken aus den Standorten noch besonders eingeschärft worden, daß außer der gefaßten scharfen Munition unter keinen Umständen Übungsmunition mitgenommen werden dürfe. Dennoch herrschte Ungewißheit, da sich einerseits die außenpolitische Lage offenbar zusehends verschärfte, andererseits man aber doch nicht so ohne weiteres an Krieg glauben wollte. Vielmehr hoffte man, daß diese „Übungen" doch nicht mehr als eine Drohgebärde darstellen und sich daneben — wie schon bisher — im letzten Augenblick eine Lösung finden würde. Das schien auch der Fall zu sein, als im Laufe des 24. 8. sich die Nachricht vom Abschluß des deutsch-sowjetischen Nichtangriffspakts verbreitete.

Wer da aber etwa geglaubt hatte, daß dieses Ereignis eine Entspannung bewirken würde, wurde bald vom Gegenteil überzeugt. Noch am Nachmittag des 25. 8. wurde die Truppe alarmiert und rückte näher an die polnische Grenze heran, bzw. gingen Teile der Artillerie bereits in Feuerstellung. Jedoch noch während der Nacht zum 26. 8. wurden diese Bewegungen angehalten und einzelne, zu nahe an die Grenze vorgeschobene Teile wieder zurückgezogen. Man weiß heute, was die Ursache dafür war: Hitler hatte ursprünglich die Absicht gehabt, unmittelbar nach Abschluß des Paktes, der ja in einem Geheimabkommen bereits die vierte Teilung Polens festlegte, sogleich zum Angriff überzugehen. Als ersten X-Tag hatte er den 26. 8. befohlen. Die feste Haltung Englands, wie auch Vermittlungsversuche Italiens hatten Hitler aber vorübergehend wankend gemacht und so in letzter Minute einen Aufschub des Angriffstermins bewirkt, was wohl von der Truppe, die ja vom großen Geschehen und den Weltnachrichten in ihren Bereitstellungsräumen völlig abgeschnitten war, mit einer gewissen Erleichterung aufgenommen wurde. Vielleicht blieb es doch nur bei „Herbstübungen"?

Daß dem nicht so war, zeigte sich bereits darin, daß just ab diesem 26. 8. die Truppe Kriegslöhnung ausgezahlt und Feldpostnummern zugeteilt erhielt. Wer einen größeren Überblick hatte, war sich gewiß auch damals schon im klaren, daß es sich nur um einen Aufschub handeln konnte.

Dementsprechend hatte sich auch für die 21. Division hinsichtlich ihres Auftrags und ihrer Planungen nichts geändert. Die Division hatte, nach Eingang des entsprechenden Stichworts, als Schwerpunktdivision des XXI. AK., rechts angelehnt an die Weichsel und links an die 228. (Landwehr-)Division, auf etwa 20 km Breite die polnische Grenze zu überschreiten, Graudenz zu nehmen und einen Brückenkopf auf dem Westufer der Weichsel zu gewinnen, um so den von Westen durch den „Korridor" durchstoßenden schnellen Kräften die Hand reichen zu können.

Dieser relativ breite Ansatz der Division schien auf Grund der Feindlage gerechtfertigt. Vor dem gesamten XXI. AK stand in der Front lediglich die polnische 16. Division mit Gefechtstand auf Gut Melno und, etwas weiter ostwärts zurückgestaffelt, als operative Reserve, die 4. polnische Infanteriedivision mit Gefechtstand in Najmowo, südostwärts Jablonowo. Von der 16. Division, deren Kriegsstärke wesentlich geringer als eine deutsche war (vgl. Anlage 3), war im Angriffsstreifen der 21. Division lediglich Graudenz mit 3 Bataillonen und einer leichten Artillerieabteilung stärker besetzt (Kdt. Oberst Ciéslak). Die Verteidigung des tief eingeschnittenen Ossa-Abschnitts von Orla bis etwa Klotka oblag der Aufklärungsabteilung 16 und dem III./IR. 66 unter dem Befehl des Inf. Führers 16 (Gef. Stand vermutlich in Kgl. Dombrovken). Ein weiterer Schwerpunkt der 16. Division, der Ossa-Brückenkopf bei Mühle Slupp, lag bereits im Streifen der 228. Division. In den Waldstücken unmittelbar an der Grenze wurden nur Gefechtsvorposten, im rechten Divisionsabschnitt im Forst Jammi, allem Anschein nach vorgeschobene Teile der Aufklärungsabteilung der feindlichen Division angenommen. Nicht bekannt war, daß eine Divisionsreserve in Stärke von drei Bataillonen im Raume Melno lag (vgl. Skizze 1 und Anlage 4).

Beiderseitige Lage im Abschnitt des XXI.AK. am 31. 8. 1939

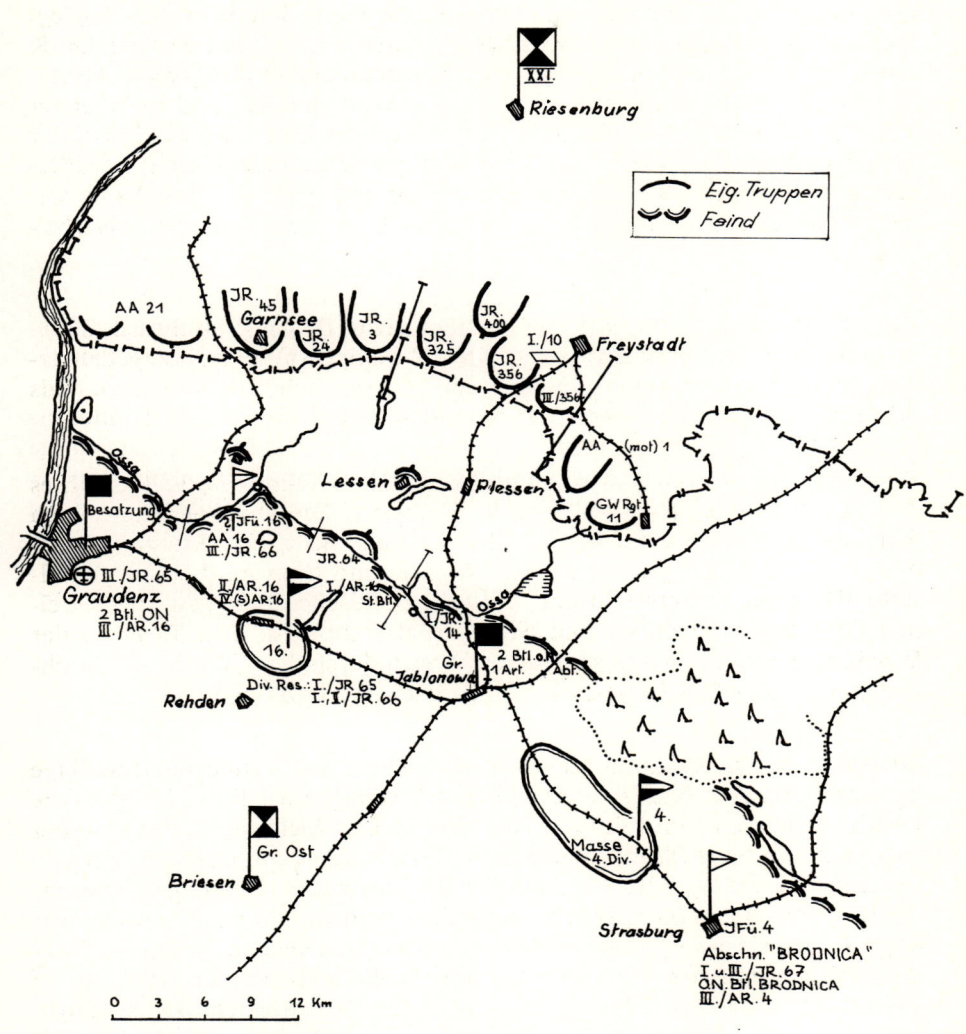

Erläuterung: O.N. = Obrona Narodowa (Nationalwehr)
St.Btl. = Sturmbataillon der 16.ID.

Skizze 1

Demgegenüber beabsichtigte die 21. Division mit ihrem rechten Flügel, gebildet aus Aufklärungsabteilung (AA.) 21 mit unterstellter 8./Grenzwacht-

Regiment 1, vor der Nordfront von Graudenz nur einen Scheinangriff zu führen; eine selbständige Kampfgruppe bestehend aus dem III./IR. 45 und einer Batterie II./AR. 21 sowie der s. Art. Abt. 526 hatte durch den Jammi-Forst durch- und auf Schöntal, Burg Belchau vorzustoßen. Die Masse des IR. 45 hatte von Garnsee auf Roggenhausen und von dort an die Ossa bei Sarnowken vorzugehen. Der Schwerpunkt des Angriffs aber lag beiderseits der Gardenga, wobei IR. 24 und IR. 3 gegen den Ossa-Abschnitt zwischen Schloß Roggenhausen und Peterhof anzugreifen hatten, um nach Überschreiten der Ossa nach Westen gegen Graudenz eindrehen zu können.

Die Artillerie der Division, die im Hinblick auf den noch immer angenommenen Festungscharakter von Graudenz entsprechend verstärkt worden war, gliederte sich unter Führung des Artilleriekommandeurs (Arko) 1 in drei Gruppen:

eine Art. Gruppe West unter der Führung des Kdr. s. Art. Abt. 526, bestehend aus der s. Art. Abt. 526 und einer Batterie II./AR. 21; einer Art. Gruppe Steinbach (Kdr. AR. 21) bestehend aus II./AR. 21 (ohne 1 Batterie), III./AR. 21, I./AR. 21 und I./AR. 57, der die Unterstützung der angreifenden drei Infanterieregimenter oblag; und schließlich eine Art. Gruppe Raab (Kdr. Rgt. St. z. b.V. 511) bestehend aus II./AR. 57, einer Batterie Dr. Beck und dem Lichtmeßzug der Beob. Abt. 21. Diese letztgenannte Gruppe war für Artilleriebekämpfung und Fernkampfaufgaben vorgesehen, wobei es sich bei der Batterie Dr. Beck um schweres Steilfeuer (30,5 cm Mörser) handelte.

Auffallend ist, daß keinerlei Divisionsreserve ausgeschieden wurde, was wohl mit der Breite des zugewiesenen Abschnitts zusammenhing.

Soweit also die Planungen der Division[11]). Es fehlte nur noch der auslösende Befehl.

Am 30. 8. wurde bekannt, daß Polen nun seinerseits die Generalmobilmachung angeordnet habe. Um der Möglichkeit eines polnischen Angriffs zu begegnen, wurde Vorsorge getroffen, um auf das Stichwort „Grenzwacht" noch nicht in Feuerstellung befindliche Teile der Artillerie unverzüglich zur Abwehr dieses Angriffs einzusetzen. In den frühen Morgenstunden des 31. 8. wurde dieses Stichwort ausgegeben, ohne daß jedoch von polnischer Seite irgendwelche Angriffsvorbereitungen zu erkennen gewesen wären. In den Nachmittagsstunden, kurz vor 18.00 Uhr ging bei der Division der Befehl des Korps ein: „Mottenkiste 445", das Stichwort für den Angriffstermin am folgenden Morgen. Demzufolge bezogen in den späten Abendstunden und während der Nacht die Truppen der 21. Division die bereits seit langem festgelegten Bereitstellungsräume und die vorgeschobenen Feuerstellungen. Um 3 Uhr morgens waren die Bewegungen abgeschlossen und die Artillerie feuerbereit. Der Divisionsgefechtstand war um 2.00 Uhr in den Raum nördlich Niederzehren verlegt worden und bezog um 4.30 Uhr einen Beobachtungsstand auf einer nahe davon liegenden Anhöhe. 15 Minuten später erhob sich die Infanterie und trat, ohne Artillerievorbereitung, in aller Stille zum Angriff an. Erst um 5.05 Uhr eröffneten die 15 cm-Kanonenbatterien der dem Artilleriekommandeur 1 unmittelbar unterstellten

s. Art. Abt. 511 aus dem Raum Garnsee das Feuer auf das Kasernenviertel im Südteil von Graudenz und den Eisenbahnknotenpunkt Jablonowo.[12])

Anmerkungen zu Kapitel I

1) Anhaltspunkte liefert: Georg Tessin, Deutsche Verbände und Truppen 1918 – 1939, Osnabrück 1974; – Derselbe, Verbände und Truppen der deutschen Wehrmacht und Waffen-SS im Zweiten Weltkrieg 1939 – 1945, Frankfurt o. D. – Siehe ferner: Otto Gründer, Marienwerder und seine Soldaten. In: Marienwerder/Westpreußen, hgb. vom Heimatkreis Marienwerder/Westpreußen durch Otto Gründer und Franz Neumann, Celle 1983, S. 100 ff. hier besonders 103; – ferner: Walter Hantel, Das III. Bataillon 3. (preuß.) Inf. Rgt. und seine Garnisonsstadt Osterode/Ostpr. 1919 – 1945, ungedr. Ms (um 1975) im Archiv des Trad. Verb. 21. ID.

2) Mitteilungen von Joachim Bahr und Herbert Wittwer.

3) Vgl. dazu: Ernst Joh. Schrade, Pionier-Bataillon 21. In: Westpreußen-Jahrbuch 1983; S. 101 ff.; – Die Geschichte der Nachrichtenabteilung 21, von Oberleutnant Schmidt-Taube, Adjutant vom 1. April 1936 bis 1. November 1938. Nach Unterlagen von Gerhard Gommel, Hamburg. Ungedr. Ms. – Schmidt-Taube, Schöne Soldatenjahre in Elbing. Die Friedensgeschichte der Nachrichtenabteilung 21. In: Alte Kameraden 2/1976, S. 16 f.

4) Burkhart Müller-Hillebrand, Das Heer 1933 – 1945, 1. Bd. (Darmstadt 1954), S. 73.

5) Zusammengestellt von Hanns Demeter o. D., im Archiv des Trad. Verb. 21. ID.

6) Siehe Anm. 3, ferner: Werner Cordier, Soldat im Ordensland Preußen. Erinnerungen an meine Dienstzeit in Preußisch Eylau bei der 8. Batterie im Artillerieregiment 21. In: Mitteilungsblatt des Trad. Verb. der 21. ID., Juni 1972, S. 16 ff.

7) Vergleiche hierzu auch die Schilderung von Karlheinz Herzberg, damals Offiziersanwärter in der 2./IR. 45. In: Der Kreis Marienwerder/Wpr. Landgemeinden und Stadt Garnsee. Ein Heimatbuch, hgb. vom Heimatkreis Marienwerder mit Franz Neumann und Otto Gründer, Hamburg 1985, S. 467 ff: Der erste September 1939 im Süden und südlich des Kreises Marienwerder.

8) Vgl. Walther Hubatsch, Die 61. Infanterie-Division 1939 – 1945 (Podzun-Pallas-Verlag 1983), S. 61.

9) Die Eintragung im Kriegstagebuch des XXI. AK. (Bundesarchiv/Militärarchiv, Freiburg/Br., künftig zitiert BA/MA, RH 24 – 21/2: 23. 8.) gibt den Sachverhalt nicht richtig wieder. Tatsächlich wurde am Abend des 23. 8. von Teilen des II./IR. 45 das Feuer auf den strahlend hellen Abendstern „Venus" eröffnet, den man für einen Ballon hielt! (Mitteilung des damaligen Leutnants und späteren Oberst i. G. der BW. Otto Wohlfeil an Otto Gründer vom 20. 11. 1979).

10) Vgl. hierzu auch Karlheinz Herzberg a. a. O.

11) Gem. 21. ID., Div.Befehl f. den Angriff am 1. 9. 39, g.Kdos, Marienwerder 31. 8. 39, (BA/MA, RH 24 – 21/2, Anl. 15).

12) Gemäß KTB des XXI. AK (BA/MA, RH 24 – 21/2) erfolgte die Eröffnung des Fernfeuers erst um 5.30 Uhr.

Friedenszeit — Rekrutenvereidigung I. IR 45 in Marienburg Nov. 1938

Unger-Kaserne in Elbing, NA 21

Reitturnier in Preußisch-Eylau

Essen-Empfang

Standartenübergabe an I. AR 57 am 20. April 1937 in Braunsberg

Vorbeimarsch des IR 24 vor dem Kdr. Gen. des I. AK, Gen. d. Art:l. v. Küchler, am 18. 9. 1937 bei der Feldparade des I. AK nach den Herbstmanövern

I.IR 24 während der Kranzniederlegung im Tannenberg-Denkmal am 13. 8. 1938

„Reserve hat Ruh'" – nach Erfüllung der Wehrpflicht, Mohrungen 1. 10. 1938

II. Der Polenfeldzug 1939

1. Die Erstürmung der „Festung" Graudenz

Der ziemlich dichte Nebel, der zwar für später einen schönen Tag verhieß, aber vorerst die Sicht im ganzen Divisionsabschnitt nur für ein paar hundert Meter freigab, symbolisierte ungemein treffend die ganze Unsicherheit, in die hinein die 21. Inf.Division an jenem Morgen des 1. September 1939 antrat. Beherrschend war natürlich für alle, vom Divisionskommandeur bis zum letzten Schützen, die Frage, wo und wie würde der Feind auf diesen Angriff reagieren. Daß er das Antreten sofort bemerkt haben mußte, stand außer Frage. Wenn ihn schon nicht seine Grenzwachen an den Zollhäusern alarmiert hatten, so mußten ihm die kurz nach 4.45 Uhr im Tiefflug über die Front hinwegrasenden Fliegerstaffeln und die bald darauf in Graudenz einschlagenden Granaten volle Klarheit verschafft haben. Dennoch erfolgte zunächst keine wahrnehmbare Reaktion, selbst dann nicht, als sich sehr bald schon der Nebel hob und der helle Sonnenschein eines warmen Herbsttages das noch durchaus „manöverartige" Vorgehen der zum Gefecht entwickelten Infanterie beleuchtete. Lediglich an den polnischen Zollhäusern und mit dem einen oder anderen Radfahrspähtrupp des Gegners war es zu kurzem Schußwechsel gekommen. Ansonsten vollzog sich während dieses ersten Kriegsvormittags alles noch ziemlich exerziermäßig, wenn auch vielleicht nicht ganz so zügig wie auf den heimatlichen Übungsplätzen. Immerhin war es ein neues Gefühl, von der eigenen Artillerie überschossen und noch mehr vom Gegner selbst beschossen zu werden. Aber davon war vorerst wenig zu verspüren (vgl. Skizze 2).

Sollte das bis Graudenz so weitergehen? Nachträglich besehen erscheint es fast, als ob die Divisionsführung oder auch das XXI. AK. beinahe ein wenig damit gerechnet hätten; denn wie wäre es sonst zu erklären, daß die Division, gemäß ihrem Angriffsbefehl vom 31. 8., nach Erreichen ihres ersten Angriffsziels — das bereits rund 4 km jenseits der Ossa lag — nach Westen einzuschwenken gedachte, um, auf den dann noch immer etwa 12 km entfernten Stadtkern von Graudenz vorstoßend, „durch rücksichtslosen Einsatz der Artillerie und aller schweren Waffen jeden Widerstand zu brechen und schnell die Weichselbrücke in die Hand zu bekommen". Der damit angedeutete Versuch, über eine Angriffsentfernung von ca. 24 km hinweg unter Verzicht auf Überraschung die Eisenbahnbrücke über die Weichsel unbeschädigt in Besitz zu nehmen, war nur dann möglich, wenn man annahm, daß der Gegner viel zu schwach sei, um auf der ganzen Breite der Angriffsfront, besonders aber auf dem zur Umgehung vorgesehenen Flügel, nachhaltigen Widerstand zu leisten.[1])

Das sollte sich freilich als eine Täuschung erweisen und zwar zu dem Zeitpunkt, als die Spitzen der Infanterieregimenter in den Mittagsstunden sich dem Ossa-Abschnitt näherten. Derselbe ragte im Schwerpunktsbereich der Division, der gleichzeitig ihr rechter Flügel war, keilförmig in den Angriffsstreifen hinein. Den Scheitelpunkt bildete der kleine Ort Schloß Roggenhausen, wo sich die einzige Brücke in diesem Abschnitt über die Ossa befand.

Lageentwicklung im Abschnitt des XXI.AK. am 1. 9. 1939

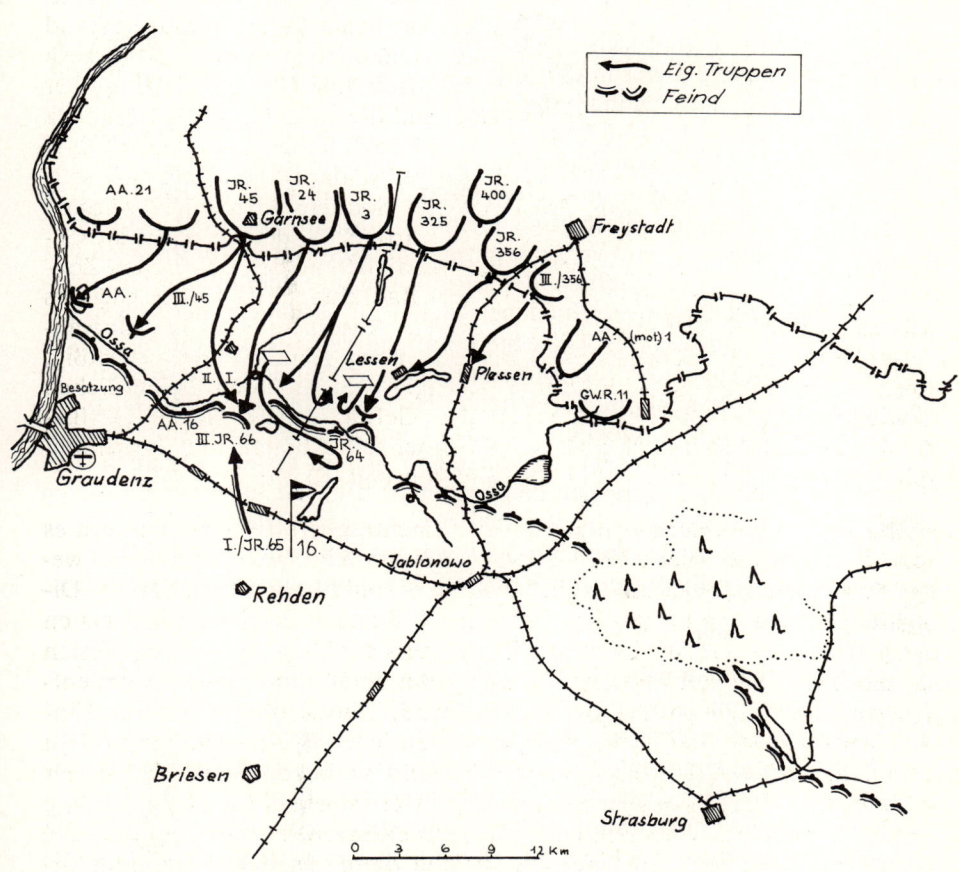

Skizze 2

An der linken Divisionsgrenze, beim IR. 3, war der Tag ähnlich verlaufen. Gegenüber starkem Widerstand des III./IR. 66 sowohl aus Erdbunkern, die in die Uferböschung der Ossa eingebaut waren, als auch aus Gehöften von Neubrück und Lenzwalde, die noch vor dem Abschnitt lagen, vor allem aber im Feuer von zahlreichen Baumschützen, kam der Angriff, nachdem es dem I./IR. 3 gelungen war, über die Ossa hinüberzusetzen, in den Waldstücken am Südufer zum stehen. Ja, am linken Flügel des Regiments, bei Neubrück und Lenzwalde, mußten die Spitzen, trotz des Einsatzes schwerer Waffen und massiver Artillerieunterstützung, teilweise zurückgenommen werden.

Binnen kurzem zeigten sich die für eine kampfunerfahrene Truppe typischen Symptome, die erst in den folgenden Tagen langsam abklingen sollten. Da war zunächst einmal eine fast hektische Feuertätigkeit. Nicht nur Kompanien der am Feind liegenden Infanterie, auch Batterien des AR. 21, die den Gegner niederzuhalten versuchten, liefen anfangs Gefahr sich zu verschießen. Durch Baum- und Heckenschützen, oft auch im Rücken, irritiert, ließ die Truppe verdächtige Gehöfte und Strohschober schnell in Flammen aufgehen – und verdächtig war in diesen ersten Kampftagen fast alles. Der ungewohnte Geruch der Explosionsgase feindlicher Granaten führte immer wieder an verschiedenen Stellen zu Gasalarm, der sich jedesmal als unbegründet erwies. Die ersten blutigen Verluste und die bisher unbekannten Eindrücke des Kampfes, die damit verbundene starke seelische Anspannung, aber auch die herrschende Hitze des Tages, wie die körperlichen Strapazen, und schließlich die noch keineswegs eingelaufene Verpflegung der Truppe im Gefecht, das alles gab diesem ersten, wie auch dem folgenden Kampftag ein gegenüber späteren, oft weit härteren Einsätzen unverhältnismäßiges Gewicht, das sich zweifellos auch da und dort auf die Moral der Truppe auswirkte. Und doch war im Zentrum des Angriffs beim IR. 24 bereits an diesem ersten Kriegstag ein wohl entscheidender Erfolg gelungen.

Genauere Berichte darüber fehlen leider, aber tatsächlich hatte es das Regiment, vielleicht unter Ausnützung des ebenfalls eingeschnittenen und daher Deckung bietenden Bachgrunds der Gardenga, vermocht, sich in den Besitz von Schloß Roggenhausen und der dortigen Brücke zu setzen, die Ossa zu überqueren und am jenseitigen Ufer einen Brückenkopf zu bilden. Über dessen wirkliche Ausdehnung bestand am Abend des ersten Kampftages, möglicherweise sogar auch bei der Division, keine ganz klare Vorstellung. Immerhin dürfte das IR. 24 bis zum Einbruch der Dunkelheit Kgl. Dombrowken und Sallno genommen haben, freilich ohne damit die polnische Ossa-Verteidigung gegenüber dem IR. 45 wie dem IR. 3 zunächst zu erschüttern. Auch ein noch am Abend von Schloß Roggenhausen aus südlich des Orler Waldes vom XXI. AK angesetzten Angriff der I./Pz. Abt. 10 (im Frieden als einziger ostpreußischer Panzerverband in Zinten stationiert), der sowohl die linke Flanke des IR. 24 entlasten als auch den Ossa-Übergang bei der Mühle Slupp für die 228. Division von hinten her öffnen sollte, blieb ohne Erfolg. Die Panzer stießen gegen starken Feindwiderstand zwar bis zur Mühle Slupp vor, vermochten aber den Übergang nicht zu öffnen und wurden daraufhin wieder über die Ossa zurückgenommen.

Dennoch war mit dem Erfolg des IR. 24 der Ansatzpunkt für die Weiterführung des Angriffs am 2. 9. geschaffen. Noch während der Nacht wurde die Masse des IR. 3 aus ihren Stellungen an der Ossa, unter Aufgabe des Brückenkopfes bei der Försterei Peterhof, herausgelöst und über Schloß Roggenhausen hinter das IR. 24 verschoben, um am Morgen des 2. 9., ab 6 Uhr früh, links neben IR. 24 zunächst in südlicher Richtung anzugreifen.[2]) Auch Batterien des AR. 21 wurden in der Nacht dorthin vorgezogen.

Morgennebel und sonstige Friktionen verzögerten das Antreten jedoch erheblich, und als der Angriff um etwa 8 Uhr einsetzte, kam er zunächst nur langsam vorwärts, zumal Reste des Feindes aus dessen Stellungen an der Ossa den linken Flügel des Regiments (III./IR. 3) mit Feuer flankierten und erst mühsam ausgeschaltet werden mußten. Auch im Raume Annaberg – Grutta hielt sich der Gegner und räumte erst seine Stellungen, als der rechte Flügel der 228. Division im Laufe des Tages den Ossa-Übergang bei Mühle Slupp nun doch erzwang und über Hansfelde bis Bahnhof Melno vorstieß.

Auch gegenüber dem nunmehr nach Westen vorgehenden IR. 24 leistete der Gegner zähen Widerstand, am erbittertsten wohl aber vor dem auf Grabowitz angreifenden IR. 45. Dieses hatte bereits bei Anbruch der Helligkeit und unter Ausnützung des noch herrschenden Bodennebels sowie mit starker Artillerieunterstützung versucht, den vor ihm stehenden Feind zu werfen. „Nach wenigen Minuten schon zwang uns das dichte Strichfeuer der Maschinengewehre und Gewehre und das Bersten der Granaten von Mörsern und Artillerie des Feindes zu Boden in Deckung; nur in Einzelsprüngen ging es vorwärts ...", berichtet ein seinerzeitiger Mitkämpfer. „Sanitäter hierher, Sanitäter dorthin, ‚Sanitari', ‚Mutter', ‚Mama', ‚Hilfe', diese Rufe übertönten bei weitem die Kommandos und Befehle. Schemenhaft tauchte hier und da ein olivgrüner Helm auf und verschwand. Am hellen Vormittag, nach wenigen hundert Metern Geländegewinn kam der Befehl zum Eingraben. Wir lagen mitten im feindlichen Sperrfeuer."[3])

Gegen Mittag konnte so der Eindruck entstehen – und beim XXI. AK. bestand er –, daß der Angriff der 21. Division sich festgefahren hatte. Auf der Gegenseite wurde die Lage wesentlich anders beurteilt.[4]) Beim Kommando der Operationsgruppe Ost war man sich klar, daß die Standfestigkeit der 16. Division nicht länger mehr auf die Probe gestellt werden könnte und damit die Zeit für einen Gegenangriff gekommen sei. Zu diesem Zweck war bereits während der Nacht 1./2. 9. die Masse der 4. Division in den Raum ostwärts Rehden verlegt worden. Nun faßte der Befehlshaber der Gruppe Ost einen etwas riskanten Entschluß, nämlich die Infanterie der 16. Division durch die der 4. abzulösen, die 16. Division in den Raum von Rehden zurückzuziehen und mit der 4. Division, unterstützt von der Artillerie der 16. Division, zum Gegenangriff überzugehen.

Während die Befehle zur Ausführung dieses gewiß schwierigen Manövers noch ausgearbeitet wurden, verlor aber der Kommandeur der polnischen 16. Division offensichtlich die Nerven. Die mangelnde Funkausstattung der polnischen Truppen und der durch die Räumung der vorbereiteten Stellungen an der Ossa eingetretene Verlust an drahtgebundenen Fernmeldemitteln hatte die Feuerleitung der Artillerie wie auch die Verbindung der Truppenteile untereinander erheblich erschwert und auch zu einem Durcheinander der Verbände geführt. Dieser Situation glaubte Oberst Switalski damit Rechnung tragen zu müssen, daß er den Rückzug seiner Division in Richtung Rehden anordnete. Die Folgen waren einigermaßen katastrophal. Besonders bei den Trossen der 16. Division südlich Bahnhof Melno soll es stellenweise zu Paniken gekommen sein. Vor allem aber wurde die planmäßige Ablösung durch die 4. Division in Frage gestellt. Zudem riß mit dem Rückzug die Verbindung zur Besatzung von Graudenz ab, die nun der 21. Division allein gegenüberstand.

Auf beiden Seiten wurden damit zur selben Zeit neue Maßnahmen notwendig. Auf polnischer Seite waren die Möglichkeiten freilich beschränkt. Als erstes wurde Oberst Switalski seines Kommandos enthoben und durch seinen Infanterieführer, Oberst Bohúsz-Szyszko ersetzt. Sodann wurde aus der inzwischen funktionslos gewordenen Kampfgruppe „Weichsel" das II./IR. 65 und die 48. leichte Artillerieabteilung dem Kommando „Ost" zur Verfügung gestellt und in den Raum Okonin – Marusza dirigiert, um die Verbindung zur Besatzung von Graudenz wiederherzustellen. Das Bataillon gelangte gegen Abend nach Nitzwalde. Schließlich griffen in den frühen Nachmittagsstunden noch vorhandene Jagdflieger zur Verschleierung des Rückzugs der 16. Division an. Das angreifende 141. Jagdgeschwader erlitt dabei hohe Verluste (33 %). Immerhin hätte das im Bereich der 21. Division unerfreulich ausgehen können. Denn, als etwa um 14 Uhr vier, allerdings ziemlich veraltete Jagdflugzeuge die Ossa-Brücke bei Schloß Roggenhausen anflogen, befanden sich gerade Batterien der I./AR. 21 knapp südlich Neuberg beim Stellungswechsel in den Raum Kgl. Dombrowken. Bevor jedoch die polnischen Flieger diese zweifellos lohnenden Ziele erfassen, geschweige denn die Brücke von Schloß Roggenhausen angreifen konnten, hatte deutsche leichte Flak drei von ihnen bereits abgeschossen, während der vierte das Weite suchte.[5])

Auf deutscher Seite hingegen war die Lage keineswegs so dramatisch, wie dies dem XXI. AK erscheinen mochte. Die 21. Division stand, in ihrer linken Flanke durch den Rückzug der polnischen 16. Division unbehelligt, nach Westen eingeschwenkt, auf etwa 4 bis 5 km Breite mit sieben Bataillonen vorerst nur dem polnischen III./IR. 65 gegenüber und erhielt nun noch weitere Kampfmittel zur Verfügung gestellt. Während das Kampfgeschwader 3 Einsätze gegen Ortschaften und Stützpunkte westlich der Linie Grabowitz – Nitzwalde flog, rollten um 16.15 Uhr die zum Gefecht entfalteten Panzer der I./10 mitten durch die ostwärts von Kgl. Dombrowken befindlichen Feuerstellungen der Artillerie zum Angriff vor, um vor allem das IR. 24 möglichst bis auf die Linie Stanislawo – Gr. Ellernitz vorzureißen. Das scheint allerdings nur bedingt gelungen zu sein, da das Zusammenwirken von Panzer und Infanterie noch zu wenig eingespielt war (etwas, was sich übrigens auch am Vortag bei der 228. Division gezeigt hatte). Am Abend des 2. 9. lag das IR. 45 noch immer vor Grabowitz, das IR. 24 mochte etwa 2 bis 3 km über Sallno hinausgelangt sein und das IR. 3 stand hart ostwärts von Nitzwalde. Lediglich das III./IR. 3 war unter Ausnützung des Panzerangriffs bis auf die Höhen hart südostwärts von Gr. Ellernitz gekommen, wo das Bataillon, ohne Verbindung nach rückwärts, sich über Nacht einigelte. Der rechte Flügel der Division, also von Klodtken-Dorf über Bug Belchau bis zur Weichsel, stand auch an diesem Tag befehlsgemäß an der Ossa und damit nur 3 km von Graudenz entfernt. Jedoch bestand der Eindruck, daß gerade dieser Abschnitt, wie erwartet, vom Gegner relativ stark besetzt sei.

Sorgen machte auch, in Unkenntnis der tatsächlichen Lage, die Situation am äußersten linken Flügel der Division. Durch das Vorgehen des IR. 3 auf Nitzwalde war zur 228. Inf. Div. in Gegend Bahnhof Melno ein etwa 5 km breites Loch entstanden und dies zu einem Zeitpunkt, als sich das XXI. AK. durch Luftaufklärung über die Vorbereitung des ja ursprünglich für den Nachmittag des 2. 9. vorgesehenen Gegenangriffs der polnischen 4. Division klar wurde. Man rechnete mit seinem Einsetzen spätestens am 3. 9. und es erhob sich die Frage, ob der Angriff auf Graudenz nicht einzustellen sei, um zunächst die Bedrohung der linken Flanke auszuschalten. Die Frage wurde jedoch mit Recht verneint und zunächst die 3. (mot)/Pi. 21 und Teile Pz.Abw.Abt. 21, sodann, nach Herauslösung aus der Nordfront, die AA. 21 in das Loch bei Annaberg als Flankensicherung eingeschoben.

Ab 4 Uhr früh setzten am 3. 9. auch die erwarteten polnischen Angriffe, allerdings ziemlich unkoordiniert und artilleristisch mangelhaft unterstützt, gegen Bahnhof Melno und Gut Melno ein. Auch von Ramutken her ging der Gegner, wahrscheinlich das IR. 63, um 11 Uhr gegen Annaberg vor. Der Angriff blieb jedoch im Feuer der Batterien des AR. 21 und der I./Flak-Regiment 11 liegen. Als der Gegner auch gegenüber der 228. Inf. Div. keinen Erfolg erringen konnte, war die Gefahr von dieser Seite her gebannt.

Vor der Front der Division war die Entwicklung der Lage ebenfalls bereits absehbar. Noch am 2. 9. um 19 Uhr hatte der Gegner die Eisenbahnbrücke über die Weichsel gesprengt, ohne daß dies zunächst von der eigenen Truppe bemerkt worden war. Erst am Morgen des 3. 9. nahm die AA. 21 von den Bingsbergen aus die zerstörte Brücke wahr. Während der Nacht vom 2./3. 9. glaubte das vorgeschobene III./IR. 3 aus Geräuschen auf eine beginnende Absetzbewegung des Gegners schließen zu können. Tatsächlich erlahmte nun der Feindwiderstand zusehends, nachdem das I./IR. 45 zu Mittag des 3. 9. mit Luftwaffenunterstützung die Höhen um Grabowitz erstürmt hatte. Am Abend nahm das Bataillon bereits das Bahnhofsgelände von Graudenz in Besitz. Das links daneben angreifende II./IR. 45 stieß sogar noch in das Stadtgebiet vor, wurde aber, um einen unnötigen nächtlichen Straßenkampf zu vermeiden, wieder herausgezogen. Diese Maßnahme war insofern überflüssig, als der Gegner die Stadt im Laufe des Nachmittags bereits geräumt hatte. Teile der O. N.-Bataillone und der III./AR. 16 scheinen im Norden der Stadt sich allerdings noch bis zum letzten Augenblick verteidigt zu haben. (Skizze 3)

Auch beim IR. 3 hatte der am Morgen des 3. 9. wieder aufgenommene Angriff, neuerlich von der I./Pz.Rgt. 10 unterstützt, nun wesentlich zügiger Raum gewonnen. Über den südostwärts von Graudenz gelegenen und von

*Beiderseitige Lage im Abschnitt des XXI.AK.
am 3. 9. 1939 nachmittags*

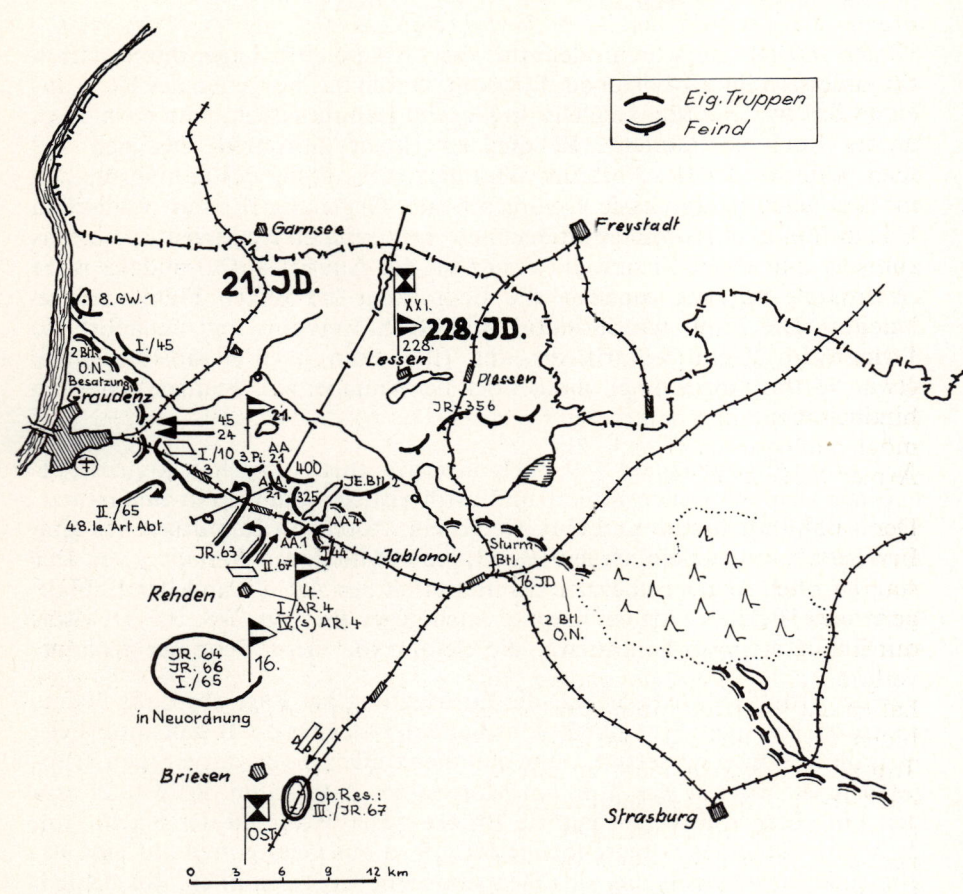

Skizze 3

eigenen Fliegern stark zerstörten Flugplatz vorstoßend, erreichte das III./IR. 3 um 16.30 Uhr bei den Böglershöhen (3 km südlich Graudenz) die Weichsel. Eine halbe Stunde später trafen auch die ersten Panzer am Flußufer ein. Mit der Besetzung der Stadt Graudenz und der Feste Courbière wurde am 4. 9. das IR. 45 betraut. Oberst von Behr nahm im Rathaus von Graudenz die Kapitulation der Stadt entgegen. An die Bildung eines Brückenkopfes über die Weichsel wurde jedoch, entgegen des ursprünglichen Auftrages, jetzt nicht mehr gedacht. Das war insofern verständlich, als dem Strom im Bereich von Graudenz nunmehr eine Sperrfunktion gegenüber den in der Tucheler-Heide zerschlagenen polnischen Verbänden zukam. Tatsächlich beobachteten Angehörige des IR. 3 am Morgen des 4. 9. zahlreiche polnische versprengte Soldaten, die die Weichsel südlich Graudenz von Westen nach Osten zu überqueren versuchten. Sie wurden teils durch MG-Feuer daran gehindert, teils gefangen genommen.

Der Kampf um Graudenz war damit zu Ende. Noch am Vormittag des 4. 9. drehte die Division bereits in Verfolgung des abziehenden Gegners mit IR. 24 und IR. 3 sowie mit der entsprechenden Artillerie nach Süden bzw. Südosten ein. Der Divisionsstab verlegte am 4. 9. abends seinen Gefechtsstand in das noch brennende Okonien, 11 km südostwärts von Graudenz, an der Straße nach Rehden. Rehden selbst wurde durch das IR. 24 genommen, während das IR. 3 bei Debenz und westlich davon (Höhe 117) bis Adlig Waldau zu sichern hatte. Den rechten Flügel dieser neuen Divisionsfront bis zur Weichsel hin scheint die AA. 21 eingenommen zu haben. Feindberührung mit der in Richtung Thorn abziehenden 4. Division dürfte, wenn überhaupt, nur noch vor dem IR. 24 bestanden haben, denn bereits in der Nacht vom 3./4. 9. war südwestlich Kulm das deutsche II. AK. über die Weichsel gegangen und griff entlang der neuen Front der 21. Division, in etwa 10 km Entfernung, auf Briesen an. Zu einer persönlichen Verbindungsaufnahme mit diesen Verbänden kam es am Nachmittag des 5. 9., möglicherweise durch AA. 21, womit das Zusammenwirken von 3. und 4. Armee hergestellt war.

Der Kampf um Graudenz war für die Division, man möchte fast sagen über Erwarten hart gewesen. Gegenüber einem von der Zahl her zwar fast gleich starken, sich aber sehr verzettelnden und an Artillerie, Panzern und Fliegern unterlegenen Gegner hatte sich die Division nur mit einiger Mühe durchgesetzt und in den ersten fünf Kriegstagen mehr Verwundete und Tote verloren, als während des ganzen folgenden Feldzugs in Polen. Am meisten hatten natürlich die Infanterieregimenter und hier wiederum das IR. 24 geblutet (vgl. Anlage 5). An eine Atempause für die doch eher erschöpfte Truppe war jedoch nicht zu denken. Während die 228. Inf. Div. in den nächsten Tagen, am linken Flügel des II. AK., weiter in Richtung Warschau angriff, wurde die 21. Inf. Div. zu einer neuen Verwendung am linken Flügel der 3. Armee aus der Front gezogen. Die mot. Verbände der Division rückten noch in der Nacht vom 5./6. 9. in den Raum Hohenstein – Allenstein – Osterode, erhielten aber während der Marschbewegung den Befehl, den Raum Wiartel – Johannisburg – Ortelsburg zu erreichen. Die Fuß- und bespannten Truppen wurden zur gleichen Zeit an die Bahnlinie Marienwerder, Bischofswerder zur Verladung herangeführt. Ab 6. 9. früh rollten die Transporte nach Osten, einem für die Truppe noch unbekannten Ziel entgegen.

2. Die Erstürmung der Befestigungen von Nowogrod

Um es gleich vorwegzunehmen: dieser zweite Einsatz der Division im Polenfeldzug war so, wie er dann tatsächlich verlief, zunächst keineswegs geplant. Von der Armee bis zur Division hatte man sich den Ablauf der Dinge ganz anders gedacht (vgl. Skizze 4).

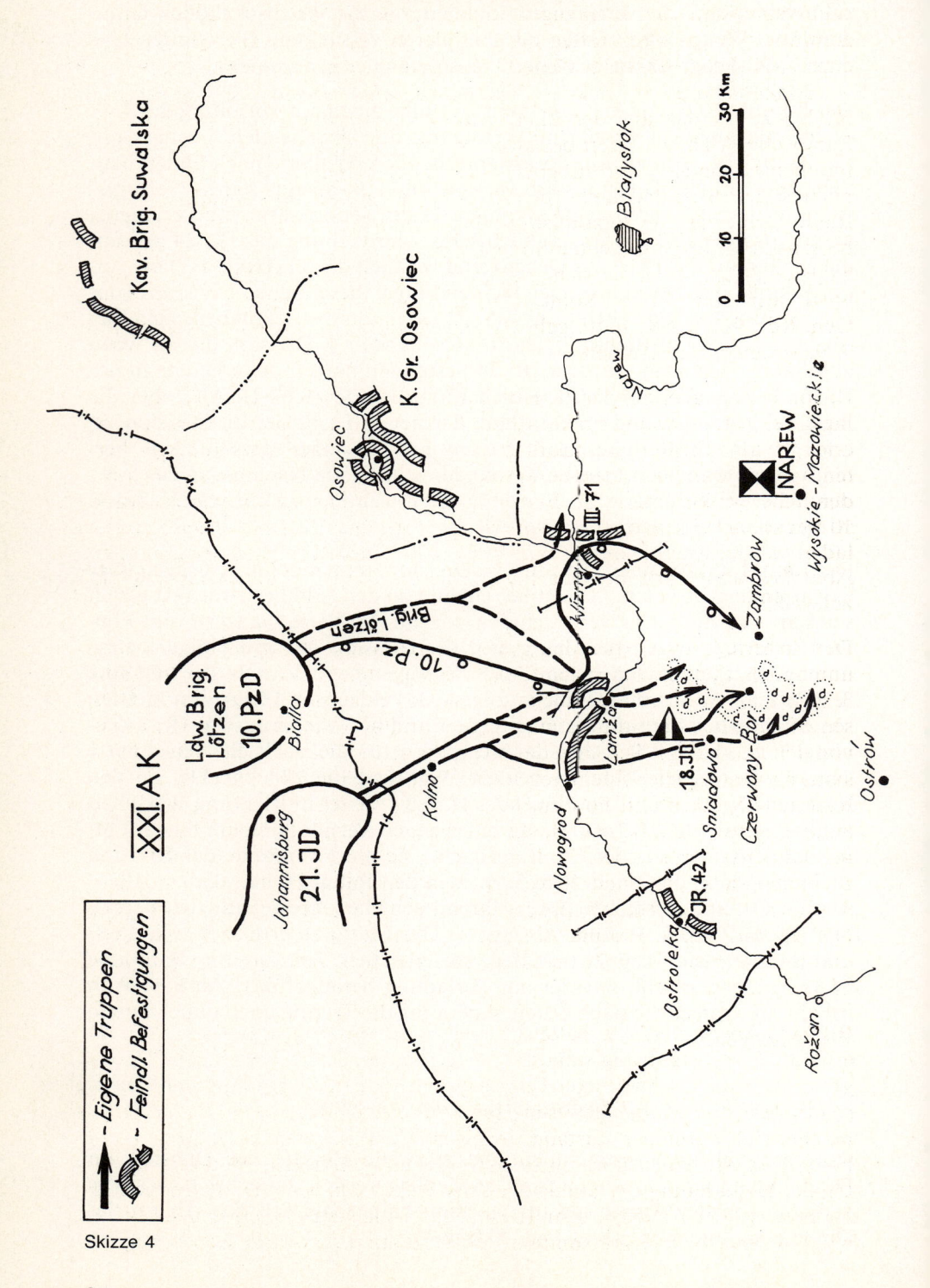

Durchbruch des XXI.AK. durch die polnische Narew-Linie vom 7.–13. 9. 1939

Skizze 4

Absicht der 3. Armee war es, Feindkräfte, die aus dem Raum Warschau und vor allem vom Unterlauf des Narew bei Rożan nach Osten auszuweichen versuchten, den Rückzugsweg abzuschneiden. Diese Aufgabe kam — zumindest bis zum Eintreffen des aus Westpolen im Antransport befindlichen XIX. (mot) AK unter General Guderian — dem im Raume Ortelsburg — Johannisburg — Lyck — Gehlenburg (Bialla) sich versammelnden XXI. AK zu, das aus der 21. Division, der 10. Panzerdivision und der Landwehr-Brigade Lötzen bestand. Worauf es ankam war klar: auf einen möglichst schnellen und möglichst weit nach Osten ausholenden Vorstoß nach Süden. Das bedeutete für die 21. Division, der als Ausladeraum der Raum Ortelsburg — Johannisburg zugewiesen war, daß sie von Johannisburg nach Süden, mit rechtem Flügel über Kolno, Łomża auf Zambrow vorzugehen hatte, wozu sie sich, nach Überschreiten der polnischen Grenze etwa auf der Linie Kolno — Lachowo bereitstellen sollte. Das Gen. Kdo. XXI. AK. hatte gehofft, die Versammlung des Korps noch am 7. 9. vollenden zu können.

Davon konnte aber bei der 21. Division keine Rede sein. Die große Ausdehnung des Ausladeraumes bedingte, daß Truppenteile, die etwa in Niedersee oder gar in Ortelsburg ausgeladen wurden, 35 — 50 km zurückzulegen hatten, um nach vorne in den Bereitstellungsraum aufzuschließen. Zwar wurden Teile der Infanterie im Eisenbahntransport bis nach Königstal (rund 10 km südlich Johannisburg) vorgefahren. Andere, die in Niedersee ausgeladen worden waren, im LKW-Transport bis nach Königstal vorgeworfen. Aber bespannte Truppenteile hatten diesen Weg im Fußmarsch zurückzulegen.

Der Zeitdruck, unter dem das ganze Unternehmen stand, machte es auch unmöglich, das Eintreffen sämtlicher Transporte abzuwarten. Während die 3. (mot)/Pi. 21 als erste Einheit der Division den Grenzübergang bei Gehsen offenhielt, traten die Bataillone und Abteilungen, so wie sie eintrafen, von den Ausladerampen weg, den Vormarsch an. Diesen gedachte die Division, nach einer eher flüchtigen Bereitstellung, die nicht viel mehr als eine Rast zum Tränken und Füttern der Pferde darstellte, in zwei Kolonnen anzutreten: rechts IR. 45 mit II./AR. 21 und I./AR. 57, sowie der 2./Pi. 21, links das IR. 3 mit I./AR. 21. Das IR. 24 mit III./AR. 21 hatte dem IR. 45 zu folgen, hing aber rund 20 km zurück. Die mot. Teile der Division, also 3. (mot)/Pi 21, II./AR. 57, Brückenkolonne, leichte Pi. Kolonne, mot. Teile NA. 21 und Masse PzAbw. Abt. 21, wurden unter dem Befehl des Kommandeurs PzAbw. Abt. 21 bei Gehsen versammelt und hatten sprungweise zu folgen.[6]

Bis zum Abend des 7. 9. hatte die Spitze der Marschgruppe IR. 45 Kolno erreicht. Die Aufklärung stand bei Borkowo. Bei Überschreiten der Reichsgrenze war noch schwächerer Feindwiderstand, offenbar polnischer Grenzschutz, zur überwinden gewesen, dann hatte er ganz aufgehört. Allerdings machte sich dafür der Zustand der polnischen „Straßen" um so bemerkbarer. Fast alle Brücken waren zerstört. Die ausgefahrenen Sandwege machten der Bespannung der Stahlwagen der Infanterie, wie auch den schweren Fahrzeugen der Artillerie sehr zu schaffen. Auch die nach Sonnenaufgang am 8. 9. einsetzende spätsommerliche Hitze und die starke Staubentwicklung setzten der seit rund 12 Stunden fast ununterbrochen marschierenden Truppe sehr zu und vermittelte ihr damit die erste „Osterfahrung". Dennoch beabsichtigte die Division, wie sie in Unkenntnis der großen Lage noch am Abend des 7. 9. befahl, am frühen Morgen des 8. 9. aus der Linie Kolno – Swiatki – Rydzewo gegenüber einem scheinbar fluchtartig nach Süden zurückgehenden Feind „zur überholenden Verfolgung" anzusetzen und zwar in Richtung Lomža.[7])

Wenn eben gesagt wurde: „in Unkenntnis der großen Lage", so deshalb, weil inzwischen ein Ereignis eingetreten war, das den weiteren Verlauf der Dinge stark beeinflussen sollte. Die links von der 21. Division angesetzte 10. Pz. Division war planmäßig am Morgen des 7. 9. zum Angriff aus ihrem Bereitstellungsraum Drigelsdorf – Arys – Gehlenburg angetreten und war in einem Zug von Sczuczim über Stawiski bis Lomža vorgestoßen. Noch am Abend dieses Tages hatte die Division versucht, diese ehemals russische und offenbar veraltete Festung, der man keine besondere Widerstandskraft beimaß, im Handstreich zu nehmen. Damit wäre der dortige Narew-Übergang für die im Anmarsch befindliche 21. Inf. Div. geöffnet und ihr ein rasches weiteres Vorgehen auf Zambrow ermöglicht worden. Dieses Unternehmen scheiterte jedoch unter erheblichen Verlusten an Toten und Verwundeten bei der Schützenbrigade und unter Verlust von mehreren Panzern. Der Kommandeur der Panzerdivision entschloß sich daraufhin noch in der Nacht vom 7./8. 9., mit der Masse seiner Division auf Wizna abzudrehen, um hier unter günstigeren Bedingungen den Narew-Übergang zu erzwingen, was auch am 9. 9. gelang.

Für das Generalkommando XXI. AK. ergab sich die Frage, ob es angesichts der offenbar doch größeren Widerstandskraft der Festung Lomža sinnvoll sei, mit der darauf angesetzten 21. Division einen nochmaligen Versuch zu ihrer Einnahme zu unternehmen. Da es dem Korps weniger auf den Besitz der Festung als auf den Narew-Übergang, wo immer er war, ankam, entschloß sich der Kommandierende General in der Nacht vom 7./8. 9., Lomža zunächst lediglich durch Teile der heranzuführenden Landwehr-Brigade Lötzen beobachten zu lassen, die 21. Division aber aus ihrer bisherigen Vormarschrichtung nach Süden einzudrehen und ihr den scheinbar leichteren Narew-Übergang bei und ostwärts Nowogrod zu befehlen.[8])

Die Schwenkung der im ununterbrochenen Marsch befindlichen Division war problemlos, und am Nachmittag des 8. 9. erreichten die Marschgruppen den Narew. Noch am Vormittag waren die Kommandeure des IR. 3 und IR. 45 unterrichtet worden, daß die Division den Narew-Übergang in dem befohlenen Abschnitt für den 9. 9. vorsehe. Besondere Schwierigkeiten erwartete man dabei nicht. Noch bei der Befehlsausgabe um 22.00 Uhr auf dem Regimentsgefechtstand IR. 3 für den nächsten Morgen war nur von einer Feindbesetzung des Südufers durch Schützen und MG die Rede, freilich unter Hinzufügung: „Mit Feldbefestigungen, eventuell Bunkern, muß gerechnet werden".[9]) Auch den am Narew eingetroffenen Spitzen-Kompanien des IR. 45 wurde eine ähnliche Orientierung gegeben. Daß die Division in ihrem etwa 5 km breiten Angriffsstreifen (von der Pisa-Mündung nach Osten) einem tief gegliederten System von modernen, betonierten Kampfanlagen gegenüberstehen werde, war bisher nicht erkannt worden.

Weder durch Agentenmeldungen noch durch Luftaufklärung war bisher etwas über diesen Ausbau der Narew-Verteidigung bekannt geworden, der – wie nachträgliche Gefangenenaussagen ergaben[10]) – vor etwa 4 Monaten begonnen worden war. Der Ausbau war zwar noch nicht vollendet, aber bereits in einem durchaus verteidigungsfähigen Zustand. Die Befestigungslinie von Nowogrod bis ostwärts Szablak, also vor dem Abschnitt der 21. Division bestand aus 14 neuzeitlich ausgebauten Betonbunkern in der Art, wie sie schon von den Tschechen etwa beim Ausbau des Brückenkopfes von Engerau bei Preßburg verwendet worden waren. Die Kampfstände waren in zwei Reihen angeordnet: 9 kleinere Bunker standen in Ufernähe, 5 größere Bunker mit jeweils 2 kleinen Panzerkuppeln befanden sich in der Tiefe dahinter. Die Bunker, jeweils mit 3 sMG und 1 – 2 lMG armiert, zum Glück aber bis auf eine Ausnahme ohne artilleristische Bewaffnung, waren von 12 bis 15 Mann unter Führung eines Feldwebels oder Offiziers besetzt und standen untereinander in telephonischer Verbindung. Infolge ihrer Bauweise waren sie allerdings fast nur zu einer flankierenden Feuerabgabe befähigt, mit der die Zwischenräume zwischen den Werken bestrichen werden konnte, während die Abwehr in der Front aus zusätzlichen Feldstellungen hinter der ersten Linie erfolgte, die außerdem noch durch Drahthindernisse gesichert waren. Verteidigt wurde der Abschnitt Nowogrod durch ein Bataillon und zwei MG-Kompanien des polnischen IR. 33 der 18. Division, die offenbar den Narew zwischen Ostrolenka und Lomža zu halten hatte.

In den letzten Tagen vor dem Angriff der 21. Inf. Div. waren den Verteidigern außerdem noch „Festungsspezialisten" zugeteilt worden, worunter wohl Festungs-MG. Einheiten zu verstehen waren.

Die polnische 18. Division gehörte zur sogenannten „Selbständigen Operationsgruppe NAREW", der die Verteidigung der Narew- und Biebrza-Linie von Augustowo bis in den Raum nördlich Rożan übertragen war. Der Schwerpunkt der Verteidigung lag zweifellos im Narew-Bogen zwischen Lomža und Nowogrod, wo auch die Masse der 18. Division versammelt war. Die Befestigungen bei Wizna hielt eine Kampfgruppe, bestehend aus dem verstärkten III./IR. 71, besetzt, und bei Ostrolenka stand das verstärkte IR. 42. Wahrscheinlich gehörten diese beiden Verbände gemäß Kriegsgliederung zur 18. Division, die allem Anschein nach über vier Infanterieregimenter verfügte. Als Eingreif-Reserve der Operationsgruppe stand bei Kriegsbeginn die 33. Division hinter der 18. Division. Südostwärts von dieser hatte sich auch die Kavallerie-Brigade Podlaska zu sammeln, nachdem sie ihre Aufklärungs- und Verschleierungsaufgaben im Vorfeld der Narew-Linie erfüllt hatte. Von all diesen Verbänden war jedoch, als die 21. Inf. Div. gegen den Narew vorrückte, nur noch ein Teil vorhanden.

Durch den Vorstoß der 3. Armee über den unteren Narew im Abschnitt Rożan – Pultusk wurde nicht nur die Verbindung der Operationsgruppe zu ihrem linken Nachbarn, der Armee „Modlin", gefährdet, sondern es zeichnete sich bei einem weiteren Vorstoß der deutschen Kräfte gegen den Unterlauf des Bug bei Brok eine direkte Rückenbedrohung der Operationsgruppe Narew ab. Zur Abwehr dieser Gefahr war daher die 33. Division bereits aus ihrem Bereitstellungsraum abgezogen und in den Einbruchsraum Rożan geführt worden. Auch die Kavallerie-Brigade Podlaska war nach Süden gegen den Bug abgezogen worden. So blieb denn nur noch die weit auseinandergezogene 18. Division vor der Front des anrückenden deutschen XXI. AK. stehen. Der dadurch bewirkten schwachen Besetzung der Verteidigungslinie und dem fast völligen Mangel an Artillerie auf polnischer Seite (lediglich ein bis zwei Batterien traten in Erscheinung) verdankte es die 21. Inf. Div., daß der 9. 9. für sie nicht zu einer Katastrophe wurde. Immerhin sollte der Tag hart genug werden.

Die Division hatte sich für den geplanten Flußübergang mit 2 Regimentern in der Front (rechts IR. 45, links IR. 3) bereitgestellt, während sie das IR. 24 im Hinblick auf ihre offenen tiefen Flanken vorerst zurückbehielt. Vorderer Rand der Bereitstellung waren die südlichen Waldränder nördlich des Narew. Von hier aus hatte die angreifende Infanterie ein flach welliges, teils mooriges Wiesengelände, teils kusseliges bzw. abgeholztes Sandgelände bis zu dem etwa 200 bis 300 m entfernten Narew zu überwinden. Jenseits befand sich ein zunächst steiles, dann flacher werdendes Höhengelände, hinter dessen Kammlinie das bereits brennende Nowogrod zu sehen, bzw. zu vermuten war. Auf dieser sanft ansteigenden Bühne standen, völlig ungetarnt und mit dem bloßen Augen deutlich auszumachen, die verschiedenen Bunker, die kleineren nahe am Fluß, die großen in etwa 1.000 bis 1.200 m Entfernung.

Trotz dieser keineswegs sehr einladenden Lage hoffte die Division, am 9. 9. den Übergang mit den ihr zur Verfügung stehenden Kräften in üblicher Weise erzwingen zu können. Der Schwerpunkt scheint beim IR. 3 gelegen zu haben. Das Regiment setzte seinerseits das I. und II. Bataillon für den Angriff an, während es das III. Bataillon zur Sicherung der linken Flanke auf Höhe 160 bei Kupnina vorschob.

Um 5.45 Uhr eröffnete die Divisionsartillerie das Vorbereitungsfeuer, 30 Minuten später trat die Infanterie zum Angriff an — und wurde, kaum daß sie den Wald verlassen hatte, sofort mit starkem, flankierendem wie auch frontalem MG-Feuer empfangen. Es dauerte daher fast zwei Stunden, bis das I./IR. 3 sich bis zu Deckung bietenden Mulden am Nordufer des Narew vorarbeiten konnte.[11]) Wieder zwei Stunden später waren — nach langem, beschwerlichen Anmarsch — auch die notwendigen Floßsäcke durch einen Floßsackzug der 3. (mot)/Pi. 21 bis zum Waldrand vorgebracht worden. Auch sie mußten über die freie Fläche im Feindfeuer bis zum Fluß hinuntergeschafft werden, was zwar unter Verlusten, aber mit unbeschädigten Floßsäcken gelang.

Die ganze Zeit über hatten die mit dem Bataillon auf Zusammenarbeit angewiesenen 1. und 3./AR. 21 die in den Bataillonsstreifen hereinwirkenden Feindbunker unter Feuer genommen, jedoch ohne sichtbare Wirkung. Um doch zu einer solchen zu gelangen, zog das Bataillon einen ihm unterstellten Pak-Zug vor, der trotz schweren feindlichen MG-Feuers am Waldrand in offene Feuerstellung ging und einen der vorderen, für den Übergang besonders hinderlichen Bunker bekämpfte. Jedoch, trotz gut sitzender Schüsse auf den Kopf des Bunkerturmes lebte das MG-Feuer immer wieder auf. Angesichts dieser Lage war es für den Chef der 1./IR. 3, Oberleutnant Engbrecht, nicht leicht, seinen Männern um 11.45 Uhr den Befehl zum

Übersetzen zu geben. Während die beiden Batterien des AR. 21 eine Nebelwand vor die Bunker legten, die II./AR. 57 Vernichtungsfeuer auf die rückwärtigen Stellungen schoß und sämtliche Maschinengewehre der 4./IR. 3 das Feuer eröffneten, brachte die erste Welle (2 Züge) die Floßsäcke zu Wasser und paddelte fast ohne Verluste über den Fluß. Die steile Uferböschung am jenseitigen Ufer gewährte gute Deckung. Aber ein starker Westwind trieb den Nebel schnell weg, und den Batterien fehlte eine genügende Anzahl Nebelgranaten, um den Nebelvorhang zu unterhalten. So mußte denn ein in den Mittagsstunden angesetzter Fliegerangriff auf die Bunker abgewartet werden, um unter Ausnutzung seiner Wirkung die restlichen Teile der 1. Kompanie überzusetzen. Dies gelang zwar, aber mit höheren Verlusten und ohne, daß der Angriff nun weiter hätte vorgetragen werden können. Eine sichtbare Wirkung hatten auch die Fliegerbomben nicht erzielt. Die Bunker schienen intakt und verhinderten mit Feuer jede weitere Verstärkung. Die 1. Kompanie lag Schulter an Schulter an der südlichen Uferböschung, gegen das feindliche MG-Feuer zwar gut gedeckt; wer aber auch nur den Kopf über die Deckung hob, erhielt sofort gut gezieltes Feuer. Beim IR. 45 war der Tag ähnlich verlaufen. Dort waren 1. und 3. Kompanie (jeweils ohne einen Zug) übergesetzt worden, nach der Landung jedoch ebenfalls nicht über die Uferböschung hinausgelangt. Die Zeit war also reif für neue Entschlüsse.

Das Generalkommando XXI. AK. erkannte, daß der Durchbruch der Division an der ihr zugewiesenen Stelle nur dann möglich war, wenn man dieselbe entsprechend verstärkte. Der Division wurde daher am Nachmittag des 9. 9. die gesamte Korpsartillerie, insbesondere die von Graudenz her bekannte 30,5 cm Mörser-Batterie Beck (1 Geschütz), sowie die ebenfalls schon bewährte I./Flak. Rgt. 11 unterstellt. Außerdem wurde der Division der Stab des Art. Führers 1 (GM. Herzog) zugeführt und die Mitwirkung von Fliegerkräften für den 10. 9. zugesagt.

Die Division selbst hoffte noch während der Nacht vom 9./10. 9. durch Stoßtruppunternehmen gegen die Bunker die Lage verbessern zu können. Vergeblich! Vielmehr entschloß sich der Kommandeur des IR. 45, die übergesetzten Teile nach Einbruch der Dunkelheit wieder zurückzunehmen und beim I./IR. 3 war man froh, das Bataillon einschließlich der auf dem Südufer befindlichen Teile, aufmunitionieren und verpflegen zu können. Während der Nacht und im Morgengrauen wurden aber von der 1. und 3. und 8./AR. 21 insgesamt 9 lFH an den Waldrand vorgezogen, um bei Morgengrauen die Bunker im direkten Richten mit Panzergranaten bekämpfen zu können. Sicherheitshalber verlegte die Division ein Bataillon des IR. 24 nach Westen über die Pisa, um von dort aus Spähtrupps über den Narew südwestlich Nowogrod vorzutreiben und „Einsatzmöglichkeiten stärkerer Kräfte in diesem Abschnitt" zu erkunden. Im übrigen zeigte gerade dieser „Divisionsbefehl über die Fortsetzung des Angriffs in der Nacht vom 9. zum 10. 9. 1939 und am 10. 9. 1939"[12]) die Fehleinschätzung der Lage wohl infolge mangelnder Kenntnis der tatsächlichen Verhältnisse.

Der Gegner war die Nacht über sichtlich nervös und streute den Wald nördlich des Narew und dessen Vorgelände mit Artillerie- und MG-Feuer ab. Um 4 Uhr morgens, als eine Pause eingetreten war, setzte ein Zug der

2./IR. 3 unter Führung von Leutnant Hildebrandt (dem nachmaligen Generalleutnant der Bundeswehr und Inspekteur des Heeres) ohne Verluste über den Fluß. Um 5 Uhr setzen weitere Teile der 2. Kompanie über. Inzwischen hatten die vorgezogenen Feldhaubitzen des AR. 21 im direkten Richten den Beschuß der Bunker – wiederum ohne sichtbaren Erfolg – aufgenommen und ab 6 Uhr griff die I./Flak. Rgt. 11 in den Kampf ein. Nun gewann der Angriff der beiden übergesetzen Kompanien langsam Raum. Unter dem Eindruck des schweren Beschusses, vor allem auch der Mörserbatterie, wie auch eines am Vormittag angesetzen Stuka-Angriffs stellten die Bunker allmählich das Feuer ein. Sie waren nicht niedergekämpft, aber kampfunfähig. Als Soldaten des IR. 3 die rückwärtige Tür eines bereits hinter ihrer Front liegenden Bunkers mit einer geballten Ladung öffneten, weil sie in dem Bunker den Truppenverbandplatz errichten wollten, wurden plötzlich Stimmen laut und elf völlig verstörte polnische Soldaten taumelten ins Freie. Andere Bunker mußten freilich durch Stoßtrupps mit Flammenwerfern ausgeschaltet werden. Aber nun ging das Übersetzen der Bataillone schon flüssiger vor sich. Das II. und III./IR. 45 wurden in den Brückenkopf des IR. 3 nachgezogen und griffen teils zur Ausweitung des Brückenkopfes nach Süden, teils nach Osten auf Nowogrod an. Nachdem das II./IR. 45 diese Stadt genommen hatte, wurde auch das zunächst noch am Nordufer belassene I./IR. 45 am späten Nachmittag auf das Südufer hinübergeführt. Die polnische Narew-Verteidigung war allerdings bereits in den Mittagsstunden durchbrochen worden, als ein großer Bunker auf der Höhe 131, südostwärts Nowogrod und rund 2 km vom Narew entfernt, genommen worden war. Zwar gab sich der Gegner noch nicht geschlagen. Um 16.30 Uhr traf ein Gegenangriff des von Ostrolenka in Eilmärschen herangeholten IR. 42 (18. Division) das nach Süden sichernde III./IR. 45. Es war jedoch zu spät. Der Angriff wurde mit Unterstützung des AR. 21 unter bedeutenden Verlusten für die Polen abgewiesen.[13]) Das gleiche Schicksal hatte ein aus Richtung Lomža gegen die linke Flanke des IR. 3 vorgetragener feindlicher Gegenstoß, der vom III./IR. 3 abgewehrt wurde. Am Nachmittag war die 8-to Kriegsbrücke, etwa an der Übersetzstelle des I./IR. 3, fertig und am Abend gingen die ersten Batterien des AR. 21 auf dem Südufer des Narew in Stellung.

Dieser frontale Einsatz gegen eine permanente Befestigungslinie, wie er in dieser Art von der Division bis zum Ende des Krieges nicht mehr gefordert wurde, hat die Division allein über 90 Tote gekostet. Im Nachhinein können einem fast Zweifel an der Zweckmäßigkeit dieses Vorgehens kommen. Denn praktisch war die Lage der 18. Division zwischen Lomža und Nowogrod, auch ohne Kampf, unhaltbar und der Rückzugsbefehl nur eine Frage der Zeit. Wie schwach die polnische Widerstandskraft gerade dort bereits war, wo sie nicht herausgefordert wurde, zeigt der Umstand, daß der Landwehrbrigade Lötzen in der Nacht vom 10./11. 9. genau das gelang, woran drei Tage früher die 10. Panzerdivision gescheitert war, nämlich Lomža im Handstreich zu nehmen.

Immerhin erübrigte sich damit, daß von der 21. Division – wie geplant – das IR. 3 nach Überwindung des Narew gegen Lomža eingedreht wurde, um die Festung von rückwärts zu öffnen. Der Gegner hatte bereits auf der ganzen Linie den Kampf aufgegeben.

3. Die Gefechte bei Zambrow und die Kämpfe bei Bialystok

Nach der Säuberung des Raumes von Nowogrod und nachdem sich der Ansatz des IR. 3 gegen die Südfront von Lomža als überflüssig erwiesen hatte, trat die 21. Division am 11. 9. ihren weiteren Vormarsch nach Süden an.[14]) Zu „säubern" war freilich nicht mehr viel. Der Gegner hatte sich nach dem Zusammenbruch seiner Narew-Verteidigung großräumig abgesetzt. Die Lage, in der sich der Kommandeur der polnischen 18. Infanteriedivision, Oberst Kossecki, befand, ließ freilich keinen anderen Entschluß zu. Die weitgespannte Aufstellung seiner Division am Narew war in ihrem Zentrum durchbrochen worden; hier mußte mit dem Nachstoßen der 21. Division gerechnet werden. Auch waren die Flanken aufs Höchste bedroht. Rechts war die 18. Division durch den Vorstoß des XIX. mot. AK. hoffnungslos überflügelt, und links hatte die 206. Inf. Div. den Unterlauf des Narew bei Rożan überschritten und näherte sich Ostrow-Mazowiecka, womit sie die tiefe linke Flanke der 18. Division bedrohte. Was blieb da anderes übrig, als die noch vorhandenen Kräfte nach rückwärts, also zunächst einmal in den Raum des polnischen Truppenübungsplatzes Czerwony-Bor, einem ausgedehnten Waldgebiet, und südlich davon zu versammeln? Ob es der Division jedoch gelingen würde, aus diesem noch immer bestehenden Sack zu entweichen, mußten die nächsten 24 Stunden zeigen.

Die 21. Division war dem abziehenden Gegner so schnell als möglich gefolgt, wobei über die Marschgliederung keine verläßlichen Meldungen vorliegen. Es wäre denkbar, daß die Infanterieregimenter in der Reihenfolge IR. 3, IR. 45 und IR. 24 mit der jeweils zugeteilten Artillerie auf einer Straße hintereinander marschiert sind. Sicher ist jedenfalls, daß das III./IR. 3 mit der I./AR. 21 als Flankenschutz links neben der Hauptkolonne vorging. Am Abend erreichte die Spitze der Division Sniadowo, das III./IR. 3 Zagroby; der Divisionsstab nächtigte in Szczepankowo. Für den nächsten Tag waren vom Korps weit gesteckte Marschziele im Süden befohlen worden. Dazu kam es joch nicht, denn der Vormarsch durch den Czerwony-Bor und seine westlichen Ausläufer erwies sich geländebedingt als äußerst schwierig. Auf den engen Waldschneisen waren die zahlreichen Fahrzeuge immer wieder im Wege, so daß man sich beim IR. 45 entschloß, die Fahrzeuge zurückzulassen, mit den Bataillonen eng aufgeschlossen zu marschieren und die Kolonne durch Offizierspähtrupps rechts und links begleiten und sichern zu lassen.[15]) Das war von Nutzen, denn es zeigte sich bald, daß der Czerwony-Bor feindbesetzt war. Die Division scheint darauf hin das IR. 3 von Norden her auf den Czerwony-Bor angesetzt, mit weiteren Kräften (IR. 45?) von Westen her den an den Waldrändern festgesetzten Feind bekämpft und abgeriegelt zu haben, während sie weiter (mit IR. 24?) nach Süden bis an die Straße Zambrow, Ostrow, Mazowiecka durchstieß und dort nach Überschreiten derselben nach Osten eindrehte. Speziell unter dem Druck des IR. 3 ergaben sich im Laufe des Tages Angehörige aller drei Infanterieregimenter der 18. Division (IR. 33, 42 und 71), von denen wiederholt über Zersetzungserscheinungen ihrer Verbände berichtet wurde. Davon zeugte freilich auch die Unmenge an verstreutem Gerät und Ausrüstungsstücken, die die Bataillone bei ihrem Vordringen antrafen. Nachdem es den südlich des Czerwony-Bor nach Osten eingedrehten Truppen gelungen war, die Verbindung mit der südwestlich von Zambrow im Gefecht stehenden

20. ID (mot) des XIX. (mot) AK. herzustellen, der Czerwony-Bor auch im Osten durch Teile der von Lomža vorgestoßenen Landwehr-Brigade Lötzen abgeriegelt war, waren damit bereits starke Teile der polnischen 18. Division eingeschlossen. Reste der Division gerieten in einem zweiten Kessel in Gefangenschaft, der am 13. 9. im Norden durch Teile der 21. Division, im Südwesten durch die 206. ID. und im Südosten durch die 20. ID. (mot) um Andrzejewo gebildet wurde. Insgesamt ergaben sich vor dem XXI. AK. rund 100 Offiziere und 5 – 6.000 Mann, darunter auch der Divisionsstab. Eine große Anzahl an Geschützen, auch Flak, Pak, Fahrzeuge und etwa 800 Pferde wurden als Beute eingebracht.[16] Damit war der stärkste Heereskörper der polnischen Operationsgruppe „Narew" vernichtet. Der Rest dieser Gruppe, bestehend aus zwei Kavalleriebrigaden, der allerdings auch bereits angeschlagen war, sollte teilweise die 21. Division noch in den folgenden Tagen beschäftigen. Vorerst bestand aber keine Feindberührung mehr, denn nach Zerschlagung des bisherigen Gegners, wobei die Division vergleichsweise nur geringe Verluste erlitten hatte, wurde sie aus ihrer bisherigen Stoßrichtung neuerlich, nunmehr nach Osten hin, abgedreht.

Auf Befehl der Heeresgruppe Nord, die sich das XXI. AK. direkt unterstellt hatte, hatte dieses mit der „Gruppe Brand" (Brigaden Goldap und Lötzen), ferner der 21. und 206. ID. auf Bialystok vorzugehen, um damit die tiefe linke Flanke des auf Brest-Litowsk vorstoßenden XIX. (mot) AK. zu decken. Das bedeutete für die 21. Division, daß in den nächsten Tagen ihre Gefechtstätigkeit vor allem im Marschieren bestehen sollte. Zunächst freilich war eine Kreuzung mit den Marschgruppen des XIX. (mot) AK. zu vermeiden. Dazu wurde die Division am Abend des 13. 9. mit ihren Anfängen nur bis an den Westeingang von Zambrow vorgeführt und schloß dann zunächst einmal in sich auf. Am 14. 9. wurde der Vormarsch ohne Feindberührung, zügig über Wysokie-Mazowiechie, Sokoly gegen die Narew-Übergänge bei Suraz und Bokiny angetreten und ohne ernsten Widerstand jeweils Brückenköpfe gebildet. Die Straßenbrücken waren allerdings zerstört; angesichts des moorigen Ufergeländes erschien eine schnelle Wiederherstellung des Übergangs bei Bokiny nicht möglich. Die Infanteriefahrzeuge, aber auch die Arillerie mußten daher umgeleitet und über Suraz nachgezogen werden.

Die vom XXI. AK. für den 15. 9. in Aussicht genommene Einschließung von Bialystok von Süden her durch die 21. Division erübrigte sich, da die Stadt an diesem Tag, ohne Feindwiderstand, von der Brigade Lötzen besetzt werden konnte. Daher wurde die Division am 16. 9. südlich von Bialystok an die große Straße nach Zabludow, mit rechtem Flügel bei Halickie und dem linken beim Flugplatz von Bialystok, vorgeführt. Der Flugplatz konnte unversehrt besetzt werden. Und immer noch ging es weiter. Am 17. 9. stieß die Division im Osten von Bialystok mit dem IR. 24 auf Michalowo und dem IR. 45 auf Grodek vor. Die Aufklärungsabteilung war noch 10 km über Grodek hinaus vorgedrungen. Von einem Gegner war vor der Front keine Spur vorhanden. Wohl aber wimmelte es in den Wäldern von Versprengten, von denen die Division allein am 18. 9. 400 Gefangene einbrachte. Aber auch in der rechten Flanke der Division war es bereits am 17. 9. lebendig geworden, da hier eine über 10 km breite Lücke zu der aus Südwesten aufschließenden 206. ID. bestand. In dieser Lücke tauchte von Westen her polnische Kavallerie auf. Zwar hatte die Division die Waldränder westlich von Michalowo mit starken Sicherungen in Bataillonsstärke besetzt, aber dennoch konnte nicht verhindert werden, daß am Ende der auf Michalowo vorrückenden Regimentsgruppe IR. 24 plötzlich in vier bis fünf Kilometer Entfernung mehrere polnische Kavallerie-Schwadronen in dichter Kolonne nach Osten vorbeizogen. Der weiter rückwärts marschierende Troß der 14./IR. 24 wurde durch eine polnische Schwadron überfallen.[17] Es waren dies Teile der Kavalleriebrigade Suwalki (Kommandeur: Brigade-General Podhorski), die der Einkesselung durch das XIX. (mot) AK. entkommen waren und nun, an der Nordwestflanke der 206. Division sich entlangtastend, endlich das Loch zwischen 206. und 21. Division gefunden hatten und damit, wenn auch von Tiefffliegern verfolgt, nach Osten entkamen. Sie ritten allerdings einem sehr ungewissen Schicksal entgegen, denn an jenem 17. 9. wurde bekannt, daß die Rote Armee um 4 Uhr morgens die polnische Ostgrenze überschritten hatte, um jenen Teil Polens zu besetzen, den Hitler den Sowjets in einem geheimen Abkommen zugesprochen hatte. Tatsächlich erschien schon am Vormittag über den Marschkolonnen der Division ein Aufklärungsflugzeug, an dessen Tragflächen deutlich der rote Stern zu erkennen war. Weniger klar war, wo nun die Demarkationslinie gegenüber den vorrückenden sowjetischen Truppen verlaufen sollte. Zuerst war von einer allgemeinen Linie Lemberg, Bialystok die Rede, wobei im Bereich der 21. Division die Linie hart ostwärts Bialystok in einem leichten Bogen um die Stadt herum verlaufen sollte. Dementsprechend gliederte sich die Division am 19. 9. um, indem sie mit dem verstärkten IR. 24 in den Raum hart südlich, mit dem verstärkten IR. 45 in den Raum hart ostwärts und dem verstärkten IR. 3 nach Wasilkow zurückging. Doch schon am folgenden Tag wurde bekannt, daß die endgültige Demarkationslinie viel weiter rückwärts, nämlich entlang der Pisa bis zu ihrer Mündung in den Narew und dann dem letzterem folgen sollte, was also bedeutete, daß der gesamte Kampfraum, in dem die 21. ID. seit dem 7. 9. gekämpft und geblutet hatte, sowjetisches Interessengebiet werden sollte. Während die 206. ID. die Sicherung dieser Grenzlinie von Ostrolenka entlang des Narew und der Pisa bis zur Reichsgrenze übernehmen sollte, war für die 21. Inf. Div. die Sicherung der Reichsgrenze von der Pisa bis Rosensee vorgesehen. Dementsprechend wurde am 21. 9. der Rückmarsch angetreten, wobei sich die Division von Abschnitt zu Abschnitt, unter Zurücklassung von Sicherungen, zurückzog: am 21. 9. hinter den Narew bei Suraz und Bokiny, am 22. 9. hinter die Slina, am 23. 9. hinter den Narew bei Wizna. Hier wurde ein Ruhetag eingelegt. Am 25. 9. erreichte die Division den ihr zugewiesenen Sicherungsabschnitt an der Reichsgrenze zwischen der Pisa und Rosensee.[18]

Aber schon lag ein neuer Auftrag vor: Die Sicherung an der Grenze hatte die Gruppe Brand zu übernehmen, die 21. ID. aber wurde am 26. 9. abends im Raum Johannisburg-Gehlenburg verladen, um im Eisenbahntransport zur Verfügung der Heeresgruppe Nord den Raum Tiegenhof – Neuteich – Simonsdorf – Marienburg – Elbing zu erreichen. Die mot. Teile der Division marschierten am 27. 9. in einem Tagmarsch über Ortelsburg, Allenstein, Mohrungen, Peußisch Holland in den gleichen Unterbringungsraum.[19]

Noch während die Verbände der Division den Verladebahnhöfen zustrebten, wurde der Division die Beobachtungsabteilung 21, die seit Kriegsbeginn als Korpstruppe des XXI. AK. verwendet worden war, wieder, wenn auch nur für kurze Zeit, unterstellt. Ab Dezember 1939 wurde die Abteilung dann Heerestruppe. Aber bereits jetzt hatte die Division eine Reihe von Abgaben zu verzeichnen. Die Panzerabwehrabteilung 21 hatte ihre 4. Kompanie (2 cm Flak) bereits am 15. 9. nach dem Truppenübungsplatz Groß-Born in Pommern zur Verfügung der am Oberrhein stehenden Heeresgruppe C abgeben müssen und bestand demnach nur noch aus 2 Kompanien.[20]) Die II./AR. 57, die, obzwar Korpsartillerie, den Kampf der Division bisher immer wieder erfolgreich unterstützt hatte, wurde am 19. 9. für den Belagerungsring um Warschau abgezogen. Und schließlich wurde am 26. 9. die Aufklärungsabteilung 21 aufgelöst. Die Reiterschwadron wurde an das Reiterregiment 22 als dessen 6. Schwadron abgegeben. Zurück blieb nur die Radfahrschwadron, die — für die nächste Zeit — zusammen mit den Panzerjägern (wie die Bezeichnung ab 1. 4. 1940 lauten sollte) — das Aufklärungsinstrument der Division bildete. Nicht gerade viel, wenn man bedenkt, was bevorstand.

Anmerkungen zu Kapitel II

1) Vgl. hierzu die vom XXI. AK. angestellten Betrachtungen über den Ansatz des Angriffs in: BA/MA, RH 24 – 21/2: Bericht über die Kämpfe des XXI. AK. um die Festung Graudenz, S. 2 f. – Sehr bezeichnend in diesem Zusammenhang ist auch die Mitteilung des damals im Stab des AOK 3 eingeteilten, nachmaligen Obersten i. G. Dr. Reinhard Merkel an den Brigadegeneral a. D. Karlheinz Herzberg im Herbst 1983, wonach das AOK 3 am Abend des 1. 9. 1939 „tief enttäuscht" gewesen sein soll, daß die Division Graudenz noch nicht genommen hatte.

2) Gemäß Div. Befehl für die Fortsetzung des Angriffs am 2. 9. (BA/MA, RH 24 – 21/12 vg. 35, Anlage 19 zum KTB) sollten I. und II./IR. 3 nach Schloß Roggenhausen verschoben werden, während das III./IR. 3 zunächst an der Ossa zu sichern hatte und später Divisionsreserve sein sollte. Tatsächlich verblieb aber das I./IR. 3 an der Ossa und II. und III./IR. 3 wurden neben IR. 24 angesetzt.

3) Erinnerungen des damaligen Offizieranwärters und Gruppenführers in der 1./IR. 45, Karlheinz Herzberg.

4) Vgl. für das folgende: Polskie Sily Zbrojne w drugiej wojnie światowej, hgb. von: Komisja Historyczna Polskiego Sztuba Glownego w Londynie, I. Band, Teil 2 (London o. J.), S. 119 ff (Benützt wurde eine im Militärgesch. Forschungsamt in Freiburg/Br. befindliche und von dort dem Verfasser freundlicherweise zur Verfügung gestellte deutsche Übersetzung dieses Werkes). – Siehe auch: Robert Jars, La campagne de Pologne (Paris 1949), S. 69 f.

5) Vgl.: Unsere Nachrichtenabteilung im Polenfeldzug 1939, von Major Hannes Wolff, Kdr. NA. 21 im Selbstverlag (Druckerei J. F. Carthaus, Bonn, Weihnachten 1939). – Der Verf. der Div. Geschichte war selbst Augenzeuge dieses Vorganges.

6) Div. Befehl für den Vormarsch am 8. 9. 39 (BA/MA, RH 24 – 21/12, Anlage 34).

7) Ebenda.

8) Bericht über die Kämpfe des XXI. A.K. am Narew, BA/MA, RH 24 – 21/2, S. 3.

9) I./IR. 3: Übergang des I./IR. 3 über den Narew am 9./10. 9. 1939 (Bericht), BA/MA, RH 24 – 21/2, Anlage 3, S. 1.

10) BA/MA, RH 24 – 21/6, Vorgang 43.

11) Übergang des I./IR. 3 . . ., a. a. O., S. 3.

12) BA/MA, RH 24 – 21/12, Anlage 40.

13) BA/MA, RH 24 – 21/2, Anlage 2, S. 6.

14) Vgl. für das folgende: BA/MA, RH 24 – 21/2, Anlage 6: Bericht über die Kämpfe des XXI. AK. während der Unterstellung unter die Heeresgruppe Nord und 4. Armee.

15) Erfahrungsbericht des Infanterie-Regiments 45 über den Feldzug in Polen, S. 3 (BA/MA, RH 24 – 21/7).

16) Vgl. BA/MA, RH 24 – 21/2, Anlage 6, S. 2 f. – Die von General Heinz Guderian in: Erinnerungen eines Soldaten (Heidelberg 1950), S. 74, wiedergegebene Schilderung der Einkesselung der polnischen 18. Division muß demzufolge in einem etwas größeren Rahmen gesehen werden.

17) Erfahrungsbericht der 8. (M. G.) Komp. IR. 24 über den Feldzug in Polen, S. 2 (BA/MA, RH 24 – 21/7).

18) Vgl. BA/MA, RH 24 – 21/3, Vorgang 1, sowie RH 24 – 21/2, Anlage 6.

19) Gen. Kdo. XXI. AK., Ia v. 25. 9. 39, BA/MA, RH 24 – 21/12, Vorgang 128.

20) Gen. Kdo. XXI. Ak., Ia v. 15. 9. 1939, BA/MA, RH 24 – 21/6, Vorgang 57.

Polenfeldzug

Hohlweg bei Schloß Roggenhausen 1. 9. 1939

Teile des IR 3 an der Ossa am 1. 9. 1939

Neuberg an der Ossa am 2. 9. 1939

Polnischer Bunker mit unvollendeter Tarnung vor Graudenz

Polnische Bunker am Narew vor Nowogrod

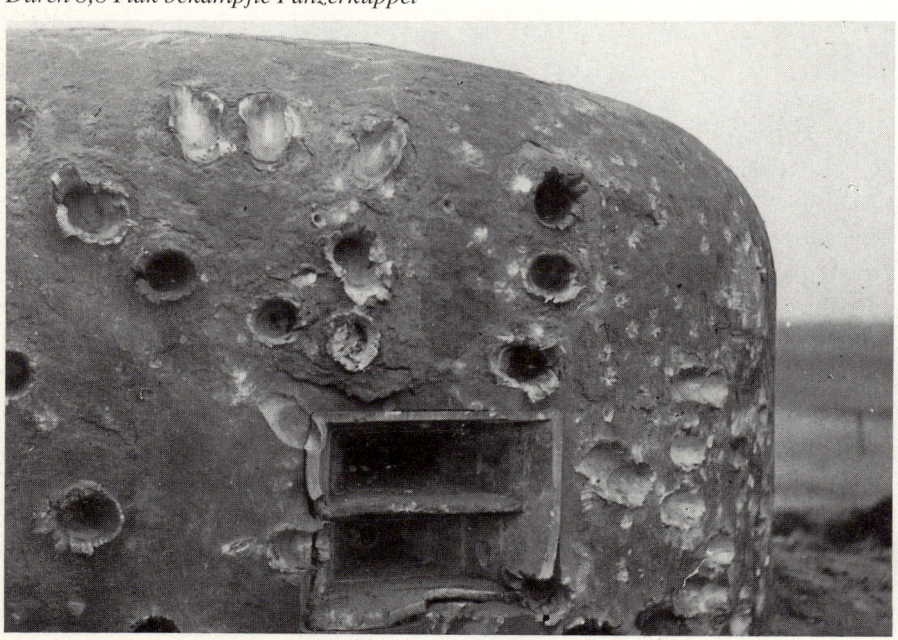

Durch 8,8 Flak bekämpfte Panzerkuppel

Übergangsstelle der 21. Division über den Narew nördlich Nowogrod am 10. 9. 1939

Heimkehr nach Deutschland. Kurze Rast der 1. AR 21 an der polnisch-deutschen Grenze am 25. 9. 1939

III. Verwendung im Operationsgebiet der Westfront Oktober 1939 – Mai 1940

Der Lagebericht des Generalstabs des Heeres vom 29. 9. 1939, Nr. 4163/39 geh. Op. Abt. (IV), endete mit der Feststellung: „21. Division ist im Gebiet Elbing – Tiegenhof – Neuteich – Marienburg zur Verfügung der Heeresgruppe Nord eingetroffen." Was mit dieser Verlegung beabsichtigt war, deutete ein Fernschreiben der 4. Armee an das Gen. Kdo. XXI. AK. vom 25. 9. an: „In diesem Unterbringungsraum ruht die Division vom 29. 9. bis 1. 10. und ergänzt in dieser Zeit sich personell und materiell soweit möglich." Des weiteren deutete das Fernschreiben an, daß nach diesem Zeitpunkt mit einem Abtransport der Division zu rechnen sei. Doch dazu kam es vorerst nicht, vielmehr verfügte die Heeresgruppe Nord am 28. 9., daß die 21. Inf. Div. aus dem Unterkunftsbereich im Danziger Werder am 1. und 2. 10. im E-Transport in ihre Friedens-Standorte verlegt werden sollte, offenbar wegen der besseren Ausbildungsmöglichkeiten dort. Sie müsse freilich innerhalb 6 Stunden für einen Eisenbahntransport verladebereit sein.[1]) Dieser Befehl ist jedoch nur zum Teil ausgeführt worden. Soweit nicht in Elbing und Marienburg die Truppe ohnedies schon in ihren Friedensstandorten lag, wurde nachweisbar das I. und III./IR. 3 nach Mohrungen und Osterode verlegt. Die Pz. Abw. Abt. 21 hatte den letztgenannten Ort bereits im mot. Marsch erreicht. Der Divisionsstab, wie auch das AR. 21 blieben jedoch im Danziger Werder.

Was immer auch die Ursachen für den verzögerten Abtransport der Division gewesen sein mochten – wahrscheinlich waren die Bahnen durch die beschleunigte Verlegung des deutschen Ostheeres nach dem Westen überbeansprucht – auf jeden Fall zählten diese Wochen für längere Zeit zu den angenehmsten, die der Division beschieden waren. Die sehr wohlhabenden Bauern des Danziger Werder ließen es sich nicht nehmen, die bei ihnen im Quartier liegende Truppe oft auch noch von sich aus zu verpflegen. Vom Krieg war nicht viel zu merken, und wenn nicht dieser oder jener Kamerad gefehlt hätte, so hätte man den äußeren Umständen nach tatsächlich meinen können, am Ende der „Herbstübungen 1939" angelangt zu sein. Der Feldzug lag wie ein großes, glücklich überstandenes Abenteuer hinter der Division. Der „Sieg in Polen" hatte das Selbstbewußtsein der Truppe naturgemäß gehoben und auf der anderen Seite hatte, trotz all dem bisher Erlebten, der Krieg bei weitem noch nicht sein wahres Gesicht gezeigt. Ja, Optimisten mochten sogar hoffen, es werde jetzt, nach dem für alle so überraschend schnellen Abschluß des Feldzugs in Polen, nun doch noch zu einer Verständigung mit den Westmächten kommen. Diese aber reagierten bekanntlich auf das, was Hitler in jenen Wochen als sein „Friedensangebot" hinzustellen versuchte, ablehnend und so konnte es eigentlich niemanden mehr überraschen, als ab 15. Oktober die Division, nachdem das IR. 3 wieder herangezogen worden war, im Raume Danzig-Langfuhr verladen wurde. Wohin?

Spätestens, als die Transporte Hamburg passierten, war es klar, daß es nach dem Westen ging. Und damit wurde, nach dem Idyll im Osten, der Begriff der „Westfront" mit all dem, was sich aus der Zeit des Ersten Weltkriegs damit verband, mit einem Schlag für alle wach. Schon die Fahrt durch das Ruhrgebiet zeigte bereits eine ganz neue, bisher unbekannte Intensität des Kriegsalltags: Flakstellungen und Ballonsperren um die dortigen Fabrikanlagen, totale Verdunkelung und immer wieder die Aufschrift: „Wir kapitulieren nie!" Nach der Fahrt durch das Rheintal bogen die Transporte über die fünfeinhalb Jahre später so berühmt gewordene Brücke von Remagen über den Rhein ab. Im Ahrtal wurde ausgeladen. Der Divisionsstab bezog in Neuenahr sein Stabsquartier.

Was die nächsten Aufgaben der Division sein würden, darüber hatte die Truppe damals kaum irgendwelche Vorstellungen, außer daß sich die Division eben in die Gesamtverteidigung der Westgrenze des Reiches einzufügen hätte. Bekannt war nur, daß man ab 1. 11. dem III. AK. (Gen. d. Art. Haase) angehörte, dem außerdem die 3. und 23. Division unterstanden; ansonsten hieß es eben abwarten.

In diese Wartezeit hinein brach bald nach der Verlegung in den Westen beim I./IR. 3 eine Typhus-Epidemie aus, die zahlreiche Todesopfer forderte. Bedeutsam waren auch die Änderungen in der Stellenbesetzung der Division, die zu diesem Zeitpunkt stattfanden. General von Both, der bisherige Divisionskommandeur, erhielt am 26. 10. eine neue Verwendung als Kommandierender General des I. AK., und an seine Stelle trat der bisherige Kommandeur des IR. 24, der inzwischen zum Generalmajor beförderte Otto Sponheimer; etwa um die gleiche Zeit erhielt auch das IR. 3 einen neuen Regimentskommandeur: Oberst Hube. Obwohl er nur wenige Monate das Regiment führen sollte, gehörte er doch zweifellos zu jenen Kommandeuren, von denen man sagen kann, daß sie die Division oder zumindest den von ihnen geführten Truppenteil entscheidend geprägt haben. Dieser einarmige Offizier war dem Regiment, das er nun übernahm, insofern nicht ganz fremd, als er bereits 1932/33 im „alten" IR. 3 der Reichswehr Kommandeur des III. Bataillons in Osterode gewesen war.[2]) Von ihm wird noch zu berichten sein.

Um den 7. 11. herum begann die Division, aus ihrem bisherigen Versammlungsraum nach Westen vorzurücken und zwar, wie es im Korpsbefehl vom 3. 11.[3]) hieß, um die 69. ID. an der nordluxemburgischen Grenze abzulösen. Tatsächlich war dieses Vorrücken in die Hoch-Eifel hinein wohl nichts anderes als das Beziehen der Ausgangsstellung für den Angriff, denn bekanntlich war Hitler ursprünglich entschlossen gewesen, am 12. November im Westen anzugreifen. Aber schon nach zwei bis drei Tagesmärschen, noch vor Erreichen des vorgesehenen Raumes, wurde die Verlegung abgebrochen, und die Division ging dort, wo sie stand, nämlich im Raum Prüm-Gerolstein-Adenau-Hillesheim, praktisch in die Winterquartiere. Divisionsstabsquartier war ab 5. 11. das Sporthotel „Start und Ziel" am Nürburgring. Hitler hatte den Angriff verschoben.

Nicht weniger als 29 Mal sollte dies dann noch der Fall sein. Die Division hat davon, so viel man sieht, nicht viel gemerkt. Nur einmal scheint ein Alarmbefehl bis zur Truppe gelangt, dann aber wieder aufgehoben worden zu sein. Es war dies wohl am 12. Januar 1940, da unter diesem Datum im

Kriegstagebuch des vorgesetzten Gen. Kdo. III. AK. sich die Eintragung findet: „13.30 Uhr: Heute Abend marschieren wir zum ersten Mal; 17. 1. A-Tag." Aber bereits am folgenden Tag wurde für 15.00 Uhr notiert: „Halt!"[4]) Und dann, es war am 6. März, wurden die dürftigen Quartiere in der Eifel, in denen die Division einen besonders harten Winter durchzustehen gehabt hatte, plötzlich geräumt und die Truppe wieder nach rückwärts, etwa auf die Höhe ihres ursprünglichen Ausladeraumes, nur etwas weiter südlich, nämlich in den Raum Mayen – Maria Laach – Ettringen – Bell – Ober- und Nieder-Mendig – Andernach verlegt. Im letztgenannten Ort bezog auch der Divisionsstab sein Quartier. Das nunmehr vorgesetzte Gen. Kdo. XVIII. AK. lag jenseits des Rheins in Neuwied, und das Hauptquartier des AOK. 12 befand sich in Mayen. Was zunächst vielleicht wie ein definitiver Übergang zum „Sitzkrieg" aussehen mochte, hatte freilich ganz andere Gründe.

Nach dem Zwischenfall von Mecheln, bei dem ein deutsches Kurierflugzeug am 10. 1. 1940 auf belgischem Gebiet notlanden mußte, wodurch wichtige Operationsunterlagen den Belgiern in die Hände fielen, aber auch im Zuge der sich in der Folge immer mehr verändernden operativen Planungen, erfolgte eine Umgruppierung des deutschen Aufmarschs im Westen, wobei, um ein Antreten „aus dem Stand" zu ermöglichen, einzelne Panzerdivisionen in die vordere Linie vorgezogen und dafür Infanteriedivisionen zurückgenommen wurden. Tatendurstige Draufgänger mögen dies – soweit sie die Lage überhaupt überblicken, und in der Division war dies wohl niemand – als bedauerlich empfunden haben. Aber rückblickend erscheint es doch eher als ein gnädiges Schicksal, daß es der Division erspart geblieben ist, im November 1939 oder gar im folgenden Winter antreten zu müssen.

Einmal, weil sich ihr damit eine sehr schwierige Aufgabe gestellt hätte. Sie wäre, nach den damaligen Planungen des OKH. in der ersten Angriffswelle stehend, sehr wahrscheinlich in dem schwierigen Gelände der verschneiten Ardennen bereits auf stärkere französische Sicherungskräfte gestoßen und hätte, nach dem Austritt aus dem Gebirge, sich an der Maas einem in den Anlagen der verlängerten Maginot-Linie wohl eingerichteten und voll abwehrbereiten Gegner gegenübergesehen. Die Lage am Narew vom vergangen Herbst hätte, allerdings unter noch wesentlich verschärften Bedingungen, eine Wiederholung gefunden.

Außerdem befand sich die Division nach ihrer Verlegung in den Westen, trotz aller bisher gesammelter „Kriegserfahrung", noch keineswegs auf dem Höchststand ihrer Ausbildung. Bei aller Freude über den schnellen Erfolg in Polen waren in den, dem XXI. AK. noch Ende September vorgelegten Erfahrungsberichten der Division und ihrer Regimenter mitunter höchst kritische Töne angeschlagen worden. Sah man sich doch bei der Infanterie vom Ideal des „Einzelkämpfers" noch weit entfernt. Vielmehr hatte die junge Mannschaft stark des mitreißenden Vorbilds und Einflusses ihrer Führer bedurft. Die doch sehr hohen Verluste an Unteroffizieren in Polen (1/5 aller Gefallenen!) sprach dafür deutlich genug. Gewiß war es zu hart geurteilt, wenn Weltkriegsteilnehmer unter den älteren Kommandeuren meinten, daß der Angriffsschwung der jetzigen Infanterie an den von

1914 nicht heranreiche. Man vergaß dabei nämlich, daß den damaligen Infanteristen doch wesentlich weniger Maschinengewehre und sonstige schwere Waffen auf der Feindseite gegenübergestanden waren, als dies jetzt der Fall war. Nichtzuletzt deshalb mußte nun, zumal im Westen, Wert auf die Erhöhung der infanteristischen Feuerkraft und Panzerabwehrfähigkeit gelegt werden. Das führte einmal organisatorisch zu einer Umstrukturierung der Infanteriebataillone. „Statt bisher 3 Gruppen, je 2/12 und 1 lMG, bestand der neue Zug aus 4 Gruppen, je 1/9 und 1 lMG", schildert der nachmalige Brigadegeneral Herzberg die seinerzeitige Lage und fährt fort: „Der GrWTrp blieb, dem Zugführer wurde als Gehilfe ein Zugtruppführer (Fw) beigegeben, der ihn bei Abwesenheit vertrat. Die Kompanie erhielt einen Panzerbüchsentrupp 1/5 mit 3 Panzerbüchsen, großkalibrige, schwere Gewehre mit gewaltigem Rückstoß. Statt bisher 9 lMG und 3 le GrW war die Kompanie jetzt mit 12 lMG, 3 PzB und 3 le GrW ausgerüstet. Kp Chefs und Zugführer erhielten Maschinenpistolen."[5]

Außerdem wurden bei den Infanterieregimentern eigene Pionierzüge aufgestellt. In der Waffenausbildung hatte bei der Infanterie das empfindliche MG. 34 absolute Priorität.

Es ist klar, daß sich aus dieser Neugliederung eine neue Kampfweise ergab, die entsprechend eingeübt werden mußte. Darüberhinaus galt es, neuerliche Abgaben organisatorisch und ausbildungsmäßig zu „verkraften". Am 20. 12. rückte das Feldersatzbataillon 21 zum Ersatz-Heer ab, um bei Neuaufstellungen der 161. Division als III./IR. 371 verwendet zu werden. Diese Neuaufstellungen wirkten sich aber auch auf die Division direkt aus. Ende Januar 1940 hatte die Division für die Aufstellung der 291. ID. den Regimentsnachrichtenzug IR. 3, das komplette II./IR. 45 (als I./IR. 505) und den Stab der III./AR. 21 mit Nachrichtenzug und Artillerievermessungstrupp (AVT) (als IV./AR. 291) sowie die 2. Batterie AR. 21 abzugeben. Aus der 7./IR. 3 und der 6./IR. 24 sowie je einem sMG-Zug und einer Granatwerfergruppe dieser Regimenter wurde unter Major Hammerschmidt (bisher IR. 3) ein neues II./IR. 45 gebildet. Das AR. 21 schloß die Lücken aus seinen eigenen Reihen; neuer Kommandeur der III./AR. 21 wurde Major Rips.

Aus all diesen Gründen war bereits die „Ruhezeit" in der Eifel für die Division alles andere als ein „Sitzkrieg" gewesen. Ein straffer Übungsbetrieb hatte die Truppe dauernd in Bewegung gehalten, und jetzt, da der Frühling kam, steigerte sich die Intensität der Ausbildung noch mehr. Vor allem im Übungsraum südlich des Laachersees wurde – nach heutigen Maßstäben unvorstellbar – mitten im Siedlungsgebiet immer wieder, Ende April/Anfang Mai fast täglich, im scharfen Schuß geübt, so daß sich der Landrat von Mayen schließlich darüber beklagte. Der Schwerpunkt der Ausbildung lag hierbei darauf, das Gefecht der verbundenen Waffen schul- ja fast drillmäßig unter Umständen einzuüben, die dem Ernstfall möglichst nahe kamen. Das geschah natürlich nicht ohne ein gewisses Risiko. Das eine oder andere Mal kam es zu Kurzschüssen der eigenen Artillerie in die Reihen der angreifenden Infanterie. In einem Fall sogar mit besonders tragischen Folgen. Als nämlich am Mittwoch vor Ostern, am 19. 3., die 7./IR. 3 wieder eine solche Übung durchführte, lagen ein oder zwei Lagen einer schweren

Batterie der I./AR. 57 zu kurz und schlugen unter den vorgehenden Schützen ein. Es gab 6 Tote und 7 Verletzte. Die Konsequenzen dieses Unglücksfalles schienen unübersehbar, denn abgesehen von den schmerzlichen Verlusten wurde damit auch der Erfolg des gesamten bisherigen Ausbildungsprogramms in Frage gestellt, sofern es nicht gelang, das durch einen solchen Schock wankend gewordene Vertrauen des einfachen Soldaten in die Präzision der Unterstützungswaffen auf dem schnellsten Wege wieder herzustellen. Oberst Hube, als Kommandeur des betroffenen Regiments, wartete daher erst garnicht auf langwierige Erhebungen über die Fehlerquelle (falsche Ladungswahl oder dergleichen?), sondern setzte sofort eine Wiederholung der Übung für Dienstag nach Ostern an und zwar am gleichen Ort und mit allen am Unglückstag beteiligt gewesenen Truppenteilen. Diese Übung fand auch statt und während die Granaten der Artillerie über die Köpfe der doch verständlicherweise scheuer gewordenen Infanteristen hinwegheulten, konnte man Oberst Hube, voll aufgerichtet, mit dem Spazierstock in der Hand, inmitten seiner Männer und aufmunternd auf sie einredend, langsam auf die Einschläge zuschreiten sehen; ein Bild, das seine Wirkung nicht verfehlte und auch nachwirkte, als kurz nach Beginn des Frankreichfeldzuges, nämlich am 13. 5., Oberst Hube das Regiment abgab, um den Befehl über die 16. Infanteriedivision zu übernehmen. Bekanntlich ist er 1944 als Generaloberst und Oberbefehlshaber der 1. Panzerarmee bei einem Flugzeugabsturz ums Leben gekommen. Sein Nachfolger in der Führung des IR. 3 wurde Oberstleutnant Schulzen, bis dahin Bataillonskommandeur III./IR. 24 (vgl. Anl. 6).

Ganz zweifellos hatte die Division, ungeachtet solcher Unglücksfälle, in den letzten Wochen vor dem 10. Mai einen Höchststand an Schlagkraft erreicht. Sie hatte zwar jetzt eine etwas geringere Kriegsstärke als zu Beginn des Krieges (vgl. Anl. 7), zudem wies sie einen Fehlbestand von 25 Offizieren, 83 Unteroffizieren und 103 Mannschaften auf, und dies obwohl ihr während des Frühjahrs 4 Offiziere, 32 Unteroffiziere und 960 Mann als Ersatz zugewiesen worden waren.[6] Die Division beurteilte diesen zugeführten Ersatz als „ausbildungsmäßig wieder sehr schwach"[7]. Zudem fehlten 150 Pferde, 16 Kraftfahrzeuge, 6 Kräder und zwei Zugkraftwagen. Trotzdem fühlte sich die Division einsatzbereit: „Die Ausbildung ist vertieft und gesteigert und ist z. Zt. auf die bevorstehenden Aufgaben, Waldkampf, Flußübergang und Stoßtruppunternehmen (bis zu Zugstärke) und Bunkerkampf zugeschnitten"[8]. Dennoch war noch immer manches nicht perfekt. Das beweisen die Tagebuchnotizen[9] eines unvoreingenommenen und daher kritischen Beobachters, nämlich des Oberstleutnant Gotthard Fischer, der am 17. 4. die Führung des AR. 21 als Regimentskommandeur übernommen hatte. Oberstleutnant Fischer, dessen Wesen man mit den drei Begriffen: Klarheit, Genauigkeit und Selbstzucht umreißen könnte, entstammte dem AR. 11 und hatte eben einen Regimentsführerlehrgang absolviert. Er sollte in den nächsten zwei Jahren zu den profiliertesten Kommandeuren innerhalb der 21. Inf. Div. gehören. Was er nun bei seinen zahlreichen Antrittsbesuchen, besonders in seinem neuen, eigenen Wirkungsbereich sah, scheint ihn nicht immer uneingeschränkt befriedigt zu haben. Ihm schien noch vieles verbesserungsbedürftig. Aber der Uhrzeiger der Geschichte stand, ohne daß man es in der Division ahnte, bereits kurz vor zwölf. Noch am 1. 5. hatte das Gen. Kdo. XVIII. AK. der Division die Verlegung von Artillerie-Einheiten für vordringlich landwirtschaftliche Arbeiten befohlen.[10]) Allerdings erließ das Korps auch am 7. 5. den „Korpsbefehl Nr. 14 für den Vormarsch"[11]). Aber dergleichen Befehle hatte es in den vergangenen Monaten schon mehrere gegeben. Noch am Vormittag des 9. 5. absolvierte die III./AR. 21 eines ihrer Übungsschießen. In den frühen Nachmittagsstunden läuteten jedoch die Fernsprecher in den Dienstzimmern: „Alarm!" Ausgelöst wurde derselbe durch den lakonischen Befehl, den das Gen. Kdo. XVIII. AK. zwischen 13.15 Uhr und 13.45 Uhr an die ihm unterstellten 5. und 21. ID. sowie 1. Geb. Division durchgegeben hatte: „Korpsbefehl Nr. 14 tritt in Kraft, y-Zeit 10. 5. 5.35 Uhr." Wenige Stunden später war die Marschbereitschaft hergestellt; um 18.00 Uhr trat die Division, links neben der 1. Geb. Division, den Vormarsch auf einer Straße nach Westen an. Um 24.00 Uhr gab das Korps noch das Stichwort „Danzig" durch, was soviel bedeutete wie „Grenzübertritt frei!" Das hatte allerdings vorerst nur für zwei Schützengruppen des IR. 45 Bedeutung. (Anl. 8)

Anmerkungen zu Kapitel III.

1) BA/MA, RH 26 – 21/1.
2) Über Hube vgl. Udo von Alvensleben, Lauter Abschiede (Frankfurt/M – Berlin 1971) S. 153 ff.
3) BA/MA, RH 24 – 3/4a
4) BA/MA, RH 24 – 3/17
5) Schriftliche Mitteilung v. Brig. Gen. a. D. Herzberg vom 12. 10. 1984, S. 9
6) BA/MA, RH 24 – 18/35 u. RH 24 – 18/27.
7) BA/MA, RH 24 – 18/15
8) Ebenda.
9) Das handschriftliche Tagebuch befindet sich im Besitz des Verfassers.
10) BA/MA, RH 24 – 10/12
11) Ebenda.

IV. Der Feldzug in Frankreich

1. Vormarsch durch Luxemburg, Belgien, Frankreich bis zur Aisne — Einnahme von Rethel — Abwehrkämpfe an der Aisne

Sieht man von dem Sondereinsatz der zwei Schützengruppen des IR. 45 in den Morgenstunden des 10. 5. ab, so begann der Feldzug in Frankreich für die 21. Inf. Div. fast so, wie der Polenfeldzug für sie geendet hatte, nämlich mit marschieren. Und doch war da ein Unterschied: in Polen waren die großen Märsche der Ausklang der Kämpfe gewesen, jetzt standen sie am Anfang. Aber noch war eine Fühlung mit dem Gegner nicht abzusehen, weder als die Division am vierten Marschtag die luxemburgische Grenze bei Dasburg überschritt, noch als sie am folgenden Tag in Südbelgien einrückte. Vorerst im Verband des XVIII. AK. und damit gewissermaßen in der zweiten strategischen Staffel der 12. Armee marschierend, erhielt für sie der Refrain jenes Propagandaliedes, das da alle paar Stunden aus den Empfängern der Funkgeräte tönte, einen merkwürdigen Klang: „. . . Vorwärts, voran, voran, über die Maas, über Schelde und Rhein marschieren wir siegreich nach Frankreich hinein . . .". (Vgl. Skizze 5)

In der Tat sah es zunächst wirklich so aus, als bestünde der Sieg allein schon im marschieren. Im Tagesdurchschnitt wurden etwa 35 km zurückgelegt, aber es kam wohl auch vor, daß einzelne Marschgruppen, die übrigens alle auf einer Straße marschierten, über 45 km und mehr zurückzulegen hatten. Der möglichen Luftbedrohung wegen, aber auch wegen der Hitze am Tage, sollten die Märsche in der Nacht erfolgen. Aber das erwies sich bald als Theorie. Weniger die von den Belgiern angelegten Straßensperren, als vielmehr das bergige Gelände der Ardennen und die außerordentliche Massierung von Truppen gerade in diesem Sektor der deutschen Angriffsfront führte immer wieder zu erheblichen Stockungen und Stauungen. Nicht selten erreichten deshalb die letzten Einheiten erst in den frühen Nachmittagsstunden oder noch später ihr Tagesziel. Es kam vor, daß Regimenter und Abteilungen 20 Stunden unterwegs waren, um bereits wenige Stunden nach dem Unterziehen in die Quartiere wieder für die nächste Etappe anzutreten. Die Folge war eine zunehmende Erschöpfung der Truppe. Oberstleutnant Fischer notiert am 17. 5. in sein Tagebuch, als er am Morgen dieses Tages mit dem Divisionsstab die marschierenden Kolonnen überholte, die wieder, trotz einer verhältnismäßig kurzen Marschstrecke, die ganze Nacht unterwegs gewesen waren, daß diese „sehr müde sind. Ewige Stops, alles schläft auf Fahrzeugen, Pferden, stehend angelehnt . . ." Wenn etwas die Truppe in diesen Tagen aufrecht hielt, dann waren es die geradezu unwahrscheinlichen Erfolgsmeldungen, die fast laufend durchgegeben wurden. Und diese bezogen sich nicht nur auf weit entfernte Frontabschnitte, sondern auch auf einen Bereich, dem die Division selbst praktisch Tag und Nacht zustrebte, nämlich — grob gesprochen — dem Maas-Abschnitt zwischen Sedan und Givet.

Bekanntlich hatten die Panzerdivisionen des XIX. (mot) AK. am 13. 5. die verlängerte Maginotlinie bei Sedan durchbrochen und befanden sich im zü-

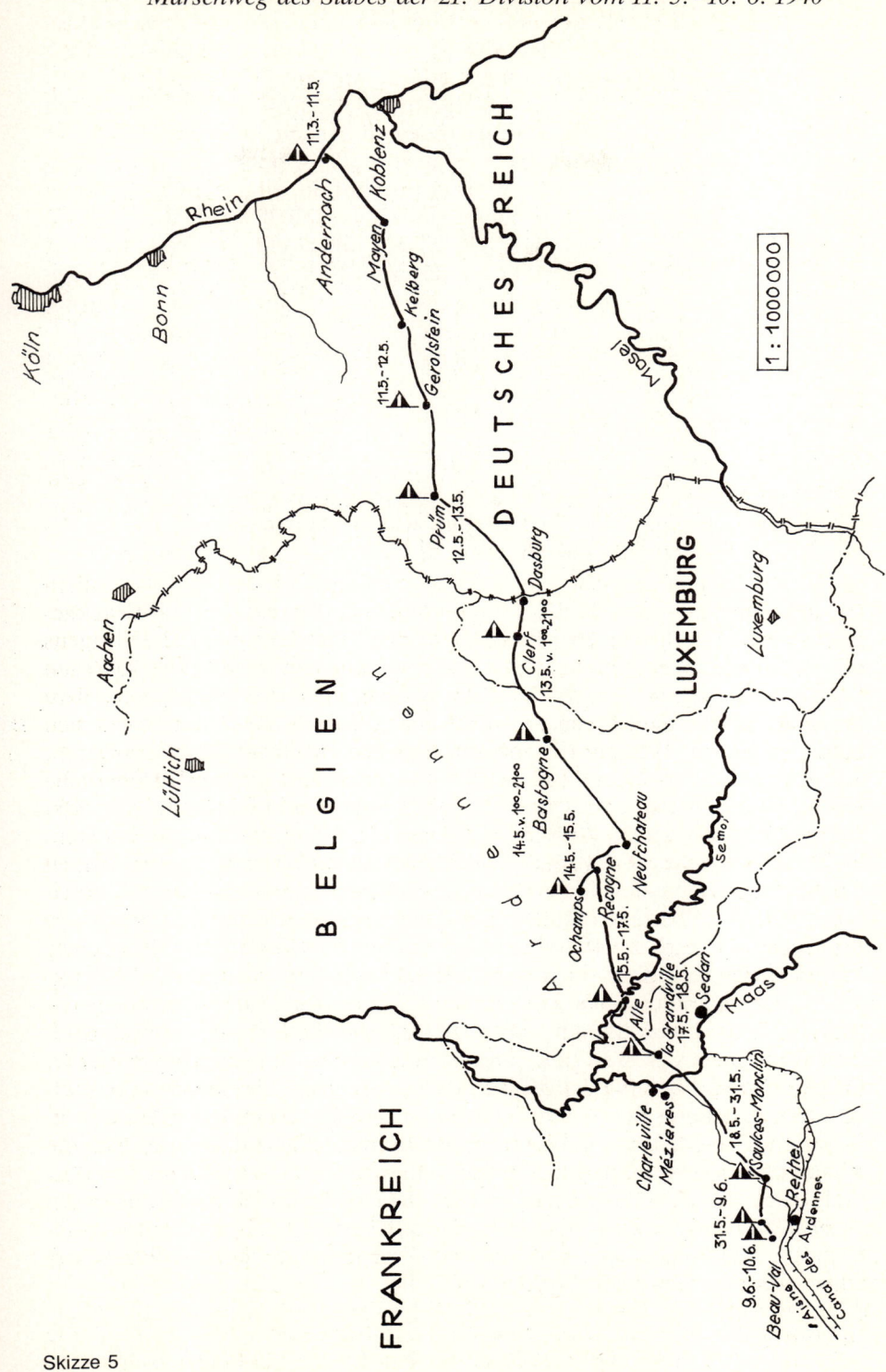

Marschweg des Stabes der 21. Division vom 11. 5.–10. 6. 1940

Skizze 5

gigen Vorgehen nach Westen. Auch für das nördlich davon vorgehende III. AK. schien sich der Augenblick zu nähern, an dem es im Anschluß an das XXXXI. (mot) AK. in den Kampf um den Maas-Übergang nördlich Mézière-Charleville eintreten sollte. Gedacht war mit 3., 23. und nun auch wieder unterstellter 21. Inf. Div. bei und nördlich Mézière-Charleville einen Brückenkopf über die Maas zu gewinnen und nach Durchschleusen der dem Korps ebenfalls zugeführten 8. Panzer- und 13. (mot) Inf. Div., hinter der 6. Panzerdivision aus diesem Brückenkopf in allgemeiner Richtung Montcornet den Vormarsch fortzusetzen.[1]) Tatsächlich wurde die Division am 14. 5. um 12.00 Uhr dem III. AK. wieder unterstellt. Das bedeutete für sie, die sich zu diesem Zeitpunkt im Raum des im Dezember 1944 so berühmt gewordenen Bastogne befand, erst recht erhöhte Marschleistungen, um auf die Divisionen des III. AK. aufzuschließen. Als zusätzliche Erschwerung trat jedoch hinzu, daß sich nunmehr Marschkreuzungen mit den dem III. AK. nachgeführten schnellen Truppen, insbesondere mit der 8. Panzerdivision ergaben, wobei letztere naturgemäß Vorrang hatten. So blieb denn auch nichts anderes übrig, als Teile der Division knapp vor dem tief eingeschnittenen Sémois-Abschnitt anzuhalten, da die Behelfsbrücke bei Mouzaive hoffnungslos überlastet war. Immerhin gab dies Gelegenheit, noch nachhängende Teile der Division, wie die Marschgruppe IR. 45, die am Schluß marschierte, aufschließen zu lassen.

In der Nacht vom 16./17. 5. passierte die 21. Inf. Div. hinter der 23. Inf. Div. die Brücke über den Sémois und bald darauf auch die französische Grenze. Nun änderte sich auch das Landschaftsbild. Das Gelände wurde flacher, zeigte nunmehr aber auch Spuren der vorangegangenen Kämpfe. „Wir kommen erstmals über Kampfgebiet mit Schützenlöchern, Schützengräben, Geschoßeinschlägen und stark durchwühlten Häusern", notierte Oberstleutnant Fischer[2]). Hinter der 13. (mot) Inf. Div. überschritt die 21. Inf. Div. bei Charleville die Maas – und schwenkte plötzlich nach Südwesten, gegen die Aisne ein. Das war – wie vorhin angedeutet – ursprünglich keineswegs vorgesehen. Die operative Entwicklung der letzten Tage hatte jedoch eine ganz neue Lage gezeigt und zwar insofern, als zwischen der nach Westen vorstoßenden Panzergruppe Kleist (12. Armee) und dem rechten Flügel der 16. Armee, südlich Sedan nun plötzlich eine Lücke aufzubrechen schien, die niemand anderen als Hitler selbst zutiefst besorgte, als er gerade hier einen Entscheidung suchenden französischen Gegenangriff befürchtete, zumal diese Lücke lediglich durch einige MG-Bataillone gedeckt wurde. „Der Führer und Oberste Befehlshaber hat daher die sofortige Schließung der offenen Flanke zwischen La Fère und Le Chesne durch Infanterie-Kräfte und Herstellung der Verteidigungsbereitschaft in dieser Linie befohlen", ließ die Heeresgruppe A die unterstellten Armeen wissen und ordnete daher an, daß die 12. Armee mit XVII. AK., III. AK. und Teilen des XVIII. AK. sofort nach Süden abzudrehen sei, um durch den Aufbau einer abwehrfähigen Front in der Linie La Fère – Oise-Aisne-Kanal – Aisne mit nicht motorisierten Verbänden die Weiterführung der Operation in nordwestlicher oder westlicher Richtung zu sichern.[3]) Damit erhielt das III. AK. mit 3., 23. und 21. Inf. Div. den Abschnitt an der Aisne zugewiesen.

Wie die Feindlage an und südlich der Aisne aussah, darüber machte man sich beim Gen. Kdo. III. AK. und wohl auch bei der 12. Armee ganz offensichtlich keine ganz klare Vorstellung. Umso besser sind wir heute darüber unterrichtet.[4]) In dem Abschnitt, der im Rahmen dieser Darstellung vor allem interessiert, also im Vormarschraum des III. AK., war es auf französischer Seite das XXIII. Armeekorps, das sich diesem Vorgehen entgegenzustellen hatte. Der Korpsstab, der bis dahin dem Großen Hauptquartier unmittelbar unterstanden hatte, war am 14. 5. (der Stab der 21. Inf. Div. befand sich zu diesem Zeitpunkt in Bastogne) in Wasigny, 10 km nördlich Rethel eingetroffen. Aber bereits am folgenden Tag, mittags, übersiedelte das Korpskommando (Div. General Germain) nach Rethel und übernahm gleichzeitig den Befehl über eine Anzahl sehr unterschiedlicher Verbände, die noch nördlich der Aisne eingesetzt waren. Es waren dies in der Mitte die Reste der bei Sedan schwer angeschlagenen 53. ID., die sich auf die Vence bei Launois zurückzogen, dann die 3. Spahi-Brigade, sowie Teile der 5. leichten Kavallerie-Division, die rechts davon zwischen La Horgne und Louvergny im Kampf standen, und schließlich über die Gruppe Prost-Toulland, die, aus der 11. und 12. Gruppe motorisierter Kavallerie bestehend, am linken Flügel auf Chaumont-Porcien angesetzt war.

Das Rückgrat des XXIII. Korps aber bildete die 14. ID., eine voll aufgefüllte und seit April in Ruhestellung im Raum Luneville befindliche Division, die, nun im Eisenbahntransport herangeführt, im Raum Reims ausgeladen wurde. Divisionskommandeur war niemand geringerer als der damalige Brigadegeneral und nachmalige Marschall de Lattre de Tassigny. Die Division besaß eine von der sonst üblichen Art abweichende Gliederung, indem sie statt über drei nur über zwei Infanterieregimenter, nämlich IR. 35 und 152, verfügte und an Stelle des dritten Regiments die 3. Jäger-Halbbrigade mit den Jägerbataillonen 2, 21 und 31 besaß.

Von dieser Division, die nördlich der Aisne zwischen die 53. ID. und 5. leichte Kavallerie-Division eingeschoben werden sollte und zwar genau in dem Abschnitt, durch den wenige Tage später der Vormarsch der 21. Inf. Div. führte, von dieser Division also hatten am 15. 5. nur die ersten beiden Bataillone des IR. 152, dessen Regimentsabzeichen ein kleiner roter Teufel war, bei La Bascule, Bouvellemont und Chagny die erste Gefechtsberührung, wahrscheinlich mit Teilen der 10. Pz. Division des XIV. (mot) AK. An eine nachhaltige Verteidigung war auf französischer Seite sicherlich nicht gedacht, zumal es nicht einmal gelang, Fühlung mit der 53. ID. zu bekommen; vielmehr erhielt die Division Befehl, sich am Abend des 15. 5. nach Süden über die Aisne abzusetzen, wo sie sich am 16. 5. zur Verteidigung einrichtete, während vor Rethel die ersten deutschen Vorhuten auftauchten.

Durch französische Veröffentlichungen sind wir über die Kräfteverteilung südlich der Aisne verhältnismäßig gut unterrichtet.[5]) Die 14. Division übernahm demnach, nachdem sie bei Rethel, Givry und Attigny über den Fluß zurückgegangen war, den rund 24 km breiten Abschnitt Taizy – Attigny (ausschl.) und richtete um Rethel, vor allem auf den die Stadt und das gesamte Hinterland beherrschenden Kalkhöhen nordostwärts Rethel einen Brückenkopf ein. Sie gliederte sich hierzu in vier Abschnitte, wobei der Sektor West von der 25. Aufklärungsabteilung und dem II./IR. 35 besetzt wurde. Der Brückenkopf Rethel wurde vom III./IR. 152 und der 3. Kp. des Jägerbataillons 31 unter dem Befehl des Regt. Kdr. IR. 152, Oberst Betant, verteidigt. Den Mittelabschnitt hielt die 3./Jäger-Halbbrigade (ohne das 2. Jägerbataillon und die 3./Jg. Btl. 31), und den Abschnitt Ost besetzte das IR. 35 (ohne das II. Bataillon). Das I. und II./IR. 152 wurde als Divisionsreserve bei Annelles und Perthes zurückbehalten. Nach rechts, bei Attigny, wo ebenfalls ein französischer Brückenkopf bestehen blieb, bestand Verbindung zum IR. 18 der französischen 36. ID.; nach links gab es zunächst keinen Anschluß. Ungeachtet dieser relativ geordneten Aufstellung und trotz des Umstandes, daß am 17. 5. auch die letzten Teile der 14. Division ihren Einsatzraum erreicht hatten, war die französiche Aisne-Verteidigung zu diesem Zeitpunkt zweifellos als ziemlich schwach zu bezeichnen. Auf deutscher Seite lagen die Verhältnisse freilich nicht anders. Auch hier ging es zunächst um die Abdeckung des nach Westen vorstoßenden deutschen Panzerkeiles gegen eventuelle feindliche Gegenangriffe aus dem Süden. Solange die nach Süden eingedrehten Divisionen des III. AK. die Aisne noch nicht erreicht hatten, hatte das nach Westen angreifende XIV. (mot) AK rechts, neben der 2. ID. (mot), die 29. ID. (mot) als Flankensicherung eingesetzt, die den 34 km breiten Abschnitt von Baham bis Attigny zu sichern hatte. In den Mittagsstunden des 17. 5. traf vor Rethel die AA. 29 ein, während auf der Strecke zwischen Rethel und Attigny, also auf einem etwa 15 km breiten Abschnitt, das IR. 15 Postierungen aufgestellt hatte; als stark kann man diese Besetzung kaum bezeichnen. In richtiger Einschätzung der noch nicht konsolidierten Lage auf französischer Seite hatte das IR. 15 noch in den späten Abendstunden versucht, den Brückenkopf Rethel zu nehmen, war aber von dessen Verteidigern glatt abgewiesen worden.

Von einer Wiederholung des Angriffs am Morgen des 18. 5., der vom Gen. Kdo. XIV. (mot) AK. befohlen worden war, nahm der Kommandeur der 29. ID. (mot) jedoch Abstand, da die im Anmarsch befindliche 21. Inf. Div. von sich aus beantragt haben soll, diese Aufgabe zu übernehmen.[5a] Die Gründe für diesen Antrag sind, wenn er wirklich gestellt worden war, nicht klar, denn seine Ausführung mußte die 21. Inf. Div. in eine schwierige Lage bringen: Auf der einen Seite kam es natürlich nach wie vor darauf an, Rethel, zumindest nördlich der Aisne, schnell zu nehmen, bevor französische Verstärkungen zur Stelle waren. (Und wir wissen heute, daß sie im Anrollen waren!) Auf der anderen Seite wäre das Beziehen einer Verteidigungsstellung an der Aisne, etwa zwischen Rethel und Attigny mit einem gleichzeitigen Angriff auf Rethel, zweifellos sehr schwierig gewesen, da der Division bei Erreichen des Aisne-Abschnitts zunächst nur zwei Infanterieregimenter, nämlich die Marschgruppen IR. 24 und IR. 3 zur Verfügung standen, während das IR. 45 – durch den Maas-Übergang aufgehalten – am Abend des 18. 5. noch rund 20 km zurückhing. Zudem war der Division am 18. 5. durch Korpsbefehl nicht Rethel, sondern der Abschnitt Ambly-Fleury – Givry zugewiesen worden. Das alles deutet darauf hin, daß das Korps und damit auch die Division die Feindbesetzung an der Aisne für noch schwächer hielten, als sie tatsächlich war. So befahl denn auch das

III. AK. an diesem Tag seinen Divisionen, in ihren Streifen Aufklärung über die Aisne nach Süden vorzutreiben, um frühzeitig das Herankommen feindlicher Kräfte festzustellen. Ein Zug der PzJg. Abt. 21, der von der Division darauf hin auf die Übergänge bei Coucy und Ambly-Fleury mit dem Auftrag angesetzt wurde, die Übergänge offen zu halten und 15 km (!) nach Süden aufzuklären, bezahlte diesen, durch die tatsächliche Lage in keiner Weise gerechtfertigten Befehl mit dem Verlust von Gerät und dem ersten Gefallenen der Division im Frankreichfeldzug.[6]

Am Abend des 18. 5. traf dann bei der 21. Inf. Div. der Befehl des III. Korps ein, bis zum kommenden Morgen, 5.30 Uhr, die im Abschnitt Rethel – Attigny stehenden Teile der 29. ID. (mot) abzulösen und am Nachmittag mit der 23. ID., die Rethel erreicht hatte, den Brückenkopf neuerlich anzugreifen.

Nun zeigte sich sehr schnell die schon angedeutete Problematik der Lage. Die nach einem wiederum 20stündigen Marsch gerade in die Quartiere gegangene Truppe mußte alarmiert und noch während der Nacht in die Stellungen vorgeführt werden. Mit ihr dann noch angreifen zu wollen, bedeutete zweifellos ein Risiko, das das Gen. Kdo. III. AK., trotz der Gegenvorstellungen der Division, wohl um die Gunst der Lage auszunützen auf sich nahm, zumal die 23. Inf. Div. (General Graf Brockdorf-Ahlefeld) von sich aus den Angriff für durchführbar hielt. Da sich aber die Ablösung der 29. ID. (mot), entgegen der ursprünglichen Absicht, bis in die Vormittagsstunden des 19. 5. hinzog, wurde die Wegnahme des Brückenkopfes der 23. ID. übertragen und der 21. Inf. Div. befohlen, den Angriff mit Teilkräften zu unterstützen.

Das Unternehmen, das am Nachmittag des 19. 5. vom IR. 68 der 23. Inf. Div. mit dem ihm unterstellten I./IR. 24 durchgeführt und von Seiten der 21. Inf. Div. mit zwei Abteilungen einer Artilleriegruppe unter Oberstleutnant Weikinn unterstützt wurde, stand unter keinem glücklichen Stern. Es trug alle Merkmale der Überhastung an sich, krankte an mangelnder Fühlungnahme auf der unteren Ebene und auch an offenbar nicht genügender Koordinierung der artilleristischen Unterstützung. Und dementsprechend war auch das Ergebnis unbefriedigend. Zwar drang das I./IR. 24 in Rethel ein; die Stadt wurde auch – nach französischen Quellen[7]) – von ihren Verteidigern um 20 Uhr geräumt; aber auch das I./IR. 24 wurde, offenbar infolge eines Mißverständnisses, wieder an den Nordrand der Stadt zurückgenommen. Diesem Umstand war es wohl auch zu danken, daß das I./IR. 24, als es auf Befehl des IR. 68 am Morgen des 20. 5. neuerlich zum Angriff antrat, nun sehr schnell durch das Stadtgebiet bis zur Aisne vorstoßen konnte. Ja, es scheint, daß der morgendliche deutsche Angriff mit Teilen sogar über die Aisne bis zur Straße Rethel, Biermes vorgedrungen war, sodaß auf französischer Seite die Divisionsreserve der 14. Division herangeführt werden mußte, um die Verteidigungslinie am Canal des Ardennes wiederherzustellen. Die Straßenbrücke in Rethel wurde durch den Pi. Zug des IR. 24, die Eisenbahnbrücke später durch die Franzosen gesprengt[8]). Damit waren der feindliche Brückenkopf beseitigt und die beherrschenden Höhen im Norden der Stadt fest in deutscher Hand; wenn auch unter relativ empfindlichen eigenen Verlusten: 31 Tote und 151

Verwundete, sowie 3 Vermißte hatten diese beiden Tage die Division gekostet, wovon sicherlich der Hauptanteil auf das IR. 24 entfiel.

Auf deutscher wie französischer Seite gab man sich mit der so geschaffenen Lage vorerst zufrieden und verwandte alle Sorgfalt darauf, die beiderseitigen Verteidigungsstellungen auszubauen. Der 21. Inf. Div. wurde hierzu ab 20. 5. der Abschnitt Rethel (einschl.) – Attigny (ausschl.) zugewiesen. Rechter Nachbar blieb die 23. Inf. Div., linker Nachbar wurde die 10. Inf. Div. des XVII. AK. Die Division selbst zog nun auch das IR. 45 heran und schob dieses zwischen IR. 24 (rechts) und IR. 3 (links) in der Mitte, zunächst nur mit dem I./IR. 45, ein. Es war beabsichtigt, dieses Bataillon im Falle eines feindlichen Angriffs jeweils einem der beiden Nachbarregimenter zu unterstellen. Bis es allerdings soweit sein sollte, rückte auch (etwa um den 25. 5. herum) das II. Bataillon rechts neben dem I. in die Front ein, so daß nun das IR. 45 seinen eigenen Abschnitt Mitte innehatte.

Die Hauptkampflinie verlief, vom Nordufer der Aisne etwa ein bis zwei Kilometer abgesetzt, über die Höhen, die das Aisnetal nach Norden hin abgrenzten, auf denen sich noch zahlreiche Betonbunker der deutschen Stellungen aus dem Ersten Weltkrieg befanden, die nun erwünschte Unterstandsmöglichkeiten boten. Während von dieser Stellung aus der Blick weit über die Aisne ins feindliche Hinterland schweifen konnte, war das Gelände unmittelbar vor der Hauptkampflinie bis zum Fluß hinunter eher schwer zu übersehen. Einzelne Dörfer und Gehöfte im Niemandsland wie auch Hecken und Sträucher behinderten die Sicht. Die Regimenter schoben daher kampfstarke Gefechtsvorposten in diese Dörfer vor, die auch auf Befehl der Division zu Stützpunkten und Panzerhindernissen ausgebaut werden sollten. Auch sonst war die Anlage von Sperren vor der Hauptkampflinie vorgesehen.[9])

Die Artillerie gliederte sich dementsprechend unter dem Kommandeur AR. 21 als Art. Führer der Division in zwei Artilleriegruppen und zwar in die Gruppe Weikinn mit II., III./AR. 21 und I./AR. 57 für die Abschnitte Rechts und Mitte, und in eine Artilleriegruppe unter der Führung des Rgt. Stabs z. b. V., Oberst von Ondarza, mit I./AR. 21 und einer Abteilung Korpsartillerie für den Abschnitt links. Dem Art. Führer 21 unterstand außerdem unmittelbar eine Abteilung Korps-Artillerie zur Artilleriebekämpfung zusammen mit der Beobachtungs-Abteilung 9. Hier ergaben sich zunächst allerdings Schwierigkeiten durch Munitionsknappheit der eigenen Artillerie, während sie auf der Gegenseite offensichtlich nicht bestand. Die Gründe für diesen vorübergehenden Mangel dürften nicht – wie die Division anscheinend annahm – in dem hohen Munitionsbedarf für die Schlacht in Flandern, als eher auf dem Nachschubsektor, insbesondere in den noch nicht intakten Eisenbahnverbindungen gelegen haben, sodaß die Munition, vor allem die für die lFH. 16, durch Kolonnen der Division aus Lagern oft hinter der Reichsgrenze herangeschafft werden mußte. Aus diesem Grunde sah sich auch das AR. 21 veranlaßt, ein Ansuchen der 10. Inf. Div. um Unterstützung eines Unternehmens gegen Attigny abzulehnen.

Erst um den 26. 5. besserte sich die Nachschublage. Eine weitere Verbesserung der artilleristischen Feuerkraft erfolgte, als am 1. 6., mehr oder minder zufällig, im Hinterland der Division ein stehengebliebener französischer 22 cm Mörser Muster 15 gefunden wurde, der feuerbereit gemacht werden konnte. In einem erbeuteten Lager fanden sich auch 3.000 Schuß der dazugehörigen Munition, sodaß unter der Feuerleitung des Chefs der 3./AR. 57 damit am 3. 6. das Feuer eröffnet werden konnte. Die Schußfolge (10 Schuß in eineinhalb Stunden) war nicht gerade atemberaubend, aber die Wirkung im Ziel doch eindrucksvoll. Die Bemühungen, auch noch einen zweiten derartigen Mörser feuerbereit zu machen, mißlangen jedoch.[10]) Immerhin verschoß der intakte Mörser am 4. 6. 120 und am folgenden Tag sogar 172 Schuß.[11])

Auch auf französicher Seite war man keineswegs untätig geblieben. Noch während um den Brückenkopf Rethel gekämpft wurde, war dem französischen XXIII. Armeekorps die aus der Front in Lothringen herausgelöste, fast voll aufgefüllte, 10. ID. zugeführt worden, die zwischen der 44. und 14. ID. eingeschoben wurde und in den Nächten vom 19./21. 5. die westlich Rethel eingesetzten Teile der 14. ID. ablösten. Das dadurch frei werdende II./IR. 35 der 14. Division wurde von dieser zunächst an der Retourne zum Ausbau einer 2. Linie zwischen Neuflize und Alincourt zurückgezogen, ab dem 23. 5. aber zusammen mit 3 schweren Panzern vom Typ B als Reserve nach Saulces-Champenoise verlegt. Die Aufklärungsabteilung 25 kam nach Pauvres. – Noch dichter wurde das französische Verteidigungssystem vor der 21. Inf. Div., als zwischen dem 29. und 31. 5. zwischen die 10. und 14.ID. die, ebenfalls aus Lothringen antransportierte, 2. (Pariser) Division unter Brig. Gen. Klopfenstein eingeschoben wurde, ein Faktum, das von der 21. Inf. Div., wenn überhaupt, frühestens nach dem 5. 6. bemerkt wurde. Die neue Division mit den Infanterieregimentern 33, 73 und 127 und der Aufklärungsabteilung 11 hatte einen Iststand von rund 85 % des Soll. Sie erhielt den Abschnitt zwischen Château-Porcien und Rethel (einschl.) und gliederte sich hierzu folgendermaßen: IR. 33 bei Château-Porcien, das I./IR. 73 bei Nanteuil. Acy und Rethel wurden vom III./IR. 127 besetzt. Das II. Bataillon dieses Regiments hielt den Abschnitt von Biermes. Das I. Bataillon lag zumindest mit Teilen, bei Perthes. Die Aufklärungsabteilung 11 und das III./IR. 73 kamen an die Retourne und das II./IR. 73 verblieb als Korpsreserve bei Selles, also 22 km hinter der Front.

Die nunmehr nur noch auf den Abschnitt Thugny-Trugny – Attigny beschränkte 14. ID. zog daraufhin das IR. 152 ebenfalls an und hinter die Retourne und zwar in den Abschnitt Juniville – Mazagran zurück.

Die französische Widerstandskraft hatte sich damit verstärkt, ohne daß man sich auf deutscher Seite davon ein klareres Bild gemacht hätte. Da das Korps Spähtruppunternehmen über die Aisne untersagt hatte, um keine Gefangenen zu verlieren, waren die Aufklärungsergebnisse ziemlich lückenhaft[12]) und führten zu falschen Schlüssen. Da die Luftaufklärung die stärkere Besetzung und den Ausbau des Retourne-Abschnitts deutlich erkennen ließ, vermutete die Division in Übereinstimmung mit dem III. AK., daß der Gegner sich von der Aisne absetzte und dort lediglich starke Gefechtsvorposten zurücklasse.[13])

Hatte man solcherart weder von der Verteilung der feindlichen Kräfte noch von ihren Absichten eine richtige Vorstellung, so galt dies erst recht hinsichtlich der Beurteilung der Kampfkraft des Gegners. Man hielt ihn, nach den eigenen Erfolgen in Flandern für demoralisiert; dementsprechend schien der Erfolg des Durchbruchs bei Sedan jederzeit nach Belieben wiederholbar. Nur so wird erklärlich, daß man bei der Planung des in Aussicht genommenen Angriffs über die Aisne glaubte annehmen zu können, daß spätestens bis Mittag des 1. Angriffstages ein so tiefer Brückenkopf erzwungen sein würde, daß in ihn Panzerverbände nachgezogen und zum Angriff bereitgestellt werden könnten.

Ob die Truppe diesen etwas übertriebenen Optimismus der Führung teilte, ist schwer zu sagen. Gewiß besaß auch sie auf Grund des bisherigen Feldzugsverlaufs ein Überlegenheitsgefühl, das mitunter dazu neigen mochte, den Gegner als nicht allzu standfest zu betrachten und damit nicht immer ganz ernst zu nehmen.

Die französische Artillerie nahm laufend erkannte Ziele unter Feuer, insbesonders lagen die Kalkhöhen nördlich Rethel, die Côte Hottin, fast ständig unter schwerem Beschuß, wobei allerdings mitunter eine erstaunliche Zahl an Blindgängern festzustellen war. Auch in Rethel gab es immer wieder Verluste, vermeidbare wie man wohl hinzufügen muß, aber eben aus den vorgenannten Gründen erklärliche: die von der Bevölkerung überstürzt geräumte Stadt, besonders mit ihren wohl assortierten Lebensmittelgeschäften und Weinkellereien, bildete einen Anziehungspunkt für „Besucher" von verschiedenen Truppenteilen und Stäben, die in der Stadt eigentlich nichts zu tun hatten und recht sorglos vorgingen.

Zudem trat ab dem 30. 5. im Verhalten des Gegners zumindest vor dem gesamten Bereich des III. AK. insofern eine Änderung ein, als nun eine Reihe „von sorgfältig vorbereiteten und tapfer durchgeführten Erkundungsunternehmen angesetzt" wurden.[14]) Vor der 21. Inf. Div. war dies insbesondere im Abschnitt des I./IR. 45 der Fall, als in der Nacht vom 30./31. 5. von der französichen 14. Division etwa eine Kompanie im Raum Ambly-Fleury übersetzte und sich in der 5 – 600 Meter landeinwärts, aber noch weit vor der deutschen Hauptkampflinie gelegenen Ferme du Bois de Seuil – wohl nur vorübergehend – einnistete. Falls den Franzosen daran gelegen war, damit die deutsche Verteidigung herauszulocken, so ist ihnen dies vollauf gelungen. Da gemäß Befehl der Division jedes Festsetzen des Gegners auf dem Nordufer der Aisne zu verhindern war, der Feind aber offenbar durch Feuer nicht vertrieben werden konnte, setzte das I. Bataillon seine Reserve-Kompanie, die 1./45, zu einem Gegenangriff an. Der Verlauf des Gefechtes ist heute nicht mehr genau zu rekonstruieren, sicher aber ist, daß die Kompanie in dem schwierigen Gelände durch das gut liegende Feuer zahlreicher MG wie auch der französischen Artillerie in eine schwierige Lage geriet, wobei auch stärkere Verluste eintraten. Die Angaben darüber gehen freilich stark auseinander und schwanken zwischen 25 bis 60 Ausfällen, zu denen auch der gefallene Chef der 1./45 zählte. Erst mit einbrechender Dunkelheit gelang es, die Kompanie wieder zurückzunehmen, während die Franzosen auf das Südufer zurückkehrten. Insgesamt hatte dieser Tag die Division 39 Tote und 76 Verwundete gekostet.[15]) Ein gewiß teures Lehrgeld.

Beiderseitige Lage im Abschnitt der 12. Armee am 8. 6. 1940 abends

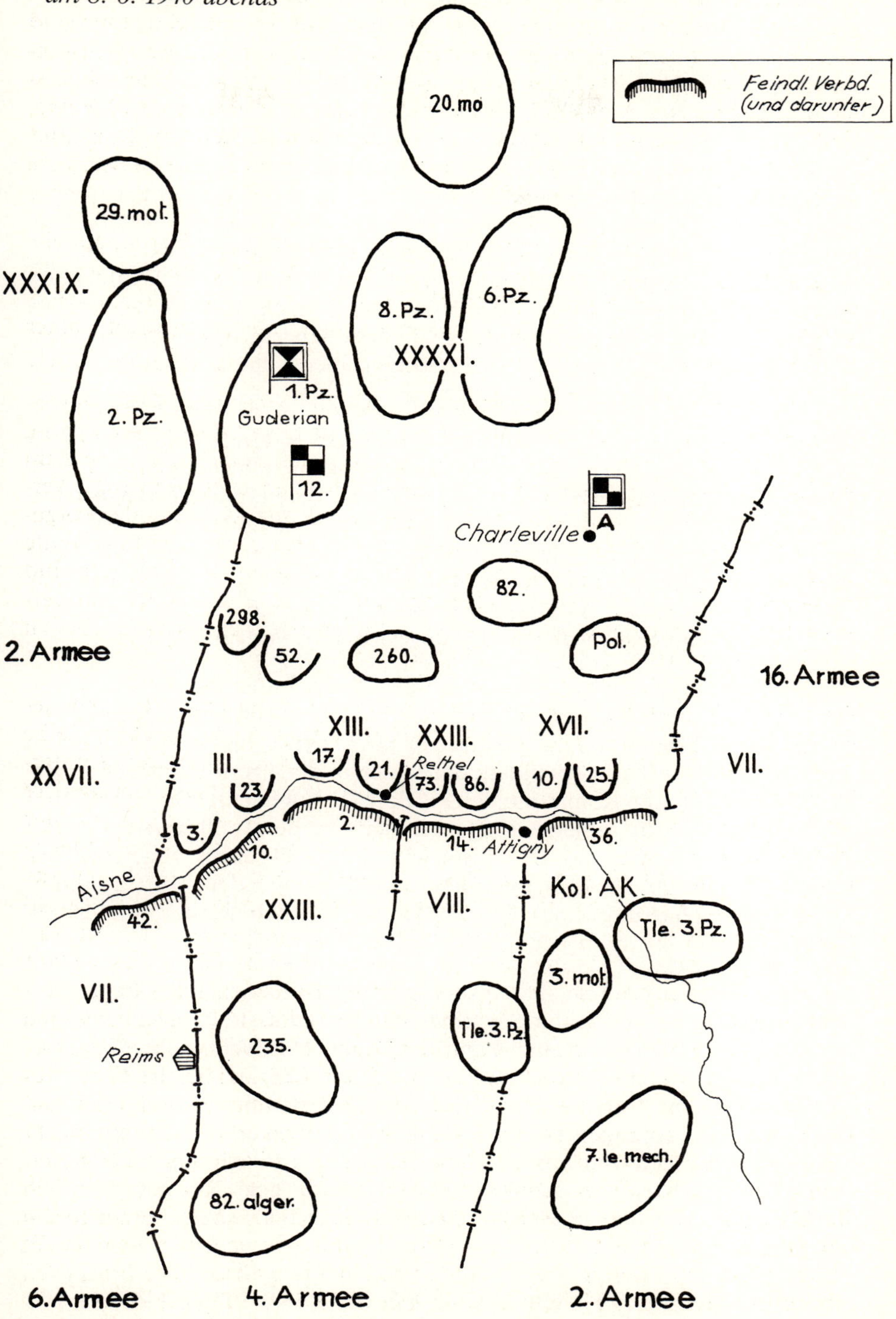

Skizze 6

Im Großen gesehen, hatten diese Aktivitäten des Gegners zweifellos den Zweck, sich darüber Klarheit zu verschaffen, wo nach Beendigung der Schlacht in Nordfrankreich und dem damit verbundenen Freiwerden bedeutender deutscher Kräfte mit neuen Angriffsschwerpunkten zu rechnen sei. Tatsächlich zeichneten sich gerade in diesen und den folgenden Tagen im Bereich der 21. Inf. Div. und um sie herum die Bildung eines solchen Schwerpunktes ab. Am 30. 5. war zwischen das III. und XVII. AK. zunächst das XIII. AK. (Gen. d. Pz. Tr. v. Vietinghoff genannt Scheel) und kurz darauf links daneben das XXIII. AK. eingesetzt worden. Gleichzeitig wurden neben der Division neue Divisionen in die Front eingeschoben: rechts die 17. ID. mit der zusammen die 21. Inf. Div. das XIII. AK. bildete, links die 73. ID., die mit der ebenfalls weiter ostwärts eingerückten 86. ID. zum XXIII. AK. gehörte. Das aber war nur die Front der sich bildenden Angriffsgruppierung. Hinter dem XIII. AK. vollzog sich ab Beginn des Monats Juni der Aufmarsch der neugebildeten Panzergruppe Guderian mit XXXIX. und XXXXI. AK., die zusammen über 4 Panzerdivisionen und zwei ID. (mot) verfügten. (Vgl. Skizze 6)

Die 21. Inf. Div. wurde durch diesen Aufmarsch im Großen auch insofern direkt berührt, als sie in den ersten Junitagen ihren bisherigen, ostwärts Rethel gehaltenen Abschnitt an die 73. ID. bzw. deren linken Nachbarn abgab und dafür den bisherigen linken Divisionsabschnitt der 23. Inf. Div. übernahm. Sie stand also jetzt im Abschnitt zwischen Nanteuil-sur-Aisne und Rethel (beide einschl.) In der Front waren das IR. 3 rechts und das IR. 24 links mit je zwei Bataillonen eingesetzt, während das IR. 45 als Divisionsreserve zunächst in den Raum um Mesmont verlegt wurde.

Die Vorbereitungen für den bevorstehenden Angriff über die Aisne nahmen nun immer festere Formen an. Die Regimenter erkundeten tagelang die besten Möglichkeiten, die Aisne und vor allem den Canal des Ardennes in ihren Abschnitten zu überwinden. Jedes der in der Front eingesetzten Regimenter erhielt eine Kompanie des Pi. Batl. 21 unterstellt. Das Pionierbataillon erhielt dafür seinerseits alle Pionierzüge der Infanterieregimenter für die Vorbereitung und Durchführung des Überganges zugeteilt. Das Pi. Batl. 29 der 29. ID. (mot) wurde der Division mit dem Auftrag unterstellt, nach Schaffung eines Brückenkopfes westlich Rethel eine 16 to-Brücke für den Übergang der Panzerkräfte zu schlagen.

Um zu verhindern, daß nach dem vorgesehenen Durchbruch der Panzerverbände der Gegner sich hinter denselben wieder sammeln könnte, stellte die Division, in Ermangelung einer kampfkräftigen Aufklärungsabteilung, unter dem Kommandeur PzJg. Abt. 21 eine Vorausabteilung bereit, die im wesentlichen aus der 2. Kp./PzJg. Abt. 21, der Radfahrschwadron 21, den neu gebildeten Radfahrzügen der drei Infanterieregimenter, aus der 2./IR. 45 auf Lastkraftwagen und aus dem Radfahrzug des Pi. Bataillons 21 bestehen sollte. Für den Beginn des Angriffs wurde der Division auch die 1./PzJg. Abt. 560 (8,8 cm Flak) unterstellt, was sich als höchst zweckmäßig erweisen sollte.

Am Abend des 4. 6. traf dann noch Oberst Steinbach, der ehemalige Kommandeur AR. 21 und nunmehrige Arilleriekommandeur 126, bei der Divi-

sion ein, um die artilleristische Leitung des Angriffs zu übernehmen. Der Division waren neben ihrer eigenen Artillerie noch zwei leichte und zwei schwere Abteilungen von nicht in der Front eingesetzten Divisionen als Verstärkungsartillerie zugewiesen worden, die nun wie folgt gegliedert wurden:
Art. Gruppe Fischer: II./AR. 7 (lFH. 18), II./AR. 253 (lFH. 18), IV./AR. 253 (sFH. 18) als Schwerpunktgruppe;
Art. Gruppe Weikinn: I. und II./AR. 21 (lFH 16), I./AR. 57 (sFH 18) zur Unterstützung des IR. 3;
III./AR. 21: auf Zusammenarbeit mit IR. 24 angewiesen.

Dem Arko. 126 unmittelbar unterstellt war die II./AR. 260 (lFH 18). Im Rahmen des XIII. AK. verfügte der Arko 15 (GM. Zehler) noch über eine weitere Gruppe bestehend aus 2 Abteilungen sFH, 1 Abteilung 10 cm Kanonen und 1 Abteilung 15 cm Kanonen für Artilleriebekämpfung und Fernkampfaufgaben.

Wie schon aus der Artilleriegliederung ersichtlich, beabsichtigte die Division mit Schwerpunkt rechts anzugreifen und dies wahrscheinlich nicht nur, weil die Stadt Rethel im linken Abschnitt voraussichtlich ein starkes Hindernis darstellte, sondern wohl auch im Einvernehmen mit dem XIII. AK., dessen Schwerpunkt ebenfalls rechts bei der 17. ID., also im Raum Château-Porcien, lag. Das mochte auch damit zusammenhängen, daß die Heeresgruppe B bereits am 5. 6. zum Angriff angetreten war und mit Auswirkungen des Angriffserfolges auf den Gegner vor dem rechten Flügel der Heeresgruppe A, der 12. Armee, zu rechnen war. Für diese Armee und damit für das XIII. AK. war der 9. 6. als Angriffstermin festgelegt worden.

Die Angriffsvorbereitungen, insbesondere die Zusammenfassung der Panzerverbände, waren von französischer Seite wohl erkannt worden, und das französische XXIII. Armeekorps rechnete sich zutreffend aus, daß mit dem Angriff um den 9. Juni herum zu rechnen sei.[16] Allerdings scheint man den deutschen Schwerpunkt eher ostwärts Rethel angenommen zu haben. Jedenfalls deuten die wenige Tage vor Angriffsbeginn auf französischer Seite vorgenommenen Änderungen in der Befehlsführung darauf hin. Am 4. 6. übernahm beiderseits Rethel das neu herangeführte französische Armeeoberkommando 4 den Befehl über das bisher zur 6. Armee gehörige XXIII. Armeekorps. 4 Tage später und damit nicht einmal 24 Stunden vor dem Antreten der deutschen 12. Armee erhielt die französiche 4. Armee noch ein weiteres Korpskommando, das VIII. unterstellt, dem aber nur eine Division in der Front, die ostwärts Rethel stehende 14. Division, unterstand. Allerdings sollte dieses VIII. Armeekorps noch eine besondere Eingreifreserve erhalten und zwar in Gestalt der 2. gepanzerten Gruppe (Groupement cuirasse), die, unter der Führung des bisherigen Kommandeurs der 3. Panzerdivision, dem General Buisson, stehend, aus der 3. Panzerdivision, der erst vor kurzem neu aufgestellten 7. leichten mechanisierten Division, der Panzergruppe 508 (7. und 10. Panzerbataillon), ferner aus einem kleineren Panzerverband und Panzerabwehrkräften aus der Heeresreserve bestehen sollte. Der Kern der Gruppe, die 3. Panzerdivision, ein schon von der Organisation her sehr ungünstig gegliederter Verband (keine Divisionstruppen und viel zu schwache Versorgungseinrichtungen) verfügte allem Anschein nach nur noch über die Hälfte seines Soll-Bestands an Panzern. Am 7./8. 6. war jedenfalls das Pz. Bataillon 49 abgezogen worden, nachdem seine Panzer und ein Teil der Mannschaft zur Auffüllung des Panzerbataillons 41 verwendet worden waren. Anstelle des mit dem Kommando der Panzergruppe 2 betrauten General Buisson hatte Oberst La Brigant seit dem 7. 6. die Führung der Panzerdivision inne. Der Führungsstab der Panzergruppe selbst traf am Einsatzort erst ein, als der Angriff an der Aisne bereits losgebrochen war. (Vgl. Anlage 9)

2. Gewaltsamer Aisne-Übergang bei Rethel

Sonntag, 9. Juni 1940 — Bei Büchsenlicht, um 4.45 Uhr, eine Dreiviertelstunde vor Sonnenaufgang, setzte das Vorbereitungsfeuer der Artillerie und schweren Infanteriewaffen auf der gesamten Front ein. Die 12. Armee war zum Angriff angetreten. Allein vor dem rund 6 km breiten Angriffsstreifen der 21. Inf. Div. lag das Feuer von rund 100 Geschützen der Arillerie, zunächst nur auf feindlichen Anlagen zwischen Aisne und Canal des Ardennes, dann nach 5 Minuten auf die französischen Stellungen hinter dem Kanal überspringend und schließlich ab Y + 10 Minuten auf Nanteuil, Acy und Rethel-Süd. Fernkampfbatterien beschossen darüberhinaus auch Ziele weit im feindlichen Hinterland. Den Beobachtungsstellen und Gefechtsständen auf den Kalkbergen nördlich Rethel bot sich damit ein bisher noch nie gesehenes Schauspiel. Das gesamte Aisne-Tal mit seinen flach nach Süden ansteigenden Hängen, bis hin zu den Höhen bei Perthes und den Waldrändern des Bois de Moinmont war von den Einschlägen der verschiedensten Kaliber geradezu übersät. Allerdings verschwand dieses Bild bereits nach wenigen Minuten, indem sich der Qualm der Explosionen mit dem leichten Dunst der Flußniederung zu einer undurchdringlichen Nebelschicht verband, in der es freilich ununterbrochen weiterhin wie von Blitzen fahl aufzuckte. Auch der Abschußknall der Geschütze, das Heulen der Granaten und die Detonationen ihrer Einschläge waren nur noch wie ein pausenloses Donnern und Dröhnen wahrzunehmen.

Während hunderte von Doppelgläsern und Scherenfernrohren gebannt auf dieses Schauspiel gerichtet waren und unten am Canal des Ardennes noch die Splitter der eigenen Artillerie oft bis auf das eigene Ufer herüberflogen, also nur wenige Minuten nach Eröffnung des Feuerschlages, stürzten sich die ersten Infanteriestoßtrupps mit Todesverachtung — man kann es nicht anders sagen — in dieses Inferno. „Vor uns war dichter Nebel, der durchsetzt war mit dem Qualm der Granaten. Sicht hatte man nur auf etwa fünf Schritt. Unser Sturm ging in diesen Nebel hinein", schildert Leutnant Rübener von der 9./IR. 3 die folgenden Minuten. Sein Stoßtrupp war, im Schwerpunkt der Division, auf die Kanalschleuse hart ostwärts Nanteuil angesetzt. „Meine Jungen mit Schlauchbooten und anderem schweren Gerät bewaffnet, liefen was das Zeug hielt. — Jetzt war die Aisne erreicht. — ‚Flossäcke der Pioniere her!' Sie waren noch nicht da. . . . Endlich, sie kommen!! . . . Wir treiben mit dem Strom ab. Doch gleich müssen wir das Ufer erreicht haben, leider zu steil. Die richtige Stelle war verpaßt." Endlich faßte der Stoßtrupp Fuß auf der Insel zwischen Aisne und Canal und Lt. Rübener ließ seine Männer aufschließen. „Links und rechts wurde gebrüllt und geschossen. Irgendwo links von uns schrie man nach dem zweiten, links von uns eingesetzten Stoßtrupp. Es ging ihm wahrscheinlich ähnlich, so wie uns auch. ... Ein paar Leute hatten die Verbindung verloren. Jetzt muß doch gleich der Eisenbahndamm kommen, der vor dem Kanal liegt? Ich sehe plötzlich dichtes Strauchwerk und will hinein. Auf einmal blitzt das Mündungsfeuer eines MG. auf, in einer Entfernung von einem Meter. Seine Garbe geht an meinem linken Arm vorbei und auf zwei Schritt meinem tapferen Melder in den Bauch. Handgranaten heraus und werfen ist eins. ‚Vorwärts, folgen!' Und weiter geht es. – Wo ist bloß diese verdammte Schleuse? Plötzlich links von uns deutsches MG-Feuer und Rufe: ‚Stoßtrupp Edse!' Also der war auch schon da. ‚Nun aber rüber mit dem einzigen Schlauchboot, das wir noch haben und drauf und dran!' Wir springen über den Eisenbahndamm herüber bis zum Kanalufer ... Ich bin gerade im Boot und versuche das andere Ufer zu erreichen, da schreien meine Leute, die noch am Ufer lagen: ‚Hier rechts ist die Schleuse!' ‚Los rüber,' brülle ich. Der Rest meiner Leute stürzt über die Schleuse und kommt dann zu mir gelaufen." Aus dem nahe gelegenen Schleusenwärterhäuschen schlug starkes Feuer den Angreifern entgegen. „Sehen konnte ich nichts in diesem dichten Nebel," berichtet Rübener weiter: „ ‚Hier den Steilhang rauf!' Wir waren kaum fünf Schritte hoch gekrochen, da flogen uns schon 8 – 10 Handgranaten entgegen. ‚Weiter, weiter!' Feuer von rechts, Verwundete schreien, die französische Artillerie schießt und die MG rasen. Hier fällt die Entscheidung . . ."[17]

In der Tat, hier war eine erste, aber wichtige Entscheidung gefallen: Um 5 Uhr war die Schleuse genommen und am Südufer des Kanals ein winziger Brückenkopf gebildet, bestehend aus einem Leutnant, einem Unteroffizier und noch 5 Mann, dabei ein lMG mit noch 50 Schuß. Aber am Abend wird hier eine Kriegsbrücke stehen und in der folgenden Nacht werden Panzer über dieselbe rollen.

Inzwischen hatte der Chef der 9. Kompanie, Oberleutnant Fiehn, die übrigen Stoßtrupps seiner Kompanie, die am Bahndamm vor dem Kanal im feindlichen Feuer liegengeblieben waren, zusammengerafft, einen Feuerschutz aufgebaut und mit Hilfe der Pioniere begonnen, seine Leute überzusetzen. Auch das glückte. Um 5.30 Uhr war die Masse der 9. Kompanie über den Kanal und stieß nun weiter bis zur Höhe 131, südlich der Straße Nanteuil, Acy vor, wo sie sich um 6.45 festsetzte. Eine Viertelstunde später hatte auch die bisher links nachfolgende 11. Kompanie Anschluß daran gefunden.

Aber schon trat wieder eine Krise ein: während der Angriff südlich des Kanals weiter Raum gewann, setzte ein französischer Volltreffer den Stab des III./IR. 3, einschließlich des Bataillonskommandeurs, außer Gefecht. Aber nun zeigte sich der Wert der Ausbildung zum selbständigen Handeln: ohne einen Moment zu zögern übernahm der Adjutant, Oberleutnant Sürenhagen, die Führung des Bataillons und stieß mit ihm, nachdem ein zurückgekehrter Spähtrupp die Côte Ancelin, südlich der Straße Avançon, Acy feindfrei gemeldet hatte, aus eigenem Entschluß dorthin vor, obgleich diese Höhe im Abschnitt des rechts angreifenden II./IR. 3 lag. Um 8 Uhr war auch diese Höhe im Besitz des Bataillons. Damit stand das III./IR. 3, rund drei Stunden nach Angriffsbeginn, etwa 2 km tief im Feind, allerdings damit auch

71

am Ende seines Vorgehens, denn das Bataillon war in dieser Lage völlig allein. In den Nachbarabschnitten, rechts beim II./IR. 3 und links beim IR. 24 war man bei weitem nicht so erfolgreich gewesen. Das hing nicht zuletzt mit dem Verteidigungsverfahren zusammen, das auf französischer Seite auf Weisung von General Weygand angewandt wurde, nämlich vor allem die Ortschaften und Waldstücke als Widerstandsnester auszubauen und zu verteidigen. So stieß denn auch das am rechten Flügel der Division angreifende II./IR. 3 in Nanteuil auf heftigen Widerstand (wahrscheinlich des französischen I./IR. 73), der vorerst nicht gebrochen werden konnte. Das Bataillon scheint darauf hin den Ort rechts umgangen zu haben, wobei es in den Gefechtsstreifen der 17. Inf. Div. geriet, ohne allerdings dort Verbindung mit dem hier eingesetzten II./IR. 21 aufnehmen zu können, das offensichtlich auch weiter zurückhing.

Beim IR. 24 war bisher überhaupt kein Fortschritt erzielt worden. Das Regiment hatte, entgegen der Weisung der Division, sich mit der Masse scharf an das IR. 3 zu halten und die französischen Stellungen in Rethel von Westen und Süden her aufzurollen, in Rethel selbst auch anzugreifen versucht und war dabei auf den erbitterten Widerstand des französischen IR. 127 gestoßen. Jedes Haus war als Stützpunkt ausgebaut und mußte in einem wütenden Straßenkampf einzeln erkämpft und gesäubert werden. An Acy war erst gar nicht heranzukommen. Ein Einsatz des französischen Beute-Mörsers schaffte etwas Luft, ohne jedoch die Verteidiger zum Schweigen zu bringen. Die Entwicklung auf beiden Flügeln erforderte also das Eingreifen der Division.

Trotz der schwierigen Lage des IR. 24 waren Maßnahmen am rechten Divisionflügel jedoch vordringlich, einmal weil dort eine Lücke zur benachbarten 17. Inf. Div. zu entstehen drohte und zum anderen, weil das relativ weit vorgedrungene III./IR. 3 sich nach wie vor in einer exponierten Lage befand, was französische Gegenangriffe etwa aus dem Bois de Moinmont geradezu herausforderte. Tatsächlich erfolgte von dort her um 13.00 Uhr gegen den linken Flügel des rechten Nachbarn, das II./IR. 21 der 17. ID., ein Angriff, der sich mit Teilen auch gegen das III./IR. 3 richtete und von einer Kompanie des 23. Panzerbataillons, Infanterie und zwei Zügen abgesessener Kavallerie vorgetragen wurde,[18]) jedoch glatt abgewehrt werden konnte. Trotzdem bildete der Bois de Moinmont zusammen mit dem fehlenden Anschluß zum rechten Nachbarn eine ständige Bedrohung. Die Division konnte ja nicht wissen, daß ihr Gegner, die 2. Infanteriedivision, praktisch über keine Eingreifreserven verfügte, abgesehen von ein bis zwei Kompanien des 23. Panzerbataillons, die bisher Korpsreserve, am Morgen des Angriffstages der 2. Division vom XXIII. Korps zur Verfügung gestellt worden waren. Um also die Flanke abzusichern, führte die Division aus ihrer Reserve dem IR. 3 das III./IR. 45 und die 14./IR. 45 zu. Gleichzeitig wurde der Rest des IR. 45 bis an die Straße Ecly, Rethel vorgezogen.

In Ausführung des Befehls, sich in der Schlucht südlich Nanteuil bereitzustellen, geriet das III./IR. 45 bei Erreichen des Ortes in ein heftiges Ortsgefecht, das ihm die von ihren Verbindungen abgeschnittenen Teile des französischen IR. 73 lieferten. Der Kampf endete mit der Einnahme des Ortes und der Einbringung von 180 Gefangenen.

Gegen Mittag hatte sich die Lage beim IR. 3 insofern gefestigt, als um 13.00 Uhr das II./IR. 3 die Straße Avançon, Acy erreichte und um 14.45 Uhr mit dem linken Flügel seiner 5. Kompanie Anschluß an das III./IR. 3 gewann. Diesem Bataillon waren inzwischen 7 Pak und ein l.IG, sowie zwei Artilleriebeobachter der II./AR. 21 zugeführt worden, so daß nun seine Stellung als einigermaßen gesichert angesehen werden konnte, wenngleich sie ständig unter Beschuß lag und Verluste eintraten. Auch nördlich des Bois de Moinmont war nun Verbindung mit dem II./IR. 21 der 17. Inf. Div., wenn auch kein Anschluß vorhanden. Allerdings hatte dieses Bataillon den Angriff eingestellt, da es sein Tagesziel erreicht hatte, sodaß der Bois weiterhin einen Gefahrenpunkt bildete, der ein weiteres Angreifen nach Süden verhinderte. Zwar dachte das IR. 3 zunächst noch daran anzugreifen und zog zu diesem Zweck das bisher bei Ecly in Reserve gehaltene I./IR. 3, um Nanteuil herum, in Richtung Höhe 131 vor, um es dort bereitzustellen. Doch daraus wurde nichts. Vielmehr griff der Gegner um 16.00 Uhr — man muß fast sagen endlich — aus dem Bois de Moinmont mit Panzern nochmals an. Doch dieser Versuch kam zu spät und war zu schwach. Eine Pak und die Panzerbüchsen der 6. und 7. Kompanie des IR. 3 genügten, um ihn abzuwehren.

So blieb vorerst nur noch übrig, die Lage vor dem IR. 24 zu bereinigen. Nach einer schwierigen Umgruppierung des Regiments wurde dessen Reservebataillon, das III./IR. 24 unter Hptm. Hufenbach, im Abschnitt des IR. 3 über die Aisne geführt und griff von dort aus um 16.45 Uhr Acy von Westen her an. Es gelang zwar in den Ort einzudringen, nicht jedoch den auf verlorenem Posten ungemein zäh kämpfenden Gegner vom IR. 127 niederzuringen. Das Bataillon wurde daher für die Nacht wieder aus dem Ort zurückgezogen und derselbe von allen Seiten abgeriegelt. Inzwischen hatte die Division das III./IR. 45 aus seiner Sicherungsstellung an der rechten Flanke der Division herausgelöst und es in die Lücke zwischen IR. 3 und IR. 24 vorgeführt, von wo aus es Anschluß an das III./IR. 24 gewann und bei Einbruch der Dunkelheit die Höhen südlich Acy in Besitz nahm.

Wie war nun das Ergebnis dieses ersten Kampftages zu beurteilen? In seinen Erinnerungen berichtet General Guderian, er habe an jenem 9. 6. um etwa 12 Uhr die Überzeugung gewonnen, daß der Angriff beiderseits Rethel gescheitert sei, was ihn veranlaßt habe, den Aisne-Übergang seiner Verbände bei Château-Porcien zu erzwingen.[19]) Das klingt ein bißchen nach Improvisation, war es aber wohl kaum. Immerhin war der Abschnitt der 17. Inf. Div. der Schwerpunktabschnitt des Korps, ja wohl der 12. Armee und daher, wenn überhaupt, dann war hier mit einer erfolgreichen Überwindung der Aisne zu rechnen. Zum anderen traf die Feststellung, daß der Angriff bei Rethel gescheitert sei, allenfalls für das unmittelbare Stadtgebiet und den linken Nachbarabschnitt der 73. ID. zu, nicht jedoch — wie ja gezeigt wurde — für den rechten Flügel der 21. Inf. Div. Gewiß, als die Sonne etwa um 21.45 Uhr unterging und in der aufsteigenden Dämmerung unzählige Brände im weiten Rund des Schlachtfeldes aufglühten, war das gesteckte 1. Angriffsziel bei weitem nicht erreicht, wohl aber jene Zwischenlinie, deren Besitz zur Sicherung eines Brückenschlages als unbedingt erforderlich erachtet worden war.

Dementsprechend hatte die Division bereits um 9 Uhr früh, während noch die 1. und 2./Pi. 21 in aufopferndem Einsatz die angreifenden Bataillone und deren Nachschub übersetzten, der 3. Pi./21 den Befehl erteilt, bei Nanteuil, etwa im Bereich der schon genannten Schleuse, eine 8 to-Behelfsbrücke zu bauen. Für den späteren Übergang der Panzertruppen war der Bau einer 16 to-Brücke bei Acy geplant gewesen. Da aber der Angriff des IR. 24 zwischen Kanal und Aisne liegen geblieben war, konnte auch der Brückenschlag an dieser Stelle zunächst nicht stattfinden. Die Division befahl daher um 15.00 Uhr der 3./Pi. 21, die Behelfsbrücke wieder abzubrechen und 300 m oberstrom eine 4 to-Floßsackbrücke zu bauen. An der bisherigen Behelfsbrückenstelle errichtete nun das Pi. Btl. 29 eine 16 to-Kriegsbrücke, die bis 18.00 Uhr mit einem An- und Abfahrtsweg aus Stahlmatten fertig gestellt war. Eine halbe Stunde später hatte die 3./Pi. 21 auch den Bau der Floßsackbrücke beendet. Nun hätte eigentlich das Einrücken der Panzerverbände in den Brückenkopf beginnen können und tatsächlich war es vom XIII. AK. für 19.00 Uhr angekündigt worden. Aus unbekannten Gründen verzögerte sich dies um volle vier Stunden, die die Division benutzte, um ihrerseits die Vorausabteilung auf das Südufer nachzuziehen. Erst um 23.00 Uhr rollten die Panzer, Teile der 1. Pz. Div., über die Kriegsbrücke bei Nanteuil in ihre Bereitstellungsräume, dicht hinter der vordersten Infanterielinie.

Der Gegner hat diese Bewegungen nicht gestört, konnte es wohl auch nicht. Die französische 2. Division war nach diesem ersten Kampftag ziemlich am Ende ihrer Kräfte. Von den vor der 21. Inf. Div. stehenden Teilen hatte das I. und II./IR. 73 und das II. und III./IR. 127 schwere Verluste hinnehmen müssen. In den ersten Nachtstunden hatte sich der Kommandeur des IR. 127 entschlossen, Acy und den Südteil von Rethel zu räumen und auf eine neue Verteidigungslinie zwischen Sault-les-Rethel und dem Eisenbahntunnel nordnordwestlich Perthes zurückzugehen und von dort Anschluß an das IR. 73 zu suchen, das sich um Tagnon zur Verteidigung eingerichtet hatte. Diesem Entschluß war um 20 Uhr ein dramatisches Ferngespräch vorausgegangen, in dem General Klopfenstein, der Kommandeur der 2. Division, seinen rechten Nachbarn von der beabsichtigten Zurücknahme seiner Truppe verständigte.[20] General de Lattre beschwor zwar seinen Gesprächspartner, dies nicht zu tun, aber die Verhältnisse waren einfach stärker als alle taktischen Gegenargumente. Dazu kam noch ein besonderes Mißgeschick: in den späten Abendstunden waren von Avançon her Teile der deutschen 17. Inf. Div. bis in die Feuerstellungen der südlich des Bois de Moinmont stehenden Divisionsartillerie der 2. Division (le. AR. 34 und s. AR. 234) vorgestoßen und hatten etwa 20 Geschütze erbeutet.[21] Zusammen mit der anscheinend sehr erfolgreichen Artilleriebekämpfung durch die Fernkampfgruppe des XIII. AK. mit Hilfe eines Aufklärungsfliegers der 5. (H)/13[22] hatte die französische 2. Division damit 50 % ihrer Artillerie verloren.

Das, was General de Lattre am Abend des 9. 6. prophezeit hatte, trat am Morgen des 10. 6. ein: Genau um 6.30 Uhr trat das XXXIX. Pz. Korps aus dem am Vortag erkämpften Brückenkopf Nanteuil – Château-Porcien zum Angriff an, der nun sehr schnell an Raum gewann.

Für die 21. Inf. Div. ergab sich daraus eine nicht ganz einfache Lage: einmal mußte sie danach trachten, den Anschluß an das Panzerkorps nicht zu verlieren. Zum anderen ergab sich bei einem weiteren Vorgehen nach Süden eine immer längere Ostflanke, da der Gegner vor dem XXIII. AK. seine Stellungen an der Aisne nach wie vor unerschüttert hielt. Die Ostflanke der 21. Inf. Div. war aber auch zugleich die tiefe Flanke des Panzerkeils, der sich jetzt in den Gegner bohrte. Hier lag also eine doppelte Verantwortung vor, der Rechnung zu tragen war.

Noch in der Nacht vom 9./10. 6. hatte sich die Division für die Fortsetzung des Angriffs neu gruppiert. Das IR. 45 war nun vollständig neben das IR. 3 eingeschoben worden. Beide Regimenter sollten, mit je zwei Bataillonen in der Front, den Angriff im Anschluß an die Vorausabteilung weiter nach Süden vortragen, wobei der Schwerpunkt beim IR. 3 lag. Die Divisionsartillerie war daher mit Masse auf Zusammenarbeit mit dem IR. 3 angewiesen und nur eine Abteilung mit dem IR. 45. Während im Morgengrauen als erstes zwei Batterien der II./AR. 21 über die Aisne gingen und im Brückenkopf Stellung bezogen, blieb die Verstärkungsartillerie in ihren Stellungen nördlich des Flusses stehen, um nur noch das Antreten der Division zu unterstützen, dann aber zur Unterstützung des linken Nachbarn (73. ID.) eingesetzt zu werden. Dem IR. 24 blieb die nicht leichte Aufgabe, ohne weitere Verstärkung den letzten Widerstand in Rethel zu brechen und damit den dortigen Aisneübergang zu öffnen.

Pünktlich um 6.30 Uhr, also zum gleichen Zeitpunkt wie das XXXIX. Panzerkorps, trat auch die 21. Inf. Div. am 10. 6. nach einer halbstündigen Artillerievorbereitung wieder zum Angriff an. Rechts vom IR. 3 stießen die Panzer durch den Bois de Moinmont in Richtung Neuflize vor. Um 10.30 Uhr war die Retourne bei Bergnicourt erreicht, dann drehte die 1. Pz. Div. mit Teilen nach Osten ein, um die Retourne-Stellung aufzurollen. Um 12 Uhr fiel Alincourt, um 16 Uhr Tagnon, das sich bis dahin noch als letztes Widerstandsnest hatte halten können. Die Vorausabteilung der Division war den Panzerverbänden dicht gefolgt, zunächst außerhalb des Divisionsstreifens, dann später bei Alincourt und Juniville wieder in denselben zurückkehrend. Der letztgenannte Ort wurde um 18.00 Uhr genommen und die dortigen Übergänge für die Division offengehalten.

Nicht im gleichen Tempo, aber doch recht zügig kam das IR. 3 voran, nachdem die Flankierung aus dem Bois de Moinmont ausgeschaltet war. Um 7.30 Uhr brach das III./IR. 3 in die feindlichen Stellungen bei Höhe 144 an der Straße Rethel, Tagnon ein. Ein französischer Gegenstoß aus Richtung Perthes, dem Hauptwiderstandszentrum im Angriffsstreifen der Division, wurde unter Einsatz der schweren Waffen abgewehrt, um 10.30 Uhr überschritt das Bataillon mit vordersten Teilen die Höhen westlich Perthes und erreichte, sich dem Angriff der 1. Schützenbrigade der 1. Pz. Div. unter Oberst Balck anschließend, um 13.00 Uhr die Straßengabel 2 km südlich Perthes. – Das links daneben, etwas zurück gestaffelte I./IR. 3 hatte es schwerer, als es in Richtung auf den „Tunnelberg" angriff, auf dem sich in der Nacht Teile des IR. 127 (wohl I. Bataillon) zur Verteidigung eingerichtet hatten. Erst nach Überwindung der erheblichen Gegenwehr gelang es, die beherrschende Höhe zu stürmen.[23]) Noch weiter zurück hing das IR. 45, das zwar um etwa 11 Uhr die Straße Rethel, Perthes überschreiten konnte, dann aber auf den Höhen 145–125, gegenüber dem zu Stützpunkten ausgebauten und wohl vom III./IR. 127 verteidigten Waldstücken, nordostwärts Perthes liegen blieb.

Am zähesten aber wehrten sich Teile des IR. 127 (III. Bataillon?), denen in der Nacht der Rückzug aus Acy nicht mehr möglich war. Erst um 10 Uhr konnte der bereits am Vortag so heftig umkämpfte Ort vom IR. 24 endgültig genommen werden. Dann griff das Regiment weiter auf Sault-les-Rethel an, das um 13.00 Uhr erobert werden konnte, nachdem ein stark ausgebautes Widerstandsnest in der Ziegelei, am Südrand des Ortes, mit Unterstützung eines 2 cm-MG. Zuges und einiger Panzer genommen worden war. Ein Kapitän mit dem Rest seiner Kompanie legte die Waffen nieder. Aber noch weitere zweieinhalb Stunden dauerte es, bis nach einem erbitterten Häuserkampf auch in dem von den eigenen Kräften völlig abgeschnittenen Südteil von Rethel der letzte Widerstand erlosch.

Damit war nun endlich jene Barriere beseitigt, die bisher das Eingreifen des XXXXI. Pz. Korps und das Nachführen der Korpsreserve des XIII. AK., der 260. ID., verhindert hatte. Gleich nachdem Acy und Rethel feindfrei waren, hatte die 1./Pi. 21 den Befehl erhalten, bei Acy eine 16 to-Brücke zu bauen. Um 21.30 Uhr war der Übergang fertiggestellt. Inzwischen waren freilich dramatische Stunden vergangen, in denen, zumindest im Bereich der 21. ID. die Krise der Schlacht eingetreten war.

Bereits um 14.30 Uhr hatte der Gegner mit Infanterie und einigen Panzern aus den Waldstücken südostwärts Perthes in allgemeiner Richtung III./IR. 3 vorgefühlt. Der Angriff konnte mit dem Abschuß von zwei mittleren Panzern durch die 14./IR. 3 abgewehrt werden. Sofort in die Gegenrichtung angesetzte Aufklärung meldete sodann durchaus zutreffend stärkeren Feind in den Waldstücken, der auch bald in Erscheinung treten sollte. Um 16.30 Uhr war es soweit.

Beim noch immer an der Straßengabel 2 km südlich Perthes rastenden III./IR. 3 plauderten die Infanteristen gerade mit den Männern der dem Bataillon zugeteilten Geschützbedienungen der 14./IR. 3, als einer der Geschützführer plötzlich stutzte. Er glaubte Motorengeräusche auf die eigene Linie zukommen zu hören. „Wer einmal dieses eintönige, gleichmäßige Brummen von Panzern gehört hat, der verkennt es nicht mehr", berichtet er später. „‚Panzer' schreie ich. Meine Leute springen auf ihre Plätze, die Infanteristen in ihre Stellungen. Zu sehen ist noch nichts. Jetzt schreien sie auch von rechts herüber: ‚Panzer, Panzer'. Langgestreckt und warnend klingen diese Rufe. Dazwischen immer deutlicher das monotone Stöhnen der feindlichen Stahlfestungen. . . . Halb aufgerichtet . . . beobachte ich angestrengt den vor uns liegenden Hang. So sehe ich, wie vor uns, seitlich unserer letzten Stellung, ein rundes Etwas langsam immer größer wird. Es ist der Turm des ersten Feindes. Gleich rechts daneben erscheint noch einer, rechts von dem ein dritter."[24])

Während aber 35 französische Panzer ohne Artillerievorbereitung auf das III./IR. 3 zurollten, wurde auch nördlich von Perthes, bei IR. 45, Panzerwarnung gegeben. Auch hier bot sich binnen kurzem ein ähnliches Bild und schließlich entbrannte etwa zur gleichen Zeit südlich Juniville eine etwa zweistündige Panzerschlacht, die die 1. Pz. Div. für sich entscheiden konnte. All das hatte einen inneren Zusammenhang, der sich heute einigermaßen deutlich erfassen läßt.

Angesichts des bereits am späten 9. 6. sich abzeichnenden Zusammenbruchs der französischen 2. ID. hatte ihr rechter Nachbar, die noch durchaus intakte 14. ID., nicht nur das noch in Rethel kämpfende II./IR. 127 unterstellt erhalten, sondern auch von sich aus, als Flankenschutz, eine Kampfgruppe unter dem Kommandeur des IR. 152, Oberst Betant, gebildet, der das IR. 152, die Korps-Aufklärungsabteilung 10 (vom VIII. Armeekorps), die Divisions-Aufklärungsabteilung 60 (von der 71. ID.) und eine berittene Schwadron der eigenen Divisions-Aufklärungsabteilung 25, sowie eine 7,5 cm Batterie angehörten. Diese Kampfgruppe war im Abschnitt Juniville – Annelles in Stellung gegangen. Dahinter war dann, im Laufe des 10. 6., endlich die Panzergruppe Buisson aufmarschiert und stellte sich zum Gegenangriff bereit. Hierbei hatte die 7. leichte mechanisierte Division offenbar die Aufgabe, sich der 1. Pz. Div. vorzulegen und deren Vormarsch an der Retourne zu stoppen. Die 3. Panzerdivision hingegen sollte einerseits (wohl mit Panzerabt. 508 und dem 31. Dragonerregiment (mot)) den Feind bei Juniville stoppen und andererseits nach Norden ausholend, über die Kampfgruppe Betant hinweg, in zwei Stoßkeilen, beiderseits an Perthes vorbei, in allgemein nordwestlicher Richtung angreifen, um zunächst die Front der 21. Inf. Div. einzudrücken, dann aber, wenn möglich, auf die rückwärtigen Verbindungen des XXXIX. Pz. Korps einzuwirken. Der südliche Stoßkeil wurde hierbei vom 45. Pz. Batl. mit 25 leichten Panzern H 39 und der 1 Kompanie des 41. Pz. Batl. mit 10 schweren Panzern B gebildet, während der nördliche Flügel aus dem 42. Pz. Batl. mit 20 Panzern H 39 und 1 Kompanie des 41. Pz. Batl. mit 9 Panzern B und der Masse des 16. Jägerbataillons (mot) bestand.[25]) (Vgl. Anl. 10 und Skizze 7)

Man kann darüber streiten, ob dieser Plan realistisch war, zumal die nur wenig weiter ostwärts, allerdings im Bereich der französischen 2. Armee liegende, 3. ID. (mot) zu dieser Operation nicht herangezogen wurde. Dennoch gab es für die 21. Inf. Div. dramatische Augenblicke. Wenn nämlich General Guderian, während der Panzerschlacht südlich Juniville erkennen mußte,[26]) daß selbst mit einer erbeuteten 4,7 cm Pak keine Wirkung gegen die schweren französischen Tanks vom Typ B zu erzielen war, so machten die Panzerjäger der 14. Kompanien des IR. 3 und IR. 45 mit ihren 3,7 cm Kanonen zur gleichen Zeit dieselbe Erfahrung. Die sich stellenweise bis zur letzten Granate, ja fast bis zum letzten Geschütz wehrenden Panzerjäger (allein die 14./IR. 3 verlor 9 Pak durch Panzerbeschuß) konnten zwar gegen die angreifenden mittleren Panzer gute Erfolge erzielen, weit weniger aber gegen die schweren mit ihrer außerordentlichen Panzerung und ihrer für die damaligen Verhältnisse ungewöhnlich starken artilleristischen Bewaffnung. Besonders beim III./IR. 3 häuften sich die Verluste. Zum zweiten Mal innerhalb von knapp 36 Stunden verlor das Bataillon seinen Kommandeur. Daß es dennoch zu keinem Einbruch kam, lag wohl vor allem daran, daß es relativ leicht gelang, die die Panzer begleitende Infanterie durch Artillerie und schwere Waffen zu Boden zu zwingen und damit von den Panzern zu trennen,[27]) was wiederum diese veranlaßte, eher zögernd vorzugehen. Dennoch war die Gefahr groß und noch gerade rechtzeitig traf die von der

Lage der 21. Inf.-Div. am 10. 6. 1940, etwa 17.00 Uhr

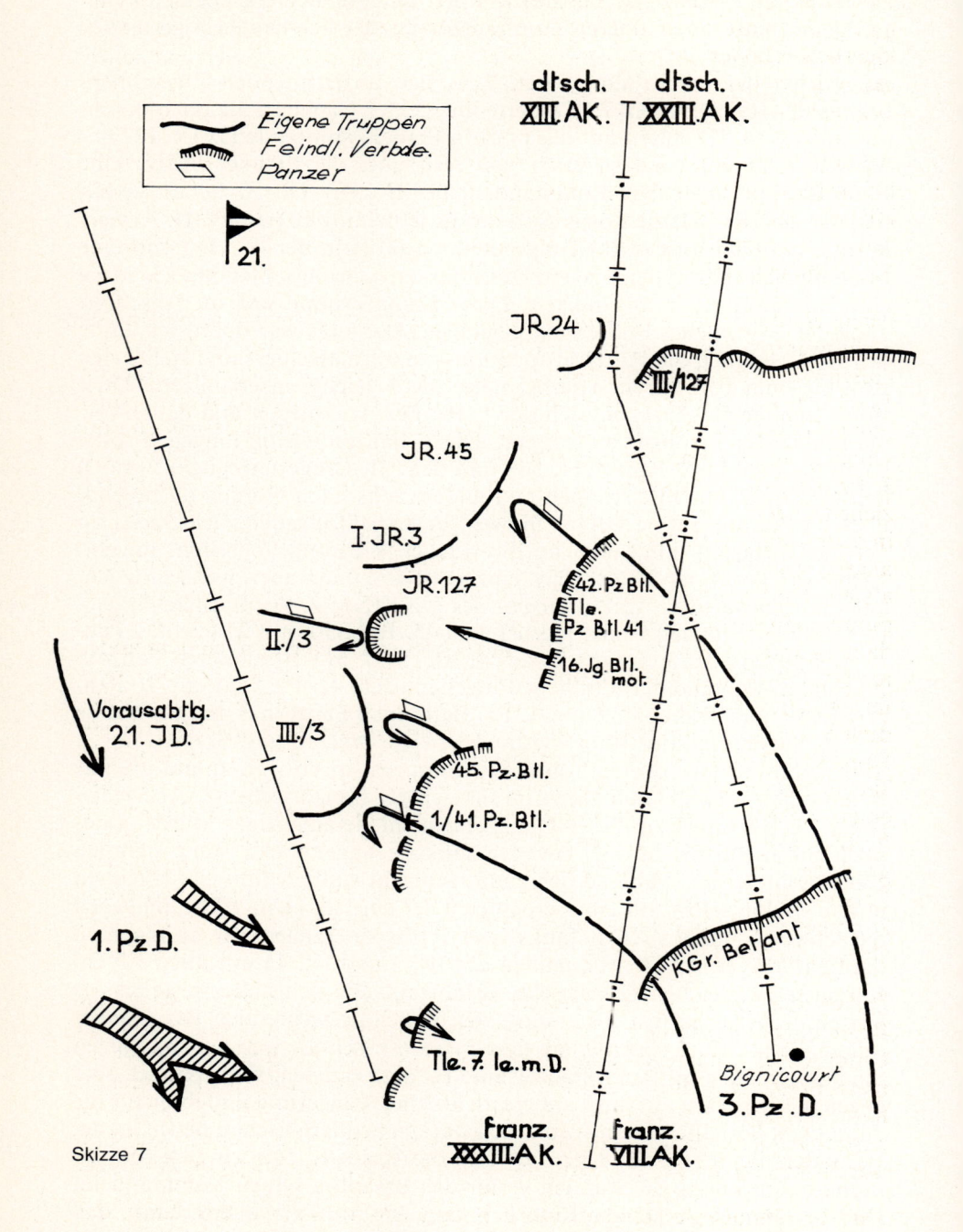

Skizze 7

Division auf das Südufer der Aisne mitgenommene 1./PzJg. Abt. 560 ein, die von den Höhen hart westlich Perthes mit ihren 8,8 cm Flak erheblich Luft schaffen konnte. Die dorthin vorsorglich in offene Feuerstellung vorgezogene 1./AR. 21 kam nicht mehr zum Schuß. Der Gegner räumte bereits das Gefechtsfeld, die Krise der Schlacht war überwunden. Insgesamt sollen vor dem Divisionsabschnitt 9 schwere und 13 mittlere Panzer vernichtet worden sein.

An eine Fortsetzung des eigenen Angriffs bis zur Retourne, wie ursprünglich geplant, war allerdings nicht mehr zu denken, zumal im Zentrum der Division sich, wie ein Stachel im Fleisch, das stark ausgebaute und nach wie vor — möglicherweise von Resten des I. und III./IR. 127 — zäh verteidigte Perthes befand.

Nachdem das I./IR. 3 nach dem Sturm auf den „Tunnelberg" gegen Perthes nicht weiter vorangekommen war, hatte das IR. 3 das bisher in Reserve gehaltene II. Bataillon von Westen her gegen den Ort angesetzt. Gegen 16.00 Uhr waren die ersten Stoßtrupps in die Ortschaft eingedrungen. Auch Panzer der 1. Pz. Div. griffen in das Ortsgefecht ein, ohne es jedoch entscheiden zu können. Der bald darauf anrollende Angriff der französischen 3. Pz. Div. führte sogar dazu, die Infanterie wieder aus dem Ort zurückzuziehen. Erst ein zweiter Angriff schlug dann durch: um 20 Uhr war Perthes in deutscher Hand. Kurz vorher war noch einmal ein französischer Panzerangriff gegen das III./IR. 3 geführt worden und zwar in dem Augenblick, als ein Halbzug der 2./PzJg. Abt. 21, vom Stellungswechsel völlig ausgepumpt, eingetroffen war. Der Führer desselben, Uffz. Wölm setzte sich daher persönlich an das Geschütz und schoß einen Panzer nach dem anderen ab. 4 mittlere Panzer brannten bereits, ein fünfter war durch einen Treffer zwischen Wanne und Turm außer Gefecht gesetzt, als der Gegner abdrehte. Man hatte damals geglaubt, in diesem Angriff einen neuerlichen Durchbruchsversuch der 3. Pz. Division erblicken zu müssen. (Vgl. Anl. 9) Tatsächlich handelte es sich aber, nach französischen Quellen, nur noch um einen Vorstoß des 41. Panzerbataillons mit dem Ziel, den Verteidigern von Perthes den Rückzug zu ermöglichen. Er war offensichtlich nur von begrenztem Erfolg, denn während nach französischen Angaben[28] sieben Offiziere und 3 Unteroffiziere, sowie 36 Mann des IR. 127 evakuiert werden konnten, gaben sich bald darauf 200 Mann, darunter angeblich auch ein Oberst, in Perthes gefangen.

Damit war für die 21. Inf. Div. der Kampf an der Aisne entschieden. Ihr Hauptgegner in diesen beiden Tagen, die 2. ID., war praktisch zerschlagen. Unter Verlust ihrer gesamten Artillerie und mit 300 Mann je Infanterieregiment hatte sie sich nach Südwesten abgesetzt. Die Kampfgruppe Betant hatte sich nach dem Befreiungsversuch für Perthes wieder an die Retourne zurückgezogen. Aber auch hier war ihres Bleibens nicht lange, denn nun war, links von der 21. Inf. Div., auch das XXXXI. Pz. Korps im Anrollen.

Um den Feindwiderstand ostwärts Rethel endlich zu brechen, hatte das XIII. AK. um 16.00 Uhr der 21. Inf. Div. das verstärkte IR. 460 (260. ID.)[29] unterstellt, das zunächst die Lücke zwischen dem IR. 45 und dem IR. 24 bei Biermes schließen und sodann zum Angriff in den Rücken der vor der

73. ID. noch stehenden Teile der französischen 14. Division antreten sollte. Hierzu kam es jedoch nicht, da ein Herüberziehen des Regiments über die Aisne infolge der völligen Verstopfung der Brücke durch die Panzerverbände unmöglich war. Der geplante Angriff mußte daher auf den folgenden Tag verlegt werden, fiel dann aber nicht mehr unter die Verantwortung der 21. Inf. Div., die ab 11. 6. nur noch einen Auftrag hatte: Verfolgung des Gegners nach Süden.

Zieht man die Bilanz aus diesen beiden Kampftagen, so steht außer Zweifel, daß die Division den ihr gestellten Auftrag erfüllt und die gesteckten Ziele — wenn auch nicht in der Schnelligkeit wie ursprünglich geplant — erreicht hat. Die dafür aufgewandten Mittel waren hoch:[30])

Munitionsart	Verschuß		
	9. 6.	10. 6.	Insgesamt
s. S. i. L.	31.500	40.000	71.500
s. S. o. L.	266.400	240.000	506.400
s. m. K.	7.500	18.000	25.500
s. m. K. L'spur	3.000	30.000	33.000
s. m. K. (H)	—	3.000	3.000
Pist. Patr. 08	20.800	6.240	27.040
Pz. Bü. (poln)	—	408	408
Stielhandgr. 24	825	390	1.215
Sign. Mun.	—	300	300
3,7 cm Pzgr. Patr.	180	350	530
3,7 cm Sprenggr.	180	—	180
5 cm Wgr.	2.400	270	2.670
8 cm Wgr.	1.880	2.300	4.180
7,5 cm J. Gr.	900	700	1.600
15 cm J. Gr.	370	210	580
l. F. H. Gr. A. Z.	3.732	739	4.471
15 cm Gr. 19	1.052	250	1.302

Dazu kam der Munitionsaufwand der Verstärkungsartillerie und der sonstigen, der Division nur vorübergehend zugeteilten Truppenteile.

Als hoch für die damaligen Verhältnisse müssen auch die blutigen Verluste der Division angesehen werden: 7 gefallene und 13 verwundete Offiziere, sowie 126 gefallene und 644 verwundete Unteroffiziere und Mannschaften; außerdem wurden 17 Mann vermißt.[31]) Das bedeutet, daß die Gesamtzahl der Verluste nur um 60 Mann geringer war als für den gesamten Polenfeldzug zu beklagen gewesen waren. Die Zahl der gefallenen Offiziere und der verwundeten Unteroffiziere und Mannschaften lag sogar über den entsprechenden Zahlen vom September 1939. Das allein beweist, daß man es an der Aisne mit einem Gegner zu tun gehabt hatte, der trotz vorangegangener Rückschläge — zumindest noch in der Verteidigung — sehr wohl zu kämpfen verstand. Dementsprechend war auch die Zahl der an diesen beiden Tagen eingebrachten Gefangenen (etwa 900, darunter 25 Offiziere, alle von der 2. Division) nicht außergewöhnlich hoch.[32]) Umsomehr durfte die Division auf den errungenen Erfolg stolz sein. Wenn sie allerdings damals vermeinte, daß sich unter den von ihr zerschlagenen Feindverbänden auch das

Marschweg des Stabes der 21. Inf.-Div. vom 10. 6.–23. 6. 1940

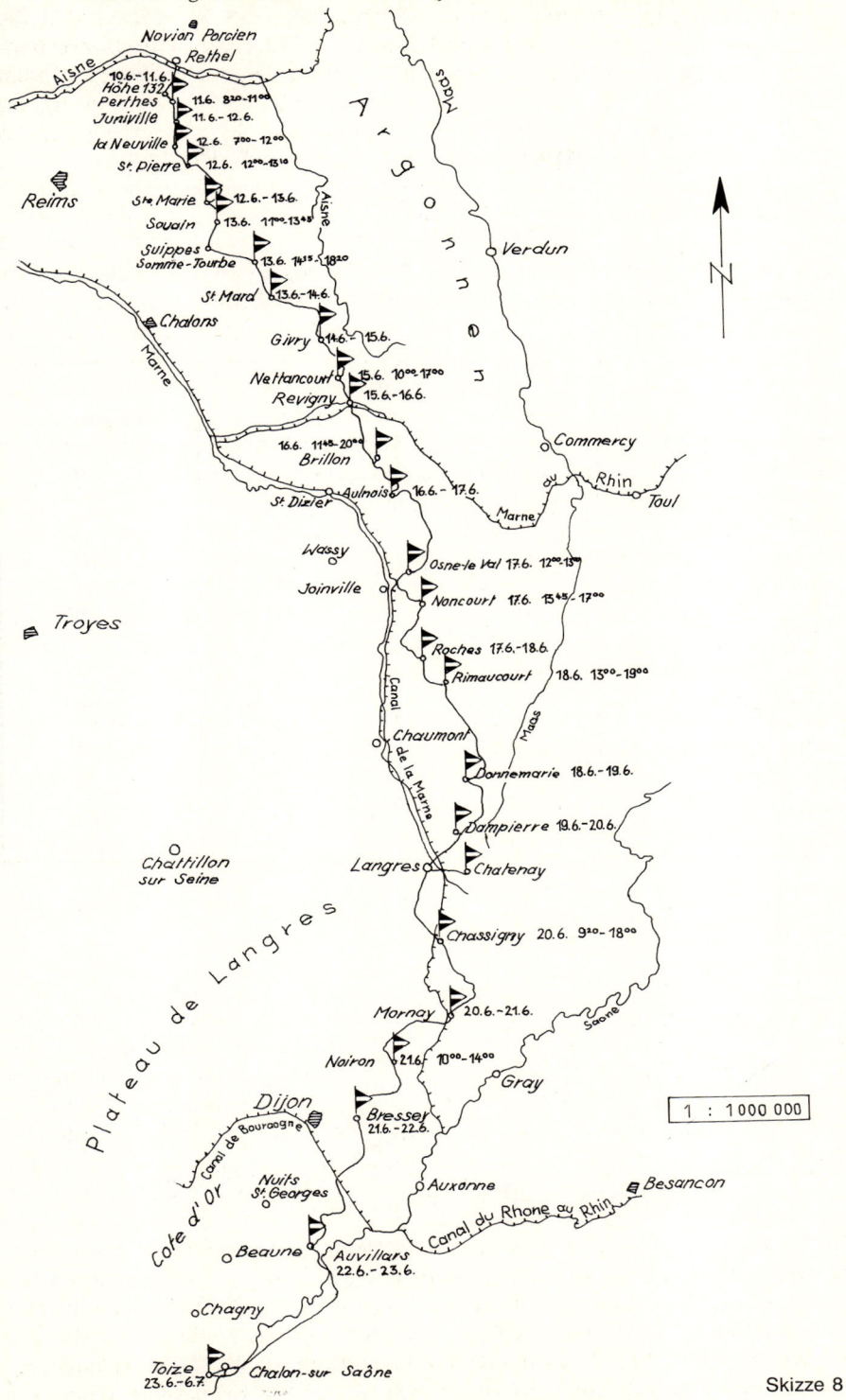

Skizze 8

IR. 152 der 14. Division, nach seinem Abzeichen die „Diables rouges" genannt, befunden hätte, so war das ein Irrtum, der, obwohl bereits der nächste Tag das Gegenteil bewies, sich dennoch, ja vielleicht gerade deswegen, noch jehrzehntelang unter den alten Divisionsangehörigen aufrecht erhielt.[33])

3. Durchbruchskämpfe am Suippe-Abschnitt, Verfolgungskämpfe durch die Champagne und über den Rhein-Marne-Kanal, sowie beiderseits der Côte d'Or (Vgl. Skizze 8)

Die im offiziellen Gefechtskalender der Division für diesen letzten Abschnitt des Frankreichfeldzugs auftauchenden Bezeichnungen wie „Durchbruch" und „Verfolgung" kennzeichnen den Charakter dieser Kämpfe, soweit sie die Division selbst betreffen, nur bedingt. Voll traf die Bezeichnung „Durchbruch" eigentlich nur für die Gefechtstätigkeit des XXXIX. Pz. Korps zu, das in den Tagen nach dem Aisne-Übergang, westlich der Suippe, dann ostwärts an Châlons-sur-Marne vorbeistoßend, am 13. 6. bei Vitry-le-François den Rhein-Marne-Kanal erreichte und überschritt. Durch dieses Vorgehen wurde tatsächlich ein Durchbruch bewirkt, durch den die französische Heeresfront definitiv durchstoßen und die französische 4. Armee nach Südwesten über die Marne abgedrängt wurde, während die ursprünglich an der Aisne, ostwärts von Attigny, und am Nordrand der Argonnen stehende und zunächst nicht angegriffene 2. Armee ihrerseits nun ebenfalls zum Rückzug gezwungen wurde, ohne daß es ihr gelungen wäre, die Verbindung zur 4. Armee aufrechtzuerhalten.

In diesen Durchbruchsraum, zwischen den allmählich immer mehr auseinanderklaffenden französischen Frontteilen, vollzog sich jetzt der Vormarsch der 21. Inf. Div. in allgemein südostwärtiger Richtung. Das bedeutete, daß sie selbst keine Durchbruchskämpfe zu bestehen hatte, sondern zunächst nur mit ihrem rechten Flügel die nach Südwesten abziehende 4. Armee streifte, um wenig später auf die westliche Flanke der sich nach Süden und später Südosten zurückziehenden 2., beziehungsweise 3. französischen Armee zu stoßen.

Auf der anderen Seite kann auch nicht von einer Verfolgung im klassischen Sinne gesprochen werden, schon garnicht von einer solchen „bis zum letzten Hauch von Mann und Roß". Zwar wurden der Truppe beachtliche Marschleistungen abgefordert, die an ihre Ausdauer und Marschdisziplin hohe Anforderungen stellte, und zwar umso größere, je mehr der Feindwiderstand nachließ. Trotzdem ging, bedingt durch die Eigenart der Ansatzrichtung, immer wieder die Fühlung mit dem Gegner auf weite Strecken verloren. Das war schon ziemlich bald der Fall, nachdem die Division am 11. 6., mit IR. 3 und IR. 45 in der Front, die „Verfolgung" aufnahm.

Ohne Feindwiderstand wurde um 9.15 Uhr der Retourne-Bach überschritten. Der Gegner hatte diese rückwärtige Widerstandslinie in der Nacht bereits geräumt und war auf die Linie Machault – Cauroy – la Neuville zurückgegangen, wo die französische 14. Division einen Sicherungsschleier aufbaute, um das Abfließen ihrer Hauptkräfte nach Süden zu sichern. Rechts hatte diese Division Anschluß an die 3. ID. (mot) und links an die

7. leichte mechanisierte Division, beziehungsweise an das, was am Vortag von dieser Division noch übrig geblieben war.

Diese Teile wurden von der 1. Pz. Division schnell auf Bétheniville an der Suippe zurückgeworfen. Die am rechten Flügel der 21. Inf. Div. eingesetzte Vorausabteilung hatte sich schon in der Frühe dem Angriff der 1. Pz. Division angeschlossen, war aber dann bei la Neuville vor zähem Feindwiderstand liegengeblieben, während die links davon vorgehenden Regimenter 3 und 45 noch vor der Vorausabteilung um 17.00 Uhr die Straße la Neuville, Cauroy erreichten. Das hat der Vorausabteilung einen Tadel des Divisionskommandeurs eingetragen – wohl zu Unrecht wie man heute sagen muß. Die Vorausabteilung war nämlich auf den zweifellos stärksten Punkt der Verteidigungslinie der 14. Division gestoßen. Der Ort wurde von den als vernichtet gemeldeten „Roten Teufeln", dem IR. 152, verteidigt. Die Infanterieregimenter der 21. Division hingegen hatten so gut wie keinen Feind vor sich, denn als sie die Straße la Neuville, Cauroy erreichten, hatte das am Vormittag dort noch stehende französische I./IR. 35 seine Stellung bereits geräumt und war mit der Masse der 14. Division nach Süden, bzw. Südwesten abgezogen. Erst am Abend, als man bereits kurz vor dem Tagesziel, dem Arnes-Abschnitt, eintraf, kam es dort zu einer kurzen Gefechtsberührung. Dort hatte nämlich inzwischen die französische 3. ID. (mot) eine Auffangstellung bezogen, die sie jedoch ab 20.00 Uhr bereits räumte, um sich während der Nacht über rund 14 km abzusetzen. In diese Absetzbewegung waren die Vorausabteilung und das IR. 3 noch hineingestoßen und hatten nach kurzem Gefecht die Orte St. Clément und St. Pierre genommen. Verfolgt wurde jedoch nicht, vielmehr ging die Division zur Ruhe über. Links von ihr war gegen Abend endlich auch die 260. ID. herangekommen, sodaß die linke Flanke der Division nunmehr gedeckt war.

Entsprechend der vorhin angedeuteten Feindlage vollzog sich auch am 12. 6. der Vormarsch der Division gegen den wider Erwarten nicht besetzten Py-Abschnitt und darüber hinaus weitgehend im feindfreien Raum. Er glich mehr einer Säuberungsaktion, indem fast ständig aus den Wäldern und sonstigen Verstecken versprengte und nicht mehr kampfwillige französische Soldaten aufgelesen und gefangen genommen wurden. Das Nachlassen der Kampfmoral des Gegners wurde jetzt immer deutlicher, wenngleich es auch in der zweiten Tageshälfte wieder zu Gefechten kam. Am linken Divisionsflügel hatte sich das IR. 45 mit einem neu aufgetretenen Gegner, den es zunächst noch nicht identifizieren konnte, herumzuschlagen, während das rechts vorgehende IR. 3 erst am Abend bei Souain auf die linke Flanke der französischen 3. ID. (mot) stieß, die sich jedoch bereits wieder im Rückzug auf die Marne befand.

Fast größere Schwierigkeiten als der Gegner machte an diesem wie am folgenden Tag das Gelände. Hinter der Py führte das Vorgehen über den Truppenübungsplatz Suippe, durch den im Ersten Weltkrieg über lange Zeit hin die Front verlaufen, und der 1915 Schauplatz der schweren Champagne-Schlacht gewesen war. Die Franzosen hatten das Gelände in dem Zustand belassen, wie es von den Materialschlachten des Ersten Weltkriegs zurückgeblieben war, an die auch ein paar Denkmäler erinnerten. Das bedeutete, daß man sich abseits der Straßen in einer Kreidewüste befand, die zu durchqueren beachtliche Anstrengungen erforderte, umsomehr, als Regen einsetzte, der den Boden wie in glitschige Seife verwandelte.

Doch damit nicht genug. Durch das Vorgehen nach Südosten war die Division aus dem Angriffsstreifen des XXXIX. Pz. Korps immer mehr in den des XXXXI. Pz. Korps (8. Pz. Div.) geraten, was bald an der geradezu katastrophalen Verstopfung der Marschwege und vor allem der Brücken abzulesen war, worüber übrigens auch General Guderian beim AOK. 12 Klage führte. Ob es freilich nur daran lag, wie der General in seinen Erinnerungen meinte, daß Infanterie und Panzer sich um die Ehre stritten, in vorderster Linie zu kämpfen?[34] Mag sein, daß das gelegentlich auch mitspielte, aber letztlich ging es hier doch nicht um die Waffenehre, sondern um ein Problem der höheren Führung, nämlich der Koordinierung der Bewegung von Panzer- und Infanterieverbänden, das offensichtlich nicht befriedigend gelöst worden war.

Im kleinen Maßstab scheint dieses Problem auch innerhalb der Division bestanden zu haben. Die doch aus recht heterogenen Teilen zusammengestellte Vorausabteilung hatte in den vergangenen Tagen nicht das gehalten oder nicht halten können, was man sich von ihr versprochen hatte. Zum anderen scheint man ihrer in diesem Umfang auch nicht mehr bedurft zu haben, als es ja jetzt zunehmend nicht mehr darum ging, den Panzern auf dem Fuße zu folgen, sondern eher deren Flanke gegen die Argonnen hin zu decken. Von dort her war die französische 2. Armee noch immer bestrebt, Verbindung zur 4. Armee aufrecht zu erhalten, bzw. wieder herzustellen. Das alles mag zu dem Entschluß beigetragen haben, die Vorausabteilung aufzulösen und eine wesentlich kleinere zu bilden, die aus der durch einen Pak-Zug der PzJg. Abt. 21 verstärkten Radfahrschwadron 21 bestand.

Als diese neue Vorausabteilung am 13. 6., etwa um 10.25 Uhr, den Ort Somme-Tourbe erreichte, machte sie dort ohne besonderen Widerstand 120 Gefangene: Senegalesen! Das war ein Signal, mit dem sich eine neue Entwicklung ankündigte: man war auf die 6. Kolonial-Infanterie-Division und damit am rechten Rand des Durchbruchsraumes auf die Westflanke des französischen Kolonial-Armeekorps gestoßen, das noch vor wenigen Tagen an der Aisne, ostwärts von Attigny, gestanden hatte.

Das Auftauchen dieser Division war zwar keine Überraschung. Man wußte, daß sie in einem Gewaltmarsch von 40 km aus dem Osten herangeholt worden war und sie hatte bereits am 12. 6. auf dem Truppenübungsplatz Suippe der Division gegenübergestanden, wobei es beim IR. 45 zu einer Gefechtsberührung gekommen war. Der 13. 6. verlief hingegen für die Division kampflos, denn der Gegner setzte sich neuerlich ab, aber nicht nach Süden, sondern nach Osten. Das hatte seinen guten Grund, denn gegen Mittag hatte das XXXXI. Pz. Korps St. Menehould erreicht und drohte damit, die westlich davon stehenden Feindverbände von ihren Verbindungen abzuschneiden. Das bedeutete für die Division, die auf gleicher Höhe wie die Panzerverbände vorrückte, daß sie in ihrer bisherigen Vormarschrichtung keinen Feind vor sich hatte. Dementsprechend überschritt sie, Valmy, das historische Schlachtfeld von 1792 links liegen lassend, ungehindert die Straße Châlons-sur-Marne, St. Menehould. Auch die Vorausabteilung meldete das Gelände vor der Division feindfrei, als sie um 17.00 Uhr ihr Tagesziel, Dommartin, erreichte, das allerdings kurz vorher vom 43. Kolonial-Infanterieregiment geräumt worden war. 3 Kilometer hinter der Vorausabteilung gingen die Regimenter 3 und 45 in der Linie Herpont – Dampierre-le-Château zur Ruhe über, die dringend benötigt wurde. Schon am Vortag hatte die Division die Marschkranken auf mot. Fahrzeugen nachführen müssen.[35]) Dem IR. 24 war diese Ruhe leider nicht vergönnt; als zweite Staffel marschierend, erreichte es, durch starke Straßenverstopfungen aufgehalten, seine Quartiere erst gegen Mitternacht.

In Anbetracht dieser Lage und auch zur Vereinfachung der Marschbewegung schien es angezeigt, für den 14. 6 den Vormarsch nunmehr auf einer einzigen Straße in der Reihenfolge Vorausabteilung – IR. 45 – IR. 3 und IR. 24 fortzusetzen, wobei den beiden vorderen Regimentern als Verstärkung je eine leichte Abteilung des AR. 21 und eine Pionierkompanie unterstellt wurden. Lang sollte dieser friedliche Zustand jedoch nicht andauern, denn an eben diesem Tag wurde die Division aus ihrer bisherigen Vormarschrichtung nach Osten abgedreht, um die linke Flanke des XXXXI. Pz. Korps gegen die Argonnen und die dort stehenden Feindkräfte zu sichern.

Ein Flankenangriff aus dieser Richtung, wie man ihn auf deutscher Seite befürchtete, kam freilich nicht mehr infrage. Dazu war der Gegner bereits zu desorganisiert. Das französische Kolonial-Armeekorps war nur noch bestrebt, den Rückzug der in Lothringen stehenden Kräfte nach Süden, beziehungsweise Südosten, gegen Westen hin zu decken. Dazu hatte sich die 6. Kolonial-Infanteriedivision nach ihrem Rückzug am 13. 6. in dem Wald- und Seengebiet ostwärts von Givry-en-Argonne festgesetzt, und hier war es auch am Morgen zu einer Gefechtsberührung mit der von St. Menehould nach Süden vorstoßenden 20. (mot) Division gekommen.

Die letztere legte natürlich keinen Wert darauf, sich in ein möglicherweise langwieriges Waldgefecht einzulassen, sollte sie sich doch möglichst schnell mit der 6. und 8. Panzerdivision hinter dem XIII. AK. vereinigen, um am folgenden Tag, im Raum von Révigny, über die 21. Inf. Div. hinweg in Richtung Langres vorzustoßen. Die mot. Division stellte daher, als sich die 21. Inf. Div. gegen Mittag Givry näherte, das Gefecht ein, und zog bereits Teile ihrer Kräfte in den Versammlungsraum ab (vgl. Skizze 9).

Auf sich allein gestellt, setzte die Division das an ihrer Spitze marschierende IR. 45 von Givry aus entlang der großen Straße durch den Bois de Monthiers hindurch auf Sommeilles an. Zugleich wurde Artillerie der rückwärtigen Marschgruppen nach vorn gezogen. Gegen 13 Uhr griff das Regiment den Bois an, in dem sich nun mit Teilen der 6. Kolonial-Infanteriedivision und zwar mit dem 6. senegalesischen und wohl auch mit Teilen des 5. senegalesischen Kolonial-Infanterieregiments ein Waldgefecht entwickelte, das jedoch ohne größere Verluste mit der Säuberung dieses an sich ziemlich schwierigen Geländes endete. Noch in der Dämmerung stürmten Teile des II./IR. 45 ostwärts Sommeille eine feuernde französische Batterie.[36]) Das rechts neben dem IR. 45 angesetzte IR. 3 nahm im Verein mit der Vorausabteilung um 22 Uhr das von der französischen Aufklärungsab-

*Die Gefechte der 21. Division
bei Givry und Révigny am 14./15. 6. 1940*
(Lageentwicklung am 15. 6., gestrichelt)

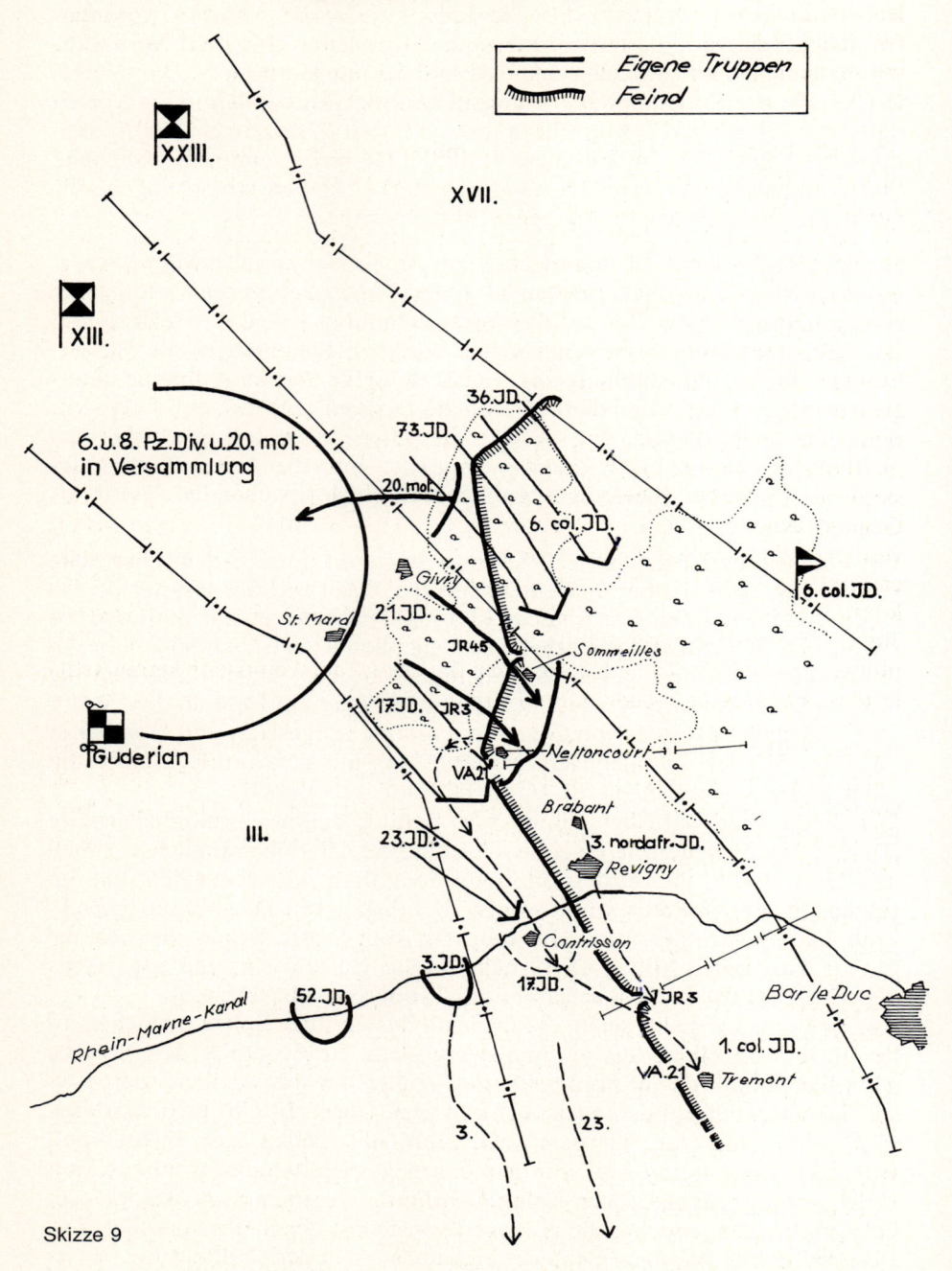

Skizze 9

teilung 76 (6. Kol. ID.) bis dahin gehaltene Nettancourt. Nachdem im Laufe der Nacht die links der Division noch stehenden Teile der 20. (mot) Division durch die herangekommene 73. Division abgelöst worden waren, und letztere auch Anschluß an das IR. 45 gewonnen hatte, waren die Sorgen um die tiefe linke Flanke beseitigt, sodaß die Division am folgenden Tag wieder weiter nach Süden antreten konnte, wo in Révigny eine noch unzerstörte Brücke über den Rhein-Marne-Kanal gemeldet worden war.

Über die Stärke des bei Révigny stehenden Feindes war sich die Division offensichtlich nicht im klaren. Um kein Risiko einzugehen, ließ sie – vor Antreten des IR. 3 auf Brabant und Révigny – noch einmal alle Batterien des AR. 21 und der I./AR. 57 auffahren, um ein Vorbereitungsfeuer abzugeben. Das hatte freilich Verzögerungen zur Folge, die den Kommandeur des AR. 21 zu der Feststellung veranlaßten, daß diese Vorbereitung „überflüssig und schädlich" sei, weil „Feind so gut wie nicht da".[37] Das klingt sehr scharf formuliert, wird aber durch den historischen Befund im Großen und Ganzen bestätigt. Wie aus der Skizze 9 hervorgeht, stieß das IR. 3 mit seinem Angriff am 15. 6. in die rechte Flanke der 3. nordafrikanischen Infanteriedivision, die auf etwa 11 km Frontbreite verteilt an diesem Tage mit ihren drei Regimentern (12. Zuaven, 14. und 15. algerische Schützen) insgesamt nur noch über 1.200 Mann verfügte. Es ist schwer vorstellbar, daß der Gegner damit – wie der Gefechtsbericht der Division nachträglich vermerkte[38] – einen derart verzweifelten Widerstand geleistet habe, daß er „erst nach Einsatz der ganzen Artillerie aus Brabant geworfen werden" konnte. Das beweisen allein die geringen Verluste der Division an diesem Tag (3 Tote und 9 Verwundete) und dies, obwohl das IR. 3 frontal angreifen mußte. Auch war während des ganzen Tages auf der Feindseite keine Artillerie in Erscheinung getreten.

Als am späten Nachmittag die Truppen der Division durch Révigny marschierten, mag manch einer einen nachdenklichen Blick auf das Denkmal geworfen haben, das dieses Städtchen für André Maginot errichtet hatte. Er hatte die Sicherheit Révignys genausowenig garantieren wie das Unglück Frankreichs verhindern können.

Die Brücke hinter Révigny hatte der abziehende Gegner zwar noch gesprengt, es gelang aber dem Pionierbataillon, den Übergang soweit wieder herzustellen, daß noch am Abend wesentliche Teile der Division den Rhein-Marne-Kanal überschreiten und Anschluß an die bei Trémont stehende Vorausabteilung gewinnen konnten. Die letztere war im Abschnitt der 17. Inf. Div. bei Contrisson über den Kanal gegangen und dann wieder in den Streifen der eigenen Division zurückgekehrt. Der Raum vor ihr war, als sie am 16. 6. morgens wieder antrat, weitgehend feindfrei. Versprengte Feindgruppen konnten leicht vertrieben werden oder wichen von selbst aus. Wahrscheinlich handelte es sich dabei um „Nachzügler" der 1. Kolonial-Infanteriedivision, die, untermischt mit versprengten Truppenteilen, in breiter Front nach Süden abzog und am 16. 6. mit ihren Spitzen die Linie Andelot – Neufchâteau erreichte, während ihre Nachhuten noch in der Linie Joinville – Houdelaincourt standen. Durch sie hindurch, beziehungsweise an ihrem linken Flügel vorbeistoßend, hatten die Panzer des XXXIX. Pz. Korps an diesem Tag die Schweizer Grenze erreicht, was eine unklare Situation schuf. Sie war an diesem Tag auch dem Armee-Nachrichtenführer der 12. Armee zum Verhängnis geworden, der anscheinend auf der Fahrt zur Gruppe Guderian unversehens in feindbesetztes Gebiet geriet und verwundet in französische Gefangenschaft fiel. Das sollte, merkwürdig genug, gewisse Auswirkungen auf die Division haben.

Vorerst aber ahnte man noch nichts davon, vielmehr marschierte die Division in der Reihenfolge IR. 3, IR. 24 und am Schluß IR. 45, zwar ohne Behinderung durch den Feind, umso mehr aber durch schlechte Wege, die immer wieder Marschstockungen verursachten, nach Süden. Die Vormarschstraße war nun zunehmend von zusammengeschossenen Geschützen, weggeworfenen Waffen und Ausrüstungsstücken, sowie steckengebliebenen Fahrzeugen und Autos gesäumt. Der Rückzug des Gegners war hier sichtbar in eine Flucht verwandelt worden, ein deutliches Anzeichen für das bevorstehende Ende des Feldzugs. Gleichsam als Bestätigung dafür verbreitete sich zu Mittag des 17. 6. wie ein Lauffeuer die Nachricht, daß Frankreich um Waffenstillstand angesucht habe. Allgemeine Freude, ja Euphorie! Gewiß, noch war der Waffenstillstand nicht in Kraft, es war von Zielen die Rede, die noch zu erreichen seien, aber an Kampf war nun wohl kaum mehr zu denken, eine Einstellung, die sich anscheinend auch der Divisionsführung bemächtigte, die bisher geübte übergroße Vorsicht beseitigte und eine nicht ungefährliche Gefühlslage schuf, die durch den am Vortag von den Franzosen gefangenen Armee-Nachrichtenführer in fataler Weise aktiviert wurde.

Dieser hatte nämlich nach seiner Gefangennahme dem Kommandeur der Truppe, in deren Gewalt er sich befand (allem Anschein nach das Festungs-Infanterieregiment Nr. 149) den Vorschlag gemacht, ihn gegen zwei in deutscher Gefangenschaft befindliche französische Offiziere auszutauschen. Dies sollte im Armeehauptquartier geschehen. Der französische Oberst war auf diesen Vorschlag eingegangen und selbst zur Armee mitgefahren, anscheinend in der Absicht, sich ein Bild über die Lage zu verschaffen. Möglicherweise hatte er dort auch die Absicht durchblicken lassen, sich mit den ihm unterstehenden und in einigermaßen isolierter Lage befindlichen Truppen zu ergeben, zumal er gewiß auch vom Waffenstillstandsangebot seiner Regierung wußte oder zumindest dort erfuhr. Wie auch immer, „am frühen Nachmittag erhielt die Division in Noncourt die Weisung des XIII. AK., sich darauf einzustellen, ein zur Übergabe entschlossenes französisches Festungs-Regiment zu entwaffnen und zu bewachen. Der Kommandeur dieses Regiments sei auf dem Wege zur Armee, um über die Bedingungen zu verhandeln".[39] Wenn die Weisung wirklich so gelautet hat, dann erfolgte jetzt beim Divisionskommando ein Kurzschluß, indem sich dieses entschloß, ohne weitere Befehle oder Unterrichtung oder ohne auch nur die Rückkehr des französischen Kommandeurs abzuwarten, sofort die Gefangennahme dieses Regiments einzuleiten, wobei nicht einmal dessen genauer Standort bekannt war.

Aus unbekannten Gründen – vielleicht bestand nur eine ungenügende Verbindung – wurde mit dieser Aufgabe nicht die ohnehin vor der Marschkolonne der Division befindliche Vorausabteilung betraut, sondern die an der Spitze des IR. 3 als Vorhut marschierende 3. Kompanie. In aller Eile auf Kübelwagen der Panzerjägerabteilung verlastet und mit einem sehr allgemeinen Auftrag versehen wurde sie – man kann es nicht anders ausdrücken – „auf die Reise geschickt".

Sich von Ort zu Ort bei einer verschlossenen Bevölkerung durchfragend, erreichte die improvisierte Vorausabteilung schließlich Rimaucourt, wo sich herausstellte, daß das gesuchte „Regiment" weiter westlich, nämlich in und um Andelot stehe. Der Entschluß des Chefs der 3./IR. 3, sich diesem Ort abgesessen, in Gefechtsgliederung und unter dem Feuerschutz der Panzerjäger zu nähern, wurde von dem inzwischen bei der Spitze eingetroffenen Divisionskommandeur durch den Befehl umgestoßen, sofort, ohne weitere Umstände, nach Andelot hineinzufahren. Das geschah denn auch – und 200 bis 300 Meter vor dem Ortseingang wurde die Kolonnenspitze mit einem Feuerhagel überschüttet und voll getroffen.[40]) Das Gefecht bei Andelot, wohl die sinnloseste Kampfhandlung im gesamten Frankreichsfeldzug der 21. Inf. Div. hatte begonnen. Vor allem trat hier das ein, was man während der vorangegangenen Tage zu vermeiden versucht hatte: unnötige Verluste. Zwar waren inzwischen die französischen Unterhändler auf ihrer Rückkehr auch in Rimaucourt eingetroffen, aber das änderte an der Lage genausowenig, wie das Nachziehen der eigentlichen Vorausabteilung, die in dem Waldgelände ostwärts Andelot in ein stehendes Gefecht verwickelt wurde. Gegen Abend trafen, nach einem Gewaltmarsch von rund 50 km, das I./IR. 3 und die I./AR. 21 vor Andelot ein, doch war es jetzt für ein planmäßiges Eingreifen infolge der vorgeschrittenen Tageszeit bereits zu spät.

Die Division befahl daher dem IR. 24, am folgenden Tag Andelot von Norden her anzugreifen. Die Bereitstellung zog sich jedoch in den Vormittag bis etwa 10 Uhr hin; als die I./AR. 21 und I./AR. 57 den vorbereitenden Feuerschlag auf den Ort auslösten, hatte man sich dort eines besseren besonnen und auf dem Kirchturm eine weiße Fahne gehißt. Mag sein, daß dies auch damit zusammenhing, daß der Gegner, der – wie sich nun herausstellte – nicht nur in Andelot, sondern auch südwestlich davon, entlang der Straße nach Bologne, in den Dörfern Blancheville, Chantraines und Briaucourt sich zur Verteidigung eingerichtet hatte und hier, etwa zur gleichen Zeit, von der 260. Division angegriffen wurde, daraus die Aussichtslosigkeit eines weiteren Widerstandes erkannt hatte. Wie auch immer, von einem verbissenen Ortskampf, bei dem es dem IR. 24 nur schwer gelungen sein soll, trotz Einsatz von Artillerie und schweren Waffen, in die feindliche Stellung einzubrechen, wie dies der Gefechtsbericht der Division zu melden weiß,[41]) kann wohl keine Rede sein. Nicht ganz 600 Mann des Festungsinfanterieregiments gerieten in Andelot in Gefangenschaft.

Während also die 260. Inf. Div. am rechten Flügel des XIII. AK. die feindliche Riegelstellung durchbrechend, etwa um 13 Uhr Darmannes einnahm und am linken Flügel der 21. Inf. Div. und damit des Korps, das IR. 3 über Rimaucourt ohne Feindberührung nach Süden vorgehen konnte, stieß das von Andelot aus auf LKW verlastete III./IR. 24 bereits beim nächsten Dorf, Cirey, erneut auf Feind. Wahrscheinlich handelte es sich hierbei um Feindreste, die sich aus der Linie Andelot – Chantraines noch hatten ab-

89

setzen können. Ihr Widerstand wurde schnell gebrochen. Es war der letzte, den die Division in Frankreich zu überwinden hatte.

Nun ging es in den folgenden Tagen in großen Märschen nach Süden, der für den Waffenstillstand vorgesehenen Demarkationslinie entgegen. Nur am 19. 6. wurde eine kurze Pause eingeschaltet, um der Truppe, zum erstenmal seit dem Antreten an der Aisne, den Gepäcktroß zuzuführen, eine dringende Maßnahme, um Bekleidung und Ausrüstung zu ergänzen und die notwendigsten Ausbesserungen, besonders an der Fußbekleidung, vorzunehmen. Noch am selben Tag wurden die entladenen Gepäcktroß-LKW wieder zurück in Marsch gesetzt, um das zur Auffüllung benötigte Marschbataillon der Division aus dem 200 km entfernten Montreuil heranzuführen. Immerhin hatte die Division seit dem 10. Mai über 1.000 Mann verloren: 257 Gefallene (darunter 11 Offiziere), 801 Verwundete, 26 Vermißte und 8 Verstorbene.[42]) Wahrscheinlich waren es sogar etwas mehr.

Verschiedene Friktionen ließen das Marschbataillon jedoch mit erheblicher Verspätung an dem befohlenen Platz eintreffen. Inzwischen war die Division bereits wieder abmarschiert und hatte Befehl erhalten, ein auf LKW verladenes Bataillon nach Besançon vorzuwerfen, um das dortige Gefangenenlager mit über 20.000 Gefangenen zu übernehmen. Dieser Auftrag wurde nun an das Marschbataillon weitergeleitet, das am 21. 6. in Besançon eintraf, wo es bis zu seiner Auflösung am 10. 7. verblieb.

Um den Zerfall des französischen Heeres vor Beginn des Waffenstillstands womöglich noch zu verstärken, wurden von der Armee bewegliche Verbände in den noch nicht besetzten Raum vorgeworfen. Auch die 21. Inf. Div. hatte dazu beizutragen. Am 21. 6. – die eigenen Panzer hatten Lyon erreicht und im Walde von Compiègne fand die Waffenstillstandsunterzeichnung statt – stellte die Division die Radfahrschwadron, die 3. (mot)/Pi. 21 und einzelne motorisierte Trupps der Nachrichtenabteilung zu den befohlenen Orten ab. Zwei Tage später erreichte die Division links neben der 260. ID. und gefolgt von der 17. ID. den Raum von Chalon-sur-Saône und damit die Demarkationslinie. Sie hatte seit dem Aisne-Übergang neuerlich rund 460 km, teils kämpfend, teils marschierend zurückgelegt. Insgesamt waren es, als in der Nacht vom 24./25. 6. um 1.35 Uhr über den Rundfunk das Trompetensignal „Das Ganze halt!" erscholl, an die 820 km gewesen. Niemand ahnte damals, wie viele noch dazu kommen sollten.

4. Sicherung an der Demarkationslinie und Besatzungstruppe

Was wußte man damals überhaupt? Wie würde sich die Lage im Großen entwickeln, welche Aufgaben standen der Division bevor? Die verschiedensten Gerüchte liefen um: 35 Divisionen würden nach Deutschland zurückkehren, während eine Besatzungsarmee, zu der auch die 21. Inf. Div. gehören würde, in Frankreich verbleiben sollte.[43]) Vielleicht aber käme die Division doch noch gegen England zum Einsatz. Dann aber hieß es wieder, das würden Luftwaffe und Marine allein „erledigen". War es schließlich nicht auch denkbar, daß nun vielleicht doch ein Frieden zustandekommen würde? Alles Fragen, auf die es keine Antwort gab, die aber auch die Truppe zunächst nicht einmal so beschäftigt haben mögen. Immerhin hatte man harte Wochen hinter sich und nun Gelegenheit, etwas auszuruhen, seine Sachen in Ordnung zu bringen, die Pferde aufzufüttern und das alles in einem Landstrich, der vom Krieg fast nicht betroffen war, in dem es bisher keinerlei Einschränkungen in der Verpflegung gegeben hatte und wo man demnach buchstäblich alles „besorgen" konnte. Die Bevölkerung, so weit sie nicht geflohen war oder auch langsam wieder zurückkehrte, war verschreckt, aber nicht unfreundlich. Man mußte ja miteinander auskommen. Der verdienten Leistung folgte die Belohnung: Eiserne Kreuze wurden in größerer Zahl verliehen. Freilich galt es auch darauf zu achten, daß in diesem höchst angenehmen Zustand der Entspannung nicht auf einmal die Disziplin durchzuhängen begann. Immerhin wußte der Kriegsgerichtsrat der Division, Dr. Mackel, zu berichten, daß ihm, etwa Mitte Juli, in einer Woche 48 Tatberichte vorgelegt worden seien.[44])

Die Zeit einer beschäftigungslosen Ruhe war allerdings ohnehin nur kurz bemessen. Bereits am 1. Juli erfuhr die Division, daß sie ab 5. Juli in das Süd-Elsaß verlegt würde, zur Sicherung der Grenze gegen die Schweiz. Tatsächlich wurde der Verlegungsmarsch zu diesem Zeitpunkt angetreten und die rund 110 km lange Strecke bis zum 12. Juli in relativ kurzen, außerdem noch von einem Rasttag unterbrochenen Märschen zurückgelegt. Der Divisionsstab bezog an diesem Tag in Thann, westlich Mülhausen, seinen Gefechtsstand, nachdem er in Dôle (6. 7.), Besançon (8. 7.), Montbeliard (10. 7.) Zwischenstation gemacht hatte. Beim Durchmarsch in Besançon am 9. 7. ergab sich endlich die Gelegenheit, das dort liegende Marschbataillon der Division heranzuziehen und auf die Truppenteile aufzuteilen.

Was die Aufgabe der Division im südlichen Elsaß sein sollte, darüber herrschte damals keine Klarheit. Das Höhere Kommando z. b. V. XXXIII. in Colmar, das zur Heeresgruppe C gehörte, dem die Division ab 9. 7. neben der 73., 554. und 557. Division unterstand, hatte bereits vor Antritt des Verlegungsmarsches wissen lassen, daß die Unterbringung im neuen Raum so zu erfolgen habe, „daß die Division jederzeit mit zwei Regimentern in vorderer Linie nach Süden über die Grenze antreten" könne.[45]) Dementsprechend erkundete der Ia der Division bereits am 14. 7. die Anmarschwege zur Grenze und meldete, daß ein Antreten in zwei Kolonnen nach Süden möglich sei, vorausgesetzt, daß die von den Franzosen durchgeführten Straßen- und Brückensprengungen beseitigt seien. Bereits am nächsten Tag wurde der Division daraufhin eine Straßen-Bau-Abteilung der „Organisation Todt" und die 4./Straßenbau-Bataillon 513 zur Durchführung dieser Arbeiten zugewiesen.[46]) Kein Wunder also, wenn die seltsamsten Gerüchte kursierten, die übrigens auch beim rechten Nachbarn der Division, der 6. Gebirgsdivision, zu hören waren. Es ist nicht auszuschließen, daß es sich hierbei tatsächlich um erste, vorbereitende Maßnahmen für jene in den folgenden Wochen beim OKH wie bei der Heeresgruppe C erstellten Operationsentwürfe für einen Angriff auf die Schweiz handelte, die unter dem Decknamen „Tannenbaum" dann allerdings nur Schreibtischkonzepte geblieben sind.[47]) In erster Linie aber bezweckte der Aufmarsch der 21. Inf. Div. wie auch der der 6. Gebirgsdivision, die an der Schweizer Nordgrenze liegende 556. und 554. Division abzulösen. Beide Divisionen waren bei Kriegsbeginn als Stellungsdivisionen für den Oberrhein aufgestellt worden und wurden nun, nach Erfüllung ihrer Aufgabe, in das Reich zurückgeführt, um dort Mitte August aufgelöst zu werden.

War also doch ein Friedensschluß in Sicht? Bereits am 3. Juli war der Kommandeur der I./AR. 21, Major Dr. Brechtel, nach Paris zu einem „Paradestab" kommandiert worden, da Hitler, für den Fall, daß sich England nun doch friedensbereit zeigen sollte, den Krieg mit einer Siegesparade in Paris abzuschließen gedachte. Sein diesbezüglicher „Friedensappell" am 19. Juli vor dem Reichstag verhallte jedoch ohne das gewünschte Echo, und Major Dr. Brechtel kehrte am 25. Juli aus Paris unverrichteter Dinge zurück.[48]

Kam es also jetzt zu einem Einsatz gegen England? Auch das blieb vorerst in der Schwebe, denn zunächst wurde die Division wiederum verlegt. Sie hatte ihren bisherigen Unterkunftsraum an die 73. Division zu übergeben und ab 27. Juli in den Raum bei, westlich und südwestlich Vesoul abzurücken, um dort die 5. Inf. Div. abzulösen. In dem neuen Unterkunftsraum trat die Division dann unter den Befehl des XVIII. AK. und erhielt nachfolgende Stäbe und Einheiten unterstellt: Arko 107, Art. Rgt. Stab 110 (von Ondarza), Beobachtungs-Abt. 21, Art. Abteilung (mot) 556, I./AR. 818, Ballon-Batterie 1 und 3./Flak-Abt. 31. Divisionsgefechtsstand: Vesoul.

Vielleicht im Zusammenhang mit dem Erfahrungsbericht, den die Division am 18. Juli dem XIII. AK. über den zurückliegenden Feldzug vorlegte, beantragte sie wieder einmal die Neuaufstellung der 3./PzJg. Abt. 21 und der Aufklärungsabteilung, die ihr ja bei Kriegsausbruch, beziehungsweise nach dem Polenfeldzug genommen worden waren. Zunächst ohne Erfolg! Hingegen erhielt die Division am 28. Juli die Weisung, nicht nur den Arko 107 sowie eine schwere Artillerieabteilung (mot), sondern auch ihr eigenes Pionierbataillon 21 nach Norden abzugeben. Die Fuß-Teile des Bataillons wurden mit Eisenbahn, die mot. Teile im Landmarsch nach Kortryk verlegt, wo sie am 5. 8. eintrafen und dem XIII. AK. als Korps-Pionierbataillon für das Unternehmen „Seelöwe" zur Verfügung gestellt wurden.[49] Etwa um die gleiche Zeit begann die Umrüstung der leichten Batterien des AR. 21 von lFH 16 auf lFH 18.

Um die Verwirrung voll zu machen, wurde, kaum daß die Division sich in ihrem neuen Unterkunftsraum einigermaßen eingerichtet hatte, dem Ia der Division am 4. August beim Gen. Kdo. des XXVII. AK. in Dijon eröffnet, „daß die Division in den Raum um Beaune – Chalon zur Ablösung der 15. Inf. Div. zu verlegen" sei.[50] Der Art. Rgt. Stab 110 und die der Divison inzwischen unterstellte IV./AR. 268 hätten in dem bisherigen Unterkunftsraum zu verbleiben, hingegen würde in dem neuen Raum die PzJg. Abt. 561 der Division unterstellt werden.[51]

In Nachtmärschen, die ab dem 9. 8. abends einsetzten, erreichte die Division mit den letzten Einheiten am 12. 8., im wesentlichen also wieder den Raum, den sie vor etwas über einem Monat verlassen hatte. Hier hatte sie nun gemäß Korpsbefehl des XXVII. AK. „das Arrondissement Beaune und den Teil des Departements Saône et Loire, welcher im Südwesten von der Bahnlinie Chagny, Chalon-sur-Saône, im Süden von der Demarkationslinie begrenzt wird", zu besetzen. Als Divisonsgefechtsstand war die „Gegend

Beaune" befohlen worden. Der Divisionsstab quartierte sich aber in Nuits-St. Georges ein. Verständlich, ist das doch ein Name, der das Herz jedes Weinkenners höher schlagen läßt. Das Korps befahl außerdem, bewegliche Kräfte bereit zu halten, die bei Alarm in 10 Stunden marschbereit sein mußten. Die Marschbereitschaft aller übrigen Teile sollte innerhalb von 36 Stunden sichergestellt sein.[52] Alles in allem offensichtlich keine sehr spannungsgeladene Zeit.

Immer wieder wurden Überlegungen angestellt, die über das scheinbar doch nahe Kriegsende hinausreichten: Fragen der Friedensstellenbesetzung wurden diskutiert; am 21. 8. erging sogar ein Befehl über die „Unterbringung in den neuen Standorten nach Kriegsende".[53] Dafür wurden auch bereits bestimmte Maßnahmen getroffen. Am 6. 9. erschien ein Unterhändler beim Divisionsgefechtstand und erbat die Erlaubnis zum Übertritt belgischer Truppenteile aus dem unbesetzten in das besetzte Frankreich, da sie angeblich von den Franzosen schlecht behandelt würden. Der Übertritt wurde genehmigt, die Entwaffnung durchgeführt. Ein mitgeführter Reitstall von 43 Pferden wurde jedoch beschlagnahmt und rund die Hälfte davon dem AR. 21 zugeteilt, weil man bei einer Verlegung in die Friedensstandorte diese Pferde für Turnierzwecke zu verwenden gedachte.[54] Und das letzte war keineswegs so illusionär, sondern schien Realität zu werden. Denn am 2. 9. befahl der bevollm. Transportoffizier der 12. Armee fernmündlich der Division, sofort Transportlisten vorzubereiten, da die Division demnächst verladen würde. Bereits am folgenden Tag wurde mit dem Ia der 52. Inf. Div. die Ablösung der 21. durch seine Division besprochen. Ab 10. September rollten tatsächlich die Eisenbahntransporte in Richtung Ostpreußen. Das Kapitel Frankreich, ein Abschnitt in der Geschichte der Division, war abgeschlossen. Zurück blieben die Gräber der gefallenen Kameraden. Das Schicksal der Division sollte sich aber im Osten erfüllen.

Anmerkungen zu Kapitel IV

1) Befehl f. d. Forts. des Angriffs am 16. 5. (BA/MA, RH 24 – 3/4a).
2) Tagebuch Obstlt. Fischer a. a. O., Eintragung vom 17. 5. 1940.
3) HGr. Bef. Nr. 2 der HGr. A vom 17. 5. 40 u. OKH./GenStdH/OpAbt. Ia Nr. 20117/40 g. Kdos v. 18. 5. 1940 (BA/MA RH 19 – I/38). – Vgl. hierzu auch H. A. Jacobsen u. J. Rohwer, Entscheidungsschlachten des zweiten Weltkrieges (Frankfurt/M. 1960), S. 31 f.
4) Vgl. hierzu die entsprechenden Abschnitte und Lagenkarten in dem vom Service historique de l'Armée de Terre herausgegebenen Werk „Guerre 1939 – 1945, Les Grandes Unités Françaises", Paris 1967.
5) Außer dem unter 4) angeführten Werk vgl. Obstlt. Le Goyet, Rethel 1940, in: Revue historique de l'Armée, Nr. 4 von 1964, S. 57 ff.
5a) Vgl. 29. ID (mot) Abendmeldung vom 17. 5. 1940 und Morgenmeldung vom 18. 5. 1940 an XIV. AK. (BA/MA, RH 24 – 14/17). – Joachim Lemelsen und Julius Schmidt, (Geschichte der 29. Division (Bad Nauheim 1960), S. 50.
6) Mitteilung von Dr. F. Chr. Stahl an den Verfasser vom 16. 8. 1985.
7) Le Goyet a. a. O., S. 59. – Die Tatsache, daß das I./IR. 24 in der Nacht aus Rethel wieder herausgezogen wurde, macht es schwer verständlich, wieso dann von französischer Seite über „combats très durs et très confus" während der ganzen Nacht gesprochen werden kann (a. a. O.)? Beim IR. 24 wußte man jedenfalls nichts davon.

8) Vgl. Bericht: „Der Einsatz des Pionierzuges", BA/MA, RH 26 – 21/6.

9) BA/MA, RH 26 – 21/120.

10) Die im Gefechtsbericht der 21. Inf. Div. (BA/MA, RH 26 – 21/6, fol. 16) aufgestellte Behauptung, die Division habe fünf, ja sechs französische 22 cm Mörser in Gebrauch genommen und damit einen entscheidenen Einfluß auf den Erfolg beim Aisneübergang ausgeübt, läßt sich nirgends erhärten. Leider ist diese Legende auch von französischer Seite übernommen worden, vgl. Le Goyet a. a. O., S. 68.

11) Tagebuch Obstlt. Fischer a. a. O., Eintragung vom 5. 6. 1940.

12) BA/MA, RH 24 – 3/4b, fol. 5. – Obwohl das IR. 24 am 5. 6. 1940 bei Rethel fünf Gefangene vom franz. IR. 127 einbrachte, wurde in der Lagenkarte des OKH noch am 8. 6. die franz. 2. Division vor dem III. AK., also wesentlich weiter westlich, angenommen, während vor dem XIII. AK. lediglich die franz. 14. Division eingezeichnet ist. Von den in der Tiefe des feindlichen Raumes stehenden Verbänden hatte man so gut wie keine Vorstellung.

13) Div. Bef. d. 21. Div. vom 30. 5., BA/MA, RH 26 – 21/129; vgl. auch Feinddarstellung des III. AK. über den Feldzug im Westen, BA/MA, RH 24 – 3/4b, fol. 5 (19. 5.).

14) BA/MA, RH 24 – 3/4b, fol. 5 (30. 5. – 3. 6.).

15) BA/MA, RH 26 – 21/6, fol. 45.

16) Vgl. Le Goyet a. a. O., S. 63.

17) BA/MA, RH 26 – 21/6, fol. 161 ff.

18) Le Goyet a. a. O., S. 75.

19) Heinz Guderian, Erinnerungen eines Soldaten, a. a. O., S. 116.

20) Le Goyet, a. a. O., S. 76.

21) Ebenda.

22) Der Artillerieflieger des XIII. AK. soll am 9. 6. 25 Batterien aufgeklärt und 19 davon als niedergekämpft gemeldet haben. Am 10. 6. sollen von 11 aufgeklärten Batterien 9 zum Schweigen gebracht worden sein. Daß die Aufklärung tatsächlich erfolgreich war, zeigt die Tatsache, daß die Franzosen am frühen Nachmittag des 10. 6. eine Kette Jagdflieger auf den Aufklärer ansetzten, der es auch gelang, das Flugzeug abzuschießen, bzw. zur Notlandung zu zwingen, wobei Pilot und Beobachter den Tod fanden.

23) Vgl. Der Sturm auf die Tunnelhöhe bei Rethel, Erinnerungen von Oblt. Ritgen 3./IR. 3, BA/MA, RH 26 – 21/6 – Vgl. auch: Alte Kameraden 3/1959, S. 11 f.

24) Uffz. Menne, Panzerjäger vor! BA/MA, RH 26 – 21/6, fol. 126 ff, bes. 134.

25) Le Goyet, a. a. O., S. 83.

26) H. Guderian a. a. O., S. 117.

27) Nach Le Goyet (a. a. O., S. 83) soll es den mot. Jägern 16 gelungen sein, Perthes zu erreichen und die dort kämpfenden Teile des IR. 127 zu entsetzen.

28) Le Goyet a. a. O., S. 83.

29) Gen. Kdo. XIII. AK., Ia Nr. 39/40 v. 10. 6. 40 (BA/MA, RH 24 – 13/28, fol. 48).

30) BA/MA, RH 26 – 21/6, fol. 48.

31) Vgl. ebenda, fol. 45 f.

32) Vgl. ebenda, fol. 49 f.

33) BA/MA, RH 26 – 21/6, fol. 31. – Vgl. Franz Becker, Rethel, 9. u. 10. Juni 1940, als Ms. gedruckt Hamburg 1961; – Harter Kampf gegen die „Roten Teufel". Perthes – Zentrum des französischen Widerstandes (1940), in: Alte Kameraden 8/1961, S. 13 f.

34) H. Guderian a. a. O., S. 118.

35) Tagebuch Obstlt. Fischer a. a. O., Eintragung vom 14. 6. 1940.

36) Mitteilung von Brig. General a. D. K.-H. Herzberg vom 12. 10. 1984, S. 16.

37) Tagebuch Obstlt. Fischer a. a. O., Eintragung vom 15. 6. 1940.

38) BA/MA, RH 26 – 21/6, fol. 37.

39) Ebenda, fol. 38.

40) Vgl. August Ruhe, Udo Ritgen, Das letzte Gefecht bei Andelot. So erlebte die 3./IR. 3 das Ende des Frankreich-Feldzuges 1940. In: Alte Kameraden, 1/1964, S. 17. – Dazu schriftliche Mitteilung des Brig. Generals a. D. Udo Ritgen an den Verfasser vom 16. 7. 1985. Vgl. ferner den Bericht des damaligen Lt. F. Chr. Stahl: Panzerjäger im Angriff, BA/MA, RH 26 – 21/6, fol. 335 ff. – Leider lassen sich diese Augenzeugenberichte mit dem offiziellen Gefechtsbericht der Division BA/Ma, RH 26 – 21/6, fol. 38 f nicht zur Deckung bringen.

41) BA/MA, RH 26 – 21/6, fol. 39.

42) Ebenda, fol. 44 – 47.

43) Tagebuch Obstlt. Fischer a. a. O., Eintragung vom 30. 6. 1940.

44) Ebenda, 16. 7.

45) KTB. 21. ID., 3. 7. 1940 (BA/MA, RH 26 – 21/9).

46) Ebenda, 14. u. 15. 7. 1940.

47) Vgl. Hans Rudolf Kurz, Operationsplanung Schweiz. Die Rolle der Schweizer Armee in zwei Weltkriegen, Ott Verlag Thun 1974.

48) Tagebuch Obstlt. Fischer a. a. O., Eintragungen vom 3. und 25. 7. 1940.

49) Ebenda, Eintragung vom 29. 7. 1940. – Außerdem BA/MA, RH 26 – 21/4.

50) KTB. 21. ID., 4. 8. 1940, BA/MA, RH 26 – 21/9.

51) Ebenda, 6. 8. 1940.

52) BA/MA, RH 24 – 27/53, Anlagenband XXVII. AK., Vg. 7a, 7b. – Ferner: KTB. 21. ID., 11. 8. 1940, BA/MA, RH 26 – 21/9.

53) KTB. 21. ID., 21. 8. 1940, BA/MA, RH 26 – 21/9.

54) Ebenda, 6. 9. 1940.

Frankreichfeldzug

Vormarsch vom Ahrtal in die Eifel in der zweiten November-Hälfte 1939

Gasspürlehrgang der Division in Bad Neuenahr vom 1.–3. 2. 1940

Die deutsch-luxemburgische Grenze bei Dasburg wird überschritten

Vormarsch in Richtung Bastogne

Die geräumte Maginot-Linie vor Charleville: Feldstellungen und Bunker

Im Mannschaftszug durch die Ardennen

Behelfsbrücke über die Maas bei Charleville

Fußkranke werden nachgeführt

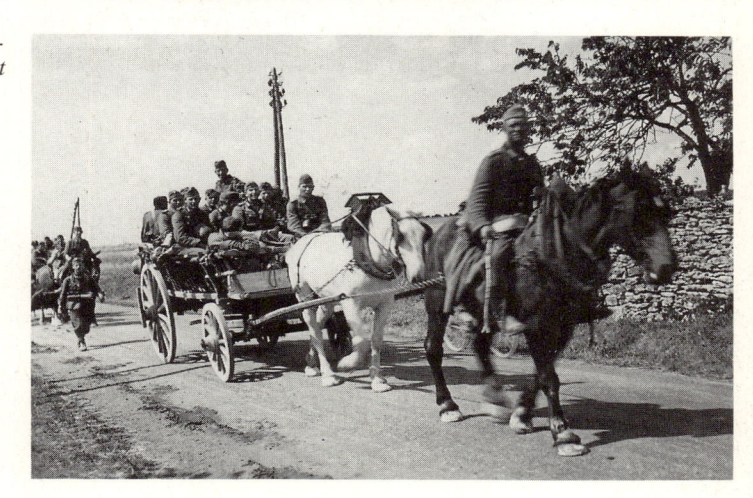

Rethel an der Aisne

Französische Gefangene bei einem Bataillonsgefechtsstand des IR 24 auf den Kalkhöhen bei Rethel

Einschlag einer 22 cm-Mörser-Granate im Westen von Rethel

*Artillerie-
beobachter bei
Rethel*

Der Aisne-Kanal bei Rethel

Übergang der Stabsbatterie der I. AR 21 über die Aisne am 10. 6. 1940

Liegengebliebener Panzer der 3. franz. Panzerdivision

Juniville am 11. Juni 1940

*An der Vor-
marschstraße der
Division*

Befehlsausgabe beim Divisionsstab in Nettancourt am 15. 6. 1940 vor dem Angriff auf Revigny

Chalon-sur Saone, der südlichste Punkt, den die Division in Frankreich erreichte, Boulevard de la République

Der Point Saint-Laurent in Chalon-sur Saone

Erbeutetes französisches Eisenbahngeschütz im Bahnhof von Chalon-sur-Saone

Überführung der Nachbildungen der Ordensbanner aus der Schlacht bei Tannenberg 1410 aus dem Wavel in Krakau in die Marienburg am 19. Mai 1940

V. Verwendung im Heimatkriegsgebiet der Ostfront

Am 16. September 1940 abends, trafen, wenn man von dem noch in Holland befindlichen Pionierbataillon 21 absieht, die letzten Teile der 21. Division in Ostpreußen ein.[1]) Die Pioniere stießen, nachdem das Unternehmen „Seelöwe" abgeblasen worden war, erst am 31.10. wieder zur Division.[2]) Damit war dieselbe zum zweitenmal seit Kriegsbeginn in ihr „Stammland" zurückgekehrt und zum letzten Mal als „Sieger". Wohl entgegen der ursprünglichen Absicht war es nur für einen kleinen Teil der Verbände, nämlich für Teile des IR. 45 und des AR. 21, sowie für die NA. 21 möglich, die alten Friedensstandorte zu beziehen. Ab 22. November konnte auch das I./IR. 3, das zunächst im Lager Stablack-Nord untergebracht worden war, nach Mohrungen in seine alte Kaserne verlegt werden. Das Divisionskommando selbst mußte hingegen nach Marienburg ausweichen, da in seiner Elbinger Kaserne sich jetzt das Gen. Kdo. I. AK. (Gen. d. Inf. v. Both) etabliert hatte, dem die Division übrigens ab 18. 9. unterstellt war.

Sieht man jedoch davon ab, daß demnach der größte Teil der Truppe in Ortsunterkünften bzw. Barackenlagern untergebracht werden mußte (vgl. Anlage 11), dann mutete dennoch vieles sehr „friedensmäßig" an. Für die in die alten Standorte „heimgekehrten" Truppen, also in Elbing, Marienburg und Mohrungen, gab es feierliche „Einzüge" mit Begrüßung durch die entsprechenden Vorgesetzten und unter großer Beteiligung der Bevölkerung. Im Herbst begannen bei den Regimentern traditionsgemäß die Herbstjagden, die im vergangenen Jahr hatten ausfallen müssen. Auch Urlaub gab es, allerdings nur bis zu 15% der Ist-Stärken. Der Krieg ging zwar, wie man aus Rundfunk und Zeitungen entnehmen konnte, mit England noch immer weiter, aber die Division wurde dazu scheinbar nicht gebraucht. Allerdings hatte der in Ostpreußen auf Urlaub weilende Kommandeur des AR. 21, noch vor Ankunft der Division, nach einem Gespräch mit einem Bekannten, in sein Tagebuch vermerkt, daß „Bedenken wegen Rußlands Haltung" bestünden[3]). Aber das war natürlich nur ein Gerücht, während zu diesem Zeitpunkt bereits sehr konkrete Bedenken hinsichtlich der Haltung Deutschlands gegenüber Rußland hätten angemeldet werden können. Oberstleutnant Fischer konnte allerdings nicht wissen, daß die Verlegung der 21. Division nach Ostpreußen bereits eine erste Folge der am 9. August vom Wehrmachtführungsstab unter der Tarnbezeichnung „Aufbau Ost" herausgegebenen Weisung darstellte, wonach einige Verbände unauffällig nach dem Osten verlegt werden sollten, um den kommenden Aufmarsch gegen die Sowjetunion zu decken; denn der war bereits beschlossene Sache. Noch als die Division im Raum Vesoul gelegen hatte, also Anfang August, war der Generalstabschef des AOK. 18, GM. Marcks, nach Berlin berufen worden, um eine Operationsstudie auszuarbeiten, die später unter dem Namen „Marcks-Plan" bekannt geworden ist. Und nun, Ende

November/Anfang Dezember, während tagsüber fleißig exerziert und ausgebildet und am Abend, in den Offizierskasinos bei einer Flasche mitgebrachten französischen Rotweins, noch einmal die Erlebnisse des Frankreich-Feldzuges rekapituliert wurden, fanden im fernen Zossen unter der Leitung des Oberquartiermeisters I im OKH, GM. Paulus, jene Planspiele statt, in denen der kommende Rußlandfeldzug erstmals durchgespielt wurde. Seit Wochen schon flogen, auch von ostpreußischen Flugplätzen aus, Spezialmaschinen der Luftwaffe in der für damalige Begriffe enormen Höhe von 9000 m Bildaufklärung über der Sowjetunion bis hin zum Ilmensee.[4]

Das alles aber warf keine, oder besser gesagt, noch keine Schatten voraus. Daß in der zweiten Septemberhälfte die Ersatztruppenteile der Division aus Ostpreußen in das Protektorat und zwar das Inf. Ers. Regiment 21 nach Prag und die Art. Ers. Abteilung 21 zunächst nach Jinitz und ab 17. November nach Brünn, verlegt wurden, mußte noch nicht alarmierend wirken. Freilich war auf der anderen Seite von einer teilweisen Demobilisierung, wie sie Hitler nach Ende des Frankreich-Feldzuges verkündet hatte, keine Rede. Im Gegenteil, Anfang Oktober kam es unter anderem zur Aufstellung von Divisionen 11. Welle. Und zu einer von ihnen, nämlich für die neu zu formierende 121. Division, hatte die 21. Division sogar ein volles Drittel ihres Bestandes abzugeben. Es waren dies der Stab und Nachrichtenzug des IR. 3, die dritten Bataillone aller drei Infanterieregimenter, die 13./IR. 24, die 14./IR. 45, die 2./PzJg. Abt. 21 ohne den zweiten Zug, der Stab II./AR. 21 mit Nachrichtenzug und AVT., die 2., 5. und 8./AR. 21, der Stab der I./AR. 57 mit Nachrichtenzug und AVT., die 2./AR. 57, die kl. Kw. Kolonne 1./21 und die Fahrkolonne 6./21. Darüber hinaus erfolgten noch Einzelabgaben der NA. 21, der Sanitätsdienste, des Veterinärdienstes, des Divisionsnachschubführers, der Feldgendarmerie, des Feldpostdienstes und der Verwaltungsdienste. Auch das Pionierbataillon scheint nach seiner Rückkehr aus dem Westen noch im November eine Kompanie abgegeben zu haben.[5]

Die solcherart entstandenen Lücken mußten innerhalb der Division ausgeglichen und durch Ersatzmannschaften aufgefüllt werden.

Die landsmannschaftliche Zusammensetzung der Division dürfte dadurch allerdings vorerst keine wesentliche Veränderung erfahren haben. Bei einem Ist-Stand von 15.122 Offizieren, Unteroffizieren und Mannschaften im November 1940 war die Verteilung wie folgt:[6]

Ost- und Westpreußen	9.390
Schlesier	420
Rheinländer und Westfalen	4.335
Sachsen und Thüringer	82
Bayern	180
„Ostmärker"	6
Sudetengau	99
Mitteldeutsche	140
Süddeutsche	304
Norddeutsche	166

Was nun den Ersatz selbst betraf, so war er offenbar recht unterschiedlich. Der geistigen Veranlagung nach wurde er für die Infanterie als durchschnittlich, bei der Artillerie als unterdurchschnittlich und bei der Nachrichtenabteilung jedoch als überdurchschnittlich beurteilt. Die Rekruten machten zwar einen frischen, aufnahmebereiten Eindruck, konnten aber mit dem Einstellungsjahrgang 1937/38 nicht annähernd verglichen werden. Die vormilitärische Ausbildung war dürftig, 50% hatten keinen Sport betrieben. Unter den insgesamt 3000 Rekruten befanden sich nur 15 Studenten, 27 weitere hatten eine höhere Schule besucht.[7] Hier standen also hinsichtlich der Einzelausbildung noch große Aufgaben bevor, zumal befehlsgemäß die volle Einsatzbereitschaft der Division bis zum 15. März 1941 herzustellen war. Um in dieser Richtung auch für die Zukunft vorzusorgen, kommandierte die Division ab 10. Dezember kriegserfahrene Ausbilder auf drei Monate zu ihren Ersatzeinheiten in das Protektorat.

Bei der Division selbst wurde im Rahmen der nun intensiv anlaufenden Ausbildung besonderer Wert auf die Schulung im Nahkampf gelegt, und unmittelbar nach Beginn des neuen Jahres verlegten die Truppenteile, bei klirrender Kälte von fast minus 30 Grad, nach Stablack, um Gefechtsschießen durchzuführen. Wie wenig „kriegsnah", im Hinblick auf eine nicht zu ferne Zukunft, sie infolge der wohlgeheizten Unterkünfte verliefen, konnte man damals noch nicht ahnen. Immerhin wurde z. B. bei der Artillerie — merkwürdig genug — besonderer Wert darauf gelegt, ohne Kartenunterlage schießen zu können. Warum?

Wer hellhörig war, konnte dafür gewisse Hinweise in den Ausbildungsrichtlinien finden, die das Gen. Kdo. I. AK in der zweiten Februarhälfte für die Verbandsausbildung herausgab.[8] Darin wurden zwar die Erfahrungen aus dem Westen als grundlegend bezeichnet, jedoch — so hieß es da — „alle Truppenteile haben sich bei der Ausbildung vermehrt auf die Besonderheiten des Ostraumes einzustellen". In dieser Hinsicht wären auch „erhebliche Marschleistungen bis zu 60 km ... von den Fußtruppen und bespannten Einheiten zu fordern, dabei eine Anzahl Nachtmärsche". Die Verbandsausbildung sei übrigens bis zur zweiten Aprilhälfte abzuschließen; darüberhinaus gab das Generalkommando ausdrücklich keine Zeiteinteilung mehr an.

Ohne Zweifel hatte die Division in den zurückliegenden Monaten ihr altes „Gesicht" verändert, war sie nicht mehr die, die nach Frankreich, geschweige denn vor über Jahresfrist nach Polen gezogen war. Und dies nicht nur infolge der Abgabe von bewährten, eingespielten Einheiten und deren Ersatz durch junge Rekruten und durch die Überweisung von Reserveoffizieren, sondern auch durch Veränderungen in der Divisions-Führung.

Schon in Frankreich war, Mitte Juli, der bisherige Ic der Division, Hauptmann i.G. von Coelln, als Quartiermeister zum Stab des XXIV. AK abgegangen und durch Oberleutnant Skowronski von der PzJg. Abt. 21 ersetzt worden. Anfang Januar 1941 trat Hauptmann von Prittwitz und Gaffron, bisher Ordonnanzoffizier 1 beim AOK 11, an Stelle von Rittmeister Schroetter, als Ib zum Divisionsstab. Beim IR. 3 hatte nach der Abgabe des Regimentsstabs Oberst Becker, allerdings ein alter IR. 3er, das Regimentskommando übernommen. Mitte Dezember verließ der inzwischen zum Generalmajor beförderte Oberst von Behr das IR. 45, um die 173. ID. als Kommandeur zu übernehmen. An seine Stelle war Oberstleutnant Chill getreten. Nur das IR. 24 besaß noch seinen bisherigen Kommandeur, Oberst Heinrichs. (Vgl. auch Anlage 12).

Auch organisatorisch hatte es Änderungen gegeben, wenn man von den Abgaben absah. Mit 1. 1. 1941 erhielt die PzJg. Abt. 21 wieder eine 3. Kompanie. Der Forderung nach hoher Beweglichkeit auch auf schlechten Wegen folgend, hatten die Infanterieregimenter im Frühjahr 1941 noch je eine 15. Kompanie als Radfahrkompanie aufgestellt. Und Mitte März war dann ein alter Wunsch der Division in Erfüllung gegangen: sie erhielt den Stab und die 1. Schwadron der Aufklärungsabteilung 206 (3. Welle) zugewiesen und konnte damit wieder die AA. 21, freilich ohne deren schwere 3. Schwadron, aufstellen.

Bisher war all das, was hinsichtlich der Ausbildung wie auch der Organisation an die Division herangetreten war, für eine eben im Osten des Reiches garnisonierte Division noch nicht als außergewöhnlich anzusehen gewesen. Daß mit 20. 3. das Feldersatzbataillon 21 im Protektorat wieder aufgestellt wurde, wußte die Truppe praktisch nicht. Und nur wenige wußten, daß seit Mitte Februar der Nachrichtenaufklärungszug der 2./NA. 21, wahrscheinlich zusammen mit denen von anderen Divisionen, an der Reichsgrenze gegen Rußland zum Abhördienst eingesetzt war.[9]) Dennoch war von diesem Zeitpunkt an auch für die unteren Stäbe der Division nicht mehr zu übersehen, daß, zumindest in Ostpreußen, ein gewaltiger Aufmarsch anrollte. Die bis zu den Bataillonen und Abteilungen ausgegebenen „Decknamenlisten" für den Fernsprechverkehr erfuhren nun ununterbrochen und in immer schnellerer Folge „Ergänzungen", aus denen hervorging, daß der Division versorgungsmäßig zwei schwere Artillerieregimenter, 4 Beobachtungsabteilungen, 3 bis 4 Arkos und eine Sturmgeschützabteilung zugeteilt waren. Später kamen noch Nebeltruppen, zwei Abteilungen und ein Rgt. Stab. z. b. V., hinzu. Und ständig wurden neue Truppenteile auf den verschiedenen Bahnhöfen ausgeladen. Der zivile Eisenbahnverkehr kam ab Mitte März fast völlig zum Erliegen. Kein Wunder, die 1. und 2. Aufmarschstaffel war ja im vollen Anrollen. Aber wer konnte sich bei der Truppe davon schon ein zutreffendes Bild machen? Und dann kamen noch die kleinen grauen Heftchen mit dem Cyrillischen Alphabet, das jeder Offizier binnen drei Wochen zu beherrschen hatte. Wozu? Die verrücktesten Gerüchte kursierten, nur von einem Angriff auf die Sowjetunion war offiziell nie die Rede. Im Gegenteil, immer wieder kamen zweifellos gezielte „Informationen", wonach dieselbe ihre vertraglichen Verpflichtungen auf das genaueste erfülle. Und rückblickend hat es fast den Anschein, als habe damals jeder einzelne sich auch an die unsinnigsten Versionen geklammert, um sich die immer eindeutiger hervortretende, ungeheuerliche Wahrheit nicht eingestehen zu müssen. Und doch war spätestens um den 20. März herum klar, zumindest bis zur Division herunter, was man unter den Vorbereitungen zu verstehen hatte, die von diesem Zeitpunkt ab unter der Bezeichnung „Frühjahrskriegsspiel der 18. Armee" getroffen wurden. Die erste unmittelbare Auswirkung davon war, daß die 21. Division, um den 19. März herum, zur Verbandsausbildung rund um den Truppenübungsplatz Stablack, in den Raum Kreuzburg – Preußisch Eylau – Landsberg – Zinten verlegt wurde, um nicht mehr in ihre alten Winterquartiere zurückzukehren. Tatsächlich fand, nach Übungen im kleineren Verband, in der Zeit vom 1. bis 4. Mai auf dem Truppenübungsplatz noch einmal eine Übung der gesamten Division statt. Sie hätte eigentlich den Abschluß der Vorbereitung auf den kommenden Feldzug bilden sollen, denn ursprünglich war ja daran gedacht gewesen, die Operationsbereitschaft des deutschen Ostheeres bis 15. Mai herzustellen. Die inzwischen auf dem Balkan eingetretenen Ereignisse hatten jedoch eine Verschiebung dieses Termins um etwa 5 Wochen bewirkt, sodaß der Division nochmals etwa 4 Wochen zur Ausbildung zur Verfügung standen, die auch entsprechend genützt wurden. Anfang Juni traf dann endlich der Befehl zur Verlegung an die Reichsgrenze zum „Ausbau des Ostwalls" ein. In der Abenddämmerung des 9. Juni setzte sich die Division, in vier Marschgruppen gegliedert, in Bewegung. Marschgruppe I und II (IR. 3 und IR. 45) umfaßte die Fußtruppen und bespannten Teile der Division, wobei die Zuteilung des IR. 24 fraglich bleibt (wahrscheinlich Marschgruppe I). In der Marschgruppe III waren die mot. Teile zusammengefaßt, wozu ab 10. Juni auch die der Division unterstellten Verstärkungen: Art. Rgt. Stab z. b. V. 110 (von Ondarza), II. (mot)/AR. 37, 3./Sturmgeschützabt. 185 und das Heeresfla-Btl. 605 zählten. Die Marschgruppe IV wurde aus den Versorgungstruppen der Division, aber auch von der Brückenkolonne 536 gebildet. Da die Sommernächte kurz waren und die Truppen aus Tarnungsgründen bei Tagesanbruch bereits in ihren jeweiligen Quartieren wieder untergezogen sein mußten, ging der Vormarsch – durchwegs während der Nacht – nur relativ langsam vor sich. Am 13. Juni wurde der Raum westlich Insterburg erreicht, dann bog die Division nach Norden ab. Während des 15. und 16. Juni wurde zwischen Insterburg und Tilsit gerastet, wahrscheinlich, weil das „Nadelöhr" des Aufmarschs, nämlich die Louisenbrücke über die Memel in Tilsit, zu stark von anderen Truppenteilen belegt war. Am 17. Juni erreichte die Division mit ihren Spitzen Tilsit, ging in der folgenden Nacht über die Memel und stand am 18. Juni in dem ihr zugewiesenen, etwa 10 km breiten Streifen an der Reichsgrenze, beiderseits des Ortes Nattkischken, in einer von der Grenze etwa 1 1/2 km abgesetzten Stellung abwehrbereit. Den Abschnitt A (rechts) besetzte das IR. 45, den linken Abschnitt B das IR. 24. Das IR. 3 war Divisionsreserve. Die Artillerie stand in ihren, vor einem halben Monat erkundeten, vermessenen und ausgepflockten Feuerstellungen, eingerichtet auf „Sperrfeuer ganze Font". Einzelne vorgeschobene Beobachter befanden sich vor der HKL. unmittelbar an der Reichsgrenze. Den Luftschutz im Divisionsabschnitt hatte das Heeresfla. Btl. 605 übernommen. Der Divisionsgefechtstand war in Nattkischken.

Und wozu das Ganze? Während vielleicht in den Stellungen der Bataillone und Batterien über das Was? Wie? und Warum? noch gerätselt wurde, bestanden zu diesem Zeitpunkt zumindest vom Regiment aufwärts keine Zweifel mehr über das, was die nächsten Tage bringen würden: Die deutsche Wehrmacht stand im Begriff, die Sowjetunion anzugreifen. Und das war das Ergebnis des seit Monaten laufenden „Frühjahrskriegspiels": In Ostpreußen war die Heeresgruppe Nord unter dem Befehl von Generalfeldmarschall Ritter von Leeb und dem Stab der ehemaligen Heeresgruppe C mit 16. und 18. Armee und der Panzergruppe 4, mit insgesamt 3 Panzerdivisionen, 3 ID. (mot), 20 Infanteriedivisionen und 3 Sicherungsdivisionen aufmarschiert.

Von hier aus sollte die Heeresgruppe gemäß der Aufmarschanweisung des OKH. die im Baltikum stehenden feindlichen Kräfte vernichten „und durch Besetzen der baltischen Häfen, anschließend durch Besetzung von Leningrad und Kronstadt, der russischen Flotte ihre Stützpunkte" entziehen.

Der 18. Armee (Gen. Obst. von Küchler), an deren äußerstem rechten Flügel die 21. Division im Verband des I. AK. (GdInf. von Both) stand, fiel in diesem Rahmen die Aufgabe zu, „die vor ihr stehenden Feindkräfte mit Schwerpunkt an und ostwärts der Straße Tilsit – Riga zu durchbrechen, die südwestlich Riga stehenden Teile des Feindes durch rasches Vortreiben der Masse ihrer Kräfte über die Düna, bei und unterhalb Stockmannshof abzuschneiden und zu vernichten".

Von der Stärke und Gliederung dieser Feindkräfte war allerdings, trotz der intensiven Aufklärung der letzten Monate, wie die Anlage 13 zeigt, damals nicht allzuviel bekannt und ist es – infolge der von der sowjetischen Geschichtsschreibung bis heute beibehaltenen Gepflogenheiten – noch immer nicht im wünschenswerten Ausmaß. Erschwerend kommt sicherlich hinzu, daß auf sowjetischer Seite in jener ersten Zeit des Krieges zahlreiche Dokumente verloren gegangen sind. Immerhin so viel ist sicher:[10]) Gegenüber der Heeresgruppe Nord befanden sich die Verbände des selbständigen Baltischen Militärbezirks unter Generaloberst Kusnezow, der ab 22. 6. in die sowjetische Nordwestfront umbenannt werden sollte.

Offensichtlich auf Grund der bisherigen Kriegserfahrungen war eine tief gestaffelte Aufstellung gewählt worden, die fast 500 km in die Tiefe, nämlich bis in den Raum von Pskow (Pleskau) reichte. In Grenznähe standen vor der deutschen 16. Armee und der Panzer-Gruppe 4 die sowjetische 11. Armee und vor der deutschen 18. Armee die 8. Armee. Letztere umfaßte 2 territoriale Befestigungsbereiche zur unmittelbaren Grenzsicherung, ferner 5–6 Schützendivisionen, 1 mot. Division und 2 Panzerdivisionen, die in zwei Schützenkorps (X. und XI.) und ein mech. Korps (XII.) gegliedert waren. Ferner soll der Armee noch die 9. PzAbw. Brigade und das 25. Pionierregiment zugeteilt gewesen sein. Jedes der Schützenkorps besaß neben den beiden Schützendivisionen noch ein Korpsartillerieregiment und eine Flakdivision. Das mech. Korps verfügte außer den Panzerdivisionen über ein Krad-Schützenregiment und ein Pionierbataillon. Der Panzer-Sollbestand des mech. Korps betrug 126 schwere KW I und KW II, 420 mittlere T 34 und 485 leichte PT bzw. T 26, also insgesamt 1031 Panzer! Das war freilich nur Theorie, denn tatsächlich besaß das XII. mech. Korps weder schwere noch mittlere, sondern nur leichte Panzer und die auch nur bis zu 63 % der Sollstärke. Personell waren das mech. Korps zu 84 %, die Schützenkorps zu 77 % aufgefüllt. Die Artillerie war zu 80 %, bzw. 84 % vorhanden. An mot. Fahrzeugen fehlten 44 % bzw. 49 %. Insgesamt verfügte die 8. Armee bei Kriegsbeginn im Juni 1941 über 82.000 Mann, 680 Panzer, 100 Panzerspähwagen, 1392 Geschütze und Granatwerfer, 661 Kettenfahrzeuge und 4946 mot. Fahrzeuge. Soweit zumindest die Angaben von sowjetischer Seite.[11])

An und hinter der Düna, die möglicherweise als die entscheidende Verteidigungslinie angesehen wurde, war die 27. Armee bereitgestellt. Ob und wo sich der Gegner vor der Düna zum Kampf stellen würde, war ungewiß, wenngleich heute als sicher angenommen werden kann, daß von den Sowjets an eine kampflose Räumung des nördlichen Litauens und Lettlands diesseits der Düna nicht gedacht war. Allerdings scheinen die beiden in der vorderen Front eingesetzten Armeen (8. und 11.) zu Beginn des deutschen Angriffs noch keineswegs fertig aufmarschiert gewesen zu sein. Vielmehr befanden sich zu diesem Zeipunkt mehrere Divisionen noch bis zu 50 bzw. 70 km hinter der Front, beziehungsweise erst im Anmarsch auf die ihnen zugewiesenen Verteidigungsbereiche. Das dürfte vor allem für die 11., aber auch teilweise für die 8. Armee zugetroffen sein. Die letztere scheint ihre Front erst um den 20. Juni herum verstärkt zu haben.

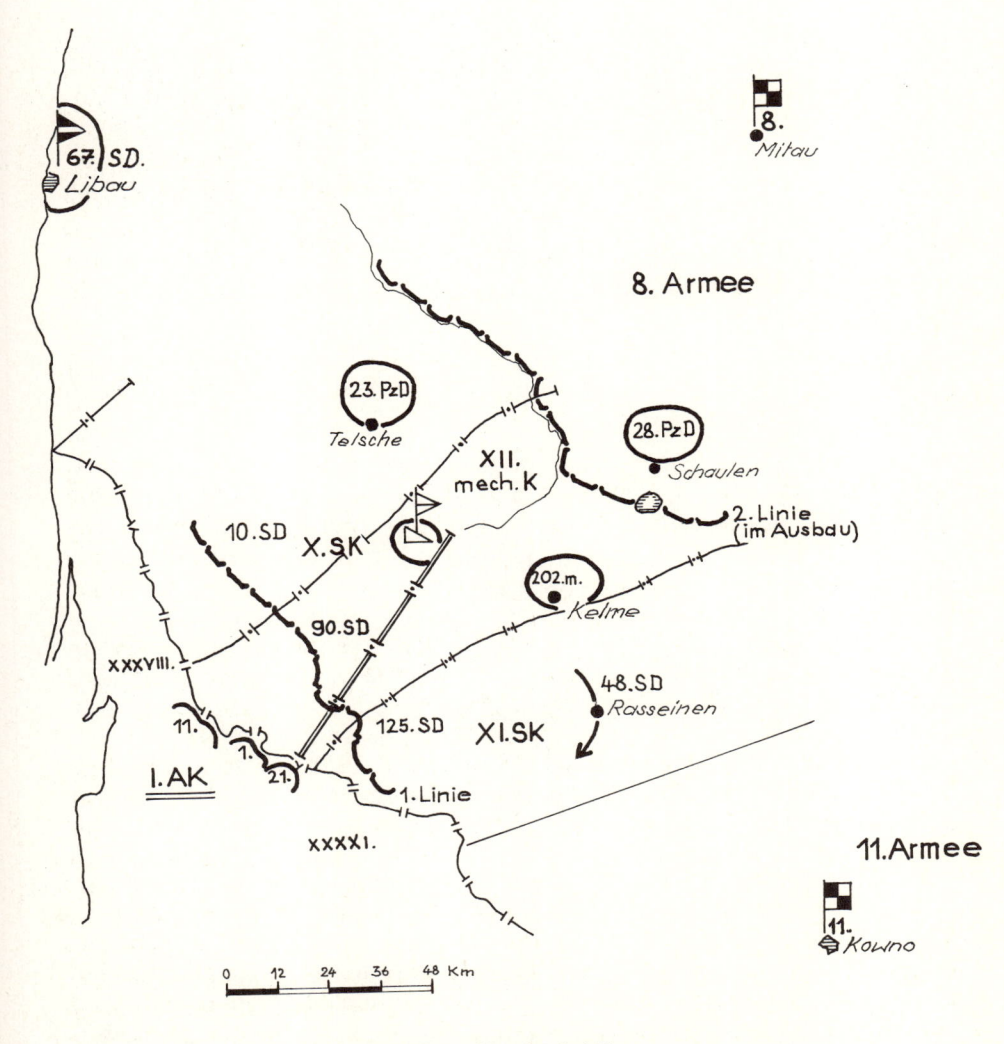

Skizze 10

Angriffsstreifen des I.AK.
und wahrscheinliche Feindlage am 22. 6. 1941

Genau vor dem Abschnitt der 21. Division, nämlich bei Sartininkai, verlief die Naht zwischen dem X. und XI. Schützenkorps und damit zwischen 90. und 125. SD. Wo sich dieser Gegner zu einer energischeren Verteidigung stellen würde, war lediglich auf Grund des Kartenstudiums zu vermuten. (Skizze 10) Im Bereich des I. AK. ragten an dessen rechtem Flügel noch die Ausläufer der Feldbefestigungen von Tauroggen (Taurage) in den Abschnitt der 21. Division, von denen angenommen wurde, daß sie ihre Fortsetzung in einer feldmäßig ausgebauten Stellung am Jeziorupa-Abschnitt fänden. Dieser Bach verlief im Angriffsstreifen der Division in einer Entfernung von durchschnittlich 8 km parallel zur Grenze. Dahinter lag, im gleichen Streifen, der etwa 9 km tiefe Sumpfwald des Bagno Plenoje und dahinter der tief eingeschnittene Flußlauf der Jura, an dessen feindseitigem Ufer der Bau zahlreicher Kampfanlagen festgestellt worden war. Hier war also mit energischerem Widerstand zu rechnen.

Der 21. Division, die infolge der gestellten Aufträge nicht nur Schwerpunktdivision des I. AK., sondern auch der 18. Armee geworden war (wenn man von der mit Sonderaufgaben betrauten 291. ID absieht), kam die Aufgabe zu, in Anlehnung an die Panzer-Gruppe 4, im ersten Anlauf die angenommene Jeziorupa-Stellung zu durchbrechen, den Jura-Abschnitt zu gewinnen und dann, das Waldgelände nördlich der Jura durchstoßend, sich in Besitz des Höhengeländes nördlich und nordwestlich von Upynas zu setzen. So war es bereits Ende Mai festgelegt worden.[12]

Die Division beabsichtigte hierzu mit zwei Regimentern in der Front (IR. 45 rechts, IR. 24 links) mit Schwerpunkt links anzugreifen, wobei das Regiment 45 auf Prismantai, das Regiment 24 auf Zygaiciai vorzustoßen hatten. Das IR. 3 hatte als Divisionsreserve vorerst hinter dem IR. 24 zu folgen.

Die Artillerie gliederte sich gemäß dieser beabsichtigten Gefechtsführung unter dem Artillerieführer 21 (Stab AR. 21) in eine Gruppe unter dem Befehl des Art. Rgt. Stabs z. b. V. 110 mit I. und II./AR. 21 und I./AR. 57 (zusammen 6 le. und 3 s. Batterien), die auf Zusammenarbeit mit dem IR. 24 angewiesen waren und von denen die I./AR. 21 und I./AR. 57 bei Angriffsbeginn in Feuerstellung, die II./AR. 21, jedoch aufgeprotzt marschbereit stehen sollte, ferner in die III./AR. 21, die mit dem IR. 45 zusammenzuwirken hatte. Die schwere II./AR. 37 (mot) ohne 4. Batterie stand als Schwerpunktgruppe dem Art. Fü. 21 zur Verfügung.

Die 3. Batterie Sturmgeschütz-Abt. 185 (ohne 1 Zug) war zusammen mit der 1./Pi. 21 dem IR. 24, 1 Zug Sturmgeschütze und 1 Zug der 2./Pi. 21 dem IR. 45 unterstellt.

Außerdem war die Bildung einer Vorausabteilung der Division unter dem Befehl von Obstlt. Matussik (Kdr. II./IR. 45), bestehend aus AA. 21, Tle. PzJg.Abt. 21 und der 4./AR. 37 vorgesehen, die im Abschnitt der Panzergruppe 4 unmittelbar hinter den Angriffsspitzen der 1. Panzer-Division vorzugehen hatte, um nach Überschreiten der Jura nach Westen eindrehend vor der eigenen Division die Jura-Brücken bei und südlich von Pagramantis offen zu halten.

Die diesbezüglichen Befehle waren alle bereits Tage vor dem 21. Juni an die Truppe hinausgegangen, sodaß nur noch der Zeitpunkt des Antretens durchgegeben werden mußte. In den Mittagsstunden des 21. Juni war es so weit. Bei der Heeresgruppe ging das entsprechende Stichwort aus dem Führerhauptquartier ein und Stunden später erreichte die Truppe der Divisionsbefehl: „1. B-Tag ist der 22. 6. 1941, X-Zeit 3.05 Uhr".

Es wäre wahrscheinlich schon damals schwer gewesen und ist heute geradezu unmöglich, exakt festzustellen, welche Gefühle und Gedanken die Ausgabe des Angriffsbefehls bei den rund 15 – 16.000 Mann der Division ausgelöst hat. Sicher beherrschte alle das Gefühl, vor einem historischen, ja welthistorischen Augenblick zu stehen. Jedoch hätten wohl die wenigsten sagen können, worin dessen Bedeutung nun tatsächlich bestand, nämlich darin, daß in wenigen Stunden der Krieg qualitativ wie quantitativ in ungeahnter Weise ein völlig neues Gesicht erhalten sollte. Dabei ist es wohl keine Frage, daß der zu diesem Zeitpunkt bekanntgegebene, sogenannte „Kommissarbefehl" schockierend gewirkt hat. Allerdings dürfte er, kurz vor dem Antreten, nur einem Teil der Truppe noch bekannt geworden sein. Ob es unter denen, die ihn erfuhren, viele gab, die sich sofort klar wurden, welcher Schlag mit dieser verbrecherischen Weisung der Obersten Führung gegen die Ehre und das Ethos des deutschen Soldaten geführt worden war? Es gibt keinen Hinweis, daß dagegen – auch nur im kleinen Kreis – protestiert worden wäre, aber ebensowenig, daß irgendein Führer „Ausführungsbestimmungen" dazu erlassen hätte. Weder für das eine noch für das andere schien jetzt Zeit zu sein. Hingegen hatte man, wohl auch bereits in den vorangegangenen Tagen, Zeit gefunden, die Chancen des bevorstehenden Kampfes zu diskutieren. Jüngere Offiziere scheinen, nicht zuletzt unter dem Eindruck des bisherigen Kriegsverlaufs, die Ansicht vertreten zu haben, daß alles in etwa 6 Wochen „vorüber" sein würde, eine Ansicht, die nicht nur im OKH, sondern bekanntlich auch von sehr informierten Kreisen in England und den USA vertreten wurde. Ältere Offiziere, vor allem Teilnehmer des Ersten Weltkrieges und dadurch nicht nur mit den räumlichen, sondern auch seelischen Dimensionen Rußlands noch etwas vertraut, dürften skeptischer gewesen sein, auch wenn sie zu diesem Zeitpunkt noch nicht wußten, daß der Heeresgruppe Nord Angriffsziele über fast 700 km hinweg gesteckt worden waren; Ziele, denen man im Ersten Weltkrieg erst nach drei Kriegsjahren einigermaßen nahe gekommen war. Und die Mannschaft? Wahrscheinlich war die Mehrzahl von Hitlers Aufruf „An die Soldaten der Ostfront" beeindruckt, ja von seiner Richtigkeit überzeugt. Dennoch mag es auch da und dort Zweifel an einer kurzen Dauer des Feldzuges gegeben haben. Beim IR. 45 hatte sich beispielsweise eine Anzahl Soldaten die Köpfe kahl scheren lassen und sich, darüber zur Rede gestellt, damit verantwortet, daß, bis der Krieg zu Ende sei, auch das Haar längst wieder nachgewachsen sein würde.[13]) Man gab sich damit zufrieden und etwas anderes hätte ja auch keinen Sinn gehabt. Die Zeit drängte. In der Dämmerung machte sich die Truppe fertig und ab 22.30 Uhr schob sich die Division aus ihrem bisherigen Sicherungsabschnitt nach vorne in die Bereitstellungsräume hart an der Grenze, die Artillerie bezog die Angriffsfeuerstellungen.

Auch auf der Gegenseite war man in dieser Nacht nicht müßig. Noch um 0.30 Uhr hatte das sowjetische Oberkommando den Befehlshabern der Militärbezirke befohlen, die Feuerstellungen in den befestigten Zonen an der Staatsgrenze zu besetzen, die Flugplätze zu tarnen und die Truppen in Gefechtsbereitschaft zu setzen. Freilich hoffte man in Moskau, trotz aller erhaltenen Warnungen, den drohenden Schlag noch immer wenigstens hinauszögern zu können. Noch um 2.32 Uhr am Morgen des 22. 6. ging daher die Weisung hinaus, keiner wie immer gearteten Provokation nachzugeben, freilich einem deutschen Überraschungsangriff mit allen zur Verfügung stehenden Mitteln zu begegnen. Zu spät! Wie alle deutschen Divisionen in der Front hatte die 21. Division bereits um 2.00 Uhr die Gefechtsbereitschaft hergestellt und dies dem Divisionsstab mit Stichwort „Marienburg" gemeldet. Es gab kein Zurück mehr. Da – pünktlich um 3.05 Uhr war aus Richtung Tauroggen ein dumpfes Grollen zu vernehmen, gleich darauf meldeten die B-Stellen des AR. 21: „Infanterie ist angetreten und hat die Reichsgrenze überschritten!"

Anmerkungen zu Kapitel V

1) Siehe hierfür und für das folgende: KTB. 21. ID., BA/MA, RH 26 – 21/9 und 21/12.
2) Vgl. Bericht des (Pionier-) Bataillons über den Einsatz an der Kanalküste, BM/MA, RH 26 – 21/14, Vg. 60a.
3) Tagebuch Obstlt. Fischer a. a. O., Eintragung vom 11. 9. 1940.
4) Werner Haupt, Heeresgruppe Nord 1941 – 1945 (Bad Nauheim 1966), S. 15.
5) 21. ID. Ia, Nr. 141/40 g. Kdos vom 18. 9. 1940; siehe auch: Geschichte der 121. ostpreußischen Infanterie-Division (Münster 1970), S. 5.
6) Zustandsbericht (der 21. ID.) für November 1940, BA/MA, RH 26 – 21/14, Vg. 83.
7) 21. ID., Ia Nr. 531/40 geh. v. 23. 12. 1940, BA/MA, RH 26 – 21/14, Vg. 103.
8) Gen. Kdo. I. AK., Ia Nr. 160/41 geh. v. 20. 2. 1941: Hinweise für die Ausbildung (BA/MA, RH 26 – 21/16).
9) Vgl. Wilhelm Meinhof, Von Elbing bis zum Wolchow, ungedr. Manuskript, November 1953 (Archiv des Traditionsverbandes), S. 1.
10) Vgl. die allerdings nur sehr wenig ergiebigen Angaben in: Geschichte des Großen Vaterländischen Krieges der Sowjetunion, 2. Bd. (deutsche Übersetzung) Berlin 1963; Geschichte des zweiten Weltkrieges 1939 – 1945 in zwölf Bänden, Militärverlag der DDR., 4. Band (1975). Etwas genauer: N. Baryšev, Oboronitel'naja operacija 8-j armii v načal'nyj period Velikoj otečestvennoj vojny (Die Verteidigungsoperation der 8. Armee in der Anfangsperiode des Großen Vaterländischen Krieges), in Voennoistoričeskij žurnal 16. Jg. (1974), 7, S. 75 ff.
11) Ebenda.
12) Div. Bef. Nr. 7 für das „Frühjahrsplanspiel", 21. ID. Ia Nr. 145/41 g. Kdos vom 28. 5. 1941 (BA/MA, RH 26 – 21/25).
13) Mitteilung von Brig. General a. D. Karlheinz Herzberg an den Verfasser vom 24. 1. 1986.

Wieder in Ostpreußen

Truppenteile der 21.ID beim Vorbeimarsch vor dem Div.Kdr., Gen.Lt. v. Both, in Marienburg, Herbst 1940

Die 4.IR 45 unter Oblt. Frhr. v. Oeynhausen

VI. Der Rußlandfeldzug 1941

1. Grenzkämpfe in Litauen, Eroberung von Riga und Kämpfe zwichen Düna und Welikaja

22. Juni 1941 – wieder ein Sonntag, wie vor einem Jahr an der Aisne. 3.05 Uhr: „Wir liefen durch die breite Drahtgasse, rasten über weite deckungslose Wiesenplaine und erreichten mit hämmernden Herzen die kleine bewachsene Anhöhe. Kein Schuß fiel. Doch das Grollen der Geschütze aus Richtung Tauroggen ließ keine Manöver-Illusion aufkommen. Stundenlanges zügiges Vorgehen über freies Feld bei immer spürbarer werdender Hitze, dann standen wir vor dem berüchtigten Bagno Plenoje ... In ihm herrschte eine stickige Hitze wie in einem Brutkasten, die bei einigen Landsern Zusammenbrüche und Hitzeschläge verursachte. Mühsam wanden wir uns durch diesen Dschungel; die schweren Waffen aber kamen nicht mehr nach. Obwohl die Karte für diesen Irrgarten auch nicht annähernd stimmte, erreichte unser III./IR. 24 als einziges befehlsgemäß um die Mittagszeit den Raum vor der Jura, den der Russe mit einzelnen Granaten abstreute." So ähnlich wie dies Helmut Damerau, damals Chef der 11./IR. 24 für sein Bataillon schildert[1]), so dürfte der erste Vormittag des Rußlandfeldzuges auch beim Nachbarregiment, dem IR. 45, verlaufen sein. Ohne besondere Schwierigkeiten und anscheinend nur mit Grenzsicherungstruppen plänkelnd, war schon nach wenigen Stunden das erste Angriffsziel, die Straße Aukstupiai – Zygaiciai, erreicht und nach Norden überschritten. Die Jeziorupa-Stellung war also nicht besetzt. Dann kam auch hier das mühsame Vorgehen durch den Sumpfwald und schließlich erreichte man auch den Jura-Abschnitt, aber – glücklicherweise – um Stunden später als das IR. 24, denn so ersparte man sich wahrscheinlich die Erfahrungen, die man inzwischen dort gemacht hatte. Das III./IR. 24 war nämlich, trotz gewisser Bedenken, vor allem aber ohne seine schweren Waffen, von seinem Regiment sofort zum Angriff über den offensichtlich nicht allzu stark besetzten Abschnitt angesetzt worden. Tatsächlich waren die hier von den Sowjets angelegten, teilweise sogar betonierten Kampfanlagen, noch keineswegs fertiggestellt gewesen. Aber das Flußtal selbst stellte ein beachtliches Hindernis dar, das leicht zu verteidigen war. Der Angriff des Bataillons scheiterte unter schmerzlichen Verlusten. Unter den Gefallenen befanden sich der Bataillonsführer und der Chef der 9. Kompanie. Etwas Ähnliches hätte auch das IR. 45 durchaus erleben können, zumal sich infolge des zähen Feindwiderstandes bei Tauroggen das beabsichtigte Vorwerfen der Vorausabteilung der Division zur Öffnung des Übergangs südlich Pagramantis verzögert hatte. So aber fand der Regimentspionierzug IR. 45, als er um 17.00 Uhr über den Flußabschnitt vorfühlte, keinen Feind mehr. Erst hinter Pagramantis stieß das IR. 45 nach flüchtiger Bereitstellung mit zwei Bataillonen wieder auf einen, wahrscheinlich bereits im Zurückgehen befindlichen Feind, den es bis auf seine Artilleriestellungen zurückdrängen konnte.

Dann aber wurde der Angriff wegen der einbrechenden Dunkelheit und nicht zuletzt auch unter dem Eindruck des direkt gerichteten Feuers der feindlichen Geschütze eingestellt.

Was war aber der Grund für diese schnelle Aufgabe der Jura-Stellung durch die 125. SD.? Auf den ersten Blick würde man eine taktische Erwägung gelten lassen: durch das Gelände weniger behindert als die 21. Inf. Div. war das rechte Flügelregiment der 1. Inf. Div., das IR. 22, bereits zu Mittag zügig über den Jura vorgestoßen, einen Umstand, den die 21. Inf. Div. dahingehend ausnützte, daß sie ihre Divisionsreserve, das IR. 3, zusammen mit einer schnell gebildeten Artilleriegruppe (I./AR. 21 und II./AR. 37 ohne 4. Batterie) im Abschnitt der 1. ID. an den Jura heranführte, um diese Kampfgruppe über den Fluß hinweg zu einem Flankenstoß vor die Front des IR. 24 anzusetzen. Aber bis es so weit war, hatte der Gegner auch hier bereits abgebaut, so daß das IR. 3 ohne die Feuerbereitschaft der Artillerie abzuwarten bis zum Einbruch der Dunkelheit ohne Feindwiderstand einen etwa 2 km tiefen Brückenkopf bei Didkiemis bilden konnte. Die fast kampflose Räumung der Jura-Stellung wird demnach wohl operativ begründet gewesen sein, wobei freilich nicht klar ist, ob es allein der Durchbruch der PzGr. 4 bei Tauroggen und ostwärts davon war, der den Rückzug auslöste oder ob noch andere Gründe dafür sprachen.[2])

Bekanntlich reagierte die sowjetische Führung auf den Vorstoß der Panzergruppe relativ schnell, indem sie gegen deren rechte Flanke aus dem Verband des III. mech. Korps (11. Armee) die 2. PzDiv. und die 84. mot. Division heranführte, während sie mit der 23. Panzerdivision die linke Flanke einzudrücken hoffte. (Die Verwendung der 28. PzDiv. bleibt fraglich). Die 202. mot. Division (SR. 28, 252, 645, le AR. 652) sollte aber diese beiden Zangenarme womöglich von Norden her zusammenfassen.

Dieser durchaus zweckmäßige Plan ist durch logistische Friktionen, durch die Schwerfälligkeit der Führung und nicht zuletzt durch die Einwirkung der deutschen Luftwaffe auf die Bewegungen des XII. mech. Korps stark verzögert und schließlich in unkoordinierte Aktionen aufgelöst worden. Während das deutsche XXXXI. Pz. Korps zwischen dem 23. und 26. Juni im Raum Raisainiai (Rossienie) die dort auftretenden Teile des III. mech. Korps in der ersten großen Panzerschlacht im Bereich der Heeresgruppe Nord einkesselte und vernichtete[3]), wehrte die am linken Flügel des I. AK. vorgehende 11. ID. am 24. und 25. 6. Flankenstöße des XII. mech. Korps unter geringen eigenen Verlusten mit dem Abschuß von über 70 sowjetischen Panzern ab.[4]) (s. Anl. 14) Die 21. Division, die mit der 1. Division in der Mitte dieses geplanten „Kessels" vorrückte, hat davon fast nichts bemerkt, sondern behielt, nach Überwinden des Jura, unbeirrt ihre Stoßrichtung nach Nordosten bei.

Obwohl die Division am 23. 6. ihren Angriff mit allen Teilen bereits um 2.50 Uhr fortsetzen wollte[5]), wurde es doch immerhin 6.00 Uhr, bis sie mit allen drei Regimentern in der Front wieder antreten konnte. Nur durch Geländeschwierigkeiten an den verschiedenen Bachläufen aufgehalten, erreichte sie bis zum 23. 6. abends das ihr befohlene Angriffsziel, den Südrand des Höhengeländes von Upynas. Hier angelangt, wurden IR. 45 und

IR. 24 weiter im Angriff belassen, während das IR. 3, nach Durchschreiten der nun hinter der Division liegenden Waldzone, wieder als Reserve hinter dem rechten Divisionsflügel nachgeführt wurde.

Mit dem Einschwenken dieses Flügels auf die große Straße Tauroggen, Schaulen geriet die Division in unmittelbare Tuchfühlung mit dem hier vorgehenden linken Flügel der Panzergruppe 4, der allerdings nun seinerseits nach Osten abschwenkte, um in die Panzerschlacht bei Rasainiai einzugreifen, während die Division weiter auf Kelme vorging.

Etwa 13 km vor dieser Stadt stieß die Division am Nachmittag des 24. 6. in dem unübersichtlichen Buschgelände entlang des versumpften Bachlaufes der Krazante erneut auf Feind. Ob es Nachhuten der 125. SD. oder Teile der 202. mot. Div. waren, die den Nordrand des „Kessels" absichern sollte, läßt sich nicht mehr feststellen. Jedenfalls beabsichtigte die Division, noch in den Abendstunden bis in die Höhe von Kelme vorzustoßen.[6]) Angesetzt dazu wurde die Vorausabteilung von Süden auf Kelme, also ostwärts der Rollbahn, während westlich derselben IR. 45 (mit III./AR. 21, 2./Pi. 21 und 3./St. Gesch. 185) und IR. 24 (mit Art. Rgt. St.z.b.V. 110, II./AR. 21 und II./AR. 37) angreifen sollten.

Die Unübersichtlichkeit des Geländes, fortgeschrittene Tageszeit, Ermüdung der Truppe wie auch Gerüchte über einen bevorstehenden russischen Gegenangriff mit Panzern ließen diesen Plan jedoch nicht zur Reife gelangen. Vielmehr wurde nun der Angriffsbeginn auf den 25. 6., 6.00 Uhr morgens, verlegt und hierzu die Divisionsreserve (IR. 3 mit I./AR. 21 und I./AR. 57) auf der Rollbahn in die Gegend südlich Pakrazantis vorgeführt, um, ähnlich wie am Jura-Abschnitt, durch umfassenden Angriff von Osten die Krazante-Verteidigung aus den Angeln zu heben.

Dies abzuwarten, scheint jedoch nicht die Absicht des hinhaltend kämpfenden Gegners gewesen zu sein, denn er ließ es auch hier nicht auf eine Kraftprobe ankommen, sondern räumte in der Nacht die Stellung, die die vorgetriebene Aufklärung des I. R. 45 unbesetzt vorfand. Der Kommandeur dieses Regiments, der um 4.00 Uhr früh davon Meldung erhielt, alarmierte unverzüglich seine Truppe und trat aus eigenem Entschluß zur Verfolgung in Richtung Kelme an. Die durch die eigene Luftwaffe stark zerstörte Stadt wurde von den Spitzen der Division im Laufe des Vormittags erreicht und nach Norden hin durchschritten.

Der Gegner hatte unter dem Eindruck der allgemeinen Lage nicht mehr versucht, sich vor der Stadt neuerlich zu stellen, vielmehr befand sich die sowjetische 8. Armee bereits im Rückzug auf die, freilich nur erst ansatzweise ausgebaute, zweite Stellung, die von Radviliškis nach Westen bis zum Unterlauf der Windau verlief, um dann diesem Fluß zu folgen. Zur Deckung dieses Rückzugs wurde ganz offensichtlich die rote Luftwaffe eingesetzt. Im Verlauf des Vormittags griffen wiederholt Kampffliegerketten die Marschgruppen der Division an, wobei ein Bombenvolltreffer im II./IR. 3 empfindliche Verluste hervorrief. Dafür gelang es eigenen Fliegern, in unmittelbarer Nähe der Vormarschstraße vier Martin-Bomber brennend zum Absturz zu bringen. Während der Vorstoß der IR. 24 und 45 nördlich Kelme auslief, wurde die Marschgruppe IR. 3 mit I./AR. 21 von Kelme auf den Dubyssa-Übergang bei Saudininkai abgedreht, um denselben für die bereits am anderen Ufer stehende 1. Pz. Div. offen zu halten. In die dort langsam zu Ende gehende Panzerschlacht von Raseinen griff die Division selbst nicht ein, sondern sie erhielt den Befehl, am rechten Flügel des I. AK., etwa 20 km südlich Schaulen vorbeistoßend, auf Radviliškis vorzugehen.[7]) Dazu beabsichtigte die Division, ihre Vorausabteilung über Gut Kiauriai, Boliakele auf Radviliškis anzusetzen und mit der Masse (Reihenfolge der Marschgruppen: IR. 3, 45, 24), in der Nacht vom 25./26. 6. antretend, über Tytuvenai und Siaulenai nachzufolgen.

Inzwischen ergab sich aber insofern eine Änderung der Lage, als das Gen. Kdo. I. AK. beim AKO 18 gegen diesen, von der Armee befohlenen Ansatz der Division Vorstellungen erhoben hatte. Das Korps, dessen linker Flügel (11. ID.) auch am 25. 6. von Teilen des XII. mech. Korps angegriffen und dadurch am zügigen Vorgehen gehindert wurde, befürchtete, durch Ansatz der 21. ID. auf Radviliškis in seiner Hauptangriffsrichtung, nämlich auf Schaulen, zu schwach zu sein. Es machte daher den Vorschlag, dem die Armee auch zustimmte, auf Radviliškis nur die Vorausabteilungen der 1. und 21. ID. sowie die Regimentsgruppe IR. 24 anzusetzen, während die Masse der 21. ID., westlich des Sumpfsees Terual, direkt auf Schaulen vorgehen sollte. Ganz gelangte auch dieser Plan nicht zur Ausführung, als die Vorausabteilung 1. ID. von ihrer Division nicht freigegeben werden konnte, da diese Division auch am Vormittag dieses Tages von sowjetischen Panzern angegriffen wurde. So blieb die 21. ID. in zwei Stoßkeile aufgespalten auf sich allein gestellt.[7a])

Von sowjetischer Seite ist bekannt, daß die 8. Armee zum Schutz ihrer linken Flanke die offenbar von der sowjetischen 11. Armee abgesplitterte 11.(mot.?) SD. heranzuziehen versucht hat. Dieselbe hat jedoch offensichtlich Schaulen nicht mehr rechtzeitig erreichen können. Wohl aber dürfte sie zumindest mit Teilen bis Radviliškis gekommen sein, denn die Voraus-Abt. der 21. ID. stieß am Nachmittag des 26. 6. südwestlich dieses Ortes auf einen in ausgebauten Stellungen befindlichen Gegner, der nicht sofort zu werfen war. Hingegen gelangten bei der linken Angriffskolonne vorgeworfene Kräfte (1. und 14./IR. 3, 2./Pi. 21) unter der Führung von Oberleutnant Schütze ohne größeren Widerstand bis an den Stadtrand von Schaulen und meldeten, daß sich im Südosten der Stadt ein noch im vollen Betrieb stehender Militärflugplatz befinde. Zwar gelang es dem Gegner noch, die recht bedeutenden Treibstoffvorräte in die Luft zu sprengen, 40 zum Teil noch flugbereite Maschinen mußte er aber in den Händen der Angreifer zurücklassen.

Das bei Beginn des Kampfes gerade rastende IR. 3 wurde von seinem Kommandeur alarmiert, beschleunigt vorgeführt und aus dem Marsch heraus mit I. und III. Bataillon gegen die Stadt selbst angesetzt, die bis zum Anbruch des Abends von einem zwar überraschten, sich aber umso hartnäckiger wehrenden Gegner gesäubert werden konnte. Die Nacht brachte dann für die in der Stadt eingesetzten Kompanien noch manche Krise, da der nach Osten und Norden sich absetzende Gegner, vor allem der vor der ebenfalls im Anmarsch auf Schaulen befindlichen 1. ID. zurückgehende

Feind, im Laufe der Nacht immer wieder auf die deutschen Sperriegel auflief und sie in verzweifelten Angriffen zu durchbrechen suchte. Allein das Regiment hielt stand und konnte am folgenden Tag die Stadt mit einer nicht unerheblichen Beute an Verpflegung und Material der von Westen her einrückenden ostpreußischen 1. ID. übergeben.

Mit der Einnahme von Schaulen war der linke Flügel der sowjetischen 8. Armee aus den Angeln gehoben. Gleichzeitig wurde aber auch ihre rechte Flanke bei Mazeikiai durch das XXVI. AK. (61. Inf.Division) bedroht, und was die Lage der Armee noch wesentlich verschärfte: auch die Verbindung zur 11. Armee war abgerissen. An jenem 26. Juni, am gleichen Tag als Schaulen gefallen war, hatten die Spitzen des LVI. Panzerkorps Dünaburg erreicht und die Brücke über die Düna unversehrt in die Hand genommen. Die sowjetische Nordwestfront war damit in zwei Teile zerrissen und außerdem die Verteidigungslinie an der Düna an einer sehr wesentlichen Stelle durchbrochen. Die russische 8. Armee faßte daraufhin den Entschluß, mit den Trümmern ihrer Verbände nach Norden auszuweichen und am 27. 6. eine Zwischenstellung in der Linie Autz — Vaskai zu beziehen.[8]) Das bedeutete im kleinen Rahmen, daß vor der 21. Division bis zur Düna keine kampfkräftigen Feindverbände mehr standen.

Im Großen gesehen ergab sich damit für die 18. Armee aber die Notwendigkeit, mit ihren Infanteriedivisionen möglichst rasch hinter den weit vorgestoßenen Panzerdivisionen gegen die Düna hin aufzuschließen und andererseits vor allem das Loch, durch das noch immer die Masse der Feindverbände vor ihrer Front abfließen konnte, nämlich den Dünaübergang bei Riga, zu sperren.

Zu diesem Zweck hatte das AOK. 18 am 27. 6. den Vorstoß zusammengefaßter beweglicher Kräfte des I. AK. unter dem Befehl des Oberst Lasch auf Riga befohlen.[9]) Die 21. ID. stellte hierzu die Aufkl. Abt. 21 (Stab, 2 Radf. Schwadronen, 1 schw. Schwadron), die Radf. Kompanien IR. 3 und 45, die 2./Pz. Jg. Abt. 21, 1/3 1./Pi. 21 und die ihr bisher zugewiesene 3. Battr. St. Gesch. Abt. 185 an das Vorausregiment Lasch ab.

Da die Voraus-Abt. 21 bis zum 27. 6. abends in die Kämpfe südwestlich Radviliškis verwickelt war, konnte sie erst am 28. 6. dem inzwischen bereits angetretenen Voraus-Rgt. Lasch nachgeführt werden. Sie bildete zusammen mit der Voraus-Abteilung der 1. ID., unter dem Befehl des Obstlt. Matussik (IR. 45), eine Marschgruppe des Vorausregiments, die bei auftretendem Widerstand ostwärts ausholen sollte. Bis zum 29. Juni, 3 Uhr morgens, hatten sich die Vorausabteilungen etwa 5 km südlich Bausk versammelt und traten um 5.00 Uhr auf Riga an. Voraus die Sturmgeschütze, dahinter die Radfahrer, die — um das Tempo mithalten zu können — an langen Seilen mitgeschleppt wurden, die man an den Kraftfahrzeugen angehängt hatte. „Gegen 10.30 Uhr", so schildert der damalige Chef der 15./IR. 3, Oberleutnant Ritgen das Folgende, „gibt es im Walde bei Kekau, ca. 20 km vor Riga einen kurzen Stop. Die Verbände und Einheiten, durch das rasche Tempo etwas auseinandergekommen, schließen auf und ordnen sich für den Angriff und Sprung auf Riga ... Während die Truppe noch hält, gibt es plötzlich einen für die ganze Situation kennzeichnenden Zwischenfall. Aus dem Walde ist Motorengeräusch zu hören, und ehe wir überhaupt gewahr werden, was los ist, biegen aus einer Schneise drei geschlossene Personenwagen auf unsere Vormarschstraße. Rufe und Zurufe, Waffen werden in Anschlag gebracht, Aufregung hin und her, und schon ist das Rätsel gelöst. Ein russischer Korpsstab war ahnungslos in unsere Marschkolonne geraten und sah sich im Nu von unseren Soldaten umringt. Widerstand und Flucht waren unmöglich. So billig haben wir später nie wieder russische Generale gefangen – sie werden mit ihren Fahrzeugen in unsere Marschkolonne mit eingegliedert und müssen den Sprung auf Riga unter Bewachung mitmachen . . ."[10] Wer hier gefangen wurde, ahnte damals niemand von der Vorausabteilung. Heute ist es ziemlich klar: GM. Šestopalow, Kommandierender General des XII. mech. Korps, mit seinem engeren Stab.[11]

Gegen 12.00 Uhr erreichte die Kampfgruppe den Westteil von Riga, wo bereits seit etwa einer Stunde deutsche Kräfte im Kampf standen. Es gelang, 5 Sturmgeschütze (3./185), 3 Fla-Geschütze und einige Gruppen Infanterie und Pioniere über die noch intakte Eisenbahnbrücke auf das Ostufer der Düna zu werfen. Dem folgte allerdings sofort die Sprengung der Brücke durch den Gegner, der im Laufe des Tages die vorgeprellten Kräfte fast vollkommen aufrieb. Indes hatte er damit zugleich seinen aus Kurland abfließenden Kräften den letzten Rückzugsweg versperrt.

Der Vorausabteilung der 21. Div. kam nach der Einnahme des Südteils von Riga zunächst der Auftrag zu, zusammen mit dem unterstellten, im Lkw-Transport herangeführtem III./IR. 43 (1. ID.), von der Bausker Straße bis zur Düna im Westteil der Stadt einen Riegel nach Südwesten zu bilden.

Diesem Auftrag konnte allerdings nur bedingt entsprochen werden, da der von Westen auflaufende Gegner mit unerwarteter Verbissenheit und Hartnäckigkeit versuchte, sich durch die deutschen Sperren den Weg zum rettenden Ufer zu bahnen. Im schweren Ringen, Mann gegen Mann, konnte er abgewiesen werden, 3 eigene Pak fielen aus, 15 feindliche Panzer und Panzerspähwägen konnten zum Teil erst in den eigenen Linien vernichtet werden, zahlreiche mit Infanterie beladene Lkw wurden zusammengeschossen.

Ein um 19.00 Uhr erneut einsetzender feindlicher Durchbruchsversuch traf die stützpunktartig eingesetzte Voraus-Abt. 21 noch schärfer. Am Friedhof der Lutherkirche entstand eine gefährliche Lage angesichts der verzweifelten russischen Versuche, die deutschen Linien zu überrennen. Hier zeichnete sich Lt. Bahr von der 15./IR. 45 mit seinem Zug besonders aus. In der Nacht gelang es dann den verschiedenen Gruppen des Vorausregiments, untereinander Verbindung herzustellen, aber am folgenden Tag, dem 30. 6., setzten die feindlichen Durchbruchsversuche mit womöglich noch stärkerer Gewalt ein. Im Abschnitt der Voraus-Abt. 21 wurde am Morgen an der Straße von Schlock (westlich Riga) und abends an der Straße von Mitau (südwestlich Riga) her erbittert gerungen. Die Riegel aber hielten, nicht unwesentlichen Teilen der russischen 8. Armee (Reste 11. 10. 90.ID. u. Reste XII. mech. Korps) blieb der Rückzugsweg versperrt. Eine Sondermeldung des OKW. teilte dem deutschen Volk den Erfolg des Vorausregiments Lasch mit. Die daran beteiligten Teile der 21. ID. aber traten nach Erfüllung des Auftrags wieder zu ihrer Stammdivision zurück, wo sie allerdings erst am 6. 7. eintrafen.

Inzwischen war dieselbe, zwar ohne Feindberührung, aber im ständigen Kampf mit Hitze, Staub und den aufgemahlenen Sandwegen in ungemein ermüdenden Märschen hinter den Panzerdivisionen des XXXXI. Pz.-Korps gegen die Düna hin vorgerückt. Die Divisionen des Panzerkorps hatten hier im Raume Jakobstadt – Lievenhofen schon am 28. 6. Brückenköpfe über den Fluß vorgetrieben, diese später vereinigt und waren am 1. 7. aus demselben neuerlich nach Nordosten in allgemeiner Richtung Ostrow angetreten. Wenige Tage später, am 3. 7., überschritt die 21. ID. hinter der letzten Division des XXXXI. Pz.-Korps (269. ID.) die Kriegsbrücke bei Jakobstadt.

Auch jenseits dieser Flußbarriere galt für die Division wieder der Leitsatz aus der Vorschrift „Truppenführung": „Ein großer Teil der Kriegstätigkeit der Truppe besteht im Marschieren" (TF.I/268). In pausenlosen Märschen ging es durch das landschaftlich freundliche Lettland, vorbei an sauberen Bauernhöfen, auf knöcheltiefen Sandwegen und durch hindernisreiche Waldschneisen, immer weiter vorwärts. In 11 Tagen wurde Lettland in der allgemeinen Richtung Madona, Gulbene auf einem Marschweg von 350 km durchmessen und nach einer kurzen Überquerung von estnischem Gebiet am 11. Juli in der Nähe der „Dreiländerecke" (Lettland-Estland-Rußland) alt-russisches Gebiet betreten. Jede Besiedelung hörte hier plötzlich auf, weit, kahl und öd dehnte sich die russische Landschaft südlich des Peipussees. Die Dörfer waren verlassen, die Ortschaften überhaupt oft nur noch an den Bäumen und stehen gebliebenen Zäunen zu erkennen. Kaum daß irgendwo einmal etwas Bodenbewachsung Deckung gegen Feindeinsicht und Schutz vor der glühenden Julisonne bot. Allein am 9. Juli hatte die Division 200 Ausfälle infolge der Hitze.[11a] Am 14. überschritt die 21. ID. Seite an Seite mit ihrer ostpreußischen Schwester, der 11. ID., auf einer selbst gebauten 8-to-Brücke bei Šabanowa die Welikaja, nachdem man ihr tags zuvor einen kurzen Rasttag gegönnt hatte. Wohin würde es nun weitergehen? Nach Norden auf Pleskau zu, das bereits am 9. 7. vom XXXXI. Pz.-Korps genommen worden war, oder nach Osten, wo das LVI. Pz.-Korps über Porchow, Dno, Ssoltzy bis zum Mschaga-Abschnitt westlich des Ilmen-Sees vorgestoßen war? Fast fühlten sich die Männer der Division an den Frankreich-Feldzug erinnert, als sie damals auch bis zur Erschöpfung, hinter den vorauseilenden Panzerverbänden hatten nachhasten müssen. Jetzt schien es ähnlich zu sein. Es gab Batterien des AR. 21, die seit dem Antreten bis zum gegenwärtigen Zeitpunkt noch nicht einen einzigen Schuß abgegeben hatten. Und doch vollzog sich gerade in diesen Tagen eine erste entscheidende Wendung der Dinge: der Übergang der Division über die Welikaja bedeutete den Beginn eines neuen und nun wesentlich härteren Feldzugsabschnitts.

2. Vorstoß über die alte russische Reichsgrenze und Operationen südlich des Ilmensees

Der auslösende Anstoß für diesen neuen Abschnitt in der Geschichte des Rußlandfeldzuges der 21. Division war ein zunächst geringfügig erscheinender Anlaß. Just an jenem 14. Juli, als die Division die Welikaja überschritt, waren am Abend dieses Tages rund 150 km nordostwärts davon Spitzen des LVI. Pz. Korps, nämlich vorgeprellte Teile der 8. Pz. Division, zwischen Ssoltzy und dem Mschaga-Abschnitt auf starken Feind gestoßen, von dem sie am folgenden Tag praktisch eingekreist wurden. Ohne daß dadurch eine gefährliche Krise entstanden wäre, gelang es, die bedrohten Teile in guter Ordnung bis westlich Ssoltzy zurückzunehmen.[12])

Was sich solcherart zunächst nur als eine geringfügige Korrektur, als „eine Lage, wie sie im wechselvollen Kampf der schnellen Kräfte immer vorkommen wird",[13]) ausnahm, markierte indessen – im großen Zusammenhang gesehen – weit mehr. Es war eines unter mehreren Signalen für eine Zäsur im Feldzug der Heeresgruppe Nord.

Seit Monatsanfang, also seit dem Übergang der 21. Division über die Düna hatte sich die oberste sowjetische Führung nach den ersten betäubenden Schlägen wieder gefangen. Genau an diesem Tag hatte Stalin in seiner berühmt gewordenen Rundfunkansprache zum „Großen Vaterländischen Krieg" aufgerufen und damit an die Erinnerungen aus dem Jahre 1812 appelliert. Zugleich aber wurde auch die Kommandostruktur neu organisiert. Gen. Oberst Kusnezow war bereits am 30. 6. als Oberbefehlshaber der Nordwestfront zunächst einmal durch GM. Sobennikow ersetzt worden. Aber bereits am 10. Juli war die „Stawka", also das sowjetische Oberkommando, umgebildet worden. Marschall Woroschilow hatte den Befehl über eine neugebildete Heeresgruppe „Nordwest-Front" mit Hauptquartier in Nowgorod übernommen, der sowohl die Verbände des ehemaligen Baltischen wie auch des Leningrader Militärbezirks und außerdem die Seestreitkräfte in der Ostsee unterstanden. Das bedeutete, daß dieses neue Kommando über mehr Reserven verfügte und sie schneller einsetzen konnte. Sehr bald sollten daher auch neben der bisher bekannten 8., 27. und 11. Armee neue Armeestäbe in der Front auftauchen. Allerdings hing dies weitgehend mit einer organisatorischen Maßnahme zusammen. Mit Wirkung vom 15. Juli wurden die bisherigen mech. Korps als auch die Stäbe der Schützenkorps aufgelöst. An Stelle der letzteren traten, zunächst jedenfalls, 57 Armeestäbe, denen jeweils 5 bis 6 Divisionen unmittelbar unterstanden. Auch die bisherigen motorisierten Divisionen wurden in Schützendivisionen umgewandelt. Darüberhinaus warf nun der Gegner zunehmend seine „zweite Welle", also Großverbände, die aus irgendwelchen Gründen bisher nicht zum Einsatz gebracht werden konnten, in die Schlacht. Schon gegen den Dünabrückenkopf des LVI. Pz. Korps war das rote XXI. mech. Korps eingesetzt worden, das der sowjetischen 27. Armee aus dem Moskauer Militärbereich zugewiesen worden war. Es hatte freilich den Vorstoß der deutschen Panzer zunächst auch nicht aufhalten können. Ende Juni waren dann zur Verteidigung der sogenannten, im Bereich der Heeresgruppe Nord allerdings wohl kaum durchgehend ausgebauten „Stalin-Linie", aus der Hauptreserve des sowjetischen Nordwestabschnitts das I. mech. Korps und das XXXXI. und XXII. SK. in den Welikaja-Abschnitt zwischen Pleskau und Ostrow geworfen worden. Diese Verbände hatten den deutschen Vorstoß über die Welikaja und den Durchbruch auf Pleskau zwar auch nicht aufhalten können, aber ihr zäher Widerstand hatte an der Substanz der deutschen Stoßkeile gezehrt. „Die russische Truppe kämpft nach wie vor mit wilder Verbissenheit und ungeheuren menschlichen Opfern", notierte Gen. Oberst Halder am 15. Juli in sein Tagebuch.[14]) Das wurde auch vor der Panzergruppe 4 immer deutlicher. Das XXXXI. Pz. Korps kam gegen Luga immer langsamer voran und das LVI. Pz. Korps hatte am Mschaga jenen schon erwähnten, kleinen, aber charakteristischen Rückschlag erlitten. Die „schnelle Periode", in der die beiden Panzerkorps in 23 Tagen 750 beziehungsweise 675 km zurückgelegt hatten, war mit dem 14. Juli endgültig vorbei.[15]) Die russische Nordwestfront hatte zu diesem Zeitpunkt den Angriff der Panzergruppe zwar noch nicht stoppen, aber doch erheblich verlangsamen können. Die Stunde der Infanteriedivisionen war gekommen. Gerade aber im Hinblick auf diese ergab sich ein Problem.

Mit dem Überschreiten der Düna hatte sich der Angriffsstreifen der Heeresgruppe Nord praktisch verdoppelt, da ja auch Kräfte gegen die nach Estland ausgewichene sowjetische 8. Armee eingesetzt werden mußten. Vor allem Dorpat und der dort gelegene Flugplatz wurde in den nächsten Tagen ein wichtiges Angriffsziel der 18. Armee, zu dessen schnellem Gewinnen eine Vorausgruppe unter Führung des Arko 123, Generalmajor Burdach, angesetzt wurde. Zu ihr hatte die Division nach längerem Hin und Her wieder einmal die AA. 21 abzutreten, die nun rund anderthalb Wochen lang an den mitunter sogar krisenhaften Kämpfen um Dorpat teilnahm und dadurch fehlte, als die Division ihrerseits angriffsweise angesetzt werden sollte. Und dieser Augenblick nahte nun heran.

Während nämlich die 18. Armee in Estland kämpfte und ihren Schwerpunkt deutlich bei Pleskau erblickte, zwang eine stärkere feindliche Kräftegruppierung an der Naht zur Heeresgruppe Mitte die 16. Armee, ihren Schwerpunkt auf ihren rechten Flügel zu verlegen. So konnte es geschehen, daß zwischen dieser Armee und der Panzergruppe 4 eine Lücke von rund 50 km Breite entstand, hinter der nur noch die Divisionen des I. AK. im Anmarsch waren. In diese Lücke, genauer gegen den rechten Flügel des LVI. Pz. Korps und dessen tiefe Flanke, war die sowjetische 11. Armee (wohl im wesentlichen mit I. mech. Korps, XXII., XXIV. und XXXXI. SK.) am 14. Juli, angeblich unterstützt von 235 Flugzeugen[16]), zum Gegenangriff angetreten und hatte den schon erwähnten Rückschlag beim LVI. Pz. Korps herbeigeführt. Eine erste Mahnung, daß den vorhandenen Kräften gewisse Grenzen gesetzt waren. Sie wurde deutscherseits noch nicht sehr ernst genommen, aber die 21. Division sollte die veränderte Lage in Kürze zu spüren bekommen.

In Anbetracht der Lage beim LVI. Pz. Korps entschloß sich die Heeresgruppe Nord auf Bitte der Panzergruppe 4, das I. AK. (11. und 21. ID.) nicht wie ursprünglich geplant auf Pleskau, sondern gegen Porchow vorzuführen, um, von dort aus nach Osten angreifend, die Flankenbedrohung des LVI. Pz. Korps auszuschalten. Zu diesem Zweck erhielt die Division den Befehl, mit vorausgeworfenen Kräften, die noch durch solche der 11. ID. und des I. AK. verstärkt wurden, schnellstens mit einem im Brückenkopf Porchow stehenden Regiment der SS-Totenkopf-Division, dem am weitesten rückwärtigen Verband des tief im Feind stehenden LVI. Pz. Korps, Verbindung aufzunehmen.[17]) Da zeigte sich bereits, daß man sich am freien rechten Flügel befand, denn die unter dem Befehl von Major Macholz stehenden Vorauskräfte erreichten, durch feindliche Widerstandsnester und Sperren behindert, am 15. 7. zunächst nur den Raum von Solotuzhina, und erst am folgenden Tag gelang es, die bisherige

Brückenkopf-Besatzung in Porchow abzulösen. In immer größerem Maße tat Eile not, denn der Angriff der sowjetischen 11. Armee richtete sich ganz offenbar auch gegen Porchow selbst. In den Wäldern ostwärts der Stadt hatte die Aufklärung stärkere Feindbesetzung mit etwa 8 Batterien festgestellt. So warf denn die Division, die am 16. 7. mit der Masse ihrer Kräfte den Raum von Samosje erreicht hatte, noch am Nachmittag – mangels ihrer Aufklärungsabteilung – zwei behelfsmäßig verlastete Bataillone des IR. 24 in den Brückenkopf. Zur gleichen Zeit war ein Korps-Befehl eingegangen, wonach die Division als Schwerpunkt-Division am rechten offenen Korpsflügel mit der Masse südlich des Selgal, links angelehnt an die 11. ID. von Porchow aus bis zur Bahnlinie Dno, Newel vorstoßen sollte.

In den frühen Morgenstunden des 17. 7. wurden die Regimenter der Division auf einer Straße gegen Porchow vorgeführt. Von dort aus sollte das IR. 45 rechts, das IR. 24 links in der befohlenen Richtung angreifen, während das IR. 3 zur Verfügung der Division zu verbleiben hatte. Aber der Gegner machte einen Strich durch diese Rechnung, indem das den Schelonj beiderseits Porchow verteidigende XXII. SK. (Gef. Stand: Dno, zugeteilt: 180., 182., 183. SD.) mit einem Teil seiner Kräfte, wohl im wesentlichen mit der 182. SD., Porchow von Süden her umfaßte und mit etwa zwei Regimentern gegen Flügel und Flanke der 21. Division vorging, beziehungsweise vorzugehen versuchte.

Als in den Morgenstunden dieses Tages die Quartiermacher der letzten Marschgruppe der Division, des IR. 3, von der Vormarschstraße weg, einige 100 Meter nach Süden abbogen, um im Raume von Kamenka, 4 km südwestlich Porchow, die Quartiere zu erkunden, stießen sie hier auf Feind. Die mangelnde Initiative des Gegners (182. SD.) hatte es verhindert, daß er gegen die an ihm ahnungslos vorbeimarschierende Division aktiv werden konnte. Nun wurde das IR. 3 aus dem Marsch heraus entwickelt und trug den Angriff ohne allzu großen Feindwiderstand gegen Südosten vor.

In den Mittagstunden griff aber der Gegner, nur diesmal energischer, mit der 180. SD. auch noch von Süden her gegen Porchow an und zwang dadurch die 21. ID., ihr für den eigenen Angriff nach Osten vorgesehenes rechtes Flügelregiment (IR. 45) zunächst nach Süden zum Schutz der Flanke einzusetzen. Im Angriff wird das Höhengelände von Trebecha in Besitz genommen und bis zum Abend der die Korps-Flanke bedrohende Gegner weiter nach Süden zurückgeworfen.

Waren diese verschiedenen Einzelaktionen auch alle durchaus erfolgreich verlaufen, so schienen sie doch geeignet, die Division von ihrem eigentlichen Auftrag – Vorstoß über Porchow nach Osten – abzuhalten. Aus diesem Grund ließ auch das Divisionskommando den Angriff des IR. 3 anhalten und diese Regimentsgruppe wieder einraffen, um sie in der Nacht vom 17./18. 7. über Porchow auf das jenseitige Ufer des Schelonj vorzuführen, wo sie – wenn auch verspätet und gestaffelt – sich dem inzwischen begonnenen Angriff des IR. 24 anschloß.

Dieses Regiment hatte am Nachmittag des 18. 7. im Süden von Dno bei Beloškino einen, bis dahin anscheinend noch in vollem Betrieb befindlichen

Feldflugplatz genommen. Zwei Flugzeuge vermochten noch im letzten Augenblick zu starten, 15 unversehrte Maschinen fielen jedoch dem I. Bataillon in die Hände.[18]) Dann aber kam der Angriff 3 km vor der Stadt, die bisher Gefechtsstand des XII. SK. gewesen war, gegenüber zähem Feindwiderstand zum Stehen. Angeblich war es das sowjetische Korps-Nachrichten-Bataillon 415, das hier hinhaltenden Widerstand leistete.[19]) Unter den Gefallenen, die die Division dabei zu beklagen hatte, befand sich auch der Führer der 5./IR. 24, Oblt. von Oldenburg. Gegen Abend schob sich das IR. 3 links neben das IR. 24, während das IR. 45, das inzwischen in seiner Sicherungsstellung südlich Porchow durch die Korpsreserve (IR. 2 der 11. ID) abgelöst und nachgezogen worden war, noch immer knapp 10 km südwestlich zurückhing. In diese Lücke hatte der Gegner (XII. SK.) bereits in den Mittagsstunden hineinzustoßen versucht, war aber im zusammengefaßten Feuer der II./AR. 37 und von Teilen der schweren Artillerie der SS-Totenkopf-Division gescheitert.

Auf den ersten Blick war die Abschlußlage der Division am 18. 7. dennoch nicht allzu rosig. Weit auseinandergezogen befand sie sich, ohne jeglichen Flankenschutz, mehr oder minder allein im Raum. Links stand die 11. Division etwa 10 km weiter westlich, und nach rechts gab es ja das bekannte „Loch" zum X. Korps. Allerdings zeigt eine nachträgliche Beurteilung der Lage, daß der Gegner (11. Armee) zu diesem Zeitpunkt in diesem Abschnitt auch keine Kräfte mehr zur Verfügung hatte, um diese für ihn günstige Lage auszunützen. Vor der Front der 21. Division scheint nach der Einnahme von Dno nur noch die doch eher abgekämpfte 180. SD. des XII. SK. gestanden zu haben und zwar mit dem offenkundigen Auftrag, hinhaltend kämpfend ein Vorgehen der 21. Division nach Osten möglichst zu verhindern. Dazu bot das kusselige, teils auch sumpfige und nur von Feldwegen durchzogene Gelände, über das die vorhandenen Karten auch noch völlig unzureichend Auskunft gaben, gute Möglichkeiten.

So brachten denn die folgenden Tage ganz besondere Anstrengungen. Immer gefechtsbereit durch das unübersichtliche Gelände vordringend, da und dort kurz auflebenden Feindwiderstand niederkämpfend, erreichte die Division, in zwei etwa 7 km voneinander getrennten Kolonnen vorgehend, in der Nacht vom 19./20. 7. die Gegend etwa 6 km vor Bahnhof Morina. Ohne Rücksicht auf die erhebliche Ermüdung der Truppe setzte die Division den Angriff nach kurzer Pause weiter fort und nahm mit der Vorausabteilung Macholz (Kdr. PzJg. Abt. 21) im schmalen Durchstoß in den Mittagsstunden des 20. 7. den Bahnhof. Das nachfolgende IR. 45 hatte aber nochmals Feindwiderstand zu überwinden, bis es die Gegend um den Bahnhof erreichen konnte.

Ein inzwischen eingetroffener Korpsbefehl[20]) wies die Division an, nunmehr nach Norden in Richtung auf den Schelonj einzuschwenken. Dem Rechnung tragend, wurde das IR. 3, das bisher hinter dem IR. 24 marschiert war und gegen 17.00 Uhr Apraksina erreicht hatte, unverzüglich in diese Richtung abgedreht. Nach einem Tagesmarsch von 30 km, bei dem hinter Apraksina nochmals geringerer Widerstand ausgeschaltet werden mußte, erreichten die Spitzen des Regiments (II./3) gegen 23.00 Uhr den Raum von Dolgaja, etwa 14 km vom Schelonj entfernt und gingen dort, inmitten eines nach Norden ausweichenden Gegners, zu einem gesicherten Halt über.

Mehr war es auch nicht, denn bereits in den frühen Morgenstunden des 21. 7. trat das Regiment erneut an, warf feindliche Nachhuten von Nowosselje auf Wybeti zurück, stellte aber nach Einnahme des letztgenannten Dorfes den Vorstoß zunächst ein, offenbar um das Herankommen des IR. 45 abzuwarten. Dieses Regiment marschierte in einem Zug aus dem Raum Bahnhof Morina, wo die bisherige Vorausabteilung zunächst als Nachhut stehen geblieben war, bis an den Schelonj bei Sswinord vor. Noch am Nachmittag traf die Division Vorbereitungen, um am nächsten Morgen bei erstem Büchsenlicht handstreichartig den Fluß zu überschreiten. Das IR. 24 mit unterstellter II./AR. 21 war als Divisionsreserve am Nachmittag des 21. 7. bis Nowosselje nachgezogen worden und erreichte gegen Mitternacht den Raum Wybeti – Ugoschtschi. Aufklärung, die am späten Nachmittag von hier aus nach Osten angesetzt wurde, fand bis auf 5 km keinen Feind. – Noch nicht! Denn das sollte sich nun sehr schnell ändern.

Nach dem gescheiterten und offenbar auch verlustreichen Versuch des roten XII. SK., das I. AK. bei Porchow in der Flanke zu fassen, erschien dem Gegner nun die Gelegenheit zu einem zweiten Ansatz mit neu herangeführten Kräften günstig. Schon vor mehreren Tagen waren Transportbewegungen von Osten in den Raum von Staraja Russa festgestellt worden. Nun standen mindestens zwei Schützendivisionen (70. und 83.),[21]) möglicherweise aber auch noch ein mech. Verband zum Angriff bereit.

Vorerst war allerdings noch die 21. Division am Zug. Im Morgengrauen des 22. 7., um 2.50 Uhr, fast auf die Stunde genau ein Monat nach Feldzugsbeginn, setzten die ersten Schlauchboote des IR. 45 bei Sswinord über den Schelonj. Nur mit Hilfe leichter Übersetzmittel und einer gefundenen, wenn auch nicht sehr leistungsfähigen Fähre, gingen die Regimenter 45 und 3 zunächst ohne Fahrzeuge über den Fluß, voran die Regimentspioniere des IR. 45 unter Lt. Herzberg. Ohne wesentlichen Feindwiderstand wurde vorerst zwischen Welebizy und Musszy ein zusammenhängender Brückenkopf gebildet, aus dem heraus die vorderste Kompanie des IR. 45 sofort durch das außerordentlich unübersichtliche und kartenmäßig nur unzureichend erfaßte „Kusselgelände" gegen den in der Tiefe des Abschnitts liegenden Ort Michalkina vorstieß und dort aus dem noch ahnungslos vorbeirollenden russischen Nachschub 12 LKW mit Verpflegung und Munition zusammenschoß. Nach diesem Raid wurde die Kompanie wiederum in den Brückenkopf zurückgenommen, gegen den im Abschnitt des IR. 45 am Nachmittag der Gegner mit Infanterie und Panzern auf Skirina angriff. Unter Abschuß von 4 Panzern konnte dieser Versuch, den Brückenkopf einzudrücken, abgewiesen werden.

Das hinter dem IR. 45 übergesetzte IR. 3, das den Westteil des Brückenkopfes einnahm, kam bei einem seinerseits gegen Michalkina geführten Vorstoß nicht mehr bis an den Ort heran, da der Gegner nun offensichtlich auf der Hut war. Um die Verbindung zu der aus Richtung Ssoltzy erwarteten 11. ID. herzustellen, setzte IR. 3 das III. Batl. in Richtung Musszy an, und um 21.45 Uhr gelang es dann auch, am Nordufer des Schelonj die Verbindung mit dem ebenfalls übergesetzten linken Nachbarn herzustellen. Vom rechten Nachbarn, dem X. AK. war hingegen noch nichts zu sehen. Dafür begann die Lage auf diesem Flügel ernst zu werden.

Das IR. 24, dem um 3.45 Uhr befohlen worden war, eine Sicherung gegen Osten hin aufzubauen, hatte bald darauf schon hart nördlich Wybeti Feindberührung, wobei auch Artillerie und Panzer in Erscheinung traten. Gegen zunehmenden Feinddruck gelang es zwar um Wybeti und nordostwärts davon eine Abwehrfront aufzubauen. Weitere Aufklärung nach Osten war jedoch nicht mehr möglich. Die Gegend um Danilowa war allerdings noch feindfrei. Dorthin wurde das III./24 verschoben. Eine von dort angesetzte kampfkräftige Aufklärung vernichtete einen Panzer und 3 LKW und brachte auch einige Gefangene ein.

Am Abend des 22. 7. stellte sich die Lage der Division wie folgt dar: IR. 3 und IR. 45 hatten nördlich des Schelonj einen etwa 4 km tiefen Brückenkopf gebildet, rechter Flügel bei Skirina, linker Flügel bei Jegelnjik. Die verstärkte PzJg. Abt. 21 sicherte bei Nowosselje nach Osten und Süden, die AA. 21, der Div. wieder unterstellt, stand als Nachhut der Division bei Ssoltzy.

Der 23. 7. brachte eine ernste Verschärfung der Lage. Nördlich des Schelonj ließ die Division auftragsgemäß die Regimenter 45 und 3 in − wenn auch sehr loser − Verbindung mit der 11. ID., mit dem Drehpunkt Skirina, nach Osten gegen den Mschaga-Abschnitt einschwenken, während südlich des Flusses die Initiative nun zusehends an den Feind überging.

Bereits um 8.00 Uhr früh mußte die AA. 21, vom Feinde hart bedrängt, auf den Südrand des Waldes 3 km westlich Ugoschtschi ausweichen, nachdem sie vergeblich versucht hatte, Nowosselje zu halten. Aufklärungsflieger meldeten lange Kolonnen aller Waffen im Anmarsch von Süden, deren Spitzen um 13.15 Uhr bei Bereshok, etwa 5 km süd-südostwärts von Wybeti, festgestellt wurden. Auf diese Meldung hin zog das IR. 24, unter Schwächung seiner Front bei Danilowo, wo das III./IR. 24 verblieb, das I. Batl. heraus und setzte es westlich des II. Batl., das Wybeti zu halten hatte, bei Ugoschtschi ein. Nicht um eine Minute zu früh, denn kaum war die Umgliederung, etwa um 18.00 Uhr, durchgeführt, als der Gegner mit erheblichen Kräften und unter starker Artillerieunterstützung angriff. Es gelang, ihn bei Nowosselje und 1 km südlich Wybeti abzuweisen. Auch das III./IR. 24 konnte sich in einem erbitterten Waldgefecht eines Angriffs erwehren.

Trotzdem zeigte die Entwicklung den sich immer mehr verschärfenden Ernst der Lage. Einzeichnungen in Beutekarten und Gefangenenaussagen bezeugten eindringlich, was an sich bereits klar war, daß es sich nämlich hier nicht nur um harmlose Gegenstöße schnell zusammengeraffter Feindkräfte handelte, sondern um einen durchaus planmäßig geführten Gegenangriff gegen die rechte Flanke des I. AK. Von einem Nachziehen der restlichen Teile der 21. ID. auf das Nordufer des Schelonj konnte daher keine Rede mehr sein, vielmehr befahl das I. AK. die Abwehr auf dem Südufer als vordringlichste Aufgabe.

Bereits tagsüber hatten Teile der gegen das Nordufer eingesetzten Divisions-Artillerie ihre Rohre um 180 Grad nach Süden geschwenkt. Noch am Abend führte die Division dem sich bildenden südlichen „Brückenkopf" das III./IR. 45 zu, von dem sogleich eine Kompanie zwischen dem II. und III./IR. 24 eingesetzt wurde, während die Masse des Bataillons als Reserve in der Hand des Kommandeurs IR. 24 bei Schtschapkowa verblieb.

Unter dessen Befehl wurde nun die „Gruppe Süd" gebildet. Ihr unterstand außer den Bataillonen des IR. 24 und dem III./IR. 45 die neugebildete „Gruppe Macholz" (Kdr. Pz. Jg. Abt. 21) mit Stab und 1./Pz. Jg. Abt. 21, den 15. (Radf.) Kompanien von IR. 24 und 45, der 3. (mot)/Pi. 21, 1 sMG-Zug I./24, 1 le. IG-Zug 13./24 und 1 Zug 2./Fla. Batl. 272 (2 cm). Ferner wurden der „Gruppe Süd" ein Halbzug 3./Fla. Batl. 604 und die Fahrkolonne 8/21 unterstellt.

Über die übrigen, südlich des Schelonj befindlichen Truppenteile behielt sich die Division den unmittelbaren Befehl selbst vor. Es waren dies die von der „Gruppe Macholz" am Waldrand westlich Ugoschtschi abgelöste AA. 21, die in der Nacht vom 23./24. 7. bei Ilowenka sammelte, ferner das ebenfalls dort befindliche Feld-Ers. Batl. 21, die 2./Pi. 21 bei Sswinord und das nördlich des III./IR. 24 eingesetzte Pi. Batl. 676.

Unter dem Befehl des Kommandeurs AR. 21 wurde aus II./AR. 21, I./AR. 57 und II./AR. 37 die „Artilleriegruppe Fischer" gebildet und auf Zusammenarbeit mit dem IR. 24 angewiesen.

Nördlich des Schelonj war der Tag ruhig verlaufen, wenn man vom Bau einer Kriegsbrücke bei Sswinord absieht, über die am 24. 7. die Batterien der I./AR. 21 hinter das weiter vorgehende IR. 3 nachgezogen werden sollten. Aber da lag auch nicht der Schwerpunkt. Gespannt blickten vielmehr Freund und Feind nach Süden, wo in der allernächsten Zeit die Entscheidung darüber fallen mußte, ob es dem gegen die 21. ID. vorgehenden Gegner gelingen würde, die tiefe Flanke des I. AK. noch vor Eintreffen der von Süden heranmarschierenden Divisionen des X. Korps (126., 30., 290. ID.) einzudrücken oder nicht.

Die rechte, vordere Flügeldivision des X. Korps hatte an jenem 23. 7. den Schelonj bei Dedowizy, 30 km südlich Dno, überschritten.[22]) Die 126. ID. hatte an diesem Tag Porchow von Süden her erreicht.[23]) Rasch vorausgeworfene Kräfte beider Divisionen waren noch am selben Tag bei Pogost Michailowskij (20 km ostwärts und rund 30 km von den südlichsten Postierungen der 21. ID. entfernt) gegenüber stärkerem Feind ins Gefecht getreten, der hier offensichtlich eine Riegelstellung zum Flankenschutz seines gegen das I. AK. (21. ID.) angreifenden Stoßkeils errichtet hatte. Diese aufzubrechen, bedurfte es aber des Aufschließens beider Infanteriedivisionen,[24]) was nicht vor dem 25. 7. zu erwarten war. Der Widerstandskraft der „Gruppe Süd" der 21. ID. kam daher für den 24. 7. und die folgenden Tage eine entscheidende Bedeutung zu.

Bereits am Morgen des 24. 7. meldete die Luftaufklärung neuerlich mehrere feindliche Kolonnen im Anmarsch auf die Gegend westlich des Waldes von Ugoschtschi und ließ dadurch die Absicht des Gegners erkennen, nach Westen ausholend die „Gruppe Süd" zu umfassen. Daraufhin wurde aus der Divisions-Reserve (AA. 21, 1. Kp. Feldersatz-Btl. 21 und je 2 Kompanien der Bau-Btl. 124 und 257, sowie der 2./PzJg. Abt. 21 und 2./Pi. 21) unter dem Befehl des Kommandeurs der AA. 21 die „Gruppe von Glasow" gebildet, der „Gruppe Süd" unterstellt und in der Linie Samostje – Borki eingesetzt.

Noch bevor diese Umgruppierung beendet war, griff der Gegner bereits zu wiederholten Malen von Süden her gegen die „Gruppe Macholz" an. Beim dritten Anlauf, der von starker Artillerie unterstützt wurde, geriet dieselbe in eine derart schwierige Lage, daß sie auf Befehl des Kommandeurs IR. 24 auf den Waldrand 3 km westlich Ugoschtschi zurückgenommen werden mußte. Das eher schwierige Absetzen von dem auf nahe Entfernung vorgedrungenen Feind gelang dank der kraftvollen Abschirmung durch die „Artillerie-Gruppe Fischer". Das II./IR. 24 konnte alle, selbst mit Panzer-Unterstützung geführten Angriffe allein abwehren, während der Feind gegen das III./IR. 24 bei Danilowo nur mit Spähtrupps vorfühlte.

Es ist durchaus möglich, das Geschehen an der Südflanke der 21. Division auch in einem größeren Zusammenhang zu sehen. Wahrscheinlich war es kein Zufall, daß am Abend des 24. Juli, als die Division sich der Angriffe im Süden mit Mühe erwehrte, der Feind auch den Gefechtsstand der 11. ID. bei Pup überfiel und für kurze Zeit die Gefahr bestand, daß er bis in den Troßraum dieser Division, also bis Ssoltzy durchstoßen könnte. Die Kämpfe gegen diesen nördlichen „Zangenarm" bei der 11. ID., also dem Nachbarn der 21. Division, sollten auch noch am 25. Juli andauern. Erst dann beruhigte sich die Lage in diesem Frontsektor wieder.

Dazu mag allerdings beigetragen haben, daß – von dem Geschehen am Südufer des Schelonj unbeeinflußt – die 21. ID. nördlich des Flusses am 24. Juli ihrerseits zur Ausweitung des Brückenkopfes angetreten war und zwar mit IR. 45 rechts und IR. 3 links in nördlicher Richtung. Erst vor Michalkina, das ja schon einmal Ziel eines Raid gewesen war, stieß das I./IR. 3 auf neuen Feind, der sich in der Verteidigung des unübersichtlichen, auwaldartigen Geländes als sehr zäh, im Angriff jedoch nicht als besonders initiativ erwies. Im Zusammenwirken der panzerbrechenden Waffen der Infanterie und eines vorgeschobenen Geschützes der 1./AR. 21 gelang es mit Feuerschlägen der I./AR. 21, zwölf leichte feindliche Panzer zu vernichten, ohne jedoch den zäh verteidigten Ort zunächst nehmen zu können. Erst als er in Brand geschossen worden war, gab der Feind während der Nacht vom 24./25. 7. auf. Im ganzen genommen war der Tag also positiv verlaufen. Die rittlings des Flusses nach zwei Seiten fechtende Division hatte nördlich desselben sogar weiter Boden gewonnen und im Süden stand die verstärkte Regimentsgruppe IR. 24 nach hartem, aber erfolgreichem Kampf unerschüttert, wenn auch auf einer Frontbreite von 24 km auseinandergezogen, hinter der nur noch recht spärliche Reserven (III./IR. 45 ohne 9. Kp. bei Schtschapkowa-Süd, 9./IR. 45, verstärkt durch je eine sMG.- und eine GrW.-Gruppe, auf LKW verlastet als „Feuerwehr" und ein Zug 2./Pz. Jg. Abt. 21) standen. Das war also nicht sehr viel und was der nächste Tag bringen würde, war in Anbetracht der Gesamtlage nicht zweifelhaft.

Die Divisionen des X. Korps hatten zwar auch am 24. 7. gute Fortschritte gemacht. Die 30. ID. kämpfte bei Rwy (10 km südostwärts Bahnhof Morina), während die 126. ID. noch im Aufschließen auf ihre Vorausabteilung im Raum Kriwucha (3 km südwestlich Bahnhof Morina) begriffen war.[25]) Die Lücke zwischen dem X. und dem I. Korps hatte sich also auf rund 20 km verengt, und wenn der Gegner noch gegen letzteres zu einem Erfolg kommen wollte, so mußte dies am 25. 7. geschehen.

Daß der Feind die Lage ähnlich beurteilte, bewies er durch sein Verhalten. Am Nachmittag und am Abend dieses Tages griff zum ersten Mal seine Luftwaffe in den Kampf ein. In mehreren Anflügen, deren letzter um 22.30 Uhr erfolgte, warf er Bomben, teils schwersten Kalibers, auf die Brückenstelle bei Sswinord, auf die Stellungen des III./IR. 45 und die Trosse im Bachgrund der Kolaschka, die auch von Jägern mit Bordwaffen angegriffen wurden. Das war wahrscheinlich als Vorbereitung gedacht. Jedenfalls griff der Feind am Morgen des 25. 7. auf der ganzen Front des „Südsackes" an. Es war kein Zweifel: er suchte die Entscheidung.

Besonders bedrohlich entwickelte sich die Lage bei der „Gruppe von Glasow". Hier standen die vorhin erwähnten beiden Bau-Kompanien, nur mit holländischen Gewehren bewaffnet, und hier brach der Feind auch ein. Die „Gruppe Macholz" schien im Rücken bedroht. Die verstärkte 9./IR. 45 wurde zum Gegenstoß angesetzt, die herangeholte 10./IR. 45 machte bei Ilowenka Front nach Westen, die Stabskompanie IR. 24 ebendort Front nach Südwesten, um durchgebrochenen Feind abzufangen. Zudem wurde in dieser kritischen Lage die Artillerie-Munition knapp. Die Artillerie-Gruppe Fischer konnte nur in dringendsten Fällen eingreifen.

Immer stärker griff der Gegner an, so beim III./IR. 24, bei der auf Kamenka zurückgenommenen „Gruppe Glasow" und beim I./IR. 24, wo der Angriff erst in der HKL. gestoppt werden konnte. Nach einem kurzen Abklingen der Kämpfe trat der Feind am Nachmittag um 16.00 Uhr neuerlich an mehreren Stellen zum Sturm an. Ein stärkerer Angriff zwang das Pi. Batl. 676, seinen linken Flügel zurückzunehmen. 8,8 cm Flak, die von der Brückenstelle bei Sswinord direkt in den Erdkampf eingriff, konnte die Lage stabilisieren. Auch das II./IR. 24 konnte sich nur mühsam gegen einen schweren Angriff mit Panzer- und Artillerieunterstützung aus Südosten und Osten halten. Selbst in den Abendstunden und in der folgenden Nacht hielten die feindlichen Vorstöße an.

Immerhin gewährte die Dunkelheit der „Gruppe Süd" eine so große Atempause, daß sie während der Nacht 25./26. 7. ihre Verbände ordnen, die Artillerie frisch munitionieren und die Verbindungen wiederherstellen konnte. Zudem war nun auch der „Entsatz" durch die 126. ID. in greifbare Nähe gerückt. In den späten Nachmittagsstunden des 25. 7. war es einem Spähtrupp der AA. 21 gelungen, mit dem vordersten Regiment der 126. Division, dem IR. 426, Verbindung aufzunehmen. Das Spitzenbataillon dieses Regiments hatte nach Abwehr eines russischen Panzerangriffs sich nordostwärts Grebja eingegraben, um am folgenden Tag auf Nowosselje anzugreifen. Das Ende der Krise schien nahe, aber noch war sie nicht ganz überwunden.

In der Nacht vom 25./26. 7. war ein Offizier lettischer Abkunft übergelaufen und gab an, daß am kommenden Morgen die mot. Schützen-Regimenter 21, 24 und 86 von Süden noch einmal angreifen würden, um unbedingt die Brückenstelle bei Sswinord zu gewinnen. Noch in der Nacht angesetzte Aufklärung stellte lebhafte Bewegung und Geräusche im Raum nördlich Nowosselje fest.

Tatsächlich brach der Sturm um die angegebene Zeit gegen das I. und II./IR. 24 los, konnte aber abgewiesen werden. Gleichzeitig warf jedoch ein wuchtiger Angriff den rechten Flügel des Pi. Batl. 676 bis zum Friedhof von Sswinord zurück. Außerdem setzte der Gegner im Rücken des nördlich des Schelonj nach Osten vorgehenden IR. 45 bei Skirina in unbekannter Stärke über den Fluß. Die Brückenstelle und damit die Verbindung der beiderseits des Flusses eingesetzten Divisionsteile war dadurch in unmittelbarer Gefahr. Nun konnte nur noch rasches Handeln helfen.

Einen schnell gebildeten Verband (Radfahrzug IR. 45, eine Kompanie Polizeiregiment 65 und 1 Flak-Zug) warf die Division dem bei Skirina übergesetzten Feind entgegen. Der Kommandant der Brücke bei Sswinord bildete aus den dort eingesetzten Pionieren eine Nahverteidigung und bereitete das Ausfahren der Brücke vor. Radfahr- und Pionier-Zug IR. 24 wurden zum Gegenstoß angesetzt. Dahinter folgte mit gleichem Auftrag die 10. /IR. 45. Der linke Flügel des III./IR. 24 wurde zurückgebogen und das Pi.-Batl. 676 trat ebenfalls zum Gegenangriff an. Zu Mittag war die Lage gemeistert, die alte HKL. wieder in eigener Hand. (Skizze 11)

Sämtliche am Nachmittag vom Gegner gegen die Südfront unternommenen Angriffe brachen im Abwehrfeuer aller Waffen zusammen, wenngleich auch auf eigener Seite, besonders durch das sehr heftige feindliche Artilleriefeuer, fühlbare Verluste eintraten. Damit aber war auch die Krise im allgemeinen überwunden. Die Zuführung weiterer vom I. Korps freigestellter Kräfte (III.(Radf.)/Sich. Rgt. 368 zu Gruppe von Glasow, 2./IR. 2 zu Pi. Batl. 676) war mehr eine zusätzliche Vorsichtsmaßnahme als eine jetzt noch taktische Notwendigkeit. Am Nachmittag kam erstmals unmittelbare Funkverbindung zwischen IR. 24 und dem IR. 426 der 126. ID. zustande. Die Masse dieser Division befand sich zur Zeit bei Morina, die Vorausabteilung im Angriff südlich Bykowa.

Noch einmal erfolgte, bei Einbruch der Dunkelheit, ein mit außerordentlicher Wucht geführter Angriff eines feindlichen Bataillons gegen den nördlichen Abschnitt des III./IR. 24, wobei sich dieses in der Abwehr fast verschoß. Dieses Unternehmen dürfte jedoch, ähnlich wie das starke feindliche Artilleriefeuer, besonders auf Wybeti, bereits der Verschleierung des gegnerischen Absetzens gedient haben. Die während der Nacht nach Süden vorgetriebene eigene Aufklärung bestätigte den Abzug des Feindes.

Diese Entspannung der Lage erlaubte der „Gruppe Süd" im Laufe des 27. 7., verschiedene bei ihr eingesetzte Verbände (III./IR. 45, 2./IR. 2 und Bautruppen) zu ihren Stammtruppenteilen zu entlassen. Auch die AA. 21 sammelte bei Ilowenka.

*Lage der 21. Division
am 26. 7. 1941 abends*

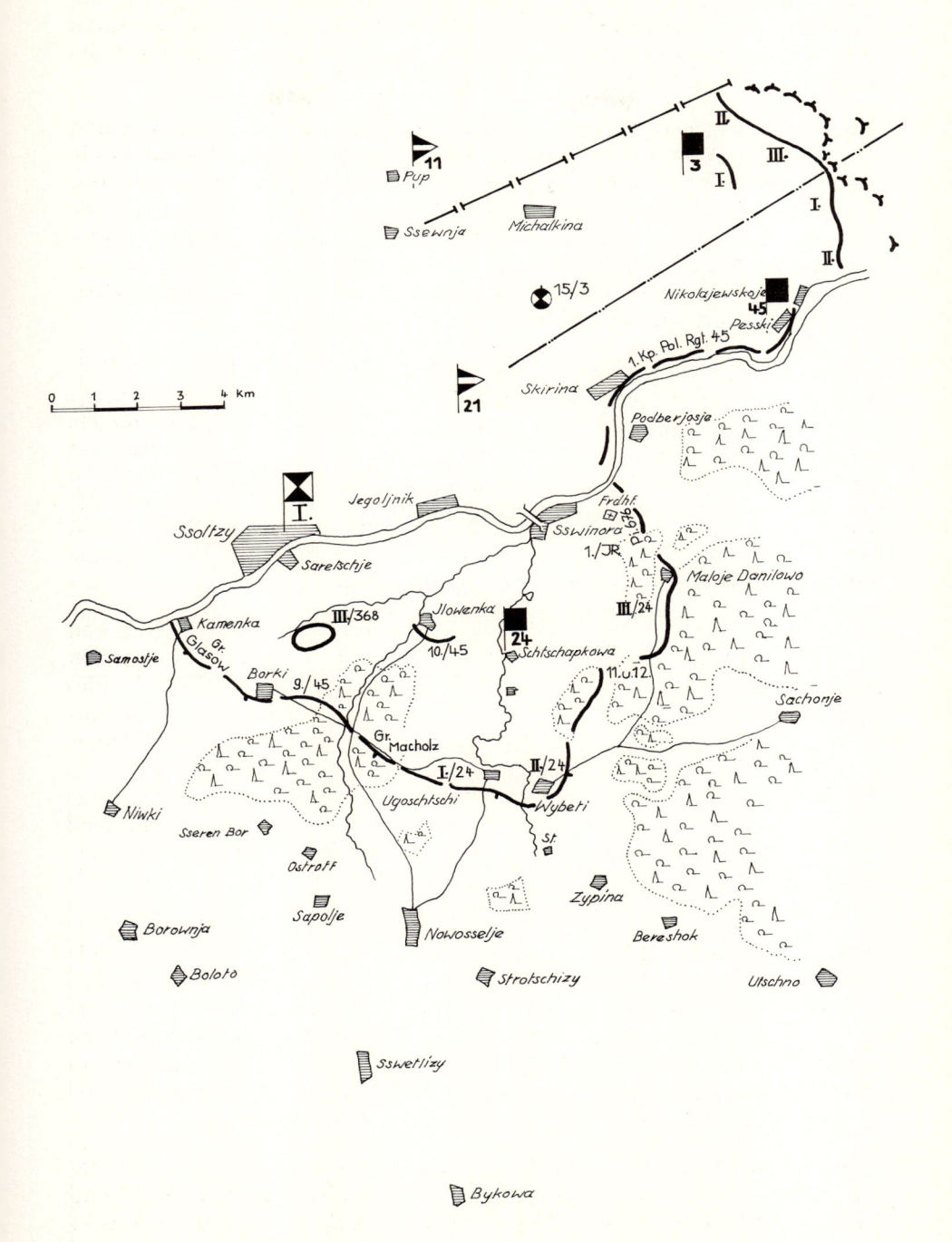

Skizze 11

Die im Einsatz verbliebenen Teile der „Gruppe Süd" gliederten sich am Morgen des 28. 7. wie folgt:
Gruppe Macholz nördlich Nowosselje bis Wybeti (ausschließlich), II./IR. 24 Wybeti, I./IR. 24 ostwärts Schtschapkowa-Süd, III./IR. 24 bei Bolchoje- und Maloje Danilowo, III. (Radf.)/Sich. Rgt. 368 bei Friedhof Sswinord, Pi. Batl. 676 nördlich davon bei Podberjosje.

Die auf der ganzen Front der „Gruppe Süd" gegen den abziehenden Feind vorgetriebene Aufklärung ergab das Vorhandensein kampfkräftiger Sicherungen mit ziemlich starker Artillerie und teilweise vorn eingesetzten Geschützen und Panzern. Durchlaufende Linien konnten nicht festgestellt werden, aber dafür ausgedehnte Minenfelder. Gegenüber diesem Feind trat nun am 29. 7. um 17.00 Uhr das IR. 24, nach über einer Woche schwerer und verlustreicher Abwehrkämpfe ungebrochen zum neuen Angriff an. Beiderseits des Weges von Wybeti nach Sachonje vorgehend erreichte das Regiment mit II. Batl. rechts, I. Batl. links und III. Batl. dahinter, am Spätnachmittag ohne Feindberührung Sachonje und bildete mit dem I. Batl. gegen Mitternacht bei Enjasewa einen Brückenkopf über das Flüßchen Ssossenka. Am Nachmittag dieses Tages aber hatte ein Spähtrupp des Regiments zum erstenmal die Verbindung zu dem von der 126. ID. detachierten verst. IR. 424 aufgenommen, das nunmehr in der rechten Flanke des Regiments in allgemeiner Richtung auf die Mschaga-Brücken bei Schimsk vorging. Die „Gruppe Süd" hatte zu bestehen aufgehört.

Im Norden, jenseits des Schelonj, waren die letzten Tage weniger aufregend verlaufen. Nach Einnahme von Michalkina hatten die Regimenter 45 und

Munitionsart	Verschuß		
	15.–22. 7.	23.–27. 7.	Insgesamt
s. S. i. L.	75.900	162.000	237.000
s. S. o. L.	306.500	505.000	811.500
s. m. K.	14.000	44.500	58.500
s. m. K. L'spur	13.000	40.320	53.320
Pist. Patr. 08	67.340	64.178	131.518
Stielhandgr.	610	1.830	2.440
Eierhandgr.	1.535	810	2.345
Sign. Mun.	1.160	930	2.090
3,7 cm Pzgr. Patr.	783	604	1.387
3,7 cm Pzgr. Patr. 40	48	–	48
3,7 cm Sprenggr. Patr.	942	2.540	3.482
5 cm Pzgr. Patr.	80	60	140
5 cm Spgr. Patr.	91	42	133
5 cm WGr. 36	1.740	1.880	3.620
8 cm WGr. 34	1.155	1.851	3.006
8 cm WGr. 34 Nb.	3	30	33
2 cm Spgr. Patr.	737	600	1.334
7,5 cm J. Gr. 18	2.910	2.320	5.230
15 cm J. Gr. 38	534	514	1.048
1. F. H. Gr. A. Z.	3.637	4.958	8.595
1. F. H. Gr. D. Z.	107	509	616
15 cm Gr. 19 A. Z.	3.295	2.574	5.869
15 cm Gr. 19 D. Z.	591	117	708

3 Front nach Osten genommen und waren am 26. 7. durch das schwierige Buschgelände gegen den Mschaga-Abschnitt hin vorgegangen. Am 27. 7. wurden die Waldränder westlich des Mschaga erreicht und hier auf dem beherrschenden Höhenrand, der Einblick auf den Fluß und das dahinterliegende Gelände ermöglichte, zur Verteidigung übergegangen.

Damit war im Großen wie im Kleinen ein Operationsabschnitt zu Ende, der die Division, nach zunächst ungeheuren Marschleistungen, zum ersten Mal seit dem Kriegsbeginn im Herbst 1939 vor eine echte Zerreißprobe gestellt hatte. Die Verluste, die die Division in den 12 Tagen vom 15. − 27. 7. hatte hinnehmen müssen, überschritten bereits die Gesamtverluste während des Polenfeldzuges (Anlage 15). Alarmierend waren dabei die relativ hohen Offiziersverluste und zwar nicht nur bei der Infanterie. Beim AR. 21 waren zwei Batteriechefs gefallen, ein dritter verwundet worden. Für den Einsatz des Sanitätspersonals zeugte, daß ein Batl. Arzt gefallen und ein Abt. Arzt verwundet worden war. Der Heftigkeit der Kämpfe entsprach auch der Munitionseinsatz:[26]

Das bedeutete, daß im ersten Gefechtsabschnitt 83 to Infanterie- und 330 to Artilleriemunition verschossen worden waren, während die entsprechenden Zahlen für den zweiten Abschnitt: 86 to bzw. 294 to lauteten. Insgesamt wurden 793 to Munition verbraucht − und mußten daher natürlich, neben der Verpflegung, von den Kolonnen der Division herangeschafft werden.

Die Leistungen der Division in diesem Feldzugsabschnitt fanden ihre Würdigung höheren Orts darin, daß dem Divisionskommandeur als erstem Divisionsangehörigen am 8. August das Ritterkreuz des Eisernen Kreuzes verliehen wurde. Als der Kommandierende General des I. AK. die Auszeichnung zwei Tage danach General Sponheimer überreichte, befand sich die Division bereits wieder im Angriff. Aber damit greifen wir bereits vor.

Wie man inzwischen weiß, war es gerade in den Tagen, während derer die 21. ID. so schwer um den Schutz ihrer Südostflanke zu ringen hatte, im Rahmen der Heeresgruppe, aber auch darüberhinaus beim OKH., zu schwerwiegenden Auseinandersetzungen über die weitere Fortführung des Angriffs auf Leningrad gekommen. Der Feindwiderstand, vor allem im Abschnitt Luga, hatte sich von Tag zu Tag versteift. Nicht von ungefähr, hatte doch das sowjetische Kommando der Nordwestfront nach dem Durchbruch der Stellungslinie an der Welikaja sofort mit dem Ausbau einer neuen Sperrlinie vor Leningrad, zwischen dem Südwestende des Ilmen-Sees und Kingisepp begonnen. Mit dem Ausbau dieser Stellung war der Befehlshaber der Nordfront, GLt. M. M. Popow betraut worden, der für die Besetzung der Linie zusammenraffte, was noch einigermaßen greifbar und noch nicht in der Front eingesetzt war. Daraus wurde dann die „Operative Gruppe Luga" unter GLt. K. P. Pjadyschew gebildet. Zu der Sicherheitsbesatzung, die schon Mitte Juli diese Linie besetzte, gehörte am Mschaga, zwischen Medwedj und Schimsk, die 1. Gebirgs-Schützenbrigade. Ab 23. Juli wurde der Bereich der „Operativen Gruppe Luga" in drei Abschnitte geteilt, wobei im Abschnitt Ost, also im Mschaga-Abschnitt, das sowjetische AOK 48 unter GLt. S. D. Akimow den Befehl übernahm.[27] Zu dieser neuen Armee stießen nicht nur die Verbände, die von Westen her, vor dem I. AK. über den

Mschaga zurückgingen, sondern auch sehr wahrscheinlich jene Teile der sowjetischen 11. Armee, die südlich des Schelonj die 21. ID. bedrängt hatten, sicherlich die 70. SD.

In diesem Zusammenhang waren auf deutscher Seite in den letzten beiden Juli-Wochen die Schelonj-Brücken bei Schimsk immer wieder Gegenstand freilich sehr unterschiedlicher Überlegungen gewesen. Noch am 21. und 22. Juli, unmittelbar bevor die 21. Division den Schelonj erreichte, tauchte beim Gen. Kdo. I. AK. der Gedanke auf – dies wurde der 21. Division auch anheimgestellt – den Mschaga-Abschnitt „von hinten", also durch einen Schelonj-Übergang bei Schimsk, zu öffnen, zumal die Luftaufklärung die Brücken dort als intakt gemeldet hatte. Dann änderte sich aber, wie geschildert, das Bild sehr schnell und am 27. 7. beantragte das I. Korps bei der PzGr. 4 die Zerstörung der Brücken durch die Luftwaffe, da es als unmöglich anzusehen sei, dieselben heil in die Hand zu bekommen, während sie im gegenwärtigen Moment für den Feind eine wichtige Verbindung darstellten. Die Luftwaffe antwortete jedoch auf dieses Ansuchen, „daß die Zerstörung der Brücken bei Schimsk eine unwesentliche Sonderaktion bedeutet, für die die Kräfte der operativen Luftwaffe nicht eingesetzt werden können".[28] Tatsächlich ist, während die sowjetische 11. Armee vor dem vordringenden X. Korps mit Masse nach Staraja-Russa zurückging, ein Teil ihrer Kräfte über diese Brücken der 48. Armee als Verstärkung zugeflossen. Soweit man den sehr dürftigen russischen Quellen folgen kann, hatte das sowjetische AOK. 48, nachdem der Versuch der 11. Armee fehlgeschlagen war, das deutsche I. AK. noch vor dem Mschaga zurückzuwerfen, den Entschluß gefaßt, den mit Sicherheit erwarteten deutschen Angriff über den Mschaga aus einer tief gestaffelten Aufstellung heraus abzuwehren. Zu diesem Zweck wurde die eher kampfschwache 1. Gebirgsschützen-Brigade als eine Art Gefechtsvorposten auf relativ breiter Front zwischen Medwedj und Schimsk in den entlang des Mschaga ausgebauten Stellungen belassen. Die 70. SD. war bei Schimsk über den Schelonj gezogen worden und lag nun im Raum von Werchnij-Prichon; das ihr zugeteilte selbständige Aufklärungs-Batl. 65 im Raum nördlich Schimsk. Im Raum um Trebutiny dürfte die 237. SD., zumindest mit einem Regiment (SR. 838), gelegen haben. Im Raum von Nowgorod war die zur Auffrischung zurückgezogene 128. SD (SR. 179, 374, 741, 140 (?) und le. AR.292) sowie die von der Nordfront zugeführte, allerdings nicht aufgefüllte 21. PzDiv. anzunehmen.[29] Ähnlich wie seinerzeit an der Aisne war auch hier entlang der gesamten Mschaga – Luga Front mit einer sich ständig verstärkenden Abwehrkraft des Gegners zu rechnen, ein Grund, weshalb nicht nur die PzGr. 4, sondern auch das I. AK. auf eine baldige Fortsetzung des Angriffs drängten.

Dem standen allerdings entgegen, daß sowohl die Nordflanke der PzGr. 4 als auch die Südflanke des X. Korps keineswegs als gesichert anzusehen waren und darüberhinaus die Versorgungslage, insbesondere die Munitionsausstattung infolge der zurückliegenden Kämpfe sehr zu wünschen übrig ließ. Das alles waren Gründe, die das Oberkommando der HGr. Nord bestimmten, nachdem der Vorstoß der Panzergruppe sich nun einmal festgelaufen hatte, durch einen neuen Aufmarsch erst einmal die Basis für die neue Angriffsoperation auf Leningrad zu schaffen.[30] Dabei bildete die

Wahl des künftigen Schwerpunkts den Gegenstand neuerlicher Differenzen zwischen der Panzergruppe, der Heeresgruppe Nord und dem OKH. Während das letztere aus operativen Erwägungen den Angriff auf Leningrad mit Schwerpunkt entlang des Ilmen-Sees auf Nowgorod und dann entlang des Wolchow geführt sehen wollte, wünschte die Panzergruppe, infolge der Entwicklung der Lage wie auch wegen der Panzergängigkeit des Geländes mit Schwerpunkt bei Kingisepp und mit einem zweiten Stoßkeil bei Luga anzugreifen. Noch während die 21. ID. in ihrem schweren Abwehrkampf südlich des Schelonj gestanden hatte, war die Entscheidung im wesentlichen dahingehend gefallen, daß sich die Heeresgruppe den Argumenten der Panzergruppe anschloß und als Konsequenz daraus das I. Armeekorps mit Wirkung vom 27. 7. aus dem Verband der Panzergruppe herauslöste und dem AOK. 16 unterstellte.

Wie schon so oft, sollte sich eine derartige auf hoher und höchster Führungsebene gefällte Entscheidung sehr schnell und keineswegs unproblematisch bis auf die Divisionsebene, d.h. bis zur 21. Division, auswirken. Denn während die Pz. Gr. 4 nun ihr Hauptinteresse auf Kingisepp und die Luga konzentrierte, wurde der Mschaga-Abschnitt jetzt plötzlich für die 16. Armee interessant und hier wiederum ganz besonders die noch immer intakten Brücken bei Schimsk (vgl. Skizze 12).

Einsatz des IR.24
gegen die Brücken bei Schimsk
vom 30. 7.–1. 8. 1941

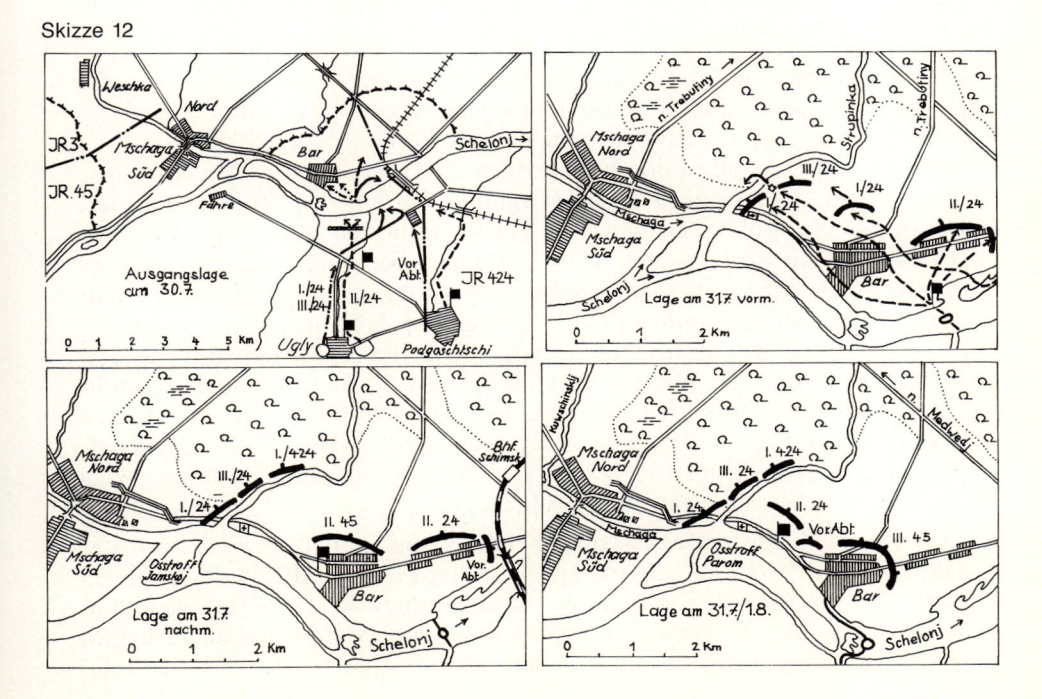

Skizze 12

Am 30. Juli um 11.30 Uhr, das nach Osten vorgehende IR. 24 hatte Ugly und die rechts davon vorgehende 126. ID. (X. Korps) mit dem verstärkten IR. 424 (I./AR. 126, Tle. Pi. Btl.126) Podgoschtschi erreicht, gab der Ia des AOK. 16 dem Gen. Kdo. I. AK. die Orientierung, daß die Armee beabsichtige, das IR. 424 zu einem Handstreich auf die Brücke bei Schimsk anzusetzen. Von wo die Anregung zu diesem Unternehmen ausgegangen ist, ist nicht ganz klar. Möglicherweise stammte sie vom IR. 424 selbst, das, entgegen der bisherigen Ansicht des I. AK., die handstreichartige Inbesitznahme der Brücke bei Schimsk für durchaus möglich erachtete und bereits um 12.00 Uhr Vorauskräfte darauf ansetzte.[31])

Wie auch immer, die Konsequenzen für die 21. Division waren schwerwiegend. Denn 25 Minuten später wurde das IR. 424 von der Armee dem I. AK. unterstellt und das Korps beauftragt, den Handstreich durchzuführen, allerdings mit dem Zusatz, daß, falls die Inbesitznahme der unversehrten Brücken nicht möglich sei, möge man sich mit der Gewinnung des Südufers des Schelonj begnügen. Doch nun zeigte sich sehr schnell die Eigengesetzlichkeit, die einem einmal ins Rollen geratenen Unternehmen innewohnt. Bereits um 12.05 Uhr wurde der 21. Division das IR. 424 unterstellt und die Division beauftragt, die Aktion durchzuführen. Sie erhielt hierzu noch das Pi. Btl. 676 und die Brückenkolonne 649 sowie sämtliche greifbaren Sturmboote zugewiesen. Der Divisionsstab übernahm daraufhin selbst die Führung der auf dem Südufer eingesetzten Kräfte, zu deren weiterer Verstärkung noch das auf LKW verlastete III./IR 45 nach Sswinord beordert wurde. Die auf dem Nordufer des Schelonj verbleibenden Kräfte (IR. 3, IR. 45 ohne ein Bataillon, I. und III./AR. 21) traten vorübergehend unter den Befehl des Arko 123, Generalmajor Burdach, dem als Ia Mjr. i.G. von Prittwitz beigegeben wurde. Das IR. 24 selbst stellte sich mit I. und II. Bataillon beiderseits Ugly, mit III. Btl., Regimentstruppen und 3./Pi. 21 bei Iwanjkowo bereit.

Eine Überrumpelung der Brückenbesatzungen durch die Vorauskräfte des IR. 424 scheiterte allerdings im Laufe des Nachmittags am Feindwiderstand bei Rutschji, jedoch beurteilte die Division die Möglichkeit, die noch immer intakten Brücken durch Angriff in die Hand zu bekommen, positiv. So gab um 16.00 Uhr der Divisionskommandeur auf dem Regt. Gef. Stand IR. 24 bei Ssolonizko beiden Rgt. Kdrn. mündlich den Angriffsbefehl. IR. 24 sollte die Straßen-, IR. 424 die Bahnbrücke nehmen, die Art. Gruppe Fischer in ihrer bisherigen Zusammensetzung den Angriff und die Bildung eines Brückenkopfes auf dem jenseitigen Ufer unterstützen. Durch Nachschieben einer Vorausabteilung des IR. 24 nach Rutschji sollte außerdem die Stoßkraft der 126. ID. im Hinblick auf die überraschende Einnahme der Brücken erhöht werden. Dazu wurde dem IR. 24 die 15. (Radf.) Kp. IR. 45 und die 3./Pz. Jg. Abt. 21 unterstellt, während die Unterstellung des III. (Radf.)/IR. 368 und der AA. 21 aufgehoben wurde. Das III./IR. 45 sollte verlastet nachgeführt werden.

Das IR. 24 beauftragte daraufhin Oblt. Pohl (Chef 15./24) mit der 15./IR. 24, 15./IR. 45, 3./Pz. Jg. Abt. 21, Pi.-Zug IR. 24 und Teilen 3./Pi. 21, im Anschluß an die Vorausabteilung IR. 424 die Eisenbahnbrücke in Besitz zu nehmen und einen Brückenkopf nördlich des Schelonj zu bilden.

Die 3./Pi. 21 sollte eine feindliche Brückensprengung verhindern und die nötigen Übersetzmittel einsetzen, das II./IR. 24 hatte, von Ugly antretend, möglichst weit vorn mit seinen schweren Waffen und unterstellten 2 le. und 1 s. IG.-Zug den Feuerschutz der Abteilung Pohl zu übernehmen. Die Versammlung der letzteren verzögerte sich allerdings derart, daß sie erst um 18.30 Uhr zusammen mit dem verst. IR. 24 von Ugly aus antreten konnte. Der beim Gefechtsstand des IR. 24 sich einfindende Kommandierende General des I. AK. brachte dort erneut zum Ausdruck, daß das Unternehmen nur dann durchzuführen sei, wenn es gelänge, die Brücken so in die Hand zu bekommen, daß sie für den Nachschub benutzbar seien, denn an sich griffe diese Aktion den Absichten der oberen Führung vor.

Aber die Entwicklung nahm nun ihren Lauf. Die vorgeworfenen Kräfte des IR. 424 hatten um etwa 17.30 Uhr Rutschji genommen und standen angesichts der nun schon zum Greifen nahen Eisenbahnbrücke im heftigen Kampf mit einem sich verbissen wehrenden Gegner, ohne daß es ihnen möglich war, Teile auf das Nordufer überzusetzen. Die 21. ID. hatte inzwischen um 19.45 Uhr den Angriffsbefehl für IR. 24 dahingehend geändert, daß dieses Regiment nunmehr ohne Anlehnung an eine Brücke, links neben dem übergehenden I. R. 424, einen Brückenkopf zu bilden hätte; dem Regiment waren während des Vorgehens auch bereits Floßsäcke und 4 Sturmboote zu diesem Zweck zugeführt worden.

Die Vorausabteilung Pohl hatte inzwischen in Rutschji Anschluß an das IR. 424 gefunden und klärte gegen den Fluß hin auf, auf dessen jenseitigem Ufer Feldstellungen erkannt wurden. Da aber die Feindbesetzung nur schwach schien, setzten um 20.45 Uhr, nachdem der Feuerschutz des II./IR. 24 aufgebaut und das I./IR. 24 aufgeschlossen war, Teile des Rgt. Pi.-Zuges IR. 24 und der 15./IR. 45, aus der Einmündung des Flüßchens Uglinka in den Schelonj mit Schneid herausfahrend, über den Fluß. Der Feind, infolge des sumpfigen Geländes, hier etwa 300 Meter vom Ufer abgesetzt und auf ein Übersetzen an dieser Stelle offenbar nicht gefaßt, leistete kaum Widerstand. Ohne Verzögerung wurde nun begonnen, auch die übrigen Teile der Abteilung Pohl und sodann Teile der vordersten (7.) Kompagnie des II./IR. 24 überzusetzen. Auch von dem verlasteten III./IR. 45 waren bereits die 9. und die Hälfte des 12. Kompanie zur Stelle. Das restliche Bataillon befand sich noch auf dem Anmarsch, das III./IR. 24 stand noch vor Ugly.

Soweit war alles gut verlaufen, als um 21.05 Uhr starke Detonationen anzeigten, daß dem Feind bei Schimsk doch noch die Sprengung der Eisenbahnbrücke gelungen war. Damit allerdings hatten sich die Voraussetzungen für die Fortführung des Unternehmens wesentlich geändert. In Anbetracht aber der bereits übergesetzten Teile entschied der mit seinem Chef des Stabes am Gef. St. der 21. ID. eintreffende Kommandierende General des I. AK., daß das Unternehmen nun trotzdem fortgesetzt werden sollte, wenn der Feindwiderstand gering blieb und die Überraschung des Gegners gewährleistet sei. Da das IR. 424 meldete, daß trotz der Sprengung der Eisenbahnbrücke eine vorhandene Holzbrücke für Fußgänger weiterhin brauchbar sei und das Regiment auch bereits Teile über dieselbe auf das andere Ufer gebracht habe, glaubte die Division, diese beiden Vorbedingungen als gegeben ansehen zu können und setzte das Unternehmen fort.

Um 22.00 Uhr waren alle Teile der Abteilung Pohl und der 7./IR. 24 übergesetzt und gingen nun, gegenüber geringem Feindwiderstand, mit 7./IR. 24 am linken Flügel gegen den Bahndamm vor. Das als nächstes übersetzende II./IR. 24 erhielt Befehl, in Richtung nördlich Bahnhof Schimsk vorzustoßen, um dem IR. 424 den Übergang über die Brücke zu erleichtern, von der man freilich noch nicht wußte, daß sie inzwischen ebenfalls in die Luft geflogen war, nachdem die ersten Teile des I./IR. 424 sie überschritten hatten.[32]) Das nach dem II. Batl. zum Übersetzen bestimmte I./IR. 24 sollte sodann zur Ausweitung des Brückenkopfes in nordwestlicher Richtung gegen das Flüßchen Strupinka vorstoßen. Das III./IR. 24 wurde zur Übergangsstelle als Reserve nachgezogen.

Nach Verstärkung der Übersetzmittel ging der Uferwechsel rascher vonstatten, vor allem konnten mehr Infanteriegeschütze über den Fluß gebracht werden. Das immer wieder einsetzende feindliche Artillerie-Störungsfeuer vermochte das nicht zu verhindern, da anscheinend dem Feind die Lage der Übergangsstelle noch nicht genau bekannt war. Mit dem I. Batl. ging auch der Rgt.-Stab IR. 24 über den Fluß und richtete sich an der Übergangsstelle ein.

Der Oberbefehlshaber der 16. Armee, der noch am Nachmittag des 30. 7. vor einer Brückenkopfbildung mit unzureichenden Kräften gewarnt hatte, zeigte sich nunmehr über den errungenen Erfolg erfreut, wich aber von seiner anscheinend grundsätzlich pessimistischen Einstellung insofern nicht ab, indem er zu bedenken gab, daß erfahrungsgemäß die Krise derartiger Unternehmen sich erst nach ein bis zwei Tagen einzustellen pflege; und beim AOK. 16 dürfte man sich schon zu diesem Zeitpunkt klar gewesen sein, daß der Brückenkopf wahrscheinlich 6 Tage lang gehalten werden müßte, da mit einem früheren Antritt der gesamten Armee kaum zu rechnen war.[33]) Was sollte also nun mit dem übergesetzten Regiment geschehen? Die ursprünglichen Voraussetzungen für dieses Unternehmen bestanden nicht mehr. Es war nicht gelungen, die Brücken als Nachschubwege unversehrt in die Hand zu bekommen, vom IR. 424 war, soweit man sah, vorerst überhaupt nur das I. Batl. über den Fluß gelangt, und wann der Gegner sich von der ersten Überraschung erholen würde, war nur noch eine Frage der nächsten Stunden. In dieser Lage nahm der schon früher erwogene Gedanke, die westlich des Mschaga stehenden Regimenter 3 und 45 ebenfalls über diesen Fluß antreten zu lassen und sie mit dem IR. 24 auf dem Ostufer zu vereinigen, feste Gestalt an.

Als die Division dem IR. 24 mitteilte, sie beabsichtige, auch IR. 3 und 45 über den Mschaga vorgehen zu lassen, faßte der Kdr. IR. 24 den Entschluß, sein I. und inzwischen übergesetztes III. Batl. nun in nordwestlicher Richtung anzusetzen, da es jetzt darauf ankam, durch einen Stoß in den Rücken der russischen Mschaga-Stellung die Vereinigung mit der Masse der Division zu erzwingen. Beide Bataillone sollten zunächst das Flüßchen Strupinka gewinnen. II. Batl. mit unterstellter Abteilung Pohl hatte entlang des Bahndamms und der Straße nach Medwedj Flanke und Rücken des III. Batl. nach Norden und Nordosten zu sichern. Der m. Pak-Zug wurde im Westteil von Bar eingesetzt, der sIG.-Zug im Ostteil.

Das I./IR. 424, nun dem IR. 24 unterstellt, erhielt Befehl, Anschluß an das III./IR. 24 zu suchen und diesem tief gestaffelt zu folgen. Am 31. 7. um 4.20 Uhr früh sollte angetreten werden. Allein bereits eine Stunde früher hatte die Gruppe Burdach die Division wissen lassen, daß sie nicht angriffsbereit sei. Dafür aber war es der Gegner.

Die 48. Armee hatte die Bedeutung des Einbruchs in ihre Verteidigungsstellung inzwischen erfaßt und warf demselben zunächst entgegen, was gerade zur Hand war. Noch bevor das IR. 24 wie geplant antreten konnte, traf ein erster Gegenangriff das II. Bataillon, das bisher nur wenig Raum nördlich der Straße Bar, Bahnhof Schimsk gewonnen hatte. Er konnte nach einstündigem Gefecht abgewiesen werden.

Inzwischen hatten die beiden Angriffsbataillone (III. und I./IR. 24), feindlichen Widerstand niederkämpfend, den Ort Bar genommen und die Strupinka etwa um 6.45 Uhr erreicht, ja das Flüßchen wurde von den beiden Bataillonen, nach dem Heranbringen von Übersetzmitteln, sogar überschritten. Der Gegner hatte sich auf einem 300 m vom Fluß abliegenden Waldrand zurückgezogen.

Allerdings war damit der Bogen der im Brückenkopf eingesetzten Kräfte bis zur äußersten Zulässigkeit angespannt. Zwischen dem II./IR. 24 und dem rechts folgenden IR. 424 tat sich eine bedrohliche Lücke auf.

In dieser Situation entschloß sich die Division, dem Brückenkopf auch noch das III./IR. 45 zuzuführen. Sein gegen 8.00 Uhr daselbst eintreffender Kommandeur erhielt Befehl, sich mit seinem Bataillon zwischen II./IR. 24 und I./IR. 424 zur Sicherung nach Norden einzuschieben. Jedoch noch vor Wirksamwerden dieses Befehls gelang es 3 Feindpanzern, von Norden her durch die Lücke in die linke Flanke des II./IR. 24 zu stoßen, als gerade durch Artilleriebeschuß das Übersetzen des III./IR. 45 unterbrochen wurde. Nur die Ziellosigkeit und Unentschlossenheit der Feindpanzer bewahrte das Bataillon vor einem Rückschlag. Die Panzer fuhren, als einer angeschossen worden war, nach Norden zurück.

Trotzdem bedeutete dieser Angriff einen gewissen Wendepunkt. Denn dem Gegner war es in der Zwischenzeit offenbar gelungen, zumindest einen Teil seiner Eingreifreserven (vielleicht Teile der 21. Pz. Div.?) zum Gegenschlag heranzuführen und diese traten nun zunehmend in Erscheinung.

Ein neuerlicher Vorstoß feindlicher Panzer traf dieses Mal den rechten Flügel des II./IR. 24 von Osten und Nordosten. Zwar konnte mit Hilfe der 3./PzJg. Abt. 21 auch dieser Angriff abgewiesen werden, gegen 15.00 Uhr aber wurden nördlich Bar weitere 25 Panzer und mot. Infanterie beim Ausladen aus LKW beobachtet. Um 16.00 Uhr erfolgte ein Vorstoß einiger leichter und schwerer Panzer gegen den rechten Flügel des II./IR. 24. Der Gegner brach bei der 7. Kp. ein, MG wurden durch Panzer überfahren, eine Pak zermalmt.

Nur nach hartem Kampf konnte der Angriff zurückgeschlagen und die HKL wieder genommen werden. Sogleich aber schloß sich ein noch heftigerer Angriff eines von etwa 20 Panzern begleiteten Bataillons gegen das

III./IR. 45 und II./IR. 24 an. Er richtete sich besonders gegen die eigene Panzerabwehr, bei der stärkere Verluste eintraten. Ein schwerer Panzer drang in das Dorf Bar ein und richtete dort einiges Unheil an. In zweistündigem, hin und her wogendem Kampf gelang es schließlich, auch diesen Angriff abzuweisen. 4 Panzer wurden durch einen vom A. V. Kdo. II./AR. 21 geschickt geleiteten Feuerüberfall bereits beim Anfahren vernichtet, 12 Panzer fielen der 14. (Pzjg)/24 zum Opfer. Als dann noch der Infanterieangriff unter dem zusammengefaßten Feuer aller Waffen der Bataillone zusammenbrach, zogen sich die restlichen Panzer zurück.

Der Tag war damit freilich noch keineswegs abgeschlossen. Vielmehr machte der Gegner weiterhin den Versuch, die Front des IR. 24 an der Strupinka mit Panzern von Norden her aufzurollen. Dabei drang er bis zu den Gefechtsständen des I./IR. 424 und des I./IR. 24 vor. Zwar konnten die Panzer teils vernichtet, teils zur Umkehr gezwungen werden, aber es war klar, daß die Truppe in dieser exponierten Lage nicht durch längere Zeit Angriffen von dieser Heftigkeit die Stirn bieten konnte. Da ein Übersetzen der gesamten 21. ID. über den Mschaga in der gegenwärtigen Lage nicht angängig erschien, ein weiterer Kräftenachschub in den Brückenkopf aber für die Division nicht mehr möglich war, blieb als einziger Ausweg nur noch eine Frontverkürzung innerhalb desselben übrig.

In den späten Abendstunden des 31. 7. konnte diese Absetzbewegung, vom Feinde ungestört, durchgeführt werden. Unter Aufgabe der Bahn-Stellung wurde das II./IR. 24 zwischen dem das Dorf Bar haltenden III./IR. 45 und dem I./IR. 24 eingeschoben, so daß eine zusammenhängende Front entstand. Die 15./IR. 45 wurde als Reserve südlich Bar gehalten.

Die noch verbleibenden wenigen Stunden der Dunkelheit wurden zum Auffüllen der recht knapp gewordenen Munition, zum Abtransport der Verwundeten und nicht zuletzt zur Ausgabe der seit eineinhalb Tagen ausgefallenen Verpflegung ausgenützt.

Aber um 2.00 Uhr morgens am 1. 8. wurde der Gegner bereits wieder aktiv. Er schob sich über den aufgegebenen Bahndamm an das Dorf Bar heran, fühlte überall mit Spähtrupps vor und legte Artilleriefeuer auf das I./IR. 24, auf das er außerdem noch Bomben warf. Gegen 8.10 Uhr setzte ein offenbar planmäßiger Angriff mit aufeinander abgestimmter Wirkung von Infanterie, Panzern und Fliegern ein. Den stärksten Druck übte der Feind auf das III./IR. 45 bei Bar aus. Unter Einsatz schwerer Panzer gelang ihm ein Einbruch in das Dorf. Die durch Ausfälle und rasch eintretenden Munitionsmangel geschwächte Panzerabwehr konnte dem wenig entgegensetzen. Auch die Artillerieunterstützung war angesichts der Breite der Front des Brückenkopfes zu gering. Feuerzusammenfassungen hatten nicht die erhoffte Wirkung. Immer weiter gewann der Feindangriff an Boden. Bedenklich stimmen mußte auch die Tatsache, daß trotz verschiedener Anträge die deutsche Luftwaffe – im Gegensatz zur sowjetischen – keine Möglichkeit zu einem Eingreifen in die Kämpfe sah.

Auf eine Anfrage der Division, ob das verstärkte IR. 24 in der Lage sei, bei einem Angriff des IR. 45 gegen Mschaga-Nord ostwärts des Mschaga mitzuwirken, konnte der Kdr. IR. 24 unter Hinweis auf die kritische Lage des Brückenkopfes nur verneinend antworten und mußte der Division die Zurücknahme des Brückenkopfes vorschlagen. Dies umso mehr, als der Gegner infolge seiner guten Beobachtungsverhältnisse in der Lage war, den eigenen Nachschub in den Brückenkopf durch Feuer praktisch lahm zu legen. Die Ausfälle an Mannschaften und schweren Waffen standen in keinem Verhältnis mehr zu dem errungenen taktischen Erfolg. So entschloß sich der Kdr. IR. 24 um 15.00 Uhr, von der Division die Erlaubnis zur vollständigen Räumung des Brückenkopfes in der Nacht 1./2. 8. zu erbitten. Um 16.47 Uhr funkte die Division ihr Einverständnis, nachdem das I. AK. bereits um 13.10 Uhr die Räumung des Brückenkopfes befohlen hatte.[34])

Das Lösen vom Feinde ging ziemlich planmäßig vor sich. Mit einiger Verspätung begann das Übersetzen der ersten Teile um 22.00 Uhr. Um 23.00 Uhr war der Übersetzbetrieb in vollem Gange. Allerdings fielen gegen den früh anbrechenden Morgen des 2. 8. zunächst eine, dann beide Fähren, sowie ein Teil der Sturmboote aus, so daß die Gefahr bestand, daß das Regiment nicht vor Beginn der Helligkeit übergesetzt sein würde. Um das zu verhindern, befahl der Kdr. IR. 24, daß mit allen Mitteln zunächst nur die Mannschaften und dann erst, soweit noch möglich, das noch übrige Material über den Fluß geschafft würde. Diese Maßnahme erwies sich als sehr vorausschauend, denn um 3.30 Uhr versuchte der Feind, die von ihm offenbar erkannte Absetzbewegung zu stören und drang nach kurzem Artilleriefeuer mit „Urräh" in Bar ein, so daß Teile der 9./IR. 45 und die 15./IR. 24 gegen ihn eingesetzt werden mußten. Ihnen gelang es, die Gefahr eines Durchstoßes zur Fährstelle zu bannen, aber ein Teil des Materials mußte doch zurückgelassen werden. Gegen 4.00 Uhr stießen die letzten Schlauchboote von dem schon unter lebhaftem Feindfeuer liegenden Nordufer ab. Der Brückenkopf Schimsk war geräumt.

So richtig diese Maßnahme zur Vermeidung weiterer Opfer an Menschen und Material auch war, besonders im Hinblick auf die Erhaltung der Schlagkraft der Division für die bevorstehenden weiteren Aufgaben, so blieb doch die Zurücklassung nicht unerheblichen Materials schmerzlich.

Verluste des IR.24 vom 30. 7.–2. 8.:
(laut Gef.Bericht IR.24, Nachlaß Heinrichs)

	gefallen	verw.	verm.
Offiziere	1	5	–
Uffz	14	26	–
Mannschaften	45	193	4
Insgesamt	60	224	4

Laut KTB. des I.AK vom 2. 8. 41, fol. 160 betrugen die Verluste nach Meldung des Kommandeurs IR.24: 90 Tote und 230 Verwundete. In diesen Zahlen dürfte außer den oben angeführten Verlusten des IR.24 auch die des III./IR.45 und I./IR.424 mit enthalten sein.

Jedoch konnte dieser Verlust später teilweise ausgeglichen werden. Erhebliche Mengen der dem Feinde überlassenen Munition und einzelne Infanteriefahrzeuge fielen 9 Tage später, nach dem neuerlichen Angriff über den Mschaga, dem III./IR. 24 wiederum in die Hand, und am 16. 8. konnte ein Teil der Kraftfahrzeuge der 14./IR. 24 und der PzJg. Abt. 21, auf dem Güterbahnhof Nowgorod verladebereit stehend, vom IR. 24 zurückerobert werden.

Schwerer als die Materialverluste wogen freilich die personellen: 60 Tote, 224 Verwundete und 4 Vermißte hatte dieses gescheiterte Unternehmen allein das IR. 24 gekostet. Das war mehr, als der gesamte Polenfeldzug von dem Regiment gefordert hatte.

Die bittere Lehre, die sich daraus ergab, war, daß nicht nur die „schnelle Periode" der motorisierten Verbände, sondern auch die der infanteristischen „Handstreiche" vorüber war. Das einzige Positivum an der verfehlten Aktion könnte eventuell darin gelegen haben, daß auch der Gegner hierbei Panzerverluste erlitten hatte, die gerade in diesem Frontabschnitt nicht so schnell zu ersetzen waren, was sich bei dem nun unmittelbar bevorstehenden Durchbruchsangriff des I. AK. möglicherweise vorteilhaft auswirkte (vgl. Anl. 15).

Von Vorteil war ferner, daß in jenen Tagen vor dem neuerlichen Antreten die Truppe erstmals mit technisch freilich noch recht unzureichenden Nachdrucken sowjetischer Beutekarten 1:50.000 ausgestattet werden konnte, die ein ganz anderes Bild ergaben, als man es bisher aus dem völlig veralteten Kartenmaterial hatte gewinnen können.

3. Operation gegen Leningrad

Auch im Großen hatte sich die Lage nicht sonderlich günstig entwickelt. Seit nunmehr fast drei Wochen hatte die Heeresgruppe Nord, trotz schwerer Kämpfe, zwischen Ilmen- und Peipus-See keine entscheidenden Fortschritte mehr gemacht. Zwar war es dem XXXXI. Pz. Korps noch gelungen, sich im Nordwesten der feindlichen Widerstandslinie, bei Poretsche und Sabsk, in den Besitz von Brückenköpfen über die untere Luga zu setzen, jedoch schien dies der Heeresgruppe noch keine ausreichende Grundlage, um von hier aus allein, ohne auf das Herankommen der noch in Estland kämpfenden 18. Armee zu warten, auf Leningrad vorzustoßen. Dies umso weniger, als ursprünglich geplant war, den entscheidenden Stoß auf diese Stadt mit einem starken rechten Flügel über Nowgorod, entlang des Wolchows auf Tschudowo zu führen, um auf diese Weise das Abfließen der vor der 18. Armee und der Pz. Gruppe 4 stehenden Feindkräfte nach Osten zu verhindern.

Dieser auch im Führerhauptquartier und vor allem vom Chef des Generalstabs des Heeres vertretenen Absicht standen jedoch Bedenken der Panzergruppe entgegen, die schließlich auch vom Oberkommando der Heeresgruppe Nord geteilt wurden. Gegen einen Schwerpunkt bei Nowgorod sprach vor allem das für Panzerbewegungen sehr ungünstige Gelände westlich des Ilmen-Sees, sodann die, freilich irrige Annahme, gerade bei Nowgorod auf eine sehr starke Feindgruppe zu stoßen und schließlich die Unmöglichkeit, die im Raum Kingisepp in einer relativ günstigen Ausgangsstellung für den Vorstoß auf Leningrad bereits stehenden Divisionen des XXXXI. Pz. Korps, ohne allzu großen Zeitverlust, wieder an den Ilmen-See zurückzuverlegen. Und gerade der Faktor „Zeit" wog jetzt von Tag zu Tag schwerer. Hatte man im OKH. das Kräfteverhältnis bei der Heeresgruppe Nord am 1. 8. noch mit 3:2 zugunsten der eigenen Seite angenommen, so standen 8 Tage später den 26 Divisionen der Heeresgruppe bereits 23 sowjetische von allerdings sehr unterschiedlicher Kampfkraft gegenüber. Ihre Kampfmoral war jedoch, wie sich bald zeigen sollte, ungebrochen.[35]) Es galt also schnell zu handeln, bevor sich der Gegner vor Leningrad weiter verstärkte.

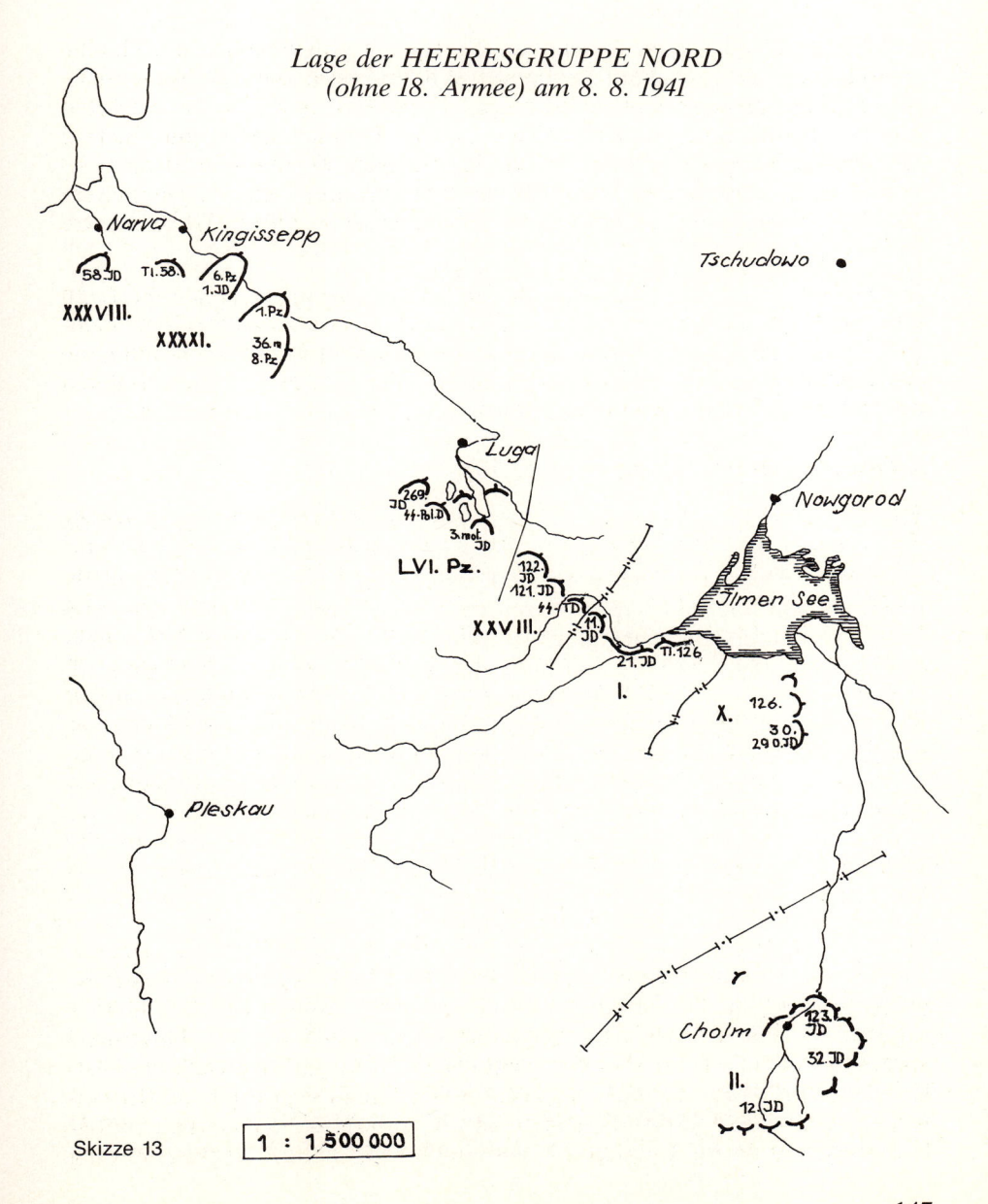

Lage der HEERESGRUPPE NORD
(ohne 18. Armee) am 8. 8. 1941

Skizze 13   1 : 1 500 000

Aber war die Einnahme dieser Stadt noch das eigentliche Operationsziel? Immer mehr schien sich beim OKH. die Ansicht Bahn zu brechen, daß es gar nicht darum gehe, die Stadt im Sturm zu nehmen, sondern sie lediglich einzuschließen und von ihren Verbindungen nach Osten abzuschneiden. Das bedeutete aber, den Schwerpunkt doch rechts, also entlang des Ilmen-Sees und Wolchows zu wählen.

Aus diesen divergierenden Zielsetzungen heraus ergab sich auch eine entsprechend unklare Angriffsgruppierung. Während die Panzergruppe 4 ihre Kräfte weiter in den Lugabrückenköpfen konzentrierte, wurde ab 27. 7., hinter dem linken Flügel der 16. Armee, eine Gruppe von drei Divisionen (122., 96. und 121. ID.) zusammengezogen und nach Norden, neben das I. AK., an den Mschaga verschoben. Solcherart gliederte sich die für den entscheidenden Vorstoß auf Leningrad zwischen Ilmen- und Peipus-See gebildete Angriffsfront schließlich in drei Gruppen:

Eine Angriffsgruppe Schimsk (I. AK. mit Tle. 126. ID., 21. ID., 11. ID. und XXVIII. AK. mit SS-Totenkopf-Div., 121. ID., 122. ID.; 96. ID. als Reserve hinter der Front), eine Gruppe vor Luga (LVI. Pz. K. mit 3. (mot) ID., SS-Polizei-Div., 269. ID.) und schließlich eine Nordgruppe (XXXXI. Pz. K. mit 8. Pz. Div., 36. (mot) ID., 1. Pz. Div., 6. Pz. Div., 1. ID. und XXXVIII. AK. mit 58. ID.) (Lage der Heeresgruppe Nord am 8. 8. 1941, siehe Skizze 13).

Ein wirklicher Schwerpunkt war da kaum wahrnehmbar. Das wurde auch noch dadurch unterstrichen, daß die Verbände des I. Fliegerkorps wie bisher die Panzergruppe 4 zu unterstützen hatten, während dem linken Flügel der 16. Armee am Ilmen-See das etwas schwächere VIII. (Nahkampf-) Fliegerkorps zugeführt wurde. (Anlage 16)

Von dieser Zersplitterung der Kräfte ahnte man damals in der 21. Division kaum etwas. Vielmehr gab der hinter ihrer Front sich vollziehende Aufmarsch der Heeresartillerie unter dem Befehl des Arko 123 ihr das beruhigende Gefühl höchster Kräftekonzentration (vgl. Anlage 17). Die Division selbst war durch die Sturmgeschütz-Battr. 666 und die Heeres-Fla-Abteilung 272 verstärkt worden und hatte den Auftrag, bei Angriffsbeginn, als Schwerpunktdivision des I. Korps auf 2 km Breite, links angelehnt an die 11. ID., den Mschaga zu überschreiten, vorerst nach Osten vorstoßend den neuerlichen Uferwechsel des noch immer unterstellten verst. IR. 424 bei Schimsk zu ermöglichen und sodann in allgemeiner Richtung Nowgorod weiter anzugreifen.

Die Division gliederte sich hierzu: IR. 45 rechts, IR. 3 links. Das IR. 24 sollte nach Überschreiten des Mschaga als Korpsreserve und zum Schutz der Süd-Flanke hinter dem rechten Flügel nachgeführt werden.

Jedoch gab es immer noch Schwierigkeiten hinsichtlich des Angriffsbeginns. Trotz Drängens der Panzergruppe auf ein möglichst frühzeitiges Antreten war zunächst der 6. 8. als Angriffstag vorgesehen. Versorgungsschwierigkeiten beim I. AK., vor allem auf dem Sektor Munition, machten eine Verschiebung auf den 8. 8. notwendig. Tatsächlich trat an diesem Tag, trotz eingetretenen Schlechtwetters, das XXXXI. Pz. Korps zum Angriff an. Am Mschaga wie vor Luga entschloß man sich jedoch zu einer neuerlichen Verschiebung, da das Schlechtwetter den Einsatz des VIII. Fliegerkorps in Frage stellte. Nach zwei Tagen trat jedoch eine Wetterberuhigung ein, sodaß am Abend des 9. 8. an die Divisionen der Angriffsbefehl für den 10. 8. hinausgegeben werden konnte.[36])

Die Nacht vom 9./10. 8. war sternklar, aber ohne Mond. Unter äußerster Vorsicht und unter Vermeidung jeden Geräusches schoben sich nach Einbruch der Dunkelheit die Bataillone der 21. ID. in die bereits Tage vorher erkundeten Bereitstellungsräume. Die Batterien waren schon seit geraumer Zeit auf ihre Ziele unauffällig eingeschossen, in den Feuerstellungen türmten sich die Munitionsstapel. Auf den B-Stellen und Gefechtsständen aber versuchten, genau so wie vorne bei den Sicherungen am Fluß, hunderte von Augenpaaren die Finsternis zu durchdringen, um eine etwaige Reaktion des Feindes wahrnehmen zu können. Dieser war zwar in letzter Zeit etwas unruhiger gewesen, mußte er doch auf Grund des Angriffs des XXXXI. Pz. Korps auch an der Mschaga-Front mit einem baldigen Antreten rechnen. Der grauende Morgen zeigte jedoch keine wesentlichen Veränderungen am feindlichen Ufer.

Da wurde um 4.00 Uhr die morgendliche Stille durch ein zunächst schwaches, aber rasch stärker werdendes Brummen unterbrochen. In majestätischer Ruhe zogen, in den ersten Strahlen der aufgehenden Sonne glitzernd, von Süden her die Geschwader des VIII. Fliegerkorps heran. Minuten später ging das Dröhnen ihrer Motoren im Bersten und Krachen der nun ununterbrochen explodierenden Bomben unter, das immer wieder von dem sirenenartigen Heulen der sich herabstürzenden Stukas unterbrochen wurde.

Noch war die letzte Fliegerbombe nicht gefallen, als der Orkan der Artillerievorbereitung losbrach. Auf dem nur wenige Kilometer breiten Abschnitt des I. AK. hämmerten an die 200 Geschütze mit allem, was die Rohre hergaben, auf die erkannten Feindstellungen und Bereitstellungsräume.

Der aufsteigende Frühnebel, der Explosionsqualm der Granaten und Bomben, verstärkt durch zahlreiche Gruppen von Nebelmunition, legten bald eine undurchdringliche Wand über die feindlichen Stellungen, in der nur noch von Zeit zu Zeit der Einschlag besonders schwerer Kaliber fahl aufblitzte.

Im Schutze dieser Feuerwand setzte um 4.30 Uhr das IR. 3 mit III. Btl. rechts und II. Btl. links, sowie das IR. 45 mit dem I. Btl. über den Mschaga. Wieder war es ein Sonntag wie fast auf den Tag vor 14 Monaten an der Aisne. Aber anders als dort, schien der Feind zunächst wie gelähmt. Wahrscheinlich hatte er jedoch, in Voraussicht des Kommenden, die am Mschaga-Ufer gelegenen Stellungen geräumt. Wie auch immer, jedenfalls ging vorerst alles sehr schnell. Durch die von Pionieren geräumten und abgesteckten Minengassen hindurch und über sie hinweg brachen die Stoßtrupps in die ersten feindlichen Stellungen ein und nach 45 Minuten hatten die vordersten Teile den Weg vom Orte Mschaga nach Koskowa, 2 km jenseits des Flusses, erreicht. (Skizze 14)

Während noch die 1./Pi. 21 beim IR. 3 und die 3./Pi. 21 beim IR. 45 die Infanterie übersetzten und dieser auch als Sturmpioniere vorangingen,

Kämpfe des I.AK vom 10.–15. 8. 1941

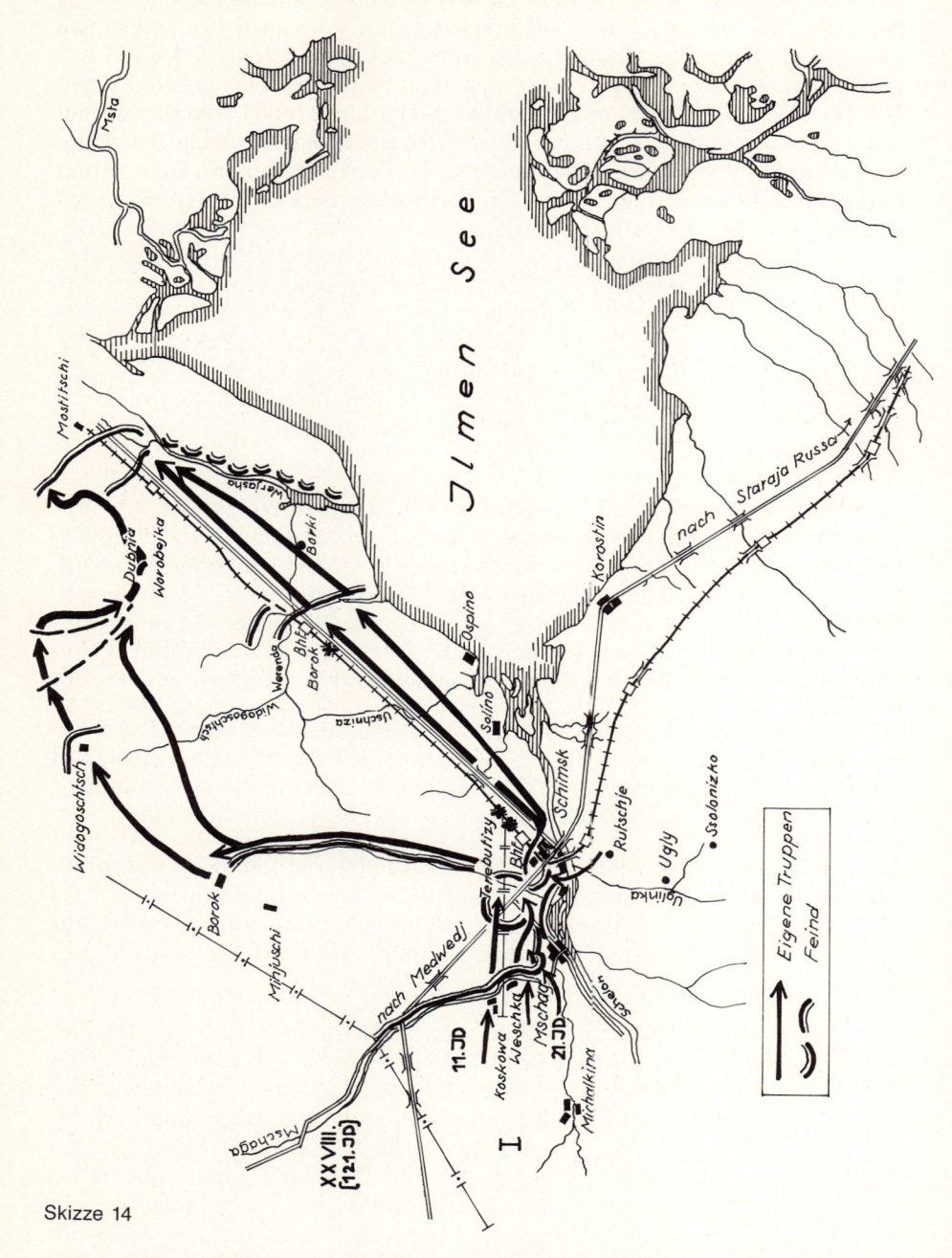

Skizze 14

begann bereits die 2./Pi. 21 mit unterstellter Brückenkolonne, im Bereich des IR. 3 mit zwei 8-to Doppelfähren einen Fährbetrieb aufzunehmen und gleichzeitig mit dem der Division noch zur Verfügung stehenden Pi. Btl. 676 bei Weschka eine 16-to Brücke zu bauen. Um 12.00 Uhr war der Brückenschlag vollendet.

Inzwischen hatte sich aber auch der Feind vom ersten Schock erholt. Das IR. 3 wurde nach Eindringen in den ostwärts des Mschaga liegenden, versumpften Wald in erbitterte Kämpfe verwickelt, das IR. 45 war bereits beim ersten Antreten von Mschaga-Nord aus flankiert worden und stieß auf einen sich zäh wehrenden Gegner, der auch den zweimaligen Versuch des III./IR. 24, von Mschaga-Süd nach Mschaga-Nord angriffsweise überzusetzen, abwies. Um 11.00 Uhr meldete sich auch die feindliche Artillerie wieder, die vor allem die Brückenstelle bei Weschka unter Feuer nahm. Diese war übrigens im Laufe des Tages ebenso das Ziel einzelner Feindbomber; freilich ohne Erfolg.

In dieser Lage entschloß sich die Division, das IR. 24 über die Kriegsbrücke nachzuziehen und es zusammen mit IR. 45 auf Mschaga-Nord anzusetzen. Gegen 15.00 Uhr drangen, nach Artillerievorbereitung, die eigenen Truppen in den noch immer erbittert verteidigten Ort ein. Aus Kellern und Erdlöchern mußte der Gegner mit Gewehr und Handgranate einzeln herausgeholt werden. Ein vom IR. 24 gemachter russischer Gefangener, der einen Bunker mit 44 russischen Soldaten zur Übergabe aufforderte, wurde zur Antwort von seinen Kameraden erschossen. Erst als dieser Eckpfeiler der feindlichen Mschaga-Verteidigung gefallen war, kamen IR. 24 und 45 schneller vorwärts. Im Nachstoß gelang es IR. 24, den starken Feind diesmal von Westen her über die Strupinka zurückzuwerfen, und IR. 45 konnte sogar noch eine schmale Holz-Brücke über dieses Flüßchen unversehrt an diesem Tag in die Hand nehmen. IR. 3 hatte am ersten Angriffstag verlustreiche Buschkämpfe hinter sich, bei denen es nur langsam Boden gewinnen konnte. Immerhin hatte am Abend des ersten Kampftages die 21. ID. mit je 2 Bataillonen IR. 24 und 45 einen Brückenkopf über die Strupinka gebildet und vom IR. 3 Sicherungen über diesen Bach vorgeschoben. Die Division hatte somit die feindliche Stellung am Mschaga im ersten Anlauf in 8 km Tiefe durchbrochen.

Auch beim Nachbarn war der Tag erfolgreich verlaufen. Die 11. ID. hatte den Anschluß gehalten und gleichzeitig einen feindlichen Gegenangriff in der Flanke abgewehrt.

Auftrag der 21. Division für den 11. 8. war, zunächst durch Angriff nach Osten bei Schimsk einen Brückenkopf für die auf dem Südufer des Flusses Schelonj stehenden Teile der 126. ID., nämlich das IR. 424 und die I. und IV./AR. 126, zu bilden, die dann auf das Nordufer übergesetzt und der 21. ID. zu Flankenschutz-Aufgaben unterstellt werden sollten. Daraufhin war der Angriff in Richtung Nowgorod soweit als möglich vorzutreiben.

Dementsprechend trat am 11. 8. die Division um 6.00 Uhr mit drei Regimentern in vorderer Linie, mit Schwerpunkt rechts, zum Angriff auf Schimsk und nördlich davon, wiederum unterstützt durch Luftwaffe, Flak und Sturmgeschütze, an. Der Angriff wurde außerdem durch die Aufkl.-Abteilung 21 und Verstärkungs-Artillerie vom Südufer her durch Feuer wirksam verstärkt und gewann nach Osten schnell Boden.

Besonders günstig wirkte sich der Besitz der Strupinka-Brücke nördlich Strupinka aus. Um 8.50 Uhr hatte das IR. 24 den Bahnhof Schimsk erreicht und damit das Gelände, das es schon einmal genommen hatte, als es von Süden her westlich Bahnhof Schimsk über den Schelonj vorgestoßen war. IR. 3 und 45 waren ebenfalls in zügigem Vorgehen nach Osten. Nun wurde das IR. 24 bei Schimsk angehalten, um den Angriff des IR. 45 auf Schimskaja mit Feuer zu unterstützen und später als Reserve der Division hinter dem rechten Flügel nachgeführt zu werden. In Schimskaja jedoch verstärkte sich der feindliche Widerstand außerordentlich. Erst nach planmäßiger Artillerievorbereitung konnte das IR. 45 den Ort in zähem Häuserkampf nehmen. Feindliche Infanterie, die südlich Schimskaja mit der Front nach Süden in Feldstellungen am Fluß saß, mußte — obgleich im Rücken gefaßt — mit Sturmgeschützen und Stoßtrupps einzeln in ihren Löchern niedergekämpft werden. Hierbei trat neben den Resten der bereits bekannten 1. Gebirgsbrigade erstmalig die 128. SD. auf.

Unterdessen aber waren starke Teile des IR. 424 in der Gegend von Bar und von der Eisenbahn-Brücke südlich Bahnhof Schimsk übergesetzt und standen zur Verfügung der Division südostwärts Strupinka. Die Aufklärungs-Abteilung 21, durch den Angriff der Division frei geworden, wurde über Mschaga nachgezogen.

Nach Einnahme von Schimskaja drehte die Division unter Belassung eines Flankenschutzes durch das IR. 424 ostwärts Schimsk, nach Nordosten ein, um nunmehr den Angriff gegen ihr eigentliches Ziel Nowgorod vorzutragen.

Das Angriffsgelände freilich war denkbar ungünstig. Nicht nur, daß es in seiner Tiefe von mehreren Wasserläufen quer durchschnitten wurde, sondern auch fast das gesamte Vorgelände vor diesen natürlichen Hinderinslinien war mit einem dichten Sumpfwald bedeckt, der ein Vorgehen praktisch nur entlang der Straße und der parallel dazu verlaufenden Eisenbahnlinie von Schimsk nach Nowgorod gestattete. Dementsprechend gliederte sich die Division zum weiteren Vorgehen: IR. 45 (rechts) sollte an der Straße, IR. 3 (links) an der Bahnlinie vorgehen, das IR. 24 hinter dem rechten Flügel folgen.

Große Fortschritte konnten an diesem Tag in der neuen Richtung allerdings nicht mehr erzielt werden. Das IR. 424 stieß in den späten Abendstunden 1,3 km nordostwärts Schimskaja in einem kleinen Kirchdorf auf starke Feindabwehr. Die Regimenter 45 und 3 kamen in dem dschungelartigen Waldgelände nur mühsam vorwärts, und die AA. 21 wurde auf die Meldung von stärkeren Feindansammlungen in der linken Flanke der Division in den Wald 2 km nördlich Bahnhof Schimsk vorgeschoben; das IR. 24 erreichte den Raum 1 km nordostwärts davon.

Am Morgen des 12. 8. um 5.00 Uhr trat die Division in ihrer bisherigen Gliederung zum neuen Angriff vor allem gegen die von der Luftaufklärung festgestellte Feindstellung am Uschniza-Bach an, während IR. 424 zunächst den Feindwiderstand in dem vorhin erwähnten Kirchdorf nordostwärts Schimskaja brach.[37])

Der Angriff der Regimenter 45 und 3 gestaltete sich wiederum des Geländes wegen sehr schwierig. Im Abschnitt des IR. 3 mußte alles Gerät und die gesamte Munition getragen werden. Artilleriestellungen waren nur unmittelbar neben der Straße möglich. Trotzdem gelang es dem IR. 3, mit dem an der Straße vorgehenden IR. 45 Schritt zu halten.

Der Feind hatte sich an der Eisenbahn in geschickten, dem Gelände angepaßten Stellungen eingenistet und mußte aus jedem Stützpunkt mit Handgranaten herausgeholt werden. Auch das IR. 45 hatte um die Feldstellungen am Ostufer des Uschniza-Baches einen harten Kampf zu führen. Das IR. 424 hatte unterdessen in teils erbitterten Nahkämpfen mit dem Feind in Kornfeldern um 10.30 Uhr Solino genommen und ging weiter auf Ospino vor. Hier wie beim IR. 45 wurden Gefangene gemacht und Geschütze erbeutet. Ein Teil des Feindes vor IR. 424 versuchte sich auf Fischerbooten auf den Ilmen-See hinauszuretten und wurde hierbei von Jägern und Schlachtflugzeugen verfolgt.

Gegen Mittag stieß die Divison auf eine neue Feld-Stellung in Gegend des Waldrandes 3 km nordöstlich Solino und nördlich davon, die bereits durch Luftbilderkundung bekannt und durch Stukas wirksam angegriffen worden war. Nach erneutem Artillerie-Aufmarsch und Bereitstellung konnte auch diese feindliche Stellung genommen werden. Die Beute an Gefangenen und Geschützen, darunter zahlreiche Panzerabwehrkanonen, stieg weiter an. Außerdem fiel dem IR. 45 eine Feindkarte in die Hand, die für die gesamte Kampfführung in den nächsten Tagen von größter Wichtigkeit wurde, da in ihr die genaue Feindstellung am Werenda-Fluß bis zu den einzelnen Nestern und Wechselstellungen sowie Scheinstellungen eingezeichnet waren. Aus dieser Karte ging auch hervor, daß die Division erst an diesem Abschnitt wieder mit stärkerem Feindwiderstand rechnen mußte. Dennoch wurde es Nacht, bis die Regimenter, unter außerordentlichen Schwierigkeiten des Geländes leidend, ihr Angriffsziel, den Nordrand des Waldes, 7 km nördlich Ospino und nordwestlich davon erreichten. Das IR. 24 wurde bis in Gegend WHS. vorgezogen und sicherte mit einem Bataillon 7 km nordwestlich davon in Anlehnung an das IR. 424, das die Linie Ospino-Korostynski-Graben erreicht hatte.

Zusammenfassend konnte das Ergebnis des Tages als zufriedenstellend bezeichnet werden. Im Angriff waren 12 km zurückgelegt, zwei Feldstellungen durchbrochen und dem Gegner eine nicht unerhebliche Anzahl schwerer Waffen und Geschütze abgenommen worden, die ihm wahrscheinlich bei der Verteidigung der Werenda-Stellung fehlen würden. Zudem war im wesentlichen der Austritt aus dem großen Sumpfwald erkämpft.

Der linke Nachbar, die 11. ID., hatte sich inzwischen östlich des Anaschskoje-Moors bis in die Gegend von Widogoschtsch vorgekämpft und übte dadurch einen erwünschten Druck gegen die rechte Flanke des vor der 21. ID. stehenden Feindes aus.

Trotzdem war es klar, daß der Durchbruch durch die Werenda-Stellung, der für den 13. 8. angesetzt war, nicht leicht sein würde. Zur Verstärkung der Division, war dieser noch die Nebelwerferabteilung 9 zugeführt und unterstellt worden.

Um 6.00 Uhr morgens am 13. 8. trat die Division zum Angriff auf die Werenda-Stellung an. Die Aufklärung hatte zahlreiche Minenfelder im Vorfeld derselben und ausgebaute Feldstellungen und Holzbunker am jenseitigen Ufer ergeben. Die Straßenbrücken 1,2 km südostwärts von Borki sowie die über die Werenda waren gesprengt.

Nach kurzem Kampf vermochte das rechts angreifende IR. 45 den Ort Borok zu nehmen und bis zur Werenda durchzustoßen. Hier ging es allerdings dann zunächst nicht weiter.

Das links vorgehende IR. 3 konnte aber die Feindstellungen westlich des Bahnhofs Borok durchbrechen und sollte sodann durch eine weitausholende Flankenbewegung die Feindstellung zu umgehen trachten. Bevor diese sehr zeitraubende Bewegung aber eingeleitet wurde, setzte das Regiment – um alle Möglichkeiten auszuschöpfen – noch einen Stoßtrupp gegen die offensichtlich intakte Eisenbahnbrücke über die Werenda an. Diesem, unter der Führung des Feldwebels Naujokat (15./IR. 3), verstärkt durch den Regimentspionierzug, gelang es tatsächlich, die Brückenbesatzung zu überrumpeln, die Zündleitungen zu durchschneiden (Gefr. Hettig), eine Geschützstellung zu stürmen, die Geschütze um 180 Grad zu schwenken und mit der noch vorhandenen Munition einen feindlichen Gegenstoß abzuwehren. Schnell entschlossen trat das IR. 3 nun zum Nachstoß an.

Gleichzeitig kämpfte 8,8 cm Flak die Feindbunker vor dem IR. 45 nieder, so daß auch dieses Regiment neuerlich vorbrechen konnte. Hierbei ergab sich ein bisher noch nicht erlebtes Phänomen: „Auf der Süduferwiese nördlich und nordostwärts Borok standen hunderte von Holzstapeln in der Größe von Heustadeln. In schätzungsweise einem Viertel davon waren Sprengstoffpakete in der Größe von 10 kg, zum Teil weit mehr, verborgen; daneben waren in und um Borok in scheinbar systemloser Anordnung große Minen eingegraben, wahrscheinlich großkalibrige Granaten, Fliegerbomben; auch Seeminen wurden festgestellt. Zu den geladenen Holzstapeln führten getarnte Zündkabel. Nach Gewinnung des Nordufers durch die vorgeworfene 15./IR. 45 wurden die ersten Stapel gezündet, später auch die eingegrabenen Sprengkörper. Die Wirkung der Detonationen, die in Abständen von 5 bis 10 Minuten erfolgten, war ungeheuer eindrucksvoll: Kirchturmhohe Feuersäulen schleuderten donnernd jeweils Massen an derben Hölzern, Erdbrocken und Steinen hunderte von Metern weit. Offensichtlich erfolgte die Zündung von einer zentralen Beobachtungsstelle aus, oder von mehreren." So die Schilderung des damaligen Führers des Regimentspionierzuges IR. 45, Lt. Herzberg.[38])

Um 14.30 Uhr hatte das IR. 45 mit I. und II. Bataillon einen starken Brückenkopf über die Werenda gebildet, während das IR. 3 mit sämtlichen Bataillonen auf dem Nordufer stand und bis zur Straße nach Nowgorod durchstieß. Das IR. 424 hatte zur gleichen Zeit den Waldrand 7 km südwestlich Borki erreicht. Zwei der Division zugeführte Brückenkolonnen wurden zum Brückenschlag an die Werenda 2 km südostwärts Borki dirigiert, wo bis zum Abend die Kriegsbrücke fertig war, auf der noch in der Nacht die Gefechtsfahrzeuge und die Artillerie nachgezogen wurden.

Zur Sicherung der linken Flanke waren das IR. 24 und die AA. 21 am Nordrand des Waldes 7 km südwestlich Borki belassen worden. Man kann es daher verstehen, daß laut einer Tagebucheintragung des Generalfeldmarschalls von Leeb an diesem 13. 8. beim I. AK. Siegesstimmung herrschte.[39]) Der Erfolg dieses über alle Erwartungen erfolgreichen Tages wurde jedoch noch dadurch gekrönt, daß der vom IR. 45 angesetzten Radfahraufklärung neben mehreren LKW und einem Geschütz, vor allem ein Ingenieur-Offizier vom Stab der 128. SD. in die Hände fiel. Dieser, ein Karelier, brachte nach Aufforderung bereitwillig aus einem Versteck im Walde sämtliche, zum großen Teil von ihm bearbeiteten Befestigungskarten von Nowgorod, sowie Pläne der verlegten Minenfelder. Diese Beutekarten ergaben um die Stadt Nowgorod drei Verteidigungslinien: 1. die Werenda-Stellung, 2. die Weresha-Stellung, 3. die Stadtrand-Stellung. Es war weiter ersichtlich, daß Nowgorod zur Festung ausgebaut worden war und jede Straße Widerstandsnester, Minenfelder und ähnliche Hindernisse aufwies. Ostwärts des Wolchow war die Insel zwischen dem kleinen Wolchow und dem eigentlichen Wolchow ebenfalls stark befestigt.

Es kam nun entscheidend darauf an, nachdem die erste Verteidigungslinie durchbrochen war, die anderen so schnell zu durchstoßen, daß der Gegner keine Zeit mehr fand, diese vorbereiteten Stellungen planmäßig zu besetzen. Für den 14. 8. war der gemeinsame Angriff der 21. und 11. ID., welche am 13. 8. die Gegend von Dubnja erreicht hatte, auf die voraussichtlich stark ausgebaute Weresha-Stellung vorgesehen. Um dem Gegner aber im Sinne der vorigen Überlegungen keine Möglichkeit zu geben, sich dort erneut zur Verteidigung einzurichten, wurde noch am 13. 8. die Luftwaffe auf diesen Abschnitt angesetzt. Offensichlich mit Erfolg, denn tatsächlich hatte der Gegner nicht mehr die Kraft, diesen nächsten Abschnitt nachhaltig zu verteidigen.

Die Dispositionen der Division für den 14. 8. lauteten im allgemeinen: IR. 3 in vorderer Linie sollte um 6.00 Uhr antreten und beiderseits der Straße soweit als möglich gegen den Weresha-Abschnitt vorstoßen. IR. 24 hatte zunächst IR. 3 zu folgen und sollte später links davon eingesetzt werden. IR. 45 wurde als Divisions-Reserve nachgeführt. Dem IR. 424 oblag der Schutz der rechten Flanke und das Auskämmen des Geländes zwischen Straße und Weresha. Aufklärungsabteilung 21 sollte die Verbindung zwischen IR. 3 und der 11. Division entlang des Baches Derena herstellen. Bis 9.30 Uhr war die Mitwirkung des VIII. Fliegerkorps zugesagt.

Das durch die I./AR. 21 und die I./AR. 57 verstärkte IR. 3 warf den Feind nach kurzem Kampf am Worobejka-Abschnitt, den es um 10.40 Uhr überschreiten konnte. IR. 424 fand in der rechten Flanke der Division zunächst keinen Feind. IR. 24 hatte beim Vorgehen an der Eisenbahn, die unzählige Male gesprengt war, dieselben Wegeschwierigkeiten wie IR. 3 am Vortage.

Um 15.30 Uhr langte das IR. 3 an der Weresha an. Die Brücke war zwar gesprengt, der auflebende Feindwiderstand jedoch so gering, daß sofort ein Bataillon hinübergeworfen und die Radfahrkompanie auf Mostischtschi angesetzt werden konnte. Auch das IR. 24 fühlte ungefähr gleichzeitig mit Spähtrupps über den Bach vor, fand sodann bei Staraja-Melniza einen Übergang und setzte hier zügig auf das andere Ufer über. Bis zum Abend gewann IR. 3 mit seiner Radfahrkompanie Mostischtschi, IR. 24 gelang es, mit IR. 44 (11. ID.) Fühlung zu bekommen. Der zweite Verteidigungsring um Nowgorod war durchbrochen, der 15. 8. mußte die endgültige Entscheidung über das Schicksal der Stadt bringen.

Im Lichte der aufgehenden Sonne, blendend weiß schimmernd, lag am Morgen des 15. 8. die Stadt, nun schon zum Greifen nahe, vor den Angriffsspitzen der 21. ID. Ohne auf den Brückenbau über die Weresha im Abschnitt des Regiments zu warten, trat das IR. 3 um 7.25 Uhr zum weiteren Angriff an. Das IR. 424 überquerte etwas später 1 km ostwärts Bahnhof Worobejka den Bach und setzte sich rechts neben das IR. 3, das bei der Kirche Arkaskaja auf schwachen Feind gestoßen war, während das weiter links anschließende IR. 24 bei Nowo-Michalowskaja im Südwesten von Nowgorod bereits mit stärkerem Feind im Kampfe stand.

Wie bereits am Vortag, so versuchte der Gegner auch jetzt wieder, den Angriff durch Einsatz von Kampf- und Schlachtfliegern abzustoppen. Fast war es ein Wunder zu nennen, daß die mitunter nur wenige 50 m über den Boden daherfegenden Maschinen mit ihren Bomben und Bordwaffen unter den hauptsächlich an der großen Rollbahn massierten Truppen der Division nur geringe Verluste verursachten. Die Heeresflak führte mit Erfolg die Abwehr.

Um 11.30 Uhr trat indes eine Krise ein, als das IR. 3 an der Straße nach Nowgorod, wenige Kilometer vor der Stadt, von einem letzten Verzweiflungsstoß des Gegners, einem Angriff schwerster Panzer, getroffen wurde. Die dem Regiment beigegebene 8,8 cm Flak fiel durch Volltreffer aus. Eine Zeitlang beherrschten die stählernen Giganten die Straße und das Gelände beiderseits derselben vollständig. Schleunigst mußte dem schwer ringenden Regiment, sowie dem IR. 24, neue Flak zugeführt werden. Nachdem es dem 5 cm Pak-Zug IR. 3 unter Lt. Preuß aber gelungen war, einen 52-to-Panzer zur Strecke zu bringen, war die Krise überwunden. Nach wie vor lag allerdings schweres Feind-Feuer auf Mostischtschi. Bis zum Nachmittag aber hatte das IR. 24 von Westen her mit einem Bataillon den nördlichen Weresha-Arm überschritten und den Widerstand des Feindes am Ostufer gebrochen. Die 11. ID. links davon anschließend hatte mit ihrem IR. 23 den Angriff unterstützt und schirmte nun nach Norden hin ab.

Damit war das „goldene" Nowgorod im Süden und Westen umschlossen, der entscheidende Angriff auf die letzte Widerstandslinie, den mittelalterlichen Stadtwall, konnte beginnen.

Etwa um 17.30 Uhr begann dieser letzte Akt mit einem zusammengefaßten Angriff des VIII. Fliegerkorps auf die Stadt und einem 20 Minuten langen Vernichtungsfeuer der gesamten Divisionsartillerie auf die erkannten Feindstellungen am Stadtwall.

Innerhalb kürzester Zeit war die Stadt ein Feuermeer, von dem aufsteigend gewaltige pechschwarze Rauchsäulen den Untergang des alten Nowgorod verkündeten.

Gemeinsam traten nun die Regimenter IR. 424, 3 und 24 zum letzten Sturm an.

Von Artillerie und Nebelwerfern wirksam unterstützt, gelang es dem IR. 24, von Westen her sich an die Stadt heranzuschieben und in die ersten Häuser diesseits des Stadtwalls einzudringen. Ein weiteres Vordringen war infolge der ungeheuren Hitze und der dadurch ausgelösten ständigen Detonation von Minen nicht möglich. Das Regiment hielt an und sicherte mit der Masse seiner Kräfte nach Norden. Zwischen seinem linken Flügel und dem rechten der 11. ID. schob die Division an die aus Nowgorod nach Westen herausführende Straße noch die AA. 21 ein. Beim IR. 3 war der Angriff weniger erfolgreich verlaufen. Sein Angriffsstreifen führte über ein glacisartiges, fast vollkommen deckungsloses Gelände, das von den in den Stadtwall eingebauten und trotz der eigenen Feuervorbereitung nicht restlos ausgeschalteten schweren Waffen des Gegners beherrscht wurde. Bis zum Einbruch der Dunkelheit gelang es dem Regiment immerhin unter dem Feuerschutz der eigenen Artillerie, sich bis auf 200 m an den Stadtwall heranzuarbeiten. Dann allerdings lag es fest, vor sich den alten Festungsgraben von Nowgorod, einem 50 m breiten, nicht durchwatbaren Sumpf. Beim IR. 424 am äußersten rechten Flügel hingegen war die Lage wieder günstiger. Auf schmaler Front zusammengefaßt durchbrach das Regiment in einem schwungvollen Angriff eine feindliche Feldstellung 1 km südlich Nowgorod und drang um 19.00 Uhr in die Südvorstadt Troitki ein.[40]) Damit war auf beiden Flügeln der Division das Angriffsziel erreicht und der Fall des westlich des Wolchows gelegenen Stadtteils von Nowgorod, mit dem beherrschenden Kreml, nur noch eine Frage von Stunden.

Mit diesem am 15. 8. abends erzielten Einbruch in die Stadtrandstellung von Nowgorod hatte die 21. Division, ohne daß sie es selbst klar übersehen konnte, mehr als einen örtlichen, taktischen Erfolg errungen. „Der Feind ist durchbrochen und nichts ist dahinter", notierte Generaloberst Halder an diesem Tag in sein Tagebuch[41]) und er hatte, über kurze Zeit hinweg betrachtet, damit nicht so unrecht. Der sowjetischen Besatzung von Nowgorod (Reste der 128. SD. und Teile der 21. Pz. Div.) war durch die vorangegangenen Kämpfe das Rückgrat gebrochen. Nennenswerte Reserven standen der russischen Führung zu diesem Zeitpunkt im frontnahen Raum nicht mehr zur Verfügung. Was sie an operativen Reserven im Nordabschnitt besessen hatte, befand sich seit dem 14. 8. im Raume südlich Staraja-Russa im Kampf. Dort versuchte die russische 34. Armee, im Gegenangriff in der Lücke zwischen dem II. und X. AK. auf Dno durchzustoßen.[42]) Auch vom anderen Flügel seiner Verteidigungsfront, nämlich von der Leningrad unmittelbar deckenden 8. Armee, konnte das Kommando der russischen Nordwest-Front keine Kräfte herausziehen, da sich diese Armee selbst nur mit Mühe der Angriffe des XXXXI. Pz. Korps erwehren konnte. So blieb denn vorerst nichts anderes übrig, als der bei Nowgorod kämpfenden russischen 48. Armee kategorisch zu befehlen: „Nowgorod ist bis auf den letzten Mann zu halten."

Zugleich mit diesem Funkspruch wurde der 48. Armee vom Kommando der Nordwest-Front als letzte Reserve die Zuführung der im Raum Kirow neu aufgestellten 311. SD. (SR. 1067, 1069. 1071 und Hb. AR. 855) im Bahntransport nach Tregubowo (50 km nördlich Nowgorod) angekündigt, um — wie dies 2 Tage später der russische Generalstabschef Schapposchnikow an das Kommando der Nordwest-Front befahl — den Feind aus Now-

157

gorod hinauszuwerfen und auf jeden Fall eine Unterbrechung der Oktoberbahn (Moskau, Leningrad), sowie eine Ausbreitung des Gegners über das Ostufer des Wolchow hinaus zu verhindern.

Angesichts dieser, freilich nicht vorausgesehenen Entwicklung der Lage hätte ein sofortiger, kraftvoller Nachstoß von ein bis zwei, womöglich motorisierten Divisionen in die Tiefe des feindlichen Raumes eine, zumindest für die Heeresgruppe Nord, vielleicht feldzugsentscheidende Bedeutung gehabt. Anders als seinerzeit nach dem Aisne-Übergang waren jedoch jetzt diese so dringend benötigten Kräfte nicht vorhanden. Nicht nur hinter der sowjetischen Front, auch hinter der deutschen befand sich buchstäblich nichts mehr. Selbst die ursprünglich dafür bereit gehaltene SS-Totenkopf-Division war von der 16. Armee, zusammen mit dem LVI. Pz. Korps, zur Abwehr des feindlichen Gegenangriffs südwestlich von Staraja-Russa herausgezogen worden. Wenngleich auch dieser Versuch der sowjetischen 34. Armee, den Vorstoß der Heeresgruppe Nord auf Leningrad gewissermaßen an der Wurzel abzuriegeln, schon nach wenigen Tagen vollkommen scheiterte, so fehlten die dagegen eingesetzten Kräfte in den nächsten Tagen fühlbar an der entscheidenden Stelle.[43] Einmal mehr, wenn auch gegenwärtig von der Sonne des Erfolges überstrahlt, wurde sichtbar, wie sehr die Kräfte bereits überspannt waren.

Es ist fraglich, ob diese Problematik, der man sich im OKH. und bei der Heeresgruppe Nord durchaus bewußt war, auch beim I. AK. und schon gar im Stab der 21. Division voll erkannt wurde. Wie auch immer, die auf beiden Seiten der Front kräftemäßig so angespannte Lage ließ gar keinen anderen Entschluß zu, als zu versuchen, wenn auch mit unzureichenden Mitteln, durch schnelles und kühnes Handeln die einmal errungene Initiative in der Hand zu behalten. Daher erging, noch während in der Nacht vom 15./16. 8. der Widerschein der Brände am Himmel den Untergang von Nowgorod verkündete und innerhalb der unglücklichen Stadt die aufschießenden Feuergarben die Türme und Kirchen noch ein letztes Mal in strahlender Helligkeit aus der Finsternis heraustreten ließen, an die vor den Toren der Stadt stehende 21. ID. bereits ein neuer Auftrag. In einer nächtlichen Befehlsausgabe auf dem Divisionsgefechtsstand wurde den Kommandeuren der Befehl des I. AK. bekanntgegeben, wonach die 21. ID. unter schnellster Bereinigung der Lage bei Nowgorod so bald als möglich zum Angriff in nördlicher Richtung vorgehen sollte. Nach Weisung der Division hatten daher am 16. 8. die Regimenter 24, 3, 424 sich so frühzeitig in den Besitz des Westteils der Stadt zu setzen, daß noch am gleichen Tag das IR. 24 und die AA. 21 in die neue Richtung eindrehen konnten. Das IR. 45 sollte sich dann später links davon, entlang der Eisenbahn nach Tschudowo, dem Angriff anschließen.

Mit Beginn der Morgendämmerung am 16. 8. begann der planmäßige Angriff zur Säuberung der Stadt. Von allen Seiten brachen die Bataillone in die teilweise noch immer brennenden Stadtteile ein. Ohne Rücksicht auf immer wieder auflebende Widerstandsnester drang das I./IR. 424 bis zum Kreml, der die Wolchowbrücke beherrschte, vor. Um 7.00 Uhr hißten die mit diesem Regiment in vorderer Linie mitgehenden PK-Berichterstatter auf dem Kreml von Nowgorod eine Hakenkreuzflagge. Auch beim IR. 3

hatte sich die Lage inzwischen so günstig entwickelt, daß auch dieses Regiment über den Stadt- und Kernwall einbrechen und mit dem Aufrollen der Wall-Stellungen beginnen konnte. Die Radfahr-Kompanie des IR. 3 stieß bis zum Kreml durch und setzte sich am Wolchow fest.

*Angriff des verstärkten IR.3 am 17./19. 8. 1941
auf den Westteil von Nowgorod*

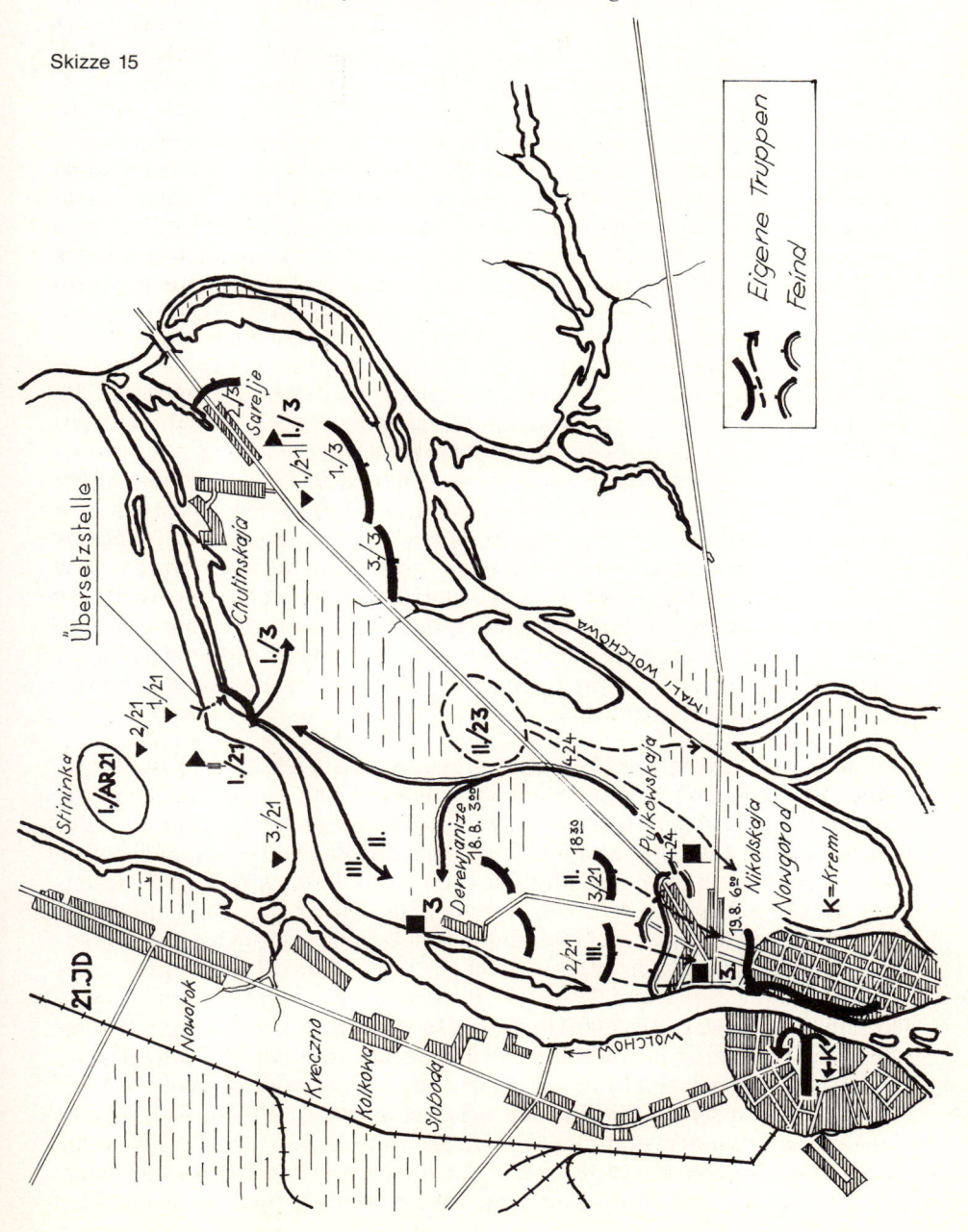

Skizze 15

Um die gleiche Zeit etwa traten das IR. 24 und die AA. 21 zum Angriff nach Norden an. Im schwierigen Gelände stieß die Aufklärungsabteilung zunächst nach Nordwesten bis zum Kloster Ssyrkowo vor, während das IR. 24 und später das sich daneben einschiebende IR. 45 den Feindwiderstand an der Bahnlinie nach Norden brachen und bis zum späten Abend das Höhengelände von Bolschewodskoje gewinnen konnten. Die Aufklärungsabteilung 21 drang darüber hinaus noch bis in die Gegend von Podberesja (20 km nordnordostwärts Nowgorod) vor, um von hier aus am 17. 8. die Verfolgung des geschlagenen Gegners in Richtung Tschudowo fortzusetzen. Für diese Aufgabe wurden ihr noch zugeführt: die Radfahr-Kompanien der Regimenter 24 und 45, eine Kompagnie PzJg. Abt. 21 und eine Batterie II./AR. 37 (sFH. mot.).

Voraussetzung für das weitere Vorgehen der Masse der 21. ID. nach Norden war freilich eine einigermaßen verläßliche Abschirmung ihrer rechten Flanke entlang des Wolchow, wobei es vor allem darauf ankam, dem noch immer den Ostteil von Nowgorod und die dazu gehörige Wolchow-Insel haltenden Gegner die Einwirkungsmöglichkeit auf die Vormarschstraße der Division, vor allem im Norden von Nowgorod, zu nehmen. (Skizze 15)

Hierzu wurde dem IR. 3, das noch in den Abendstunden des 16. 8. hinter der Division nachgezogen wurde, der Befehl erteilt, in den Morgenstunden des 17. 8. in Gegend der Ziegelei westlich Strjolka über den Fluß auf die Wolchow-Insel überzusetzen und im exzentrischen Angriff nach Norden, Osten und Süden vorzustoßen. Unter Belassung von Sicherungen am Nord- und Ostrand der Insel hatte das Regiment mit Masse gegen Süden einzuschwenken und den Ostteil von Nowgorod anzugreifen, während das IR. 424, von Westen her übersetzend, ebenfalls in Nowgorod-Ost eindringen sollte. Die Artillerie der Division ging während der Nacht vom 16./17. 8. so in Stellung, daß sie den Angriff des IR. 3 über den Wolchow unterstützen konnte. Bis zur Klärung, ob das Unternehmen erfolgreich und damit das den Vormarsch nach Norden beherrschende Höhengelände in eigener Hand sei, wurden die Regimenter 24 und 45 in der am Abend des 16. 8. erreichten Linie angehalten.

Um Mitternacht vom 16./17. 8. hatte das zunächst nach Norden marschierende IR. 3 mit dem Anfang Stininka erreicht. Nach kurzer Rast, die zur Vorbereitung des Angriffs über den Fluß benutzt wurde, gelang es dem Regiment, gegen 3.00 Uhr morgens zunächst die Radfahr-Kompanie unbemerkt vom Feinde über den Fluß zu bringen und einen kleinen Brückenkopf zu bilden. Bis etwa 4.30 Uhr war auch das vorderste I. Batl. mit einem Pak-Zug, ebenfalls überraschend und fast unbehelligt vom Gegner, übergesetzt worden. Ihm folgten anschließend das III. und das II. Bataillon, sowie je ein Geschütz der 1. und 3./AR. 21 für die Abwehr von etwaigen Angriffen schwerer Panzer. Ab 5.00 Uhr war das verstärkte I./IR. 3 im gut fortschreitenden Angriff in Richtung Nordosten, um sich in den Besitz des die Straße Nowgorod-Tschudowo beherrschenden Höhengeländes bei Kloster Chutynskaja zu sezten, die Brücke zwischen Sarelje und Kolonie Nikolajewskaja zu gewinnen und diese möglichst zu sprengen. Der Feind in der Gegend des Klosters wurde geworfen und zunächst der Nordzipfel der sogenannten „Insel" in Besitz genommen. Da die beabsichtigte Sprengung der

Brücke infolge der starken Feindeinwirkung vom Ostufer des „kleinen" Wolchow her nicht mehr durchgeführt werden konnte, mußte man sich begnügen, die Brücke durch Feuer zu beherrschen. Das I./IR. 3 blieb nun in Gegend Sarelje und übernahm damit die Deckung des Rückens des Regiments nach Norden und Osten, während dieses selbst mit seinen beiden übrigen Bataillonen, unterstützt durch das Feuer der unterstellten I./AR. 21 und unter dem Feuerschutz der Masse der Divisionsartillerie nach Süden auf Nowgorod-Ost einschwenkte.

Der Gegner hatte sich aber jetzt von seiner ersten Überraschung erholt und verteidigte sich verbissen. Feuer aus schweren Panzern, geschickt eingebauten MG-Nestern, aus zu Bunkern ausgebauten Häusern und von flankierenden Flußschleifen her erlaubten dem Regiment nur, sich sozusagen im Stoßtruppverfahren durch die feindlichen Stellungen durchzufressen. Der für 9.00 Uhr auf den Nordrand von Nowgorod-Ost vorgesehene Stuka-Angriff des VIII. Fliegerkorps mußte aus diesem Grund auf 10.30 Uhr verschoben werden. Aber auch dann gelang es nicht, den Feindwiderstand zu brechen. Auch die Übersetzversuche des IR. 424 von Nowgorod-West her scheiterten.[44]) Daraufhin erteilte der Kommandierende General des I. AK. in den späten Nachmittagsstunden den Befehl, den Angriff einzustellen und sich mit vordersten Teilen etwa 1,2 km nördlich des Stadtrandes von Nowgorod-Ost zur Abwehr einzurichten. Kurz vor Mitternacht wurde dem Regiment zur Sicherung seiner Ostflanke noch das II./IR. 23 (11. ID.) zugeführt. Trotzdem blieb eine erhebliche Lücke zwischen diesem und dem II./IR. 3 bestehen, die sich bald fühlbar machen sollte. Durch den Frühnebel des 18. 8. begünstigt, stieß nämlich ein russischer Gegenangriff durch diese Lücke unbemerkt hindurch und drehte dann im Rücken des IR. 3 sowohl gegen den Rgt. Gef. Stand mit dem dort stehenden sIG-Zug als auch nach Norden auf die Fährstelle ein. Dank des Eingreifens des Kommandeurs der I./AR. 21, der von seinem Gefechtsstand auf dem überhöhten Westufer aus das Vorgehen der feindlichen Infanterie übersehen konnte, gelang es unter Einsatz der Regiments-Reserve, der Radfahr-Kompanie IR. 3, den Angriff zu stoppen und den Feind auch nach kurzem Kampf auf dem Gefechtsstand des Regiments zurückzuwerfen.

Gegen Mittag des 18. 8. war dann das IR. 424 aus Nowgorod-West auf die Insel nachgezogen und links neben dem IR. 3 zum gemeinsamen Angriff auf Nowgorod-Ost von Norden her angesetzt worden. Nach einem wuchtigen Stuka-Angriff gelang es nun den beiden Regimentern, trotz strömenden Regens und noch immer zähen Feindwiderstandes, bis nach Nowgorod-Ost hinein vorzudringen. Die Säuberung dieses Stadtteils dauerte noch bis zum nächsten Tag (19. 8) an, dann wurde das III./IR. 3 herausgezogen und auf LKW der inzwischen weiter nach Norden angreifenden 21. ID nachgeführt, während das restliche verstärkte IR. 3 im Rahmen der neu gebildeten Gruppe Gschwandtner (Arko 130)[45]) sich auf der Insel zur Verteidigung einrichtete.

Die 21. ID. hatte inzwischen in Durchführung ihres Auftrages weiter Boden gewonnen. Nachdem am 17. 8. die die Vormarschstraße beherrschenden Höhen in die Hand des IR. 3 gelangt waren, war die Division um 9.00 Uhr, mit IR. 24 rechts und IR. 45 links, zum Angriff nach Norden angetreten.

Gegen 17.00 Uhr war die Vorausabteilung bei und südlich Owinez auf stärkeren Feind gestoßen. Es waren dies vor allem die Anfänge der schon erwähnten 311. SD., die damit über ihre Ausladestation nicht wesentlich nach Süden hinausgelangt war. Im Gegenteil, das rasche Vordringen der Division machte nun die Rückverlegung der Ausladungen nach Tschudowo notwendig, von woher die feindlichen Verbände nur tropfenweise ins Gefecht treten konnten. Bis zum Morgen des 18. 8. gelang es daher auch, den Feind bei Owinez zu werfen. Die nunmehr unter dem Befehl von Oberst Heinrichs stehende Vorausabteilung (den Befehl über IR. 24 hatte am 17. 8. abends Obstlt. Arning übernommen) stieß jedoch bereits um 6.35 Uhr in der Gegend des Straßen- und Eisenbahnkreuzes Gluchiza, etwa 15 km südlich Tschudowo, auf neuen und diesmal stärkeren Feind, der offensichtlich versuchte, wenigstens den Durchbruch nach Tschudowo abzuwehren. Da die Vorausabteilung diesmal nicht mehr imstande war, den Widerstand zu brechen, setzte die Division die Regimenter 24 rechts und 45 links der Straße zum Angriff an, während die Vorausabteilung nach Wirksamwerden desselben, westlich ausholend, auf Korpowo vorstoßen sollte.

Gegen Mittag ließ das feindliche Artillerie-Feuer infolge Bekämpfung durch die Artillerie der Division nach. Der Angriff über das Eisenbahn-Straßen-Kreuz hinaus gewann, auch von Kampf- und Sturzkampffliegern wirksam unterstützt, ständig an Boden. Hierbei eroberte das III./IR. 24 eine unversehrte, vollständig bespannte Batterie. Unterdessen war ein Spähtrupp der 1./AA. 21 bis zur Straßenbrücke über den Polistj vorgedrungen, hatte die Zündschnüre durchschnitten und ein feindliches, an die Brücke herankommendes Sprengkommando durch Feuer vertrieben.

Das westlich der Eisenbahnlinie hinter der Vorausabteilung nachfolgende I./IR. 24 vermochte die Brücke sodann unversehrt in die Hand zu nehmen und am Nachmittag einen Brückenkopf nach Norden zu bilden, aus dem heraus die Vorausabteilung antretend, gleich nördlich der Brücke, auf Korpowo abbog, während I. und III./IR. 24, ungeachtet eines einsetzenden Gewitters, den Angriff entlang der Straße, bzw. der Eisenbahn nach Norden fortsetzten. Die Feindlage war weitgehend ungeklärt, was freilich auch umgekehrt für den Gegner gegolten haben mag. Von einer einheitlichen Kampfführung südlich Tschudowo dürfte keine Rede mehr gewesen sein. Vielmehr scheint die sowjetische Führung mit den vor der 21. Division zurückgehenden und bereits ziemlich angeschlagenen Kräften (möglicherweise 151. und 152. Landesschützen-Regiment aus Leningrad, und vorgeworfene Teile der 311. SD.) nur noch hinhaltenden Widerstand geleistet zu haben, während sich die Masse der 311. SD. auf eine hartnäckige Verteidigung von Tschudowo vorbereitete.

Aber so klar war dies damals auf deutscher Seite nicht zu übersehen, zumal das Gelände die Übersicht ungemein erschwerte. Von Osten wie von Westen schoben sich ausgedehnte Wälder bis nahe an die Vormarschstraße heran, die manche unangenehme Überraschung hätten bergen können. Dergleichen zu begegnen war nur durch unausgesetzte Bewegung möglich. Unaufhaltsam drang daher das I./IR. 24, mit der durch einen Sturmgeschütz-Zug der Batterie 666 verstärkten 3. Kompanie (Oblt. Grun) an der Spitze, vor. Mit aufgesessener Infanterie sprungweise vorfahrend, kämpften die Sturmgeschütze jeden aufkommenden Widerstand nieder, während der Rest des I. Bataillons dichtauf und zwar, um das Tempo der Spitze zu halten, in Reihe beiderseits der Straße folgte. Die Bedrohung der linken Flanke wurde, ja mußte bewußt in Kauf genommen werden und zwar nicht nur, weil das dem IR. 24 noch zur Verfügung stehende II. Bataillon, das zunächst der Vorausabteilung zugeteilt gewesen war, sich zu diesem Zeitpunkt noch weit zurück befand. Auch wenn es zur Stelle gewesen wäre, hätte es nicht viel ändern können; das Gelände westlich der Straße war praktisch unpassierbar. Das hatte an diesem Tag das IR. 45 erfahren müssen. Das ursprünglich durch den Wald westlich der Straße und des Straßen-Eisenbahn-Kreuzes angesetzte Regiment, mußte infolge der aussichtslosen Wegeverhältnisse, insbesondere für alle bespannten Teile, auf die Hauptstraße zurückgenommen werden. Es beließ aber das III. Bataillon im Stoß entlang des Waldrandes nördlich des Eisenbahn-Straßen-Kreuzes, von wo her der linke Flügel des IR. 24 flankiert wurde.

Auch die Vorausabteilung blieb bei ihrem Vorgehen auf Korpowo nach anfänglich leidlichen Wegeverhältnissen nordwestlich Gluchiza im Sumpfe stecken und mußte zur Erreichung ihres Angriffszieles die Radfahr-Schwadronen und -Kompanien im Fußmarsch auf Korpowo ansetzen. Auch die der Vorausabteilung angehörende II. (mot)/AR. 37 mußte in Gegend Gluchiza der Vorausabteilung abgenommen werden, weil auch sie in dem Gelände nicht mehr beweglich war.

An der Hauptstraße nach Tschudowo wurde aber der Angriff bis in die einfallende Dunkelheit hinein, auch hier auf grundlos gewordenen Wegen, fortgesetzt. Etwa gegen 21.30 Uhr war das I./IR. 24 an der Straße bis 800 m über das in hellen Flammen stehende Cholopia Polistj hinaus vorgekommen. Hier, rund 8 km südlich Tschudowo wurde der Angriff vorerst eingestellt.

Zweifellos hatten zu diesem bedeutenden Erfolg (die Division hatte angreifend etwa 12 km zurückgelegt) die wiederholten Einsätze des VIII. Fliegerkorps wesentlich beigetragen. Dennoch lag das Hauptverdienst an diesem Tag bei den in der Front stehenden Bataillonen des IR. 24 und hier wiederum bei der 3. Kompanie und dem Zug der Sturmgeschütz – Batterie 666. Ihnen wurde auch noch um Mitternacht die Anerkennung des Regimentsführers wie der Division fernmündlich ausgesprochen.[46]

Inzwischen war das I. AK. bemüht gewesen, im Rücken der Division wenigstens einen symbolischen Flankenschutz am Wolchow aufzubauen. Die 11. ID. wurde nach Erreichen von Nowgorod hinter der 21. ID. auf der Straße Nowgorod, Tschudowo nachgezogen und schwenkte mit ihren Regimentern fächerförmig gegen den Wolchow hin auf. Das verstärkte IR. 2 dieser Division mit der II./AR. 47, der 21. ID. unterstellt, erhielt den Auftrag, mit vorderen Teilen die Gegend von Kusino, etwa 21 km südlich Tschudowo, zu erreichen und hier dem Gegner eine starke Besetzung des Westufers vorzutäuschen. Die hinter der linken Flanke der Division vorgehende AA. 11 stieß nach Westen auf Kretschno vor.

Auf diese Weise in ihren Flanken einigermaßen gesichert, ging die Division in der erreichten Linie für die Nacht vom 18./19. 8. zur Abwehr über, während ihre Artillerie zum ersten Mal Störungsfeuer auf das nunmehr in ihrer Reichweite liegende Tschudowo und die Bahnlinie Moskau, Leningrad legte. Damit trat die Operation in ihr entscheidendes Stadium. Auf Befehl des I. AK. sollte die Division an diesem Tage, unterstützt vom Fliegerkorps Richthofen, den endgültigen Stoß auf Tschudowo führen.

Während das der Division unterstellte IR. 2 (11. ID.) entlang des Wolchow, vom Ostufer durch Feuer nur wenig gestört, weiter nach Norden vordrang, stellte sich die Division beiderseits der Rollbahn zum Angriff bereit, den das VIII. Fliegerkorps ab 16.30 Uhr durch rollenden Einsatz auf den Feind unmittelbar vor der Front der Division und ab 17.00 Uhr mit Bomben auf Tschudowo vorbereitete. Aber auch der Gegner griff mit Jagd- und Schlachtfliegern in den Kampf ein.

Um 16.50 Uhr erhoben sich die Regimenter 24 und 45 zum Angriff. Zunächst wich schwächerer Gegner, wahrscheinlich die Gefechtsvorposten, nach Norden aus, doch bald versteifte sich der Widerstand erheblich. Jede Hecke, jeder Busch war besetzt, jede Stellung mußte im Nahkampf genommen werden. Immer wieder führte der Feind Gegenstöße. Er war sich nur zu wohl bewußt, was hier für ihn auf dem Spiel stand.

Tatsächlich konnte er den Verlust des Ortes Tschudowo selbst noch etwas verzögern, doch hatte sich die Division bis zum Abend auf etwa 4 bis 5 km an diesen herangearbeitet. Sie bildete hierzu einen erweiterten Brückenkopf über den Polistj, während ihre Vorausabteilung bei Korpowo mit versprengten Feindteilen im Kampf stand.

Für den 20. 8. galt es nun, die eigenen Kräfte so weit als möglich zusammenzufassen. Das inzwischen von Nowgorod eingetroffene III./IR. 3 wurde als Divisionsreserve bereitgestellt. Das IR. 2 löste das in der Ostflanke eingesetzte III./IR. 45 ab.

Aber auch der Gegner hatte seine Vorsorge getroffen. Was ihm an Erdtruppen mangelte, suchte er durch Einsatz aus der Luft auszugleichen. Bereits am Morgen des 20. 8. richtete er seine Bombenangriffe auf die große Straße nach Tschudowo und die von ihm erkannten Artilleriestellungen. Durch starken Jagdschutz war er bemüht, seine Erdtruppen gegen die Angriffe des VIII. Fliegerkorps abzuschirmen. Aber auch am Boden war er gesonnen, jeden Fußbreit dem Angreifer streitig zu machen. So kam denn der vom IR. 45 und IR. 24 mit Unterstützung des Fliegerkorps, der Divisions- und Verstärkungsartillerie wieder aufgenommene Angriff in dem unübersichtlichen Buschgelände nur langsam vorwärts.

Besonders heftig war der Widerstand vor dem IR. 24, 1 km südlich der Flußschleife des Kerestj, südlich Tschudowo, wo eine starke und tiefe Feldstellung erst nach längerem Kampf vom III./IR. 24 genommen werden konnte. Empfindliche Verluste traten auch beim linken Bataillon IR. 24 durch feindliche Scharfschützen und flankierendes sMG-Feuer aus einem kleinen Vierecks-Wald am Südrand des Flugplatzes von Tschudowo ein. Aus Richtung etwa 8 km nordwestlich Tschudowo machte sich das Feuer eines feindlichen Panzerzuges mit schweren Kalibern spürbar.

Inzwischen hatte das IR. 45 nach Artillerie-Vorbereitung die Ortschaft Luka südostwärts Tschudowo nehmen können. Gegen Mittag gelang es dann der 2./IR. 45 mit dem Zug des Obfw. Fege, die Straßenbrücke und wenig später mit dem Zug des Lt. Kahle auch die Eisenbahnbrücke über den Kerestj, nordwestlich davon, am Südosteingang von Tschudowo unbeschädigt in die Hand zu bekommen. Kurz darauf vermochte auch das IR. 24 nach schwerem Kampf, die Straßen- und Eisenbahnbrücke in Tschudowo selbst, ebenfalls unversehrt, zu erstürmen. Damit war die Entscheidung gefallen. Der nun abbröckelnde Feindwiderstand konnte schnell gebrochen werden. Bis zum Abend war der von der Division beabsichtigte Brückenkopf über den Kerestj mit drei intakten Brücken in ihrem Besitz.

Noch am Nachmittag dieses so erfolgreichen Tages hatte das II./IR. 45 durch selbständigen Entschluß seines Kommandeurs, Obstlt. Matussik, im Handstreich Ssloboda und Wolchowo genommen, die unversehrte Eisenbahnbrücke über den Wolchow überschritten und Sicherungen auf das Ostufer vorgetrieben. Damit war das der Division vorerst gesteckte Angriffsziel erreicht, die Bahnlinie Moskau, Leningrad unterbrochen, und die Ausgangsbasis für den Angriff auf diese letztgenannte Stadt von Osten her geschaffen. Die 16. Armee ließ durch das I. AK. der Division ihre besonderen Glückwünsche aussprechen.

Tatsächlich war hier ein nicht vorausgesehener Erfolg erzielt worden. Noch am 10. 8. hatte das OKH. bei Beurteilung der Lage die Ansicht vertreten, die Heeresgruppe Nord „müsse sich ohne Tiefe und Schwerpunkt nach Nordosten durchfressen. Das würde noch Wochen dauern."[47] Stattdessen hatte die 21. ID. in 10 Tagen 125 km, davon teilweise höchst unwegsames Waldgelände, im Kampf zurückgelegt, was einer Tagesleistung von 12,5 km entsprach. Das Pi. Batl. 21 hatte hierbei, teilweise mit Unterstützung der Pionierbataillone 44 und 676, der Division den Weg über 10 Wasserläufe mit insgesamt 7 Kriegsbrücken mit einer Gesamtlänge von fast 700 m und mit 13 Fähren von 8- und 16-t Tragfähigkeit gebahnt. Mit beispielhaftem Schwung hatten die Infanterieregimenter und die Aufklärungsabteilung, unterstützt von den schweren Waffen und der Artillerie und auf das aufopferndste von den Versorgungstruppen versorgt, alle sich ihnen entgegenstellenden Feindverbände geworfen. Groß war daher die Beute, worunter sich 67 Geschütze und 140.000 Liter Betriebstoff befanden. Das Gen. Kdo. I. AK. hatte in seinem abschließenden Bericht für die Leistung der ihm in den letzten 11 Tagen unterstellten Divisionen und Truppenteile demnach nur die Bezeichnung: „Unvergleichlich"[48] (vgl. Anl. 18). Bitter waren aber auch die Verluste der Division: 195 Tote, 602 Verwundete und 6 Vermißte (Anlage 19). Gerade die Versorgung und der Abschub der zahlreichen Verwundeten durch die versumpften Waldzonen hindurch, in denen es von versprengten, aber noch durchaus kampfkräftigen Feindgruppen nur so wimmelte, stellte die Sanitätsdienste der Division vor schwierige und gefahrvolle Aufgaben, zumal die Kennzeichnung mit dem Roten Kreuz in diesem Krieg keine Sicherheit mehr verbürgte.

Mit der Inbesitznahme von Tschudowo am 20. 8. hatte der alleinige Vorstoß der 21. ID. allerdings auch seinen Kulminationspunkt erreicht. Schon in Anbetracht der von hier aus nach Osten, Norden und Nordwesten auseinanderführenden Stoßrichtungen war die Fortführung der Operationen aus dem geschaffenen Brückenkopf von Tschudowo ohne Zuführung frischer Kräfte nicht möglich,[49]) zumal der Gegner sich noch nicht geschlagen gab. Noch immer hoffte er, wahrscheinlich mit einem aus dem Leningrader Raum herangeführten Verband (Division?), die Lage bei Tschudowo wieder herstellen zu können. Die Aussicht dafür war nicht ungünstig, denn vom IR. 3 war bisher nur das III. Bataillon bei Tschudowo eingetroffen, auch die I./AR. 21 befand sich noch im Raume Nowgorod. Zudem war die Kampfkraft der bei Tschudowo eingesetzten Regimenter, insbesondere die des IR. 24 bedenklich abgesunken. Es gab Kompanien, z. B. die 6./IR. 24, die nur noch über vier Schützengruppen verfügten.

So erfolgte denn, wenige Stunden nur nach der Einnahme Tschudowos, der sowjetische Gegenschlag. Schon während der Nacht vom 20./21. 8. hatte ein russischer Spähtrupp den linken offenen Flügel des I./IR. 24 umgangen und eine IG-Stellung überfallen. Bald darauf ließen Geräusche vor der Front des Bataillons auf eine feindliche Bereitstellung schließen, doch war infolge des außerordentlich dichten Morgennebels nichts zu sehen. Um 4 Uhr griff dann der Gegner in der Stärke von mehreren Bataillonen, ohne Artillerievorbereitung, aber im Nebel so gut wie unsichtbar, über den Kerestj hinweg den linken Flügel des IR. 24 an. Gleichzeitig ging er auch in der Lücke zwischen der AA. 21 bei Korpowo und dem IR. 24 durch das unwegsame und unübersichtliche Waldgelände gegen den Rücken des I./IR. 24 vor.

Die Sichtbehinderung und die damit mangelnde Unterstützungsmöglichkeit durch Artillerie und schwere Waffen führten bei der 2. und 3./IR. 24 zu erheblichen Ausfällen. Dazu kam bei der in der Front fechtenden Truppe bald ein spürbar werdender Munitionsmangel. Besonders bedrängt wurde die 3./IR. 24, die in Front, Flanke und Rücken angegriffen wurde. Auch der Gefechtsstand des I./IR. 24 mußte zur Nahverteidigung übergehen. Schließlich mußte die 3./IR. 24 kämpfend auf eine neue Stellung, etwa 700 m südostwärts des Kerestj zurückgenommen werden. Buchstäblich im letzten Augenblick traf das II./IR. 24 auf dem Gefechtsfeld ein und wurde dem I. Bataillon unterstellt. Um 7.30 Uhr war dieses Bataillon voll in Stellung und mit seiner Hilfe gelang es, den Gegner zunächst aufzuhalten. Bald darauf lichtete sich auch der Nebel, was die Waffenwirkung wesentlich erhöhte. Nun ließ der Feinddruck, aber nicht das MG- und Granatwerferfeuer, nach. Gegen 10.30 Uhr wurde jedoch ein Zurückgehen des Gegners über den Kerestj nach Norden beobachtet. Seine Stoßkraft war offensichtlich erschöpft, sodaß zu Mittag vom IR. 24 der Gegenangriff zur Wiedergewinnung der alten HKL eingeleitet werden konnte, die gegen 19.00 Uhr wieder voll in eigener Hand war.[50])

Damit war die Chance für die sowjetische 48. Armee, Tschudowo und damit die dort aufgebaute starke Versorgungsbasis zurückzugewinnen, vertan. Ein erst zwei Tage später aus den Au-Wäldern nordostwärts Wolchowo gegen den rechten Flügel der Division, nämlich gegen das II./IR. 45 bei Bahnhof Wolchowo, vorgetragener russischer Angriff hatte demgegenüber nur noch episodenhafte Bedeutung. Der Gegner, durch das unwegsame Gelände im Vorbringen seiner schweren Waffen sichtlich behindert, allerdings von jenseits des Wolchow artilleristisch unterstützt, blieb im Abwehrfeuer liegen und beschränkte sich am 24. 8. nur auf schwächere Vorstöße, die glatt abgewiesen werden konnten. Sehr ernst gemeint konnten dieselben auch nicht gewesen sein, denn seit eben diesem Tag war die Front bei Tschudowo wieder in Bewegung gekommen, hatte das I. AK. neuerlich die Initiative ergriffen, nachdem ihm an diesem Brennpunkt der Operation neue Kräfte zugeführt worden waren.

Diese bestanden zunächst einmal aus einer Regimentsgruppe der 121. ID. Diese Division, wie erinnerlich eine „Tochter-Division" der 21. ID., hatte am 10. 8., links neben der 11. ID., den Mschaga überschritten und war dann, im Verband des XXVIII. AK., zunächst Luga aufwärts vorgestoßen. Nach schweren Kämpfen hatte sie mit dem Spitzenregiment IR. 405 Ljubunizy (30 km nordwestlich Nowgorod) und mit der Radfahrkompanie dieses Regiments Gusi (10 km südlich Fjnew Lug) erreicht. Die Division hatte den Auftrag, in allgemeiner Richtung Ljuban an die Rollbahn Tschudowo, Leningrad durchzustoßen. Im Hinblick auf den Erfolg der 21. ID. bei Tschudowo aber wurde das verstärkte IR. 405 (I./AR. 121 und 1./PzJg. Abt. 121) noch am 19. 8. nach Ljuboliady (ca. 25 km westlich Nowgorod) zurückgenommen und von dort im Kraftwagenmarsch, bespannte Teile unter Bedeckung im Fußmarsch, über Nowgorod nach Tschudowo nachgeführt, wo die Regimentsgruppe am 20. und 21. 8. eintraf. Das Einschieben des Regiments in die Front der Division am 22. 8. zwischen der AA. 21 und dem linken Flügel des IR. 24 erfolgte infolge der durch die Ereignisse des Vortages noch immer nicht klaren Feindlage gerade in diesem Raum keineswegs friktions- und verlustlos.[51]) Immerhin war das Regiment am 23. 8. in der anbefohlenen Stellung bereit, am folgenden Tag entlang der Rollbahn in Richtung Leningrad anzugreifen, um auf diese Weise der eigenen 121. ID. bei Ljuban das Heraustreten auf die große Straße nach Leningrad zu erleichtern.

Natürlich wäre das Regiment dazu allein nicht imstande gewesen. Vielmehr bedurfte es noch wesentlich größerer Verstärkungen, um vor allem entlang der Rollbahn Tschudowo, Ljuban den Angriff gegen die Ostfront von Leningrad fortzusetzen. Hier war es nun das OKH., beziehungsweise Hitler selbst, der am 15. 8. im Widerspruch zum Chef des Generalstabes des Heeres, auf die Nachricht vom russischen Gegenangriff südlich Staraja-Russa die Abgabe des XXXIX. Pz. Korps (Gen. d. Pz. Tr. Rudolf Schmidt) mit 18. ID. (mot), 20. ID. (mot) und 12. Pz. Div. von Heeresgruppe Mitte an Heeresgruppe Nord befohlen hatte. Dieses Korps befand sich nun im Anrollen über Nowgorod auf Tschudowo. Seine Spitzendivision, die 18. ID. (mot), dem I. AK. zunächst unterstellt, stand am Morgen des 24. 8. in Tschudowo-West, zusammen mit dem verstärkten IR. 405 zum Angriff bereit. Bereits am 19. 8. war der 21. ID. der Stab des Arko 123, der Art. Rgt. Stab z. b. V. 110 mit drei Abteilungen und der Stab AR. 802 mit unterstellten Abteilungen zugewiesen worden.[52]) Auch die I./AR. 21 war am 23. 8. aus dem Abschnitt Nowgorod-Ost kommend vor Tschudowo eingetroffen.

Bis zum Mittag des 24. 8. war die Angriffsgruppierung eingenommen, und um 13.45 Uhr eröffnete ein wuchtiger Stuka-Angriff, auf lange Sicht der letzte, den die 21. Division zu sehen bekam, auf den kleinen Ort Szjabrjanizy den Angriff der 18. ID. (mot).[53]) Um 14 Uhr trat die Division, begleitet von den VBs des AR. 21 und von der Luftwaffe mit immer erneuten Einsätzen unterstützt, in Richtung Ljuban an. Bald befanden sich die Angriffsspitzen jenseits der Reichweite der Batterien des AR. 21, sodaß die nach dieser Richtung hin eingesetzten Kräfte der Division abgebaut und die Rohre der Artillerie nach Norden geschwenkt werden konnten.

Die Sorge vor einem feindlichen Gegenangriff aus dieser Richtung auf Tschudowo erwies sich jedoch als unbegründet. Die russische Führung besaß dazu jetzt nicht mehr — oder besser gesagt: noch nicht — die Kräfte, um so etwas auszuführen. Vielmehr zog sich die sehr geschwächte 48. Armee nach Norden zurück, vielleicht um im Zuge der Bahnlinie Kirischi, Mga eine neue Verteidigungsstellung zu beziehen. Jedenfalls behinderte sie so gut wie gar nicht das deutsche I. AK., sich seiner nächsten Aufgabe zuzuwenden, nämlich zur Abschirmung der Angriffsoperation des XXXIX. Pz. Korps gegen Leningrad am Wolchow eine Abwehrfront aufzubauen.

Zu diesem Zweck stieß das IR. 24 am 25. 8. nach Norden vor und nahm Tuschin Ostroff, während das inzwischen wieder der Division vollständig zugeführte IR. 3 von Tschudowo entlang der Straße nach Grusino angriff und nach hartnäckigem Waldgefecht gegen feindliche Nachhuten am 26. 8. den Wolchow gegenüber Grusino erreichen konnte. Am selben Tag drehte auch das IR. 24 nach Nordwesten ein, besetzte am Nachmittag die unbeschädigte Eisenbahnbrücke bei Maloje-Pertetschno, schob Gefechtsvorposten bis unmittelbar an den Wolchow vor und richtete sich mit der Hauptkampflinie westlich des Bachlaufs der Ljubunjka ein. Schließlich erweiterte das Regiment seine Stellungen nach Norden bis Lesno und Selenzy, während eine Kompanie den weithin beherrschenden Kirchberg von Wodossje besetzte. Nördlich der Division schob sich die 18. ID. (mot) von Babino aus, dem Lauf der Tigoda folgend, an den Wolchow heran und setzte sich, dann nach Norden angreifend, in den Besitz des Gleisdreiecks westlich von Kirischi.

Am rechten Divisionsflügel, an der Eisenbahnbrücke von Wolchowo, drang am Morgen des 25. 8. das III./IR. 45 über den Bahndamm von Süden und Westen her in Wolchowo, beziehungsweise Merino ein und warf den dort befindlichen Gegner, der sich unter Zurücklassung von zahlreichen Gefangenen und seiner schweren Waffen fluchtartig wieder in die Wälder nordostwärts dieser Dörfergruppe zurückzog, um sich wahrscheinlich sodann auf das Ostufer des Wolchow zu retten. Südlich davon, etwa von der Höhe bei Swanka an, übernahm die am 26. 8. vom X. AK. bei Staraja-Russa frei gewordene 126. ID. die Front am Fluß, und bei Nowgorod bezog die 11. ID. die Wacht. Die Wolchowfront war geboren.[53a]) (Skizze 16)

Abwehrkämpfe zwischen Ilmen-See
und Ladoga-See

Die Wolchow-Front! — Konnte man zu diesem Zeitpunkt, Ende August 1941, überhaupt von einer solchen sprechen? Von Nowgorod bis Kirischi,

Skizze 16

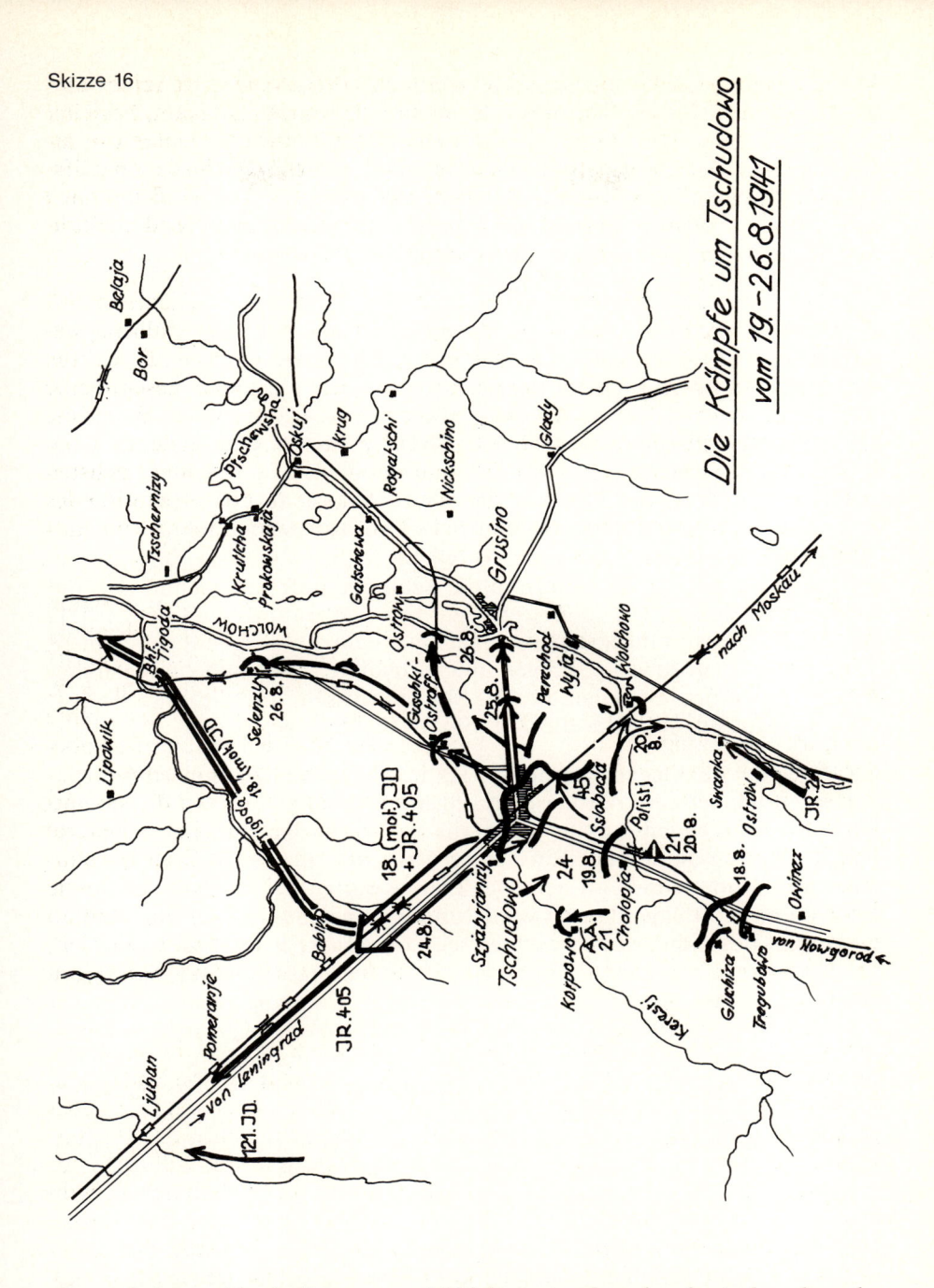

Die Kämpfe um Tschudowo vom 19.–26.8.1941

also auf einem Abschnitt von rund 130 km, standen vier deutsche, eher abgekämpfte Divisionen, davon entfielen allein auf die 21. Division etwa 30 km. Das war keine Front, sondern eher eine schüttere Postenkette, zumal die Division – wie gleich zu berichten sein wird – bei weitem nicht über alle ihr zugehörigen Verbände verfügen konnte. Vorerst schien dieses Verfahren aber noch vertretbar, denn auf der Gegenseite war zunächst auch so gut wie nichts vorhanden. Bezeichnenderweise war es ja der Division gelungen, in ihrem Abschnitt zunächst sämtliche Wolchowbrücken unversehrt in die Hand zu bekommen. Aber das zählte nicht viel, da eben die Kräfte fehlten, um diese für später vielleicht wichtigen Übergangsstellen entsprechend zu sichern. So gelang es den Russen, die Eisenbahnbrücken südlich und nördlich von Grusino durch Sprengung wie Artilleriebeschuß zu zerstören, was freilich wiederum ein Zeichen für ihre defensiven Absichten war. Tatsächlich mußte ja auch auf sowjetischer Seite erst eine neue Front am Wolchow aufgebaut werden.

Schon bald nach der Eroberung Nowgorods hatte das sowjetische Oberkommando aus den Resten der seinerzeit zur Verteidigung der Stadt bestimmten Kräfte eine Operationsgruppe Nowgorod gebildet und sodann alle nördlich davon entlang des Wolchows bis in den Raum Kirischi stehenden Kräfte einem neu eingeschobenen AOK. 52 unter GLt. N. K. Klykow unterstellt, dem aus der Hauptreserve nun weitere Kräfte zugeschoben wurden. Vor der 21. Division jenseits des Wolchow kam die 288. SD. zum Einsatz: eine Neuaufstellung, mit den Schützenregimentern 1012, 1014 und 1016 und vorerst ohne Artillerie. Möglicherweise hatte diese Division bereits im Rahmen der 48. Armee in die Schlußkämpfe um Tschudowo und hier gegenüber dem IR. 45 eingegriffen. Der alte Hauptgegner der 21. ID., die 311. SD., war hingegen zusammen mit dem Landesschützenregiment 151 nach Norden zurückgegangen und verteidigte sich nunmehr gegenüber der 18. ID. (mot). Zwischen die 311. SD. bei Kirischi und die 288. SD. beiderseits Grusino war jetzt die 292. SD. in Stellung gegangen.

Zwar begann der Gegner vor der 21. ID. in den ersten Septembertagen wieder vereinzelt schwere Artillerie zu zeigen; auch seine Luftwaffe war über dem Divisionsabschnitt aktiv, jedenfalls aktiver als die eigene, aber abgesehen davon trug dieser erste Einsatz am Wolchow für die Division alle Zeichen einer Ruhestellung an sich. Der Truppe war gesagt worden, daß dieser Zustand etwa 14 Tage dauern werde und zur Instandsetzung von Waffen, Gerät und Bekleidung zu verwenden sei. Das AR. 21 hatte eine vom IR. 45 vor Tschudowo erbeutete leichte russische Batterie geschützweise auf seine Abteilungen als „Arbeitsgeschütze" aufgeteilt. Erstmals konnte man sich nun aktiv von der vorzüglichen Qualität dieser bisher nur passiv zur Kenntnis genommenen Waffe überzeugen. Das 7,62 cm Feldgeschütz M 36 hatte zwar nicht das Kaliber und die schmiegsame Flugbahn der deutschen lFH. 18, es war aber wesentlich leichter und damit geländegängiger, hatte eine größere Reichweite und verfügte infolge seiner Patronenmunition über eine erstaunliche Feuergeschwindigkeit. Als „Ratsch-Bum" trat es übrigens auch in diesen Tagen beim Gegner wieder auf.

Das Wetter war nach einigen Regentagen im allgemeinen wieder gut, wenn auch die Nächte schon empfindlich kühl wurden, kühler jedenfalls als sie vor zwei Jahren um diese Zeit vor Graudenz waren.

Aber wer dachte schon an damals zurück, ja, wer war aus dieser Zeit überhaupt noch da? Gewiß, der alte Kader war im wesentlichen noch vorhanden und die zurückliegenden Kämpfe seit dem 22. Juni hatten trotz ihrer Schwere das absolute Überlegenheitsgefühl gegenüber einem anscheinend schwer angeschlagenen Gegner nur gefestigt. Die reichen Vorräte im eroberten Tschudowo, ein Eldorado für findige Zahlmeister und sonstige „Organisatoren", und die ständig einlaufenden Erfolgsmeldungen von der Kampffront im Leningrader Raum taten ein Übriges, um eine optimistische Stimmung zu erzeugen. Und doch wäre bei einer klaren Übersicht über die tatsächliche Lage – über die damals natürlich so gut wie niemand verfügte – für Besorgnis genügend Anlaß gewesen. Da waren einmal die heute gut bekannten Differenzen zwischen dem OKH., der Heeresgruppe Nord und der Panzergruppe 4 hinsichtlich der operativen Ziele im Raume Leningrad. Während die Panzergruppe 4 – wohl gegen besseres Wissen – noch immer hoffte, Leningrad erobern zu können, hatten Hitler und das OKH. diese Absicht – wenn auch aus sehr unterschiedlichen Gründen – längst aufgegeben. Leningrad sollte lediglich nach außen hin abgeriegelt werden. Um diese Abschließung auch nach Osten hin sicherzustellen, war das schon erwähnte XXXIX. Pz. Korps von Tschudowo aus, allerdings ohne die 18. ID. (mot) auf der Rollbahn über Tossno auf Leningrad bzw. Schlüsselburg angesetzt worden, womit nach einer Tagebucheintragung Halders auf die „unmögliche Forderung" verzichtet wurde, „dem bei Leningrad stehenden Feind den Rückzug nach Osten abzuschneiden".[54] In dieser Notiz kommt die sicherlich auch bei der Heeresgruppe wie bei der 16. Armee vorherrschende Einschätzung des Gegners zum Ausdruck, die eine Fehleinschätzung war. Der Gegner dachte nämlich gar nicht daran „nach Osten zu entkommen". Im Gegenteil! Während sich die deutschen Panzerspitzen Leningrad von Westen, Süden und Südosten näherten, sammelte sich in den ersten Septembertagen bei Wolchowstroj eine neu aufgestellte sowjetische Armee, die 54., unter dem Befehl des Marschalls der Sowjetunion G. J. Kulik, der bei Kriegsbeginn Generalstabschef unter Budjonnj gewesen war.[55]

Im Hinblick auf diese Situation ist zumindest die Erwägung erlaubt, ob nach der Einnahme von Tschudowo durch die 21. ID. nicht ein tief gestaffelter Stoß des XXXIX. Panzerkorps, entlang des Wolchowufers nach Norden gegen das Südende des Ladoga-Sees zielführender gewesen wäre. Hitler selbst scheint diesen Gedanken einmal erwogen zu haben, als er bei einer Besprechung am 13. 7. erklärte: „Bei Heeresgruppe Nord ist entscheidender Wert darauf zu legen, nördlich des Ilmensees durchzustoßen und zwischen diesem See und dem Ladogasee abzusperren."[56] Gewiß war das Gelände für Panzerverbände nicht gerade ideal, aber zu diesem Zeitpunkt noch gangbar. Zudem standen hier Ende August sicherlich nur schwache Feindkräfte. Spätestens bei Wolchowstroj wäre es dann zur Schlacht mit den gerade in Versammlung befindlichen Divisionen der 54. sowjetischen Armee gekommen und ihr glücklicher Ausgang hätte der 21. Division in der Folge viel erspart.

Aber diese Schlacht fand bekanntlich nicht statt. Vielleicht hätten auch die Kräfte dazu nicht ausgereicht. Aber die tatsächlich gewählte Lösung war dann keineswegs kräftesparender. Zwar stieß das XXXIX. Pz. Korps bis zur Newa vor, und es gelang auch der 20. ID. (mot), mit dem unterstellten IR. 424 der 126. ID. Schlüsselburg zu nehmen und Leningrad damit vom Lande her vollkommen abzuschneiden. Aber in den Raum zwischen Wolchowstroj und Mga, nördlich des großen Sumpfgebietes von Pogostje, hatte man dafür den Sowjets die Initiative überlassen, und die waren gesonnen, diese wahrzunehmen, denn auch für sie drängte die Zeit.

Zwei Stoßrichtungen boten sich den Sowjets an: einmal südlich des Ladoga-Sees aus dem Raum südostwärts Mga gegen die Rollbahn im Abschnitt Tossno-Uljanowka vorzugehen und damit die deutsche Newa-Front aufzubrechen und zum anderen aus dem Raum westlich Kirischi, entlang des Wolchow, in allgemeiner Richtung Tschudowo anzugreifen. Marschall Kulikow entschloß sich, mit der Masse seiner Kräfte, denen offenbar auch die noch westlich des Wolchow stehenden Reste der 48. Armee (128. und 311. SD. und Reste 21. Pz. Div.) unterstellt wurden, auf den Raum südostwärts Mga anzusetzen und nur eine Division (285. SD.) zur Verstärkung der bei Kirischi stehenden 311. SD. abzuzweigen. Als Verbindungsglied zwischen diesen beiden Gruppen sollte die wohl westlich Gorodischtsche ausgeladene 27. KD. (Reiter-Rgter 101, 106 und 109) in den Raum von Malukssa vorgeführt werden.[57])

Von alldem scheint man auf deutscher Seite so gut wie nichts geahnt zu haben;[58]) zu sehr war man von der Vorstellung beherrscht, daß der Gegner, wenn überhaupt, sich nördlich der Eisenbahn Mga, Kirischi nur defensiv verhalten werde. Immerhin schien eine Abdeckung der deutschen Newa-Front nach Osten doch geboten und zu diesem Zweck machten auch die 8. und 12. Pz. Div. nach dieser Seite Front. Doch dies erwies sich als nicht ausreichend. Ein Nachschub an Verstärkungen aus der Tiefe war zunächst ausgeschlossen. So blieb also nur, wie dies GO. Halder schon am 11. 8. resigniert bemerkt hatte,[59]) eine Kräfteverschiebung auf der Grundlinie innerhalb der Heeresgruppe übrig, das hieß also im konkreten Fall: Improvisation durch „geliehene" Kräfte. (Skizze 17)

Von der 21. ID. waren dies zunächst das III./IR. 3 (Hptm. Engbrecht) und die 15./IR. 3 (Oblt. Ritgen), die in der Folge auf dem Südflügel der 12. Pz. Div. zum Einsatz kommen sollten. Zu diesem Zweck wurde das III./IR. 3 zunächst auf LKW in den Raum Mga gefahren und dort, zusammen mit dem I./IR. 424 (126. ID.) und Teilen der PzJg. Abt. 126 nach Osten eingesetzt. Die 15./IR. 3 hatte vom Südrand Mga bis zum Nordrand von Solugubowka zu sichern. Das schien zunächst ausreichend, denn der Gegner war in diesem Abschnitt noch nicht sehr stark. Wahrscheinlich befanden sich hier nur Teile der von Nowgorod her bekannten 128. SD. Doch schon wenige Tage später löste die neu herangekommene 286. SD. (SR. 994, 995 und 996 mit Korps-AR. 882) diese Division im Abschnitt Mga – Bahnhof Malukssa ab. Und in der Tiefe folgte bereits die 310. SD. (SR. 1080, 1082 und 1084) in Richtung Mga nach. Nun wurde langsam klar, was die Transportbewegungen gegen den Wolchow bedeuteten.[60]) Zur Deckung der Südflanke des XXXIX. Pz. Korps mußten daher zusätzliche Maßnahmen getroffen werden. Unter dem Befehl des Arko 123 (nunmehr Oberst Thomaschki) wurde daher eine Gruppe in Brigadestärke gebildet, deren Kräfte anscheinend auch in erster Linie von der 21. ID. stammten. Am 11. 9. wurden der Gruppe die AA. 21 mit je einer Kompanie Pi. Btl. 21 und PzJg. Abt. 21 unterstellt und von Schapki aus auf Bahnhof Malukssa angesetzt. Die Aufklärungsabteilung nahm diesen im Sturm und stieß noch bis Lodwa vor, wobei die 3. Schwadron fünf Feindpanzer (vielleicht vom Pz. Btl. 119) vernichtete. Dort angelangt, ging die Abteilung unangefochten zur Verteidigung nach Norden und Nordosten über.

Zusätzliche Besorgnis erregte aber bald die ostwärts davon durch das Sumpfgebiet nordostwärts Pogostje sich, allerdings nur eher zaghaft, vor-

*Ungefähre Lage zwischen Wolchow und Ladoga-See
am 29. 9. 1941
mit Einsatzorten von Truppenteilen der 21. Div.*

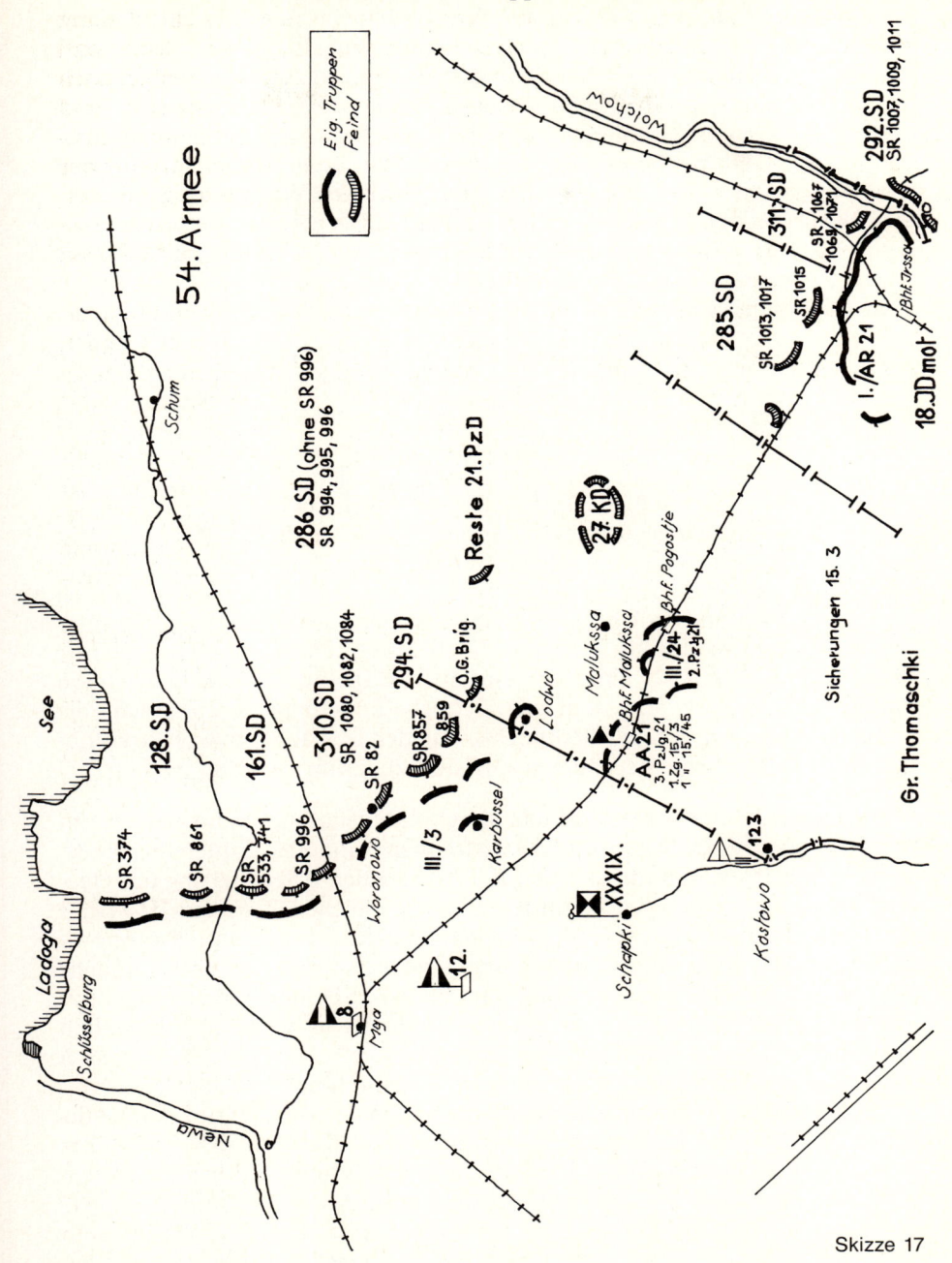

Skizze 17

schiebende sowjetische 27. KD., die bis zum 9. 9. Dorf Malukssa erreicht hatte. Ihr wurde nun die Kampfgruppe Schwender, bestehend aus dem III./IR. 24 und der 2./PzJg. Abt. 21 entgegen geworfen. Das Bataillon, dessen Fußteile im LKW-Transport über Ljuban bis Kostowo vorgefahren wurden, stieß noch am selben Tag auf einer sumpfigen Waldstraße über Winjagolowa bis zum Bahnhaltepunkt Pogostje vor, ohne hierbei − außer auf Versprengte aus dem Luga-Kessel, von denen es in den Wäldern wimmelte − auf organisierten Feind zu stoßen. Dieser, wahrscheinlich die Spitzen der 27. KD., wurde erst am folgenden Tag, beim Vorgehen auf Dorf Malukssa angetroffen, zog sich aber, ohne stärkeren Widerstand zu leisten, zurück. Da jedoch Malukssa, auf einer Waldblöße gelegen, nicht zu verteidigen gewesen wäre, zog sich auch das III./IR. 24 wieder an die Bahnlinie bei Hp. Pogostje zurück, wo es während der nächsten Zeit, außer beiderseitiger Spähtrupptätigkeit, zu keinen größeren Kampfhandlungen kam.[61])

Umso mehr war dies jedoch am Wolchow der Fall. Hier griff bereits am 8. 9. die sowjetische 54. Armee mit der 311. und 285. SD., letztere durch die 2./Pz. Btl. 119 verstärkt und von zwei Korps-Artillerieregimentern (Nr. 883 und 383) untersützt, die 18. ID. (mot) von Norden her an. Außerdem wirkte auch noch die jenseits des Wolchows, in der rechten Flanke der 18. ID. (mot) stehende 292. SD. bei diesem Angriff mit. Auch der sowjetische Luftwaffenschwerpunkt war offensichtlich in diesen Raum verlegt worden. Die Lage spitzte sich in den folgenden Tagen derart zu, daß sie der Oberfehlshaber der Heeresgruppe Nord am 11. 9. als „außerordentlich gespannt" empfand.[62]) Und schon erging wieder der Ruf um Hilfe, unter anderem auch an die 21. Division. Noch am Abend dieses Tages wurde die komplette I./AR. 21 alarmiert und zur 18. ID. (mot) nach Dratschewo in Marsch gesetzt. Es scheinen jedoch außerdem auch noch die 3./PzJg. Abt. 21 und sogar der m. Pak-Zug der 14./IR. 3 sowie Fahrkolonnen der 21. ID. dieser bedrängten Division zugeführt worden zu sein.

Nach tagelangen Abwehrkämpfen, deren Intensität durchaus an die im Schelonj-Brückenkopf vor rund zwei Monaten erinnerte, flauten die sowjetischen Angriffe gegen die 18. ID. (mot) zur großen Erleichterung der Heeresgruppe ab.[63]) Hingegen kämpfte, etwa zur gleichen Zeit, das III./IR. 3 mit der ihm vorübergehend unterstellten 15./IR. 3 im Raume Woronowo und Karbusell gegen einen sich zunehmend verstärkenden und nunmehr auch angreifenden Gegner (wahrscheinlich 294. SD. und linker Flügel der 310. SD.). Man wird die Namen dieser Walddörfer im Gedächtnis behalten müssen, denn in etwa zwei Jahren werden sie in der Geschichte der Division wiederkehren. Vorerst hoffte man jedoch, sie bald hinter sich lassen zu können, denn gegen Mitte September war, nachdem der Angriff auf das Stadtgebiet von Leningrad eingestellt worden war, das XXXIX. Pz. Korps (20. ID. (mot), 8. und 12. Pz. Div.) am Einschließungsring abgelöst worden und stand nun mit allen Teilen an der Ostflanke des „Flaschenhalses", wie der schmale deutsche Korridor, ostwärts der Newa, zum Ladoga-See nun allgemein hieß. Am 20. 9. sollte nach Osten angegriffen werden, um den „Sack", den die 54. Armee südlich des Ladoga-Sees, westlich des Wolchow, bildete, zu bereinigen. Einen Tag später hatte die 18. ID. (mot) unter Mitwirkung der I./AR. 21[64]) sich diesem Angriff durch einen Stoß über das Gleisdreieck bei Kirischi nach Norden anzuschließen.

Zu spät! Schwere Regengüsse, die bisher unbekannte „Schlammperiode", behinderten die Bewegungen der mot. Verbände außerordentlich und zudem war die sowjetische 54. Armee inzwischen voll aufmarschiert und abwehrbereit. Der Angriff scheiterte, die 18. ID. (mot) trat erst gar nicht an. Dieser Mißerfolg löste nicht nur, wie GO. Halder in seinem Tagebuch vermerkte, eine „wilde Reaktion des Führers" aus[65]), sondern sollte darüberhinaus weitreichende Folgen auch für die 21. Division unmittelbar zeitigen.

Dort am Wolchow, bei den Resten der „ausgeplünderten" Division, deren Abschnitt am 4. 10. außerdem noch bis zur Tigoda erweitert worden war, hatte sich inzwischen – wohl durch die unvorhergesehene, längere Ruhezeit verursacht – das Gerücht verbreitet, man werde hier den Winter über liegen bleiben; den ersten Winter übrigens in einer Stellung vor dem Feind. Vielleicht hatte zu dieser Auffassung auch der Aufruf Hitlers beigetragen, der Anfang Oktober zur Truppe gelangte, demzufolge nunmehr die letzte, entscheidende Schlacht, wohl im Mittelabschnitt der Ostfront, unmittelbar bevorstehe und wofür alle Vorbereitungen getroffen seien. Tatsächlich war ja auch die Panzergruppe 4 aus der Front vor Leningrad dorthin abgezogen worden. An die 21. Division war in diesem Zusammenhang scheinbar nicht gedacht worden. Wie denn auch? Die Division hielt einen rund 40 km breiten Abschnitt am Wolchow. Ende September tauchte bei der 16. Armee sogar der Gedanke auf, die bisherigen Aufgaben der Gruppe Thomaschki durch das versärkte IR. 3 übernehmen zu lassen.[66]) Zudem war die Division durch die vorangegangenen Kämpfe doch etwas abgekämpft. Selbst die so „ruhige" Zeit war nicht ohne Verluste abgegangen. Vom 15. 9.–15. 10. hatte die Division an Toten einen Offizier, 17 Unteroffiziere und 93 Mannschaften, sowie zwei Vermißte zu beklagen. 4 Offiziere, 44 Unteroffiziere und 208 Mannschaften waren verwundet worden. Dazu kamen noch 191 Kranke und 95 sonstige Abgänge. Diesem Gesamtverlust von 655 Mann stand nur ein Zugang von 548 Mann gegenüber, durch den die blutigen Verluste einigermaßen ausgeglichen werden konnten.[67])

Unter diesen Umständen erscheint es verständlich, daß man sich überall mit Eifer an den Ausbau der Stellungen und die Schaffung von Unterkünften machte, um der bevorstehenden kalten Jahreszeit gewachsen zu sein. Sägewerke wurden in Betrieb genommen, Arbeitskompanien aus Kriegsgefangenen gebildet.[68])

Allmählich kehrten auch – die Front am „Flaschenhals" und beiderseits Pogostje schien sich zu stabilsieren – mit Ausnahme der AA. 21 die „ausgeliehenen" Truppenkörper wieder zu ihrer Division zurück.[69]) Wer jedoch gemeint haben sollte, dies wäre eine Rückkehr in die „Winterquartiere", der irrte. Vielmehr stand der Division ein im wahrsten Sinne des Wortes „abenteuerliches" Unternehmen unmittelbar bevor.

5. Vorstoß auf Tichwin und Wolchowstroj

Nachdem, wie erwähnt, ein erster Versuch gescheitert war, den Gegner vor dem XXXIX. Pz. Korps frontal nach Osten über den Wolchow zurückzudrücken und damit seine Verbindung mit Leningrad, über den Ladoga-See hinweg, nachhaltiger als bisher zu erschweren, kam Hitler wieder auf seinen alten Wunsch zurück, die Feindkräfte südlich dieses Sees doch einzukreisen und damit zu vernichten. In einer Besprechung mit dem Oberbefehlshaber des Heeres am 1. 10. machte er diesem den Vorschlag, „die Lage im Ladogaraum durch einen Vorstoß der schnellen Kräfte auf Tichwin und Einschwenken von hier gegen den Rücken des Feindes über den Wolchow hinweg endgültig zu bereinigen". Der Chef des Generalstabes des Heeres, GO. Halder, hatte für diese Idee zunächst nur die Bezeichnung: „Phantasie!"[70] Auch der Oberbefehlshaber der Heeresgruppe Nord, der bereits am folgenden Tag von dieser Absicht orientiert war, zeigte sich alles andere als begeistert. Zur Stellungnahme aufgefordert, lehnte er am 3. 10., in Übereinstimmung mit dem Oberbefehlshaber der 16. Armee, die geplante Operation ab, weil die vorhandenen Kräfte dafür nicht ausreichend seien, der beabsichtigte Ansatz größere, zeitraubende Umgruppierungen erfordere und damit ein Antreten vor dem 21. 10. kaum möglich wäre, was wiederum im Hinblick auf die fortgeschrittene Jahreszeit riskant sein könne.[71] Vor allem aber hatte die Heeresgruppe alle Vorbereitungen getroffen, um bereits 3 Tage später, am 6. 10., mit dem XXXIX. Pz. Korps noch einmal an der Ostflanke des „Flaschenhalses" anzugreifen; ein Unternehmen, das GFM. von Leeb als sehr chancenreich beurteilte, um die unhaltbare Lage am Nordflügel der 16. Armee zu bereinigen. Aber alle diese Argumente verfingen nicht. In einer „Teestunde" am 4. 10. im Führerhauptquartier wurde bereits die Operation Tichwin näher erörtert[72] und am folgenden Tag verbot das OKH. der Heeresgruppe den geplanten Angriff des XXXIX. Pz. Korps. Vielmehr wurde befohlen, die Panzerverbände herauszuziehen. Vergeblich versuchte GFM. von Leeb noch am gleichen Tag in einem persönlichen Ferngespräch mit dem Oberbefehlshaber des Heeres die Genehmigung für den „sorgfältig vorbereiteten und munitionierten Angriff, oder wenigstens einen Angriff mit begrenztem Ziel" doch noch zu erwirken.[73] Umsonst! Die Entscheidung war bereits gefallen, wobei wirklich zu fragen ist, ob hier nicht phantastische Vorstellungen den Sieg über die Realität davongetragen haben. Auf jeden Fall sollte der Versuch ihrer Verwirklichung der 21. Division teuer zu stehen kommen.

Allerdings schien es zunächst für kurze Zeit, als sollte die 21. Division diesem Schicksal entgehen. Das AOK. 16 plante nämlich, an Stelle der herausgezogenen schnellen Verbände, die 21. Division an die Ostfront des Flaschenhalses zu verlegen und deren Stellung am Wolchow durch die 227. ID. zu besetzen.[74] Aber schon nach wenigen Tagen wurde diese bereits befohlene Verlegung wieder rückgängig gemacht, da, wie ein Gespräch zwischen dem OB. der Heeresgruppe und dem der 16. Armee ergab, die 21. ID. beim Übergang über den Wolchow wahrscheinlich (!) noch gebraucht würde.[75] Wozu? Die darüber nur wenige Tage vor dem tatsächlichen Angriffsbeginn zu Tage tretende Unklarheit berührt heute höchst merkwürdig und ist wohl nur durch die zwischen dem Führerhauptquartier und dem AKO. 16 divergierenden Absichten zu erklären.

Der 16. Armee schwebte offenbar zunächst vor allem ein Vorstoß der schnellen Verbände über den Wolchow nach Osten, in Richtung Borowitschy vor, um von dort aus mit der von Süden angreifenden 9. Armee und der Panzergruppe 3 die vor dem Südflügel der 16. Armee stehende Feindgruppe einzuschließen. Im Rahmen dieser Absicht hatte die 21. ID. und die rechts neben ihr liegende 126. ID. zunächst bei Grusino und bei Kusino je einen Brückenkopf zu schaffen, aus dem heraus bei der 21. ID. die 8. Pz. Div. und bei der 126. ID. die 12. Pz. Div. und die 18. ID. (mot) auf Borowitschy vorstoßen sollten. Die 126. ID. (nur aus zwei Regimentsgruppen bestehend) hatte den Stoß des XXXIX. Pz. Korps nach Süden abzuschirmen, während die 21. ID. in Richtung Tichwin anzugreifen hatte.[76]) Sie sollte damit, mit der 20. ID. (mot) zu einer „Gruppe Sponheimer" zusammengefaßt, die Nordflanke des XXXIX. Pz. Korps decken.[77]) Doch schon 4 Tage später erhielt der Operationsplan des AOK. 16 einen neuen, zusätzlichen Akzent. Der Einnahme von Tichwin kam nunmehr nicht nur die Aufgabe einer Flankendeckung, sondern ganz im Sinne der Wünsche Hitlers, nun ein eigener Stellenwert zu, indem von hier aus die Vereinigung mit der finnisch-karelischen Armee am Swir und damit die Einkesselung der 54. sowjetischen Armee im „Sack" südlich des Ladoga-Sees angestrebt werden sollte. Über die Verwendung der 21. ID. nach Erkämpfung des Brückenkopfes herrschte zu diesem Zeitpunkt beim AOK. 16 noch keine volle Klarheit. Die Armee behielt sich weitere Befehle dafür noch vor, wies aber die Division an, sich darauf einzustellen, entweder ostwärts des Wolchow nach Norden angreifend die linke Flanke der schnellen Verbände zu schützen, oder in Richtung Borowitschy vorzugehen, um damit die Ostflanke der mot. Divisionen zu decken.[78])

Daß sich die 16. Armee, entgegen ihrer ursprünglichen Lagebeurteilung nun auf einmal die gleichzeitige Lösung beider Aufgaben zutraute, kann wohl nur der falschen Beurteilung der Feindlage im Großen zugeschrieben werden. Tatsächlich hielt die Armee am 10. 10. ein Absetzen des Gegners „auf der ganzen Armeefront nach Osten in die Tiefe des russischen Raumes" für durchaus möglich[79]), während tatsächlich auf sowjetischer Seite, wie sich bald zeigen sollte, hierzu nicht die geringste Absicht bestand. Allerdings ließ die Feindlage vor der Wolchowfront zunächst keinen größeren Widerstand erwarten. Von Kirischi bis Nowgorod stand auf sowjetischer Seite offenbar nur die schon bekannte 52. Armee mit den Schützendivisionen (von Nord nach Süd) 292, 288, 267, 305 und der 3. Pz. Division in der Front, fast durchwegs Neuaufstellungen mit zumindest mangelhafter artilleristerischer Ausstattung. Größere Reserven schienen keine vorhanden. Freilich wußte man damals nicht, daß seit Mitte September mit dem Ausbau eines tief gegliederten Stellungssystems begonnen worden war, das schnelle Fortschritte machte.

So kam es allem Anschein nach noch in den letzten Tagen vor dem Angriff zu einer Modifikation des Angriffsplanes. Aus dem Brückenkopf der 21. Division sollten nunmehr die 12. Pz. Div. und die 20. ID. (mot) in Richtung Tichwin, aus dem der 126. ID. die 8. Pz. Div. und die 18. ID. (mot) in allgemeiner Richtung Borowitschy angreifen.[80]) Auf die Problematik dieser auseinanderlaufenden Stoßrichtungen ist hier nicht näher einzugehen, obwohl darin bereits der Keim für den Fehlschlag des Vorstoßes auf Tichwin lag.

Am 12. 10. übernahm das Gen. Kdo. XXXIX. AK. den Wolchow-Abschnitt zwischen Kostylowo-Bor (30 km südl. Tschudowo) und der Tigoda,

*Lage des XXXIX.AK und der 21.ID
am 15. 10. 1941*

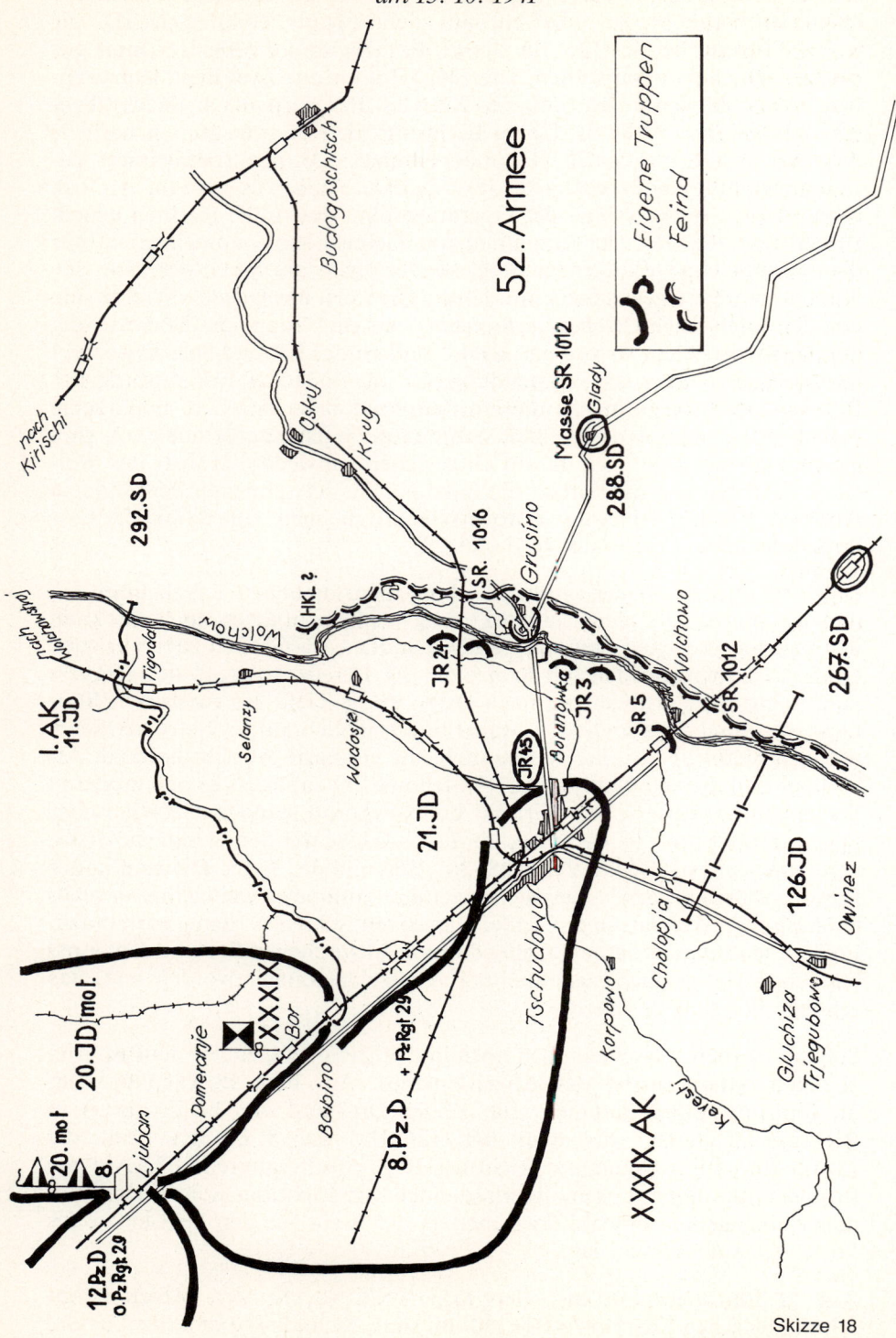

Skizze 18

während die am „Flaschenhals" herausgezogenen Divisionen (8. und 12. Pz. Div. und 20. ID. (mot)) im Raum Tossno-Tschudowo beiderseits der Rollbahn bereitgestellt wurden, und die 11. ID. die 18. ID. (mot) bei Kirischi ablöste (vgl. Skizze 18). Vom 13. Oktober an begannen auch bei der 21. ID. die intensiven Vorbereitungen für den Übergang. Dem Art. Führer der Division (Obst. Fischer) wurde zusätzlich noch die Artillerie der 12. Pz. Div. (AR. 2) und der 20. ID. (mot) (AR. 20), sowie die 2./s. Art. Abt. 809 (21 cm Mrs.) unterstellt und unter dem Arko. 35 eine besondere Artilleriebekämpfungsgruppe gebildet (siehe Anlage 20). An Pionierkräften wurden zugeschoben: Pi. Batl. 20 (mot), Pi. Batl. 44 (mot), Pz. Pi. Batl. 32, Pi. Lehr-Batl. 1 (mot) und zehn Brückenkolonnen. Durch rege Aufklärungstätigkeit über den Fluß wurden die Unterlagen für den Angriff erstellt und die Ziele festgelegt. Die Versorgungslage der Division war ausreichend.[81]) Ausrüstungsmäßig waren allerdings Lücken vorhanden[82]), doch machten sich diese zunächst nicht so bemerkbar, weil die Division – was weit schlimmer war – auch personell nicht voll aufgefüllt war. Es fehlten auf den Soll-Stand bereits beim Antreten 1890 Mann, davon 29 Front-Offiziere, 277 Front-Unteroffiziere und 1510 Mannschaften.[83])

Als Angriffstag war der 16. 10. befohlen. Am Vorabend erließ die Division noch einen Tagesbefehl,[84]) in dem es unter anderem hieß: „Es sind *alle* Voraussetzungen geschaffen, daß es der letzte Waffengang dieses Jahres wird." Das stimmte insofern, als sich derselbe tatsächlich bis zum Jahresende hinziehen sollte. Hinsichtlich der Voraussetzungen war jedoch eine ganz wesentliche übersehen worden: jegliche Winterbekleidung fehlte. Viel war ja in dieser Hinsicht vom Oberkommando des Heeres von vorneherein nicht vorgesehen. Aber selbst das wenige, wie eine zweite Wolldecke, Kopfschützer, Fingerhandschuhe und Strümpfe, wurden erst nach Angriffsbeginn der Division zugewiesen. Die Winterausrüstung für die Kraftfahrzeuge, wie Schneeketten, Katalytöfen, Frostschutzscheiben, Kühlerschutzhauben und Frostschutzmittel war überhaupt nicht vorhanden.[85]) Und doch hatte es bereits am 12./13. 10. erstmals zu schneien begonnen, und als die Bataillone in der Nacht vom 15./16. 10. in die Sturmausgangsstellungen rückten, fiel in großen Flocken der Schnee, der auch zunächst liegen blieb. Das einzige, was die Truppe tun konnte, um sich diesen Verhältnissen anzupassen, war, daß sie sich die Stahlhelme weiß kalkte! Bei minus 10 Grad Kälte wartete sie dann, in ihren Sommeruniformen, auf das Signal zum Angriff.

Der Ansatz der 21. ID. erfolgte zwangsläufig an der günstigsten Brückenschlagstelle bei Grusino, jedoch so, daß der eigentliche Kern der Verteidigung des Gegners, der Ort und das Schloß von Grusino, ausgespart wurden, indem das IR. 3 rechts an der Wyja-Mündung, das IR. 24 nördlich Grusino im Zuge der Eisenbahn in Richtung Ljubunj übersetzen sollte, da man annahm, daß der Gegner infolge der Ungunst des Geländes hier keinen Angriff erwartete.[86])

Das IR. 45 wurde zur Verfügung der Division im Raum ostwärts des Weges von Tschudowo nach Tuschin-Ostrow bereitgestellt. Außerdem sollte innerhalb des Divisionsabschnitts am Angriffstag das Schützenregiment 5 (von der 12. Pz. Div.) den Wolchow bei der Eisenbahnbrücke Wolchowo überschreiten.

Daß dem Gegner die Angriffsvorbereitungen nicht unbekannt geblieben waren, steht wohl außer Zweifel. Er dürfte sogar den Angriffstermin ziemlich genau gewußt haben, denn noch in derselben Nacht, in der sich die Division bereitstellte, schob er ein in Malaja-Wischera aus Mannschaften der 267. SD. gebildetes SR. 399 der 288. SD. zu, die es bataillonsweise auf ihre Regimenter, von denen zwei (SR. 1012 und 1016) vor dem eigentlichen Angriffsstreifen der Division standen, aufteilte. Mehr zu tun, war er vorerst nicht in der Lage.

Grau verhangen zog der Morgen des 16. 10. herauf. Dichter Nebel lag über dem Fluß und auf den angrenzenden verschneiten Sumpfwiesen und gab die Sicht kaum auf 50 m frei. Auch die Geräusche wurden von ihm verschluckt. Als um 5.30 Uhr das Vernichtungsfeuer von ungefähr 30 Batterien einsetzte, hörte man von jenseits der weißen Nebelwand nur ein dumpfes Grollen und Poltern. Im Schutze dieses Feuers, aber auch des Nebels, gelang das Übersetzen der Infanterie beiderseits Grusino ziemlich reibungslos (Skizze 19).

Als erstes stießen das vorderste Bataillon des IR. 3 (II.) und die 15./IR. 3 bei Wyja auf Feindwiderstand, während das III./IR. 3 nach Osten und das I./IR. 3 nach Nordosten im Schutze des Nebels zügig vorgingen, wobei das III./IR. 3 ein Minenfeld von mehreren 100 Minen ohne Ausfälle überquerte. Als sich der Nebel dann plötzlich hob, standen die Kompanien dieses Bataillons am Fuße der Höhe vor dem Wald südostwärts Grusino, von wo ihnen nun heftiges Abwehrfeuer entgegenschlug. Nach einer kurzen Feuerzusammenfassung der Art. Gruppe Brechtel stürmte aber das Bataillon mit „Hurra" die gut ausgebaute Höhenstellung und hatte damit 55 Minuten nach Angriffsbeginn das 1. Angriffsziel erreicht. Ein bald darauf einsetzender russischer Gegenstoß konnte abgewehrt werden.

Schwieriger war der Kampf des II. Batl. Erst nach massivem Einsatz der Artillerie konnte dasselbe gegen 11.00 Uhr das außerordentlich stark ausgebaute und erbittert verteidigte Wyja nehmen und daran anschließend sich nach neuem, schweren Kampf auch der Ortschaft Perechod bemächtigen. Damit war dem Feind an wichtigen Stellen die Sichtmöglichkeit auf die in Frage kommende Brückenstelle genommen.

Nicht ganz so erfolgreich war das I./IR. 3, das zunächst ohne besondere Schwierigkeiten in den Südteil von Grusino eindringen konnte, hier aber auf erbitterten Widerstand stieß. Vor allem war es die flankierende Wirkung des festungsartig ausgebauten Schlosses, die ein Vorwärtskommen unmöglich machte. Selbst zusammengefaßte Feuerschläge der gesamten Divisionsartillerie vermochten die feindliche Schloßbesatzung nicht zu erschüttern.

Nördlich Grusino war dem verst. IR. 24, wie erhofft, der überraschende Durchstoß entlang der Bahn durch die Seenenge gelungen, so daß sich die Division gemäß ihrem ursprünglichen Plan entschloß, das IR. 45 (ohne I. Batl.) hinter dem IR. 24 nachzuführen. Als aber das IR. 24, gehemmt

*Lageentwicklung
im Brückenkopf Grusino
vom 16.–18. 10. 1941*

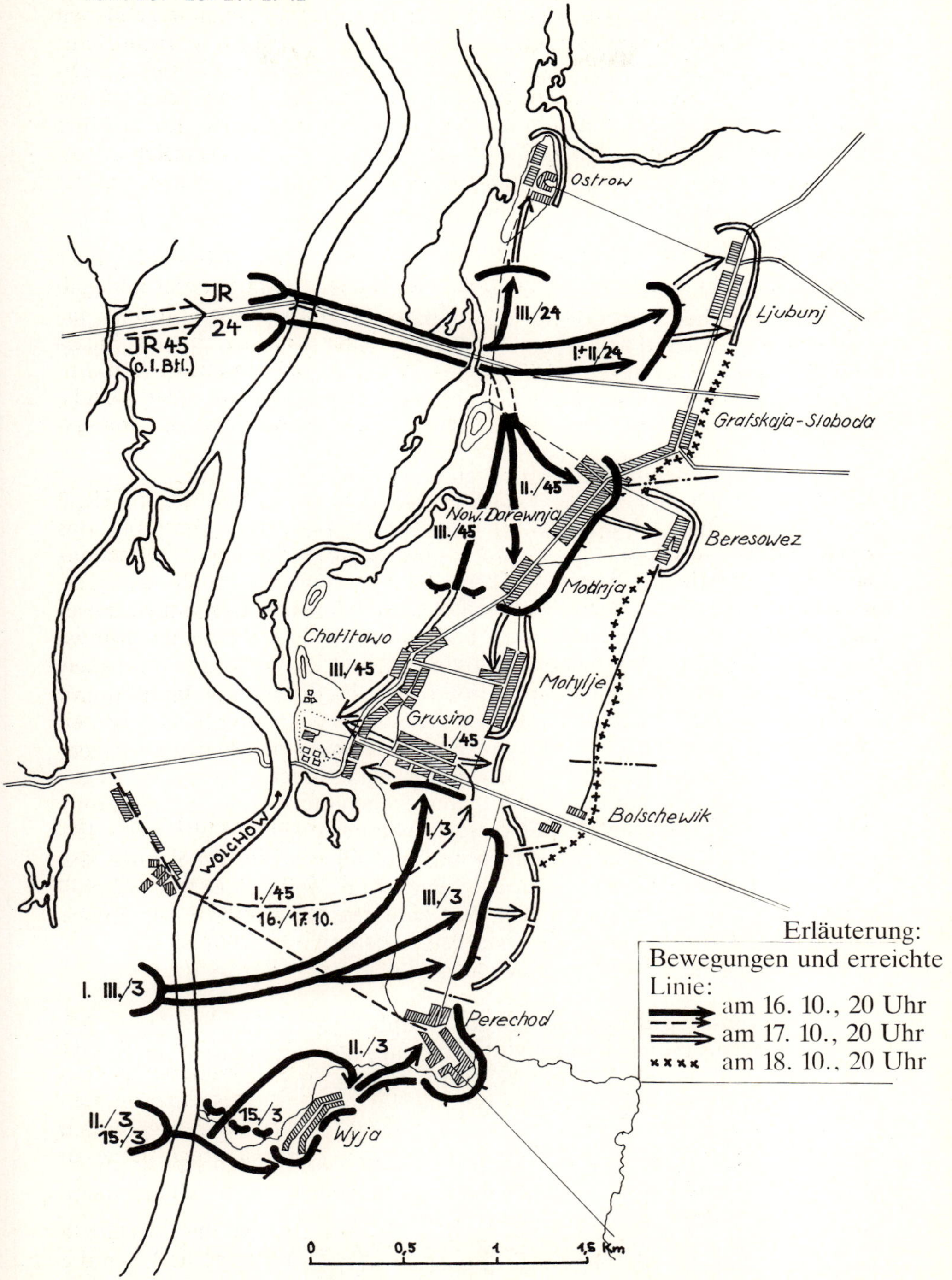

Erläuterung:
Bewegungen und erreichte Linie:
→ am 16. 10., 20 Uhr
⇢ am 17. 10., 20 Uhr
×××× am 18. 10., 20 Uhr

Skizze 19

durch das sumpfige Gelände, das das Nachführen der schweren Waffen und der Munition sehr erschwerte, gegen Mittag mit I. und II. Batl. gegen Ljubunj und mit dem bisher nachgeführten III. Batl. aus der Seenenge nach Norden auf Ostrow antrat, geriet es, nur noch wenige 100 m von diesen Dörfern entfernt, in ein vernichtendes Abwehrfeuer. Der in gut getarnten und tiefen Stellungen vorzüglich gedeckte Gegner konnte vor sich, in dem ebenen, deckungslosen Gelände jeden Mann sehen. Ein Eingraben war in dem Sumpfgelände unmöglich. Die Verluste stiegen. Alle Versuche, im Laufe des Nachmittags sich der Orte zu bemächtigen, scheiterten. Hingegen konnte das nachgeführte IR. 45 nach Süden eindrehend mit dem II. Batl. Modnja an der Straße Oskuj, Grusino nehmen und mit seinem III. Batl. gegen den letzten Ort selbst vorstoßen.

Als sich der Abend auf das Gefechtsfeld senkte, stand die 21. ID. mit allen 3 Regimentern auf dem Ostufer des Wolchow. Wie ein Pfahl im Fleische steckte freilich in ihrer Mitte noch immer das vom Gegner tapfer verteidigte Schloß Grusino, das durch seine Lage am Fluß diesen, vor allem flußaufwärts, weithin beherrschte und auch den Übersetzverkehr durch Feuer behinderte.

Diesem Punkt galten daher am zweiten Gefechtstag, am 17. 10., die hauptsächlichen Bemühungen der Division. Noch während der Nacht vom 16./17. 10. war bei Botanowka das I./IR. 45 übergesetzt worden, um vor allem den Angriff gegen das Schloß vorzutragen.

Jedoch trotz schwerstem Zerstörungsfeuer aller Batterien gelang es nicht, den Gegner dort zum Schweigen zu bringen, wiewohl er bereits fast völlig von seinen Verbindungen abgeschnitten war. Die im Ostteil von Grusino von Süden eingedrungenen I./IR. 3 und I./IR. 45 säuberten diesen Ortsteil in härtesten Straßenkämpfen, während das von Norden angreifende IR. 45 mit dem II. Batl. die Orte Motylje und Beresowec nahm und mit dem III. Batl. durch das II. Batl. hindurch weiter nach Süden vorstieß, bis es gegen Abend ebenfalls vor dem Schloß zum Stehen kam. Hier gelang es nun dem Oblt. Pauls, 9./IR. 45, mit einigen Männern seiner Kompanie, den Eingang in das Schloß zu erzwingen und, vor allem unterstützt durch die beiden Unteroffiziere seiner Kompanie, Becker und Weide, sich mit Maschinenpistole und Handgranaten den Weg zum Dachgeschoß zu erkämpfen und den Dachstuhl in Brand zu stecken.[87]) Damit war endlich das Zentrum des feindlichen Widerstandes ausgeräuchert.

Dem IR. 24 am Nordflügel des Brückenkopfes war an diesem Tag gegen Mittag unter zusammengefaßter Unterstützung der gesamten Artillerie die Einnahme von Ljubunj gelungen. Am Nachmittag konnte dann das III./IR. 24 auch Ostrow in Besitz nehmen.

Damit hatte die Division ihre erste Aufgabe im wesentlichen gelöst: einen Brückenkopf soweit frei zu machen, daß der Gegner in denselben nicht mehr mit beobachtetem Feuer wirken konnte. Freilich war dies noch nicht ganz der Fall, denn noch beherrschte das ostwärts Grusino auf einer Anhöhe vor dem Waldrand liegende Staatsgut „Bolschewik" zumindest den Raum südlich Grusino.

Dagegen trat nun am 18. 10. (Skizze 19) das I./IR. 3 nach längerem Wirkungsfeuer der Art. Gruppe Brechtel an und stieß nach dreistündigem hartem Kampf bis zum Ostrand des auf dieser Höhe befindlichen Stellungssystems durch. Hier kam aber der Angriff dann zum Stehen, da der Feind in der Waldlichtung ostwärts „Bolschewik" in vorzüglich ausgebauten Feldstellungen saß, die einen frontalen Angriff aussichtslos erscheinen ließen. Immerhin war mit der Wegnahme dieser Höhe dem Feind die letzte Sichtmöglichkeit in den Brückenkopf hinein entzogen worden. Demnach konnte gegen Mittag des 18. 10. bei Grusino mit der Inbetriebnahme einer Fähre und gleichzeitig mit dem Bau einer 8 t-Brücke begonnen werden, welche um 21.00 Uhr fertig gestellt war und nach Durchziehen aller für den Kampf der Division notwendigen Verbände auf eine 20 t-Brücke für die Panzerdivision verstärkt werden sollte. Um Mitternacht rückte als erste Artillerieabteilung die I./AR. 21 über den Fluß, nachdem am Nachmittag bereits ihre 1. Batterie mit Fähren übergesetzt worden war.

Gleichfalls am Nachmittag dieses Tages, gegen 13.00 Uhr, war bei der Division der Befehl des XXXIX. Pz. Korps angelangt, am 19. 10. zur Ausweitung des Brückenkopfes mit je einer Regimentsgruppe nach Glady und Nekschino vorzustoßen. Da aber bereits schon jetzt sämtliche Teile der Division eingesetzt und für den Fall eines feindlichen Gegenangriffs keinerlei Reserven mehr verfügbar waren, wurde der Division im Laufe des 18. 9. von der 20. ID. (mot) das IR. (mot) 76 nach Grusino zugeführt. Davon löste ein Bataillon das I./IR. 45 ab, welches daraufhin das Höhengelände nördlich von „Bolschewik" in Besitz nahm, während das II./IR. 76 das nördlich Perechod eingesetzte III./IR. 3 frei machte. In die Lücke zwischen dem II./IR. 3 bei Wyja und dem Wolchow war tagsüber die 15./IR. 3 eingeschoben worden.

Bis zum Abend dieses Kampftages hatte die Division an die 800 Gefangene eingebracht. Die blutigen Verluste des Gegners dürften ein Vielfaches davon betragen haben. Freilich waren auch die Verluste der Division selbst nicht gering. Sie hatte in den ersten beiden Kampftagen allein 18 Offiziere und 671 Unteroffiziere und Mannschaften an Toten und Verwundeten verloren.

Im Laufe des 19. und 20. 10. wurden von der Division die ihr anbefohlenen Vorstöße ausgeführt. Dabei zeigte sich, daß sie mit dem von ihr erkämpften Brückenkopf das feindliche Stellungssystem noch lange nicht durchbrochen hatte. Sowohl das auf Glady angesetzte IR. 3 (verstärkt durch Art. Gruppe Brechtel) als auch das auf Nekschino angreifende IR. 45 mußten sich zunächst durch ausgebaute Bunkerstellungen und dann über grundlose und zudem stark verminte Wege an ihre Ziele herankämpfen. Am frühen Nachmittag des 20. 10. war Glady in der Hand des IR. 3, das daraufhin sich um den Ort herum zur Abwehr gliederte. Das IR. 45 stieß nach der Einnahme von Nekschino weiter nach Norden auf Rogatschi durch. Im Süden des Brückenkopfes griff das nunmehr dort geschlossen eingesetzte IR. (mot) 76 gegen schwächeren Feind (wohl Teile des SR. 1014) nach Süden an und konnte bis zum 20. 10. seine vordersten Teile bis an die Bahnlinie Tschudowo, Malaja-Wischera vortreiben.

Die Hauptstoßrichtung des XXXIX. Pz. Korps zielte aber auf Oskuj, wo das IR. 24, das dazu der 12. Pz. Div. unterstellt wurde, für diese Division einen Brückenkopf über die Oskuja bilden sollte.

Der Gegner war sich freilich der Bedeutung dieses Flußabschnittes wohl bewußt und führte daher am Morgen des 20. 10. vor dem Ort Krug einen Gegenangriff auf das von Ljubunj her vorgehende IR. 24. Das Regiment wehrte den Angriff ab, stürmte im Nachstoß mit II. und III. Batl. den Ort und bereitete sich nun für den Durchbruch durch die feindliche Stellung an der Oskuja vor.

Für deren Verteidigung reichten freilich die ohnedies schon stark angeschlagenen Kräfte der russischen 288. SD. nicht mehr aus. Der Gegner hatte daher den Südflügel seiner nördlich anschließenden 292. SD. an die Oskuja zurückgebogen und ihm zur Verstärkung das SR. 1067 der vor der 11. ID. stehenden 311. SD. zugeschoben. Ob letzteres am 21. 10. schon zur Stelle war, ist allerdings fraglich. Hingegen steht die Anwesenheit der aufgefrischten und durchweg neu beritten gemachten russischen 27. KD. außer jedem Zweifel. Es ist durchaus möglich, daß diese Division, die ursprünglich – wie erinnerlich – im „Sack" und zwar in Gegend Dorf Malukssa gestanden hatte, bereits unmittelbar nach dem 16. 10., über Gorodischtsche auf das Ostufer des Wolchow überführt worden war, um der 52. Armee oder dem zwischen 52. und 54. Armee eingeschobenen AOK. 4 als eine Art Eingreifreserve zur Verfügung zu stehen. Bereits am Vormittag des 21. 10. hatte das IR. 45 erste Gefechtsberührung mit diesem neuen Gegner, der offensichtlich den Auftrag hatte, dem deutschen Vorstoß über die Oskuja in die Flanke zu stoßen. Am Nachmittag dieses Tages setzte dann der Angriff der 27. KD. gegen das IR. 45 bei Rogatschi voll ein, dessen sich das Regiment aber nach schwerem Kampf erwehren konnte.

Inzwischen war es dem durch die Art. Gruppe Brohm (II./AR. 21 und 3./AR. 57) und die 1./Pi. 21 verstärkten IR. 24 gelungen, den Feindwiderstand auch an der Oskuja zu brechen und diese zu überschreiten. Das Regiment stieß hierauf mit dem III. Batl. in nordostwärtiger Richtung, mit dem II. Batl. in nordwestlicher nach Prokowskaja und Kruticha vor, während das I. Batl. bei Oskuj die Übergangsstelle für die 12. Pz. Div. offen hielt, die nunmehr die Fortführung des Vorstoßes in nordostwärtiger Richtung auf Tichwin selbst übernahm. Daraufhin trat am Morgen des 22. 10. das IR. 24 wieder unter seine Division, der nun der Auftrag zuteil wurde, die Westflanke des Vorstoßes des Pz. Korps abzudecken und gleichzeitig die Verbindung zu der bei Kirischi am Westufer des Wolchow stehenden 11. ID. aufzunehmen.

Man kann nicht sagen, daß dieser neue Auftrag seine Voraussetzungen aus dem bisherigen hätte ableiten können. Eher ist hier von einem kompletten „Rollentausch" zu sprechen. Bisher war die Division lediglich der „Wegbereiter" des XXXIX. Pz. Korps auf dem Ostufer des Wolchow gewesen. Nicht nur, daß hierbei ihr Angriffsstreifen um rund ein Drittel breiter war, als seinerzeit an der Aisne, es fehlte im Gegensatz zu damals auch jegliche Anlehnungsmöglichkeit. Daher mußte die Division, trotz Gegenvorstellungen, auf Befehl des XXXIX. Pz. Korps den von ihr allein erkämpften

Brückenkopf auch noch durch exzentrische Vorstöße einzelner Regimentsgruppen in einer Weise erweitern, die es voraussehen ließ, daß danach die Division nicht so schnell wieder zu einem geschlossenen Einsatz in einer neuen Richtung fähig sein werde. Genau das aber wurde nun von ihr verlangt.

Dazu kam, daß die einzige durch den Kampfraum der Division verlaufende Straße, nämlich von Grusino nach Oskuj, auf der sich der gesamte Nachschub der Division vollziehen mußte und auf der auch die nach Glady detachierte Regimentsgruppe IR. 3 schließlich nachgezogen werden mußte, zugleich auch die Vormarsch- und Nachschubstraße des gesamten XXXIX. Pz. Korps war. Um das Maß voll zu machen, setzte nach dem 20. 10. vorübergehend Tauwetter ein, wodurch die überbelegte Straße, aber auch die sonstigen Wege, fast augenblicklich in einen unbeschreiblichen Zustand versetzt wurden. Das mußte sich zwangsläufig auf die Durchschlagskraft der Division auswirken und tat es auch.

Für das noch am ehesten in der neuen Angriffsrichtung stehende IR. 24 kam es nun vor allem darauf an, seine um Oskuj verstreut stehenden Bataillone und die ihm zugeteilte Artillerie auf das bei Kruticha sichernde II./IR. 24 zum weiteren Vorgehen aufschließen zu lassen. Als es sich jedoch hierzu am 22. 10. um 7.00 Uhr früh auf den grundlos gewordenen Wegen von Oskuj nach Kruticha vorarbeitete, wurde das dort befindliche II./IR. 24 von einem mit Artillerieunterstützung vorgetragenen Gegenangriff des SR. 1067 getroffen und zur vorübergehenden Aufgabe des Dorfes gezwungen. Das unvermutete Vorgehen dieses neuen Feindes führte nun zu einer örtlichen Krise vor Prokowskaja, die aber — nicht zuletzt durch das Eingreifen der 6./AR. 21 — gemeistert werden konnte. Um 15.00 Uhr befand sich Kruticha wiederum im Besitz des IR. 24.[88]) Bis zu den Morgenstunden des 23. 10. wurde dem Regiment dann noch die I./AR. 21 (ohne 3. Batterie) zugeführt, die sodann mit der bereits eingesetzten II./AR. 21 und der 3./AR. 57 die Art. Gruppe Brechtel bildete. Damit war die Gruppierung für das weitere Vorgehen am westlichen Divisionsflügel geschaffen.

Am ostwärtigen Flügel war am 22. 10. das IR. 45 unter Belassung des II. Batl. in Rogatschi, von dort aus weiter nach Norden vorgestoßen. Das dritte Regimtent der Division (IR. 3 ohne II. Batl. mit 3./AR. 21) hing jedoch wie zu erwarten war, noch weit zurück. Bis zum 22. 10. abends war das Regiment zwar bei Glady abgelöst worden, hatte aber auf Befehl der Armee das II./IR. 3 in Grusino als Brückenschutz belassen, und kam mit der Masse nur sehr langsam vorwärts. Mit seiner Verwendung in der Front der Division war vorerst nicht zu rechnen.

In den folgenden Tagen kämpfte sich die Division unter zunehmenden Gelände- und Wegeschwierigkeiten durch die Sumpfwälder ostwärts des Wolchow vor. Am 23. 10. besetzte das IR. 24, mit 2 Bataillonen von Kruticha nach Nordwesten vorgehend, zunächst das feindfreie Melechowskaja und stürmte daran anschließend im Zusammenwirken mit dem nördlich des Ptschewsha-Flüßchens vorgehenden I./IR. 24 den Ort Tschernizy, wobei 367 Gefangene eingebracht werden konnten. In Ausnutzung dieses Erfolges gelang dann am 24. 10. um 13.00 Uhr die Wegnahme des Ortes Welija.

Das IR. 45 (ohne II. Batl.) war bis zum Abend dieses Tages über Belaja bis an die in nordwestlicher Richtung führende Bahnlinie Pestowo, Kirischi gelangt. Die AA. 21 hingegen stieß über Oskuj und Bor in nördlicher Richtung vor, wobei sie allerdings wegen des Zustandes der Straßen sämtliche schwere Waffen, Fahrzeuge und Fahrräder zurücklassen mußte.

Das IR. 3 (ohne II. Batl., aber mit 3./AR. 21) und hinter ihm die III./AR. 21 befanden sich zu diesem Zeitpunkt noch immer auf der Straße Grusino, Oskuj mit dem Anfang bei Krug.

Diese Hauptnachschublinie des XXXIX. Pz. Korps und damit auch der 21. ID. war derart verstopft und zusammengebrochen, daß sie zunächst nur im Blockverkehr, später sogar nur noch halbtagsweise befahren werden konnte. Mehrfach mußte sie sogar bis zu 24 Stunden, dann bis zu zwei Tagen, für jeden Verkehr gesperrt werden, um nur die allernotwendigsten Ausbesserungsarbeiten durchführen zu können. Das konnte natürlich nicht ohne schwerwiegende Rückwirkung auf die Versorgung der Division und damit auch auf den Fortgang der Kämpfe bleiben.

Zunächst gelang es allerdings noch, die Operationen in Fluß zu halten. Unter Beibehaltung des Schwerpunkts links griff die Division mit verstärktem IR. 24 auch am 25. 10. weiter nach Norden an. Da der Gegner vor diesem Regiment infolge der letzten Kämpfe offenbar nicht mehr die Kraft besaß, sich vor Kirischi in den dazu vorbereiteten Stellungen noch einmal zum Kampf zu stellen, konnte das IR. 24 sich ohne besonderen Widerstand bis gegen 15.00 Uhr in den Besitz dieses Ortes und des benachbarten Nowinka setzen, wobei allerdings der Regimentskommandeur, Oberst Heinrichs, dem vor etwas über einem Monat als zweitem Divisionsangehörigen das Ritterkreuz verliehen worden war, durch Verwundung ausfiel. Am Abend traf dann entlang der Bahnlinie von Südosten her „expeditionsartig" vorgehend auch der Stab IR. 45 mit dem I. Bataillon, allerdings ohne Fahrzeuge, in Kirischi ein.

Am ostwärtigen Divisionsflügel war an diesem Tag die AA. 21 weiter nach Norden vorgestoßen und hatte, zu Fuß, das Barackenlager etwa 8 km nördlich Bor erreicht. Bei Bor selbst war inzwischen das III./IR. 45 als Sicherung verblieben, bis dann in der Nacht 25./26. 10. endlich das noch immer abhängende IR. 3 und das von Rogatschi nachgezogene II./IR. 45 den Anschluß fanden.

So waren nun die Verbände der Division 10 Tage nach dem Flußübergang endlich wieder in der Front versammelt, freilich auf einem weit auseinandergezogenen und immer breiter werdenden Raum, der bereits jetzt ungefähr dem Streifen eines Armeekorps, ja in der Tiefe der Versorgung einer ganzen Armee entsprach.

Die Versorgungslage wurde zudem immer schwieriger, obwohl die Versorgungsdienste der Division wahrhaft Übermenschliches leisteten. Für die „Westgruppe", also die entlang des Wolchow vorgehenden Verbände, wurden die Versorgungsgüter von Tschudowo auf der Bahn bis zum Bahnhof Tigoda zugeschoben, von da mit Fahrzeugen der Division zum Fluß Tigoda gebracht, dort auf Fähren verladen, dann durch die 3./Pi. 21 flußabwärts und über den Wolchow auf dessen Ostufer in der Gegend nördlich Tschernizy übergesetzt,[89]) hier wiederum auf bespannte Kolonnen umgeschlagen und den Truppenteilen zugeführt. — Der Nachschub für die „Ostgruppe" vollzog sich nach wie vor über die durch die mot. Verbände vollkommen verstopfte, zerfahrene und daher zur Ausbesserung oft gesperrte „Straße" von Grusino nach Oskuj.

Unter diesen Umständen sah sich die Division gezwungen, den Angriff am 26. 10. zunächst einmal einzustellen. Und doch wäre gerade jetzt ein pausenloses Vorgehen aus mehrfachen Gründen notwendig gewesen. Einmal, weil der Gegner, nachdem seine Gegenangriffe am Oskuja-Abschnitt gescheitert waren, eine neue Verteidigungslinie aufzubauen bestrebt sein mußte und die notwendigen Maßnahmen dafür auch schon eingeleitet hatte.

Zum anderen aber auch, weil gerade in diesen Tagen die Operation der 21. Division in den Augen der obersten Führung eine neue Bewertung erfuhr. Bei einem Besuch auf dem Divisionsgefechtstand am Nachmittag des 25. 10. hatte der Oberbefehlshaber der 16. Armee, GO. Busch, die Wichtigkeit eines schnellen Vorstoßes der Division am Wolchow als selbständige Operation neben dem Vorstoß des Pz. Korps auf Tichwin betont. Diese Feststellung kam wahrscheinlich nicht von ungefähr. Es ist durchaus möglich, daß bereits zu diesem Zeitpunkt zumindest im Wehrmachtsführungsstab Zweifel aufstiegen, ob angesicht des starken Feindwiderstandes und der katastrophalen Wegeverhältnisse Tichwin überhaupt noch zu erreichen sein würde. Hitler selbst hat sie jedenfalls zwei Tage später offen ausgesprochen.[90]) Nun war es allerdings GFM. von Leeb, der am bisherigen Ziel festhalten wollte, weil ein Rückzug über den Wolchow einer Niederlage gleichkäme. Allenfalls dachte er daran, falls ein Durchstoß auf Tichwin sich wirklich als unmöglich erweisen sollte, dann in einem möglichst weiten Brückenkopf über dem Wolchow stehen zu bleiben.[91]) Aber noch war es nicht soweit, noch setzte sich der Oberbefehlshaber der Heeresgruppe gegenüber dem anscheinend unschlüssigen Hitler und dem voll auf Moskau konzentrierten OKH., die ihm beide freie Hand ließen, vorerst durch: es blieb bei Tichwin, aber — und das war das neue — auf Wolchowstroj sollte vermehrter Druck ausgeübt werden, um den Gegner damit zum Abbau seines „Sackes" westlich des Wolchow zu zwingen.[92])

Von einem verstärkten Druck konnte aber zunächst bei der 21. Division keine Rede sein, vielmehr lag sie ja aus Versorgungsgründen fest. Auch am 27. 10. konnte noch nicht angetreten werden. Immerhin zog das IR. 45 bei Kirischi zu seiner Verstärkung noch das III./IR. 45 an sich, während im Raum Belaja-Bor jetzt nur noch das II./IR. 45 zur Sicherung verblieb. Dafür konnte hier nun endlich auch das IR. 3 wieder eingesetzt werden, das an diesem Tag, zusammen mit der AA. 21, weiter nach Norden vorging und im Angriff Andriankowo gewann.

Nichtsdestoweniger war wertvolle Zeit verloren gegangen. Erst am 28. 10. konnte die Division, nachdem die Versorgungslage notdürftig soweit geregelt war, wieder angreifen — wenn auch unter anderen Voraussetzungen als bisher. Denn mittlerweile hatte der von „oben" beabsichtigte Druck auf Wolchowstroj zu einer ersten, bedeutsamen Maßnahme geführt: am Nachmittag des 27. 10. war die 21. Division aus dem Verband des XXXIX. Pz. Korps ausgeschieden und dem westlich des Wolchow führenden I. AK. unterstellt worden. Das bedeutete, daß der bisherige Auftrag, Flankenschutz des XXXIX. Pz. Korps, praktisch durch einen neuen ersetzt wurde und der hieß nun: Flankenschutz für das I. AK., oder genauer gesagt, für die 11. ID., die westlich des Wolchow, bei Kirischi stehend, am 28. 10., also zu dem Zeitpunkt, als sich die 21. Division auf die gleiche Höhe vorgekämpft hatte, nun ebenfalls nach Norden antrat.

Zur Koordinierung des Vorgehens dieser beiden Divisionen wurden bereits am folgenden Tag beide unter dem Befehl des Kommandeurs der 11. ID., GLt. Böckmann, zu einer „Gruppe Wolchow" vereinigt, während noch am Vortag das AOK. 16 dem Gen. Kdo. I. AK. empfohlen hatte, die beiden Divisionen zu einer „Gruppe Sponheimer" zusammenzufassen.[93]) Allein dieser Umstand deutet doch auf eine gewisse Unstimmigkeit hinsichtlich der Festlegung des Schwerpunkts hin, was in der Folge auch zu Differenzen in der Beurteilung der Lage durch die beiden Divisionsstäbe führte. Während nämlich die 11. ID. gegenüber einem wohl eingebauten und zur Verteidigung vorbereiteten Feind gleich von Angriffsbeginn an langsamer als die 21. ID. vorwärts kam, hatte die letztere dadurch bei ihrem weiteren Vorgehen auf zwei offene Flügel Bedacht zu nehmen. Das hätte nahegelegt — und die Führung der Division schien dem auch zunächst zuzuneigen — etwas abgesetzt vom Fluß und damit der feindlichen Waffenwirkung vom Westufer entzogen, anzugreifen, während die 11. ID. naturgemäß größten Wert darauf legte, daß die 21. ID. möglichst nahe am Wolchow nach Norden vorging, um damit eine flankierende Wirkung auf den vor der 11. ID. stehenden Gegner auszuüben. Auch der Feind selbst dürfte dies befürchtet und sich aus diesem Grund in der Folge vor der 21. Division gerade unmittelbar am Wolchow besonders stark gemacht haben.

Daß die Division durch das Einschwenken des IR. 45 auf Kirischi den Schwerpunkt tatsächlich zu ihrer „Westgruppe" (IR. 24, IR. 45 ohne II. Btl.) verlegte und damit also durchaus im Sinne der 11. ID. handelte, dürfte seinen Grund jedoch nicht so sehr in taktischen als versorgungstechnischen Überlegungen gehabt haben. Unter größten Schwierigkeiten und Überwindung immer wieder auftretender technischer Pannen an den eingesetzten Fähren und Sturmbooten, unter fortwährenden Straßenausbesserungsarbeiten, ja durch Einsatz von Trägerkolonnen, konnte doch zur „Westgruppe" eine Art von Nachschublinie aufgebaut werden.[94])

Zur „Ostgruppe" (AA. 21, IR. 3 ohne II. Btl., II./IR. 45) schien sogar dies zeitweise unmöglich, sodaß auf wiederholten Antrag der Division die Versorgung aus der Luft stattfinden mußte. Am 29. 10. warfen zwölf Ju 52 dreiundvierzig Behälter bei Andriankowo ab. Allein schon das verlieh der „Ostgruppe" in dieser Phase den Charakter einer Seitensicherung. In diesem Sinne besetzte die AA. 21 am 28. 10. Motochowo und das I./IR. 3 Pschewuschka, während das III./IR. 3 bei Andriankowo sicherte und die nähere Umgebung von versprengten Feindteilen säuberte.

Kein Zweifel, daß — nachträglich besehen — eine andere Kräfteverteilung im Rahmen der Division im Hinblick auf das, was sich bald ereignen sollte, günstiger gewesen wäre. Aber der Zwang der Verhältnisse war eben stärker.

Am linken Divisionsflügel hatten sich IR. 24 und IR. 45 in den Besitz von Mysslowo zu setzen und den wichtigen, nördlich davon gelegenen Tschernaja-Abschnitt, an dem neuer Feindwiderstand zu vermuten war, zu überwinden. Dazu hatte das IR. 24, abgesetzt vom Wolchow, mit Schwerpunkt rechts, das linke Bataillon stark rückwärts gestaffelt, auf Mysslowo vorzugehen. Das IR. 45 sollte mit linkem Bataillon in Anlehnung an IR. 24 angreifen, wobei sein rechtes Bataillon rechts rückwärts gestaffelt die Ostflanke zu decken hatte. Bei der 11. ID. sollte deren rechtes Flügelregiment (IR. 44) mit Schwerpunkt rechts am Westufer des Wolchow angreifen.[95]) Die Artillerie-Gruppe Brechtel hatte den Angriff aus Feuerstellungen hart südlich und südostwärts Kirischi zu unterstützen.

Um 6.30 Uhr trat die Infanterie an und kam über Erwarten zügig vorwärts. Um etwa 13.00 Uhr setzte sich das II./IR. 24 nach Überwindung schwächeren Feindwiderstandes vor Mysslowo in den Besitz dieses Ortes, nahm sodann, weiter vorstoßend, eine unversehrte russische Kriegsbrücke über die Tschernaja in Besitz und bildete jenseits einen Brückenkopf. Gleichzeitig war auch das IR. 45 mit seinem III. Btl. bis Tschirkowo vorgekommen und hatte auch hier Brücke und Dorf in die Hand genommen. Das I./IR. 45 deckte im Walde südlich Legotkowo Flanke und Rücken. Das III./IR. 24 sicherte in einem Bogen vor dem Nordrand von Mysslowo, während das I./IR. 24 zur Sicherung im Südteil dieses Ortes verblieb. Dies war notwendig, da die 11. ID. am Westufer nicht im gleichen Maße vorwärts gekommen war.

Das führte zu der von der „Gruppe Wolchow" gewünschten Wirkung, daß die vor dem Angriff der 11. ID. am Westufer des Wolchow zurückgehenden Feindkräfte in das flankierende Feuer der 21. Division gerieten. So konnte durch die II./AR. 21 eine feindliche Batterie binnen kurzem zum Schweigen gebracht werden, eine weitere, längs des Flusses zurückgehende, wurde von der 4./AR. 21 vernichtet. Andererseits war aber auch für die eigene Truppe die flankierende Wirkung des Feindes vom Westufer her recht unangenehm, was sich besonders am 29. 10. bemerkbar machte.

In den frühen Morgenstunden dieses Tages versuchte der Gegner, den am Vortag durch II./IR. 24 gebildeten Brückenkopf wieder einzudrücken. Der Versuch konnte zwar leicht abgewehrt werden, bewies aber, daß der Feind die Atempause, die ihm durch den Versorgungsstopp der Division gewährt worden war, genützt hatte, um sich wieder zu fangen. Er hatte von seiner 54. Armee aus dem Raum bei Mga die 310. SD. herangeführt, sie bei Gorodischtsche auf das ostwärtige Wolchow-Ufer gezogen und, nachdem es ihm nicht mehr gelungen war, den Tschernaja-Abschnitt zu halten, sie bei Ptschewa und ostwärts davon zur Verteidigung bereitgestellt, wohl um in erster Linie die Rückenbedrohung seiner vor der 11. ID. kämpfenden 311. SD., der inzwischen das „ausgeliehene" und vor der 21. ID. aufgetretene SR. 1067 wieder zugeführt worden war, zu verhindern. Auf diesen neuen, für den Winterkrieg vorzüglich ausgerüsteten Gegner prallte nun die „Ostgruppe" der Division.

Um 8.30 Uhr — es hatte wieder strenger Frost eingesetzt — traten das I. und III./IR. 24 in Richtung Ptschewa an. Der Angriff gewann in dem unübersichtlichen Waldgelände gegenüber einem sich ständig verstärkenden Feindwiderstand nur langsam an Boden. Immerhin gelang es den beiden Bataillonen um 17.00 Uhr, nach entsprechender Vorbereitung durch die Art. Gruppe Brechtel, in den Südteil von Ptschewa einzudringen, von wo sie aber vor starken feindlichen Gegenangriffen (wohl SR. 1080) auf die südlich gelegene Friedhofshöhe ausweichen mußten.

Das IR. 45 hatte indessen die Waldteile bei und nordwestlich Legotkowo vom Feind gesäubert. Sein II. Bataillon, das sich noch bei der „Ostgruppe" befand, wurde weiter hinter dem IR. 3 nachgeführt und übernahm an diesem Tag die Sicherung von Andriankowo und Panichino, das am Nachmittag des 29. 10. vom III./IR. 3 genommen worden war. Das I./IR. 3 hingegen stürmte in der Nacht vom 29./30. 10 den stark befestigten und besetzten Ort Witka und machte daselbst 137 Gefangene. Die AA. 21, durch ihren langen Einsatz bei der Gruppe Thomaschki am Wolchow-Übergang der Division zunächst nicht beteiligt und sodann hinter dem IR. 3 nachgeführt, besetzte an diesem Tag Ikonowo und schob sich am 30. 10. bis Dunjakowo vor, wo sie schwachen Feind vertrieb. Es bestand also kein Zweifel: auch der gegnerische Schwerpunkt lag am Wolchow bei Ptschewa.

Hier kam es am 30. 10. erneut zu erbitterten Kämpfen. Wieder konnte sich das IR. 24 in den Besitz des Südteils des Dorfes setzen und wieder scheiterten alle Bemühungen an der festungsartig ausgebauten Kirche des Dorfes, so daß am Nachmittag der Entschluß gefaßt werden mußte, das Regiment in die Ausgangslage zurückzunehmen. Der Sturm auf Ptschewa war, trotz Fliegerunterstützung, zum zweitenmal gescheitert.

Zudem begann sich nun wieder die schwierige Versorgungslage auszuwirken. So z. B. hatte bei den Kämpfen am 30. 10. die Artillerie vor Ptschewa infolge Munitionsmangels nicht im erwünschten Umfang eingreifen können. Am Nachmittag desselben Tages aber meldete das IR. 45 an die Division, daß „die Versorgungslage des Regiments, insbesondere für die Pferde, kritisch" sei. „Die Pferde fressen seit 48 Stunden das Stroh von den Dächern der Häuser, da in dieser Gegend keinerlei Heu vorhanden. Bis zum 31. 10. ist das Regiment nur mit Brot versorgt." Bei der „Ostgruppe" kam es am 29. 10. zu der schon erwähnten Versorgung aus der Luft. Da hier auch die Artillerie auf den schlechten Wegen nicht mit der Infanterie mitkam, konnte der Angriff am 31. 10. nicht weiter vorgetragen werden. Dafür gelang es jetzt endlich, das noch immer als Brückenschutz bei Grusino stehende II./IR. 3 frei zu bekommen und zumindest teilweise nach Kirischi im LKW-Transport heranzubringen und von dort nach Legotkowo nachzuführen.

Die schwachen Pionierkräfte der Division waren im pausenlosen Einsatz, um die Wege einigermaßen gangbar zu machen, wobei ihnen diese Aufgabe durch den jetzt einsetzenden strengen Frost etwas erleichtert wurde. Freilich brachte dieser eine zusätzliche Belastung der fechtenden Truppe, denn im Gegensatz zum Gegner, der, wie man es bei den eingebrachten Gefangenen sehen konnte, in Pelzmützen, wattierten Jacken und dicken Filzstiefeln kämpfte, lagen die eigenen Kompanien in vollkommen unzureichender Winterbekleidung vor dem Feind, was zunehmende Verluste an Erfrierungen forderte. Schwierig gestalteten sich auch die Nachrichtenverbindungen. Allein im Divisionsabschnitt waren zu diesem Zeitpunkt von der Nachr. Abt. 21 an die 170 km schweres Feldkabel eingebaut. Die Verbindung zu den weit entfernt liegenden Gefechtsständen des I. AK. und XXXIX. Pz. Korps waren mehr als fragwürdig. Doch alles das mußte gemeistert werden, sollte das Ziel, die Abriegelung der Feindkräfte südlich des Ladoga-Sees, erreicht werden.

Da der Feindwiderstand in Ptschewa sich als so stark erwiesen hatte, daß er vom IR. 24 allein nicht überwunden werden konnte, und auch der Ort Ryssino als dicht besetzt gemeldet worden war, beabsichtigte die Division am 1. 11., das IR. 3 zum weiteren Vorstoß nach Norden anzusetzen, während das IR. 45 Ryssino nehmen sollte. Die Maßnahmen waren so einzuleiten, daß das bisher dem IR. 3 unterstellte II./IR. 45 von Witka auf Ryssino vorstoßen und sich hier mit seinem von Süden und Westen kommenden Stammregiment vereinigen sollte, während das II./IR. 3 von Legotkowo antretend über Panichino zu seinem Regiment durchzustoßen hatte. Durch die Kreuzung der Angriffsrichtungen wurde zugleich auch die Säuberung des zwischen der „Ost" und „Westgruppe" liegenden Geländes angestrebt.

Die Kämpfe am 1. 11. entwickelten sich am rechten Flügel recht günstig. Das IR. 3 konnte in einem schwungvoll vorgetragenen Angriff mit seinem III. Bataillon über Ikonowo, Dunjakowo, auf Sadnewo vorgehend, diesen Ort um 12.30 Uhr nach kurzem, aber heftigen Kampf nehmen, stieß daraufhin sofort weiter nach Norden vor und verlegte dadurch auf Saretschje zurückgehenden Feindteilen den Weg.

Bei Ptschewa hatte sich die Lage inzwischen folgendermaßen entwickelt: Am 31. 10. um 7.00 Uhr trat das IR. 45 (Reihenfolge: III./IR. 45, 1./Pi. 21, I./IR. 45) aus dem Tschernaja-Brückenkopf auf Ryssino an, während das II./IR. 45 gleichzeitig von Witka aus dorthin aufbrach. Auf der Höhe von Ptschewa stieß das III. Bataillon um 11.00 Uhr auf eine Waldstellung, die nur nach stundenlangem Kampf durchbrochen werden konnte, so daß das Regiment erst um 16.00 Uhr vor Ryssino eintraf. Über eine einzige Drahtleitung mußten die Batterien der II./AR. 21 auf das Dorf eingeschossen werden und kamen noch vor Einbruch der Dunkelheit zur Wirkung. Dann aber fiel auch diese Verbindung aus, so daß der Endkampf um Ryssino von der Infanterie allein getragen werden mußte. Zweimal rannte das Regiment unter bitteren Verlusten vergeblich an.

Dabei traf es sich noch glücklich, daß das II./IR. 45 sich den Weg von Witka aus durch verschiedene Riegelstellungen so rechtzeitig bahnen konnte, daß es noch zeitgerecht zum letzten Sturm eintraf. Dieser führte um 20.00 Uhr zur Einnahme des schwer umkämpften Dorfes, dessen Säuberung freilich noch einen Teil der Nacht beanspruchte.

Der Feind in Ptschewa selbst hatte den Einbruch des IR. 45 in die Stellung ostwärts des Dorfes mit einem Gegenangriff aus Ptschewa heraus beantwortet, der aber in das vernichtende Feuer der 2./AR. 21 geriet und vollkommen zusammenbrach. Somit wären alle Voraussetzungen geschaffen gewesen, um nun die feindliche Verteidigung bei Ptschewa selbst aufzurollen. Aber auch die eigenen Truppen waren durch die Kämpfe der letzten Tage und das winterliche Wetter erschöpft. So wurde denn am 2. 11. gerastet, Umgruppierungen vorgenommen, die Artillerie nachgezogen, Verbindungen gelegt und Aufklärung vorgetrieben.

Beim IR. 3 wurden hierbei durch Spähtrupps eine feindliche Besetzung von Saretschje, Moissejewo und Nikitino festgestellt und südostwärts Saretschje 7 russische Marine-Infanteristen gefangen genommen. Die letzteren gehörten der 6. Marine-Infanteriebrigade an, die aus Leningrad heraus über den Ladoga-See herangeführt worden war, um, neben der 310. SD. eingesetzt, die Reste der arg mitgenommenen 292. SD. abzustützen. Im Kampf gegen diese Gegner mußte am 3. 11. die Entscheidung fallen.

Mit Morgengrauen trat das IR. 45 mit III. Batl. rechts und II. Batl. links von Ryssino aus in Richtung Ptschewa an, während das I. Btl. am Bach Krussynja, etwa 1,5 km nordwestlich Ryssino, das Regiment im Rücken gegen Osten und Norden abdeckte. Vom Feind offenbar nicht erkannt, schob sich das IR. 45 von Nordosten an Ptschewa heran und konnte bis 12.50 Uhr seine Bereitstellung vollenden. Daraufhin legten noch einmal sämtliche Batterien im Raume um das Dorf ein 10 Minuten langes Vernichtungsfeuer auf dasselbe und dann traten die Regimenter 45 und 24 gemeinsam zum dritten und letzten Angriff auf den Ort an.

Der Gegner leistete, obwohl die Lage für ihn nunmehr aussichtslos war, verbissen Widerstand. Um 15.00 Uhr war der Südteil wieder in eigener Hand. Das mit Schwerpunkt entlang des Wolchow vorstoßende I./IR. 24 konnte das Herzstück der Verteidigung, die steinerne Kirche, nehmen. Nun fiel auch der Nord- und Nordwestflügel des Dorfes. Um 17.00 Uhr waren die letzten Widerstandsnester niedergekämpft. Das IR. 24 richtete sich daraufhin mit I. Btl. am Nord- und Nordwestrand, mit III. Btl. am Ost- und Südrand zur Ortsverteidigung ein, während das IR. 45 mit Masse wieder in Ryssino sammelte.

Bei der in Tschernorutschje und Sadnewo stehenden Regimentsgruppe IR. 3 mit Art. Gruppe Anders (I./AR. 57 ohne 3. Battr., III./AR. 21 und 3./AR. 21) und 2./Pi. 21 war der Tag nicht minder erfolgreich verlaufen. Ebenfalls im Morgengrauen trat das Regiment in der Reihenfolge I., II. III. Btl. von Tschernorutschje aus an. Das II. Btl. hatte hierbei den Auftrag, etwa 2 km nördlich des genannten Ortes nach Osten abbiegend durch den Wald nach Norden vorzugehen, Saretschje von Osten umfassend anzugreifen und zu nehmen. Das I. Btl. sollte nach Westen ausbiegen und vom Feinde möglichst unbemerkt Saretschje und Moissejewo umgehen und, aus dem Wald hervorbrechend, Nikitino im Handstreich nehmen. Je nach Feindlage sollte es dann auch noch Nikiforowo angreifen. Dem III. Btl. kam die Aufgabe zu, den Feind in Saretschje von Süden her frontal anzugehen und in der Front zu fesseln.

Noch während dieses Bataillon entfaltet vorrückte, kam es zu einem Begegnungsgefecht mit dem von Saretschje nach Süden vorgehenden Feind. Der Gegner konnte geworfen werden, die zurückflutenden Feindteile wurden vom Feuer aller Waffen gefaßt und zum größten Teil vernichtet. Doch damit waren die Versuche des Gegners, die Front des auseinandergezogenen IR. 3 im Zentrum zu durchbrechen, noch keineswegs beendet. Bald darauf traf ein zweiter Angriff, diesmal von Osten, das II. Btl. Im Nahkampf gelang es, den Feind zurückzuschlagen. Jedoch noch während die Lage bereinigt wurde, rollte ein dritter Angriff, nun aus Nordwesten, an. Auch er konnte zersprengt und der Feind zum Rückzug auf Saretschje gezwungen werden. Damit war allerdings der Elan des Feindes gebrochen. Um 17.00 Uhr konnte das Bataillon nun seinerseits den Waldrand südlich Saretschje im Angriff erreichen. Bald darauf zeigten aufsteigende Leuchtkugeln an, daß es dem II./IR. 3 gelungen war, sich im Ostteil des stark ausgebauten Ortes festzusetzen. Der Angriff des III. Btl. in der Front blieb aber im gegnerischen Abwehrfeuer liegen. Um Mitternacht aber gelang es dann, unter Belassung der 11. Kompanie in der bisherigen Stellung, das III. Batl. vom Feind zu lösen und ohne Widerstand von Nordwesten her in den Ort einzudringen, der dann am Morgen des 4. 11. von den beiden Bataillonen gänzlich genommen werden konnte. Das I./IR. 3 hingegen hatte befehlsgemäß Saretschje und Moissejewo umgangen, hatte sich gegen Abend des 3. 11. in der Höhe des Südteils von Nikitino bereitgestellt und war sodann überraschend für den Feind, dessen Aufmerksamkeit durch die Kämpfe im Süden gefesselt war, von Westen her in den Ort eingebrochen. Damit war bei der „Ostgruppe" nicht nur der Gegenangriff des neu herangeführten Feindes zerschlagen, sondern auch ein tiefer Einbruch in seine Stellung erzielt worden. Wie tief dieser ging, zeigte der Umstand, daß von der „Ostgruppe" in der Folge auch Gefangene des 135. mot.-technischen Bataillons gemacht wurden. Dieses Bataillon, ursprünglich bei der 54. Armee im „Sack" eingesetzt und von dort offenbar abgezogen, war mit dem Armee-Pionier-Bataillon 52 der 52. Armee, ohne Kampfauftrag, hinter der Front mit pioniertechnischen Aufgaben befaßt gewesen.

So erfreulich in taktischer Hinsicht der Verlauf des 3. 11. auch für die 21. Division gewesen war, so hinterläßt er im Rückblick doch einen eher zwiespältigen Eindruck.

Gewiß, der Erfolg der Regimentsgruppe IR. 3 eröffnete günstige Aussichten für die Weiterführung des Angriffs. Und die Verluste der vor der „Westgruppe" stehenden 310. SD. waren zweifellos schwer. Diese Division hatte allein in den beiden letzten Tagen bei Ptschewa rund 500 Gefangene und 200–400 Tote verloren, was sie auch veranlaßte, ihre Verbände vorübergehend zusammenzulegen und aus den Resten ein SR. 1082-3 und ein Res. SR. 1 der 310. SD. zu bilden.

Aber auch die 21. Division hatte, speziell vor Ptschewa, nicht minder gelitten. Allein während der Tage vom 1.–3. 11. hatte sie an Toten und Verwundeten 15 Offiziere und 447 Unteroffiziere und Mannschaften, davon wohl die Masse bei IR. 24 und 45, verloren. Die Höhe der Verluste, aber auch die Erschöpfung der Truppe, die Tag und Nacht in Schnee und eisiger Kälte vor dem Feind gestanden hatte, verhinderten gerade am Schwerpunkt der Division die operative Ausnützung eines errungenen taktischen Erfolges, nämlich die sofort einsetzende Verfolgung des Gegners. Vielmehr war bei der „Westgruppe" ein Halt unumgänglich, um die dringend notwendige Neuordnung der Verbände und ihre frische Munitionierung durchzuführen.

Die Kampfstärken waren bei den beiden hier eingesetzten Infanterieregimentern derart abgesunken, daß – wie beim Gegner – auch hier Bataillone aufgelöst werden mußten, um die übrigen aufzufüllen. Beim IR. 24 wurden die Schützenkompanien und der Bataillonsnachrichtenzug des I. Bataillons zur Auffüllung der beiden restlichen Bataillone verwendet, während die 4./IR. 24 als selbständige Kompanie erhalten blieb. Beim IR. 45 war es das III. Bataillon, dessen Kommandeur, Hptm. Hufenbach, schwer verwundet ausgefallen war. Die Schützenkompanien 9 – 11, alle nur noch Zugsstärke, wurden geschlossen an Kompanien des I. und II. Bataillons zugeteilt, während auch hier die 12. Kompanie als selbständige Einheit dem Regiment unmittelbar unterstellt wurde.[96])

Dennoch hoffte die Division gegen den bei Ptschewa geschlagenen, aber keineswegs vernichteten und nach Norden ausweichenden Gegner doch noch zu einem Erfolg zu kommen, indem sie die am 3. 11. so überraschend gut vorwärts gekommene Regimentsgruppe IR. 3 am 4. 11. auf Samoschje vorstoßen lassen wollte, um damit den am Wolchow zurückgehenden Feind, vor allem aber dessen Artillerie, im Rücken zu fassen und in Zusammenarbeit mit dem nachfolgenden IR. 24 zu vernichten.
Zur Abschirmung dieses geplanten Stoßes in die Westflanke war noch am Abend des 3. 11. die AA. 21 auf Kamenka angesetzt worden.

Am Vormittag des 4. 11. gelang es nun dieser Abteilung (ohne 3. Schw.), sich vom Gegner unerkannt bis auf etwa 200 m an den Südrand dieses Dorfes heranzuschieben, vor dem eine Kompanie des russischen Armee-Pionierbataillons 52 ahnungslos schanzte. Die Anordnungen für den Überfall waren schnell gegeben, die 1. Schwadron wurde auf den Westeingang, die 2. auf die Südwestecke von Kamenka angesetzt und um 13.00 Uhr brach die Abteilung, ohne Feuervorbereitung, mit „Hurra" über den völlig überraschten Feind herein, der im Nahkampf überwältigt wurde. Während die 1. Schwadron die Stellungen vor dem Dorf aufrollte, säuberte die 2. den Ort im Straßenkampf. 72 Gefangene, 2 LKW, 3 MG und eine Feldküche waren die Beute.[97])

So waren denn die Voraussetzungen für den eigentlichen Stoß des IR. 3 auf Samoschje scheinbar günstig. Dieses Regiment hatte am 4. 11. noch das Gelände um Saretschje vom Feind gesäubert und trieb den in Moissejewo befindlichen Gegner in die Arme des bereits bei Nikitino stehenden I./IR. 3. Gegenangriffe des Feindes vermochten an dieser Lage nichts mehr zu ändern, wenngleich es bemerkenswert blieb, daß hier erstmals in diesem Raum feindliche Panzer auftraten.

Es ist daher durchaus möglich, daß die später noch vor der Front der Division festzustellende 16. mech.-mot. Brigade bereits zu diesem Zeitpunkt eingetroffen war und hier erstmals in den Kampf eingriff. Jedenfalls war es dem Gegner infolge der für ihn immer kürzer werdenden Nachschublinien gelungen, wiederum neue Verbände, u. a. eben auch die 6. Marine-Infanteriebrigade, der 21. ID. entgegenzuwerfen, offensichtlich mit dem Auftrag, das Heraustreten der Division aus der durch den Wolchow und die Sümpfe ostwärts Lipnjagi gebildeten Enge unter allen Umständen zu verhindern.

Gegenüber diesem sich versteifenden Feindwiderstand vermochte sich auch das IR. 3 nicht mehr allein durchzusetzen. Zwar vermochte das Regiment noch am 5. 11. mittags das Dorf Nikiforowo zu nehmen, aber der beabsichtigte weitere Vorstoß auf Samoschje war infolge der starken feindlichen Gegenwehr nicht mehr möglich. Und nicht nur das. Angesichts der Tatsache, daß der Division an der Kampfkraft der Infanterie bereits rund 3.500 Mann fehlten, ergab sich die grundsätzliche Frage, ob trotz aller bisherigen Erfolge sie überhaupt noch im Stande sein würde, die letzten 20 km bis Wolchowstroj zurückzulegen und dann noch dort den Gegner so entscheidend zu schlagen, daß von hier aus, eventuell im Zusammenwirken mit der am Swir stehenden deutschen 163. ID., eine wirkliche Abriegelung der südlich des Ladoga-Sees stehenden russischen Kräfte erreicht werden konnte. Die Division glaubte dies verneinen zu müssen und hatte in diesem Sinne bereits am 3. 11. um 20.05 durch Funkspruch dem I. AK. gemeldet: „IR. 3 Nikitino genommen. In Saretschje noch Restkämpfe. AA. 21 wird auf Kamenka angesetzt. Erfolgsausweitung nur möglich, wenn neue Kräfte. Luftwaffe unterrichten und ansetzen auf Samoschje und nördlich." Eine ähnlich lautende Meldung erging fernmündlich an das Gen. Kdo. XXXIX. Pz. K. mit der Bitte, die 16. Armee entsprechend zu orientieren.

Die Reaktion auf diese Hilferufe der 21. Division war erstaunlich. Noch am Abend des 3. 11. teilte das Gen. Kdo. I. AK. der Division mit, daß sie mit Verstärkung durch motorisierte Kräfte rechnen könne. Tatsächlich wurden bereits am Morgen des folgenden Tages der Division die II./Pz. Rgt. 29 (12. PzDiv., Kdr. Obstlt. Vahl) in Kukuj und das Kradschützen-Btl. 8 (8. PzDiv., Kdr. Obstlt. Kütt) in Tschudowo zur Verfügung gestellt, Verbände, die möglicherweise als Armee-Reserve zurückbehalten worden waren. Außer Frage dürfte jedoch stehen, daß hinter dieser Kräftezuteilung die 16. Armee selbst stand und wahrscheinlich war auch sie es, die eine plötzliche Änderung in der Lagebeurteilung der „Gruppe Wolchow" herbeiführte. Noch am Abend des 3. 11. hatte diese die 21. Division schriftlich angewiesen, das IR. 3 an den Wolchow heranzuziehen. Aber bereits am folgenden Tag fand sie sich bereit, das IR. 23 (11. ID.) der 21. Division zur Verfügung zu stellen.

Das alles geschah nicht von ungefähr. Zumindest beim Oberkommando der Heeresgruppe Nord dürfte angesichts des sich verstärkenden Feindwiderstands, und zwar vor der gesamten Front ostwärts des Wolchow, der Glaube an eine Einkesselung der 54. Armee, womöglich im Verein mit den deutschfinnischen Verbänden an der Swir-Front, längst verflogen gewesen sein, auch wenn es das AOK. 16 in seinem Armeebefehl vom 5. 11. noch als operatives Ziel hinstellte.[98]) Vielmehr schien dem Oberbefehlshaber der Heeresgruppe zwei Tage später „die Lage an der Wolchowfront auf Biegen und Brechen gespannt".[99]) Alles, was vielleicht noch erhofft werden konnte, war, daß der Gegner die Nerven verlor und unter dem Eindruck des Vorstoßes der Gruppe Wolchow auf Wolchowstroj den „Sack" räumte. Tatsächlich waren ja, wie geschildert, Verbände der 54. Armee vor der 21. ID. aufgetreten. Auch die 122. Pz. Brig. war von der Ostfront des Flaschenhalses zuletzt abgezogen worden. So setzte denn die Heeresgruppe und mit ihr wohl auch die 16. Armee alle Hoffnungen auf die 11. und 21. ID.[100]), hier wiederum besonders auf die letztere, da diese am weitesten vorangekommen war. Gelang es, Wolchowstroj zu gewinnen, dann hatte nach Ansicht des Oberbefehlshabers der Heeresgruppe Tichwin wesentlich an Bedeutung eingebüßt.[101])

Ob sich das Kommando der 21. ID. der bedeutsamen Rolle bewußt war, läßt sich nicht belegen. Auf jeden Fall aber war sie gewillt, den ihr aufgetragenen Stoß in der befohlenen Richtung mit allen ihr zur Verfügung stehenden Kräften und den ihr bis zum 5. 11. zugeführten Verstärkungen fortzuführen. Das bedingte freilich eine Umgruppierung ihrer Verbände. Das auf das Ostufer des Wolchow übergesetzte und der Division unterstellte IR. 23 löste am 5. 11. das IR. 24 bei Ptschewa ab, das seinerseits das IR. 45 bei Ryssino frei machte. Dieses Regiment rückte am Nachmittag dieses Tages, zusammen mit der II./AR. 21, nach Witka ab, um hinter dem IR. 3 aufzuschließen. Es erreichte am Abend dieses Tages Sadnewo, um nun seinerseits als „Ostgruppe" der Division zu fungieren, während das IR. 3 gegen den Wolchow hin einschwenken sollte.

Durch den Widerstand, den das IR. 3 an diesem Tag jedoch gefunden hatte, war der Plan in seiner ursprünglichen Fassung nicht mehr durchführbar. In Ausnützung des Erfolges der AA. 21 bei Kamenka entschloß sich die Division daher, mit dem noch im Laufe des Tages eintreffenden Kradschützen-Batl. 8, Teilen der II./Pz. Rgt. 29 (14 le. u. m. Panzer) und mit der 1./PzJg. Abt. 21 die AA. 21 daselbst so zu verstärken, daß sie ihrerseits in der Lage war, auf Samoschje vorzustoßen. Aus Gefangenenaussagen war bekannt, daß dieser Ort durch 2 Bataillone der 6. Marine-Infanteriebrigade besetzt war. Durch Wegeschwierigkeiten, die vor allem das Vorkommen der Panzer verzögerten, konnten – entgegen der ursprünglichen Absicht der Division – diese zur „Gruppe Kütt" (Kdr. Kradschützen 8) zusammengefaßten Kräfte erst am Morgen des 6. 11. um 4.00 Uhr früh von Kamenka aus antreten. Um 6.45 Uhr lief der Angriff auf Samoschje an. Der Gegner war diesmal auf der Hut und wehrte sich verzweifelt. In guter Zusammenarbeit mit den Panzern gelang es, von Süden und Norden her in den Ort einzubrechen und ihn zu nehmen. Sehr bald danach aber setzten die Versuche des Feindes zur Wiedereroberung des Dorfes ein. Im schweren feindlichen Feuer schlug die verstärkte Aufklärungsabteilung alle Angriffe ab. Ihre Verluste, allein 4 tote Offiziere, beweisen die Härte der Kämpfe.

Nun kam es entscheidend darauf an, der schwer ringenden Gruppe Kütt in Samoschje durch die von Süden entlang des Wolchow angreifenden Regimenter baldige Entlastung zu bringen.

Noch am gleichen Tag (6. 11.) hatten IR. 24 von Ryssino und IR. 23 von Ptschewa aus den Angriff auf Gorodischtsche vorgetragen und den Ort bis Mittag genommen. Der Gegner war in diesem Abschnitt zu keinem ernsten Widerstand mehr fähig, vielleicht auch in Anbetracht der Entwicklung der Lage bei Samoschje nicht mehr gewillt. In richtiger Einschätzung der Lage führte das IR. 24 daher auch den Vorstoß während der Nacht weiter nach Norden fort und setzte sich am frühen Morgen des 7. 11. überraschend in den Besitz von Cholm und Saowrashje, während schwächerer Feind nach Norden hin abzog.

Das IR. 23 säuberte inzwischen die Waldgebiete nördlich Gorodischtsche und übernahm mit Teilen die Sicherung der offenen Flanke der Division gegen den Wolchow hin, da die auf 2 Regimenter zusammengeschmolzene 11. ID. am Abend des 7. 11. die Gegend von Glaschewo erreicht hatte.

So hatte der Zugriff auf Samoschje zwar nicht zur Einkesselung des Gegners geführt, jedoch das Vorkommen des IR. 24 wesentlich erleichtert. Darüber hinaus hatte er einen Eckpfeiler aus der in der allgemeinen Linie Samoschje-Lipnjagi aufgebauten feindlichen Verteidigung herausgebrochen. Gegen den zweiten Pfeiler, nämlich Lipnjagi, war am 6. 11. das IR. 3 vorgegangen und hatte sich des Ortes bis zum Abend bemächtigt. Die Wege waren jetzt zwar hart gefroren, aber so schmal und glatt ausgefahren, daß die Pferde auch mit Stollen keinen Halt mehr fanden und Geschütze und Gefechtsfahrzeuge ununterbrochen in die Wegegräben abrutschten. Dazu kam, daß der Gegner sämtliche Wege stark vermint hatte, wodurch laufend Verluste eintraten. Durch die immer noch bestehende Verstopfung der Nachschubwege war es außerdem wieder dazu gekommen, daß das IR. 3 am 6. 11. aus der Luft durch den Abwurf von 28 Verpflegungsbomben auf den Südausgang von Saretschje verpflegt werden mußte. Solcherart stark behindert, stieß das Regiment, dem unmittelbar nach der Einnahme von Samoschje die II./Pz. Rgt. 29 zugeführt worden war, am 7. 11. auf Shubkino vor, das es nach Überwindung erheblicher Geländeschwierigkeiten bis zum Abend mit dem vordersten (II.) Bataillon nehmen konnte. Die Reaktion des Gegners auf den Verlust dieses für ihn zweifellos wichtigen Punktes war ein um 20.00 Uhr geführter wuchtiger Gegenangriff, der, von Panzern unterstützt, beim Bataillon sowie bei den auf nächste Entfernung eingreifenden 3./AR. 21 und 13./IR. 3 ziemliche Ausfälle hervorrief, jedoch abgewiesen werden konnte.

Mit dem Erreichen von Shubkino war für die Division ein wichtiger Augenblick gekommen, denn einerseits bot sich noch einmal die Möglichkeit, durch ein Eindrehen etwa gegen Uljaschewo den noch am Wolchow nachhängenden Feindflügel abzuschneiden, andererseits war nun nach Aufhören der Sumpfzone in der rechten Flanke derselben erhöhte Aufmerksamkeit zuzuwenden. Für erstere Aufgabe war am 8. 11. das IR. 3 vorgesehen, für die zweite das hinter diesem nachgeführte IR. 45, das über Shubkino auf Terebonishje angesetzt wurde. Der Gegner aber wußte dieser ihm gestellten Falle auszuweichen. Während er vor der „Gruppe Kütt" sich nach Norden absetzte, so daß die AA. 21 bis Ssestra vorgehen konnte, stieß der Angriff des IR. 3 in Richtung Uljaschewo wiederum auf heftigsten Widerstand. Von den das Regiment begleitenden 6 Panzern der II./Pz. Rgt. 29 war einer bereits kurz nach dem Antreten durch Motorschaden ausgefallen, sämtliche 5 anderen aber wurden im Laufe des Angriffs durch feindliche Panzer abgeschossen und abgeschleppt. Das Regiment konnte schließlich nur etwas über einen Kilometer Raum nach Norden gewinnen und lag am Ende dieses Tages mit I. und III. Btl. eingeigelt zwei Kilometer ostwärts Uljaschewo fest, während das II./IR. 3 Shubkino sicherte.

Der ebenfalls von Panzern und der II./AR. 21 unterstützte Angriff des IR. 45 auf Terbonishje hingegen drang durch und führte gegen Abend zur Einnahme des Ortes. In Voraussicht der Aufgaben, die sich bei fortschreitendem Angriff für die Division auch am rechten Flügel ergeben würden, hatte dieselbe das IR. 24 vom Wolchow her gegen die Mitte des Angriffsstreifens verschoben, wobei allerdings das Regiment trotz eines äußerst mühevollen Marsches zusammen mit der I./AR. 21 am Abend des 8. 11. nicht über den Raum Nikiforowo, Saretschje, Kamenka hinausgelangte, während das IR. 23 am Wolchow nach Prussynskaja Gorka und die umliegenden Ortschaften aufschloß.

Auch am 9. 11. versuchte der Gegner, sich weiterhin in der Linie Uljaschewo-Sslawkowo zu behaupten. Das IR. 3 konnte daher in Richtung auf den erstgenannten Ort auch an diesem Tag keinen wesentlichen Fortschritt erzielen. Der Feind verteidigte sich hier sehr geschickt in dem dichten Buschwald unter Einsatz von Panzern und trug sich sogar mit dem Gedanken, durch einen Gegenangriff von Teilen der 310. SD. (SRgt. 1082 und Bau-Batl. 800) Terebonishje wieder in Besitz zu nehmen. Dem kam allerdings das IR. 45 zuvor, das bereits um 2.50 Uhr in einem Nachtangriff dem Gegner Sslawkowo entriß. Nichtsdestoweniger lief der feindliche Gegenangriff auf Terebonishje von Osten her um 9.00 Uhr früh an und wurde zu Mittag und am Nachmittag nochmals erneuert. Dann aber holte das IR. 45 seinerseits zum Gegenangriff aus, vertrieb den Feind aus den Waldstücken ostwärts des Ortes und schuf auf diese Weise die Voraussetzung für den Ansatz des IR. 24, das inzwischen mit Anfang Terebonishje erreicht hatte.

Am Wolchow selbst war an diesem Tag die „Gruppe Kütt" durch das IR. 23 abgelöst worden. Das Kradschützen-Btl. 8 mußte wiederum an das XXXIX. Pz. Korps abgegeben werden, das eben in der Nacht vom 8./9. 11. mit vordersten Teilen in Tichwin eingedrungen war und dessen langgestreckte Ostflanke es nun abzudecken galt. Die durch die vorhergehenden Kämpfe erschöpfte AA. 21 aber wurde zur Auffrischung und gleichzeitigen Sicherung der Divisionsflanke am Wolchow in die Gegend von Prussynskaja Gorka zurückgezogen.

Am 10. 11. liefen die Bewegungen der Division so aus, daß nunmehr alle 4 Regimenter nebeneinander mit Front nach Norden standen. Das wieder in vorderer Linie um 6.00 Uhr antretende IR. 24 gewann im Vorstoß nach Osten Karpino und Ochromowschtschina und stellte sich zu weiterem Angriff nach Norden bereit. Das IR. 45 hatte wiederum starke feindliche Angriffe aus Lynna und Panzervorstöße aus nordwestlicher Richtung auf Sslawkowo abzuwehren. Auch das IR. 3 hielt sich in der errungenen Stellung und konnte sogar geringfügig gegen Uljaschewo vordrücken. Hierbei machte es 99 Gefangene und erbeutete 2 schwere Panzer, die mit den letzten zwei beim Regimentspionierzug noch vorhandenen Minen bewegungsunfähig gemacht worden waren. Einer davon leistete, wieder instandgesetzt, in den nächsten Tagen gute Dienste. Das IR. 23 gewann bis zum Abend dieses Tages Bratowischtsche und Panewo. Von den vordersten Postierungen dieses Regiments bis zum Südeingang von Wolchowstroj betrug die Entfernung nur noch 11 km.

Das war gewiß nicht mehr weit bis zu dem gesteckten Angriffsziel, und dennoch wurde es immer fraglicher, ob die Kräfte der Division für diese letzten Kilometer ausreichen würden. Das Angriffstempo hatte sich doch sehr verlangsamt. In den letzten fünf Tagen hatte sich die Division, von Dorf zu Dorf vorkämpfend, nur noch um 7 bis 9 km vorzuschieben vermocht. Die Verluste waren hierbei erschreckend gestiegen. Dazu betrug die Breite des Divisionsstreifens schon jetzt 10 km in der Angriffsfront und würde voraussichtlich bald noch breiter werden. Außerdem brachte die Bildung einer durchgehenden Eisdecke auf dem Wolchow es mit sich, daß die Division noch zusätzliche Kräfte zur Sicherung ihrer linken Flanke abstellen mußte, denn die 11. ID. stand mit ihrem IR. 44 noch vor Tscherenzowo und hatte mit dem IR. 2 erst Chotowo genommen. Dafür wurden eben die verstärkte AA. 21 und Teile des IR. 23 eingesetzt, die dadurch aber dann beim Angriff in der Front fehlten.

Gewiß, die Kräfte des Gegners waren nicht minder erschöpft, wie dies der Einsatz von Bautruppen als Kampfformationen bewies. Aber infolge seiner immer kürzer werdenden Verbindungen war er in der Lage, den Resten seiner 310. SD. und 292. SD. von Wolchowstroj aus ständig neuen Ersatz zuzuführen, den er auf dem Luftweg von Leningrad heranschaffte. Es handelte sich hierbei zum Teil um Arbeiter, die infolge der Stillegung der Fabriken zu den Waffen gerufen, zum Teil auch um Mannschaften von Verbänden, die im Raum um Leningrad zerschlagen worden waren, wie z. B. um die Reste der SR. 1064 und 1066 der 281. SD. So schien also der Augenblick nicht mehr allzu fern, in dem der Angriffsschwung der 21. ID. zwangsläufig seinen Höhepunkt überschreiten mußte, da zusätzliche Kräfte offensichtlich nicht mehr zur Verfügung standen.

Diesen Zeitpunkt so lange als möglich hinauszuzögern, mußte daher die Hauptsorge der Division sein. Zu diesem Zweck waren alle nur irgendwie verfügbaren Kräfte in die Angriffsfront vorzuziehen, was freilich wiederum bedeutete, daß zunächst das weitere Vorkommen der 11. ID. abgewartet werden mußte, um die zur Sicherung am Wolchow verwendeten Kräfte freizubekommen. Aus diesem Grund blieb die Division auch am 11. 11. in der erreichten Linie stehen. Lediglich das IR. 45 schob seine 15. (Radf.) Kompanie mit einer MG-Kompanie (12./45) nach Rutschej und Podwjasje vor und sicherte in Richtung Besowo. Die Artillerie griff auf beiden Seiten mit Störungsfeuer ein, wobei auf der Eisenbahnlinie von Tichwin nach Wolchowstroj ein feindlicher Panzerzug in Erscheinung trat.

Durch Vorverlegung des Hauptversorgungsstützpunktes nach Kirischi war eine gewisse Erleichterung in der Versorgung erreicht worden, wenngleich auch die Kfz.-Kolonnen des Divisions-Nachschub-Führers nur noch zu 40% einsatzbereit waren. Nicht weniger Besorgnis erregend war der Kräftezustand der Pferde der Division. In Ermangelung von Unterkünften standen dieselben bereits seit Tagen bei großer Kälte fast nur im Freien und waren infolgedessen oft nicht mehr imstande, auch nur leere Fahrzeuge zu bewegen, geschweige denn Geschütze oder Gefechtsfahrzeuge in dem streckenweise tief verschneiten Gelände. Die schweren Batterien der I./AR. 57 hatten aus diesem Grund auch zurückgelassen werden müssen. Immerhin war es gelungen, die Nachrichtenverbindungen etwas zu verkürzen. Am 11. 11. waren „nur" noch 188 km schweres Feldkabel im Raume der Division verlegt.

Nichtsdestoweniger hielt die Division unbeirrt an ihrem Auftrag fest. Sie hatte sich an diesem Tag so umgegliedert, daß am nächsten Morgen das IR. 24 zum weiteren Angriff nach Norden völlig frei war, während das IR. 45, hinter ihm nachgeführt, die Ostflanke zu decken hatte. IR. 3 und IR. 23 sollten zunächst in der Verteidigung belassen werden, wobei sich IR. 3 nach Osten bis einschließlich Sslawkowo ausbreiten sollte. Absicht der Divison war, mit Schwerpunkt rechts die Bahnlinie Tichwin-Wolchowstroj zu gewinnen und nachhaltig zu unterbrechen.

Um 8.00 Uhr früh des 12. 11. wurde in der angenommenen Gliederung angetreten. IR. 24 griff mit unterstellter II./AR. 21 über Podwjasje – Jeloschnia links liegen lassend – auf Ussadischtsche mit Panzerunterstützung (II./Pz. Rgt. 29) an. Nach Überwindung schwachen Widerstandes in Leonowschtschina stellte sich das Regiment um 12.30 Uhr zum Angriff auf das Dorf bereit und brach nach einem kurzen Feuerschlag der II./AR. 21 in dasselbe ein. Um 13.25 Uhr war Ussadischtsche, wenig später Bor, in eigener Hand. Ein von Panzern begleiteter Stoßtrupp stieß bis zur Bahn vor und sprengte sie.

Inzwischen hatte sich das II./IR. 45 unter dem Feuerschutz der I./AR. 21 von Westen her gegen Jeloschnia herangeschoben und zum Einbruch bereit gestellt. Da noch die Unterstützung der beim IR. 24 eingesetzten Panzer abgewartet werden sollte, erfolgte derselbe erst um 15.45 Uhr und führte innerhalb von 30 Minuten zur Eroberung des Dorfes. Bei IR. 3 und IR. 23 war der Tag ruhig verlaufen.

Am 13. 11. hatte indessen die 11. ID. am Westufer des Wolchow derartige Fortschritte gemacht – am Abend wurde die Gegend von Pomjalowo erreicht –, daß die bisher zur Sicherung am Flußufer eingesetzten Teile der 21. ID. zu anderer Verwendung frei wurden. Die AA. 21 löste die bei Shubkino eingesetzten Teile des IR. 3 ab, das seinerseits sein I. Btl. nach Sslawkowo vorschob. Auch das IR. 23 konnte nunmehr seine Kräfte nach Norden zusammenfassen. Bis zum Abend hatte sich die 21. ID. wie folgt gegliedert: IR. 24 in Ussadischtsche und Bor; IR. 45 sicherte mit I. Btl. in Terebonishje, mit 15./IR. 45 in Besowo und stand mit II./IR. 45 in Jeloschnia; IR. 3 lag mit I. Btl. in Sslaskowo, mit 15./IR. 3 und III./IR. 3 zwischen diesem Ort und Panewo; AA. 21 in Shubkino; I./AR. 21 mit 7./AR. 21 und II./AR. 21 in Feuerstellung bei Terebonishje; III./AR. 21 ohne 7. Battr. bei Shubkino. Pi. Batl. 21 auf die Regimenter verteilt, mit einer Kompanie zur Verfügung der Division.

Bei IR. 3 war es im übrigen an diesem Tag auch so weit, wie bei den beiden anderen Regimentern: das bei Shubkino sehr angeschlagene II. Bataillon wurde aufgelöst und trat mit Nachrichtenzug, 5., 6. und 8. Kompanie zum I. Btl., mit der 7. Kompanie zum III. Btl.[102])

Ungeachtet dieser Schwierigkeiten hoffte die Division noch immer mit ihren alles andere als voll aufgefüllten 6 Bataillonen und ohne schwere Artillerie, freilich mit Unterstützung des IR. 23, die Stadt Wolchowstroj erstürmen zu können. Im Rückblick sieht das fast wie eine Überschätzung der eigenen Kräfte aus. Auf sowjetischer Seite scheint man jedoch durchaus mit einem Kampf um die Stadt gerechnet zu haben, denn das schon früher erwähnte 135. mot.-technische Bataillon und das 52. Armee-Pionier-Bataillon waren dort zusammengezogen worden, um die Eisenbahnbrücke und das Aluminiumwerk zur Sprengung vorzubereiten. Ebenso wurden sämtliche Betonbunker mit Schußrichtung nach Westen gesprengt und die Evakuierung der Bevölkerung eingeleitet. Zudem wurde aus dem Raum um Mga die 153. SD. unter Oberst N. A. Gagen (später in 3. Garde-Schützen-Div. umbenannt) mit den SR. 435, 505 und 666 herangeführt, von denen zwei Regimenter auch vor der 21. Division auftreten sollten. Noch am 14. 11. wurden außerdem weitere 1000 Mann Ersatz aus Leningrad auf dem Luftweg herangeführt, wovon 400 Mann der 310. SD. zugeführt wurden. An „Menschenmaterial" mangelte es also auf sowjetischer Seite keineswegs. Was aber noch viel fataler war: Trotz der Tatsache, daß die 11. und 21. Division 8 km vor Wolchowstroj standen, dachte die sowjetische 54. Armee offensichtlich nicht daran, den „Sack" westlich des Wolchow zu räumen, ein Umstand den der OB. der Heeresgruppe Nord am 14. 11. ziemlich enttäuscht in seinem Tagebuch vermerkte.[103] Tatsächlich war dem nicht ganz so. Im Stab der 54. Armee waren sehr wohl Stimmen laut geworden, die wenigstens eine teilweise Räumung des „Sackes" befürworteten, um Kräfte für die Abwehr des deutschen Vorstoßes auf Wolchowstroj frei zu bekommen. Allein, der Armeeoberbefehlshaber, GM. Fedjuninsky, widersetzte sich dem und das mit Recht. Der Wolchow war seit Tagen fest zugefroren und bildete kein Hindernis mehr für eine Verbindung nach Osten. Zudem wußte der General schon früher, was der Heeresgruppe seit mindestens zwei Tagen bekannt war, daß nämlich der bei Tichwin kämpfenden sowjetischen 4. Armee von Norden wie von Osten neue Kräfte zugeführt wurden.[104] Dort bildete sich ein neuer operativer Schwerpunkt des Gegners, der sich auch auf den Raum von Wolchowstroj auswirken mußte. Die Division sollte dies in Kürze selbst erfahren. Vorerst war dies für sie noch von nebensächlicher Bedeutung. Sie hatte ihren Auftrag und war im Begriff ihn auszuführen. Dazu sollte die ganze Division, um das Sumpfgebiet südostwärts Wolchowstroj ausholend, von Osten bzw. sogar von Nordosten gegen die Stadt angesetzt werden. Unter dem Druck der Zeit und der immer knapper werdenden Kräfte entschied sich die Division, unter Abschirmung ihrer Ostflanke in der Linie Mysslino – Kukolj – Ustje mit zwei Regimentern die Sumpfenge bei Wjatschkowo zu durchstoßen und den Angriff nördlich der Bahn Wolchowstroj, Tichwin sowie an der Murmansk-Bahn auf Wolchowstroj zu führen. Im Divisionsbefehl vom 13. 11. abends fanden diese Überlegungen ihren Niederschlag: „21. Div. tritt am 14. 11. zum Angriff an, um die Ausgangsstellung für den Angriff auf Wolchowstroj zu gewinnen. Die beabsichtigte Angriffsführung ist, mit IR. 3 und IR. 24 nach Norden vorzustoßen, durch IR. 45 die Rückendeckung nach Osten zu übernehmen und mit dem IR. 23 je nach Fortschreiten des Angriffs der 11. Div., sich nach Norden an Wolchowstroj heranzuschieben. Schwerpunkt für den 14. 11. beim IR. 3:"

Am 14. 11. um 7.00 Uhr früh setzte sich die ganze Front der 21. ID. in Bewegung. Der Gegner war freilich auf der Hut. Das am Morgen auf Ssorokino angreifende IR. 24 mußte schon beim Überschreiten der Bahnlinie Tichwin, Wolchowstroj zunächst einen von 2 schweren und 5 leichten Panzern geführten Gegenangriff abwehren, um dann um 12.30 Uhr über den Bahnkörper selbst übersetzen und in Ssorokino eindringen zu können. Weiter nach Norden Raum zu gewinnen, gelang an diesem Tag nicht mehr. Das II./IR. 24 verblieb daraufhin in Ssorokino, während das III. Btl. zur Schonung der Truppe nach Ussadischtsche zurückgenommen wurde.

Dort befand sich auch das I./IR. 45, dem die Sicherung der Ostflanke des IR. 24 oblag. Das Bataillon hatte Ort und Bahnhof Mysslino genommen und bei letzterem einen Panzerzug mit 2 Geschützen sowie ein Betriebsstofflager erbeutet. Da der Gegner nach dieser Richtung hin offenbar keinen besonderen Widerstand leistete, trieb das Bataillon noch Kräfte nach Dubrowa vor. Das II./IR. 45 hingegen hatte am frühen Nachmittag einen von Nordwesten auf Jeloschnia vorgetragenen feindlichen Angriff abzuweisen.

Günstig entwickelte sich die Lage im Schwerpunkt der Division. Das von der II./Pz. Rgt. 29 unterstützte IR. 3 konnte im zügigen Angriff Borok und Lynna in Besitz nehmen. Während das I. Batl. hier verblieb, trat das III./IR. 3 über Lynna hinaus auf Weretje an, das bis 16.00 Uhr ebenfalls genommen werden konnte. Damit waren die Voraussetzungen für den Durchbruch durch die Sumpfenge bei Wjatschkowo geschaffen.

Am Wolchow selbst hatte das IR. 23 gegenüber zähem Widerstand sich endlich den Zugang zu dem Orte Uljaschewo und dem nördlich davon gelegenen Dorfe Wolchow erzwingen können. Weiter vorzugehen war auch hier vorerst nicht möglich, zumal die 11. ID. an diesem Tag mit ihrem rechten Flügelregiment (IR. 44) nur bis Wyndin-Ostrow gelangt war.

Am 15. 11. wurde der Angriff fortgesetzt. Das IR. 24 gewann mit nachhaltiger Unterstützung der II./AR. 21 die Ortsgruppe um Kukolj und leitete sodann seinen Vorstoß gegen Nordwesten auf Ramenje ein, das etwa um 18.00 Uhr nach kurzer Gegenwehr vom II./IR. 24 genommen wurde. Das dem IR. 24 folgende IR. 45 verlängerte daraufhin auftragsgemäß seinen linken Flügel nach Norden und besetzte nach dem Abdrehen des IR. 24 mit einer Kompanie Konez. Der Angriff des IR. 3 machte an diesem Tag ebenfalls gute Fortschritte. Um 7.45 Uhr hatte das I./IR. 3 die Postierungen des III./IR. 3 bei Weretje durchschritten und befand sich im Angriff auf Wjatschkowo, das von der Aufklärung als stark befestigt und besetzt gemeldet wurde. Demgegenüber hatten die nach Westen längs der Bahn angesetzten Spähtrupps keine Feindberührung und konnten bis an den Waldrand ostwärts Wolchowstroj vorstoßen. Für kurze Zeit lag das Ziel wochenlanger Kämpfe und Strapazen vor ihren Augen. Dann freilich mußten sie wieder zu ihrem Bataillon zurück, das sich zum Kampf um Wjatschkowo bereitstellte.

Da traf in den frühen Nachmittagsstunden ganz unvermutet ein starker feindlicher Angriff vom Westen her die letzten noch in Lynna stehenden Teile des IR. 3 (Rgt. Stab, mittlerer Pak-Zug, s. IG-Zug). Der Gegner hatte mit großem Geschick seinen Stoß gegen die „weiche" Stelle des für ihn gefährlichsten Angriffskeils gerichtet und rief dort auch sogleich eine Krise hervor. Erst als die vom III./IR. 3 in Weretje auf Befehl des Regiments nach Südwesten herabstoßende 11. Kompanie die Gegend westlich Lynna erreichte, konnte der Angriff gegen 17.00 Uhr als abgeschlagen gelten, jedoch ohne daß es gelang, den Gegner ganz aus dieser Gegend zu vertreiben.

In Lagen, bei denen die Entscheidung an einem Faden hängt, genügt auch ein geringfügiger Anstoß, um diese herbeizuführen. Es braucht dazu oft nur des bewußten Wassertropfens, der das Faß zum Überlaufen bringt. Im Falle der 21. ID. war es die an sich gar nicht so aufregende Feststellung, daß es dem Gegner gelungen war, sich in der tiefen Flanke des IR. 3 festzusetzen, ohne daß er von dort sofort vertrieben werden konnte. Die taktische Situation der Division wurde davon zwar nicht berührt. Ja, gegen Abend lief sogar noch die Meldung ein, daß dem I./IR. 3 die Einnahme von Wjatschkowo und damit der Durchbruch durch die Sumpfenge daselbst gelungen war. Trotzdem bedeutete das Gefecht bei Lynna am Nachmittag des 15. 11. die Entscheidung im Kampf der 21. ID. um Wolchowstroj, denn durch dasselbe wurde für Feind und Freund eindeutig demonstriert, daß die Kräfte der Division in einer kaum mehr zu verantwortenden Weise angespannt waren und daß daher der Angriff auf die Stadt ohne Zuführung weiterer Kräfte, die vor allem eine verläßliche Abdeckung der linken Flanke des IR. 3 zu ermöglichen hätten, nicht weiter fortgesetzt werden konnte. Der Angriff „kulminierte" in geradezu klassischem Sinne, auf den Tag genau, einen Monat nach dem Antreten bei Grusino und nur noch wenige Kilometer vor dem befohlenen Ziel.

Freilich, das Divisionskommando war zunächst nicht so leicht bereit, den Erfolg wochenlanger Kämpfe, der ihrer Ansicht nach zum Greifen nahe war, sich entwinden zu lassen. Sie hatte vielmehr bereits angeregt, noch ein weiteres Regiment der 11. ID. (IR. 2), auf das Ostufer des Wolchow zu überführen und ihr zur Verfügung zu stellen. Gleichzeitig sollte die 11. ID. die Kampfführung unmittelbar beiderseits des Stromes übernehmen und damit die 21. ID. entlasten. Vor allem kam es für die Division darauf an, daß am 16. 11. durch das Vorgehen des IR. 23 (nunmehr unter Führung der 11. ID.) die Lücke zwischen Wolchow und dem Sumpf nordostwärts von Weliza, aus der heraus der Gegner am 15. 11. seinen Stoß gegen die tiefe Flanke des IR. 3 geführt hatte, geschlossen wurde.

Dieser Angriff jedoch gewann am 16. 11. nur unwesentlich an Boden. Die Idee der Überführung eines weiteren Infanterieregiments der 11. ID. aber zerschlug sich, einerseits weil die Übersetzschwierigkeiten zu groß waren, zum anderen, weil die Führung der „Gruppe Wolchow" (11. ID.), aber wohl auch das I. AK. die Gesamtlage anders beurteilten als die 21. Division.

Beiderseits des Wolchow war offenbar mit einem weiteren Geländegewinn in Richtung Wolchowstroj nicht mehr zu rechnen. Das hatte der 16. 11. bei der 21. ID. bewiesen und bei der 11. ID. stand es nicht viel besser. Bis zum 18. 11. vermochte sich diese ebenfalls erschöpfte Division nur noch bis auf die Höhe von Bor, also 6 km südlich der Stadt, vorzukämpfen. Dann war es auch hier zu Ende. Aber noch immer hoffte die deutsche 16. Armee gegen die sowjetische 54. Armee im „Sack" südlich des Ladoga-Sees eine Entscheidung erzwingen zu können. Die 254. ID., bisher an der Ostfront des „Flaschenhalses" eingesetzt, sollte am linken Flügel der 11. ID. versammelt und, der „Gruppe Wolchow" unterstellt, durch einen Stoß auf Schum und womöglich darüberhinaus auf Lawrowo am Südostufer des Sees die Masse der vor dem I. AK. stehenden Feindkräfte im Rücken fassen, ein Unternehmen, das auch GO. Halder am 19. 11. als „aussichtsreich" beurteilte.[105]) Als Angriffsbeginn für dieses „Unternehmen Ladoga" war der 25. 11. vorgesehen.[106])

Der Beginn war in der Tat zunächst auch erfolgversprechend, und so ließ GFM. von Leeb noch am 26. 11. anfragen, ob die 11. und 21. ID. nicht vielleicht doch in der Lage wären, den Angriff wieder aufzunehmen.[107]) Die Armee meldete darauf hin, daß die beiden Divisionen nicht vor dem 2. 12. antreten könnten.[108]) Aber selbst das war eine übertriebene Hoffnung, denn schon am 1. 12. war sich auch der Oberbefehlshaber der Heeresgruppe vollkommen klar: „Auf Grund der Zustandsberichte und Ereignisse in den letzten Tagen bei 21. und 11. ID. hat es sich herausgestellt, daß die beiden Divisionen in ihrer Angriffskraft erschöpft sind."[109]) Das kam der Realität schon näher. Die Offensivkraft der Division war, nachdem sie an die 100 km durch Schlamm und Sumpf, durch Eis und Schnee im Angriff zurückgelegt und dabei Ungewöhnliches geleistet hatte, buchstäblich aufgezehrt.[110]) Ungebrochen war nur ihr Kampfgeist geblieben, den sie letztlich dadurch bewies, daß am 16. und 17. 11. drei Sprengtrupps der 2./Pi. 21 (Uffz. Lessner, Lt. Schoene, Lt. Funk) unter dem Begleitschutz von Stoßtrupps des I. und III. Btl. IR. 3 (Feldwebel Linnemann, 1./IR. 3, Feldwebel Heyer, 11./IR. 3, Feldwebel Kretschmer, 10./IR. 3) durch die feindlichen Linien hindurch bis zur Murmansk-Bahn nordostwärts Wolchowstroj vorstießen und diese etwa 7–10 km im Rücken des Gegners an drei Stellen sprengten, wobei ein Zug zum Entgleisen gebracht (Trupp Uffz. Lessner) und sogar Gefangene eingebracht (Trupp Feldw. Heyer) wurden.[111]) Diese, unter härtesten Witterungsbedingungen vollbrachte Waffentat, mit der dem Buchstaben nach der Auftrag der Division, nämlich die letzte Bahnverbindung aus dem Raum von Leningrad zu unterbrechen, erfüllt war, stellte das weiteste Vordringen von Teilen der Division im Rußlandfeldzug dar. Sie war aber in ihrer Auswirkung doch nur von begrenzter Dauer, denn die Wende, nicht nur vor Moskau, sondern auch im Abschnitt der Heeresgruppe Nord, nahte unerbittlich heran (vgl. Anl. 21).

6. Verteidigung vor Wolchowstroj und Rückzug auf die Stellung am Wolchow

Bereits am 17. 11. war die 21. Division definitiv zur Verteidigung übergegangen und hatte ihre Angriffsspitzen bei Konez und Kukolj zurückgenommen. Das I./IR. 3 räumte am 19. Wjatschkowo, die AA. 21 am 20. Ramenje und gingen auf die Bahnlinie Tichwin, Wolchowstroj zurück. Jenseits der Bahn blieben lediglich die vom Schnee zugedeckten Trümmer des abgebrannten Ssorokino in eigener Hand. Nichtsdestoweniger stand die Division damit noch immer in einer weit überdehnten und zudem ungemein exponierten Front, am äußersten rechten Flügel des I. AK., die alles andere als eine Verteidigungsstellung war (vgl. Skizze 20). Von einer durchlaufenden Besetzung dieser Stellung konnte keine Rede sein. Einmal waren die Kampfstärken viel zu gering. Die drei Infanterieregimenter verfügten am 10. 12. insgesamt nur noch über 3.652 Mann (vgl. Anlage 22 und 23). Eine minimale Zuführung von Ersatz, wohl in der Hauptsache Genesene, brachte auch in der Folge keine wesentliche Besserung (vgl. Anl. 24). Ein großer Teil der vorhandenen Waffen bedurfte der Instandsetzung oder konnte einfach nicht besetzt werden. Zum anderen suchte die Truppe, soweit es nur ging, in den Resten der Dörfer Schutz vor der geradezu unvorstellbaren Kälte. Die Temperaturen sanken Anfang Dezember mitunter auf 38, ja 40 Minusgrade ab. Dies allein schon zehrte ununterbrochen an den physischen Kräften der Truppe und führte zu einer gefährlichen Apathie der Soldaten gegenüber Feindeinwirkung. Dabei war jetzt, Mitte Dezember, trotz des geringen Personalstandes noch immer nicht die benötigte Winterbekleidung bei der Truppe im vollen Umfang eingetroffen.[112]) Zwar hatte, wohl über eine Initiative des Korps, die Division schon am 25. 10. ihren gesamten Gepäckstroß (26 LKW) von Medjew aus nach Elbing in Marsch gesetzt, um die in der Heimat gesammelte Winterbekleidung abzuholen. Die Kolonne legte auf der Hin- und Rückfahrt insgesamt 2.229 km zurück und erreichte am 17. 11., allerdings zunächst nur mit 16 LKW, wiederum den Bereich der

Lage der 21. Division am 16.12.1941

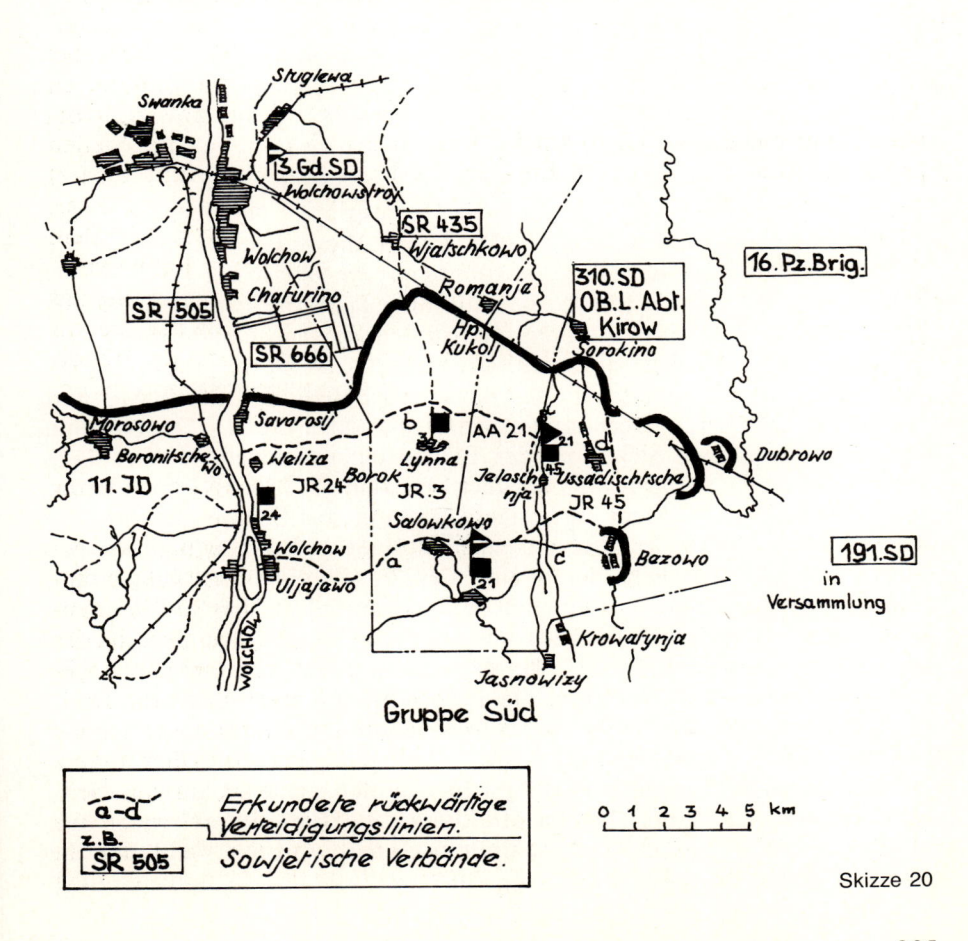

Skizze 20

Division.[113] Das war aber nur eine Notlösung, mit der die unzureichende Winterausrüstung in keiner Weise ausgeglichen werden konnte. Überhaupt war die Versorgungslage unbefriedigend. Versorgungsbasis der Division war immer noch Kirischi, von wo Verpflegung, Munition und sonstiger Bedarf über rund 65 km durch die Kolonnen der Division mühsam herangeführt werden mußten.

Dem gegenüber verhielt sich der Gegner relativ ruhig. Neben laufender Späh- und Stoßtrupptätigkeit, mit der er immer wieder die Front abtastete, beschränkte er sich darauf, mit den wenigen Panzern der 16. Pz. Brigade im verstreuten Einsatz aus sicherer Entfernung im Punktfeuer erkannte Stützpunkte zusammenzuschießen. Mehr hatte er zunächst auch nicht nötig, denn das Netz, in dem er die Division, womöglich das gesamte I. AK. hoffte fangen zu können, wurde zur Zeit an anderer Stelle geknüpft.

Einmal bei Schum, wo der Gegner mit allen Mitteln und auch mit zunehmendem Erfolg versuchte, den Vorstoß der „Gruppe Wolchow" aufzuhalten und auf der anderen Seite bei Tichwin.

Bereits am 7. 11. hatte Armeegeneral K. A. Merezkow, seit September „Vertreter des Hauptquartiers bei der Nordwestfront" und dann Oberbefehlshaber der 7. Armee in Karelien, zusätzlich dazu auch den Oberbefehl über die sowjetische 4. Armee bei Tichwin übernommen.[114] Die von ihm eingeleiteten Gegenmaßnahmen führten bei Tichwin bereits um den 22. 11. zu einer ersten Krise. Anfang Dezember wurde der sowjetische Druck auf diese vorspringende Bastion der deutschen Nordfront so stark, daß Konsequenzen gezogen werden mußten. Am 7. 12., just an dem Tag, da die Japaner Pearl Harbour angriffen und vor Moskau die große sowjetische Gegenoffensive anlief, also an jenem Tag, der so eigentlich den Wendepunkt des Zweiten Weltkriegs markierte, sah sich auch die Heeresgruppe Nord genötigt, die Räumung Tichwins anzuordnen.[115] Die Folgen dieses Entschlusses für die 21. Division lagen auf der Hand: es konnte nur eine Frage der Zeit sein, bis die sowjetische 4. Armee infolge der Räumung Tichwins ihre Chance wahrnahm, der 21. Division in die Flanke zu stoßen, sofern sie nicht überhaupt versuchte, sie im Rücken zu fassen. Daher regte die Heeresgruppe bereits am 7. 11. bei der 18. Armee, die seit 4. 12. den Befehl über das I. AK. und damit über die 21. ID. übernommen hatte, an, neben die 21. ID. noch eine weitere Division, zur Sicherung der Flanke einzuschieben.[116] Vier Tage später war sich auch das I. AK. darüber klar, daß die 254. ID., nach Bereinigung der Lage aus ihrem derzeitigen Abschnitt bei Schum auf das Ostufer herüberzuziehen sei, um nach der Aufgabe von Tichwin durch das XXXIX. Pz. K. zwischen diesem und der 21. ID. eingesetzt zu werden. Gleichzeitig sah das Korps aber auch die Notwendigkeit, den Südflügel der 21. Division zu stützen.[117] Bereits am folgenden Tag, also am 12. 12., erhielt die Division auch das III./IR. 489, die AA. 269, die PzJg. Abt. 269 (sämtlich von der 269. ID.) und die 1./Fla-Btl. 606 zugeführt und unterstellt. Diesen Verbänden, zu einem Verteidigungsabschnitt „Süd" unter dem Befehl von Obstlt. Hermann (IR. 3, Führer-Reserve der Division) zusammengefaßt, oblag nunmehr die Sicherung der rechten Divisionsflanke bis hinunter zur Linie Tigoda-Mündung – Dubnjagi (Grenze zum XXXIX. Pz. K.).[118] Linker Anschlußpunkt der „Gruppe Süd" an die Division war das Dorf Selenez.

Das war freilich weniger als ein „Sicherungsschleier", geschweige eine verläßliche Flankendeckung. Über die Unhaltbarkeit der Stellung der 21. ID. waren sich Heeresgruppe wie AOK. 18 ziemlich klar.[119] Nicht so das OKH., das zunächst die allgemeine Linie Dubnjagi – Werchowina – Mysslino – Raum südlich Schum als Winterstellung befohlen hatte,[120] was also ein Verbleiben der Division in ihrem bisherigen Raum bedeutet hätte. Der Grund war klar: noch immer hoffte man bei Schum zu einem Erfolg zu kommen, und dafür war ein Ausharren der 21. und 11. ID. in ihren bisherigen Stellungen notwendig. Immerhin traf das I. AK. Vorbereitungen und befahl auch den Divisionen, entsprechende Erkundungen durchzuführen, um auf eine etwa 16 km südlich verlaufende Linie (bei 21. ID.: Mojski – Lipnjagi – Nordrand Ssesstra) zurückzugehen.[121] Das war vorausschauend, denn diese Stellung sollte als „gelbe Linie" in Kürze Bedeutung erhalten, da schon jetzt der Gegner das Gesetz des Handelns vorschrieb, das keine andere Lösung mehr zuließ, als die Divisionen ostwärts des Wolchow baldmöglichst auf dessen Westufer zurückzunehmen. Am 15. 12. faßte die Heeresgruppe diesen Entschluß und tags darauf billigte Hitler die Zurücknahme der Front. Gewiß nicht zu früh, denn inzwischen wurden auch bei der Division selbst die Folgen der Räumung Tichwins spürbar.

Schon bald nach der Aufgabe dieser Stadt war der Gegner vor der 21. Division wesentlich lebhafter geworden. Besonders ostwärts und südlich Mysslino fühlten starke feindliche Spähtrupps, häufig auf Skiern, gegen die eigenen Linien vor. Diese Aufklärungstätigkeit erreichte am 14. 12. einen gewissen Höhepunkt, wobei von den eigenen vorgeschobenen Artilleriebeobachtern im Raume nördlich Ssorokino auch Ansammlungen erkannt und bekämpft wurden. Es handelte sich hierbei um die Bereitstellung der 310. SD., die in der Nacht vom 14./15. 12. zwei ihrer Regimenter beiderseits Ssorokino über die Bahn nach Süden vorschob und am 15. 12., um 10.00 Uhr vormittags, Ussadischtsche von Nordwesten und Nordosten zangenförmig angriff. Der Feind konnte vom IR. 45 im Zusammenwirken mit der 2./AR. 21 verhältnismäßig leicht unter schweren Verlusten für ihn abgewiesen werden. Ebenso erfolglos war ein bereits um 7.50 Uhr unternommener Angriff des Gegners auf das vom IR. 45 besetzte Mysslino von Südosten und Südwesten her verlaufen.

Der Feind hatte sich hierbei als wenig gewandt erwiesen, ein Zusammenspiel seiner schweren Waffen mit der Infanterie trat kaum in Erscheinung, vielmehr herrschte auf eigener Seite der Eindruck vor, daß es sich hier um einen Gegner handle, der sich weder personell noch materiell von den Kämpfen im November erholt hatte. In Anbetracht dieser Beurteilung nahm man es wahrscheinlich zunächst auch nicht allzu ernst, daß noch vor den eben erwähnten Kampfhandlungen, nämlich am 15. 12. um 5.00 Uhr früh, der Feind etwa in Kompaniestärke, von nur wenigen Granatwerfern unterstützt, ganz überraschend Selenez von Osten her über den großen Sumpf hinweg angegriffen hatte. Er war natürlich abgeschlagen worden, hatte seinen Angriff aber um 8.00 Uhr morgens wiederholt, den er dann um 11.00 Uhr unter Zurücklassung von 65 Toten und 55 Gefangenen vorläufig abbrechen mußte. Der Gegner, der hier auftrat, war neu.

Es handelte sich um Teile des SR. 559, das zur 191. SD. (SR. 546, 552, 559) gehörte. Diese Division (Kdr.: Obst. P. S. Winogradow) kam aus dem Raum Tichwin. Sie hatte sich an der Bahnlinie bei Bahnhof Selenez, also vor dem rechten Flügel des IR. 45 versammelt und fühlte nun über das große Selenezkij-Moor gegen die tiefe, von der AA. 269 besetzte Flanke der Division vor.

Am 16. 12. zeigte sich dann vermehrt das Bestreben des Feindes, die Division in der Front zu binden und in der tiefen Flanke anzugreifen. Der Gegner hatte sich nun am Waldrand ostwärts Selenez endgültig festgesetzt, und das zunehmende Artilleriefeuer aus Geschützen verschiedener Kaliber auf diesen Ort bewies den sich hier langsam vollziehenden feindlichen Artillerieaufmarsch. Ein Stoßtrupp, am Vormittag gegen das Dorf angesetzt, konnte abgewiesen werden, ebenso ein um 16.15 Uhr in Kompaniestärke vielleicht vom SR. 552 vorgetragener Angriff auf das von der 2./PzJg. Abt. 21 besetzte Besowo. Jedoch blieb auch hier der Feind nunmehr in Fühlung mit der Ortsverteidigung. Die feindliche Luftwaffe war reger als bisher, wobei sie sich allerdings fast ausschließlich auf Aufklärungsflüge beschränkte.

In der Dämmerung dieses Tages um 17.45 Uhr griff der Feind dann plötzlich Ssorokino an. Zur gleichen Zeit lag auch Selenez unter heftigem Artilleriefeuer. Zu einem Angriff kam es hier aber erst um 20.00 Uhr, der, in Regimentsstärke vorgetragen, zu einem feindlichen Einbruch im Südteil des Dorfes führte. Der V. B. der 3./AR. 21 (Lt. Hagemann), dessen Funkverbindung überhaupt die einzige Nachrichtenverbindung war, die zu diesem Zeitpunkt zwischen der AA. 269 und der Division bestand, beteiligte sich durch seine Feuerleitung hervorragend an der Abwehr dieses nun schon sehr ernsten Angriffs. Um 22.50 Uhr war die Krise durch einen Gegenstoß der AA. 269 noch einmal gemeistert. Aber weiterhin lag feindliches Störungsfeuer auf dem umkämpften Dorf. Es herrschte leichtes Schneetreiben bei minus 25 Grad.

Nun kamen die Dinge schnell in Fluß. Am 17. 12. erließ das I. AK. den Korpsbefehl Nr. 150 für die Vorbereitung der Rückverlegung des Armeekorps, der unter dem Stichwort „Eisbahn" den Rückzug in vier Sprüngen vorsah.[122]) Der letzte Sprung, „Eisbahn IV", sollte dann mit dem Beziehen der endgültigen Stellung enden, deren Ausbau – so das Korps – durch die Bautruppen der Armee erfolgte. Bereits in diesem Befehl war eine für die 21. ID. schicksalhafte Anordnung getroffen: Auf Weisung der 18. Armee sollte die endgültige HKL am Wolchow auch einen Brückenkopf bei Kirischi einschließen. Und noch etwas wäre anzumerken: Um dem Gegner das Nachdrängen zu erschweren, sollten durch die Nachtruppen die Ortschaften niedergebrannt werden.

In dem noch am gleichen Tag von der Division erlassenen Vorbefehl zum Absetzen aus der bisherigen Stellung[123]) war von dieser befohlenen Maßnahme nichts vermerkt. Die Truppe hat sie wohl auch nicht durchgeführt. Wohl aber war das Pi. Btl. 21 mit Sperraufgaben und Zerstörungen von für den Feind wichtigen Einrichtungen beauftragt.

Für das Absetzen war vorgesehen, daß im Verlauf des A-Tages Nachtruppen aus der Front gezogen und in einer vorbereiteten Stellung, der sogenannten a-Linie (vgl. Skizze 20) eingesetzt werden sollten. Als Kommandeur der Nachtruppen wurde Oberst Becker (Kdr. IR. 3) befohlen. Um 20.00 Uhr

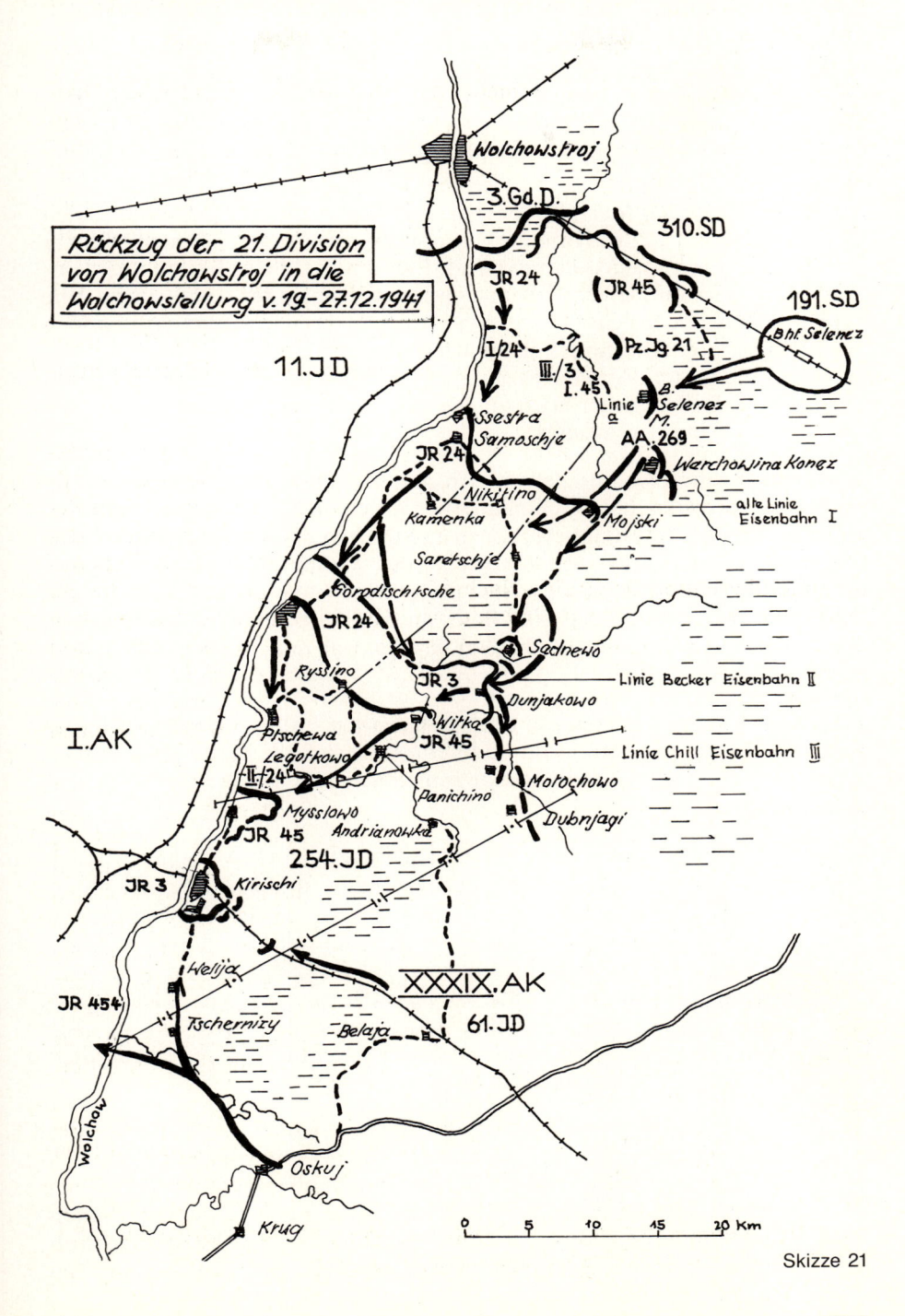

Skizze 21

hatte sich dann die Masse der Division vom Feinde abzusetzen und durch die Nachtruppen hindurch auf die sogenannte „gelbe Linie" zurückzugehen, während je Bataillon eine verstärkte Kompanie in der alten HKL. zu bleiben hatte, die sich von dort nicht vor 2.00 Uhr morgens lösen durfte (Skizze 21).

Während die Vorbereitungen zu dieser Bewegung anliefen, nahm der feindliche Druck auf Selenez weiter zu. Am 18. 12., um 9.00 Uhr früh, griff der Gegner an, konnte aber von der AA. 269 zurückgewiesen werden. Hierbei wurden erstmals vor der 21. Division von russischer Seite „Stalinorgeln" eingesetzt. Um 16.30 Uhr folgte ein zweiter Angriff. Da Major v. Oertzen (Kdr. AA. 269) befürchtete, von seinen Verbindungen nach Westen abgeschnitten zu werden (nach Süden war dies bereits der Fall), räumte er den Ort und ging auf Krowatynja und Jasnowizy zurück. Der Gegner folgte in dieser Richtung zunächst nur zögernd. Erst um 21.00 Uhr bestand bei Krowatynja wiederum Gefechtsberührung mit vorfühlenden Spähtrupps. Wie schnell und weit der Feind hingegen in südwestlicher Richtung vorgestoßen war, ließ sich im Augenblick nicht feststellen. Zweifellos lag hier im Hinblick auf die spätere Absetzbewegung ein nicht zu unterschätzendes Gefahrenmoment. Es war daher hoch an der Zeit, als die Division am 19. 12. den Befehl zum Absetzen ausgab.

Der Gegner zeigte zwar an der Nordfront der Divison auch weiterhin wenig Aktivität, verstärkte jedoch seinen Druck gegen die Ostflanke, wo Jasnowizy an diesem Tag fast ununterbrochen angegriffen wurde und um 16.00 Uhr wegen Munitionsmangel aufgegeben werden mußte. Zwar befahl die Division auf diese Meldung hin sogleich einen Gegenstoß, doch dieser kam um 16.50 Uhr nur noch bis auf 100 Meter an das Dorf heran, das nach seiner Räumung sofort vom Gegner besetzt worden war und nun hartnäckig verteidigt wurde.

Um 20.00 Uhr verschossen die noch in der alten Front eingesetzten Batterien ihre überzählige Munition, und dann löste sich die in der HKL. eingesetzte Infanterie vom Feind und trat zum ersten Mal in diesem Feldzug den Rückmarsch an.

Obwohl der Russe bei Terebonishje nun schon zu drücken begann – auch Krowatynja war um 22.25 Uhr geräumt worden – und der tief eingeschnittene Lynna-Bach besonders für die Artillerie ziemliche Schwierigkeiten brachte, vollzog sich das Zurückgehen der Hauptkräfte durchaus planmäßig. Ohne besondere Zwischenfälle wurden die Linie „a" von den Nachtruppen (I./IR. 45, III./IR. 3 ohne 10. Kp., III./IR. 24, dazu je leichte Artillerieabteilung eine Batterie und I./AR. 57 ohne 2. Battr.) und als erste Zwischenstellung dahinter die sogenannte „gelbe Linie" in der Gliederung: AA. 21 rechts, IR. 45 Mitte, IR. 24 links, bezogen.

Um die Linie „a" setzte allerdings am Morgen des 20. 12. frühzeitig der Kampf mit dem nun stark nachdrängenden Gegner ein, wobei es besonders bei Shubkino mit den feindlichen Schneeschuhtruppen zu heftigeren Kämpfen kam. Hierbei traten sogleich diejenigen Kennzeichen in Erscheinung, die den nun folgenden Rückzugskämpfen das Gepräge gaben. Infolge ihrer vorzüglichen Winterausrüstung entwickelten die Russen eine Geländegängigkeit, die den eigenen Truppen vollkommen mangelte. Da aber andererseits die deutschen Verbände ihrem Gegner noch immer an Feuerkraft, vor allem an Artillerie, wesentlich überlegen waren, war es ihnen trotz allem immer noch möglich, sich den sie umschwärmenden Gegner vom Leibe zu halten. Voraussetzungen waren natürlich Disziplin und Kaltblütigkeit. Beides haben die Verbände der 21. ID. in diesen Kämpfen im hohen Grade bewiesen.

Da eine Überflügelung der nur stützpunktartig eingesetzten Nachtruppen durch den abseits der gebahnten Wege vorsickernden Feind zu befürchten war, andererseits die „gelbe Linie" sich aber bereits im verteidigungsfähigen Zustand befand, wurde die Linie „a" um 14.30 Uhr geräumt. Jedoch war es dem Feind schon gelungen, sich in der tiefen Flanke der Nachtruppen festzusetzen und damit das Ausweichen derselben, vor allem aber des I./IR. 45 und des III./IR. 3 nach Süden unmöglich zu machen. Sie mußten daher in Richtung Bratowischtsche gegen den Wolchow hin zurückgenommen werden. Trotzdem gelang es, die Nachtruppen und besonders die bei denselben eingesetzten Batterien unversehrt hinter die „gelbe Linie" zurückzuführen.

Gegen diese fühlte der Gegner am 21. 12. nur sehr schwach vor. Ein Spähtrupp des II./IR. 45, der auf Lipniagi angesetzt wurde, blieb ohne Feindberührung. Dagegen trat um 12.00 Uhr mittags an der Waldspitze 700 Meter nördlich Mojski vor den Postierungen der AA. 21 Feind in unbekannter Stärke auf. Um 15.45 Uhr griff dieser dann einen Stützpunkt der AA. 21 und um 18.15 Uhr von Norden her, von schweren Waffen unterstützt, Mojski selbst an. Er konnte zwar beide Male abgewiesen werden, aber bei der stark gefährdeten Lage der AA. 21 war leicht abzusehen, daß sie sich dort nicht allzu lange würde halten können.

In der Nacht vom 21./22. 12., um 3.35 Uhr, war es soweit: Mojski wurde nach schwerem Abwehrkampf aufgegeben. Da fast alle eingesetzten MG ausgefallen und die Möglichkeiten der Artilleriebeobachter (7./AR. 21) in dem Waldgelände, noch dazu bei Dunkelheit sehr beschränkt waren, mußte sich die dort eingesetzte Schwadron zurückziehen.

Damit war der Plan der gegnerischen Absichten erneut unter Beweis gestellt: während der Feind in der Front nur zögernd folgte, begleitete er mit seinen winterbeweglichen Verbänden die Divsion in der Flanke und suchte von dort her Einwirkung auf ihren Rückzugsweg zu nehmen. Daraus ergab sich aber auch zwangsläufig das von der Division einzuschlagende Verfahren: nämlich Rückmarsch am Wolchow mit IR. 24 in Tuchfühlung mit der seit dem 20. 12. ebenfalls zurückgehenden 11. ID. und überschlagender Einsatz der Regimenter 3 und 45 auf dem freien und daher ständig bedrohten Ostflügel. Hier auch Massierung der leichten Batterien der I. und III./AR. 21 als Art. Gruppe Brechtel, während die II./AR. 21 das Absetzen des IR. 24 überwachte und die I./AR. 57 mit ihren schweren Batterien in Anbetracht der außerordentlich schwierigen Wege und der erschöpften Pferde möglichst frühzeitig nach hinten abfließen sollte.

Im Sinne dieser Kampfführung waren auch die Bataillone des IR. 3 nach Räumung der Linie „a" sogleich in die Tiefe des Rückzugsraumes hineingeführt worden, um hinter der „gelben Linie" als nächsten Abschnitt die „Linie Becker" aufzubauen. Am 22. 12. war dieselbe in folgender Gliederung bezogen: bei Motochowo die 15./IR. 3, in Ikonowo der Reiterzug IR. 3 und eine Kompanie PzJg. Abt. 21; Dunjakowo und Sadnewo hielt das I./IR. 3 besetzt und den Verlauf der Sadnewka nach Westen verteidigte das III./IR. 3. Verbindung zum IR. 24 bestand keine.

Auf diese „Linie Becker" ging nun der rechte Divisionsflügel zurück, nachdem der Kommandeur IR. 45 angesichts der Lage in seiner Flanke sich am späten Vormittag des 22. 12. entschlossen hatte, die „gelbe Linie" ebenfalls zu räumen. Um 12.35 Uhr begann das IR. 45, sich vom Feinde zu lösen. Um 14.30 Uhr wurde Moissejewo aufgegeben. Hart ostwärts des Weges von Saretschje nach Tschernotrutschje aber lag die AA. 21, unterstützt von 1. und 7./AR. 21, im harten Kampf mit einem Gegner, der unter allen Umständen dem IR. 45 den Rückzugsweg abschneiden wollte.

Nur mit größten Schwierigkeiten kam die Marschgruppe IR. 45 bei einer Temperatur von minus 20 Grad vorwärts. Immer wieder rutschten Geschütze und Fahrzeuge in die Straßengräben und versperrten dadurch den Weg. Der Gegner drängte auch bereits heftig nach. Dennoch blieb kein wesentliches Gerät, kein Geschütz liegen. Aber noch während Teile des IR. 45 durch die „Linie Becker" hindurchgingen, wurden die von Sadnewo aus vorgeschobenen Sicherungen des IR. 3 bereits von Osten und Norden angegriffen. Und gleich hinter den letzten Teilen des IR. 45 wichen diese Sicherungen um 2.00 Uhr morgens des 23. 12. auf Sadnewo aus. Der Gegner fühlte sich aber offenbar zu schwach, um gleich nachzustoßen, sondern er zog sich, mehr fühlbar als sichtbar, in den Wäldern um den Ort herum zusammen. Um 5.00 Uhr früh griff er dann zu, allein das gutsitzende Abwehrfeuer der 2./AR. 21 verdarb ihm den Plan. Nicht verhindert werden konnte jedoch, daß er weiter nach Süden durchsickerte und den Weg Sadnewo-Dunjakowo unterbrach. Um 13.30 Uhr griff er Sadnewo erneut umfassend an und diesmal mußte sich der Kdr. IR. 3 entschließen, das I. Btl. nach Verschuß seiner Munition zurückzunehmen. Das Bataillon ging daraufhin auf eine HKL. am Waldrand südlich des Sadnewka-Baches mit rechtem Flügel etwa 500 Meter südwestlich des Südausganges von Sadnewo und dann übergehend in die Sicherungslinie des III./IR. 3 zurück. Damit gab sich der Feind für diesen Tag zufrieden; was verständlich wird, wenn man bedenkt, daß die Temperatur inzwischen auf minus 30 Grad gesunken war.

Aber am nächsten Tag, am 24. 12., um 10.25 Uhr, griff der Gegner aus Sadnewo heraus wieder an. Er wurde im zusammengefaßten Feuer der Artilleriegruppe Brechtel verlustreich abgewiesen, aber um 11.30 Uhr wurden Russen ostwärts Dunjakowo festgestellt. Drei Stunden später fühlte der Feind gegen dieses Dorf vor und um 15.30 Uhr griff er an. Aber auch diesmal scheiterten sämtliche Angriffe im Artilleriefeuer unter bedeutenden Verlusten. So herrschte denn, als sich der Heilige Abend über die Schneefelder ostwärts des Wolchow niedersenkte, vor der Front der 21. ID. ziemliche Ruhe.

In ihrem Rücken aber, tief im Süden, zuckte am Nachthimmel der Widerschein des Mündungsfeuers von Geschützen. Dort war nämlich das

XXXIX. Pz. Korps sehr weit schon gegen den Wolchow zurückgegangen. In ungemein schwierigen Gefechten waren die 215. und 61. ID., die das Abfließen der mot. Verbände zu decken hatten, zwischen dem 20. und 23. 12. aus der allgemeinen Linie Glady (das vor zwei Monaten vom IR. 3 genommen worden war) – Oskuj (das das IR. 24 gestürmt hatte) – Tschernitzi bereits über den Wolchow ausgewichen,[124]) wobei nun die 61. ID. den Abschnitt von Grusino bis zur Tigoda-Mündung zur Verteidigung übernahm. Damit aber bot sich der von Tichwin her vorstoßenden sowjetischen 4. Armee an, nun ihrerseits von Südosten her gegen den Südflügel der noch garnicht besetzten Winterstellung der 21. ID. vorzugehen.

Nun bewährte sich die Voraussicht der Heeresgruppe Nord, die frühzeitig auf den Einsatz einer weiteren Division südlich der 21. ID. hingewiesen hatte. Etwa seit dem 20. 12. war die 254. ID. südlich der 21. ID. eingeschoben, um sowohl deren Rücknahme auf die Eisbahn-III-Linie zu decken, als auch den Brückenkopf Kirischi und die Wolchow-Linie von hier bis zur Tigodamündung mit einer Sicherheitsbesatzung gegen wahrscheinliche feindliche Vorstöße aus dem Raum Kukuj-Oskuj zu decken.

Vor allem der Brückenkopf Kirischi durfte nicht in feindliche Hand fallen. Daher löste die 21. ID. ihrerseits noch am 24. 12. das IR. 3 aus der Front und zog den Regimentsstab und das I./IR. 3 nach Kirischi, wo das Regiment am 26. 12. morgens den Befehl über den Brückenkopf übernahm. Die daselbst von der 254. ID. eingesetzten Truppen (Radfahr-Btl. 402, PzJg. Abt. 269 und Teile Nebelwerfer-Abt. 2) traten unter den Befehl des IR. 3. Das alles erfolgte noch zur rechten Zeit, denn schon gingen Feindkräfte (44. SD.?) entlang der Bahn gegen Kirischi vor und standen an diesem Tag mit dem von der 254. ID. vorgeschobenen IR. 484 7 km südostwärts Kirischi im Kampf. Auch von Tschernitzi her drängte der Gegner die bei Welija stehende AA. 254 nach Norden.

Nicht minder wichtig war zur gleichen Zeit am Nordflügel der Division der Raum um das einst so heiß umkämpfte Ptschewa. Sein Besitz war einerseits von Bedeutung, um dem Ostflügel der Division (IR. 45) und die hinter demselben eingesetzte Artillerie (I. und III./AR. 21) näher an den Wolchow heranziehen zu können. Zum anderen aber auch, weil Ptschewa den Angelpunkt einer „Zwischenstellung" bildete, die am 25. 12. eingenommen wurde und durch die am Westufer des Wolchow die Rückzugsstraße aus dem Olomna-Abschnitt gedeckt wurde, auf der vor allem die Verbände der 291. ID. zurückgingen. Um sicher zu gehen, hatte die Division daher am 24.12. das III./IR. 3 nach Ptschewa gezogen und dort dem IR. 24 unterstellt.

Nach dem Abzug des IR. 3 hatte das IR. 45 die Sicherung in der Linie Ryssino – Witka – Ikonowo – Nowinka übernommen, gegen die der Gegner am 25. 12. vorstieß und wiederholt versuchte, sich in den Besitz von Witka und Ikonowo zu setzen. Er wurde jedesmal verlustreich abgewiesen. Aber auch die Bedeutung von Ptschewa hatte der Feind erkannt und griff hier gegen Mittag an. Bei der Wiederholung seines zuerst abgewiesenen Angriffs vermochte er sich dann im Nordteil von Ptschewa festzusetzen, worauf die eigene Truppe auf den Friedhof zurückgenommen wurde. Gegen

Abend war dann die Lage soweit gefestigt, daß auch das III./IR. 3 aus der Front gezogen und seinem Regiment bei Kirischi zugeführt werden konnte.

Ebenfalls dorthin waren im Laufe des Nachmittags sämtliche Batterien mit Ausnahme der I./AR. 21 und der ihr jetzt unterstellten 5./AR. 21 in Marsch gesetzt worden, um die neue und nun endgültige Stellung der Division im Brückenkopf Kirischi und am Wolchow zu stützen. Ebenso bereiteten das Pi. Batl. 21 und die PzJg. Abt. 21 ihren Einsatz im neuen Abschnitt vor.

Umso fraglicher aber wurde es, ob es noch gelingen würde, auch die noch am Feinde stehenden Teile der Divison bis Kirischi zurückzuführen. In richtiger Einschätzung der Lageentwicklung entschied sich die Division, den Uferwechsel mit den noch restlichen Verbänden im Raume von Mysslowo vorzunehmen und zunächst einmal die Kampfgruppe IR. 45 näher an diesen Ort, nämlich nach Legotkowo, heranzuziehen.

Während also das IR. 24 vorderhand noch bei Ptschewa verblieb, setzten sich die Bataillone des IR. 45 zusammen mit den Batterien der I./AR. 21 am 25. 12. abends um 20.00 Uhr befehlsgemäß vom Feinde ab und erreichten nach einem ungemein schwierigen Marsch bei minus 38 Grad auf tief verschneiten Wegen, jedoch unangefochten, in den frühen Morgenstunden des 26. 12. ihre neuen Stellungen. Der Gegner, offenbar noch von der energischen Abwehr des Vortages beeindruckt, folgte nur langsam. Erst am Nachmittag hatte das I./IR. 45 wiederum Feindberührung. Ein starker gegnerischer Spähtrupp stieß auf Legotkowo vor. Ihm folgte um 15.45 Uhr ein Angriff auf den Abschnitt des IR. 24 nördlich der Tschernaja aus Nordosten. Er konnte abgewiesen werden, jedoch war nunmehr ein weiteres Halten von Ptschewa nicht mehr notwendig, zumal auch auf dem linken Wolchowufer bei der 11. ID. das dort eingesetzte IR. 504 (von der 291. ID.) bereits bis in die Gegend von Bor zurückgegangen war. Um 21.00 Uhr löste sich daher das IR. 24 bei Ptschewa vom Feinde und ging auf die Tschernaja zurück, die es mit dem II. Btl. von der alten Kriegsbrücke bis zum Wolchow besetzte. Im Abschnitt des IR. 45 war am Nachmittag der Gegner in die ostwärtige Häusergruppe von Legotkowo eingedrungen. Wenig später war auch Tschirkowo geräumt worden und das Regiment zog sich am Abend auf den engeren Brückenkopf von Mysslowo zurück, wobei ihm das II./IR. 24 unterstellt wurde. Für den Feind war es nun klar, daß, wenn er überhaupt noch gegen die Division zum Zuge kommen wollte, er jetzt handeln mußte. Fast wäre ihm auch ein Erfolg gelungen. In einem überraschenden Nachtangriff über die Tschernaja hinweg stieß er um 1.40 Uhr gegen das II./IR. 24 vor und zwang das Bataillon, sich bis auf den nördlichen Dorfrand von Mysslowo zurückzuziehen. Ja, er konnte sogar um 2.00 Uhr in die nördlichsten Häuser des Ortes eindringen. Wenn es ihm gelang, auf die westlich des Dorfes befindliche Eisbrücke sich eine Einwirkungsmöglichkeit zu verschaffen, so war eine kritische Lage unvermeidlich. Durch einen sofort angesetzten Gegenangriff gelang es jedoch dem IR. 45, die Lage noch einmal zu klären und weitere Angriffe so abzuwehren, daß der Brückenkopf ohne besondere Verluste geräumt werden konnte.

Als in den Morgenstunden des 27. 12. die letzten Schützengruppen über das bereits unter heftigem Beschuß liegende Eis des Wolchow auf dessen Westufer zurückgingen, hatten damit die Kampfhandlungen, die als „Vorstoß auf Wolchowstroj" in die Geschichte der Division eingegangen sind, ihren Abschluß gefunden.

Angesichts des steinhart gefrorenen Bodens und des meterhohen Schnees, in dem bestenfalls ein paar Pflöcke den Verlauf der nun zu beziehenden „Winterstellung" markierten, gedachten wohl nicht wenige Angehörige der Division mit Wehmut ihrer nur wenige Kilometer weiter südlich, vor anderthalb Monaten verlassenen, wohl ausgebauten Unterkünfte und Stellungen gegenüber Grusino. Diese hatten in einem „Feldzug der Illusionen" gegen schwere, nie wieder zu ersetzende Verluste eingetauscht werden müssen. Wenn dennoch etwas positiv zu Buche schlug, dann war es der Umstand, daß bei diesem ungemein schwierigen Rückzug kein schweres Gerät, nicht ein einziges Geschütz dem nachdrängenden Feind hatte überlassen werden müssen.[125]) Und damit verblieb auch der Division ein kostbares Gut, nämlich ihr ungebrochenes Überlegenheitgefühl gegenüber dem Gegner. Sie sollte es in den kommenden Monaten bitter benötigen.

Anmerkungen zu Kapitel VI

1) Helmut Damerau, Die „lahme Ente" kam nicht. In: Deutsches Soldaten-Jahrbuch 1966, S. 149.

2) Der Oberbefehlshaber der Heeresgruppe Nord, GFM. R. v. Leeb war jedenfalls am 22. 6. 1941 der Ansicht, daß man es vorerst nur mit Nachhuten des Gegners zu tun habe (GFM. Wilhelm R. v. Leeb, Tagebuchaufzeichnungen und Lagebeurteilungen aus zwei Weltkriegen. Hgb. von Georg Meyer (=Beiträge zur Militär- und Kriegsgeschichte 16. Bd., Stuttgart 1976), S. 274.) – GO. Halder glaubte am 23. 6. an eine schon von langer Hand vorbereitete Zurückverlegung der sowjetischen Kräfte vor der HGr. Nord. (GO. Halder, Kriegstagebuch, hgb. von Hans-Adolf Jacobsen, 3. Bd. (Stuttgart 1964), S. 8)

3) Vgl. hierzu: Erhard Raus, Die Panzerschlacht bei Rossienie 23. bis 26. 6. 1941. In: Allg. Schweizerische Militär-Zeitschrift Jg. 1952, S. 57 ff, 137 ff. – Hans Reinhardt, Der Vorstoß des XLI. Panzerkorps im Sommer 1941 von Ostpreußen bis vor die Tore von Leningrad. In: Wehrkunde, 5. Jg. (1956), S. 122–136. –W. Chales de Beaulieu, Der Vorstoß der Panzergruppe 4 auf Leningrad (= Die Wehrmacht im Kampf, Band 39, Neckargmünd 1961), S. 31 ff.

4) KTB. I. AK., 1. Bd. (BA/MA, RH 24–1/25), Eintragung vom 24. u. 25. 6. 41. – Vgl. auch: Werner Buxa, Weg und Schicksal der 11. Inf. Division (Kiel 1952).

5) Div. Befehl Nr. 9 vom 23. 6. 1941, 0.40 Uhr (BA/MA, RH 26–21/138).

6) Div. Befehl Nr. 12 vom 24. 6. 1941, 19.30 Uhr (Ebenda).

7) Div. Befehl Nr. 13 vom 25. 6. 1941 (Ebenda).

7a) KTB. I. AK., 1. Bd. (BA/MA, RH 24–1/25) Eintragung 25. 6. 41.

8) Vgl. N. Barysev, Oboronitel' naja operacija 8-j armii ... a. a. O.

9) Das Voraus-Regiment I. AK. bestand insgesamt aus: V-Abt. 1., 11., 21. Div., III./IR. 43, Radf. Btl. 402, schw. Art. Abt. 536, Sturm-Gesch. Abt. 185 und 2./Fla-Btl. 604. –

Oberst Lasch, Kdr. IR. 43 war im Frieden Kdr. III./IR. 3 gewesen (vgl. Anlage 2). 1945 wurde er Kdt. von Königsberg.

10) Bericht des Oblt. Udo Ritgen.
11) In der sowjetischen Literatur wird offensichtlich bis in die jüngste Zeit angenommen, daß GM. Šestopalow mit seinen engsten Mitarbeitern gefallen sei. Vgl. N. Barysev a. a. O.
11a) KTB. I. AK. vom 10. 7. 1941 (BA/MA, RH 24 – 1/25, fol. 60).
12) Vgl. FM. Erich von Manstein, Verlorene Siege (Bonn 1955), S. 195 f — ferner: W. Chales de Beaulieu a. a. O., S. 70.
13) W. Chales de Beaulieu, a. a. O., S. 71.
14) GO. Halder, Kriegstagebuch a. a. O., S. 79.
15) Vgl. W. Chales de Beaulieu a. a. O., S. 71 ff.
16) N. Barysev a. a. O.
17) Für das Folgende diente hauptsächlich als Grundlage: 21. ID. Ia vom 9. Sept. 1941 „Einsatz der 21. Infanterie-Division vom 15. – 27. 7. 1941"; — ferner: 21. ID., Ia vom 28. Juli 1941: „Übersicht über die in der Zeit vom 22. 7. bis 27. 7. 1941 gegen Flanke bzw. Rücken und gegen den Brückenkopf der Division vom Feind durchgeführten Angriffe"; — Undatierter Bericht der Divison: „Brückenkopf – Sswinord. Kämpfe des Infanterie-Regiments 24 vom 22. – 28. 7. 1941"; — Bericht des Adjutanten der I./AR. 21 vom 6. September 1941: „Der Einsatz der Abteilung vom 16. 7. – 27. 7. 1941" (sämtl. Unterlagen im Besitz des Verfassers).
18) KTB. I./IR. 24.
19) Werner Haupt, Heeresgruppe Nord 1941 – 1945 (Bad Nauheim 1966), S. 53.
20) Korpsbefehl Nr. 66 vom 19. 7., 20.30 Uhr (BA/MA, RH 24 – 1/34).
21) Zur 70. SD. gehörten die SR. 68, 252, 329, das AR. 221 und das Haub. Rgt. 227. Möglicherweise war auch das Korps AR. 541 zugeteilt. – Vgl. Krasnosel'Kaja strelkovaja divizija. In: Sovetskaja veonnaja éneiklopedija (Moskau 1977), S. 431 f.
22) H. Breithaupt, Die Geschichte der 30. Infanterie-Division 1939 – 1945 (Bad Nauheim 1955), S. 87.
23) G. Lohse, Geschichte der rheinisch-westfälischen 126. Infanterie-Division 1940 – 1945 (Bad Nauheim 1957), S. 20.
24) Vgl. H. Breithaupt a. a. O., S. 87 f u. G. Lohse a. a. O., S. 20.
25) Vgl. ebenda.
26) „Einsatz der 21. ID. vom 15. – 27. 7. 1941" a. a. O., Anlage 15.
27) Vgl. die allerdings nur sehr allgemeinen Andeutungen in : Geschichte des großen Vaterländischen Krieges, 2. Bd. (Berlin/Ost 1963), S. 94 f, 102, 104.
28) KTB. I. AK., vom 27. 7. (BA/MA, RH 24 – 1/25, fol. 130, vgl. auch ebenda fol. 133.)
29) Vgl. hierzu Feindnachrichtenblätter zu den Korpsbefehlen des I. AK. vom 20. 7., 23. 7, 1./2. 8. und 3. 8. 1941 (BA/MA, RH 24 – 1/34, fol. 88 ff, 97 ff, 118, 126). – Hinsichtlich der sowjetischen 21. PzD. sollen — nach Darstellung in Woprosi Istorij — bei dieser ursprünglich gegen Finnland eingesetzten Division, bei Kriegsbeginn 563 Offiziere und 1136 Unteroffiziere und Mannschaften sich nicht bei der Truppe befunden haben. Von 227 Panzern wären nur 178 an die Front gegangen und davon wiederum nur 62 einsatzbereit gewesen. (In: Die Presse, Wien vom 12. 1. 1957; S. 1: Stalin — ein militärischer Dilettant).
30) Vgl. hierzu: Das Deutsche Reich und der Zweite Weltkrieg, 4. Bd. (Stuttgart 1983), S. 541; – GO. Halder, Kriegstagebuch, 3. Bd. (Stuttgart 1964), S. 118, Punkt III, 7; – GFM. W. R. v. Leeb, Tagebuchaufzeichnungen a. a. O., 298 ff; — W. Chales de Beaulieu a. a. O., S. 85 ff.
31) Vgl. hierzu KTB. I. AK. vom 30. 7. 1941 (BA/MA, RH 24 – 1/25, fol. 141 ff). Über den Anteil des IR. 424 an der Aktion bei Schimsk siehe: G. Lohse, Geschichte der rheinisch-westfälischen 126. Infanterie-Division a. a. O., S. 31 ff.
32) Vgl. G. Lohse a. a. O., S. 32.

33) KTB. I. AK. vom 30. und 31. 7. 1941 (BA/MA, RH 24 – 1/25).
34) Ebenda, vom 1. 8., 13.10 Uhr.
35) GO. Halder, Kriegstagebuch a. a. O., S. 141 und 165.
36) Vgl. für das folgende: „Gefechtsbericht der 21. Div. über die Kämpfe vom 10. – 20. 8. 41" (BA/MA, RH 26 – 21/33). Siehe ferner: W. Buxa, Weg und Schicksal der 11. ID., a. a. O., S. 13 f. (Die Angabe auf S. 13 a. a. O., daß die 11. ID. erst am 12. 8. angegriffen habe, ist wohl ein Irrtum) und Paul Miesch, Vom Ilmensee bis Leningrad, in: Alte Kameraden 10/1955, S. 9 f.
37) Über die schönen Erfolge des IR. 424 an diesem Tag siehe im einzelnen: G. Lohse a. a. O., S. 34.
38) Schriftliche Mitteilung von Brig. Gen. a. D. Herzberg an den Verfasser.
39) GFM. W. R. v. Leeb, Tagebuchaufzeichnungen a. a. O., S. 329.
40) Vgl. G. Lohse a. a. O., S. 35 ff.
41) GO. Halder, Kriegstagebuch a. a. O., vom 15. 8. 1941, S. 177.
42) Vgl. H. Breithaupt a. a. O., S. 98 ff.
43) E. v. Manstein, Verlorene Siege a. a. O., S. 200 ff. Vgl. auch W. Chales de Beaulieu a. a. O., S. 102 ff.
44) Über die Teilnahme dieses Regiments an der Eroberung von Nowgorod-Ost vgl. auch G. Lohse a. a. O., S. 38 ff.
45) Die Gruppe Gschwandtner setzte sich am 19. 8. aus folgenden Verbänden zusammen:
von 11. ID.: II./IR. 23, s. Zug 14./IR. 23, Stab AR. 11, I./AR. 11, I./AR. 47, 3./Pi. 11;
von 21. ID.: IR. 3 (ohne III. Btl.), I./AR. 21, Stab und 1./Pi. 21;
von 126. ID.: IR. 424, I. u. IV./AR. 126, 2./Pi. 126;
von Korpstruppen: AR. Stab z. b. V. mot. 782, s. Art. Abt. 809, Heeres-Fla-Abt. 272, Teile Nach. Abt. 41.
Auf Zusammenarbeit angewiesen: Pi. 44, 1 le Flak-Battr. des VIII. Fliegerkorps.
46) Vgl. hierzu den sehr detaillierten Gefechtsbericht des I./IR. 24 „über den Angriff von Michelewo bis Cholopja-Polistj am 18. 8. und Kampf um Tschudowo/Kurzowo am 19., 20. und 21. 8. 41," abgefaßt am 15. 9. 1941. Original im Besitz von Willy Wagemann, ehem. Uffz. im IR. 24.
47) Hermann Hoth, Panzer-Operationen, (Heidelberg 1956 = Wehrmacht im Kampf Bd. 1), S. 120.
48) „Der Durchbruch des I. AK. bis zur Eisenbahnlinie Leningrad-Moskau vom 10. – 21. 8. 41;" S. 10 (Anlage zum KTB der Führungsabteilung Gen. K. I. AK.) (BA/MA, RH 19 III/674).
49) Hinsichtlich der bei der obersten Führung auftretenden Meinungsverschiedenheiten bezüglich eines weiteren Vorgehens der 21. ID. vgl. GFM. W. R. v. Leeb a. a. O., S. 336.
50) Gefechtsbericht des I./IR. 24 a. a. O.
51) Vgl. hierzu Friedrich-Christian Stahl, Geschichte der 121. ostpreußischen Infanteriedivision 1940 – 1945, I. Teil (Münster-Frankfurt-Berlin 1970), S. 45 f.
52) Vgl. I. AK., Korps-Befehl Nr. 93 vom 19. 8. 41 und Nr. 94 vom 20. 8. 1941 (BA/MA, RH 24 – 1/34).
53) Vgl. hierzu den Gefechtsbericht der I./AR. 21 „Tschudowo", abgefaßt am 22. 9. 1941 (Original im Besitz des Verfassers). – Der 18. ID. (mot) waren für den Angriff unterstellt: verst. IR. 405, ferner Arko 123, AR. Stab z. b. V. 110, II./AR. 37 (mot), Sturmgesch. Battr. 666 (ohne 1 Zug) und eine Brückenkolonne der 21. ID. (I. AK., Korps-Befehl Nr. 96 vom 23. 8. 1941, BA/MA, RH 24 – 1/34).
53a) Über die Kämpfe an der Wolchowfront im allgemeinen vgl. Hartwig Pohlman, Wolchow. 900 Tage Kampf um Leningrad (Bad Nauheim 1962) – und: Na Wolchowskom fronte 1941 – 1944, hgb. v. d. Akademie der Wissenschaften der SSSR (Moskau 1982).
54) GO. Halder, Kriegstagebuch a. a. O., vom 30. 7. 1941, S. 132.
55) Der Armeestab bestand außer dem OB., Marschall Kulik, aus dem Mitglied des Kriegsrates: Brig.-Kommissar Sytschew und dem Generalstabschef: GM. Suchomlin. Dieser

Stab übernahm mit Wirkung vom 6. 9. 1941 die Führung im Abschnitt westlich Wolchowstroj. – Außer den bereits in diesem Raum befindlichen Kräften waren der 54. Armee unterstellt: die 285., 286., 294. SD., die 27. KD., die 122. Pz. Brig., das 119. Pz. Btl., die Korps-Artillerieregimenter 881, 882, 883, die II. (Abt.?) AR. 815, die mot. technischen Bataillone 135 und 136, das 539. Minen-Pi. Btl., das 150. Brückenbau-Btl. und Spezialteile. (Angaben nach einem vor der 12. Pz. Div. erbeuteten Befehl des AOK. 54 vom 6. 9. 41, 20.00 Uhr. Deutsche Übersetzung verteilt durch 18. ID. (mot), Kopie im Besitz des Verfassers).

56) GO. Halder, Kriegstagebuch a. a. O., vom 13. 7. 1941, S. 73.

57) Einsatzbefehl des sowjetischen AOK. 54 vom 7. 9. 1941, 7.00 Uhr. (von der 12. Pz. Div. erbeutet. Deutsche Übersetzung verteilt durch die 18. ID. (mot) im Besitz des Verfassers).

58) Vgl. Feindnachrichtenblatt Nr. 51 des AOK. 16 vom 8. 9. 1941, Ziff. 1. (BA/MA, RH 20 – 16/121, Anl. 4)

59) GO. Halder, Kriegstagebuch a. a. O., vom 11. 8. 1941, S. 170.

60) Ebenda vom 10. 9. 1941, S. 219.

61) Vgl. hierzu: „Bericht über den Einsatz des I. (soll heißen III.)/24 zur Schließung der Lücke bei Pogostje im September/Oktober 1941" von Herbert Wittwer (Archiv des Traditionsverbandes 21. ID.).

62) GFM. R. v. Leeb a. a. O., vom 11. 9. 1941, S. 353. Vgl. auch GO. Halder, Kriegstagebuch a. a. O., vom 12. 9. 1941, S. 223.

63) GFM. R. v. Leeb a. a. O., vom 15. 9. 1941, S. 356.

64) Vgl. Befehl der Artillerie-Gruppe Nord (d. i. verst. I./AR. 21, mit 2./AR. 18), II./AR. 196 (ohne einer Batterie) und III./AR. 18 unter Führung Kdr. AR. 18 für den Angriff auf Larinoff-Ostroff und den Fluß Krasnaj am 21. 9. 1941 vom 20. 9. 1941, 16.00 Uhr (Orginal im Besitz des Verfassers). – Vgl. auch I./AR. 21: „Der Einsatz der Abteilung während der Zeit ihrer Unterstellung unter die 18. Inf.-Div. (mot) vom 11. 9. – 9. 10. 41." o. D. (Orginal im Besitz des Verfassers).

65) GO. Halder, Kriegstagebuch a. a. O., vom 25. 9. 1941, S. 249 f.

66) Fernspruch vom AKO. 16 an I. AK. vom 28. 9. 1941 (BA/MA, RH 24 – 1/29).

67) Zustandsbericht der 21. ID., Ia Nr. 663/41 geh. vom 17. 10. 1941 (BA/MA, Sig.: XXXIX. AK. – 33325/35).

68) BA/MA, RH 26 – 21/141 b.

69) Die Rückkehr der abgestellten Truppenteile läßt sich nicht immer genau feststellen. Das III./IR. 3 kehrte vor dem 13. 10., die AA. 21 um den 15. 10. zurück. Das III./IR. 24 wurde bei Pogostje am 9. 10. durch Teile der neu zugeführten 254. ID. abgelöst; die I./AR. 21 wurde aus ihren Stellungen im Bereich der 18. ID. (mot) am 7. 10. herausgezogen. Vorübergehend war ihre Unterstellung unter die Gruppe Thomaschki geplant, die ursprünglich durch das verst. IR. 3 abgelöst werden sollte. Als dies im Hinblick auf den geplanten Angriff am Wolchow fallen gelassen wurde, erhielt die I./AR. 21 am 9. 10. den Befehl, zu ihrer Division zurückzukehren. – Wohl am längsten blieb die 15./IR. 3 „ausgeliehen". Auch sie war am 9. 10. zunächst aus der Front gezogen worden. Wachsender Feinddruck bei Pogostje erforderte jedoch noch am selben Tag ihre Rückführung nach Kostowo, von wo die Kompanie in der Nacht auf LKW nach Winjagolowo gebracht wurde. Am 10. 10. um 5 Uhr morgens stieß sie im Verein mit zwei Panzerkompanien, starken Feindwiderstand brechend von hier aus nach Pogostje durch und säuberte das Gelände von den dort sich festgesetzt habenden Russen. Erst am 12. 10. erlaubte die Feindlage, die Kompanie herauszuziehen und sie aus dem Verband der Gruppe Thomaschki zu entlassen. In einem Schreiben von Oberst Thomaschki an den Kdr. IR. 3 wurde der Kompanie bestätigt „ihre Aufgaben jederzeit voll erfüllt und Hervorragendes geleistet" zu haben. (Schreiben des Arko 123 vom 13. 10. 1941 an Kdr. IR. 3, Orginal?)

70) GO. Halder, Kriegstagebuch a. a. O., vom 1. 10. 1941, S. 262.

71) GFM. R. v. Leeb a. a. O., vom 2. 10. und 3. 10. 1941, S. 368 f.

72) GO. Halder, Kriegstagebuch a. a. O., vom 4. 10. 1941, S. 267.

73) Ebenda vom 5. 10. 1941.
74) Fernspruch AOK. 16 an I. AK. vom 5. 10. 1941 (BA/MA, RH 24 – 1/29).
75) KTB. AOK. 16 vom 8. 10. 1941, 13.10 Uhr (BA/MA, RH 20 – 16/40).
76) KTB. AOK. 16 vom 9. 10. 1941, 11.50 Uhr (ebenda).
77) AOK. 16, Armeebefehl Nr. 24 vom 10. 10. 1941, Ziff. 7 bb (BA/MA, RH 24 – 1/29).
78) AKO. 16, Armeebefehl Nr. 25 vom 14. 10. 1941, Ziff. 4 d (ebenda).
79) AKO. 16, Armeebefehl Nr. 24 vom 10. 10. 1941, Ziff. 1 (ebenda).
80) Ebenda, Ziff. 7.
81) Die Erstausstattung an Munition war bereitgestellt, an Verpflegung außer den eisernen Portionen 6 Tagessätze bei den Trossen der Division. Die Kfz.-Lage wies allerdings einen Fehlbestand von 165 Kfz. auf. An Betriebsstoff waren 4 Vorratssätze vorhanden, die mot. Kolonnen des Divisions-Nachschub-Fü. zu 90% einsatzbereit. (Angaben nach „Entwicklung der Verorgungslage der 21. Inf. Div. vom Übergang über den Wolchow bei Grusino bis 20. 11. 1941") (BA/MA, RH 26 – 1/34, Anlage).
82) Es fehlten: rund 450 Pistolen 08 (ca. 50 % des Soll), 131 MP., 5 sMG, 5 le. GrW., 2 s. GrW., 2 3,7 Pak, 1 sFH. 18 (Rohr) (Angaben nach „Entwicklung der Versorgungslage . . ." a. a. O.). Dafür waren allerdings kurz vor Angriffsbeginn den Regimentern 3 und 24 einzelne MGs Muster 34/41 zur Erprobung übergeben worden. Dieser MG-Typ hatte eine noch höhere Feuergeschwindigkeit als die später eingeführten MG 42.
83) Zustandsbericht 21. ID., Ia Nr. 663/41 geh. vom 17. 10. 1941 (BA/MA, Sig.: XXXIX. AK. – 33325/35).
84) 21. ID., Kdr., Tagesbefehl vom 15. 10. 1941 (Orginal-Abschrift im Besitz des Verfassers).
85) Angaben nach „Entwicklung der Versorgungslage . . .", a. a. O.
86) Für das folgende vgl. soweit nichts anderes angegeben: 21. ID., Abt. Ia: „Von Tschudowo bis Wolchowstroj/Der Herbstfeldzug der 21. ID. durch Sumpf und Eis", abgefaßt 15. 3. 1942, beiliegend: Bericht des I. AK. an das Armeeoberkommando 16 vom 23. 11. 1941 betr. 21. Division; Entwicklung der Feindlage vor der 21. Inf.-Div.; Entwicklung der Versorgungslage der 21. Inf. Div. (BA/MA, RH 26 – 1/34, ein Original auch im Besitz des Verfassers), ferner: I. Abt. AR. 21, Abt. Ia: „Gefechtsbericht über den Einsatz der Abteilung vom 16. 10. – 16. 11. 1941", abgefaßt 5. 12. 1941 (Original im Besitz des Verfassers); siehe auch: Claus v. Kursell, Von Tschudowo nach Wolchowstroj in: Alte Kameraden, 4/1956, S. 8 f.
87) Oblt. Pauls erhielt dafür das Ritterkreuz des Eisernen Kreuzes verliehen.
88) Vgl. Bericht des IR. 24: „Kampf des Inf.-Rgt. 24 um den Ptschewsha-Flußübergang am 22. und 23. 10. 1941" (Archiv des Traditionsverbandes).
89) Vgl. Bericht der 3. (mot) Kompanie Pionier-Bataillon 21 vom 10. 11. 1941: „Einsatz der 3. (mot) Kp. Pi. Btl. 21 zur Nachführung von Verpflegung und Munition für die am Wolchow kämpfenden Teile der Divison" (BA/MA, RH 26 – 21/141 a).
90) GO. Halder, Kriegstagebuch a. a. O., vom 27. 10. 1941, S. 381.
91) Ebenda.
92) Ebenda, vom 30. 10. 1941, S. 384.
93) Fernschreiben AOK. 16 an I. AK. (Ia, Nr. 1001/41 geh.) vom 26. 10. 1941, 23.40 Uhr (BA/MA, RH 24 – 1/29).
94) Vgl. Anmerkung 89.
95) Vgl. W. Buxa, a. a. O., S. 16 f.
96) Schriftliche Mitteilung des Brig. Gen. a. D. Herzberg an den Verf.
97) Vgl. auch: Überraschungsangriff am Wolchow, Wie die AA. 21 im Handstreich das Dorf Kamenka nahm. In: Alte Kameraden 4/1962, S. 15.
98) AOK. 16, Armeebefehl Nr. 26 vom 5. 11. 1941 (BA/MA, RH 24 – 1/29).
99) GFM. R. v. Leeb a. a. O., vom 7. 11. 1941, S. 387.
100) Ebenda.
101) Ebenda.

102) Trotz dieser Zusammenlegung erreichten die Kompanien des IR. 3 nur nachstehende Stärken:

	Offiziere	Unteroffiziere	Mannschaften:
1. Kompanie	1	10	62
2. Kompanie	1	10	49
3. Kompanie	1	14	63
4. MG-Kompanie	2	23	61
9. Kompanie	1	9	55
10. Kompanie	1	7	60
11. Kompanie	1	13	47
12. MG-Kompanie	1	13	62
Summe:	9	99	459

103) GFM. R. v. Leeb, a. a. O., vom 14. 11. 1941, S. 391.
104) Ebenda, vom 12. 11. 1941, S. 390.
105) GO. Halder, Kriegstagebuch a. a. O., vom 19. 11. 1941, S. 298.
106) Gruppe Wolchow, Gruppenbefehl Nr. 16 für das Unternehmen „Ladoga" vom 21. 11. 1941, 24.00 Uhr (BA/MA, RH 26–21/36, Anl. 15).
107) GFM. R. v. Leeb a. a. O., vom 26. 11. 1941, S. 397.
108) Ebenda, vom 28. 11. 1941, S. 399.
109) Ebenda, vom 1. 12. 1941, S. 400.
110) Vgl. hierzu Bericht des I. AK. an AOK. 16, a. a. O.
111) Tagesbefehl der 21. ID. vom 20. 11. 1941 (BA/MA, RH 26–21/36, Anl. 11) – Siehe auch: Lienemann (!). Es stand sogar in der „Prawda". Wir sprengten die Murmansk-Bahn. In: Alte Kameraden, 1/1967, S. 17 – 19. – Horst Gerlach, Dammbruch an Wolga und Weichsel, 19. Forts. in „Elbinger Nachrichten" (Uelzen-Oddenstadt) Januar 1976, S. 15 f.
112) Zustandsbericht der 21. ID. vom 15. 11. 1941, Anlage (BA/MA, RH 26–37 a, Anl. 359).
113) Bericht über den „Verlauf der Deutschlandfahrt des Gepäcktroß der 21. ID. von Tschudowo nach Elbing" (BA/MA, RH 26–21/142, Anl. 631 a).
114) Vgl. hierzu Marschall der Sowjetunion K. A. Merezkow, Im Dienste des Volkes (deutsche Übersetzung: Ost-Berlin 1972).
115) GFM. R. v. Leeb a. a. O., vom 7. 12. 1941, S. 400.
116) Ebenda, S. 408.
117) Kommandierender General I. AK. an Div. Kommandeure vom 11. 12. 1941 (BA/MA, RH 26–21/36, Anl. 291).
118) 21. Div., Divisionsbefehl Nr. 86 vom 11. 12. 1941 (BA/MA, RH 26–21/36, Anl. 271).
119) GFM. R. v. Leeb a. a. O., vom 13. und 14. 12. 1941, S. 414 u. 416.
120) BA/MA, RH 26–21/36, Anl. 291.
121) Gen. Kdo. I. AK., Korpsbefehl Nr. 147 für die Vorbereitung der Rückverlegung der HKL. der 11. und 21. Div., vom 14. 12. 1941 (BA/MA, RH 26–21/37 a, Anl. 324).
122) BA/MA, RH 26–21/37 a, Anl. 360.
123) 21. ID., Ia Nr. 242 gKdos vom 17. 12., 21 Uhr (BA/MA, RH 26–21/37 a, Anl. 356).
124) Walter Schelm u. Hans Mehrle: Von den Kämpfen der 215. württembergisch-badischen Infanterie-Division (Stuttgart o. J.), S. 66 ff.
125) Claus v. Kursell: Kein Stück Gerät ging verloren. Der Rückzug von Wolchowstroj an den Wolchow bei Kirischi (1941). In: Alte Kameraden 8/9/1972, S. 26 f.

Rußlandfeldzug 1941

Vorziehen über die Luisenbrücke in Tilsit in die Bereitstellungsräume

Brücke über die Jura bei Pagramantis am 23. 6. 1941

Die Division marschiert: 2. AR 21 am 24. 6. 1941, vorne rechts der Chef Oblt. Rothe

Kelme, von den Panzern zerstört, wird am 25. 6. 1941 erreicht

Bespannter Fernsprechtrupp 1. NA 21

Noch am 26. 6. 1941 nachmittags sprengen die Sowjets die Treibstofflager am Flugplatz Schaulen

Oblt. Podehl, Chef 1. AR 21, besichtigt den geräumten Flugplatz

Über die Welikaja bei Schabanowa am 15. 7. 1941

Der erste sowj. KW II an der Rollbahn Ostrow, Pleskau

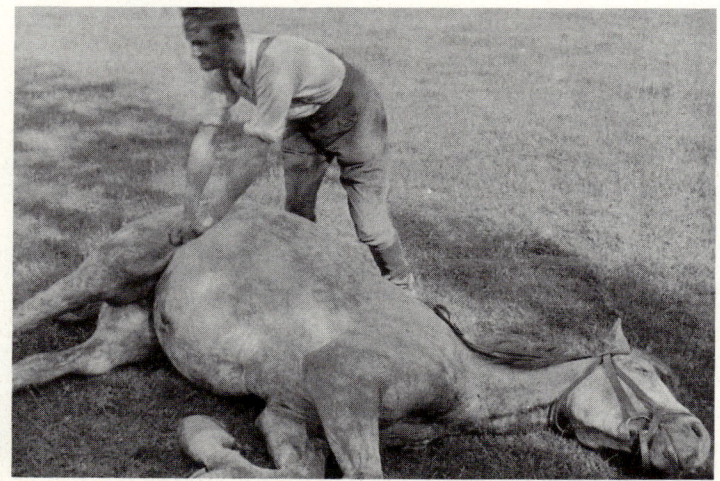

„Erste Hilfe"- Kolik: der Futtermeister hilft

Battr.trupp 1. AR 21 reitet an flüchtender Bevölkerung vorbei ins Gefecht bei Kamenka, westlich Porchow, am 17. 7. 1941

Infanteriesteg und Behelfsbrücke bei Porchow, 17. 7. 1941

Dno nach der Einnahme am 19. 7. 1941 – das Bahnhofsgebäude

Durch IR 24 auf Flugplatz vor Dno erbeutete Rata

So sahen die Dörfer aus, die wir durchquerten ...

20-t-Kriegsbrücke über den Schelonj bei Swinord am 21. 7. 1941

Teil der Stalin-Linie jenseits des Schelonj

Von Mensch und Tier wird viel verlangt ...

Gewaltsamer Übergang über den Mschaga am 10. 8. 1941: Gen.d.Fl. v. Richthofen, Kdr. VIII.(Nahkampf)-Fliegerkorps beim Einsatzgespräch mit Obst. Chill, Kdr. IR 45

Einweisung Kdr. I.AR 21 auf Gef.Stand IR 3

Vom VIII.(Nahkampf)-Fliegerkorps...

und starker Artillerie unterstützt...

heißt es: "Schlauchboote vor"!

Der Angriff läuft...

231

Der OB der 16. Armee, GO. Busch, an der Übergangsstelle mit Gen. Sponheimer (re) und Div.Adj. Mjr. v. Kalm (Mitte)

Von Zivilbevölkerung errichtete Sperranlagen

Infanterie-Pioniere nehmen Minen auf

Der hart umkämpfte Bahnhof Schimsk

Vorgeschobener Div. Gefechts- stand am 12. 8. 1941

IR 3 kämpft sich mühsam entlang der Bahnlinie Schimsk, Nowgorod vor

Sowjetische Minensprengungen bei Borok am 13. 8. 1941

14. IR 3 sichert Vorgehen auf Nowgorod 14. 8. 1941

Weiter über die Wjerenda ...

Radfahrkompanie IR 24 vor!

An der Rollbahn Schimsk, Nowgorod bei TP 28,6

Die Einnahme von Nowgorod

Nowgorod in Sicht: auf dem Sturmgeschütz Oblt. Ritgen (Mitte), IR 3, li. auf der Straße Oblt. Podehl, 1. AR 21

„Sturmgeschütze vor"... 14. 8. 1941 9.00 Uhr

Teile 8.IR 3 vor Nowgorod

Straßenkampf in Nowgorod

Nowgorod am Morgen des 16. 8. 1941

Auszeichnung von Uffz. Naujokat, 15. IR 3, mit dem Ritterkreuz am 15. 8. 1941. – Gen. d. Fl. v. Richthofen, KG I. AK, Gen. v. Both, ganz rechts Obst. Fischer, Kdr. AR 21

Das blieb von Nowgorod nach der Einnahme am 16. 8. 1941

*Bahnhof von
Tschudowo 25. 8. 1941*

*Div. Stab und Rgts. Kommandeure der 21. ID, Tschudowo, Ende August 1941: v.l.n.re:
Mjr.i.G. v. Prittwitz (Ib), Mjr.i.G. v. d. Chevallerie (Ia), Obst. Becker (IR 3), Obst.
Heinrichs (IR 24), GLt. Sponheimer (Kdr. 21. ID), Obst. Fischer (AR 21), Obst. Chill (IR 45)*

Schilderwald in Tschudowo

Brücke I auf der Straße Tschudowo, Grusino

Das brennende Grusino am Abend 16. 10. 1941

Beginn des Brückenschlags bei Grusino am 18. 10. 1941

Fährstelle über den Wolchow bei Grusino am 18. 10. 1941

Inneres des Schlosses von Grusino nach der Erstürmung

Gen. d. Inf. v. Both bei der Überreichung von Auszeichnungen

"Rollbahn" bei Ljuban

Vorstoß auf Wolchostroj und Rückzug auf die „Winterstellung"

Dorf Kirischi, Ende Oktober 1941

Versorgung aus der Luft bei Andriankowo am 21. 10. 1941

Vernichtete sowj. Batterie bei Ryssino am 1. 11. 1941

„Stellung" bei Ptschewa (IR 24) am 2. 11. 1941

Russische Stellung vor dem „Friedhofswäldchen" nach dem Sturm am 3. 11. 1941

IR 3 als Divisionsreserve am 16. 11. 1941 mit Obst. Becker an der Spitze ...

Usatitsche, vom Turm der Dorfkirche aus gesehen, im Raum des IR 45 vor Wolchowstroj

Soldatenfriedhof bei Dunjakowo, Anfang Dezember 1941

sMG sichert den Rückzugsweg bei Dunjakowo Ende Dezember 1941

VII. Das Jahr am Wolchow – 1942

1. Winterliche Abwehrkämpfe am Wolchow

Mit dem Rückzug über den Wolchow trat für die schwer geprüfte 21. Division leider bei weitem noch nicht die ersehnte „Ruhepause" ein.[1]) Denn zum einen mußte sie in dem von ihr erreichten Abschnitt, der zunächst von der Bahnlinie westlich des Wolchow, über den Brückenkopf Kirischi bis zu dem später so genannten „großen Pfennigwald" südlich Irssa reichte und damit 17,5 Frontkilometer umfaßte, ihre „Winterstellung" nunmehr selbst schaffen und zum anderen diese gegenüber einem nachdrängenden Gegner nun auch nachdrücklich behaupten.

Was nun den Ausbau der „Winterstellung" betraf, so waren die von der Armee bisher vorbereiteten Anlagen höchst kümmerlich.[2]) Am besten stand es damit noch beim IR. 3 im Brückenkopf. Dort waren 104 Wohnbunker für je eine Gruppe und auch eine Anzahl von Kampfständen (15 für lMG, 5 für sMG, 4 für sGrW., 1 für Pak und 2 für leIG) vorhanden. Bei dem an der Nordfront zwischen der Bahn und dem Wolchow eingesetzten IR. 24 waren es nur noch 24 Wohnbunker, die jedoch – wie das Regiment der Division meldete – so ungeschickt angelegt waren, daß sie nicht benutzt werden konnten.[3]) Beim IR. 45, das die Ostfront am Wolchow südlich des Brückenkopfs zu verteidigen hatte, gab es davon überhaupt nur drei. Kampfstände waren bei den beiden letztgenannten Regimentern keine vorbereitet. An Drahthindernissen waren nur vor dem Abschnitt des IR. 24 ganze 20 Meter (!) vorhanden. An Minenhindernissen waren vor dem Brückenkopf auf 3 000 Meter Spanndrahtminen mit einem Zwischenraum von 30 Metern verlegt. Vor dem IR. 24 betrug die Ausdehnung dieser Art von Sperren 2 000 Meter. Sie erwiesen sich jedoch als eher unwirksam, wie das Regiment kurz nach Beziehen der Stellung erfahren sollte.

In den Nächten vom 30./31. und vom 31. 12./1. 1. 1942 griff der Gegner (3. Garde-Div.?) die dünn besetzte Linie des auf die Sollstärke eines Infanteriebataillons zusammengeschmolzenen IR. 24 bereits an. Die Lage schien mehr als kritisch. Drei MG waren ausgefallen, wohl weil die Verschlußkappen immer wieder zufroren und zu wenig Petroleum vorhanden war, um die Funktionstüchtigkeit der Waffen sicherzustellen. Bei den Granatwerfern gingen die Wurfgranaten nicht in die vereisten Rohre oder blieben in diesen stecken. So blieb als letztes Widerstandsmittel hier wie anderswo nur der ungebrochene Durchhaltewille der einfachen Soldaten, die sich in ihren Schneelöchern buchstäblich bis zum letzten Mann wehrten. So konnte der Gegner bei der 4./IR. 24, nach zwei abgeschlagenen Angriffen, erst beim dritten Mal einen örtlichen Einbruch erzielen, nachdem bei einer MG-Gruppe ein Gewehrführer schwer verwundet wurde und alle übrigen sieben Unteroffiziere und Mannschaften an ihren MGs gefallen waren.[4]) „Lediglich die ungeschickte Führung der feindlichen Truppe gestattete die Abriegelung mit herangeführten Kräften und den Gegenangriff zur Wiedergewinnung der HKL.", stellte das Regiment in seiner Meldung an die Division lakonisch fest.[5] Unvorstellbar jedoch, was geschehen wäre, wenn der Gegner energisch nachgestoßen hätte. Die Ortschaften hinter der Front wie Miagry, Schar oder Tur quollen in den letzten Dezembertagen über von nach Süden abfließenden Truppenteilen. Man muß das gesehen haben, was sich hier abspielte. Nicht nur eigene Einheiten und Stäbe, auch Verbände der 291. Division, dazu unzählige Korpstruppen und Versorgungseinrichtungen stauten sich auf diesen Wegen in geradezu abenteuerlicher Vermummung und überfluteten die wenigen noch vorhandenen Häuser in den Ortschaften. Man war nicht selten an den Rückzug der „Grande Armée" von anno 1812/13 gemahnt.

Wie gesagt: unvorstellbar, wenn der Gegner hier hineingestoßen wäre. Aber dazu war auch er durch die vorangegangenen Kämpfe doch zu erschöpft. Bezeichnenderweise hatte er die 310. und 292. SD., die durch die Kämpfe mit der 21. Division arg mitgenommen worden waren, vorübergehend aus der Front gezogen, um sie aufzufrischen. Der Feind konnte sich dies auch leisten, denn das war ja die entscheidende Veränderung der Lage, die in den letzten Wochen Platz gegriffen hatte: die Sowjets hatten auch vor der Heeresgruppe Nord die operative Handlungsfreiheit gewonnen. Seit dem 12. 12. 1941 waren die gegen den Wolchow vordrückende 52. und 4. Armee unter Armeegeneral Merezkow zu einer „Front", der „Wolchowfront", zusammengefaßt worden, die von Kirischi bis zum Ilmen-See reichte und ihr Stabsquartier in Malaja-Wischera hatte. Chef des Stabes war GM. G. D. Stelmach, Mitglied des Kriegsrats; Armeekommissar 1. Ranges: A. I. Saporoshez. Den Befehl über die 4. Armee übernahm an Stelle von Merezkow GM. P. A. Iwanow. Schon bei der Ernennung von General Merezkow zum Oberbefehlshaber der Wolchowfront hatte der sowjetische Generalstabschef den Auftrag für die Wolchowfront dahingehend formuliert, daß sie nach Erreichen des Wolchows diesen aus der Bewegung heraus zu forcieren habe.[6] Die 52. und 4. Armee sollten dabei allerdings nicht allein bleiben. Zwei weitere Armeen waren im Aufmarsch begriffen, nämlich die 59. und die nun in 2. Stoßarmee umbenannte bisherige 26. Armee. Am 1. 1. 1942 ortete die deutsche Funkaufklärung zum ersten Mal die 2. Stoßarmee ostwärts des Wolchows.[7]

Obgleich General Merezkow berechtigte Zweifel hegte, ob die durch die Kämpfe der letzten Wochen ziemlich erschöpften Divisionen der 52. und 4. Armee im Stande sein würden, die anbefohlene Wolchow-Forcierung durchzuführen, drängte das Hauptquartier im Hinblick auf die Lage in Leningrad am 24. 12. erneut auf eine schnelle Überwindung des Wolchow. Das deutsche I. AK. und nicht zuletzt die 21. Division sollten dies bald zu spüren bekommen.

Vorerst bemühte sich das I. AK. nach Erreichen der „Winterstellung", die durcheinander geratenen Verbände zu ordnen. Dazu sollte vor allem die völlig abgekämpfte 254. ID. aus der Front gezogen werden. Das war jedoch keineswegs einfach. Nicht nur, daß Teile der Division (II./IR. 474 und II./IR. 484) noch immer im Brückenkopf Kirischi standen; sondern auch südlich Irssa sicherten im Anschluß an das I./IR. 45 das IR. 454 und das Radfahrbataillon 403 am Wolchow. Diese Truppen konnten vorerst nicht ersetzt werden, obwohl das Regiment 454, hauptsächlich aus Marschbataillonen zusammengesetzt, auch nur noch die Sollstärke eines Infanteriebataillons besaß. Immerhin versuchte das Korps wenigstens in der Befehlsgliederung Ordnung zu schaffen: am 30. 12. abends übernahm die 21. Division den bisher noch von der 254. ID. am Wolchow gehaltenen Abschnitt bis 500 Meter südlich der Tigoda-Mündung und damit den Befehl über die in diesem Abschnitt eingesetzten Kräfte der 254. Division.

Mit der Ausweitung ihrer Front um weitere 3,5 bis 4 km wurde die Division aber nun direkt mit einem Versuch des Gegners, den Wolchow zu überschreiten, konfrontiert. Während feindliche Vorstöße gegen den Brückenkopf Kirischi abgewehrt werden konnten, war es dem Gegner am 29. 12. gelungen, ostwärts Welija über den Fluß zu gehen und einen kleinen Brückenkopf zu bilden. Das hier stehende Radfahrbataillon 403 war nach Norden ausgewichen, ein Gegenstoß von Teilen des IR. 454 (254. ID.) war ohne Erfolg geblieben. Auch südlich der Tigodamündung war der Feind über den Fluß gesetzt und hatte Bahnhof Tigoda angegriffen, war jedoch abgewiesen worden. Soweit man sieht, handelte es sich in beiden Fällen um die sibirische 65. SD., die von Tichwin kommend zu den kampfkräftigsten Verbänden der 4. Armee zählte. Auch im Raume Selenez – Wodossje war es bei der 61. ID. zu einem größeren Einbruch gekommen. Insgesamt wurde die Lage in diesem Raum von der Heeresgruppe als sehr gespannt angesehen,[8]) weil es völlig an Eingreifreserven mangelte. Noch mehr als bisher mußte nun improvisiert werden. Für die Bereinigung des Feindeinbruchs südlich der Tigoda wurde vom I. AK. unter dem Befehl des Kommandeurs des IR. 505 (291. ID.) die „Angriffsgruppe Lohmayer" aus rund einem Dutzend Einheiten, die wiederum von drei bis vier Divisionen und aus den Korpstruppen stammten, gebildet und der 21. ID. zur Durchführung eines Gegenangriffs unterstellt.[9]) Was hier geschah, sollte von nun an gewissermaßen zum taktischen Alltag gehören: die Bildung von bunt zusammengewürfelten Kampfgruppen, bei der die Vielzahl der Verbände lediglich die schwache Kampfkraft der einzelnen Truppenteile ausgleichen sollte. Immerhin gelang es, unmittelbar südlich der Tigoda wieder bis zum Wolchow durchzustoßen und dann nach Süden einzudrehen.[10]) Aber mehr als die Bildung einer fingerartigen Riegelstellung, die ohne Anschluß nach Süden blieb, wurde nicht erreicht. Der „Finger" wird im Laufe des Jahres der Division noch zu schaffen machen. Aber vorerst war sie ihn los, denn am 2. 1. um 12.00 Uhr trat sie den Abschnitt südlich der Tigoda mit allen dort eingesetzten Verbänden an die 291. ID. ab, die nunmehr der rechte Nachbar der 21. ID. geworden war.

Nördlich der Tigoda war hingegen die Division ihrer Sorgen noch lange nicht ledig. Hier war, am Tag nach der Übernahme des Abschnitts, unter dem Kommandeur IR. 45, etwa nach dem gleichen Prinzip wie bei der Gruppe Lohmayer, die „Gruppe Chill" gebildet worden mit dem Auftrag, den nördlich der Tigoda übergesetzten Feind nach Osten und Süden abzuriegeln und dann durch Angriff von Süden nach Norden die HKL. am Wolchow wiederzugewinnen und Anschluß an den Südflügel des IR. 45, nämlich das zwischen dem Brückenkopf und Irssa eingesetzte I./IR. 45 zu gewinnen.[11]) Vom IR. 45 sollte dann das II. Bataillon nach Bereinigung der Lage südlich neben das I./Bataillon eingeschoben werden.

Am 1. 1. 1942 etwa zwischen 8 Uhr und 8.30 Uhr, dürfte der Angriff angelaufen sein. Allerdings waren in diesem Gelände – tief verschneiter Auwald mit dichtem Unterholz – und bei minus 39 Grad alle bisherigen taktischen Begriffe nur relativ. Man wußte nur mit einiger Sicherheit, wo der Gegner *nicht* war, nämlich soweit man dies übersehen konnte. Überall sonst konnte er sein. Man stöberte daher mehr als man angriff. Beobachtetes Feuer der Artillerie war fast unmöglich, lediglich gegen Planziele konnte gewirkt werden. Auch die Verbindung zwischen den zur Abriegelung eingesetzten Einheiten war gewiß nicht lückenlos. Und in dieser Situation passierte es, daß, während das Angriffsunternehmen gegen die vermutliche Einbruchstelle lief, aus dieser heraus stärkere Feindkräfte unbemerkt nach Westen vorstoßen konnten.[12]) Um 10.30 Uhr meldete eine Fernsprechzwischenstelle der 1./AR. 21 in einem Bahnwärterhaus an der Bahnlinie Tigoda, Kirischi, 2 km ostwärts Miagry, daß stärkere Feindkräfte weiter südlich die Bahnlinie von Osten nach Westen im Gänsemarsch überschritten. Bis 12 Uhr waren es schätzungsweise bereits 500 Mann. Durch den in Miagry liegenden Gefechtsstand des AR. 21 wurden darauf hin die im Walde südostwärts Miagry liegenden Protzenstellungen alarmiert, die Ortsverteidigung organisiert und auch der Rgt. Reiterzug IR. 24 zur Aufklärung eingesetzt. Die ausgesandten Spähtruppen konnten jedoch keinen Feind finden, aber um 13.30 Uhr war es soweit: während die 2 km südlich Miagry liegende 2./Pi. 505 Feindangriff aus ostwärtiger Richtung meldete, brach der Gegner überfallartig in die nordostwärts davon im Walde liegenden Protzenstellungen der Stabsbatterie I./AR. 57, der 3./AR. 57 und der dem Arko 123 unterstehenden Beob. Abt. 30 ein und zwar just in dem Augenblick, als bei der 3./AR. 57 die Mannschaft sich anstellte, um den Wehrsold ausbezahlt zu erhalten. Die Folgen waren katastrophal: 32 Tote. Zum Glück stieß der Gegner nicht nach, sondern begann, die ebenfalls gerade zur Verteilung kommenden Marketenderwaren zu plündern. So gelang es, die übrigen Protzenstellungen teilweise zu halten. Die zur Ortsverteidigung von Miagry eingesetzten Teile des IR. 24 (1 Zug mit 50 Mann) wurden vom Kommandeur AR. 21, zusammen mit zwei 2 cm Flak der 3./Flak. Rgt. 75 zum Gegenstoß angesetzt, der aber vor der vom Russen besetzten Protzenstellung der Beob. Abt. 30 liegen blieb. Inzwischen war das bisher beim IR. 45 eingesetzte Radfahrbataillon 403 herangezogen worden. Etwa gleichzeitig meldete die schon erwähnte Fernsprechzwischenstelle, daß der Gegner sich nach Osten abzusetzen begänne. Der Rückzugsweg war ihm inzwischen jedoch durch das im Anschluß an das I./IR. 45 am Wolchow in Stellung gegangene II./IR. 45 verlegt worden. In dieser Lage versuchte der Gegner nun, während Nachhuten die Protzenstellung der 3./AR. 57 weiter besetzt hielten, um Mitternacht durch die Linie der 6./IR. 45 durchzubrechen und das ostwärtige Wolchowufer zu gewinnen. Dies gelang ihm nur unter schweren Verlusten (circa 250 Tote). Am Morgen des 2. Januar griff dann das Radfahrbataillon nach kurzer Bereitstellung die vom Gegner noch gehaltene Protzenstellung an und nahm sie nach kurzem, heftigem Kampf. Auch hier ließ der Feind 100 Gefallene zurück, ferner 9 lMG und 2 mGrW. Nun klärte sich auch, mit wem man es zu tun gehabt hatte: es waren je drei abgesessene und auf Skier gesetzte Eskadronen der Kavallerieregimenter 205 und 210 der sowjetischen 80. KD. (Kdr.: Obst. Poljanski) gewesen, während das dritte Regiment (Nr. 200) jenseits des Wolchows die Pferde versorgte. Die Division war aus der Reserve des Hauptquartiers der 4. Armee als Verstärkung zugeführt worden und befand sich mindestens seit dem 30. 12. im Raum südostwärts des Brückenkopfes, war jedoch nicht erkannt worden. Wahrscheinlich sollte sie einen weiteren Brückenkopf über den Wolchow bilden, ja womöglich sich mit den am linken Flügel der 11. ID. durch die dort nur stützpunktartig gebildete HKL. eingesickerten Feindteilen vereinigen. Einzeichnungen in später erbeuteten Karten lassen das immerhin möglich erscheinen.

Von diesem Feind hinter der 11. ID., nämlich Infanterieteilen der 311. SD. (Kdr.: Obst. Bijakow) und dem später noch zugeführten 2. Ski-Regiment unter Major Sceglow[12a]), wußte man wenig. Er hatte irgendwo in der Tiefe nicht näher aufgeklärte Waldlager bezogen. Gelegentlich fand man Spuren im Schnee, stieß auf verlegte Minen, auch auf Spähtrupps, sogar tief im Versorgungsraum der 21. ID; so etwa auf dem Weg von Beresowik nach Lipowik. Am 30. 12. war dieser Gegner auch vor Dubowik aufgetreten. Am 1. Januar, während des Vorstoßes der 80. KD., war er aber völlig passiv geblieben. Dieses merkwürdige Verhalten dürfte zwei Ursachen gehabt haben. Einmal bestand hier ein Koordinierungsproblem. Die 80. KD. unterstand der 4. Armee und damit der Wolchow-Front. Die 311. SD. hingegen gehörte zur 54. Armee und damit zur Leningrader Front. Eine direkte Verbindung zwischen der 4. und 54. Armee bestand nicht. Darüberhinaus besaß die 311. SD. keinen Angriffs-, sondern lediglich einen Störauftrag. Sie sollte, wie wir heute aus den Erinnerungen des damaligen Oberbefehlshabers der 54. Armee wissen, nur wie ein großer Partisanenverband im Rücken des Gegners agieren.[12b]) Sie aus dieser Verwendung heraus zum Angriff bereitzustellen, war offenbar nicht möglich. So ging, zum Glück für die 21. Division, eine für den Gegner günstige Gelegenheit ungenützt vorüber.

Um künftigen Eventualitäten aus dieser Richtung vorzubeugen, zog die 21. ID. am 10. 1. ihre im Raum Lipowik stehende Aufklärungsabteilung nach Miagry heran, um eine Eingreifreserve bei der Hand zu haben. In den nächsten Tagen ging dann die 11. Division dazu über, diese Waldlager, soweit sie aufgeklärt waren, anzugreifen und auszuräumen, was ohne besondere Schwierigkeiten auch gelang. Die AA. 21 dürfte, zumindest teilweise, auch hierzu herangezogen worden sein. Dann trat in diesem Abschnitt vorläufig Ruhe ein.

Dafür wurde der Gegner noch einmal am Wolchow lebhaft. Zwar blieb er vor der Nordfront der Division, vor dem Brückenkopf und auch in seinen Anklammerungspunkten am Westufer des Wolchow, an der Naht zur 291. ID. (die seit 3. 1. ihren Abschnitt bis 3 km nördlich der Tigoda-Mündung ausgedehnt hatte) im allgemeinen ruhig. Dafür aber fühlte er in den ersten Januartagen gegen den von der 7./IR. 45 südlich Irssa gehaltenen „großen Pfennigwald" vor. Auch die feindliche Fliegertätigkeit hatte über dem Abschnitt der Division merklich zugenommen. Das alles hing, wie wir heute wissen, mit dem ständigen Drängen des sowjetischen Hauptquartiers zusammen, möglichst bald über den Wolchow anzutreten, auch wenn der Aufmarsch der 59. und 2. Stoßarmee noch nicht beendet sei. General Merezkow hatte um eine Verschiebung des Angriffs seiner Front auf den 7. 1. gebeten. Am Nachmittag des 7. 1. griff der Feind auch im Abschnitt der Division tatsächlich an, und zwar mit teilweise starker Granatwerferunterstützung an verschiedenen Stellen im Abschnitt des II./IR. 45. Er gelangte auch über den Fluß, wurde jedoch am Abend durch Gegenangriff geworfen. Auch am folgenden Tag wiederholten sich die Angriffe mit ähnlichen Resultaten, bis dem Gegner schließlich am 10. 1. – das Wetter hatte umgeschlagen und war vergleichsweise mild (minus 25 Grad) – die Bildung eines kleinen Brückenkopfes südlich „Pfennigwald" gelang, der erst am späten Nachmittag durch einen Gegenstoß des PiZuges IR. 45, unter hohen feindlichen Verlusten, bereinigt werden konnte.

In der Folge stellte die 4. Armee ihre Angriffe auf der ganzen Front ein. Dafür aber traten am 13. 1. 1942, rund 25 km südlich Tschudowo, die sowjetische 59. Armee und die 2. Stoßarmee, beiderseits des Ossmabaches, über den Wolchow zum Angriff auf Ljuban an. Die Winterschlacht am Wolchow hatte begonnen und zwar fast genau zu dem Zeitpunkt, als es zwischen dem Oberbefehlshaber der Heeresgruppe Nord und Hitler zu schweren Meinungsverschiedenheiten kam. Drei Tage später, am 16. 1., bat GFM. Ritter von Leeb daher um seine Enthebung, die er auch erhielt. Unmittelbar darauf schied auch der bisherige Generalstabschef der Heeresgruppe von seinem Posten. Neuer Oberbefehlshaber der Heeresgruppe wurde der bisherige Oberbefehlshaber der 18. Armee, GO. von Küchler, dem in der Führung der Armee GdK. Lindemann nachfolgte.

Für die 21. Division war das volle Ausmaß dieses Geschehens natürlich zunächst genausowenig zu überblicken wie die Auswirkungen, die die neuen Kämpfe auf die Division selbst noch zeitigen sollten. Vielmehr schien, nachdem die Gefechtstätigkeit an der Front nach dem 10. 1. eher abflaute, nunmehr eine Zeit der Ruhe bevorzustehen.

Die Division hatte sie nach all dem Bisherigen auch dringend nötig. Das vordringlichste Anliegen war natürlich der Stellungsausbau, da die von der Armee im Divisionsabschnitt belassenen Bau-Kompanien bisher vielfach in der Front hatten eingesetzt werden müssen. Die Truppe grub sich also, oder – besser gesagt – sprengte sich in den bis zu 90 cm tief gefrorenen Boden mühsam hinein, Waldlager für die Trosse der Regimenter und Abteilungen wurden angelegt und ständig verbessert. Damit nahmen auch die Erfrierungen bei der Truppe erheblich ab, während die Verlausung der Soldaten zunahm. Die extremste Kälte war aber auch überstanden. Um die Mitte des Monats Januar stiegen die Temperaturen für einige Tage sogar auf minus 15 Grad an, um dann, wieder absinkend, um den 24./25. 1. noch einmal, aber damit zum letzten Mal, auf minus 35 Grad zu fallen. Es sollte freilich noch zwei Monate dauern, bis das Thermometer zum ersten Mal bis zur Null-Grad-Marke anstieg. Bis dahin war es noch lange. Unter diesen Umständen litten, fast noch mehr als die Menschen, vor allem die Pferde, da sie bestenfalls nur hinter schützenden Windschirmen untergebracht werden konnten. Zudem war die Zuführung von Rauhfutter unzureichend. So brachen sie in ihren „Stallungen" einfach an Erschöpfung zusammen. Betrug der Abgang an Pferden in der Division Mitte Januar 1942 bereits 666, so stieg er bis Mitte Februar auf 1040 an.

Da von den Kraftfahrzeugen der Division 40% ausgefallen, 50% lediglich bedingt und nur 10% voll einsatzbereit waren, mußten auch noch für die Versorgungstransporte der mot. Einheiten sowie als Bespannungen für Pak Pferde abgegeben werden, so daß sich der Fehlbestand bei der Artillerie und den Infanterieregimentern noch um 81 erhöhte. 443 Pferde wurden zur Erholung nach Estland abgeschoben.[13]) Damit aber war die Division praktisch unbeweglich geworden.

War dies allein schon sehr bedenklich, so kam nun noch hinzu, daß die feuerbereiten Rohre der Artillerie sich bis zum 6. Januar gegenüber dem Stand vom 7. Dezember 1941 merklich verringert hatten. Zwar hatte sich die Kampfstärke des AR. 21 (einschl. I./57) seit dem 7. 12. 1941 um einiges gehoben, aber dafür fehlten jetzt 7 lFH. und 5 sFH., was dem Verlust der Feuerkraft von fast zwei leichten und mehr als einer schweren Batterie gleichkam.[14])

Auch die personelle Lage der Division war zunächst weiterhin kläglich. Der „ruhige" Stellungskrieg, wie er nach dem 10. Januar zumindest am Wolchow Platz zu greifen schien, forderte dennoch laufend Opfer, die kaum ausgeglichen werden konnten. Einem Verlust von 718 Unteroffizieren und Mannschaften in der Zeit von Mitte Januar bis Mitte Februar stand − obwohl die Division die ihr seit Dezember zugesagten zwei Marschbataillone erhalten hatte − nur ein Ersatz von 444 Mann gegenüber (vgl. Anlage 25). Die Division sah sich daher gezwungen, die Trosse und rückwärtigen Dienste erneut auszukämmen und auch die noch vorhandenen Kader der seinerzeit aufgelösten Bataillone ebenfalls aufzulösen.

Der zugeführte Ersatz, soweit es nicht Genesene waren, bestand zum überwiegenden Teil aus Res. I und II sowie Landwehrpflichtigen und war weder „frontnah" ausgebildet noch auf eine Kampftätigkeit unter fast arktischen Bedingungen in irgend einer Weise vorbereitet. An eine Ausbildung desselben im größeren Rahmen war jedoch infolge der ausgedehnten Frontbreite genausowenig zu denken wie an das Ausscheiden namhafter Reserven. Vielmehr blieb die Division zur Erfüllung ihres Verteidigungsauftrags nach wie vor auf die Zuteilung einer Reihe von Truppenkörpern der 254. ID. angewiesen. Es waren dies beim IR. 3 im Brückenkopf das II./IR. 474 und II./IR. 484 sowie Teile der 2./PzJg. Abt. 254, beim IR. 45 das I./IR. 474. Außerdem lag hinter dem Abschnitt des IR. 45 das II./IR. 504 der 291. ID.

Erst Mitte März, als sich die Ersatzgestellung etwas gebessert hatte und auf der anderen Seite die allgemeine Lage die Herauslösung der divisionsfremden Truppenkörper aus dem Verband der 21. ID. erzwang, versuchte die Division, einen schon vor Wolchowstroj gehegten Plan in die Tat umzusetzen und die dritten Bataillone der Infanterieregimenter wieder neu zu formieren. Jedoch nur beim IR. 3 gelang es vorerst, wegen dessen exponierter Stellung im Brückenkopf, das dritte Bataillon (II.) unter Einbeziehung der 15. Kompanie wieder voll aufzustellen. Beim IR. 24 wurde ebenfalls versucht das I. Bataillon neuerlich zu formieren. Die 4. Kompanie war ja vorhanden, die 15./IR. 24 wurde 1. Kompanie und schließlich wurde eine neue 3. Kompanie gebildet. Für eine neue 2. Kompanie reichte es jedoch nicht mehr.

Es war unter diesen Umständen daher nicht verwunderlich, wenn der Gedanke, durch eine Frontverkürzung Kräfte einzusparen, an Bedeutung gewann.

Bereits kurz nach Beziehen der „Winterstellung" hatte die Armee den Ausbau einer „Sehnenstellung" im Bereich der 11. und 21. ID. befohlen. Diese Stellung sollte im Abschnitt der 11. ID. entlang der Bahnlinie Mga, Kirischi verlaufen, wodurch der Frontbogen um Larionoff-Ostroff und damit etwa 3 Frontkilometer eingespart werden konnten. Für die 21. ID. aber hätte diese Stellung, die dann über das Gleisdreieck nach Irssa verlaufen sollte, eine Verkürzung um etwa 6 km ergeben. Während aber die Armee diese Stellung nur als Riegelstellung für den Fall feindlicher Einbrüche betrachtete, dachte die Division offensichtlich daran, nach Ausbau dieser Linie tatsächlich auf diese zurückzugehen, eine Maßnahme von geradezu unabsehbarer Bedeutung, da sie nicht mehr und nicht weniger als die Räumung des Brückenkopfs Kirischi bedeutet hätte, was im Hinblick auf die Gesamtlage durchaus sinnvoll gewesen wäre.

Die Planungen und Erkundungen in dieser Richtung wurden von der Division daher sogleich eingehend betrieben, wenn auch keineswegs zur Freude der Truppe. Man kann das verstehen. Diese hatte sich jetzt mühsam ihre Stellungen geschaffen und besaß wenig Lust, die „dritte Winterstellung" nun gegen eine vierte einzutauschen. Obstlt. Arning, Kommandeur IR. 24, hielt dies schlicht für untragbar.[15]) Dennoch setzte die Division ihr Vorhaben unbeirrt fort. Für den Ausbau der Riegelstellung sollte just unter dem Befehl von Obstlt. Arning die Masse von Pi. Btl. 21 wie Pi. Btl. 44, sowie die im Divisionsabschnitt vorhandenen Kompanien der Bau-Btl. 124 und 127 eingesetzt werden. Wie ernst es der Division damit war, zeigt ihr Befehl, den Stellungsbau im Brückenkopf und im Abschnitt des IR. 24 einzustellen.[16]) Ab Anfang Februar wurde – wie schon angedeutet – durch die Lageentwicklung südlich Tschudowo veranlaßt, damit begonnen, die bei der Division noch eingesetzten Teile der 254. ID. abzuziehen. Am 5. 2. verließ das II./IR. 484 den Brückenkopf und wurde durch das III./IR. 24 ersetzt. Am 18. 2. wurden sechs le. Pak der PzJg. Abt. 254 aus dem Brückenkopf und das II./IR. 474 aus dem Abschnitt des IR. 45 am rechten Flügel der Division herausgelöst. Seinen Platz nahm ein unter Hptm. von Oeynhausen improvisiertes „Bataillon Oeynhausen" ein, das aus je einer Schützenkompanie des I. und II./IR. 45 (2. und 6. Kp.) nebst schweren Waffen bestand.

Infolge dieser Abgaben glaubte die Division den Zeitpunkt nun sehr nahe, um in die Sehnenstellung zurückgehen und den Brückenkopf räumen zu können.[17]) Die Rückverlegung der Front war für den 20., spätestens 25. 2. 1942 in Aussicht genommen. Vergebliche Hoffnung! Trotz der immer kritischer werdenden Lage des I. AK., die eigentlich die Einsparung jedes entbehrlichen Mannes nahegelegt hätte, konnte man sich „oben", d. h. bei der Armee, nicht zur Aufgabe dieses, seiner Zweckmäßigkeit nach sehr fragwürdigen und noch dazu kräftezehrenden Stellungsteils entschließen. Bereits im Dezember war es bei der Festlegung der „Winterstellung" zu einer Diskussion zwischen Heeresgruppe, Armee und Korps wegen des Brückenkopfes gekommen. Während Heeresgruppe und Korps keinen besonderen Wert auf ihn legten, hielt die Armee den Brückenkopf aus Geländegründen (Kirischi lag etwas höher als das Westufer des Wolchow) für unverzichtbar. Am 22. 2. stand die weitere Beibehaltung des Brückenkopfes daher bereits außer jeder Diskussion.[18]) Der Ausbau der Sehnenstellung war schon früher zum Erliegen gekommen, indem die Division ihre Pionierkräfte nach Süden abgeben mußte, worüber noch zu berichten sein wird.

Aus diesem Grund blieb auch der befohlene Ausbau einer „2. Linie", entlang der Bahnlinie Tur – Kirischi, stecken. Immerhin hatte dieses Projekt möglicherweise gewisse Auswirkungen. Denn, obgleich unter stengster Geheimhaltung in Angriff genommen, gelangte es doch zur Kenntnis der sowjetischen Wolchowfront und dort wurde – wenn man den Erinnerungen von Marschall Merezkow trauen darf – diese nie wirklich ausgebaute 2. Linie als außerordentlich stark eingeschätzt,[19]) eine Fehlbeurteilung, die für die Division nur von Nutzen sein konnte. Denn inzwischen verschärfte sich die taktische Lage der Division und darüberhinaus die des I. AK. zusehends.

Der feindliche Einbruch südlich Tschudowo hatte sich seit dem 13. 1. zu einem Durchbruch von 15 km Breite und über 30 km Tiefe ausgeweitet, aus dem heraus die Verbände der 2. Stoßarmee nun gegen die Rollbahn Tschudowo, Ljuban einzuschwenken begannen. Das I. AK. mußte daher nicht nur dafür sorgen, daß die Durchbruchstelle in seiner Front am Wolchow nicht noch weiter aufgerollt, sondern daß der Durchbruch auch in der Tiefe zumindest abgeriegelt wurde, bevor noch Kräfte zum Gegenangriff herangeführt werden konnten. Solange diese nicht vorhanden waren, galt es vor allem, die lebenswichtige Rollbahn Tschudowo, Ljuban gegen die im Durchbruchsraum mehr oder minder frei operierenden Feindkräfte zu sichern. Zu diesem Zweck wurden nach bewährtem Rezept wieder „Gruppen" gebildet, die aus Einheiten der Frontdivisionen bestanden und denen in der zu bildenden Stützpunktlinie südlich der Rollbahn Abschnitte zur Sicherung und zum Stellungsbau zugewiesen wurden.

Die 21. ID. erhielt in dieser Linie zwischen Einheiten der 11. und 291. ID. einen circa 3 km breiten Abschnitt südlich Pomeranje. Die Führung hier wurde dem Kommandeur des Pi. Btl. 21, Mjr. Oehlmann, übertragen. Die ihm ab den ersten Februartagen unterstehenden Kräfte, als „Gruppe Oehlmann" bezeichnet, umfaßten: einen vom Hptm. Hoffmann (Pi. Btl. 21) geführten „Stab Hoffmann", die 2./AA. 21, 1./Pi. Btl. 21, 1/3 der 2./PzJg. Abt. 21, 2./Pi. Btl. 505, 2./Bau-Btl. 127 und 1 Zug Nebelwerfer-Abt. 2. Bereits am 5. 2. mußten jedoch wesentliche Teile der Gruppe Oehlmann zur Abstützung des Nordrands der Durchbruchstelle am Wolchow herausgezogen werden, und dorthin wurde von der Division auch Obstlt. Arning (Kdr. IR. 24) mit seinem Regimentsstab und dem Rgt. Nachrichtenzug IR. 24 abgestellt.[20])

In der zweiten Februarhälfte verschärfte sich die Lage in der Einbruchsstelle südlich Tschudowo dramatisch. Der Feind war nun, nach Nordwesten vorstoßend, bis zu 75 km tief in die deutsche Front eingebrochen, in einer Richtung, in der er in dem wegearmen und tief verschneiten Gelände freilich auch nur auf geringen deutschen Widerstand gestoßen war. Demgegenüber hatte auch Marschall Woroschilow, als Vertreter des Hauptquartiers beim Stab der Wolchow-Front, die Wichtigkeit eines Stoßes auf Ljuban, also in Richtung Nord betont. Um dieser Forderung nachzukommen, war vom Kommando der Wolchowfront das XIII. Kavallerie-Korps unter GM. N. I. Gussew, bestehend aus zwei Kavalleriedivisionen (wohl 27. und 87. KD.) aus der Front-Reserve und einer Schützendivision der 59. Armee (327. SD.) gebildet und schließlich noch aus der Reserve der 4. Armee durch die bereits bekannte 80. KD. verstärkt worden.[21] Dieser Feindgruppe gelang es tatsächlich, sich bis zum 25. 2. bis hart westlich Ljuban vorzukämpfen.

In dieser Situation galt es, unter rücksichtsloser Entblößung der Wolchow-Front der bei Ljuban kämpfenden 254. ID. nicht nur die eigenen Verbände, sondern darüberhinaus den letzten verfügbaren Mann zuzuführen. Von der 21. Division wurden dieser Division außer der Gruppe Oehlmann auch noch die 1. und 2. Nachschubkolonne 21 und die 4./Bau-Btl. 124 unterstellt.[22] Damit gelang es zwar, die auf Ljuban vorgestoßenen Feindteile (Masse 327. SD., Teile 27. und 80. KD.) von ihren Verbindungen nach rückwärts abzuschneiden, doch ging es in der Folge noch darum, diese sich verbissen wehrende Feindgruppe auch zu vernichten (Skizze 22). Auch hierzu hatte die 21. ID. beizutragen, indem sie das Bataillon Oeynhausen zur 254. ID., allerdings nur für kurze Zeit, abstellte. Nichtsdestoweniger waren die Kämpfe hart. Die geradezu unmenschlichen, wenn nicht animalischen Zustände auf der Feindseite lassen sich unschwer aus dem Gefechtsbericht des im gleichen Abschnitt eingesetzten Bataillons des Hptm. Hoffmann (Pi. Btl. 21) ablesen.[23]

Das Gen. Kdo. I. AK., durch diese Kämpfe voll in Anspruch genommen, übertrug daher am 25. 2. abends die Führung der an der Ostfront des Korps eingesetzten Divisionen (291., 21. und 11. ID.) kurzfristig dem Glt. Herzog, faßte aber gleichzeitig den Entschluß, auch noch die 291. ID. herauszuziehen, um sie ebenfalls gegen die 2. Stoßarmee einzusetzen.

Das bedingte wiederum wesentliche Verschiebungen am Wolchow, indem die 21. ID. Anfang März schrittweise den halben Divisionsabschnitt der 291. ID. übernahm und dafür den bisherigen Abschnitt des IR. 24 zwischen Wolchow und der Bahnlinie Tschudowo, Wolchowstroj an die 11. ID. abgab. Es würde den Rahmen dieser Darstellung sprengen, wollte man das Ringelspiel der Umgruppierungen innerhalb der 21. Division im einzelnen schildern. Im Endergebnis stand die Division Anfang März auf circa 23 km Frontbreite in folgender Gliederung: im Brückenkopf lag nach wie vor das IR. 3, verstärkt durch das zurückgekehrte Bataillon Oeynhausen. Daran schloß nach Süden das IR. 45 an, und den rechten Flügel der Division bis etwa 3 km südlich der Tigoda-Mündung hielt das IR. 24.[24] Doch damit nicht genug, hatte die Division am 13./14. 3. noch eine Bataillonsbreite vom nunmehrigen rechten Nachbarn, der 61. ID., zu übernehmen, die von zwei Schwadronen der AA. 21, verstärkt durch eine estnische Sicherungskompanie und die 1./Bau-Btl. 127, unter Führung von Mjr. v. Glasow übernommen wurde.[25]

Dies alles war nur möglich, weil auch auf seiten des Gegners die Front am Wolchow weitgehend entblößt worden war. Teils zog er seine Verbände in den Einbruch südlich Tschudowo nach, teils jedoch nach Norden, wo seit der zweiten Februarhälfte die sowjetische 54. Armee (OB: GM. I. I. Fedjuninskij, Chef des Stabes: GM. L. S. Berezinskij) vor dem rechten Flügel des deutschen XXVIII. AK. (269. ID.) einen neuen Schwerpunkt bildete. In der zweiten Februarhälfte war die 54. Armee von der Stawka noch durch das IV. Gardeschützenkorps, bestehend aus einer Schützendivision, 4 Schützen- und einer Panzerbrigade, 3 Ski-Bataillonen und einer Abteilung Salvengeschütze, verstärkt worden.[26]) Seit dem 28. 2. versuchten diese Kräfte, die 269. ID. zu durchbrechen, um von Norden her auf Ljuban vorzustoßen und damit die Zange um das I. AK. zu schließen. Vor der 21. ID. und auch noch vor dem rechten Flügel der 11. ID., also westlich des Wolchow, stand nur noch die 44. SD. (vgl. Skizze 22)

Dies vermochte natürlich über den Ernst der Lage, in der sich die 21. und 11. ID. befanden, nicht hinwegzutäuschen. Das Gen. Kdo. I. AK. hatte daher, nachdem die 291. ID. aus der Front gezogen worden war, am 3. 3. aus der 11. und 21. ID. die Gruppe Sponheimer gebildet, die, nachdem Glt. Sponheimer am 6. 3. einen Heimaturlaub antrat und die Führung der Division an Obst. Chill (Kdr. IR. 45) übergeben hatte, in eine Gruppe Thomaschki (Kdr. 11. ID.) umgewandelt wurde.

Eine der ersten Maßnahmen dieser neuen Gruppe war der Befehl an die 21. ID., den Stab II./IR. 45 mit 5., 7. und Teilen 8. Kompanie am 15. 3. als Gruppenreserve nach Dubowik abzustellen.[27]) Eine vorausschauende Maßnahme, denn am 14. 3. war der sowjetischen 54. Armee endlich der Durchbruch bei der 269. ID. und der Durchstoß bis Konduja gelungen. Die 11. ID. und mit ihr das II./IR. 45 (ohne 6.) wurden daraufhin am 17. 3. dem XXVIII. AK. unterstellt, während die 21. ID. wieder unter den unmittelbaren Befehl des I. AK. trat.[28])

Beim I. AK., dessen Führung seit dem 4. 3. an Stelle des erkrankten GdI. von Both der GdK. Kleffel übernommen hatte, interessierte die Lage bei Pogostje naturgemäß weniger als die im Wolchow-Einbruch, den abzuschnüren in diesen Tagen zum ersten Mal gelungen war. Nur so ist wohl auch der Befehl des I. AK. an die 21. ID. zu verstehen, von dem noch am Wolchow eingesetzten IR. 24 das II. und III. Bataillon sowie die Regimentsstabskompanie nach Süden an die SS-Pol. Division und den dort eingeteilten Rgt. Stab Obstlt. Arning abzugeben. Als Ersatz dafür übernahm das eigentlich der 11. ID. gehörige Marschbataillon 11/2 den Abschnitt am Wolchow. Dieser Stellungswechsel wurde in der Nacht vom 18./19. 3. auch noch durchgeführt; dann aber überstürzten sich auch hier die Ereignisse.[29])

2. Die Kämpfe am Pogostje-Einbruch

Noch am 18. 3. war der Divisionsstab auf Grund der eingegangenen Orientierungen aus seinem bisherigen Quartier in Lipowik in das Waldlager des IR. 45 bei Miagry ausgewichen. Nur der Stab PzJg. Abt. 21 mit Teilen der Abteilung sowie Teile der NA. 21 und Trosse der AA. 21 befanden sich

Ungefähre Lage des I. AK. und vermutete Feindlage am 1.3.1942
(Unterlage: BA/MA, RH 26-21/42, ergänzt)

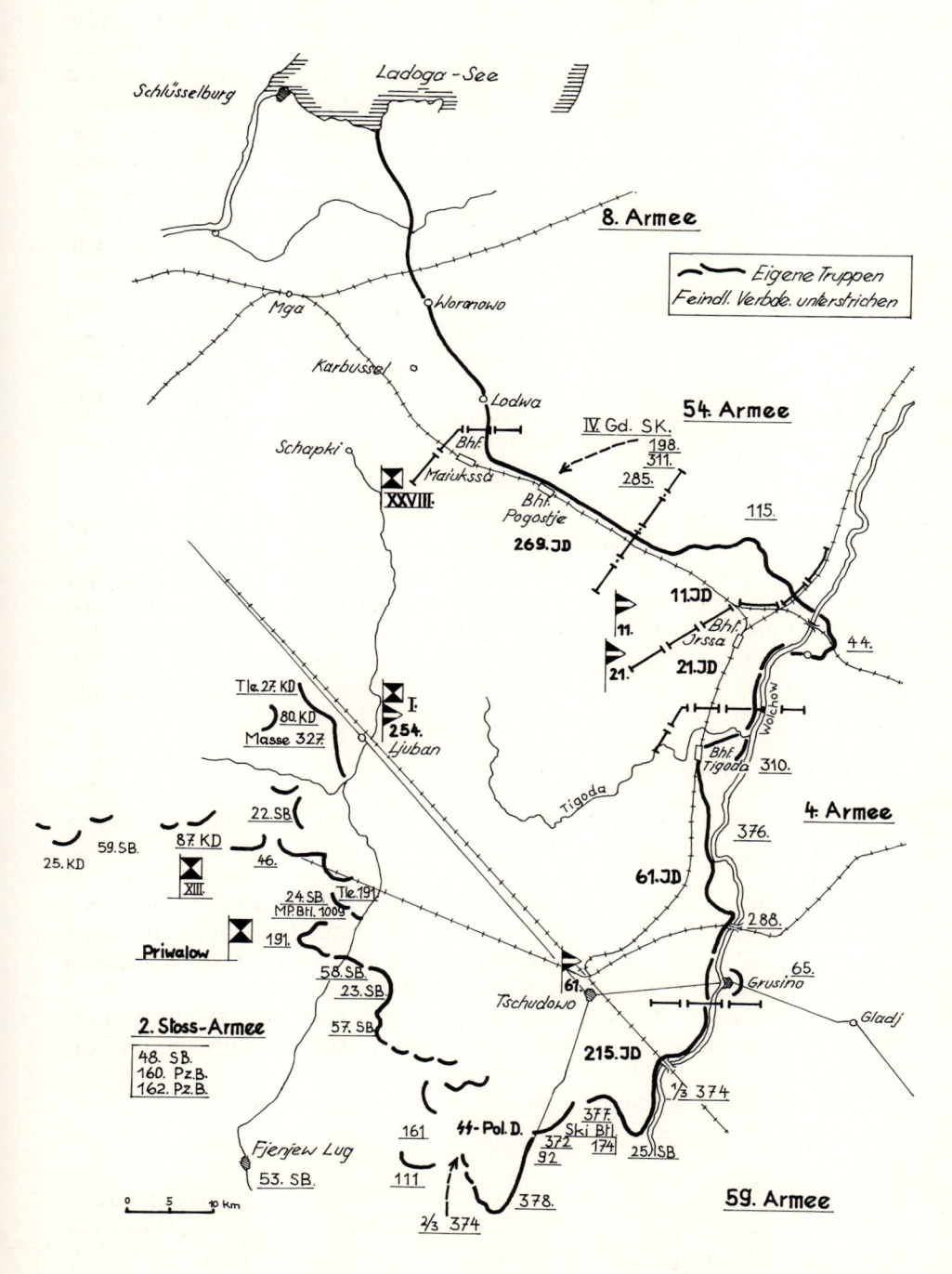

Skizze 22

noch im Dorf, als ausgestellte Posten am 19. 3. zwischen 2 und 3 Uhr morgens meldeten, daß im Wald nordwestlich des Dorfes Geräusche zu hören wären, als ob dort Holz gefällt würde. Auch sei Stimmengewirr zu vernehmen – und zwar russisches. Bald war klar, daß sich dort Feind ziemlich geräuschvoll bereitstellte.[30]) Wie später festgestellt wurde, handelte es sich um die vordersten Teile des sowjetischen 2. Ski-Regiments, das aus vier Bataillonen bestehend (vgl. Anlage 26), allem Anschein nach den Auftrag hatte, die rechte Flanke der ostwärts Konduja durchgebrochenen und mit Masse auf Ljuban vorstoßenden Feindkräfte (IV. Garde-Schützenkorps) nach Osten, also gegen die 11. und 21. Division hin zu decken. Dieses Regiment, das schon im Januar hinter den deutschen Linien eingesetzt gewesen war und daher den Operationsraum zweifellos gut kannte, zudem als eine Eliteeinheit aus jungen und gut ausgebildeten Sibiriern bestand, war angeblich schon seit zwei Tagen unterwegs und hatte, vor Lipowik angelangt, die Erlaubnis erhalten, sich in einem Waldlager etwas aufzuwärmen. Das war wahrscheinlich ein entscheidender Fehler gewesen, denn als nach Hellwerden die sowjetischen Ski-Läufer auf Lipowik vorgingen, war die inzwischen alarmierte Ortsverteidigung unter dem Kommandeur der PzJg. Abt. 21, Hauptmann Spreu, auf Posten und konnte den Angriff abweisen.[31]) Trotzdem blieb die Lage vor Lipowik für die 21. ID. ernst und erforderte rasche Gegenmaßnahmen.

Das bereits auf dem Weg zur SS-Pol. Division südlich Tschudowo befindliche II./IR. 24 wurde daher aus dem Marsch heraus abgedreht und erreichte am Vormittag des 19. 3. Lipowik. Durch sofortigen Angriff säuberte das Bataillon das Waldgelände nördlich und westlich des Dorfes und auch den Weg von Lipowik nach Molodi, der ebenfalls bereits feindbesetzt war. Mehr war vorderhand in diesem Abschnitt nicht zu erreichen. Auf jeden Fall aber mußte verhindert werden, daß der Gegner, ähnlich wie am 1. Januar, nur diesmal von Westen her, bis zum Nachschubweg Tur, Dratschewo vorstieß und sich hier womöglich festsetzte. Die Division bildete daher noch während des 19. 3. an der Kusinka eine Sicherungslinie mit der Front nach Westen, in die auch das Waldlager des IR. 45 mit dem Divisionsstab und im Süden das Dorf Beresowik eingeschlossen waren. Nach Norden, bei Dratschewo, bestand Anschluß an die 11. ID.

Die Linie an der Kusinka bis zum Nordrand von Beresowik besetzte ein unter Hauptmann Koenenkamp zusammengestelltes Bataillon, bestehend aus der 1. und 3./IR. 45, die vom Wolchow abgezogen worden waren, und einer vom AR. 21 formierten Kanonierkompanie unter Lt. Schirmann (II./AR. 21). Den Abschnitt Beresowik und südlich davon sicherte Mjr. Voss mit der ebenfalls zurückgeholten Stabskompanie IR. 24. Außerdem wurden auf dem Weg von Miagry nach Dubowik und von Beresowik nach Lipowik Stützpunkte eingerichtet.

Das AR. 21 schwenkte bei einzelnen Batterien in deren bisherigen Feuerstellungen die Rohre um 180° und zog dann vorerst zwei Batterien (4. und 9.) in den Raum von Lipowik und Dubowik. Diese artilleristischen Kräfte wurden in der nächsten Zeit noch etwas verstärkt und zu einer Artilleriegruppe unter Mjr. Rips (Kdr. III./AR. 21) zusammengefaßt (vgl. Anlage 27). Das war, wie sich bald herausstellte, ziemlich unzureichend, hatte aber seine Begründung darin, daß bei der durch Abgaben außerordentlich dünn gewordenen infanteristischen Abwehrkraft an der Wolchow-Front wenigstens die maximale artilleristische Unterstützung dieser Minimal-Besetzung sichergestellt bleiben mußte. Erst als die Lage an der Westfront der Division immer schwieriger wurde, führte das Korps dem AR. 21 am 12. 4. die 11./AR. 291 (sFH) für den Einsatz gegen Westen zu.

Bis dahin aber war es allerdings noch lange. Noch hoffte man beim Korps wie bei der Armee, den sowjetischen Einbruch, dessen Breite zwischen Dubowik und Senino etwa 8 km betrug, durch schnelles Handeln abschnüren zu können. Dazu unterstellte das Korps der Division das IR. 176 der 61. ID. unter Oberst Sattler, der bis August 1939 dem IR. 24 angehört hatte. Infolge Schneeverwehungen verzögerte sich jedoch das Eintreffen des Regiments derart, daß am 20. 3. zunächst nur das I. Bataillon in Lipowik eintraf.

Inzwischen aber war es dem Gegner bereits gelungen, im Abschnitt der 11. ID. Dubowik einzunehmen, womit nicht nur der geplante Aufbau einer Verteidigungslinie an der Tschagoda gefährdet, sondern auch ein Angriff in Richtung Senino problematisch wurde.

Die Division setzte daher das I./IR. 176 sofort zum Angriff auf Dubowik an, das am Vormittag des 20. 3. gegen geringen Widerstand genommen werden konnte. Im Laufe des Tages trafen dann auch noch der Rgt. Stab und das II./IR. 176 ein. Das Regiment erhielt den Auftrag, am Ostufer der Tschagoda, gestützt auf die Dörfer Dubowik und Lipowik, eine Abwehrfront einzurichten. Die Stützpunkte am Weg von Miagry nach Dubowik wurden in den nächsten Tagen durch die Gruppe Koenenkamp verstärkt und vermehrt.

Inzwischen drängte jedoch die Zeit. Noch hielten sich Kräfte der bei Konduja – Schala durchbrochenen 269. ID. (III./IR. 374) in Senino und sperrten damit den Hauptweg nach Ljuban. Da das III./IR.176 noch immer nicht eingetroffen war, erhielt das Regiment den Befehl, mit unterstellten II./IR. 24 und der II./PzRgt. 203 (drei Panzer III und ein Panzer IV !), auf Senino durchzustoßen und damit die Verbindung mit den am Westrand des Einbruchs stehenden eigenen Kräften aufzunehmen. Der Ansatz dieses Vorstoßes erfolgte in der durch die Verhältnisse diktierten Weise: vorneweg die Panzer, von denen einer den Weg im knietiefen Schnee „bahnte", dann das II./IR. 24, darauf folgend 6 Schützenkompanien IR. 176 und schließlich der Regimentsstab IR. 176.

Vorerst ging es ohne Feindberührung, soweit es der Schnee zuließ, gut vorwärts, wobei hinter der Angriffsspitze entlang des Vormarschweges Stützpunkte eingerichtet wurden. Auf halbem Weg wurde dann gehalten und zwei Kompanien IR. 176 (2. und 6.) übernahmen die Spitze. Bald danach stieß diese aber auf Feind. Dem dort befindlichen Führer der 9./AR. 21, die den Angriff artilleristisch unterstützen sollte, bot sich folgendes charakteristische Bild: „Feind zu beiden Seiten im Walde, Sicht 20 – 30 m. Die beiden Panzer an der Spitze feuerten nach beiden Seiten. Es ging nur noch im Schneckentempo vorwärts bei immer stärkerem Feindfeuer . . . Die beiden VB. Funker . . . hatten ihre schweren Geräte brav geschleppt, bauten sie auf und hatten Verbindung. Feuerkommando! Aber der Batterie-Offizier

(Lt. Heinrich) bedauerte, kein Feuerkommando ausführen zu können, da die Feuerstellung ostwärts Dubowik von Norden angegriffen wurde und im direkten Richten feuerte!"[32] Dennoch drangen die beiden Spitzenkompanien des IR. 176 mit einem Zug des II./IR. 24 bis zum Waldrand ostwärts Senino vor und wurden gerade noch Zeuge, wie der Russe mit Panzerunterstützung und unter hörbarem „Urräh" das Dorf stürmte. Man war zu spät gekommen! Zudem war auch nach rückwärts die Verbindung abgerissen, da der Russe es verstanden hatte, sich zwischen die vordersten Teile und das nachfolgende II./IR. 24 sowie die 5. und 11./IR. 176 einzuschieben und diese aufzuhalten. Ungeachtet dessen griffen die beiden Spitzenkompanien mit zwei Panzern und unter letztem Munitionseinsatz an, eroberten Senino, wenn auch unter hohen Verlusten, zurück und richteten sich dort zur Rundumverteidigung ein. Nachdem am Morgen des 22. 3. der letzte Infanterieoffizier in Senino ausgefallen war, übernahm der Batterieführer der 9./AR. 21, Lt. Tzschirner, den Befehl und verteidigte Senino bis zum Abend gegen wiederholte Angriffe wohl der 3. Garde-Schützendivision. Unerwarteterweise wurde er hierbei von der noch westlich Senino stehenden 11./AR. 269 unterstützt, die mit ihren sFH im direkten Richten die angreifenden Russen bekämpfte. Doch dann ging die Munition zu Ende. Zudem lagen in Senino an die 50 Schwerverwundete, die es zu bergen galt. So schlug sich Lt. Tzschirner mit dem Rest seiner „Truppe", etwa 150 Mann, nach Westen durch und erreichte die deutschen Linien am Westrand des Pogostje-Einbruchs. Die befohlene Verbindungaufnahme war damit zwar hergestellt worden, war aber nicht aufrecht zu erhalten gewesen.[33]

An der „West-Front" der Division war die Lage inzwischen wie folgt: Das II./IR. 24 hatte sich etwa 4 km ostwärts Senino eingeigelt. Der Weg zurück nach Dubowik war durch eine Anzahl Stützpunkte gesichert, die nach Buchstaben bezeichnet waren (Skizze 23). Das hatte jedoch den Gegner, wie erwähnt, nicht gehindert, Dubowik selbst von Norden anzugreifen und zwar nicht mehr mit nur vorgeworfenen Ski-Truppen, sondern mit Teilen der 285. SD. (SR. 1013). Der Angriff wurde zwar vom I./IR. 176 unter Mitwirkung der im direkten Richten feuernden 9./AR. 21 abgewiesen, doch gelang es dem Feind, in die Protzenstellung der Batterie einzudringen, die erst gegen Abend wiedergenommen werden konnte. Dies veranlaßte die Division, die Besatzung von Dubowik zu verstärken und den Ort durch einen Kranz von Stützpunkten zu sichern. Die Gruppe Koenenkamp (verst. 1. und 3./IR. 45, Teile 13. und 14./IR. 45) behielt die Sicherung des Weges von Miagry nach Dubowik, während die Sperrlinie an der Kusinka unter den Befehl von Hptm. Spreu trat.

Dafür mußte die ursprünglich gehegte Absicht der Division, noch einmal nach Senino vorzustoßen, endgültig aufgegeben werden, zumal der Feind in den nächsten Tagen seinerseits mehrere Angriffe gegen die Stützpunktlinie auf dem Weg dorthin führte, wohl in der Absicht, die durchschnittenen Verbindungen zu seinen im Raum westlich Lipowik stehenden Teilen des Ski-Regiments 2 wiederherzustellen. Hierbei konzentrierte er seine Angriffe vor allem auf die Stützpunkte „p" und „q", die offensichtlich den Nachschubweg in diesen Raum sperrten. Dabei traten auch zum ersten Mal vor der „West-Front" der Division schwere feindliche Panzer auf.

Lage vor der Westfront der 21. ID. am 23.3.1942

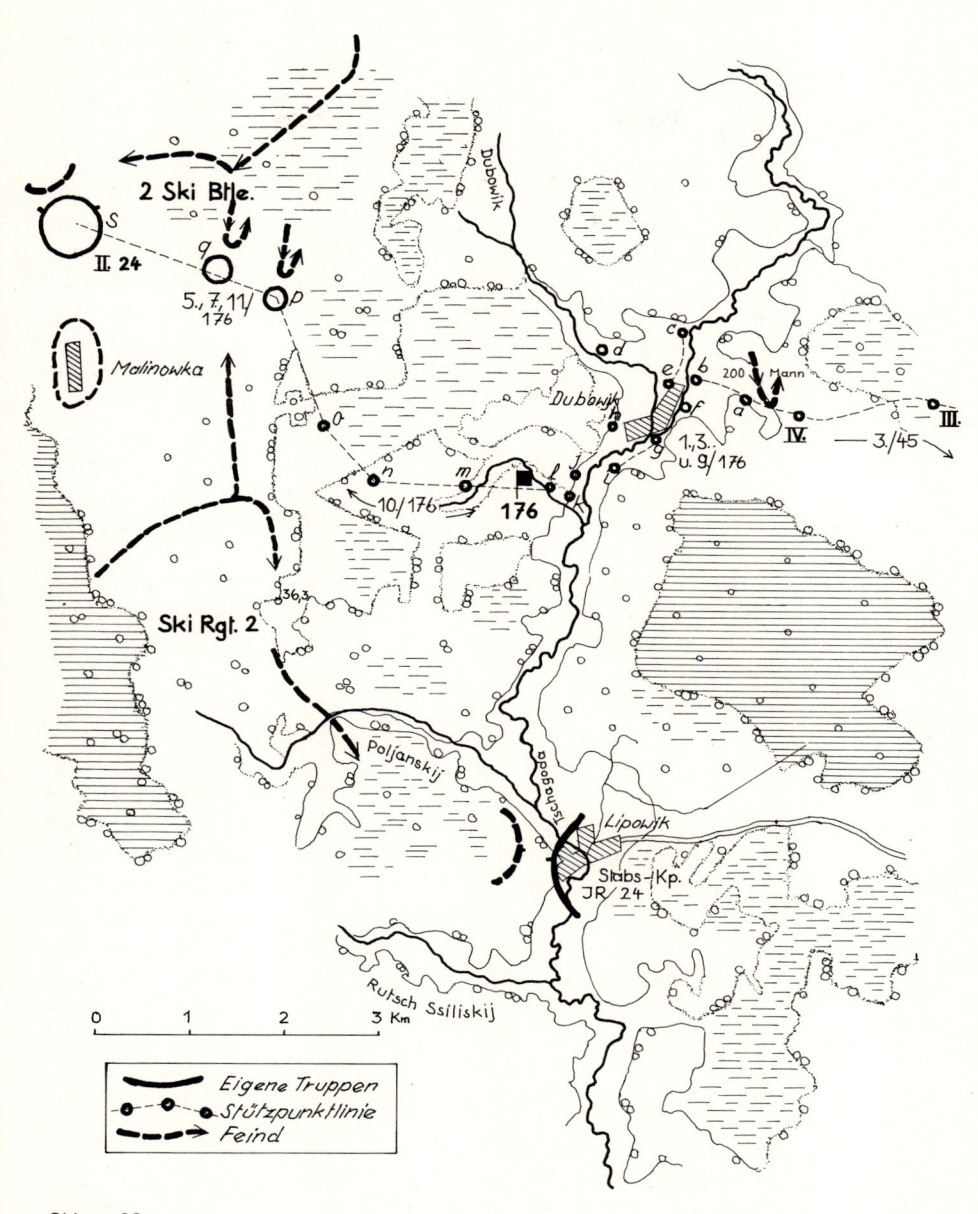

Skizze 23

Am 26. 3. war es soweit: die Stützpunkte „p" und „q" mußten aufgegeben werden. Das bedeutete aber auch die Räumung aller weiter westlich auf dem Weg nach Senino liegenden Stützpunkte. Deren Besatzung wurde auf den Stützpunkt „o" zurückgenommen, der nun, verstärkt und gegen Umgehungsversuche gesichert, gegen weitere Angriffe gehalten werden konnte

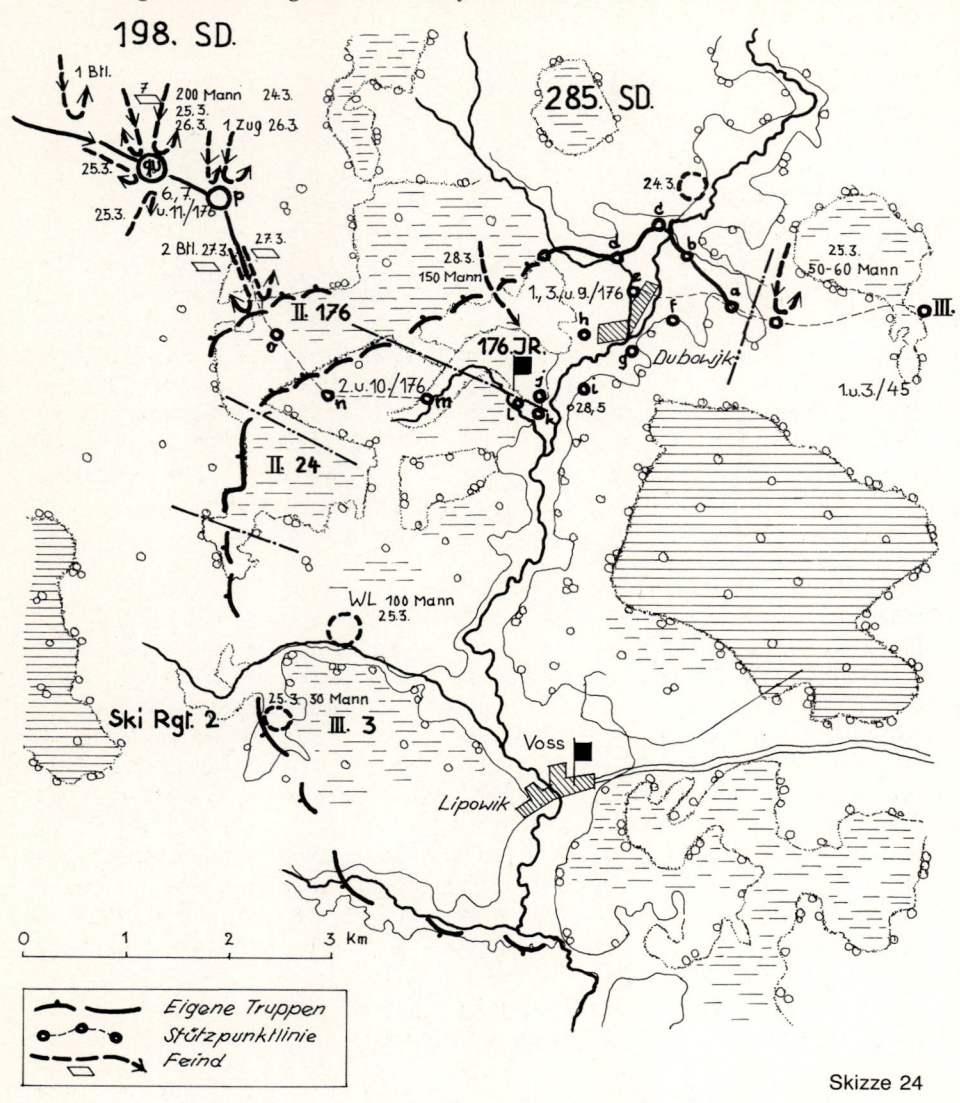

Lageentwicklung vor der Westfront der 21. ID. vom 25.–28.3.1942

Skizze 24

(Skizze 24). Dazu trug auch bei, daß der Division die 6./PzRgt. 29 (6 Panzer IV und 7 Panzer III) zugeführt wurde. Diesen sowie vorgezogenen Geschützen der 9./AR. 21 gelang es, vier Feindpanzer zu vernichten. Nicht verhindert werden konnte jedoch, daß der Feind sich an der Waldnase 1 km westlich Dubowik festsetzte und erst nach mehreren Tagen, nachdem auch dort ein Feindpanzer in Brand geschossen worden war, vertrieben werden konnte.

Die operative Lage hatte sich in diesen Tagen freilich nicht zugunsten der Sowjets entwickelt. Die 2. Stoßarmee, deren Führung am 21.3. der bisherige stellvertretende Oberbefehlshaber der Wolchow-Front, Glt. Wlassow, übernommen hatte, war bis auf einen schmalen Durchlaß so gut wie eingekesselt. An einen Durchbruch nach Ljuban war nicht mehr zu denken. Aber auch der Durchbruchsversuch der 54. Armee, westlich des Tigoda-Moors, auf diese Stadt, hatte sich an einer aus zusammengewürfelten Verbänden, darunter auch die Masse der Kolonnen des Divisions-Nachschub-Fü. 21, aufgebauten Abwehrfront festgelaufen. Das alles dürfte die 54. Armee bewogen haben, nun einen Durchbruch ostwärts des Tigoda-Moors zu versuchen. Dabei war für sie der Besitz des Raumes Dubowik – Lipowik von erhöhter Bedeutung, da einerseits von hier aus eine Flankenbedrohung aus ostwärtiger Richtung ausgeschaltet werden konnte und zum anderen der Weg Dubowik, Lipowik als Nachschubweg für die Armee an Wichtigkeit gewann. Eine solche Änderung der Absichten bedingte freilich die Zuführung neuer Kräfte, und zu diesen gehörte zweifellos auch der Gegner, der die Zurücknahme der Stützpunktlinie erzwungen hatte und nun auf dem Weg von Senino nach Dubowik immer stärker nachdrängte. Es war dies die 198. SD., die damit rechts von der 285. SD. eingeschoben worden war. Beide Schützendivisionen dürften in der Folge von je einer Panzerbrigade (16. PzBrg. bei 285. SD., 122. PzBrig. bei 198. SD.) unterstützt worden sein, die hauptsächlich mit T 34 und KW I ausgerüstet waren.

Es stand nun zu befürchten, daß der Gegner aus dieser Gruppierung heraus, nach Westen ausholend, das weiter südlich stehende Ski-Regiment Nr. 2 verstärken und von dort aus Lipowik angreifen würde. Die 21. Division verstärkte daher die dort stehenden Kräfte, gruppierte sich neu und bildete nun eine durchlaufende HKL. Das IR. 176 behielt weiterhin die Aufgabe der Abwehr nach Norden und Westen mit Schwerpunkt Dubowik und am Weg nach Senino. Südlich anschließend wurde aus dem zurückgenommenen II./IR. 24 und dem aus dem Brückenkopf herausgelösten und dort durch das abgekämpfte I./IR. 333 (225. ID.) ersetzten III./IR. 3, sowie aus weiteren aus der Wolchow-Front herausgenommenen Teilen des IR. 24 das Regiment Voss gebildet. Dieses Regiment besetzte eine Stützpunktlinie im Anschluß an das IR. 176, die sich bis zur Mündung des Silisskij-Baches in die Tschagoda erstreckte. Am 28. 3. wurde das Regiment Voss noch durch das I./IR.45 (ohne eine Kp.) verstärkt. Dieses Bataillon, bisher am Wege Miagry, Dubowik eingesetzt, wurde dort durch das inzwischen von der 11. ID. zurückgegebene II./IR. 45 abgelöst.

Noch einmal versuchte das I. AK., den sowjetischen Einbruch durch einen Vorstoß auf Senino abzuschnüren. Das Schwergewicht lag diesmal allerdings nicht bei der 21. Division, sondern bei der neu aus Frankreich zugeführten 5. Gebirgsdivision, die von Süden her den Gegner aus den Orten Korodynja, Milajewka und Didwino zurückwerfen und auf Senino vorstoßen sollte. Die 21. ID. sollte hierbei, wiederum durch Angriff entlang des Weges Dubowik, Senino, die Verbindung zum rechten Flügel der Gebirgsdivision herstellen.[34])

Das Angriffsunternehmen, am Ostersonntag angesetzt, schlug jedoch fehl. Die Gebirgsdivision, an sich voll aufgefüllt und gut ausgerüstet, aber mit der Kampfweise in diesem schwierigen Gelände noch unvertraut, gelangte über die Ausgangsstellung kaum hinaus. Die 21. ID. kam erst gar nicht dazu, zum Angriff anzutreten. Nach kleineren Vorstößen am 29. 3. und in der

Nacht zum 30. 3., die auch von starken nächtlichen Bombenangriffen auf Lipowik und den Weg nach Dubowik begleitet waren und dem III./IR. 3 erhebliche Verluste beibrachten, griff der Gegner am 30. 3. auf der gesamten Front an, wobei er insbesonders am rechten Flügel des Regiments Voss einbrach, das sich gerade zum Angriff bereit gestellt hatte. Binnen kurzem waren das II./IR. 24 und I./IR. 45 eingeschlossen und von allen Seiten unter hohen Verlusten bedrängt. Beide Bataillonskommandeure wurden verwundet (Skizze 25).

Wie schon bei früheren Gefechten in dieser Waldzone erwies sich hier erneut die absolute Überlegenheit der sowjetischen Panzer, die dank ihrer breiten Ketten und dem dadurch bedingten geringen Bodendruck sich auch bei hohem Schnee in einem Gelände bewegen konnten, das für deutsche Panzer nahezu unpassierbar war. Die starke Panzerung der T 34 und KW I machte sie außerdem für die herkömmlichen Panzerabwehrwaffen fast unverwundbar. Zwar wurde gerade in diesen Tagen und Wochen die Truppe mit den ersten Hafthohlladungen, die Pak mit den recht unhandlichen Stielgranaten und die Artillerie mit der sogenannten Rot-Munition, also den HL-Granaten, ausgestattet. Auch hatte inzwischen die Erfahrung ergeben, daß die sowjetischen Panzer eher empfindlich gegen den Beschuß mit Nebelmunition waren. Aber alle diese Mittel waren nicht überall sofort vorhanden und bedurften vielfach auch eines etwas freieren Geländes für ihren Einsatz. Dazu kam, daß die Truppe durch die hohen Verluste, ferner durch die klimatischen Verhältnisse und die wechselvollen Kämpfe bis zum äußersten erschöpft war. Eine Ablösung der Truppe war aber infolge der breiten Abschnittsstreifen so gut wie unmöglich. Erfolgte eine solche dennoch, dann nur, um die abgelöste Truppe sofort an anderer Stelle zur Bereinigung einer Krise einzusetzen. Genau das war auch jetzt der Fall. Das Regiment Voss setzte am 31. 3. das II./IR. 3 mit der Masse der unterstellten Panzer zum Gegenangriff an, vernichtete drei eingebrochene Feindpanzer und schloß die HKL., von Bomben- und Schlachtfliegern unterstützt, ja schob diese sogar um rund 800 m nach Nordwesten vor.

Doch da trat bereits die nächste Krise ein. Konnten noch am 30. 3. Angriffe der 285. SD. auf und beiderseits Dubowik abgewehrt werden, so brach der Gegner am Nachmittag des 31. 3. westlich Dubowik, im Zentrum des IR. 176, ein und stieß bis knapp vor den Gefechtsstand des Regiments durch. Daraufhin wurde das I./IR. 45 aus der eben gewonnenen Front wieder herausgelöst und mit den vorhandenen Panzern in der Nacht zum 1. 4. dem IR. 176 zugeführt. Am Morgen griff das Regiment den eingebrochenen Gegner an, vernichtete zwei Panzer und stellte die HKL. wieder her. Damit schien, wenn auch mit knapper Not, die Angriffskraft des Feindes fürs erste gebrochen. Dafür aber war nun die Südwestflanke der Division im Abschnitt Lipowik praktisch offen und dort in den Wäldern stand noch immer das allerdings wenig effektive feindliche Ski-Regiment.

Um diesen möglichen Krisenherd zu beseitigen, griff in den folgenden Tagen das Regiment Voss von Lipowik aus mit einem, ihm von der 11. ID. zugeführten „Bataillon Hoffmann" (180 Mann, fast ohne schwere Waffen) und einer Ski-Kompanie des estnischen Sicherungsbataillons 181 aufgeklärte Waldlager des Ski-Regiments 2 an und besetzte sie. Nach Norden eindre-

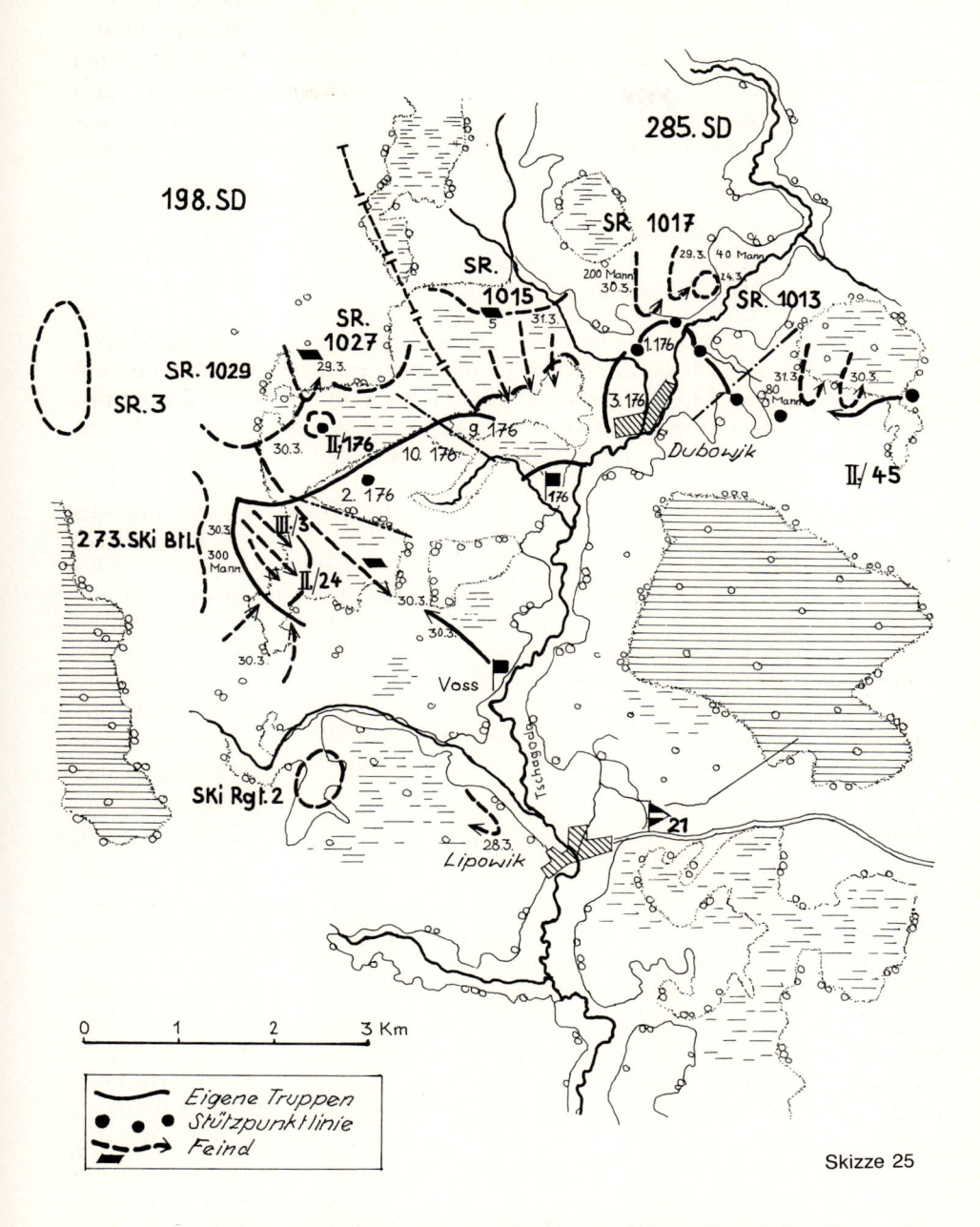

Lageentwicklung vor der Westfront der 21. ID. vom 29.–31.3.1942

Skizze 25

hend erreichte das Regiment am 9. 4. mit seinem linken Flügel den Ostrand des Tigoda-Moors. In der neuen Linie ging das II./IR. 24 in Stellung, während das Batl. Hoffmann wieder zur 11. ID. in Marsch gesetzt wurde. Damit hatte die Division zwar die ihr vorgeschriebene linke Divisionsgrenze erreicht, aber zur 5. Geb. Div. klaffte noch immer eine breite Lücke, was umso bedenklicher war, als trotz der nun langsam einsetzenden Tauperiode das Tigoda-Moor keineswegs als unbetretbar angesehen werden konnte. Das zeigte sich auch sehr bald, als der Gegner am 10. 4. die neue Stellung des Regiments Voss nicht nur frontal, sondern auch über das Tigoda-Moor ausholend von Westen her angriff. Am 11. 4. gelang ihm ein zunächst nur kleiner Einbruch, aus dem heraus er aber dann mit Panzern die HKL. nach Osten und Westen aufrollte. In Widerstandsnester aufgelöst, kämpfte die in der Front eingesetzte Truppe, ohne Verbindung untereinander, jedoch weiter. Dennoch war klar, daß die bisherige Linie ohne sofortige Verstärkung nicht gehalten werden konnte. Da aber eine solche nicht zur Verfügung stand, befahl die Division die Zurücknahme der zusammengeschmolzenen Kompanien auf eine HKL. in einer vom Höhenpunkt 36,3 nach Süden bis zum Poljanskij-Bach verlaufenden Linie.

So unglaublich es klingen mag: den eingeschlossenen Gruppen gelang nicht nur, sich auf diese neue Linie durchzuschlagen, sondern sie brachten auch noch Gefangene und Beute mit. Trotzdem war Hilfe dringend notwendig, falls − was sicher anzunehmen war − der Gegner nachdrängte. Zudem befand sich auch eine kleine Feindgruppe im Rücken des III./IR. 3 (Skizze 26).

Als Sofortmaßnahme löste die Division aus der ohnehin nur noch hauchdünn besetzten Front am Wolchow die verstärkte 3./IR. 24 und mehrere Pak, IG und Granatwerfer heraus und forderte auch beim Korps dringend Verstärkung an. Glücklicherweise ließ die Lage am Kessel um die sowjetische 2. Stoßarmee zu, daß von dort her zur Not Kräfte abgezogen werden konnten. Das Korps stellte daher das I./IR. 390 (215. ID.) zur Verfügung. Dieses Bataillon kam gerade so rechtzeitig in Lipowik an, daß es, aus dem Marsch heraus angreifend, einen am Abend des 11. 4. bereits laufenden Umfassungsangriff um den Südflügel des Regiments Voss zerschlagen und das Gelände um den Höhenpunkt 36,3 wieder gewinnen konnte.

Zur gleichen Zeit hatte aber auch im Norden, bei Dubowik, die 285. SD. angegriffen. Ihre Versuche, sich im Laufe des 9. 4. auf dem Weg Miagry, Dubowik festzusetzen, waren zwar mißlungen, jedoch am folgenden Tag, als sich die Krise beim Regiment Voss bereits abzeichnete, überrannten 9 feindliche Panzer die schwachen Stellungen vor Dubowik, die feindliche Infanterie drang nach, und in Dubowik kam es zu einem für beide Seiten sehr verlustreichen Ortskampf. Am Abend war das Dorf zwar wieder in deutscher Hand, aber am nächsten Tag, dem 11. 4., brach der Feind mit Panzerunterstützung erneut in den Ort ein, und am Abend mußte das schwer angeschlagene I./IR. 176 das Dorf dem Gegner überlassen. Keine Frage, daß der Feind zu einem Zangenangriff gegen die Division angesetzt hatte.

Während, wie schon berichtet, die Krise beim Regiment Voss bereits am 11. 4. einigermaßen unter Kontrolle gebracht werden konnte, dauerten die Kämpfe um Dubowik weiter an. In der Nacht vom 11./12. 4. nahm das I./IR. 176 zwar den Ort wieder in Besitz, mußte ihn jedoch am folgenden Tag erneut räumen. Erst gegen Abend gelang es dann, jedoch mit Unterstützung einer von Osten angreifenden Kompanie des IR. 45 und im Zusammenwirken mit Stukas, das Dorf wieder in Besitz zu nehmen. Damit war aber auch das I./IR. 176 am Ende angelangt. Das Bataillon, das sich so tapfer geschlagen hatte, wurde aufgelöst und auf die beiden anderen Ba-

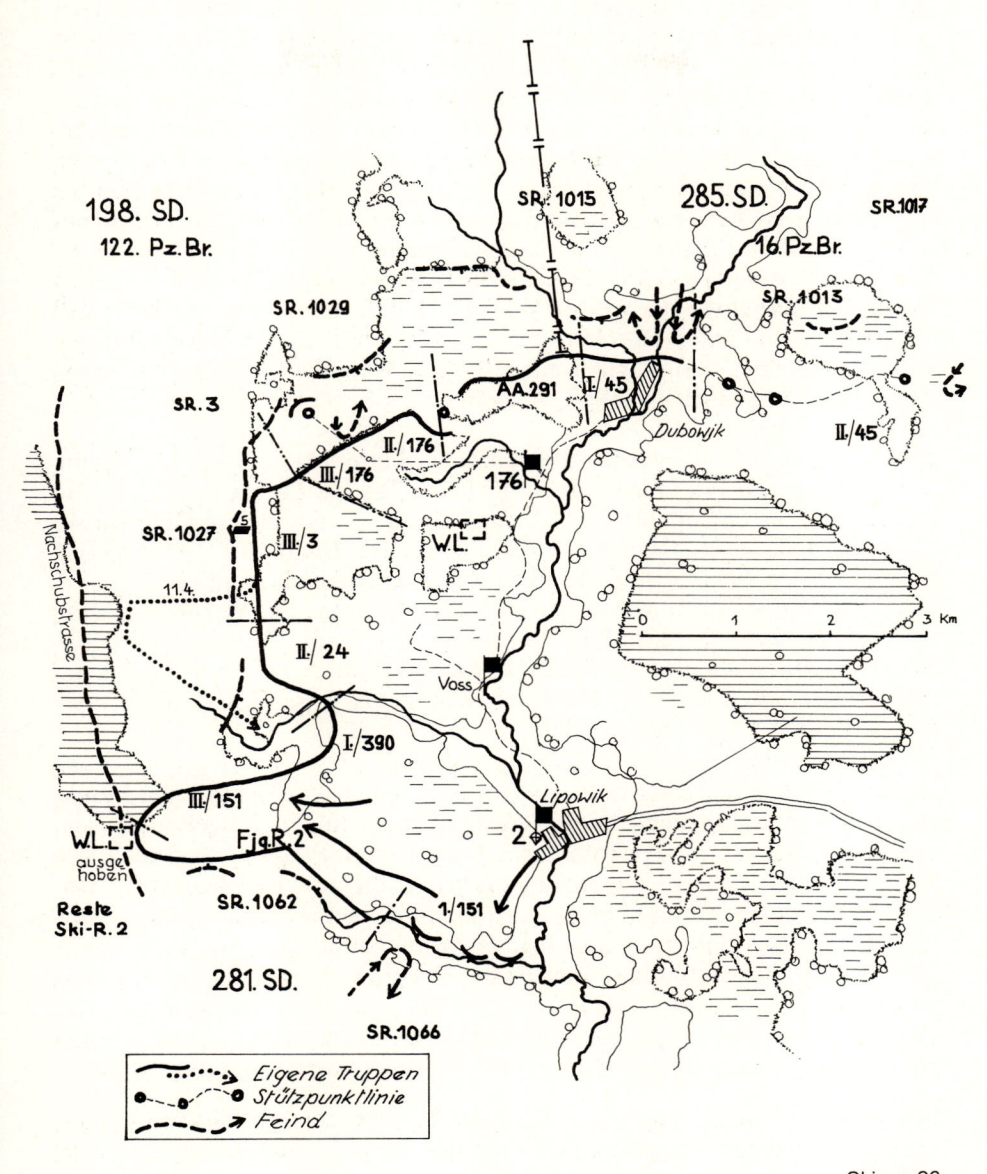

Lage an der Westfront der 21. Division am 15.4.1942

Skizze 26

taillone aufgeteilt. Das westlich Lipowik eingesetzte I./IR. 45 verschob sich daraufhin nach Osten und besetzte das Dorf, beziehungsweise dessen Reste. Den Abschnitt des I./IR. 45 übernahm die in der Nacht vom 12./13. 4. vom Korps, ebenfalls vom Wolchow-Kessel herangeführte AA. 291 (291. ID.) in der Gefechtsstärke von 204 Mann.[35]) Weitere Angriffe auf Dubowik während des 13. und 14. 4. konnten abgewehrt werden.

Damit war die Lage freilich noch lange nicht stabilisiert. Im Gegenteil! Die Einsicht, daß der 2. Stoßarmee direkt nicht mehr zu helfen sei, mag die Führung der 54. Armee veranlaßt haben, ihre Stoßrichtung zu ändern, d. h. mit anderen Worten: nicht mehr nach Süden, sondern nach Osten anzugreifen, um, wenn schon nicht das I. AK., so doch die 11. und 21. Division einzukesseln. Tatsächlich führte der Gegner, während die Angriffe gegen das Regiment Voss und Dubowik noch liefen, bereits eine weitere Division, nämlich die 281. SD., durch das Tigoda-Moor heran, um sie von Südwesten her, gegen Lipowik anzusetzen. Eingebrachte Gefangene wie auch eigene Spähtrupps bestätigten am 13. 4., daß dieser neue Feind mit Anfängen bereits 2 km südlich von Lipowik stand. Besaß der Gegner diesen Ort, dann war die Westgruppe der 21. ID. so gut wie eingeschlossen und einem feindlichen Durchbruch bis zum Unterlauf der Tigoda und damit zu dem dort befindlichen sowjetischen Wolchow-Brückenkopf stand dann nicht mehr viel im Wege.

Sei es, um diese Flankenbedrohung auszuschalten, sei es, um die Verbindung zum linken Nachbarn nun südlich des Tigoda-Moors endlich herzustellen — wahrscheinlich aus letzterem Grunde — wurde der Division am 14. 4. das Fallschirm-Jäger-Regiment 2 (ohne III. Bataillon) nach Lipowik zugeführt. Am Nachmittag trat dieser kampfkräftige Verband von Lipowik aus zum Angriff nach Westen an mit dem Auftrag, die Verbindung zum rechten Nachbarn herzustellen. Dem Regiment waren fünf Panzer unterstellt. Gegen zähen Feindwiderstand war tatsächlich bis zum Abend der Anschluß an den linken Flügel des Regiments Voss (I./IR. 390), etwa 500 m südlich Punkt 38,2 erreicht.

Der linke Flügel der Fallschirmjäger war hingegen zur Deckung der Flanke weit nach Osten zurückgebogen. Gegen diesen linken Flügel führte der Gegner mit relativ starker Infanterie, jedoch ohne Panzer, von Süden und Südwesten her mehrere vergebliche Angriffe, die zum Teil bereits im vorzüglich liegenden Artilleriefeuer zusammenbrachen. Damit war zum zweiten Mal der Anschluß an das Tigoda-Moor gelungen, ohne daß jedoch auch diesmal die Verbindung zum linken Nachbarn hergestellt hätte werden können (vgl. Skizze 26). Noch in der Nacht zum 16. 4. mußte das I. Btl. FJgRgt. 2 zur Verfügung des OKH herausgelöst werden und gerade am 16. 4. ergaben sich für die Regimenter 176 und Voss schwierige Lagen.

Nachdem feindliche Angriffe beiderseits Dubowik hatten abgewehrt werden können, erzielte der Feind westlich des Ortes sowohl bei der an Stelle der AA. 291 eingeschobenen AA. 122 wie beim II./IR. 176 Einbrüche mit Panzern und Infanterie, wobei die Panzer die Front des II./IR. 176 aufrollten und den Einbruch auf 800 m erweitern konnten. Ein Durchbruch wurde zwar verhindert, der Einbruch konnte jedoch erst am 17. 4. nach Zuführung von zwei Kompanien IR. 3 von der Wolchow-Front und durch die der Division wieder unterstellte 6./PzRgt. 29 geschlossen und dann gegen erneute Angriffe gehalten werden.

Beim Regiment Voss versuchte der Gegner an diesem Tag, die seit einer Woche im Rücken des III./IR. 3 stehende Feindgruppe zu entsetzen. Während des ganzen Tages sickerten russische Kräfte durch die nur dünn und lückenhaft besetzte HKL. des Regiments. Am Abend griffen dann die hinter dem III./IR. 3 befindlichen Feindteile das Bataillon von rückwärts an, während es gleichzeitig auch von Westen her angegriffen wurde. In einem ungemein harten Waldgefecht führte das III./IR. 3, von einigen Panzern unterstützt, den Kampf nach zwei Seiten, der schließlich mit der weitgehenden Vernichtung der hinter der Front stehenden Feindgruppe endete.

Um die immer wieder erstrebte Verbindung nach links herzustellen, setzte das I. AK. am 18. 4. das II./IR. 390 (215.ID.), nunmehr von Westen her, längs des Weges von Molodi nach Lipowik an, wohl in der Absicht, die in diesem Raume stehende 281. SD. im Rücken zu fassen. Der Plan gelang: am Nachmittag dieses Tages vereinigte sich das Bataillon am Ostufer des Perestersha-Baches mit Teilen des FJg. Rgt. 2. Danach drehte das II./IR. 390, das dem Fallschirmjägerregiment unterstellt wurde, nach Norden ein und erreichte den Südzipfel des Tigoda-Moors beiderseits der Mündung des Perestersha-Baches. Die 281. SD. schied als kampfkräftiger Gegner zunächst aus.

Damit war der Pogostje-Einbruch zum ersten Mal, wenn auch nur durch Stützpunkte, an seiner Südfront abgeriegelt und feindliche Bewegungen nach Süden damit zumindest unter Beobachtung gestellt. Diese Richtung war allerdings für die sowjetische Führung jetzt nicht mehr besonders interessant, zumal endlich Tauwetter eingetreten war, wodurch das Gelände im Bereich des Tigoda-Moors weitgehend überschwemmt wurde.

Allerdings machte sich die nun beginnende Schlammperiode auch in anderer Hinsicht bemerkbar. Die Nachschub- und Verbindungswege wurden grundlos und stellten hinsichtlich der Versorgung der Truppe und ihrer Verschiebung ungeahnte Probleme. Fuhrwerke, bei denen die Pferde bis zum Bauch, die Fahrzeuge über die Achsen im Schlamm versanken, gehörten nunmehr zu den täglichen Bildern. Die Bäche führten über Nacht Hochwasser und traten aus den Ufern. Der Grundwasserspiegel stieg rasant und setzte Stellungen und Unterstände unter Wasser. Nach Schnee und Kälte hatte die Truppe nun auch noch mit der alles durchdringenden Nässe zu kämpfen. Dennoch sollte diese neue, schwere Belastung sich schließlich positiv für den geradezu übermenschlich harten Kampf der Division auswirken. Denn auch der Gegner wußte, daß der überall aufbrechende Sumpf ihm nicht mehr sehr viel Zeit lassen würde. Eine Entscheidung mußte bald fallen und dies – wie schon angedeutet – in ostwärtiger Richtung, also gegen den Abschnitt Dubowik – Lipowik.

Seit Tagen baute der Gegner daher 1 km nördlich Dubowik an einer Brücke über die Tschagoda, die am 19. 4. fertig war. Erd- und Luftaufklärung stellten gleichzeitig Feindbewegungen nördlich Dubowik von Westen nach Osten fest. Es handelte sich hierbei um die neu herangeführte 11. SD. (eine alte Bekannte aus den Juni-Tagen des Vorjahres), die hier zusammen mit der 122. PzBrig. gegen die Stützpunktlinie am Wege Miagry-Dubowik bereitgestellt wurde.

Um diesen bevorstehenden Schlag zu parieren, zog die Division (seit dem 15. 4. führte der vom Urlaub zurückgekehrte Glt. Sponheimer wieder die Division persönlich und zugleich auch taktisch die 11. ID.[36]) das III./IR. 151, bisher beim FJgRgt. 2 eingesetzt, gegen die bedrohte Frontstelle heran. Außerdem sagte das Korps die Zuführung des II./IR. 272, verst. durch die 13./IR. 272 (ohne sIG-Zug) zu.

Doch bevor noch diese Verstärkungen zur Stelle waren, griff der Gegner bereits am Morgen des 20. 4. mit Panzerunterstützung, wie vorausgesehen, die Stützpunkte II a, II b und III am Wege ostwärts Dubowik an, beziehungsweise stieß er zwischen ihnen nach Süden durch. Stützpunkt II a ging verloren. Gleichzeitig griff der Gegner auch ostwärts Dubowik mit Unterstützung eines Salvengeschützes den Stützpunkt IV an, konnte jedoch abgewiesen werden. Der Verbleib des durchgebrochenen Feindes war vorerst unklar, zumal auch zwischen den Stützpunkten keine Verbindung mehr bestand. Nichtsdestoweniger war jetzt schnelles Handeln entscheidend (vgl. Skizze 27)

Das III./IR. 151 sollte von Miagry aus, verstärkt durch zwei Panzer IV und einen Panzer III sowie durch eine daran angehängte leFH, nach Westen entlang des Stützpunktweges angreifen; gleichzeitig sollten zwei Kompanien des IR. 3, die bisher beim IR. 176 eingesetzt waren, von Dubowik nach Osten angreifend dem III./IR. 151 die Hand reichen. Die aufgeweichten Wege verzögerten jedoch das Antreten des III./IR. 151 bis 20.00 Uhr, während die Kompanien des IR. 3 um 17.15 Uhr von Dubowik abrückten. Trotz der Dunkelheit, die vorübergehend die Einstellung des Angriffs auf beiden Flügeln notwendig machte und ungeachtet feindlicher Gegenstöße, reichten sich am 21. 5. die angreifenden Teile bei Punkt 34,6, also Stützpunkt II b, die Hand. Doch waren die angesetzten Kräfte zu schwach, um die Stützpunktlinie nachhaltig verteidigen zu können. Immer wieder brach der Gegner durch. War ein Stützpunkt zurückerobert, ging daneben wieder ein anderer verloren. Darauf machte die Truppe kehrt und griff den verlorenen wieder an. In dieser buchstäblichen Schlammschlacht büßten die deutschen Panzer ihre Bewegungsfähigkeit vollends ein und vermochten daher nur die noch immer bewegungsfähigen sowjetischen Panzer aus Lauerstellungen zu bekämpfen.

Um einen Durchbruch des Gegners auf Miagry zu verhindern – Spähtrupps des Feindes waren bereits 2 km vor dem Dorf aufgetaucht – zog die Division von der Gruppe (GM.) Sturm (Kdr. FJgRgt.) das II./IR. 390 ab und verschob es zum Stützpunkt I (3,5 km westlich Miagry). Die Stoßkraft der 11. SD. schien allerdings nachzulassen. Die Stützpunktlinie zwischen Miagry und Dubowik konnte gegen nun schwächer werdende Angriffe gehalten werden.

Doch auch westlich Dubowik war der Gegner nicht untätig geblieben. Vor dem linken Flügel des IR. 176, wo er durch den Weg von Senino nach Dubowik eine relativ günstige Annäherungsmöglichkeit besaß, hatte er die abgekämpfte 198. SD. offensichtlich herausgelöst und durch eine neue Angriffsgruppe, nämlich die von Wolchowstroj her bekannte 3. Garde-Schützendivision sowie die 33. und 140. SBrig. ersetzt. Diese Gruppe hatte

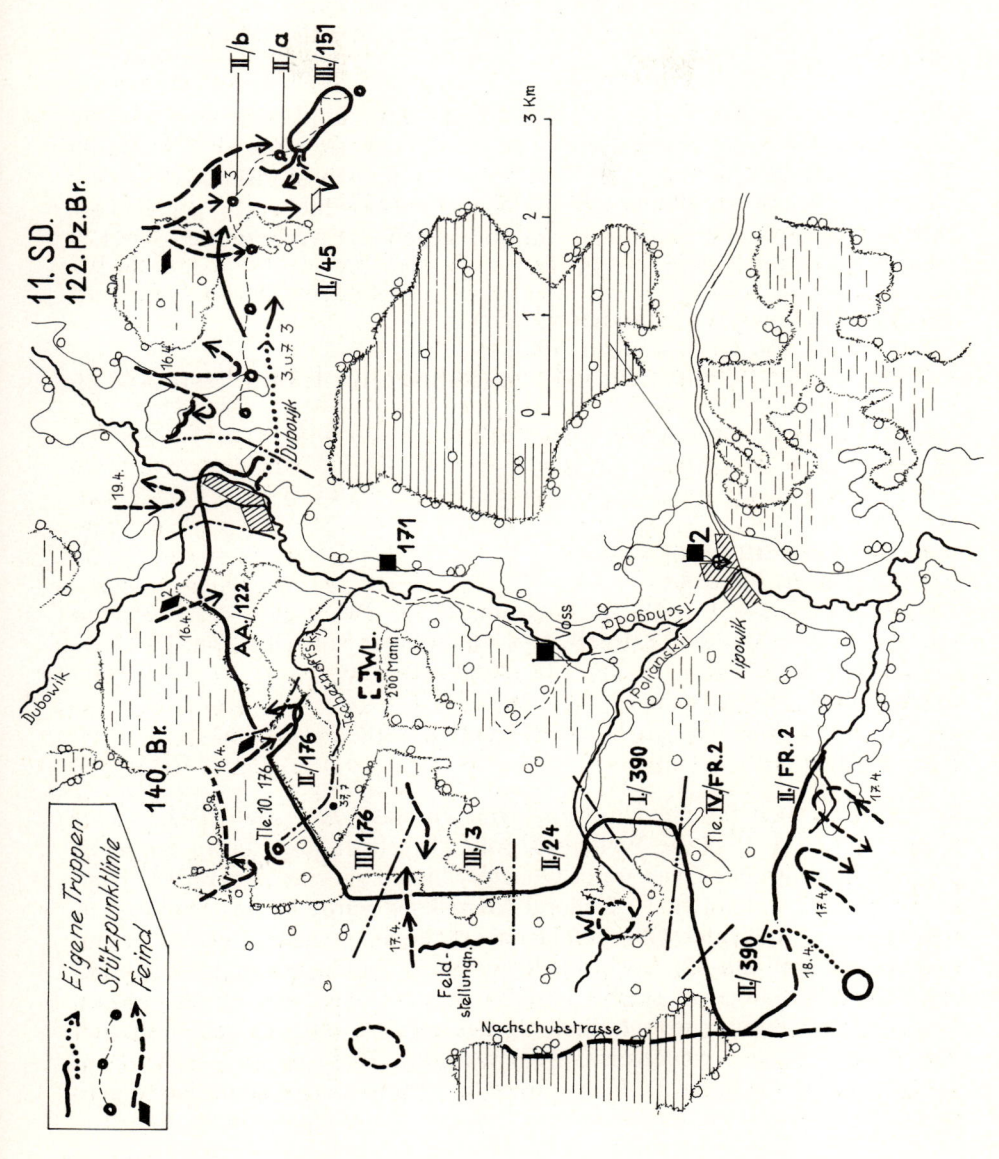

Lageentwicklung an der Westfront der 21. ID. vom 16.–20. 4. 1942

Skizze 27

ihre Vorstöße bereits am 21. 4. gegen das durch hohe Verluste sehr geschwächte IR. 176 begonnen. Zur Stützung der Stellung dieses Regiments wurde ihm am 22. 4. das bisher beim Regiment Voss eingesetzte I./IR. 390 unterstellt und in der Nacht vom 24./25. 4. das seit über 4 Wochen ununterbrochen im Brennpunkt der Kämpfe eingesetzte II. und III./IR. 176 durch das inzwischen eingetroffene verst. II./IR. 272 abgelöst. Es war höchste Zeit, denn am 26. 4. erreichten die Angriffe der 3. Garde-SD. einen Höhepunkt. Nach jeweils starker Artillerievorbereitung und unterstützt von der sowjetischen Luftwaffe griff der Gegner an diesem Tag nicht weniger als zwölfmal an. Jeder Angriff wurde abgeschlagen. Das machte schließlich auch für den Feind eine Atempause notwendig, die die Division zu einer Umgliederung benutzte.

Die Gruppe Voss erhielt hierbei nicht nur die Stützpunktlinie ostwärts Dubowik als Abschnitt zugewiesen, sondern sie sicherte auch ab Stützpunkt II a mit dem II./IR. 176 nach Nordosten bis zur Divisionsgrenze, von wo ab das II./IR. 44 (11. ID.) anschloß. Damit war eine Sicherung gegen einen plötzlichen, unvorhergesehenen Vorstoß gegen die Verbindung zwischen Miagry und Dratschewo aufgebaut.

An der Wolchow-Front standen sodann:
Gruppe Mjr. von Glasow (Kdr. AA. 21)
mit Marschbtl. 11/2 und Teilen IR. 24 (Rahmen für I. Btl.) sowie AA. 21.
Gruppe Hptm. Hilgendorff
mit Teilen IR. 45 (Rahmen für III. Btl.).
Gruppe Obstlt. Hermann (Kdr. IR. 3)
mit IR. 3 (ohne III. Btl.) und I./IR. 333.

An der westlichen Front standen:
Gruppe Obstlt. Voss mit
II./IR. 45, III./IR. 151, II./IR. 176 und II./IR. 390.
Gruppe Obstlt. Willam (Kdr. IR. 176, Nachfolger von Obst. Sattler)
mit I./IR. 45, AA. 122, II./IR. 272 und I./IR. 390.
Gruppe GM. Sturm (Kdr. FJgRgt. 2)
mit II. und IV./FJgRgt. 2, II./IR. 24 und III./IR. 3.
(vgl. Anlage 28)

Auch im Großen fanden Umgruppierungen statt. Auf sowjetischer Seite wurde am 23. 4. 1942 die Wolchow-Front als selbständige Front aufgelöst und der Leningrader-Front unter General Chosin als eine „operative Gruppe Wolchow" unterstellt.[37]) General Merezkow wurde in das Hauptquartier berufen. Auch der Oberbefehlshaber der 54. Armee, General Fedjuninskij, übergab am 22. April das Kommando an Generalmajor Suchomlin, der im vergangenen Herbst und Winter sein Chef des Stabes gewesen war, seit Ende Januar jedoch die 8. Armee geführt hatte. Generalstabschef der 54. Armee blieb weiterhin GM. Beresinskij. Wie weit dies Auswirkungen auf den Bereich der 21. Division hatte, ist schwer zu sagen. Die folgenden Tage brachten an der „Westfront" jedenfalls weitere kleinere Angriffsunternehmen des Gegners, die aber durchweg ohne größere Krisen abgewiesen werden konnten. Am 30. 4. aber, ab etwa halb vier Uhr früh, begann die russische Artillerie plötzlich auf den Brückenkopf Kirischi zu „trommeln", wobei Kaliber bis zu 20,5 cm (IV./AR. 168), wie auch Salvengeschütze auftraten. Der Gegner hatte sich also auch an dieser „Nebenfront" artilleristisch bedeutend verstärkt. Und nun erwies sich, daß die Beibehaltung des artilleristischen Schwerpunkts am Wolchow nicht ganz sinnlos war. Nach zweistündiger Artillerievorbereitung meldete die Artillerie Gruppe Anders um 6 Uhr aus dem Brückenkopf an das AR. 21: „Gegner greift Stellungen an der Nordostseite an. Sämtliche Batterien liegen im Sperrfeuer". Zwei Stunden später war alles vorüber. Im zusammengefaßten Feuer aller Waffen war der Angriff eines Schützenregiments noch vor Erreichen der deutschen HKL zusammengebrochen. Hunderte Tote lagen vor den Stellungen.

War das die Eröffnung einer „neuen Front"? Sollte der Brückenkopf im Handstreich genommen werden? Oder war dieses Unternehmen lediglich als Ablenkung von etwas anderem gedacht? Tatsächlich ließen Gefangenenaussagen und Funkaufklärung auf einen neuen Großangriff an der „Westfront", und zwar bei der Gruppe Sturm, schließen. Die Division traf daher ihrerseits Maßnahmen, um dem nochmals gewachsen zu sein. Das neu unterstellte I./GebJg. Rgt. 100 (5. Geb. Div.) wurde der Gruppe Sturm zugeteilt und löste dort das abgekämpfte III./IR. 3 ab, das wiederum seinem Regiment im Brückenkopf zugeführt wurde. Dafür wurde aber das I./IR. 333 frei, das zu seiner Stammdivision zurückkehren sollte, jedoch auf Vorstellung der Division als Reserve vorderhand belassen wurde. Ebenfalls als Divisionsreserve wurde das II./IR. 45 in den Raum westlich Miagry zurückgezogen und besetzte am 30. 4. die Stützpunkte I und II. Außerdem dürfte in diesen Tagen auch noch die 6./AR. 291 der Art. Gruppe Rips bzw. Weber zugeführt worden sein. So hoffte man dem Kommenden begegnen zu können.

Am 8. Mai brach der erwartete Sturm los. Nach trommelfeuerartiger Artillerievorbereitung griff der Gegner praktisch auf der gesamten Front, vom Stützpunkt III westlich Dubowik bis in den Raum ostwärts des Tigoda-Moors, an. Der Schwerpunkt lag, an der Panzermassierung erkennbar, nördlich des Poljanskij-Baches. Dort brach der Feind beim I./Geb. Jg. Rgt. 100 auch ein, doch gelang es in schweren Kämpfen, den Zusammenhang der Front zu halten. Am Nachmittag flaute die Kampftätigkeit ab, was aber nur als Kampfpause zu werten war. Feindliche Nachtbomber griffen während der Nacht laufend die Versorgungswege im Rücken der Division an, während die gegnerische Artillerie die Stellungen unter Feuer nahm. Am folgenden Morgen (9. 5.) trat der Feind erneut an. Wieder wurde er an der Nord- und Nordwestfront abgewiesen, aber im Schwerpunktraum gelang ihm, mit starker Luftwaffenunterstützung, neuerlich ein Einbruch, den zu schließen auch mit dem Einsatz der letzten Reserven nicht möglich war. Am 10. 5. wurde die Krise unübersehbar, als es dem Gegner gelang, die HKL. an der Einbruchsstelle auf etwa 1,5 km aufzureißen. Ein Gegenangriff mit den Resten des I./IR. 333 und zweier Hundertschaften des estnischen Sicherungsbataillons 181 konnte das Vordringen des Gegners nicht mehr aufhalten. Gegen Mittag hatte er, nördlich Lipowik, das Tschagoda-Tal erreicht, vernichtete durch Panzer-Kanonen mehrere Pak und IG und drehte auf Dubowik ein. Gleichzeitige Feindangriffe gegen die Nordfront konnten zunächst zwar abgewehrt werden, aber schließlich erzielte der Gegner in den Vormittagsstunden auch beim II./IR. 176 westlich Dubowik einen Einbruch (Skizze 28).

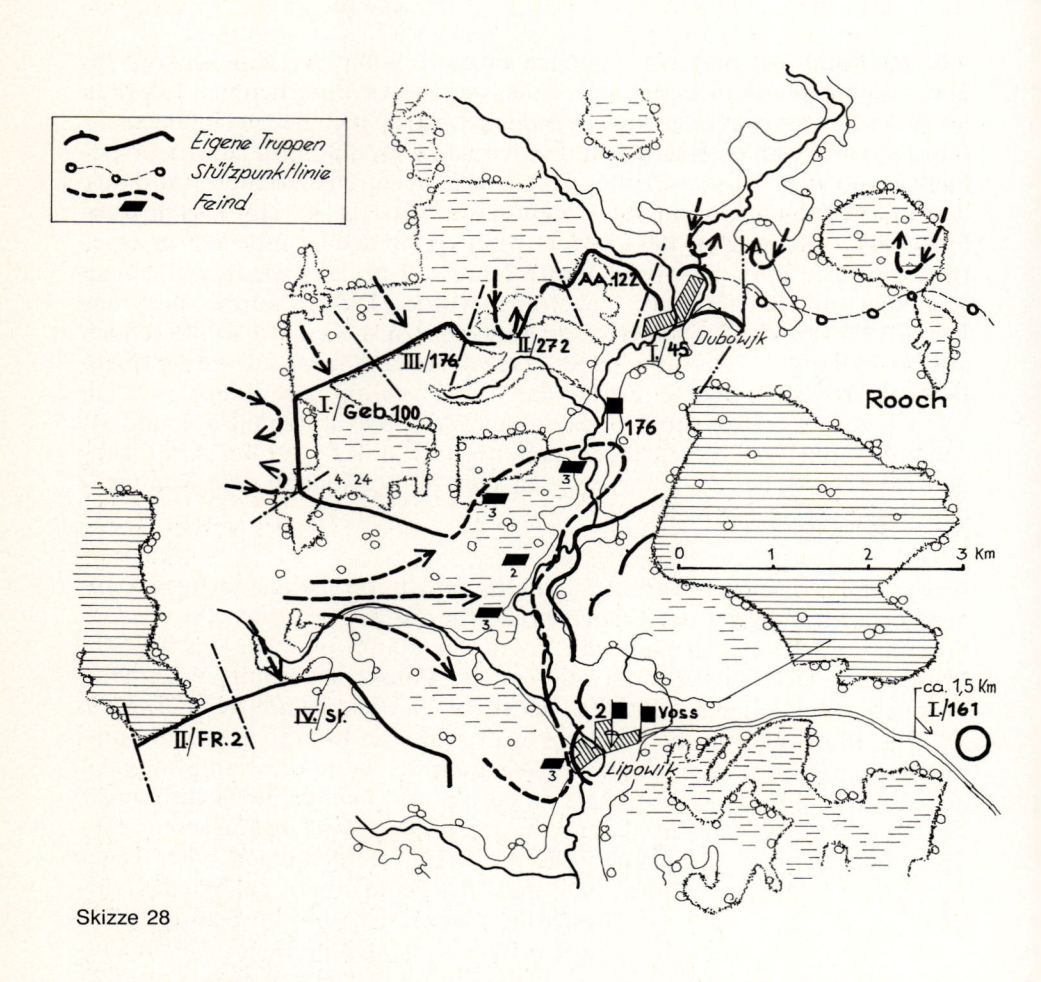

Lage vor der Westfront der 21. Division am 11.5.1942

Skizze 28

Die gesamte westliche Front der Division stand damit vor dem Zusammenbruch. Darüberhinaus war die Gruppe Willam praktisch eingeschlossen. Zwar gelang es Obstlt. Voss, mit einer aus der 1./AA. 21, aus Versprengten und aus Esten gebildeten Gruppe, eine Abwehrfront ostwärts der Tschagoda zu errichten, um hier ein weiteres Vordringen des Gegners nach Osten zu verhindern. Die Gruppe Sturm hatte eine dünne Linie am Poljanskij-Bach mit Front nach Norden errichtet und mit wenigen Männern auch den Nordwestrand von Lipowik besetzt. Als der Feind vor diesem Dorf auftauchte, wurde er von diesen letzteren und der direkt richtenden Artillerie zusammengeschossen. Auch der feindliche Vorstoß im Tschagoda-Tal nach

Norden stieß auf Feuerstellungen der Artillerie, die sich auch hier erneut als harter Kern der Verteidigung erwiesen. Gegen Abend brachte ein Stukaangriff auf den Gegner im Tschagoda-Tal eine fühlbare Entlastung.

Jedoch am nächsten Morgen griff der Feind nach einstündiger Artillerievorbereitung den ganzen Raum der Gruppe Willam erneut an, und selbstverständlich auch in der Einbruchsstelle. Er überschritt den Poljanskij-Bach und drückte die Gruppe Sturm nach Süden. Auch im Tschagoda-Tal stieß er nun mit Panzern und Infanterie nach Süden vor und setzte sich an den Waldrändern westlich von Lipowik, dort wo die Kämpfe seinerzeit ihren Ausgang genommen hatten, fest. Am gefährlichsten aber war sein Stoß in 2 km Breite durch das Tschagoda-Tal nach Norden. Dort stand er schließlich, 1.500 m südwestlich von Dubowik, unmittelbar vor dem Gefechtsstand der Gruppe Willam. Doch der Widerstandswille der Truppe war ungebrochen und erhielt zudem Nahrung, als das I. Fliegerkorps im Laufe des Tages fünf Stuka-Angriffe gegen den Feind in der Einbruchstelle flog.

Infolge der hohen Verluste ließ der Feinddruck am 15. 5. tatsächlich etwas nach, sodaß die Division an diesem Tag die Lage zumindest halten konnte. Aber wie sollte es weitergehen?

Vordringlich war vor allem die Versorgung der abgeschnittenen Gruppe Willam. Dieselbe erfolgte in den nächsten Tagen teils aus der Luft, teils durch Trägerkolonnen und Tragtiere über die Stützpunktkette von Miagry nach Dubowik, also praktisch an der Front des Gegners vorbei. Jeder Schuß, der bei Dubowik von deutscher Seite abgefeuert wurde, mußte dorthin getragen werden. 180 Kanoniere des AR. 21 schleppten 160 Granaten fünf bis sechs Kilometer weit mitten durch den Sumpf.

Darüberhinaus befahl das XXVIII. AK (GdArt. Loch), dem die 21. ID. seit dem 10. 5. unterstellt war, einen Gegenangriff mit allen verfügbaren Kräften, um die Einbruchsstelle zu schließen.[38])

Um diese zusätzlichen Kräfte frei zu machen, beziehungsweise um die 21. Division von allen anderen Nebenaufgaben zu entlasten, war jedoch eine Umgruppierung notwendig. Die 269. ID. löste am Wolchow die 21. ID. bis zum Südrand von Kirischi am 8./9. 5. ab,[39]) wobei allerdings Teile der 21. Division nun der 269. ID. unterstellt wurden (6./AR. 21, 1./AR. 57 und 1. und 5./Felders. Btl. 21/3). Die 11. ID. übernahm die Führung im Brückenkopf, wobei das IR. 3 und die Artilleriegruppe Anders unter ihren Befehl traten.[40]) Außerdem wurde die 269. ID. ab 10. 5. der Gruppe Sponheimer als dritte Division unterstellt (Anlage 28).

Dadurch war es möglich, unter Obstlt. Voss folgende Kräfte für den Gegenangriff bereitzustellen: Rgt. Stab und 13./IR. 272, I./IR. 161 (von 81. ID.), II./IR. 490 (von 269. ID.), Btl. Mjr. Finkel (2., 6. und Teile 13./IR. 45), 1./PiBtl. 11 (11. ID.) und eine Kompanie Pi. Btl. 662, ferner ein Sturmgeschütz der 3./StG. Abt. 185 und die restlichen Panzer der II./PzRgt. 29.

Der Angriff sollte aus dem Raum 3 km westlich Lipowik nach Norden geführt werden. Die Gruppe Sturm, die ebenfalls durch von der Wolchow-

Front abgezogene Einheiten verstärkt wurde, hatte einen feindlichen Durchbruch auf Lipowik zu verhindern und sich später mit ihrem linken Flügel dem Angriff anzuschließen, während der linke Nachbar der 21. ID., die 93. ID., die in das Tigoda-Moor vorspringende Landzunge gewinnen sollte.

Die Bereitstellung der Angriffsgruppe in der Nacht zum 13. 5. litt stark unter den Bedingungen der Schlammperiode. Für die gepanzerten Fahrzeuge mußte über die Tschagoda erst eine Brücke gebaut werden. Die Bespannung der Infanteriegeschütze versank im Morast. So konnte erst, unter Ausnützung eines Stuka-Angriffs, um 13.30 Uhr angetreten werden. Langsam gewann der Angriff gegen zähen Feindwiderstand an Boden. Am Abend war der Poljanskij-Bach erreicht. Nach einer Zwischenbereitstellung wurde am Morgen des 14. 5. erneut angegriffen. Nach einem zunächst hoffnungsvollen Geländegewinn wurden die in der Front angreifenden Bataillone (Btl. Finkel und I./IR. 161) von starken russischen Gegenangriffen getroffen, teilweise zersprengt und erlitten hohe Verluste. Auf den Poljanskij-Bach zurückgeworfen, war an ein erneutes Antreten an diesem Tag nicht mehr zu denken. Erst am 15. 5. wurde mit dem inzwischen zugeführten I./IR. 469 (269. ID.) und dem am Vortag in Reserve gehaltenen I./IR. 490 wieder angegriffen. Nachdem Obstlt. Voss verwundet worden war, führte nun Oberst Löwrick (Kdr. IR. 272) den Angriff. Auch der blieb erfolglos. Nach geringem Geländegewinn wurde die eigene Truppe durch russische Panzer auf die Ausgangsstellung zurückgeworfen. Nachdem ein erneutes Antreten am Nachmittag auch keinen Erfolg hatte, befahl die Division die Einstellung des Angriffs.

Damit wurde die Lage der Gruppe Willam langsam eine verzweifelte. Zwar gelang es, das Loch nach Süden, westlich der Tschagoda, durch eine Kompanie IR. 45, eine Pionierkompanie Pi. Btl. 21 und die Kanonierkompanie des AR. 21 zu schließen. Aber die eingeschlossene Truppe war bis zum Äußersten erschöpft und Obstlt. Willam glaubte keinen neuen Angriff mehr abwehren und die HKL nur noch für Stunden halten zu können.

Es mußte daher noch ein letzter Versuch zur Meisterung der Lage gemacht werden. Den Befehl über die Gruppe Willam übernahm am 16. 5. Obst. Löwrick. Aus den zur Gruppe Sponheimer gehörenden Divisionen 11 und 269 wurden weitere Verbände herausgelöst und unter dem Befehl von Obstlt. Schüder (Kdr. IR. 469) zu einer neuen Angriffsgruppe zusammengefügt. Sie bestand aus:

Stab, I. und II./IR. 469 (269. ID.)
II./IR. 490 (269. ID.)
Pi. Btl. 662
1./Pi. Btl. 11
13./IR. 272
1 Sturmgeschütz und drei Panzer III.

Aufgabe dieser Gruppe sollte es sein, nach Bereitstellung 1 km ostwärts Lipowik, diesmal in nordwestlicher Richtung vorzustoßen und über die Tschagoda hinweg feste Verbindung mit dem zurückgezogenen linken Flügel der Gruppe Löwrick herzustellen und damit den Weg Lipowik, Dubowik wieder zu öffnen.

In zweitägigen Kämpfen (16. und 17. 5.) scheiterte auch dieser Versuch unter recht erheblichen Verlusten der Gruppe Schüder. Darüberhinaus stieß der Gegner neuerlich mehrfach am Westufer der Tschagoda nach Norden vor. Wieder standen seine Panzer fast unmittelbar vor dem Gefechtsstand der Gruppe Löwrick und wieder wurde sein weiteres Vordringen durch direkt richtende Artillerie aufgehalten.

Was würde aber sein, wenn der Gegner noch einmal energisch nachstieß? Gespannt wartete man am 18. 5. auf den Gefechtsständen und vorn in den Stellungen auf einen neuen Angriff. – Doch der blieb aus. Der Gegner hatte aufgegeben. Warum?

Wohl kaum, weil er sich verblutet hatte, wie dies die Division annahm.[41] Gewiß, seine Verluste waren schwer. Man schätzte sie auf 10.000 Gefallene. 1461 Gefangene waren eingebracht worden, darunter auffällig viel Überläufer. 33 Panzer waren vernichtet, 13 Panzer bewegungsunfähig geschossen worden, was etwa dem Soll-Stand einer kompletten Panzerbrigade entsprach (vgl. Anlagen 29 und 30). Aber Ersatzprobleme dürfte es zu diesem Zeitpunkt auf sowjetischer Seite kaum mehr gegeben haben. Auch der Nachschub war auf der Feindseite bis zum letzten Angriffstag völlig intakt geblieben. – Ein Zusammenhang mit der seit dem 15. Mai begonnenen Räumung des Wolchow-Kessels durch die 2. Stoßarmee ist auch unwahrscheinlich. Fast sicher aber war es die Schlammperiode und die damit einsetzenden Regenfälle, die nun auch sogar die Beweglichkeit der sowjetischen T 34 und KW I stark einschränkten und damit ihre Bedrohung durch Panzervernichtungstrupps entsprechend erhöhte. Um nicht noch größere Verluste zu erleiden, zog der Feind daher am 19. 5. die noch beweglichen Panzer aus dem Einbruchsraum zurück und sprengte die im Tschagoda-Tal und im Sumpf festgefahrenen. Ob auch seine Infanterie einen Rückzugsbefehl erhalten hatte, ist ungewiß. Auf jeden Fall aber hatte sie mit dem Abzug der Panzer ihren wesentlichsten Rückhalt verloren. So fanden denn auch Stoßtrupps der Gruppe Schüder nur relativ geringen Widerstand, als sie in der Nacht vom 20./21. 5. drei Brückenköpfe auf dem Westufer der Tschagoda bildeten. Als dies gelungen war, befahl die Division allen drei Regimentsgruppen, von Norden, Osten und Süden her zum Angriff anzutreten. Und diesmal gelang es, die von Feindpanzern entblößte Einbruchsstelle bis zum Abend des 21. 5. zu schließen. Bei Fortsetzung des Angriffs am 22. 5. wurden die letzten Feindreste zerschlagen, und eine neue HKL. von der Nordwestecke der bisherigen Stellung in südwestlicher Richtung bis zum Ostrand des Tigoda-Moors errichtet. Das zweimonatige Ringen um die „Westfront" der 21. Division war damit, mit der Unterstützung von Truppenteilen aus nicht weniger als einem Dutzend Divisionen (vgl. Anlage 31), die einen höheren Blutzoll entrichtet hatten als die Division selbst,[42] mit letzter Kraft, aber schließlich doch erfolgreich durchgestanden worden.

Wie seinerzeit am Schelonj hatte sich die Division auch diesmal nach zwei Seiten verteidigen müssen und wie damals, so auch jetzt, ihren Auftrag erfüllt und die Front gehalten. Was aber die Härte des Einsatzes und die gebrachten Opfer betraf, so war kein Vergleich mehr möglich. Der Krieg gegen die Sowjetunion war auch für die 21. Division in ein völlig neues Stadium getreten. Eine weitere Eskalation stand in nicht zu ferner Zeit bevor, und die hieß Kirischi.

3. Kirischi

Vorerst schien allerdings am Wolchow und im Pogostje-Einbruch eine gewisse Ruhe oder zumindest Beruhigung einzukehren. Der Chef des Generalstabs des Heeres glaubte schon rund eine Woche nach dem Abflauen der Angriffe gegen die 21. Division, daß „sich der Abmarsch aus den Kesseln am Wolchow und bei Pogostje langsam aber stetig zu vollziehen" scheine.[43] Dementsprechend hielt er auch die Lage an der Front der Heeresgruppe Nord für entspannt, obwohl der Oberbefehlshaber der Heeresgruppe „unter dem Eindruck der örtlichen Verhältnisse" diese Absicht keineswegs teilte.[44] Tatsächlich dachte die sowjetische 54. Armee nicht im Entferntesten an eine Räumung des Pogostje-Einbruchs. Ragte doch dieser wie eine vorgeschobene Bastion in die deutsche Front und bildete damit eine ideale Flankendeckung für den sowjetischen „Sack" südlich des Ladoga-Sees, aus dem heraus in nicht zu ferner Zeit ein neuerlicher Vorstoß zur Beseitigung der Blockade Leningrads unternommen werden sollte. Und was die tatsächlich aus dem Pogostje-Einbruch abgezogenen Feindverbände betraf, so wurden sie – wahrscheinlich nach vorhergehender Auffrischung – garnicht weit davon zu einem neuen Einsatz bereitgestellt, nämlich vor dem Brückenkopf Kirischi, den die 21. Division seit seiner Einrichtung bis Anfang Mai besetzt gehalten hatte und für den seither die 11. ID. verantwortlich war, wenngleich auch die Besatzung des Brückenkopfes vom IR. 3 gestellt wurde. Noch galten ja im Großen und Ganzen die Abschnittsgrenzen, wie sie bei Abschluß der Kämpfe am Pogostje-Einbruch gezogen worden waren. Die 11. ID. hatte außer dem Brückenkopf noch den gesamten Frontbogen um Larionoff-Ostroff und außerdem an der Ostfront des Pogostje-Einbruchs den sogenannten „Finger" südlich der Bahnlinie nach Pogostje bis etwa in Höhe von Posadnikoff-Ostroff zu halten. Daran schloß die 21. ID., der der Abschnitt bis zum Ostrand des Tigoda-Moors zugewiesen war. Für die Verteidigung dieses rund 18 km breiten Abschnitts waren der Division, der ja vier der eigenen Bataillone (IR. 3 und III./IR. 24) fehlten, eine Reihe von Truppenteilen unterstellt, die vor allem am linken Flügel eingesetzt waren (Anlage 32).

In dieser unübersichtlichen Sumpfwaldstellung beschränkte sich die Kampftätigkeit auf Feuerüberfälle der beiderseitigen Artillerie, auf Späh- und gelegentliche Stoßtrupptätigkeit und auf den Ausbau der Stellungen, die infolge des versumpften Bodens hauptsächlich aus Blockhäusern, Balkenkampfständen, Hindernissen, Strauchblenden, Minenfeldern und Schußfeldschneisen bestanden.

Die Front erstarrte, und erst dadurch wurde man jetzt so richtig gewahr, daß der Frühling mit Macht ins Land gezogen war. Im Raum von Dratschewo sproß frisches Grün aus kleinen, flachen Erddellen. Es waren dies die Schützenmulden, die sich die Infanteristen der 18. ID. (mot) im vergangenen Herbst hier gegraben und mit unausgedroschenen Getreidegarben aus den Scheunen des Dorfes ausgefüllt hatten. Nun ging diese „Saat" auf und markierte auch in der Natur, wie wenig man seither vorwärts gekommen war. Der Krieg trat, zumindest hier, auf der Stelle. Und noch eine Naturerscheinung zeigte den Wechsel der Jahreszeit „spürbar" an: eine ungeahnte Mückenplage. Nach Schnee und Frost, nach Nässe und Schlamm fielen nun Milliarden dieser Blutsauger über die Truppe her und machten den Aufenthalt in den Sumpfstellungen zur Hölle. Da und dort traten als Folge malaria-ähnliche Erkrankungen, das Wolchow-Fieber, auf, von der starken Verlausung der Truppe ganz zu schweigen. Aber was war das gegenüber dem Zurückliegenden – und dem, was kommen sollte.

Wenn es nach dem Willen der Obersten Führung gegangen wäre, hätte eigentlich gar nichts kommen sollen. Man weiß ja, daß im Sommer 1942 die Entscheidung im Süden der Ostfront gesucht und dafür auch alle Mittel zur „Auffrischung" des Ostheeres verwandt wurden. Für einen großen Teil des Mittelabschnitts und der Nordfront blieb da nicht viel übrig. Im Gegenteil, für die dort eingesetzten Truppen und damit auch für die 21. Division bedeutete „Auffrischung" in Wirklichkeit Kürzung, und zwar um rund ein Drittel der bisherigen Kriegsstärke. Die davon betroffenen Infanteriedivisionen sollten auf 6 Bataillone, ihre Batterien von 4 auf 3 Geschütze herabgesetzt werden. Außerdem war eine weitgehende „Entmotorisierung" vorgesehen. Ein bereits Anfang April erlassener Befehl sah die Umwandlung der 14. Kompanien von mot. auf tmot, die Ausrüstung der Pionierkompanie (mot) mit Fahrrädern, die Entmotorisierung der G-Trosse, der leichten Pionierkolonne und der Nachschub-Kompanie (letztere nur noch tmot) sowie die Auflösung einer kleinen Kw. Kolonne beim Divisions-Nachschubführer (3. Kw. Kolonne) und eine Verringerung der Divisions-Nachrichtenabteilung vor. Außerdem sollten die schweren Gefechtsfahrzeuge aus der fechtenden Truppe und den Gefechtstrossen ausgeschieden und durch leichtere, pferdebespannte Fahrzeuge ersetzt werden.[45]) Dafür war eine Erhöhung der Feuerkraft der Infanterie durch die Zuweisung von Zielfernrohrgewehren, Gewehrgranaten und großkalibrigen Pak vorgesehen. Auch dürften um diese Zeit die Infanterieregimenter, zumindest nacheinander, mit dem neuen MG. 42 ausgerüstet worden sein.

Freilich, so schnell dies verordnet war, wurde es noch lange nicht ausgeführt. Die Division stand ja zu diesem Zeitpunkt noch in schweren Kämpfen. Auch scheint sie noch immer gehofft zu haben, ihre fehlenden dritten Bataillone wieder aufstellen zu können. Ansätze dazu waren ja im März bereits gemacht worden, wobei den Grundstock jeweils die 15. Kompanien und die noch vorhandenen MG. Kompanien der alten Bataillone bilden sollten.[46]) Aber schließlich wurde doch nichts daraus. Vielmehr mußte sich die Division den allgemein befohlenen Kürzungen beugen (vgl. Anlage 33).

Die dieser Neugliederung entsprechende Offiziersstellenbesetzung läßt sich allerdings nur sehr schwer rekonstruieren. Es hatte in den zurückliegenden Monaten bereits bei den Regimentskommandeurstellen Veränderungen gegeben. So hatte Oberst Becker bereits Mitte Januar die Führung des IR. 3 an Obstlt. Hermann abgetreten und war zu einer neuen Verwendung ins Hinterland abgegangen. Das IR. 24 wurde nach seiner Rückkehr aus dem

Wolchow-Kessel wieder von Obstlt. (ab 1. 7. Obst.) Arning übernommen und das IR. 45 führte in altbewährter Weise Oberst Chill, der im ersten Halbjahr wiederholt den Divisionskommandeur zu vertreten hatte. Bei der Artillerie war Oberst Fischer am 1. Februar, an Stelle des GM. Thomaschki, Arko 123 geworden und hatte den Befehl über das AR. 21 an Obstlt. Dr. Brechtel (bisher Kdr. I./AR. 21) übergeben (vgl. auch Anlage 34).

Innerhalb der Armee und des XXVIII. Korps war man bemüht, die in den Winterkämpfen durcheinander gekommenen Verbände zu entwirren. Zu diesem Zweck übernahm die 21. Division am 3. 6. den linken Abschnitt der 11. ID. bis einschließlich des „Fingers" an der Bahnlinie nach Pogostje. Dafür erhielt sie nun das IR. 3 und die Artillerie der Gruppe Anders zurück. Gleichzeitig gab sie den Abschnitt an ihrem linken Flügel, zwischen Dubowik und dem Tigoda-Moor, wo das IR. 272 und das FJg. Rgt. 2 eingesetzt waren, an die 93. ID. ab.[47] Nach dieser Umgruppierung waren innerhalb der Division eingesetzt: Rechts, in der „Finger"-Stellung und südlich davon das IR. 3, in der Mitte IR. 24, d. h. praktisch nur das II. Bataillon und die unterstellte AA. 21 und schließlich am linken Flügel bis Dubowik das IR. 45.

Die als Divisionsreserve bei Lipowik stehende AA. 122 wurde Mitte Juni wieder ihrer Stammdivision zugeführt.

Auch beim Gegner war es zu Verschiebungen und organisatorischen Veränderungen gekommen, beziehungsweise fanden gerade statt. Der Wechsel im Kommando der 54. Armee im April wurde ja bereits vermerkt. Mit Wirkung vom 8. Juni wurde die „Operative Gruppe Wolchow" aus dem Verband der Leningrader-Front herausgelöst und wieder als selbständige „Wolchow-Front" etabliert, über die Armee-General Merezkow neuerlich den Oberbefehl übernahm. Es bleibt fraglich, ob er bereits dafür verantwortlich zeichnete, was man auf deutscher Seite bereits seit einiger Zeit kommen gesehen und wofür man auch, im Rahmen des Möglichen, Vorsorge getroffen hatte, und was sich nun drei Tage nach seiner offiziellen Amtsübernahme ereignete:

Am 5. Juni erbebte die Erde im Brückenkopf Kirischi unter einem schlagartig einsetzenden und dann mehrere Stunden anhaltenden Trommelfeuer, wie man es in diesem Abschnitt bisher noch nie erlebt hatte. Dann trat der Gegner mit Unterstützung von 30 bis 40 Panzern zum Angriff auf den Brückenkopf an.

Damit hatte eine der anscheinend sinnlosesten Kampfhandlungen im Bereich der Heeresgruppe Nord ihren Anfang genommen, die im Verlauf ihrer wochen-, ja monatelangen Dauer auch die 21. Division in ihren Strudel ziehen sollte. Die Hintergründe dafür sind eigentlich bis heute nicht ganz klar, zumindest solange die sowjetischen Archive nicht zugänglich sind.

Auf die Problematik des Brückenkopfs für die deutsche Wolchow-Verteidigung ist ja bereits hingewiesen worden (vgl. Seite 147). Wenn die 21. Division später in einer Denkschrift über den Brückenkopf vom 19. 9. 1942[48] behauptete, der Brückenkopf sei nach Zurücknahme der Front „als Eckpfeiler der Nord- und Ostfront . . . auf dem Ostufer des

Wolchows errichtet und beibehalten (worden), da er als Ausgangsstellung für Angriffe sowohl nach Osten als auch nach Norden vorgesehen war", so ist dies einfach unzutreffend. Niemand wohl bis ins Führerhauptquartier hinauf dachte jemals daran, aus diesem Brückenkopf noch einmal zum Angriff anzutreten. Dazu war er viel zu klein. Seine geringe Ausdehnung machte, wie sich bald zeigen sollte, sogar seine Verteidigung äußerst schwierig. Wie erinnerlich, war es lediglich die Ansicht der 18. Armee gewesen, daß der Brückenkopf wegen seiner, das Westufer überhöhenden Lage unbedingt beibehalten werden müsse. Operative Absichten waren damit nicht verbunden gewesen. Vielmehr hatte in einem Ferngespräch am 23. 12. 1941 der I a der Heeresgruppe Nord, Obstlt. i. G. Herrmann, den I a der 18. Armee ausdrücklich gefragt, ob denn ein Brückenkopf bei Kirischi unbedingt notwendig sei und ob dies nicht ein ewiger Angelpunkt feindlicher Angriffe sein werde, der die eigenen Kräfte stark aufzehren könnte?[49] Nun war es soweit! Allerdings ist damit noch lange nicht die Frage nach dem Sinn der sowjetischen Angriffe beantwortet.

In den großen, offiziellen sowjetischen Darstellungen des „Großen vaterländischen Krieges" oder des „Zweiten Weltkrieges" findet Kirischi keine Erwähnung. Das will freilich im Hinblick auf den Charakter dieser als patriotische Erbauungsbücher konzipierten Werke nicht viel sagen. Aber auch in den wesentlich inhaltsreicheren Memoiren Merezkows findet der Kampf um den Brückenkopf keine Erwähnung. Welchen Zweck sollte seine Eroberung haben?

Selbst wenn man einräumt, daß der Angriff auf Kirischi „nur ein Vorspiel" für die geplante Sommerschlacht südlich des Ladoga-Sees gewesen sei,[50] bleibt noch immer die Frage: in welcher Richtung? Ein Freikämpfen der Bahnlinie nach Pogostje war damit allein nicht zu erreichen. Tatsächlich bestanden auf seiten des Korps, vielleicht auch der Armee, Befürchtungen, der Gegner könnte den Angriff auf den Brückenkopf mit einem Durchbruchsversuch an der Nordfront der 11. ID., also westlich des Wolchows, ja womöglich mit einer Luftlandung im Rücken der Division, kombinieren, um damit den gesamten „Sektpfropfen", wie der Frontbogen zwischen dem Wolchow und dem Ostrand des Pogostje-Kessels nun genannt wurde, zum Einsturz zu bringen. Aber dies ist niemals ernstlich versucht worden. Bleibt also nur eine Erklärung, die man übrigens damals beim AOK. 18 auch schon erwog: nämlich die Angst auf sowjetischer Seite vor einer Wiederholung eines Nordstoßes aus Kirischi heraus, ähnlich wie im Oktober 1941 aus Grusino. Ein solcher Stoß hätte in der Tat den Aufmarsch der neu gebildeten 2. Stoßarmee zur 1. Ladoga-Schlacht verhindern können. Trifft diese Vermutung zu – es spricht sehr viel dafür, da auf der einen Seite der Nachrichtendienst der sowjetischen Wolchow-Front den Antransport der auf der Krim frei gewordenen Divisionen der 11. Armee nicht erkannte, andererseits General Merezkow die deutsche Besetzung des Brückenkopfes auf drei Divisionen (!) veranschlagte[51]), – dann stellte dies eine bemerkenswerte Überschätzung der deutschen Möglichkeiten dar. Damit aber waren die monatelangen, sehr verlustreichen Kämpfe um Kirischi auch für die Sowjets vollkommen sinnlos, was vielleicht das seltsame Schweigen auf dieser Seite erklärt.

Aber sinnlose Kämpfe sind nun leider meist auch die erbittertsten, weil ja keine Seite ihre Zwecklosigkeit zugeben möchte, schon um dies der Truppe nicht einzugestehen, die die Schwere der Kämpfe zu tragen hat. Vielmehr wird derselben versichert, ihr Einsatz erfolge auf „höheren" wenn nicht allerhöchsten Befehl.[52] So tauchte in der Folge bei der Vernehmung sowjetischer Gefangener tatsächlich mehrfach die Behauptung auf, Stalin selbst habe die Einnahme des Brückenkopfes auf das Bestimmteste gefordert, wie man auf der anderen Seite gerüchteweise hören konnte, die Verteidigung des Brückenkopfes erfolge auf ausdrücklichen „Führerbefehl".

Man wird beiden Versionen im nachhinein mit größter Vorsicht begegnen müssen. Es mag schon sein, daß man im sowjetischen Oberkommando, aus den oben erwähnten Gründen, dem Kommando der Wolchow-Front die Beseitigung der deutschen Wolchowbrückenköpfe nahe gelegt hat. Aber von einer Hochstilisierung Kirischis als „Tor nach Leningrad" wird kaum die Rede gewesen sein, genausowenig wie man Kirischi als „Tor nach Mga" bezeichnen konnte.[53] Wenn etwas in Kirischi wirklich verteidigt wurde, dann war es weder Leningrad noch Mga, sondern der Pogostje-Kessel und zwar angriffsweise durch die Sowjets, wie die folgende Entwicklung zeigen sollte, was diese aber wahrscheinlich garnicht bemerkten.

Aus der Sicht der obersten deutschen Führung hatte der russische Angriff auf den Brückenkopf nur lokale Bedeutung, auch wenn das Kriegstagebuch des Oberkommandos der Wehrmacht am Tag nach dem Angriffsbeginn vermerkt: „Härteste Kämpfe dauern an. Lage äußerst gespannt . . ."[54] Sie wurde jedoch von der 11. Division zunächst gemeistert und im Führerhauptquartier interessierte begreiflicherweise die Lageentwicklung im Südabschnitt der Ostfront wesentlich mehr. Aber auch die Heeresgruppe Nord hatte Vordringlicheres im Sinn.

Am 30. 6., also rund drei Wochen nach Angriffsbeginn, weilte der Oberbefehlshaber der Heeresgruppe im Führerhauptquartier, um dort seine Ernennung zum Generalfeldmarschall entgegenzunehmen. Bei dieser Gelegenheit wurden auch die Operationsabsichten der Heeresgruppe durchgesprochen. Sehr große Sprünge waren kaum möglich, denn wie Hitler dem Feldmarschall sagte, könne er ihm im Hinblick auf die Gesamtlage keine besonderen Kräfte zur Verfügung stellen. „Der Oberbefehlshaber der Heeresgruppe Nord müsse sich durchjonglieren".[55] Immerhin glaubte sich dieser so stark, um die von ihm als vordringlich betrachtete Operation, nämlich die Beseitigung des Pogostje-Einbruchs, nun konkret ins Auge fassen zu können.

Schon wenige Tage danach erhielt die 21. Division vom XXVIII. AK. die Weisung, das Unternehmen „Mückenschleier" vorzubereiten. Demzufolge sollte durch einen Zangenangriff der Pogostje-Einbruch im Norden abgeschnürt und dann der so gebildete Kessel, ähnlich wie am Wolchow, durch konzentrischen Angriff vernichtet werden. Den rechten Zangenarm sollte die zu einer Gruppe Sponheimer verstärkte 21. Division bilden, die aus dem Raum ostwärts Dratschewo nach Nordwesten anzugreifen hatte, um der von Westen her ihr entgegenkommenden 93. ID. die Hand zu reichen. Die Südfront des Kessels sollte inzwischen von der 5. Geb. Division gehalten werden.

Die Erkundung der Bereitstellungsräume und der für die Unterstützung des Angriffs notwendigen Feuerstellungen wurde sogleich in Angriff genommen. Neben dem AR. 21 sollte auch die Artillerie der 11. Division und eine besondere, bereits in Zuführung begriffene schwere Artilleriegruppe von Haertlein (AR-Stab z. b. V. 782) den Angriff unterstützen, an dem auch das IR. 151 der 61. Division teilnehmen sollte.[56]) Die vergleichsweise ruhige Lage vor der Front der Division ermöglichte es, Truppenteile aus der Stellung zu ziehen, um ihre Ausbildung speziell im Hinblick auf die bevorstehenden Waldgefechte zu intensivieren. Ja, es gelang sogar, ein eigenes Ausbildungsbataillon unter Führung von Mjr. Finkel für diesen Zweck zu bilden.[57]) Durch die Umgliederung und die Zuführung von Genesenen und Ersatz besserte sich auch die Personallage, sodaß die Division Anfang Juli wieder über einen Ist-Stand von 13.221 Mann verfügte. Die Kraftfahrzeug- und die Pferdelage blieb zwar weiterhin sehr gespannt, doch glaubte die Division unter den geschilderten Bedingungen bis etwa Mitte Juli „zu Angriffsaufgaben mit begrenzten Zielen" wieder befähigt zu sein.[58]) Doch dazu sollte es nicht kommen.

Ein erster Hinweis, in welcher Richtung der Schuh bald zu drücken anfangen sollte, erfolgte Anfang Juli, als der Verschleiß im Brückenkopf die 11. ID. zwang, das dort eingesetzte IR. 23 durch das IR. 2 abzulösen. Um dies zu ermöglichen, mußte das IR. 3 den bisherigen Abschnitt des IR. 2 nördlich der Bahnlinie bis Larionoff-Ostroff einschließlich mitübernehmen. Das dort bereits eingesetzte III./GebJg. Rgt. 100 blieb zwar in Stellung, jedoch erhielt das Regiment zusätzlich noch das bisher am Weg von Miagry nach Dubowik, also in der alten „Stützpunktlinie", eingesetzt gebliebene I./IR. 45 unterstellt, das seinerseits seinen bisherigen Abschnitt zwischen Dubowik und dem Stützpunkt III a an die 93. ID. abtrat. Außerdem wurde dem IR. 3 noch das Radfahrbataillon 403 als Regimentsreserve zugeführt. Dies alles war jedoch nur als vorübergehende Regelung gedacht und schien noch kein Grund zu sein, vom Unternehmen „Mückenschleier" abzulassen. Vielmehr war Ende Juni, nach einer über vierteljährigen Abwesenheit, das III./IR. 24 (Hptm. Schwender) von seinem Einsatz südlich Tschudowo zurückgekehrt. Für den 14. 7. war die Zuführung und Aufteilung des Ausbildungsbataillons Finkel vorgesehen und danach sollten die Verbände der Division aus der HKL. gezogen und noch einer intensiven Ausbildung unterzogen werden.

Tatsächlich konnte die Division ab 11. 7. ihren Einsatzraum nördlich der Bahnlinie wieder an die 11. ID. abgeben und sich zwischen dem 12. und 14. 7. so gruppieren, daß die Bereitstellung zum Angriff kurzfristig eingenommen werden konnte. Es standen jetzt in der Bahndammstellung mit Front nach Norden die AA. 21, im „Finger" nach Süden das III./GebJg. Rgt. 85, daran anschließend das IR. 3, dann IR. 24 und am linken Divisionsflügel mit unterstellter PzJgAbt. 21 das IR. 45. Seit dem 19. 7. war als linker Nachbar die 5. Geb. Div. eingeschoben worden, die damit gleichzeitig eine Bataillonsbreite des bisherigen Abschnitts der 21. ID. übernahm (Skizze 29).

Der „Sektpropfen"
Einsatzräume der 21. ID. in der Zeit von Ende Mai – Ende Juli 1942

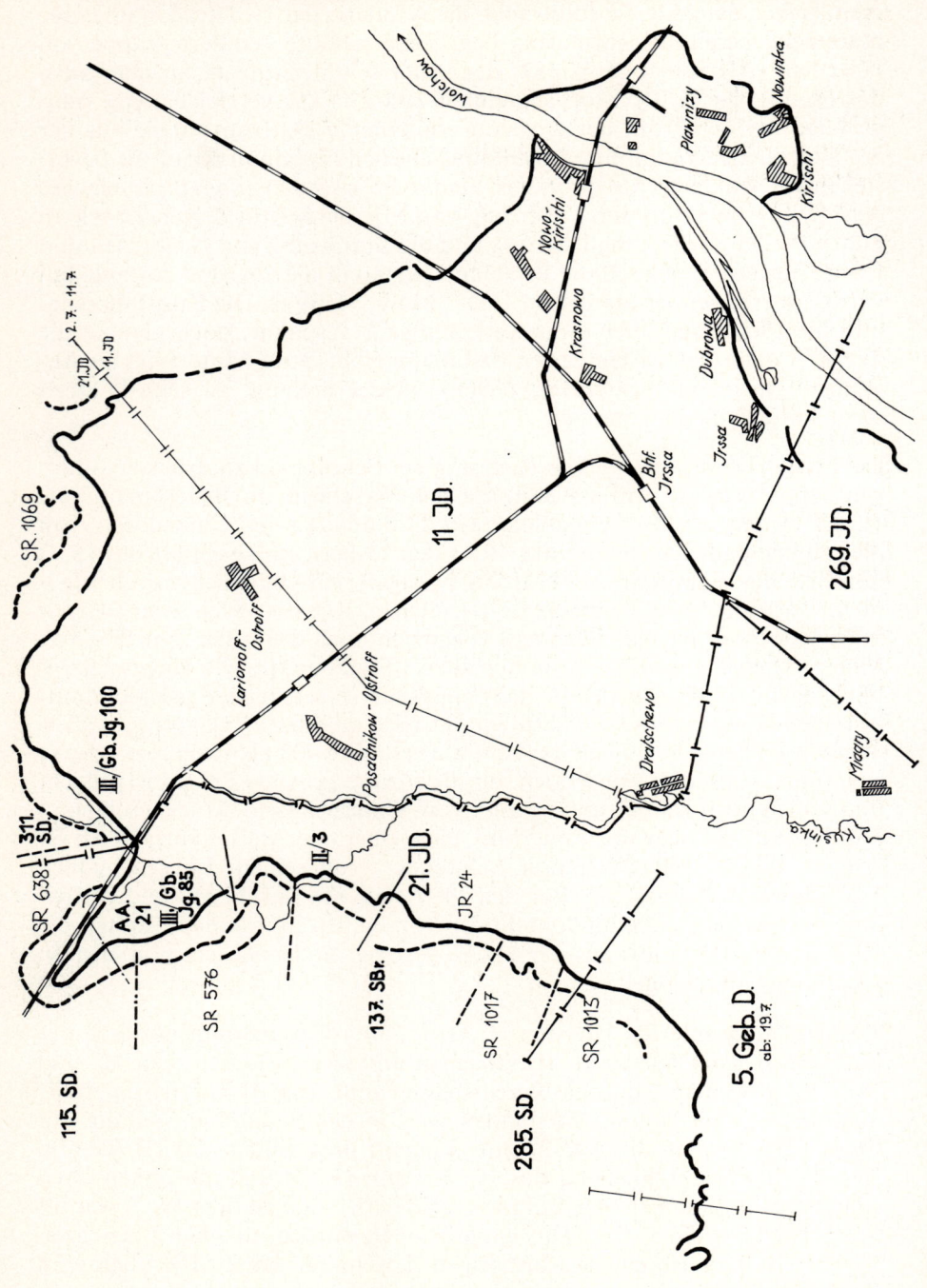

Skizze 29

Soweit war nun für „Mückenschleier" alles vorbereitet. Noch am 28. 7. gab der „Artillerie-Führer der Gruppe Sponheimer" (AR. 21) den „Artillerie-Befehl Nr. 1 zur Versammlung und Bereitstellung zum Angriff ‚Mückenschleier'"[59]) heraus. Doch dann zerriß der Schleier.

War es Zufall oder hatte der Gegner von den laufenden Vorbereitungen doch irgendwie Kenntnis erhalten, jedenfalls steigerten sich die Angriffe der sowjetischen 4. Armee gegen den Brückenkopf ab dem 21. 7. in einer, zumindest für das Korps, doch besorgniserregenden Weise. Am 23. 7. kam es, am Südflügel des Brückenkopfes, zu einem „örtlichen Einbruch".[60]) Die Abwehrkraft der seit über anderthalb Monaten den Brückenkopf verteidigenden 11. ID. näherte sich offensichtlich ihrem Ende. Eine Verstärkung der Brückenkopfbesatzung, ja ihre Ablösung wurde dringend notwendig. Schon in der Nacht vom 23./24. 7. hatte das I./IR. 3 das III./GebJg. Rgt. 100 nördlich der Bahnlinie abgelöst, um dieses Gebirgsjägerbataillon für den Brückenkopf frei zu machen. Aber das war nur noch eine kurzfristige Aushilfe. Vielmehr geriet nun auch die 21. Division selbst in den Mahlstrom dieses Abwehrkampfes, in dem sie wiederum fast zerrieben werden sollte.[61])

Die Truppe war ahnungslos. Am 27. 7. war das II./IR. 3 vom III./IR. 24 noch durchaus planmäßig in der Front abgelöst worden, um in den Raum Dratschewo zur Erholung und Ausbildung verlegt zu werden. Man war froh, endlich aus dem Sumpf herausgekommen zu sein. In Dratschewo gab es sogar eine kleine Sensation: ein KDF-Theater. Endlich glaubte man ausruhen zu können. Da schlug wie ein Blitz aus heiterem Himmel am 29. 7. der Befehl ein, noch in der kommenden Nacht in dem bisher allerdings weniger angegriffenen Nordabschnitt des Brückenkopfs Kirischi Teile des IR. 2, des IR. 44 und der Gebirgsjäger abzulösen.

„Es gab lange Gesichter", stellte später ein Bataillonsangehöriger fest, denn: „Kirischi war den Dreiern nicht neu. Seit einer Woche hörte man es dort wummern, sah Stukas stürzen und hörte bei den Sitzungen auf dem Donnerbalken die neuesten Berichte über Großkampf, Panzerangriffe, Verluste der 11. Inf. Div., mit den in der Latrinenberichterstattung üblichen Ausschmückungen . . ."[62])

Zum Glück für die Truppe regnete es in Strömen, sodaß die Ablösung vom Feinde ungestört vor sich gehen konnte. – Bereits in der folgenden Nacht wurde das I./IR. 3 nachgeführt und zwar nun in den in den letzten Tagen hartumkämpften Südabschnitt des Brückenkopfes. Zur Verstärkung der Panzerabwehr setzten die 14./IR. 3 und die 2./PzJg. Abt. 21 mit insgesamt sechs 7,62, zwei 7,5, einer 5 cm und sechs 3,7 cm Pak über. Am 31. 7. übernahm dann der mit seinem Regiment zunächst noch der 11. Division unterstellte Kommandeur IR. 3, Oberst Hermann, den Befehl über alle im Brückenkopf eingesetzten Truppen, mit Gefechtstand in der sogenannten „roten Fabrik", wo das Brückenkopfkommando bereits im Winter eingerichtet gewesen war.

Die Bataillone waren noch kaum in Stellung, als der Gegner sie bereits in heftige Kämpfe verwickelte, als ob er die im Zuge befindliche Ablösung der

11. ID. durch die 21. Division erkannt hätte und dieses Schwächemoment ausnützen wollte.

Der Gegner vor dem Brückenkopf bestand in der Hauptsache durchweg aus „alten Bekannten". Rechts, am Südrand des Brückenkopfes, und von da entlang des Wolchow nach Süden stand die aus dem Pogostje-Einbruch abgezogene 310. SD. Vor der Stirnseite des Brückenkopfs, also beiderseits der Bahnlinie, lag die seit Januar hier eingesetzte, wahrscheinlich wiederholt aufgefüllte 44. SD. Vor der Nordfront stand seit dem 6. 7. die nach ihrem Desaster im Wolchow-Kessel ebenfalls aufgefrischte 80. KD. und westlich des Wolchow und somit vor der gesamten Nordfront des „Sektpfropfens" war die 311. SD. eingesetzt. An sich keine übermächtige Gruppierung, die allerdings über zwei Trümpfe verfügte: erstens eine außerordentlich starke Artillerie, wie sie vor der Division auf russischer Seite noch nie aufgetreten war. Es waren dies, soweit dies zu erkennen war, das AR. 122 der 44. SD., dazu die Haubitzabteilung 77 und die Mörserabteilung IV./168, deren 20,5 cm Geschütze bereits am 30. April unangenehm in Erscheinung getreten waren (vgl. S. 158), ferner möglicherweise auch das s.AR. 1197. Zudem standen dem Gegner zahlreiche Salvengeschütze und später wohl auch der eine oder andere Panzerzug auf der Bahnlinie zur Verfügung. Wahrscheinlich wirkten außerdem zumindest Teile der Artillerie der 310. und 311. SD. (AR. 860 und 855) ebenfalls in den Brückenkopf. Der zweite, womöglich noch größere Trumpf war eine für diesen relativ kleinen Frontabschnitt starke Panzerwaffe. Während des Einsatzes der 11. ID. waren nördlich der Bahn die 195. PzBrig. und südlich davon die 185. PzBrig. aufgetreten. Wie weit Teile davon Anfang August noch da waren, ist fraglich. Die 21. Division hatte es während ihres Einsatzes im Brückenkopf hauptsächlich mit der kurz zuvor hierher verlegten 7. Garde-Panzerbrigade unter GM. Boris A. Schneider zu tun, in deren Reihen auch der Sohn von General Merezkow als Offizier diente. Zur Verstärkung dieses Panzerverbands wurde um den 4. 8. auch noch die vorher vor dem Nordabschnitt des Brückenkopfes eingesetzt gewesene 24. SBrig. nun vor dessen Südabschnitt verlegt.

Auf Grund bitterer Erfahrungen, die die Panzerbesatzungen im Kampf mit der 11. ID. gemacht hatten, verfolgten sie nun eine neue Taktik, indem sie, in Keilform angreifend und sich gegenseitig Feuerschutz gebend, so nahe an die deutsche HKL heranfuhren, daß ihre Bekämpfung durch Artillerie und Infanteriegeschütze infolge der Streuung der Rohre äußerst schwierig wurde. Aus dieser Stellung heraus vernichteten sie sodann die einzelnen Widerstandsnester. Das Schlimmste war, daß ihnen nichts Gleichwertiges entgegengestellt werden konnte. Denn selbst wenn die Division über Panzer oder Sturmgeschütze verfügt hätte, so wäre es unmöglich gewesen, diese in den Brückenkopf überzusetzen. Zu alledem kam noch die ziemlich unbeschränkte Herrschaft der sowjetischen Luftwaffe über dem Brückenkopf.

Auf deutscher Seite glaubte man zu wissen, daß diese Feindgruppierung vor dem Brückenkopf unter der Führung des IV. Garde-Schützenkorps stünde, jenes Stabes, der, vorher im Pogostje-Kessel eingesetzt, von dort nachweislich abgezogen worden war. Nach anderen Ansichten war es das VI. Garde-Schützenkorps gewesen, das im Frühjahr zur Verstärkung der 2. Stoßarmee gebildet worden war, und das Ende August auch in der 1. Ladogaschlacht eingesetzt werden sollte.

Wer immer aber auch die Führung innegehabt haben mag, ihr Konzept war merkwürdig ideenarm. Nur in der allerersten Zeit nach Übernahme des Brückenkopfes durch die 21. ID. griff der Gegner den Brückenkopf konzentrisch an, während er dann seinen Schwerpunkt fast ausschließlich auf den Südabschnitt beschränkte, um den noch gegen die 11. ID. erzielten Einbruch bei Plawnizy zum Durchbruch zu erweitern. Und fast wäre ihm dies auch gelungen, wenn nicht ein Mann unter Opferung seines Lebens ihn daran gehindert hätte: das war Oberst Hermann.

Dieser hatte noch kaum seinen Gefechtsstand bezogen, als der Gegner bereits unter massivem Panzereinsatz und nach starker Feuervorbereitung den Brückenkopf im Norden und Süden, hier allerdings mit Schwerpunkt, angriff. Die Ablösung war infolge der schwierigen Orientierung während der Nacht und des starken Artilleriefeuers wegen noch nicht vollständig durchgeführt, als die Panzer bereits anrollten. Etwa 15 von ihnen brachen im Süden durch und rollten auf Punkt 27,7 und auf die rote Fabrik zu. Gleichzeitig gelang im Nordabschnitt drei Panzern ein örtlicher Einbruch, während sechs andere die Kampfstände dort unter vernichtendes Feuer nahmen. Immerhin konnte am Nachmittag im Nordabschnitt die alte HKL. wieder genommen werden. Zur gleichen Zeit gelang es, die Einbruchstelle im Süden durch den Pi. Zug IR. 3, den Reservezug I./IR. 3 und das III./GebJg. Rgt. 100 notdürftig abzusichern. Dabei fiel der Chef der 14./IR. 3, Oblt. Preuß, nachdem er von 4 angreifenden Panzern drei abgeschossen hatte. Nach wechselvollen Kämpfen, insbesondere um den sogenannten „Jägerwald" südostwärts Plawnizy, der natürlich kein Wald mehr war, sondern ein Gewirr von zersplitterten Baumstämmen und Strünken, war auch hier gegen 20.00 Uhr die Lage einigermaßen klar: in 14 Angriffen mit Unterstützung von 40 – 50 Panzern war dem Feind auf 500 Meter Breite ein Einbruch von etwa 200 Meter Tiefe gelungen. Am Abend konnte mit der zugeführten 3./IR. 23 der Einbruch sicher abgeriegelt werden.

In der Nacht vom 1./2. 8. wurde das II./IR. 24 unter der Führung von Hptm. Alex in den Brückenkopf überführt, um zum Gegenangriff auf die Einbruchstelle bei Plawnizy eingesetzt zu werden. Schon das Hineinführen in den Bereitstellungsraum lag unter ständigem Artilleriefeuer, während Nachtbomber die Übergangsstelle, die Brücke und auch den Regimentsgefechtstand mit Bomben belegten. Mit Eintreten der Abenddämmerung steigerte sich das Feindfeuer erneut zum Trommelfeuer. Die für den Angriff zugesagte Luftwaffenunterstützung war wegen der Wetterlage abgesagt worden. Ungeachtet dieser widrigen Umstände entschloß sich Oberst Hermann, anzugreifen. Nach einem Feuerschlag der eigenen Artillerie trat das II./IR. 24 am 2. 8. um 3.36 Uhr an und konnte nach hartem Kampf in Zugbreite den Südrand des „Jägerwaldes" erreichen. Mehr war vorderhand nicht möglich. Um die damit stark verengte Einbruchstelle auszubeulen, sollte am Abend ein konzentrischer Angriff von I./IR. 3, 3./IR. 23 und 5./IR. 24 erfolgen. Doch bis dahin war es lang und lag die vorne in Trichtern und Ruinen eingesetze Truppe im pausenlosen Feuer. Ab Mittag griffen feindliche Bomber, Schlachtflieger und Jäger laufend an und um 16.45 Uhr steigerte sich das Feuer erneut zum Trommelfeuer, vielleicht um die erkannten deutschen Angriffsabsichten im Keim zu ersticken. – Endlich um 17.30 Uhr erfolgte ein eigener Stuka-Angriff auf die Einbruchstelle und am Abend wurde dann, wie geplant, angegriffen. Oberst Hermann führte persönlich die 3./IR. 23 vor. Unter erheblichen Verlusten konnte um 23 Uhr eine durchgehende Linie gebildet werden, aber bereits um 1 Uhr früh (3. 8.) mußte die 3./IR. 23 nach hartem Kampf ihre neu gewonnene Stellung wieder aufgeben. Als Oberst Hermann davon Meldung erhielt, befahl er für 3.30 Uhr einen neuerlichen Angriff und zweieinhalb Stunden später war die durchgehende Verbindung zum zweiten Mal hergestellt. Wieder folgte ein langer Tag, an dem drei Gegenangriffe gegen die Riegelstellung abgewehrt werden konnten. Aber noch war die alte HKL. nicht im vollen Umfang zurückgewonnen. Um dies zu erreichen, wurde unter Hptm. Sürenhagen aus einem Zug 3./IR. 3, der 1./IR. 3 und dem Pi. Zug IR. 3 eine Gruppe gebildet, die um 21.10 Uhr, nach einem zusammengefaßten Feuerschlag der gesamten Artillerie, in Stoßtrupps gegliedert, antrat. Rauch und Nebel begünstigten das Unternehmen. Teils in erbitterten Nahkämpfen, immer wieder Gegenstöße abwehrend und vom persönlichen Beispiel des Hauptmanns Sürenhagen vorgerissen, bahnten sich seine Männer ihren Weg. Die Regimentsreserve, je zwei Gruppen I./IR. 3, II./IR. 24 und III./GebJg. Rgt. 100, wurden heranbefohlen, kamen aber infolge rollender Fliegerangriffe und des ununterbrochenen Artillerie- und Salvengeschützfeuers kaum vorwärts. Um 23.30 lief sich der Angriff der Gruppe Sürenhagen vor weit überlegenen, mit Panzern verstärkten Feindkräften fest. Neuerliche Bereitstellung. Auch die 5./IR. 24 kommt nun heran, aber vorher muß um halb ein Uhr früh (4. 8.) ein feindlicher Gegenangriff im Nahkampf abgewehrt werden. Der unter schweren Verlusten zurückweichende Gegner wird dabei noch vernichtend von der Artillerie gefaßt, die wegen nicht klappender Verbindung das Sperrfeuer zu spät auslöste. Aber eine Stunde später (1.40 Uhr) greift der Feind erneut mit Panzerunterstützung an. Im verbissenen Nahkampf und unter großen Verlusten auf beiden Seiten gelang ihm nun an zwei Stellen ein Durchbruch. Hptm. Sürenhagen, selbst verwundet, warf sich mit wenigen Männern dem Feind entgegen. Umsonst, die Stellung konnte nicht mehr gehalten werden. Scheinbar unaufhaltsam drang der Feind nun Richtung Fabrik vor. Nichts schien ihn mehr aufhalten zu können. Da raffte Oberst Hermann die Männer seines Regimentsstabes, den Rgt. Radfahrzug, den Komp. Trupp der 14./IR. 3 und zwei Bedienungsmannschaften der PzJg. Abt. 21 zusammen und führte sie persönlich dem Feind entgegen. Und das Unwahrscheinliche gelang. Ihrem Oberst folgend, warfen die wenigen Soldaten im erbitterten Nahkampf den Feind zurück, befreiten eingeschlossene, verschiedentlich nur noch drei Mann starke, aber sich zäh verteidigende Gruppen und erreichten die Gegend am Wegeknick bei Punkt 27,7. Dort fiel Oberst Hermann durch den Feuerstoß eines 20 Meter vor ihm eingebauten russischen MG.[63]) (Skizze 30).

Mit dieser für die Verteidigung des Brückenkopfes entscheidenden Tat, die auch durch die posthume Verleihung des Ritterkreuzes an Obst. Hermann ihre Anerkennung fand, war die Division davor bewahrt worden, den Brückenkopf verloren zu haben, bevor sie ihn überhaupt noch richtig über-

Lage der 21. Division am 11.8.1942

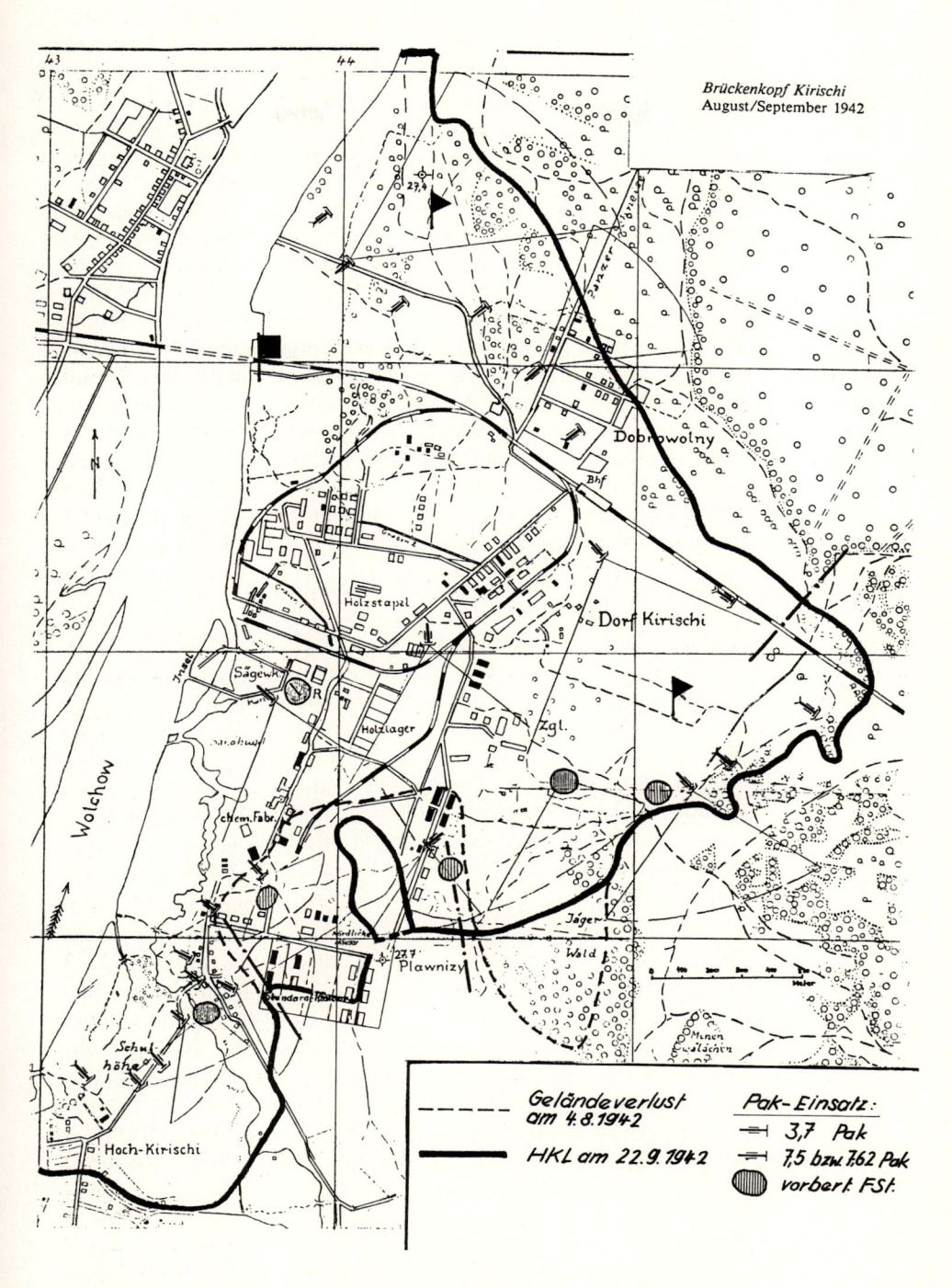

nommen hatte. Denn die Ablösung und damit der Befehlswechsel im bisherigen Abschnitt der 11. ID., das heißt also im Frontbogen zwischen Wolchow und etwa dem Stützpunkt 13 nordostwärts Larionoff-Ostroff, wie auch im Brückenkopf, durch die 21. ID. war erst am Vortag, dem 3. 8. um 18.00 Uhr erfolgt. Die Masse der Verbände der Division befand sich noch vor der Ostseite des Pogostje-Einbruchs, die Artillerie in Umgruppierung, was noch am 4. 8. zu Klagen der Infanterie im Brückenkopf wegen zu geringer Unterstützung führte. Doch dann gelang es, die Lage „in den Griff" zu bekommen. (Vgl. Anlage 35)

Im Brückenkopf übernahm zunächst Hptm. Engbrecht an Stelle des gefallenen Oberst Hermann den Befehl über das IR. 3 und überließ Oblt. Schaper die Führung seines Bataillons. Im Laufe des Tages traf die Nebelwerfer-Abteilung 2 ein, wurde der Division unterstellt und ging mit zwei Batterien westlich des Brückenkopfes in Stellung. Zu einem Gegenangriff in demselben fehlten dort aber die Kräfte. Das IR. 45 hatte das IR. 23 an der „Nordfront", zwischen Wolchow und dem Stützpunkt 13 (nordostwärts Larionoff-Ostroff) abzulösen. Die AA. 21 stand noch in ihrem alten Abschnitt im „Finger". Blieb also nur das ursprünglich als Divisionsreserve vorgesehene III./IR. 24 übrig, das aber auch erst seine Stellung an der Kusinka übergeben mußte und vor den Abendstunden des 4. 8. nicht an der Fährstelle über den Wolchow eintreffen konnte.

Bis dahin blieb der Brückenkopf auf sich selbst gestellt. Immer wieder griff die feindliche Luftwaffe an, während in der sogenannten „Panzermulde", einer Senke zwischen Nowinka und Plawnizy, deutlich Kräfte bereitgestellt wurden. Dann, um 19.45 Uhr, steigerte sich das Artilleriefeuer wieder zum Trommelfeuer, und der Gegner griff noch einmal mit 700–800 Mann und 15 Panzern die Riegelstellung und den Südrand des Jägerwaldes an. Er wurde abgewiesen. Die Krise war gemeistert. Um 22 Uhr traf das III./IR. 24 an der Übersetzstelle ein, wurde jedoch, um die Truppe zu schonen, zunächst am Westufer untergebracht. Der Regimentsgefechtsstand IR. 3 war inzwischen an das Ostende der Eisenbahnbrücke zurückverlegt worden und dort übernahm gegen 23.10 Uhr Obst. Arning den Befehl über den Brückenkopf.

Bereits in diesen wenigen Tagen seit dem ersten Einsatz des II./IR. 3 waren die im Brückenkopf eingesetzten Truppen mit einer neuen, bisher noch nie erlebten, sondern nur aus der Erzählung der Väter bekannten Variante des Krieges konfrontiert worden: der Materialschlacht. Sie sollte den kommenden Wochen das Gepräge geben: tagsüber lag fast ständig Artillerie- und Granatwerferfeuer auf den Stellungen. Dazu kamen laufend Fliegerangriffe, denn die Luftüberlegenheit lag jetzt eindeutig auf sowjetischer Seite. Bewegungen waren daher bei Tag fast unmöglich. Nicht einmal Melder kamen durch. Schwoll dann aber auf einmal das feindliche Feuer zum Trommelfeuer an, vernahm man womöglich in diesem Getöse noch das dumpfe Brummen der Panzermotoren, dann wußte man: Sie kommen! Dann wurden Trichterränder und Ruinentrümmer besetzt, dann heulte meist auch bald das Sperrfeuer der eigenen Batterien heran. Führung und Feuerleitung waren allerdings fast nur über Funk möglich. Gelang es nicht, den Feind schon in der Bereitstellung durch Feuer zu zerschlagen, dann waren es die einzelnen, oft ganz auf sich gestellten Widerstandsnester, aus denen heraus nicht selten kleinste Gruppen die in die HKL. eingedrungenen Panzer mit Minen und Hafthohlladungen ansprangen und die sie begleitende Infanterie nur zu oft erst im Nahkampf zurückschlugen. Meistens wurde, auf beiden Seiten, erst gegen Abend angegriffen, um die einfallende Dämmerung als Schutz auszunützen und dann in der Dunkelheit die eventuell neu gewonnenen Stellungen sofort gegen Gegenstöße ausbauen zu können. Die Angriffsziele waren relativ kurz gesteckt. Es ging um Trichter, einzelne Bunker, um Widerstandsnester, in denen bewegungsunfähig geschossene Panzer als gepanzerte Geschützstände und B-Stellen dienten. Ein Geländegewinn von 200, 100 ja 50 Metern galt als ein Erfolg, zu dem der Divisionskommandeur die Truppe beglückwünschte. Der Boden im Brückenkopf trug schon längst keine Bewachsung mehr, fast jeder Quadratmeter war von Einschlägen umgepflügt. Die Karten mit ihren Einzeichnungen boten in dieser Wüste keine Orientierungshilfe mehr. Wer hier nicht „zu Hause" war und die örtlichen Merkmale kannte – hier den ausgebrannten Panzer, dort den roten Ziegelhaufen oder den eingestürzten Bunker –, der war verloren. Wenn während der kurzen Nachtstunden – es war ja die Zeit der „hellen Nächte" des Nordens – die Kampftätigkeit vorübergehend etwas abflaute, dann kam wohl Leben in die Stellung. Essenholer und Munitionsträger keuchten heran, Reserven wurden in Stellung geführt oder verschoben; die Kompanieführer und Bataillonskommandeure gingen ihre Abschnitte ab. Von einem solchen Gang ist in der Nacht vom 7./8. der Ritterkreuzträger Hauptmann Engbrecht, Kommandeur des I./IR. 3, nicht mehr zurückgekehrt. Und dann waren da noch die Schwerverwundeten, die es zu versorgen galt. Ihnen stand ein langer und beschwerlicher Weg bevor.

Etwa 300 m ostwärts des Wolchow, relativ nahe hinter der HKL. befand sich der Hauptverbandsplatz des Brückenkopfes. Dort arbeitete der Chef der 1./San. Kp. 21, Stabsarzt Dr. Schneider, mit seinen Männern praktisch rund um die Uhr. Wer weiß, wie viele ihm das Leben verdankten! Unter unglaublichsten Verhältnissen, oft unter schwerem Beschuß, mußten schwierigste chirurgische Eingriffe ausgeführt werden.[64]) Dann wurden die Verwundeten in Bunkern untergebracht und mußten bis zum Einbruch der Dämmerung warten, um zur Fährstelle getragen zu werden. Dort mußte es dann schnell gehen, denn pünktlich mit Einbruch der Dunkelheit erschienen die Nachtbomber über dem Brückenkopf und warfen ihre Bomben, hier und im rückwärtigen Divisionsbereich. Ungeachtet dessen und des immer wieder auflebenden Störungsfeuers unterhielten Pioniere der 3./Pi. 21 den Fährbetrieb. Ja, selbst bei Tag setzten sie Verwundete mit operablen Bauchschüssen im Sturmboot über. Am jenseitigen Ufer ging es dann mit Krankenwagen oder zurückfahrenden leeren Munitionsfahrzeugen bis zur Verwundeten-Umschlagstelle am Gleisdreieck. Dort erfolgte eine neuerliche Umladung auf die Eisenbahn, die behelfsmäßig zwischen Irssa und dem Bahnhof Tur verkehrte. Hier wurden die Verwundeten von der 2./San. Kp. 21 übernommen und ihr Abtransport zu Schiff auf der Tigoda, dem Hauptnachschubweg der Division, bis zum Hauptverbandsplatz Beresowik oder zum Feldlazarett oder noch weiter nach rückwärts veranlaßt. Währenddessen floß in der Gegenrichtung, auf dem selben Weg, der Nachschub – Munition, Stellungsbaumaterial und sonstige Versorgungsgüter – nach vorne.

Und das war nicht wenig, soweit man zumindest die bisherigen Verhältnisse im Auge hatte. Allein während des Monats August wurden von den Batterien des AR. 21 und der I./AR. 57 38.093 Schuß lFH, 8.684 Schuß sFH und 312 Schuß 22 cm-Mörser (fr.), also insgesamt 1.510 Tonnen Munition, vornehmlich vor den Brückenkopf, verschossen.[65]) Dazu kamen noch der Munitionsverbrauch der Artilleriegruppe Haertlein, der Nebelwerfer, der schweren Infanteriewaffen und schließlich die Infanteriemunition und die Nahkampfmittel.

Wie immer auf exponierten Positionen bildete sich auch hier bald eine eigene Welt, eben die des Brückenkopfes, eine Welt des Grauens, aber auch des unbeugsamen Widerstandswillens. Jeder eingesetzte Soldat, vom Kommandeur bis zum letzten Schützen, wußte, daß es kein Zurück gab. Die Brücken waren verbrannt, das heißt genauer gesagt: *die* Eisenbahnbrücke, dreißig Meter über dem Fluß, das Wahrzeichen des Brückenkopfs, war im vergangenen Herbst, wegen drohenden Feindangriffs auf Befehl der Armee an zwei Stellen gesprengt worden, sodaß die Landstöße herunterstürzten und nur noch für Fußgänger passierbar blieben. Über diese „heilige Straße", die, weil weithin sichtbar und daher unter beobachtetem Feuer liegend, ständig ihre Opfer forderte, wanderten jede Nacht Ablösungen, Leichtverwundete, Trägerkolonnen. Wer diesen Weg einmal gegangen war, hat ihn nie mehr vergessen.

Natürlich hatte dieser, nur mit ganz unzulänglichen Strichen skizzierte, „Brückenkopf-Alltag"[66]) seine Varianten, die zu schildern ein eigenes Buch füllen würde, das – in Anlehnung an klassische Vorbilder – den Namen tragen müßte: „Bei Kirischi nichts Neues". Diesen Eindruck gewinnt man zumindest, wenn man die Tagebuchaufzeichnungen des Generalstabschefs des Heeres während der ersten Augusthälfte 1942 durchblättert. Da heißt es zum Beispiel: 4. 8. „Kirischi Südost Angriff und örtlicher Einbruch ohne Bedeutung", am 9. 8.: „Bei Kirischi werden die aufreibenden Kleinkämpfe fortgesetzt", oder am 10. 8.: „Außer Kämpfen bei Kirischi nichts Besonderes", und schließlich am 11. 8.: „Übliche Kämpfe bei Kirischi".

Das kann man schon verstehen. Die Augen der gesamten Ostfront waren zu diesem Zeitpunkt auf den Südabschnitt gerichtet, wo die Heeresgruppe Süd auf Stalingrad vorstieß und bei der Heeresgruppe Nord, wie wohl auch bei der 18. Armee mehrten sich gerade in diesen Tagen die Anzeichen für einen sowjetischen Großangriff südlich des Ladoga-Sees, den man in der zweiten Augusthälfte zu gewärtigen hatte. Aber für die 21. Division sahen diese „üblichen Kämpfe" doch anders aus. Sie hatten bereits am 7. 8. dazu geführt, daß der Gegner mit Panzern wiederum bis knapp vor die Fabrik vordrang. Mit letzter Kraft gelang es, vor allem den Männern der 13./IR. 3, einen Durchbruch zu verhindern. Nur noch Schwerverwundete durften den Brückenkopf verlassen. Die Verluste, insbesondere des am 5. 8. zu einem Gegenangriff neu eingesetzten III./IR. 24, wie auch die des durch die vorangegangenen Kämpfe geschwächten II./IR. 24 waren so schwer, daß beide unter dem Befehl von Hptm. Alex zu einem „Bataillon 24" zusammengefaßt werden mußten. Dennoch meldeten am Abend des 7. 8. sowohl das I./IR. 3, als auch das Bataillon 24, daß sie die in der HKL. entstandene Lücke aus eigener Kraft nicht mehr zu schließen vermöchten.

Nun war das I./IR. 45 an der Reihe. Um das Bataillon aus seiner bisherigen Stellung am linken Divisionsflügel herausziehen zu können, mußte es durch das IR. 23 abgelöst werden, womit die 11. ID. ihren Divisionsabschnitt nach rechts bis zur Elektroschneise verbreiterte (vgl. Skizze 31). Das I./IR. 45 wurde daraufhin in der Nacht vom 8./9. 8. in den Brückenkopf geführt und sollte aus der Linie Nowinka — Plawnizy heraus in Richtung Wegeknick bei Punkt 27,7 angreifen und so den Einbruch bereinigen. Nach starker Artillerievorbereitung wurde am 9. 8. um 3.00 Uhr morgens angetreten. Der Anmarsch in die Sturmausgangsstellung hatte die Truppe bereits sehr angestrengt. „Trotzdem war der Schwung, mit dem das Bataillon angriff, wie in den besten Tagen. Es ging durch das aufgeweichte Gelände schnell etwa 400 Meter vorwärts", meldete nachher der Bataillonskommandeur, Mjr. Meseck.[67] Dann aber blieb der Angriff in dem ungemein starken Abwehrfeuer liegen. — Wieder Fliegerangriffe, wieder Vernichtungsfeuer der sowjetischen Artillerie, wieder Gegenangriffe mit Panzern. Am Abend meldeten I./IR. 3 und Bataillon 24, daß die Kampfstärken nicht mehr ausreichten, um die Stellung zu halten. Das I./IR. 45 hatte bei dem Angriff zwei Kompaniechefs verloren, die 1. Kompanie etwa 100 (!) Mann Verluste. „Die Leute sind bei den schweren Ausfällen, Anstrengungen und dem ungeheuren Feindbeschuß schwer zusammenzuhalten, auch Unterführer werden gleichgültig und stumpf. Trotzdem werde ich es schaffen", meldete Mjr. Meseck dem Brückenkopfkommando.[68] Doch dort, wie bei der Division war klar: es half alles nichts, die AA. 21, die gerade erst planmäßig in ihrem alten Abschnitt durch das II./IR. 23 (11. ID.) abgelöst worden war, konnte nicht wie geplant in die Riegelstellung am Wolchow geführt, sondern mußte in der Nacht vom 10./11. 8. auch in die Schlacht geworfen und am Nordrand des Einbruchs im Brückenkopf eingesetzt werden.

Wie lange konnte dies so noch weitergehen? Schon waren die ersten Stützungsmaßnahmen notwendig geworden. Neben der Verengung des Divisionsabschnitts waren der Division noch das I. und II./IR. 469 der 269. Division, also des rechten Nachbarn, zugeführt worden. Mit dem II./IR. 469 wurde das II./IR. 45 (ohne 5. Kompanie) aus seinem Abschnitt zwischen Wolchow und Elektroschneise abgelöst und vorläufig als Divisionsreserve bereitgestellt. Das I./IR. 489 ersetzte im Brückenkopf das abgekämpfte III./GebJg. Rgt. 100 beiderseits der Bahnlinie. Schließlich löste die PzJg. Abt. 21 (ohne 2. Kompanie) die noch immer in der „Riegelstellung" liegende PzJg. Abt. 11 ab. Sämtliche auf dem Westufer befindlichen Teile der Division (also II./IR. 45, II./IR. 469, PzJg. Abt. 21) wurden dem Kommandeur IR. 45, Oberst Chill, unterstellt.[69] Freilich für nicht sehr lange, denn die Mühlen der Materialschlacht mahlten ununterbrochen weiter. Schon war die AA. 21 dieser Unterstellung entzogen worden. Und zwischen dem 13. und 15. 8. erreichten die russischen Versuche, den Brückenkopf doch noch einzudrücken, einen neuen Höhepunkt.

Nach einer erheblichen Feuervorbereitung durch Artillerie und Granatwerfer, wobei zum ersten Mal auch Flammöl verschossen wurde, erfolgte am 13. 8. zunächst ein Angriff von zehn Flugzeugen mit Bomben und Bordwaffen, wobei allerdings drei abgeschossen werden konnten. Dann um 6.35 Uhr ein erster Ansturm bei Nowinka, — abgeschlagen! Neuerlicher

Skizze 31

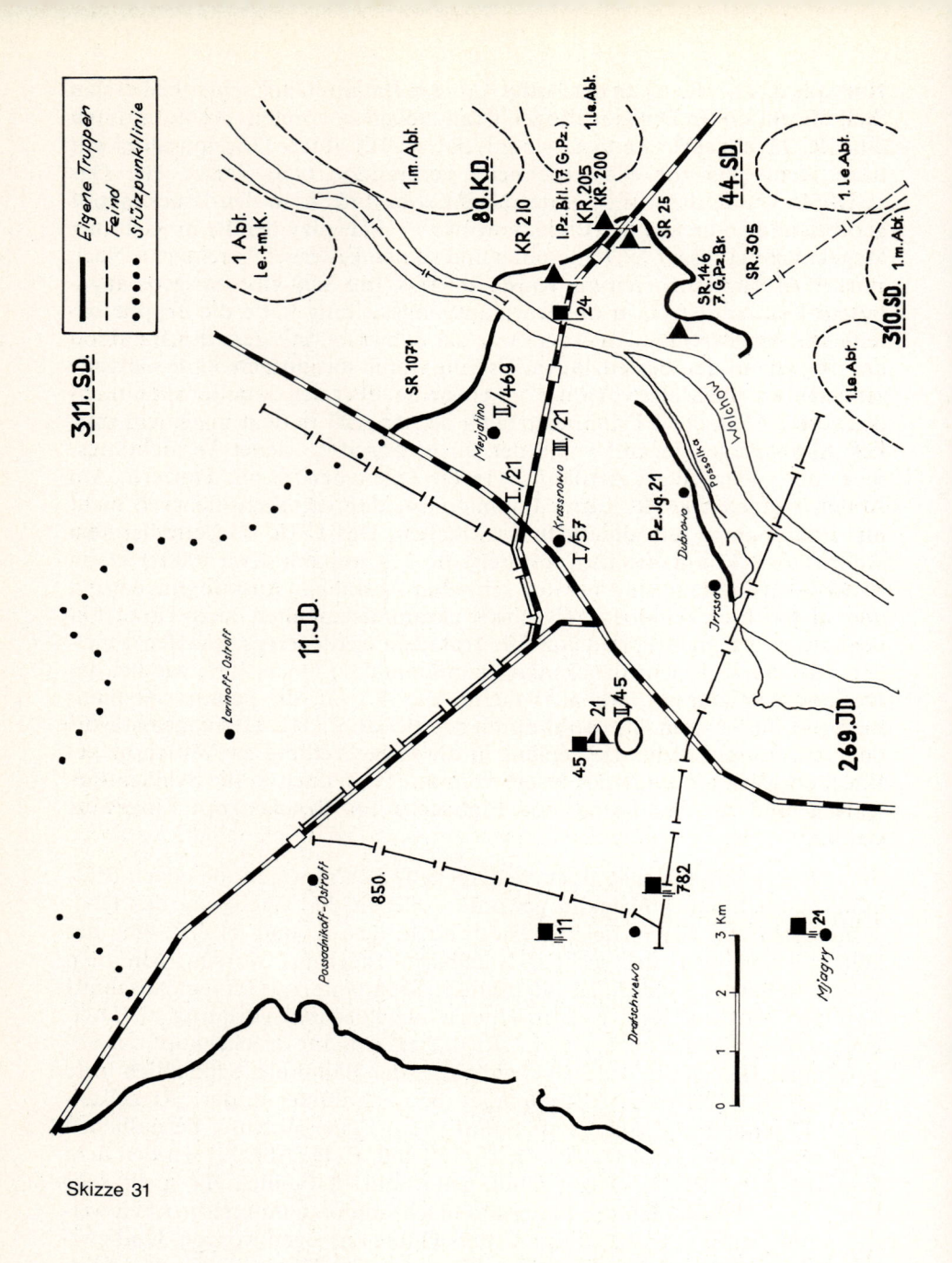

Angriff zwischen Dorf Kirischi und Nowinka, dabei Einbruch mit vier Panzern. Zwei werden abgeschossen, Teile des I./IR. 3, die dadurch abgesplittert wurden, verteidigten sich bis zum letzten Mann. Der Befehl zum Wiederherstellen der HKL. konnte nicht ausgeführt werden, da die Kräfte kaum zum Halten der Stellung ausreichten. Auch bei Plawnizy, beim I./IR. 45, brachen zwei Feindpanzer ein, machten aber kehrt, als die nachfolgende Infanterie niedergekämpft worden war. Um 13.45 Uhr neuerlicher Angriff auf die gesamte Südfront des Brückenkopfes. Besonders bei Dorf Kirischi wurde die Lage sehr ernst. Das Dorf, besser der Raum, wo es einmal stand, mit der „Schulhöhe" am Nordausgang, lag unter schwerem Beschuß. Ein Widerstandsnest nach dem anderen wurde von den Panzern zerschossen. Verstärkung zuzuführen war nicht möglich; sie stand auch nicht zur Verfügung. Zwischen der Schulhöhe, wo sich letzte Teile der 2./IR. 3, Pak-Schützen und Bataillonsmelder verbissen verteidigen, und der 3./IR. 3 bei Nowinka klaffte eine Lücke von 300 Metern, die das Bataillon nicht mehr zu schließen vermochte. Um 19.00 Uhr gab es noch einmal Alarm: der Gegner nebelte sich ein, jedoch wie sich bald zeigte, um seinen Rückzug zu decken. Auch er hatte genug. Auch seine Verluste müssen schwer gewesen sein. Im fernen Führerhauptquartier nahm man zur Kenntnis: „Erfreulicher Abwehrerfolg bei Kirischi".[70])

In der Nacht wurde das ausgeblutete I./IR. 3 durch das letzte noch nicht im Brückenkopf zerschlagene Bataillon der Division, nämlich vom II./IR. 45, abgelöst und auf das Westufer des Wolchow zurückverlegt. Im Brückenkopf lagen nun von rechts nach links: II./IR. 45, I./IR. 45, AA. 21 und „Bataillon 24" an der Südfront, daran anschließend das I./IR. 469 beiderseits der Bahnlinie und schließlich an der Nordseite das II./IR. 3.

Auch in der Führung des Brückenkopfs war ein Wechsel eingetreten: am 14. 8. um 3.00 Uhr früh übergab Oberst Arning den Befehl an Oberst Chill und übernahm an dessen Statt die Führung über die Verbände westlich des Wolchow. Die folgenden Tage waren dann vergleichsweise ruhiger, was nicht heißen will, daß der „normale" Beschuß und die laufenden Fliegerangriffe nachgelassen hätten. Immer wieder griffen auch feindliche Stoßtrupps, von einzelnen Panzern unterstützt, an, konnten aber überall abgewiesen werden. Nichtsdestoweniger war die zunehmende Erschöpfung der Truppe auch an ihrem Gesundheitszustand abzulesen. Bei dem seit 3 Wochen im „ruhigen" Nordabschnitt eingesetzten II./IR. 3 waren 70% der Männer magen- und darmkrank, 40% hatten Blutstuhl; ein zunächst geplanter Einsatz des Bataillons an der Südfront des Brückenkopfes mußte daher zurückgestellt werden. Man konnte froh sein, wenn es seine bisherige Stellung noch für kurze Zeit halten konnte. Und das war wichtig, denn im Südabschnitt sollte, die anscheinende Erschöpfung des Gegners ausnützend, nun zum Gegenangriff und damit zur Wiederherstellung der alten HKL. geschritten werden. Immerhin wurde ein Zug der 5./IR. 3 dafür herausgelöst, um mit dem I./IR. 45 und der AA. 21 die Einbruchstelle bei Nowinka zu bereinigen.

Das Unternehmen „Sektpulle", das am Abend des 22. 8. anlief,[71]) brachte zwar eine gewisse Verengung des Einbruchs, aber keinen vollen Erfolg. So sollte denn noch ein letzter Versuch gemacht werden, der bezeichnenderweise den Decknamen „Großreinemachen" erhielt.[72]) Dafür waren aber gewisse Umgruppierungen unerläßlich. Das seit fast einem Monat im Brennpunkt der Kämpfe stehende „Bataillon 24" wurde an die Nordfront des Brückenkopfes verlegt und das dort abgelöste II./IR. 3 vorübergehend aus dem Brückenkopf herausgenommen.

Damit war nun das gesamte IR. 3, beziehungsweise was von ihm noch übrig war, in Ruhestellung. Das I. Bataillon war inzwischen zu einer taktischen Kompanie unter der Führung von Hptm. Babel umgegliedert worden, die aber nur zu bald gebraucht werden sollte. Bereits am 27. 8. wurde die Kompanie I./3 alarmiert, um wieder in den Brückenkopf zurückzukehren, wo zunächst ein Zug zwischen I. und II./IR. 45 eingesetzt wurde. Dem II./IR. 3 waren noch fünf Tage Ruhe gegönnt, bis es unter der Führung von Hptm. Eckstein sich auch wieder auf den Weg zum Brückenkopf aufmachte, um dort bei „Großreinemachen" mitzuwirken.
Es war 18.25 Uhr, als am 2. 9. schlagartig das Vernichtungsfeuer der schweren Infanteriewaffen auf die Einbruchsstelle einsetzte und die gesamte vor den Brückenkopf wirkende Artillerie einen Feuervorhang vor die Front legte. Binnen kurzem war der Südteil des Brückenkopfes in Rauch und Staub gehüllt. In ihn und in das bald einsetzende, freilich eher ziellose, weil unbeobachtete russische Artilleriefeuer hinein griffen ohne Zögern die ausgebluteten Kompanien des II./IR. 3, verstärkt durch 5 Gruppen des Pionierbataillons 21, ferner zwei Stoßtrupps des I./IR. 45 und zwei der AA. 21 an. Diesmal, so hoffte man, mußte es gelingen. Endlich einmal war man nicht nur Amboß, sondern wieder Hammer, wenngleich auch kein sehr wuchtiger mehr. Um 19.10 Uhr kam die erste Meldung: „6./IR. 3 hat die Ost-West-Straße überschritten, 5. Kompanie dringt in die Standarthäuser ein". Die Verluste waren hoch, aber um 20.25 Uhr meldeten beide Kompanien: „Angriffsziel erreicht!" Zum I./IR. 45 war Verbindung vorhanden, zur 7. Kompanie nicht. Sie war vor eingebauten Panzern liegen geblieben, wurde gesammelt und von der AA. 21 neu angesetzt. Nun kam zwar Verbindung mit der 5. Kompanie zustande, aber die anbrechende Helligkeit gebot dem Angriff zunächst Halt. Er sollte um 20.30 Uhr wieder fortgesetzt werden, um den Punkt 27,7 zu erreichen und die noch bestehende Lücke zu schließen.

Tatsächlich traten mit Einbruch der Dämmerung, obwohl das II./IR. 3 bereits 50% Ausfälle hatte, die Stoßtrupps der 6. Kompanie, zusammen mit Teilen des I./IR. 45, erneut nach Südosten an. Es gelang zwar, die Verbindung mit den eigenen Kräften im Osten herzustellen, auch russische Gegenangriffe abzuwehren, aber eine Lücke blieb bestehen, die man zunächst nur auf rund 80 Meter schätzte, die aber tatsächlich mindestens doppelt so groß war. Durch sie hindurch versorgte der Gegner, teilweise mit Panzern, seine nun in einem Sack steckenden Reste der 24. SBrig. Eine „Erika-Schneise", wie man sie vom Wolchow-Kessel her kannte; nur im kleinsten Maßstab.

Was nun? Darüber hatte Oberst Ziegler zu entscheiden, der als neuer Kommandeur des IR. 3 am 4. 9., um 23.00 Uhr, mit dem Rgt. Stab IR. 3 Oberst Chill in der Führung des Brückenkopfes ablöste. Sein Befehl lautete, die Lücke „schluckweise" zu schließen. Doch da hatte der Gegner auch noch ein Wort mitzureden. Bereits am 5. 9 trat er − bei dichtem Morgennebel − mit Panzern zum Gegenangriff an. Zwei Tage lang wurde erbittert gerungen. Dann ebbten die sowjetischen Durchbruchsversuche ab.

Warum, ist schwer zu sagen. Die Gründe dafür können örtlicher Natur gewesen sein. Wahrscheinlich waren sie aber doch im größeren Zusammenhang zu suchen. Bekanntlich war am 27. 8. die neu formierte 2. Stoßarmee, wie die 8. Armee, südlich des Ladoga-Sees zu der seit langem sorgfältig vorbereiteten Offensive angetreten, um damit die deutsche Front am „Flaschenhals" und damit die Blockade von Leningrad zu durchbrechen. Gerade in diesen Tagen erreichte die Wucht des sowjetischen Angriffs dort ihren Höhepunkt, und das könnte auch auf Kirischi Auswirkungen gehabt haben. Schon seit einiger Zeit vermutete man im Brückenkopf, daß der Gegner schwere Artillerie abgezogen habe, worauf auch der vermehrte Einsatz von mit Artillerie bestückten Panzerzügen hinzuweisen schien. Für die 21. Division lag damit nahe, diese tatsächliche oder nur vermeintliche Schwäche des Gegners auszunützen, zumal die Ablösung der Division durch die 269. ID. nun nahe bevorstand und es als ausgemacht galt, dem Nachfolger eine bereinigte und konsolidierte Stellung zu übergeben.

Die Ablösung begann tatsächlich am 8. 9. Bereits am folgenden Tag wurde das „Bataillon 24" durch das I./IR. 489 (ohne 2. Kompanie) abgelöst und die 2./IR. 489 in den Südabschnitt des Brückenkopfes dirigiert. Am 10. 9. traf die 5./IR. 489 im Brückenkopf ein. Auch sie wurde am Einbruch eingesetzt. Bis zum 11. 9. gelang es den Männern des Hptm. Eckstein, sich von Trichter zu Trichter, von Ruine zu Ruine vorkämpfend, bis auf 30 bis 40 Meter an den Wegeknick bei Punkt 27,7 heranzukommen und damit den Gegner im „Sack" tatsächlich fast abzuschneiden. Aber eben nur fast. Eine Lücke blieb.

Mit den eingetroffenen Verstärkungen und der noch in der Nacht vom 12./13. 9. in den Brückenkopf gebrachten 1./PzJg. Abt. 21 versuchten am 13. 9. das I./IR. 45, die AA. 21 und die 2./PiBtl. 21 sowie das II./IR. 3 erneut den Gegner im Einbruch zu bezwingen. Nach anfänglichem Geländegewinn blieb der Angriff jedoch um 16.00 Uhr liegen. Am Abend dieses zwar nicht ganz erfolglosen, aber letztlich doch enttäuschenden Tages rückte dann das II./IR. 469 in den Brückenkopf, um nun das II./IR. 45 abzulösen.

Aber noch immer war die Division nicht gewillt, sich mit der bisherigen Lage zufrieden zu geben. Vielleicht lag es nur an der örtlichen Führung? Der Divisionskommandeur befahl daher in den ersten Stunden des 16. 9., alle Unternehmen zunächst einzustellen und ordnete zu Mittag an, daß Oberst Chill noch einmal den Befehl im Brückenkopf zu übernehmen, alle Teile des IR. 3 jedoch dort zu verbleiben hätten.

Der neue Brückenkopf-Kommandant befahl auch sogleich eine Ordnung der Verbände und die Vorbereitung eines neuerlichen und endgültig letzten Angriffs unter dem Decknamen: „Unternehmen Hufeisen".[73] Aus den Resten des IR. 3 wurde eine Gruppe unter Hptm. Babel, aus denen des II./IR. 45, des Rgts Pi. Zug 45, Teilen der AA. 21 und der I./IR. 469 eine Gruppe unter Mjr. Hilgendorff gebildet. Die Gruppe Babel sollte von Westen, die Gruppe Hilgendorff von Norden auf den berüchtigten Punkt 27,7 vorstoßen und sich dort vereinigen. Die Munitionierung stieß auf Schwierigkeiten, da das Munitionsdepot am Ostende der Eisenbahnbrücke von einem Nachtbomber am 17. 9. in Brand geworfen worden war. Unter Selbstaufopferung der dort eingeteilten Unteroffiziere gelang es, den größten Teil der Munition zu retten. Am 18. 9. um 17.45 wurde zum Sturm angetreten. Tatsächlich gelang es beiden Gruppen, sich bis auf kurze Entfernung zu nähern. Nur ein Bunker lag noch dazwischen. Er konnte nicht genommen werden und damit waren die Würfel gefallen: die Lücke blieb bestehen.

Allmählich schlief die Schlacht jetzt ein. In der Nacht vom 21./22. wurden das I./IR. 45, die 1./PzJg. Abt. 21 und die AA. 21 durch das I./IR. 469 abgelöst. In der folgenden Nacht verließen die restlichen Teile der 21. Division das heiß umkämpfte Schlachtfeld, eine kahle, mit Trichtern und Trümmern übersäte Wüste zurücklassend. Als einer der Letzten übergab um 2.30 Uhr Hptm. Eckstein seinen Abschnitt und meldete sich ab. Am jenseitigen Ufer begegnete er einer Gruppe von zwei Unteroffizieren und drei Mann, die am Rande eines Granattrichters erschöpft rasteten. Einer der Unteroffiziere erhob sich und meldete vorschriftsmäßig: „5. Kompanie auf dem Weg vom Brückenkopf in die Ruhestellung".[74])

Einschließlich dieser fünf Mann zählte das einst so stolze IR. 3 am Tag seiner Ablösung 10 Offiziere, 85 Unteroffiziere und 283 Mannschaften. Das war alles, was übrig geblieben war. 9 Offiziere, 39 Unteroffiziere und 267 Mannschaften waren im Brückenkopf gefallen, 9 Offiziere, 97 Unteroffiziere und 447 Mannschaften verwundet worden. Durch Krankheit waren 5 Offiziere, 27 Unteroffiziere und 143 Mannschaften ausgefallen. Die Vergleichszahlen der beiden anderen Infanterieregimenter oder der Aufklärungsabteilung liegen leider nicht vor, waren aber kaum besser, sondern eher noch schlechter.[75]) Betrugen doch die Verluste der Division im Brückenkopf bis zum 25. 8. allein schon 42 Offiziere, 305 Unteroffiziere und 1353 Mannschaften. Die Summe der Ausfälle bis zu diesem Zeitpunkt belief sich auf 35 Offiziere und 2.169 Unteroffiziere und Mannschaften.[76]) Die Kampfstärke der Infanteriebataillone sowie der im Brückenkopf eingesetzten Teile der PzJg. Abt. 21, AA. 21 und Pi. Btl. 21 war von insgesamt 82 Offizieren und 3.602 Unteroffizieren und Mannschaften auf 48 Offiziere und 1.552 Unteroffiziere und Mannschaften abgesunken. Vgl. dazu Anlage 36.

Gewiß, dem Gegner war der siebenwöchige Kampf gegen die 21. Division nicht minder teuer zu stehen gekommen. Mit 81 Angriffen von jeweils mehr als 100 Mann, zum Teil mit stärkster Artillerie- und Panzerunterstützung vorgetragen, hatte er dennoch nicht mehr als ein paar Quadratmeter der Division abzuringen vermocht. 95 Panzer waren ihm dabei vernichtet oder bewegungsunfähig geschossen worden. Seine blutigen Verluste dürften die der 21. Division um einiges überstiegen haben. Außerdem hatte er noch 337 Gefangene verloren.[77])

Dementsprechend hatte es auch nicht an Anerkennung für dieses wahrhaft unerschütterliche Ausharren gefehlt. Am 5. 9. 1942 waren die Leistungen der Division, zusammen mit der der 11. ID., im Wehrmachtsbericht namentlich erwähnt worden. Wenn allerdings am folgenden Tag in Ergänzung zu diesem Wehrmachtsbericht noch ausgeführt wurde, daß dieser Abwehrerfolg nicht nur durch „beispielhaften Einsatz jedes einzelnen Soldaten aller Waffengattungen", sondern auch mit „vorbildlicher Unterstützung durch die Luftwaffe" errungen worden sei, so ließ dieses Lob bei diesem oder jenem vielleicht doch einen etwas bitteren Geschmack auf der Zunge zurück. Und dieser verstärkt sich in der Rückschau aus der Entfernung mehrerer Jahrzehnte: die Männer der Division hatten buchstäblich ihr Letztes an Disziplin und Einsatzbereitschaft gegeben, viele darüber hinaus staunenswerte Beispiele an kaltblütiger Entschlossenheit geliefert. Aber wofür? Nur um einen nebulosen „Stalin-Befehl" zu durchkreuzen? Für die nun abgelösten Brückenkopf-Kämpfer mochte dies eine Genugtuung bedeuten. Aber im Grunde war das, wofür sie ausgehalten hatten, nichts anderes, als − um ein Wort des Generalobersten v. Seeckt zu gebrauchen − die „sture Abwehr eines sturen Angriffs" und das an einem Punkt von operativ eher zweifelhafter Bedeutung. Was hätte dagegen, bei rechtzeitigem, elastischem Ausweichen, zum Beispiel ein erfolgreicher Angriff „Mückenschleier" gebracht? Aber das gehört in das Gebiet der Spekulation, und nachher weiß man immer alles besser.[78])

4. Stellungskämpfe am Wolchow beiderseits der Tigoda

Am 22. 9. 1942, um 12.00 Uhr, übernahm die 21. Division den Befehl über den bisherigen Abschnitt der 269. ID., die ihrerseits den Abschnitt der 21. Division im Brückenkopf Kirischi übernahm.[79]) Der neue, als „ruhig" geltende Abschnitt erstreckte sich von der Gegend 2 km nördlich des Kirchbergs von Wodossje bis südlich des Dorfes Irssa und umfaßte etwa 26,5 Frontkilometer. Ein beachtlicher Abschnitt für die von den vorangegangenen Kämpfen erschöpfte Division. Allerdings waren die gegenüberliegenden Feinkräfte kaum stärker. Im wesentlichen lag der Division die altbekannte 310. SD. gegenüber, die sehr wenig Artillerie zeigte. Im Norden, also vor Kirischi, lag noch immer die 44. SD. und im Süden, an der rechten Divisionsgrenze, griff die 288. SD. mit einem Regiment (SR. 1012) vor den eigenen Abschnitt hinein.

Vor der Mitte des Divisionsabschnitts, südlich der Tigoda-Mündung, befand sich der im Dezember des Vorjahres von den Russen gewonnene Brückenkopf, der vom Ostufer des Wolchow allerdings über keine Brücke, sondern in der warmen Jahreszeit durch Fährbetrieb, im Winter über das Eis des Wolchow zu erreichen war (vgl. Skizze 32). Ende September/Anfang Oktober war das SR. 1080 der sowjetischen 310. SD., wahrscheinlich mit allen drei Bataillonen, in diesem etwa 4,5 km breiten und 3 bis 3,5 km tiefen Brückenkopf eingesetzt, was infolge des reinen Sumpfgeländes kein Honiglecken darstellte, wie man dies auch den Erinnerungen Merezkows entnehmen kann.[80]) Zudem ragte, von Norden her, entlang des Wolchow, ein deutscher Frontvorsprung in den Brückenkopf hinein: der sogenannte „Finger". Derselbe war ebenfalls zu Ende des Jahres 1941 durch den damals von der Gruppe Oberst Lohmeyer durchgeführten Gegenangriff (vgl. S. 143) entstanden und seither festgehalten worden, weil von seiner Ostseite aus der gesamte Wolchow im Rücken des Brückenkopfes zu übersehen war und der Nachschubverkehr entsprechend gestört werden konnte.

Das Gelände im „Finger" war eben wie ein Tisch. Nur am Ostrand konnte man, auf einem schmalen Streifen Lehm, in den Boden gelangen. Dort befanden sich auch der sogenannte „Russenbunker", ein mächtiger, sogar ge-

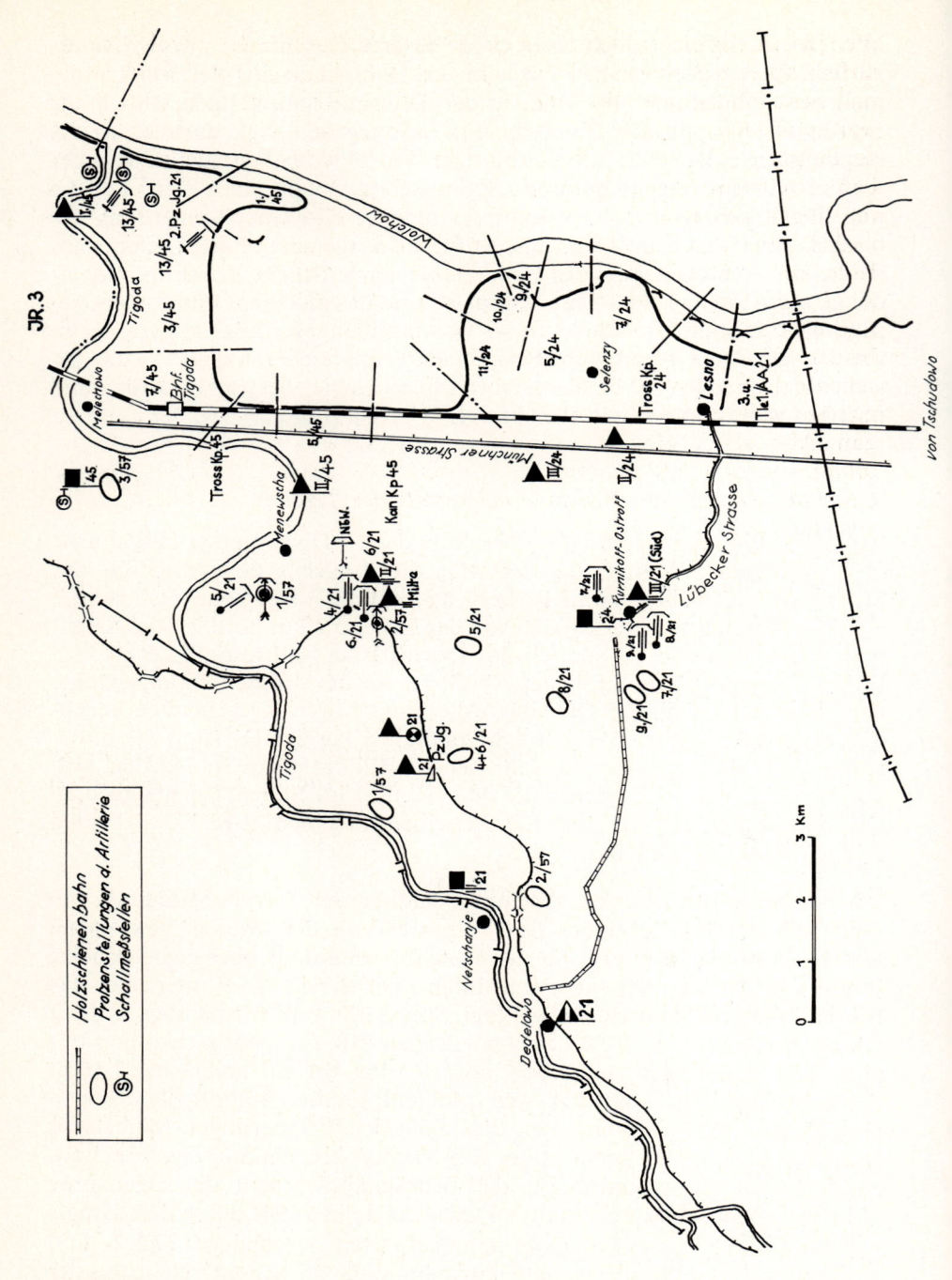

Skizze 32

gen direkten Beschuß ziemlich resistenter Bunker und die Beobachtungsstelle. Der übrige Boden, der von zwei seit Jahrzehnten nicht mehr geräumten Gräben, dem „Wassergraben" und dem „Moorgraben", durchzogen war, zog bereits beim ersten Spatenstich Wasser. Dementsprechend bestand die HKL. nur aus einem zwei Meter hohen und 4 – 5 Meter breiten Wall aus aufgestapelten Bäumen, die Kronen feindwärts. In diesem Wall waren MG.- und Schützenkampfstände aus Holz eingebaut. Der Aufenthalt im Freien war gefährlich, sowohl wegen der auf beiden Seiten lebhaften Scharfschützentätigkeit, als auch wegen des ungezielten Infanteriestrichfeuers, das beim Russen zunehmend mit Explosivgeschossen untermischt war, die bereits beim Auftreffen auf Zweige der zahlreich vorhandenen Krüppelbirken und Zwergkiefern explodierten und böse Verletzungen hervorriefen. Die Ruhe des Abschnitts war, zumindest was die Front betraf, also relativ.

Aber auch im Großen gesehen war die Ruhe, die zwischen Ilmen- und Ladoga-See jetzt eingekehrt war, nicht unproblematisch. Sie hatte zwar auf beiden Seiten die gleiche Ursache, nämlich Erschöpfung, aber sehr unterschiedliche Folgen. Auf sowjetischer Seite hatte die erste Ladoga-Schlacht zweifellos einen schweren Rückschlag gebracht, von dem es sich zu erholen galt. Aber schon ging man beim Stab der sowjetischen „Wolchow-Front" daran, die hart mitgenommene 2. Stoßarmee frisch aufzufüllen und für einen neuerlichen und wuchtigeren Angriff auf den „Flaschenhals" bereitzustellen. Auf deutscher Seite war zwar ein Abwehrerfolg zu verzeichnen gewesen, aber dafür mußte das ursprünglich für den 14. 9. geplante Unternehmen „Nordlicht", also der Angriff der 11. Armee auf Leningrad, zunächst zurückgestellt und bald darauf ganz aufgegeben werden. Und dies zunächst, weil die in die Schlacht geworfenen Divisionen dadurch doch einigermaßen mitgenommen worden waren. Die Fähigkeit der Heeresgruppe Nord zu einer größeren Angriffsoperation war damit fürs erste dahin. Sie kehrte aber auch nicht wieder, weil durch die in der zweiten Novemberhälfte sich schnell zuspitzende krisenhafte Entwicklung bei den Heeresgruppen Mitte und vor allem Süd, der Raum zwischen Ilmen- und Ladogasee zu einem „Nebenkriegsschauplatz" wurde, dem man nun zugunsten der anderen bedrohten Abschnitte der Ostfront auch noch Kräfte entnahm. Nicht weniger als sechs Divisionen, darunter die letzte Panzerdivision der 18. Armee, wurden in den folgenden Wochen nach Süden abgezogen. Von einer Bildung operativer Reserven zur Abwehr der mit Sicherheit kommenden Feindangriffe war keine Rede. Die hart errungene Kampfpause war also nur sehr bedingt eine Zeit der Erholung, sondern eher eine solche der zunehmenden Passivität. Aber wie hätte man ihr begegnen können?

Vielleicht hätte man damals wirklich – wie es nachträglich vorgeschlagen wurde[81]) – diese operative Pause an der Nordfront für einen strategischen Rückzug benützen sollen, durch den zweifellos Kräfte hätten eingespart werden können, und auf den die Sowjets wahrscheinlich auch nicht gefaßt gewesen wären. Aber abgesehen davon, daß Hitler am 14. 10. allen Befehlshabern von Armeen und Heeresgruppen befahl, „die erreichten Linien als Ausgangsbasis für eine deutsche Offensive 1943 auf jeden Fall zu halten . . ."[82]), standen selbst einer kleineren Rückzugsbewegung, etwa auf die Linie Tschudowo – Tossno, gewisse Schwierigkeiten im Wege. Zum ersten war eine Reihe von Divisionen praktisch unbeweglich. Die Kraftfahrzeuglage hatte sich zwar gebessert, aber nur infolge der verfügten Entmotorisierung. Dafür war die Pferdelage umso schlechter. Der Pferdebestand der 21. Division hatte sich vom 1. Juli bis zum 1. Oktober um weitere 563 Pferde vermindert. Dem AR. 21 fehlten zu diesem Zeitpunkt allein 404 Pferde.

Infolge Rauhfuttermangels und des dadurch bedingten schwachen Kräftezustands der Pferde stellte ein Stellungswechsel außerordentlich große Anforderungen an die Tiere. Zudem stand der Winter vor der Tür, und was ein Bewegungskrieg in dieser Jahreszeit bedeutete, das wußte man ja bei der 21. Division inzwischen nur zu gut. So ergab sich die paradoxe Situation, daß eine zwangsläufig immer gefährlicher werdende Lage der Truppe als durchaus erwünscht erschien, hoffte sie doch – in Unkenntnis der großen Zusammenhänge – in einer einigermaßen ausgebauten Stellung am Wolchow den Winter leichter verbringen zu können als im vergangenen Jahr.

Dementsprechend machte sich die Division mit großer Energie an den Ausbau der Stellungen und im Hinblick auf die einsetzende Schlammperiode auch an die Instandsetzung der Nachschubwege, wie den Bau einer Holz-Schienenbahn von Dedelewo nach Kornikoff-Ostroff. Der Nachschub an Stellungsbaumaterial war zwar nicht gerade überwältigend, aber die Truppe war ja erfinderisch geworden und entwickelte ein erstaunliches Geschick in der Verwendung vorgefundener Materialien. Die Besetzung der weit gedehnten Front war freilich nicht leicht. Zwischen Irssa und der Tigoda-Mündung stand das IR. 3 mit unterstellter 1./PzJg. Abt. 21 und einer inzwischen eingetroffenen Genesenenkompanie. Im „Finger" und gegenüber der Nord- und einem Teil der Ostfront des russischen Brückenkopfes war das IR. 45 mit der PzJg. Abt. 21 (ohne 1. Kp.) und dem ihm unterstellten „Verfügungs-Batl. 21" eingesetzt. Dieses letztgenannte Bataillon, unter der Führung des Hptm. Frh. von Oeynhausen, bestand aus drei schwachen Kompanien ohne schwere Waffen und war anläßlich der Ablösung der Division aus dem Brückenkopf Kirischi aus den Nachschubeinheiten der Division gebildet worden, da die Kampfstärken der Infanterieregimenter nicht mehr ausreichten, um eine derart lange Front zu besetzen. (Übrigens hatte auch die 269. ID. ein solches „Verfügungs-Batl."). Den südlichen Divisionsabschnitt bis zur Grenze zum rechten Nachbarn, der alten „Tochterdivision", der 61. ID., die den linken Flügel des I. AK. bildete, hielt das IR. 24, ebenfalls durch eine Genesenenkompanie verstärkt. Die artilleristische Gliederung ergab sich dementsprechend von selbst: Die III./AR. 21 war auf Zusammenarbeit mit dem IR. 24 angewiesen. Die Unterstützung des IR. 45 oblag der Artilleriegruppe Anders (nach dem Abgang von Oberstlt. Anders: Art. Gruppe Mitte) mit II./AR. 21 (ohne Stab) und I./AR. 57 (ohne 3. Batterie). Hinter dem IR. 3 stand die Artilleriegruppe Lange (I./AR. 21 und 3./AR. 57, letztere verstärkt durch eine russische 15,2 cm Haubitze). Der Stab der II./AR. 21 war zur Erkundung rückwärtiger Feuerstellungen eingesetzt.[83])

Um den 20. Oktober herum wurde die Aufklärungsabteilung 21 in „Radfahrabteilung 21" umbenannt, eine Namensänderung, die der Realität Rechnung trug, aber bereits fünf Monate später, nämlich mit 24. 3. 1943, wieder rückgängig gemacht wurde. Keinerlei reale Begründung gab es hingegen für die mit 15. 10. von oberster Stelle verfügte Umbenennung der Infanterieregimenter in Grenadierregimenter. Als ob mit derartigen sinnlosen Mätzchen die Schlagkraft ausgebrannter Divisionen hätte gehoben werden können. Hier hätte nur die Zuführung von genügendem Ersatz Abhilfe schaffen können. Der aber war im Bereich des Heeres spärlich geworden und dort, wo er noch reichlicher vorhanden gewesen wäre, nämlich bei der

Luftwaffe, wurde er bekanntlich zur Aufstellung von „Luftwaffen-Felddivisionen" verwendet, um nicht zu sagen vergeudet.

Der Division waren im September das Feldersatzbataillon 21/5 in der Stärke von 8 Offizieren, 66 Unteroffizieren und 973 Mannschaften, ferner die zwei schon erwähnten Genesenen-Kompanien mit zusammen 4 Offizieren, 50 Unteroffizieren und 350 Mannschaften und schließlich die Feld-Ersatzkompanie Heer Pi./1 in der Stärke von 4 Unteroffizieren und 70 Mannschaften zugeführt worden. Das reichte aber bei weitem nicht, um die Lücken zu füllen. Noch immer fehlten 45 Offiziere, 303 Unteroffiziere und 2.070 Mannschaften.[84]) Die Gefechtsstärke der Division betrug daher am 1. Oktober 6.242 Mann, bei einer Verpflegungsstärke von 10.438 Mann. So blieb nichts anderes übrig, als aus dem Vorhandenen das Bestmögliche herauszuholen, das heißt: neuerliches Auskämmen der nicht unmittelbar in der Front eingesetzten Teile und intensive Ausbildung des zugeführten Ersatzes.

Zu diesem Zweck wurde das Feldersatzbataillon, zusammen mit dem Ersatz für die 61. ID., im Raume von Ostroff, etwa 8 km südlich Ssiwerskaja, zu einem Lehrbataillon zusammengefaßt, das ursprünglich von Mjr. Schwender (Kdr. II./GR. 45) geführt werden sollte. Da dieser aber zur Zeit die Geschäfte des Divisionsadjutanten wahrzunehmen hatte, wurde Hptm. Ritgen mit der Ausbildung betraut, die nach fünf Wochen, am 30. 10. mit einer Gefechtsübung vor dem Divisionskommandeur abgeschlossen wurde.[85]) Am 5. 11. gelangte der solcherart ausgebildete Ersatz zu den Regimentern.

Zu diesem Zeitpunkt dürfte auch das „Verfügungs-Batl. 21" aufgelöst worden sein, aber nicht weil es in der Front nicht mehr gebraucht worden wäre, sondern weil die hier eingeteilten Pferdepfleger und Kraftfahrer bei ihren Einheiten zur Beaufsichtigung, Pflege und Instandhaltung der Pferde und Fahrzeuge unbedingt vonnöten waren. Lediglich eine Kanonierkompanie, aus Fahrkanonieren des AR. 21 bestehend, blieb als 2./Alarmbatl. I/21 bestehen. Ein Alarmhalbbatl. II/21 wurde aus einer Kompanie Nachrichtenabt. 21 und einer Kompanie Unterstab Div. Stab gebildet. Schließlich sollte ein von der Division im rückwärtigen Divisionsbereich, in Dritowno, eingerichteter Unterführerlehrgang (Ausbildungs-Btl. Koenenkamp) gegebenenfalls als Alarm-Btl. III/21 einsatzbereit sein.

Mit diesen für den Krisenfall gewiß sehr zweckmäßigen Vorkehrungen ließen sich aber die gewaltigen Lücken in der Front nicht schließen, und dies umso weniger, als der Division auch aufgetragen war, ein Ski-Bataillon (Stab und 3 Ski-Schützenkompanien) aufzustellen.[85a]) Darüberhinaus befahl die Heeresgruppe, trotz Einspruchs der Division, die Abgabe eines Lehrbataillons in der Stärke von 400 Mann unter der Führung zunächst von Mjr. Schwender (Kdr. II./45) später Mjr. Hilgendorff zur Kompanie-Führer-Schule in Männiku.[86]) Jedes Regiment mußte also dafür eine Schützenkompanie und einen MG-Zug mit Granatwerfer-Gruppe abstellen. Was übrig blieb, war traurig genug: Grenadierregimenter zu je zwei Bataillonen mit insgesamt 5 Schützenkompanien und als sechste Schützenkompanie: eine Troßkompanie! (Anlage 37) Dem GR. 45 wurde außerdem, an Stelle des aufgelösten Verfügungs-Batl. 21, die Kanonier-Kp. unterstellt.

Die Division rechnete zwar angesichts dieser Lage dem Gen. Kdo. XXVIII. AK. minutiös vor, daß sie infolgedessen nur noch 1.790 Mann in die Front zu stellen vermochte, also 68 Mann pro Kilometer Front.[87] Aber alle diese Vorstellungen blieben ohne Erfolg. Wie sollten sie auch?

Umso bemerkenswerter ist es, daß bereits Anfang Oktober, also zu einem Zeitpunkt, als die Infanteriekommandeure ihre Regimenter einhellig und zu Recht als nicht angriffsfähig beurteilten, bei Armee und Korps Überlegungen bezüglich einer angriffsweisen Bereinigung des russischen Brückenkopfes südlich der Tigoda-Mündung angestellt wurden.[88]

Daß dies wünschenswert gewesen wäre, bedarf keiner besonderen Begründung. Die Entfernung des Tigodabrückenkopfes vom Südostrand des Pogostje-Einbruchs betrug nur 12 Kilometer. Wer wußte schon, ob der Gegner nach Eintritt des Frostes nicht noch einmal einen Durchstoß auf dieser Linie versuchen würde? Außerdem blockierte der Tigoda-Einbruch die als Nachschublinie wichtige Bahn von Tschudowo nach Irssa und schließlich hätte seine Beseitigung eine Kräfteeinsparung gebracht. Aber — so muß man auch fragen — waren derartige Planungen überhaupt zu realisieren? Eine Voraussetzung war natürlich, daß das Eintreten des Frostwetters abgewartet wurde, womit auch die Armee einverstanden war. Des weiteren erachtete der Kommandeur des AR. 21 allein für die Divisionsartillerie (ohne allfällige Verstärkungsartillerie) zwei zusätzliche Munitionsausstattungen für notwendig.[89] Die standen zum Zeitpunkt, an dem die Division ihre Vorschläge über das Korps der 18. Armee vorlegte, wohl kaum zur Verfügung. Dazu kam auch noch, daß in der zweiten Oktoberhälfte die schon erwähnte Herauslösung einzelner Divisionen aus der Front einsetzte. Der bisherige rechte Nachbar der Division, die 61. ID., hatte die am Südrand des Pogostje-Kessels eingesetzte 93. ID. abzulösen, die aus der Front gezogen wurde. Auch der linke Nachbar, die 269. ID., wurde durch die 217. ID. abgelöst (Skizze 33). Diese Bewegungen mußten, zumindest teilweise, über die im Rücken der Division verlaufende Korps-Nachschubstraße „Süd" abgewickelt werden, wodurch dieser ohnehin nicht sehr leistungsfähige Knüppelweg noch zusätzlich beansprucht wurde. Das alles bildete keine günstige Voraussetzung für die Durchführung des geplanten Unternehmens „Gewitter" oder „Trommelschlag", wie der Deckname des Korps lautete. Auch scheint die Heeresgruppe Nord nicht sonderlich an diesem Unternehmen interessiert gewesen zu sein.[90] So gelangte man über vorbereitende Planungen nicht hinaus. Vielleicht auch deshalb, weil ein anderes, wesentlich kleineres Unternehmen bei seiner Durchführung recht ungünstige Perspektiven eröffnete: die versuchte Wegnahme des vor dem GR. 24 ostwärts Selenzy befindlichen Südteils des russischen Brückenkopfes. Diese Aktion sollte am Nachmittag des 21. 10. durch zwei Kompanien des II./GR. 24 durchgeführt werden. Von wo die Anregung dazu ausgegangen ist, ist nicht ganz klar. Sicher war man aber bis zur Armee hinauf darüber orientiert und damit einverstanden. Als ebenso sicher kann gelten, daß über das Feindbild nicht genügend Klarheit bestand. Jedenfalls stieß die angreifende Truppe im Norden und wohl auch im Süden des Angriffsstreifens auf keinen Feind, während sich dieser in der Mitte hartnäckig zur Wehr setzte, wobei auch MGs und Granatwerfer vom Ostufer her eingriffen. Nachdem der

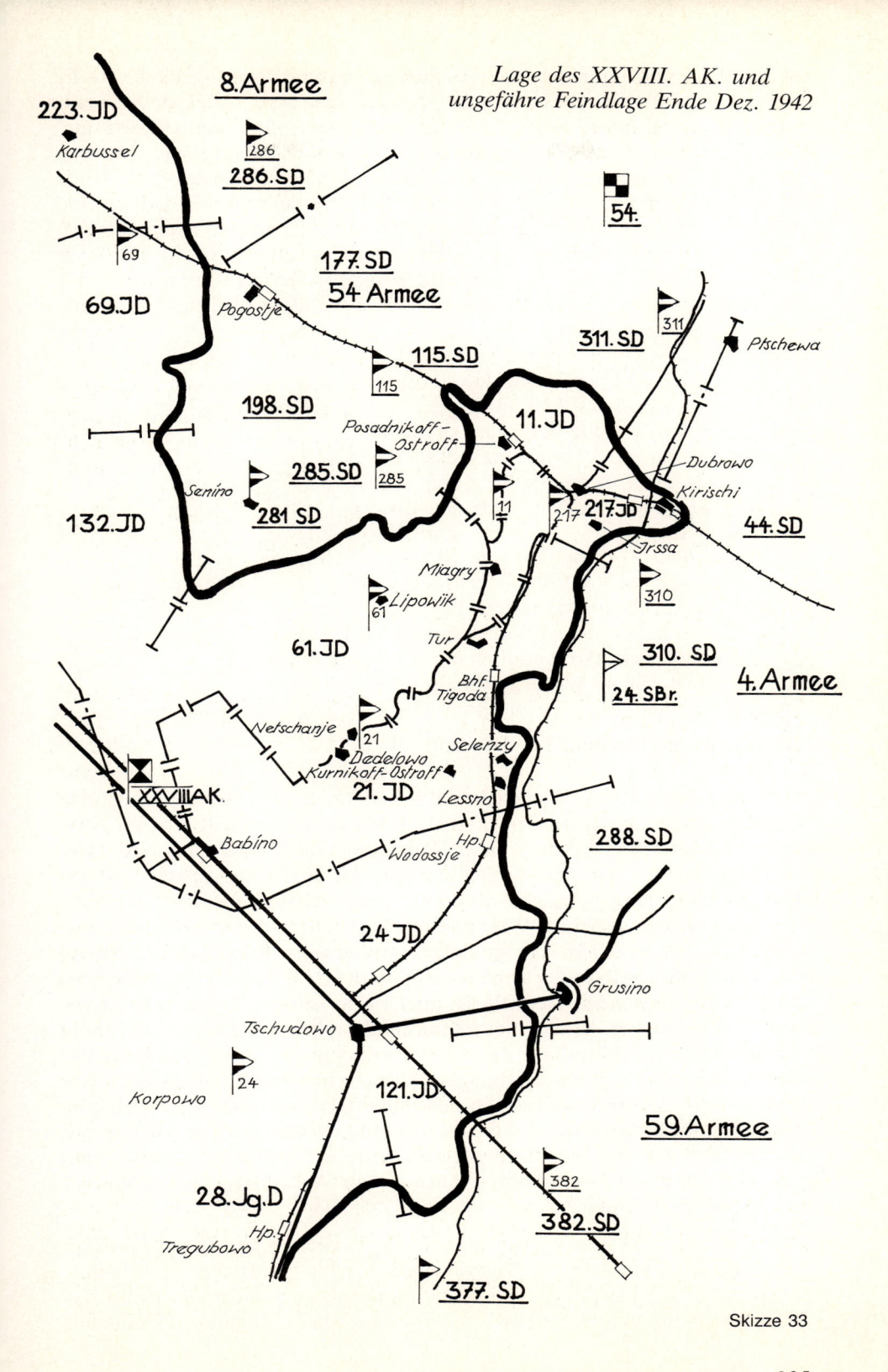

Lage des XXVIII. AK. und ungefähre Feindlage Ende Dez. 1942

8. Armee

223. JD
Karbussel
286. SD
69. JD
177. SD
54. Armee
54.
69. JD
Pogostje
115. SD
311. SD
Pkschewa
198. SD
Posadnikoff-Ostroff
11. JD
132. JD
Senino
285. SD
281. SD
Dubrowo
Kirischi
217. JD
44. SD
Jrssa
Miagry
Lipowik
310. SD
61. JD
Tur
310. SD
24. SBr.
4. Armee
Bhf. Tigoda
Netschanje
Selenzy
XXVIII AK.
Dedelowo
Kurnikoff-Ostroff
21. JD
Lessno
Babino
Hp.
Wodossje
288. SD
24. JD
Grusino
Tschudowo
Korpowo
24
121. JD
59. Armee
28. Jg. D
382. SD
Tregubowo
Hp.
377. SD

Skizze 33

eigene Angriff knapp vor der feindlichen Stellung liegen geblieben war, wurde für 20.30 Uhr ein neuerlicher Angriff angesetzt. Auch dieser blieb erfolglos. Gleichzeitig wurde jedoch beobachtet, daß der Gegner auf Schlauchbooten Verstärkungen über den Wolchow heranführte. Das war gewiß auch der Grund, weshalb die Division den Vorschlag des Batl. Kommandeurs, die Fortsetzung des Angriffs auf den nächsten Morgen zu verschieben, ablehnte und noch einen dritten Angriff in der Nacht befahl. Auch dieser, nach Mitternacht unternommen, scheiterte. Daraufhin grub sich die bis zum Äußersten erschöpfte Truppe in der erreichten Linie ein. Die Verluste waren schwer: 10 Tote und 20 Verwundete, also rund ein Fünftel der eingesetzten Truppe. Und nicht nur das. Am Morgen des folgenden Tages trat der Gegner zum Gegenangriff an, wobei der Nordteil des sogenannten „Kleinen Handtuchwaldes", ostwärts Selenzy, verloren ging. Man hatte es also, zumindest hier, mit einem sehr entschlossenen Gegner zu tun, und nachdem der Oberbefehlshaber der 18. Armee, „diesen Angriff für nicht unbedingt nötig" erachtete, befahl das XXVIII. AK. der Division ihn einzustellen. Dem Gegner sollte durch intensiven Beschuß seiner Anlagen der Aufenthalt in dem relativ kleinen Brückenkopfteil verleidet werden.[91] Aber auch das zeitigte – wenn man die Hartnäckigkeit der Sowjets in Rechnung stellt – erwartungsgemäß keinen Erfolg. So blieb alles beim alten, zumal sich auch auf der Gegenseite, von kleineren Stoßtruppunternehmungen zu Aufklärungszwecken abgesehen, keine weiteren Angriffsabsichten erkennen ließen. Der Feind gruppierte sich lediglich um, indem er das SR. 1080 im Brückenkopf südlich der Tigoda durch das SR. 1 der 310. SD. ablöste. Auch scheint weiter nördlich die feindliche Besetzung entlang des Wolchow dichter geworden zu sein, was seinen Grund vielleicht darin hatte, daß mit dem bald zu erwartenden Zufrieren des Flusses dieser seinen Hinderniascharakter weitgehend verlor.

Im Dezember wurden hinter der 310. SD. noch zwei Schützenbrigaden (möglicherweise Reserven der 4. Armee), nämlich die von Kirischi her bekannte 24. und die 58. SBr. erkannt. Aber sonst blieb alles ruhig. Der Gegner bereitete sich auf den Winter vor, der diesmal etwas später und zunächst weniger streng einsetzte als der vergangene. Auch auf deutscher Seite war man in der gleichen Weise beschäftigt. Die Winterbekleidung war rechtzeitig und in einem sehr guten Zustand eingetroffen. Zudem verfügte die Truppe über halbwegs warme Bunker, in denen sie allerdings, angesichts der früh einbrechenden Dunkelheit, die längste Zeit des Tages im Finsteren oder bestenfalls bei einem Kerzenstummel verbrachte, denn pro Monat wurden für je 100 Mann nur drei Liter Petroleum zugewiesen, eine Menge, die sechs Lampen an einem einzigen Abend verbrauchten. Immerhin war eine turnusweise Ablösung der in den Stellungen liegenden Mannschaften möglich und diese wurde sowohl zur Erholung vom anstrengenden Dienst in der Front wie auch zur Entlausung der Truppe in selbst gebauten Saunas und schließlich im beschränkten Ausmaß zur Ausbildung, vor allem der Ski-Einheiten, benützt.[92]

Das alles ließ nach den zurückliegenden Belastungen den Gesundheitszustand wie die Stimmung der Truppe wieder merklich ansteigen. Wer konnte da schon richtig beurteilen, was da einzelne russische Überläufer ab Ende November über angebliche sowjetische Erfolge bei Stalingrad berichteten?

Von „oben" her sickerte darüber nicht viel durch. Dafür gab es Heimaturlaub, bei dem man mit dem Fronturlauberzug ab Babino bis zur Grenzstation Tauroggen allein zwei Tage brauchte, aber dafür ein „Ost"- oder „Führer-Paket" mit nach Hause nehmen konnte. Und zu Hause? Mancher der Rückkehrenden wußte dann zwar von den schweren Bombenangriffen auf die Städte des Reiches zu erzählen. Ostpreußen jedoch, das Stammland der Division, blieb von alldem unberührt. Das alles wirkte zusammen, um dem zweiten Weihnachten in Rußland ein weit friedlicheres Gepräge zu verleihen, als dies vor einem Jahr der Fall gewesen war. In einem riesigen Kolchos-Stall in Dedelewo feierte der katholische Wehrmachtspfarrer Baumgartner mit den Angehörigen des Divisionsstabs und der umliegenden Gefechtsstände und Lager die Mitternachtsmesse. Wenige Tage später wurde diese friedliche „Stimmung" allerdings kurzfristig unterbrochen. Sei es, daß ein entlang des „Wassergrabens" an der Naht der 1. zur 3./GR. 45, etwa 200 Meter vor der HKL. vorgeschobener und in einem Blockhäuschen untergebrachter „stehender" Spähtrupp der 1./GR. 45 den Sowjets lästig gefallen war, sei es – wofür es Anzeichen gab – daß auf russischer Seite an einen Ausbruch aus dem „Tigoda-Einbruch" gedacht war, wofür als erste Voraussetzung der deutsche „Finger" beseitigt werden mußte, jedenfalls griffen die Russen am 30. und 31. 12. in diesem Abschnitt in mehreren Wellen von jeweils Kompaniestärke die Fingerstellung von Westen her an. Sie wurden durchweg abgewiesen, lediglich der vorgeschobene Spähtrupp mußte geräumt werden.[93]) Doch auch er konnte am 2. 1. durch das I./GR. 45 „in eigener Regie", wenn auch mit Artillerieunterstützung, wieder genommen werden. Hierbei zeigte sich erneut – so einer der damaligen Mitkämpfer –, was sich im Laufe des zweiten Halbjahres 1942 immer stärker herauskristallisiert hatte, nämlich „daß sich die Bataillone, verstärkt durch unterstellte oder auf Zusammenarbeit angewiesene Teile anderer Waffen des Regiments bzw. der Division zum eigentlichen Träger des Abwehrkampfes entwickelten. Sie wurden die Geburtshelfer der Idee einer Kampfgruppen-Organisation. Der Bataillons-Kommandeur konnte das Gefecht der verbundenen Waffen noch voll in seinem Abschnitt übersehen; sein Bataillons-Gefechtsstand lag meistens so weit von den Kp. Gefechts-Ständen und der HKL. entfernt, daß er diese unschwer mit Meldern pp. zu Fuß erreichen konnte. Seine, wenn auch noch so geringen Reserven hatte er in Höhe des Bataillons-Gefechtsstands unmittelbar an der Hand, ebenso das Art. Verb. Kdo., die Verbindungsoffiziere anderer Waffenteile sowie den Bataillons-Arzt und Truppenverbandsplatz, sehr oft, wie auch an der Tigoda-Mündung, ein starkes (russisches) Hi(lfs)wi(lligen)-Kommando für Bauzwecke ... Kurzum, die Bataillons-Kommandeure waren die Könige in ihrem Revier".[94])

Das traf sicherlich zu, hatte aber wahrscheinlich nicht nur in der taktischen Lage seine Wurzeln, sondern auch in einem Strukturwandel innerhalb der Division. Mit dem Abzug der Division aus dem Brückenkopf Kirischi war Oberst Chill aus dem Divisionsverband ausgeschieden, um die Führung der 122. ID. zu übernehmen. An seiner Stelle war Oberst Sakowsky (1933 Chef 13./IR. 3) als Führer des GR. 45 zur Division versetzt worden. Von den „alten", aus der Division hervorgegangenen Infanteriekommandeuren war auf Regimentsebene somit nur noch Oberst Arning (Kdr. GR. 24) übrig, dafür aber auf der nächst tieferen Stufe so gut wie alle Bataillonskommandeure. Sie, die Hauptleute und älteren Oberleutnante des Sommers 1941, die seither in den verschiedensten Verwendungen alle Lagen der Division miterlebt hatten und damit die Truppe auf das Genaueste kannten, sie bildeten tatsächlich in der Folge jenes starke Band, das den Zusammenhalt der Division und damit ihre Standfestigkeit garantierte. Den Beweis dafür sollten sie in Kürze zu erbringen haben, denn die Frist, die der Division zur Wiedererlangung ihrer Schlagkraft vom Schicksal zugestanden worden war, näherte sich nach dem Jahreswechsel 1942/43 schnell ihrem Ende. Zudem trat auch in der Führung der Division selbst ein Wechsel ein. Glt. Sponheimer, der, aus der Truppe hervorgegangen, die Division seit dem Herbst 1939 geführt hatte, wurde in die Führerreserve OKH versetzt, um wenige Monate später ein Korps zu übernehmen. An seine Stelle trat GM. Gerhard Matzky[95]), ein hochqualifizierter Generalstabsoffizier, der zuletzt im Oberkommando des Heeres als Oberquartiermeister IV Dienst gemacht hatte. Als solcher besaß er zweifellos, wie sonst kaum jemand in der Division, einen Überblick über die Lage im Großen, was ihn wahrscheinlich schon damals hinderte, sich übertriebenen Illusionen über den Ausgang des Feldzugs hinzugeben.

Darüber zu spekulieren war allerdings für den Augenblick nicht das Vordringlichste, sondern worauf es jetzt vor allem ankam, war die Lösung der Frage, was die Division und ihr neuer Kommandeur, die sich ja zunächst zwangsläufig fremd gegenüberstanden, von einander zu halten hatten. General Matzky hat diese an ihn gerichtete stumme Frage sehr schnell beantwortet. Durch die Klarheit und Bestimmtheit seiner Weisungen, die er mit einer souveränen Ruhe verband, vermochte er der Truppe in kurzer Zeit das Gefühl zu geben, im besten Sinne des Wortes „geführt" zu werden. Und das war von entscheidender Bedeutung. Denn an dem Tag, an dem General Matzky das Kommando über die Division übernahm, fast auf den Tag genau ein Jahr nach dem Beginn der Winterschlacht am Wolchow, am 12. Januar 1943, waren die sowjetische 2. Stoßarmee und die 8. Armee, aber auch die 67. Armee der Leningrader-Front, zu einem neuen, konzentrischen Angriff auf den exponierten „Flaschenhals" angetreten. Die 2. Ladoga-Schlacht hatte begonnen,[96]) und damit schlug die Stunde der Wahrheit.

Schon nach wenigen Tagen war klar, daß trotz erbitterter Abwehr der „Flaschenhals" nicht mehr zu halten war. Unter Einsatz der letzten Kräfte gelang es gerade noch, bei Schlüsselburg abgeschnittene Verbände unter hohen Verlusten zurückzunehmen. Ob es aber gelingen würde, den Durchbruch des nun nach Süden eindrehenden Gegners auf Mga zu verhindern, hing allein davon ab, wie schnell es gelang, entsprechende Verstärkungen der bedrohten Front zuzuführen. Operative Reserven standen der 18. Armee nach ihrer „Ausplünderung" im vergangenen Herbst nicht mehr zur Verfügung. So blieb als der Weisheit letzter Schluß nur übrig, aufgerissene Löcher zu stopfen, indem man andere Löcher aufriß. Aber wo?

Die diesbezügliche Ratlosigkeit läßt sich aus dem Kriegstagebuch der 18. Armee deutlich ablesen.[97]) Schließlich entschloß sich die Armee, neben anderem, das GR. 24 beschleunigt herauszulösen, um es dem LIV. AK zuzuführen, damit dieses dafür die beiderseits der Tossna-Mündung eingesetzte SS-Pol. Division mit Masse in den Raum Mga abgeben könne. Das GR. 24 erhielt in seinem neuen, rund 17 km (!) breiten Abschnitt das III./Pol. Rgt. 16, die SS-Radfahr-Abt. sowie die 2./SS-PzJg. Abt. unterstellt und trat seinerseits unter den Befehl der 5. Geb. Division. Seinen bisherigen Abschnitt am Wolchow übernahm bis zum 16. 1. der rechte Nachbar, die 24. ID. (GR. 102).[98])

Doch noch während das GR. 24 — Fußteile durch den Transportverband Koch verlastet, bespannte Teile mit der Bahn — in den neuen Einsatzraum verlegt wurden, befahl bereits GFM. v. Küchler persönlich dem Oberbefehlshaber der 18. Armee, die 21. Division als Ganzes herauszuziehen.[99])

Das aber erschien sowohl der Armee wie dem XXVIII. AK kaum möglich, da zur Schließung dieser Lücke keine Reserven mehr vorhanden waren. Zudem war es garnicht so sicher, ob nicht gerade der bisherige Abschnitt der 21. Division auch gefährdet war. Kurz vor dem 12. 1. hatte die feindliche Fliegertätigkeit über dem Divisionsabschnitt merklich zugenommen. In der Nacht vom 11./12. 1. dürften zumindest Teile der sowjetischen 58. SBrig. zusätzlich in den Tigoda-Brückenkopf hineingeführt worden sein. Gefangene sprachen von einem hier bevorstehenden Angriff. Am 19. 1. wurde daher noch überlegt, die 21. Division durch die im „Flaschenhals" zerschlagene 227. ID. ablösen zu lassen. Aber für derartige Umständlichkeiten war keine Zeit mehr. Das nördlich Mga im schwersten Abwehrkampf stehende XXVI. AK. brauchte dringend Hilfe. So befahl am Abend des 20. 1. die Armee dem XXVIII. AK., das GR. 3 beschleunigt zur Verfügung der Armee herauszuziehen und zum Abtransport mit LKW bereitzustellen. Geradezu „fetzenweise" wurden der Division ihre Glieder vom Leib gerissen. Aber noch gehörte der bisherige Abschnitt des GR. 3 zu ihrem Bereich, der nicht einfach geräumt werden konnte. Ablösungen waren vorerst nicht in Sicht. Also wurde provisorisch ein „Regiment Wölk", bestehend aus Radfahr-Abt. 21 mit unterstellter Kanonier-Kp. und dem bisherigen Ausbildungs-Batl. Koenenkamp mit unterstelltem le. Pak-Zug der PzJg. Abt. 21 gebildet,[100]) das zunächst die Wacht am Wolchow übernahm, bis es am 24. 1. durch Teile des Bau-Bataillons 121 abgelöst wurde. Inzwischen aber war bereits der Befehl zur Herauslösung der gesamten Division eingegangen.[101]) Am 25. 1. übergab das GR. 45 seinen Abschnitt an das GR. 389 der 217. Division, die nunmehr den restlichen Divisionsabschnitt freilich nur mit dem II./GR. 389 und dem Bau-Batl. 127 übernahm. Mehr konnte an Stelle der abrückenden 21. ID. nicht eingesetzt werden, da das XXVIII. AK. mit der ihm von der Armee unterstellten 81. ID. und zwei weiteren Sicherungsbataillonen auch noch die 11. ID. für Ssinjawino ablösen mußte. Als artilleristisches „Rückgrat" blieb im bisherigen Abschnitt der 21. ID. die Artilleriegruppe Mitte (II./AR. 21 und I./AR. 57) vorläufig, d. h. bis weit in den Februar hinein in ihren Stellungen stehen. Auch die Trosse der Division und die 1. San. Kp. 21 verblieben vorerst im alten Abschnitt. Die III./AR. 21 wurde hingegen beschleunigt herausgezogen, die I./AR. 21 sollte folgen. „Beten Sie zu Gott, meine Herren, daß der Russe nichts merkt!" Mit dieser Aufforderung entließ der Kommandeur des AR. 21 bei der letzten Kommandeurbesprechung im alten Stellungsraum seine Abteilungskommandeure. Merkwürdigerweise wurde das Gebet erhört, als die Division – Stäbe voraus – über vereiste Knüppelwege „zu neuer Verwendung" aufbrach. Es war wieder bitter kalt geworden. Der Traum von einer ruhigen Winterstellung am Wolchow war ausgeträumt.

Anmerkungen zu Kapitel VII

1) Vgl. Willy Wagemann, Meissel im Schnee; Wintereinsatz bei der 15./IR. 24. In: Alte Kameraden, 3/1974, S. 18 f.
2) 21. ID, Ia vom 3. 1. 1942: Meldung über den Ausbau der Stellungen (Stand 3. 1. 1942) (BA/MA, RH 26 – 21/37 b, Anl. 615).
3) IR. 24, Ia vom 4. 1. 1942 (BA/MA, RH 26 – 31/37 b, Anl. 640).
4) 21. ID. Tagesbefehl vom 2. 1. 1942 (BA/MA, RH 26 – 21/37 b, Anl. 617).
5) IR. 24, Ia vom 4. 1. 1942 (BA/MA, RH 26 – 21/37 b, Anl. 640).
6) K. A. Merezkow a. a. O., S. 261.
7) GFM. R. v. Leeb, a. a. O., S. 427 (Eintragung vom 1. 1. 1942).
8) Ebenda.
9) Gen. Kdo. I. AK, Korpsbefehl Nr. 161 vom 29. 12. 1941 (BA/MA, RH 26 – 21/37 b, Anl. 545).
10) Vgl. hierzu auch: Werner Conze, Die Geschichte der 291. Inf. Div. 1940 – 45 (Bad Nauheim 1953).
11) Gruppe Chill, Befehl für den Angriff mit begrenztem Ziel am 1. 1. 1942, vom 31. 12. 1941, 18.00 Uhr (BA/MA, RH 26 – 21/37 b, Anl. 589).
12) Für das Folgende vgl.: AR. 21 vom 5. 1. 1942: Gefechtsbericht vom 1. 1. 1942 (BA/MA, RH 26 – 21/37 b, Anl. 607 a); – I./AR. 21, Gefechtsbericht über die Rückzugskämpfe bis zum Beziehen der Winterstellung am Wolchow (Original im Besitz des Verfassers).
12a) Armee-General Ivan Ivanovic Fedjuninskij, Podnjatye po trevoge (2. verb. Aufl. Moskau 1964), S. 97.
12b) Ebenda, S. 91.
13) Zustandsbericht der 21. ID. vom 15. 1. 1942 (BA/MA, RH 26 – 21/41, Anl. 115) und vom 15. 2. 1942 (BA/MA, RH 26 – 21/42, Anl. 440).
14) Anlage zur Tagesmeldung vom 6. 1. 1942 (BA/MA, RH 26 – 21/37 b).
15) BA/MA, RH 26 – 21/37 b, Anl. 640.
16) 21. ID, Div. Befehl Nr. 3 vom 22. 1. 1942 (BA/MA, RH 26 – 21/41, Anl. 173).
17) 21. ID., Ia Nr. 35/41 geh. vom 5. 2. 1942, Div. Befehl Nr. 6 (BA/MA, RH 26 – 21/41, Anl. 316) und 21. ID., Ia Nr. 10/42 gKdos vom 11. 2. 1942, Div. Befehl Nr. 7 (BA/MA, RH 26 – 21/41, Anl. 373).
18) KTB. I./IR. 45, Eintragung vom 22. 2. 1942 (Original im Besitz des Traditionsverbands).
19) K. A. Merezkow a. a. O., S. 268.
20) 21. ID., Div. Befehl Nr. 4 vom 29. 1. 1942 (BA/MA, RH 26 – 21/41, Anl. 254) und Div. Befehl Nr. 6 vom 5. 2. 1942 (ebenda, Anl. 316).
21) K. A. Merezkow a. a. O., S. 277 und 280 ff.
22) 21. ID., Div. Befehl Nr. 8 (BA/MA, RH 26 – 21/42, Anl. 450).
23) BA/MA, RH 26 – 21/42, Anl. 423.
24) 21. ID., Div. Befehl Nr. 10 und 11 vom 1. 3. 1942 (BA/MA, RH 26 – 21/42, Anl. 535 und 539).
25) 21. ID., Div. Befehl Nr. 13 vom 11. 3. 1942 (BA/MA, RH 26 – 21/42, Anl. 631).
26) I. I. Fedjuninskij, a. a. O., S. 104.

27) Gruppe Thomaschki, Gruppenbefehl Nr. 1 vom 13. 3. 1942 (BA/MA, RH 26 – 21/42, Anl. 647) und 21. ID., Div. Befehl Nr. 14 vom 14. 3. 42 (BA/MA, RH 26 – 21/42, Anl. 651).
28) Gruppe Thomaschki, Gruppenbefehl Nr. 3 vom 17. 3. 42 (BA/MA, RH 26 – 21/47, Anl. 11).
29) 21. ID., Div. Befehl Nr. 15 vom 19. 3. 42 (BA/MA, RH 26 – 21/47, Anl. 16).
30) Vgl. für das Folgende den sehr detaillierten Bericht der 21. ID, Ia vom 15. 9. 1942: „Kämpfe der 21. Inf. Div. bei Lipowik-Dubowik vom 18.3. – 22. 5. 1942" (BA/MA, RH 26 – 21/212). – Vgl. auch KTB der 21. ID. Nr. 14 (BA/MA, RH 26 – 21/44 und 45).
31) PzJg. Abt. 21, Gefechtsbericht für den 19. 3. 42 (BA/MA, RH 26 – 21/47, Anl. 29).
32) Traugott Tzschirner, Quer durch den Pogostje-Einbruch (zwischen Leningrad und Wolchow) 21. – 24. März 1942, vom 20. November 1984 (Archiv des Traditionsverbandes 21. ID.).
33) Lt. Tzschirner, Gefechtsbericht über die Tage vom 21. 3. – 25. 3. 1942 (BA/MA, RH 26 – 21/47, Anl. 46). Lt. Tzschirner wurde mit Korpstagesbefehl des I. AK. Nr. 9 vom 7. 4. 1942 die besondere Anerkennung ausgesprochen.
34) Gen. Kdo. I. AK., Korpsbefehl für den Angriff zur Vernichtung des Feindes zwischen Senino und der Tigoda-Stellung, vom 28. 3. 1942, 20.30 Uhr (BA/MA, RH 26 – 21/47, Anl. 123). Siehe auch: 21. ID., Divisionsbefehl Nr. 18 vom 28. 3. 1942, 21.45 Uhr und Zusätze zum Div. Befehl Nr. 18 vom 29. 3. 42 (BA/MA, RH 26 – 21/47, Anl. 120 und 121).
35) 21. ID, Div. Befehl Nr. 21 vom 12. 4. 1942 (BA/MA, RH 26 – 21/48, Anl. 280).
36) Gen. Kdo. I. AK., Korpsbefehl Nr. 180 für einheitliche Kampfführung bei 11. und 21. ID. vom 14. 4. 1942 (BA/MA, RH 26 – 21/48, Anl. 307).
37) K. A. Merezkow a. a. O., S. 290; I. I. Fedjuninskij a. a. O., S. 107.
38) Gen. Kdo. XXVIII. AK., Korpsbefehl Nr. 13 vom 11. 5. 1942 (BA/MA, RH 26 – 21/50, Anl. 731).
39) 21. ID, Divisionsbefehl Nr. 27 vom 10. 5. 1942 (BA/MA, RH 26 – 21/50, Anl. 688).
40) Gruppe Sponheimer, Gruppenbefehl Nr. 3 vom 12. 5. 1941 (im Besitz des Verfassers).
41) So etwa im Bericht der 21. Div., Abt. I c an das Gen. Kdo. XXVIII. AK. vom 4. Juni 1942 über die Kämpfe an der Westfront der Division vom 8. – 28. Juni 1942 (BA/MA, RH 26 – 21/52, Anl. 1167).
42) Gemäß Gefechtsbericht der 21. ID. (BA/MA, RH 26 – 21/212) betrugen die Verluste der Division und der ihr unterstellten Truppenkörper in der Zeit vom 19. 3. – 22. 5. 1942:

	Divisionseigene Truppen	unterstellte Truppen	Insgesamt
Gefallen:			
Offiziere	18	22	40
Uffz. u. Mannsch.	505	688	1193
Verwundet:			
Offiziere	39	41	80
Uffz. u. Mannsch.	1615	2718	4333
Vermißt:			
Offiziere	1	–	1
Uffz. u. Mannsch.	38	49	87
Gesamtzahl d. Verluste:	2216	3518	5734

43) GO Halder Kriegstagebuch a. a. O., III. Bd. (Stuttgart 1964), S. 450 (Eintragung vom 28. 5.).
44) Kriegstagebuch des Oberkommandos der Wehrmacht (Wehrmachtführungsstab) 1940 – 1945, hrsg. von Percy Ernst Schramm, 2. Bd. (Frankfurt/Main 1963), S. 381.
45) 21. ID., Ia Nr. 30/42 gKdos vom 8. 4. 1942, betr.: Auffrischung (BA/MA, RH 26 – 21/48, Anl. 229).

46) Vgl. S. 279. Tatsächlich erscheinen auf einer Kriegsgliederung der Division, Stand: 20. 4. 1942 die Regimenter mit 3 Bataillonen ausgewiesen, wobei das III./45 nur aus Stab, 11. (bisher 15. Kp.) und 12. Kompanie bestand.

47) Gen. Kdo. XXVIII. AK., Korpsbefehl Nr. 17 vom 3. 6. 1942 (BA/MA, RH 26 – 21/52, Anl. 1156).

48) Original im Besitz des Verfassers.

49) KTB. AOK. 18 vom 23. 12. 1941, 11.30 Uhr (BA/MA, RH 20 – 18/1568).

50) Hartwig Pohlman, Wolchow – 900 Tage Kampf um Leningrad (Bad Nauheim 1962), S. 65. Dieser Abschnitt beruht auf der von Hptm. Dr. Ipsen verfaßten Arbeit: Kampf um Leningrad, als Manuskript gedruckt, Dezember 1943, S. 19.

51) K. A. Merezkow a. a. O., S. 309 und 353.

52) So etwa 21. ID., Div. Befehl Nr. 51 vom 9. 8. 1942, Ziff. 2: „Die Div. verteidigt Brückenkopf Kirischi auf höheren Befehl unter Einsatz aller Kräfte" (BA/MA, RH 26 – 21/63, Anl. 162). – Tatsächlich hat der Oberbefehlshaber der 18. Armee am 4. 8. 1942 in einem Ferngespräch mit dem KG. des XXVIII. AK., Gen. Loch, auf dessen Meldung, daß die eigenen Verluste im Brückenkopf seit dem 1. 7. circa 2000 Mann betrügen, geantwortet: „Der Brückenkopf muß trotzdem gehalten werden" (KTB. AOK. 18 vom 4. 8. 1942, BA/MA, RH 20 – 18/321, S. 193).

53) Dr. Ipsen a. a. O., S. 19 – Ganz in diesem Sinne auch 21. ID., Div. Befehl Nr. 51 vom 9. 8. 1942, Ziff. 1 (ebenda).

54) KTB. des Oberkommandos der Wehrmacht a. a. O., S. 408 (6. 6. 1942).

55) Ebenda, S. 461.

56) Bezüglich „Mückenschleier" siehe BA/MA, RH 26 – 21/62. Die Unterlagen über die artilleristische Durchführung des geplanten Unternehmens befinden sich im Besitz des Verfassers.

57) 21. ID. Abt. IIa Nr. 90/42 geh. vom 9. 6. 1942, betr.: Aufteilung des Felders. Btl. 21/4 und Aufstellung des Ausb. Bataillons Major Finkel (BA/MA, RH 26 – 21/52, Anl. 1202).

58) Zustandsbericht 21. ID. vom 15. 6. 1942 (BA/MA, RH 26 – 21/60, Anl. 141); 21. ID., Div. Befehl Nr. 49 vom 3. 8. 1942 (BA/MA, RH 26 – 21/63, Anl. 86).

59) Original im Besitz des Verfassers.

60) GO. Halder, Kriegstagebuch a. a. O., III. Bd., S. 489 (Eintragung vom 23. 7. 42).

61) Die folgende Darstellung stützt sich weitgehend auf die in Abschriften erhaltenen Gefechtsberichte des IR. 3 vom 28. 8. 1942, für die Zeit vom 31. 7. 42 bis 14. 8. 42, und vom 11. 10. 1942, für die Zeit vom 14. 8. 42 bis 22. 9. 42 (beide im Archiv des Traditionsverbandes der 21. ID.); ferner KTB. Nr. 15 der 21. ID. (BA/MA, RH 26 – 21/58, 59).

62) (Hptm. d. R. Claus von Kursell), Einsatz der 21. Inf.-Div. am „Pogostje-Kessel", Kämpfe im Brückenkopf Kirischi und Abwehr an der Wolchow-Front, o. D., S. 2 (BA/MA, MSg 2/2784).

63) Vgl. ebenda S. 6 f. Siehe auch: (Claus von Kursell), Der Appetit war uns vergangen. Beim Infanterie-Regiment 3 im Kirischi-Brückenkopf, in: Alte Kameraden 7/1973, S. 20 f. – Ferner: Udo Ritgen, Oberst Alfred Herrmann (sic!), in: Alte Kameraden 11/1962, S. 13.

64) Vgl. hierzu die entsprechenden Eintragungen im Tagebuch des Kompaniechefs der Sanitätskompanie 1/21 vom 18. 6. 41 – 27. 7. 43 (BA/MA, MSg. 2/2778). Abdruck: Walter Schneider, Hauptverbandsplatz bei Kirischi, in: Alte Kameraden 7/1956, S. 5 f.

65) AR. 21, Bericht an die 21. ID. über den ersten Monat Einsatz im Brückenkopf, vom 1. 9. 1942 (Entwurf im Besitz des Verfassers).

66) Bezüglich des „Alltags" im Brückenkopf vgl.: Fronttheater und „Eiserner Gustav", in: Alte Kameraden 4/1973, S. 26 f; Der Appetit war uns vergangen, ebenda 7/73, S. 20 f; Fünf Mann – eine Kompanie, ebenda, 11/74, S. 22 f; Landser-Alltag im Brückenkopf, ebenda 3/75, S. 19 ff.

67) Bericht von Mjr. Meseck an Obst. Arning vom 10. 8. 1942 (BA/MA, RH 26 – 21/63, Anl. 180).

68) Ebenda.
69) 21. ID., Div. Befehl Nr. 51 vom 9. 8. 1942 (BA/MA, RH 26 – 21/63, Anl. 162).
70) GO. Halder, Kriegstagebuch a. a. O., III. Bd., S. 504 (Eintragung vom 13. 8. 1942).
71) Vgl. AR. 21, Artillerie-Befehl Nr. 35 für das Unternehmen „Sektpulle" zur Verengung der Einbruchsstelle Plawnizy, vom 20. 8. 1942, Nr. 47/42 gKdos (Original im Besitz des Verfassers).
72) Vgl. AR. 21, Artilleriebefehl Nr. 38 für das Unternehmen „Großreinemachen" zur Abschnürung der Einbruchsstelle, vom 2. 9. 1942, Nr. 399/42 geh. (Original im Besitz des Verfassers).
73) AR. 21, Artillerie-Befehl Nr. 42 für das Unternehmen „Hufeisen" zur Abschnürung der Einbruchsstelle im Südostteil des Brückenkopfes, vom 18. 9. 1942, 05.00 Uhr, Nr. 425/42 geh. (Original im Besitz des Verfassers). – Hck., Kirischi 1942. Der Endkampf um den Sack, in: Alte Kameraden 4/1963, S. 16 f.
74) Fünf Mann – eine Kompanie, in: Alte Kameraden 11/74, S. 22.
75) Lediglich vom I./IR. 45 sind Verlustzahlen bekannt. Demnach waren vom 9. 8. – 21. 9. 42 gefallen: 2 Offiziere, 23 Unteroffiziere und 142 Mann; verwundet wurden: 1 Offizier, 51 Unteroffiziere und 277 Mann (Quelle: Bericht des Oberleutnants Willekens: „Wiedersehen mit Kirischi", im Besitz des Traditionsverbandes 21. ID.)
76) BA/MA, RH 26 – 21/65.
77) Gen. Kdo. XXVIII. AK, Tagesbefehl vom 22. 9. 1942 (BA/MA, RH 21 – 26/65)
78) Vgl. z. B. C. v. Kursell, T 34 gegen T 34; in: Alte Kameraden 9/1956, S. 9. – Die Oberleutnante Musahl (Chef 5./IR. 45) und Lemke (Chef 7./IR. 45) wurden durch besonderes Anerkennungsschreiben des Führers und OB. der WM. ausgezeichnet (21. ID. Div. Tagesbefehl Nr. 45 vom 29. 9. 42, BA/MA, RH 26 – 21/73, Anl. 72).
79) 21. ID., Div. Befehl Nr. 57/42 vom 14. 9. 1942 (BA/MA, RH 26 – 21/65, Anl. 525); AR. 21, Artillerie-Befehl Nr. 43 vom 26. 9. 1942 (Original im Besitz des Verfassers).
80) K. A. Merezkow a. a. O., S. 324 f.
81) So H. Pohlman, a. a. O., S. 76.
82) Alfred Philippi – Ferdinand Heim, Der Feldzug gegen Sowjetrußland 1941 – 1945 (Stuttgart 1962), S. 168.
83) AR. 21, Artillerie-Befehl Nr. 43 a. a. O.
84) Zustandsbericht der 21. ID. vom 1. 10. 1942 (BA/MA, RH 26 – 21/73). Die dort angegebenen Zahlen stimmen insofern nicht überein, als in der Zustandsmeldung der eingetroffene Ersatz summarisch mit 14 Offizieren und 1590 Unteroffizieren und Mannschaften angegeben wird, während sich aus der Aufschlüsselung 16 Offiziere und 1513 Unteroffiziere und Mannschaften ergeben.
85) 21. ID, Abt. IIa Nr. 150/42 geh. vom 25. 9. 1942 (BA/MA, RH 26 – 21/73, Anl. 29); dazu auch die schriftliche Mitteilung von Brig. Gen. a. D. Udo Ritgen an den Traditionsverband.
85a) 21. ID., Divisionsbefehl für die Winterausbildung 1942/43, Abt. Ia Nr. 600/42 geh. vom 28. 9. 1942 (BA/MA, RH 26 – 21/73, Anl. 62).
86) Vgl. KTB. XXVIII. AK. vom 18. 10.42, 23.00 Uhr (BA/MA, RH 24 – 28/51, S. 37); dazu Armeebefehl des AOK. 18 vom 19. 10. 1942 (BA/MA, RH 26 – 21/74, Anl. 282). – Mit Wirkung vom 12. 1. 1943 trat das Batl. wieder zur Division zurück, mit Ausnahme der verst. Kp. des GR. 3 (KTB. 18. Armee, Ia vom 12. 1. 1943, BA/MA, RH 20 – 18/468, S. 80).
87) 21. ID., Ia Nr. 705/42 geh. vom 21. 10. 1942 betr.: Kampfstärken der Div. nach Zuführung des Feldersatz-Btl. (BA/MA, RH 26 – 21/74, Anl. 270).
88) Vgl. KTB. Gen. Kdo. XXVIII. AK, Ia vom 1., 10. und 11. 10. 1942 (BA/MA, RH 24 – 28/51, S. 6, 21, 23). Vgl. auch Sonderakte: „Vorbereitungen für Bereinigung des russ. Brückenkopfes südl. der Tigoda-Mündung" (BA/MA, RH 26 – 21/80).
89) Munitionsberechnung, AR. 21, Nr. 57/42 gKdos vom 7. 10. 1942 (Durchschlag im Besitz des Verfassers).
90) Vgl. KTB. XXVIII. AK., Ia, vom 11. 10. 1942 (BA/MA, RH 24 – 28/51, S. 28).

91) Vgl. hierzu: GR. 24 an 21. ID. vom 20. 10. 1942 (BA/MA, RH 26 – 21/74, Anl. 261); Notiz über „Besprechung beim Rgt. Gef. Stand GR. 45 (soll heißen: 24) am 21. 10. 1942 über das Unternehmen zur Bereinigung des russischen Brückenkopfes vor dem ‚Handtuchwald'" (Original im Besitz des Verfassers); ferner KTB. 21 ID. vom 21. und 22. 10. 1942 (BA/MA, RH 26 – 21/71, S. 100 – 107), KTB. XXVIII. AK, Ia vom 21. und 22. 10. (BA/MA, RH 24 – 28/51) und KTB. AOK. 18 vom 21. und 22. 10. 1942 (BA/MA, RH 20 – 18/328, S. 135 f.) — Im November 1942 tauchten dann anscheinend noch einmal Pläne auf, die russische Einbruchstelle ostwärts Selenzy, und zwar unter Mitwirkung der 1./Pz. Abt. 301, unter Verwendung von Ladungsträgern (Goliath) zu beseitigen (GR. 24 an 21. ID. vom 11. 11. 1942, BA/MA, RH 26 – 21/75, Anl. 471, und GR. 24 an 21. ID. vom 14. 11. 42, BA/MA, RH 26 – 21/76, Anl. 499).

92) Vgl. Fritz Goldberg, Die Sauna an der Tigoda, Winter 1942, in: Alte Kameraden 12/1981, S. 20 und derselbe, Idiotenhügel an der Tigoda, November 1942, ebenda 1/1981, S. 25.

93) Hierzu Bericht von Brig. Gen. a. D. Karlheinz Herzberg vom 8. 11. 1984 an den Traditionsverband und vom 6. 1. 1987 an den Verfasser.

94) So Brig. Gen. a. D. Udo Ritgen in einer schriftlichen Stellungnahme an den Traditionsverband.

95) Vgl. Franz Kurowski, Deutsche Offiziere in Staat, Wirtschaft und Wissenschaft (Herford-Bonn), S. 134 – 143.

96) Vgl. dazu H. Pohlman a. a. O., S. 77 ff.

97) Vgl. KTB. AOK 18, Ia ab 14. 1. 1943 (BA/MA, RH 20 – 18/468).

98) Vgl. ebenda, S. 123 f, 129, 149. – Siehe ferner: 21. ID., Div. Befehl Nr. 3/43 vom 15. 1. 1943 für das Herauslösen des Gren. Rgt. 24 und der Ski-Kp. GR. 3, sowie den Bericht des GR. 24 an 21. ID. vom 22. 1. 43 über Ablösung und Einsatz des GR. 24 (BA/MA, RH 26 – 21/79, Anl. 313 und 369).

99) KTB. AOK. 18 vom 16. 1. 1943, 18.15 Uhr (BA/MA, RH 20 – 18/468, S. 1907).

100) 21. ID., Div.Befehl Nr. 5/43 vom 21. 1. 1943 (BA/MA, 26 – 21/79, Anl. 362). Mjr. d. Res. Wölk, vor dem Krieg Oberbürgermeister von Elbing, war Kdt. des Stabsquartiers beim Stab der 21. ID.

101) Vgl. 21. ID., Div. Befehl Nr. 7/43 vom 24. 1. 1943 (BA/MA, RH 26 – 21/79, Anl. 387).

VIII. Abwehrschlachten südlich des Ladoga-Sees 1943

1. Die zweite Ladogaschlacht

Einsatz Ssinjawino

Kaum einer der am Nachmittag des 23. 1. 1943 im großen Kasinobunker der Division bei Dedelewo zur Befehlsausgabe versammelten Adjutanten der Division vermochte sich etwas Konkretes vorzustellen, als der Ia, Oberstleutnant i. G. von Prittwitz, an Hand der Lagekarte mitteilte, daß die Division im Abschnitt der Ssinjawino-Höhen, an deren Nordrand zur Zeit die Front verlaufe, eingesetzt werde und dort den Befehl in der Nacht vom 26./27. 1. übernehmen sollte. Das GR. 3 befände sich dort bereits im Einsatz; der Gegner greife laufend mit starker Panzer- und Fliegerunterstützung an; sein Artilleriefeuer reiche weit ins eigene Hinterland hinein.

Ssinjawino-Höhen? Nie gehört! Und doch besaß, wie man sich bald überzeugen konnte, das langgestreckte Dorf Ssinjawino, südlich des Ladoga-Sees, oder besser gesagt: der jetzt an seiner Stelle befindliche Trümmerhaufen, eine ganz außergewöhnliche Lage. Auf einem nur bis zu 50 Meter ansteigenden Höhenrücken gelegen, hatte man von hier aus nach Norden hin einen fast vollständigen Überblick über den gesamten Raum des ehemaligen, nun vom Russen besetzten „Flaschenhalses". Während im Süden von Ssinjawino sich mehr oder minder dichte Sumpfwälder ausbreiteten, war das Gelände vor dem Nordabhang des Höhenblocks eine fast deckungslose Moorlandschaft, über die hin einige Arbeitersiedlungen (Poseloks) verstreut lagen. Die Annäherungsmöglichkeiten für den Gegner, insbesondere für schwere Panzer, waren in diesem Gelände, auch jetzt im Winter, eher begrenzt. Moorbahnen, die die einzelnen mit Nummern bezeichneten Siedlungen verbanden, waren noch die leistungsfähigsten Nachschubwege. Wer auf den Ssinjawino-Höhen saß, konnte von hier aus nicht nur diese Moorbahnen, sondern auch die Eisenbahnlinie südlich des Ladoga-Sees nach Schlüsselburg einsehen, die die Sowjets nach dem geglückten Durchbruch sofort zu bauen begonnen hatten. Verständlich, daß Marschall Woroschilow, der im Auftrag des Moskauer Hauptquartiers die Operationen der Wolchow-Front (Armeegeneral Merezkow) und der Leningrader Front (Glt. L. A. Goworow) in diesem Raum zu koordinieren hatte, größten Wert darauf legte, den Höhenblock von Ssinjawino, der schon in der ersten Ladoga-Schlacht, im Sommer 1942, eine große Rolle gespielt hatte, so schnell wie möglich in die Hand zu bekommen und, wenn möglich, bis Mga, dem zentralen Versorgungsstützpunkt auf deutscher Seite, durchzustoßen.

Die ersten Versuche, sozusagen aus der Bewegung heraus, dieses Ziel zu erreichen, waren allerdings fehlgeschlagen. Aus den Resten der im „Flaschenhals" schwer angeschlagenen 96. und 227. ID., sowie mit Hilfe der in aller

Eile von weniger bedrohten Abschnitten herangeführten 61. ID., SS-Pol. Division und 28. Jäger-Division hatte das XXVI. AK. beiderseits Ssinjawino einen Sperriegel gebildet, der in den Tagen nach dem 19. 1. einen sofortigen sowjetischen Durchstoß in die Tiefe verhindert hatte: freilich mit Aufbietung der letzten Kräfte. Daher war auch von der Armee am 24. 1. unter dem Befehl des Gen. d. Inf. Hilpert eine Gruppe gebildet worden, der neben dem XXVI. AK. auch noch die rechts und links angrenzenden Divisionen (223. und 1. ID. sowie die 5. Geb. Div.) unterstanden und der außerdem noch die 11. und 21. ID. beschleunigt zugeführt werden sollte (Skizze 34).

Von einer „planmäßigen" Bereitstellung und einem sich daran anschließenden, geschlossenen Einsatz der 21. Division konnte in Anbetracht der höchst kritischen Lage allerdings keine Rede sein. Abgesehen davon, daß ja das GR. 24 beim LIV. AK. an der Tossna eingesetzt war (vgl. S. 186) und nicht sofort herausgelöst werden konnte, mußten auch die übrigen Verbände der Division, wie sie eben herankamen, sofort bataillonsweise in die Schlacht geworfen werden.

Das als erstes herangekommene II./GR. 3 wurde im rechten Abschnitt der SS-Pol. Div. bei Poselok 6 (P. 6) eingesetzt, nachdem diese Siedlung am 22. 1. verlorengegangen war. Die Ski-Kompanie des GR. 3 war inzwischen im linken Nachbarabschnitt, bei der 61. ID., direkt auf den Ssinjawino-Höhen eingesetzt worden, wurde dort aber am Abend des 23. 1. durch das Inf. Btl. z. b. V. 540 (Bewährungsbataillon) abgelöst. Inzwischen war auch das I./GR. 3 herangekommen und – da die SS am Ende ihrer Widerstandskraft war – in der Nacht vom 23./24. 1. links neben das II./GR. 3 eingeschoben. Hier, südlich P. 6 und westlich davon, zeichnete sich überhaupt einer der Schwerpunkte der russischen Durchbruchsversuche ab. Deutlich versuchte der Gegner den Höhenblock von Ssinjawino von hier aus durch einen Umfassungsangriff in die Hand zu bekommen. Am 25. 1. schien ein Erfolg in Reichweite: zum ersten erzielte der Gegner südlich P. 6 einen Einbruch. Daß er diesen nicht zu einem Durchbruch auszuweiten vermochte, lag weitgehend an dem Umstand, daß die 5./GR. 3 verbissen den sogenannten „Kastenwald", ein kleines Wäldchen südostwärts P. 6, verteidigte. Hierbei zeichnete sich der Obergefreite Dicke durch initiatives Handeln bis zu seiner tödlichen Verwundung am 26. 1. derart aus, daß ihm posthum als erstem Angehörigen der Division aus dem Mannschaftsstand das Ritterkreuz verliehen wurde.[1]

Noch gefährlicher war ein größerer Einbruch beim Jg. Rgt. 49 der 28. Jg. Div. nördlich des Gleisdreiecks. Zur Abriegelung dieses etwa ein Kilometer breiten und ebenso tiefen Einbruchs sah sich die Gruppe Hilpert gezwungen, das eben eingetroffene II./GR. 45 einzusetzen. Gleichzeitig, nämlich zu Mittag des 25. 1., fragte der Oberbefehlshaber der 18. Armee bei der Gruppe Hilpert an, wo sich zur Zeit das Pi. Btl. 21 befände, da es unter Umständen auch eingesetzt werden müsse.[2] Anfragen dieser Art waren für die Situation charakteristisch: die Armee disponierte bereits mit einzelnen Bataillonen!

Nun, das gesuchte Pionierbataillon befand sich in Reserve am sogenannten „Baltzerweg", einem nach einem ehemaligen Kommandeur der 217. ID.

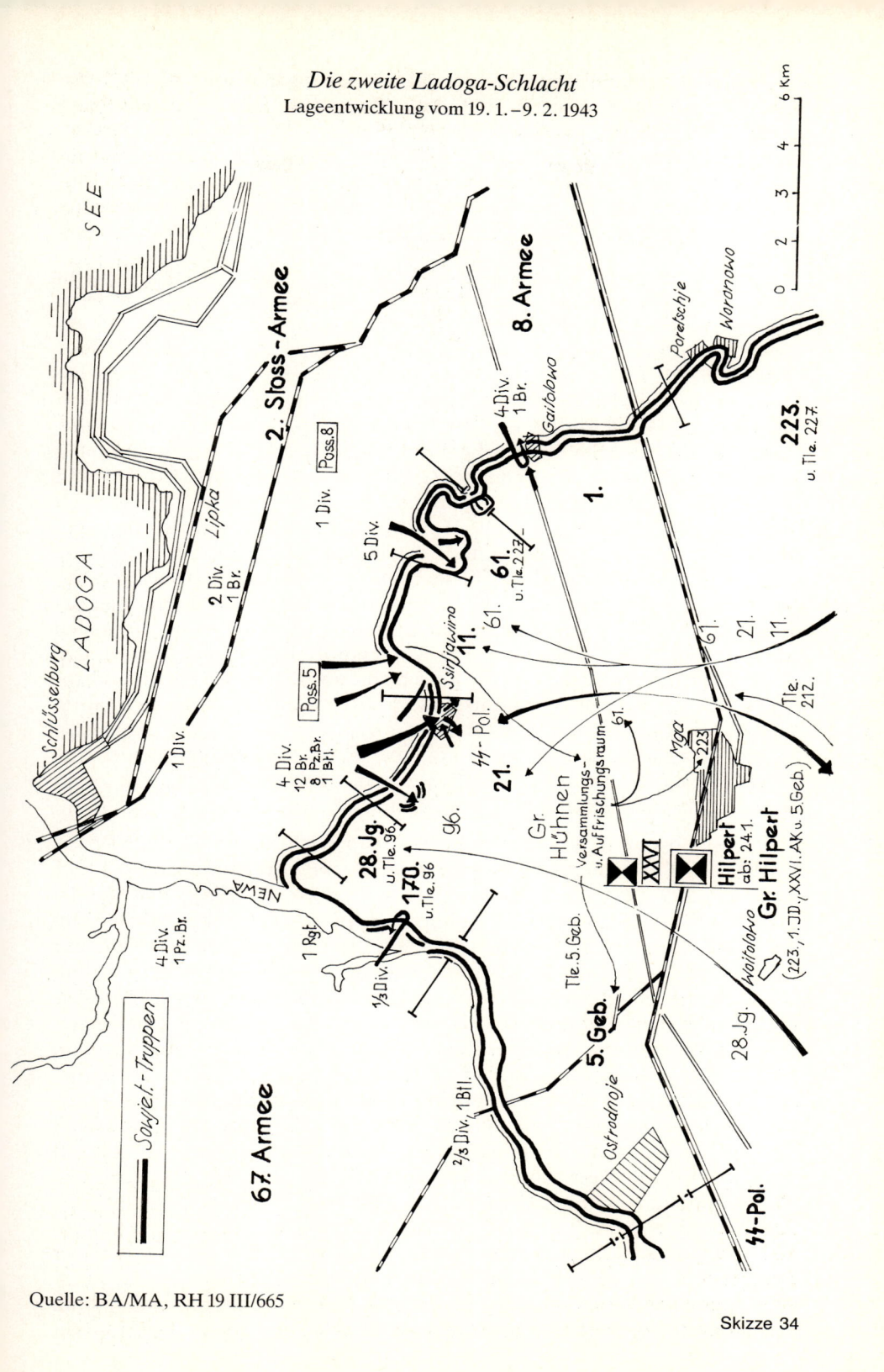

Die zweite Ladoga-Schlacht
Lageentwicklung vom 19. 1. – 9. 2. 1943

Quelle: BA/MA, RH 19 III/665

Skizze 34

benannten Nachschubweg, der von Mga nach Ssinjawino führte. Noch am 26. 1. abends wurde das Bataillon eingesetzt, jedoch nicht bei der 28. Jg. Div., sondern um den Einbruch beim II./GR. 3 südlich P. 6 zu bereinigen. Bis zum 28. 1. gelang es dem GR. 3 mit Hilfe der Pioniere tatsächlich, die alte HKL. notdürftig wiederherzustellen, wenngleich dies das Pionierbataillon allein mit 32 Gefallenen, 14 Vermißten und 101 Verwundeten, also mit mehr als 50 % der Gefechtsstärke, bezahlen mußte.[3])

Das war ungefähr die Lage, als der Stab der 21. ID. am 27. 1., 0.00 Uhr, an Stelle der vollkommen erschöpften SS-Pol. Division die Führung in deren bisherigem Abschnitt übernahm. Während also ein Teil der 21. ID. bei anderen Divisionen eingesetzt war, das GR. 45 (ohne II./45), die Radfahr-Abt. 21 wie die PzJg. Abt. 21 sich erst im Anmarsch befanden, verfügte die Division zur Zeit der Befehlsübernahme über nicht viel mehr als die Regimentsgruppe GR. 3 mit Pi. Btl. 21. Das AR. 21 war zwar mit seinem Regimentsstab auch zur Stelle, aber die unterstellten drei Abteilungen stammten jede von einem anderen Regiment (II./SS-Pol. AR. 300, III./AR. 161 und II./AR. 28). Teile der eigenen Artillerie (III. und I./AR. 21) waren noch unterwegs. Nur das GR. 45 (ohne II. Btl.) traf noch im Laufe des Tages ein und besetzte rechts neben dem GR. 3 zusammen mit dem bereits in Stellung befindlichen Bewährungs-Btl. 540 die Ssinjawino-Höhen im bisherigen Abschnitt der 61. ID., über den ab 18.00 Uhr die 21. Division ebenfalls den Befehl übernahm.[4]) Gleichzeitig traten auch noch die Reste der Schnellen Abteilung 227 (227. ID.)[5]) unter das Kommando der Division (vgl. Skizze 35). Viel Zeit blieb derselben allerdings nicht, um sich in den neuen und zudem recht verworrenen Verhältnissen zurechtzufinden. Immerhin gewährte der Gegner eine Frist von etwas mehr als 48 Stunden, während der er sich – bei Aufrechterhaltung des Drucks bei P. 6 – ebenfalls umgliederte. Offenbar war er doch zu der Überzeugung gekommen, daß für einen Durchbruch nach Süden ein neuer Aufmarsch notwendig sei.

Bisher war ostwärts der Moorbahn von P. 5 nach Süden die 18. SD. des GM. M. N. Owtschinnikow eingesetzt gewesen. Von Ssinjawino bis P. 6 stand die 239. SD., der auch die stark dezimierte 11. SBrig. und die 11. selbst. Ski-Brigade mit je drei Bataillonen unterstanden haben dürften. Im Anschluß daran nach Westen, vor allem im Einbruch an der Naht zur 28. Jg. Div., wurde die 147. SD. angenommen. Dieser Einsatz hatte sich im Hinblick auf die schweren Verluste, die diese Verbände bereits erlitten hatten, als unzureichend erwiesen. Dementsprechend gruppierte der Gegner seine Kräfte nun um, indem er zwei Schwerpunkte bildete: einen vor dem GR. 45 mit dem Auftrag, Ssinjawino frontal anzugreifen. Dazu dürfte neben den bereits in Stellung befindlichen Verbänden auch noch die 364. SD. zugeführt worden sein. Ein weiterer Schwerpunkt wurde vor dem GR. 3 und hier vor allem südlich P. 6 gebildet, um zunächst Ssinjawino auch von Westen her zu umfassen und dann, falls möglich, auf Mga vorzustoßen. Dafür wurden, soweit man aus Gefangenenaussagen schließen konnte, die 224. SD., aber auch die 80. SD. bereitgestellt. Jedem dieser beiden Stoßkeile wurden außerdem Panzerverbände etwa in Stärke von jeweils einer Panzerbrigade beigegeben (bei der 80. SD. vermutlich die 98. Pz. Brg.). Auch wenn das Feindbild selbst heute noch nicht absolut klar ist, so kann man doch vor dem etwa 5 km breiten Frontabschnitt der 21. Division mit

Lage der 21. Inf. Div. am 28.1.1943 abends.

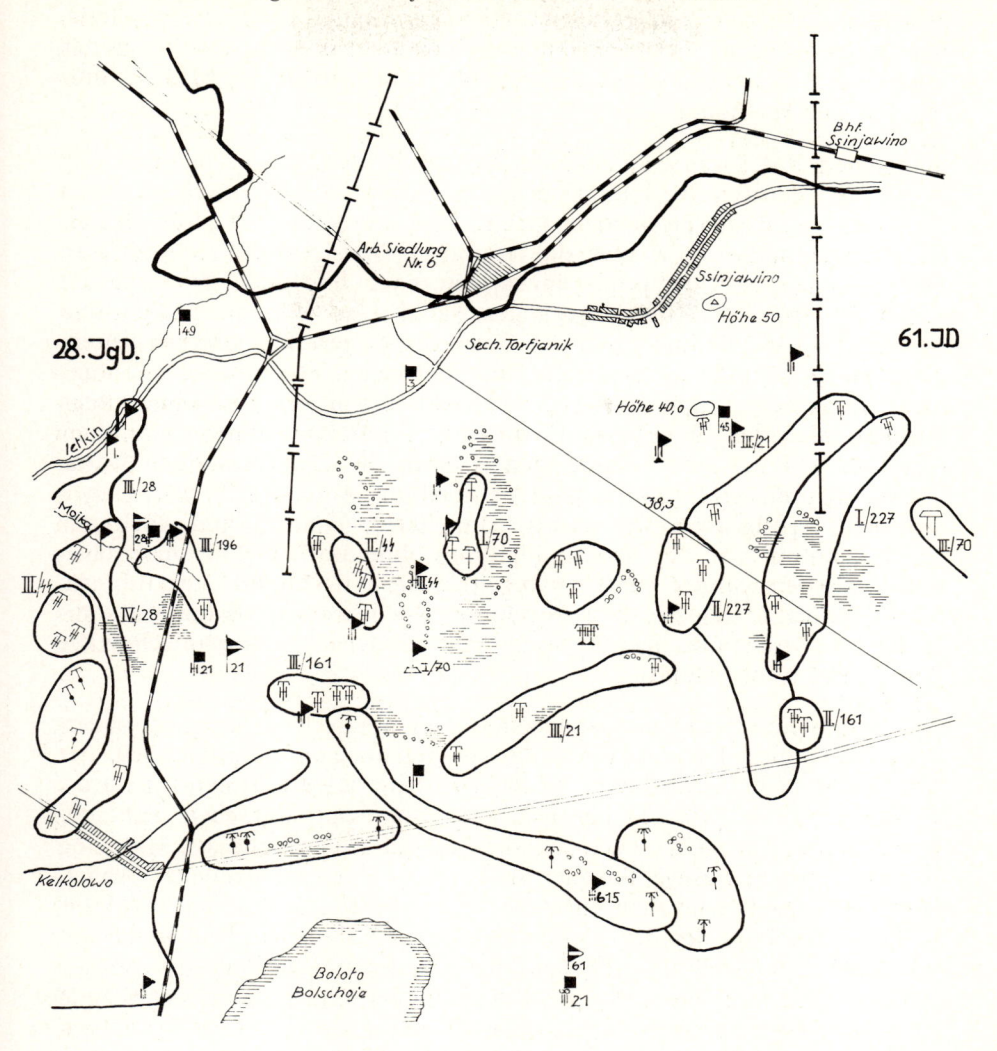

Skizze 35

4 bis 5 Schützendivisionen und zwei Panzerbrigaden (oder ähnlich gleichstarken Verbänden) rechnen, eine Kräftekonzentration, wie sie der Division wohl noch nie gegenübergestanden hatte (vgl. Anl. 38).

Schon das allein läßt einen Vergleich mit Kirischi – wie er auf den ersten Blick vielleicht naheliegen mag – verblassen. Dazu kam aber noch der ungleich höhere Materialeinsatz. Es hätte nicht erst der Gefangenenaussagen bedurft, um zu erkennen, daß auf sowjetischer Seite der noch im Frühjahr 1942 vorhandene Engpaß in der artilleristischen Ausrüstung vollkommen überwunden war. Auf 95 Batterien schätzte man die gegnerische Artillerie vor der Front der Gruppe Hilpert. Zwar ließ die Schießausbildung der russischen Artilleristen noch zu wünschen übrig,[6] jedoch in der Artillerieaufklärung wie in der Funkpeilung waren unverkennbare Fortschritte festzustellen. Ziele in der Tiefe, wie eigene Feuerstellungen und Gefechtsstände, wurden zunehmend bekämpft. Und schließlich standen dem Angreifer noch immer zumindest starke Teile der 14. Luftarmee unter GM. I. P. Shurawijow zur Verfügung.

So gesehen – das war wohl auch die Auffassung der sowjetischen Führung – war der deutsche Verteidiger chancenlos. Daß die Rechnung dennoch nicht aufging, hatte verschiedene Gründe. Da war einmal der vorausschauende Entschluß der 18. Armee, die 21. und 11. Division noch rechtzeitig an diesem Krisenpunkt der Front einzusetzen, zwei Divisionen, die seinerzeit durch die Hölle von Kirischi gegangen waren. Das will nicht heißen, daß sie damit an die Bedingungen des Großkampfs gewöhnt gewesen wären, denn das Grauen der Materialschlacht kennt keine Gewöhnung, schon gar nicht, wenn es sich unter den verschärften Bedingungen des Winterkriegs abspielt. Aber die „alten Hasen" von Kirischi besaßen, soweit sie es überlebt hatten, doch ihre Erfahrungen. Gewiß, die Gefechtsstärken waren höchst unzureichend, obwohl man sie noch am Wolchow durch Abgaben aus dem Artillerieregiment etwas „aufgefettet" hatte[7]) und auch das „Lehrbataillon" von der Armee, allerdings ohne die 7./GR. 3, inzwischen zurückgegeben worden war. Es mangelte auch weiterhin an Unterführern. Aber dennoch hatten die altbewährten und doch so jungen Bataillonskommandeure (kaum einer über 30!) und nicht minder ihre Kompaniechefs die Truppe fest in der Hand.

Aber das allein wäre nicht ausreichend gewesen, um der Übermacht widerstehen zu können. Wesentlich war, daß diesmal auch auf deutscher Seite der Abwehrkampf in viel stärkerem Maße als Artillerieschlacht geführt wurde, als dies noch bei Kirischi der Fall war. Ssinjawino war eben nicht der Brückenkopf, war nicht Neben-, sondern Hauptkriegsschauplatz. Hier ging es nicht um einen eingebildeten, sondern um einen tatsächlichen Angelpunkt der Front. Und dem entsprach auch die Massierung an Artillerie. Nicht nur die Batterien der im Flaschenhals zerschlagenen Divisionen waren weiterhin in Stellung geblieben, auch die Konzentrierung der vom geplanten Unternehmen „Nordlicht" noch vorhandenen schweren und schwersten Heeresartillerie unter der Führung des Arko 113 (Oberst Fouquet) war beachtlich (vgl. Anlage 39). Nach Überwindung gewisser Anfangsschwierigkeiten vermochte auch die eigene Divisionsartillerie binnen kurzem „Tritt zu fassen". Infolge der ausgezeichneten Beobachtungsmöglichkeiten sowie mit Hilfe der sich schnell einspielenden Zusammenarbeit mit den Nachbar-Artillerieregimentern (AR. 240 der 170. ID., AR. 28 und AR. 11) funktionierten Feuerleitung und Feuerzusammenfassung vorzüglich. Munition spielte zunächst kaum eine Rolle (vgl. Anlage 40). Sie wurde mit der Bahn bis Mga vorgefahren und dort direkt auf die Kolonnen des Artillerieregiments umgeschlagen und den Feuerstellungen zugeführt. So gelang es nicht selten, feindliche Kräfte schon beim Anmarsch in die Bereitstellungsräume sowie in diesen selbst mit Vernichtungsfeuer zu fassen und zu zerschlagen. Aber ein neuerliches Antreten des Gegners war damit natürlich nicht zu verhindern. Vielmehr setzte am Morgen des 29. 1. der Großangriff der sowjetischen 2. Stoßarmee, nach stundenlanger, trommelfeuerartiger Artillerievorbereitung, begleitet von rollenden Schlachtfliegerangriffen mit Bomben und Bordwaffen, gegen die gesamte Front der 21. Division wuchtig ein.

Schwerpunkt war zunächst der Abschnitt GR. 3, gegen den 30 Panzer anrollten. Wenig später griff der Feind beim GR. 45 an der Naht zur 61. ID. mit 50 Panzern an. Insgesamt 15 Panzer wurden abgeschossen, alle Angriffe bis auf kleine Einbrüche abgewehrt.[8]) Für kurze Zeit ging am Nachmittag dieses Tages die beherrschende Höhe 43,3 am Nordausgang von Ssinjawino verloren. Aber Oblt. von Malotki (Chef 3./GR. 45) setzte mit nur 15 Mann, unterstützt von drei Panzern III, zum Gegenstoß an, eroberte die bereits von rund 400 Russen besetzte Höhe zurück und stieß dem frontal angreifenden Gegner in die tiefe Flanke, der daraufhin fluchtartig zurückging.[9]) Damit war die Lage vor Ssinjawino zunächst gerettet.

Der Feind ließ aber nicht locker. Buchstäblich ohne Rücksicht auf Verluste griff er auch am folgenden Tag mit sechs Bataillonen viermal das GR. 45 an, das jedoch alle Angriffe abwehrte beziehungsweise örtliche Einbrüche im Gegenstoß bereinigte. Die Gefechtsstärken sanken allerdings bedenklich ab. Das bei GR. 45 eingesetzte Bewährungs-Batl. z. b. V. 540 war nur noch 1 Offizier und 70 Mann stark. An der Einbruchstelle bei P. 6 im Abschnitt GR. 3 wurden die Radfahrabteilung 21 und die Reste der Schnellen Abteilung 227 eingeschoben;[10]) dem GR. 45 wurden das III./GR. 390 (215. ID.) und die bereits eingetroffene Radfahr-Abt. 11 (11. ID.) zugeführt und unterstellt. Gerade noch rechtzeitig, denn der 31. 1. brachte eine neue, ernste Krise.

Seit 3.00 Uhr morgens griff der Feind mit stärkeren Kräften, unterstützt von Panzern, wiederum den Kastenwald ostwärts P. 6 an, während er aus dem Raum hart nordwestlich der Höhe 43,3 in Regimentsstärke nach Südosten gegen die Dorfmitte von Ssinjawino vorstieß. Im Schutze der Dunkelheit konnte er die dünnen Linien des III./GR. 390 durchstoßen und bis zur Kirche von Ssinjawino vordringen. Darüber hinaus kam es offenbar auch zu einer Führungskrise im Stab des GR. 45, wo Oberst Sakowsky den Strapazen der Schlacht gesundheitlich nicht mehr gewachsen war. Um sie durchzustehen, bedurfte es allerdings eiserner Nerven; der Divisionskommandeur, General Matzky, besaß sie jedoch. Allem Anschein nach persönlich vom Gefechtsstand GR. 45 aus eingreifend, wurden das eben eingetroffene I./GR. 44 (11. ID.) und die schon eingesetzte Radfahr-Abt. 11 sowie das III./GR. 390 zum Gegenangriff befohlen, das Dorf vom eingedrungenen Feind gesäubert und derselbe nach Westen zurückgeworfen. Am Abend wurde dann die Führung im Abschnitt Ssinjawino dem Major Stürtz, Kommandeur des offenbar noch im Divisionsbereich eingesetzten Pi. Btl. 161, übertragen.

Vollständig konnte die alte HKL. aber nicht wiederhergestellt werden, zumal der Gegner inzwischen auch beim I./GR. 45 einen kleineren Einbruch erzielt hatte und auch der Kastenwald bei P. 6 verlorengegangen war. Hier trat die Radfahr-Abt. 21 zum Gegenangriff an und ihr gelang es auch, das Gelände südlich der Straße nach Ssinjawino zurückzugewinnen. Im vollen Umfang vermochte jedoch auch sie nicht, trotz der Unterstützung durch

Sturmgeschütze der 2./StGAbt. 226 am 1. 2., durchzuschlagen. Immerhin schossen diese hier weitere sechs russische Panzer ab.[11])

Bei diesen Kämpfen zeigte sich übrigens ein weiterer Unterschied gegenüber Kirischi, nämlich die Möglichkeit, wenigstens im begrenzten Umfang Panzer und Sturmgeschütze einsetzen zu können. Deutsche Panzer waren freilich so gut wie keine vorhanden. Ganze drei sollen am 23. 1. im Bereich der gesamten Heeresgruppe Nord einsatzbereit gewesen sein,[12]) möglicherweise jene, mit denen Oblt. v. Malotki die Höhe 43,3 zurückerobert hatte. In der nächsten Zeit erfolgte allerdings im Raume Ssinjawino der Einsatz der 1./Pz. Abt. 502, die als eine der ersten Panzereinheiten mit den neuen Tiger-Panzern ausgerüstet war.[13]) Dieser Panzertyp erregte auf russischer Seite „viel Aufsehen", wie General Merezkow berichtet[14]), und wurde auch im sowjetischen Hauptquartier sehr ernstgenommen, da sich die ohnehin schon hohen Verluste durch ihn noch weiter erhöhten. Die infanteristische Bekämpfung der sowjetischen Panzer war hingegen schwieriger geworden, da diese mit Zementschlämme angestrichen worden waren, was die Anbringung von Hafthohlladungen erschwerte. Dennoch verlor der Gegner allein vor dem Abschnitt des GR. 3 vom 27. 1.–4. 2. nicht weniger als 81 Panzer.[15])

Inzwischen war es gelungen, mit zurückkehrenden Teilen der SS-Pol. Div. das GR. 24 an der Tossna abzulösen und der Gruppe Hilpert zuzuführen. Das III./GR. 24 traf dort am 30. 1. ein und wurde bei der 28. Jg. Div. am Einbruch rechts neben dem II./GR. 45 eingesetzt. Das etwas später nachfolgende II./GR. 24 verblieb zunächst als Gruppenreserve hinter der Naht zwischen 21. ID. und 28. Jg. Div. Auch von der 11. Div. trafen laufend weitere Verbände ein, von denen das II./GR. 23 der 21. ID. vorläufig unterstellt wurde, aber zunächst auch Gruppenreserve blieb. Am 2. 2. war es dann soweit, daß die zwischen 61. und 21. ID. eingeschobene 11. ID. den Befehl im Abschnitt Ssinjawino übernehmen konnte, womit allerdings das GR. 45 (ohne II. Btl.) und die III./AR. 21 vorübergehend unter den Befehl der 11. ID. traten. Es bleibt bedauerlich, daß es kurz vorher, nämlich am Abend des 1. 2., dem Gegner nach erbittertem Kampf gelungen war, die bisher hartnäckig verteidigte Höhe 43,3 nun doch zu nehmen. Dreimal war er im Verlauf des Tages gegen dieselbe angerannt, bis ihm schließlich bei Einbruch der Dunkelheit dieser Punkt überlassen und die HKL vor Ssinjawino näher an das Dorf herangenommen werden mußte (vgl. Skizze 34).[16]) Nichtsdestoweniger versäumte der Kommandeur der 11. ID., Glt. Thomaschki, nicht, dem I./GR. 45 und der III./AR. 21, als diese am 7. 2. aus dem Unterstellungsverhältnis ausschieden, seine „ganz besondere Anerkennung" auszusprechen, wobei der Kommandeur des I./GR. 44 auch noch die Leistungen der 9./AR. 21 speziell würdigte.[17])

Die rechte Divisionsgrenze verlief nun an der Ostseite des Kastenwaldes bei P. 6, und die Division war damit der Verantwortung für den Brennpunkt Ssinjawino zunächst enthoben, um freilich zwei Tage später einen neuen Schwerpunkt hinzuzubekommen, nämlich den Feindeinbruch am rechten Flügel der 28. Jg. Div. An der Südseite desselben lagen ja seit kurzem der Stab und die Rgt. Truppen GR. 24 sowie das II./GR. 45 (rechts) und das III./GR. 24 (links). Diese Gruppe Arning sowie die hinter ihr stehende

III./AR. 196 und III./SS-Pol. AR. traten am 4. 2. unter den Befehl der 21. ID., die damit nun endlich wieder über die Masse ihrer Truppen selbst verfügte.[18])

Schon am folgenden Tage versuchte der Gegner beim III./GR. 24, also an dem am weitesten nach Südwesten vorspringenden Punkt seines Einbruchs, neuerlich durchzubrechen, worin sich aber wohl auch eine Änderung seiner operativen Zielsetzung widerspiegelte. Jetzt ging es offensichtlich nicht mehr um eine Umfassung Ssinjawinos durch die 2. Stoßarmee, sondern um einen Durchstoß der 67. Armee nach Südwesten in Richtung auf Arbusowo an der Newa, um damit den entlang dieses Flusses nach Norden bis Gorodok vorspringenden deutschen Frontbogen abzuschnüren. Mehr als einen kleinen Einbruch, der im Gegenangriff bereinigt werden konnte, vermochte er zwar an diesem Tag nicht zu erzielen. Mit einer Fortsetzung der Angriffe mußte jedoch gerechnet werden, zumal der Gegner anscheinend neue Kräfte (wahrscheinlich die 142. SD.) in den Einbruch nachführte. Derselbe wurde damit zu einem Gefahrenpunkt, der zumindest eingeengt werden sollte.

Während in den folgenden Tagen immer wieder Feindbewegungen hinter der Front bekämpft wie auch kleinere, teilweise von einzelnen Panzern unterstützte Vorstöße abgewiesen wurden, gruppierte sich die Artillerie der Division um. Die hinter dem GR. 3 stehende III./AR. 161 wurde gegen die III./AR. 21 (bisher bei 11. ID.) ausgetauscht und dem AR. 21, dem ja noch immer seine schwere Abteilung fehlte, die IV/AR. 28, unterstellt (vgl. Anlage 41). Daneben aber liefen die Vorbereitungen für ein vom Korps angeregtes Unternehmen „Spitzbart", durch das, unter möglichster Vermeidung von unnötigen Verlusten, zumindest die Spitze des Feindeinbruchs westlich der Bahnlinie beseitigt werden sollte. Dem Unternehmen, das vom II./GR. 24 mit einer unterstellten Stoßgruppe des II./GR. 45 und Sturmgeschützen der 1./StGAbt. 226 am 9. 2. durchgeführt wurde, war jedoch kein Erfolg beschieden. Nach zunächst guten Fortschritten stießen die angreifenden Stoßtrupps auf die Bereitstellung eines russischen Regiments am Tetkin-Bach in dem Waldstück westlich der Eisenbahnbrücke. Der stark überlegene Feind, sein gut liegendes Abwehrfeuer und die damit verbundenen eigenen Verluste erzwangen am Abend dieses Tages eine Zurücknahme der Truppe auf die alte HKL. Da aber auch diese nicht mehr abwehrmäßig besetzt werden konnte, wurde dem GR. 24 2/3 des bei der 11. ID. freigewordenen I./GR. 45 unterstellt, während die dritte Kompanie dieses Bataillons in der Stärke von 1:14:41 zur Verfügung der Division in das sogenannte Moika-Lager in der Nähe des Divisionsgefechtsstandes zurückgezogen wurde.[19])

Die nächsten Tage waren dann etwas „ruhiger", wohl aus dem Grund, weil der Gegner offenbar eingesehen hatte, daß die Nordfront der Gruppe Hilpert, zumindest mit den dort vorhandenen und doch sehr angeschlagenen Kräften, vorderhand nicht eingedrückt werden konnte. Dafür versuchte er nun, die ganze Gruppe mit einem Zangenangriff aus den Angeln zu heben. Mag sein, daß er hierbei nicht nur die Vorteile eines konzentrischen Angriffs im Auge hatte, sondern damit auch hoffte, die geballte Masse der hinter dem Ssinjawino-Block konzentrierten deutschen Artillerie aufzusplittern. Wie auch immer, am 10. 2. griffen die sowjetische 55. Armee südlich

Die zweite Ladoga-Schlacht
Lageentwicklung v. 10.–24. 2. 1943
Feindlage: 24. 2. 1943

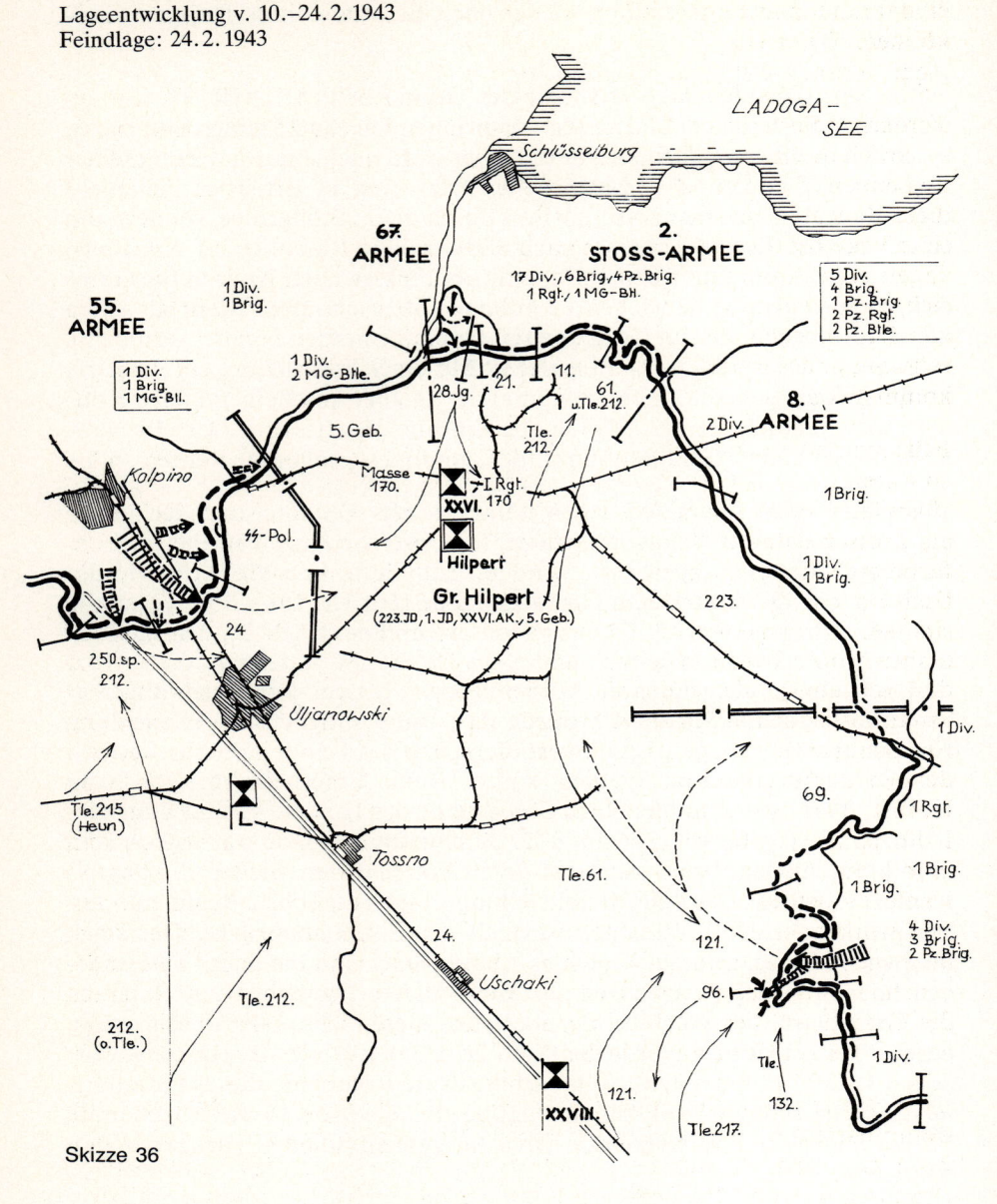

Skizze 36

der Newa bei Kolpino und die 54. Armee aus dem Pogostje-Einbruch nach Westen an (vgl. Skizze 36).

Während den Sowjets bei Kolpino ein tieferer Einbruch gelang, vermochten sie aus dem Pogostje-Einbruch heraus nur geringfügig vorzudringen. Immerhin löste diese neue Offensive, gemeinhin als die zweite Phase der 2. Ladogaschlacht bezeichnet, auf deutscher Seite sofort das schon so oft geübte Rochadespiel zwischen ausgeglühten und noch nicht ganz abgekämpften Divisionen aus. Ausnahmsweise wurde hierbei von der Armee nicht an die 21. Division gedacht. Sie stand, zusammen mit der 11. ID., an einem doch zu exponierten Punkt, um sie von dort ungestraft abziehen zu können. Wie wenig die russische Führung den Ssinjawino-Block aus dem Auge verloren hatte, sollte sich auch nur zu bald zeigen.

Vorderhand erfreute sich die Division einer kurzfristigen Atempause, die sie – soweit es die Verhältnisse zuließen – zu einer Neuordnung ihrer Verbände benutzte.[20]) Dem rückblickenden Betrachter mag sich im Hinblick auf diese Kampfpause allerdings auch die Frage stellen, ob die doch sehr kritische Lage der Gruppe Hilpert vor dem Hintergrund der gerade in diesen Tagen zum Abschluß gelangten Katastrophe der 6. Armee bei Stalingrad sich nicht niederdrückend auf die Moral der Truppe ausgewirkt habe, die, von Läusen gequält, auf Grund der hohen seelischen Belastung, der Übermüdung und körperlichen Erschöpfung auch gesundheitlich stark herabgekommen war.

Falls man auf sowjetischer Seite derartige Hoffnungen gehegt haben sollte, so waren sie, aufs Ganze gesehen, mit ziemlicher Sicherheit irrig. Vielmehr charakterisierte General Matzky Anfang Februar die Stimmung der Truppe als „entschlossen und zuversichtlich".[21]) Und das war gewiß nicht Schönfärberei. Natürlich war man sich bei den Stäben, deren T-Empfänger praktisch die einzige Orientierungsmöglichkeit über die Lage im Großen darstellten, sehr wohl bewußt geworden, daß sich da unten, weit im Süden, die bisher größte Niederlage der deutschen Geschichte abgespielt hatte. Und daß von einer „Zerschmetterung der letzten Reste der bolschewistischen Streitkräfte" schon längst keine Rede mehr sein konnte, das war nach den Erfahrungen der vergangenen Wochen auch dem letzten Schützen im vordersten Schützenloch, ja gerade dort, inzwischen klargeworden. Das im Herbst 1941 so gängige Schlagwort von den „Sturmgrenadieren des I. Korps" klang bei einer Division, die nur noch zu 35% beweglich war, eher hohl. Aber auf der anderen Seite schienen die eben zurückliegenden Kämpfe doch auch wiederum zu beweisen, daß die Division, geschlossen und straff geführt, in der Verteidigung es noch mit jedem Gegner aufnehmen konnte. Gegenwärtig wenigstens. Und damit war auch der Wille ungebrochen, dem Gegner jeden Meter Boden streitig zu machen, selbst wenn die Gefechtsstärken etwa beim GR. 3 nur noch 45% (I. Btl.) beziehungsweise 37% (II. Btl.) und bei der Radfahrabteilung 46% betrugen.[22])

Die Verluste waren allerdings als mörderisch zu bezeichnen. Insgesamt 1830 Mann hatte die Division in den ersten 17 Tagen ihres Einsatzes bei Ssinjawino an Toten, Verwundeten und Vermißten verloren, das heißt also im Durchschnitt rund 107 Mann pro Tag. Davon entfielen 2,5% auf Offiziere und 16,5% auf Unteroffiziere. Freilich – und das läßt die Erbitterung der Kämpfe erkennen – rund die Hälfte dieser Verluste entstanden innerhalb von nur 4 Tagen, zwischen dem 29. 1. und dem 2. 2. Zwar schob die Armee etwas Ersatz nach, aber der Verlust von 19% des Führungspersonals, darunter so vorzügliche Bataillonskommandeure wie Hptm. Sürenhagen (II./GR. 3, gefallen), Hptm. Eckstein (I./GR. 3, verwundet), Rittm. Korn (Kdr. Radfahr-Abt. 21, tot), dazu eine Reihe von bewährten Kompanieführern, war praktisch nicht zu ersetzen (vgl. Anlage 42). Auch als die Kämpfe in der ersten Februarhälfte, wie schon angedeutet, an Intensität etwas abnahmen, forderte der „Alltag" von der vorne eingesetzten Truppe fast Übermenschliches. Einer der damaligen Mitkämpfer, Hauptmann Claus von Kursell, hat dies viele Jahre nach dem Krieg in einem ungemein eindrucksvollen Bericht geschildert und darin den Satz niedergeschrieben: „Daß unter solchen Umständen der Kompanieführer durchschnittlich 3 Tage brauchte, bis er fiel oder verwundet wurde, kann nicht wundern."[23] In der Tat war es eher ein Wunder, wenn man hier überlebte. Und damit wird auch verständlich, daß unter diesen Umständen der Truppe kaum Zeit blieb, über Sinn und Zweck des Krieges im Großen nachzugrübeln. Von Wichtigkeit blieb nur, wie man die immer dünner werdenden Linien noch besetzen und darüber hinaus Reserven ausscheiden konnte, um der nächsten Zerreißprobe gewachsen zu sein.

Diese Frage beschäftigte allerdings nicht nur die Division, sondern auch die obere Führung. Zur Schaffung einer operativen Reserve entschloß sich die Armee, den Frontvorsprung bei Gorodok zu räumen, um durch diese Frontverkürzung die 28. Jg. Div. herauslösen zu können. Die auf zwei Tage berechnete Räumungsbewegung lief unter dem Decknamen „Bertha" vom 15. bis 17. 2. planmäßig ab. Aus Gründen, die hier nicht näher zu untersuchen sind, wurde schließlich jedoch nicht die 28. Jg. Div., sondern die 170. ID. aus der Front gezogen.[24] (vgl. Skizze 36)

Sei es, daß der Gegner von dieser Absicht Kenntnis erhalten hatte, sei es auch nur, daß er ein von ihm vermutetes Abziehen deutscher Kräfte aus der Ssinjawino-Front verhindern wollte, jedenfalls nahm er bereits am 13. und 14. 2. seine Angriffe gegen die 11., 21. ID. und später auch gegen die 28. Jg. Div. wieder auf. Bei der 21. Division lag sein Schwerpunkt in der Einbruchstelle, am Tetkin-Bach. Zwei Einbrüche geringeren Ausmaßes konnten abgeriegelt werden. Die HKL. blieb fest in eigener Hand. Allerdings verhinderten diese Kämpfe die Durchführung der von der Division geplanten Neuordnung ihrer Verbände, da die im Zuge derselben vorgesehene Herauslösung des im Abschnitt GR. 24 eingesetzten Teils des GR. 45 sich vorerst als unmöglich erwies. Vielmehr mußte auch die Divisions-Reserve (eine verst. Kp. des I./GR. 45) dem GR. 24 zugeführt werden.[25]

Darüber hinaus zeigte sich bald, daß die sowjetische 2. Stoßarmee und ihr rechter Nachbar, die 67. Armee, mehr im Sinne hatte, als nur deutsche Kräfte zu binden oder von diesen freiwillig aufgegebenes Gebiet zu besetzen. Vielmehr sollte noch einmal der Sturm auf Ssinjawino gewagt werden. Dazu waren, soweit man das aus den Ic-Unterlagen rekonstruieren kann, bereitgestellt: vor der 11. ID. die 64. GdSD., die 364. SD. und die durch zwei Bataillone der 80. SD. verstärkte 239. SD. Um P. 6 stand die durch Reste der 147. SD. verstärkte 80. SD. Anschließend daran war rechts davon die 90. SD., seinerzeitige Gegnerin aus den allerersten Tagen des Rußlandfeldzuges, neu eingerückt. Und vor der ehemaligen Einbruchstelle lag die 142. SD. Mit Sicherheit waren dahinter Panzerverbände zur Unterstützung des Angriffs versammelt.

Die 21. Division hatte demgegenüber gerade noch Zeit, in der Nacht vom 19./20. 2. endlich ihre seit längerem beabsichtigte Gliederung einzunehmen. Sie hatte nun alle drei Regimenter in der Front: GR. 45 rechts, GR. 3

Mitte und GR. 24 links. Mjr. Schwender, der bisher schon für den abwesenden Obst. Ziegler das GR. 3 geführt hatte, übernahm dazu noch die taktische Führung im Abschnitt des GR. 45 bis zum Eintreffen des als Regimentsführer GR. 45 vorgesehenen, aber noch zum Lehrbataillon der Armee in Männiku abgestellten Mjr. Hilgendorff. Diese Lösung war insofern möglich, als es sich bei Mjr. Schwender um eine ganz außergewöhnliche Führerpersönlichkeit handelte, die sich in den allernächsten Tagen das Ritterkreuz verdienen sollte. Dazu kam aber auch, daß das GR. 3 nur noch eine Stärke von 13 Offizieren, 50 Unteroffizieren und 192 Mann aufwies! Hinter dieser bedenklich dünnen Front standen an Artillerie beim GR. 45 die III./AR. 21, beim GR. 3 die I./AR. 21, und beim GR. 24 die kurz vorher endlich zugeführte II./AR. 21. Da die I./AR. 57 erst in den nächsten Tagen eintreffen sollte, blieb als Schwerpunktabteilung vorderhand die IV./AR. 28 im Divisionsabschnitt.[26]) (vgl. Skizze 37)

Zwei Tage später, am Morgen des 22. 2., meldete die Gruppe Hilpert der Armee: „Starkes Trommelfeuer, wie am 12. Januar, gegen ganze Nordfront vom Wenglerblock bis Newa. Angriff mit Panzern bei P. 6 und 28. Jg. Div."[27])

Was sich allein vor der Front der 21. Division während dieses Tages abspielte, liest sich im Kriegstagebuch der Division wie das Drehbuch eines Horrorfilms:

7.30 Uhr
Trommelfeuer auf HKL. und Hintergelände.
7.40 Uhr
massierter Angriff gegen GR. 3.
7.45 Uhr
Trommelfeuer auf Raum Kastenwald – Mga.
8.00 Uhr
Panzerangriff, sich immer weiter nach Westen ausdehnend, weiterer starker Druck auf GR. 3.
8.15 Uhr
nun auch auf GR. 45.
8.20 Uhr
Trommelfeuer auf Rollbahn (Straße nach Ssinjawino) und Bachgrund vor GR. 24. Feind vor den Regimentern GR. 3 und 45 abgewiesen.
8.30 Uhr
nach neuem Trommelfeuer auf der ganzen HKL. Angriff gegen gesamten Divisionsabschnitt.
9.00 Uhr
Alarm für Radfahr-Abt. 21, besonders starker Druck auf II./GR. 3 ostwärts Gleisdreieck, zwei Feindpanzer vor GR. 45 vernichtet.
9.15 Uhr
Feindpanzer stoßen beim linken Nachbarn (28. Jg. Div.) durch.
9.50 Uhr
erneuter Angriff gegen das GR. 24 am Tetkin-Bach und gegen den linken Flügel GR. 3 zusammengebrochen.
10.00 Uhr
Panzerangriff gegen GR. 45, der nach 15 Minuten festliegt.

Lage der 21. ID am 22. 2. 1943

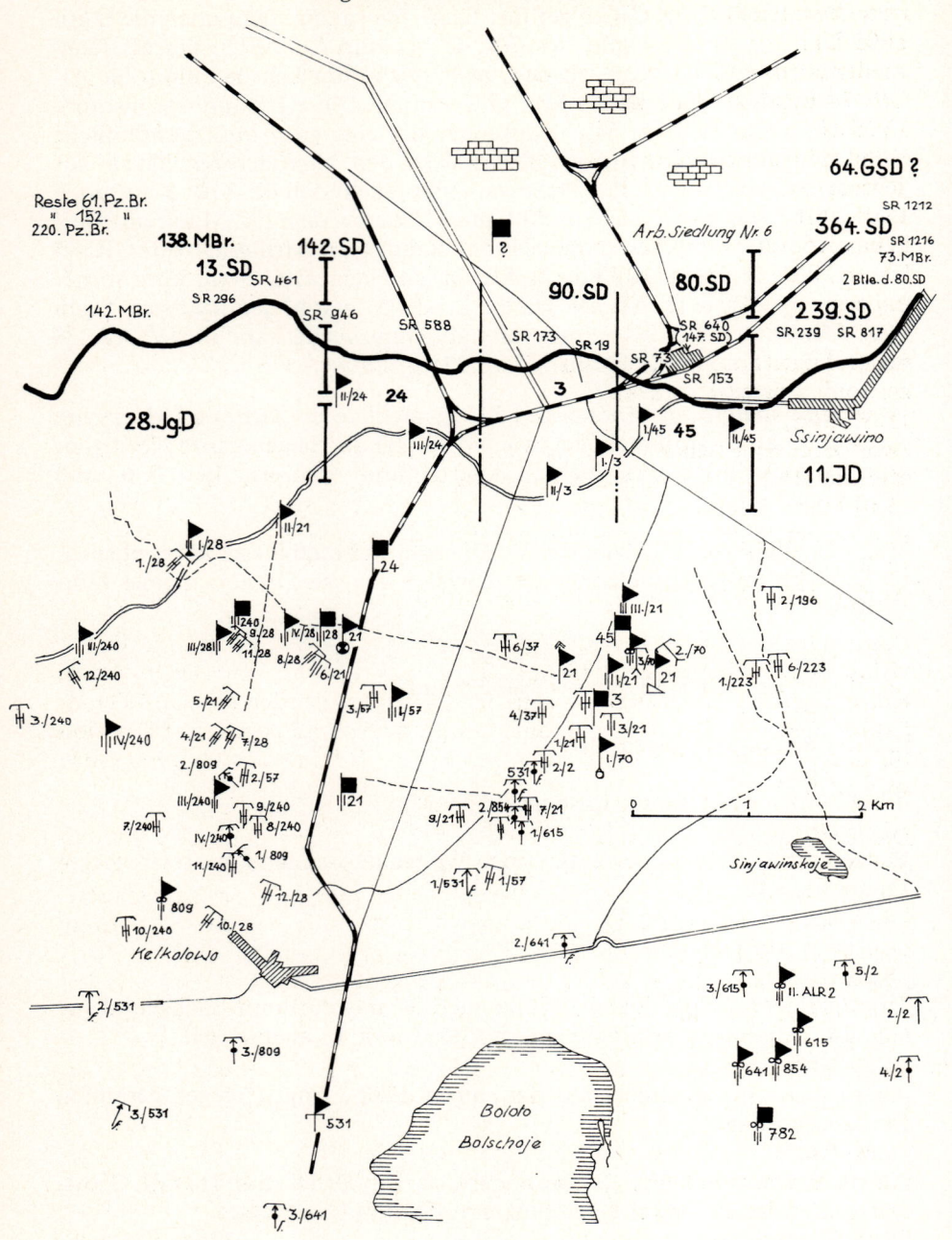

Skizze 37

11.00 Uhr
neue Bereitstellung des Feindes.
11.05 Uhr
wieder auflebender Angriff gegen GR. 45 abgewiesen, neuer Angriff gegen GR. 24 um 11.55 Uhr abgewiesen.
12.25 Uhr
Feind führt neue Kräfte heran. Angriff gegen II./GR. 45; um 13.40 Uhr abgewiesen.
13.45 Uhr
neues Trommelfeuer auf der ganzen Front, mit Schwerpunkt bei GR. 3 und linkem Flügel GR. 45. 14.30 Uhr Angriff abgewiesen, brennende Feindpanzer.
14.50 Uhr
neuer Angriff auf der Naht GR. 45 zur 11. ID., rechts mit zahlreichen Panzern mit Begleitinfanterie.
15.00 Uhr
zwölf feindliche Schlachtflieger unter Jagdschutz greifen im rollenden Einsatz die HKL. der Division mit Bomben und Bordwaffen an.
15.10 Uhr
Panzerangriff aus Kastenwald gegen GR. 45 abgewiesen.
15.30 Uhr
Angriff mit Tieffliegerunterstützung gegen das II./GR. 3 abgewiesen.

Dann ebbte die Angriffstätigkeit des Feindes ab. Um 18 Uhr konnte die Division dem XXVI. AK. melden, daß alle seit 7.30 Uhr mit überlegenen Kräften geführten russischen Angriffe abgewiesen worden seien. 13 Feindpanzer lägen zerstört vor der Front, worauf Korps und Armee der Division für diesen Abwehrerfolg ihren Dank und die besondere Anerkennung aussprachen.[28])

Das Erstaunliche an diesem Tag war, daß die Abwehr der geradezu wütenden Angriffe, die den Gegner mit Sicherheit außergewöhnlich hohe Verluste gekostet haben dürften, von der Division einen wesentlich geringeren Blutzoll gefordert hatte, als dies die Kämpfe am 29. 1. und in den sich daran anschließenden Tagen getan haben. Auch der Munitionsverbrauch der Artillerie war ein ungleich geringerer als in den Tagen zwischen dem 29. 1. und 4. 2. (vgl. Anlage 40). Alles in allem ein Beispiel dafür, wie sehr Vertrautheit mit dem Gelände und ein wohl eingespielter Melde- und Feuerleitungsapparat die Abwehrkraft einer bei weitem nicht auf volle Kampfstärke aufgefüllten Truppe zu erhöhen vermag.

Nach dem 24. 2. flauten die feindlichen Angriffe ab. Der Gegner grub sich vor der Front ein.[29]) War er erschöpft? Bei der Division war man geneigt, dies anzunehmen. Immerhin hatte der Gegner seit dem 27. 1. bis Mitte März 122 Angriffe über Kompanie-Stärke in ihrem Abschnitt vorgetragen, dabei waren 120 Panzer vernichtet und 17 bewegungsunfähig geschossen worden. Die dem Feind beigebrachten blutigen Verluste wurden auf rund 18.000 Mann geschätzt.[30]) Das würde, so meinte man, eine Kampfpause schon rechtfertigen. Und vor allem hatte sie die 21. Division selbst höchst nötig. General Matzky orientierte am 26. 2. das XXVI. Korps über das laufende Absinken der Kampfstärken: „Allein Gren. Rgt. 24 hatte seit Ende

Januar 875 Mann Verluste, davon 50 Mann bei der Truppe verblieben. Die Reserven je Grenadier-Regiment betragen nicht mehr als eine Gruppe. Divisions-Reserve nur noch zwei Drittel der Radfahr-Abteilung mit etwa 80 Mann."[31]) (vgl. auch Anlage 41). Der zwei Tage später erstellte Zustandsbericht der Division bestätigte die stark reduzierte Kampfkraft. Nur noch zwei Grenadierbataillone erreichten 58% ihrer Gefechtsstärke. Die übrigen wie auch die Radfahr-Abteilung schwankten zwischen 48 und 49%. Nur die Pioniere hatten sich wieder bis zu 65% erholt. Trotz der Bitte der Division hatte die Armee die 7./GR. 3 in Männiku noch immer nicht freigegeben. Allerdings verfügte die Division noch über eine Reserve von über 1000 Mann, die, im Rahmen eines Lehrbataillons, wiederum unter der Führung von Hptm. Udo Ritgen, hinter der Front ausgebildet wurde und Mitte März auf die Truppe aufgeteilt werden sollte. Aber mit ihr und einer Genesenenkompanie waren bestenfalls die Ausfälle des Monats Februar aufzufüllen. Vom Soll-Stand blieb man damit noch weit entfernt, um vom Ist-Stand erst gar nicht zu reden. Nicht nur die Strapazen der Schlacht, auch das naßkalte Wetter der Schlammperiode hatte die Männer in den Stellungen erschöpft. Die durch Wochen bestehende Unmöglichkeit, sich auszuziehen und die Wäsche zu wechseln, führte dazu, daß sich bei einem großen Teil der Männer, vor allem an den Beinen, Geschwüre bildeten. Der Geist der Truppe war zwar im Hinblick auf den errungenen Abwehrerfolg weiterhin gut. Vier Divisionsangehörige hatten das Ritterkreuz erhalten (Mjr. Schwender, Oblt. v. Malotki, Feldwebel Kummer und Obergefr. Dicke). Aber der Kampfwert der Division konnte nach Urteil der Divisionsführung nur gehoben werden, „wenn die Division in die Lage versetzt wird, für nur ganz kurze Zeit herausgezogen zu werden und damit die Möglichkeit hat, eine intensive Ausbildung durchzuführen".[32])

Mitte März schien dieser ersehnte Augenblick gekommen. Ohne besondere Ankündigung hatte die 28. Jg. Div. in der Nacht vom 12./13. 3. den linken Divisionsabschnitt (II./GR. 24) übernommen. Die dort eingesetzte II./AR. 21 war bereits am 10. 3. dem AR. 28 unterstellt worden. In der Nacht vom 13./14. 3. löste die 11. ID. das II./GR. 45 ab. Auch die III./AR. 21 wurde herausgezogen. Die beiden Regimenter 24 und 45 sollten, so hieß es, als Korpsreserve nach rückwärts verlegt werden. Bald danach wurde auch die PzJg. Abt. 21 herausgelöst. Nur das GR. 3 mit unterstellter 1./Radfahr-Abt. 21 und das Pionier-Bataillon 21 sowie die I./AR. 21 verblieben vorläufig in den alten Stellungen und traten am 16. 3. unter den Befehl der 11. ID. Die I./AR. 57 wurde dem Arko 113 unterstellt. Die Masse der Division war damit aus der Ssinjawino-Front entlassen.[33]) Sollte also wirklich, zum ersten Mal seit Beginn des Rußlandfeldzuges, die Division zur Auffrischung aus der Front gezogen worden sein? Die Truppe erhoffte es. Bei der Armee aber wußte man es besser.

Einsatz Karbusel

Bei der 18. Armee war man sich trotz des Nachlassens der Angriffe bei Ssinjawino ziemlich sicher, daß der Gegner damit noch nicht aufgegeben hatte. Vielmehr rechnete die Armee schon um den 10. 3. mit einem neuen

Zangenangriff gegen die tiefe Flanke der Ssinjawino-Front, und zwar vor allem wieder bei Kolpino, aber auch beim XXVI. AK, das an Stelle der am 10. 3. wieder aufgelösten Gruppe Hilpert die Führung zwischen Malukssa und der Newa übernommen hatte.

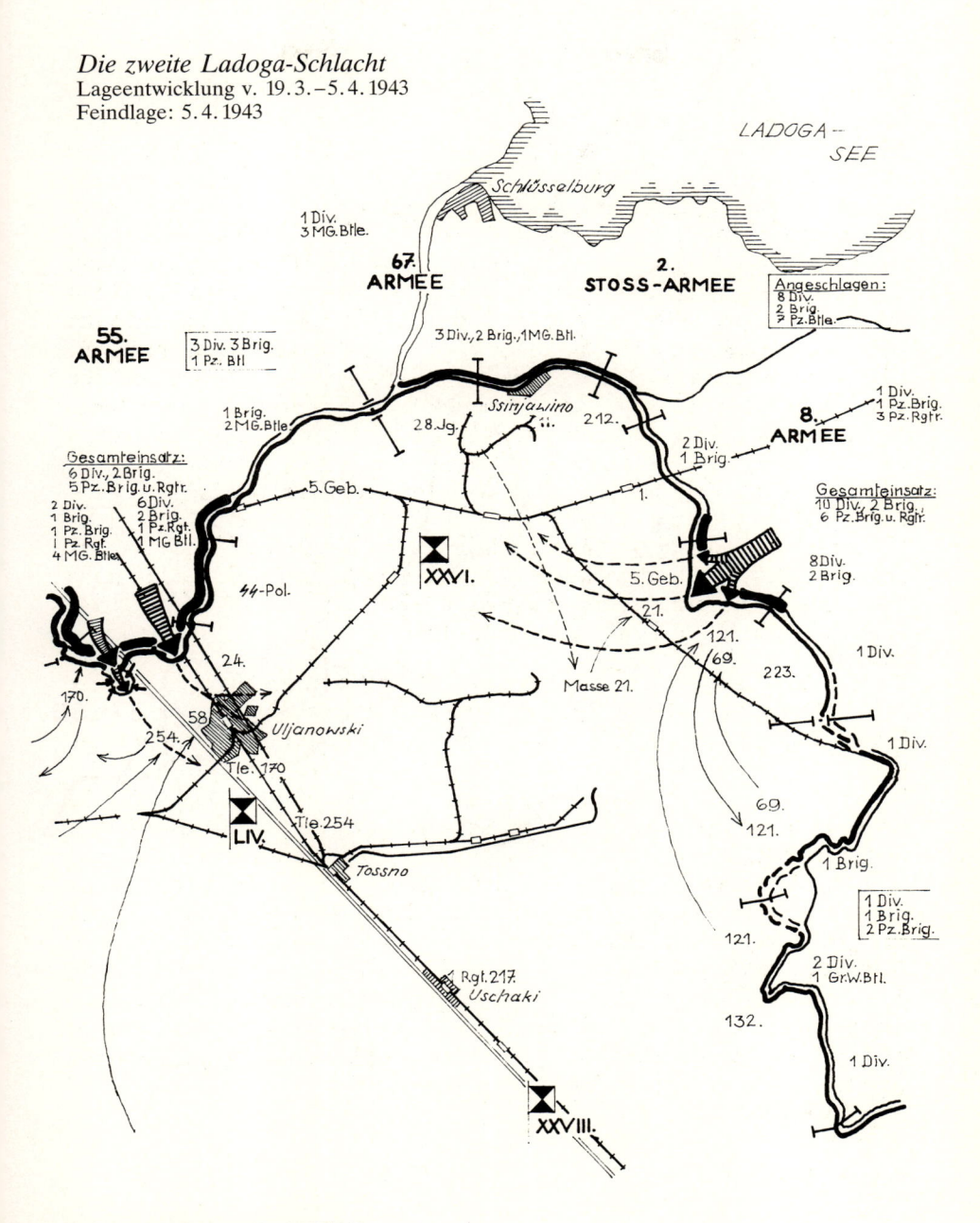

Die zweite Ladoga-Schlacht
Lageentwicklung v. 19. 3.–5. 4. 1943
Feindlage: 5. 4. 1943

Quelle: BA/MA, RH 19 III/665

Skizze 38

Lage am linken Flügel der 223. ID. einschließlich der bereitgestellten Teile der 21. ID. am 19. 3. 43

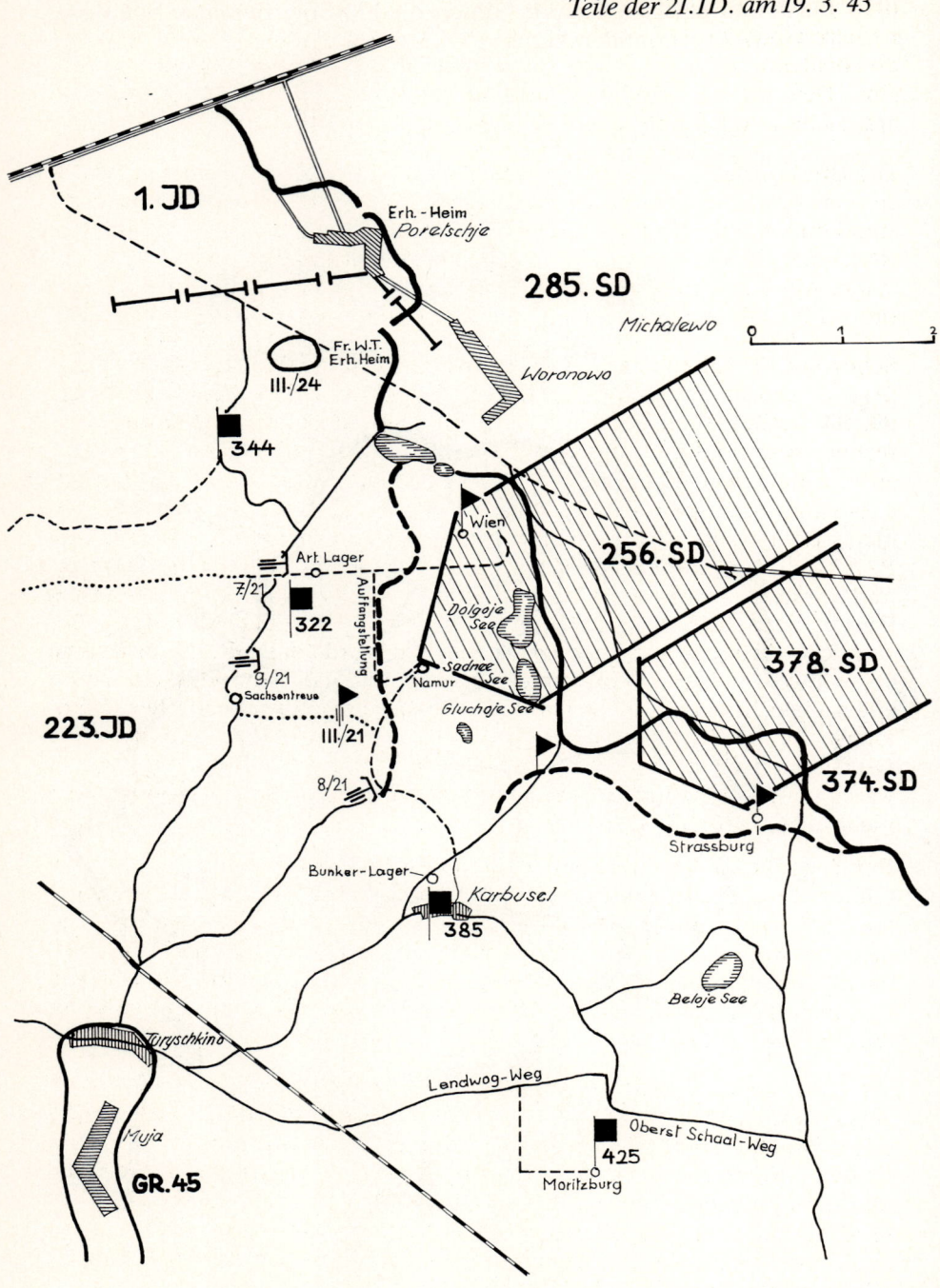

Skizze 39

Dem XXVI. Korps wiederum erschien der Abschnitt der zwar in ausgebauten, aber weit gedehnten Stellungen liegenden 223. ID. besonders gefährdet.[34]) Die Division, die rund 20 km zu decken hatte, hatte ihre drei Grenadierregimenter 425, 385 und 344 in der Front eingesetzt und zwischen den beiden letztgenannten auch noch das GR. 322 der 285. Sicherungsdivision. Den rechten Flügel, etwa ab Lodwa bis in den Raum ostwärts Malukssa, sicherte die Schnelle Abt. 223 (vgl. Skizzen 38 und 39).

Die Divisionsartillerie verfügte zusätzlich über verschiedene Beutegeschütze. Um den 17. 3. wurde ihr auch die III./AR. 21 unterstellt. Außerdem stand hinter dem Divisionsabschnitt noch der AR. Stab z. b. V. 818 (Oberst Röhr) mit vier Abteilungen Heeresartillerie. Alles in allem gewiß keine sehr starke Abwehrfront, zumal das Gelände, dicht bewaldet, eher dem Kampfraum Lipowik-Dubowik ähnelte als den Ssinjawino-Höhen.

Schon am 12. 3. hatte das XXVI. Korps mit Fernschreiben die 223., 11. und 21. ID. verständigt, daß es „mit dicht bevorstehendem Feindangriff bei 69. ID. (rechter Nachbar der 223. ID.) in Gegend Lodwa und Woronowo" rechne, weshalb die Ablösung der 21. ID. durch die 11. ID. bei Ssinjawino zu beschleunigen sei.[35]) Das Korps scheint hierbei jedoch den Angriff am ehesten im Raum nördlich Malukssa erwartet zu haben, denn dorthin dirigierte es bis zum 17. 3. die Masse der herausgelösten 21. Division: die PzJg. Abt. 21 und die Radfahr-Abt. 21 kamen in eine Rückhaltstellung bei und nördlich Malukssa; das GR. 24 mit dem II. Btl. in eine Riegelstellung bei Malukssa, und nur das III./GR. 24 wurde in eine Rückhaltstellung südwestlich Woronowo eingewiesen. Schließlich wurde das GR. 45 im Raume Jersunowo – Turyschkino untergebracht, und der Divisionsstab bezog einen Gefechtsstand sinnigerweise in einem ehemaligen russischen Erholungsheim bei Schapki. Vielleicht erinnert man sich noch, daß alle diese Ortsnamen schon einmal in der Geschichte der Division aufgetaucht waren, nämlich im Spätsommer 1941 (vgl. Skizze 17). Aber was lag seitdem nicht alles dazwischen.

Entgegen den so klar geäußerten Befürchtungen des Korps schien im Abschnitt der 223. ID. nichts auf feindliche Angriffsabsichten hinzudeuten.[36]) Vor der Front lagen, soweit man sah, nur Stellungstruppen: im Süden, am Malukssa-Moor, war die 177. SD. eingesetzt, daran schloß sich nach Norden, bis etwa zum Sadnee-See, die der 21. ID. noch vom Mschaga (Sommer 1941) her bekannte 1. Geb. SBrig., und weiter nördlich bis Poretschje lag die 286. SD.

Was man nicht sah, und wovon die 223. ID. folglich auch nichts wußte, war eine Gruppe von etwa 5 bis 6 Schützendivisionen, die der Stab der sowjetischen Wolchowfront teils von der 2. Stoßarmee, teils von der 54. Armee im Pogostje-Kessel sowie von der 59. Armee am Wolchow herausgezogen hatte und mit den entsprechenden Unterstützungstruppen der 8. Armee zuführte. Diese mit dem Angriff beauftragte Armee steuerte noch von sich aus zwei Divisionen, teils von einem anderen Abschnitt abgezogen (265. SD.), teils aus ihrer Reserve (378. SD.) bei.

Der russischen Angriffsplanung lag eine sehr eingehende und zutreffende Aufklärung des Stellungssystems der 223. ID. zugrunde, derzufolge als Angriffsschwerpunkt der Abschnitt Sadnee-See – Dolgoje-See gewählt wurde. Erstes Angriffsziel war die Linie Ssologubowka – Ssingolowo, also etwa 11 bis 12 km hinter der deutschen Front.[37] Als Schwerpunktdivision rückte die 256. SD. unter Oberst Wjatissow in die Ausgangsstellung, während links daneben die 378. SD. den Abschnitt der 1. Geb. SBrig. übernahm. An der Naht zur 177. SD. wurde noch die 374. SD. eingeschoben. Als zweite Staffel dürften die schon bei Ssinjawino eingesetzte 64. GdSD. und 239. SD. vorgesehen gewesen sein. Zumindest Teile ihrer Artillerie waren zur Unterstützung der ersten Angriffswelle bereits in Stellung. Über die Stärke der zugeteilten Panzerverbände herrscht keine Klarheit. Im Verlauf der folgenden Kämpfe traten dann zwei selbständige Panzerregimenter, nämlich 25 und 36, auf.

Noch am 18. 3. hatte sich das Gen. Kdo. XXVI. AK. allem Anschein nach entschlossen, zur Verstärkung der bedrohten Front die 21. Division geschlossen am linken Flügel der 223. ID., also ziemlich genau gegenüber dem Brennpunkt der kommenden Schlacht, einzusetzen.[38] Doch dazu kam es nicht mehr, denn bereits am nächsten Morgen griffen, wie erwartet, die Sowjets sowohl bei Kolpino wie auch im Abschnitt der 223. ID. an und eröffneten damit die sogenannte „dritte Phase der zweiten Ladogaschlacht".

Die Ereignisse dieses ersten Schlachttages lassen sich schwer rekonstruieren.[39] Jedenfalls dürfte die 223. ID. in dem angegriffenen Abschnitt über keine größeren Reserven verfügt haben. Die ihr unterstellten Teile der 21. ID. (GR. 24 mit II. Btl., Radfahr- und PzJg. Abt. 21) lagen relativ weit ab. Das III./GR. 24 und das GR. 45 waren Korpsreserve. So kam es relativ bald zu Einbrüchen des Feindes, denen gegenüber Teile der in Stellung befindlichen Truppe sich einigelten, ohne ein weiteres Vorstoßen des Gegners verhindern zu können, der sogar bis zu einzelnen Feuerstellungen der Artillerie durchstieß, wobei die 5./AR. 223 ihre Geschütze einbüßte. Um wenigstens die Auffangstellung südwestlich Woronowo halten zu können, wurde das III./GR. 24 herangeführt, während nordostwärts Karbusel die Schnelle Abt. 223 und das Pi. Btl. 223 eingesetzt wurden. Kritisch blieb ein etwa anderthalb Kilometer breites Loch in der Front nördlich Karbusel, zu dessen Schließung das II./GR. 24 von Malukssa her im Antransport war.

Beim AKO. 18 war man sich bereits am Vormittag des 19. 3. klar, daß es sich hier „um einen großangelegten Angriff" handle, der auch in den nächsten Tagen anhalten würde[40] und dem daher mit ganzen Maßnahmen begegnet werden mußte, zumal fraglich blieb, ob die 223. ID. die Lage allein zu meistern imstande sein würde. In aller Eile wurde daher General Matzky mit seinem Stab nach Ssologubowka, dem bisherigen Gefechtsstand der 223. ID., befohlen, um den Befehl über den linken Abschnitt der 223. ID. mit allen dort eingesetzten Verbänden zu übernehmen. Der 11. ID. wurde die beschleunigte Ablösung der noch bei Ssinjawino eingesetzten Teile der Division, nämlich GR. 3 und Pi. Btl. 21, eingeschärft, um diese am nächsten Tag zur Hand zu haben. Darüber hinaus entschloß sich die Armee, Teile der 121. ID., die schon am 17. 3. aus ihrer Front am Westrand des Pogostje-Kessels zum Zweck der Reservebildung herausgelöst worden waren, beschleunigt in den Raum Schapki-Turyschkino zu verlegen.[41]

Mit dem Eintreffen der vordersten Teile (GR. 408) in Schapki war jedoch nicht vor dem 21. 3. zu rechnen. Bis dahin lag es an der 21. ID., mit der schwierigen Lage fertig zu werden.

Am 20. 3., um 10.55 Uhr, meldete General Matzky fernmündlich dem Oberbefehlshaber der 18. Armee: „Habe Stellung jetzt übernommen. Alte HKL. westlich Woronowo ist gehalten. Südlich Barskoje-See nur Rückhaltstellung gehalten. II./GR. 322 (sic! müßte wohl III./GR. 322 heißen!) glaubte sich nachts eingeschlossen und ging selbständig zurück. Liegt jetzt südlich Barskoje-See. Lücke nördlich Karbusel nach Punkt 64,0 durch II./GR. Rgt. 24 geschlossen. Grenze zwischen 21. und 223. ID. geht durch Gladkoje-Sumpf. Gr. Rgt. 3 herangezogen; Leute zuversichtlich, aber müde. Stellen sich am alten Gefechtsstand Gr. Rgt. 322 bereit, um alte HKL. im Nordabschnitt wiederzunehmen ... Starke Vermischung der Verbände. Die gestern eingeschlossenen Verbände sind entsetzt." Die Antwort vom Generaloberst Lindemann lautete: „Ich erwarte von Ihnen Bereinigung der Lage."[42])

Das war nun leichter gesagt als getan. Die Vermischung der Verbände war in der Tat erheblich (vgl. Anlage 42). Auch in dieser Hinsicht erinnerte die Lage an die bei Lipowik-Dubowik vor einem Jahr. Allerdings war die „Artillerie-Lage" womöglich noch verworrener (vgl. Anlage 43). Vom AR. 21 war ja zunächst nur die III./AR. 21 in Stellung und dem AR. 223 unterstellt. Der Stab AR. 21 lag in Lesje und war am 18. 3. von der 21. Division beauftragt worden, zusammen mit Erkundungsstäben der Grenadierregimenter 24 und 45 die 2. Mga-Stellung entlang des Mga-Flusses zu erkunden und auszubauen.[42]) Die I./AR. 21 war noch im Anmarsch und dürfte, gleich der I./AR. 57, erst am 20. 3. feuerbereit gewesen sein. Diese letztgenannte Abteilung verblieb jedoch auch nach ihrem Eintreffen Heeresartillerie und wurde dem AR. Stab z. b. V. 818 (Oberst Röhr) bis zum 2. April unterstellt. Die artilleristische Führung im neuen Divisionsabschnitt lag also zunächst noch in der Hand des AR. 223 und scheint erst um den 23. 3. an das AR. 21 übergegangen zu sein (vgl. Anlage 44). Als Besonderheit wäre noch zu erwähnen, daß auch die 8./AR. 21 am ersten Schlachttag mit ihrer Feuerstellung nördlich Karbusel in vorderster Linie zu liegen kam, diese aber erfolgreich zu verteidigen vermochte und damit geradezu zu einem Eckpfeiler der sich neu bildenden Front wurde und in dieser Position auch bis Anfang April blieb. Ihr Ausharren war, wie dies der Kommandierende General des XXVI. AK bestätigte, in den ersten Tagen der Schlacht „örtlich von entscheidender Bedeutung".[44])

Am Nachmittag des 20.3. war es soweit, daß die Division zum Gegenangriff antreten konnte, um die alte HKL. wiederzugewinnen. Allein der Angriff des GR. 3 mit unterstelltem III./GR. 24 stieß auf immer neue Feindangriffe und vermochte nicht wesentlich Raum zu gewinnen. Bald wurde klar, daß – obwohl Korps und Armee auf baldige „Bereinigung" des sowjetischen Einbruchs drängten – die Hauptsorge der Division doch darauf gerichtet sein mußte, die bisher gehaltene Front zunächst durch Einziehen von „Korsettstangen" zu stabilisieren, zumal einige der vom russischen Angriff getroffenen Verbände offensichtlich erschüttert waren. Es wurden daher die Rgt. Stäbe GR. 3 und 24 bei den Gefechtsständen des GR. 344 und

GR. 322 eingerichtet, um teils führend, teils beratend einzuwirken. Das scheint sich auch bewährt zu haben, denn in der Folge gelang es, alle Angriffe gegen die Front südlich Woronowo abzuwehren.

Allerdings scheint auch der Gegner den Schwerpunkt seines Angriffs nunmehr verlegt zu haben, nachdem er die Front nördlich von Karbusel, zwischen dem Höhenpunkt 64,0 und der Feuerstellung der 8./AR. 21, als die eigentliche Schwachstelle der 21. ID. erkannt hatte. Am 23. 3. brach er hier zwischen 6./GR. 24 und I./GR. 3, wohl mit dem SR. 1258 der 378. SD., ein und vermochte, von Panzern unterstützt, etwa 500 m gegen Karbusel vorzudringen. Ein Gegenstoß des bereits eingetroffenen III./GR. 408 (121. ID.) vermochte die etwa 500 m breite Lücke nicht zu schließen. Auch ein am Morgen des folgenden Tages nunmehr mit zwei Bataillonen des ebenfalls herangeführten GR. 407 (121. ID.) blieb trotz wiederholter Stuka-Unterstützung erfolglos. Erst in der Nacht zum 25. 3. gelang es, die Einbruchstelle abzuriegeln. Aber auch nicht mehr. Denn nun war der Gegner mit der Bereitstellung der 64. GdSD. und 239. SD. fertig. Er hatte sie (nach Gefangenenaussagen) am 21. und 22. 3. in den Einbruchsraum nachgeführt und griff am Mittag des 25. 3. aus dem Sack nördlich Karbusel heraus an. Entlang des Tales des Kaministyi-Baches, an Karbusel vorbeistoßend, gelangte er mit Panzern und Infanterie bis knapp vor den Gefechtsstand des GR. 45. Der Vorstoß konnte zwar durch den Gegenangriff des von der 69. ID. herangeführten II./GR. 236 zum Stehen gebracht, aber nicht zurückgeschlagen werden. Zum Glück war aber nun auch bereits die Masse der 121. ID. eingetroffen, die am 25. 3., ab 15.00 Uhr, den bisherigen Abschnitt der GR. 408 und 45, also beiderseits der Einbruchsstelle nördlich Karbusel, übernahm.[45]) Hier lag in den kommenden Tagen der Schwerpunkt der Schlacht, wenngleich der Gegner gleichzeitig auch auf der gesamten Front der 21. ID. bis hinauf nach Woronowo fast pausenlos weiter angriff (Skizze 40). Abgesehen von kleineren Einbrüchen, die aber ausnahmslos bereinigt werden konnten, kam es nirgends zu einer schweren Krise. Die Unbilden der Schlammperiode und sehr wahrscheinlich auch die Erschöpfung des Gegners dürften zu Monatsende schließlich die Einstellung seiner Angriffe erzwungen haben. Insgesamt 68mal hatte der Gegner zwischen dem 20. und 31. 3. die Stellungen der 21. Division in wechselnder Stärke angegriffen. 48 Panzer waren dabei, zu einem guten Teil durch die der Division unterstellten Sturmgeschütze, abgeschossen worden. Nach Schätzungen der Division hatte der Gegner vor ihrem Abschnitt rund 16.000 Mann an blutigen Verlusten eingebüßt.[46])

Die eigenen Verluste erscheinen im Vergleich dazu und auch gegenüber denen bei Ssinjawino oder Kirischi auf den ersten Blick relativ gering. Sie dürften sich auf 7 gefallene und 36 verwundete Offiziere, 187 tote und 1.197 verwundete Unteroffiziere und Mannschaften belaufen haben, wozu noch 31 Vermißte kamen.[47]) Dementsprechend waren auch die Gefechtsstärken, dank reichlicheren Ersatzes, zu Anfang April nicht wesentlich geringer, als sie Anfang März gewesen waren.[48]) Wenn man sich aber vor Augen hält, daß diese Ausfälle innerhalb von nur 10 Tagen entstanden, und wenn man sie außerdem mit den Verlustzahlen aus den ersten 10 Tagen des Ssinjawino-Einsatzes vergleicht, so ergibt sich praktisch ein Gleichstand der „Verlust-Intensität". Karbusel war also um nichts weniger blutig als Ssinjawino ge-

Lage der 21. ID. am 26. 3. 1943

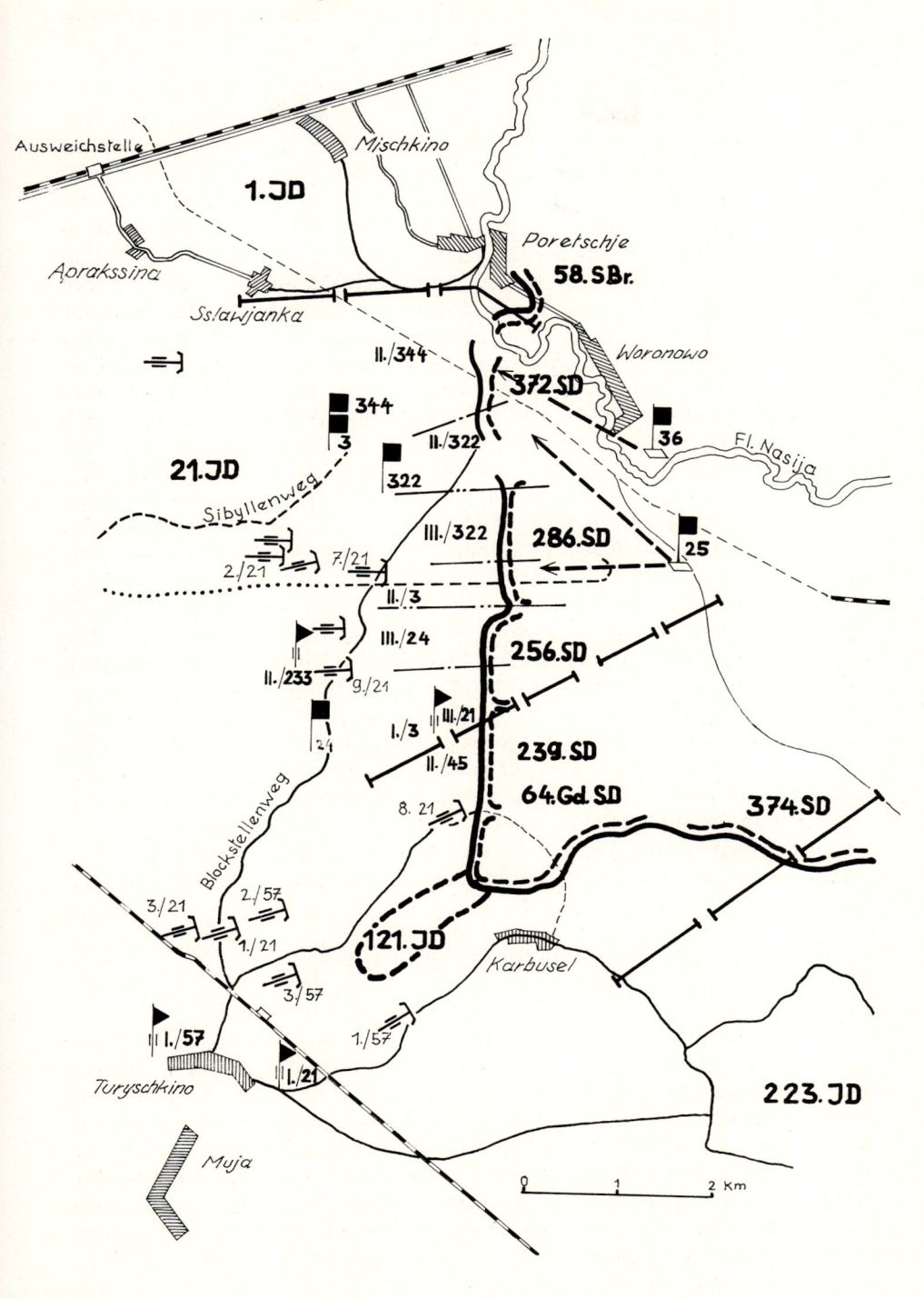

Skizze 40

wesen, und nach dieser Hölle war die Division, nach dem Urteil ihres Kommandeurs, nur noch „bedingt, d. h. an ruhiger Front, zur Abwehr geeignet".[49]) Dieser Erkenntnis konnte sich auch die Armee nicht verschließen und zog in den ersten Apriltagen, die Kampfpause ausnützend, die 121. und 21. ID. bei Karbusel heraus.

Während die 121. ID. Zug um Zug mit der 69. ID. die Abschnitte wechselte, tauschte die 21. ID. mit der 5. Geb. Div. die Stellung. Zuvor hatte die Division ihre im Bereich der 223. und 121. ID. eingesetzten Truppen gegen die bei ihr noch befindlichen Teile der 223. ID. ausgetauscht und den bisherigen Abschnitt des GR. 344 an die 1. ID. abgetreten.[50]) Am 4. 4. übernahm dann die 21. Division ihren neuen Frontabschnitt an der Newa. Wegen des während der Schlammperiode schwierigen Stellungswechsels verblieb jedoch das AR. 21 noch bis in den Mai im Raum Karbusel, während die Artillerie der 5. Geb. Div. vorerst im Newa-Abschnitt stehen blieb.

Damit war die 2. Ladogaschlacht für die Division zu Ende. Sie hatte durch ihren Einsatz an zwei bedrohten Abschnitten aufopfernd mitgeholfen, die wankende Front zu stützen, und war dabei ihrerseits von Truppenteilen anderer Divisionen gestützt worden. Eine heillose Vermischung der Verbände war die Folge gewesen, die zu entwirren nachher oft viele Wochen dauerte. Dergleichen hatte es früher zwar auch schon gegeben. Aber die 1942, während der Winterschlacht am Wolchow und bei Pogostje, aus der Not des Augenblicks geschaffenen Improvisationen waren inzwischen von der 18. Armee zu einem ausgeklügelten System ausgebaut worden, das darin bestand, bei Gefahr im Verzuge aus weniger bedrohten Abschnitten Divisionen, aber oft auch kleine und kleinste Verbände herauszulösen, um sie als „Feuerwehren" den jeweiligen Brennpunkten zuzuführen. Die Artillerie vollzog hierbei den „Stellungswechsel" vielfach durch Gerätetausch oder erst lange im nachhinein. Die Verbände der Division waren dadurch, wie man sah, mitunter an zwei, drei, ja vier voneinander getrennten Frontabschnitten zugleich eingesetzt, während dem Divisionsstab seinerseits nicht selten Truppen aus drei bis vier fremden Divisionen unterstanden. Die Division als geschlossener Kampfverband war im Großkampf zur Seltenheit geworden.

Das alles hatte zusätzlich hohe Anforderungen an Führung und Truppe gestellt. Aber was hätte man angesichts eines immer überlegener auftretenden Feindes anderes tun können? Eine Verteidigung aus der Tiefe heraus war nicht mehr möglich, da der Armee seit der 1. Ladogaschlacht, im Gegensatz zum Gegner, keine operativen Reserven mehr zur Verfügung standen. Darin aber lag, trotz aller bisherigen Erfolge, die Aussichtslosigkeit dieser Verteidigungsart. Denn so virtuos die Führung der Armee dieses System auch beherrschte und so tapfer und opfermutig die Truppe auch kämpfte, jeder Abwehrsieg war damit nur ein Erfolg auf Zeit. Diese konnte wiederum jedoch nicht genützt werden, da die Fähigkeit zum Gegenschlag verloren gegangen war. Das alles wußte man natürlich bei der 21. Division noch nicht so genau, aber man begann es zu ahnen.

2. Abwehrkämpfe an der Newa

Den Abschnitt, den die 21. ID. Anfang April, als rechte Flügeldivision des LIV. AK übernahm, war endlich das, was der Divisionskommandeur kurz vorher als eine Voraussetzung für den Neuaufbau der ausgebrannten Division bezeichnet hatte, nämlich eine „ruhige" Front. Rechter Nachbar war die 28. Jg. Div., linker die SS. Pol-Div. Zwar hatte der Abschnitt, der sich von der Moika-Mündung bis in den Raum westlich der Tossna-Mündung erstreckte, eine Ausdehnung von rund 16 km, jedoch hatten etwa 12 km davon die Newa als natürliches Hindernis vor der Front. Lediglich am linken Flügel war dies nicht der Fall. Unmittelbar ostwärts der Mündung der Tossna in das seeartig vergrößerte Newa-Knie hielt der Russe einen kleinen Brückenkopf um den Westteil von Iwanowskoje herum besetzt (Skizze 41), und westlich der Tossna sprang die eigene Front brückenkopfartig nach Westen vor. An diesen 5 km, am linken Divisionsflügel, lag man sich stellenweise sehr nah gegenüber. Es war dies grob gesprochen der Kampfraum, in dem im Januar dieses Jahres, am Beginn der 2. Ladogaschlacht, das GR. 24 „aushilfsweise" eingesetzt gewesen war, wenn auch mit teilweise anderer Front. Damals war diese noch, westlich von Pokrowskoj, entlang der Straße, Richtung Kolpino verlaufen. Seit dem sowjetischen Einbruch bei Krassny-Bor im Februar hatte die Front nach Osten zurückgebogen werden müssen und nur nördlich der Straße ihren alten Verlauf beibehalten. Das hatte den Nachteil, daß die vor diesem Abschnitt befindlichen Hindernisse noch aus dem Winter 1941/42 stammten und dementsprechend lückenhaft geworden waren. Auch die hier verlegten Minen sprachen nicht mehr an, was dem gerade in diesem Abschnitt aktiven Gegner die Annäherung erleichterte. Aber auch sonst gab es im Divisionsabschnitt noch viel instandzusetzen. Die Schlammperiode hatte den Gräben und Unterkünften wieder arg zugesetzt. Zudem war es durch den ständigen Austausch der Stellungstruppen infolge der 2. Ladogaschlacht offenbar nie durch längere Zeit zu einem systematischen Ausbau der Stellungen gekommen. Das sollte nun anders werden.

Freilich mußte der Abschnitt zunächst einmal besetzt werden. Dazu reichten allerdings die abgekämpften Bataillone vorerst nicht aus. Vielmehr wurde die Division noch durch drei Bataillone zusätzlich verstärkt. Den Abschnitt von der Moika-Mündung bis zur Eisenbahn übernahm bis zum 11. 4. das I./GR. 102 (24. ID.). Danach trat an seine Stelle die Gruppe Mjr. Spreu, bestehend aus PzJg. Abt. 21 und Radfahrabteilung 21 (bzw. Aufklärungsabt. 21, wie sie ab kurzem wieder heißen sollte). Nach Westen hin schloß sich an die Gruppe Spreu das GR. 45, mit dem ihm unterstellten Sicherungsbataillon 636 bis zum Nordrand von Iwanowskoje an. Vor dem russischen Brückenkopf ostwärts der Tossna lag das GR. 24, und den Abschnitt westlich dieses Flusses bis zur linken Divisionsgrenze hielt das GR. 3 mit dem ihm bis 20. 4. unterstellten I./GbJg. Rgt. 85. Da die eigene Divisionsartillerie noch anderweitig eingesetzt war, erfolgte die artilleristische Unterstützung zunächst durch das Gb. AR. 95 (5. Geb. Div.)[51]. Erst am 16. 5. übernahm dann das AR. 21 die artilleristische Führung im Divisionsabschnitt. Bis zum 22. 5. waren dann die letzten Teile des Regiments aus dem Kampfraum Karbusel an der Newa eingetroffen. Nur die

Einsatz der 21. Division an der Newa
Stand: Juni 1943
(einschließlich Nachschubdienste)

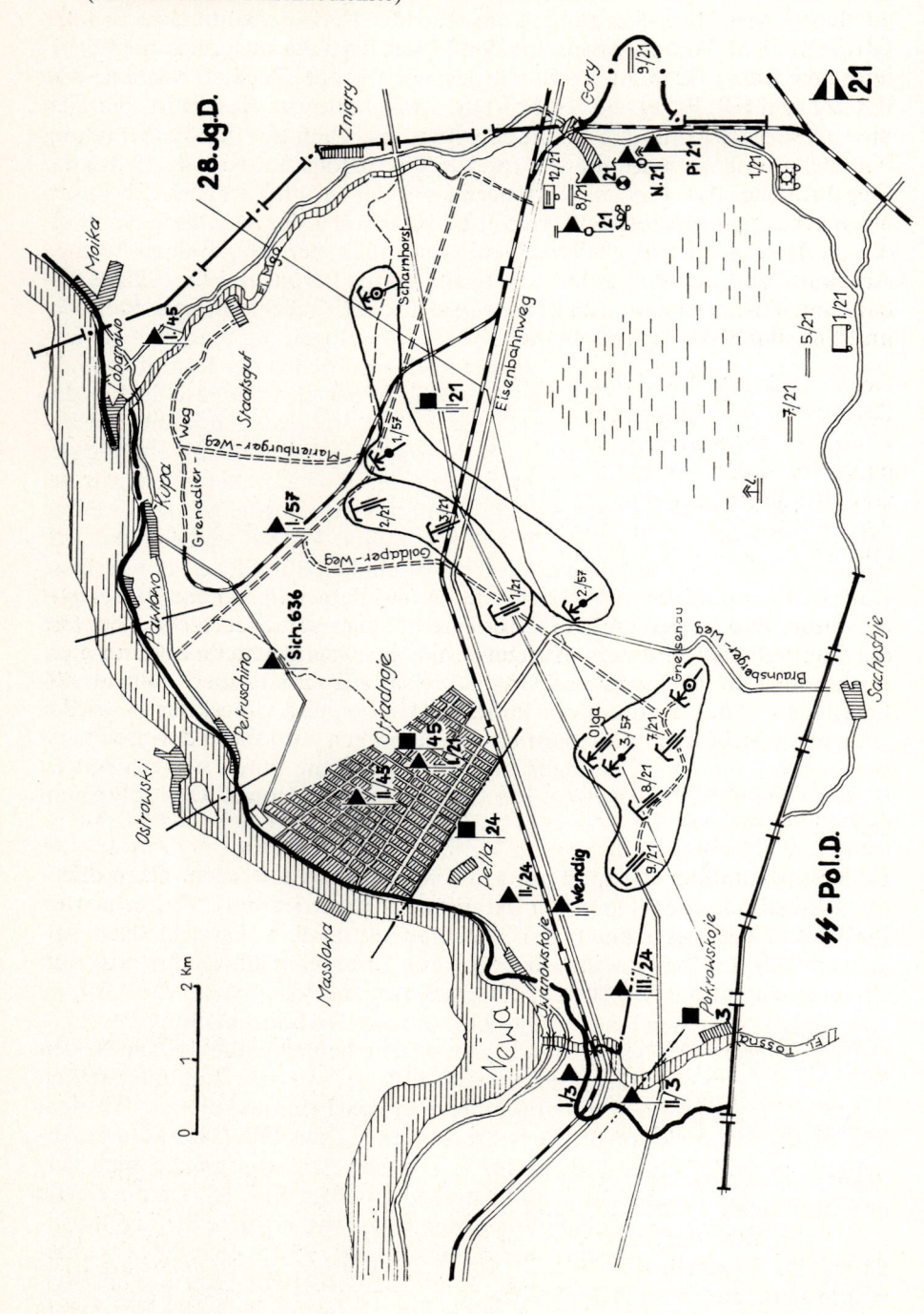

Skizze 41

II./AR. 21, die seit Mitte Februar bei der 28. Jg. Div. eingesetzt war, wurde von dort erst um den 8. 7. zurückgegeben, als die 28. Jg. Div. durch die 23. ID. abgelöst wurde.[52]) Bis dahin war die Artillerie folgendermaßen gegliedert: I./AR. 21 auf Zusammenarbeit mit GR. 45, Art. Gruppe Wendig (III./AR. 21, 3./AR. 57 mit einer russ. 15,2 cm Kanonen Haubitze „Olga" und drei franz. 22 cm Mörsern „Gneisenau") auf Zusammenarbeit mit GR. 24 und GR. 3 angewiesen. Als Schwerpunktgruppe des Regiments war die I./AR. 57 (o. 3. Battr.), verstärkt durch zwei französische 22 cm Mörser (Gerätebatterie „Scharnhorst"), vorgesehen. Außerdem standen im Stellungsraum der Art. Gruppe Wendig Teile der I./AR. SS. Pol. Div., ebenfalls mit einer 22 cm Mörser-Gerätebatterie. Diese Abteilung, wie übrigens auch die gesamte Artillerie der SS-Pol. Division, vermochte vor den Tossna-Abschnitt und auf den Brückenkopf Iwanowskoje zu wirken. Schließlich hatte noch die Beob. Abt. 24 über den gesamten Divisionsbereich ein Licht- und Schallmeßsystem aufgebaut.

Gegen Ende April und dann noch einmal um den 24. 5. gruppierte sich die Division in zwei Etappen um: Ende April war die Gruppe Spreu durch das I./GR. 45 abgelöst worden. Ende Mai rückte auch das II./GR. 45 weiter nach Nordosten, so daß sich das GR. 24 schließlich bis zum Südwestrand von Otradnoje ausdehnte. An divisionsfremden Truppen war in der Front der Division jetzt nur noch das Sicherungsbataillon 636 im Abschnitt GR. 45 eingesetzt[53]) (vgl. Skizze 41).

Daß die Division ihren Abschnitt infanteristisch nun fast allein verteidigte, lag daran, daß sie personell bis zum 1. 6. nahezu voll aufgefüllt wurde. Für die frontnahe Ausbildung des zugeführten Ersatzes mangelte es dann aber noch immer an Offizieren und Unterführern. Hier gab es noch 49 bzw. 176 Fehlstellen. Auch in der Bewaffnung war, trotz Zuführung von Waffen, „das Fehl, insbes. an Karabinern, immer noch erschreckend hoch".[54])

In realistischer Einschätzung der Lage ging die Division auch nicht auf eine Anregung des Gen. Kdo. LIV. AK. ein, die dritten Bataillone wieder aufzustellen. Wohl aber dachte sie daran, nach Aufteilung des ihr zugeführten Feldersatzbataillons 21/6, aus überzähligen Mannschaften das Feldausbildungsbataillon 21 in Ostrow aufzustellen, dessen Führung der bisherige Stab des Feldersatzbataillons 21/6 übernehmen sollte.[55]) Einen Monat später, nämlich am 15. 6., wurde durch OKH.-Verfügung die Etatisierung des Feldersatzbataillons bei den Infanteriedivisionen verfügt.

Auch Teile der Aufklärungsabteilung wurden zeitweise zur Ausbildung nach Ostrow verlegt. Dorthin wurde ab 20. 6. Obst. Arning kommandiert, um die Ausbildung zu überwachen. An seiner Stelle war Major von Oeynhausen mit der Führung des GR. 24 beauftragt worden.

Auch sonst gab es Veränderungen in wichtigen Kommandostellen: An Stelle des bisherigen Ia der Division, Obstlt. i. G. von Prittwitz, trat Obstlt. i. G. Schroetter, der schon 1940 als Rittmeister Ic der Division gewesen war. Oberst Dr. Brechtel, Kdr. AR. 21, seit Herbst 1938 zum Regiment gehörig, wurde Mitte Juni zum Arko 102 im Südabschnitt der Ostfront ernannt. An seiner Stelle übernahm Obstlt. Henger, bisher AR. 205, aus dem Mittelabschnitt kommend, die Führung des AR. 21.[56]) Fast gleichzeitig wurde

Mjr. Loibl, Kdr. NA. 21, zur Heeresnachrichtenschule versetzt. Sein Nachfolger wurde Hptm. Krebs, bisher Führungs-Nachr. Rgt. 40 (vgl. auch Anlage 45).

Neben der intensiven Ausbildung, die besonders zur Heranbildung von Unterführern im Divisionsbereich in eigenen Ausbildungslagern betrieben wurde, galt das Hauptaugenmerk dem Ausbau des Stellungssystems wie der Verbesserung der Verkehrswege im Divisionsbereich. Hier eröffnete sich dem Pi. Btl. 21 ein reiches Arbeitsfeld: Unterhalt und Neubau von Knüppeldämmen, Bau einer Schienen-LKW-Bahn sowie Einrichtung eines Sturmbootverkehrs auf der Tossna zum Transport von Versorgungsgütern und Abtransport von Verwundeten. Im Abschnitt des I./GR. 3 wurde eine Fußgängerbrücke wiederhergestellt, beim II./GR. 3 eine befahrbare Klappbrücke über die Tossna gebaut, die für den Sturmbootverkehr ständig offen stand, aber ohne Schwierigkeiten für den Fußgängerverkehr geschlossen werden konnte. Auch in der Nähe des Gefechtsstandes I./GR. 45 wurde eine Brücke über die Mga geschlagen. Für größere, beschußsichere Bauten in den Abschnitten des GR. 3 und 24 gossen die Pioniere serienmäßig große Betonformsteine, die sogenannten „Matzky-Steine", mit denen unter anderem auch beim Hauptverbandsplatz der Division ein bombensicherer Sanitätsunterstand für 60 Betten errichtet wurde, der später auch seine Feuerprobe erfolgreich bestand.[57] 296 Kampfstände, die die Division bereits vorfand, wurden instandgesetzt, 759 neue wurden angelegt, davon 23 Betonstände. Zu den 77 bereits vorhandenen Wohnbunkern wurden 393 neu hinzugebaut. Die Gesamtlänge aller Gräben betrug fast 70 km, davon wurden 19,1 km Kampfgräben instandgesetzt, 44,9 km Gräben neu angelegt. Dazu kamen noch 11,8 km Entwässerungs- und Annäherungsgräben. Bei GR. 45 gab es minierte Stollen, durch die man vom Graben auf der Uferkrone bis hinunter zum Wasser der Newa gehen konnte. Das waren zweifellos erstaunliche Leistungen, die auch geeignet schienen, ausländischen Besuchern ein Bild von der „festen Front" vor Leningrad zu vermitteln. Es war daher kein Zufall, wenn nach heiklen Gesprächen im Führerhauptquartier der finnische Generalleutnant Talvela Mitte Mai und die japanischen Generäle Okamoto und Komatsu am 9. Juni die Division besuchten. Bei den letztgenannten Besuchern mag mitgespielt haben, daß General Matzky für sie insofern einen besonderen Gesprächspartner darstellte, als er von 1938 bis 1940 Militärattaché in Tokio gewesen war. Leider ist nicht bekannt, was bei dem Besuch besprochen wurde. Es muß aber interessant gewesen sein, da die Japaner bei ihrer Anreise die Sowjetunion durchquert hatten.

Neben diesen mit einem fast friedensmäßigen Zeremoniell „zelebrierten" Besuchen[58] zeigte der Krieg hier an der Newa auch für die Truppe mitunter friedliche Züge. In Otradnoje, einem für russische Verhältnisse hübschen Villenvorort von Leningrad, gab es sogar elektrisches Licht, das ein alter Russe mit Hilfe eines Lokomobils erzeugte. Es gab ein Theater- und Kinohaus, in dem Filme liefen und ein Fronttheater spielte, das auch sonst im Divisionsbereich „gastierte". Um die Wiederherstellung der Genesenen zu fördern, war von der Division am Stadtrand von Reval ein Erholungsheim – Rocco al Mare genannt – eingerichtet worden.

Die geistige Betreuung der Truppe wurde großgeschrieben und zu diesem Zweck auch verschiedene Wettbewerbe veranstaltet; darunter auch der für ein neues Divisionsabzeichen. Letzterer dürfte sogar schon Ende März veranstaltet worden sein, denn der sein Schwert schwingende Deutschordensritter findet sich als Abzeichen bereits Anfang April auf einer Skizze zum Gefechtsbericht der Division über den Einsatz bei Karbusel.[59] Allerdings erscheint es heute ziemlich sicher, daß dieses Abzeichen, außer „auf dem Papier", in der Folge von der Division erst sehr viel später wirklich geführt wurde. Denn bereits am 9. 5. befahl das Divisionskommando, daß das Erkennungszeichen „sofort von sämtlichen Fahrzeugen und Hinweisschildern zu entfernen" sei; nur die taktischen Zeichen seien weiterhin zu belassen. Am „Beginn weiträumiger Operationen" würde die Wiederanbringung des Erkennungszeichens eventuell befohlen werden.[60]

Davon war aber keine Rede. Soweit man sah, war das militärische Firmament ziemlich verdunkelt. An der Ostfront tobten seit den Rückzugskämpfen des Frühjahrs scheinbar unentschiedene Abwehrschlachten im Mittelabschnitt. Vom Scheitern der letzten großen deutschen Offensive im Osten, des Unternehmens „Zitadelle", in der ersten Juli-Hälfte wußte man bei der Truppe praktisch nichts. Wohl aber, daß Afrika verloren war und die Alliierten auf Sizilien gelandet waren. Nur hier im Norden, an der Newa, wo zwar mit beginnendem Sommer die Mückenplage wieder stark spürbar wurde, wo man aber dafür auf herrlichen, nun abgetrockneten Waldwegen wunderbar reiten konnte, schien fast der Friede eingekehrt zu sein. Und dennoch war Krieg. Vom 4. 4. bis 21. 7. verlor die Division insgesamt 918 Mann durch Feindeinwirkung, also etwas über 8 Mann pro Tag.[61]

Dabei war das Feindbild vor der Division auf den ersten Blick nicht beunruhigend. An der Newa lagen dem GR. 45 zwei MG.-Art. Bataillone (Nr. 36 und 93) gegenüber, die möglicherweise der 11. SBrig. unterstanden, die ihrerseits zur 67. Armee gehörte. Die Tossna-Mündung dürfte die Armeegrenze gewesen sein. Hier schloß die 55. Armee mit der 46. SD. an, die vor dem Abschnitt des GR. 3 wiederum nur ein MG.-Art. Btl. (Nr. 290) eingesetzt hatte, hinter dem aber möglicherweise noch zwei Bataillone des SR. 314 standen. Auch der Gegner schien, soweit man dies von den Stellungen des GR. 24 und GR. 3 beobachten konnte, im Hinterland eifrig Ausbildung zu betreiben. Neben gelegentlichen Stoßtruppenunternehmen vor allem gegen die Front des GR. 3 versuchte der Gegner, offenbar im Zuge einer allgemeinen Aktion, auch vor der 21. Division auf diese mit propagandistischen Mitteln einzuwirken. Natürlich erfolglos. Dafür herrschte auf beiden Seiten, übrigens schon seit dem vergangenen Herbst, ein ziemliches Mißtrauen hinsichtlich möglicher Vorbereitungen für eine chemische Kriegführung, das sich aber − Gott sei Dank − immer wieder als unbegründet erwies.

Größere Ersatzzuführungen für die in der Front eingesetzten und nur zu 2/3 aufgefüllten Feindverbände waren jedoch nicht zu beobachten. Als sicher war aber anzunehmen, daß der Gegner im Raum von Leningrad über eine größere Anzahl aufgefüllter Reserveverbände verfügte, die es ihm erlaubten, binnen kurzem eine Angriffsgruppierung an jeder beliebigen Stelle einzunehmen.[62] Wo? Dafür gab es im Augenblick keine, oder besser fast keine genaueren Anhaltspunkte. Wieder einmal bewahrheitete es sich, daß im Krieg auch scheinbar „ruhige" Zeitabschnitte keineswegs mit einem Stillstand der Entwicklung gleichzusetzen sind. Vielmehr gehört es gerazu zum Wesen solcher „Pausen", daß sich währenddessen oft sehr wesentliche, für die unmittelbar Beteiligten zwar zunächst noch nicht erkennbare, dafür aber für später entscheidende Veränderungen im gegenseitigen Kräfteverhältnis abspielen.

Dies war auch hier der Fall. In den zurückliegenden Monaten hatte die Reorganisation und Verstärkung der sowjetischen Streitkräfte Fortschritte gemacht, mit denen man auf deutscher Seite und hier – im Rahmen unserer Betrachtung – vor allem bei der Heeresgruppe Nord nicht mithalten konnte. Die offizielle sowjetische Literatur gibt diesbezüglich leider nur allgemeine und dementsprechend unklare Hinweise.[63]) Auf deutscher Seite glaubte man sogar eine Verminderung der Personalstärken der Schützenkompanien und eine Verringerung der eingeteilten MG in den sowjetischen Schützendivisionen annehmen zu können.[64]) Möglicherweise bezog sich dies jedoch nur auf die Stellungsdivisionen, da infolge der Ereignisse an den übrigen Abschnitten der Ostfront die Leningrader- und Wolchow-Front im wesentlichen mit ihren Truppen ohne Zuführung neuer Verbände auskommen mußten und daher die Angriffsverbände in erster Linie aufgefüllt wurden. Auf jeden Fall steht außer Zweifel, daß in der Bewaffnung der Infanterie, in der Verbesserung der Panzerabwehr und hinsichtlich der Verstärkung der Artillerie bedeutende Fortschritte erzielt wurden. Führungsmäßig griff man auf sowjetischer Seite wieder auf die 1941 etwas voreilig abgeschafften Korpsverbände zurück. Ganz hatte man ja nie auf sie verzichten können, wie das Jahr 1942 bewiesen hatte, in dem immer wieder Garde- oder Kavalleriekorps und verschiedene „operative Gruppen" formiert worden waren. Auch Artilleriedivisionen, 28 im ganzen, waren neu aufgestellt worden. Und im Artilleriekampf sollte auch die Division den Wandel der Dinge demnächst am eigenen Leib erfahren.

Während die Feuertätigkeit der eigenen Divisionsartillerie relativ gering war – 12.378 lFH- und 3.192 sFH-Granaten wurden zwischen dem 17. 5. und 22. 7. vom Regiment verschossen[65]) –, war das russische Störungsfeuer, vor allem während der Nacht, recht lebhaft. Außerdem kam es hier zum ersten Mal zu so etwas wie einem Kampf um die artilleristische Feuerüberlegenheit. Mit Hilfe von Fesselballons wie von zahlreichen B-Stellen und Hochständen aus war von sowjetischer Seite eine sehr gute Artillerieaufklärung durchgeführt worden. Eröffneten eigene Batterien das Feuer, mußten sie daher binnen kurzem mit genau in der Feuerstellung liegendem russischen Gegenfeuer rechnen. Dazu kam, daß die anbefohlene Sparsamkeit mit Munition es unmöglich machte, sämtliche von der Beob. Abt. 24 vor dem Divisionsabschnitt aufgeklärten Feindbatterien wirkungsvoll zu bekämpfen. Auf 103 Batterien schätzte das LIV. AK. die vor dem Korpsabschnitt stehende feindliche Artillerie. Etwa 5 leichte, 18 schwere Batterien und 4 Eisenbahngeschütze wurden allein vor dem Divisionsabschnitt angenommen, wobei die letzteren häufig Znigri und Gory, aber auch Ziele noch tiefer im Hinterland beschossen.[66])

Von der eigenen Artillerieaufklärung kamen anscheinend auch die ersten Hinweise auf das, was der Gegner in nicht zu ferner Zeit beabsichtigte. Am 21. 5. erklärte der Höhere Art. Kdr. 303 der 18. Armee, daß an diesem Tag zum ersten Mal einerseits an der Ostfront des XXVI. AK., zwischen Eisenbahn und Elektroschneise, andererseits an der Newafront, an der Naht 28. JgDiv./21. ID. ein klarer Schwerpunkt für Artillerie und Salvengeschütze festgestellt worden sei.[67]) Die dritte Ladogaschlacht warf ihre ersten Schatten voraus.

Noch blieben der Division fast genau zwei Monate Zeit, sich darauf vorzubereiten. Sie hat, soviel man sieht, diese Wochen genützt. Ausbildung und Stellungsbau liefen so gut oder so schlecht, wie sich eben beides miteinander verbinden ließ. Personell wurde die Division in dieser Zeit sogar überkomplett aufgefüllt, so daß sie – wohl auf Anregung des LIV. AK. – sich sehr eingehende Gedanken machte, wie eine „Ost-Division" gegliedert sein müßte, „um trotz der fehlenden dritten Btlne. bei den Gren. Rgtern jeder Aufgabe einer vollwertigen Angriffs-Division gerecht werden zu können".[68]) Manches an diesem Vorschlag war unerreichbar, wie die Aufstockung der Batterien auf vier Geschütze; manches schien in naher Zukunft möglich, wie die Umrüstung einer Kompanie der PzJg. Abt. 21 auf Sturmgeschütze. Die 3. Kompanie dieser Abteilung befand sich bereits in der Heimat, bei der PzJg. Ers. Abt. 1 zur Umbewaffnung. Ab 1. 8. sollte außerdem die am 1. 6. errichtete Fla-Komp. (Sf) 660 mit zwölf 2 cm-Flak als 4. Kompanie der PzJg. Abt. 21 eingegliedert werden. Darüberhinaus verfügte die Division im Kommandoweg die Formierung einer Radfahrkompanie je Gren. Regiment (9./GR. 3, 3./GR. 24 und 9./GR. 45), die zur Verfügung des Regiments-Kommandeurs, eventuell auch als schlamm- und winterbeweglicher Verband, stehen sollten. Außerdem war für die Aufklärungsabteilung die Aufstellung einer dritten Radfahr-Schwadron vorgesehen (vgl. Anlage 46). Wenn auch die Stärke der Bewaffnung sich nach dem 1. 6. noch sehr besserte, so war sie im Hinblick auf die verstärkte Kampfkraft der sowjetischen Divisionen weiterhin ungenügend und erreichte, etwa in der Ausstattung mit MG., noch immer nicht den Stand vom 1. 12. 42.[69]) Von den Sanitätsdiensten der Division waren das Feldlazarett 21 und die 2. SanKp. seit längerer Zeit zum XXVIII. AK. bzw. zur 96. ID. abgestellt. Die 1. SanKp. aber, südlich Gory eingesetzt, bezog in der Nacht vom 21./22. 7. ihren, in 75tägiger Arbeit erbauten, großen Operationsbunker. Es war an der Zeit, denn in jener Nacht war aus Norden, Nordosten und Osten schweres Trommelfeuer zu vernehmen: der sowjetische Großangriff auf das XXVI. AK. und damit die dritte Ladogaschlacht hatte begonnen.

3. Die Dritte Ladoga-Schlacht

Der sowjetische Angriff kam ziemlich genau dort, wo ihn das XXVI. AK. seit Wochen erwartet hatte. Wieder war es ein kombinierter Angriff von Teilen der Leningrad- wie der Wolchow-Front, nur daß diesmal der Stab der 2. Stoßarmee offenbar aus der Front herausgezogen und in den Leningrader Raum verlegt worden war. An seiner Stelle führte zwischen der Newa und Ssinjawino die 67. Armee der Leningrad-Front und links neben ihr, vor der Ostfront des deutschen XXVI. AK., die 8. Armee der Wolchow-Front. Jede dieser Armeen verfügte außer den Stellungsdivisionen über etwa fünf Schützendivisionen mit entsprechenden Panzerverbänden als erste An-

Die dritte Ladoga-Schlacht
Lageentwicklung v. 22.7.–10.8.1943

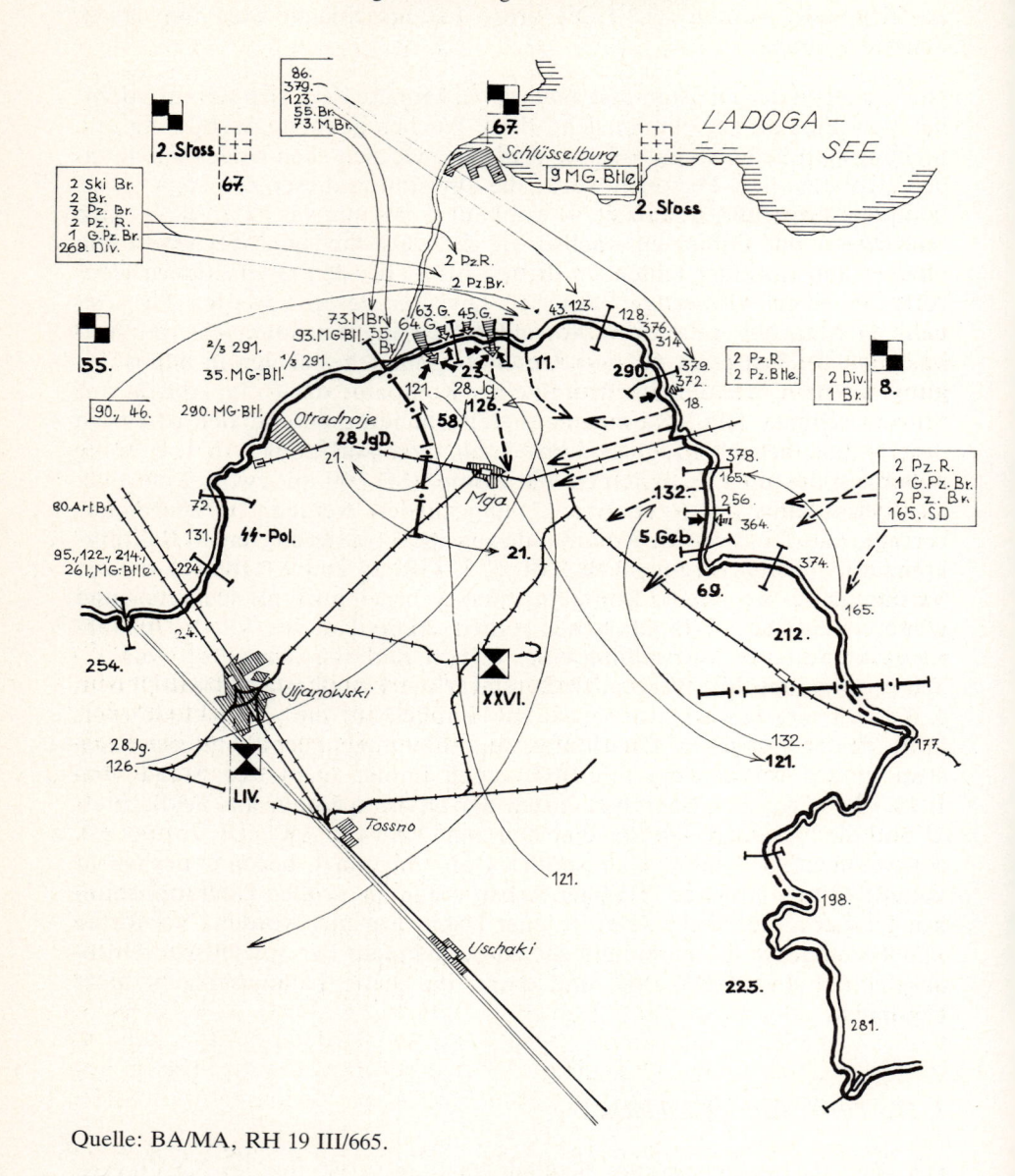

Quelle: BA/MA, RH 19 III/665.

Skizze 42

griffsstaffel. Damit sollte die 67. Armee (GM. Duchanow) zwischen der Newa und dem schon so oft umkämpften Gleisdreieck bei P. 6 nach Süden auf Mga durchstoßen, womöglich auch die Ssinjawino-Höhe einnehmen.[70]) Die 8. Armee (GM.F.N. Starikov) sollte, beiderseits der Bahnlinie südlich Gaitolowo, nach Westen angreifend, der 67. Armee bei Mga die Hand reichen (vgl. Skizze 42).

Die 67. Armee setzte hierzu einen bisher in dieser Zusammensetzung noch nicht aufgetretenen Großverband ein, nämlich das XXX. Garde-Schützenkorps mit den Garde-Schützendivisionen 45, 63 und 64. Der Angriff des Garde-Korps traf im wesentlichen die 23. ID., die erst seit relativ kurzer Zeit zwischen P. 6 und der Newa eingesetzt war, da die 18. Armee, im Hinblick auf den drohenden Angriff, die bisher in diesem Abschnitt befindliche 28. Jg. Div., wie übrigens auch die 121. ID., als Armeereserve aus der Front gezogen hatte.

Aus der Art der Bereitstellung dieser beiden deutschen Divisionen läßt sich entnehmen, daß die 18. Armee diesmal eher mit einer „großen Zange" gerechnet hatte, wie sie von den Sowjets bereits in der zweiten und dritten Phase der Zweiten Ladoga-Schlacht angesetzt worden war. Das hätte, im Falle eines Erfolges, die Einkesselung von rund acht deutschen Divisionen bedeuten können. Die Kräfte dazu standen zweifellos schon jetzt zur Verfügung. General Merezkow, Oberbefehlshaber der Wolchow-Front, meint in seinen Kriegserinnerungen jedoch, man habe es bewußt auf eine mehr oder minder frontale Abnützungsschlacht ankommen lassen, ja man habe zu diesem Zweck sogar die Anmarschswege für die deutschen Reserven absichtlich offen gelassen, um so ihr Zuströmen und damit ihre Vernichtung zu erreichen. Ein solches, wohl für eine eher naive Leserschaft berechnetes „statement" kann von dem erfahrenen Heerführer kaum ernst gemeint gewesen sein. Eher jedoch seine ergänzende Feststellung, wonach mit der „Operation Mga" unter anderem beabsichtigt war, „dem Gegner zuvorzukommen und ihn zu zwingen, sich zu verteidigen, statt anzugreifen".[71]) Wußte man im sowjetischen Oberkommando am Ende gar, daß Hitler Mitte März in einem Operationsbefehl die freilich eher vage Absicht geäußert hatte, in der zweiten Sommerhälfte, ab Anfang Juli, eine Operation gegen Leningrad durchzuführen?[72]) Oder hielt man die 18. Armee noch immer für so stark, daß sie von sich aus noch einmal versuchen könnte, auf Schlüsselburg anzugreifen? Die Befürchtungen in dieser Richtung scheinen auf sowjetischer Seite so tief gesessen zu haben, daß man sogar bereit war, dem Gegner dafür die nach Clausewitz „stärkere Kampfart", also die Verteidigung, zu überlassen und sich mit einer kleineren, aber dafür verläßlicheren Lösung, nämlich der Sicherung der Landverbindung nach Leningrad durch Wegnahme von Mga vorerst zufrieden zu geben. So sollte es in der Folge tatsächlich zu einer großen Abnützungsschlacht kommen, aber für beide Seiten. Als General Merezkow gegen Ende August dann erfaßte, daß auf deutscher Seite tatsächlich keine größeren Reserven vorhanden waren, war es bereits zu spät. Das eigene Angriffspotential war für diesmal verbraucht.

Der Beginn der Dritten Ladoga-Schlacht war freilich für die Sowjets, zumindest teilweise, verheißungsvoll. Wohl scheiterte der Angriff sowohl der 8. Armee südlich Gaitolowo wie der der 67. Armee gegen die Ssinjawino-Höhen. Aber das XXX. Gardeschützenkorps konnte schon am ersten Angriffstag gegen die neu formierte und mit Großkampfverhältnissen noch nicht vertraute 23. ID.[73]) Einbrüche erzielen. Vor allem war dies entlang der Newa der Fall, wo sich die sowjetischen Angriffsspitzen, vor allem die 64. GdSD., vom linken Newa-Ufer aus wirkungsvoll unterstützt, in bedenklicher Weise der rechten Flanke der 21. Division näherten. Während Feindartillerie von jenseits der Newa auch im Divisionsbereich Gefechtsstände und Feuerstellungen mit Feuerüberfällen, jedoch ohne besondere Wirkung, belegte, versuchte der Feind mit schwerstem Flachfeuer auf Mga und Gory sehr wohl die Nachschubwege zu sperren. Auch der Einsatz der feindlichen Luftwaffe war gegenüber früheren Einsätzen ein wesentlich stärkerer, etwas, was auch den folgenden Kämpfen ein spezielles Gepräge geben sollte.

Inzwischen liefen bereits die deutschen Gegenmaßnahmen an. Das feindliche Vorbereitungsfeuer in der Nacht vom 21./22. 7. hatte kaum begonnen, als die 18. Armee bereits die 121. ID. in ihrem Auffrischungsraum bei und nordwestlich Ljuban alarmieren und zum XXVI. AK. in Marsch setzen ließ.[74]) Bis freilich die vordersten Teile dort zum Einsatz kommen konnten, würde noch einige Zeit vergehen, und bis dahin galt es, mit örtlich vorhandenen Kräften die 23. ID. zu stützen. Bereits am Nachmittag des 22. 7. befahl daher die Armee, die AA. 21 am linken Flügel der 23. Division einzusetzen,[75]) schien doch der Gegner bereits von Norden her in Annenskoje eingedrungen zu sein, das von der AA. 23 verteidigt wurde. Die Lage beim rechten Nachbarn, insbesondere bei GR. 67, blieb den ganzen Tag über allerdings ziemlich ungeklärt, sodaß der Einsatz der AA. 21 am Abend des 22. 7. mit 1. und 2. Schwadron buchstäblich ins Dunkle hinein erfolgte. Ursprünglich war nur an eine Abriegelung des Einbruchs gedacht, später jedoch erfolgte der Befehl zum Gegenangriff; im Hinblick auf den mangelhaften Ausbildungsstand des erst kürzlich zugeführten Ersatzes ein zweifelhaftes Unternehmen. Wider Erwarten gelang es jedoch der Abteilung, entlang des sogenannten „Großen Stern-Weges" oder „Urlauber-Weges" vorgehend, ohne Feindwiderstand, noch während der Nacht die alte HKL. beim sogenannten „Finger" zu erreichen, wo sich noch Teile der 10./GR. 67 gehalten hatten. Versuche, von hier aus durch Angriff, sowohl nach Osten wie nach Westen, die mindestens zwei Kilometer breite Einbruchstelle abzuriegeln, blieben jedoch erfolglos, da weder rechter noch linker Nachbar der AA. 21 auf gleicher Höhe hatten folgen können. Vielmehr häuften sich nun die Verluste und setzten Feindeingriffe gegen die Flanken dieses Angriffskeils ein, sodaß dieser nun schrittweise zurückgenommen werden mußte, bis er am Abend des 23. 7. von den ersten Teilen der inzwischen herangekommenen 121. ID. aufgenommen wurde. Zwei Tage später wurde die Aufklärungsabteilung dann herausgelöst und wieder der 21. Division unterstellt.[76])

Hier hatte man inzwischen ebenfalls Vorkehrungen zum Schutz der rechten Flanke getroffen. Unter dem Befehl von Mjr. Spreu, Kdr. PzJg. Abt. 21, war eine Gruppe aus I./GR. 102 (24. ID.), allen ostwärts der Mga eingesetzten Teilen des GR. 45 und der PzJg. Abt. 21 sowie einem der Division unterstellten Zug der StGeschAbt. 912, gebildet worden, mit dem Auftrag, die Moika-Stellung zwischen Mustolowo und der Newa zu besetzen und zu halten.[77]) Außerdem hatte noch am Abend des 22. 7. die Armee dem LIV. AK. befohlen, seine Artillerie so umzugliedern, daß das verstärkte AR. 21 mit Teilen in den Kampf der 23. ID. eingreifen könne.[78]) Das geschah denn auch (vgl. Anlage 47), und einige Zeit lang hatte es fast den Anschein, als würde die artilleristische Unterstützung der im alten Abschnitt der 23. ID. nach und nach eingesetzten 121. ID., 28. Jg. Div. und 58. ID.[79]) der einzige Beitrag der 21. Division zur Dritten Ladoga-Schlacht bleiben. Tatsächlich gelang es auch in den folgenden Wochen, die alte HKL. im

wesentlichen wieder zu gewinnen, wenn auch unter Einsatz aller von der
18. Armee mühsam bereitgestellten Reserven. Da aber mit Sicherheit anzunehmen
war, daß mit der Abwehr dieses ersten Angriffsversuchs die
Schlacht noch lange nicht durchgestanden war, galt es, neue Reserven zu
schaffen. Bereits am 2. 8. äußerte Feldmarschall v. Küchler die Absicht, die
21. Division durch die 5. Geb. Div. ablösen und als Armeereserve bereitstellen
zu lassen. Noch am Abend dieses Tages erging ein Vorbefehl der
18. Armee an das LIV. AK., die Ablösung der 21. ID. an der Newafront für
Mitte August vorzubereiten. Als Beginn der Verlegung wäre der 9. 8. vorzusehen.[80])

Tatsächlich traf am 7. 8. der Befehl des LIV. AK. ein, wonach in der Nacht
vom 8./9. 8. beginnend die 21. ID., zwar nicht, wie ursprünglich geplant,
von der zur Zeit in schwere Abwehrkämpfe verwickelten 5. Geb. Div., sondern
durch die ziemlich erholungsbedürftige 28. Jg. Div. abgelöst werden
sollte.[81]) Die 21. Division hatte sich zur Verfügung der Armee im Raum
Woitolowo – Kantuli – Ssologubowka – Pucholowo zu versammeln.
Diese Versammlung erfolgte freilich nur andeutungsweise, denn schon zwei
Tage später fragte das XXVI. AK. bei der 18. Armee an, ob die Armee einverstanden
sei, daß die 21. Division, mit 11./12. 8. beginnend, die 11. ID.
ablöse, die in den zurückliegenden Wochen in einem unglaublich harten
Einsatz die Ssinjawino-Höhen erfolgreich verteidigt hatte. Die Armee war
einverstanden.[82])

Tatsächlich schien die Gelegenheit günstig. Die sowjetischen Angriffe waren
etwas abgeflaut, wenn auch von einer Ruhe an der Front keine Rede
sein konnte. Die Heeresgruppe Nord erachtete aber die 1. Phase der
3. Ladoga-Schlacht für abgeschlossen[83]), was freilich einschloß, daß mit
einer zweiten Phase mit Sicherheit zu rechnen war. Nach wie vor hoffte die
Heeresgruppe, durch rechtzeitige Zuführung von Kräften an die entscheidenden
Punkte in der Vorhand zu bleiben. Dem diente unter anderem auch
das Einschieben der 21. ID. in die Front zwischen 290. und 126. ID.

Wie vorgesehen, setzte in der Nacht vom 11./12. 8. die Ablösung der 11. ID.
und des rechts anschließenden GR. 502 der 290. ID. durch die 21. Division
ein, die alle drei Grenadierregimenter (rechts GR. 24, Mitte GR. 3, links
GR. 45) in der Front einsetzte. Die AA. 21 und das der Division unterstellte
Inf. Btl. z. b. V. 561 (Bewährungsbataillon) bildeten die Divisionsreserve.
Außerdem blieb die III./AR. 11 vorläufig in ihrer alten Stellung stehen.[84])
Am 14. 8. übernahm der Divisionsstab die Führung im neuen, ihm freilich
nur zu bekannten Abschnitt. Die alten Namen tauchten wieder auf: „Nordkuppe",
„B-Stellen-Höhe", „Panzermulde", „Scheunen-Höhe", „Nase"
und wie sie alle hießen. Auch der Boden war noch immer derselbe: toniger
Lehm mit Sumpfstellen, teilweise Sand, jetzt freilich ohne Schnee. Dafür
aber verwandelten sich die Stellungen, wenn es zu regnen begann, binnen
kurzem in einen breiigen Morast, der den hier eingesetzten Soldaten die
Stiefel von den Füßen zog. Nur dort, wo man beim Stellungsbau mit dem
Spaten nicht durchkam, dort war früher einmal die Dorfstraße von Ssinjawino
gewesen. Im Luftbild war sie noch zur Not zu erkennen, sonst aber
nicht mehr. Der gesamte Kampfraum um Ssinjawino war nur noch ein einziges
Trichterfeld, durch das halbverschüttete Gräben scheinbar ganz willkürlich
verliefen (vgl. Skizze 43).

Kampfraum Sinjawino
mit ungefährem Grabensystem
im Abschnitt des GR. 3 u. 45
Stand: August/September 1943

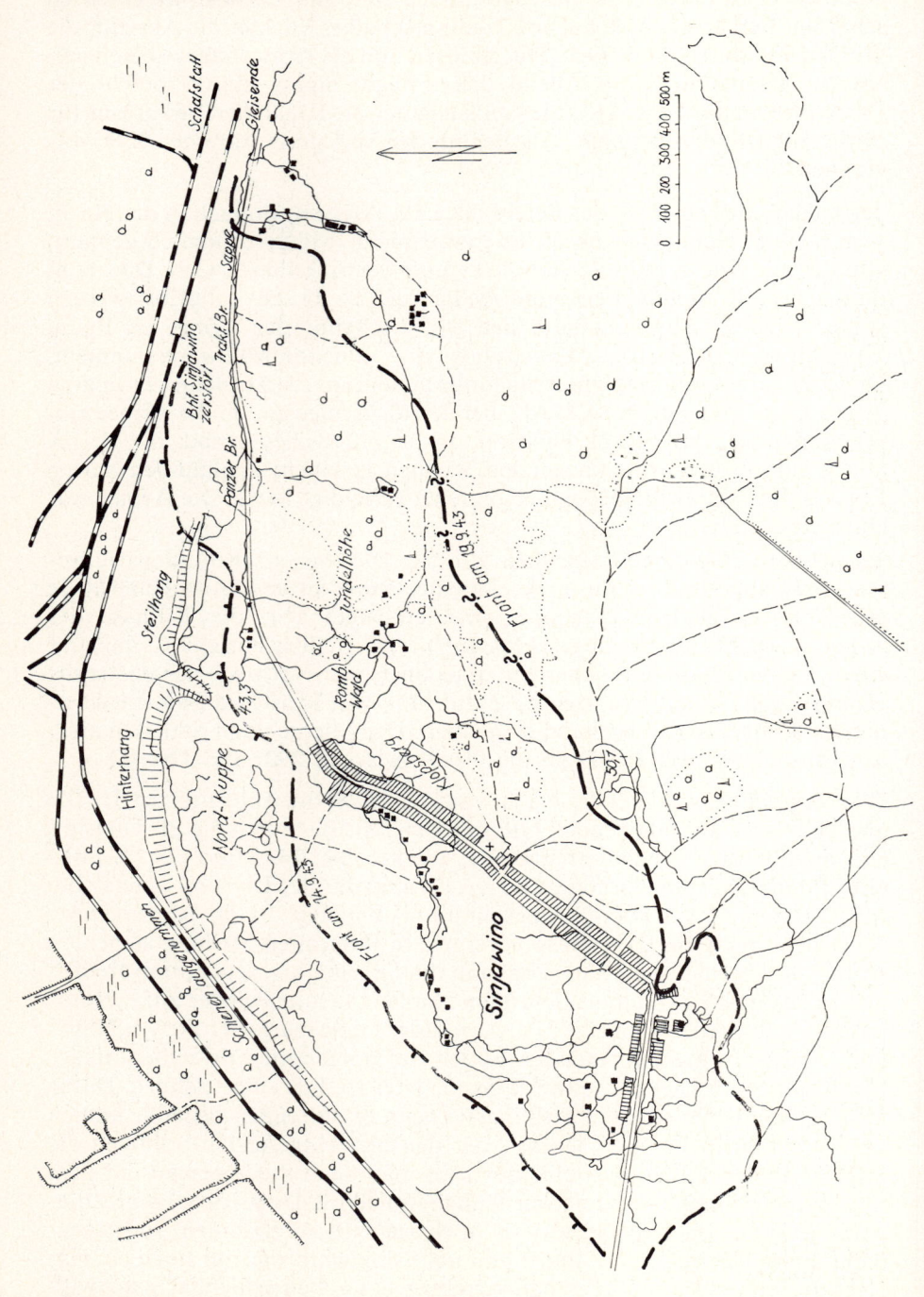

Skizze 43

Dabei hatten die deutschen Stellungen seit dem Januar viel von ihrer ursprünglich dominierenden Lage eingebüßt. Die Nordkuppe und die B-Stellen-Höhe befanden sich jetzt im Besitz des Gegners, der damit sich einen verhältnismäßig weiten Einblick in den deutschen Kampfraum erzwungen hatte, während er selbst im Schutze der artilleristisch kaum zu fassenden Steilhänge mit den an ihrem Fuß liegenden, befestigten Gleisanlagen sehr gute Bewegungsmöglichkeiten besaß. In die Steilhänge hinein hatte der Gegner Boxen für seine Panzer gegraben, die von dort aus ohne längere Anfahrtswege ins Gefecht treten konnten. Auf deutscher Seite waren die Annäherungsmöglichkeiten weniger günstig. Bis zur „Elektro-Schneise", circa 3–4 km nordostwärts Mga, konnten LKW's noch vorfahren. Von da an konnten Pferdefuhrwerke nur noch sehr mühsam einen etwa 3 km langen Waldweg bis zur Front benutzen. Die Bezeichnung „Wald" stimmte freilich nur nach der Einzeichnung auf der Karte. Tatsächlich ragte hier nur noch ein Gewirr von ein bis zwei Meter hohen, zersplitterten Holzstämmen in die Höhe, zwischen denen sich in unzähligen Granattrichtern das Regenwasser spiegelte. Batterien hier in Stellung zu bringen, bedeutete oft einen Vorspann von 16 Pferden je Geschütz. Für den Transport von Versorgungsgütern war zwischen der Elektro-Schneise und dem „Waldrand" südlich Ssinjawino entlang des Weges, eine Holzschienenbahn eingerichtet, auf der kleine Wagen, zu Zügen vereinigt, im Pferdzug den gesamten Nachschub zu bewältigen hatten. Am Südende der Bahn lag der „Panzerfriedhof", so genannt nach den hier rostenden Trümmern der im August 1942 in diesem Raum vernichteten Angriffsspitze des VI. sowjetischen Garde-Schützenkorps. Die Kopfstation, der „Nord-Bahnhof" am Waldrand südlich Ssinjawino, war natürlich kein Bahnhof, sondern bestand aus einer Anzahl Granat- und Bombentrichtern, in denen Munition und Stacheldraht, Werkzeuge, Feldpost und Pakete auf den Transport in die Stellung, Tote und Verwundete auf die Rückfahrt zur Elektroschneise warteten. Der Gegner beschoß häufig diesen ihm wohlbekannten Platz.[85]) Schon dem bloßen Augenschein nach hatte sich der Kampfraum Ssinjawino zu einem „Verdun" der Nordfront entwickelt. Er sollte diesem Ruf in naher Zukunft auch noch in anderer Hinsicht gerecht werden. Dabei war, wenn man das ständig rollende Artillerie- und Granatwerferfeuer und den fortgesetzten Einsatz der sowjetischen Luftwaffe über dem Divisionsabschnitt nicht in Betracht zog, die Lage dem äußeren Anschein nach nicht unbedingt Besorgnis erregend. Vor dem 7 km breiten Stellungsraum lag im wesentlichen die 128. SD. mit den SR. 533, 374 und 741. Rechts von ihr lag die 268. SD., links die 314. SD., die beide mit je einem ihrer Schützenregimenter noch in den Divisionsabschnitt der 21. ID hineinreichten (vgl. Skizze 44). Anlaß zu Bedenken konnte geben, daß der 128. SD. neben drei Strafkompanien auch noch ein Sturm-Bataillon sowie das selbständige Ing. Pi. Btl. 106 zugeteilt waren. Letzteres und das SR. 741 hatten auch am 12. und 13. 8. Angriffe, vielleicht zu Aufklärungszwecken, durchgeführt. Neben starker Artillerie, die teilweise von herausgezogenen Divisionen stammte, hatte der Gegner noch starke Salvengeschütz- und Granatwerfer-Verbände in Stellung (vgl. Skizze 45).

Es ist natürlich müßig, zu fragen, mit welchen Gefühlen angesichts dieser Lage die Division nun zum zweiten Mal nach Ssinjawino zurückgekehrt war. Sie wurde ja gar nicht danach gefragt. Aber wenn man sie gefragt hät-

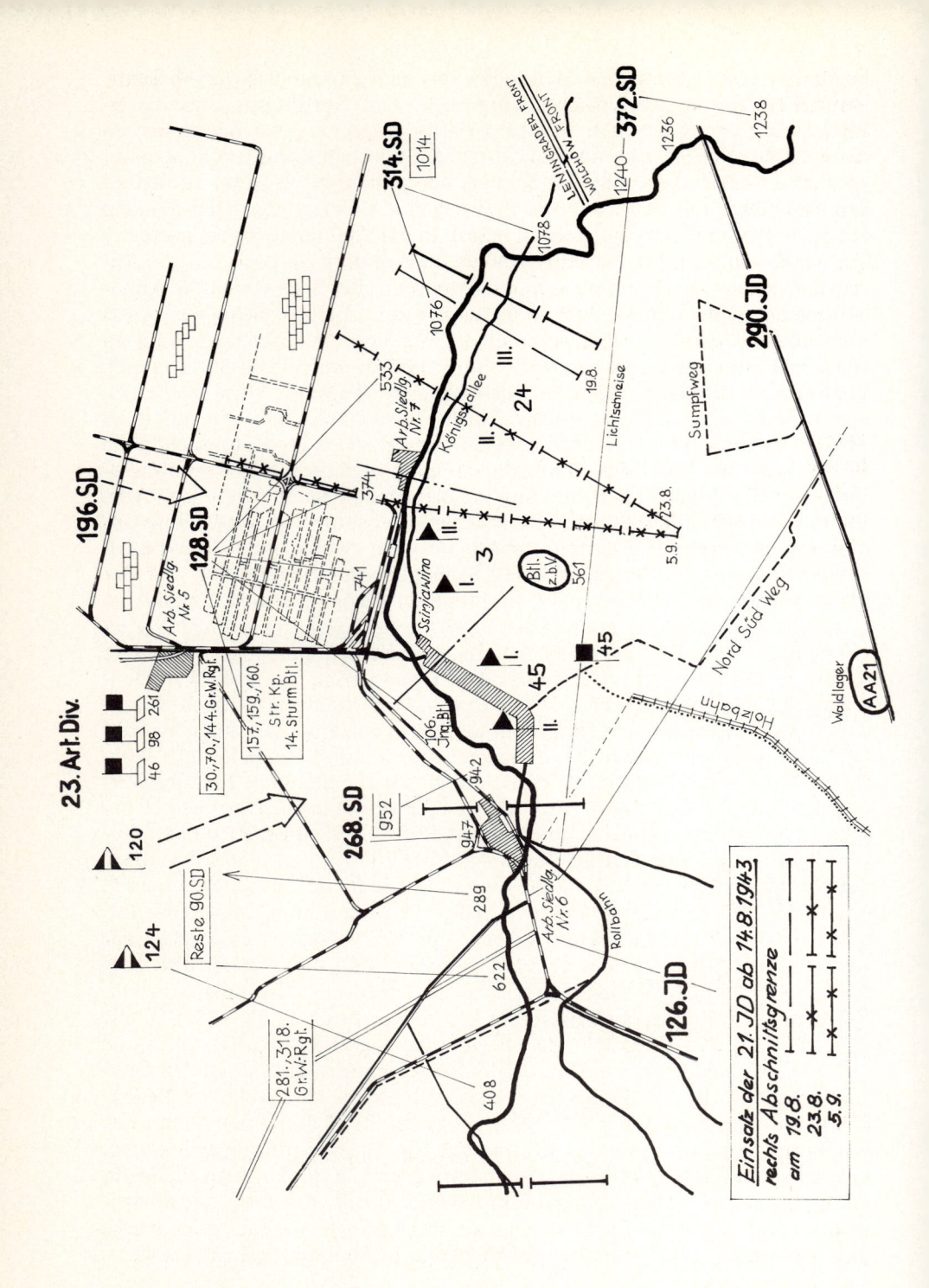

Skizze 44

te, dann hätten wohl die alten, die „beschossenen Hasen" mit einer gewissen stoischen Entschlossenheit geantwortet: „Mit uns kann man das ja machen". Galt das aber auch für den neu eingestellten, doch nur sehr dürftig ausgebildeten Ersatz? Es scheint fast, als hätte die Divisionsführung gewisse Zweifel in dieser Richtung gehegt. Jedenfalls erließ der Divisionskommandeur noch am 17. 8. ein Schreiben an die Kommandeure, mit dem er sie zum energischen Durchgreifen gegen „vereinzelt vorkommende Versager" aufforderte und hinzufügte: „Es ist unseren Leuten klar zu machen, daß der Feind im wesentlichen nur abgekämpfte Verbände (immer wieder nur notdürftig mit Troßfahrern und Genesenen aufgefüllt) in den Kampf wirft und keineswegs über frische Truppen verfügt. Dieses Verfahren kann nicht mehr lange dauern. Es ist ein Abnutzungskampf, bei dem alles darauf ankommt, dem Feind möglichst hohe Verluste zuzufügen".[86]

Damit war das Wesen der bevorstehenden Schlacht zwar zutreffend charakterisiert, jedoch waren bei ihrer Beurteilung zwei entscheidende Momente (vielleicht bewußt) außer Acht gelassen worden: einmal, daß der Zustand der eigenen Division, ungeachtet der aufgefüllten Stände, nicht viel besser war, zum anderen aber, daß der Gegner inzwischen die vielleicht noch tatsächlich vorhandene Schwäche seiner Truppen materiell bei weitem ausgleichen konnte. Die Probe dafür sollte binnen kurzem geliefert werden.

Nachdem die 120. SD. – ganz offenkundig zur Verschleierung des kommenden Angriffsschwerpunkts – am 14., 15. und 16. 8. immer wieder in Kompaniestärke das II./Gr. 45 angegriffen hatte, herrschte am 17. 8. vollkommene Ruhe vor der Division. Dann aber, am 18. 8. um 3.30 Uhr, eröffneten die feindlichen Batterien das Trommelfeuer, und eine Stunde später griff der Gegner fast auf der ganzen Front an.[87] Nun jagten sich, soweit die Verbindungen überhaupt noch funktionierten, die Meldungen, teilweise sich widersprechend, teilweise sich wiederholend: „Feind bei ‚Nase' eingebrochen" – „Schwächerer Angriff bei Panzer- und Traktorenbrücke abgewiesen" – Feind bei ‚Micki-Micki' (Namen eines Stützpunktes auf der Scheunenhöhe, Verballhornung von Welikije-Luki) mit Panzern eingebrochen" – „Feind bei ‚Schlucht' eingebrochen" – „3./GR. 3 hält Riegelstellung, zur 2. Kompanie Verbindung nicht gesichert, Verluste: 70%, Einbruch 250 m breit; Feind verstärkt laufend". Dazu Anforderungen von allen Seiten: Bitte um Verstärkungen, um Sturmgeschütze, um Nachschub von Handgranaten, um Krankenträger. Gleichzeitig lag heftiges Artilleriefeuer auf den Stellungen und fast ununterbrochen erfolgten Tieffliegerangriffe auf Gefechtsstände und Feuerstellungen. Der Gefechtsstand des GR. 45 wurde allein an diesem Tag 52mal aus der Luft angegriffen.

Allmählich klärte sich trotz dieses chaotischen Geschehens das Bild: der feindliche Großangriff erstreckte sich von Ssinjawino bis zur Newa. Während der rechte Nachbar, die 290 ID., und auch der rechte Flügel der 21. Division, also das GR. 24, nicht angegriffen wurden, standen GR. 3 und GR. 45 unter starkem feindlichen Druck, ebenso die links anschließenden 126. und 58. ID.

Die Situation bei der 126. ID. schien anfangs bedrohlich, so daß die 21. Division das Inf. Btl. z. B. V. 561 zunächst dem GR. 45 zur Sicherung

Die dritte Ladoga-Schlacht
Lageentwicklung v. 11.8.–24.9.1943

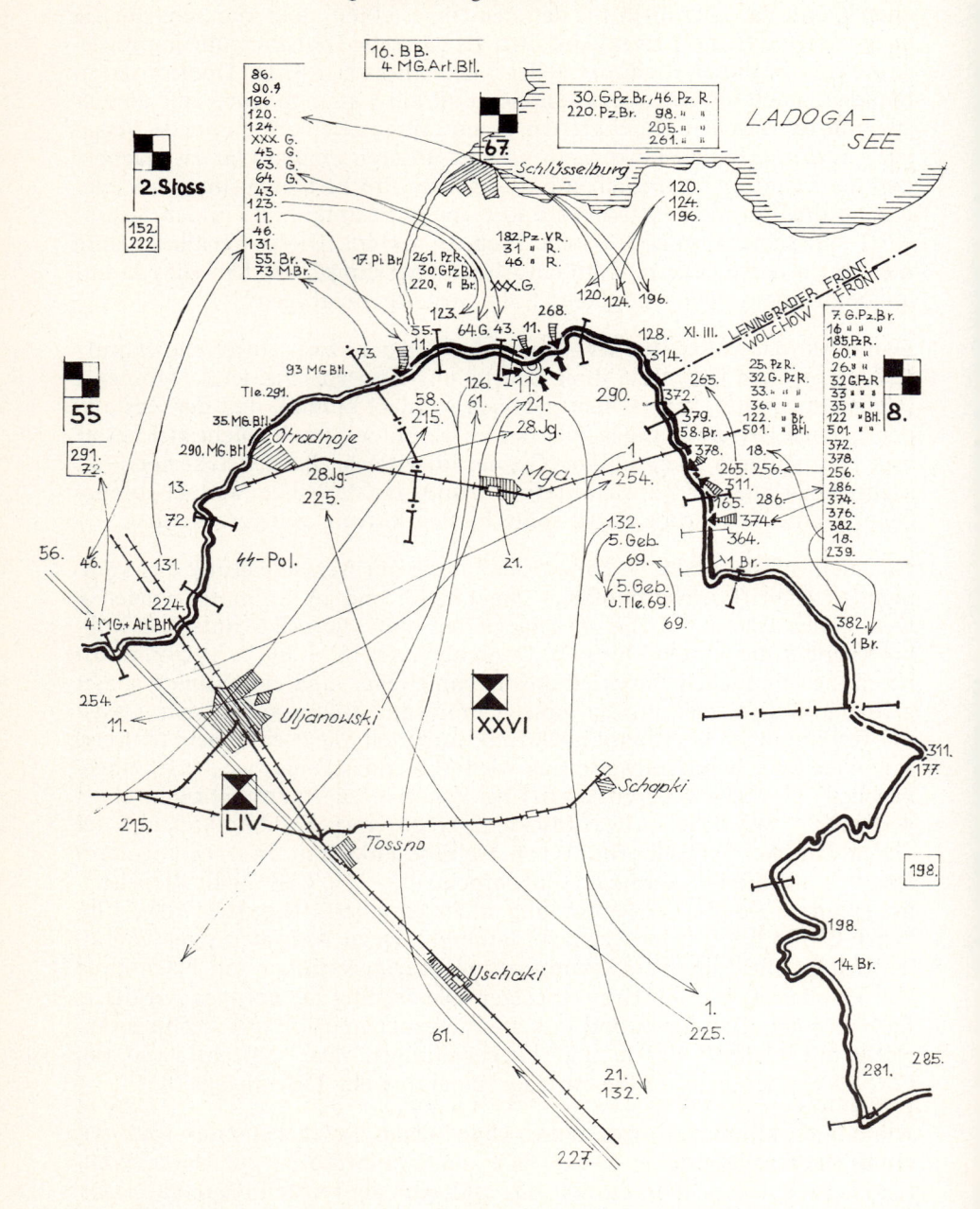

Skizze 45

der linken Flanke zuführen wollte. Gegen Mittag hatte sich jedoch die Lage bei der 126. ID. – es war zu einem Einbruch zwischen Baltzerweg und Gleisdreieck gekommen – wieder geklärt, so daß das Bewährungsbataillon als Eingreifreserve im eigenen Divisionsabschnitt zur Verfügung stand und bald auch gebraucht wurde. Beim GR. 45 lagen die Druckpunkte bei „Micki-Micki" und an der „Nase". Das Regiment, unter der ruhigen, entschlossenen Führung von Mjr. Hilgendoff (Obstlt. Schwender befand sich auf Urlaub) vermochte jedoch, sich der Angriffe der 120. SD. und des ihr beigegebenen Panzerregiments 98 (?) zu erwehren, beziehungsweise kleinere Einbrüche im Gegenstoß zu bereinigen. Was ihm am Abend dieses Tages nicht nur die besondere Anerkennung des Kommandierenden Generals des XXVI. Ak. und später auch der Armee sondern auch eine Sonderzuweisung an Marketenderwaren einbringen sollte. Möglicherweise kam dem Grendadierregiment hierbei zu gute, daß in seinem Abschnitt, etwa bei P. 6, sehr günstige Beobachtungs- und damit Wirkungsmöglichkeiten für die III./AR. 21, III./AR. 11 und I./AR. 57 bestanden.

Das war beim GR. 3 nicht in diesem Maße der Fall, da dessen Stellungen teilweise am Hinterhang verliefen. Hier hatte sich der Gegner im Schutze des Steilhangs bereit gestellt und war, nachdem erste Angriffsversuche abgewiesen worden waren, gegen 6 Uhr früh an der Naht zwischen II. und I./GR. 3 eingebrochen. Hierbei handelte es sich beim Angreifer um einen neuen, bisher noch nicht erkannten Verband, nämlich um die 196. SD. (SR. 864, 884, 893), von der an diesem Tag zumindest ein Regiment mit Panzerunterstützung (PzRgt. 261?) eingesetzt war. Diese Division, erst im Dezember 1942 aufgestellt, voll aufgefüllt und sorgfältig ausgebildet, war – entgegen der bisherigen Einschätzung – keineswegs als „abgekämpft" zu betrachten. Zwar vermochte das GR. 3 mit Unterstützung von zugeführten Sturmgeschützen und eines Stoßtrupps des Inf. Btl. z. b. V. den Einbruch abzuriegeln und die Verbindung zwischen den durchbrochenen Teilen des II. Bataillons notdürftig wieder herzustellen, aber angesichts der außerordentlichen Verluste war an eine Wiederherstellung der alten HKL. ohne Zuführung weiterer Verstärkungen nicht zu denken. Gerade letzteres war aber im Kampfraum des GR. 3 angesichts der langen und durch Regengüsse aufgeweichten Verbindungswege schwierig. Zwar dürfte die Division schon am frühen Nachmittag dieses Tages den Entschluß gefaßt haben, die noch in Reserve liegende AA. 21 (ohne eine Schwadron) auf verschiedenen Wegen an die Einbruchstelle heranzuführen. Aber bis sie dort eintraf, würden noch Stunden vergehen und bis dahin konnte noch viel passieren. So wurde als Sofortmaßnahme dem sich dagegen begreiflicherweise eher sträubenden GR. 24 befohlen, seine am linken Flügel des Regiments eingesetzte 6. Kompanie herauszulösen und dem bedrängten II./GR. 3 zunächst als Reserve zuzuführen.

Immerhin erreichte die AA. 21, nach einigen Irrwegen und durch die verschlammten Wege stark behindert, gegen 21.00 Uhr ihren Bereitstellungsraum im Abschnitt GR. 3. Aber auch dann dauerte es noch Stunden, bis das Unternehmen zur Rückgewinnung der Sehnenstellung im sogenannten „Parallelogramm", also des rückwärtigen Kampfgrabens, anlaufen konnte. Währenddessen ließ der Gegner keinen Zweifel aufkommen, daß er sich mit den bisherigen Ergebnissen seines Angriffs nicht zufrieden geben würde.

Wie schon in früheren Fällen, erschienen wiederum die Nachtbomber über dem Divisionsabschnitt und belegten die Nachschubwege mit Bomben, während seine Artillerie jede Stunde 15 Minuten Zerstörungsfeuer schoß. Trotzdem konnte, nach immer neuen Verzögerungen, das eigene Angriffsunternehmen im Abschnitt des II./GR. 3 um 3.00 Uhr morgens endlich anlaufen. Wenn auch unter hohen Verlusten, gewann es langsam Boden und kurz nach 6 Uhr meldete das Regiment der Division, daß die alte HKL. wieder in eigener Hand sei. Ob das wirklich der Fall war? Wer kannte sich in diesem Trichterfeld zwischen eingeebneten Gräben und zerschossenen Kampfständen überhaupt noch aus? Zudem lag ab 4 Uhr wieder feindliches Trommelfeuer auf dem gesamten Abschnitt. Der Gegner bereitete die zweite Runde vor.

Rund fünfundzwanzig Mal griffen dann Verbände der 120. und 196. SD. den ganzen Vormittag über in wechselnder Stärke an. Dazu laufend Tieffliegerangriffe – bis zum späten Nachmittag allein 40 bei GR. 45 – und in Abständen von 10 Minuten Feuerüberfälle der gegnerischen Artillerie. Beim GR. 3 hatte um 8.00 Uhr morgens die AA. 21 den bisherigen Abschnitt des II./GR. 3 besetzt, wodurch sich eine gewisse Verdichtung der äußerst dünn gewordenen Abwehrfront ergab, aber am Nachmittag wurde die Lage wieder kritisch. Diesmal brach der Gegner beim I./GR. 3 ein und zwar ungefähr in dem selben Umfang wie am Vortag. Aber auch beim II./GR. 45 an der „Nase" kam es mit Panzerunterstützung zu einem Einbruch. Auch er war nur etwa 160 m breit und 50 m tief. Aber in dieser Knochenmühle ging es eben um Meter, da der Raum, um den gerungen wurde, selbst außerordentlich begrenzt war und kaum einen Spielraum gewährte, beziehungsweise der Truppe keiner gewährt wurde. Denn, wie der Oberbefehlshaber der Heeresgruppe Nord, GFM. von Küchler, dem Oberbefehlshaber der 18. Armee, der ihn über die Lage der 21. Division orientierte, zwei Tage später erklärte: „Ssinjawinohöhe darf unter gar keinen Umständen verloren gehen".[88] Tatsächlich gelang es dem GR. 45 an diesem 19. 8., den Einbruch an der „Nase" abzuriegeln und durch Einsatz örtlicher Reserven im Gegenstoß zu bereinigen.

Schlimmer sah es beim I./GR. 3 aus. Hier waren bereits alle Reserven eingesetzt, und der eingebrochene Feind griff immer weiter an. Nun gab die Division die noch zurückgehaltene 6./GR. 24 zur Abriegelung frei. Aber den Einbruch im Gegenangriff zu bereinigen, wie die Division es befahl, erschien nicht mehr möglich. Die Männer in den Gräben waren erschöpft, durch Trommelfeuer, Schlachtflieger- und Bombenangriffe völlig apathisch geworden, die Gefechtsstärken nur noch gering. Die sieben Schützenkompanien des Regiments, zusammen mit dem Verfügungszug des I. Btl., einer Trägerkolonne, und dem unterstellten Inf. Btl. z. b. V. 561 zählten um etwa 18.00 Uhr insgesamt nur noch 7 Offiziere, 37 Unteroffiziere und 236 Mann.[89] Und dieses Häuflein schmolz von Stunde zu Stunde immer mehr zusammen.

Vorderhand blieb nichts anderes übrig, als daß das AR. 21 mit allen Rohren in die Einbruchstelle feuerte, um das Nachführen weiterer Feindkräfte zu verhindern. Auch eine mit der Division auf Zusammenarbeit angewiesene

Abteilung des Werferregiments 70 belegte während der Nacht den Raum hinter dem Feindeinbruch mit wiederholten Feuerschlägen, um einen befürchteten Nachtangriff zu verhindern, der von unabsehbaren Folgen hätte sein können. Er blieb aus.

Inzwischen hatte die Division dem GR. 24 befohlen, sein rechts eingesetztes III. Btl. (Mjr. Babel) zur Verfügung der Division herauszuziehen. Zugleich befahl das Korps der 290. ID., einen etwa 300 m breiten Abschnitt dieses geräumten Bataillonsabschnitts zu übernehmen. Den Rest besetzten zunächst Teile des II./GR. 24 und die 3. (Radfahr-)Kp. GR. 24 zusammen mit den in diesem Raum bereits befindlichen Teilen der PzJg. Abt. 21 und der 14./GR.24.[90]) Etwas später (20. oder 21. 8.) übernahm dann das inzwischen abgelöste I./GR. 3 diesen Abschnitt.

An die ursprünglich beabsichtigte Rückstellung der 6./GR. 24 als Ersatz für das III. Btl. war unter den gegebenen Umständen natürlich nicht zu denken. Immerhin beabsichtigte die Division, am 20. 8. mit dem an Stelle des I./GR. 3 eingeschobenen III./GR. 24, unterstützt von der 3./StGesch. Abt. 226 und zwei Tigerpanzern, die Lage zu bereinigen. Außerdem sollte eine wechselseitige Ablösung zwischen den Stäben GR. 3 und GR. 24 stattfinden.

Das alles ließ sich nur mit großer Verzögerung erreichen, da der Feinddruck, besonders beim II./GR. 3, weiter anhielt. Der Gegner griff bereits über die Sehnenstellung hinaus, entlang eines Annäherungsgrabens, des sogenannten „Russengrabens", nach Süden an. Es fehlte nicht mehr viel und das Stellungssystem wäre an dieser Stelle durchbrochen worden. Allerdings lief gegen Mittag des 20. 8. dann ein Gegenangriff, getrennt in zwei Stoßgruppen, sowohl von Süden nach Norden, wie von Osten nach Westen gegen den feindlichen Einbruch an. Meterweise gewann er in stundenlangen Kämpfen langsam an Boden, und als am frühen Morgen des 21. 8. der befohlene Führungswechsel zwischen GR. 3 und GR. 24 durchgeführt war, waren auch die Angriffsziele, nämlich die Wiedergewinnung der Sehnenstellung, wenigstens teilweise erreicht worden.

Soweit man an Hand der Unterlagen rekonstruieren kann, führte nun am rechten Flügel der Division der Rgt. Stab GR. 3 das I./GR. 3 und II./GR. 24, in der Mitte der Stab GR. 24 die AA. 21, Reste des II./GR. 3 und das III./GR. 24, und links das GR. 45 seine beiden Bataillone und die ihm schon am 19. 8. zugeführte 1./Pi. Btl. 21. Der Feind ließ freilich keine Ruhepause zu. Vielmehr griff er in den folgenden Tagen bis zum 23. 8. immer wieder an, wobei sich sein Schwerpunkt offensichtlich gegen das GR. 45 hin verlagerte. Vielleicht hing dies damit zusammen, daß der Gegner, etwa ab 21. 8., an Stelle der abgekämpften 120. SD., einen neuen Verband, die aufgefüllte 11. SD. (SR. 163, 219, 320) in die Angriffsfront einschob. Mit diesem Verband hatte die 21. Division schon seinerzeit bei Dubowik die Klingen gekreuzt. Nachdem allein am 21. 8. fünfzehn feindliche Panzer abgeschossen worden waren, flauten die gegnerischen Panzerangriffe in den nächsten Tagen ab. Aber gerade dieser 21. 8. hatte auch besonders hohe Opfer auf der eigenen Seite gefordert (vgl. Anlage 48), sodaß der Divisionskommandeur gegenüber dem Korps die Ansicht vertrat, daß bei anhaltenden Verlusten bald eine Ablösung der Division erfolgen müsse. Es wurde ihm daraufhin freilich eröffnet, daß eine solche zunächst nicht in Frage komme, und – nachdem die Heeresgruppe wenige Stunden vorher der Armee erklärt hatte, daß mit Ersatz nicht zu rechnen sei – erhielt die Division den Rat, aus ihren rückwärtigen Gebieten soviel als möglich heranzuziehen.[91]) Nun hatte die Division anscheinend schon gleich nach Beginn der schweren Kämpfe ihr Feldersatzbataillon, allerdings ohne schwere Waffen und ohne den Unterführerlehrgang, aus Ostrow zur Auffüllung herangezogen.[92]) Aber das war ein Tropfen auf den heißen Stein. Am Abend des 23. 8. machte sich nun auch das Korps Sorgen, ob die Division bei gleichbleibendem Feinddruck weiter durchhalten könne. Um ihr die Möglichkeit zur Schaffung von Reserven zu geben, hatte das Korps den Abschnitt der 290. ID. neuerlich nach links erweitert und zwar um den Abschnitt des I./GR. 3, sodaß die rechte Grenze der 21. ID. nun 1500 m ostwärts von P. 7 verlief. Außerdem wurde noch vom Korps das II./GR. 159 (69. ID.) sicherheitshalber hinter die Division gelegt.[93]) Doch welch ein Wunder: der Gegner stellte seine Angriffe ein. Das XXVI. AK. konnte der 18. Armee am 24. 8. melden: Ruhiger Verlauf des Tages an gesamter Front.

Ein reines Wunder war es freilich nicht. Vor und in den Gräben der Division lagen die toten Russen in Haufen. Dazwischen 27 vernichtete und drei bewegungsunfähig geschossene Panzer. Das Regenwetter der letzten Tage, weniger die eigene Abwehr, hatte auch den Einsatz der feindlichen Luftwaffe offenbar stark behindert. Lediglich drei Flugzeuge hatte die Flak über dem Divisionsabschnitt vom Himmel geholt, ein einziges Flugzeug hatte die eigene, fast nicht in Erscheinung getretene Luftwaffe abgeschossen. Die Abnützungsschlacht hatte das zu erwartende Ergebnis gebracht: beiderseitige, noch dazu gleichzeitige Erschöpfung. Das Kriegstagebuch des Oberkommandos der Wehrmacht vermerkte, gleichsam als Resumée der vorangegangenen Tage, lakonisch: „Südlich Leningrad wehrten die 21. und 61. Inf. Div. (letztere hatte kurz vorher die 126. ID. links von der 21. ID. abgelöst) in harten Kämpfen zahlreiche feindl. Angriffe ab".[94])

Das besagte freilich nichts über den Zustand der eigenen Truppe. Der Oberbefehlshaber der 18. Armee, GO. Lindemann, gewann bei einem Besuch der Division am 31. 8. den Eindruck: „Müde und abgekämpft" und das war zweifellos zutreffend. Beurteilte doch die Division sich selbst in ihrem Zustandsbericht vom 1. 9. in Anbetracht der hohen Verluste besonders an Offizieren und Unterführern und im Hinblick auf den bisher nicht erreichten Verschleiß an Material und Gerät, als nur noch „zur Abwehr *bedingt* geeignet". Dennoch waren Korps wie Division der Ansicht, daß eine Ablösung zur Zeit nicht eile – vorausgesetzt, daß die Lage ruhig bleibe.[95])

Über das, was die nächste Zukunft bringen würde, bestand freilich offensichtlich bis hoch hinauf keine volle Klarheit. Noch am 29. 8. erwartete die Armee ein Wiederaufleben des Großangriffs gegen das XXVI. AK. in kurzer Zeit,[96]) während sie nur wenige Tage später angeblich der Meinung war, daß die Ladogaschlacht vorüber sei, eine Ansicht, der wiederum der Kommandierende General des XXVI. AK. skeptisch gegenüberstand.[97]) Wie auch immer, eine Ordnung der Verbände und Ablösung innerhalb der Division war dringend geboten. In diesem Sinne genehmigte die Armee auf

Antrag des Korps am 30. 8. den Einsatz des II./GR. 390 (215. ID.) am rechten Flügel der 21. Division.[98]) Mit Teilen der PzJg. Abt. 21 und der 13. und 14./GR. 24 bildete es die Gruppe Spreu (Kdr. PzJgAbt. 21). Das frei werdende II./GR. 24 wurde seinem Regiment zugeführt. Das ganz aus der Nordfront herausgelöste GR. 3 übernahm am 1. 9., 8.00 Uhr, den bisherigen Abschnitt des GR. 45 bis zur Scheunenhöhe. Von da bis zur linken Divisionsgrenze war nun die AA. 21 eingesetzt. Das herausgezogene GR. 45 durfte sich einige Tage und noch dazu bei schönem Wetter im Waldlager an der Elektroschneise erholen, um sodann in den ersten Septembertagen das GR. 24 in der Front abzulösen. Das II./GR. 24 verblieb weiterhin im Abschnitt und wurde dem GR. 45 als Reserve unterstellt, während das übrige GR. 24 zur Verfügung der Division in das Waldlager verlegt wurde. Außerdem übernahm am 5. 9. die 290. ID. den bisherigen Abschnitt der Gruppe Spreu und dehnte sich damit nach Westen bis etwa 500 m über P. 7 hinaus aus, wobei die hier eingesetzten Teile der 13. und 14./GR. 24 dem GR. 502 unterstellt wurden.[99]) Auch artilleristisch wurde umgruppiert: Die bisher hinter dem Abschnitt Spreu eingesetzte II./AR. 21 übernahm im linken Divisionsabschnitt die Stellungen der III./AR. 161, sodaß nun rechts die III./AR. 21 und in der Mitte die I./AR. 21 und I./AR. 57 standen.[100])

Vielleicht hatte der Gegner von diesen Bewegungen etwas gemerkt, oder war es bloßer Zufall, oder aber wollte er seinerseits die Verschiebungen eigener Kräfte verschleiern — jedenfalls griff er in der Nacht vom 5./6. 9. mehrmals in Kompaniestärke den neuen Abschnitt des I./GR. 45 an, wurde aber ohne große Schwierigkeiten abgewiesen.[101]) Dann trat tatsächlich vor der Division verhältnismäßig Ruhe ein. Eine fast verdächtige Ruhe, sodaß im Hinblick auf die geradezu hauchdünne Frontbesetzung im Bereich der 21. Division am 11. 9. beim Korps die Absicht auftauchte, die Division gegen die 290. ID. auszutauschen.[102]) Zur Ausführung dieses Planes sollte es jedoch nicht mehr kommen.

Wenn auch der Gegner die 3. Ladoga-Schlacht im Sinne eines kombinierten Angriffs seiner 8. und 67. Armee tatsächlich, etwa ab dem 23. 8., als beendet betrachtete und sich wohl auch schon mit der Planung künftiger, groß angelegter Angriffsoperationen befaßte, so gab die 67. Armee, beziehungsweise der Stab der Leningrader-Front noch nicht ganz die Hoffnung auf, im Rahmen einer örtlich begrenzten Operation auch noch die letzten in deutscher Hand befindlichen Höhen um Ssinjawino in Besitz nehmen zu können.

Bis es soweit war, bedurfte es freilich noch gewisser Vorbereitungen. Fast täglich fühlte der Gegner mit Stoßtrupps vor, einmal setzte er sogar Flammenwerfer ein, was wahrscheinlich als eine Erprobung zu betrachten war.[103]) Daneben versuchte er aber auch durch laufendes Störungsfeuer mit Artillerie und Granatwerfern, sowie flach über den Boden gehendes sMG-Feuer, den eigenen Stellungsbau zu verhindern. Der war aber gerade im nunmehrigen Abschnitt des GR. 45 dringend notwendig, nachdem bei den August-Kämpfen der vorderste Kampfgraben verloren gegangen war und die danach mehr oder minder zufällig zustandegekommene neue Front sehr ungünstig verlief. Der Feind lag hier oft nur wenige Meter auf Handgranatenwurfweite gegenüber. Es gab in der verbliebenen Stellung fast keine festen Unterkünfte, nur unbeschreiblich enge Löcher, die mit „Siegfried"-

Blechen oder Minierrahmen abgestützt waren. Die Annäherungsgräben waren teils mit dickem Lehmbrei, teils mit den aufgedunsenen Leibern unbekannter Toter gefüllt. Fieberhaft versuchte daher das GR. 45, sich auf den etwas zurückliegenden „Höhen" – Erhebungen von wenigen Metern –, dem „Gauglerberg" und der „Jundelhöhe", eine Rückhaltstellung neu zu bauen. Eine Schützenkompanie und die 8.(MG)/45 wurden hier zum Stellungsbau und zur Aufnahme gegebenenfalls aus der vordersten Stellung geworfener Teile eingesetzt. Viel war ja in den vordersten Gräben ohnehin nicht vorhanden: die 1./GR. 45 hatte mit 21 Mann einen etwa 800 Meter breiten Abschnitt, die 2./GR. 45 mit 22 Mann einen etwas schmaleren weil gefährdeteren und schließlich die 3./GR. 45 mit 17 Mann wieder einen etwas breiteren. In Anbetracht dieser dünnen Besetzung hatte die Division auch gestattet, das ursprünglich als Reserve vorgesehene II./GR. 24 (Mjr. von Oeynhausen) zwischen I. und II./GR. 45 einzuschieben.[104]) Beim GR. 3 dürften die Verhältnisse nicht viel besser gewesen sein.

Freilich, auch der Gegner schanzte; aber nicht zur Verteidigung. Er baute Stellungen für neue schwere Infanteriewaffen, Munitionslöcher und Deckungen für die spätere Angriffstruppe. Diese, das inzwischen aufgefrischte XXX. Garde-Schützenkorps,[105]) wurde inzwischen auf den beabsichtigten Angriff auf das sorgfältigste vorbereitet. Als Ergebnis einer eingehenden Luftaufklärung war jeder Zugführer im Besitz einer Planskizze 1 : 2.500 über das deutsche Stellungssystem in seinem Angriffsstreifen. Vom Kompanieführer bis zum Regimentskommandeur waren Pläne 1 : 10.000 ausgegeben worden, und für die höhere Führung gab es Karten 1 : 25.000 mit den neuesten Berichtigungen.[106]) Weitgehend mit automatischen Waffen ausgerüstet, waren die Sturmtruppen, aus der richtigen Erkenntnis heraus, daß bei den zu erwartenden Grabenkämpfen, wie bisher schon, die Handgranate mit ihrer großen aber relativ schwachen Splitterwirkung eine entscheidende Rolle spielen werde, mit Brustpanzern ausgestattet worden.

Diesmal ging es der sowjetischen Führung nicht um Abnützung, sondern um Überraschung des Gegners. Während vor der 290. ID., wie gegen die 61. ID., aber auch an anderen Frontabschnitten, Ablenkungsangriffe vorgesehen waren, sollten im Abschnitt der 21. ID. die 63. GdSD. das GR. 45 und die 45. GdSD. mit dem PzRgt. 31 (15 KW I) den linken Flügel des GR. 3 angreifen. Der Abschnitt des I./GR. 3 blieb vorläufig ausgespart. Um zu verhindern, daß die in Stellung liegende Truppe den Angriffstermin zu früh erfuhr und Überläufer denselben womöglich verraten könnten, erfolgte der Antransport der Garde-Divisionen erst in der Nacht zum X-Tag, als welcher der 15. 9. vorgesehen war.

Im Nachhinein wollte man bei der 21. Division zwar schon alles frühzeitig erkannt und nach oben gemeldet haben. Aber tatsächlich war man ahnungslos. Zwar hatte die Truppe gelegentlich die Einweisung von feindlichen Offizieren im Gelände beobachtet, aber erst am 14. 9., als das feindliche Störungsfeuer zunahm und die nur zu bekannten hohen Sprengpunkte auf das Einschießen von Batterien schließen ließen, schöpfte man bei der Truppe Verdacht. Artilleriebeobachter und Grabenposten erkannten verstärkte Bewegungen beim Gegner. Und tatsächlich meldete das XXVI. AK.

an diesem Tag in seiner Zwischenorientierung an die Armee: „Bei 21. ID. etwas lebhafterer Verkehr auf Ssinjawino-Höhe . . :"[107]) Als jedoch die Art. Gruppe Wendig am Abend meldete, daß verschiedene Anzeichen auf einen nahe bevorstehenden Angriff hindeuten würden, meinte der Ic der Division: „Der Hauptmann Wendig soll nicht so schwarz sehen" und – wohl aus dieser Lagebeurteilung heraus – orientierte das AR. 21 die ihm unterstellten Abteilungen, daß mit einem russischen Angriff nicht zu rechnen sei.[108]) Zur gleichen Zeit liefen im Raum südostwärts Schlüsselburg bereits die Motoren jener LKW-Kolonnen warm, die die Regimenter der Angriffsdivisionen in die Sturmausgangstellung zu bringen hatten.

Am nächsten Morgen, um 8.45 Uhr, war dann auf einmal die Hölle los.[109]) Während Schlachtflieger in mehreren Wellen die Artilleriestellungen und Gefechtsstände angriffen, eröffneten 60 bis 70 Batterien und etwa 40 Salvengeschütze das Feuer auf die eigenen Gräben und fast gleichzeitig brachen auch schon, in mustergültiger Ausnützung dieses Feuerorkans, die feindlichen Sturmtruppen in die deutschen Gräben ein.

Nun kam, was bei dem Kräfteverhältnis – egal ob man den Angriff vorausgesehen hatte oder nicht – einfach kommen mußte: Die deutschen Grabenbesatzungen waren rasch teils vernichtet, teils zum Ausweichen gezwungen und überall überrannt. Von den vorn eingesetzten Kompanien des II./GR. 24 und II./GR. 45 entkam fast kein Mann. Einige wenige retteten sich auf den „Gauglerberg", wo sich nun ein Infanteriegefecht entwickelte, das mit der Vernichtung auch dieser Besatzung endete, als aus dem Abschnitt GR. 3 feindliche Panzer anrollten und die halbfertigen Stellungen und verteidigten Unterkünfte zerschossen oder niederwalzten. Bei I./GR. 45 sah es nur um einen Deut besser aus. Der Graben der 3./GR. 45 wurde von den gepanzerten feindlichen Nahkampftruppen nach Osten aufgerollt, die Besatzung des „Sterns" durch Angriff von rückwärts vernichtet und die 1./GR. 45 bis auf etwa 100 m ihres alten Abschnitts zusammengedrängt. Um den Gefechtsstand des I. Btl. entspann sich ein Nahkampf, der erst nach Stunden für die eigene Truppe günstig ausging und auch das nur, weil die Hauptstoßrichtung des Feindes konzentrisch auf die Höhe 50,1 und nicht nach Osten angesetzt war.

Beim GR. 3 war die Lage womöglich noch schlimmer. Beim II./GR. 3 erreichte der Feind im ersten Anlauf den Btl. Gefechtsstand, vernichtete die in der Abschnittsmitte eingesetzte 6./GR. 3 (Fhr. Oblt. Güthlinger) und die Masse des Bataillonsstabes, wobei auch der Btl. Führer, Hptm. Gabelick fiel. Dann stieß der Gegner entlang des Annäherungsgrabens bis kurz vor die Feuerstellung der IG-Kompanie bei 42,0 durch. Das rechts neben dem II./GR. 3 eingesetzte I. Btl. konnte zunächst seine Stellung an der „Panzermulde" und ostwärts davon, weil nicht direkt angegriffen, halten, war aber durch die beiden russischen Angriffskeile von seiner Verbindung nach rückwärts abgeschnitten. Dort rückwärts, auf der Höhe 50,1, dem eigentlichen russischen Angriffsziel, lag der Btl. Führer, Hptm. Mothes und verteidigte die Höhe unerschütterlich mit den bei ihm befindlichen Resten seines Bataillons. Hierbei erhielt er allerdings auch wesentliche Unterstützung durch rückwärtige Pak und Flak, die auch Feindangriffe durch die Lücke zwischen Gefechtsstand II./GR. 45 und I./GR. 3 immer wieder vereitelte.

Um 9.30 Uhr orientierte das Korps die Armee, daß es nur indirekt, nämlich durch den Kommandeur der 61. ID., von schwerem Feuer auf dem Abschnitt der 21. Division Kenntnis hätte. Zur Division selbst bestünde zur Zeit keine Verbindung.[110])

Dort selbst war die Lage alles andere als klar. Durch den Ausfall zahlreicher B-Stellen der Artillerie war diese im Abwehrkampf entscheidende Waffe stark behindert, zumal Unsicherheit herrschte, wo überhaupt noch deutsche Truppen standen. Beim GR. 45 hatte sich im Laufe der Kämpfe so etwas wie eine Stützpunktlinie von der Naht zum rechten Nachbarn über die Gefechtsstände I./GR. 45 – II./GR. 24 – II./GR. 45 aus Resten der Bataillone gebildet. Unter dem vom Urlaub zurückgekehrten Oblt. Thomas (früher Chef der inzwischen aufgelösten 9./GR. 45) war aus Urlaubern, Genesenen und Küchentroßpersonal diese Linie verdichtet und wenigstens ein Stück in Richtung Höhe 50,1 verlängert worden. Von dort bestand ein Loch bis zur Stellung der 13./GR. 3, die hatte gehalten werden können. Die Regimentsgefechtsstände GR. 45 und GR. 3, jeweils nur noch 300 bis 400 m vor den russischen Angriffsspitzen liegend, begannen, sich zur Nahverteidigung einzurichten.

Nun war es höchste Zeit, Reserven einzusetzen. Die Division selbst verfügte nur noch über das III./GR. 24 (Mjr. Babel), das am Nachmittag des 15. 9. zum Gefechtsstand GR. 3 vorgeführt wurde, um einen Gegenangriff zu führen, damit die Lücke in der Front zu schließen und die vorne eingeschlossenen Teile zu entsetzen. Gegen den Einbruch beim GR. 45 hatte die Division von sich aus nichts mehr einzusetzen. Über Antrag des Korps gab die Armee von der offenbar in Reserve liegenden 225. ID. das GR. 376 und die I./AR. 225, ferner die StGeschAbt. 912 und drei 7,5 cm Pak auf SFL. zum Einsatz bei der 21. Division frei. Die Zuführung eines zweiten Regiments der 225. ID. (GR. 333) wurde für den nächsten Tag in Aussicht gestellt.[111]) Auch die Artillerie der Division hatte sich inzwischen in der neuen Lage einigermaßen zurechtgefunden und hielt nun den Feind mit wuchtigen Feuerzusammenfassungen soweit nieder, daß seine Stoßkraft merklich nachließ (vgl. Skizze 46). Etwa um 18.00 Uhr hatte sich die Lage insofern stabilisiert, als der Anfang des GR. 376 beim Divisionsgefechtsstand eintraf und sofort zum GR. 45 weiter geleitet wurde, um in diesem Abschnitt zum Gegenangriff anzutreten. Auch Sturmgeschütze standen bei GR. 3 und 45 mit je einer Batterie einsatzbereit. Der in den Abendstunden anlaufende Gegenangriff brachte jedoch nur bescheidene Erfolge. Immerhin vermochte die 9./GR. 24 sich den Zugang zu dem feindbesetzten Annäherungsgraben im Abschnitt des II./GR. 3 zu erkämpfen und im schweren Abwehrfeuer schrittweise vorzudringen. Eine Verbindung mit den auf Höhe 50,1 unerschütterlich ausharrenden Teilen des I./GR. 3 kam jedoch nicht zustande, geschweige denn mit den sich noch immer zäh haltenden, in der vordersten Stellung eingeschlossenen Teilen. Der Gegenangriff des GR. 376 scheiterte trotz vorzüglicher Feuervorbereitung unter schweren Verlusten, obwohl, wie ein Augenzeuge berichtete, das Regiment unter Ausnützung des Feuers „nur im richtigen Augenblick aufzustehen brauchte, um mit einigen Schüssen aus der Hüfte in das Angriffsziel einzudringen". Die scharfe Zurechtweisung, die der Regimentskommandeur daraufhin durch den davon verständlicherweise enttäuschten Divisionskommandeur, General Matzky, erfuhr, war dennoch wohl zu hart. Das an sich tadellose Regiment war dieser plötzlichen Belastung einfach nicht gewachsen. Es kam aus einer vergleichsweise „heilen Welt" und war von dem Totentanz, in den es hier unvermittelt hineingeworfen wurde, zutiefst schockiert. Der modrige Moorgeruch vermischt mit dem streng-süßlichen Verwesungsgestank war bei dem schwül-warm-feuchten Spätsommerwetter besonders intensiv. Dazu der bizarr zerfetzte Baumbestand, wassergefüllte dorfteichgroße Bombentrichter, der zerwühlte, schlammige Boden, die ununterbrochenen Detonationen schwerer Kaliber, das Infanteriestrichfeuer und die herumliegenden Leichen, das erforderte Menschen mit Nerven, die solche schauerlichen Eindrücke auf Anhieb ertragen und dabei noch einen kühlen Kopf behalten können. Dazu war in den meisten Fällen eine abstumpfende Gewöhnung notwendig, die diese Truppe nicht – oder besser – noch nicht besaß. So zögerte sie einige Minuten und lief, als sie dann antrat, in das kurz darauf einsetzende feindliche Sperrfeuer hinein.[112])

Die Bilanz dieses Tages war – trotz 12 abgeschossener Feindpanzer – eine erschütternde. Neben Einbrüchen in der Front, wie sie die Division bei Ssinjawino noch nie erlitten hatte, stand auch die weitaus höchste Tagesrate an Verlusten seit dem 27. 1. 1943 (vgl. Anlage 41 und 48). Allein die Zahl der Vermißten – 2 Offiziere, 33 Unteroffiziere und 180 Mannschaften – deutet darauf hin, wie sehr die Truppe von dem blitzschnellen Angriff überrascht worden war. Dennoch war es natürlich keine Frage, daß es bei der dadurch entstandenen Lage nicht bleiben durfte. Kurz vor Mitternacht gab der Oberbefehlshaber der Armee an General Matzky persönlich den Befehl: „Die alte HKL muß unbedingt wiedergenommen und die Ssinjawino-Höhe gehalten werden. Die Höhe 50,1 darf ebenfalls unter gar keinen Umständen verlorengehen".[113]) Dem entprechend griff das GR. 376 am Morgen des 16. 8., unterstützt von Sturmgeschützen und Tiger-Panzern, die während der Nacht zugeführt worden waren, erneut von der Südostspitze des Einbruchs im Abschnitt GR. 45 nach starker Artillerievorbereitung – neben der Divisionsartillerie waren nun auch die II. und III./AR. 225 und die III./NbW. Regt 70 zugeführt worden – nach Nordwesten an. Der Angriff kam aber in dem schwierigen Waldgelände nur etwa 500 m weit vor und blieb in der zweiten eigenen Riegelstellung liegen. Zu Mittag war dann der Russe wieder am Zug. Nach trommelfeuerartiger Artillerievorbereitung griff er von Nordwesten her an und warf die eigene Truppe wieder auf die Ausgangsstellung zurück.[114]) Auch das III./GR. 24 vermochte nicht weiter vorzudringen. Doch die Zeit drängte. Wie lange noch würden sich die isolierten Teile des I./GR. 3 und die Besatzung der Höhe 50,1 halten können? Die Division war entschlossen, zum dritten Mal mit dem GR. 376 anzugreifen. Doch nun kamen der Armee Bedenken. In einem Gedankenaustausch zwischen dem Oberbefehlshaber der Armee und dem Kommandierenden General des Korps kam man überein, unter allen Umstände die Kräfte zu schonen und erst nach Heranführung der gesamten 225. ID, deren Einsatz am linken Flügel der 21. ID. geplant war, noch einmal anzugreifen. Inzwischen war auch die Division selbst zur Überzeugung gekommen, daß ein Angriff des GR. 376, auch nach Zuführung des I./GR. 333 (ebenfalls 225. ID.), selbst am 17. 9. nicht möglich sein würde und man sich daher darauf beschränken müsse, den Einbruch bei GR. 45 mit GR. 376 rechts und I./GR. 333 links vorerst nur abzuriegeln.[115]) Bis die 225. ID voll eingetroffen sei, müsse eben die Artillerie den Gegner, der auch an diesem Tag laufend aus seinen Einbruchstellen heraus angriff, niederhalten.

Jedoch schon am folgenden Vormittag hatte sich die Lage insofern wieder verändert, als GO. Lindemann bei einem Besuch auf dem Gefechtsstand des XXVI. AK. entschied, daß nicht die 225. ID., sondern die 28. Jg. Div. für einen Einsatz bei Ssinjawino vorzusehen sei, da nach Eindruck von General Hilpert (KG. XXVI. AK). die 225. ID. nicht hart genug sei, um an dieser entscheidenden Stelle eingesetzt zu werden.[116]) Binnen 24 Stunden sollte dann allerdings zumindest ein Bataillon dieser Division, nämlich das inzwischen auch eingetroffene und ostnordostwärts von Höhe 50,1 eingeschobene II./GR. 333 den schlagenden Gegenbeweis liefern. Doch vorerst war noch der 17. 9. zu überstehen.

An den Flügeln der Division schienen die Feindangriffe etwas nachzulassen. Rechts konnten etwa 60 m wieder gewonnen werden, sodaß die HKL. jetzt bis 200 m westlich der Divisionsnaht in eigener Hand war. Links, am Südrand von Ssinjawino, hatte sich die 10./Gr. 24 bis hart an das Straßenknie herangearbeitet, aber um den ehemaligen Gefechtsstand des II./GR. 3 bestand noch immer ein russischer „Sack".

Der Schwerpunkt der auch an diesem Tag wieder mit Panzerunterstützung vorgetragenen russischen Angriffe richtete sich aber vor allem gegen den nordwestlich Ssinjawino noch stehen gebliebenen Stellungsteil, den der Gegner in den letzten beiden Tagen schon bis zur „Panzermulde" aufgerollt hatte, und den er von hier aus wie von Südwesten her weiter aufzurollen versuchte. Ungefähr 100 Meter Graben gingen hierbei wiederum verloren.[117]) Gleichzeitig aber war der Feind auch von Norden her bis in den Raum südwestlich „Klopsberg" (vgl. Skizze 43) vorgestoßen und hatte damit die letzte Verbindung des I./GR. 3 nach rückwärts unterbrochen. Durch einen am Nachmittag des 17. 9. aus Gegend nördlich der Höhe 50,1 angesetzten Gegenangriff des II./GR. 333 konnte zwar eine lose Verbindung wiederhergestellt werden, die jedoch eher der Eröffnung einer Rückzugslinie gleich kam in der Annahme, daß es nicht gelang, den russischen „Sack" um den alten Gefechtsstand II./GR. 3 zu beseitigen und damit zumindest von Süden her die Verbindung zu den eingeschlossenen Teilen wieder herzustellen.

Bei einem Besuch auf dem Gefechtsstand der 21. ID. zu Mittag des 17. 9. befahl der Oberbefehlshaber der 18. Armee daher fernmündlich dem Kommandierenden General des XXVIII. AK., sofort das II./GR. 151 des linken Nachbarn der 21. Division (61. ID.) zur Bereinigung des „Sackes" zuzuführen.[118])

Das geschah auch und mit begreiflicher Spannung sah man diesem Angriffsunternehmen am linken Flügel der Division entgegen. Das III./GR. 24 und II./GR. 151 traten nach starker Artillerie- und Werfervorbereitung um 4.30 Uhr des 18. 9. planmäßig an. Zunächst schien auch alles gut zu gehen. Als sich jedoch die Stoßtrupps dem Straßenknie von Ssinjawino näherten, stand – nach Augenzeugen – der Russe wie ein Mann auf, empfing die Angreifer mit einem Hagel von Handgranaten und trat selbst zum Gegenstoß an. Der scheiterte nun freilich auch und damit endete alles in einem verbissenen Grabenkampf, in den auf beiden Seiten Artillerie und Granatwerfer eingriffen, ohne irgend etwas ändern zu können.[119])

Lage des GR. 3 am 15. 9. 1943 abends

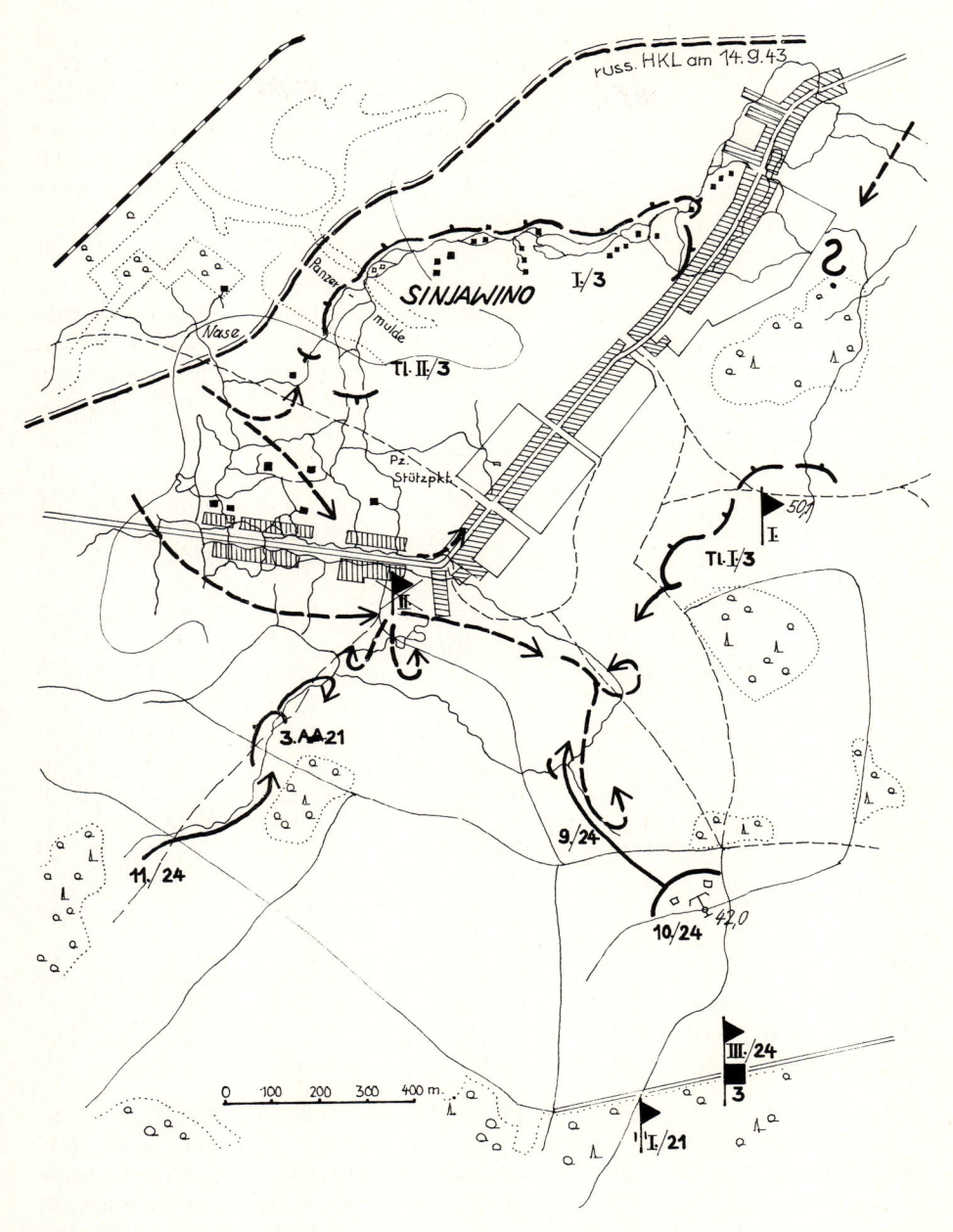

Skizze 46

Die letzte Chance, von dieser Seite her eine Verbindung mit den westlich Ssinjawino noch stehenden Teilen des I./GR. 3 herzustellen, mußte damit aufgegeben werden. Die Räumung dieser so zäh verteidigten Stellung wurde damit unaufschiebbar und ist tatsächlich in den Morgenstunden dieses Tages auch erfolgt, wobei sich die Masse der Eingeschlossenen durchzuschlagen vermochte. Ssinjawino, beziehungsweise der Platz, wo das Dorf einmal gestanden hatte, wurde damit dem Gegner überlassen und damit praktisch auch der Großteil des bisherigen Stellungssystems (vgl. Skizze 43). Nur auf der Höhe 50,1 hielten noch eigene Kräfte, nämlich Reste des I./GR. 3, aber auch das II./GR. 333. Hauptsächlich gegen sie richteten sich noch einmal die feindlichen Angriffe. Gegen 13.00 Uhr kam es zu einer Art von Generalsturm: etwa zwei Regimenter hintereinander, begleitet von 15 Panzern, griffen an. Sechs davon wurden abgeschossen, der Angriff brach zusammen, nicht zuletzt – wie allgemein betont wurde – an der hervorragenden Haltung des II./GR. 333.[120])

Damit war die Krise gemeistert, beziehungsweise schien eine solche nun beim Gegner eingetreten zu sein. Mitgehörte Funksprüche ließen zumindest darauf schließen; darunter einer, demzufolge ein Oberbefehlshaber (67. Armee?) sein Eintreffen bei einer Division ankündigte, um festzustellen, ob die Division, wie gemeldet, tatsächlich nicht mehr angreifen könne.[121]) Das wäre verständlich gewesen, denn allein das AR. 21 hatte mit einem bisher noch nie dagewesenen Munitionsaufwand die gegnerischen Angriffsversuche buchstäblich fast zerstampft. Allein am 18. 9. hatte das Regiment dem Feind 12.844 Granaten entgegen geschleudert, den Munitionseinsatz der Heeresartillerie garnicht mitgerechnet (vgl. Anlage 49). Es war fast ein Wunder, daß die Rohre dies aushielten. Zu dem in einer solchen Lage jetzt vielleicht Erfolg versprechenden Gegenschlag war die 21. Division ihrerseits jedoch nicht mehr im Stande. Sie hatte in den zurückliegenden 4 Tagen über 80 Angriffe in Kompanie- bis Regimentsstärke abzuwehren gehabt, hatte 31 Panzer vernichtet und 9 weitere bewegungsunfähig geschossen und selbst 1475 Mann verloren. Davon allein 540 an Toten und Vermißten. Sie hatte buchstäblich bis zum Weißbluten gekämpft. In der Nacht vom 18./19. 9. begann daher ihre Ablösung, wie vorgesehen durch die 28. Jg. Div., die zunächst mit dem Jg. Rgt. 49 den Abschnitt GR. 3 (= GR. 3, GR. 333, III./GR. 24 und II./GR. 151) übernahm.[122]) Als das III./GR. 24 in dieser Nacht abgelöst wurde, hatten die 3 Schützenkompanien insgesamt eine Grabenstärke von 1 Offizier, 6 Unteroffizieren und 27 Mann (9. Kp.: 0/1/3; 10. Kp.: 1/4/18; 11. Kp.: 0/1/6).[123]) Das gesamte I./GR. 45 soll nach den Erinnerungen v. Kursells gar nur noch 22 Mann stark gewesen sein.

Bis zum 21. 9. war die Ablösung durchgeführt. Am 20. 9., 12.00 Uhr, übernahm die Jägerdivision die Führung im bisherigen Abschnitt der 21. ID. Nur das AR. 21 blieb noch etwa 8 Tage in seinen Stellungen stehen, da seine Mitwirkung bei dem der 28. Jg. Div. aufgetragenen Unternehmen „Sumpfbiber" benötigt wurde.[124]) Mit diesem Unternehmen, das das wieder zugeführte Inf. Btl. z. b. V. 561 durchzuführen hatte, sollte der für den Besitz der Höhe 50,1 so gefährliche Einbruch südlich des Straßenknies in Ssinjawino beseitigt werden. Am Morgen des 24. 9. lief der Angriff nach einer buchstäblich überwältigenden Artillerievorbereitung an und endete mit einem vollen Erfolg. Neben außerordentlich hohen blutigen Verlusten büßte der Gegner 112 Gefangene ein. Zahlreiche schwere Waffen wurden erbeutet.

Die Erklärung für diesen eigentlich überraschenden Erfolg lieferten dann die Gefangenenaussagen. Schon seit Tagen war bekannt, daß der Gegner vor dem linken Divisionsabschnitt einen neuen Verband, die 43. SD., versammelte. Diese Division war, zumindest mit Teilen, in den Einbruch hineingeführt worden und sollte am 24. 9., um 2.00 Uhr früh angreifen, wohl um die Höhe 50,1 von rückwärts zu nehmen. Aus irgend einem Grund verzögerte sich jedoch die Bereitstellung, sodaß der Angriff auf 6.00 Uhr früh verschoben werden mußte. Auf die vollgestopften Gräben ging dann das deutsche Trommelfeuer nieder. Die Wirkung war naturgemäß vernichtend.[125])

Nach Erfüllung dieses letzten Auftrages wurden die Batterien des AR. 21 endlich auch herausgezogen, um im Fußmarsch der eigenen Division nachzufolgen, die am Wolchow die 227. ID. ablöste.[126]) Ssinjawino, das bisher blutigste Kapitel in der Geschichte der Division, war für immer abgeschlossen.

Anmerkungen zu Kapitel VIII

1) 21. ID., Tagesbefehl vom 25. 2. 1943 (BA/MA, RH 26 – 21/90, Anl. 370).

2) KTB. AOK. 18 vom 25. 1. 1943, 12.55 Uhr (BA/MA, RH 20 – 18/469, S. 74).

3) Pi. Btl. 21, Gefechtsbericht für die Zeit vom 24. – 29. Januar 1943 (BA/MA, RH 26 – 21/99, Anl. 376). Vgl. hierzu auch F. Becker, Pioniere als Infanterie. Pi. Btl. 21 bei Ssinjawino im Januar 1943. In: Alte Kameraden 7/8 1964, S. 40 f. Die hier angegebenen Verluste decken sich nicht mit den Angaben des Gefechtsberichts!

4) XXVI. A. K. Ia, Nr. 215/43 geh. Korpsbefehl für Einschieben der 21. Inf. Div., Fernschreiben vom 27. 1. 1943, 12.00 Uhr (BA/MA, RH 26 – 21/88, Anl. 1) und 61. ID., Div. Befehl zur Übernahme des Abschnittes Ssinjawino durch 21. Division vom 27. 1. 1943 (BA/MA, RH 26 – 21/88, Anl. 3).

5) Bei mehreren Infanteriedivisionen waren im Herbst 1942 die Aufklärungs- und die Panzerjäger-Abteilung zu einer „Schnellen Abteilung" vereinigt worden; so auch bei der 227. ID.

6) Vgl. die merkwürdige Feststellung bei K. A. Merezkow a. a. O., S. 346: „Die besten Geschützbedienungen und sogar ganze Batterien erhielten die Erlaubnis, Einzelziele zu beschießen" (April 1943!).

7) Schon im vergangenen Dezember hatte das AR. 21 an jedes Grenadierregiment je eine Kompanie in der Stärke von 6 Uffz. und 100 Mann abgegeben. Dazu kam noch die dem GR. 45 eingegliederte Kanonierkompanie des seinerzeitigen Alarm-Btl. I/21. Vgl. 21 ID., Div. Befehl 67 vom 3. 12. 1942 (BA/MA, RH 26 – 21/77, Anl. 27).

8) Über die Kämpfe der Division ab dem 27. 1. 1943 liegt, außer dem KTB. der Division nebst Anlagen im BA/MA, nur ein von der Division. Abt. Ic sehr unzulänglich verfaßter Bericht: „Winterschlacht südl. des Ladoga-Sees. Kampf der 21. Inf. Div. bei Sinjawino (sic!), P. 6 und Gleisdreieck" vom 7. 4. 1943 vor. Dieser, sowie die Tagesmeldungen des AR. 21 ab 31. 1. 1943 im Besitz des Verfassers. – Die erschienene Literatur ist ebenfalls recht dürftig. Daß die sowjetische Seite der für sie ab 19. 1. 1943 erfolglosen Kämpfe kaum erwähnt, darf nicht wundern. W. Haupt, Heeresgruppe Nord, a. a. O. erwähnt die 21. Division in diesem Zusammenhang nur einmal. Etwas eingehender schildert H. Pohlmann, Wolchow a. a. O. S. 77 ff die Schlacht. – Gefechtseindrücke, wenn auch im Stil der Zeit, schildert die von der 18. Armee im August 1943 als Manuskript in Riga gedruckte Broschüre: „Südlich des Ladogasees/Winter 1943".

9) 21. ID., Tagesbefehl vom 10. 3. 1943 (BA/MA, RH 26−21/91, Anl. 476).

10) KTB. des AOK. 18 vom 29. und 30. 1. 1943 (BA/MA, RH 20−18/469, S. 123 ff).

11) Vgl. 21. ID., Div. Befehl Nr. 9/43 vom 31. 1. 1943 (BA/MA, RH 26−21/88, Anl. 90), ferner Tagesmeldungen des AR. 21 vom 31. 1. und 1. 2. 1943 (a. a. O.), siehe ferner: KTB. AOK. 18 vom 31. 1. und 1. 2. 1943 (BA/MA, RH 20−18/469, S. 143 ff).

12) Kriegstagebuch des Oberkommandos der Wehrmacht a. a. O., 3. Bd. (Januar 1943), S. 66.

13) Die Pz. Abt. 502 war mit zwei Kompanien im Mai 1942 aufgestellt worden und setzte ihre Tiger-Panzer zum ersten Mal am 29. 8. 1942 während der 1. Ladoga-Schlacht mit eher mäßigem Erfolg ein. Vgl. Walter Spielberger, Panzer-Kampfwagen Tiger und seine Abarten (Stuttgart 1977), S. 93.

14) K. A. Merezkow a. a. O., S. 341.

15) Bericht der 21. ID., Ic vom 17. 4. 1943, a. a. O.

16) Vgl. 21. ID., Div. Befehl Nr. 10 und 11 vom 1. 2. 1943 ((BA/MA, RH 26−21/88, Anl. 106 und 106a)

17) Schreiben des Kdr. 11. ID. an Kdr. 21. ID. vom 7. 2. 1943 und Schreiben des Kdr. 11. ID. an Kdr. AR. 21 vom 10. 2. 1943 (Abschriften im Besitz des Verfassers).

18) 21. ID., Div. Befehl Nr. 12 vom 3. 2. 1943 (BA/MA, RH 26−21/88, Anl. 133).

19) 21. ID., Div. Befehl Nr. 14 vom 6. 2. 1943; GR. 24, Befehl für das Unternehmen „Spitzbart" vom 7. 2. 1943; GR. 24: „Meldung über den Ablauf des Kampfes um die Bunkergruppe bei Pkt. 16,0 am 9. 2.43" vom 10. 2. 1943 und schließlich 21. ID., Div. Befehl Nr. 16 vom 9. 2. 1943 (BA/MA, RH 26−21/89, Anl. 178, 185, 232 und 220); außerdem: KTB. AOK. 18 vom 9. 2. 1943 (BA/MA, RH 20−18/470, S. 12 und 14).

20) 21. ID., Div. Befehl Nr. 15 vom 7. 2. 1943 (BA/MA, RH 26−21/88, Anl. 192).

21) Zustandsbericht der 21. ID. vom 1. 2. 1943 (BA/MA, RH 26−21/89).

22) Kriegsgliederung zum Zustandsbericht der 21. ID. vom 1. 2. 1943 (ebenda).

23) C. v. Kursell, Die zweite Schlacht südlich des Ladogasees. In: Alte Kameraden 2/1956, S. 12 f und 3/1956, S. 9 f.

24) Gen. Kdo. XXVI. AK., Korpsbefehl für die Bewegung „Bertha" vom 13. 2. 1943; 21. ID., Div. Befehl Nr. 18 vom 15. 2. 1943 (BA/MA, RH 26−21/89, Anl. 266a und 284).

25) KTB. AOK. 18 vom 13. und 14. 2. 1943 (BA/MA, RH 20−18/469, S. 132 und 146); 21. ID., Div. Befehl Nr. 19 vom 18. 2. 1943 (BA/MA, RH 26−21/89, Anl. 304).

26) Vgl. 21. ID., Ia 197/43 geh. an Gen. Kdo. XXVI. A. K. vom 18. 2. 1943; 21. ID., Div. Befehl Nr. 19 vom 18. 2. 1943; AR. 21, Art. Befehl Nr. 64 vom 18. 2. 1943 (BA/MA, RH 26−21/89, Anl. 303, 304 und 302).

27) KTB. AOK. 18 vom 22. 2. 1943, 8.45 Uhr (BA/MA RH 20−18/469, S. 228).

28) F. Becker, Großkampf auf den Ssinjawino-Höhen. Stundentafel der am 22. Februar 1943 abgewehrten russischen Angriffsreihe. In: Alte Kameraden 9/1964, S. 22.

29) Die Gruppe Hilpert benutzte diese Kampfpause, um eine Einbruchsstelle ostwärts P. 7 bei der 212. ID. zu bereinigen. Zu diesem am 6. 3. durchgeführten Unternehmen „Groß-Anna" stellte die GR. 24 seinen sIG-Zug ab. Das AR. 21 unterstützte das Unternehmen artilleristisch (AR. 21, Art.-Befehl Nr. 68 für die Durchführung des Unternehmens „Groß-Anna", vom 5. 3. 1943, BA/MA, RH 26−21/90, Anl. 431).

30) Bericht der 21. ID., Ic vom 7. 4. 1943 a. a. O.

31) F. Becker, Großkampf . . . a. a. O.

32) Zustandsbericht der 21. Division vom 1. 3. 1943 (BA/MA, RH 26−21/91, Anl. 464); bezügl. des Ausbildungsbataillons vgl. auch 21. ID., Befehl für die Aufstellung eines Feldersatz-Btl. vom 6. 2. 1943 (BA/MA, RH 26−21/88, Anl. 176).

33) 21. ID., Div. Befehl Nr. 22 vom 11. 3., Nr. 23 vom 12. 3 und Nr. 24 vom 15. 3. 1943 (BA/MA, RH 26−21/91, Anl. 484, 493, 518, vgl. auch Anl. 505).

34) Vgl. KTB. AOK. 18 vom 12. 3. 1943 (BA/MA RH 20−18/471, S. 101).

35) Fernschreiben des XXVI. AK, Ia Nr. 594/43 geh. vom 12. 3. 1943 (BA/MA, RH 26−21/91, Anl. 491).

36) Vgl. 21. ID., Divisionsbefehl Nr. 25 vom 17. 3. 1943, Ziff. 1: „ . . . Feind erwartet Angriff von deutscher Seite. Er baut seine Stellungen aus. An Sumpfstellen setzt er sich ab . . ." (Original im Besitz des Verfassers).
37) Vgl. erbeuteter Regt. Befehl für das SR. 934 der 256. SD. (Übersetzung im Besitz des Verfassers).
38) KTB. AOK. 18 vom 18. 3. 1943 (BA/MA RH 20 – 18/471, S. 166).
39) Die in der Literatur immer wiederkehrende Angabe, die 223. ID. sei nach dreistündigem Trommelfeuer von 10 Schützendivisionen, 2 Schützen- und 5 Panzerbrigaden angegriffen worden (so W. Haupt a. a. O., S. 148 f) beruht auf der falschen Auslegung einer bei H. Pohlman a. a. O., S. 89 getroffenen Feststellung, mit der aber die gesamten der 8. Armee zur Verfügung stehenden Kräfte gemeint waren. Die 223. ID. dürfte am 19. 3. von zwei, höchstens 3 Schützendivisionen mit Panzerunterstützung angegriffen worden sein.
40) KTB. AOK. 18 vom 19. 3. 1943, 11.00 Uhr (BA/MA RH 20 – 18/471, S. 182).
41) Vgl. Geschichte der 121. ostpreußischen Infanterie-Division 1940 – 1945 (Münster-Frankfurt-Berlin 1970), S. 130.
42) KTB. AOK. 18 vom 19. 3. 1943, 10.55 Uhr (BA/MA RH 20 – 18/471, S. 204).
43) 21. ID., Ia Nr. 365/43 geh. vom 17. 3. 1943: Ausbau der rückwärtigen 2. Mga-Stellung (Abschrift im Besitz des Verfassers).
44) Gen. Kdo. XXVI. AK., Korpstagesbefehl vom 21. 3. 1943 (Abschrift im Besitz des Verfassers).
45) AR. 21, Art. Befehl Nr. 73 vom 26. 3. 43, 8.00 Uhr (Original im Besitz des Verfassers); siehe auch: Geschichte der 121. ostpreußischen Infanterie-Division a. a. O., S. 131 f.
46) Aufruf des Kommandeurs der 21. ID. an die „Soldaten der 21. Infanteriedivision" vom 9. 4. 1943 (Original im Besitz des Verfassers). — Vgl. dazu auch den Bericht der Division, Abt. Ic, vom 2. 4. 1943: Winterschlacht südl. des Ladoga-Sees. Kampf der 21. Infanterie-Division südl. Woronowo (Ablichtung des Originals im Besitz des Traditionsverbandes 21. ID.). Auch dieser Bericht ist mehr als eine „Erfolgsbilanz", denn als eine geschichtliche Quelle zu werten.
47) Diese Verlustberechnung ergibt sich, wenn man von den Verlustangaben im Zustandsbericht der Division vom 1. 4. 1943 (BA/MA, RH 26 – 21/98, Anl. 29) die in der Anlage 41 für die erste Märzhälfte angegebenen Zahlen abzieht.
48) Zustandsbericht der 21. ID. vom 1. 4. 1943 a. a. O. Danach betrugen die Gefechtsstärken bei:

I./3	60%	PzJg. Abt.	90%
II./3	62%	Radf. Abt.	48,3%
II./24	44%	Pioniere	77%
III./24	46,5%	AR. 21 zwischen 84 – 90%	
I./45	53%	nur III./AR. 21 (8. Battr.!) 69%	
II./45	53%		

49) Zustandsbericht der Division vom 1. 3. 43 a. a. O.
50) Vgl. AR. 21, Art. Befehl Nr. 74 vom 29. 3. und Nr. 76 vom 31. 3. 1943 (Originale im Besitz des Verfassers).
51) 21. ID., Div. Befehl Nr. 36/43 vom 5. 4. 1943 (BA/MA, RH 26 – 21/98, Anl. 11).
52) AR. 21, Art. Befehl Nr. 81, 82, 85 und 86 vom 6. 5., 10. 5., 13. 5. und Nr. 92 vom 5. 7. 1943 (Originale im Besitz des Verfassers).
53) 21. ID., Div. Befehl Nr. 39/43 vom 24. 4. 1943 (BA/MA, RH 26 – 21/99, Anl. 156) und Div. Befehl Nr. 40/43 vom 24. 5. 1943 (BA/MA, RH 26 – 21/100, Anl. 423).
54) Zustandsbericht der 21. Division vom 1. 6. 1943 (BA/MA, RH 26 – 21/100).
55) 21. ID., Ia Nr. 608/43 vom 16. 5. 1943 betr.: Wiederaufstellung der III. Bataillone (BA/MA, RH 26 – 21/100, Anl. 354). — Aufstellung des FEBtl. 21: 21. ID. Ia an Gen. Kdo. LIV. AK. vom 8. 7. 1943 (BA/MA, RH 26 – 21/102, Anl. 772).
56) Vgl. CAB (=Allmayer-Beck), Unser Oberst Wolff Henger. Ein Kommandeur des Artillerie-Regiments 21. In: Alte Kameraden 4/1972, S. 27.

57) Vgl. hierzu die Berichte von Claus von Kursell: Feuer auf das „erfreuliche" Dorf. Die 21. Division an Newa und Tossna von April bis Juli 1943 (I), und: Siebzig Kilometer Grabenlänge. Die 21. Division an Newa und Tossna im Sommer 1943 (II), in: Alte Kameraden 10/1975, S. 18 f und 1/1976, S. 22 f.
58) Vgl. BA/MA, RH 26 – 21/100, Anl. 331 und 543.
59) 21. ID., Ic vom 2. 4. 1943: Winterschlacht südl. des Ladoga-Sees a. a. O. – Soviel sich der Verfasser erinnert, wurde das Erkennungszeichen der Division vom Gefreiten A. Krauskopf, Zeichner im Stab des AR. 21, entworfen.
60) 21. ID., Ib Nr. 247/43 vom 9. 5. 1943 betr.: Div. Erkennungszeichen. (BA/MA, RH 26 – 21/99, Anl. 289).
61) Gemäß den Verlustzusammenstellungen im KTB. der Division (BA/MA, RH 26 – 21/95) betrugen die Verluste vom 4. 4. – 21. 7. 1943: 1 gef., 15 verw. Offiziere; 4 gef., 75 verw. Unteroffiziere; 95 gef., 733 verw. und 1 verm. Mannschaften.
62) Vgl. Meldung des Gen. Kdo. LIV. AK. an AOK. 18 vom 12. 5. 1943, betr.: Lage Mitte Mai 1943 (BA/MA, RH 26 – 21/99, Anl. 319).
63) Geschichte des Großen Vaterländischen Krieges der Sowjetunion. Bd. 3 (Berlin 1964), S. 251 f.
64) Vgl. H. Pohlman, Wolchow a. a. O., S. 97.
65) BA/MA, RH 26 – 21/96, Anl. 288 – 290.
66) Vgl. 21. ID, Ic, Feindnachrichtenblatt Nr. 8 vom 18. 6. 1943 (BA/MA, RH 26 – 21/101, Anl. 615). – Gem. AR. 21, Art. Befehl Nr. 91 vom 26. 6. 1943 (BA/MA, RH 26 – 21/101, Anl. 685) wurden damals bereits 130 Feindbatterien angenommen. Vgl. auch AR. 21, Art. Befehl Nr. 94 vom 21. 7. 1943 (Original im Besitz des Verfassers).
67) KTB. AOK. 18, Ia vom 21. 5. 1943 (BA/MA, RH 20 – 18/472, S. 114). In diesem Sinne auch Gen. Kdo. XXVI. AK., Ia Nr. 252/43 gKdos vom 30. 5. 1943, betr.: Beurteilung der Lage . . . (BA/MA, RH 26 – 21/100, Anl. 470).
68) 21. ID., Kdr. an Gen. Kdo. LIV. AK vom 4. 7. 1943, betr.: Vorschlag zur Kriegsgliederung der Ost-Divisionen (BA/MA, RH 26 – 21/101, Anl. 743). Vgl. auch „Neuaufstellungen" vom 5. 7. 1943 (ebenda, Anl. 750 a).
69) Aus der Gegenüberstellung der Ist-Stärken an Bewaffnung aus den Zustandsberichten der Division vom 1. 12. 42, 1. 6. und 1. 8. 1943 (BA/MA, RH 26 – 21/76, Anl. 657, 26 – 21/100 und 26 – 21/103) ergibt sich folgendes Bild:

Waffe:	1. 12. 42	1. 6. 43	1. 8. 43	demnach:
Masch. Pi.	633	471	649	+16
l. MG. 34 u. 42	323	196	261	−62
l. MG. 08/15 bzw. 13	55	73	81	+26
s. MG.	95	64	74	−21
s. MG. f.	–	37	37	+37
l. GrW.	59	49	52	−7
m. GrW.	36	36	44	+8
l. IG.	17	15	18	+1
s. IG.	4	6	6	+2
3,7 Pak	50	37	38	−12
5 cm Pak	5	6	6	+1
7,5 Pak f.	5	8	8	+3
7,62 Pak r.	4	6	8	+4
s. Pak 40 Sfl.	–	2	–	
lFH	27	25	25	−2
sFH	6	6	9	+3
s. W. Gr. 40	–	20	20	+20
Nb. W. 35	2	2	2	=
22 cm Mrs. f.	–	5	4	+4

70) Vgl. hierzu: W. Haupt, Heeresgruppe Nord. a. a. O., S. 160 ff; H. Pohlman, Wolchow, a. a. O., S. 98 ff; Dr. Ipsen, Kampf um Leningrad, a. a. O., S. 27 f.
71) K. A. Merezkow a. a. O., S. 351.

72) Kriegstagebuch des Oberkommandos der Wehrmacht, a. a. O., 3. Bd. (1943), S. 1421.
73) Bei der 23. ID. handelte es sich nicht um die ursprüngliche Division 1. Welle, sondern um eine Neuaufstellung, die im Oktober 1942 in Dänemark aus dem Stamm des alten GR. 68 erfolgte. Die Masse der bisherigen 23. ID. wurde in die 26. PzDiv. umgegliedert.
74) Vgl. Geschichte der 121. ostpr. Infanterie-Division a. a. O., S. 140.
75) KTB. des AOK. 18 vom 22. 7. 1943, 16.10 Uhr (BA/MA, RH −18/597, S. 113).
76) Vgl. Gefechtsbericht der Aufkl. Abt. 21 über den Einsatz im Abschnitt der 23. I. D. nördl. Mustolowo, vom 30. 7. 1943 (BA/MA, RH 26−21/103, Anl. 980).
77) AR. 21, Art. Befehl Nr. 95 vom 23. 7. 1943, 20.00 Uhr (Original im Besitz des Verfassers).
78) KTB. des AOK. 18 vom 22. 7. 1943, 22.35 Uhr (BA/MA, RH 20−18/597, S. 122) dazu: AR 21, Art. Befehl Nr. 97 vom 25. 7. 1943, 24.00 Uhr (BA/MA, RH 26−21/102, Anl. 897) und Nr. 98 vom 28. 7. 1943, 15.00 Uhr (Original im Besitz des Verfassers).
79) Vgl. AR. 21, Art. Befehl für den Angriff zur Wiedernahme der „Gleisdreieck-Stellung" (GT 9c), vom 30. 7. 1943 und Art. Befehl für den Angriff zur Bereinigung der Einbruchstelle nördl. Mednaja. Deckname „Wasserkante", vom 3. 8. 1943 (Original im Besitz des Verfassers).
80) KTB. des AOK. 18 vom 2. 8. 1943 (BA/MA RH 20−18/598, S. 14 f und 16).
81) Gen. Kdo. LIV. AK., Korps-Befehl Nr. 10 vom 7. 8. 1943 (BA/MA, RH 26−21/103, Anl. 1008, vgl. auch ebenda Anl. 1006, 1007 und 1018).
82) KTB. des AOK. 18 vom 9. 8. 1943, 17.55 Uhr (BA/MA, RH 20−18/598, S. 56).
83) Heeresgruppe Nord, Zusammenfassender Bericht über die 1. Phase der 3. Ladogaschlacht, Ia 2520/43 gKdos (BA/MA, RH 26−21/103, Anl. 1072).
84) Vgl. hierzu BA/MA, RH 26−21/103, Anl. 1040, 1045, 1051a, 1059.
85) Vgl. den leider nicht ganz fehlerfreien Artikel vom F. Becker, Kampf um die Ssinjawino-Höhen. Dritte Abwehrschlacht südlich des Ladoga-Sees im Spätsommer 1943, in: Alte Kameraden 5/1963, S. 60. Der Artikel beruht auf den unveröffentlichten Erinnerungen von Claus von Kursell. Siehe auch: 21. ID., betr.: Verteidigung der Ssinjawino-Höhen, vom 28. 8. 1943 (BA/MA, RH 26−21/104, Anl. 2169).
86) 21. ID., Kommandeur, vom 17. 8. 1943 (BA/MA, RH 26−21/104, Anl. 2005).
87) Die Quellen für die Kämpfe vom 18.−24. 8. 1943 sind höchst bruchstückhaft. Zur Verfügung standen, außer den im Folgenden zitierten Dokumenten: Erfolgsliste der 21. Inf. Division vom 14. 8. 1943 (BA/MA, RH 26−21/105, Anl. 162); 21. ID., Ic vom 3. 10. 1943: Die vierte (sic!) Schlacht südlich des Ladogasees. Kampf der 21. Infanterie-Division um die Ssinjawino-Höhen vom 14. 8. 1943−20. 9. 1943; ferner: Protokoll der Funksprüche und Ferngespräche des GR. 3 (Anlage zum KTB) (Ablichtungen der beiden letzten Unterlagen im Besitz des Traditionsverbands).
88) KTB. des AOK. 18 vom 21. 8. 1943, 8.10 Uhr (BA/MA, RH 20−18/598, S. 132).
89) Die Gefechtsstärken des GR. 3 betrugen laut Fernsprechprotokoll (a. a. O.) am 19. 8. 1943

	18.00 Uhr	21.00 Uhr
1. Komp.	2 − 7 − 58	2 − 7 − 58
2. Komp.	1 − 4 − 16	1 − 0 − 15
3. Komp.	1 − 3 − 6	1 − 4 − 14
5. Komp.	1 − 0 − 13	1 − 0 − 4
6. Komp.	0 − 10 − 50	1 − 6 − 59
7. Komp.	1 − 7 − 21	2 − 2 − 18
9. Komp.	1 − 3 − 22	1 − 4 − 14
Pi. Zug	?	1 − 2 − 25
Reiterzug	0 − 2 − 5	0 − 1 − 10
Verfüg. Zug I. Btl. (Trägerkol.)	25	−
Inf. Btl. z. b. V. 561	3 − 20	−
	7 − 37 − 236	10 − 26 − 217

90) 21. ID., Div. Befehl vom 19. 8. 1943, Ia Nr. 1037/43 geh. (BA/MA, RH 26−21/104, Anl. 2056).

91) KTB. des AOK. 18 vom 21. 8. 1943 (BA/MA, RH 20−18/598, S. 132 f.)

92) Das Feld-Ers. Btl. 21 war kurz vorher, nämlich vom 10. −12. 8. von der Armee, neben anderen Verbänden, zu einem Unternehmen gegen Partisanen südostwärts Ssiwerskaja herangezogen worden. Es kam jedoch zu keiner Feindberührung (BA/MA, RH 26−21/103, Anl. 1060).

93) KTB. des AOK. 18 vom 23. 8. 1943 (BA/MA, RH 20−18/598, S. 148), siehe ferner: 290. ID., Div. Befehl Nr. 25 vom 23. 8. 1943 (BA/MA, RH 26−21/104, Anl. 2120) und Fernschreiben Gen. Kdo. XXVI. AK an 21. ID. vom 24. 8. 1943 (ebenda, Anl. 2124).

94) Kriegstagebuch des Oberkommandos der Wehrmacht vom 24. 8. 1943, a. a. O., 3. Bd. S. 997.

95) KTB. des AOK. 18 vom 31. 8. 1943 (BA/MA, RH 20−18/598, S. 2 (!)); ferner Zustandsbericht der 21. ID., Stand 1. 9. 1943 (BA/MA, RH 26−21/105, Anl. 2292).

96) KTB. des AOK. 18 vom 29. 8. 1943 (BA/MA, RH 20−18/598, S. 179).

97) Kom. General des XXVI. AK., Ia Nr. 2169/43 geh. vom 3. 9. 1943 (BA/MA, RH 26−21/104, Anl. 2234).

98) KTB. des AOK. 18 vom 30. 8. 1943, 10.30 Uhr (BA/MA RH 20−18/598, S. 181).

99) 290. ID., Div. Befehl Nr. 27 vom 5. 9. 1943 (BA/MA, RH 26−21/104, Anl. 2233).

100) AR. 21, Art. Befehl Nr. 100 vom 6. 9. 1943 (Original im Besitz des Verfassers).

101) Vgl. GR. 45, Gefechtsbericht (des I./GR. 45) vom 7. 9. 1943 (BA/MA, RH 26−21/105, Anl. 2291).

102) KTB. des AOK. 18 vom 11. 9. 1943, 14.00 Uhr (BA/MA, RH 20−18/599, S. 70).

103) Vgl. Erfolgsliste der 21. Infanterie-Division (BA/MA, RH 26−21/105, Anl. 162).

104) Vgl. Claus v. Kursell, Die dritte Schlacht südlich des Ladogasees. − Das 1956 zusammengestellte, im Besitz des Traditionsverbandes befindliche und von GM. Becker auszugsweise veröffentlichte Manuskript ist leider nicht ganz frei von Erinnerungsfehlern.

105) Das XXX. Garde-Schützenkorps, unter GM. N. P. Simonjak, früher Kdr. der 63. GdSD., bestand kriegsgliederungsmäßig aus der 45. GdSD. (früher 70. SD.), mit GSR. 129, 131, 134, der 63. GdSD. (früher 136. SD) mit GSR. 190, 192, 193, und der 64. GdSD. (früher 327. SD.), mit GSR. 191, 194, 196. − Ob und inwieweit die 64. GdSD. an den Angriffen auf die 21. Division ab 15. 9. beteiligt war, ließ sich auf Grund der vorhandenen Unterlagen nicht feststellen.

106) Vgl. 21. ID., Ic, Feindnachrichtenblatt Nr. 10 vom 19. 9. 1943 (BA/MA, RH 26−21/105, Anl. 165).

107) KTB. des AOK. 18 vom 14. 9. 1943 (BA/MA, RH 20−18/599, S. 79).

108) Persönliche Aufzeichnungen des Verfassers aus dem Sommer 1943.

109) Vgl. für das Folgende: C. v. Kursell, Erinnerungen a. a. O.; I./GR. 45: Gefechtsbericht über den russ. Angriff auf die Stellungen des II./24 u. I./45 am 15. 9. 43, vom 25. 9. 1943 (Kopie im Besitz des Traditionsverbandes); Schwill, Ssinjawino 1943. Die Kämpfe am 15. 9. 1943 südlich des Ladoga-Sees. In: Alte Kameraden 1/1962, S. 18; 21. ID., Ic: Die vierte (!) Schlacht südlich des Ladogasees a. a. O.

110) KTB. des AOK. 18 vom 15. 9. 1943, 9.30 Uhr (BA/MA, RH 20−18/599, S. 85).

111) Ebenda, S. 89.

112) Mitteilung von Brig. Gen. a. D. Herzberg, damals Chef der Stabskomp. GR. 45.

113) KTB. des AOK. 18 vom 15. 9. 1943, 23.30 Uhr (BA/MA RH 20−18/599, S. 95).

114) Zwischenorientierung des XXVI. AK. (ebenda, S. 98)

115) Ebenda, S. 99 ff und 104.

116) Ebenda, S. 105 f.

117) Zwischenorientierung des XXVI. AK. vom 17. 9. (ebenda, S. 108).

118) KTB. der 21. ID. vom 17. 9. 1943 (BA/MA, RH 26−21/96, Bl. 125 ff.)

119) Persönliche Notizen des Verfassers aus dem Sommer 1943, damals Führer AVKo der I./AR. 21 beim III./GR. 24.

120) KTB. des AOK. 18 vom 18. 9. 43, 17.20 Uhr (BA/MA RH 20−18/599, S. 117); Gen. Kdo. XXVI. AK, Korpstagesbefehl vom 18. 9. 1943 (BA/MA, RH 26−21/105, Anl. 146); KTB. der 21. ID vom 18. 9. (BA/MA RH 26−21/96, Bl. 135).

121) Zwischenorientierung des XXVI. AK. vom 18. 9. 1943 (BA/MA, RH 20−18/599, S. 116).

122) Vgl. AR. 21, Befehl für die Ablösung der 21. ID. durch die 28. Jg. Div. im Abschnitt Ssinjawino-Höhen vom 19. 9. 1943 (BA/MA, RH 26−21/105, Anl. 163); PzJg. Abt. 21, Abteilungsbefehl für die Ablösung der Panzerjäger-Waffen der 21. Inf. Division durch die 28. Jäger-Division im Abschnitt Ssinjawino vom 19. 9. 1943 (ebenda, Anl. 164); 21. ID., Divisionsbefehl vom 20. 9. 1943 (ebenda, Anl. 181). Die im Divisionsbefehl festgelegte Ablösung des AR. 21 (Ziff. I) fand zunächst nicht statt (vgl. Fernschreiben XXVI. AK. an 21. ID. vom 19. 9., 3.00 Uhr. Ebenda, Anl. 153).

123) Persönliche Aufzeichnungen des Verfassers vom Sommer 1943.

124) AR. 21, Befehl für den Angriff zur Verbesserung der Stellungen auf den Ssinjawino-Höhen (Unternehmen „Sumpfbiber") vom 22. 9. 1943, 13.00 Uhr; ferner: AR. 21, Ergänzungen zu o. a. Befehl vom 23. 9. 1943, 16.30 Uhr (Original im Besitz des Verfassers).

125) Persönliche Aufzeichnungen des Verfassers aus dem Sommer 1943. Demnach wurden bei diesem Angriff erbeutet: 2 sPak, 2 mPak, 10 sGrW, 17 lGrW, 33 sMG, 34 lMG, 7 Panzerbüchsen, 83 MPi, 20 Mehrladegewehre und 483 Gewehre.

126) Vgl. Gen. Kdo. XXVIII. AK, Korpsbefehl Nr. 45 für die Ablösung der 227. ID. durch 21. ID. vom 19. 9. 1943 (BA/MA, RH 26−21/105, Anl. 145), und: AR 21, Befehl für die Herauslösung des AR. 21 aus dem Abschnitt der 28. Jg. Division vom 28. 9. 1943, 14.00 Uhr (Original im Besitz des Verfassers).

Rückzug bei Schneesturm und 40° Kälte

Die Kirischi-Brücke

Stallungen im Wald von Wagra

Das Jahr am Wolchow 1942 – Kämpfe am Pogostje-Einbruch

Dorf Lipowik – bis 15. 3. 1942 Divisionsgefechtsstand, dann Brennpunkt erbitterter Kämpfe

Straße Beresowka, Lipowik – die „Lebensader" für die Westfront der Division

Die ersten Gefangenen bei Lipowik, Männer vom sowj. 2. Ski-Rgt.

Deutsche Panzer müssen sich meist an die Wege halten ...

Für die Sowjets ist auch das Dickicht befahrbar. Etwa April 1942

43-to schwerer KW I im Pogostje-Sumpfwald

Zur Panzerabwehr vorgezogene l.F.H. (8. AR 21)

Die „Straße" Dubowik, Lipowik – April 1942

Deutscher Panzer III zwischen den Stützpunkten

Auch leichte Pak hat es jetzt schwer ...

„Schußfeld" vor einem sMG-Stand am Ostrand des Pogostje-Einbruchs, Frühsommer 1942

Waffenreinigen und Munitionsgurten auf Stützpunkt IIa – 8. IR 45

Impfen – Dr. Pogorzelski (2. von re)

Schneidermeister Hans Hodissen bei der Arbeit (Stützpunkt IIa)

Ruhe vor dem Sturm: im Zeltlager vorm Einsatz im Brückenkopf

379

Drei von den fünf Eichenlaub-Träger der 21.ID

Oberst Herbert Schwender, zuletzt Kdr. GR 45

GM Heinrich Goetz (hier noch als Oberst), Div.Kdr. vom 23. 8. 1944 – mit Unterbrechung – bis 18. 3. 1945

Hptm. Hans Joachim Kappis, zuletzt Btl. Führ. GR 45

Brückenkopf Kirischi 1942

Die Brücke über den Wolchow

Sowjetische Phosphorbomben auf den Brückenkopf

Das war das „Jägerwäldchen"

Brückenkopf-Verteidiger

Hoher Besuch: Gen. Sponheimer, Obst. Chill, Kdt. Brückenkopf Kirischi, Oblt. Scheunemann

Blick von Pt. 27,7 auf die "chemische Fabrik"

Mitarbeiter von Stabsarzt Dr. Schneider im HVP innerhalb des Brückenkopfs

„Hauptkampflinie" im Brückenkopf

Pionierstoßtrupp
Pi 21 nach dem
Unternehmen
„Sektpulle" am
22. 8. 1942

Soldatenfriedhof an der Ostrampe der Brücke

Ruhige Zeiten beiderseits der Tigoda

"Panzerknacker" vom Pi. Btl. 21 fahren auf Sonderurlaub, Herbst 1942

Urlauberzug in Pleskau

Teile Pi. 21 beim Munitionstransport nach Tur

385

Feldbahn von Dedelowo nach Kurnikoff-Ostroff

„Stellung" im Abschnitt I.GR 3 am Tigoda-Brückenkopf: ein Schneewall mit vorgelegtem Baumverhau

Im „Handtuchwald" bei Selenzy, Abschnitt GR 24, Dezember 1942

Wechsel in der Führung der 21. ID am 12. Januar 1943

Glt. Sponheimer (Div. Kdr. seit Oktober 1939) übergibt den Befehl an ...

GM Matzky (hier als Glt. mit dem 1944 verliehenen Ritterkreuz)

IX. Der Zusammenbruch der Nordfront und Rückzug auf die „Pantherstellung"

1. Stellungskämpfe am Wolchow

Im Dezember 1943 gab die 18. Armee eine kleine Druckschrift unter dem Titel „Kampf um Leningrad" heraus, die die Operationen der Armee vom Juni 1941 bis zum Abschluß der 3. Ladoga-Schlacht sehr gedrängt behandelte und mit dem Satz schloß: „Die Armee aber steht hart und siegesgewiß vor Leningrad". Das war, zu diesem Zeitpunkt niedergeschrieben, reiner Zweckoptimismus, der jedoch seinen Zweck kaum mehr erfüllt haben dürfte, denn die Lage der Armee war alles andere als „hart und siegesgewiß", sie war vielmehr — allein was das beiderseitige Kräfteverhältnis betraf — bereits jetzt hoffnungslos.

Für den 14. 10. 1943 hatte die Abteilung Fremde Heere/Ost im OKH folgende Zahlen errechnet:[1]

	Divisionen	Soldaten	Panzer	Geschütze
HGr. Nord (16. u. 18. Armee)	44 ID	601.000	146	2.389
Sowjets (Leningrader-, Wolchow- u. 2. Balt. Front	94 ID 25 größere Pz. Verbände	959.000	650	3.680

General Merezkow schätzt zwar in seinen Kriegserinnerungen die 18. Armee allein für wesentlich stärker ein, als es die ganze Heeresgruppe Nord war (vielleicht um seine späteren Erfolge plastischer hervortreten zu lassen), räumt aber immerhin ein, daß die Leningrader- und Wolchow-Front der 18. Armee gegenüber „an Menschen um das Anderthalbfache, an Geschützen und Granatwerfer um das Doppelte, an Flugzeugen um das Vierfache und an Panzern um das 3,5fache überlegen" gewesen seien.[2] Die von Hitler propagierte und bis zur Truppe hinunter geglaubte „Ausblutungs"-Theorie hatte sich also als falsch erwiesen. Der Gegner war stärker als zuvor.

An der Front merkte man davon zunächst nicht allzu viel. Mag sein, daß der Feind nach Ende der 3. Ladoga-Schlacht sich vorerst bereit hielt, einem in dieser Lage ja fast voraussehbaren deutschen Rückzug sofort zu folgen. Die Anfang Oktober zur Kräfteeinsparung endlich erfolgte Räumung des Brückenkopfs Kirischi und des „Sektpfropfens" mag ihn in diesem Verdacht bestärkt haben. Als daran anschließend jedoch keine weiteren Bewegungen erfolgten, lockerte der Gegner seine Fronten sogar sehr stark auf, um in der Tiefe Reserven für einen entscheidenden Schlag zu horten. Zudem, je länger er im Norden zuwartete, um so günstiger entwickelte sich die Lage für ihn. Denn etwa zur gleichen Zeit, als die 18. Armee den „Sektpfropfen" räumte, gelang den Sowjets an der Naht von Heeresgruppe Nord zur Heeresgruppe Mitte, im Raum von Newel, ein bedeutender Einbruch, der in der Folge, wie ein Magnet, alle nur irgendwie verfügbaren Kräfte der 18. Armee anzog. Nicht nur die im „Sektpfropfen" frei gewordene 81. ID., sondern noch fünf weitere Infanteriedivisionen wurden von der Armee im Laufe des Oktober/November dorthin abgegeben.[3]) Außerdem wurde die 5. Geb. Div. nach Italien verlegt und die 250. (span.) Division, auf politischen Druck der Alliierten hin, in ihre Heimat zurückgeführt. An ihrer Stelle verblieb lediglich eine spanische Freiwilligen-Legion an der Front. Die 18. Armee blutete also langsam aus, ohne daß der Gegner vor ihr auch nur einen Finger zu rühren brauchte. Als daraufhin der Generalstabschef der Armee dem Chef des Generalstabes der Heeresgruppe Nord, GLt. Kinzel, am 16. November meldete, daß durch dieses Abziehen von Kräften für die Armee eine unhaltbare Lage entstehen müsse, antwortete General Kinzel, die Heeresgruppe sei sich dessen durchaus bewußt, stehe aber mit dem OKH. auf dem Standpunkt, daß das Halten der Front der 18. Armee nichts nütze, wenn der Kampf um Newel nicht gewonnen werde. Aus diesem Grund müsse die Armee rücksichtslos entblößt werden. Er, Kinzel, habe vor wenigen Tagen im Führerhauptquartier dem „Führer" selbst gemeldet, daß die Kräfte der Armee gegenüber einem stärkeren Angriff nicht mehr ausreichen. Der „Führer" habe darauf nichts erwidert.[4])

Auch die 21. Division hätte kaum eine Antwort erhalten, wenn sie gefragt hätte, wie sie mit ihren ausgeglühten Bataillonen den ihr nun zugewiesenen rund 37 km breiten Abschnitt am Wolchow verteidigen sollte, falls sie angegriffen würde (vgl. Skizze 47). Aber damit war offensichtlich zunächst tatsächlich nicht zu rechnen. Von der rechten Divisionsgrenze zur 13. LWF Div. im Raum der Eisenbahnbrücke bei Wolchowo bis über die Eisenbahnbrücke nördlich von Grusino hinaus lagen auf der Feindseite lediglich mehrere MG-Bataillone eines (150.?) Befestigungsbereichs, also eines Territorialverteidigungsverbands in etwa Divisionsstärke. Daran schloß nach Norden die 288. SD. an, die schon im Dezember 1942 in diesem Raum gelegen hatte, aber jetzt nicht mehr dem aus der Front gezogenen Stab der 4. Armee unterstand, sondern zur 54. Armee des Glt. S. W. Roginski gehörte.

Aber auch diesem schwachen Gegner gegenüber reichten die augenblicklichen Kräfte der Division nicht aus, um die Linie besetzen zu können. Rechts lag das GR. 45 (I. rechts, II. verstärkt durch die 2./AA. 21 links). Den Abschnitt beiderseits Grusino hielt das von der 227. ID. zunächst noch zurückgelassene GR. 412, und zwar südlich Grusino zuerst noch mit seinem I. Batl., später mit der AA. 21 und im Brückenkopf Grusino selbst mit dem Bewährungsbatl. z. b. V. 540 unter Mjr. Kretzschmar.

An der Beibehaltung dieses kleinen, aber sehr exponierten Brückenkopfes hielt, trotz aller Vorstellungen des der 21. Division nun vorgesetzten XXVIII. AK., das AOK. 18 unnachgiebig fest, weil unter anderem von den Trümmern des einstigen „Schlosses" aus die Straße nach Tschudowo einge-

Lage der 21. ID. am 22. 12. 1943

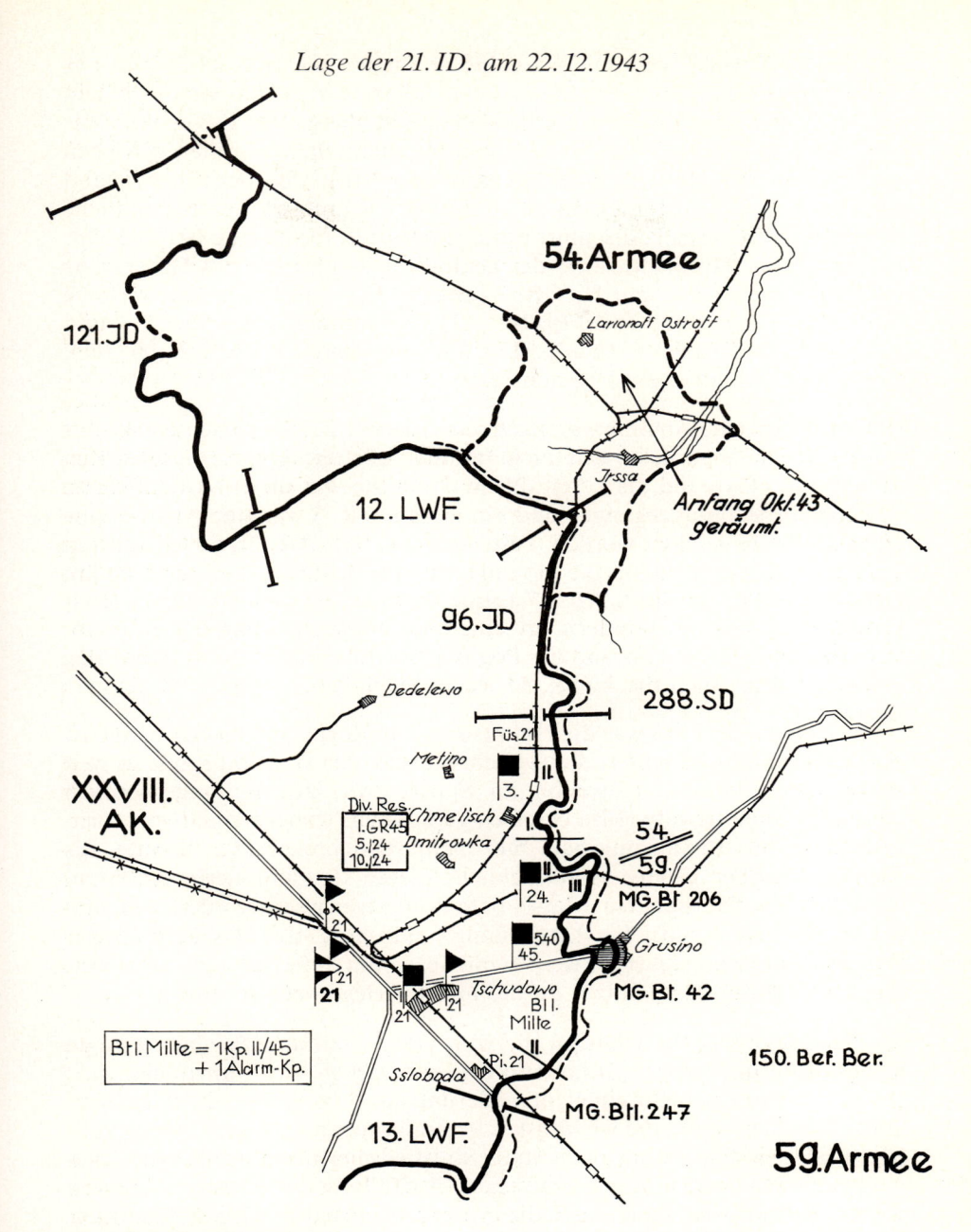

Unterlage: BA/MA, RH 24–28/73
BA/MA, RH 20–18/714 K

Skizze 47

sehen werden konnte,⁵) als ob dieser Nachteil nicht durch die Anbringung von Blenden, wie schon vor zwei Jahren, hätte ausgeschaltet werden können. Beiderseits der Eisenbahnbrücke nördlich von Grusino lag dann das GR. 24 mit II./GR. 412, III./GR. 24 und II./GR. 24 (von rechts nach links). Den linken Flügel mit Anschluß an die 96. ID. hielt schließlich das GR. 3. In seinem Abschnitt lag das ehemalige Dorf Wodossje mit einem sich 15 Meter über die Ebene erhebenden Kirchberg. Von dieser Anhöhe, in deren Inneres ein ganzes System von bombensicheren Stollen getrieben war, die auf der Höhe in einem gepanzerten Artilleriebeobachtungsstand mündeten, hatte man einen bis zu 10 km weiten Einblick in das feindliche Hinterland. In diesem Abschnitt waren eingesetzt: rechts eine Gruppe Mjr. Ritgen (später Hptm. Mothes, der gerade für Ssinjawino das Ritterkreuz erhalten hatte) mit I. und II./GR. 3 (ohne 6. Kp.), und links eine Gruppe unter Mjr. Muschner (Kdr. Pi. Blt. 21), zusammengesetzt aus: 1. und 2./Pi. Btl. 21, 7. LWJg. Rgt. 26 (13.LWF Div.) und 2./GR. 287 (96. ID.). Die 6./GR. 3 bildete die Divisionsreserve!

Die artilleristische Abwehr war, nachdem das AR. 227 Ende September mit letzten Teilen abgerückt war, nicht minder dürftig. Hinter dem rechten Flügel (GR. 45) stand die I./AR. 21, in der Mitte war die II./AR. 21 (ohne 5. Battr.) in Stellung gegangen und hinter dem GR. 3 war eine Art. Gruppe Hptm. Wendig gebildet worden, bestehend aus: III./AR. 21, 5./AR. 21 und 2./AR. 57. Letztere stellte die gesamte schwere Artillerie auf rund 40 km Frontbreite dar, da die I./AR. 57 (ohne 2. Battr.) sich gar nicht im Divisionsbereich befand, sondern an einem offenbar bedrohteren Frontabschnitt, nämlich am Westrand des Pogostje-Kessels im Abschnitt der 1. ID., eingesetzt war. Auch die 2./AR. 57 wurde später abgezogen.

Angesichts dieser Lage war die Hauptsorge von Korps und Armee zunächst vor allem darauf gerichtet, die Gefechtsstärken der Division rasch so weit aufzubessern, daß die Division im Stande war, den ihr zugewiesenen Abschnitt ohne fremde Hilfe besetzen zu können, wobei freilich von vornherein auf das Bewährungsbatl. 540 nicht verzichtet werden konnte. Bis Anfang Oktober gelang es tatsächlich, diesen Zustand herbeizuführen, nachdem der Division ein Marschbataillon zugewiesen worden war und die Armee „nach reiflicher Überlegung" entschied, daß das FEB. 21 der Division sofort eingegliedert werden müsse, wodurch freilich die so notwendige Ausbildung des Ersatzes an die Front verlegt werden mußte.[6])

Als nächstes hatte die Division die vom OKH. Anfang Oktober verfügte Kriegsgliederung einer „Infanterie-Division neuer Art" anzunehmen.[7]) Das war allerdings mehr eine Umgliederung auf dem Papier als in der Realität, denn hier waren die wichtigsten Veränderungen entweder bereits vollzogen oder sie fanden gar nicht statt. So ist es eher unwahrscheinlich, daß die für die Divisionen n. A. vorgesehene Auffüllung der Artilleriebatterien auf 4 Geschütze stattfand. Auch die im vergangenen Juli aufgestellten Radfahrkompanien der Grenadierregimenter (vgl. Anlage 46), die für „Divisionen n. A." nicht vorgesehen waren, waren durch den Aderlaß der 3. Ladoga-Schlacht schon längst „verbraucht". Dafür galten die seit November 1941 nicht mehr existierenden dritten Bataillone (III./3, I./24 und III./45) erst jetzt auch offiziell als aufgelöst. Auf der anderen Seite war die der Division bereits im August neu zugeteilte Fla-Kompanie inzwischen eingetroffen und als 4. Kompanie der PzJg. Abt. 21 angegliedert worden. Auch die Umrüstung der 3./PzJg. Abt. 21 auf Sturmgeschütze (10 Stück) war inzwischen abgeschlossen, und die Kompanie befand sich wieder an der

Front, jedoch nicht im Divisionsbereich, da die 18. Armee auf diesen kampfkräftigen Verband sofort die Hand gelegt hatte. Er wurde im Raum Rjabowo (an der Rollbahn zwischen Ljuban und Uschaki) bereitgestellt und durfte ohne Genehmigung der Armee nicht eingesetzt werden.[8] Die Vereinigung der bisher auf 1. und 2./PzJg. Abt. 21 aufgeteilten Paks mit mot. Zug in einer Kompanie, wie sie die neue Gliederungsform vorsah, dürfte auch schon im September stattgefunden haben. Es blieb daher nur noch übrig, die Kompanien der PzJg. Abteilung entsprechend der neuen Kriegsstärkenachweisung (KStN) umzunumerieren. Die 1. Kompanie umfaßte nun die Paks (mot. Z), die Sturmgeschützkompanie wurde 2. und die Fla-Kompanie 3./PzJg. Abt. 21. – Umbenannt wurde auch – wieder einmal – die Aufklärungsabteilung. Sie hatte nun gemäß der neuen KStN. „Füsilierbataillon 21" zu heißen, was wohl soviel bedeutete, daß die Zeit der „Vorausabteilungen" und der weitreichenden Aufklärung endgültig vorbei war, und die Füsiliere, wie leider bisher schon, eine Art Verfügungsbataillon der Division für den rein infanteristischen Einsatz darstellen sollten. Das „Entsetzen" der sich ja als Kavalleristen fühlenden „Aufklärer" über diese „Degradierung" ist begreiflich, und so beantragte die Division auf dem Dienstweg die Beibehaltung der Kavallerietradition, was soviel bedeutete, daß das Bataillon die Bezeichnung „Füsilierbataillon (A.A.) 21" führen durfte und sich statt in Kompanien in Schwadronen gliederte. Dem Antrag wurde stattgegeben.[9] Eine Vermehrung der Schwadronen auf vier, wie sie die neue KStN. vorsah, war hingegen nicht notwendig, da die Aufklärungsabteilung ja bereits seit Juli 1943 vier Schwadronen umfaßte.

Sehr lange blieb diese KStN. ohnehin nicht in Kraft, denn schon befaßte man sich im OKH. mit neuen Kürzungsvorschlägen, als deren Ergebnis im Mai 1944 dann die Grundgliederung der „Infanterie-Division 44" mit einer Gesamtstärke von 12.772 Mann verfügt werden sollte.[10]

Im Grunde waren das aber Reißbrettkonstruktionen, über die die rauhe Wirklichkeit ungerührt hinwegschreiten sollte. Schon jetzt war sie alles andere als erfreulich.

Hatte die Division ursprünglich vielleicht gehofft, durch Auffüllung ihrer Gefechtsstärken auch ihre Front mit der Zeit etwas dichter besetzen zu können, so trat das Gegenteil ein. Standen zum Beispiel am rechten Divisionsflügel, also bis zum Brückenkopf Grusino, auf etwas über 10 km am 24. 9. 950 Mann, am 17. 11 sogar 1095 Mann in der Front, so waren es am 22. 12. nur noch 755.[11] Die Gründe dafür lagen einmal in dem Befehl des Korps, unbedingt Eingreifreserven auszuscheiden und andererseits in dem Bemühen, die Truppe durch einen aufreibenden Grabendienst nicht zu übermüden. Im Grunde war man sich „oben" vollkommen im klaren, daß diese „Front", die tatsächlich nur noch eine Sicherungslinie war, im Fall eines feindlichen Angriffs einfach nicht mehr zu halten war. Nicht ohne einen gewissen Fatalismus meinte daher das Gen. Kdo. XXVIII. AK.: „Die Front *ist* bereits so dünn, daß es nicht mehr entscheidend ist, ob bei Nacht alle 100 Meter oder nur alle 150 Meter ein Doppelposten steht".[12] Was möglichst verhindert werden mußte, war allein der Fall, daß bei einer über kurz oder lang notwendigen Absetzbewegung der Gegner in dieselbe hineinstieß und damit ein Chaos auslöste. Die 18. Armee fürchtete, daß diese Möglichkeit bald eintreten könnte. Anfang Dezember glaubte sie, feindliche Angriffsgruppierungen sowohl im Leningrader Raum, beziehungsweise im Oranienbaumer Kessel, als auch vor Nowgorod feststellen zu können.[13]) Das war auch tatsächlich der Fall. Schon Anfang November hatte die Leningrader Front die 2. Stoßarmee unter dem früher schon mehrfach erwähnten Glt. I. I. Fedjuniski in den Oranienbaumer Kessel verlegt und der Oberbefehlshaber der Wolchow-Front, Armeegeneral Merezkow, konzentrierte vier Schützenkorps (6., 7., 14. und 112.) sowie eine Gruppe unter GM. T. A. Swiklin (58. SBrig., 225. und 327. SD.) vor Nowgorod.[14]) Die Absicht, aus diesen Schwerpunkten heraus einen groß angelegten Zangenangriff gegen die 18. Armee zu führen, lag auf der Hand, und lediglich das anhaltende milde Winterwetter hatte nach Ansicht der Armee den Gegner bisher abgehalten, den geplanten Schlag zu führen.

Was war dagegen schon zu unternehmen? Nicht viel! Die Armee baute mit Pionierkräften Auffangstellungen aus: einmal die schon vor längerer Zeit erkundete „Mga-Stellung" und dann die „Rollbahn-Stellung"; überschüssiges Material, aber auch Gepäcktrosse, wurden nach rückwärts abgeschoben; und schließlich zog die Armee – nach längeren Verhandlungen mit dem OKH. (!) die 1. ID. als Armeereserve aus der Front. Das hatte sogleich eine Fernwirkung bis zu der vier Divisionsabschnitte weiter rechts liegenden 21. ID., da die durch das Herauslösen der 1. Division am Westrand des Pogostje-Kessels entstandene Lücke nur durch eine Linksverschiebung beziehungsweise durch Kräfteabgaben aller Divisionen des XXVIII. AK. (mit Ausnahme der Luftwaffenfelddivisionen) geschlossen werden konnte. Im Zuge dieser Bewegung übernahm die 21. ID. in der Nacht vom 13./14. 12. mit dem Füs. Btl. 21 eine Bataillonsbreite der 96. ID. (vgl. Skizze 47).

Ungeachtet dieser neuerlichen Ausdehnung ihrer Front hatte die Division auch noch auf das Stichwort „Elch" das GR. 45 innerhalb 24 Stunden zur Verfügung des XXVIII. AK. bereitzustellen, und außerdem auf das Stichwort „Bärenfang" ein geschlossenes Bataillon, eine le. Artillerieabteilung und je einen schweren und mittleren Pak-Zug.[15]) Die Auflösung der Wolchow-Front war damit gewissermaßen programmiert.

Wer damals noch über den entsprechenden Galgenhumor verfügte, der mag an das kleine Gedicht von Wilhelm Busch gedacht haben: „Es sitzt ein Vogel auf dem Leim, / Er flattert sehr und kann nicht heim." Bekanntlich bemerkt das unglückliche Tier in dieser fatalen Situation noch einen Kater, der sich ihm langsam, aber mit unmißverständlicher Absicht nähert: „Der Vogel denkt, weil das so ist / Und weil mich doch der Kater frißt / So will ich keine Zeit verlieren / Und noch ein wenig quinquilieren". Genau das geschah zu dieser Zeit auch innerhalb der Division. Das AR. 21 veranstaltete eine prächtige Hubertusjagd und feierte am 4. Dezember mit zahlreichen Gästen die Hl. Barbara, während die Division, II a, wie in Friedenszeiten einen Geburtstagskalender des Offizierskorps der Division herausgab (vgl. Anlage 50). Diese Zusammenstellung war freilich nicht viel mehr als eine Art Momentaufnahme, denn die Zusammensetzung des Offizierskorps der Division änderte sich auch ohne größere Verluste durch Abkommandierungen und Neuzugänge fast täglich.

Am 24. Dezember, am Heiligen Abend, zelebrierte der katholische Wehrmachtspfarrer in einer großen Halle in Tschudowo vor Hunderten von Soldaten die weihnachtliche „Mitternachtsmesse". In der Silvesternacht stiegen entlang der Front hunderte von Signalpatronen in den Nachthimmel, zeichneten MG-Schützen mit ihrer Leuchtspurmunition glühende Fächer in die Dunkelheit; ein unbewußter Abschiedssalut für den Wolchow. Der Russe, jenseits des Stroms, blieb stumm. Er wußte wohl, daß die Antwort binnen kurzem erfolgen würde. Auch die 18. Armee ahnte es. Schon am Nachmittag dieses Tages hatte sie dem XXVIII. AK. befohlen, das Reservebataillon der 21. ID. (I./GR. 45) sofort als Armeereserve in den Raum Ljuban abzustellen.[16])

2. Abwehrschlacht vor Nowgorod und Leningrad

Der Befehl des AOK. 18 an das XXVIII. AK. vom 31. 12. 1943, demzufolge das I./GR. 45 in den Raum von Ljuban zu verlegen sei, ging – wie sich bald zeigen sollte – auf die zutreffende Erkenntnis zurück, daß im Pogostje-Kessel, und zwar bei Schala und im Korodynka-Tal, drei größere Feindverbände, darunter vermutlich eine Panzerbrigade, festgestellt worden seien. Zwei Tage später wurde jedoch bereits das gesamte GR. 45 am Wolchow durch das II./JgRgt. 25 (L) der 13. LWF-Div. abgelöst und der 121. ID. zugeführt. Das hatte nun freilich weniger mit dem sich abzeichnenden feindlichen Schwerpunkt zu tun. Vielmehr äußerte sich darin, wenn auch auf der untersten Ebene, die nachgerade groteske Formen annehmende Spannung zwischen den im OKW. vorherrschenden strategischen Wunschvorstellungen und den für das OKH. immer zwingender werdenden operativen Notwendigkeiten. Während man im OKW. im Hinblick auf die Kriegswirtschaft, den finnischen Verbündeten, wie überhaupt auf den Ostseeraum die Aufrechterhaltung der Blockade von Leningrad für unverzichtbar hielt,[17]) sah sich das OKH. infolge der permanenten Krise der gesamten Ostfront genötigt, immer wieder Kräfte von der 18. Armee abzuziehen. Anfang Januar 1944 war noch einmal ein kräftiger Aderlaß erfolgt, als nicht weniger als drei Divisionen, nämlich die 1., 254. und die 96. ID., also der linke Nachbar der 21. ID., nach dem Südabschnitt der Ostfront abtransportiert wurden. Sofort machte sich diese operative Maßnahme auch im taktischen Bereich fühlbar. An Stelle der 96. ID. trat die inzwischen zu einer Kampfgruppe zusammengeschmolzene SS-Pol. Div., zu deren artilleristischer Verstärkung die 21. ID. dadurch beitragen mußte, daß sie Teile ihrer Artillerie, darunter Teile der inzwischen zugeführten I./AR. 57, hinter die Kampfgruppe stellte. Aber nicht nur das. Die 96. ID. hatte auch Teile ihres GR. 287 bei der am gesamten Westrand des Pogostje-Kessels stehenden und nur durch die „Spanische Legion" verstärkten 121. ID. „verborgt". Diese Teile des GR. 287 wurden jetzt natürlich auch herausgezogen. In den dadurch verwaisten Abschnitt, genau an der Südspitze des Kessels und damit am äußersten rechten Flügel der 121. ID., rückte nun das Gr. 45 ein (vgl. Skizze 47), und zwar mit II./GR. 45 (Hptm. Hildebrandt) rechts und I./GR. 45 (Hptm. Schwill) links.

Obwohl die Front hier seit dem Frühjahr 1942 stabil geblieben war, war der Stellungsbau nicht gerade überragend. Im hohen Schnee mußte daher sofort eine Verbesserung in Angriff genommen werden. Ansonsten aber galt, was der Rgt. Adj. GR. 45, Hptm. von Kursell, in seinen Erinnerungen[18] notierte: „Es war eine Freude, mit der 121. ID. zu arbeiten. Man hatte nie den Eindruck, ein Fremder zu sein." Kein Wunder, immerhin war ja die 121. ID. eine „Tochterdivision" der 21. ID. Der Kommandeur der im Abschnitt des GR. 45 eingesetzten III./AR. 121, Major Tarin, war im Frieden Hauptwachtmeister bei der 5./AR. 21 und 1940 Chef der 2./AR. 57 gewesen.

Während der ersten Januarhälfte blieb es am Pogostje-Kessel wie auch vor dem Abschnitt der 21. ID. am Wolchow zunächst ziemlich ruhig. Etwa ab dem 7. Januar fühlte der Gegner dann mit stärkeren Stoßtrupps gegen die Front der 21. ID. vor, wohl um sich zu vergewissern, ob die Division noch in Stellung sei. Sie war es, vorderhand wenigstens noch, denn am 14. 1 eröffnete die sowjetische 2. Stoßarmee aus dem Oranienbaumer Kessel heraus die lang erwartete Offensive und am nächsten Tag schlossen sich die 42. Armee der Leningrader Front und die Armeen der Wolchow-Front dem Großangriff an[19]) (vgl. Skizze 48). Obwohl die 21. Division dabei nicht selbst angegriffen wurde, ist sie doch fast augenblicklich vom Sog dieser dritten und letzten großen Winterschlacht im Nordabschnitt der Ostfront erfaßt worden.

Bereits am Nachmittag des 15. 1 befahl die Armee, ein Grenadierregiment und eine le. Art. Abteilung der 21. Division sofort herauszuziehen, um diese Gruppe dem südlichen Brennpunkt der Schlacht, bei Nowgorod, zuzuführen.[20]) Es waren dies das GR. 3 (unter der stellvertretenden Führung von Mjr. von Oeynhausen) und die I./AR. 21, die am folgenden Tag bei Tschudowo versammelt wurden. Als Ersatz erhielt die Division für den infanteristischen (!) Einsatz das Straßenbau-Pi. Btl. 503 und das Pi. Btl. 13 (L) unterstellt. Aber bei diesen Abgaben blieb es nicht, denn nun brannte es bald an allen Ecken. Am 17. 1. wurde die 1./PzJg. Abt. 21 (ohne einen Zug) der 28. Jg. Div. bei Nowgorod zugeführt.[20a]) Allem Anschein nach wurde auch das Jagd-Kdo. 21 dorthin abgegeben.

Beim GR. 45 hatten Gefangenenaussagen ergeben, daß an der Südspitze des Pogostje-Kessels am 16. 1. die 285. SD. (verstärkt durch das PzRgt. 124) nach Süden angreifen sollte. Das war auch der Fall, zugleich aber griff rechts davon auch noch die 281. SD. nach Osten an und brach links vom I./GR. 45 auch durch. Der linke Flügel dieses Bataillons hing nun in der Luft. Die Lage der 121. ID. war dadurch derart bedrohlich geworden, daß das XXVIII. AK. weitere Abgaben der 21. Division anordnete. Ein Pak-Zug der 1./PzJg. Abt. 21, bisher bei der 13. LWF-Div. eingesetzt, wurde beschleunigt der 121. ID. zugeführt; darüberhinaus zwei Schwadronen (1. und 2.) des Füs. Btl. 21, um von der Nordfront des Einbruchs aus durch einen Gegenangriff auf Ljady die Verbindung zu zwei isoliert kämpfenden Batterien der III./AR. 121 wieder herzustellen. Das scheint gelungen zu sein, jedoch fielen die Batterien für eine geschlossene Feuerleitung weiterhin aus. Als Ersatz dafür wurden auf Befehl des Korps der Kampfgruppe Schwender am Nachmittag des 17. 1. beschleunigt die II./AR. 21 (Führer Hptm. Allmayer-Beck), ohne 5. Batterie, zugeführt und der III./AR. 121 unterstellt. Aber selbst auf kleinste Einheiten kam es der 18. Armee an, wie etwa

*Abwehrschlacht vor Leningrad
und Nowgorod, Januar 1944*

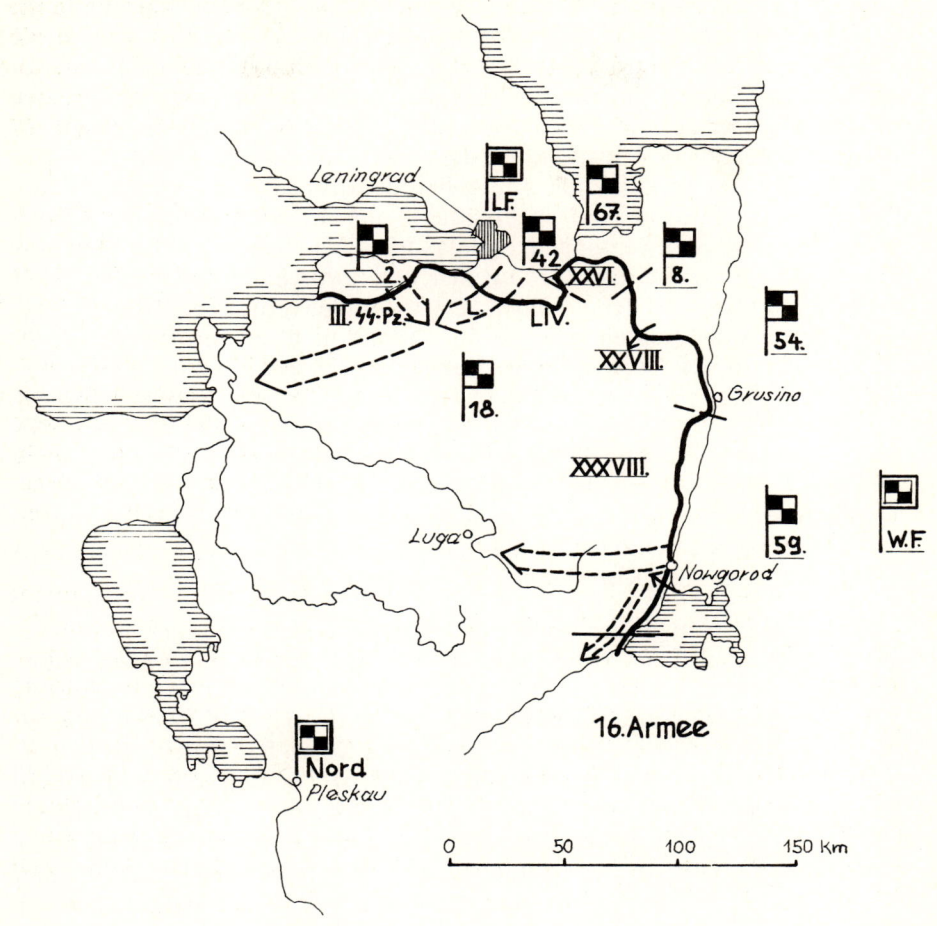

Ungefähre sowjetische Gliederung:

Leningrader-Front
(Glt. Goworow)
zugeteilt: 13. Luftarmee

(Glt. I. I. Fedjuniski)
2. XXXXIII., CXXII., CVIII. SK.

(GO. Masselenikow)
42 CIX., XXX. Gd., CXV. SK.

(Glt. Swiridow)
67. CXXIV. SK.

Wolchow-Front
(AGen. Merezkow)
zugeteilt: 14. Luftarmee

(Glt. F. N. Starikow)
8.

(Glt. S. W. Roginski)
54.

(Glt. I. T. Korownikow)
59. VI., XIV., CXII, VII. SK.
Gruppe GM. T. A. Swiklin

Skizze 48

auf die 40 Mann der Kampfeinheit des Feldersatz Btl. 21, die am gleichen Tag über Ljuban in den Kampfraum nördlich Didwino zum GR. 45 in Marsch gesetzt wurden.[20b]) Das Regiment hatte sie allerdings nötig. In schweren Kämpfen gelang es Oberst Schwender, seine Front zu halten, selbst als in der Nacht vom 18./19. 1. das SR. 1064 der 281. SD., nach Westen ausholend, den linken Flügel des I./GR. 45 umging und die Gefechtsstände der II./AR. 21, III./AR. 121 und des GR. 45 überfiel. Dem zögernden Vorgehen des Gegners, wie dem energischen Eingriffen der Ski-Kp. GR. 45 unter Lt. Knollmann, schließlich dem Einsatz von vier 2 cm-Flak auf Selbstfahrlafetten und nicht zuletzt der Kaltblütigkeit von Oberst Schwender war es zu verdanken, daß das feindliche Unternehmen scheiterte. Unter Zurücklassung von Gefangenen und zahlreichen Toten wurde der Gegner ins Moor zurückgetrieben. Dort draußen war freilich das weitere Durchsickern des Russen in Richtung Ljuban nicht zu verhindern, wenngleich auch für den Gegner das Vorbringen schwerer Waffen in dem knietiefen Schnee über einem zudem nicht sehr hart gefrorenen Boden schwierig war. Der Zugang nach Tschudskoj-Bor blieb dem Feind durch das inzwischen verstärkte Gr. 45 selbst dann versperrt, als die HKL am 22. 1. auch in diesem Abschnitt auf die „Rollbahnstellung" zurückgenommen wurde, wodurch die Kampfgruppe Schwender nunmehr der 12. LWF-Div. unterstand. Oberst Schwender erhielt für diesen Einsatz einige Monate später das Eichenlaub zum Ritterkreuz des Eisernen Kreuzes verliehen.[21])

Inzwischen hatte auch der dritte und eigentliche Schwerpunkt der Winterschlacht, nämlich jener vor Leningrad, von der 21. Division seinen Tribut gefordert. Schon am 16. 1. hatte die Armee dem XXVIII. AK. befohlen, das vorletzte noch verfügbare Bataillon der 21. ID. (II./GR. 24) zur Abgabe bereit zu stellen. Alle Gegenvorstellungen des Korps fruchteten nichts. Unklar blieb vorerst nur, wo das Bataillon „verheizt" werden sollte: im Raume Kipen, bei der 61. ID. oder beim XXXVIII. AK. vor Nowgorod? Schließlich fiel am 17. 1. abends die Entscheidung: beim L. Korps nördlich Krasnowardeisk.[22]) Dort in der Mühle zwischen den angreifenden Divisionen der sowjetischen 2. Stoßarmee und der 42. Armee ist das Bataillon in der Folge praktisch aufgerieben worden, nachdem sein Führer, Hptm. Glaubitt, gleich zu Beginn des Einsatzes gefallen war. Nicht viel anders erging es der 2. (StG.) PzJg. Abt. 21. Schon am 11. 1 hatte die Armee dem XXVIII. AK. die Verfügung über die Kompanie entzogen und sie allem Anschein nach bei Oranienbaum bereitgestellt. Bei Beginn der Kämpfe hat die Sturmgeschützkompanie nicht weniger als 54 Feindpanzer abgeschossen, aber sieben Totalausfälle erlitten, was ihrer Vernichtung gleichkam.[23])

Als am 19. 1 auch noch die 14./GR. 24 im Landmarsch zum XXXVIII. AK. bei Nowgorod abgezogen wurde, verfügte die 21. Division an eigenen Truppen nur noch über:

Rgt. Stab, 13. Kp. und III./GR. 24
Rgt. Stab, 5. Battr. und III./AR. 21
Stab und 3. Battr. I./AR. 57
Stab, 3. und 4. (schw) Schwadr./Füs. Btl. 21
Stab und 3. (Fla)/PzJg. Abt. 21 (ohne 1 Zug) und
Pi. Btl. 21.

Kein Wunder wenn am selben Tag das AOK. 18 bei einer Qualitätsbeurteilung der Divisionen des XXVIII., XXVI. und LIV. Korps die 21. ID. neben der 121. ID. in Gruppe 4 (nur noch „bedingt zur Abwehr geeignet") einordnete.[23a]

Zur „Auffüllung" waren diesem „Skelett" Teile des Pi. Btl. 13 (L) und die Bau-Pi. Btl. 95 und 503 unterstellt und aus allen diesen „Kräften" drei Abschnitte gebildet worden, die unter der Führung vom Mjr. Spreu (Kdr. PzJg. Abt. 21), Mjr. Kluckert (Kdr. Füs. Btl. 21) und Hptm. Krebs (Kdr. NA. 21) standen. Das Pi. Btl. 21, nunmehr unter Hptm. Witzel, hatte an Stelle des bereits am 10. 1. abgezogenen Inf. Btl. z. b. V. 540 die Verteidigung des Brückenkopfes Grusino übernommen, dessen Räumung immer wieder beantragt worden war, bis sie am Abend des 20. 1. endlich im Zusammenhang mit dem Zurückgehen auf die „Rollbahnstellung" genehmigt wurde.[24]

Ob der einfache Mann im Rahmen der „Rest-Division" damals ahnte, in welcher fast aussichtslosen Lage er sich hier am Wolchow befand? Wenn ja, dann war es noch ein Glück, daß er nichts von den geradezu grotesk anmutenden Auseinandersetzungen während dieser Tage zwischen dem Führerhauptquartier und der Heeresgruppe Nord über die Führung der Operationen erfuhr, vor allem nichts von den Äußerungen, die sein „Oberster Befehlshaber" gegenüber dem Feldmarschall von Küchler tat, als dieser am 22. 1. Hitler in seinem Hauptquartier aufsuchte, um von ihm die sofortige Zurücknahme der 18. Armee, etwa auf eine Stellung an der Luga, zu erreichen. Außer mehr oder minder leeren Versprechungen brachte der Marschall nur die Weisung zurück: „Der Führer will, daß kein Gelände freiwillig aufgegeben wird, sondern daß der Feind, möglichst auch durch Gegenstöße, aufgehalten wird; daß ihm vor allem hohe blutige Verluste beigebracht werden, da nur so die Hoffnung besteht, ihn verbluten zu lassen".[25] Der letzte Schütze wußte spätestens seit der 3. Ladoga-Schlacht, daß das leere Träume waren. Auch der OB. der 18. Armee, GO. Lindemann, wußte keine Antwort, als ihn Feldmarschall von Küchler am 24. 1. um Mitternacht, als der Gegner an den Flügeln der Armee bereits tief vorgestoßen war, dahingehend orientierte: „Der Führer hat sich gegen jede Zurücknahme schärfstens ausgesprochen ... 18. Armee muß kämpfen und halten. Bei anderen Heeresgruppen geht es so seit Monaten .. :" So spricht doch wohl nur ein „Feldherr", der mit seinem Latein zu Ende ist und das nicht eingestehen will. Auch GO. Lindemann mochte diesen Eindruck gehabt haben, als er das Gespräch mit Feldmarschall von Küchler mit der Feststellung beendete: „Ich wiederhole: Der Führer befiehlt, daß jetzige Stellungen bis zum Letzten gehalten werden".[26] Was sollte er auch schon anderes sagen? Seit Tagen war klar, daß der Gegner die operative Umfassung der 18. Armee sowohl durch einen Stoß von Nowgorod auf Luga, als auch durch einen auf Kingissepp und damit die Vernichtung der Armee anstrebte. Dem gegenüber hatte die 18. Armee schon am 20. 1 dem XXVIII. AK. befohlen, mit schwächsten Kräften die Rollbahnstellung zu halten, die Kampfgruppe SS.-Pol. Div. raschestens dem XXXVIII. AK zuzuführen und sich auch darauf vorzubereiten, die Reste der 21. ID. ebenfalls zur Verfügung des XXXVIII. AK. herauszuziehen.[27]

Dort, beim XXXVIII. AK., standen inzwischen das GR. 3, die 1./PzJg. Abt. 21 und auch die 1./AR. 21 in schweren Kämpfen, über die in der deutschen Literatur so gut wie nichts zu finden ist, während man ihnen auf sowjetischer Seite sehr wohl Beachtung schenkte, glaubte man doch dort sogar, auf die Anwesenheit der gesamten 21. Division schließen zu müssen.[28]) Tatsächlich sind die Unterlagen über diese Kampfhandlungen der Gruppe GR. 3 dürftig, gewähren aber doch ein grobes Bild.[29])

Demnach wurde das Regiment im Laufe des 17. 1. in zwei Transporten verladen und mit der Bahn über Luga in den Raum westlich Nowgorod gebracht. Das zuerst eintreffende II./GR. 3 (Hptm. Wolff) wurde bei Haltepunkt Naschtschi, etwa 10 Kilometer westlich Nowgorod, ausgeladen und sofort einer Kampfgruppe Mjr. Prinz Salm (Kdr. Reiterregiment Nord) zugeteilt, die die Aufgabe hatte, einen 10 Kilometer weiter nordostwärts bei Wjashishtsche vorgehenden Gegner anzugreifen und zurückzuwerfen. Der Angriff dürfte jedoch nicht gelungen sein, denn am 19. 1. stand das Bataillon dann bei Ssyrkowo, etwa fünf Kilometer nördlich Nowgorod und dürfte an diesem oder am nächsten Tag, sehr abgekämpft und zunächst nicht einsatzfähig, zu seinem Regiment gestoßen sein, bzw. sich zu ihm zurück durchgeschlagen haben.

Dieses, also Rgt. Stab, 14., 15. Kp. und I. Btl. (Hptm. Lemke) war am 18. 1 ebenfalls bei Haltepunkt Naschtschi ausgeladen und zunächst als Korpsreserve bereitgestellt worden. Bereits am Nachmittag wurde dieser Teil des Regiments, dem zur Unterstützung der Panzerzug Nr. 63 zugewiesen worden war, vom Gegner — allerdings vergeblich — angegriffen. Die große Feuerkraft des Panzerzugs gab den Angriffen in der Front keine Chance, weshalb der Feind versuchte, die Kampfgruppe im Norden zu umgehen. Auf Befehl des XXXVIII. Korps wich diese aber in der Nacht — immer wieder angegriffen — auf eine wahrscheinlich am Oberlauf der Werenda verlaufende Linie mit dem Auftrag aus, zwischen der Eisenbahnlinie und dem nördlich davon liegenden Sumpfgebiet zu sichern. Hierzu wurde der „Kampfgruppe von Oeynhausen", wie sie nun offiziell hieß, noch die 8. Schw./Reiterregiment Nord unterstellt.

Der Gegner hatte aber seine Angriffe zunächst eingestellt. Dafür tauchte von Süden her eine längere Kolonne auf, die beim Näherkommen als Teile der 1. LWF-Div. erkannt wurde. Diese Division, ursprünglich bei Nowgorod und am Nordwestufer des Ilmen-Sees eingesetzt, war über das Eis hinweg von der Gruppe GM. Swiklin (58. SBrig., 225. und 327. SD.) angegriffen und — da ohne irgendwelche Kampferfahrung — relativ leicht geworfen worden. „Im übrigen", so von Oeynhausen, „waren die Männer in Ordnung, die Ausrüstung und Bewaffnung hervorragend. Ich hatte alle greifbaren Offiziere und Unteroffiziere meines Regiments sich in breiter Front aufstellen lassen, um die auf der Flucht befindlichen Luftwaffensoldaten aufzuhalten. Es gelang schließlich, manchmal nur unter Bedrohung mit der Schußwaffe ... Ich ordnete die durcheinandergeratenen Einheiten der 1. LWF-Div. und bildete daraus zwei Bataillone, die ich mir unterstellte ... Vor allem kam uns die hervorragende Bewaffnung der 1. LFD. mit Vierlingsflak, 8,8 Flak usw. sehr zu statten. Hätten wir auch nur eine solche Ausstattung".[30])

Einmal mehr kam der Irrsinn an dieser organisatorischen Fehlplanung zum Vorschein. Aber darüber zu philosophieren, war jetzt zu spät. Vielmehr mußte man sehen, wie man mit der am Südflügel des XXXVIII. AK. durch den Rückzug der 1. LWF-Div. geschaffenen Lage fertig werden konnte. Der Versuch, an der Werenda einen Riegel aufzubauen, dessen linkes Ende das GR. 3 hätte bilden können, scheiterte. Vielmehr tauchten am Nachmittag des 24. 1., 20 Kilometer weiter westlich, am Ostufer der Luga gegenüber Tereboni Feindpanzer auf. Der Zufall wollte es, daß zu diesem Zeitpunkt der vom Urlaub zurückkehrende Kommandeur des GR. 3, Obstlt. Hilgendorff, sich am Korpsgefechtsstand befand. Er wurde unverzüglich mit der Bildung einer „Kampfgruppe Hilgendorff" betraut, die aus den Resten des II. und III. Btl. GR. 102 (24. ID.), einer Komp. Pilz, der 6./Werfer-Rgt. 3 und den Jagdkdos. 21 und 212, sowie der 14./GR. 408 (121. ID.) bestehen und mit der beschleunigt eine neue Abwehrfront beiderseits Tereboni zur Sicherung der Lugaübergänge eingerichtet werden sollte.[30a)]

Das Schicksal dieser Kampfgruppe ist hier nicht weiter zu verfolgen, wohl aber das des GR. 3. Nach einem neuerlichen Absetzen auf eine etwa ein Kilometer zurückliegende Auffangstellung wurden der Kampfgruppe von Oeynhausen noch zwei Bataillone, angeblich der 215. ID., sowie eine weitere Schwadron des Reiterregiments Nord zugeführt und unterstellt. Schließlich stießen noch zwei Bataillone der lettischen SS-Freiwilligen Brigade, wahrscheinlich die Reste der Gruppe Weiss, die vor einigen Tagen den Angriff des II./GR. 3 auf Wjashischtsche hätte unterstützen sollen, zur Kampfgruppe von Oeynhausen. An dieser nun schon ziemlich ausgedehnten Front scheiterten auch alle russischen Durchbruchsversuche entlang der Eisenbahn wie der Rollbahn in Richtung Luga. Am 27. 1. vermerkte das Kriegstagebuch des XXXVIII. AK. dem entsprechend: „Das GR. 3. zeigt auch heute wieder, wie in den Abwehrkämpfen der letzten Tage, besondere Härte und Haltung".[30b)] Das war freilich von größter Bedeutung, denn der feindliche Schwerpunkt dürfte tatsächlich entlang der Bahn und der Straße von Nowgorod nach Luga gelegen haben. Mit der Einnahme dieses letztgenannten Verkehrsknotenpunkts wäre dem Ende Januar noch immer in der Rollbahnstellung um Ljuban – Tschudowo stehenden XXVIII. AK. und damit der 21. ID. der Rückzugsweg verlegt gewesen. Die Ausdauer des GR. 3 kam damit der eigenen, rund 70 Kilometer entfernten Division zugute.

Inzwischen hatte sich die Lage am Nordflügel der 18. Armee im Raum Leningrad, nichtzuletzt durch Hitlers starrsinnige Weigerung, die Truppe auf die Rollbahnstellung zurückzunehmen, geradezu katastrophal entwickelt. Während die stark angeschlagenen Divisionen des XXVI. und L. AK. sich nach Westen auf Luga zurückkämpften, versuchte eine Gruppe unter Befehl von GdI. Sponheimer, dem alten Kommandeur der 21. ID., (LIV. AK. und III. SS-Pz. Korps), den Durchbruch des Gegners auf Kingissepp zu verhindern.[31)]

Aus dem Führerhauptquartier waren in diesen Tagen zur Lage nur „statements" zu erhalten, wie: „Der Führer hat keine Truppen mehr für die Heeresgruppe Nord und sagt: Die Heeresgruppe wäre keine Krisen gewöhnt...[32)]" Das einzige, was sich Hitler noch einfallen ließ, war ein

Wechsel in der Führung der Heeresgruppe Nord. GFM. von Küchler wurde am 31. 1 durch Generaloberst Model ersetzt, der auch sogleich befahl: keiner dürfe einen Schritt weiter ohne seine Genehmigung zurückgehen.[33]) Aber zu diesem Zeitpunkt waren die Dinge auch bei dem bisher nicht angegriffenen XXVIII. AK. bereits im Fluß.

3. Der Rückzug auf die „Pantherstellung"

Einsatz Oredesh

In der Nacht vom 27./28. 1. löste sich das XXVIII. AK. vom Feind und ging auf die Bahnlinie Tschudowo, Ljuban zurück (vgl. Skizze 49). Damit stand die 21. Division nach 29 Monaten, fast auf den Tag genau, wieder in derselben Stellung, die sie im August 1941 angreifend erreicht hatte. Was war von dem, was dazwischen lag – Grusino, Wolchowstroj, Pogostje, Kirischi und schließlich Ssinjawino – übrig geblieben? Nichts, außer einem kleinen Stamm an alten, kampferfahrenen Offizieren, Unteroffizieren und Mannschaften, die immer noch im Stande waren, den neuen, kaum ausgebildeten Ersatz zu integrieren, und die auch ihr Selbstbewußtsein nicht verloren hatten. Die Division war bei weitem nicht mehr so kampfstark wie in den Augusttagen 1941, aber in ihrem inneren Gefüge nach wie vor intakt. Das sollte sich in den kommenden Wochen sehr bewähren.

Über einen etwa 20 Kilometer langen Sumpfweg, den Baupioniere und eine Hiwi-Kolonne unter Lt. Bricke vom Divisionsnachschubführer instand gesetzt hatten, flossen zunächst die Trosse der Division ab, um bei Wdizko auf die Rückzugsstraße des Korps zu gelangen, wo sie sich in die endlose Kolonne der übrigen Trosse und rückwärtigen Dienste des Korps einfädelten, die in einem vorerst sehr zähflüssigen Marschtempo dem Raum westlich Luga zustrebten. Inzwischen traf das Pi. Btl. 21 Vorbereitungen, um hinter den letzten Nachhuten den Rückzugsweg für den Gegner zu verminen.[34])

Wie mühsam der Weg zurück war, mußte nicht zuletzt der Führungsstab der Division erfahren, der sich ab 28. 1. auf Befehl des Korps unterwegs nach Sapolje, 20 Kilometer nordostwärts Oredesh, befand und für diese rund 80 Kilometer lange Strecke, obzwar in leichten, geländegängigen Fahrzeugen, 24 Stunden benötigte. Dort, in Sapolje, erhielt der Divisionskommandeur den Befehl, die Südflanke des Korps von Oredesh bis zum Tessowskoje-Sumpf, also auf rund 35 Kilometer Breite, zu decken. Hierzu waren ihm die bereits zurückgeführte Kampfgruppe Bock (SS. Pol. Div.), die eigenen Trosse, ein in Zuführung begriffenes Bataillon der 227. ID. (I./GR. 412), sowie die aus dem Raum Pomeranje im Anmarsch begriffene Kampfgruppe Schwender (GR. 45 und II./AR. 21) unterstellt.[35]) Vorübergehend sollte der Stab der 21. ID. auch den Flankenschutz nach Norden organisieren, den später dann die von Ljuban zurückgehende 121. ID. zu übernehmen hatte.

In der 20 bis 30 Kilometer breiten Lücke zwischen der Gruppe Bock und dem linken Flügel des XXXVIII. AK., der etwa 20 Kilometer ostwärts Batezkaja angenommen wurde, standen südostwärts von Oredesh verschiede-

*Lageentwicklung bei der 21. ID
vom 16.–28.1.1944*

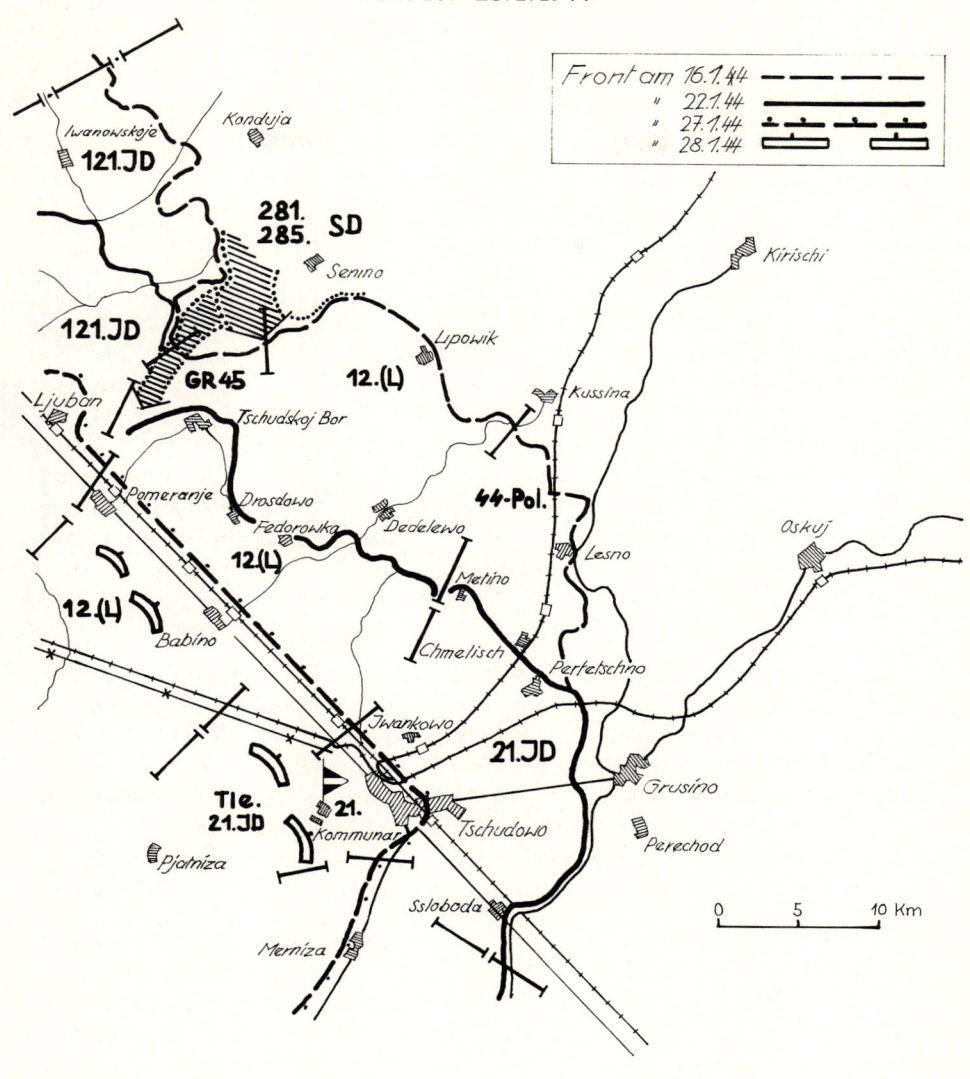

Unterlage: BA/MA, RH 24–28/86, K1

Skizze 49

ne vorgeschobene Jagdkommandos des XXVIII. Korps als Sicherung (vgl. Skizze 50). In diese Lücke sollte so bald wie möglich die Gruppe Schwender eingeschoben werden, um durch Angriff von Oredesh nach Südosten etwa den Raum Ssawiny Pollany zu erreichen[36]) und damit die Verbindung zum XXXVIII. AK. wieder herzustellen.

*Ungefähre Lage des XXVIII. AK
am 1.2.1944*

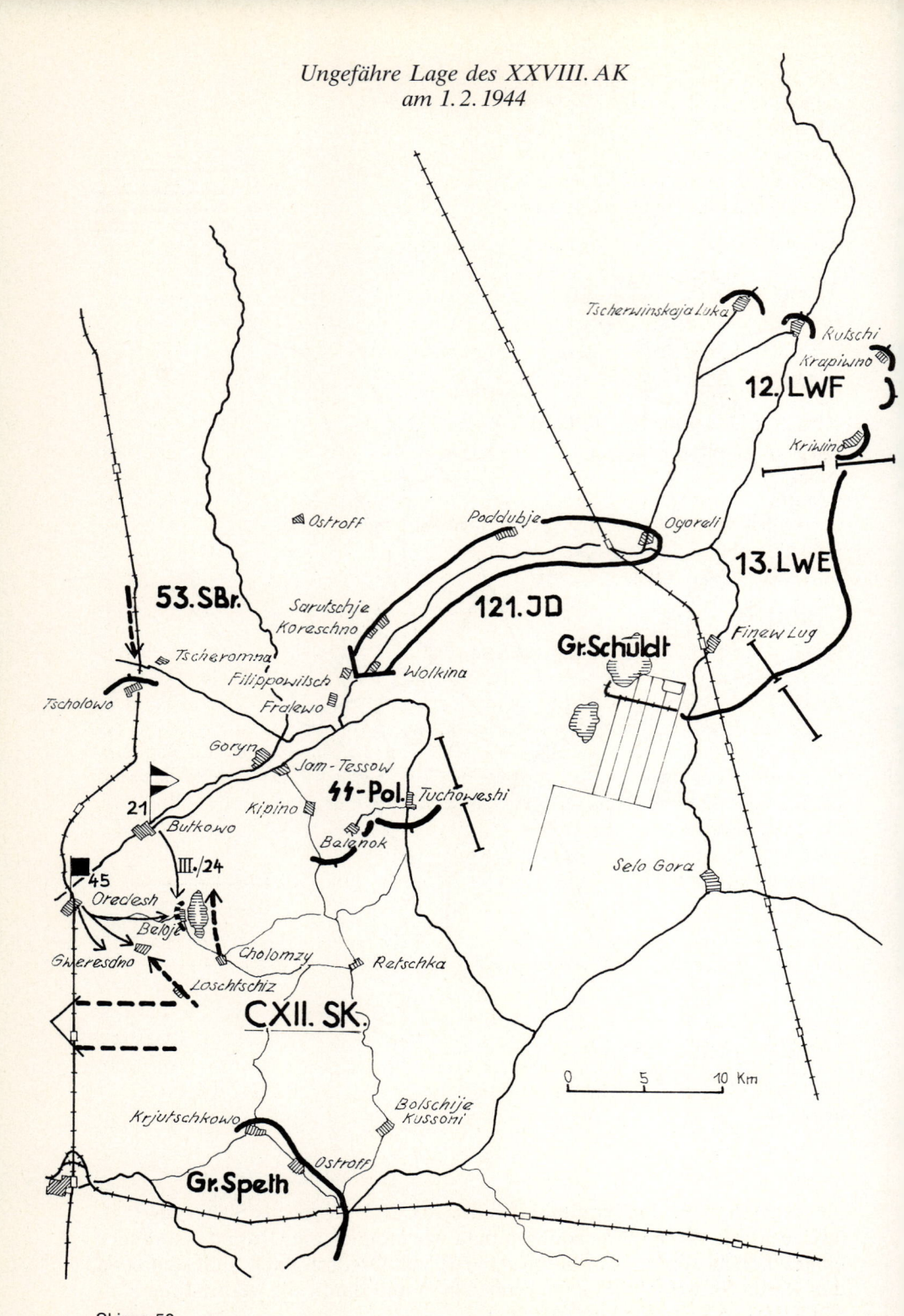

Skizze 50

Bis dieses, durch die vorangegangenen Kämpfe sehr ermüdete, aber ansonsten durchaus kampffähige Regiment mit der Artillerie heran war, mußte allerdings noch einige Zeit vergehen. Die Straße war noch immer hoffnungslos verstopft. Nicht zuletzt trug dazu die vor und in der Kampfgruppe mehr oder minder führerlos marschierende spanische Legion bei, bei der Marschdisziplin nicht gerade zu ihren stärksten Seiten zählte.[37])

Auf das Eintreffen der Gruppe GR. 45 warteten jedoch nicht nur das Korps und die Armee, sondern vor allem auch die Divisionsführung, die am Abend des 30. 1. in Nadbelje, ostwärts Oredesh, ihren Gefechtsstand errichtet hatte und hier mit Tatarennachrichten überhäuft wurde: Die Luftaufklärung wollte auf der von Norden auf Oredesh zulaufenden Bahnlinie 10.000 Russen in Sechserreihen auf dem Marsch nach Süden gesichtet haben (in Wirklichkeit war es sehr wahrscheinlich die zurückgehende deutsche 212. ID.). Der in Oredesh liegende Kommandeur der südostwärts der Stadt sichernden Jagdkommandos meldete, daß sich diese vor 4000 Russen zurückzögen. Um Oredesh schien sich eine Zange zu schließen. Dieses Bild gewann noch an Wahrscheinlichkeit, als in der Nacht vom 30./31. 1. die in der Nähe operierende 11. Partisanenbrigade Oredesh von Nordwesten her angriff. Auch die westlich der Stadt in Wassilkowitschi befindliche Ib-Staffel der Division wurde überfallen. Dabei fiel neben anderen der langjährige Divisionsarzt, Dr. Mohr. Der Angriff auf die Stadt selbst, insbesondere auf den Bahnhof, endete jedoch für die Partisanen ziemlich verlustreich, soweit man zumindest aus dem mit gefallenen Partisanen übersäten Bahnhofsgelände daraus einen Schluß ziehen darf.[38]) Nichtsdestoweniger versetzte der Überfall die zahlreichen noch in dem Ort befindlichen und an derartige Vorkommnisse nicht gewöhnten Etappeneinrichtungen in beträchtliche Aufregung. Weniger war dies bei der am folgenden Tag einrückenden Kampfgruppe Schwender der Fall. Auch nicht bei den nach und nach folgenden Restteilen der Division, von denen neben der II. auch die III./AR. 21 im Raume Oredesh in Stellung ging, während das Füs. Btl. 21, von dem ja vorerst noch zwei Schwadronen bei der 121. ID. den Rückzug mitmachten, beim Divisionsgefechtsstand als Divisionsreserve versammelt wurde.

Oberst Schwender, dem alle in Oredesh befindlichen Truppen und Einrichtungen unterstellt wurden, vermochte bald Ordnung und damit Beruhigung in dem aufgeregten Ort herzustellen. Aus rückkehrenden Urlaubern, egal welcher Truppenzugehörigkeit, wurde eine Urlauberkompanie gebildet und Oredesh nach allen Seiten gesichert. Die Partisanen hatten aber fürs erste anscheinend genug. Mehr Besorgnis erregten hingegen bei der Division die Meldungen über den im Anmarsch befindlichen regulären Gegner.

Zwar war es nicht ganz so schlimm, wie es zunächst schien und die Division auch später noch wahrhaben wollte, nämlich daß aus Norden wie aus Südosten je ein sowjetisches Schützenkorps mit jeweils vier Schützendivisionen im Vorgehen auf Oredesh sei. Von dem im Norden befindlichen CXV. SK. ging nur die 53. SBrig. eher zögernd und wohl nur als Flankendeckung dieses vor allem nach Westen vorstoßenden Schützenkorps auf Oredesh vor. Ihre Aufklärung konnte südlich Tscholowo von dem durch eine Pak verstärkten Bau-Pi. Btl. 503 ohne besondere Schwierigkeiten aufgehalten werden.

Ernster war hingegen die Lage im Süden. Hier waren zumindest Teile des CXII. SK. (2. und 377. SD.) tatsächlich im Vorgehen nach Norden, wenngleich auch hier der Schwerpunkt dieses Korps in Richtung Westen lag. Ausnahmsweise dürfte das vergleichsweise milde Winterwetter, die hohe Schneelage und das südlich Oredesh befindliche Sumpfgelände sich diesmal als Verbündete der Division ausgewirkt haben, indem die vorgehenden Feindverbände auf Panzer- wie Artillerieunterstützung verzichten mußten. Immerhin stand der Südgegner am Morgen des 1. 2. stellenweise fünf Kilometer vor Oredesh, ein Umstand, der zur Eile mahnte. Von den ursprünglich vom Korps weit gesteckten Angriffszielen für das inzwischen noch durch das I./GR. 31 der 24. ID. verstärkte GR. 45 konnte angesichts dieser Entwicklung keine Rede mehr sein. Es ging jetzt lediglich darum, zwischen der Bahnlinie von Oredesh nach Süden und dem Beloje-See westsüdwestlich Oredesh eine Abwehrfront aufzubauen, um das Abfließen der noch ostwärts stehenden Verbände (121. ID., 12. und 13. LWF-Div. und 2. lett. SS-Freiw.-Brig.) zu gewährleisten (vgl. Skizze 50).

Am späten Vormittag des 1. 2. war das GR. 45 endlich mit dem II. Btl. nach Südosten angetreten. In Welikoje-Selo war die Urlauberkompanie eingesetzt. Ein „Panzerzug", bestehend aus einem Schienen-LKW, der einen Waggon mit einer 3,7 cm Pak und einen Pionier-Stoßtrupp unter Oblt. Schrade schob, fühlte auf der Bahn nach Süden vor, bis er auf Sprengstellen stieß. Das II./GR. 45 besetzte zunächst Chlupino und später, nun in ständiger Feindberührung, auch Gweresdno. Das nachgeführte I./GR. 45 und ein inzwischen zugeführtes Bataillon des JgRgt. 24 (L) der 12. LWF-Div. stieß dann von Westen her auf Beloje vor. Hier gab es aber dann stärkeren Feindwiderstand. Der Gegner hatte sich, entlang des Westufers des Beloje-Sees vorgehend, bereits in den Besitz des Dorfes gesetzt. Das mußte auch das III./GR. 24 erfahren, das von der Division von Norden her auf Beloje angesetzt worden war. Dieser Angriff — mühevoll durch den hohen Schnee vorgetragen — gestaltete sich, insbesondere nach Eindringen in das Dorf, ungemein verlustreich. So gut wie alle Offiziere des III./GR. 24 einschließlich des Kommandeurs fielen durch Tod oder Verwundung aus, sodaß die Kompanien zunächst von Unteroffizieren geführt werden mußten.[39]) Der Kommandeur, Mjr. Babel, behielt jedoch trotz schwerer Verwundung die Führung seines Bataillons, bis er durch Hptm. Schulz abgelöst wurde. Das Dorf wurde auch gehalten, als der Gegner am folgenden Morgen es zu nehmen versuchte. Auch scheiterten alle seine Bemühungen, ostwärts des Beloje-Sees nach Norden vorzustoßen. Allerdings mußte die Absicht der Division, am 2. 2. nach Zuführung der Gruppe des SS-Oberführers Schuldt (Jg. Rgt. 49 der 28. Jg. Div. und 2. lettische SS-Freiwilligen-Brigade) den Angriff aus dem Raum Stal in Richtung Chrepetk fortzusetzen und damit eine Lücke zur Kampfgruppe Bock zu schließen, auf Anordnung des Korps fallen gelassen werden, da die eigenen Kräfte dafür zu schwach erschienen und der Gegner in diesem Abschnitt offensichtlich vorerst keinen größeren Druck auszuüben vermochte, oder dies auch nicht wollte. Viel gefährlicher schien hingegen die Tatsache, daß der Feind etwa 10 Kilometer südlich Oredesh ungehindert über die Bahnlinie nach Westen vorstieß und damit die Rückzugsstraße des Korps zwischen Oredesh und Luga neuerlich bedrohte. Lebhafter Ost-West-Verkehr über die Bahnlinie hinweg südlich Welikoje-Selo war von der Division (wohl vom „Panzerzug" Schrade) schon am

Nachmittag des 1. 2. beobachtet worden.[40])

Die Division beabsichtigte daher, das Bau-Pi. Btl. 95 westlich Oredesh einzusetzen, um die durchsickernden Feindkräfte von der Rückzugsstraße des Korps abzuhalten.[41]) Das XXVIII. AK gab sich damit jedoch nicht zufrieden, da es darüberhinaus befürchtete, das CXII. SK. könnte einen Keil zwischen das XXVIII. und XXXVIII. AK. treiben und dabei auch die linke Flanke des XXXVIII. AK umfassen. Das XXVIII. AK. befahl daher am Morgen des 2. 2. der 21. Division, unbedingt durch Angriff die Verbindung mit dem XXXVIII. AK. herzustellen. Zu diesem Zweck sollte die Gruppe Schuldt von Oredesh aus rittlings der Bahn nach Süden bis zur Linie Hp. Saklinje — Weljaschewa Gora vorstoßen.[42]) Das XXXVIII. AK. zog seinerseits das GR. 3 aus seiner Stellung in einem Luga-Brückenkopf an der Bahnlinie Nowgorod, Luga heraus, um es am nördlichen Korpsflügel bei Batezkaja einzusetzen.[42a])

Diese Maßnahmen trugen Früchte. Am 3. 2. gelang es der durch das Füs. Btl. 21 und das II./GR. 102 (24. ID.) verstärkten Gruppe Schuldt tatsächlich südwestlich Oredesh eine Front nach Osten aufzubauen und damit die Verbindung zum XXXVIII. AK. herzustellen, während das GR. 3 alle Versuche des Gegners, auf Batezkaja vorzudringen, erfolgreich abwehrte. Das Kriegstagebuch des XXXVIII. AK. vermerkt darüber am 5. 2.: „Auf Grund ihrer hervorragenden Haltung werden die Kampfgruppe Speth unter Namensnennung ihres Kommandeurs, GenLt. Speth (Kdr. 28. Jg. Div.), und in ihrem Rahmen das GR. 3 unter seinem Kommandeur, Oberstlt. Hilgendorff, das sich gerade wieder besonders bewährt hat, in der Tagesmeldung an die Armee genannt".[43]) Aber auch die Gruppe Schwender hatte sich am 3. 2. neuerlicher Feindvorstöße bei Gweresdno und Beloje zu erwehren. Und nördlich Beloje begann der Gegner nun doch den linken Flügel der Gruppe Schwender im Sickerverfahren zu umfassen. Immer deutlicher zeichnete sich die Notwendigkeit ab, die Widerstandslinie der Division in eine Sehnenstellung knapp ostwärts Oredesh zurückzunehmen, zumal die Armee immer stärker darauf drängte, die 21. Division sobald als möglich aus ihrem derzeitigen Stellungsraum herauszuziehen, um sie zur Verfügung der Armee nach Luga zu verlegen.[44])

Das kam nicht von ungefähr, denn zu diesem Zeitpunkt wurde bereits 30 bis 40 Kilometer nördlich und nordwestlich von Luga gekämpft, was die ursprünglich ins Auge gefaßte Behauptung der „Luga-Stellung" recht fraglich erscheinen ließ.[45]) Noch sperrte sich die Heeresgruppe gegen diese Absicht der 18. Armee, jedoch am 6. 2., um 17.10 Uhr lief beim XXVIII. AK der fernschriftliche Befehl der 18. Armee ein, die 21. Division abzugeben.[46]) Schon in der darauffolgenden Nacht hatte die Division zwei Drittel der divisionseigenen Artillerie und eine 8,8 Flak-Batterie nach Luga in Marsch zu setzen. Am folgenden Tag (7. 2.) wurde die Division in der inzwischen knapp ostwärts Oredesh eingenommenen Sehnenstellung durch die 12. LWF-Div. abgelöst. In Abänderung der bisherigen Absicht sollte sie jedoch jetzt nicht mehr bei Luga, sondern rund 100 Kilometer südwestlich davon, bei Nowosselje (Bahn) versammelt werden. Der Anmarsch zu dem neuen Einsatzraum erfolgte teils im LKW-Transport, teils im Fußmarsch, aber auch für Teile im Eisenbahntransport ab Luga.

Auch für das GR. 3 sollte nun bald die Stunde der Ablösung kommen. Bereits am 7. 2. hatte die zwischen 16. und 18. Armee neu errichtete Nahtgruppe Frießner dem XXXVIII. AK. die Abgabe des Regiments angekündigt; das Korps vermochte dieses unter Hinweis auf die Unentbehrlichkeit des Regiments bis zum 10. 2. hinauszuzögern. An diesem Tag aber befahl das Korps der Gruppe Speth, das Regiment herauszulösen und bei Gorodez an der Rollbahn Luga, Pleskau, 20 Kilometer südlich Luga, zu versameln.[47]) Viel war es nicht, was an diesem Tag vom GR. 3 noch übrig war. Die Gefechtsstärke des I. und II. Bataillons betrug zusammen 96 Mann, die der 13. Kp. 72, der 14. Kp. 59 Mann.[48]) Über das Schicksal der I./AR. 21 während ihres Einsatzes beim XXXVIII. AK. ist nichts bekannt. Am 8. 2. war die Abteilung ohne 2. Batterie bei der Kampfgruppe Speth eingesetzt. Die 2./AR. 21 war der 121. ID. unterstellt und trat am 11. 2. ebenfalls zur Kampfgruppe Speth und damit wohl zu ihrer Abteilung zurück.[49]) Am 9. 2. beantragte das AOK. 18 bei der Heeresgruppe Nord die Herauslösung der I./AR. 21 und ihre Zuführung zur 21. Division.[50]) Das dürfte in den nächsten Tagen auch geschehen sein.

In ihrem Erfolgsbericht vom 8. 3. 1944 glaubte die 21. Division im Rückblick auf die Kämpfe bei Oredesh einen sowjetischen Zangenangriff gegen die Rückzugsstraße des XXVIII. Korps abgewehrt und dabei vier Schützenregimenter „zerschlagen" zu haben.[51]) Das traf in dieser Form gewiß nicht zu. Wenn die sowjetische Führung tatsächlich eine Zange gegen das XXVIII. AK. anzusetzen versucht hatte, dann nicht bei Oredesh, sondern bei Luga. Hier trafen am 12. 2. die Flügel der 59. und 67. Armee tatsächlich aufeinander, während die 54. Armee von Oredesh her mäßig nachdrückte. Aber der Sack war leer. Das Korps hatte sich daraus bereits abgesetzt. Eine für Führung wie Truppe beachtenswerte Leistung. Aber damit war die Gefahr noch nicht gebannt.

Die Sowjets planten großräumiger. Nicht nur das XXVIII. AK., sondern die Masse der 18. Armee sollte − soweit man wenigstens aus den operativen Bewegungen der nächsten Zeit ersehen kann − vom Rückzug auf Pleskau abgeschnitten werden. Streng genommen hätte dies auch gelingen müssen. Daß dieses Vorhaben dennoch mißlang, daran hat nicht zuletzt die 21. Division Anteil gehabt. Zunächst allerdings wurden ihr ganz andere Aufgaben gestellt.

Einsatz Nowosselje

Am 8. 2. 1944 meldete sich der Kommandeur der 21. Division auf dem Gefechtsstand des XXVI. AK., dem die Division seit ihrem Ausscheiden aus der Front bei Oredesh unterstellt war. Wenige Stunden vorher war der bisherige Kommandierende General durch Hitler abgelöst worden, da er ihm und anderen Generalen die Schuld an dem Einbruch der Russen bis zur Luga beimaß. Der nunmehr mit der Führung des Korps beauftragte Gen Lt. Grasser erteilte General Matzky folgenden Befehl: Die 21. ID. versammelt sich im Raum um Nowosselje. Die Division stößt nach beendeter Versammlung über Ssossedno auf Domkino vor, wirft entgegenstehenden Feind über den Sheltscha-Abschnitt nach Norden zurück, besetzt den Ljuta-Sheltscha-

Lage des L.A.K. am 12.2.1944

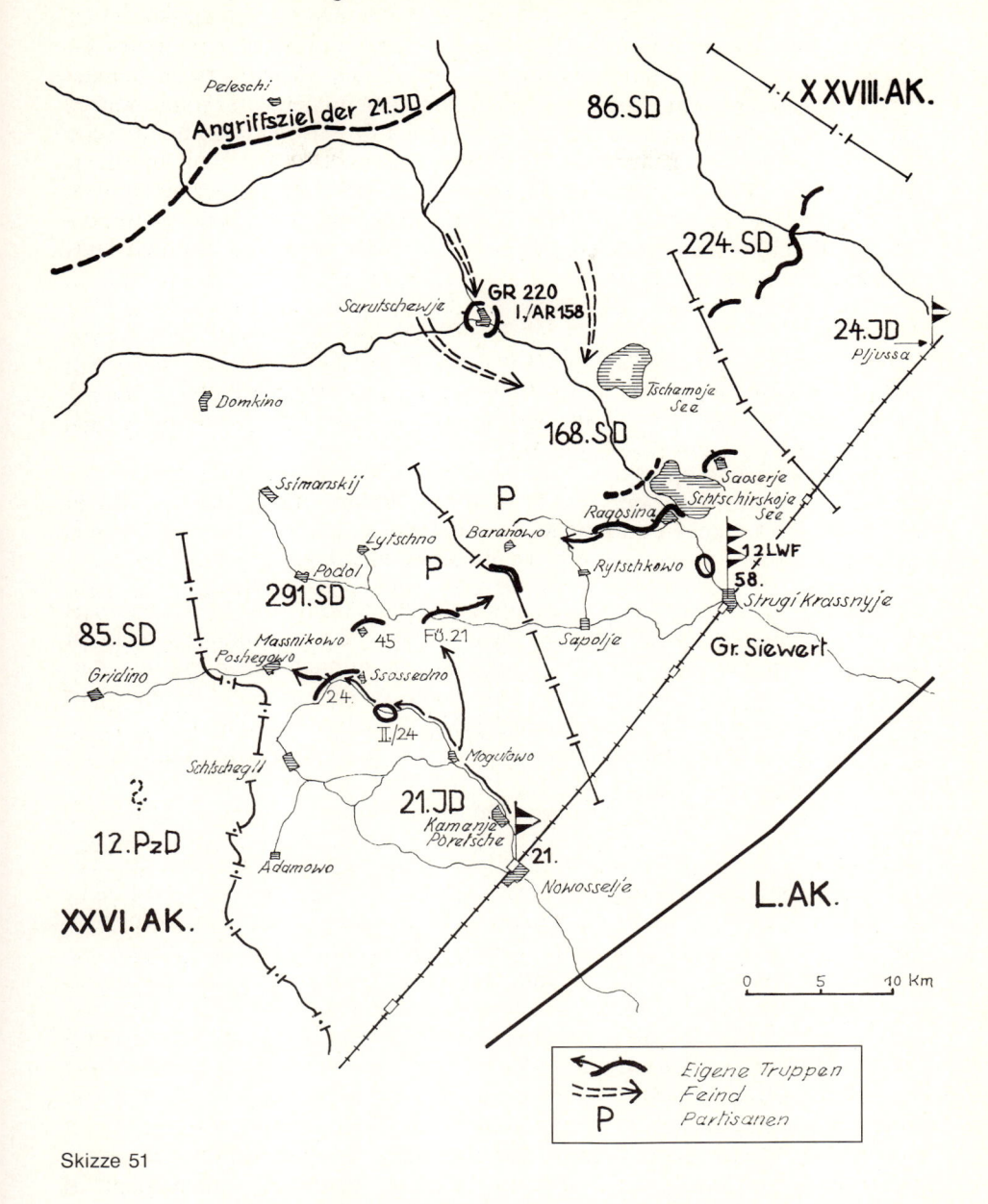

Skizze 51

Abschnitt im Anschluß an den linken Flügel der 58. ID. und verteidigt ihn.⁵²) (vgl. Skizze 51).

Zur Deckung dieses Aufmarschs war das Füs. Btl. 21 bereits am 7. 2. von Luga im Lkw-Transport auf der von Partisanen immer wieder unterbrochenen und gesperrten Rollbahn Luga, Pleskau — allerdings ohne Ausfälle — nach Nowosselje gebracht worden, von wo es — zunächst dem Korps unmittelbar unterstellt — unverzüglich nach Norden vorzustossen hatte.

Dieser Auftrag mochte vielleicht auch General Matzky überrascht haben. Das Angriffsziel lag immerhin rund 50 Kilometer von Nowosselje entfernt; der der Division zugewiesene Angriffsstreifen war etwa 25 Kilometer breit; der der 58. ID. noch breiter. Das alles konnte, auch hinsichtlich des Geländes und der Jahreszeit, Erinnerungen an das Abenteuer von Wolchowstroj erwecken, nur mit dem Unterschied, daß die jetzige 21. Division nicht mehr die von 1941 war. Und schließlich: damals, beim Vorstoß auf Wolchowstroj, wußte man, um was es ging, oder zumindest glaubte man es zu wissen. Aber jetzt? War man nicht im Begriff, auf die legendäre „Panther-Stellung" bei Pleskau zurückzugehen? Was sollte man am Ljuta-Sheltscha-Abschnitt verteidigen?

Der neue Oberbefehlshaber der Heeresgruppe, GO. Model, wußte das sehr wohl. Er wollte keineswegs sofort auf die Panther-Stellung zurückgehen, schon deshalb nicht, um nicht damit – wie er sich ausdrückte – der „Panther-Psychose" Vorschub zu leisten. Die Stellung schien ihm auch noch nicht genügend ausgebaut und schließlich kam er damit den Wünschen Hitlers sehr entgegen. Zum anderen hatte Model die Absicht des Gegners erkannt, mit der 42. Armee den linken Flügel der deutschen 18. Armee zu umgehen und die Masse der Armee im Zusammenwirken mit der sowjetischen 59. Armee einzuschließen (vgl. Skizze 52).

Der Generaloberst beabsichtigte daher, gegen die mit drei Schützenkorps und 9 Divisionen im Anmarsch begriffene 42. Armee möglichst weit im Norden, eben am Sheltscha-Abschnitt und von da nach Osten bis zum Anschluß an die „blaue Linie" eine neue Front aufzubauen und danach, am linken Flügel dieser Front, mit dem XXVI. AK., bestehend aus 58., 21. ID und 12. Panzerdivision, selbst zu einem Schlag gegen die Flanke der 42. Armee auszuholen. Als Verstärkung erbat er sich von Hitler die Zuführung einer weiteren kampfkräftigen Division – die er jedoch nie erhielt.[53])

Man kann seine Zweifel haben, ob dieser Plan, selbst im günstigsten Fall, irgendeine Chance gehabt hätte. Dabei war der Hauptgegner zunächst nicht einmal der Feind, sondern das Gelände. Man muß sich nur erinnern, welche Schwierigkeiten es schon im Sommer 1941 dem hier nach Norden angreifenden XXXXI. Pz. Korps entgegen gestellt hatte. Nun lag das Land, bei strahlendem aber strengen Winterwetter, unter meterhohem Schnee begraben, was bedingte, daß die Vormarschwege erst mühsam ausgetreten und dann geräumt werden mußten. Dazu kam, daß in dieser Gegend alle Brücken und Ortschaften zerstört waren, was der Truppe nicht nur die Unterkunftsmöglichkeiten nahm, sondern auch die Orientierung ungemein erschwerte. Die Division wähnte, daß diese rigorose Maßnahme von einer besorgten Etappen-Organisation zum Schutz gegen die tatsächlich in großer Zahl vorhandenen Partisanen-Verbände vorgenommen worden sei.[54]) Das mochte da und dort tatsächlich auch der Fall gewesen sein, aber noch wahrscheinlicher war, daß man sich hier bereits am Rande der „Wüstenzone" befand, die als eine Art „Glacis" vor der Pantherstellung angelegt worden war, um den sowjetischen Aufmarsch vor derselben zu erschweren. Daß davon auch die eigene Truppe betroffen sein könnte, hatten die Planer seinerzeit wohl nicht genügend bedacht.

Ungefähre Lage der 18. Armee
Februar 1944

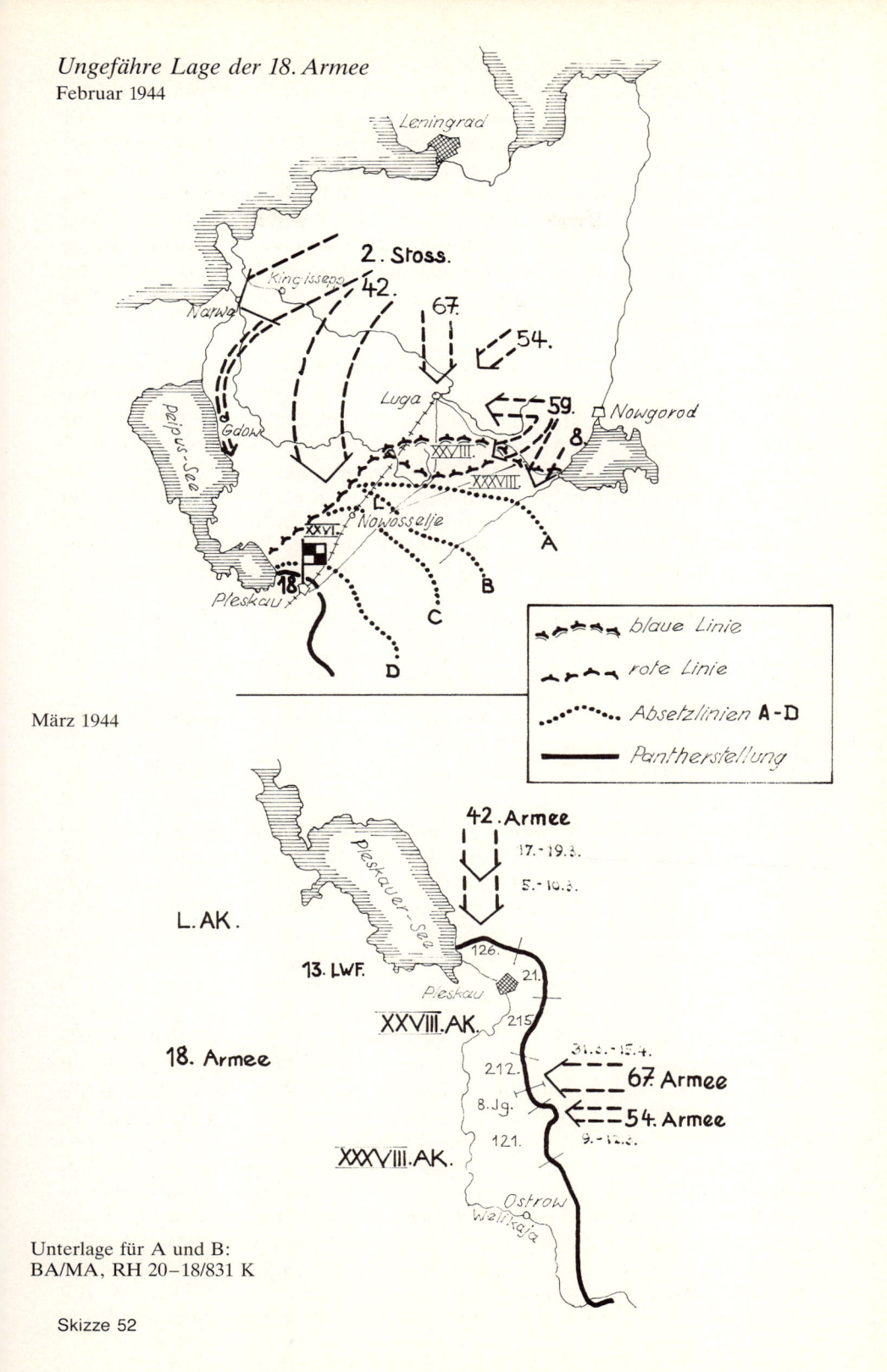

blaue Linie
rote Linie
Absetzlinien A-D
Pantherstellung

März 1944

Unterlage für A und B:
BA/MA, RH 20–18/831 K

Skizze 52

411

Schon das Füs. Btl. 21 bekam diesen mißlichen Umstand voll zu spüren, als es am Morgen des 8. 2. befehlsgemäß zum Vorstoß auf Roschelewo ansetzte, um dort zu sichern und Verbindung mit dem rechten Nachbarn, der 58. ID., zu suchen. Immer wieder von Partisanen aus dem Hinterhalt angeschossen, kämpfte sich das Bataillon, der physischen Erschöpfung nahe, die rund 17 Kilometer bis Roschelewo durch und nahm noch am 10. 2. das 6 Kilometer nordwestlich davon gelegene, von Partisanen, vielleicht aber auch schon von den vordersten Spitzen der regulären Truppen, besetzte Star. Roschelewo im Handstreich.[55] Damit war zwar die rechte Grenze des zugewiesenen Divisionsstreifens erreicht, aber noch nicht die Verbindung zur 58. Division hergestellt.

Inzwischen, d. h. am Abend des 8. 2., war der Divisionsstab in Nowoselje eingetroffen, um von hier aus den Ansatz der Division zu leiten, auf den von „oben" her sehr gedrängt wurde. Denn wenn überhaupt, dann lag die Chance eines Erfolgs in der Schnelligkeit. Noch am Nachmittag dieses Tages hatte die Heeresgruppe der 18. Armee aufgetragen, mit 12. Pz. Div., 21. und 58. ID spätestens am 9. 2. nachmittags „unter Ausnützung des Überraschungsmoments" anzutreten, wobei auch von: „Verfolgung bis in die Nacht. Größte Beschleunigung dringend notwendig . . ." die Rede war.[56] Gerade da lag aber die Schwierigkeit. Infolge zahlreicher Bahnsprengungen durch die Partisanen kamen die Transporte mit den Verbänden der Division nur langsam heran. Und nach der Ausladung begann erst recht der Kampf mit dem Schnee. Die mühsam organisierten Schneepflüge zerbrachen wie Spielzeuge. „Was in diesen Tagen das Pi. Btl. 21 (unter der Führung seines Kommandeurs, Hauptmann Witzel) zusammen mit dem stets unverdrossen einsatzfreudigen Hiwi-Kdo. Bricke und einigen deutschen Baueinheiten geleistet hat, kann man nur mit dem berühmten Schlagwort ‚einmalig' bezeichnen. So gelang es in verhältnismäßig sehr kurzer Zeit, 2 große doppelbahnige und für mot. Verkehr geeignete Versorgungswege nach vorne vorzutreiben."[57] Auf diesen Wegen wurde als erster kampfkräftiger Verband der Division das Gr. 45 nach Ssosedno vorgeführt, mit dem Auftrag, von hier weiter nach Norden auf Massnikowo vorzugehen. Dahinter folgte das GR. 24, das dann nach Westen vorstieß. Das war aber erst die Ausgangslage. Am 11. 2. betonte das AOK. 18, daß alles darauf ankomme, die 21. Division weiter „vorzuboxen" und zumindest die Orte Moshino – Podoll – Wysokowo und die Straße zwischen diesen Orten zu erreichen.[58] Aber dazu kam es nicht mehr. Als das GR. 45 über das von ihm besetzte Massnikowo nach Norden vorstoßen wollte, kam es zu einem Begegnungsgefecht mit regulärem, nach Süden vorgehenden Feind,[59] vielleicht SR. 181 der 291. SD. So kam der Angriff zum Stillstand. Und dies nicht nur hier. Der Gegner, der mit seinen Kräften bereits ziemlich weit nach vorne aufgeschlossen hatte, versuchte die deutschen Angriffsspitzen buchstäblich über den Haufen zu marschieren, indem er an den einzelnen deutschen Marschgruppen vorbeistieß und diese mit Hilfe von Partisanengruppen einzuschließen versuchte. Das widerfuhr vor allem dem linken Nachbarn der 21. Division, der 58. ID., zu deren Entsatz die 24. ID. eingesetzt werden mußte, um die bedrängte Division herauszuschlagen und ihr den Rückzug zu ermöglichen. Von einem angriffsweisen Vorgehen des XXVI. AK. mit weitgesteckten Zielen war daher sehr bald keine Rede mehr. Auch das Erreichen der Linie Podol — Wyssokowo wurde von der Armee jetzt als nicht mehr notwendig erachtet.[60] Vielmehr kam alles darauf an, der in breiter Front vorgehenden 42. sowjetischen Armee eine möglichst geschlossene Verteidigungsstellung entgegenzustellen. Zu diesem Zweck erfolgte jetzt auch eine Umgliederung: Am 11. 2., 12.00 Uhr wurde die 21. ID. dem L. AK. (Gen. d. Inf. Wegener) unterstellt, das rechts neben sie, an Stelle der sehr angeschlagenen 58. ID., die 12. LWF-Div. einschob. Zu ihr gelang es auch dem Füs. Btl. 21, in der Folge eine lose Verbindung aufzunehmen. Aus diesem Grund entfiel auch der von der Armee zunächst geplante Ansatz des in Zuführung begriffenen GR. 3 von Strugi Krassnyje aus nach Westen, um mit diesem Vorstoß die Lücke zwischen 21. ID und der Gruppe Siewert zu schließen. Das Regiment traf daher am 14. 2. bei seiner Division in Nowosselje ein und wurde an den linken Divisionsflügel vorgeführt, denn auch da klaffte ein breites Loch zu der weiter westlich stehenden Gruppe Pflugbeil (Teile der 12. Pz. Div. und der zu ihrer Verstärkung herangeführten 215. ID.).

Das Regiment befand sich freilich auf Grund der zurückliegenden schweren Kämpfe in einer bösen Vefassung. Auf die geringen Gefechtsstärken ist ja schon früher hingewiesen worden (vgl. S. 408). Aber auch die Bewaffnung dürfte sehr mangelhaft gewesen sein. So weiß man von der 7. Kompanie, daß sie bei einer Kampfstärke von 1 Offizier, 6 Unteroffizieren und 28 Mann nur über ein einziges MG. 42 und vier Flieger-MG. 15 ohne Visiereinrichtung mit je 4 Trommeln zu 50 Schuß verfügte.[61] Nicht besser dürfte es übrigens auch um das GR. 24 bestellt gewesen sein. Das Regiment bestand ja zunächst nur aus dem III. Bataillon und der 13. Kompanie. Es hatte auch den Kommandeur gewechselt. Sein langjähriger Führer, Obst. Arning, hatte die Division Mitte Januar verlassen, um an einem Divisionsführerlehrgang teilzunehmen und später eine Division im Südabschnitt der Ostfront zu übernehmen. Nun war an seine Stelle erst seit wenigen Tagen Obstlt. Ludz getreten, der zuletzt einer Berliner Dienststelle angehört hatte und naturgemäß mit den Verhältnissen eines winterlichen Bewegungskrieges zunächst wenig vertraut war.[62] Das II. Bataillon des Regiments mußte aus den kümmerlichen Resten, die den Einsatz im Raume Leningrad überstanden hatten und der Division nun wieder zugeführt worden waren, neu aufgestellt werden.[63] Seine Führung übernahm der ebenfalls zurückgekehrte Mjr. von Oeynhausen. So weit als möglich wurde versucht, mit Urlaubern, Genesenen und Ersatzleuten die Stände der dezimierten Regimenter wieder aufzufüllen. Aber was sollte man mit einem Ersatz anfangen, der zum Teil aus Italien mit einer für den dortigen Winter vorgesehenen Bekleidung kam? Zum Glück für die Division befanden sich vor ihrem rechten Flügel zunächst nur Partisanenverbände, die wahrscheinlich den Auftrag hatten, einen Vorstoß der Division nach Norden möglichst zu verzögern. Nur vor dem linken Flügel war der schon erwähnte schwächere Gegner aufgetreten, der in den nächsten Tagen sogar noch etwas nach Nordwesten zurückgedrängt werden konnte, während das GR. 3 in der tiefen linken Flanke der Division nach Westen vorstieß, um die immer dringender geforderte Verbindung zum linken Nachbarn herzustellen. Bis sie tatsächlich zustande kam, sollte es allerdings noch ein paar Tage dauern.

Inzwischen war das Gen. Kdo. L. AK. infolge der zunehmenden Verengung des Abschnitts der zurückgehenden 18. Armee zu anderer Verwendung herausgezogen worden und die 21. Division ab 16. 2. wiederum, wenn auch nur für wenige Tage, dem Gen. Kdo. XXVI. AK. unterstellt worden.[64])

Die Lage der Division schien sich zu konsolidieren. Zwar gab es hinter der Front und vor allem an der Naht zum linken Nachbarn nach immer Partisanennester und vielleicht auch eingesickerte reguläre Feindteile. Aber dergleichen kannte man ja bereits aus dem Winter 1941/42. Das I./GR. 3 war in der tiefen Flanke dagegen angesetzt worden, während das II./GR. 3 bis zum 20. 2., wenn auch noch hartem Kampf mit einem sich zähe wehrenden Gegner (85. SD.), die Lücke zur 215. ID., über die alte Divisionsgrenze hinaus vorstoßend, zu schließen vermochte. Das XXVI. AK. hatte dieser eher unfreiwilligen Ausdehnung des Divisionsabschnittes nach Westen bereits am 18. 2. durch die Festlegung einer neuen Abschnittsgrenze Rechnung getragen[65]) (vgl. Skizze 51).

Demgegenüber bestand − wie erwähnt − vor der Mitte der Division und am rechten Flügel zunächst nur schwache Feindberührung. Artillerie trat kaum auf, da und dort nur Granatwerfer, die in dem hohen Schnee wenig Wirkung hatten. Als „Stellungen" waren daher auf deutscher Seite meist nur Schneewälle errichtet worden, die mehr vor Sicht als vor Waffenwirkung zu schützen vermochten. Unterkünfte gab es keine. Der Infanterist war schon glücklich, wenn er sich kurze Zeit im Kompaniezelt aufwärmen konnte, das der Verpflegungsunteroffizier manchmal nach gefahrvoller Schlittenfahrt zu den Stützpunkten gebracht hatte. Sonst lag er in Schneemulden, meist ohne wärmendes Feuer.[66])

Feuerschutz hatte es während des Vormarschs und in den ersten Tagen des „Stellungskriegs ohne Stellung" nur durch die schweren Infanteriewaffen gegeben. Die Artillerie dürfte erst später eingetroffen sein, ohne daß hierüber klare Angaben vorliegen. Sicher hatte aber das AR. 21 ab 16. 2. die II. und III./AR. 21 an der Hand, wovon die erstere beim GR. 45, die zweite beim GR. 24 eingesetzt wurden. Die I./AR. 21 müßte demnach nach Zuführung auf das GR. 3 angewiesen worden sein. Über die I./AR. 57 fehlen Angaben.

Allmählich wurde der Feind jedoch lebhafter. Er schien sich zu verstärken und am 15. 2. unternahm er mehrere Aufklärungsvorstöße gegen die Front der Division, die jedoch ohne Schwierigkeiten abgewiesen wurden. Mit stärkeren Angriffen scheint man weder beim Korps noch bei der Division, gerechnet zu haben, obwohl Armee und Heeresgruppe sich darüber klar waren, daß der Gegner, vor allem an den Flügeln der 18. Armee, Kräfte für einen neuen Zangenangriff konzentrierte. Allein nördlich Pleskau, also vor dem XXVI. AK., rechnete die Heeresgruppe mit 6 bis 7 Divisionen, denen eventuell vier weitere zugeführt werden könnten.[67]) In der Nacht vom 17./18. 2. konnte man von einzelnen Punkten des Divisionsabschnitts aus, weit im Südwesten am Nachthimmel, starkes Flakfeuer beobachten: etwa 200 sowjetische Bomber griffen Pleskau an. Der Erfolg dieses Angriffs, mit dem der für den Nachschub der 18. Armee so wichtigen Durchgangspunkt im Hinblick auf die geplanten Operationen nachhaltig blockiert werden sollte, war allerdings begrenzt. Der Verlust an Versorgungsgütern war im Verhältnis zu der Schwere des Angriffs gering. Was jedoch dem Oberquartiermeister der Heeresgruppe angesichts der ohnehin schon schwierigen Munitionslage zunächst Sorgen bereitete, war die völlige Lähmung des Durchfahrtbetriebs der Eisenbahn. Wider Erwarten gelang es jedoch, den Verkehr bereits am 20. 2. wieder nach allen Seiten flott zu machen.[68]) Nicht um einen Tag zu früh, denn an eben diesem 20. 2. war die sowjetische 42. Armee vor der gesamten Front des XXVI. AK zum Angriff angetreten.

Die folgenden Kämpfe zu schildern ist insofern schwierig, als kein Kriegstagebuch der Division vorhanden ist. Auch der Bericht von Kursell[69]) gewährt nur einen sehr kleinen und auch subjektiven Einblick. Nichtsdestoweniger war das Geschehen bei der 21. Division so bedeutungsvoll, daß es in den Aufzeichnungen des Korps, der Armee wie der Heeresgruppe Beachtung fand und sich daraus einigermaßen rekonstruieren läßt.

Einen ersten Stoß gegen die Division führte der Gegner mit Artillerie- und Panzerunterstützung ab den frühen Morgenstunden des 20. 2. aus dem Raume Kanakowo. Er traf hierbei die Naht zwischen II./GR. 45 und II./GR. 24, wobei ihm im Verlauf der Kämpfe ein Einbruch in einer Breite von 3 Kilometern und einer Tiefe von 800 Metern gelang, durch den das GR. 24 und das II./GR. 45 zurückgedrängt wurden. Immerhin konnten in erbittertem Ringen wesentliche Höhen wieder gewonnen werden, wobei auch ein Feindpanzer abgeschossen wurde. Gegen den linken Divisionsflügel fühlte der Gegner zunächst nur mit Spähtrupps vor, die abgewiesen werden konnten.[70])

Der Feind, der die Division angriff, war neu und dürfte erst in den letzten Tagen in die gegnerische Front eingeschoben worden sein. Es war die 53. GSD. unter GM. Baldagin (oder auch Burlakin?) mit den Gardeschützenregimentern 159, 161 und einem weiteren nicht identifizierten Schützenregiment. Allem Anschein nach wurde die Division von dem 261. Panzerregiment unterstützt. Dieses Regiment war bereits während der 3. Ladoga-Schlacht auf den Feindlagekarten vor der 21. Division aufgetreten.

Bei der dünnen Besetzung der vordersten Linie war die im bloßen Schnee schutzlos vor den anrollenden Panzern liegende Infanterie fast chancenlos. Größere Reserven waren praktisch keine vorhanden, außer dem I./GR. 3, das an diesem Tag in der tiefen linken Flanke der Division das feindbesetzte Bolschoje Saoserje genommen hatte. Dieses Bataillon wurde nun auf Befehl des Korps zurückgezogen und nach Podborowje zugeführt, während die Division in der Nacht zum 21. 2. mit Genehmigung des Korps eine neue, stützpunktartige Front aufbaute (vgl. Skizze 53) und starkes Störungsfeuer der Divisions- und Heeresartillerie auf gegnerische Bereitstellungsräume und Anmarschwege gelegt wurde.[71])

Das hinderte den Feind freilich nicht, am 21. 2. seine Angriffe aus dem Einbruchsraum heraus mit starker Feuerunterstützung fortzusetzen. Hierbei war die gegnerische Hauptstoßrichtung, wie von der Division am Vortag bereits vermutet, zunächst auf Now. Podborowje gerichtet. Als der Feind dort jedoch auf stärkere Abwehr stieß, drehte er nach Südwesten ab und vermochte die neu aufgebaute, schwache Stützpunktlinie bis zur Pskowa aufzurollen. Ein weiteres feindliches Ski-Bataillon (326. SD. ?) durchbrach südlich Poshegowo am Pskowa-Knie die Stützpunktlinie und ging von dort im Waldgelände gegen die tiefe rechte Flanke, ja den Rücken des III./GR. 24 vor.

Gefangenenaussagen ließen erkennen, daß der Gegner gewillt war, seinen Anfangserfolg gegenüber der Division zu einem Durchbruch in den Rücken des XXVIII. AK. auszubauen. Nicht nur, daß im Einbruchsraum der 53. GSD. auch das 20. Gd. Gr. Werf. Rgt. festgestellt wurde, vielmehr war die Zuführung weiterer Kräfte höchst wahrscheinlich und ist in den nächsten Tagen auch erfolgt. Als erste trat die 326. SD. (Kdr.: Obst. Loshkin) mit den SR. 1097, 1099, 1101, einem Ski-Btl. und dem AR. 888 in Erscheinung.

Dem gegenüber hatte die 18. Armee zunächst nur vier leichte Flak-Züge der I./Flak-Rgt. 40 und dann das II./Jg. Rgt. 25 (L) der 13. LWF-Div. der 21. ID. zuweisen können. Das Luftwaffenbataillon, das schon Mitte Januar das GR. 45 am Wolchow abgelöst hatte, wurde auch jetzt wieder diesem Regiment unterstellt. Seine Kampfkraft wurde nicht übermäßig hoch eingeschätzt, und so kam es an den rechten Flügel des GR. 45, um eigene Kräfte als Eingreifreserven frei zu machen.[72] Dem weiteren „Einsickern" des Gegners im Pskowa-Tal konnte die Division allerdings nur mit dem Aufbau einer neuen Widerstandslinie entlang der Luka, nördlich Schtschegli begegnen.

Das auch an seiner ganzen übrigen Front am 21. 2. stark angegriffene XXVI. AK. sah sich offenbar seinerseits außerstande, mehr für die Division zu tun, zumal für das Korps die „Vorwärtsverteidigung" von Pleskau, also der Abschnitt der 215. und 126. ID. wichtiger erscheinen mochte. Für das XXVIII. AK. hingegen, das mit seinem linken Flügel (12. LWF-Div.) an der Rollbahn, bzw. Eisenbahn von Luga nach Pleskau zurückging, war das Durchhalten der 21. ID. als Flankenschutz entscheidend. Daher gab die 18. Armee dem am Morgen des 22. 2. vom XXVI. AK. gestellten Antrag, die 21. Division an das XXVIII. AK. abzugeben, statt und befahl dem letzteren die Befehlsübernahme um 12.00 Uhr. Gleichzeitig wurde dem XXVIII. AK. aufgetragen „unter rücksichtsloser Entblößung des rechten Flügels, Kräfte mit Sturmgeschützen zur Abriegelung des Einbruchs bei der 21. ID. freizumachen und eine Erweiterung des Einbruchsraumes zu verhindern".[73]

Das XXVIII. AK. reagierte umgehend. Es setzte zunächst zwei Bataillone der 212. ID. zur 21. Division in Marsch, ferner wurde eine leichte Abteilung des AR. 212 und die 3./StGBrig. 184 der 21. Division unterstellt. Außerdem wurde das GR. 31 der 24. ID. mit Rgt. Stab, Rgt. Einheiten und III. Bataillon der 21. ID. zugeführt.[74] Diese Kräfte dürften nach ihrem Eintreffen vor allem im Abschnitt des völlig aus seiner Stellung verdrängten GR. 24 eingesetzt worden sein. Dieses Regiment scheint im Verlauf der letzten Kampftage auch seinen inneren Zusammenhang verloren zu haben, sodaß das II./GR. 24 dem GR. 45 unterstellt wurde.

Letzteres hatte den feindlichen Angriff relativ gut überstanden. Sein I. Bataillon vermochte am 21. 2. einen gegen seine Linie vorgetragenen Panzerangriff abzuwehren. Auch den weiter rechts eingesetzten Füsilieren gelang es an diesem Tag, mehrere Vorstöße kampfkräftiger Spähtrupps an ihrer gesamten Front zurückzuweisen. Am linken Divisionsflügel gestaltete sich die Lage dafür um so dramatischer. Bis zum Abend des 22. 2. hatte der Gegner die Widerstandslinie an der Luka ebenfalls durchbrochen, hatte Podborowje genommen und war in Schtschegli eingedrungen. Ein Gegenstoß bei diesem letztgenannten Ort war gescheitert. So entschloß sich die Division mit Genehmigung des Korps, in der Nacht vom 22./23. 2. auf eine neue Linie (ungefähr Welikoje Pole-Leskowo, vgl. Skizze 53) zurückzugehen. Auch das Füsilierbataillon schwenkte nun etwas zurück, um Anschluß an die 12. LWF-Div. zu behalten, die das XXVIII. AK. zum gleichen Zeitpunkt im Zuge der planmäßigen Absetzbewegung aus der bisherigen „roten Linie" auf eine neue Auffangstellung zurücknahm (vgl. Skizze 53).[75]) Die 21. Division verlegte ihren Gefechtsstand nach Sabolotje.

Die Entwicklung am 23. 2. brachte noch keine Entspannung der Lage. Wohl scheint es dem GR. 31 gelungen zu sein, den Gegner aus Welikoje Pole wieder hinauszuwerfen. Aber der Wunsch des Oberbefehlshabers der Heeresgruppe, wonach bei der 21. ID. mit den neu herangeführten Kräften „dem Feind angriffsweise ein Schlag versetzt werden muß, um die weiteren Absetzbewegungen planmäßig durchführen zu können", war wohl kaum realistisch, auch wenn die Armee meldete, daß sie dies gleichfalls beabsichtige.[76]) Da dürfte die Eintragung im Kriegstagebuch der 18. Armee vom 23. 2. 10.30 Uhr schon wirklichkeitsnäher gewesen sein: „In Leskowo sitzen noch Trümmer des GR. 3, die sich eingeigelt haben. Weiter nördl. 1 Btl. im Wald eingeschlossen, hat Befehl, sich nach Süden durchzuschlagen."[77]) Neben der 53. GSD. und der 326. SD. glaubte das XXVIII. AK. vor der 21. Division noch zwei weitere sowjetische Divisionen, nämlich die 238. und 245. SD. annehmen zu müssen, sodaß mit etwa vier Divisionen, möglicherweise unter einem eigenen Korpsstab, vor der 21. ID. zu rechnen war.[78])

Dennoch scheint sich die Lage der Division am 24. 2. gefestigt zu haben. Ein Feindangriff südlich Schtschegli in Regimentsstärke, von 20 Panzern unterstützt, wurde unter Abschuß von 7 Panzern abgewiesen, außerdem wurden 5 weitere Panzer bewegungsunfähig geschossen.

Weitere Bereitstellungen und Panzeransammlungen konnten durch Artillerie und angeblich auch durch Schlachtflieger wirkungsvoll bekämpft werden.[79]) Die Gründe für das Abklingen der Krise mögen verschiedene gewesen sein. Neben dem geradezu unglaublich zähen Widerstand, den die ausgebrannten Reste der Division mit den ihnen zugeführten Verstärkungen gegenüber einem weit überlegenen Gegner leisteten, kam der 21. ID. allerdings noch der Umstand zu gute, daß bei weiterem Zurückgehen nach Süden ihr Divisionsabschnitt sich zunehmend verengte, was eine stärkere Kräftekonzentration wie auch eine Feuervereinigung der Artillerie der beiden Nachbardivisionen vor ihrem Abschnitt ermöglichte. Vielleicht war sich auch der Gegner klar geworden, daß er trotz unzweifelhaft hoher Verluste den Rückzug des XXVIII. AK. nicht mehr verhindern konnte.

*Lage der 21. ID
vom 20.–26. 2. 1944*

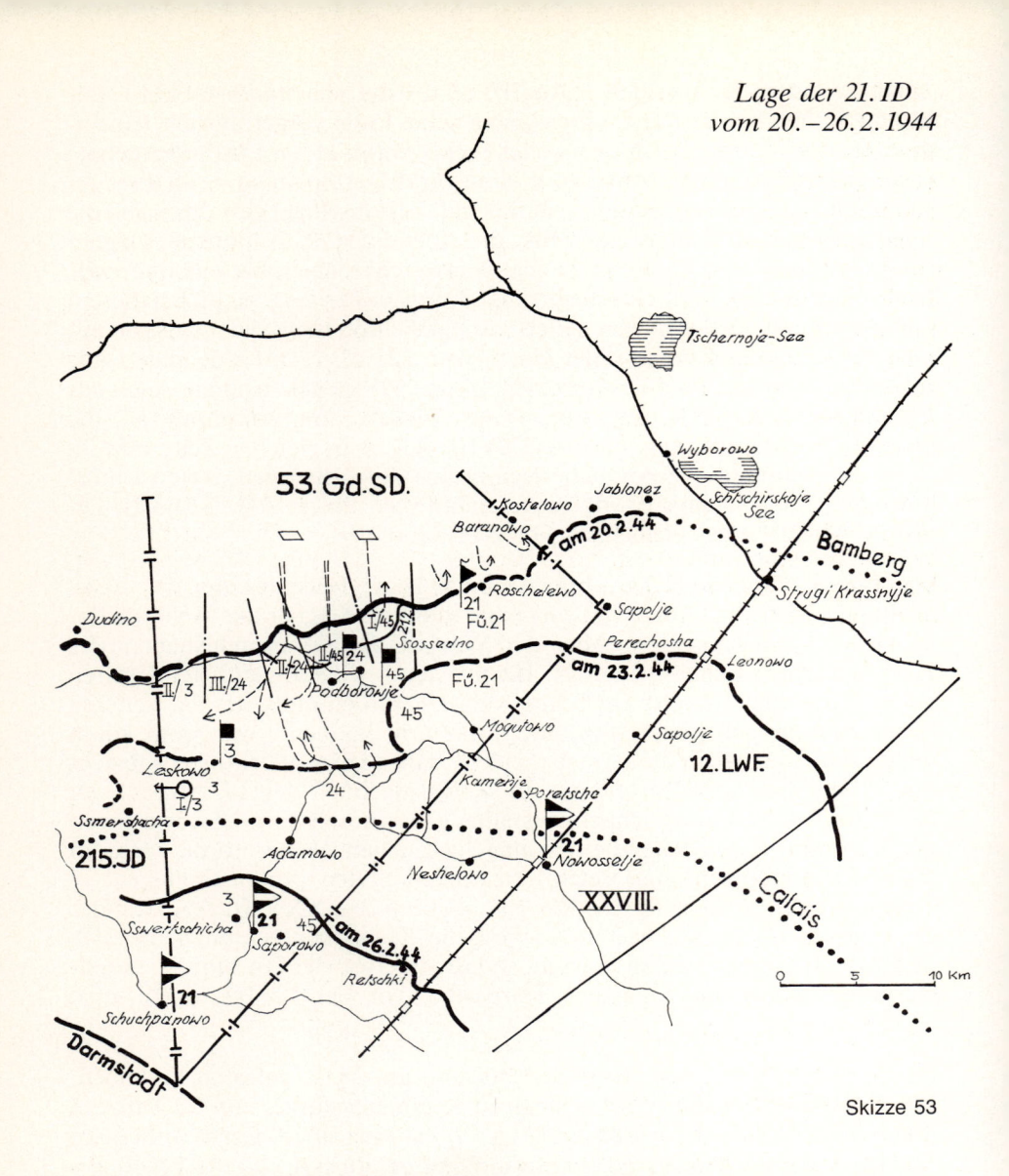

Skizze 53

Wie auch immer, mit der Annäherung der 12. LWF-Div. an die 215. ID. wurde der Verbleib der 21. ID. in der Front überflüssig. Das Gen. Kdo. XXVI. AK. wurde ebenfalls herausgelöst und einer neuen Verwendung zugeführt, sodaß vor Pleskau ab 27. 2. nur noch das XXVIII. AK. führte. Schon am 24. 2. hatte dieses Korps bei der Armee beantragt, die 21. Division nach Erreichen der Auffanglinie „Calais" herauszuziehen, um ihr damit die Möglichkeit zu geben, sich in der „Pantherstellung" einzurichten.[80])

Tatsächlich wurden zwei Tage später nach Erreichen einer Zwischenlinie zwischen den Absetzlinien „Calais" und „Darmstadt" das GR. 31 und zwei Bataillone der 13. LWF-Div. aus dem Verband der 21. Division entlassen. Um 17.00 Uhr des 26. 2. wurden dann die Regimentsgruppe GR. 3 der

215. ID. und das GR. 45 der 12. LWF-Div. unterstellt, während der Divisionsstab, das Füs. Btl. 21 und wohl auch der Stab GR. 24, das Pi. Btl. 21 und das AR. 21 herausgezogen wurden, um den in der Pantherstellung zugewiesenen Abschnitt zu beziehen. In etwa zwei Tag- oder besser gesagt Nachtmärschen wurde dieses Ziel erreicht. Die unwirkliche Schneelandschaft nordwestlich Nowosselje blieb wie ein böser Traum in der Erinnerung zurück. Und doch hatte die auf 25 Kilometer Frontbreite eingesetzte Division, am Ende eines rund 250 Kilometer langen Rückzugs, ohne auch nur im geringsten demoralisiert zu sein, wie dies Hitler befürchtet hatte, oder, wie GO. Model argwöhnte, einer angeblichen „Panther-Psychose" verfallen zu sein, die ihr übertragene Aufgabe erfüllt und in schweren Kämpfen dem Feind den angestrebten Druchbruch verwehrt und damit das planmäßige Absetzen des XXVIII. AK. ermöglicht.

Mit dem 29. 2. war die unter dem Decknamen „Frühjahrsurlaub" durchgeführte Absetzbewegung der 18. Armee auf die Panther-Stellung zu Ende. Würde nun eine Ruhepause, ein wirklicher „Frühjahrsurlaub" folgen? Die langjährige Erfahrung der alten „21er" sprach eigentlich dagegen. Und dennoch hofften sie alle darauf, mehr als je zuvor.

Anmerkungen zu Kapitel IX

1) Nach W. Haupt, Heeresgruppe Nord a. a. O., S. 167.
2) K. A. Merezkow, a. a. O., S. 354 f.
3) Vgl. H. Pohlman, Wolchow a. a. O., S. 103.
4) KTB. des AOK. 18 vom 16. 11. 43, 17.35 Uhr (BA/MA, RH 20 – 18/601, S. 99).
5) Der Antrag des XXVIII. AK. ist bemerkenswerteweise von GLt. Matzky, Kdr. 21. ID., unterschrieben, der vom 29. 10. bis Ende Dezember 1943 vertretungsweise das Korps führte: Gen. Kdo. XXVIII. AK. an AOK. 18 vom 18. 11. 1943: Beurteilung der Lage; – AOK. 18 an Gen. Kdo. XXVIII. AK. vom 21. 11. 1943 (BA/MA, RH 24 – 28/73, KTB. I, Anl. 1508).
6) KTB. des AOK. 18 vom 26. 9. 1943 (BA/MA, RH 20 – 18/599, S. 165).
7) Vgl. Wolf Keilig, Das Deutsche Heer 1939 – 1945 (Bad Nauheim 1956 ff) Abschnitt 15/-14- f. – Vgl. auch BA/MA, RH 24 – 28/73, KTB I, Anl. 1459.
8) Fernschreiben Gen. Kdo. XXVIII. AK. an 21. ID. vom 20. 11. 1943 (BA/MA, RH 24 – 28/73, KTB I, 1518 a).
9) KTB. des AOK. 18 vom 21. 10. und 9. 11. 1943 (BA/MA, RH 20 – 18/600, S. 176 u. RH 20 – 18/601, S. 59). Die Verleihung der „Kavallerie-Tradition" erfolgte demnach Anfang November 1943 und nicht 1944 wie G. Tessin (Verbände und Truppen der Deutschen Wehrmacht ... a. a. O.) irrtümlich angibt.
10) Vgl. W. Keilig a. a. O., Abschnitt 101/V, S. 51 – 67.

11) Vgl. Gliederung der Bataillone, Stand 24. 9., 17. 11. und 22. 12. 1943 (BA/MA, RH 24−28/72 und 73). − Die Gefechtsstärken der Divisionstruppen betrugen:

	am 8. 11. 1943	am 13. 12. 1943
I./3	8/56/334−398	12/55/342−409
II./3	9/53/307−369	11/57/313−381
II./24	9/51/374−434	10/50/326−386
III./24	11/51/354−416	7/52/315−371
I./45	10/55/327−392	8/64/315−387
II./45	10/57/340−407	10/61/311−382
PzJg.	10/57/224−291	7/54/228−289
Füs. Btl.	7/57/226−279	8/52/278−338
Pi. Btl.	9/36/257−302	11/42/291−344
FEB. 21 (Gesamt)	2/22/ 23− 47	1/10/ 16− 27
(Kampfeinheit	1/16/ 13− 30)	−
Inf. Btl. z. b. V. 540	21/86/517−624	20/79/456−555
	3.959	3.869

(BA/MA, 24−28/73, Anl. 1464 und 1615)

12) Gen. Kdo. XXVIII. AK., Korpsbefehl Nr. 49 vom 11. 12. 1943, Ziff. 3 (BA/MA, RH 24−28/73, KTB. I, Anl. 1604).

13) KTB. des AOK. 18 vom 3. 12. und 12. 12. 1943 (BA/MA, RH 20−18/601, S. 213 f und 264).

14) Vgl. A. Merezkow a. a. O., S. 358 ff.

15) Gen. Kdo. XXVIII. AK., Korpsbefehl Nr. 48 vom 6. 12. 1943 (BA/MA, RH 24−28/73, KTB. I., Anl. 1585); ferner: Gen. Kdo. XXVIII. AK. vom 30. 12. 1943 (ebenda, Anl. 1670).

16) KTB. des AOK. 18 vom 31. 12. 1943, 17.55 Uhr (BA/MA, RH 20−18/601, S. 368).

17) Vgl. Kriegstagebuch des Oberkommandos der Wehrmacht a. a. O., 3. Bd (1943), S. 1123.

18) Vgl. das Manuskript von Hptm. Claus von Kursell, Das Jahr 1944 an der Nordfront. Aus den Kriegserinnerungen des Hptm. v. Kursell. (82 Schreibmaschinenseiten und 12 Skizzen, Original BA/MA, Msg. 2/2777, Ablichtung im Besitz des Traditionsverbandes 21. ID.) − Dieser etwa 1947 aus der Erinnerung niedergeschriebene Bericht enthält naturgemäß eine Reihe sachlicher Irrtümer, gibt aber doch sehr wichtige persönliche Eindrücke wieder. Teile davon wurden, etwas verändert, in den „Alten Kameraden" abgedruckt. So der Artikel: Die 21. Division (sic!) bei Tschudskoj Bor (1944), in: Alte Kameraden 1/1965, S. 8 f.

19) Vgl. dazu H. Pohlman a. a. O., S. 112 ff.

20) KTB. des XXVIII. AK. vom 15. 1. 1944, 15.00 Uhr (BA/MA, RH 24−28/84, S. 26).

20a) KTB. des XXVIII. AK. (BA/MA, RH 24−38/53419/1, S. 34).

20b) AOK. 18, Ia Nr. 698/44 geh. (BA/MA, RH 20−18/758).

21) Vgl. Anmerkung 18.

22) AOK. 18, Ia Nr. 321/44 gKdos. vom 17. 1. 1944, 22.50 Uhr (BA/MA, RH 20−18/758) − Vgl. auch KTB. des XXVIII. AK (BA/MA, RH 24−28/84, S. 34, 35 ff) − ferner: KTB. des L. AK. vom 18. 1. 1944 (BA/MA, RH 24−50/47191/2, S. 178, 180 f).

23) Diese Angaben entstammen dem Erfolgsbericht der 21. Inf. Div., Abt. Ic vom 8. 3. 1944: Vom Wolchow bis zum Peipus-See. Der Weg der 21. Division vom 27. 1.−27. 2. 1944 (BA/MA, RH 26−21/221, abgedruckt in der von Willy Wagemann 1980 zusammengestellten Dokumentation „Tapfer und Treu", als Manuskript gedruckt, BA/MA, RH 26−21/223). Dieser Bericht ist in vielen Punkten korrekturbedürftig, was sich aus dem Zeitpunkt seiner Abfassung erklärt. Er ist mit geringfügigen Veränderungen in dem Artikel von Frei: Die Zange wird zerbrochen. Die 21. Division bei Oredesh, in: Alte Kameraden 9/1970, S. 22 f abgedruckt.

23a) AOK. 18, Ia Nr. 391/44 gKdos. vom 19. 1. 1944 (BA/MA, RH 20−18/759).

24) KTB. des AOK. 18 vom 20. 1. 1944, 22.25 Uhr (BA/MA, RH 20 – 18/734, S. 44).
25) Ebenda vom 24. 1. 1944, 12.30 Uhr (ebenda, S. 128).
26) Ebenda vom 24. 1. 1944, 24.00 Uhr (ebenda, S. 146). – Siehe auch KTB. der HGr. Nord (BA/MA, RH 19 – III/269 D, S. 408).
27) KTB. des AOK. 18 vom 20. 1. 1944, 19.30 Uhr (ebenda, S. 41).
28) K. A. Merezkow a. a. O., S. 362. – Leider stand dem Verfasser – trotz längeren Bemühungen – das Buch von I. T. Korownikow, Novgorodsko – Luzskaja Operacija. Nastuplenie vojs 59 – j armi (Moskau 1960) nicht zur Verfügung.
29) Dazu ein Bericht des Freiherrn Hans von Oeynhausen: Einsatz des IR(!) 3 bei Nowgorod Januar/Februar 1944 (o. D., um 1984, im Besitz des Traditionsverbandes 21. ID.), vgl. ferner: KTB. des XXXVIII. AK. (BA/MA, RH 24 – 38/53419/1, S. 33 ff).
30) Bericht v. Oeynhausen a. a. O.
30a) KTB. des XXXVIII. AK. vom 24. 1. 1944 (BA/MA, RH 24 – 38/53419/1, S. 69 f).
30b) Ebenda, S. 78.
31) H. Pohlman a. a. O., S. 122 ff.
32) KTB. des AOK. 18 vom 27. 1. 1944, 19.45 Uhr (BA/MA, RH 20 – 18/734, S. 202), vgl. auch KTB. der HGr. Nord (BA/MA, RH 19 – III/269 D, S. 361 ff).
33) Vgl. KTB. des AOK. 18 (BA/MA, RH 20 – 18/734, S. 270 f), ferner KTB. der HGr. Nord vom 31. 1. 1944 (BA/MA, RH 19 – III/269 D, S. 549 ff). – Siehe dazu auch: Walter Görlitz, Model – Strategie der Defensive (Gustav Lübbe Verlag, Bergisch-Gladbach 1977), S. 172 ff.
34) Vgl. Kriegstätigkeitsbericht des StOPi. des XXVIII. AK. vom 1. 1. – 4. 3. 1944 (BA/MA, RH 24 – 28/100).
35) KTB. des AOK. 18 vom 30. 1. 1944, 15.05 Uhr (BA/MA, RH 20 – 18/734, S. 252). Demnach betrug die der Division zum Schutz übertragene Flanke des Korps nicht über 60 Kilometer, wie der Erfolgsbericht der Division nachträglich wahrhaben wollte.
36) KTB. des AOK. 18 vom 31. 1. 1944, 22.30 Uhr (BA/MA, RH 20 – 18/734, S. 276 f).
37) Für den Rückmarsch des GR. 45 vgl.: von Kursell, Das Jahr 1944 a. a. O., S. 16 ff, sodann den daraus abgedruckten, etwas veränderten Abschnitt: 21. ID. beim Rückzug an der Nordfront, in: Alte Kameraden 10/1955, S. 8f – Bezüglich der spanischen Legion kann der Verfasser als damaliger Führer der II./AR. 21 Kursells Angaben aus eigener Anschauung nur bestätigen. Vgl. auch: Geschichte der 121. ostpreußischen Infanterie-Division a. a. O., S. 195.
38) Die Batterien der II./AR. 21 gingen am Abend des 31. 1. 1944 hart neben dem Bahnhof in Feuerstellung, wo der Verfasser persönlich diese Wahrnehmung machte.
39) Vgl. Karl Fischhöder, Alle Offiziere ausgefallen. Das III./24 im Kampf um Beloje Anfang 1944. In: Alte Kameraden 8/ 9/ 1980, S. 33.
40) KTB. des XXVIII. AK. vom 1. 2. 1944, 20.00 Uhr (BA/MA 24 – 28/84, Febr., S. 75).
41) Ebenda, Meldung der 21. ID. von 21.45 Uhr (ebenda, S. 75).
42) Ebenda, S. 76 f. – Siehe auch Zwischenmeldung des XXXVIII. AK. vom 3. 2. 1944 (BA/MA, RH 24 – 38/53419/12).
42a) KTB. des XXXVIII. AK. vom 2. 2. 1944 (BA/MA, RH 24 – 38/53419/1, S. 105).
43) KTB. des XXXVIII. AK. vom 5. 2. 1944 (ebenda, S. 117); vgl. Wehrmachtsbericht vom 7. 2. 1944.
44) Vgl. KTB. des XXVIII. AK. vom 2. 2. 1944, 01.00 Uhr (BA/MA, RH 24 – 28/84, S. 76) – ebenda vom 6. 2. 1944 (ebenda, S. 83).
45) H. Pohlman a. a. O., S. 125 f.
46) KTB. des XXVIII. AK. vom 6. 2. 1944 (BA/MA, RH 24 – 28/84, S. 83).
47) Gen. Kdo. XXXVIII. AK, Ia Nr. 162/44 gKds, Ziff. 4 (BA/MA, RH 24 – 38/53419/3).
48) Gefechtsstärken vom 10. 2. 1944 (BA/MA, RH 24 – 38/53419/12).
49) Truppengliederung vom 8. 2. 1944 (BA/MA, RH 24 – 38/53419/3).
50) KTB. der HGr. Nord vom 9. 2. 1944 (BA/MA, RH 19 III/270 D).

51) Erfolgsbericht der 21. ID. a. a. O., S. 6.
52) KTB. des XXVI. AK. vom 8. 2. 1944 (BA/MA, RH 24 – 26/113, S. 15 f). – Es ist bemerkenswert, daß sich die Ablösung des Kom. Gen. des XXVI. AK. im KTB. der HGr. Nord (BA/MA, RH 19 – III/271 D) erst unter dem 15. 2. vermerkt findet!
53) KTB. der HGr. Nord (BA/MA, RH 19 – III/270 D) ab 7. 2. 1944.
54) Erfolgsbericht der 21. ID., Abt. Ic vom 8. 3. 1944 a. a. O., S. 7. – Der Bericht weist leider hinsichtlich des Einsatzes bei Nowosselje an mehreren Stellen Fehler auf.
55) Kluckert/Specht, Durch Schnee und Eis. Sonderauftrag der Füsiliere. In: Alte Kameraden 12/1968, S. 19 f. – Dieselben, „Nix Partisan – nix Partisan!" Das Füsilierbataillon 21 im Alleingang. In: Alte Kameraden 6/1969, S. 25. – Dieselben, Im Schutz der Füsiliere bei Roshelewo. In: Alte Kameraden, 9/1969, S. 25. – Die großen Zusammenhänge konnten in diesen Artikeln selbstverständlich nicht erfaßt werden.
56) KTB. der HGr. Nord vom 8. 2. 1944, 20.45 Uhr bzw. 23.45 Uhr (BA/MA, RH 19 – III/270 D).
57) Erfolgsbericht der 21. ID., Abt. Ic vom 8. 3. 1944 a. a. O., S. 8. – Bei den an dieser Stelle erwähnten deutschen Baueinheiten handelte es sich um das der Division unterstellte Straßen-Baubatl. 677.
58) KTB. des L. AK. vom 11. 2. 1944 (BA/MA, RH 24 – 50/47191/3, S. 363).
59) Vgl. das Manuskript von Kursell: Das Jahr 1944 an der Nordfront a. a. O., S. 22.
60) Bericht über die Fahrt des OB. der 18. Armee zur 21. ID. am 13. 2. 1944 (BA/MA, RH 20 – 18/749, Fahrtberichte OB.).
61) Hck (=Heckmann), Kampf um die Nordflanke. Zwischen dem Pleskauer See und Nowosselje. In: Alte Kameraden 2/1961, S. 15.
62) Schriftliche Mitteilung von Hans Frh. v. Oeynhausen an den Verfasser vom 13. 8. 1987. – Entgegen dem in der Division umlaufenden Gerücht, Obstlt. Ludz hätte eine Wehrersatzdienststelle geleitet, war derselbe vielmehr seit 1942 Ia des Wehrmachtkommandanten von Berlin, GLt. v. Hase, gewesen, nachdem er 1941 die Stelle eines Ia der 203. Sicherungsdivision innegehabt hatte. Sowohl GLt. Hase als später auch GLt. Matzky stellten Ludz sehr gute Dienstbeschreibungen aus. Gen. Matzky beurteilte ihn im Mai 1944, wohl anläßlich des Ausscheidens von Ludz aus der 21. ID., als „Über Durchschnitt". Obstlt. Ludz wurde noch am 1. 12. 1944 zum Oberst befördert. (Der Verfasser verdankt diese Daten einer Erhebung von Dr. F.-Chr. Stahl/Gundelfingen). Die sehr abwertende Charakteristik von Obstlt. Ludz in den Kriegserinnerungen von C. v. Kursell (Das Jahr 1944 an der Nordfront a. a. O., S. 41) bedarf daher wohl der Korrektur. Wenn Ludz tatsächlich Schwierigkeiten mit seinem Offizierskorps gehabt hat, dann mag dies nicht zuletzt darin liegen, daß die Grenadierregimenter der Division „von außen" kommenden Kommandeuren immer mit einer gewissen Reserve gegenübergestanden haben.
63) Erfolgsbericht der 21. ID. a. a. O., S. 8.
64) KTB. des XXVI. AK. vom 15. 2. 1944 (BA/MA, RH 24 – 26/113, S. 33).
65) Ebenda vom 18. 2. 1944, 10.15 Uhr (ebenda, S. 37).
66) Vgl. Hck (=Heckmann), Kampf um die Nordflanke a. a. O., S. 15 f.
67) KTB. der HGr. Nord vom 14. 2. 1944 abends (BA/MA, RH 19 – III/270 D).
68) KTB. des Oberquartiermeisters der HGr. Nord vom 19. 2. 1944 (BA/MA, RH 19 – 624, S. 160, 163). – Bedauerlich für unsere Darstellung bleibt, daß bei dem Luftangriff auch das KTB. des AOK. 18 für die Zeit vom 1. – 17. 2. 1944 vernichtet wurde.
69) v. Kursell, Das Jahr 1944 an der Nordfront a. a. O., S. 23 ff.
70) KTB. des XXVI. AK. vom 20. 2., 19.00 Uhr (BA/MA, RH 24 – 26/113, S. 42).
71) Ebenda, S. 43.
72) Vgl. Bericht v. Kursell a. a. O.
73) KTB. des AOK. 18 vom 22. 2. 1944, 11.45 Uhr (BA/MA, RH 20 – 18/735, S. 37); KTB. des XXVI. AK. vom 22. 2. 1944, 9.20 Uhr (BA/MA, RH 24 – 26/113, S. 46). – Bemerkenswert ist, daß das XXVI. AK. die Abgabe der 21. ID. mit der „großen Entfernung und den ungünstigen Nachrichten-Verbindungen" begründete.
74) KTB. des XXVIII. AK. vom 22. 2. 1944 (BA/MA, RH 24 – 28/84, S. 117 f).

75) Nach der Aufgabe der „roten Linie" erfolgte die Zurücknahme der 18. Armee unter dem Decknamen „Frühjahrsurlaub" schrittweise auf verschiedene Auffanglinien, die nach Buchstaben bezeichnet waren: A(rnsberg), B(amberg), C(alais), D(armstadt). Vgl. Skizzen 52 und 53. Dazwischen wurden aber auch immer wieder Zwischenlinien bezogen.
76) KTB. des AOK. 18 vom 23. 2. 1944, 9.40 Uhr (BA/MA, RH 20 – 18/735, S. 48).
77) Ebenda, S. 49.
78) KTB. des XXVIII. AK. vom 24. 2. 1944, 14. 20 Uhr (BA/MA, RH 24 – 26/84, S. 121).
79) KTB. der HGr. Nord vom 24. 2. 1944, 23.15 Uhr (BA/MA, RH 19 – III/271 D).
80) KTB. des XXVIII. AK. vom 24. 2. 1944, 18.50 Uhr (BA/MA, RH 24 – 28/84, S. 122).

X. Abwehrschlachten bei Pleskau

1. Die erste Abwehrschlacht bei Pleskau

Die „Panther-Stellung", eine Schutzstellung vor den Baltischen Ländern und zugleich die rückwärtigste Auffanglinie im Bereich der Heeresgruppe Nord, befand sich bereits seit September 1943 im Ausbau. Im Dezember sollen auf der gesamten Strecke ihrer Ausdehnung von Narwa bis in den Raum nordostwärts Newel etwa 15000 Soldaten von Bau- und Pionierbataillonen, 7500 Mann der OT und 24000 Zivilpersonen zum Stellungsbau eingesetzt gewesen sein.[1]) Dennoch war der Ausbau, als die zurückgehende Truppe die Stellung besetzte, noch lange nicht beendet, zumindest nicht in dem Abschnitt, der der 21. ID. ostwärts und nordostwärts von Pleskau zugewiesen worden war. Kursell schildert die Verhältnisse am rechten Divisionsflügel wie folgt: „Wir fanden in unserem Abschnitt nur eine 30 cm tief gepflügte Andeutung eines Kampfgrabens vor und im Hintergelände ein wahres Spinngewebe solcher Andeutungen als ‚zweite Gräben', ‚Annäherungsgräben' und ‚Rückhaltstellungen'. Wo die Stellung durch Wald ging, war noch das Schußfeld freizuhacken. Wo es durch Sumpf ging, waren die Palisaden nur angedeutet, nicht fertig und dazu noch schnurgerade, statt in Ecken gezogen. Ganz gut waren die Panzerabwehrböschungen gemacht und sehr gut waren die Unterstände, die tief in der Erde saßen. Die fabrikfertigen Panzerkuppeln waren noch nicht in die Erde eingelassen. Kein Kampfstand existierte."[2]) Während etwa 3 bis 4 Kilometer vor der HKL Gefechtsvorposten die Annäherung des Gegners möglichst verzögern sollten, machte sich die Truppe sofort an den Stellungsbau, der unter den noch immer herrschenden winterlichen Verhältnissen nicht immer leicht war. Aber auch das hatte man in den ersten Monaten von 1942 unter schwierigeren Umständen hinreichend geübt. Der Gegner fühlte gegen den Divisionsabschnitt nur schwach vor und Korps, Armee wie Heeresgruppe waren sich einig, daß bei der 21. ID. nicht mit einem baldigen Feindangriff zu rechnen sei. So konnte denn auch in relativ kurzer Zeit der Ausbau der HKL in der Hauptsache abgeschlossen werden. Eingesetzt waren am rechten Flügel das GR. 45, dann beiderseits der Rollbahn Luga, Pleskau das Füs. Btl. 21, nördlich davon das GR. 3 und daran nordwestlich anschließend das GR. 24. Sowohl das Gr. 3 wie das GR. 24 waren durch je eine Urlauberkompanie verstärkt. Auch die Artillerie der Division war wiederum vollzählig versammelt und in Stellung gegangen. Außerdem war allem Anschein nach von der über die 21. Division hinweg zurückgehenden 212. ID. noch die IV./AR. 212 zurückgelassen und der Division unterstellt worden. Das Pi. Btl. 21 lag als Korpsreserve in Pleskau, wo sich auch der Divisionsgefechtsstand befand. Seit langer Zeit hatte die Division wieder einen einigermaßen „normalen" Abschnitt, nämlich circa 16 Kilometer breit, zu verteidigen. Rechter Nachbar war die 215. ID., links schloß die von GM. Fischer, dem ehemaligen Kommandeur des AR. 21 (1940/Anfang 1942), geführte 126. ID an (vgl. Skizze 52).

Soweit hatte also alles seine Richtigkeit, bis auf den Umstand, daß die Armee — und dies wohl zu recht — die im Verhältnis zur Ist-Stärke zu geringe Grabenstärke der Division bemängelte und schnellste Änderung dieses Zustands befahl.[3]) (vgl. auch Anlage 51 B). Tatsächlich nahm die Division, ungeachtet der zurückliegenden Kämpfe, Anfang März unter 12 Divisionen der 18. Armee hinsichtlich der Ist-Stärke Platz 2, bei der erweiterten Gefechtsstärke Platz 1 und bei der Grabenstärke Platz 3 ein.[4]) Durch Auskämmen der aus den weit zurückliegenden Abstellräumen jetzt herangezogenen Trosse wurde die befohlene Auffüllung der Grabenstärke in Kürze erreicht.[5]) Diese relativ hohe Stärke der 21. Division war allerdings auch die Ursache, daß die ursprüngliche Hoffnung auf „ruhige" Tage mit einem bescheidenen „Komfort" für die Truppe zu deren großer Enttäuschung nicht in Erfüllung ging, sie vielmehr aus der eben eingerichteten Stellung wieder herausgerissen wurde. Die ziemlich rüden Worte, die — nach einer glaubwürdigen Überlieferung — Oberst Schwender für den Kommandeur des Gr. 424 der 126. ID. fand, als dieser sich am 7. 3. auf dem Gefechtstand des GR. 45 einfand, um die Ablösung dieses Regiments zu besprechen, entsprangen zweifellos dem Drang, diese Enttäuschung abzureagieren, auch wenn sie völlig unsachlich waren, was Oberst Schwender vermutlich auch wußte.[6]) Denn die Feindlage hatte sich nicht überall so „friedlich" entwickelt wie vor der 21. ID.

Angeblich soll es einen „Stalin-Befehl" gegeben haben, der der Leningrader-Front die möglichst schnelle Einnahme von Pleskau aufgetragen hat. Aber selbst wenn es diesen nicht gegeben hat, so sprach doch manches dafür, daß diese Front (die Wolchow-Front war bereits im Februar aufgelöst worden) zunächst auf einen konzentrischen Aufmarsch vor Pleskau verzichtete und die 42. Armee aus der Bewegung heraus von Norden auf Pleskau angreifen ließ. Einmal bot die Rollbahn Gdow, Pleskau eine gute Annäherungsmöglichkeit, zum anderen galt es keine Zeit zu verlieren, um dem deutschen Verteidiger nicht die Möglichkeit zum Stellungsbau und Auffrischung seiner Verbände zu geben. Und schließlich lud der Erfolg der 54. Armee bei der Umgehung Nowgorods über das Nordende des Ilmensees (vgl. S. 400) zur Nachahmung ein. Von den für eine Schwerpunktbildung zur Verfügung stehenden Verbänden war das CVIII. SK. mit 196., 90., 128. SD. und die 220. Pz. Brig. (mit 51. und 84. Pz. Btl.) zu einem über das Eis des Pleskauer-Sees ausholenden Angriff gegen das Welikaja-Delta und von dort aus auf Pleskau vorgesehen.[7]) Auch in der Hinsicht war wegen der fortgeschrittenen Jahreszeit und der damit verbundenen abnehmenden Tragfähigkeit des Eises Eile geboten.

Während der Zeit vom 1.–3. 3. hatte sich der Gegner durch Zurückdrängen der Gefechtsvorposten der nördlich Pleskau stehenden 126. ID. die Ausgangsposition für seinen Großangriff geschaffen, der am Morgen des 4. 3. nach einer trommelfeuerartigen Artillerievorbereitung beiderseits der Rollbahn Gdow, Pleskau einsetzte.[8]) Nachdem der Feind bald nach Angriffsbeginn feststellen mußte, daß das Eis des Pleskauer-Sees einen umfassenden Angriff mit Panzerunterstützung nicht mehr zuließ, warf er in der Folge auch die Verbände des CVIII. SK. in den Frontalangriff des CXVIII. SK., an dem in den nächsten Tagen nicht weniger als sieben Schützendivisionen (376., 291., 168., 196., 245., 128. und 90. SD.), ferner das bekannte

261. Pz. Durchbruchsregiment und die 220. Pz. Brig. beteiligt waren. Keine Frage, daß die 126. ID. diesem Ansturm allein nicht widerstehen konnte. Dazu kam, daß sie schon bei Angriffsbeginn, infolge der knappen Munitionslage der Armee, über eine unzureichende Munitionsausstattung verfügte. In aller Eile mußte die 21. ID. mit 800 Schuß Artilleriemunition aushelfen.[9] Aber nicht nur das. Bereits am 4. 3. nachmittags befahl das XXVIII. AK. der Division, ein Bataillon, das II./GR. 45, in Pleskau als Korpsreserve bereit zu stellen.[10] Der Einsatz ließ nicht auf sich warten.

Am Morgen des 5. 3. griff der Gegner mit einem Regiment der 196. SD. (einer alten „Bekannten" aus der 3. Ladoga-Schlacht) prompt über das Eis des Sees die tiefe Flanke der 126. ID. an, ein Versuch, der jedoch ziemlich verlustreich für den Feind scheiterte. Aber am Vormittag überrannte er beinahe die gesamte Stellung der 126. ID. zwischen Rollbahn und See, wobei er sich auch in den Besitz der beherrschenden Höhe 55,6 zu setzen vermochte. Dem Korps blieb nichts anderes übrig, als das ihm zugeführte Sturmbataillon des AOK. 18 und das II./GR. 45 der 126. ID. zu unterstellen. Da das Sturmbataillon sich beim Übergang über die Welikaja verspätete, trat das II./GR. 45, ohne dessen Eintreffen abzuwarten, zusammen mit dem III./JgRgt. 26 (L), von mehreren Sturmgeschützen unterstützt, um 18.50 Uhr zum Gegenangriff an und konnte nach einstündigem Gefecht die alte Stellung wieder gewinnen.[11] Damit war freilich die Schlacht bei weitem noch nicht gewonnen. Vielmehr nahm der Feinddruck auf die 126. ID. immer weiter zu. Fünf Schützendivisionen standen wahrscheinlich bereits vor ihrer Front, mit dem Auftreten von zwei weiteren war zu rechnen. Um ein Ausbluten der 126. ID. unter allen Umständen zu verhindern, erwog die Armee bereits am 5. 3., die Division durch die 21. ID. ablösen zu lassen.[12] Inzwischen stellte sie die Kampfgruppe SS-Pol. (drei Bataillone und eine verstärkte Artillerieabteilung) der 126. ID. zur Verfügung, die westlich der Rollbahn eingesetzt wurde. Am 7. 3. war es dann soweit, daß das Korps den Einsatz des Stabes und I./GR. 45 (ohne Regimentseinheiten) sowie des Füs. Btl. 21 bei der 126. ID. verfügte. Als Ersatz für diese Abgabe erhielt die 21. Division den Rgt. Stab GR. 424, nebst der Stabskompanie und zwei Kompanien des Pi. Btl. 126 zugeführt.[13]

Nach wechselvollen Kämpfen am 7. und 8. 3., bei denen die Höhe 55,6 wiederum verloren ging, entschloß sich die 126. ID. nach Eintreffen der Verstärkungen zu einem Gegenangriff mit I./GR. 45 links, Füs. Btl. 21 rechts und II./Jg. Rgt. 25 (L) als Div. Reserve. Das II./GR. 45, an der Rollbahn eingesetzt und dem GR. 424 unterstellt, sollte sich dem von Oberst Schwender geführten Angriff anschließen.

Der ursprünglich für den Abend des 8. 3. angesetzte Angriff begann erst am 9. 3. um 0.45 Uhr und führte nach vierstündigem harten Nachtgefecht zur Gewinnung einer Hinterhangstellung 200 Meter südlich der Höhe 55,6. Auf eine Wiedergewinnung der Höhe wurde schließlich verzichtet, da ihre Behauptung unter schwerem, beobachteten feindlichen Feuer auf die Dauer nicht möglich erschien. Das II./GR. 45 folgte dem Angriff wie vorgesehen, nur blieb sein linker Flügel kurz vor dem Angriffsziel hängen. Der Gefreite Radermacher der 6./GR. 45 sollte als Kompaniemelder dem linken Schützenzug einen Befehl überbringen. Er fand den Zug jedoch führerlos und entsprechend ratlos vor, übernahm aus eigenem Entschluß die Führung des Zuges, riß ihn vor und erreichte das Angriffsziel. Radermacher erhielt für diese Tat später das Ritterkreuz.[14])

Mit dem Einsatz des Gr. 45 und des Füs. Btl. 21 war praktisch der Austausch zwischen 126. und 21. ID. eingeleitet, der nun zügig fortschritt. Bereits in der Nacht vom 8./9. hatte das II./GR. 24 mit dem II./GR. 422 die Stellung getauscht. In der Nacht vom 9./10. 3. erfolgte die Ablösung des Stabes GR. 422 mit I. Btl. durch das GR. 24 auf den Waulinohöhen und der Austausch von mehreren Batterien des AR. 126 gegen solche des AR. 21.

Das Korps hatte den Divisionsstäben die wechselseitige Übernahme des Befehls in den neuen Abschnitten für den 10. 3., 12.00 Uhr befohlen.[15]) Das GR. 3 wurde erst ab 10. 3. aus seinem alten Abschnitt herausgelöst und übernahm bis zum 12. 3. den bisherigen Abschnitt der Kampfgruppe SS. Pol. Die nicht divisionseigenen Verbände verblieben vorläufig in den bisherigen Abschnitten. Es waren dies im bisherigen Abschnitt der 126. ID.: die Kampfgruppe SS. Pol., das II./Sich. Rgt. 728 (ohne 1 Kp.) und das III./Sich. Rgt. 712, mehrere Luftwaffen-Jägerbataillone, die 2. Heeres-PzJg. Abt. 667, ferner die Eingreifkompanie des Radfahr-Sicherungsregiments 3 und die „Gruppe Cuno" (zwei Urlauberkompanien), die an der Küste sicherte. Ferner blieb von der 126. ID. das II./GR. 426 zunächst in seinem bisherigen Abschnitt eingesetzt. Ob das AR. 126 komplett gegen das AR. 21 ausgetauscht wurde, erscheint eher fraglich. Allem Anschein nach aber übernahm das AR. 21 je eine Abteilung des AR. 12 (L) und des AR. 13 (L) sowie die IV./AR. 225.

Im neuen Abschnitt der 126. ID. blieben hingegen weiterhin eingesetzt eine Kompanie von Pi. Btl. 21 und eine Alarmkompanie der 21. ID.

Die Schlacht schien langsam zu verklingen. Am 9. 3. hatte es noch eine schwere Krise gegeben, als der Gegner am späteren Vormittag auf der gesamten Nordfront der 126. ID. angriff. Zwar konnte das GR. 45 alle Angriffe gegen seine Stellung abschlagen, aber bei der Kampfgruppe SS. Pol. unmittelbar an der Seeküste erzielte der Gegner auf schmalem Raum einen 2 Kilometer tiefen Einbruch, der jedoch auch – wenn auch mit einiger Mühe – abgeriegelt und sodann im Gegenangriff bis 15.15 Uhr bereinigt werden konnte.[16]) Auch am 10. 3. vormittags kam es zu mehreren Feindangriffen, die jedoch alle abgewiesen bzw. Einbrüche bereinigt werden konnten. Nur die Höhe 52,3 im Abschnitt des Füs. Btl. 21 mußte dem Gegner überlassen werden.

Höheren Orts hielt man, wie auch der Gefechtskalender beweist, die Abwehrschlacht nördlich Pleskau damit für beendet und beeilte sich, die divisionsfremden Truppen aus dem Abschnitt der 21. ID. abzuziehen[17]) (vgl. Skizze 54).

Ganz war dem Frieden freilich nicht zu trauen. Es wäre ja nicht das erste Mal, daß der Gegner nach dem Ende einer Schlacht, ganz unvermutet, noch einmal versucht hätte, das bisher nicht Erreichte doch noch zu erlangen. Die Feindaufklärung zeigte jedenfalls keine Auflockerung der Feindverbände vor der Nordfront des XXVIII. AK., eher schien die Verschie-

*Ungefähre Lage der 21. ID.
am 12. März 1944 abends*
Unterlage: BA/MA, RH 20–18/
1113 K

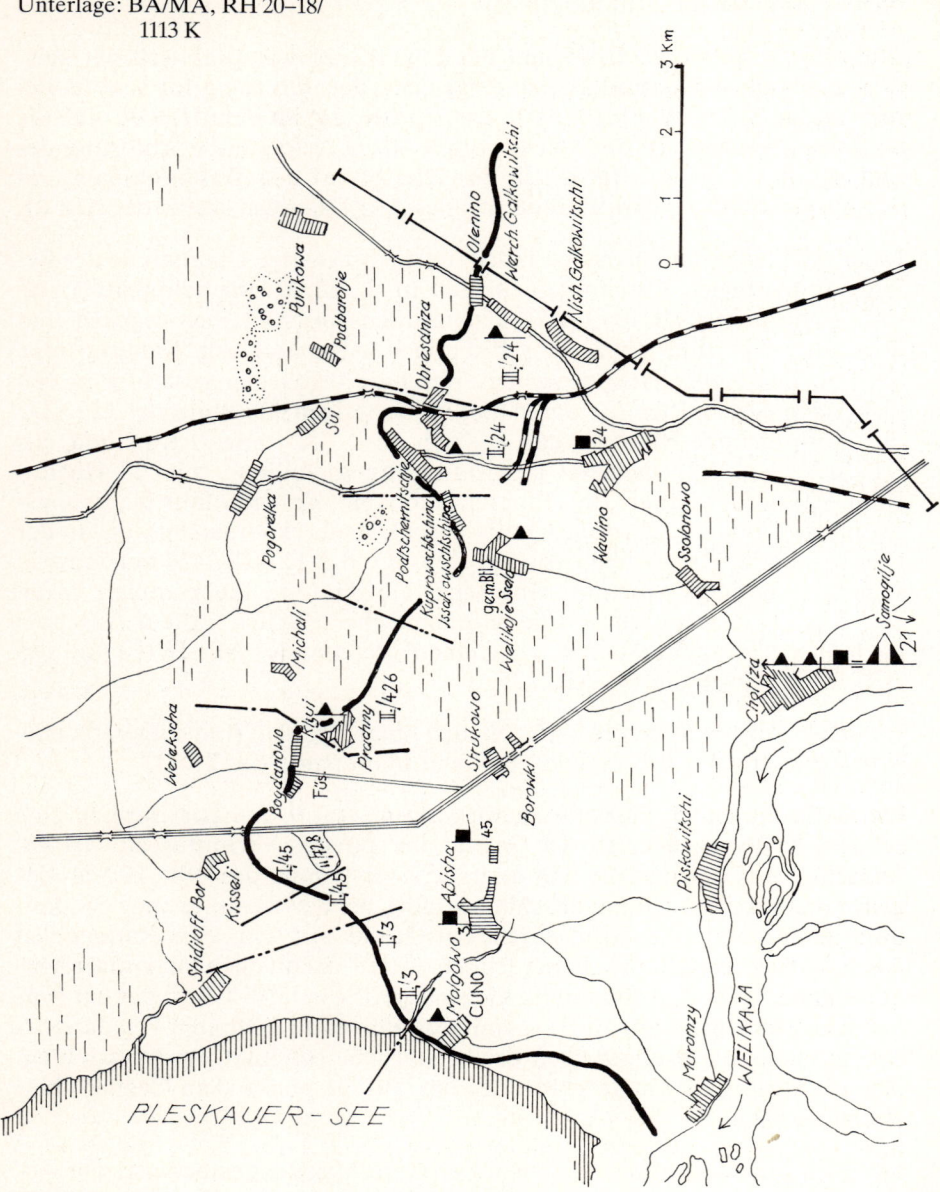

Skizze 54

bung einer weiteren Schützendivision (328. SD.) dorthin wahrscheinlich. Schon am 15. 3. wurden neue Bereitstellungen vor der Front der Division erkannt und bekämpft. Am folgenden Tag wurden die Anzeichen für einen bevorstehenden größeren Angriff noch deutlicher: Bereitstellungen, Einschießen und Zerstörungsfeuer von 15 bis 20 Batterien auf die Stellungen der Division.[18])

Am 17. 3. um 5.40 Uhr war es tatsächlich so weit. Nach einem 20 Minuten langen intensiven Feuerschlag, vor allem aus Salvengeschützen, und dem Versuch, die deutschen B-Stellen nördlich Abisha durch Nebel zu blenden, griff der Gegner an und zwar dort, wo er schon bei früheren Kämpfen den größten Erfolg erzielt hatte, nämlich zwischen Rollbahn und Seeufer. Sein Pech war, daß er nicht mehr auf die Kampfgruppe SS. Pol, sondern auf das GR. 3 stieß. Auch das schon bei Nowosselje angewandte Verfahren, mit einzelnen Panzern die HKL zu durchbrechen und, weit in das Hinterland vorstoßend, der feindlichen Infanterie den Weg zu bahnen, blieb erfolglos. Durch einen wuchtigen Artillerieeinsatz (300 to Verschuß am 17. 3.) gelang es, die angreifende Infanterie von den Panzern zu trennen und die hinter der Front umherirrenden Panzer teils zu vernichten oder zur Rückfahrt zu veranlassen. Von 14 angreifenden Panzern wurden 7 abgeschossen. Bis auf einen Einbruch von 400 Meter Breite und 100 Meter Tiefe zwischen I. und II./GR. 45, der später ebenfalls bereinigt werden konnte, hielt die Front,[19]) wobei sich besonders die 6. Kompanie des GR. 3 unter der Führung des Feldwebels Kutschkau derart auszeichnete, daß die Kompanie mit ihrem Führer am 18. 3. im Wehrmachtsbericht namentlich genannt wurde. Auch am nächsten Tag war dieser Unteroffizier die Seele des Widerstands, da sich die Angriffe des durch die Verluste des Vortags offensichtlich stark geschwächten Gegners nun vor allem gegen den Abschnitt der 6./GR. 3 unmittelbar am Seeufer richteten. Im schwersten Feuer vermochte er seine Männer zum Ausharren zu bewegen, bis ein Feuerschlag der gesamten Divisionsartillerie vor den Kompanieabschnitt die Lage endgültig klärte. Kutschkau erhielt dafür das Ritterkreuz verliehen.[20]) Am 19. 3. klangen die Kämpfe dann tatsächlich ab, wozu nicht zuletzt zwei von der Armee schon am Vortag erbetene, nun am Vormittag dieses Tages geflogene Stukaangriffe beigetragen haben mögen, wovon vor allem der erste den Gegner anscheinend völlig unerwartet traf und wohl auch entsprechende Wirkung hatte. Mit diesem Paukenschlag endete für die 21. ID. – fast wider Erwarten und im Hinblick auf das Ergebnis über Erwarten – die erste Abwehrschlacht bei Pleskau. Jedenfalls meinte Generaloberst Model gegenüber dem Oberbefehlshaber der 18. Armee, GO. Lindemann, am 27. 3.: „Der bisherige Kampf ging noch gut ab, es hätte schlimmer kommen können."[21]) Der Oberbefehlshaber hatte dabei wohl im Auge, daß die „Panther-Stellung" zwar im großen und ganzen gehalten worden war, aber, gerade im jetzigen Abschnitt der 21. ID., der Gegner doch tiefere Einbrüche erzielt hatte. Das veranlaßte den Generaloberst auch, bei einem Besuch auf dem Gefechtstand des XXVIII. AK. am 14. 3. als ersten von 23 Besprechungspunkten die Wiedergewinnung der alten HKL bei 21. ID. zu fordern.[22]) Die Division legte auch eine Woche später einen Angriffsplan für die Rückgewinnung der ehemaligen Panther-Stellung an der Rollbahn Gdow, Pleskau vor, aber beim XXVIII. AK. wie bei der 18. Armee war man sich wohl klar, daß es sich hierbei um theoretische Erwägungen ohne reale Voraussetzungen handle, zumal die jetzt eingenommene Linie als durchaus tragbar erachtet wurde.[23]) Die 21. Division hätte das Unternehmen auch selbst kaum durchführen können, wurde sie doch Anfang April als nur noch „zur Abwehr bedingt geeignet" eingestuft, wobei ihre Beweglichkeit 50% nicht überschritt.[24]) Das hatte freilich mit dem inneren Wert der Division nichts zu tun. Sie hatte gerade in den eben zurückliegenden

Kämpfen trotz ihrer personellen und materiellen Schwächen eine erstaunliche Standfestigkeit bewiesen, und so lautete auch die Beurteilung, die das XXVIII. AK. am 28. 3. gegenüber der 18. Armee über die Division abgab: „Hochwertige, kampferprobte Division mit guter Kampfmoral, die sich, umsichtig geführt, in schwierigen Lagen wiederholt bewährt hat. Der Ausbildungsstand ist nach großen Verlusten und nach Einreihung von aus Trossen und Versorgungstruppen ausgekämmten Soldaten zur Zeit stark abgesunken. Bei angemessener Ruhepause und Zuführung von vollwertigem Ersatz ist Erreichen der Bedingungen der Gruppe I (= zu jedem Angriff geeignet) in absehbarer Zeit zu erwarten".[25]

Zu dem von der Heeresgruppe geplanten Angriff kam es freilich nicht. GO. Lindemann, der nach der Abberufung des GO. Model am 30. 3. die Führung der Heeresgruppe übernahm, hatte andere Sorgen. Dieser Wechsel an der Spitze hatte darüberhinaus unmittelbar auch Auswirkungen auf die 21. Division selbst, da Gen. d. Art. Loch an Lindemanns Stelle mit der Führung der 18. Armee betraut wurde. Das dadurch verwaiste XXVIII. Korps übernahm vertretungsweise, wie schon in früheren Fällen, General Matzky, und an seiner Stelle übernahm, ebenfalls interimistisch, GM. Sensfuß die Führung der Division, da der mit 28. 3. zum Kommandeur der 21. ID. ernannte GLt. Hermann Foertsch in seiner derzeitigen Verwendung vorerst unabkömmlich war.

GM. Sensfuß, ein ostpreußischer Pastorensohn, war zwar kein „hochgradiger" Generalstabsoffizier wie Matzky und später dann Foertsch, aber ein tapferer Truppenführer, der, nachdem er im Mai den Befehl über die 21. ID. wieder abgegeben und den über die 212. ID. übernommen hatte, sich noch das Eichenlaub zum Ritterkreuz erwerben sollte.

Nicht sehr vorteilhaft für die Führung der Division war es jedoch, daß zum selben Zeitpunkt, an dem Gen. Matzky von der Division schied, auch der bewährte Ia, Obstlt. i. G. Schroetter, „aushilfsweise" als Ia zur 15. lettischen SS-Freiwilligen Division versetzt werden sollte. Er kehrte jedoch am 1. 4. von dieser Verwendung wieder zurück. Es war an der Zeit, denn ein neuer, schwerer Einsatz der 21. Division stand dicht bevor.

2. Die zweite Abwehrschlacht südlich Pleskau

Vorerst schien es allerdings, als ob die Division von dem zweiten, groß angelegten Versuch der Sowjets, die Panther-Stellung im Raume Pleskau aufzubrechen, nicht berührt werden sollte. Zwar gab es gegen Ende des Monats März sowohl gegen die Front der 21. Division wie auch gegen die der 126. ID. kleinere Feindvorstöße, die aber offensichtlich nur der Aufklärung oder auch der Ablenkung dienen sollten. Auch eine zunächst von der Division vermutete feindliche Schwerpunktbildung vor den inneren Flügeln der 21. und 126. ID. schien sich nicht zu bewahrheiten. Vielmehr beurteilte die HGr. Nord am 30. 3. die Feindlage dahingehend, daß die 42. sowjetische Armee den größten Teil ihrer Verbände an die beweglichen Frontreserven und an die 67. Armee, ihren linken Nachbarn, abgegeben hätte, sodaß diese ursprünglich so offensiv eingestellte Armee jetzt nur noch über ein Schützenkorps und zwei Befestigungsbezirke verfüge, was einen Angriff nördlich oder nordostwärts Pleskau recht unwahrscheinlich erscheinen ließ.[26]) Da machte der rechte Flügel des XXVIII. AK. (212. und 215. ID.) und die Naht zum XXXVIII. AK. schon mehr Sorgen. Am 30. 3. war es im Abschnitt der 212. ID. zu einigen Aufklärungsvorstößen und auch zu vorübergehenden Einbrüchen gekommen. Am Abend dieses Tages unterrichtete die 18. Armee das XXVIII. AK., daß der Gegner südlich Pleskau auf schmaler Front einen entscheidenden Durchbruch vorbereite und der Angriffsbeginn nahe bevorstehe. Auf einer Breite von 15 Kilometern seien 2.200 Rohre und 21 Divisionen zum Angriff bereitgestellt. Die Armee machte sich anscheinend auf das Schlimmste gefaßt, denn sie befahl, die Kommandeure und Truppenführer entsprechend vorzubereiten, „damit eine Panik von vornherein ausgeschaltet ist."[27])

Am nächsten Morgen war es so weit: Nach einer außergewöhnlich starken nächtlichen Vorbereitung durch Schlachtfliegerverbände trat die 67. Armee in den frühen Morgenstunden auf einer Breite von 14 Kilometern mit zunächst 8 Divisionen wie erwartet an. Dem Angriff war ein einstündiges Trommelfeuer aus mindestens 134 leichten und 42 schweren Batterien und fünf Granatwerfer-Verbänden vorausgegangen.[28]) Er führte, vor allem bei der 212. ID., zu tieferen Einbrüchen, sodaß schon am Abend des ersten Schlachttages der Oberbefehlshaber der HGr. Nord meinte, auf lange Sicht müsse die 212. ID. herausgelöst werden, wobei ein Austausch gegen die 21. ID. am besten wäre. Aber, so überlegte der Oberbefehlshaber, die 21. ID. sei dafür nicht stark genug und außerdem sei ihr derzeitiger Abschnitt ganz besonders wichtig. Es sei daher besser, die 212. ID. durch die 8. Jg. Div. des XXXVIII. AK. zu ersetzen.[29])

Diesen Erwägungen verdankte es die Division, daß sie den ersten und wahrscheinlich schwersten Teil der 2. Abwehrschlacht südlich Pleskau „versäumte", beziehungsweise die Schlacht vorerst nur begrenzte Auswirkungen auf sie hatte. So erhielt die Division am 1. 4. – man ist versucht zu sagen – wie üblich die Weisung des Korps, ihre Sturmgeschütze marschbereit zu halten, und am Abend dieses Tages folgte der Befehl, das Füs. Btl. 21 herauszulösen, um es der 215. ID. zuzuführen, damit diese ihrerseits eines ihrer Bataillone als Eingreifreserve herausziehen könne.[30]) Aber bereits am folgenden Tag (2. 4.) wurde der Division befohlen, sämtliche Trosse, die ostwärts einer bestimmten Linie untergebracht waren und für den Kampf nicht benötigt wurden, beschleunigt nach Westen abzuschieben.[31])

Das klang bedrohlich und die Lage war auch danach. Unter Einsatz von inzwischen 13 Divisionen, wenn auch unter Verlust von etwa 140 Panzern, war es dem Gegner gelungen, vor allem im Abschnitt der 212. ID. einen 6 bis 7 Kilometer breiten und 5 bis 6 Kilometer tiefen Einbruch zu erzielen, wobei im Norden des Einbruchs sein Schwerpunkt deutlich auf den Welikaja-Übergang bei Filatowa-Gora zielte. Daß ihm der angestrebte Durchbruch dennoch nicht gelang, war vor allem einer an den bedrohten Frontabschnitt eingeschobenen Kampfgruppe GM. Weber (Kdr. 12. LWF. Div) zu verdanken, die den Gegner am Rande der der Welikaja vorgelagerten Waldzone aufzuhalten und vor allem eine Lücke zwischen 212. und 215. ID. mehr oder minder im letzten Moment zu schließen vermochte.[32])

GM. Weber verfügte von der Infanterie seiner Division allerdings nur über das Jg. Rgt. 24 (L), während das zweite Regiment (Jg. Rgt. 23 (L)) bei der 8. Jg. Div. eingesetzt war. Dafür erhielt die Gruppe Weber zwei Regimenter der 126. ID. und Teile von zwei Sturmgeschützabteilungen, bei denen auch die Sturmgeschütze der 21. ID. eingesetzt gewesen sein dürften. Außerdem wurde dem XXVIII. AK. von der Armee die 32. ID. zum Einsatz zwischen 12. LWF. Div. und 215. ID. zugeführt.

Bisher war, von geringen Abgaben abgesehen (Füs. Btl. 21 zu 215. ID, Kp. Irion (Divisionskampfschule) zur 126. ID.), die 21. Division aus den schon erwähnten Gründen unbehelligt geblieben, wenngleich sie sich auch durch Übernahme von Frontabschnitten der 126. ID. etwas hatte verbreitern müssen.[33] Immerhin mochten ihre Angehörigen gehofft haben, das nahe bevorstehende Osterfest in einer verhältnismäßig ruhigen Stellung verbringen zu können.

Dem war aber nicht so. Da einerseits mit einem Abebben der feindlichen Angriffe in der allernächsten Zeit nicht zu rechnen war — man nahm an, daß der Gegner noch 11 Divisionen in Reserve hatte — andererseits die Armee — im Gegensatz zu früher — ein Ausbluten der eingesetzten Divisionen unbedingt vermeiden wollte, schlug die Stunde der 21. Division nur zu bald. Am Nachmittag des fünften Schlachttages (4. 4.) entschloß sich das AOK. 18, die 12. LWF. Div. gegen die 21. ID. auszutauschen. Ab der Nacht vom 5./6. 4. sollten die abgekämpften Teile der Luftwaffendivision mit den bei ihr eingesetzten Teilen der 126. ID. und das GR. 374 (207. Sich. Div.) durch die 21. ID abgelöst werden. Hierzu hatte das Sturm-Btl. des AOK. 18 und das Inf. Btl. z. b. V. 540 zunächst das GR. 24 in seinem bisherigen Abschnitt an der Rollbahn Pleskau, Gdow abzulösen. Das Regiment 24 war dann beschleunigt der Gruppe Weber zuzuführen. Um 23.25 Uhr ging der entsprechende Armeebefehl hinaus.[34]

In der Nacht vom 6./7. 4. traf das GR. 24 im rechten Abschnitt der 12. LWF. Div. ein und wurde mit III. Btl. rechts, II. Btl. links eingesetzt, wobei das II. Btl. das sogenannte „Ring-" oder „Hufeisen-Dorf" zu verteidigen hatte, einen Siedlungskomplex, der aus vier halbkreisförmig ineinander übergehenden Dörfern (Danschino, Sapjatkino, Jawanowa, Pawlowa) bestand. Dieses „Hufeisen-Dorf", am Scheitelpunkt des russischen Einbruchs gelegen, hatte in den bisherigen Kämpfen wie ein Prellbock gewirkt. Auch am 7. 4. wurde hier wie an der ganzen Front des Einbruchsraumes erbittert gekämpft. Gemäß einer Zwischenorientierung des Korps an die Armee griff der Gegner dauernd in aufeinanderfolgenden Wellen an. Die Verluste der Truppe seien durch das Trommelfeuer und die laufenden Angriffe erheblich. Auch die Ausfälle bei GR. 24 waren hoch (am 8. 4.: 180 Mann!). Beim rechten Nachbarn der 12. LWF. Div., der 8. Jg. Div., war an diesem 7. 4. an einem weiteren Brennpunkt der Schlacht der Südteil des Dorfes Starosselje vorübergehend verloren gegangen. Eben diesen Abschnitt, rechts neben dem GR. 24, hatte das GR. 45 in der Nacht vom 7./8. 4. zu übernehmen, was nicht ohne gewisse Friktionen gelang.[35] Nördlich des GR. 24 löste in der folgenden Nacht das Füs. Btl. 21 das II./GR. 426 (126. ID.) ab. Das zuletzt aus dem alten Abschnitt herausgelöste GR. 3 wurde am 9. 4. als Korps-Reserve zur Sicherung des Welikaja-

Übergangs eingesetzt. Das AR. 21 befand sich schon seit dem 6. 4. im Stellungswechsel in den neuen Einsatzraum[36]) und sein Kommandeur, Oberst Henger, der für seine straffe Feuerleitung und entsprechend wuchtige Vernichtungsschläge seiner Artillerie bekannt war, war schon am 8. 4. vom Korps angesetzt worden, um die artilleristische Stärkung in der Mitte des Einbruchsraumes zu organisieren.[37]) Am Ostersonntag, dem 9. 4., um 9.00 Uhr, übernahm die 21. Division die Führung in ihrem neuen Abschnitt, der außer dem alten der 12. LWF. Div. auch den linken Abschnitt der 8. Jg. Div. umfaßte (vgl. Skizze 55). Die Jägerdivision wurde übrigens in den nächsten Tagen ebenfalls gegen die 30. ID ausgewechselt.

Auch beim Gegner wurde offenbar umgruppiert und die Verbände neu geordnet. Obwohl er zweifellos außerordentlich hohe Verluste erlitten hatte, bestand doch kaum ein Zweifel, daß er sein Ziel, Pleskau von Süden zu nehmen und damit das Tor ins Baltikum aufzustoßen, zunächst weiter verfolgen würde. Zudem lehrte die Erfahrung, daß nach Abwehr eines feindlichen Großangriffs nach einiger Zeit mit einem zweiten Versuch des Gegners gerechnet werden müsse. So galt es, die wahrscheinlich nur kurze Zeit bis zum nächsten Großangriff zu nützen. Das offene und ebene Gelände im Einbruchsraum kam zwar den feindlichen Panzern sehr zustatten, ermöglichte aber auch der eigenen Artillerie gute Wirkungsmöglichkeiten, vor allem für massive Feuerzusammenfassungen der um den Einbruchsraum herum eingesetzten Divisionsartillerieregimenter. Zu diesen kam noch unter dem Arko 24 die vom AR. Rgt. Stab 785 geführte Heeresartillerie. Wie weit das AR. 21 selbst verstärkt war, läßt sich nicht mehr mit Sicherheit sagen. Jedenfalls stand hinter dem eher offenen Abschnitt des GR. 45 am rechten Flügel eine Art. Gruppe Allmayer-Beck, die aus drei Abteilungen und zwar wahrscheinlich aus der I./AR. 207 (organisationsmäßig zum GR. 374 gehörig), einer schweren Abteilung (IV./AR. 225 ?) und einer Flakabteilung (8,8 cm) bestand. Letztere sollte sich sowohl infolge ihrer Reichweite als auch der Feuergeschwindigkeit wegen im Erdkampf als außerordentlich wirkungsvoll erweisen. Darüber hinaus war noch eine Abteilung des benachbarten AR. 30 auf Zusammenarbeit mit der Art.-Gruppe angewiesen. — Zur Panzerabwehr lagen hinter dem Divisionsabschnitt eine StGesch. Brigade mit den Abteilungen 184 und 226 und die Heeres-PzJg. Abteilungen 563 (Sfl) und 667. Die Personalstände der Truppe waren für damalige Verhältnisse trotz der vorangegangenen Verluste nicht schlecht; der Divisionsabschnitt (9 Kilometer) nicht übermäßig breit, ein ganzes Regiment (GR. 3) in Reserve, die Kampfmoral nach wie vor ungebrochen. Alles in allem nicht ungünstige Voraussetzungen für die Abwehr des zu erwartenden neuerlichen Angriffs, der auch am 13. 4. einsetzte.

Der gegnerische Einsatz war allerdings gewaltig. Nicht weniger als 13 Schützendivisionen, darunter „langjährige Feinde" der 21. ID. wie die 310. und 311. SD., zwei Panzerbrigaden, ein Panzer- und ein Sturmgeschütz-Regiment, Teile einer Artilleriedivision und drei Granatwerferverbände, sollten auf engstem Raum, mit Schwerpunkt vor der 21. ID., den Durchbruch erzwingen[38]) (vgl. Skizze 55). Noch einmal war es damit an der Division, zu zeigen, wozu sie nach viereinhalb Kriegsjahren und fast drei Jahren Rußlandeinsatz noch immer imstande war.

Der Auftakt zum zweiten Teil der Abwehrschlacht südlich Pleskau erfolgte merkwürdig zögernd. Am Morgen setzten Aufklärungsvorstöße in der Stärke bis zu 2 Bataillonen gegen den rechten und linken Flügel der Division

Lage der 21. Division am 13.4.1944
Unterlage: BA/MA, RH 24–28/93

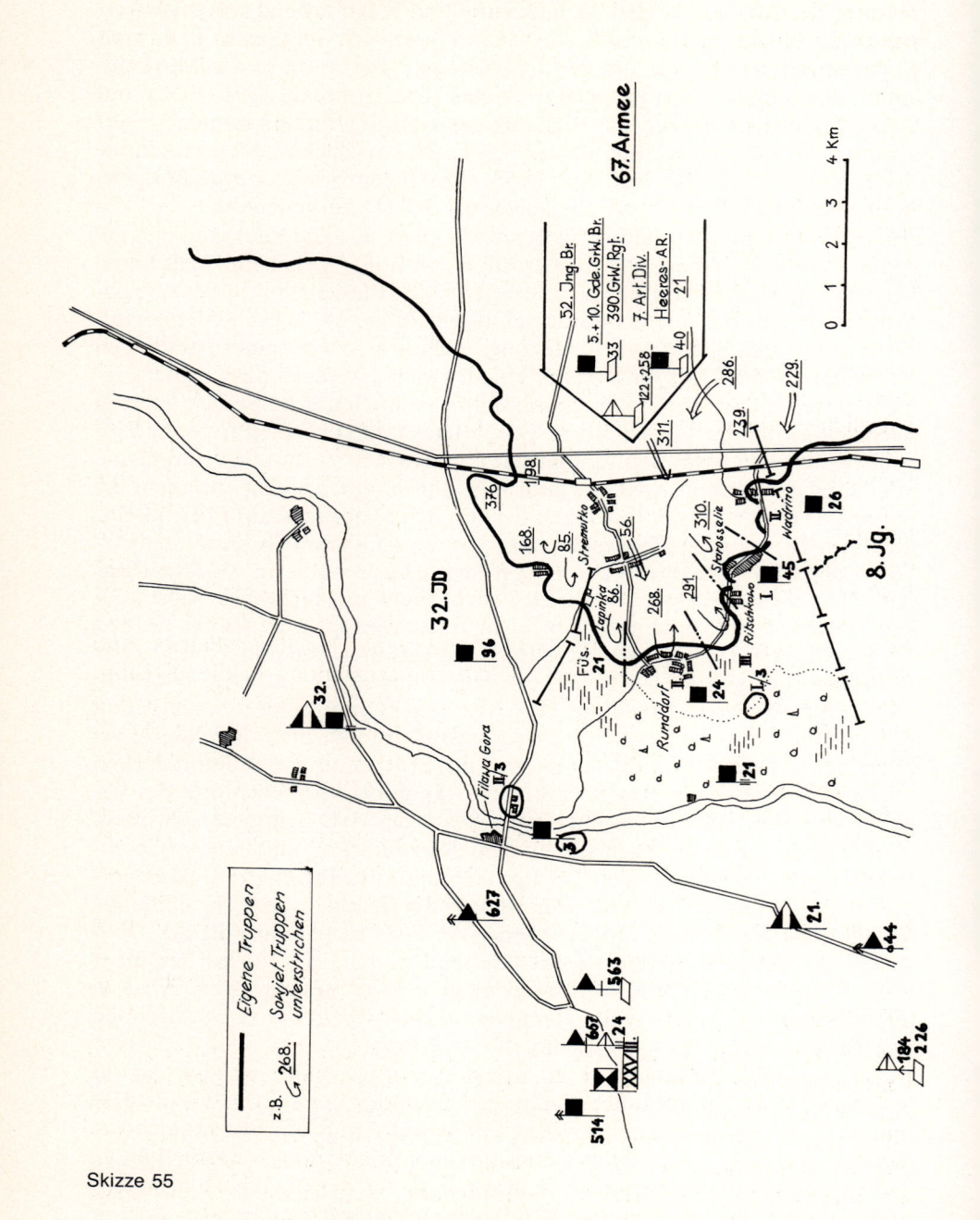

Skizze 55

ein, und gegen Mittag trat der Gegner nach kurzer, aber starker Artillerievorbereitung von Wadrino über den gesamten Abschnitt der Division bis zum rechten Flügel der 32. ID. zum Angriff an. Insgesamt wurden während dieses Tages zwischen Starosselje und Podborowje 4 Angriffe in Kp.-Stärke, 8 in Bataillons-Stärke und zwei in Regimentsstärke abgewiesen, wobei durch den geballten Einsatz der Divisions- und Heeresartillerie zahlreiche Angriffsversuche bereits in der Bereitstellung zerschlagen wurden.[39])

Waren an diesem Tag die feindlichen Panzer aus unbekannten Gründen nicht besonders in Erscheinung getreten, (ein einziger Abschuß im Bereich der Division), so war dies umsomehr am folgenden 14. 4. der Fall. Ab 11.40 Uhr lag schweres Trommelfeuer auf dem Abschnitt zwischen Starosselje und dem Hufeisendorf (I./GR. 45 und GR. 24); dann um 12.00 Uhr brachen ganze Panzerrudel gegen die Division vor und überrollten bei Starosselje, Puschkowo und beim Hufeisendorf die HKL. Durch das sofort einsetzende Sperrfeuer der Artillerie — man war durch Überläufer von dem bevorstehenden Angriff verständigt worden — gelang es jedoch überall, die feindliche Infanterie von den Panzern noch vor Eindringen in die HKL zu trennen und zu Boden zu zwingen. Einzelne Panzer überrollten den Gefechtstand des GR. 45, einer stieß bis zum Gefechtstand der Art. Gruppe Allmayer-Beck etwa 3 Kilometer hinter der Front durch, ohne jedoch zu erkennen, an welch empfindlichen Punkten der Verteidigung sie sich befanden. Auch beim Hufeisendorf waren Panzer durchgebrochen. Die eigene Infanterie aber hielt unbeirrt davon ihre Stellung und machte alle Versuche der gegnerischen Infanterie, den Panzern zu folgen, zunichte. Um 12.40 Uhr gab das Korps alle in Reserve stehenden Tiger-Panzer und Sturmgeschütze zum Einsatz frei. Gleichzeitig ermächtigte es die Division, das bisher als Korpsreserve zurückgehaltene I./GR. 3 bei Bol. Ussy und Starosselje einzusetzen, da die Verluste beim I./GR. 45 sehr hoch waren. Außerdem wurde dem AR. 21 die II./AR. 240 unterstellt. Bis in die späten Abendstunden wurde um das Hufeisendorf gerungen. Aus einem dort eingebrochenen und niedergekämpften Feindpanzer stieg schließlich der überlebende Kommandant aus — eine Frau![40]) Dann breitete sich langsam Ruhe über das Schlachtfeld aus. Die HKL war im gesamten angegriffenen Abschnitt (21. ID., rechter Flügel 32. ID.) fest in eigener Hand; die durchgebrochenen Panzer waren hauptsächlich durch „Tiger" und Sturmgeschütze vernichtet oder zur Rückfahrt gezwungen worden. Insgesamt wurden an diesem Tag vor der Front des XXVIII. AK. 64 Feindpanzer abgeschossen, davon 56 im Abschnitt der 21. ID.[41])

Am späten Abend sprach der Oberbefehlshaber der Heeresgruppe, GO. Lindemann, den an diesem Abwehrerfolg beteiligten Truppen seine höchste Anerkennung und Glückwünsche aus. Die Landser vorne dürften diese Glückwünsche kaum erreicht haben. Sie standen in der tiefen Dämmerung auf der Böschung ihrer Gräben, besserten ihre zerschossenen Stellungen aus und reinigten die Waffen. Munition und Verpflegung kamen heran, Melder und Störungssucher konnten jetzt ungeschoren die vordersten Gräben erreichen; Verwundete wurden versorgt. Und ein paar hundert Meter weiter, drüben beim Russen, war — durch das Glas — das gleiche Bild zu beobachten: „Feierabend" nach der Schlacht! Man hatte vorderhand genug aufeinander geschossen, morgen war auch noch ein Tag.

Dieser begann mit uneinheitlichen Angriffen und einem wesentlich schwächeren Panzereinsatz als am Vortag. Der Aderlaß war doch zu stark gewesen. Immerhin brachen Panzer wieder bei Bol. Ussy ein. Das Hufeisendorf wurde von Norden und Süden von je einem Bataillon angegriffen, die abgewiesen wurden. Auch an der linken Divisionsgrenze zur 32. ID., bei Lapinka, griff der Gegner erfolglos an. Der Einbruch bei Bol. Ussy war im sofortigen Gegenstoß bereinigt worden. Der Schwerpunkt des Angriffs schien an diesem Tag am Südrand des Einbruches, im Raum Wadrino – Starosselje – Uwarowo zu liegen. Um allen Eventualitäten vorzubeugen, flogen Stuka-Verbände der 3. Fliegerdivision zu Mittag drei Angriffe auf Ziele in diesem Raum, was eine fühlbare Entlastung brachte, den Gegner jedoch nicht abhielt, am Nachmittag bei Wadrino anzugreifen. Einbrüche, die er hier und am rechten Flügel der 21. Division erzielte, wurden jedoch in relativ kurzer Zeit bereinigt, darüberhinaus waren 9 weitere Angriffe in Bataillons- bis Regimentsstärke im Abschnitt der Division noch vor Erreichen der HKL zusammengeschossen worden. Zwar glaubte die eigene Aufklärung auch an diesem Tag die Zuführung weiterer Kräfte in den Einbruchsraum erkannt zu haben, doch wirkte die feindliche Angriffsführung an diesem dritten Schlachttag ein wenig planlos, war die Wirkung der gegnerischen Artillerie schwächer als am Vortag. Nur die sowjetischen Schlachtflieger waren über der Front nach wie vor sehr aktiv und veranlaßten das Korps zu einer energischen, aber dennoch erfolglosen Anforderung von Jagdschutz für die schwer ringende Truppe. Dafür sprach ihr die Heeresgruppe an diesem Tag erneut die Anerkennung für die wieder bewiesene Standfestigkeit aus.

Entgegen allen Voraussagen und Feindbeurteilungen blieben in den folgenden Tagen größere feindliche Angriffe aus, bis es schließlich klar war, daß die 67. Armee die Schlacht abgebrochen hatte. Die Gründe dafür liegen allerdings im Dunkeln. Die zweifellos sehr hohen blutigen Verluste, an die man an höchster deutscher Stelle stets so große Hoffnungen knüpfte, dürften kaum eine Rolle gespielt haben. „Menschenmaterial" war ja noch zur Genüge vorhanden. Da dürfte die Ansicht des Oberbefehlshabers der 18. Armee schon zutreffender gewesen sein, der die Ursache für den Abbruch der Kämpfe in zu großen Nachschubschwierigkeiten sah.[42]) Vor allem könnten die außerordentlich hohen Panzerverluste (371 von 500 seit dem 31. 3.) ins Gewicht gefallen sein, Verluste die die Leningrader-Front von sich aus nicht so schnell ausgleichen konnte. Und ohne Panzer hatte auch bei noch so großer artilleristischer Überlegenheit die sowjetische Infanterie im Angriff gegen Divisionen 1. Welle, wie dies jetzt im Einbruchsraum der Fall war, vorderhand noch wenig Erfolgsaussichten.

Die eigenen Verluste in der Abwehrschlacht wurden von der 18. Armee als „tragbar" bezeichnet.[43]) Und das traf auch für die 21. Division zu. Die Kämpfe im März, nördlich Pleskau, hatten wesentlich mehr Opfer gekostet, als die Großkampftage südlich der Stadt (vgl. Anlage 51). Bedenkt man allerdings, daß die Division in der zweiten Schlacht bei Pleskau praktisch nur drei Großkampftage durchzustehen hatte, so ergibt sich eine Verlustquote von mindestens 200 Mann pro Tag, was die durchschnittlichen Verluste etwa in der 3. Ladoga-Schlacht doch leicht übersteigt, um von der

2. Ladoga-Schlacht erst gar nicht zu reden. Immerhin, es hätte noch ärger kommen können.

3. Stellungskämpfe an der Welikaja

In der Erinnerung der Divisionsangehörigen gehörten die folgenden drei Monate, bis etwa Mitte Juli 1944, zu den schönsten seit langer Zeit, ähnlich jenen Wochen an der Newa vor rund einem Jahr. Wie damals lagen auch jetzt schwere Abwehrschlachten hinter der Division; man hatte sie durchgestanden und ließ es sich nun für's erste gut gehen. „Wir hatten gut zu essen, wir rauchten viel und wir soffen unbeschreiblich", schrieb Hptm. von Kursell freimütig in seinen Erinnerungen an diese Zeit.[44]) Warum auch nicht? Wer wußte schon, wie lange das noch möglich sein würde? Und wie es weiter gehen sollte, darüber nachzudenken war wohl weniger Sache der Truppe als die der „da oben". Die Letzteren taten das auch, wenn auch jeder auf seine Weise.

Anfang Mai war Oberst Schwender auf den Obersalzberg befohlen worden, um mit anderen Offizieren das ihm verliehene Eichenlaub zum Ritterkreuz zu empfangen. Schwender hatte sich vorgenommen, bei dieser Gelegenheit dem „Führer" einmal „reinen Wein einzuschenken". Tatsächlich sprach Hitler ihn auch an; als Schwender aber versuchte, seine Anliegen vorzubringen, tat Hitler zunächst so, als wäre ihm dies alles nicht neu, sprach aber dann sofort von neuen Waffen, vom wieder auflebenden U-Bootkrieg und von großen Offensiven. Der fronterfahrene, aber über die „große Lage" uninformierte Oberst kam sich diesen Argumenten gegenüber bald sehr klein vor, verstummte und schied schließlich mit dem Eindruck, Hitler sei doch ein ganz großer Mann.[45])

Bei der Heeresgruppe Nord und bei der 18. Armee sah man die Dinge wesentlich nüchterner. Hier war von großen Offensiven nichts bekannt. Vielmehr galt die Hauptsorge der Schaffung von Reserven, um den mit Sicherheit zu erwartenden nächsten sowjetischen Großangriff halbwegs parieren zu können. Reserven aber waren nur durch Kräfteeinsparungen innerhalb des eigenen Bereichs zu gewinnen, etwa durch eine Frontverkürzung. So zum Beispiel war die Abriegelung des Feindeinbruchs südlich Pleskau durch drei Divisionen ziemlich aufwendig. Wenn es gelänge, die alte Pantherstellung in diesem Abschnitt wieder zu gewinnen, würde man wahrscheinlich mit einer Division auskommen. So faßte auf Grund dieser Überlegungen das noch immer von Glt. Matzky vertretungsweise geführte Gen. Kdo. XXVIII. AK. den Plan, unter dem Decknamen „Fichte" durch ein Großunternehmen den Einbruchsraum zu bereinigen. Im Zentrum des von drei Divisionen durchzuführenden Angriffs sollte die 21. ID. eingesetzt werden. Die Armee war mit dem Vorschlag einverstanden, wenn auch darüber nicht gerade „begeistert". Der Kräftebedarf war hoch, der Erfolg ungewiß und in ihren Augen auch nicht unbedingt notwendig. Auch eine Variante „Klein-Fichte" vermochte nicht zu überzeugen, bis schließlich im Juni die Planungen ad acta gelegt wurden.[46]) Man hatte sich inzwischen hinsichtlich der Reservebildung zu dem längst üblichen Verfahren entschlossen, die ohnehin schon ziemlich ausgedehnten Fronten noch weiter auszudehnen, um Verbände herauslösen zu können. Das hatte im Laufe der nächsten Zeit auch für die 21. Division immer wieder Abschnittsänderungen zur Folge.

Als erstes wurde Ende April die 32. ID. aus der Front gezogen und ihr Abschnitt zwischen 21. und 215 ID. aufgeteilt[47]) (vgl. Skizze 56). Dafür gab die 21. ID. den bisherigen Abschnitt des GR. 45 an ihren rechten Nachbarn, die 30. ID. ab, um allerdings in den ersten Junitagen von dieser Division wieder eine Bataillonsbreite mit dem einst so heiß umkämpften Starosselje zurücknehmen zu müssen.

Mitte Juni wurden dann links von der Division die 215. ID. gegen die inzwischen wieder aufgefrischte 212. ID. ausgewechselt, aber bald darauf auch diese Division herausgezogen und ihr bisheriger Abschnitt wiederum zwischen 21. und 126. ID. aufgeteilt, sodaß die 21. Division ab 22. 6. nun wieder eine Front von rund 19 Kilometern zu verteidigen hatte. Allerdings waren ihr von der abgelösten 212. ID das Füs. Btl. 212, Teile der PzJg. Abt. 212, das Pi. Btl. 212 und wohl auch die IV. AR. 212 — vorläufig — zurückgelassen und von der Armee außerdem das schon bekannte Inf. Btl. z. b. V. 540 zugeführt worden,[48]) sodaß das GR. 45 nur das I. Bataillon in der Front eingesetzt hatte, während das II. Bataillon die Divisionsreserve bildete (vgl. Skizze 56). Später wurde die Masse dieser Verstärkungen jedoch auch abgezogen und der Division dafür ein Bataillon des estnischen Grenzschutzregiments 4 unterstellt, das sich jedoch für einen geschlossenen Einsatz in der vordersten Linie als gänzlich ungeeignet erwies.[49])

Bisher war es allerdings vor dem Abschnitt der Division relativ ruhig geblieben, wenn man von der regen beiderseitigen Stoß- und Spähtrupptätigkeit absah. Die Truppe versah ihren Dienst in der Stellung und übte hinter der Front, Scharfschützen lagen auf der Lauer und die Artillerie probte Feuerzusammenfassungen. Es gab ein von Oblt. Bricke eingerichtetes „Divisionserholungsheim", in dem sich viele Soldaten von dem „Frontalltag" für kurze Zeit entspannen konnten; Fronttheater besuchten die Truppe. Ende Mai veranstaltete das AR. 21 ein großes Reitturnier und am 18. Juni ließen das GR. 45 und die II./AR. 21, bei herrlichem Wetter, ein weiteres folgen. Es sollte das letzte Mal sein, daß 128 Reiter zu einem solchen Wettkampf in den Sattel stiegen.[50])

Unter den zahlreichen Zuschauern bei dieser Veranstaltung befand sich auch der Anfang Juni eingetroffene neue Divisionskommandeur, Glt. Hermann Foertsch, der den gesamten Krieg bisher in hohen Generalstabsstellen mitgemacht hatte und nun sozusagen sein erstes Truppenkommando antrat, ein Mann von hoher Bildung und untadeliger Haltung, der sich schnell das Vertrauen der Truppe zu erwerben wußte.

Damit war ein längeres Interregnum abgeschlossen, das damit begonnen hatte, daß GM. Sensfuß, etwa um den 10. Mai, die Division verlassen hatte, um — wie schon erwähnt — den Befehl über die 212. ID. zu übernehmen. Der nominelle Divisionskommandeur, Glt. Matzky, führte aber nach wie vor und zwar bis zum 28. Mai das XXVIII. AK. Bis zu diesem Zeitpunkt dürfte Oberst Henger (Kdr. AR. 21) die Division vertretungsweise geführt

Skizze 56

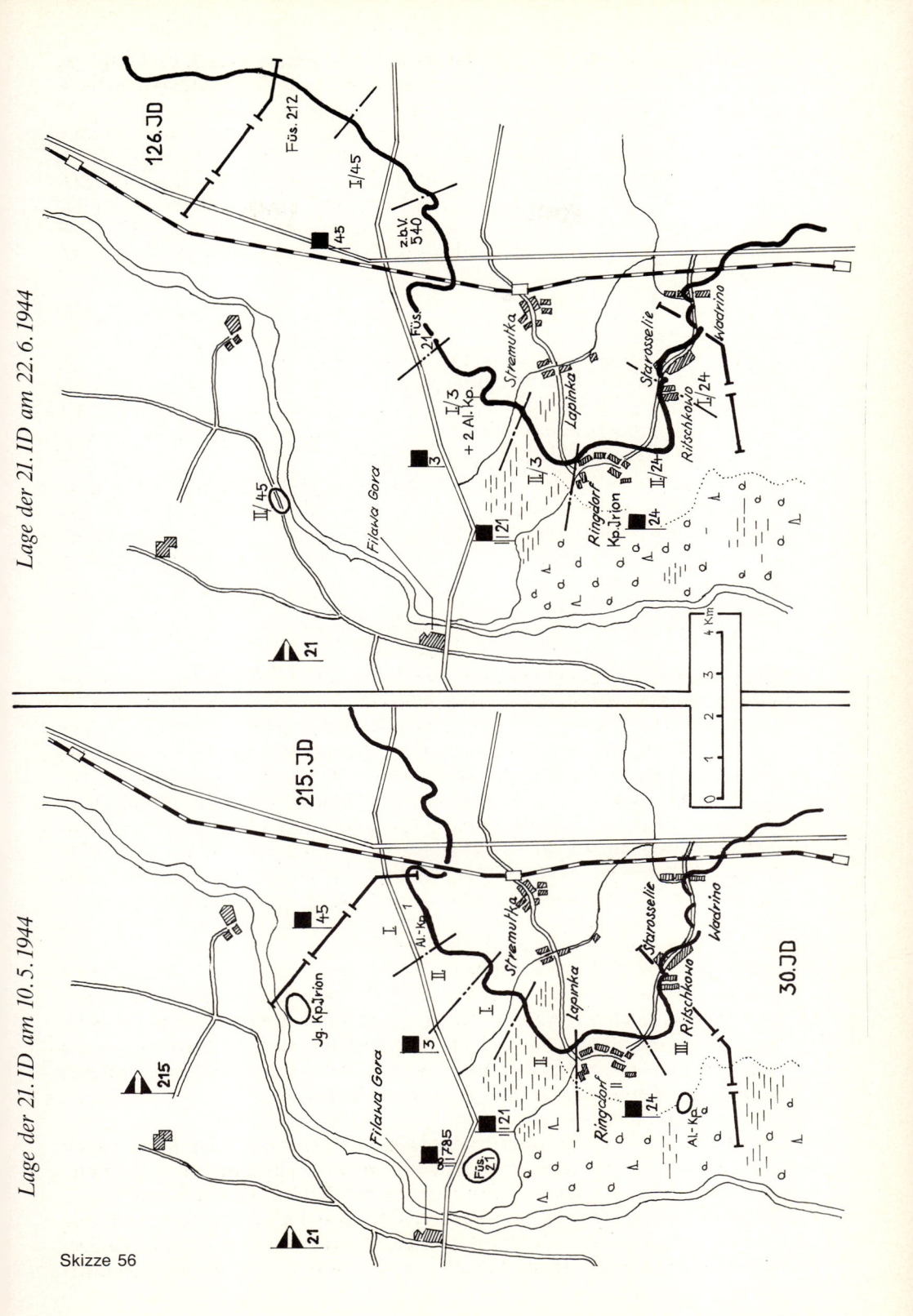

haben. Jedenfalls steht fest, daß während des Monats Mai das AR. 21 von dem vorübergehend zur Division kommandierten Major Pasternak geführt wurde, einem vorzüglichen, aber dienstfordernden Artilleristen, der 1938 als Leutnant in der 3./AR. 57 gedient hatte. Ende Mai kehrte General Matzky zwar wieder zu seiner Division zurück, wurde aber Anfang Juni von der Division auf seinem Gefechtstand mit einem „großen Zapfenstreich" feierlich, wenn auch schweren Herzens, verabschiedet, um ab 6. 7. den Befehl über das XXVI. AK. zu übernehmen. Auch der bewährte Ia der Division, Oberstlt. i. G. Schroetter sollte bald scheiden, um den erkrankten Chef des Stabes des L. AK. zu ersetzen. An seine Stelle trat Major i. G. Adler. Oberstlt. Ludz (Kdr. GR. 24) war schon Ende Mai in die Heimat abgegangen. Sein Regiment wurde von Mjr. von Kalm übernommen, der bis zum Jahre 1941 Divisionsadjutant gewesen, dann ins OKH. versetzt worden war und jetzt eine kurze Einarbeitungszeit als Bataillonskommandeur beim GR. 45 hinter sich hatte. Auch beim GR. 3 gab es einen Führungswechsel. Obstlt. Hilgendorff mußte am 26. 5., nach einem schweren Sturz mit dem Pferd, mit einer Kopfverletzung ins Lazarett abtransportiert werden und fiel dadurch über drei Monate aus. An seiner Stelle wurde zunächst Mjr. Schönbrunner (Kdr. PzJg. Abt. 21) mit der Führung des Regiments betraut. Etwas später übernahm dann Mjr. Schaper vertretungsweise das Kommando über dasselbe.

Zu diesen Umbesetzungen gesellten sich auch noch gewisse organisatorische Veränderungen. Mitte Mai hatte die Division noch einmal eine Truppenabgabe durchzuführen. Laut „Führerbefehl" sollten bodenständige Artillerie-Pak-Abteilungen aufgestellt werden, und das AR. 21 hatte hierzu die komplette 4. Batterie als Personaleinheit nach Groß-Born an die Artillerieschule II abzugeben und aus eigenem eine neue 4. Batterie aufzustellen.[51] Das fiel zeitlich mehr oder weniger mit der für die Division mit Wirkung vom 20. 5. vorgeschriebenen neuerlichen Umgliederung auf das Schema einer „Infanterie-Division 44" zusammen.[52] Größere Auswirkungen dürfte diese Umstellung freilich nicht gehabt haben, außer daß die letzte Erinnerung an die seinerzeitigen dritten Bataillone dadurch gelöscht wurde, daß das III./GR. 24 nun die Bezeichnung I./GR. 24 erhielt. Die Musikkorps der Regimenter wurden – soweit sie noch bestanden – zu einem Divisionsmusikkorps vereinigt und die 2./PzJg. Abt. 21 bildete jetzt eine „Sturmgeschützabteilung", die die Nummer 1021 erhielt[53] (vgl. Anlage 52).

Und noch eine Neuerung wäre, wenn auch etwas verspätet, nachzutragen: bereits vor einigen Monaten, als die erste Abwehrschlacht um Pleskau einsetzte, hatte Hitler mit „Grundlegendem Befehl Nr. 21" das Tragen offener Truppenbezeichnungen an Uniformen und Fahrzeugen des Feldheeres angeordnet, und das XXVIII. AK. hatte daraufhin befohlen, daß die seinerzeit in Vorschlag gebrachten und vom AOK. 18 genehmigten Traditions-Erkennungszeichen nunmehr an den Fahrzeugen, „dauerhaft und gut sichtbar vorne und hinten, sowie an den Seiten aufzumalen seien".[54] Jetzt dürfte das im April 1943 gewählte Divisionsabzeichen (vgl. Seite 370, Fußnote 59)) tatsächlich von der Division geführt worden sein, auch wenn jetzt keine, oder nur im sehr übertragenen Sinne, „weiträumigen Operationen" bevorstanden. Der eigentliche Zweck dieser Maßnahme war ein anderer. „Es kommt darauf an", erläuterte das XXVIII. AK. seinen Befehl, „daß vor allem in den rückwärtigen Gebieten die Truppenteilzugehörigkeit jedes Mannes und Fahrzeugs sofort erkennbar ist." Es ging also mehr um die Überwachung als um die Tradition.

Infolge der deutlichen Abnahme der Verluste seit der zweiten Aprilhälfte und der laufenden Zuführung von Ersatz erreichte die Division ab Anfang Juni sogar eine über den nunmehr systematisierten Stand hinausgehende Ist-Stärke[55]), was wiederum das Gen. Kdo. XXVIII. AK. veranlaßte, die Aufstellung je einer Sturmkompanie bei der Division wie bei den Grenadierregimentern anzuordnen.[56]) Die ist auch tatsächlich erfolgt, war allerdings nicht von langer Dauer.

Mit vollen Ständen allein war es eben nicht getan. Der Ausbildungsstand des neu eingetroffenen Ersatzes wurde immer schlechter und war auch kaum anzuheben, denn an der Front konnte unter den gegebenen Umständen zwar geübt, aber nicht ausgebildet werden, zumal von den alten fronterfahrenen Unteroffizieren und Mannschaftsdienstgraden nur noch wenige übrig geblieben waren. Seit Beginn der Invasion am 5. 6. wurden auf einen „Führerbefehl" hin, die Urlauber der Heeresgruppe aus dem Westen des Reiches in der Heimat zurückgehalten[57]), was für die Kampfkraft der Division kaum förderlich sein konnte. Dazu muß man sich auch noch die Offiziersrangliste der 21. ID., etwa von Ende Mai 1944, ansehen (Anlage 53), um daraus zu entnehmen, wie „zusammengeschossen" auch das Offizierskorps der Division bereits war. Bei den Grenadierregimentern gab es, außer dem Regimentskommandeur, kaum mehr einen Stabsoffizier. Die Bataillonskommandeure waren durchwegs jüngere Hauptleute, die allerdings bereits als Oberleutnante im Rahmen ihrer Regimenter oft längere Zeit mit Erfolg Kompanien geführt hatten. Als solche boten sie noch immer die Gewähr für eine klaglose Führung. Aber was geschah, wenn sie einmal fehlen sollten? Die „alten Hasen" unter den jetzigen Oberleutnanten und Leutnanten wurden auch immer weniger. Ausgesprochen schlecht dürfte — soweit man das Andeutungen entnehmen kann — die Waffenausstattung gewesen sein, während die Beweglichkeit der Division sich hingegen etwas gebessert haben dürfte: 70% bei der Infanterie, 85% bei der Artillerie. Dementsprechend lautete auch das Werturteil des Korps am 24. 6. über die Division: „zu begrenzten Angriffsaufgaben geeignet".[58]) Einen Monat später sollte die Division von der Heeresgruppe sogar als „voll kampffähig" eingestuft werden.[59]) Aber zu diesem Zeitpunkt war diese Beurteilung bereits als sehr relativ zu betrachten, denn inzwischen hatte sich die Lage im Großen wie im Kleinen grundlegend verändert.

Anmerkungen zu Kapitel X.

1) W. Haupt, Heeresgruppe Nord a. a. O., S. 176.
2) Unveröffentlichte Kriegserinnerungen des Hptm. v. Kursell über das Kriegsjahr 1944 a. a. O.
3) KTB. des XXVIII. AK. vom 3. 3. 1944, 12.40 Uhr (BA/MA, RH 24 – 28/85, S. 15); KTB. des AOK. 18 vom 3. 3. 1944 (BA/MA, RH 20 – 18/735, S. 135).

4) KTB. des AOK. 18 vom 2. 3. 1944 (BA/MA, RH 20–18/735, S. 130).

5) Ebenda, S. 149.

6) Unveröffentl. Kriegserinnerungen des Hptm. v. Kursell a. a. O., S. 28.

7) Vgl. Gen. Kdo. XXVIII. AK., Ia Nr. 186/44 geh. vom 10. 3. 1944: Kurze Feindbeurteilung. Stand 10. 3.1944 abends (BA/MA, RH 24–28/88, KTB. I., Anl. 363).

8) Über die Kämpfe im Rahmen der 126. ID. vgl.: 126 ID., Ia Nr. 530/44 geh. vom 13. 4. 1944: Gefechtsbericht: Abwehrschlacht nördlich Pleskau (1.–10. 3. 1944) (BA/MA, RH 24–28/91, Anl. 361), ferner: Gerhart Lohse, Geschichte der rheinisch-westfälischen 126. Infanterie-Division 1940–1945 (Bad Nauheim 1957), S. 175 ff.

9) KTB. des XXVIII. AK. vom 4. 3. 1944, 9.45 Uhr (BA/MA, RH 24–28/85, I. März, S. 18); G. Lohse a. a. O., S. 176.

10) KTB. des XXVIII. AK. vom 4. und 5. 3. 1944 (BA/MA, RH 24–28/85, S. 18 ff).

11) G. Lohse a. a. O., S. 177 f.

12) KTB. des XXVIII. AK. vom 5. 3., 19.05 Uhr (BA/MA, RH 24–28/85, S. 22).

13) Fernschreiben des XXVIII. AK. an 21. und 126. ID. vom 7. 3. 44, 21.45 Uhr (BA/MA, RH 24–28/88, KTB. I, Anl. 345).

14) Vgl. cvk (=Claus von Kursell), In der Pantherstellung bei Pleskau. In: Alte Kameraden 1/1959, S. 17. – Demnach gehörte Radermacher zur 7./GR. 45.

15) Gen. Kdo. XXVIII. AK., Korpsbefehl Nr. 73 vom 9. 3. 1944 (BA/MA, RH 24–28/88, KTB I, Anl. 354).

16) Vgl. G. Lohse a. a. O., S. 179.

17) Gen. Kdo. XXVIII. AK., Korpsbefehl Nr. 74 vom 12. 3. 1944 (BA/MA, RH 24–28/88, KTB I, Anl. 368 a).

18) KTB. des AOK. 18 vom 15.–16. 3. 1944 (BA/MA, RH 20–18/736, S. 2 f, 13).

19) Ebenda vom 17.–18. 3. 1944 (ebenda S. 21 ff, 29).

20) H. Heckmann, Im Wehrmachtsbericht genannt. In: Alte Kameraden 3/1960, S. 15. – Vgl. auch den Bericht von Oberst Hilgendorff, Die Kämpfe nördl. Pleskau vom 17.–19. März 1944 im Abschnitt des GR. 3. Aus dem Gedächtnis niedergeschrieben (Ablichtung im Besitz des Traditionsverbandes).

21) KTB. des AOK. 18 vom 27. 3. 1944, 18.15 Uhr (BA/MA, RH 20–18/736, S. 140).

22) Gen. Kdo. XXVIII. AK. vom 14. 3. 1944: Notizen während des Besuches des Herrn GO. Model bei den Divisionen des XXVIII. AK. (BA/MA, RH 24–28/88, KTB. I, Anl. 381).

23) Vgl. hierzu: BA/MA, RH 24–28/88, KTB. I, Anl. 430, 636, 440, 448.

24) Gen. Kdo. XXVIII. AK., Ia Nr. 475/44 gKdos. vom 1. 4. 1944: Kampfwert der Divisionen (BA/MA, RH 24–28/91, KTB., I, Anl. 497).

25) Gen. Kdo. XXVIII. AK., Ia Nr. 450/44 gKdos, Chefs. vom 26. 3. 1944 (BA/MA, RH 24–28/88, KTB. I., Anl. 456 a).

26) KTB. der Hgr. Nord vom 30. 3. 1944, 20.15 Uhr (BA/MA, RH 19–III/272 D).

27) KTB. des XXVIII. AK. vom 30. 3. 1944, 20.00 Uhr (BA/MA, RH 24–28/85, S. 64).

28) Kom. Gen. des XXVIII. AK. vom 12. 4. 1944 (BA/MA, RH 24–28/89, KTB. I, Anl. 583).

29) KTB. der HGr. Nord vom 31. 3. 1944 (BA/MA, RH 19–III//272 D).

30) KTB. des XXVIII. AK. vom 1. 4. 1944 (BA/MA, RH 24–28/85, S. 74 und 77).

31) Ebenda vom 2. 4. 1944 (ebenda, S. 78).

32) Kom. Gen. des XXVIII. AK. vom 12. 4. 1944 (BA/MA, RH 24–28/89, KTB. I, Anl. 58).

33) Vgl. Gen. Kdo. XXVIII. AK., Ia Nr. 424/44 gKdos vom 21. 3. 1944 und Nr. 463/44 gKdos vom 30. 3. 1944 (BA/MA, RH 24–28/88, KTB. I, Anl. 424 und 479).

34) KTB. des XXVIII. AK. vom 4. 4. 1944, 23.25 Uhr (BA/MA, RH 24–28/85, S. 91).

35) Vgl. v. Kursell – H. Heckmann, Der Iwan wollte es genau wissen. In: Alte Kameraden 9/1968, S. 28. – Siehe auch das etwas ausführlichere unveröffentl. Manuskript von Kursell über das Kriegsjahr 1944 a. a. O., S. 35.
36) Vgl. Gen. Kdo. XXVIII. AK., Ia Nr. 1488/44 geh. vom 6. 4. 1944 (BA/MA, RH 24–28/89, KTB. I, Anl. 532).
37) KTB. des AOK. 18 vom 8. 4. 1944, 18.45 Uhr (BA/MA, RH 20–18/737, S. 104).
38) An Unterstützungswaffen wurden angenommen: 122. und 258. Pz. Brig., Pz. Rgt. 33 und StGesch. Rgt. 40, 2. Art. Div., Heeres-AR. 21, die 5. u. 10. Garde-GrW. Brig., das 390. GrW. Rgt. und die 52. Ing. Pi. Brig.
39) KTB. der HGr. Nord vom 13. 4. 1944, 21.40 Uhr (BA/MA, RH 19–III/273 D).
40) Vgl. Jundel – v. Kursell – Heckmann, Turbulente Panzerjagd. Die 7./IR. (sic!) 24 bei „Ringsdorf" südlich Pleskau. In: Alte Kameraden, 9/1963, S. 31 f.
41) KTB. des AOK. 18 vom 15. 4. 1944, 18.20 Uhr (BA/MA, RH 20–18/737, S. 146).
42) KTB. der HGr. Nord vom 18. 4. 1944, 18.30 Uhr (BA/MA, RH 19–III/273 D).
43) KTB. des AOK. 18 vom 15. 4. 1944, 18.20 Uhr (BA/MA, RH 20–18/737, S. 146).
44) Kriegserinnerungen des Hptm. v. Kursell a. a. O., S. 40.
45) Ebenda, S. 73 (recte 46, da verbunden).
46) Vgl. hierzu: BA/MA, RH 24–28/90, KTB. I, Anl. 636, 732 und RH 24–28/91, KTB. I, Anl. 929. Siehe auch KTB. des XXVIII. AK. vom 11. 6. 1944 (BA/MA, RH 24–28/85, S. 164) und KTB. der HGr. Nord vom 6. 6., 22.10 Uhr und 9. 6. 22.00 Uhr (BA/MA, RH 19–III/309 D).
47) Gen. Kdo. XXVIII. AK., Korpsbefehl Nr. 77 vom 23. 4. 1944 (BA/MA, RH 24–28/90, KTB. I, Anl. 644 und 651).
48) Gen. Kdo. XXVIII. AK., Korpsbefehl Nr. 80 vom 19. 6. 1944 (BA/MA, RH 24–28/92, KTB. I, Anl. 1029, ferner 1034 u. 1038).
49) Vgl. KTB. des XXVIII. AK. vom 24. u. 25. 6. 1944 (BA/MA, RH 24–28/85, S. 181 und 183), siehe auch: BA/MA, RH 24–28/92, KTB. I, Anl. 1105.
50) Vgl. Hans-Henning Podzun, Weg und Schicksal der 21. Infanterie-Division (Kiel 1951), S. 17 f.
51) Gen. Kdo. XXVIII. AK., Ia Nr. 604/44 gKdos, FS an 21. ID., vom 15. 5. 1944 (BA/MA, RH 24–28/91, KTB. I, Anl. 815). Vgl. auch KTB. des XXVIII. AK. vom 15. und 17. 5. 1944 (BA/MA, RH 24–28/85, S. 138 und 140).
52) Vgl. Wolf Keilig, Das Deutsche Heer 1939–1945 (1956 ff), Abschnitt 101/V, S. 51–68.
53) Die Bezeichnung „1021" ist erstmals am 9. 6. 1944 nachweisbar. In der Kriegsgliederung der Division vom 1. 5. 1944 (Anl. 52) ist sie noch nicht enthalten. – Die bei G. Tessin, Verbände und Truppen der deutschen Wehrmacht und Waffen-SS im Zweiten Weltkrieg . . ., angegebene Datierung: 14. 2. 1944 erscheint demnach unzutreffend.
54) Gen. Kdo. XXVIII. AK., Ia Nr. 1000/44 geh. vom 10. 3. 1944 (BA/MA, RH 24–28/88, KTB. I, Anl. 360).
55) Vgl. W. Keilig a. a. O., 101/V, S. 64 und 66, sowie Anl. 51 dieses Werkes.
56) KTB. des XXVIII. AK. vom 18. 6. 1944 (BA/MA, RH 24–28/85, S. 170).
57) KTB. der HGr. Nord vom 10. 6. 1944, 10.20 Uhr und 14. 6., 19.20 Uhr (BA/MA, RH 19–III/309 D).
58) Gen. Kdo. XXVIII. AK., Ia Nr. 740/44 gKdos vom 24. 6. 1944 (BA/MA, RH 24–28/92, KTB. I, Anl. 1088).
59) KTB. der HGr. Nord vom 24. 7. 1944 (BA/MA, RH 19–III/313, S. 265).

XI. Schlachten im Baltikum

1. Rückzugskämpfe zwischen der Panther-Stellung und der Marienburg-Stellung

Wieder einmal rückte ein entscheidender Wendepunkt des Krieges heran, ohne daß dies für die Division sogleich erkennbar gewesen wäre. Vielmehr sollte es noch Wochen dauern, bis der Truppe der Ernst der Lage – und da wahrscheinlich noch immer nicht im vollen Umfang – klar wurde.

Einen Tag nach dem schon erwähnten Reitturnier des GR. 45, also am 19. 6., führte ein Stoßtrupp der 1./GR. 45 bei Kl. Stremutka ein sehr erfolgreiches Unternehmen gegen einen feindlichen Stützpunkt durch, wofür die Teilnehmer sowohl vom Korps als auch vom Oberbefehlshaber der Armee belobt wurden.[1] Drei Tage später übernahm die Division – wie bereits berichtet – einen Teil des Abschnitts der herausgelösten 212. ID. Im Zuge dieser Umgruppierung dürfte kaum jemand daran gedacht haben, daß sich an eben diesem Tag zum dritten Mal der Beginn des Rußlandfeldzugs gejährt hatte. Wohl aber hatte man auf sowjetischer Seite offensichtlich diesen Gedenktag nicht vergessen. Denn nicht von ungefähr begann an diesem Tag am Südflügel der Heeresgruppe Nord und vor der Heeresgruppe Mitte die sowjetische Großoffensive „Bagration", die binnen kurzem zum Zusammenbruch der Heeresgruppe Mitte führen[2] und in nicht zu ferner Zeit auch tiefgreifende Auswirkungen auf die Heeresgruppe Nord haben sollte. Ein schwacher Schatten von dem am 23. 6. voll anlaufenden Großangriff dreier sowjetischer Fronten fiel allerdings an diesem Tag auch auf die 21. ID., ohne daß er von ihr richtig gedeutet werden konnte: in den Abendstunden dieses Tages setzte plötzlich trommelfeuerartiges Artilleriefeuer gegen den linken Abschnitt der Division ein, dem dann an verschiedenen Stellen dieser Front Angriffe in Bataillonsstärke folgten. Sie wurden alle abgewiesen. Auch vom Süden her war bei der Division Trommelfeuer zu vernehmen gewesen.[3] Dort, nämlich beim XXXVIII. AK, griff der Gegner, allerdings nicht ganz unerwartet, den Abschnitt der 121. ID. an, wurde aber auch hier, wenn auch erst nach tagelangen, schweren Kämpfen abgewiesen.[4] Dann flaute die Gefechtstätigkeit, bei der es sich offenbar um Fesselungsangriffe gehandelt hatte, allmählich wieder ab, wenngleich eine gewisse Nervosität beiderseits der Front in den nächsten Wochen bestehen blieb. Aber was war das schon gegenüber dem, was sich während dieser Zeit auf höherer Ebene abspielte.

Hier bei der 18. Armee und vor allem im Stab der HGr. Nord konnte man ja die katastrophale Entwicklung verfolgen, die die Dinge bei der HGr. Mitte nahmen. Und was das Schlimmste war: Führung wie Truppe hatten in der Folge nun gegen zwei Fronten anzukämpfen. Einmal gegen einen jetzt bereits erdrückend überlegenen Gegner, der sich schon wenige Tage nach Beginn seines Großangriffs den operativen Durchbruch zwischen den Heeresgruppen Mitte und Nord erkämpft hatte, und zum anderen gegen einen gegenüber dieser Tatsache bis zur Verbohrtheit uneinsichtigen „Führer", der da vermeinte, den Mangel an Kräften und Waffen allein durch seine „fanatische Willenskraft" ersetzen zu können. Als ein von Hitler, gegen alle Vernunft, angeordneter Gegenangriff am Südflügel der 16. Armee erwartungsgemäß scheiterte, griff er wieder zu dem einzigen, ihm anscheinend geläufigen Mittel des „Krisenmanagements", nämlich zum Austausch der Oberbefehlshaber. GO. Lindemann wurde mit 4. 7. seines Postens enthoben und dafür der bisherige Befehlshaber der Armee-Abteilung Narwa, Gen. d. Inf. Frießner, als Oberbefehlshaber der HGr. Nord eingesetzt.

Der konnte natürlich auch nicht mehr als sein Vorgänger erreichen, zumal sich inzwischen auch die vor der Front der HGr. Nord stehenden drei „Baltischen Fronten" dem Angriff anzuschließen begannen. Von einem Gegenangriff der HGr. Nord zur Entlastung der zertrümmerten HGr. Mitte konnte keine Rede mehr sein. Vielmehr wurde die Heeresgruppe selbst von den südlich der Düna nach Nordwesten vorstoßenden Kräften der 1. Baltischen Front immer mehr im Rücken bedroht, während nördlich der Düna der Gegner mit zunehmendem Erfolg versuchte, die 16. Armee zu durchbrechen und damit die 18. Armee nach Norden aufzurollen. Alle Versuche der maßgeblichen Köpfe im OKH., wie im Stab der HGr. Nord, Hitler zu bewegen, die Heeresgruppe noch einigermaßen rechtzeitig aus der immer unhaltbarer werdenden Stellung auf eine Front, etwa an der Düna, zurückzunehmen, scheiterten an dessen starrem Nein, wobei er sich ungefähr der gleichen Argumente bediente, mit denen er schon seinerzeit eine rechtzeitige Rücknahme der Front vor Leningrad verhindert hatte. Die Folgen einer solchen, gegenüber den operativen Notwendigkeiten völlig unzugänglichen, obersten Führung sollte die 21. Division bald zu spüren bekommen.

Die ersten Auswirkungen machten sich ziemlich schnell – man möchte fast sagen – in bereits gewohnter Weise fühlbar, nämlich durch das Abziehen von Kräften, das die Kampfkraft der Division bereits lähmte, bevor jene überhaupt richtig zum Einsatz kam. Am 15. 7. befahl die 18. Armee, auf Grund der Lageentwicklung am linken Flügel der 16. Armee, die Aufstellung von Sperrverbänden, wozu das XXVIII. AK. einen solchen Verband aus dem Füs. Btl. 21, einer Kompanie Pi. Btl. 30 und zwei Pak-Zügen (einer davon von 21. ID.) abzustellen hatte. Noch in der Nacht wurde der Verband zum L. AK. in Marsch gesetzt.[5]) Gleichzeitig wurde aber auch die gesamte 126. ID. aus ihrer Front bei Pleskau herausgezogen. Dafür mußte sich die 21. ID. nach Norden bis zur Tscherecha ausdehnen und hatte damit also neben ihrem alten Abschnitt auch noch den gesamten früheren Abschnitt der 212. ID. übernommen (vgl. Skizze 57). Doch damit nicht genug, wurden das GR. 3 und die III./AR. 21 ebenfalls herausgelöst, um im Abschnitt der links angrenzenden 12. LWF-Div. eingesetzt zu werden. Der Versuch der 21. Division, ihren jetzt rund 21 Kilometer breiten Abschnitt zu decken, mutet ziemlich desparat an: beim GR. 45 wurde das Sich. Btl. 636 eingeschoben und an Stelle des fehlenden GR. 3 ein „Regiment Krebs" (Kdr. NA. 21) mit dem Inf. Btl. z. b. V. 540, einem Btl. Oblt. (?) Lerch (GR. 3) und einem Btl. Hptm. Hüning (FEB. 21) gebildet. Wie einst die Wolchowfront, so löste sich jetzt die „Pantherstellung" ganz von selbst auf.

Lage der 21. ID am 15.7.1944

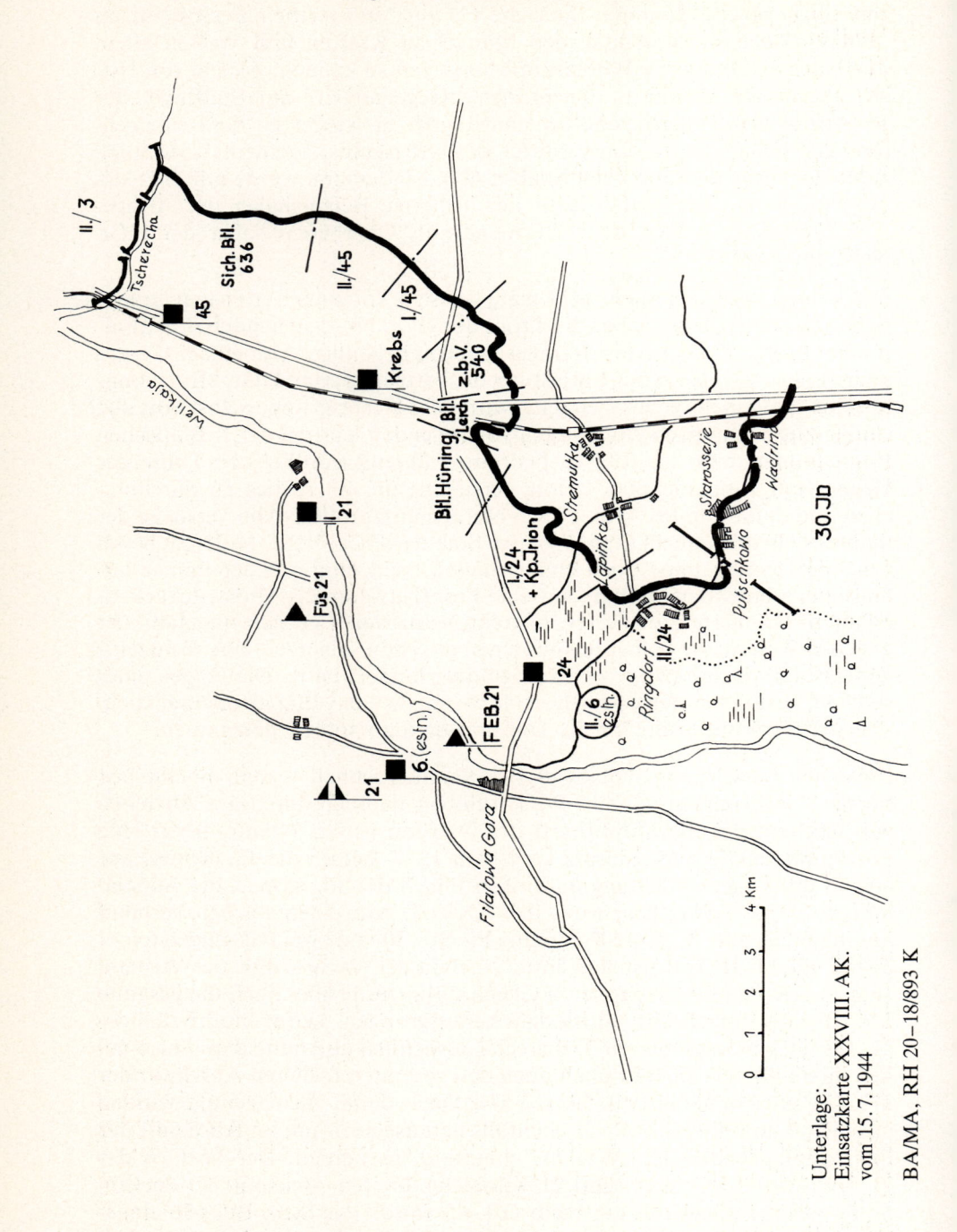

Skizze 57

Aber es kam noch schlimmer. Die Lage am Südflügel des XXXVIII. AK., besonders bei der 21. LWF-Div., war so bedrohlich geworden, daß die an die Welikaja zurückgenommene 121. ID. Front nach Süden machen mußte. Zur Stützung dieses zurückgebogenen rechten Flügels der 121. ID. wurde von der 18. Armee das GR. 3 beschleunigt herangeführt. Die Sturmgeschütze der 21. Division waren natürlich auch schon längst im Süden bei der 21. LWF-Div. im Einsatz, wo sie übrigens innerhalb von drei Tagen (19. – 21. 7) 13 Feindpanzer, darunter einen der neuen KW 85, vernichteten.[6]

War die Lage im kleinen Rahmen schon gespannt, so schien sie im Großen ausweglos, nachdem Hitler am 14. 7 sich gegenüber General Frießner auf den „grundsätzlichen Standpunkt" gestellt hatte, „die baltischen Länder auf keinen Fall aufzugeben".[7] Immerhin „genehmigte" er wenige Tage später, was der Gegner bereits erzwungen hatte, nämlich die Zurücknahme des Nordflügels der 16. Armee und des rechten Flügels der 18. Armee, um ein völliges Auseinanderreißen dieser beiden Armeen zu verhindern. Als aber die 18. Armee am 18. 7. die Räumung von Pleskau ins Auge faßte, um durch Zurückgehen auf eine Sehnenstellung bei Irboska Kräfte einzusparen, wurde ihr dies untersagt, weil Pleskau aus Prestigegründen (!) gehalten werden müsse.[8]

Mit bloßem „Festhalten" war aber nichts getan. So orientierte der Chef des Generalstabs der HGr. Nord am 20. 7. um 11.55 Uhr den Chef der Operationsabteilung des Heeres, Glt. Heusinger, daß bei der 18. Armee eine Bewegung stattfinden müsse, um wenigstens eine Division – nach Lage der Dinge die 21. – frei zu bekommen. General Heusinger versprach, daß er mit Hitler am Abend „in Ruhe" darüber sprechen werde.[9] Dazu ist es aber wohl nicht gekommen, denn eine Stunde nach diesem Ferngespräch explodierte die Bombe in der „Wolfschanze" bei Rastenburg.

Wann die Truppenteile der Division von dem Attentat auf Hitler Kenntnis erhielten, ist nicht genau festzustellen. Ein Teil gewiß schon am Abend dieses Tages. Und ihre Reaktion? Nach außen hin gab es sicher keine. Als, mitten in der Nacht vom 20./21. 7., der Reichskommissar für das Ostland, Lohse, etwas besorgt den Oberbefehlshaber der Heeresgruppe Nord anrief und ihn fragte, wie es vorne aussehe, erhielt er die lakonische Antwort: „Ganz normal".[10] Dennoch bedeutete die Nachricht für die Truppe zweifellos einen Schock. Ein Anschlag von Generalstabsoffizieren auf den eigenen Obersten Befehlshaber, auf den Mann, den die Fronttruppe – in völliger Unkenntnis der wirklichen Verhältnisse – noch immer für fähig hielt, die schwierige Lage meistern zu können, das dürfte der Masse wohl unfaßbar gewesen sein. Wie sollte sie es auch besser wissen? Vielleicht, daß dies für den Divisionskommandeur, Glt. Foertsch, nicht ganz so unbegreiflich war, denn er könnte als einziger in der Division, wenn auch nicht von den Greueln des Regimes, so doch von der Art und Weise, wie rein militärisch geführt wurde, eine gewisse Vorstellung gehabt haben. Nicht zuletzt deshalb, weil sein Bruder zur selben Zeit Chef des Generalstabs der 18. Armee war. So hatte er vielleicht auch schon etwas früher erfahren, was später dann durchsickerte, daß nämlich am frühen Abend des 20. 7. die Verschworenen in Berlin, in der Bendlerstraße, an den Stab der Heeresgruppe Nord die Weisung durchgegeben hatten, sofort alle Maßnahmen zu treffen, um die Heeresgruppe an die Düna und nach Ostpreußen zurückzunehmen. Diese Chance, wie immer man sie beurteilen will, war mit dem Fehlschlag des Attentats vorüber und damit war auch – so oder so – die Entscheidung über das weitere Schicksal der 21. Division gefallen. Denn, wie der am 21. 7. im Führerhauptquartier weilende General Frießner seinem Chef des Generalstabs am Abend mitteilte, sei eine Änderung der bisherigen Kampfführung *nicht* zu erwarten. Und Oberst v. Gersdorff bei der HGr. Nord, der dies dem Chef des Generalstabs der 18. Armee weitergab, fügte vielsagend hinzu: „Über die Folgerungen sind wir uns klar."[11]

Eine bald auftretende, zwar unterschwellige, aber dennoch nicht zu übersehende Folge des Attentatsversuchs scheint eine nun zunehmende Skepsis der Truppe gegenüber allem gewesen zu sein, was mit Generalstab und höherer Führung zusammenhing. Dabei tat man bei den Stäben der Korps wie der Armee alles, um zwischen den operativen Sachzwängen und den „Führungsentscheidungen" des in seinem Sendungswahn durch das mißglückte Attentat sich bestätigt fühlenden Hitler auch nur einigermaßen durchzulavieren. Das Ergebnis waren freilich immer wieder nur halbe Lösungen, die den Verdacht der Truppe zu bestätigen schienen. Bereits die nächsten Tage sollten dies zeigen.

Schon am 22. 7. drängte der Oberbefehlshaber der 18. Armee erneut auf eine Absetzbewegung, die in mehreren Sprüngen stattfinden und die Armee auf die allgemeine Linie: Bolva – Losly – Bajakowo – Sumpfstellung ostwärts Irboska – Südende Pleskauer-See zurückführen sollte. Der Beginn dieser Bewegung, unter dem Decknamen „Sonnenvogel" wurde für die Nacht vom 22./23. 7. angesetzt und bedeutete, neben der Aufgabe von Pleskau, zunächst die Zurücknahme der 21. Division hinter die Welikaja und damit Freigabe des Einbruchsraums aus der Osterschlacht.[12]

Die erste Phase dieser Bewegungen, für die das brennende Pleskau den gespenstischen Hintergrund bildete, verlief planmäßig. Zwar widerstand die im Abschnitt des GR. 24 liegende Welikaja-Brücke bei Filatowa-Gora zunächst der vorbereiteten Sprengung, konnte aber in letzter Minute, als der Gegner bereits am Ufer stand, durch Infanteristen und Pioniere noch gesprengt werden.[13] Im Abschnitt des GR. 45 folgte der Gegner erst im Laufe des nächsten Tages eher zögernd. Erst in der dann folgenden Nacht und im Morgengrauen des 24. 7. unternahm er mehrere Versuche, das westliche Welikaja-Ufer zu gewinnen, wurde aber leicht abgewehrt.[14]

Bereits zu Mittag dieses Tages hatte die Armee den Befehl für das Zurückgehen auf die nächste Zwischenlinie herausgegeben, mußte ihn aber schon am Abend widerrufen: auf Befehl des Führers war die derzeitige Linie zu halten.[15] Die Entwicklung der Lage diktierte jedoch ihre eigenen Gesetze, denen sich auch der am 23. 7. von Hitler „überfallsartig" zum neuen Oberbefehlshaber der HGr. Nord ernannte GO. Schörner beugen mußte.[16] Etwa 8 Schützendivisionen der sowjetischen 67. Armee waren von Südosten her gegen den nach Nordwesten zurückgebogenen rechten Flügel des XXVIII. AK. im Vorgehen, um diesen zu umfassen. Jetzt mußte in größter Eile durchgeführt werden, was vor rund einer Woche schon beantragt worden war: nämlich eine weitere Zurücknahme des XXVIII. AK. auf eine sogenannte Linie „C", um damit die Herauslösung der 21. Division, beziehungsweise dessen, was von ihr noch verfügbar war, zu erreichen. Das Inf. Btl. z. b. V. 540 und das Sich. Btl. 636 blieben bei der 12. LWF-Div. in der Sumpfstellung ostwärts Irboska zurück, das „Regiment Krebs" wurde offenbar beim Zurückgehen über die Welikaja aufgelöst, übrig blieb davon nur als „Einsatzbataillon" das Btl. Hüning. Nun sollte die 21. Division (im wesentlichen GR. 24 und 45) über Irboska im Raum südostwärts Laura versammelt und an den rechten Flügel der in schweren Kämpfen stehenden 121. ID. herangeführt werden, um von dort aus eine zwischen dem XXVIII. und XXXVIII. AK. bestehende Lücke zu schließen, bevor stärkerer Feind in dieselbe hineinstieß.[17])

Am rechten Flügel der 121. ID. kämpfte schon seit rund einer Woche – wie bereits erwähnt – das GR. 3, verbissen, aber wie eine Eintragung im Kriegstagebuch der 18. Armee vom 23. 7. lautete: „stark angeschlagen".[18]) Beim Anmarsch zu diesem Einsatz hatte das Regiment, von Norden kommend, jene Straße gekreuzt, auf der es – fast auf den Tag genau – vor drei Jahren nach Osten marschiert war, um unmittelbar darauf die alte russische Reichsgrenze zu überschreiten. Wer war davon noch da? Was war seitdem aus der stolzen 21. Division geworden?

Nun, sie wurde – wie wir wissen – noch immer als „voll kampfkräftig" beurteilt und sollte dies binnen kurzem sogar unter Beweis stellen. Die Lage in der tiefen rechten Flanke der ohnehin ziemlich hergenommenen 121. ID. wurde immer bedrohlicher, so daß auf der einen Seite ein schneller Zugriff wichtig erschien und andererseits es fraglich war, ob die Kräfte der Division für eine offensive Lösung der gestellten Aufgabe ausreichen würden.

Auf Grund der heute zugänglichen Unterlagen haben sich die folgenden Kämpfe der Division wohl in einem größeren Rahmen, wenn nicht überhaupt etwas anders abgespielt, als dies bisher auf Grund eines Augenzeugenberichts überliefert wurde.[19])

Zunächst wurden der Division in den Versammlungsraum ostwärts Laura ihre bisher beim XXXVIII. AK. eingesetzten Sturmgeschütze zugeführt. Ferner sollten von der Armee ein Art. Rgt. Stab, eine Mörserabteilung und eine gemischte Artillerieabteilung zugeführt werden. Ob sie wirklich kamen, erscheint sehr fraglich. Bis zum Abend des 25. 7. hatten jedenfalls vorgeworfene Kräfte der Division Zaicewa besetzt und bis zum Morgen des 26. 7. auch Kudupe wieder genommen.

Inzwischen hatte das XXVIII. AK. aus der 21. und 121. Division unter Befehl des Kommandeurs der 21. ID. eine Gruppe Foertsch gebildet, wobei für den am Vormittag des 26. 7. verwundeten Divisionsführer der 121. ID., Generalmajor Schittning, zunächst (wohl bis zum 29. 7.) der Kommandeur AR. 21, Oberst Henger, die Führung der 121. ID. übernahm.[20]) Am Vortag war auch noch ein anscheinend von Westen her gegen die Lücke an der Korpsnaht angesetzter Sperrverband der 227. ID. der 21. ID. unterstellt worden.[21])

Bis zum späten Vormittag des 26. 7. hatte die 21. Division, anscheinend ohne stärkeren Feindwiderstand, sich in der ihr befohlenen Linie: Bahnhof

Kudupe – Zvonari folgendermaßen bereitgestellt: I./GR. 24, dabei 6 Stu-Gesch. der Abt. 1021, bei Bahnhof Kudupe – Berzupe, das II./GR. 24 in Cistigi, das Einsatz-Btl. Hüning in Zvonari. Von dort aus hielten Spähtrupps Verbindung zur 121. ID., deren äußerste rechte Postierungen etwa drei Kilometer weiter ostwärts standen.[22]) Wohl auf Grund von Bedenken der HGr. Nord gegen eine zu frühe Festlegung der gesamten 21. Division am rechten Flügel des XXVIII. AK. wurde das GR. 45 relativ weit zurück bereitgestellt: I./GR. 45 in Laura, II./GR. 45 in Dubrovka (vgl. Skizze 58).

Erst am Nachmittag traten im Abschnitt I./GR. 24 Sturmgeschütz-Stoßtrupps auf der Straße nach Liepna an, wobei das etwa drei Kilometer entfernte Palsa als Angriffsziel und Anschlußpunkt an das XXXVIII. AK. befohlen war. Bis zum Abend wurde allerdings nur das etwa ein Kilometer entfernte Dokti erreicht, der Angriff jedoch weitergeführt. Da aber von dem angreifenden Bataillon ständig Kräfte zur Sicherung der mit Fortschreiten des Angriffs immer länger werdenden linken Flanke abgezweigt werden mußten, zog die Division mit Hilfe des Transportverbandes Koch nun das GR. 45 nach. Das II./GR. 45 griff unmittelbar nach der Ausladung über das I./GR. 24 hinweg weiter nach Süden an, während das I./GR. 45 rechts daneben angesetzt wurde. Schon am Vormittag des 27. 7. war eine indirekte „Verbindung" mit dem rechten Nachbarn dadurch hergestellt, daß das angreifende II./GR. 45 in das Feuer der Artillerie der 227. ID. geriet. Am frühen Nachmittag konnte dann das XXVIII. AK. in einer Zwischenorientierung der 18. Armee melden: „Die Angriffsspitzen der 21. ID. haben Palsa erreicht. Damit ist die Verbindung zu XXXVIII. AK. hergestellt."[23])

Das war nun eine etwas stolze Meldung, denn tatsächlich bestand zur 227. ID. noch immer eine Lücke von rund 2 Kilometern. Die 21. ID. besaß aber keine Kräfte mehr, um noch weiter nach Süden vorzustoßen. Daß das bisher mit relativ geringen Verlusten überhaupt gelungen war, verdankte sie dem Umstand, daß man es bisher nur mit Vorhuten der 52. GdSD. (Kdr. Obst. N. V. Simonov) zu tun gehabt hatte, die zunächst noch über keine gepanzerten Kräfte verfügten.[23a]) Gefangene wußten jedoch von beachtlichen Panzerkräften im Südosten zu berichten. Und die ließen nicht lange auf sich warten. Während die 227. ID. am 28. 7. bereits von drei Schützendivisionen angegriffen wurde, wurde auch die 52. GdSD., der offenbar inzwischen eine Panzerbrigade zugeführt worden war, gegenüber der 21. Division aktiv. Schon am Vormittag des 29. 7. wurden mehrere Angriffe mit Panzerunterstützung nördlich Palsa abgewiesen. Und diese Angriffe, die sich auch nach Norden bis zum Abschnitt des GR. 24 ausdehnten, dauerten bis zum Einbruch der Nacht an. Wie der Kommandierende General des XXXVIII. AK. der 18. Armee meldete, sei die Haltung der Truppe gut. Die 14. Kompanien der Regimenter 24 und 45 schossen 2 T34, 2 KW I und 3 Sturmgeschütze ab. Allerdings wurden auch 5 eigene Sturmgeschütze als bewegungsunfähig gemeldet, so daß für den nächsten Tag Sturmgeschütze und s. Pak von der 121. ID. herangezogen werden sollten.[24])

Noch nach Einbruch der Dunkelheit erzielte der Gegner einen Einbruch bei Dokti, den er auch am nächsten Tag vertiefte. Von Bedeutung war dies freilich nur, weil die Division bereits im Begriff war, sich befehlsgemäß auf die

*Lageentwicklung bei der 21. ID
vom 26.–31. 7. 1944*

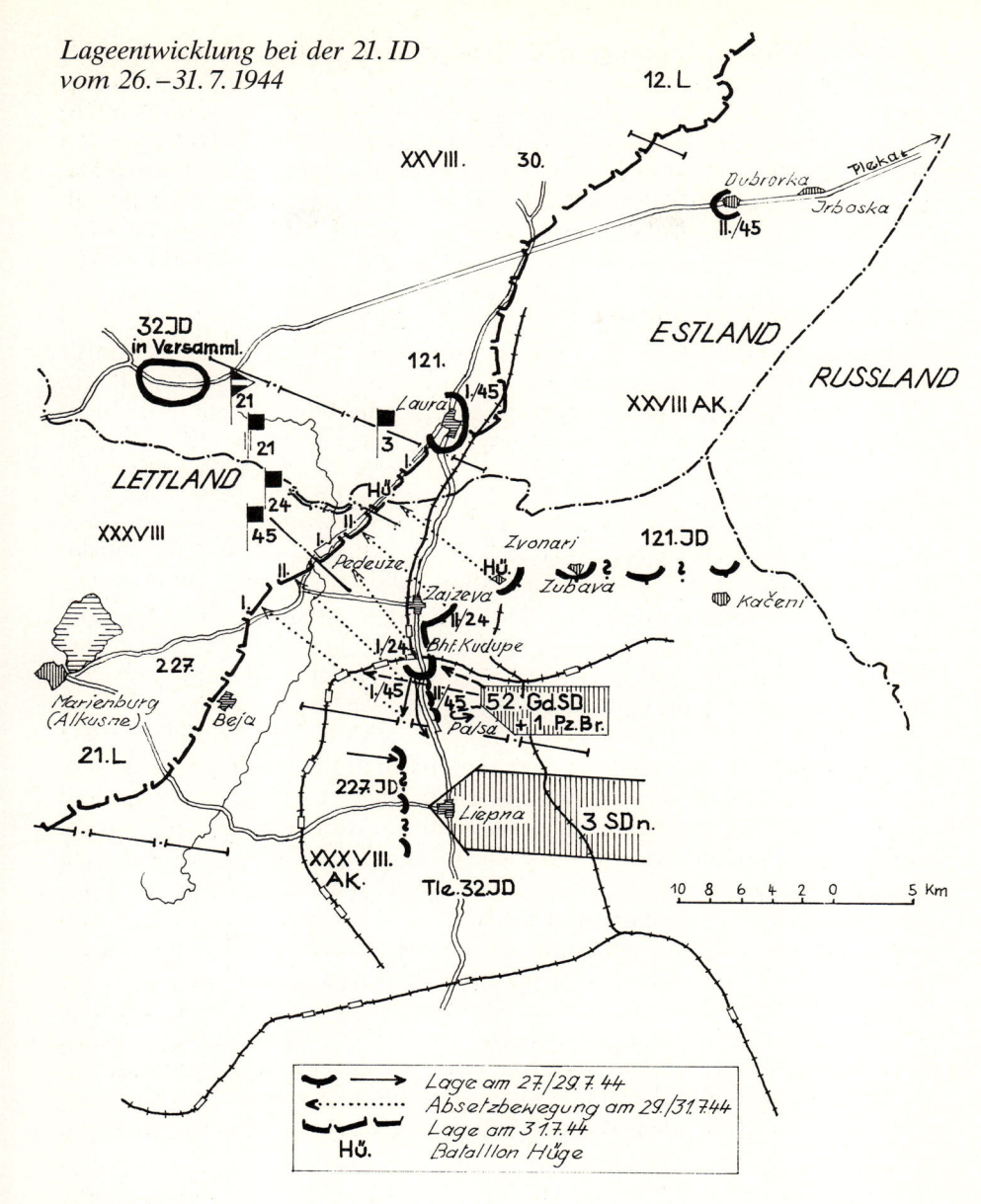

Skizze 58

Marienburg-Stellung abzusetzen. Unter ständig wachsendem Feinddruck gelang diese Bewegung über Erwarten gut, wobei wiederholte Einbrüche in sofortigen Gegenstößen bereinigt und sieben Feindpanzer abgeschossen werden konnten.[25])

Am Morgen des 31. 7. stand die 21. Division in dem für sie vorgesehenen Abschnitt der Marienburg-Stellung und zwar seit 6.00 Uhr morgens als linke Flügeldivision des XXXVIII. AK. (vgl. Skizze 58). Im Gegensatz zur Panther-Stellung war die neue Stellung auf weite Strecken hin nur ein geographischer Begriff, im Gelände „erkundet und festgelegt", mehr nicht.[26] Immerhin war die 21. Division nun wieder beiderseits angelehnt (rechts 227., links 121. ID.). Und außerdem verfügte sie jetzt über ihre drei Grenadierregimenter, denn das seit einem halben Monat an die 121. ID. „ausgeliehene" GR. 3 war mit Einrücken in die Marienburg-Stellung zurückgekehrt, wenn auch ohne das II. Btl. Dieses war zwar auch bereits auf dem Marsch zur Division gewesen, mußte aber zur Abriegelung eines Einbruchs nochmals eingesetzt werden und war so vorübergehend „hängen geblieben". Das GR. 3 setzte daher links sein I. Btl. und rechts das Btl. Hüning ein. Die Mitte der Divisionsfront hielt das GR. 24 und rechts stand GR. 45. Eine nennenswerte Divisionsreserve gab es augenblicklich nicht, da das dafür vorgesehene Füs. Btl. 21 sich noch in „Zuführung" vom L. AK. im Raum Marienburg befand.[27] Es traf erst am 1. 8. bei der Division ein und mußte sofort am rechten Divisionsflügel eingesetzt werden, da die 227. ID. eine Bataillonsbreite (I./GR. 328) an die 21. ID. abgab.[28] Auch Verstärkungsartillerie scheint keine hinter dem Abschnitt gestanden zu sein. Immerhin war Oberst Henger wieder da. Ob freilich die Feuerkraft seiner Batterien für eine energische Abwehr ausreichen würde, blieb mehr als fraglich. Zumal sich gleich in den nächsten Tagen ein empfindlicher Mangel an Artilleriemunition einstellen sollte, der übrigens auch schon bei den Kämpfen nördlich Liepna fühlbar gewesen war. Dazu kam, daß die Rückzugskämpfe der letzten zehn Tage den Grenadierregimentern der Division offenbar ziemlich zugesetzt hatten. Verlustziffern sind zwar keine vorhanden, aber eine Meldung von General Foertsch an das XXXVIII. AK. vom 2. 8. 1944 ist immerhin aufschlußreich.[29] Demnach hatte die 21. Division zu diesem Zeitpunkt 12 Schützenkompanien mit einer Stärke unter 30 Schützen und nur 6 Schützenkompanien mit über 60 Schützen, wobei als „Schützenkompanien" auch die aus rückwärtigen Diensten aufgestellten Alarmeinheiten (4 Schützenkompanien), die Jäger-Kompanie (Unterführerschule der Division) und das Jagdkommando mitgezählt wurden. Dergleichen schien General Foertsch geeignet, der höheren Führung ein falsches Bild der wirklichen Lage vorzugaukeln, da auf den dort geführten Lagekarten auch die aus improvisierten Kompanien zusammengestellten Bataillone mit den planmäßigen gleichgesetzt wurden. Der General schlug daher vor, endlich den Schein der Wirklichkeit zu opfern und die zahlreichen Improvisationen aufzulösen und damit die planmäßigen Bataillone aufzufüllen, von denen z. B. zwei (wahrscheinlich die des GR. 3) nur noch Gesamtkampfstärken von 224 bzw. 190 Mann aufwiesen.

Aber das war in den Wind gesprochen. Vielmehr sollte die nächste Zeit nur zu deutlich zeigen, daß man einerseits bis hinauf ins OKH. und hier vor allem Hitler selbst sich angewöhnt hatte, auf der Karte mit Verbänden zu operieren, die nur noch dem Namen nach bestanden, während andererseits, aus demselben Grund, die Korps und die Armee immer mehr gezwungen wurden, sich die Verfügung über einzelne Regimenter, ja Bataillone und gelegentlich sogar über Pak-Züge vorzubehalten, um wenigstens noch reine Taktik betreiben zu können.

Doch wir wollen den Dingen nicht vorgreifen, sondern lieber nachtragen, daß am Abend des 31. 7. 1944 das AOK. 18, wohl im Hinblick auf die zurückliegenden Rückzugskämpfe, das GR. 3 und die 21. ID. zur Nennung im Wehrmachtsbericht vorgeschlagen hatte.[30]

2. Rückzugskämpfe in Estland

Der nun zu betrachtende Zeitraum, nämlich der August 1944, ist für den Chronisten, wenn er dabei die 21. Division im Auge behalten will, nur sehr schwer und undeutlich zu übersehen. Einmal wegen des zunehmenden Mangels an Quellen, zum anderen, weil die Division als geschlossener Verband während eines großen Teils dieses Zeitraums gar nicht existierte. Vielmehr fochten ihre Verbände, in viele Teile auseinandergerissen, in diesen Wochen oft weit von einander getrennt (vgl. Skizze 59). Erst allmählich sollten sich die Reste wieder zusammenfinden, um dann allerdings erst recht in eine Katastrophe hineingezogen zu werden. Das nicht mehr allzu ferne Ende, der endgültige Untergang, zeichnet sich für den Betrachter nicht zuletzt dadurch ab, daß die Lageentwicklung im Großen nun immer schneller und unmittelbarer bis auf die Divisionsebene durchschlug. Doch gehen wir chronologisch vor.

Am 30. 7. 1944, also zu dem Zeitpunkt, an dem die Division sich in der Marienburg-Stellung einzurichten versuchte, hatte, weit im Rücken der Heeresgruppe Nord, die südlich der Düna nach Nordwesten vorstoßende sowjetische 1. Baltische Front, westlich Riga, bei Tuckum, die Ostsee erreicht und damit die Heeresgruppe vom Reich abgeschnitten. Damit bahnte sich das an, was der, nach dem Attentat auf Hitler, wohl wegen seiner „defaitistischen" Einstellung abberufene Chef des Generalstabs der Heeresgruppe, Glt. Kinzel, bei einer letzten Besprechung im OKH. klar ausgesprochen hatte, nämlich daß Hitler, wenn er die Heeresgruppe und vor allem die Armee-Abteilung Narwa nicht sofort zurücknähme, nicht nur das „Ostland", sondern auch noch zwei Armeen verlieren würde. Der bereits jenseits der militärischen Realität lebende „Führer" hatte dies damals, genausowenig wie in den folgenden Wochen, gelten lassen. Vielmehr weigerte er sich nach wie vor, aus der neuen Lage die einzig möglichen Konsequenzen zu ziehen, nämlich ohne Rücksicht auf politische oder seestrategische Spekulationen, die Armee-Abteilung Narwa und die 18. Armee aus ihrer praktisch unhaltbaren Lage herauszuziehen. Vielmehr ging er hier, wie anderswo auch, zum „Festungskrieg" über, und der neue Oberbefehlshaber der Heeresgruppe Nord, Generaloberst Schörner, sekundierte ihm notgedrungen: „Jede Ortschaft, jede Stadt wird zur Festung."[31]) Mit diesem Rezept hatten die Franzosen bereits im Sommer 1940 Schiffbruch erlitten, und jetzt, vier Jahre später, herrschten auf deutscher Seite genau dieselben Verhältnisse. Wie sollte eine Division, z. B. die 21. ID., die ihre Sturmgeschütze und einen Teil ihrer schweren Pak-Kompanie schon längst hatte abgeben müssen, in ihrem überdehnten, kaum besetzten Abschnitt das von GO. Schörner so beanstandete „Spazierenfahren sowjetischer Panzer" in und hinter ihrer Front[32]) verhindern? Mit den wenigen Paks der 14. Kompanie und den Panzernahkampfwaffen, wie „Panzerfaust" und „Ofenrohr", war eine Abwehr der russischen Panzerverbände genauso aussichtslos wie der Versuch, den angreifenden Gegner ohne Munition, nur durch „moralische Haltung" aufzuhalten. Die Truppe leistete mit dem Mut der Verzweiflung ohnehin Erstaunliches. Aber ihre Belastbarkeit und damit Widerstandskraft hatten Grenzen, und diese konnten auch durch „äußerste Energie", „rücksichtslose Härte", ja mit „Brutalität", wie dies die Heeresgruppe

Rückzugskämpfe der 21. ID
v. der Panther-Stellung
z. Embach-Stellung
Juli/August 1944

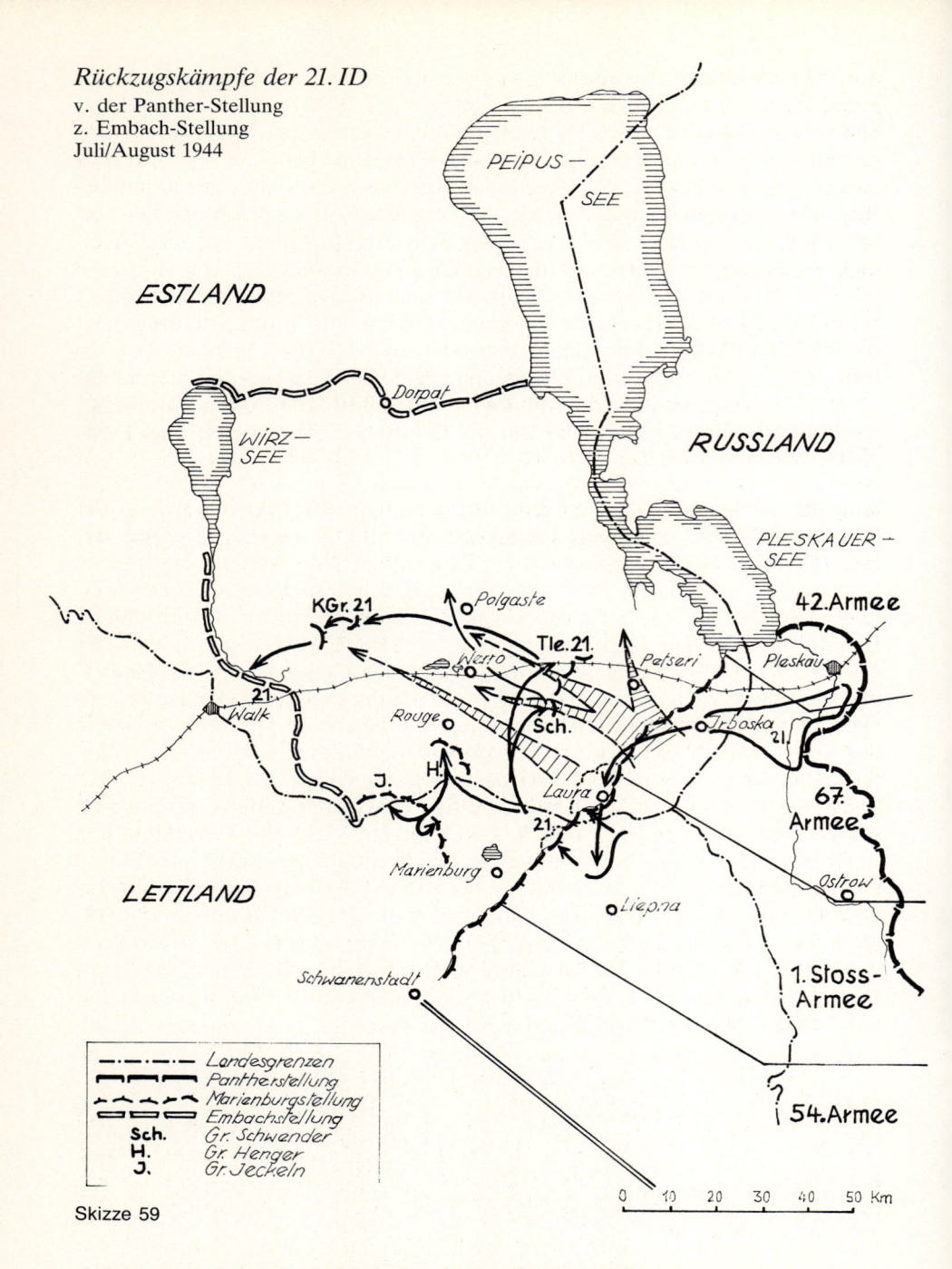

Skizze 59

dann immer wieder von den ihr unterstellten Stäben forderte, nicht wesentlich angehoben werden. Dafür stieg aber das Mißtrauen der Truppen gegenüber den für sie mehr oder minder anonymen höheren Stäben, denen allem Anschein nach – im Gegensatz zu früher – jetzt jegliche Führungsqualitäten fehlten. Warum? Die Truppe gab sich darüber keinen Gedanken hin, konnte dies gar nicht. Sie stellte nur fest und sprach es auch gelegentlich aus. Als im Verlauf der nun bald einsetzenden schweren Kämpfe der Kommandierende General des XXVIII. AK., General Gollnick, dem Oberst Schwender Vorwürfe machte, daß das GR. 45 seine Infanteriegeschütze eingebüßt habe, soll Schwender, zur Stellungnahme aufgefordert, geantwortet haben: „Es ist ein Wunder, daß wir nur die Geschütze und nicht das ganze Regiment verloren haben – bei *der* Befehlsgebung". Und der Oberst wurde, wie ein Zeuge berichtet, dafür nicht zurechtgewiesen.[33]) General Gollnick wußte wohl, wo der wirklich Schuldige für dieses Debakel saß.

Es war in der Tat ein „Krieg der Illusionen", der da – in einem makabren Zusammenwirken zwischen dem Führerhauptquartier und dem Führungsstab der 3. Baltischen Front unter Armeegeneral Maslenikow – der 18. Armee und damit der 21. Division in Kürze aufgezwungen werden sollte. Erste Anzeichen dafür waren unmittelbar nach dem Beziehen der Marienburg-Stellung festzustellen: Am 1. 8. fühlte der Gegner gegen den Abschnitt der 21. Division vor, vor allem gegen deren linken Flügel. Es gelang der Division, hierbei einzelne Panzer abzuschießen. Dann aber, am 3. 8., um 5.30 Uhr, setzte das Trommelfeuer ein. Die sowjetische 1. Stoßarmee (OB. Glt. N. D. Zachvataev) griff im Abschnitt Laura an.

Sehr schnell kam es an der Naht zwischen 21. und 121. ID. zu einem tiefen Panzereinbruch der 196. SD. des XII. GdSK. Neben dem rechten Flügel der 121. ID. wurde auch das GR. 3 zurückgedrängt, wobei der Kommandeur des inzwischen zugeführten und links eingesetzten II. Btl., Hptm. Willekens, fiel und die Stellung der unmittelbar an der Naht stehenden 9./AR. 21 überrannt wurde.[34]) Da keinerlei nennenswerte Reserven zur Verfügung standen, setzten nun geradezu hektische Bemühungen ein, Kräfte zur Abriegelung des Einbruchs heranzuschaffen. Das eben erst am rechten Flügel eingetroffene Füs. Btl. 21 wurde wieder herausgelöst und hinter den linken Divisionsflügel verlegt. Darüber hinaus erhielt die Division das Füs. Btl. 21 (L), die s. Art. Abt. 768 (2 Batterien 10 cm-Kan), eine s. Flak-Battr., 2 Züge leichte Flak das Flak. Rgt. 36 und einen bisher noch zur 21. LWF. Div. abgestellten s. Pak-Zug der 1./PzJg. Abt. 21. Am nächsten Tag (4. 8.) sollte dann der Einbruch durch einen Gegenangriff der 121. ID. bereinigt werden, wozu ihr der Rgt. Stab. GR. 3 und die Füs. Bataillone 21 und 21 (L) vorübergehend unterstellt wurden.[35])

Aber von einem Gegenangriff konnte keine Rede mehr sein. Im Gegenteil: das GR. 3 mußte unter feindlichem Druck auch sein rechtes Bataillon weiter zurückbiegen. Darüberhinaus griff der Feind an diesem Tag auch den Abschnitt des GR. 24 an, wo er ebenfalls einen so tiefen Einbruch erzielen konnte, daß er angeblich seine gesamte 285. SD. (CXXVIII. SK.) in denselben hineinführen konnte. Das GR. 24 vermochte diesen Einbruch zwar etwas zu verengen, aber nicht mehr zu beseitigen.[36])

Dazu wurde nun auch noch die Artilleriemunition knapp. Das gesamte XXXVIII. AK. verfügte nur noch über 15 t leFH-Munition, von der sie sofort der 21. Division 10 t und am Abend dieses Tages noch die letzten 5 t (210 Schuß) zuführte. Munition für sFH. gab es vorerst überhaupt keine mehr.[37]) Dafür sollte als letzte Reserve des Korps der 21. ID. noch das II./GR. 412 der 227. ID. zugeführt werden. Aber sicherlich galt dies, wenn überhaupt, nicht für lange Zeit, denn auch die 227. ID. wurde in den folgenden Tagen herausgezogen, und ihre bisherigen Nachbarn, 21. LWF. Div. und 21. ID., hatten jeweils die Hälfte des frei werdenden Abschnittes mit ihren Füsilierbataillonen „stützpunktartig" zu besetzen.[38]) Außerdem wurden der 21. Division der von der 227. ID. zurückgelassene Rgt. Stab GR. 328 (Kdr. Obstlt. Refior) sowie Teile dieses Regiments unterstellt.

Um ein Haar also wäre der Versuch der 1. Stoßarmee, aus der Bewegung heraus die Marienburg-Stellung zu durchbrechen, gelungen. Man muß die Befehle dieser Tage gelesen haben, um sich ein Bild von dem Durcheinander machen zu können, das infolge der außerordentlich schwach besetzten deutschen Abschnitte diese ersten sowjetischen Vorstöße auslösten. Dabei bedeuteten sie natürlich noch lange nicht den vollen Einsatz des sowjetischen Angriffspotentials. Das sollte erst zum Tragen kommen, als die 3. Baltische Front, nach Scheitern des ersten Versuchs, nun an die systematische Vorbereitung eines Durchbruchsangriffs ging. Er wurde, in Ausnützung des Einbruchs bei der 121. ID., an den inneren Flügeln der 1. Stoßarmee und der 67. Armee angesetzt. Die Stafka führte hierzu der Front den Stab des CXXII. SK. und vier Schützendivisionen zu. Auf der rund 16 Kilometer breiten Angriffsfront wurden 167 Panzer und Sturmgeschütze massiert. Jedes Schützenbataillon der ersten Angriffsstaffel erhielt eine Artillerieabteilung, eine Panzerkompanie oder Selbstfahrlafettenbatterie, eine Batterie Garde-Granatwerfer und einen Zug Sappeure zugeteilt.[39])

Der deutschen Seite war diese Kräftekonzentration natürlich nicht entgangen. Am Abend des 8. 8. meldete der Ia der 227. ID. dem XXXVIII. AK., daß nach Funkpeilung im Raume Laura, also vor der 121. ID., vier sowjetische Schützenkorps, Garde-GrW. Verbände und Heeresartillerie allem Anschein nach angriffsbereit stünden.[40]) Auch die 18. Armee rechnete mit einem Großangriff gegen das XXVIII. AK., wobei sie durchaus zutreffend die Breite der Angriffsfront von Laura bis vor den Abschnitt der 30. ID. und als Angriffsziel Werro annahm.[41])

Angesichts dieser Lage entschloß sich die Armee, im Raume Laura die der Erschöpfung nahe 121. ID. durch die aus Finnland herangeführte 122. ID. ablösen zu lassen.[42]) Anschließend daran sollte die 121. ID. den Abschnitt der 21. Division übernehmen, so daß die letztere dann am linken Flügel des XXXVIII. AK. als Eingreifreserve bereitgestellt werden könnte. Der Ausführung dieses Planes stellten sich allerdings bald verschiedene „Friktionen" entgegen. Zwar lief in der Nacht vom 8./9. 8. die Ablösung der 121. durch die 122. ID. an, aber das dritte Regiment der 122. Division, das GR. 411, war noch nicht heran – und kam auch nicht mehr. Die 121. ID. mußte daher ihr GR. 407 in der Stellung belassen, was wiederum für die 21. ID. zur Folge hatte, daß – als sie am Morgen des 11. 8. ihren Abschnitt an die 121. ID. übergab – sie nun ihrerseits eine Reihe von Truppenteilen im bisherigen Abschnitt belassen mußte, nämlich das GR. 3, die Alarmkompanien, die Jagd-Kompanie und das Jagdkommando 21, die 2./AR. 57 (?), und wohl auch die 2./Pi. 21. Die I./AR. 21 und die I./AR. 57 (ohne 2. Battr.) waren zunächst bei der 21. LWF. Div. eingesetzt. Dieser an sich schon schwierige Ablösungsmechanismus wurde noch dadurch vollends durcheinander gebracht, daß in ihn hinein die 3. Baltische Front zu dem erwarteten Großangriff antrat.

Fast auf die halbe Stunde genau drei Jahre nach dem Beginn der Artillerievorbereitung für den Mschaga-Übergang der 21. Division, also am 10. 8. 1944 um 4.30 Uhr, setzte das sowjetische Trommelfeuer gegen die Abschnitte der 122. und 30. Division ein. Dann trat die 1. Stroßarmee – ähnlich wie damals nur mit verkehrtem Vorzeichen – mit einer geradezu überwältigenden Schlacht- und Bombenfliegerunterstützung durch die 14. Luftarmee zum Angriff an. In kurzer Zeit wurden bei beiden deutschen Divisionen tiefe Einbrüche erzielt; die 30. ID., trotz tapferer Gegenwehr, überrannt und zersprengt.[43]) Durch ein 10 bis 15 Kilometer breites Loch, in dem sich nur noch einzelne Inseln verzweifelt wehrten, stieß der Gegner (wahrscheinlich XIV. Gd., CXVIII und CXXII. SK.) zügig nach Westen, Nordwesten und Norden vor.

Dem konnte von deutscher Seite nicht viel entgegengestellt werden. Im wesentlichen war es die 21. Division, von der schon in der Nacht vor dem Angriff, auf Befehl der Armee, das II./GR. 24 (Hptm. Barop) und das I./GR. 45 (Hptm. Schwill) vorsorglich beim Divisionsgefechtstand bereitgestellt worden waren. Nun wurden die beiden Bataillone beschleunigt dem linken Flügel der 30. ID. zugeführt, um den Piusa-Übergang bei Vastseliina offen zu halten und abgesplitterte Teile der 30. ID., vor allem des GR. 6 aufzufangen. Oberst Schwender der mit dem Regimentsstab GR. 45 nacheilte, übernahm am Nachmittag die Führung der Regimentsgruppe, zu der auch die II./AR. 21 (ohne 6. Battr.) in Marsch gesetzt wurde. Auch die Sturmgeschützabteilung 1021 war unterwegs zu dieser Gefahrenstelle.[44]) Darüberhinaus befahl die Armee dem XXXVIII. AK., den Div. Stab der 21. ID., nebst NA. 21, Rgt. Stab und Rgt. Truppen GR. 24, die Bataillone I./24 und II./45 sowie das Füs. Btl. 21 nach erfolgter Ablösung durch die 121. ID. am Morgen des 11. 8. verfügbar zu machen. Diese Truppenteile – dabei ab 12. 8. auch die III./AR. 21 – sollten unter der Führung von General Foertsch, zusammen mit unterstellten Sperrverbänden der 83. und 218. ID. sowie dem schon erwähnten, noch im Anmarsch befindlichen GR. 411 der 122. ID. und zwei Pionierbataillonen, nördlich der Rgt. Gruppe Schwender, in das zwischen der 30. ID. und der 12. LWF. Div. aufgesprungene Loch, an der Piusa eingeschoben werden, ja womöglich mit der 30. ID. zum Gegenangriff antreten.[45])

„Krieg der Illusionen"! An die 18 sowjetische Divisionen vermutete der Ic der 18. Armee am Abend des 11. 8. vor dem XXVIII. AK. im Einsatz. Die Rgt. Gruppe Schwender hatte zwar während dieses Tages an die 27 Angriffe auf ihre Stellung abgewiesen, geriet aber nun in eine zunehmend schwierigere Lage, da der Gegner zwischen ihr und der zurückgegangenen 122. ID. nach Westen durchstieß und mit Panzern bereits im Rücken der Rgt. Gruppe stand.[46])

Aber nicht nur die 30. ID., auch die 122. Division bedurfte dringend der Stützung. So wurden ihr die ursprünglich für den Einsatz an der Piusa vorgesehenen Bataillone II./GR. 45 (Hptm. Wittwer) und Füs. 21 sowie allem Anschein nach auch die 6./AR. 21 zugeführt. Doch damit war die Aufsplitterung der Kräfte der 21. Division noch nicht beendet, galt es doch die nach Westen, südlich Werro durchgebrochenen Feindspitzen abzufangen beziehungsweise ihr Eindrehen nach Süden in den Rücken der 122. ID. zu verhindern. Zwar befand sich im Raum Hoppenhof ein etwa 500 Mann starker Sperrverband unter der Führung des SS-Obergruppenführers Jeckeln, des Höheren SS- und Polizeiführers Ostland. Aber der war relativ weit ab und die Zeit drängte. Also wurde am Vormittag des 12. 8. ein weiterer Kampfverband, bestehend aus dem I./GR. 3, der StuGeschAbt. 21 (L) und der 1./s. Art. Abt. 814 (10 cm-Kan) gebildet und der praktisch „arbeitslose" Kommandeur des in alle Winde zerstreuten AR. 21, Oberst Henger, mit der Führung beauftragt. Er sollte von Süden her auf Rouge vorstoßen, dort befindlichen Gegner werfen und eine Abwehrfront nach Norden und Osten aufbauen. Der Feind war aber schneller und stärker. Noch am Abend des 12. 8. wurde der Vorstoß der Gruppe Henger von russischen Panzern südlich Rouge gestoppt und die Gruppe sogar etwas zurückgedrängt. Zudem scheint es auch Schwierigkeiten zwischen Oberst Henger und dem von Hoppenhof nun anrückenden SS-Obergruppenführer Jeckeln gegeben zu haben, dem die Gruppe Henger schließlich unterstellt wurde. Wie lange Oberst Henger selbst hier eingesetzt blieb, ist unklar. Sicher ist jedoch, daß nun auch das restliche GR. 3 (Stab, Rgt. Truppen, II. Btl.) im Laufe des 12. und 13. 8. aus der 121. ID. herausgelöst, ebenfalls der Gruppe Jeckeln zugeführt und an deren linken Flügel eingesetzt wurde.[47])

Bei der 21. Division selbst war dieser 12. 8. allem Anschein nach sehr dramatisch verlaufen. Um 9.00 Uhr meldete bereits das XXVIII. AK. der 18. Armee, daß der Gegner am Piusa-Knie, bei Lepassare, zwischen 21. ID. und 12. LWF. Div. durchgebrochen sei. 50 Minuten später neue Meldung: 21. ID. mehrfach durchbrochen, Div. Stab in Nahverteidigung. Auch Oberst Schwender glaube nicht mehr, halten zu können. Die Armee meinte zwar, daß dies doch noch möglich sein müßte, aber General Gollnick widersprach energisch: „Nein! Schwender hält heute nicht mehr durch! Feind führt starke Kräfte nach. Wir kämpfen um das nackte Leben! Zum Angriff keine Kräfte mehr!"[48]) Man kann ruhig ergänzen, daß auch zur Verteidigung keine mehr da waren. Die Truppe, tagsüber kämpfend und, weil der Gegner inzwischen schon wieder in ihrem Rücken stand, nachts auf die nächste Riegelstellung sich absetzend, dabei von dem herrschenden Regenwetter noch zusätzlich mitgenommen, war der physischen Erschöpfung nahe. Ohne der ständigen Einwirkung ihrer Offiziere besaß die Truppe einfach keinen Halt mehr, nicht einmal bei einer so bewährten wie der Rgt. Gruppe Schwender, die nicht nur – wie bereits erwähnt – bei den Kämpfen ostwärts Werro ihre Infanteriegeschütze, sondern auch sämtliche Pferde und Fahrzeuge des I./GR. 45 verlor.[49]) Zwar berichtete der Oberbefehlshaber der 18. Armee an GO. Schörner am Abend des 13. 8., daß bei der 21. ID. ein erfolgreicher eigener Angriff stattgefunden habe[50]), aber das Feindbild war eindeutig: etwa fünf sowjetische Divisionen waren gerade im Kampfraum der 21. ID. anzunehmen[51]), und das XXVIII. Korps meldete: „Stehenbleiben bedeutet Vernichtung des Korps. Der erste scheinbar aufgefangene Durchbruch enthält bereits den Keim für weitere Feinderfolge. Die Gegenwirkung der eigenen Restteile ist nur gering."[52])

Darüber war sich offenbar auch, trotz aller Durchhaltebefehle, die HGr. Nord im klaren, und so beantragte, angesichts des wohl unabwendbaren feindlichen Durchbruchs auf Werro, GO. Schörner am 12. 8. bei Hitler die „große Lösung", also die Räumung des Baltikums. Die Antwort kam jedoch, gegenüber sonstigen Entscheidungen, unerwartet schnell: Die Stellung ist unbedingt zu halten! Wieder einmal wurde „durchschlagende Hilfe" in Aussicht gestellt. Sie sollte darin bestehen, daß die aus der seinerzeit zerschlagenen 31. ID. neu aufgestellte 31. Grenadierdivision zugeführt, d. h. in den Raum Walk eingeflogen werden sollte. Die Heeresgruppe war ja noch immer vom Reich abgeschnitten. Zunächst kam freilich nur ein Regiment[53]). Aber da war Werro bereits gefallen.

Es kam nun alles darauf an, die ostwärts dieser Stadt stehenden deutschen Divisionen, darunter die 21. ID., nicht nach Norden auf Dorpat abdrängen zu lassen. Dementsprechend kämpfte sich die Division in den folgenden zwei, drei Tagen nördlich Werro in nordwestlicher Richtung zurück. Die Nachrichten über diese zweifellos sehr schweren und verlustreichen Kämpfe sind leider sehr mager. Fest steht nur, daß die Division in dieser Zeit nach wie vor einen „gemischten" Verband darstellte, dessen Zusammensetzung immer wieder gewechselt haben dürfte. Im Laufe der Rückzugskämpfe nach Nordwesten trat von der Rgt. Gruppe Schwender das II./GR. 24 wieder zur 21. ID. zurück, die damit wenigstens über eines ihrer Stammregimenter verfügte. Oberst Schwender selbst blieb mit seinem I. Btl. weiterhin bei der 30. ID., wo ihm später auch noch das II./Jg. Rgt. 42 (L) als Ausgleich unterstellt wurde. Er und sein I. Bataillon kehrten erst um den 25. 8. wieder zur 21. Division zurück. Zur 21. ID. gehörte während dieser Zeit anscheinend durchgehend das Füs. Bat. 218, während das GR. 411 (122. ID.) nach dem 15. 8. von der 21. an die 30. ID. abgegeben worden sein dürfte. Die artilleristische Ausstattung der Division ist wohl als eher schwach anzunehmen. Ob die II./AR. 21 schon mit dem II./GR. 24 zur Division zurückkehrte, ist nicht sicher, aber wahrscheinlich. In diesem Fall brachte sie jedoch nur zwei Batterien (4. und 5.) mit. Und über die bei der Division befindliche III./AR. 21 liegen nur sehr vage Nachrichten vor, die nichts Gutes ahnen lassen. So ist um den 14. 8. von einer „Kampfgruppe Wendig" (Kdr. III./AR. 21) und einem „Artilleriestoßtrupp Nießwandt" (Führer 7./AR. 21) die Rede,[54]) was zumindest auf einen abnormalen Einsatz dieser Abteilung schließen läßt. Vom 20. 8. liegt jedenfalls eine Meldung vor, wonach die 21. ID. nur noch „17 Rohre" besitze, worin sehr wahrscheinlich aber auch die Infanteriegeschütze und schweren Granatwerfer inbegriffen waren. So wird auch der Wunsch nach Zuweisung von Nebelwerfern verständlich, der erfüllt worden sein dürfte.[55])

Zur gleichen Zeit befanden sich aber noch immer das komplette GR. 3, das Füs. Btl. 21, von den Pionieren zumindest die 2. Kompanie, die I./AR. 21 und die I./AR. 57 sowie sämtliche Alarmeinheiten und sonstigen Improvisationen der Division beim XXXVIII. AK., also südlich des nach Westen gerichteten sowjetischen Stoßkeils.

Den Einsatz dieser Einheiten nachzuzeichnen würde den Rahmen unserer Darstellung sprengen. Nur soviel sei festgehalten, daß sich am 20. 8. das GR. 3, die Jagdkompanie 21, die I./AR. 57 (ohne 2. Battr.), die 2./Pi. 21 und die Alarm-Einheiten des Oblt. Krupnik (GR. 24) und des Hptm (?) Walden (Füs. Btl. 21) bei der Kampfgruppe Jeckeln, das II./GR. 45 und die I./AR. 21 noch weiter im Südwesten bei der von der KGr. Jeckeln abgezweigten Kampfgruppe des Obstlt. Refoir (Kdr. GR. 328 der 227. ID.) und schließlich das Füs. Btl. 21 und die 6./AR. 21 bei der 122. ID. befanden.[56]) Für die heillose Vermischung der Verbände, bei denen Troßleute wie Versprengte wahllos eingereiht wurden, bieten die beiden Alarmeinheiten der 21. ID. ein gutes Beispiel. Beide waren zu „Bataillonen" angeschwollen. Die Einheit Walden umfaßte 3 Offiziere, 20 Unteroffiziere und 156 Mann, die aus 29 (!) verschiedenen Verbänden und Truppenteilen, davon aus 13 verschiedenen Divisionen, stammten. Das „Bataillon" Krupnik umfaßte gar 4 Offiziere, 26 Unteroffiziere und 225 Mann in ähnlicher Zusammensetzung. Seine Bewaffnung bestand aus insgesamt 14 leMG. von vier verschiedenen Typen.[57]) Allerdings scheinen diese Verbände, mit Ausnahme jener bei der 122. ID., nicht in schwere Abwehrkämpfe verwickelt worden zu sein, denn der Schwerpunkt der 3. Baltischen Front lag nach wie vor bei der 1. Stoßarmee beiderseits Werro, und das bedeutete, daß die 21. ID., die wohl besser als Kampfgruppe zu bezeichnen wäre, weiterhin im Brennpunkt der Kämpfe stand.

Eine gewisse Erleichterung brachte in den Tagen zwischen dem 13. und 15. 8 der schwerpunktartige Einsatz der Schlachtfliegerverbände der Luftflotte 1 vor diesem Abschnitt. Jener, insbesondere der des legendären Mjr. Rudel als Panzerjäger, erbrachte zwar nicht das, was man sich unberechtigterweise bei der Heeresgruppe wie der Armee davon erhofft hatte, aber die Männer des GR. 45 nahmen diese Panzerjagd aus der Luft dankbar zur Kenntnis.[58]) Man war doch nicht nur allein auf sich gestellt. Und eine moralische Stütze bedeutete schließlich auch die Nachricht, daß es durch das Unternehmen „Doppelkopf" der 3. Panzer-Armee gelungen war, die Landverbindung zwischen der Heeresgruppe und dem Reich wieder herzustellen.[58a]) Daß damit nur ein Mauseloch geöffnet worden war, durch das sich die Heeresgruppe später von einem Kessel in einen anderen würde flüchten können, ahnte man bei der Division natürlich nicht.

Etwa 30 Kilometer nordostwärts von Walk gelang es dann ab dem 15. 8., die Front, vor allem die der 30. ID., wieder etwas zu stabilisieren. Der Hauptgrund dafür dürfte freilich darin gelegen haben, daß die 3. Baltische Front ihren Schwerpunkt nach rechts, in Richtung Dorpat verlegte, um den ab 16. 8. die Seen-Enge zwischen Peipus-See und Pleskauer-See übersetzenden Verbänden der von der Narwa-Front abgezogenen 2. Stoßarmee (191. SD.) die Hand reichen zu können. Die gegen den Südflügel des XXVIII. AK., vor allem gegen die 21. ID., vorgehenden Feindkräfte (wohl vor allem das XIV. GdSK.) blieben nichtsdestoweniger ein gefährlicher Gegner. Um so erstaunlicher war die noch immer vorhandene Abwehrkraft der 21. Division und der ihr unterstellten Truppen, was der Divisionsführung ein bemerkenswertes Zeugnis ausstellt. Trotz ihres „frei schwebenden" rechten Flügels erwehrte sich die Division am 16. 8. bei Kanepi starker Angriffe, wobei 5 Panzer abgeschossen wurden. Am folgenden Tag wurde ihr linker Flügel zwar etwas zurückgedrängt, dennoch beurteilte die Armee diesen Tag als „in der Abwehr positiv". Das Loch zum rechten Nachbarn war aber nach wie vor vorhanden, beziehungsweise erschienen in demselben die vordersten Teile der 31. GrenDiv. sowie der später nachgeführten 87. ID. Sie, wie andere „zusammengekratzte" Verbände, und auch die Gruppe Jeckeln wurden ab dem 15. 8. dem zwischen das XXXVIII. und XXVIII. AK. eingeschobenen Gen. Kdo. II. AK. unterstellt. Diesem Korps gelang es in der Folge, vorgeprellte Spitzen des XIV. GdSK. an und nördlich der Bahnlinie von Werro nach Walk zurückzudrängen, ohne aber zunächst auf gleiche Höhe mit dem rechten Flügel des XXVIII. AK., also der 21. ID., zu gelangen. Vielmehr war es ab 17. 8. in der rechten Flanke der Division, bei Gut Ilmjärve zu wechselvollen Kämpfen gekommen. Der 21. ID. fiel nun, ähnlich wie seinerzeit bei Liepna, die Aufgabe zu, durch Angriff nach Südwesten dem II. Korps die Hand zu reichen und damit auch die eigene Flankenbedrohung auszuschalten.

Dieser „Anschlußvorstoß" scheint am 18. 8. angelaufen zu sein und schon am folgenden Tag zur Besitznahme der Höhe 107,7 nördlich Gut Ilmjärve, geführt zu haben. Diese Höhe, der Anschlußpunkt zum II. Korps, bildete in den nächsten Tagen einen Brennpunkt der Kämpfe, da sie dem sowjetischen XIV. GdSK. die Straße nach Walk sperrte. Leider ist nicht konkret festzustellen, welche Truppenteile die Höhe verteidigten (GR. 24?). Aus dem Kriegstagebuch des AOK. 18 ist lediglich zu entnehmen, daß die „Kampfgruppe 21. ID." am 21. 8. sieben Angriffe in Bataillonsstärke gegen die Höhe 107,7 und nördlich davon abgewiesen habe. Am Morgen des folgenden Tages setzten erneute Angriffe in diesem Abschnitt ein. Bis 14.30 Uhr waren fünf Panzer abgeschossen. Und obzwar das XXVIII. AK. einen Hilferuf der Division mangels Kräften nicht entsprechen konnte, wurde die vorübergehend verloren gegangene Höhe im Gegenstoß wieder gewonnen. Am Nachmittag dieses Tages ging sie nach heftigen, von Artillerie und Schlachtfliegern unterstützten Angriffen erneut verloren – und wurde am Abend wieder zurückerobert! Auch am 23. und 24. 8 gelang es, Angriffe gegen die Höhe abzuweisen, während am letztgenannten Tag der 56. SD. in der Mitte des Divisionsabschnittes ein Einbruch gelang. Das Pi. Btl. 21 und drei Sturmgeschütze wurden dem eingedrungenen Feind entgegengeworfen und der Einbruch anscheinend bereinigt.[59])

Die Festigung der Front weiter südlich machte es in diesen Tagen endlich möglich, die in den zurückliegenden Kämpfen durcheinandergeratenen Verbände einigermaßen zu entwirren. Das XXXVIII. AK. erhielt Befehl, die I./AR. 57 (ohne 2. Battr.), dann die I./AR. 21 und die 6./AR. 21 herauszuziehen und der 21. ID. nach Tsirguliina, nordostwärts Walk zuzuführen. Das jetzt noch bei der 31. GrenDiv. befindliche GR. 3 wie die bei der KGr. Refior beziehungsweise bei der 122. ID. eingesetzten Teile (II./GR. 45 und Füs. Btl. 21) wurden um den 23. 8. herausgelöst und am linken Flügel des II. AK. (87. ID.) so eingeschoben, daß sie sich in unmittelbarer Nachbarschaft zur 21. ID. befanden beziehungsweise dieser auch zugeführt werden konnten.[60]) So schien sich langsam alles wieder zusammenzufinden. Aber in was für einem Zustand? Es liegen nur wenige Zahlen vor und die betreffen Truppenteile, die nicht im Schwerpunkt der Kämpfe eingesetzt gewesen waren: GR. 3 – 750 Mann, II./GR. 45 – 181 Mann, Füs. Btl. 21 – 179 Mann. Man kann sich demnach vorstellen, wie es bei GR. 24 und I./GR. 45 ausgesehen haben mag. Und noch ein Verlust war für die Division schmerzlich: am 23. 8. verabschiedete sich Glt. Foertsch von den auf dem Gefechtsstand von Oberst Schwender versammelten Regimentskommandeuren, um den Befehl über das X. Korps zu übernehmen.[61]) Mit General Foertsch verlor die Division einen Kommandeur, der sich während der wenigen Wochen, in denen er die Führung inne gehabt hatte, sowohl das Vertrauen der Truppe als auch die Anerkennung der vorgesetzten Dienststellen erworben hatte. Wenige Tage nach seinem Abschied erhielt er als sichtbares Zeichen dafür das Ritterkreuz verliehen.

Sein Nachfolger, GM. Heinrich Goetz,[62]) bisher Führer der 83. ID., besaß es bereits, was sicherlich eine Empfehlung war. Sonst wußte man nicht viel von ihm und hatte vorerst auch nicht allzuviel Gelegenheit, ihn kennenzulernen, da er bald durch Verwundung ausfallen sollte.

Der zähe Abwehrkampf der Divisionen des XXVIII. AK. und damit der 21. Division im Vorfeld der Embach-Stellung hatte vor allem den Zweck gehabt, damit die Voraussetzung für einen letzten Versuch zu schaffen, den sowjetischen Durchbruch zwischen Peipus-See und Wirz-See Richtung Dorpat und damit in den Rücken der Armee-Abteilung Narwa aufzuhalten. Man kann darüber streiten, ob der vom Nordflügel des XXVIII. AK. in nordostwärtiger Richtung angesetzte Angriff der von Tuckum hierher vorgezogenen Panzergruppe des Grafen Strachwitz nicht auch dem „Krieg der Illusionen" zuzurechnen sei. Binnen kurzem war jedenfalls dieser einzige im Bereich der 18. Armee noch vorhandene Panzerverband zerschlagen, und die Sowjets stießen nun im Gegenzug bis zur Südspitze des Wirz-Sees durch.[63]) Was sollte nun werden?

Diese Frage stellte sich nicht nur die Truppe, sondern sie wurde genauso auch vom Chef des Generalstabs der Heeresgruppe Nord an den Chef der Operationsabteilung/OKH. gerichtet und diesem auch gleich, klipp und klar, die Alternativen vorgelegt: „Entweder muß schnell etwas zugeführt werden oder aber es müssen neue Entschlüsse gefaßt werden"[64]), worunter natürlich vor allem die sofortige und nun schon sicherlich sehr verlustreiche Räumung Estlands gemeint war. Aber Hitler dachte auch jetzt, fünf vor zwölf, nicht im entferntesten daran. Vielmehr gab er am 26. 8. die ihm am Vortag vorgelegte Lagebeurteilung der HGr. Nord dem Chef des Generalstabs des Heeres ohne jede Stellungnahme zurück. Damit bewahrheitete sich, was General Guderian schon Tage vorher vorausgesehen hatte, daß nämlich „mit neuen, großen Entschlüssen voraussichtlich nicht zu rechnen sein wird".[65]) Daraufhin meldete die Heeresgruppe, daß sie dann gezwungen sei, „in der kommenden Nacht beginnend, die Mitte der 18. Armee in die Walk-Stellung zurückzunehmen".[66]) Die Befehle hierzu für den Nordflügel waren allerdings schon ergangen, ja bereits in Ausführung begriffen. In der Nacht vom 25./26. 8. begann demzufolge auch die 21. ID., den vor allem an der Naht zur 30. ID. nachdrängenden Feind abwehrend, sich hinter den Embach nordostwärts Walk abzusetzen. Sie erhielt im Zuge dieser Bewegung nicht nur ihre restlichen, anderwärts eingesetzten Verbände wieder zurück, sondern wurde auch noch durch ein Regiment (GR. 176) der seit dem 28. 8. in den Raum südwestliche Walk als Reserve zugeführten 61. ID. verstärkt.[67]) (Skizze 60) Nach etwas mehr als einem Monat fast pausenloser Rückzugskämpfe sollte es hier, auf einem letzten Zipfelchen estnischen Bodens, – fast wider Erwarten – noch einmal eine kurze Atempause geben.

A. *Kampfraum der 21. ID zwischen dem 20. und 25. 8. 1944*

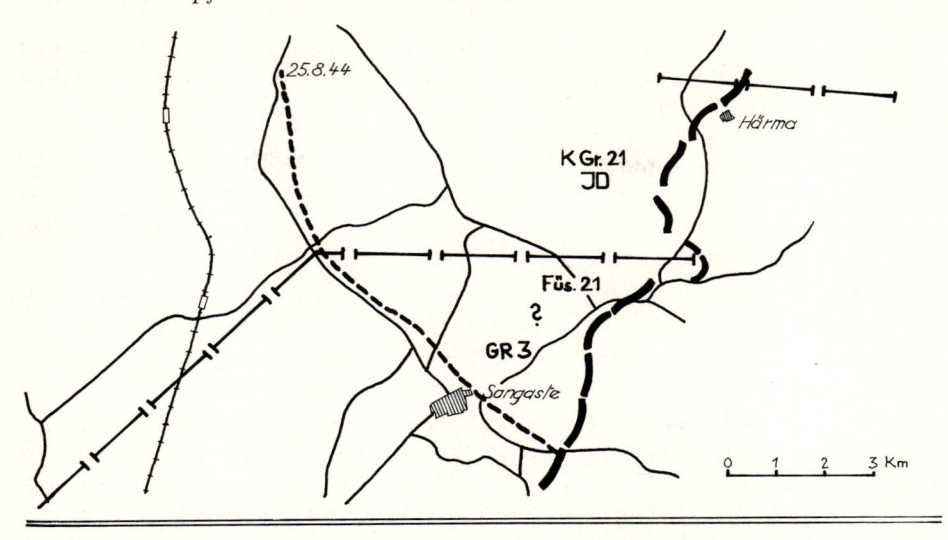

B. *Lage der 21. ID in der Walk-Embach-Stellung am 31. 8. 1944*

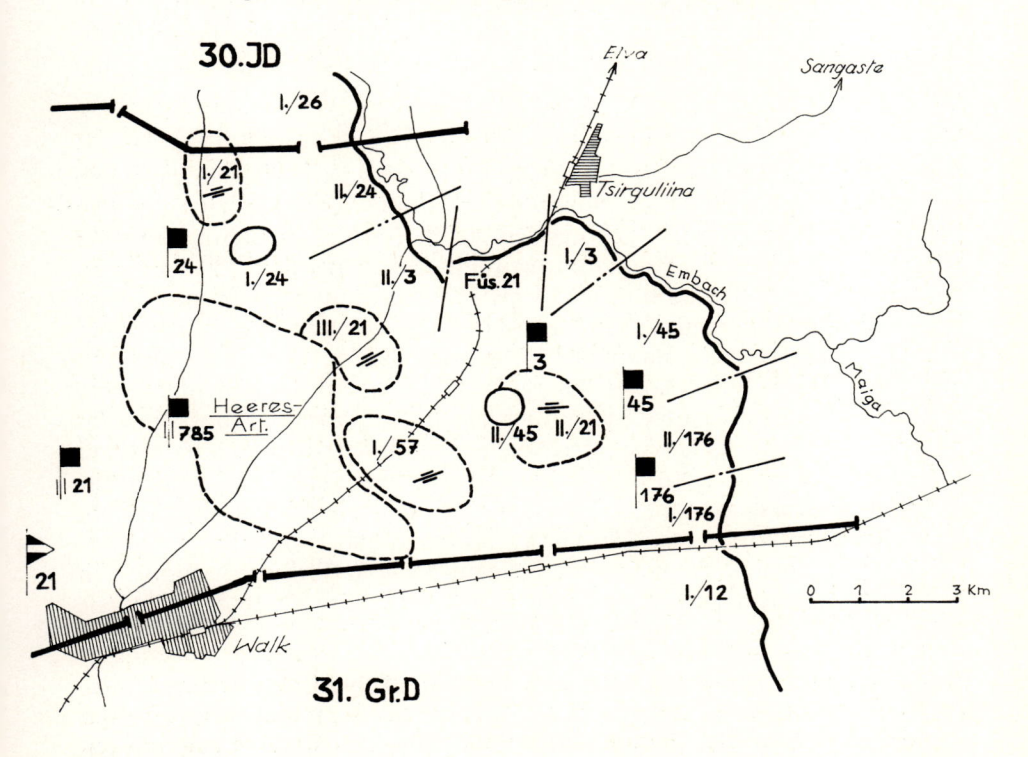

Skizze 60

3. Abwehrkämpfe am Embach und bei Walk

Bei der 18. Armee wie bei der Heeresgruppe glaubte man zunächst an eine baldige Fortsetzung der sowjetischen Angriffe. Das lag ja auch an sich nahe, wenn man bedenkt, in welcher exponierten Lage sich vor allem die Armee-Abteilung Narwa befand. Die schlechte Witterung, aber vielleicht auch eine gewisse Erschöpfung ihrer Truppen ließen die sowjetische Führung eine Kampfpause einschalten, die zweifellos auch zu einer Neuordnung der Verbände benutzt wurde. Die 3. Baltische Front gab den Abschnitt zwischen Pleskauer-See und Wirz-See an die Leningrad-Front ab, die dorthin die 2. Stoßarmee überführte. Der 3. Baltischen Front verblieben die 67. Armee am Wirz-See und am Embach nördlich Walk, südlich davon lag die 1. Stoßarmee, und daran schloß sich wiederum die 54. Armee an (vgl. Skizze 61).

Es ging nun freilich dem Sowjetischen Oberkommando nicht nur darum, die Armee-Abteilung Narwa abzufangen, sondern um nichts Geringeres als um die Vernichtung der gesamten Heeresgruppe Nord. Zu diesem Zweck massierten die Sowjets an drei Stellen ihre Kräfte: die 1. Baltische Front bei Bauske, die 2. Baltische Front bei Ergli und die 3. Baltische Front nördlich Walk. Die beiden ersten Stoßkeile zielten ganz offensichtlich auf Riga, während die Angriffsgruppe bei Walk die 18. Armee aufspalten und die deutschen Verbände in Estland abschnüren sollte. Die Koordinierung der drei Baltischen Fronten oblag, als Vertreter des Oberkommandos, dem Marschall der Sowjetunion Wassilewski.

Das blieb auf deutscher Seite natürlich nicht verborgen. Vielmehr zeichnete die Aufklärung von Tag zu Tag ein immer bedrohlicheres Bild der Lage: Der zur 3. Baltischen Front gehörenden 14. Luftarmee waren allein drei Schlachtfliegerdivisionen zugeführt worden. Gegenüber dem Abschnitt von Walk hatte die 3. Baltische Front 13 bis 14 Schützendivisionen und 5 Panzerverbände zusammengezogen.[68] Zwar fühlte sich der Oberbefehlshaber der 67. Armee, Glt. Romanovskij (Chef des Stabes: Obst. Mordvincev), mit seinen drei Schützenkorps (111., 112., 122. SK.) für die ihm zugedachte Angriffsaufgabe fast zu schwach. Aber das ihm vorgesetzte Frontkommando war in der Lage, eine recht beachtliche Feuerunterstützung aufzubauen: 105 bis 186 Geschütze pro Frontkilometer. Als bewegliche Stoßgruppe verfügte die 3. Baltische Front, wie übrigens die beiden anderen Fronten auch, über ein Panzerkorps, nämlich das X., mit rund 200 Panzern (vgl. Anlage 54). Schließlich und endlich sollte ab dem X + 8. Tag der 3. Baltischen Front aus der Heeresreserve noch die 61. Armee (OB.: GO. B. A. Belov) als zweite Staffel zugeführt werden.[69]

Von deutscher Seite war dagegen nicht viel vorzukehren, da Hitler nach wie vor nicht daran dachte, das Baltikum aufzugeben. Auch nicht, als Finnland Anfang September aus dem Bündnis mit Deutschland ausscherte und damit eines von Hitlers bisherigen Hauptargumenten für das Festhalten an Estland wegfiel. Offenbar realisierte er nicht mehr, daß eine rechtzeitige Zurücknahme der noch einigermaßen kampfkräftigen Verbände eine wesentliche Verstärkung der ohnehin überdehnten und damit viel zu dünn besetzten Fronten bedeutete, ganz abgesehen davon, daß er — so wie die Din-

Lage der Heeresgruppe Nord am 14. 9. 1944

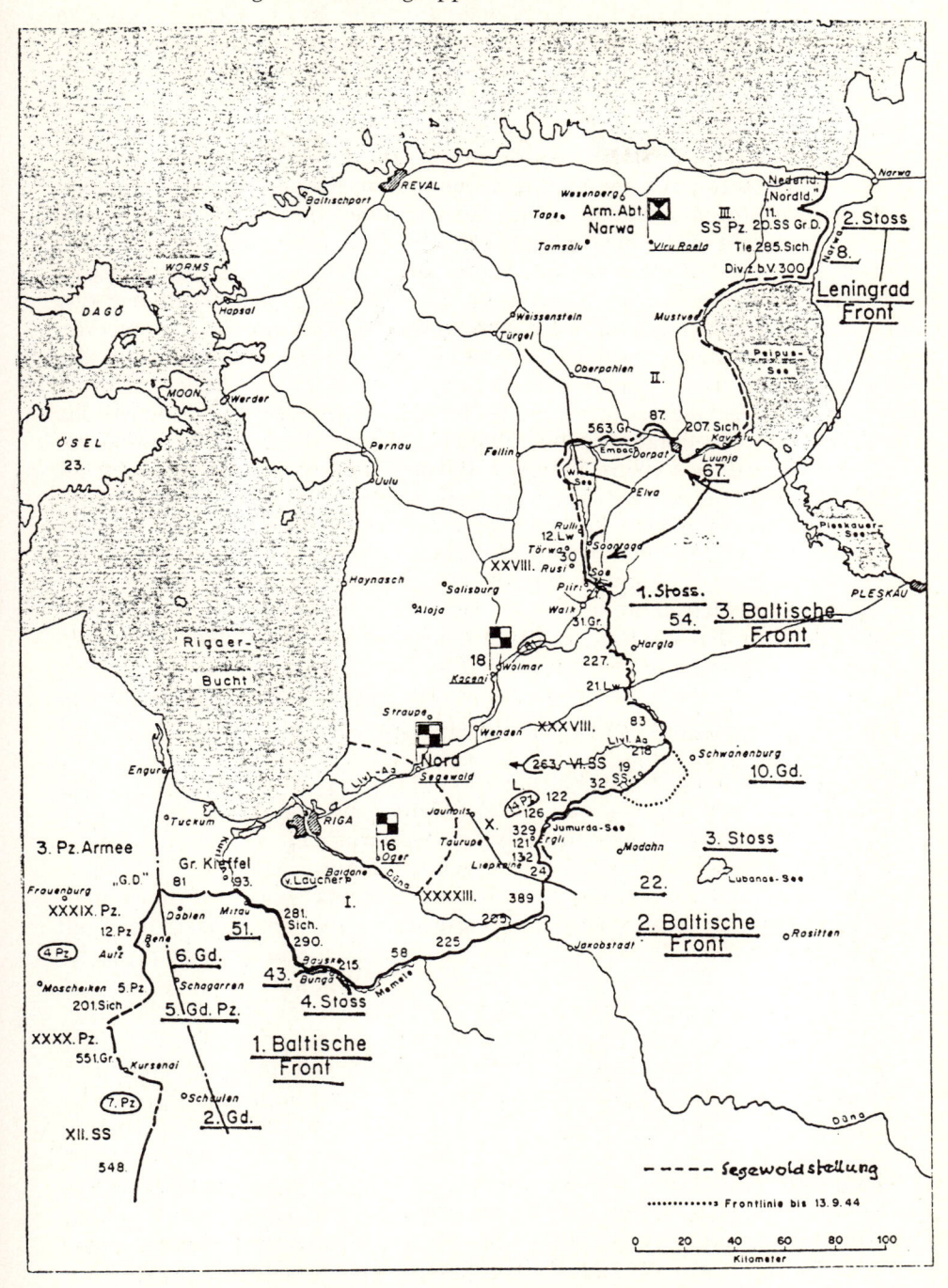

Unterlage: Abwehrkämpfe am Nordflügel der Ostfront 1944–1945
hgb. vom Militärgeschichtlichen Forschungsamt, Stuttgart
1963, Skizze 2 (berichtigt und ergänzt)

ge an der Ostfront standen – die Verbände der Heeresgruppe wohl in absehbarer Zeit dringend für die Verteidigung des Reichsgebiets benötigen würde. Von alldem war keine Rede, durfte gar nicht sein. So blieb der Heeresgruppe nichts anderes übrig, als die Räumung der praktisch unhaltbaren Gebiete wenigstens gedanklich mit Hilfe eines Spiels vorzubereiten[70]) und die wenigen Reserven, so gut es ging, an den bedrohten Punkten bereitzustellen. Beim XXVIII. AK. wurde die 61. ID. hinter die 21. ID. gestellt. Auch deren Artillerie ging Anfang September im Abschnitt der 21. Division als Verstärkung in Stellung. Die „Auffrischung" der Division selbst ließ viel, wenn nicht alles zu wünschen übrig. Von den „Genesenen" kehrten nur etwa 25–30 % zu ihrer Truppe zurück, da die übrigen für irgendwelche zweifelhaften Neuaufstellungen benötigt wurden.[71]) Der an ihrer Stelle eintreffende Ersatz, darunter Elsässer, erregte den Protest der Truppe. Von den Elsässern liefen auch sogleich einige zum Feind über.[72]) Ihre in der Folge über russische Lautsprecher an die alten „21er" gerichtete Aufforderung, ihrem Beispiel zu folgen, hatte freilich keinen Erfolg. In sowjetische Gefangenschaft, womöglich noch verwundet, zu fallen, galt nach wie vor als das Ärgste, was einem zustoßen konnte. Dann schon lieber gleich tot sein. Auf der Gegenseite betrachtete man übrigens die Dinge ziemlich ähnlich, was den folgenden Kämpfen einen unerhörten Grad an Erbitterung verleihen sollte. Man war bereit, seine Haut so teuer als möglich zu verkaufen, vorausgesetzt, daß man dazu die Mittel hatte. Die fehlten jedoch weitgehend. Der Nachschub an Waffen war völlig ungenügend, die Munition, besonders für die Artillerie, jetzt schon knapp. So blieb es denn beim Stellungsbau und dem immer wieder befohlenen „Auskämmen" der Trosse, dem sich auch der Oberbefehlshaber der Heeresgruppe, GO. Schörner, höchst persönlich widmete, was mitunter zu fast grotesken Situationen führte.[73])

Am 13. 9. setzten erste Aufklärungsvorstöße im Abschnitt der 30. ID. ein. Am Abend dieses Tages, genau um 23.10 Uhr, wurde im Raum des XXVIII. AK. der Funkspruch einer sowjetischen Werferbrigade mitgehört, demzufolge der Angriffsbeginn für den folgenden Tag um 4.00 Uhr früh anberaumt sei.[74]) Tatsächlich setzte zu diesem Zeitpunkt vor allen drei Bereitstellungsräumen im Bereich der Heeresgruppe, also bei Bauske, bei Ergli und nördlich Walk, das Vorbereitungsfeuer ein. Zwei Stunden trommelte der Gegner auf die Abschnitte der 30. ID. und 12. LWF. Div. Dann griff er diese zwei Divisionen mit einer geradezu überwältigenden Schlachtfliegerunterstützung an. Die letztere sollte überhaupt den kommenden Tagen das Gepräge geben. Dennoch konnten Einbrüche abgeriegelt und ein Durchbruch zunächst verhindert werden. Bei der 16. Armee im Raume Bauske war der Gegner weit erfolgreicher, die Lage dort damit aufs äußerste gespannt. Dennoch mußte der Chef der Operationsabteilung des Generalstabs des Heeres der HGr. Nord am Nachmittag des ersten Angriffstages mitteilen, „daß die Aussicht auf eine Genehmigung zum Rückzug aus dem Baltikum noch immer gering sei".[75]) Das sollte sich freilich schnell ändern, denn nun verschärfte sich auch bei Walk die Lage. Am 15. 9. gelang es dem Gegner, nach 14 Angriffen die 12. LWF. Div. zu durchbrechen und die 30. ID. weitgehend aus ihrer Stellung am Embach herauszudrücken. Jetzt riß auch einem Mann wie Schörner die Geduld. Bei allem Verständnis für Hitlers Marotten machte er doch an diesem Tag dem mit der Führung der Geschäfte des Generalstabschefs betrauten GO. Guderian klar: „Es ist der letzte Moment, den ich bei allem meinem Optimismus und guten Vertrauen jetzt noch sehe, um die Sache hinzubringen." Und dem Chef der Operationsabteilung erläuterte er kurz darauf seine Schlußfolgerungen: „Es muß heute der Befehl für die große Sache kommen, es ist wirklich dringend. Wir führen hier einen schweren Abwehrkampf, den man schon den Kampf um das nackte Leben nennen kann. – Zu den 3 bekannten Schwerpunkten kommt jetzt noch ein neuer hinzu: Dorpat. . . . Also setzen Sie sich bitte auch dafür ein: Es ist wirklich dringend, daß heute die Entscheidung fällt."[76]) Hitler zögerte noch immer. Erst am 16. 9., als Schörner persönlich ins Führerhauptquartier flog, gab er die Bewilligung, die „Bewegung Aster", also die Räumung Estlands, einzuleiten.[77]) Wie viel hätte er doch den Divisionen der Heeresgruppe Nord mit einem rechtzeitigen Rückzugsbefehl ersparen können, ohne dabei etwas zu verlieren, was er nicht schon verloren hatte oder jetzt verlor! Speziell die 21. Division sollte dafür in Kürze büßen. Was sie freilich in den kommenden 10 Tagen durchzumachen hatte, läßt sich nur noch umrißhaft nachzeichnen. Einmal wegen des völligen Fehlens von Primärquellen aus dem Divisionsbereich, zum anderen aber auch, weil angesichts der Turbulenz der Vorgänge der Versuch des Historikers, das Chaos der Schlacht übersichtlich zu ordnen, von vorneherein aussichtslos ist.

So viel ist jedenfalls klar: während der beiden ersten Tage der russischen Angriffsoperation blieb es vor dem Abschnitt der Division ruhig.[78]) Erst am 16., als der Brückenkopf gegenüber der 30. ID. schon eine ziemliche Tiefe erreicht hatte, dehnten die Sowjets ihre Angriffe auch auf den Abschnitt der 21. Division, nämlich auf die GR. 3 und 24, aus. Die Division sah sich dabei gezwungen, die beiden Regimenter etwas nach Süden zurückzubiegen und zur Verlängerung des linken Flügels das bisher völlig unbehelligt gebliebene GR. 45 (ohne I. Btl.), wahrscheinlich aber mit der III./AR. 21 einzusetzen. Das rechte Flügelregiment der 30. ID., das Füs. Rgt. 26, scheint diese Schwenkung mitgemacht zu haben und war daraufhin der 21. ID. unterstellt worden. Dafür wurde das I./GR. 45 (Hptm. Wittwer), möglicherweise schon etwas früher, an die 30. ID. abgegeben und dürfte an deren linken Flügel eingesetzt worden sein. Es verblieb jedenfalls im Verbande dieser Division bis zum 23. 9.

Um einen Durchbruch zwischen 30. ID. und 12. LWF. Div. zu verhindern, hatte das XXVIII. AK. außerdem die bisher in Reserve gehaltene 61. ID. am linken Flügel der 30. ID. eingeschoben. Dadurch wurde zwar der Zusammenhang der Front gewahrt, doch mußte diese dennoch langsam zurückgenommen werden, wahrscheinlich um eine Umfassung durch den bei der 12. LWF. Div. durchgebrochenen Gegner zu vermeiden. Der Feinddruck auf die 21. Division scheint dagegen zunächst noch nicht übermäßig stark gewesen zu sein. Kursell schilderte dies als Rgt. Adj. des GR. 45 recht anschaulich: „Am 17. wieder zurück. Am 18. in einem Bauernhaus, die Front auf einigen Hügeln. Wir fraßen uns nicht in der Erde fest, sondern wichen allmählich dem nicht zu starken Druck. Auch am 19. und 20. Sept. ging's zurück. Die Russen fuhren mit Panzern hinterher und versuchten, meist mit Erfolg, noch in der Nacht unsere neuen Linien einzudrücken. So mußte dann bis zum Morgen neu aufgebaut werden, und wir gingen, ohne einen Moment geschlafen zu haben, in den Kampf des folgenden Tages."[79])

Aber es war nicht nur die Schlaflosigkeit, die der Truppe zusetzte. Die praktisch Tag und Nacht andauernde Gefechtstätigkeit machte auch die Verpflegung zu einem Problem. Stellenweise hatten die Männer seit 4 Tagen nicht einen Löffel warme Suppe bekommen. „Wir sind zum Umfallen müde, die Augen brennen in den Höhlen, und durch das Fehlen jeglicher warmer Kost seit Tagen leiden die meisten von uns an einem häßlichen Darmkatarrh, wodurch sie sich kaum noch auf den Beinen halten können." So schildert Mjr. Eckstein die Verhältnisse beim GR. 3.[80]) Mit einem Wort: Offizier wie Mann waren nach fünf Kampftagen bereits am Rande der physischen Erschöpfung angelangt – während die eigentliche Krise der Schlacht noch bevorstand (vgl. Skizze 62).

In der Nacht vom 19./20. 9. hatte das XXVIII. AK. seine Divisionen auf die Ergeme-Linie, am Pedele-Bach, zurückgenommen. Die 21. ID. stand dabei beiderseits Ergeme, und zwar wahrscheinlich von rechts nach links in folgender Gliederung: GR. 176 (von 61. ID.) GR. 24, GR. 3, GR. 45, Füs. Rgt. 26 (von 30. ID.). Allem Anschein nach wurden ihr auch Artillerieabteilungen zur Verstärkung zugeführt. So gut sich dies ausnehmen mochte – und Major i. G. Adler schilderte dies auch in eher rosigen Farben der Truppe[81]) –, so war die Lage dennoch wenig befriedigend. Bei einem Lagevortrag vor dem neuen Oberbefehlshaber der 18. Armee, GdI. Boege, am Gefechtsstand der 21. ID. umriß GM. Goetz am 20. 9. die Lage der Division mit dürren Sätzen: Die Truppe sei abgekämpft, die Kampfstärken gering, der Divisions-Abschnitt zu breit, außerdem herrsche Munitionsmangel und zu dem Gen. Kdo. L. AK. (GdI. Wegener), das offenbar unmittelbar vorher den Befehl im Abschnitt der 21. Division übernommen hatte, bestünde keine Verbindung. General Boege ergänzte diese düstere Sicht noch dadurch, daß er auf einen planvollen Munitionseinsatz hinwies, da kein Nachschub vorhanden sei. Im übrigen seien aber energische Gegenmaßnahmen gegen den Feind bei Ergeme zu ergreifen. Die Division müsse ihre Stellung mindestens bis zum 25. 9. halten.[82])

Das war leerer Schall und Rauch! Aber noch wußte man dies nicht. Am Morgen des 20. 9., einem nebeligen Septembermorgen, war vor Ergeme der Führer des GR. 3, Major Schaper, gefallen. Er, „der mit jugendlichem Schwung so oft mitten zwischen seinen Grenadieren einen Gegenstoß selbst geführt hatte, auf einem erbeuteten Horn Angriffssignale blasend"[83]), der jetzt einen schwarzen Vollbart getragen hatte und dies auch von seinen Männern verlangte, damit er „Flüchtende seines Regiments leichter erkennen könne", dieser Mann war ein echter Draufgänger und die Seele seines Regiments gewesen. Sein Verlust wog entsprechend schwer, was auch noch durch die posthume Verleihung des Ritterkreuzes unterstrichen wurde. An Schapers Stelle übernahm Mjr. Eckstein, bewährter Bataillonskommandeur aus der Zeit des Brückenkopfs Kirischi und nun seit langem Divisionsadjutant, das Regiment. In gewohnt guter Zusammenarbeit mit Artillerie, Werfern und Sturmgeschützen gelang es an diesem Tag, die Front zu halten und alle Angriffe abzuwehren. Dennoch war sich Mjr. Eckstein nicht klar, wie es weitergehen sollte, denn die HKL war zum Zerreißen dünn besetzt, kein Mann Reserve beim Regiment oder bei einem Bataillon, kaum noch Munition, die Nachrichtenmittel zum großen Teil ausgefallen.[84]) Bei der Divi-

Skizze 62

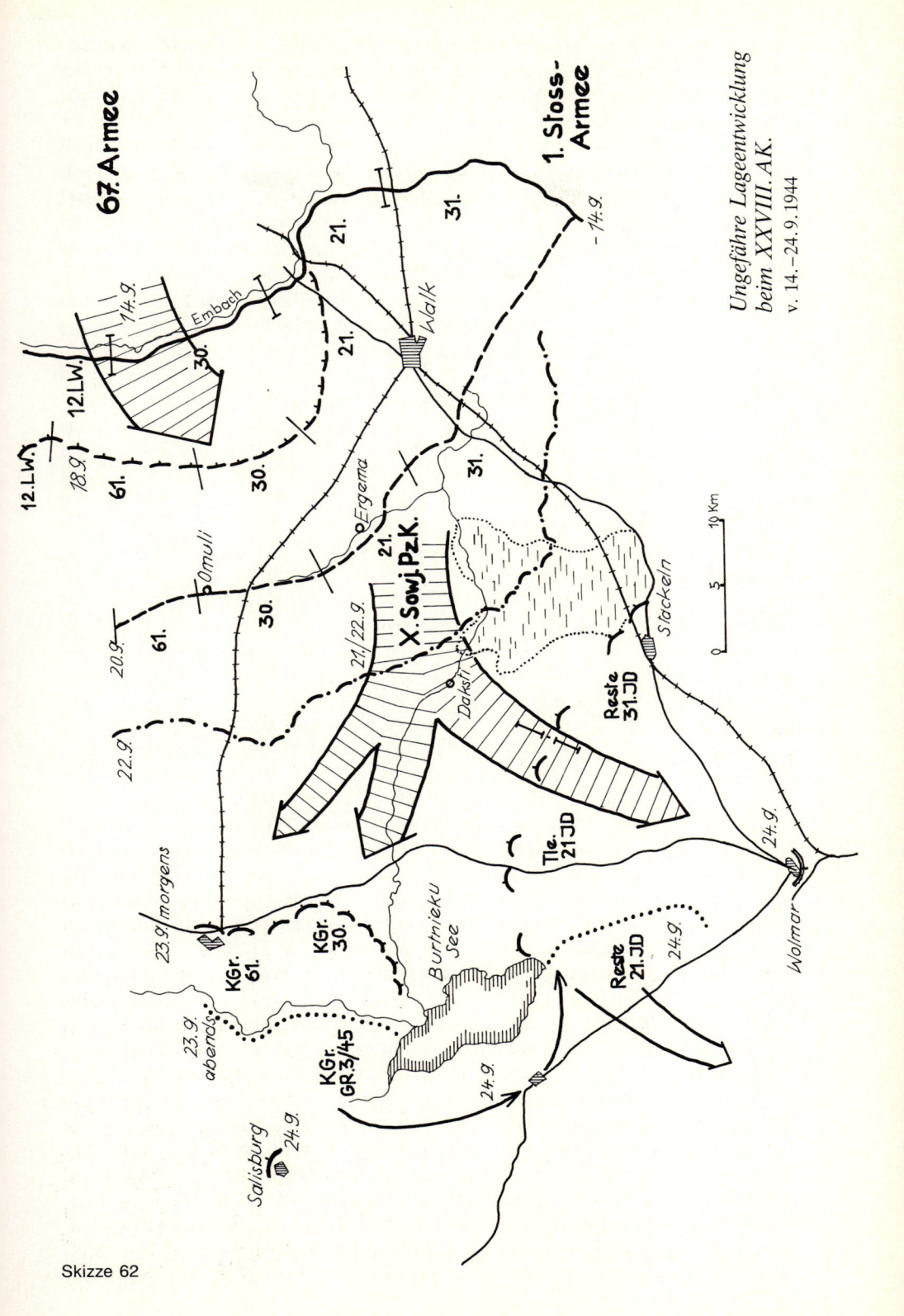

469

sion erkannte man demgegenüber immer deutlicher, daß der Gegner seinen Schwerpunkt während der letzten Tage nun vor die Division verlegt hatte, und zwar in den Raum beiderseits Ergeme und an die Naht zur 31. GrenDiv.

Der Grund dafür ist heute klar: Mit der Räumung von Walk und der Freigabe der Embachübergänge war westlich dieses Abschnitts für die Sowjets jetzt genügend Raum gewonnen, um ihre eigentliche Schwerpunktwaffe, das X. Panzerkorps, vorzuführen und für den Angriff bereitzustellen. „Als sich am Morgen des 21. September 1944 der rote Sonnenball den blaßblauen Himmel hochschiebt und sich die Nebelschwaden in den Mulden langsam auflösen, wird die eben eingetretene, fast unheimlich wirkende Ruhe durch fernes Motorengebrumm unterbrochen, das sich deutlich von dem rasselnden Dröhnen feindlicher Panzer abhebt: Sowjetische Jagd- und Schlachtflieger."[85] Sie leiteten den nun beginnenden Angriff des Panzerkorps ein und begleiteten ihn mit rollenden Einsätzen. Demgegenüber hatte die Division keine Chance mehr. Am Morgen des 22. 9. war ihre Front bei Daksti durchbrochen. Als der Oberbefehlshaber der Armee, zusammen mit dem Kommandierenden General des L. AK., GdI. Wegener, an diesem Tag den Divisionsgefechtsstand erneut aufsuchte, glaubte er bei der Division Auflösungs- und Fluchterscheinungen feststellen zu müssen.[86] Leider war das nicht aus der Luft gegriffen. Vielmehr wird es durch die nachträgliche Schilderung des Hauptmanns von Kursell bestätigt, zumindest was das GR. 45 betraf. Dort hatte Oberst Schwender persönlich, mit der Pistole in der Hand, seine doch sonst so verläßlichen Männer aufhalten und in die Stellung zurückschicken müssen.[87] Bei den anderen Grenadierregimentern wird es nicht viel anders gewesen sein, am wenigsten bei GR. 3, das so gut wie zersprengt wurde. Der Regimentsgefechtsstand dieses Regiments war am 21. 9. vom Gegner überrannt worden, vermochte sich aber in einem Eiskeller zu halten. Der Versuch der Reste des II./GR. 3, in den späten Abendstunden den Regimentsgefechtsstand zu entsetzen, mißlang. Doch als es endlich dunkel geworden war und die letzten Häuser im nahen Dorf Kureli niedergebrannt waren, gelang es dem Dutzend Eingeschlossener – Meldern, Funkern und Sanitätern – unter der Führung von Mjr. Eckstein mit „Hurra" und den letzten Schüssen aus ihren Pistolen durch die verdutzten Russen hindurch auszubrechen. Entscheidend war allerdings ein gleichzeitiger Gegenstoß des Oberfeldwebels Morawitz von der 13./GR. 3, den er aus eigenem Entschluß mit seinen Männern führte. Morawitz erhielt dafür das Ritterkreuz.[88] Auch sonst hatte sich an diesem „schwarzen" 21. September die Division erbittert ihrer Haut gewehrt. 48 Feindpanzer waren allein an diesem Tag in ihrem Abschnitt abgeschossen worden, davon allein durch die II./AR. 21 21 Stück.[89] Diese Tatsache zeigt freilich auch die Problematik der Kampfführung. Für große Feuerzusammenfassungen, eben für die berühmten „Henger-Schläge", fehlte es bereits an Munition. So lag die Hauptlast der Panzerabwehr, neben dem aufopferungsvollen Einsatz der Sturmgeschütze, bei der Artillerie, die in ihren Stellungen stehenbleibend die anrollenden Panzer oft auf kürzeste Entfernung im direkten Richten erledigten. Nicht selten mußten dann aber die Geschütze gesprengt werden, denn zum Unterschied zu früheren Schlachten bildeten diesmal Feuerstellungen von Batterien oder einzelnen Geschützen in der HKL für die Infanterie keine Anklammerungspunkte mehr. Diese vermochte immer weniger Halt zu finden. Wie sollte sie sich auch, ohne die geringste Tiefengliederung, mit durchschnittlich zwei sPak pro Grenadierregiment der anrollenden Panzerrudel erwehren? Gerade noch, daß es da und dort gelang, von den im Gelände auftauchenden braunen Gestalten ein paar abzuschießen. Nur der Tatkraft einzelner Offiziere und — wie man ja bereits sah — bewährter Unteroffiziere war es zu verdanken, daß dennoch immer wieder Riegel und Sicherungslinien aufgebaut wurden, die freilich bei Feindangriffen auch wieder schnell zerfielen.

In einer solchen Riegelstellung, wahrscheinlich nördlich der Seda, irgendwo an der großen Straße von Wolmar nach Rujan, ist dann am Morgen des 22. 9., als der Durchbruch beim GR. 3 bereits erfolgt war, Oberst Schwender, der legendäre Kommandeur des GR. 45 und bis dahin einzige Eichenlaubträger der Division, gefallen. Schwender, im Frieden beim MG. Btl. 9 eingeteilt, hatte während des Kriegs als Kompaniechef, Bataillons- und Regimentskommandeur in allen drei Grenadierregimentern der Division gedient; seit dem Frühsommer 1943 führte er das GR. 45. In dieser Eigenschaft hatte er seinem Regiment, aber darüberhinaus der gesamten Division das vorgelebt, was als „Schwendergeist" seither zu einem Begriff geworden war. Nun hatte der letzte Schuß eines sowjetischen Panzers, Sekunden bevor dieser selbst in Brand geschossen wurde, seinem Leben ein Ende gesetzt.[90]) Schwenders Adjutant, Hauptmann von Kursell, übernahm den Befehl über die Reste des GR. 45, zu denen sich im Laufe des Tages auch noch Versprengte des GR. 3 hinzufanden, die wiederum vom Regimentsadjutanten, Oberleutnant Schwanitz, aufgesammelt worden waren, nachdem das GR. 3 wahrscheinlich nicht zuletzt infolge des vom L. AK. erlassenen strikten Verbots einer Rückverlegung von Gefechtsständen, alle Kommandeure und die meisten Kompaniechefs durch Tod oder Verwundung verloren hatte. Mit dieser „Kampfgruppe 3/45" zog sich Hptm. v. Kursell langsam nach Norden zurück, bis er auf die 30. ID. stieß, der er sich unterstellte.[91]) Hier fand sich auch Mjr. Wendig, Kdr. III./AR. 21, ein, der von seiner Abteilung jedoch außer der Stabsbatterie nur noch eine Schießbatterie gerettet hatte. Und schließlich stieß auch das bisher an die 30. ID. ausgeliehene I./GR. 45 (Hptm. Wittwer) zur „Kampfgruppe 3/45".

Was südlich des sowjetischen Durchbruchskeils von der Division übrig geblieben war, läßt sich kaum übersehen. Viel dürfte es vom GR. 24 und GR. 176 auch nicht gewesen sein, was sich in der Folge dem auf Wolmar eindrehenden Gegner in den Weg zu stellen versuchte. Dementsprechend scheint die Armee noch im letzten Moment der Division Kräfte zugeschoben zu haben, nämlich das Gr. 547 der 83. ID., das GR. 323 und die II. und III./AR. 218 der 218. ID. und schließlich das GR. 409 (ohne II. Btl.) der 122. ID.[92]) Das alles vermochte allerdings nicht zu verhindern, daß der Gegner am 24. September in Wolmar eindrang, während weiter westlich die Verbände der ehemaligen Armee-Abteilung Narwa unter gewaltigen Marschleistungen nach Süden zogen. Eigene Nachhuten standen am 24. 9. noch in Salisburg. Um so wichtiger war der Aufbau einer Abwehrfront am Südende des Burtnieku-Sees, um eine weitere Verengung der „Rückzugsschneise" für die Narwa-Verbände zu verhindern. Die Heeresgruppe hatte schon unmittelbar nach Beginn der „Aster"-Bewegung schwere Pak- sowie Flakverbände vom III. SS-Panzerkorps abgezogen, um damit die Südfront zu verstärken. Der 21. ID. war, wohl erst nach dem 22. 9., die SS-Fla-Abteilung der SS-Division „Nordland" zugeführt worden. Sie stand am 24. 9. am Südende des Burtnieku-Sees im Einsatz, wohin auch zunächst die Kampfgruppe 3/45 zugeführt wurde.[93])

Was fast niemand so recht zu hoffen gewagt hatte, gelang schließlich doch, nämlich die Zurückführung der in Estland stehenden Verbände. Sie wurde durch eine beachtenswerte Führungstechnik auf deutscher, durch Führungsfehler auf sowjetischer Seite und nicht zuletzt durch einen fast an Selbstaufopferung grenzenden Einsatz der beiderseits Walk eingesetzten Divisionen ermöglicht. Der Divisionstagesbefehl der 21. ID. vom 28. September läßt einiges davon erahnen.[94]) Nicht weniger als 128 Feindpanzer waren in der Zeit zwischen dem 14. und 26. 9. im Divisionsabschnitt abgeschossen worden. Die eigenen Verluste stehen zwar nicht fest, waren aber gewiß außerordentlich hoch, besonders – wie schon angedeutet – an Offizieren. Am 25. 9. war noch der Divisionskommandeur, GM. Goetz, durch Verwundung bei einem Fliegerangriff ausgefallen. An seiner Stelle übernahm Oberst Henger (Kdr. AR. 21) stellvertretend die Divisionsführung. Die Führung des stark dezimierten AR. 21 dürfte vorläufig Mjr. Wendig (Kdr. III./AR. 21) übernommen haben. Auch die verwaisten Regimenter 3 und 45 erhielten wieder Kommandeure. Der in einem Lazarett in Riga wiederhergestellte Oberst Hilgendorff übernahm sein altes GR. 3, und das GR. 45 erhielt Major Derfflinger von Reuter als Kommandeur. Letzterer, selbst in den sonst sehr kritischen Augen von Kursells, „ein würdiger Nachfolger für Oberst Schwender"[95]), hatte im Sommer bereits, bei Werro, als Kommandeur des II./GR. 411 (122. ID.) im Verband der 21. Division gekämpft und war daher nicht ganz unbekannt.

Mit der Zurücknahme der Verbände der 18. Armee auf die Segewold- oder „Nelken"-Stellung am 26. 9. wurden die 21. ID. und die 31. GrenDiv. dem XXXVIII. AK. unterstellt und wegen ihres herabgeminderten Kampfwerts aus der Front gezogen. Die divisionsfremden Truppenteile wurden zu ihren Stammdivisionen entlassen und die 21. ID. in den Raum ostwärts Riga, an den Stint-See, verlegt.[96]) Zur Auffrischung, wie es hieß.

Und auf einmal wußten es fast alle: die Division würde dazu nach Deutschland, nach dem ihr vertrauten ostpreußischen Truppenübungsplatz Stablack, abtransportiert werden. Tatsächlich traf der Verladebefehl, zwei Tage später, am 28. 9. ein.[97]) Der Bestimmungsort war aber nicht Stablack, sondern es sollte zur 3. Pz. Armee gehen. Als die Truppe später, während ihrer Fahrt über Tuckum, Libau, Memel in Richtung Tauroggen, ihres Irrtums gewahr wurde, rief dies tiefe Enttäuschung hervor. Wie war es aber dazu gekommen? – Nun, wie Gerüchte eben entstehen: Um den 25. 9. herum hatte der Chef der Operationsabteilung im OKH., Oberst i. G. von Bonin, der HGr. Nord vorgeschlagen, die beim X. Korps eingesetzte, ebenfalls stark mitgenommene 121. (!) ID. kurzfristig zur Auffrischung nach Stablack zu verlegen.[98]) Es wurde zwar auch in diesem Fall nichts daraus, aber das Gerücht, mit dem, nach einer Wunschvorstellung entstellten ursprünglichen Inhalt, hatte sich bereits wie ein Ölfleck verbreitet.

Die Verladung begann noch am 28. 9., der Transport des GR. 24 rollte als erster ab. Wie sehr die Division zusammengeschmolzen war, ergibt sich aus dem Umstand, daß für GR. 3 und GR. 45 offenbar jeweils nur ein Transportzug genügte.[99]) Allerdings nicht ganz. Die Trosse des GR. 45 mußten zurückbleiben. Sie sollten unter der Führung von Oblt. Kappis (Chef 8./GR. 45) im Fußmarsch nachgeführt werden. Das schien zunächst, wenn auch mit Schwierigkeiten verbunden, zu gelingen. Aber dann, knapp vor der deutschen Reichsgrenze nördlich Memel, war es aus. Was den Transportzügen der 21. ID. noch gelungen war, war für die Trosse nicht mehr möglich. Die 1. Baltische Front war Anfang Oktober zwischen Libau und Memel nach Westen durchgebrochen, und ihre Angriffsspitzen hatten knapp vor den Trossen des GR. 45 die Ostsee erreicht. Nun hieß es wieder zurück nach Libau. Doch Oblt. Kappis gab nicht auf. Es gelang ihm, die Trosse im Libauer Hafen zu verladen, von Schörner eine Transportgenehmigung zu erhalten und zu Schiff Gotenhafen zu erreichen. Nach fünf Wochen, statt wie ursprünglich geplant nach fünf Tagen, meldete sich, wie man mitunter verächtlich sagte, „der Troß" fast vollzählig bei seinem Regiment an der Front zurück.[100]). Aber das gehört schon zum nächsten und letzten Kapitel.

Anmerkungen zu Kapitel XI

1) KTB. des XXVIII. AK. vom 19. u. 20. 6. 1944 (BA/MA, RH 24 – 28/85, S. 170 ff). Vgl. auch: Josef Weinrich, Um einen Iwan zu stehlen. In: Alte Kameraden 3/1966, S. 24.
2) Vgl. Gerd Niepold, Mittlere Ostfront Juni '44. Darstellung, Beurteilung, Lehren. (Herford-Bonn 1985).
3) KTB. des XXVIII. AK. vom 23. 6. 1944 (BA/MA, RH 24 – 28/85, S. 178).
4) Vgl. Geschichte der 121. ostpr. Infanterie-Division 1940 – 1945 a. a. O., S. 209 f.
5) KTB. des AOK. 18 vom 15. 7. 44, 23.10 Uhr (BA/MA, RH 20 – 18/738, S. 275).
6) Vgl. „Panzerabschüsse" in: BA/MA, RH 24 – 38/60999/2 Anl. 13.
7) KTB. der HGr. Nord vom 15. 7. 44 (BA/MA, RH 19 – III/313, S. 56).
8) KTB. des AOK. 18 vom 18. 7. 44 (BA/MA, RH 20 – 18/833, S. 75).
9) KTB. der HGr. Nord vom 20. 7. 44, 11.55 Uhr (BA/MA, RH 19 – III/313, S. 158).
10) Ebenda, S. 179.
11) KTB. des AOK. 18 (BA/MA, RH 20 – 18/833, S. 116).
12) Ebenda vom 22. 7. 44 (S. 125 ff).
13) H. H. Podzun, Weg und Schicksal der 21. Inf. Div. a. a. O., S. 18.
14) KTB. der HGr. Nord vom 24. 7. 44, 7.30 Uhr (BA/MA, RH 19 – III/313, S. 253); C. v. Kursell, Das Jahr 1944 an der Nordfront a. a. O., S. 46.
15) KTB. des AOK. 18 vom 23. 7. 44, 23. 45 Uhr (BA/MA, RH 20 – 18/833, S. 158).
16) Ebenda von 20.00 Uhr (ebenda, S. 157).
17) AOK. 18, Ia Nr. 2793/44 gKdos vom 24. 7. 1944 (BA/MA, RH 24 – 38/60999/3, Anl. 214).
18) KTB. des AOK. 18 (BA/MA, RH 20 – 18/833, S. 157).

19) So in dem auf den „Kriegserinnerungen" C. v. Kursells beruhenden Artikel in Alte Kameraden 4/1968, S. 27 f: „Vom Panther zur Marienburg". – Der Angriff der 21. ID. beruhte keineswegs, wie Kursell glaubte, auf einem „schnellen und kühnen Entschluß" des General Foertsch, sondern entsprach durchaus einem Auftrag des Korps. Auch die angebliche Beteiligung des GR. 3 an diesem Angriff beruht auf einem Irrtum, da dieses Regiment sich gar nicht bei der Division befand. Kursell verwechselte das I./GR. 24 mit dem I./GR. 3.

20) KTB. des AOK. 18 vom 26. 7. 44, 11.30 Uhr (BA/MA, RH 20–18/834, S. 5). – Auch Kursell erwähnt in seinen „Kriegserinnerungen" (S. 47) durchaus zutreffend die kurze Führung der 121. ID. durch Oberst Henger. – GM. Hans Schittnig kommt in der Geschichte der 121. Division (a. a. O.) als Divisionsführer nicht vor. Er hat diese Division allerdings auch nur sehr kurz, nach Abgang von Glt. Prieß, stellvertretend geführt.

21) KTB. des AOK. 18 vom 25. 7. 44, 17.40 Uhr (BA/MA, RH 20–18/833, S. 184).

22) Ebenda vom 26. 7., 11.30 Uhr (BA/MA, RH 20–18/834, S. 5). Vgl. auch die Meldung der 21. ID. an XXXVIII. AK. vom 26. 7. 44, 12.50 Uhr (BA/MA, RH 24–38/60999/3, Anl. 247).

23) Über den Angriff des II./GR. 45 vgl. Alte Kameraden 4/1968, S. 28; ferner KTB. des AOK. 18 vom 27. 7. 44 (BA/MA, RH 20–18/834, vor allem S. 25).

23a) Die 52. GdSD., im Dezember 1941 als 8. mot. SD. des NKWD. (mot. SR. 6, 16, 128 und Hb. AR. 10) aufgestellt, wurde im Juli 1942 in 63. SD., am 27. 11. 1942 in 52. GdSD. umbenannt. (Vgl.: Rižsko-Berlinskaja strelkovaja divizija, in: Sowj. Militärenzyklopädie, 7. Bd. (Moskau 1979), S. 124 f).

24) Vgl. „Panzerabschüsse" in: BA/MA, RH 24–38/60999/2, Anl. 13.

25) Meldung der 21. ID. an XXXVIII. AK. vom 30. 7. 1944, 18.59 Uhr (BA/MA, RH 24–38/60999/3, Anl. 273).

26) Die bei W. Haupt, Heeresgruppe Nord a. a. O., S. 215 angegebenen Ausbaudaten zeigen, wenn man sie im Verhältnis zur Ausdehnung der Stellung betrachtet, die Dürftigkeit des Ausbaus der Marienburg-Stellung.

27) BA/MA, RH 24–38/60999/4, Anl. 289.

28) KTB. des XXXVIII. AK. vom 1. 8. 1944 (BA/MA, RH 24–38/60999/1, S. 30).

29) 21. ID., Kommandeur vom 2. 8. 1944, betr.: Kampfstärken, Schein und Wirklichkeit (BA/MA, RH 24–38/60999/2, Anl. 10).

30) KTB. des AOK. 18 vom 31. 7. 1944 (BA/MA, RH 20–18/834, S. 77). – Tatsächlich wurde in einer Ergänzung zum Wehrmachtbericht vom 4. 8. 1944 die 21. ID und ihr Kommandeur namentlich genannt, allerdings sonderbarerweise im Zusammenhang mit der Narwa-Front, während am Vortag (3. 8.) die 227. ID. zutreffend wegen ihres Einsatzes „in den schweren Kämpfen bei Liepna" Erwähnung fand.

31) Oberbefehlshaber der HGr. Nord, IIa, Nr. 1400 geh. vom 6. 8. 1944, betr. Stellungsbau (BA/MA, RH 19–III/727, fol. 5).

32) Derselbe vom 1. 8. 1944, betr.: Kampf-Anweisung, Ziff. 1 (Ebenda, fol. 4).

33) Vgl. v. Kursell, Das Jahr 1944 an der Nordfront a. a. O., S. 57.

34) Vgl. hierzu KTB. des XXXVIII. AK. vom 3. 8. 1944 (BA/MA, RH 24–38/60999/1, S. 33 f). Siehe auch Gen. Kdo. XXXVIII. AK., Ia Nr. 2937/44 geh. und Nr. 2943/44 geh. vom 3. 8. 1944 (BA/MA, RH 24–38/60999/2, Anl. 297 und 298). – Stichwortartige Notizen von Dr. V. Pogorzelski, ehem. Rgt. Arzt des AR. 21 u. Abt. Arzt der III./AR. 21 (Ablichtung beim Verfasser). – v. Kursell a. a. O., S. 51. Kursell vermischt in seiner Darstellung allerdings den Feindangriff vom 3. 8. mit dem vom 10. 8. 1944. – Vgl. hierzu auch den Kartenanhang zur Geschichte der 121. ostpr. Infanterie-Division a. a. O., für Teil III, Skizze 4.

35) AOK. 18, Ia 2935/44 gKdos vom 3. 8. 1944 (BA/MA, RH 24–38/60999/2, Anl. 300), Gen. Kdo, XXXVIII. AK. an 21. ID. vom 3. 8. 1944 (ebenda, Anl. 302, vgl. auch ebenda Anl. 303 und 304).

36) KTB. des XXXVIII. AK. vom 4. u. 5. 8. 1944 (BA/MA, RH 24–38/60999/1, S. 35 u. 37).

37) Ebenda, S. 37.

38) Gen. Kdo. XXXVIII. AK., Ia Nr. 914/44 gKdos vom 7. 8. 1944 BA/MA, RH 24−38/60999/2, Anl. 305; KTB. des XXXVIII. AK. vom 8. 8. 1944, 12.30 Uhr (BA/MA, RH 24−38/60999/1, S. 44).
39) I. G. Nikitinskij & S.S. Bronevskij, Pskovsko-Ostrovskaja operacija. In: Voenno-istoričeskij žurnal, Jg. 16 (1974), Nr. 10, S. 34 ff, hier besonders S. 40.
40) KTB. des XXXVIII. AK. vom 8. 8. 1944, 22.30 Uhr (BA/MA, RH 24−38/60999/1, S. 44).
41) KTB. des AOK. 18 vom 9. 8. 1944 (BA/MA, RH 20−18/835, S. 52).
42) KTB. des XXXVIII. AK. vom 9. 8. 1944 (BA/MA, RH 24−38/60999/1, S. 45). − Vgl. auch Geschichte der 121. ostpr. Infanterie-Division a. a. O., S. 213 f.
43) Hans Breithaupt, Die Geschichte der 30. Infanterie-Division 1939−1949 (Bad Nauheim 1955), S. 272 ff.
44) Gen.Kdo. XXXVIII. AK, Ia Nr. 3012/44 geh. vom 9. 8. 1944 (BA/MA, RH 24−38/60999/4, Anl. 455). − AOK. 18, Ia Nr. 7544/44 geh. vom 10. 8. 1944 (BA/MA, RH 24−38/60999/4, Anl. 461). − KTB. des AOK. 18 vom 10. 8. 1944 (BA/MA, RH 20−18/835, S. 58 ff).
45) KTB. des AOK. 18 vom 10. 8. 1944, 20.20 Uhr (BA/MA, RH 20−18/835, S. 76); Ebenda 18.45 Uhr (ebenda, S. 73).
46) Ebenda vom 11. 8. 1944, 22.00 Uhr (ebenda, S. 101).
47) Vgl. Ebenda vom 12. 8. 1944, 9.00 Uhr (ebenda, S. 114. − Vgl. auch S. 124, 133 f, 137 und 157).
48) Ebenda vom 12. 8. 1944, 11.30 Uhr (ebenda, S. 121).
49) Vgl. C. v. Kursell, Das Jahr 1944 an der Nordfront a. a. O., S. 55 f.; H. H. Podzun, Weg und Schicksal der 21. Division a. a. O., S. 18.
50) KTB. des AOK. 18 vom 13. 8. 1944, 21.30 Uhr (BA/MA, RH 20−18/835, S. 157).
51) Ebenda, S. 162.
52) Ebenda, S. 163.
53) Karl Köhler, Der Einsatz der Luftwaffe im Bereich der Heeresgruppe Nord von Juni bis Mitte Oktober 1944, in: Abwehrkämpfe am Nordflügel der Ostfront 1944−1945 (=Beiträge zur Militär- und Kriegsgeschichte, hgb. vom Militärgeschichtlichen Forschungsamt, 5. Bd., Stuttgart 1963), S. 63 f.
54) Notizen des Dr. V. Pogorzelski a. a. O., 13. und 14. 8. 1944.
55) KTB. des AOK. 18 vom 20. 8. 1944, 21.10 Uhr (BA/MA, RH 20−18/836, S. 83).
56) Vgl. Aktennotiz betr. Austausch von Truppenteilen, 20. 8. 1944 (BA/MA, RH 24−38/60999/2, Anl. 25). Die genauen Standorte der einzelnen Truppenteile der Division an der Südflanke des sowjetischen Durchbruches vgl. Lagekarten des XXXVIII. AK. vom 3.−27. 8. 1944, Anlagen zum KTB. (BA/MA, RH 24−38/60999/11).
57) Vgl. darüber BA/MA, RH 24−38/60999/5, Anl. 493.
58) C. v. Kursell a. a. O., S. 59. − Vgl. auch K. Köhler a. a. O., S. 66.
58a) Vgl. Gerd Niepold, Panzeroperationen. Doppelkopf und Cäsar. Sommer '44 (Herford-Bonn 1987).
59) KTB. des AOK. 18 (BA/MA, RH 20−18/836, S. 43, 64, 93, 101, 106, 109, 112, 122, 134 f, 137).
60) Vgl.BA/MA, RH 24−38/60999/4, Anl. 429, 435, 440, 443, 466, 476.
61) C. v. Kursell a. a. O., S. 60. −KTB. des AOK. 18 vom 23. 8. 1944, 8.20 Uhr (BA/MA, RH 20−18/836, S. 119).
62) Vgl. E. Lenfeld − F. Thomas, Die Eichenlaubträger 1940−1945 a. a. O., S. 794.
63) W. Haupt, Heeresgruppe Nord a. a. O., S. 226.
64) KTB. der HGr. Nord vom 26. 8. 1944, 10.05 Uhr (BA/MA, RH 19−III/317, S. 113).
65) Ebenda vom 25. 8. 1944, 19.30 Uhr (ebenda, S. 90).
66) wie Anm. 64.

67) C. v. Kursell schreibt in seinen „Kriegserinnerungen" a. a. O., S. 67 irrtümlich von der 61. ID. als rechtem Nachbarn der 21. Division und führt hierbei das GR. 172 an. Dieses Regiment gab es bei der 61. ID. gar nicht.

68) Vgl. Abwehrkämpfe am Nordflügel der Ostfront a. a. O., S. 106, 114.

69) V. Z. Romanovskij, Boi na podstupach k Rige. In: Voenno-istoričeskij žurnal 1964, Nr. 10, S. 62. – Geschichte des Großen Vaterländischen Krieges a. a. O., 4. Bd. (Berlin 1965), S. 395.

70) Bezüglich des Planspiels „Königsberg" vgl. Abwehrkämpfe am Nordflügel der Ostfront a. a. O., S. 110 ff. – Die dort (S. 112) getroffene Feststellung, im OKH. wie bei der Heeresgruppe habe man „die Schwere der feindlichen Bedrohung nicht erkannt", ist doch wohl etwas zu scharf und gerade durch das vorgelegte Material nicht zu erhärten. Lediglich Hitler w o l l t e die Gefahr nicht erkennen und daher erübrigten sich ständige Hinweise darauf.

71) KTB. der HGr. Nord vom 14. 9. 1944 (BA/MA, RH 19 – III/318, S. 135).

72) v. Kursell, Das Jahr 1944 an der Nordfront a. a. O., S. 61.

73) Vgl. v. Kursell, „Nix stehen Ihnen zu!" Begegnungen mit Schörner in der Embach-Stellung bei Walk. In: Alte Kameraden 7/8/1968, S. 45 f. – Siehe auch H.-H. Podzun, 21. Infanterie-Division a. a. O., S. 18 f.

74) Abwehrkämpfe am Nordflügel der Ostfront a. a. O., S. 112.

75) Ebenda, S. 115.

76) KTB. der HGr. Nord vom 15. 9. 1944, 10.05 und 10.45 Uhr (BA/MA, RH 19 – III/318, S. 166 ff.)

77) W. Haupt, Heeresgruppe Nord a. a. O., S. 231. – Die Punkte für Schörners Führervortrag am 16. 9. siehe KTB. HGr. Nord vom 15. 9. (BA/MA, RH 19 – III/318, S. 189 – 194). – Über die Bewegung „Aster" vgl. Abwehrkämpfe am Nordflügel der Ostfront a. a. O., S. 119 ff.

78) Die Feststellung von W. Haupt, Heeresgruppe Nord a. a. O., S. 229, wonach nur die 21. ID. ihre Front vor Walk behauptet und alle Feindangriffe zum Erliegen gebracht habe, ist dahingehend zu berichtigen, daß die Division bis zum 16. 9. überhaupt nicht angegriffen wurde.

79) v. Kursell, Das Jahr 1944 an der Nordfront a. a. O., S. 66.

80) Eckstein, Durchbruch bei Ergeme verhindert. In: Alte Kameraden 12/1955, S. 8.

81) v. Kursell a. a. O., S. 66.

82) KTB. des AOK. 18 vom 20. 9. 1944 (BA/MA, RH 20 – 18/875).

83) Eckstein a. a. O., siehe auch: v. Kursell, Major Schaper. In: Alte Kameraden 9/1958, S. 15.

84) Eckstein a. a. O., S. 9.

85) Ebenda.

86) KTB. des AOK. 18 vom 22. 9. 1944 (BA/MA, RH 20 – 18/875).

87) v. Kursell a. a. O., S. 68.

88) Vgl. Eckstein a. a. O., S. 8 f. – Titel und Schlußfolgerungen dieses Artikels entsprechen dem damaligen Wissensstand, nicht jedoch der Realität.

89) H.-H. Podzun a. a. O., S. 19.

90) Vgl. Absch. XII: Schwenders Tod, in: v. Kursell, Das Jahr 1944 an der Nordfront a. a. O., S. 66 ff. – Die nach dem Krieg wiederholt aufgetauchte Behauptung, Schwender sei nach seinem Tod (am 21. 1. 1945 als 125. Soldat der Wehrmacht) mit den Schwertern zum Eichenlaub ausgezeichnet worden (W. Haupt, Heeresgruppe Nord a. a. O., S. 236; Festschrift zum 12. Divisions-Treffen des Traditionsverbandes der 21. Division am 5. u. 6. 10. 1974, S. 19), trifft nicht zu. In der Neuauflage „Die Ritterkreuzträger des Eisernen Kreuzes 1939 – 1945" (Friedberg 1986), S. 52 wird dies ausdrücklich dementiert. – Da die in der o. a. Festschrift sonst noch angeführten Laufbahndaten Schwenders ungenau sind, seien sie hier auf Grund der Dienstalterlisten wiedergegeben: Geb.: 22. 12. 1912 in Berlin; 1. 8. 1933 Lt. in der 1./IR. 3 Marienburg; Herbst 1934 beim IR. Marienburg; 1. 10. 1935 Oblt., Adj. beim MG-Btl. 9 in Heiligenbeil; 1. 4. 1939 Hptm. und Chef 4./IR. 24; 1. 8. 1942 Mjr.; 1. 4. 1943 Obstlt.; 1. 10. 1943 Oberst.

91) Vgl. Abschn. XIII: Kampfgruppe 3/45, ebenda, S. 74 ff.
92) Das geht nachträglich aus dem Befehl des Gen. Kdo. XXXVIII. AK., Ia, Nr. 3620/44 geh. vom 26. 9. 1944 (BA/MA, RH 24 – 38/60999/5, Anl. 578) hervor.
93) Vgl. hierzu Wilhelm Tieke, Tragödie um die Treue (Osnabrück, 3. Aufl. 1978), S. 121. – Hinsichtlich des dort erwähnten „pausenlosen, aufopfernden Einsatz" der Fla-Abteilung äußerte sich v. Kursell (Das Jahr 1944 an der Nordfront a. a. O., S. 75) etwas skeptischer.
94) H.-H. Podzun a. a. O., S. 19 f.
95) v. Kursell a. a. O., S. 76.
96) KTB. des XXXVIII. AK. vom 26. 9. 1944 (BA/MA, RH 24 – 38/60999/1, S. 146). Vgl. auch BA/MA, RH 24 – 38/60999/5, Anl. 564, 569, 578 und 581. – Siehe auch v. Kursell a. a. O., S. 77.
97) AOK. 18, Ia, Nr. 3785/44 g.Kdos. vom 28. 9. 1944 (BA/MA, RH 24 – 38/60999/5, Anl. 588).
98) Vgl. Geschichte der 121. ostpr. Infanterie-Division a. a. O., S. 229.
99) Vgl. v. Kursell a. a. O., S. 77.
100) Vgl. hierzu: Hck (=Heckmann), „Horizontschleicher" des Trosses IR. (sic!) 45. von Riga nach Ostpreußen. In: Alte Kameraden 7/1962, S. 18.

XII. Abwehrschlachten um Ostpreußen

1. Abwehrschlacht bei Raseinen und Tauroggen

Es mutet etwas merkwürdig an, war aber so: die Verlegung der 21. ID. war zunächst gar nicht als Verstärkung einer gefährdeten Abwehrfront, etwa zur Absicherung des relativ schmalen Korridors zwischen der Front der 3. Pz. Armee und der Ostseeküste gedacht gewesen. Hitler hatte nämlich niemals die geringste Absicht gehabt, nach der Aufgabe der Segewold-Stellung und der folgenden Räumung Rigas, — so wie ihm das wiederholt vorgeschlagen worden war — die Divisionen der 18. und 16. Armee nun in einem Zug hinter der 3. Pz. Armee nach Ostpreußen zurückzuführen. Nein, er plante vielmehr durch einen Zangenangriff aus dem Raum Raseinen einerseits und dem von Mitau andererseits den vor der 3. Pz. Armee stehenden Feind, die 1. Baltische Front, zu vernichten, um damit wieder nach Osten Raum zu gewinnen. Als einen Teil der einleitenden Maßnahmen für diese, unter dem Decknamen „Blitz", etwa für die zweite Oktoberhälfte vorgesehene Angriffsoperation sollte die 21. ID. am linken Flügel des IX. Korps (Gen. d. Art. Wuthmann), westlich Raseinen, bereitgestellt und zunächst aufgefrischt werden.[1])

Letzteres wäre tatsächlich im höchsten Grade notwendig gewesen, denn was da aus Kurland anrollte beziehungsweise am 1. 10. bei Batakiai ausgeladen wurde, war alles andere als ein Angriffsverband. Das Pz. AOK. 3 beurteilte vielmehr die waffenmäßige Ausstattung desselben als „kümmerlich". Vom AR. 21 waren lediglich die I./AR. 21, Reste der III./AR. 21 und von der I./AR. 57 nur noch die 3. Batterie einigermaßen intakt. Die StGesch. Abt. 1021 mußte auf Befehl der HGr. Nord sofort nach Milau zur Auffrischung verlegt werden und schied damit aus. Und nicht nur die Trosse des GR. 45 waren in Kurland zurückgeblieben, sondern auch die gesamte II./AR. 21 (ohne Geschütze), ferner die San. Kp. 21 mit fast allen Krankenkraftwagen, von der PzJg. Abt. 21 zwei Fla-Züge, von denen einer später auf der Kurischen Nehrung eingesetzt wurde. Nach Memel scheint es Splitter des Versorgungsregiments 21 verschlagen zu haben.[2]) Um die Personalstände so schnell als möglich aufzubessern, wurden der Division am 4. 10. zum Bahnhof Batakiai 550 freiwillige Ostpreußen zugeführt.[3]) Man kann sich ausmalen, was diese braven Leute für die Erhöhung der Gefechtskraft bedeuteten.

Aber von „Angriff" und längerer „Auffrischung" war ja ohnehin keine Rede mehr, nicht einmal von einer vollständigen Versammlung der Division. Denn während noch die Transporte anrollten, holte der Gegner bereits zu einem neuen Schlag gegen die HGr. Nord beziehungsweise gegen die 3. Pz. Armee aus. Am 5. 10. trat die von Hitler zur Vernichtung vorgesehene 1. Baltische Front nordwestlich von Schaulen, mit starken Kräften der 6. Garde-Armee, Teilen der 43. Armee, sowie der 4. Stoßarmee, ihrerseits zum Angriff an. Innerhalb kurzer Zeit brachte sie hier die Front des XXVIII. AK. zum Einsturz und stieß dann nach Westen durch (vgl. Skizze 63).[3a] Wider Erwarten blieb es am ersten Tag der sowjetischen Offensive im Raum von Raseinen ruhig, obwohl dort, vor der deutschen 95. ID. das sowjetische CXIII. SK. mit der 358., 192. und 262. SD., ferner ein Panzerkorps (wahrscheinlich das I.) angriffsbereit festgestellt worden waren.[4] Dennoch bestand kein Zweifel, daß mit einem Antreten des Gegners auch hier jeden Augenblick gerechnet werden mußte.[5] Das Pz. AOK. 3 hatte daher schon am 2. 10. dem IX. AK. freigestellt, die einsatzfähigen Teile des AR. 21 (I./21, Reste III./21, Führer Hptm. Jungius) sofort nach Eintreffen im Schwerpunktsabschnitt einzusetzen.[6] Das geschah auch, und zwar allem Anschein nach am Südflügel der 95. ID. und am Nordflügel der 69. ID. – Am 4. 10. wurde dann die 21. ID. (Gef. Stand in Juodpetrini, 9 km nordostwärts von Tauroggen) dem IX. Korps unterstellt. Als aber der stellvertr. Divisionsführer, Oberst Henger, am folgenden Tag, an dem wie erwähnt die russische Großoffensive angelaufen war, sich am Korpsgefechtsstand meldete, wurde ihm bereits eröffnet, daß das eben eingetroffene GR. 24 nach kurzer Auffrischung am linken Flügel der 69. ID. eingeschoben werden sollte, um damit weitere Kräfte zur Verstärkung der am meisten gefährdeten 95. ID. freizumachen.[7] Unter „kurzer Auffrischung" war zu verstehen, daß die außerordentlich geringe MG-Ausstattung des Regiments etwas verstärkt und ihm außerdem noch 2 sIG zugewiesen werden sollten.[8] Dazu aber ist es wahrscheinlich gar nicht mehr gekommen, denn ab dem folgenden Tag überschlugen sich die Ereignisse, was auch zu einer anderen Verwendung des Regiments führte.

Bereits in der Nacht vom 5./6. 10. herrschte über dem gesamten Korpsbereich rege feindliche Kampffliegertätigkeit, und am Morgen darauf, um 9.30 Uhr, trat der Gegner nach einer halbstündigen, trommelfeuerartigen Artillerievorbereitung, die die Stellungen geradezu umpflügte und den Grabenbesatzungen schwere Verluste beibrachte, zum erwarteten Großangriff an. Bis 11.45 Uhr war der Feind bereits bis zu den Artilleriestellungen der 95. ID. durchgebrochen. Auch bei der 69. ID. kam es zu Einbrüchen, wobei jetzt oder etwas später auch die leichten Batterien des AR. 21 verloren gingen. Überhaupt scheint stellenweise auch die artilleristische Führung zusammengebrochen zu sein, denn nun wies das IX. AK. den Arko 139 an, unter seinem Befehl den Rgt. Stab AR. 21 (Mjr. Wendig) zur Führung von zwei leichten Abteilungen und einer Kanonenbatterie am rechten Flügel der 95. ID. einzusetzen.[9] Darüberhinaus zeigte das Korps die Tendenz, angesichts der sich schnell verschärfenden Krise, die eintreffenden Teile der 21. ID. wieder einmal „tropfenweise", vor allem bei der zusehens ermattenden 95. Division zu „verbuttern". Dem kam aber die Divisionsführung der 21. ID. zuvor, indem sie von sich aus den Antrag stellte, das GR. 24, zusammen mit dem inzwischen eingetroffenen Füs. Btl. 21 und Pi. Btl. 21, unter Obstlt. v. Kalm zu einer Kampfgruppe zu vereinigen und diese der 69. ID. im LKW-Transport zuzuführen, um deren linke Flanke zu decken, die der bei der 95. ID. durchgebrochene Feind von Norden her bereits zu umfassen versuchte.[10] Das geschah auch, wenngleich damit ein langsames Zurückweichen der 69. ID. nicht verhindert werden konnte. Immerhin stellte das IX. Korps in seiner Tagesmeldung an das Pz. AOK. 3 am 8. 10. fest: „Ein-

Lageentwicklung bei 3. Pz. Armee
vom 5.–10. 10. 1944

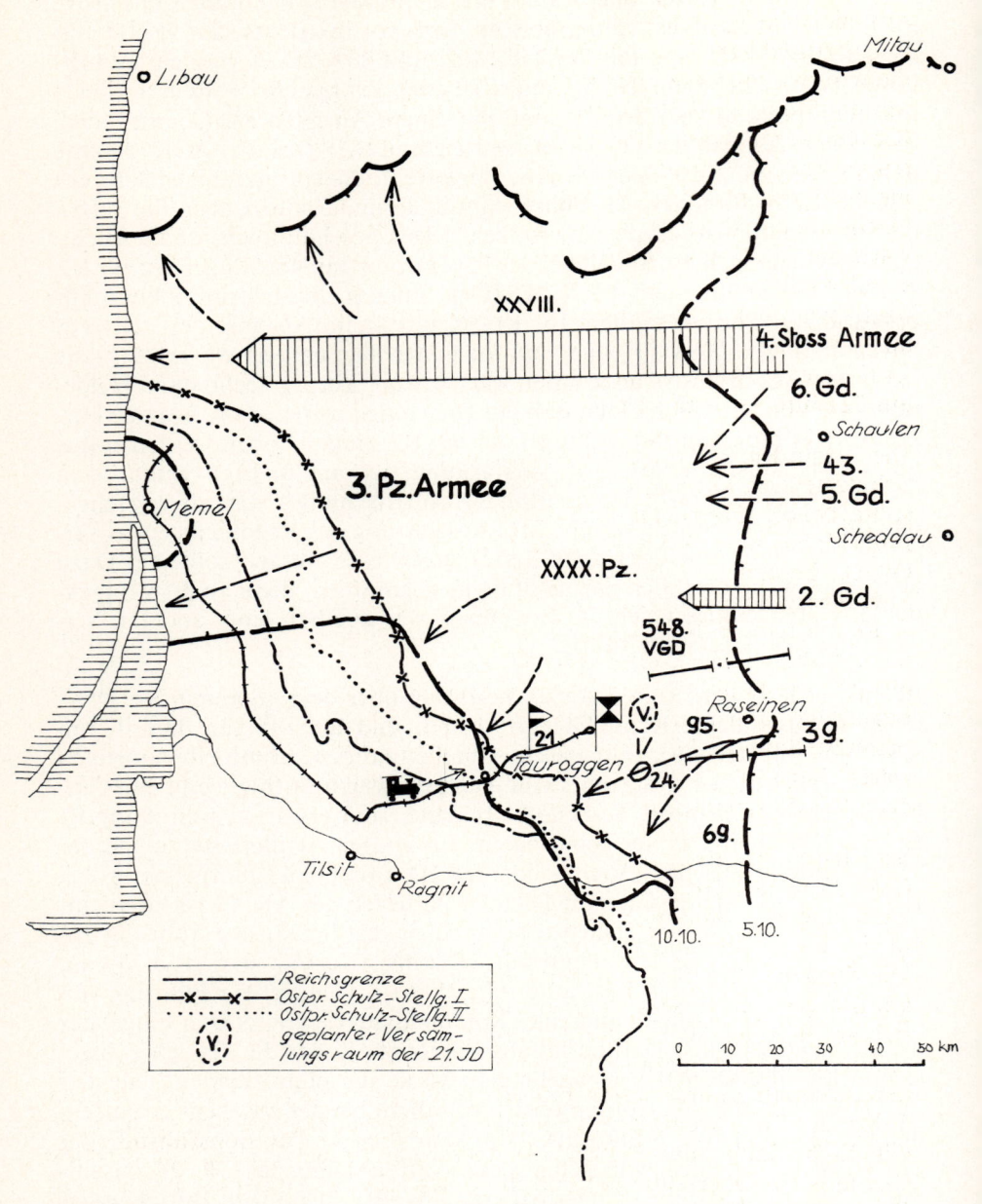

Skizze 63

gesetzte Teile 21. ID. (GR. 24, Füs. Btl. und Pi. Btl. 21) haben sich unter Führung des Ritterkreuzträgers Obstlt. v. Kalm, trotz ihrer zahlenmäßigen Schwäche nach den schweren Kämpfen nordostwärts Riga, vorzüglich geschlagen."[11])

Der Ausladeraum für die noch im Antransport befindlichen Teile der 21. Division war inzwischen in den Raum südwestlich Tauroggen zurückverlegt, außerdem alle bereits eingetroffenen, aber für den derzeitigen Einsatz nicht benötigten Teile der Division hinter die Ostpreußen-Schutzstellung I zurückgezogen und schließlich Oberst Henger zum Kampfkommandanten von Tauroggen ernannt worden (vgl. Skizze 64). Der Brückenkopf um die Stadt war inzwischen mit den vorläufig zur Verfügung stehenden Kräften der Division, mit aufgefangenen Versprengten und Versorgungstruppen notdürftig besetzt.[12] Am Abend des 7. 10. wurden dann die Regimenter 3 und 45 unmittelbar südlich Tauroggen ausgeladen und noch in der Nacht in den Abschnitt der Ostpreußen-Schutzstellung I nördlich und ostwärts der Stadt vorgeführt. Die Division verlegte am 8. 10. ihren Gefechtsstand nach Laugszargen zurück und befand sich damit, zum ersten Mal nach etwas mehr als 3 Jahren, wieder auf deutschem Reichsgebiet. Von hier aus waren es – merkwürdige Fügung des Schicksals – nach Westen nur 14 Kilometer bis zu dem Dörfchen Natkischken, von wo der Divisionsstab am 22. Juni 1941 angetreten war.

Die – laut Kursell – „vorzüglich ausgebaute und vorbereitete" Ostpreußen-Schutzstellung I verlief nordwestlich Tauroggen am Westufer der Jura und sollte, bei einer Zurücknahme der Front, von der weiter nördlich, als rechte Flügeldivision des XXXX. Pz. K. kämpfenden 548. Volksgrenadierdivision (VGD.) besetzt werden. Ostwärts der Stadt war eine Verteidigung dieses Stellungssystems hingegen nicht mehr möglich, da der Gegner bereits am 7. 10. am rechten Flügel der 95. ID. durchgebrochen war und damit, trotz des erwähnten Einsatzes der Kampfgruppe Kalm, in der tiefen Flanke der 69. ID. bereits unmittelbar vor der unbesetzten Stellung stand. Das Korps beantragte daher die Zurücknahme der 69. ID. auf die Ostpreußen-Schutzstellung II. Die Verbindung zwischen der Stellung I und II, südostwärts Tauroggen, sollte die ebenfalls zurückzunehmende, stark angeschlagene 95. ID. übernehmen (Skizze 64).

Sehr frisch waren die beiden nunmehr eingesetzten Regimenter der 21. ID. (GR. 45 rechts, GR. 3 links) gerade auch nicht. Dem GR. 3 wurden zwar, kaum daß es in Stellung war, 350 Mann Ersatz zugewiesen, die jedoch noch nie im Kampf gestanden hatten und zunächst auch keine Waffen besaßen. Die wurden ersten Stunden später nachgeliefert.[13] Beim GR. 45 scheint es ähnlich gewesen zu sein.[14] Wie es bei den Bataillonen danach aussah, läßt sich am Beispiel des II./GR. 3 (Führer: Hptm. v. Kursell) erahnen: das Bataillon umfaßte nun etwa 80 „alte" und 170 „neue", d. h. unerfahrene Männer. Kompanieführer waren bei der 5. Kp. ein „alter" Leutnant, bei der 6. Kp. der Ritterkreuzträger Oberfeldwebel Kutschkau, der sich später noch das Eichenlaub zum Ritterkreuz verdienen sollte.[15] Die 7. Kp. führte ebenfalls ein Oberfeldwebel und die 8. Kp. ein mit einem Ersatztransport eben eingetroffener Leutnant.[16] Freilich kamen mitunter auch „alte Hasen" wieder zur Division zurück, wie Hauptmann Herzberg, früher beim GR. 45, der zunächst das Feldersatzbataillon übernahm.

Zum Glück für die Brückenkopfbesatzung herrschte zunächst vor der Front noch Ruhe, was die Eingewöhnung der Truppe erleichterte.[17] Aber am Nachmittag des 8. 10. gab das IX. Korps den Befehl zum Absetzen, und nun

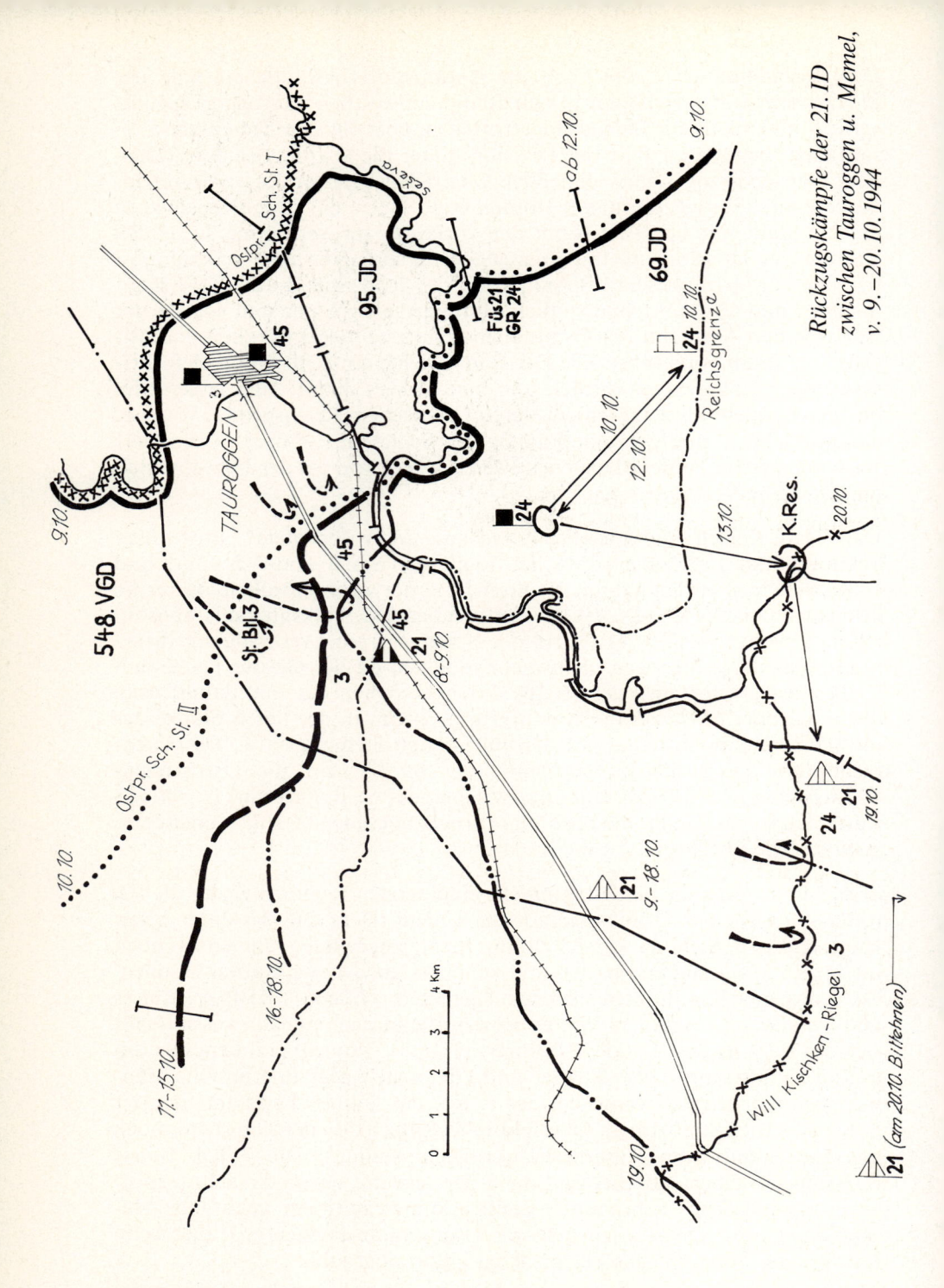

Skizze 64

Rückzugskämpfe der 21. ID zwischen Tauroggen u. Memel, v. 9.–20.10.1944

482

flossen über die große Straße von Tauroggen nach Kelme zunächst Verbände des XXXX. Pz. Korps, dabei die 548. VGD., nach rückwärts ab. Was die Volksgrenadiere beim Passieren der HKL den Angehörigen des GR. 3 zu berichten wußten, hat gewiß nicht zu deren Zuversicht beigetragen.[18]) Trotzdem: als in der Nacht zum 9. 10. die letzten Nachhuten sich hinter die HKL im Brückenkopf zurückgezogen hatten und der Gegner am folgenden Tag, aus der Bewegung heraus, mit starker Schlachtfliegerunterstützung vor allem beim GR. 45 und der benachbarten 95. ID. angriff, brach er bei letzterer zwar ein, die „21er" aber wiesen bis zu fünf Angriffe in Bataillonsstärke ab und schossen auch noch 5 Panzer ab.[19]) Freilich begann wieder die Munition knapp zu werden.

Allerdings lag trotz allem der gegnerische Schwerpunkt nicht vor dem IX. Korps, wie schon der relativ schwache Panzereinsatz erkennen ließ, sondern weiter nordwestlich und dort sah es eher böse aus. Am Nachmittag des 9. 10. befahl daher das Pz. AOK. 3 dem IX. Korps, sich in der kommenden Nacht „wegen Lage beim XXXX. Pz. Korps auf die Ostpreußen-Stellung IIa abzusetzen".[20])

Das war nicht ganz unproblematisch, denn einmal mußte eine relativ gut ausgebaute Stellung aufgegeben werden, zum anderen lag an der Straße von Tauroggen nach Südwesten ein ungeräumtes Verpflegungslager mit riesigen Schnapsvorräten, mit denen sich die Vorbeikommenden natürlich ausgiebig und in manchen Fällen für den sofortigen Bedarf auch sicherlich zu reichlich eindeckten.[21]) Trotzdem verlief die Zurücknahme der Front beim GR. 45 planmäßig, während beim GR. 3 der Gegner dichtauf folgte und am linken Flügel der Division (I./GR. 3) durch eine Frontlücke zur 548. VGD. nach Süden durchstieß. Der Division gelang es zwar am Vormittag des 10. 10., mit örtlichen Reserven den Gegner noch vor der nahen Reichsgrenze aufzuhalten und am Nachmittag im Gegenstoß auf den 1. Graben zurückzudrängen. Aber eine vollständige Bereinigung des Einbruchs war infolge des starken feindlichen Feuers nicht möglich. Da die eigenen Ausfälle erheblich waren und für den kommenden Tag mit einer Wiederaufnahme der feindlichen Angriffe gerechnet werden mußte, beantragte die Division die Zuführung des als Korps-Reserve an der Naht von 95. zur 69. ID. bereitgestellten Pz. Armee-Sturmbataillons 3. Das wurde genehmigt und erwies sich nicht als überflüssig. Denn, wie vorausgesehen, setzte der Gegner seine durch Artillerie- und Salvengeschützfeuer sowie durch einzelne Panzer unterstützten Angriffe am Vormittag des 11. 10. fort. Zunächst konnten Einbrüche mit Hilfe des Sturmbataillons wieder bereinigt werden, aber die Verluste stiegen. Gegen Mittag erzielte dann der Feind einen tiefen Einbruch am rechten Flügel der 548. VGD., wodurch die 21. Division ihren linken Flügel etwa 2 Kilometer weit zurückbiegen mußte. Aber auch dieser wurde jetzt laufend angegriffen, und es war abzusehen, wann er durchbrochen sein würde. Das Korps ersuchte darauf das XXXX. Pz. Korps um Unterstützung. Das hatte jedoch selbst genug zu tun. Dem Pz. AOK. 3 wurden die Folgen eines Durchbruches in den düstersten Farben geschildert. Vergeblich! Ein Versuch, die gerade nördlich Tilsit in Ausladung begriffene Heeres-Pz. Abt. 302 durch die 21. Division „abzufangen", scheiterte nach anfänglichen Erfolgen ebenfalls: als die Abteilung bereits bis auf die Höhe des Divisionsgefechtsstandes bei Grischeiten vorgeführt worden war, drehte sie das Pz. AOK. 3 zum XXXX. Pz. Korps ab. Blieb also nur der Krieg der kleinen Aushilfen: von der Kampfgruppe Kalm, die am linken Flügel der 69. ID. eingesetzt war, wurde das Pi. Btl. 21 zur 21. Division in Marsch gesetzt, das GR. 24 selbst, als Korpsreserve herausgezogen und mit der 1./StGesch. Brig. 232 an die Naht zwischen 21. und 95. ID. versammelt. — Aber um 22.00 Uhr griff der Gegner aus der nur stützpunktartig abgesicherten Einbruchsstelle heraus nochmals an und stieß nach Süden bis zur Rollbahn Tauroggen, Tilsit durch. Das dadurch aus seinem Regimentsabschnitt hinausgedrängte II./GR. 3 mußte nun dem GR. 45 unterstellt werden, da es keine direkte Verbindung zu seinem Regiment mehr besaß.

Da trat — bevor noch größere Maßnahmen eingeleitet werden konnten — eher überraschend eine Wendung ein. Am Morgen des 12. 10. etwa um 7.45 Uhr trat der Führer des II./GR. 3, aus eigener Initiative, mit Unterstützung eines Zuges der der Division zugeteilten 2./StGesch. Brig. 232, ohne Artillerievorbereitung und damit für den Gegner offensichtlich überraschend zum Gegenangriff an und warf den Feind rund 500 Meter nach Norden zurück. Zwar gelang es nicht, die frühere HKL wiederzugewinnen; auch mag es dahin gestellt bleiben, ob es sich wirklich um einen „schneidig geführten Gegenstoß" handelte, wie dies das IX. Korps dem Pz. AOK. 3 meldete, oder ob Kursell eher, wie er später recht realistisch berichtete, seine unerfahrenen Männer ziemlich mühsam vorwärtstreiben mußte. Egal! Die gefährliche Lücke war geschlossen und der Erfolg sprach eindeutig für ihn. Zu Recht wurde dieser mit dem Ritterkreuz belohnt. Die Krise war gemeistert. An Stelle Kursells, der bei dem Angriff durch Verwundung ausfiel, übernahm Hptm. Herzberg das verwaiste Bataillon.[22])

Nachdem auch weitere Angriffe des Gegners während des 11. 10. erfolglos geblieben waren, mochte dieser erkannt haben, daß er doch nicht, wie es ihm ursprünglich vielleicht erschienen war, auf eine „weiche" Stelle in der deutschen Front gestoßen sei. So flaute in den nächsten Tagen die Gefechtstätigkeit vor der 21. ID. etwas ab, was die Gelegenheit gibt, den momentanen Zustand der Division etwas näher zu betrachten.

Die vorhandenen Unterlagen weisen tageweise naturgemäß Schwankungen auf.[23]) Nichtsdestoweniger läßt sich doch ein ziemlich klares Bild gewinnen. Eindeutig am meisten hatte das GR. 24 gelitten. Hier kam es zeitweise sogar zu einer Zusammenlegung der beiden Bataillone. Erst ab 19. 10. werden ihre Kampfstärken wieder getrennt ausgewiesen. Aber auch an den übrigen Truppenteilen der Division waren die Kämpfe ab dem 10. 10. nicht spurlos vorübergegangen. Die Division hatte am 11. 10. allein 180 blutige Ausfälle.[24]) (Vgl. Anlage 55) Bei einem Kampfstärke-Soll von 385 Mann für die Regimentseinheiten eines Grenadierregiments (Stabskp., 13. und 14. Kp.) und 520 Mann für ein Grenadierbataillon erreichte kein einziges Bataillon der Division auch nur 50 % davon. Die Truppenstärke der 21. ID. betrug am 18. 10.: 7.225 Mann, die Kampfstärke: 4.217 Mann und die Kampfstärke der Infanterie: 3.229 Mann.[25]) Zwar wurde offenbar laufend Ersatz zugeführt, unter anderem auch die Genesenen-Marsch-Kompanie I/21/34, mit der wenigstens „wirkliche" Soldaten zurückkehrten. Aber das war nur ein Tropfen auf den heißen Stein. Und was vor allem fehlte, waren Waffen! 92 leMG, 13 sMG und 24 mittlere und schwere Granatwerfer vermochte die Division in der Front einzusetzen, also ungefähr ein Drittel von dem, was eine aufgefüllte sowjetische Schützendivision als Soll hatte. Die Panzerabwehr der Division war praktisch nicht existent. Die Grenadierregimenter verfügten maximal über 3 bis 4 Pak; Panzernahkampfmittel waren kaum vorhanden. Die Panzerjägerabteilung 21 besaß ganze zwei sPak und zwei 2 cm-Flak. Am ärgsten stand es um die Artillerie. Zum ersten Mal seit Beginn des Krieges besaß das AR. 21 keine Geschütze mehr. Nur bei der I./AR. 57 waren noch 3 sFH. vorhanden. Und doch focht die Division und verteidigte zäh ihre Stellungen. Allein wäre das aber natürlich kaum möglich gewesen.

Zur infanteristischen Verstärkung war ihr, d. h. dem GR. 3 ab 11. 10. das Pz. Sturm-Btl. 3 mit einer Kampfstärke von 565 Mann, 46 leMG, 4 sMGs, 6 m. und 6 s. GrW. sowie 2 le. IG. unterstellt. Für die Panzerabwehr wurden der Division die 1. und 2./StGesch. Brig. 232 zugeführt, und dem Stab des AR. 21 unterstand ein buchstäblich sehr gemischter Verband: neben der I./AR. 57 mit ihren drei Rohren war da die II./AR. 195 (95. ID.) mit 9 leFH, dann die II./AR. 62 mit fünf 10 cm-Kanonen und schließlich die schw. Heeresartillerie-Abteilung 153, bei der die 1. Batterie drei 10 cm-Kanonen und die 2. und 3. Batterie zusammen 6 sFH. besaßen. – Um diesem unhaltbaren Zustand abzuhelfen, erhielt die Division am 14. 10. 22 sPak (7,5 cm), von denen dem AR. 21 als vorläufige Bewaffnung 14 Stück zugewiesen wurden, und zwar zur Wiederaufstellung der I./AR. 21. Vier Paks erhielt die PzJg. Abt. 21 und vier mußten wieder an die 548. VGD. abgegeben werden.[26]) Wieder zwei Wochen später übernahm die Division von der schweren Heeres-Art. Abt. 816 die Geschütze von deren 2. Batterie (3 sFH), womit wieder eine schwere Batterie aufgestellt werden konnte.[27]) Aber da war die Division schon aus der Front gezogen, und wir haben der Entwicklung damit bereits ein wenig vorgegriffen.

Die Dinge hatten sich, seitdem vor der Front der Division ab dem 12. 10. eine Kampfpause eingetreten war, nichtsdestoweniger weiterhin dramatisch entwickelt. Nördlich der Memel mußte die Hoffnung aufgegeben werden, die Verbindung zwischen der 3. Panzerarmee und der in Kurland stehenden HGr. Nord wiederherzustellen, zumal sich Hitler jedem Versuch widersetzte, die eingeschlossene Heeresgruppe nach Ostpreußen zurückzunehmen und Kurland aufzugeben. Die 3. Pz. Armee trat daher zur HGr. Mitte (GO. Reinhard). Gerade bei dieser Heeresgruppe trat aber in diesen Tagen eine neue Krise ein. Am 16. Oktober war die 3. Weißrussische Front mit 35 Schützendivisionen und 2 Panzerkorps gegen die vor der Nordostgrenze Ostpreußens stehende nördliche Hälfte der 4. Armee angetreten, um – wie man deutscherseits vermutete – nach Königsberg durchzustoßen. In kurzer Zeit erreichten die russischen Angriffskeile Gumbinnen und Goldap, der Weg nach Westen schien frei.[28]) Da vermochte die 4. Armee mit einigen wenigen von der 3. Pz. Armee und vom OKH. zugeführten Verstärkungen dem Gegner in die Flanke zu fallen, ihn zu werfen und bis zum 22. 10. Gumbinnen und Anfang November auch Goldap wieder zu nehmen. Noch einmal war es gelungen, die Front zu schließen. Aber damit war noch nicht die Frage beantwortet, aus welcher Richtung nun für Ostpreußen die größere Gefahr drohe: aus dem Raum nördlich oder südlich der Memel? Die 3. Pz. Armee, deren letzte Panzer bereits auf dem Weg zur 4. Armee waren, sah den feindlichen Schwerpunkt vor ihrer Front und demnach die einzige Möglichkeit in der Zurücknahme der noch nördlich der Memel stehenden Kräfte, also des IX. Korps, hinter diesen Fluß.

Bereits an jenem 16. Oktober, als der Angriff gegen die 4. Armee losbrach, hatte das IX. Korps eine Studie herausgegeben[29]), die die Rückführung seiner Divisionen in zwei Etappen vorsah: zunächst Rücknahme auf den Jura- beziehungsweise Willkischken-Riegel (Stichwort: Herbststurm) und dann Absetzen hinter die Memel (Stichwort: Wendepunkt). Der Planung folgte die Ausführung auf dem Fuße. Bereits am 17. 10. erging der Befehl an die 21. ID., in der Nacht vom 18./19. 10., ab 20.00 Uhr, zunächst auf eine Stellung entlang der Eisenbahn Tilsit, Tauroggen zurückzugehen. Die Bewegung verlief planmäßig. Am 19. 10, um 5.00 Uhr morgens, stand die Division in der neuen Stellung abwehrbereit, bis 14.00 Uhr wichen die zurückgelassenen Gefechtsvorposten vor dem nachdrängenden Feind auf die HKL aus.[30]) Doch schon lag der Befehl für „Herbststurm" vor, wobei der Division als Aufnahme im Willkischken-Riegel nun endlich das GR. 24 zugeführt wurde. Aber schon erfolgte eine neue Auflage: Die Division hatte dafür sofort das GR. 45 auf das Südufer der Memel zur Verfügung des Pz. AOK. 3 zurückzuführen und außerdem des PzSturm-Btl. 3 und die II./AR. 62 an die 548. VGD. abzugeben.[31])

Auch dieses Manöver klappte. Bis zum 20. 10., 6.30 Uhr stand die Division wiederum abwehrbereit im Willkischken-Riegel. Der Gegner, der die Absetzbewegung nunmehr voll erkannt hatte, stieß jetzt schneller nach und griff am Nachmittag, mit Panzerunterstützung, mehrmals stärker an; er wurde jedes Mal abgewiesen.[32]) Dann war die Abwehrschlacht im Raum Raseinen-Tauroggen für die 21. ID. zu Ende. Während das IX. Korps in der Nacht vom 20./21. eine nun schon sehr enge Brückenkopfstellung vor Tilsit und Ragnit einnahm, schied die Division aus dem Korpsverband aus, gab auch noch die II./AR. 195 ab und rückte in der Nacht planmäßig über die 8-t-Kriegsbrücke bei Bittehnen (nördlich Ragnit) über die Memel. Teile dürften auch die 2-t-Fähre bei Ragnit und schwerere Lasten die Brücke bei Unter- Eißeln (ostwärts Ragnit) benutzt haben.[33]) In einem Tagesbefehl verabschiedete das IX. Korps die Division und sprach ihr für ihre Leistungen in den zurückliegenden Kämpfen die „vollste Anerkennung" des Kommandierenden Generals aus.[34])

Kam jetzt endlich die Auffrischung? Nicht ganz, denn kaum war die Division am Südufer der Memel angelangt, wurde das GR. 24 bereits wieder dem IX. Korps unterstellt, um die Memelbrücken bei Tilsit zu sichern, da die noch nördlich des Flusses stehende 548. VGD. wieder einmal auf „höhere Weisung" nicht zurückgenommen werden durfte und daher die Gefahr bestand, daß der Gegner überraschend zu den Brücken durchstieß. Als die 548. VGD. dann doch auf Tilsit zurückgehen durfte, wurde ihr das GR. 24 unterstellt und westlich der Stadt an der Memel eingesetzt.

Die 21. ID. selbst, d. h. das, was von ihr noch da war, also im wesentlichen das GR. 3 und die I./AR. 21 sollten die 5. Pz. Div. westlich Tilsit ablösen, da die Panzer dringend bei der 4. Armee gebraucht wurden. Die Division unterstand demnach dem XXXX. PzK. (Gen. d. Pz. Tr. Henrici) und richtete ihren Gefechtsstand in Heinrichswalde ein, wo sich wenige Tage vorher noch das Armeehauptquartier des Pz. AOK. 3 befunden hatte.[35]) Aber das war ein Zustand, der auf die Dauer niemand befriedigte. Die 3. Pz. Armee strebte in erster Linie an, die auf alle möglichen Verbände verteilte 21. Division endlich wieder zusammenzubekommen und sie als Armee-Reserve südlich der Memelschleife bei Ragnit zu versammeln, da das Pz. AOK – irrtümlich, wie sich später herausstellte – hier die Bildung eines neuen feindlichen Schwerpunkts glaubte feststellen zu müssen. Was da bis zum 29. 10. hinter dem Abschnitt der angeblich bedrohten 95. ID. von der Division versammelt werden konnte, war nicht gerade sehr eindrucksvoll: das durch eine StGesch. Battr. (1./232) verstärkte GR. 45 lag ohnedies als Armee-Reserve bereits in diesem Raum. Dazu kam jetzt noch der Div. Stab (Gef. Stand: Sommerau), Teile der Nachr. Abt. 21, das GR. 3, das Pi. Btl. 21 (ohne eine Kp.) und die PzJg. Abt. 21. Das GR. 24, die I./AR. 21 und das Füs. Btl. 21 befanden sich noch immer beim XXXX. Pz. Korps, 2 schwere Batterien der I./AR. 57 bei der 69. ID. im Einsatz.[36]) Dementsprechend waren auch die Stärken: Tagesstärke der 21. ID. am 29. 10.: 3.697 Mann, Kampfstärke: 2.621, Kampstärke der Infanterie: 1.848![37] Das war wohl bisher der absolute Tiefstand. Bis zum Monatsende gelang es dann doch, schrittweise, das GR. 24 und die Füsiliere der Division zurückzugeben. Auch die San. Kp. 21 scheint sich wieder herangefunden zu haben. Statt der noch immer nicht einsatzfähigen StGesch. Abt. 1021 war der Division möglicherweise, als Aushilfe, die StGesch. Abt. 1006 (L) zugeführt worden. Die Anlieferung von neuen le. FH und sFH. hatte begonnen, ebenso von Infanteriegeschützen. Hier fehlte es allerdings an Pferdegeschirren. Immerhin, die Welt erschien, aus dem engen Gesichtskreis der Truppe besehen, auf einmal wieder erstaunlich „heil". Dementsprechend glaubte Oberst Henger auch am 1. 11. melden zu können, daß Auffrischung und Umgliederung seiner Division bis Mitte November beendet sein könnten.[38]) Was er unter „Umgliederung" verstand, ist klar: nämlich die weitere Reduzierung der Division auf den Divisionstyp 32. Welle (VGD), allerdings mit einigen Ausnahmen. Darüber wird noch zu sprechen sein.

Soweit war es also bereits mit der einst so stolzen 21. Division, einer Division 1. Welle, gekommen! Nur die offizielle Umbenennung in eine „Volksgrenadierdivision" ist ihr bis zum Schluß erspart geblieben. Aber auch diese organisatorische „Kosmetik" (viel mehr war es ja nicht) setzte voraus, daß der Division Zeit gelassen wurde, sie durchzuführen. Nicht zuletzt um sich dessen zu vergewissern, fragte an jenem 1. November 1944 der Chef des Generalstabs des IX. Korps beim Chef des Pz. AOK. 3 an, ob das Korps weiterhin mit der 21. Division rechnen könne. Der Chef des Pz. AOK., Oberst i. G. Müller-Hillebrand, meinte: „Ja".[39]) Ob er sich wirklich so sicher war? Schließlich mußte er wissen, daß bereits am 26. 10. der Oberbefehlshaber der HGr. Mitte der Panzerarmee seine Überlegung mitgeteilt hatte, die 21. Division in den seiner Ansicht nach am stärksten bedrohten Abschnitt bei Schloßberg zu verlegen. Müller-Hillebrands damals vorgebrachten Gegenvorstellungen hatten die Heeresgruppe wenig beeindruckt[40]), und so konnte es eigentlich nicht überraschen, als am Abend des 3. 11. GO. Reinhardt dem GO. Raus fernmündlich eröffnete, daß „im Rahmen der Gesamtlage Herauslösung 21. ID. aus dem Bereich Pz. AOK. 3 unerläßlich" sei.[41]) Bereits am Abend dieses Tages traf beim IX. AK. ein Fernschreiben ein: „21. ID. ist 4. Armee im E-Transport ab 4. 11. zuzuführen. Einladeraum an Strecke Tilsit, Schillen".[42]) Am Morgen des folgenden Tages, ab 6.00 Uhr, begann tatsächlich die Verladung, und in den folgenden Tagen rollte die Division in 36 Transporten, 10 – 12 pro Tag, in den Raum Angerburg-Goldap, wo der letzte Transportzug in der Nacht vom 7./8. 11 eintraf.[43])

2. Stellungskämpfe zwischen Gumbinnen und Goldap

Nach ihrer Ausladung trat die Division unter den Befehl des XXXIX. Pz. Korps (Glt. Decker), das erst vor wenigen Tagen Goldap im Gegenangriff den Russen wieder entrissen hatte.[44]) Nun sollten die daran beteiligten Verbände, allen voran die 5. Pz. Div., dann die 547. VGD. sowie die Pi. Brig. 47 durch die Division abgelöst werden. Dieser Vorgang verlief, vom Gegner zwar nicht unbemerkt, dennoch planmäßig, so daß bis zum Abend des 7. 11. die Infanterie der 547. VGD. vollständig herausgelöst war.[45]) Der neue Divisionsabschnitt (vgl. Skizze 65), hart nördlich Goldap beginnend, verlief im wesentlichen mal vor, mal hinter der Straße von Goldap nach Gumbinnen, in nördlicher Richtung, und war rund 18 Kilometer breit. Davon wurden allerdings etwa 5 Kilometer am rechten Flügel von der Führer-Grenadier-Brigade gehalten, die aber der Division unterstellt wurde und an derem äußersten rechten Flügel das Füs. Btl. 21 zum Einsatz kam. Die Division selbst hatte in der Front alle drei Regimenter (GR. 45 rechts, GR. 24 Mitte, GR. 3 links) eingesetzt. Linker Nachbar war das Fallschirm-Pz. Korps „Hermann Göring".

Die reibungslose Durchführung der Ablösung mochte vielleicht auch der Grund gewesen sein, daß der Kommandierende General des XXXIX. Pz. Korps am 7. 11. abends der vorgesetzten 4. Armee meldete, „daß die 21. ID. auf ihn einen guten Eindruck gemacht habe".[46]) Vielleicht wollte er damit aber auch eine Vortragsnotiz des Id des AOK. 4 vom selben Tag etwas entkräften, die den Zustand der Division ziemlich realistisch schilderte.[47]) Die personelle Auffüllung sei erst bis auf etwa 75% gediehen. Trotz der im Raume Ragnit bereits erfolgten Zuführung von 70 – 80 Offizieren und etwa 1500 Mannschaften bestehe nach wie vor ein Fehl von 3500 Mannschaften und einigen Offizieren.

Aus Stablack war zwar ein Ersatztransport von 1000 Mann, darunter zahlreichen Genesenen avisiert, aber bis der herankam, sollte es Dezember werden.[48]) Darüberhinaus fehlte es an Bewaffnung und Gerät. Auch die Umgliederung war noch nicht voll durchgeführt. Die Neubewaffnung des Artillerieregiments war durch die Verlegung der Division ins Stocken geraten. Bisher war vorhanden:
I./AR. 21: 1 leFH. Batterie und 2 Feldkanonenbatterien (7,5 cm),
III./AR. 21: 2 leFH Batterien und 1 Pak-Batterie,
I./AR. 57: 2 sFH. Batterien.

Wie bei der Infanterie fehlte es auch hier an Funkgeräten.[49]) Um dem abzuhelfen, wurden von der herausgezogenen 547. VGD. Tornisterfunkgeräte

Lage der 21. ID am 9. 11. 1944

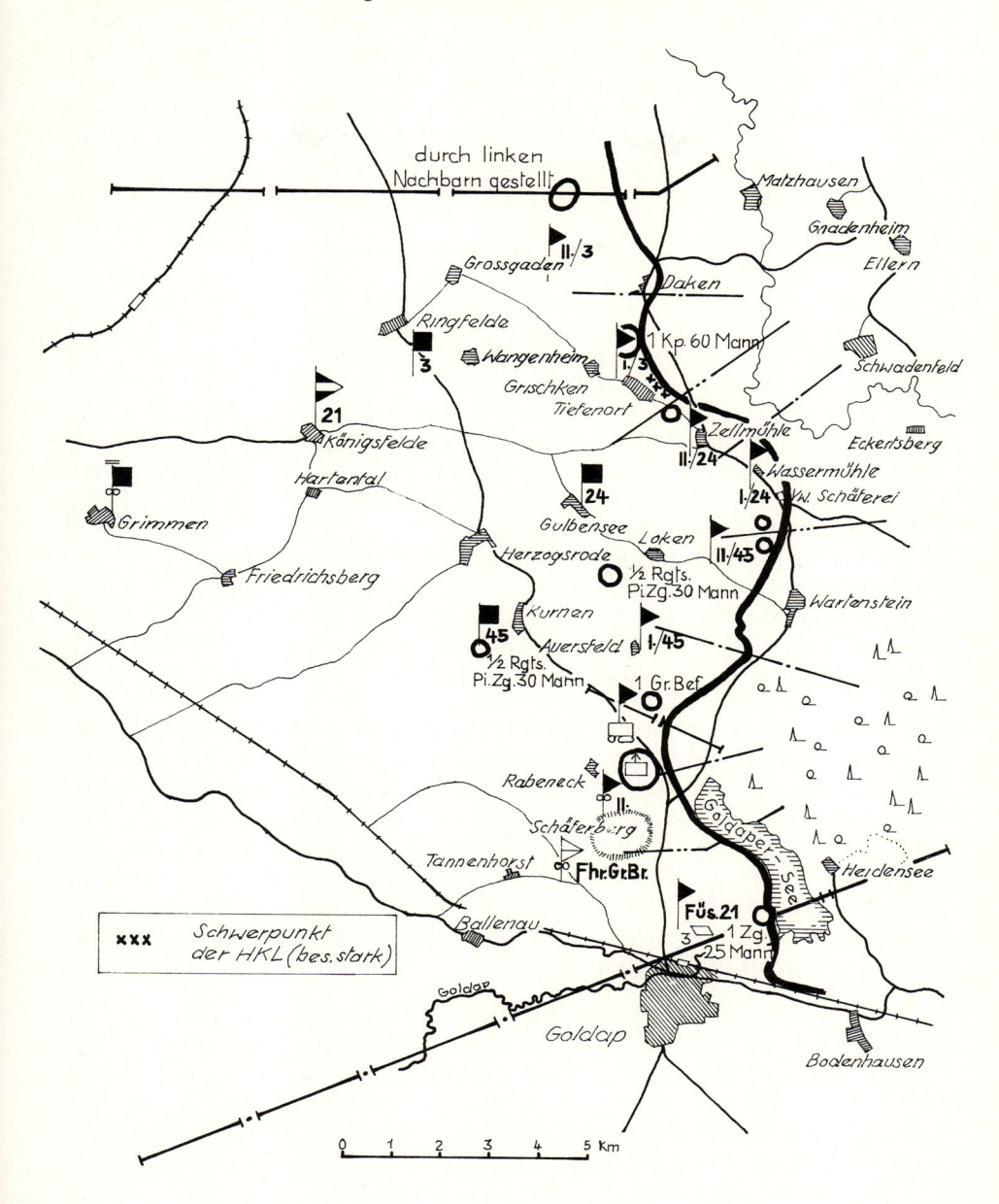

Skizze 65

„ausgeborgt".[50]) Zwar kehrte endlich, am 15. 11., die II./AR. 21 aus Kurland kommend über Danzig zur Division zurück, aber natürlich ohne Geschütze und ebenfalls ohne jedes Nachrichtengerät.[51]) Wohl um diese höchst geringe artilleristische Feuerkraft anzuheben, wurden der Division am 11. 11. die I./(s.) Werf. Rgt. 3 zugeführt.[52])

Aber schon war wiederum eine neue, ratenweise Kürzung der Ist-Stärken um insgesamt 10 % verfügt worden.[53]) Die Infanterie mit ihren hohen Fehlstellen traf das zwar weniger, aber das AR. 21 mußte 22 Unteroffiziere und Mannschaften, darunter viele Spezialisten an das AR. 1547 der 547. VGD. abgeben.[54]) Dabei war es noch als Glücksfall zu betrachten, daß die Umgliederung der Division auf das Schema einer eher kampfschwachen Infanterie-Division 32. Welle, wenn auch mit einigen zugestandenen Ausnahmen,[55]) noch nicht voll durchgeführt war, denn ab 10. 12. 1944 galt für die Division schon wieder ein anderes Gliederungsmuster, nämlich das der „Infanterie-Division 45" (vgl. Anlage 56).

Auch diese Grundgliederung brachte verschiedene Neuerungen: Die Grenadierbataillone erhielten sogenannte „Versorgungszüge", die in der Praxis nicht selten als Verfügungszüge verwendet wurden. Der bisher normierte Stand von 13 leMG und 2 sMG pro Kompanie wurde auf 9 leMG herabgesetzt, dafür sollten aber pro Kompanie zwei Sturmzüge mit dem neuen Sturmgewehr 44 ausgerüstet werden. Das Grenadierregiment verfügte künftighin über keine schwere Pak mehr, sondern über eine Panzerzerstörerkompanie mit 54 Panzerbüchsen. Bei der Bezeichnung der Füsilier-Bataillone fiel der, z. B. bei der 21. Division gestattete, Zusatz „(A. A.)" und die damit verbundene Kavallerietradition endgültig weg. Bei der Panzerjäger-Abteilung wurde ein Sturmgeschütz-Begleitzug aufgestellt,[56]) und bei der Artillerie wurden zwar die bisher schon vorgesehenen gemischten leichten Abteilungen beibehalten, die schwere Abteilung jedoch von 3 auf 2 Batterien, allerdings zu je 6 Geschützen, vermindert.

Bis wann und ob überhaupt diese vorgezeichnete waffenmäßige Ausstattung der Division erreicht wurde, läßt sich schwer sagen. Sicher war z. B. die 3./PzJg. Abt. 21 statt mit 3,7 cm- mit 2 cm-Flak ausgerüstet.[57]) Die personelle Auffüllung schritt hingegen schnell voran. Bereits am 1. 12. 1944 betrug die Verpflegsstärke der Division insgesamt 16.514 Mann, davon 35 von der Polizei und 408 Hilfswillige aus Ostvölkern (Hiwis).[58]) Das überschritt bereits erheblich die für eine Inf. Div. 45 vorgegebene Norm von 352 Offizieren, 29 Beamten, 1947 Unteroffizieren und 9581 Mann, was in Summe 11909 Mann und 689 Hiwis ergab.

In Anbetracht dieser doch sehr bedeutenden Veränderungen schien es wohl nicht mehr angängig, daß der Kommandeur des Artillerieregiments zugleich auch die Führung der Division inne hatte. Wohl aus diesem Grund war Oberst Henger, der seit der Verwundung von General Goetz mit der vertretungsweisen Führung der Division betraut gewesen war, nun davon entbunden worden. An seiner Stelle wurde Oberst Scharenberg, Ostpreuße und Artillerist, ab 18.10. mit der Divisionsführung betraut. Scharenberg dürfte jedoch seinen neuen Posten erst Anfang November, als die Division bereits dem XXXIX. Pz. Korps unterstand (vgl. Anlage 57), angetreten und ihn nur bis 12. 12. innegehabt haben. Dann wurde wieder ein Artillerist, nämlich Oberst d. Res. Friedrich Beyse, ebenfalls nur vertretungsweise, mit der Divisionsführung betraut, bis schließlich um den 18. 1. 1945 der genesene Divisionskommandeur, General Goetz, das Kommando wieder übernehmen konnte. Auch auf dem Posten des 1. Generalstabsoffiziers der Division gab es noch einmal einen Wechsel. In der zweiten Novemberhälfte schied

Mjr. i. G. Adler als Ia aus, und an seine Stelle trat Mjr. i. G. Collée. Er sollte der letzte Ia der 21. ID. sein.

Obwohl zwischen dem 17. und 20. 11. beiderseits Goldap die 28. Jg. Div. als rechter Nachbar der 21. ID. eingeschoben wurde und sich damit der Divisionsabschnitt der letzteren dementsprechend auf etwa 13 Kilometer verringerte und im Hinblick auf die Kampftätigkeit vorderhand auch als relativ „ruhig" galt, so war doch der Grabendienst zunächst sehr kräftezehrend. Immer wieder fühlten feindliche Späh- und Stoßtrupps vor, wobei ihnen zugute kam, daß bei den Kämpfen im Oktober der 1. Graben in russische Hand gefallen war und nicht wieder zurückerobert werden konnte.[59])

So bildeten die Verbindungsgräben vom jetzigen Hauptkampfgraben zu dem alten, verlorengegangenen gute Annäherungsmöglichkeiten für den Feind, vor allem am Südflügel des Divisionsabschnitts, wo auf der Feindseite der gewaltige Rominter-Forst, Hermann Görings berühmtes Jagdrevier, bis fast unmittelbar vor die deutsche HKL sich erstreckte. Aber auch im Nordabschnitt, wo nördlich von Zellmühle der Gegner bereits westlich der Rominte Fuß gefaßt hatte, waren die Stellungsverhältnisse nicht ideal. Schlechte Beobachtungsmöglichkeiten im Abschnitt des II./GR. 3 führten daher auch am 29. 11. zu einer vorübergehenden Krise. Wie es in der Tagesmeldung des AOK. 4 heißt, griff der Feind „nach kurzer starker Feuervorbereitung durch Pak und schwere Infanteriewaffen in Bataillonsstärke bei Daken an und erzielte einen örtlichen Einbruch".[60]) Am Nachmittag erfolgte dann von seiten des II./GR. 3 ein planmäßiger Gegenangriff mit 7./GR. 3, einem Zug 6./GR. 3 und dem „Verfügungszug" unter Oberfeldwebel Kutschkau sowie einiger Sturmgeschütze, an dessen Unterstützung sich nicht nur die eigene Artillerie, sondern auch die des linken Nachbarn (2. FschPz. Gren. Div. „Hermann Göring") beteiligte. Das erbrachte, zumal auf der Feindseite keine Panzer in Erscheinung traten, einen schnellen Erfolg. Der vorderste Graben, in dem noch einige Gruppen der 5./GR. 3 sich gehalten hatten, wurden wieder besetzt und Daken vom Feind gesäubert. Hierbei ließ der Gegner allein diesseits der eigenen HKL 49 Tote und 9 Gefangene zurück. 2 sMG, 11 leMG, 4 MPi und 3 Panzerbüchsen wurden erbeutet, 3 Paks vernichtet. Die eigenen Verluste sollen sich auf 20 Mann belaufen haben, davon 6 bis 7 Gefallene.[61]) Nicht zuletzt für seinen Einsatz bei Daken erhielt Oberfeldwebel Kutschkau später das Eichenlaub zum Ritterkreuz verliehen.[62]) Von da an herrschte im Raum Daken durch fast anderthalb Monate Ruhe.

Das darf freilich nicht wörtlich genommen werden. Seit langer Zeit liegen wieder einmal für einen bestimmten Zeitabschnitt genaue Verlustzahlen vor. Demnach hatte die 21. ID. vom 1. – 31. 12. 1944 an blutigen Verlusten zu beklagen: 1 Offizier gefallen, zwei verwundet, 81 Unteroffiziere und Mannschaften gefallen, 293 verwundet, vier vermißt.[63]) Das war, gemessen an den Verlustziffern während der großen Schlachten, zwar relativ bescheiden, aber nichtsdestoweniger waren es die höchsten Verlustzahlen unter allen Divisionen der 4. Armee zu diesem Zeitraum. Und noch etwas anderes kam hinzu. Am 7. 12. ließ der Oberbefehlshaber der 4. Armee, Gen. d. Inf. Hoßbach, dem Kommandierenden General des XXXIX. Pz. Korps mitteilen, „er habe gehört, daß die Leute in der Front der 21. ID. sehr stark beansprucht seien, da sie zum Teil 15 – 17 Stunden Wach- und Grabendienst haben und infolgedessen seit Wochen ihre Wäsche nicht wechseln und waschen konnten. Er bitte, in der Fürsorge alles, was möglich sei, zu tun und nach Möglichkeit Reserven in Front einzusetzen, um die Truppe vorübergehend herausziehen zu können".[64] Das ist in der Tat geschehen, wie man den Kampfstärkemeldungen seit dem 10. 12. entnehmen kann (vgl. Anlage 58). Auffallend ist allerdings hierbei, daß offenbar niemals ein ganzes Bataillon des GR. 3 herausgelöst wurde. Darüberhinaus tat die Division tatsächlich alles, wie H.-H. Podzun berichtet[65], um der Infanterie Erleichterungen zu schaffen. Eine starke ärztliche Betreuung setzte ein. In Insterburg soll es ein Divisionserholungsheim gegeben haben. Und die Truppe wußte noch immer Feste zu feiern. Am 4. 12. hatte das AR. 21 wiederum – wie vor einem Jahr am Wolchow – zur Barbara-Feier eingeladen. Gäste aus dem ganzen Divisionsbereich erschienen, Lt. Dey vom Regt. Stab ritt als Barbara im roten Kleid und blonder Perücke hoch zu Roß, von zwei „Knappen" begleitet in das Haus des Gefechtsstandes hinein. Es gab eine Bar, einen Bierkeller, Marsch- und Tanzmusik, und schließlich ließ der Führer der 7./AR. 21, Lt. Nießwandt, von seiner Batterie einen Sechserzug kommen, um einen Teil der Gäste heimzufahren.[66]

Tja, so war das eben. Und doch lagen die kleinen Dörfer Nemmersdorf und Brauersdorf, wo es, nach der ersten Eroberung von Gumbinnen durch die sowjetische 11. Garde-Armee, zu grauenvollen Exzessen gegenüber der Zivilbevölkerung und deutschen Kriegsgefangenen gekommen war, nur wenige Kilometer vom linken Divisionsflügel entfernt. Erbeutete russische Aufrufe und Feldpostbriefe ließen keinen Zweifel daran, was der Bevölkerung im Falle eines neuen sowjetischen Großangriffs bevorstand.[67] Das wußte man wohl. Aber von „oben" wurde ja immer wieder versichert, Ostpreußen werde unter allen Umständen gehalten. Da mußte doch etwas Wahres dran sein. Man sah es ja selbst: die Kampfstärken stiegen, die Frontbesetzung wurde dichter. Am 19. 12. kamen bei der Division auf den Frontkilometer 164 Soldaten, und nachdem kurz vor Weihnachten ein Bataillonsabschnitt an die 28. Jg. Div. abgetreten worden war, standen am 31. 12. pro Frontkilometer 195 Mann.[68] Die Division konnte jetzt tatsächlich als aufgefrischt gelten. Nach dem Urteil der 4. Armee zählte sie zu Weihnachten, neben der 50. ID. und der 28. Jg. Div. zu den einzigen Infanteriedivisionen der Armee, die „zu begrenzten Angriffsaufgaben geeignet" erschienen.[68a] Infolge einer sehr aktiv geführten Verteidigung hatte sich auch das Selbstbewußtsein der Truppe gehoben. Gewiß war man sich der sowjetischen Übermacht bewußt. Allein vor dem Divisionsabschnitt waren, wenn auch nicht mit Sicherheit, etwa drei Feinddivisionen anzunehmen (84. GdSD, 18. GdSD. und 152. SD.). Auch artilleristisch sah es nicht sehr gut aus. Waren im Divisionsabschnitt auf der eigenen Seite pro Frontkilometer 4,6 Rohre feuerbereit, so mußte man auf sowjetischer mit 17 rechnen.[69] Aber die Division war, vorausgesetzt, daß man sie nicht im Stich ließ, bereit, sich bis zum äußersten zu schlagen, allein schon, weil sie um die akute Bedrohung ihres Heimatlandes wußte. Mit Aussicht auf Erfolg? Danach zu fragen, war die Division weder gewohnt, noch wäre sie in der Lage gewesen, diese Frage zu beantworten. Die HGr. Mitte wagte immerhin am 2. Dezem-

*Lage der HGr. Mitte bzw. Nord
Januar–Februar 1945*

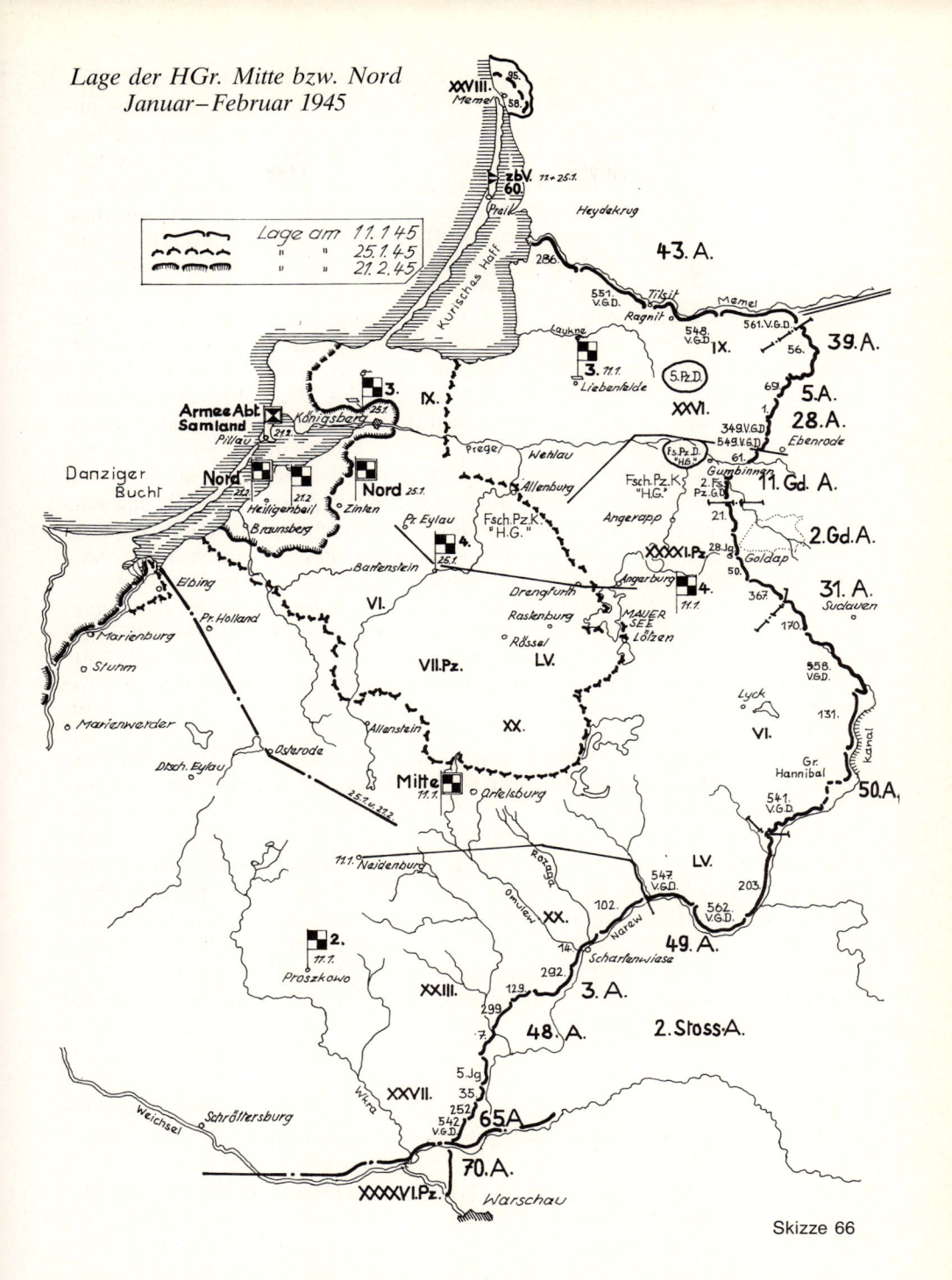

Skizze 66

ber die Beurteilung: „Trotz der gewaltigen Übermacht der Sowjets sieht die Heeresgruppe der Entscheidungsschlacht um Ostpreußen zuversichtlich entgegen, allerdings nur unter der Voraussetzung, daß ihr sämtliche jetzt vorhandenen Verbände belassen werden."[70]) Das war aber nicht der Fall.

Am 10. 12. verließ Hitler die „Wolfschanze" bei Rastenburg und damit Ostpreußen für immer. Weder hatte er zu diesem Zeitpunkt für einen ausreichenden militärischen Schutz dieses augenblicklich am meisten exponierten Reichsteils gesorgt, noch auch nur einen Gedanken darauf verschwendet, wie die Bevölkerung im Falle eines russischen Einbruchs rechtzeitig evakuiert werden könnte. Dabei wußte auch er, spätestens seit der Rückeroberung Gumbinnens, was den unglücklichen Bewohnern dieser einst blühenden Provinz bevorstand. Hitler schien von alldem unberührt. Er führte gewissermaßen seinen eigenen Krieg in den Ardennen und in Ungarn, wohin er sogar Reserven der übrigen Ostfront, auch der HGr. Mitte, abzog. Die 4. Armee hatte unter anderem das Gen. Kdo. des XXXIX. Pz. Korps mit allen Korpstruppen abzugeben. An seine Stelle trat, auch als vorgesetztes Kommando der 21. ID., das Gen. Kdo. des XXXXI. Pz. Korps (Gen. d. Art. Weidling).[71] Bei Hitler und seinem Wehrmachtsführungsstab hatte reines Wunschdenken Platz gegriffen. Die Ostfront schien dem „Führer" stark genug, Zahlen über die sowjetische Kräftegruppierung, die das Gegenteil bewiesen, erklärte er für reinen Bluff, und dementsprechend lehnte er auch Guderians dringenden Vorschlag, den Schwerpunkt der Kriegsführung sofort und eindeutig nach Osten zu verlagern, ab.[72] Kein Wunder, daß sich nun nicht nur die höheren Stäbe, sondern auch die Truppe im Stich gelassen fühlte. „Als am 6. Januar auf einem Abend des GR. 45 im Gutshaus Annaberg (dem Gefechtsstand des Regiments) noch einmal der Lieblingsmarsch des toten Obersten Schwender, der Tscherkessenmarsch mit der Zarenhymne, aufklingt, ahnen die Anwesenden bereits, daß das zum letzten Mal geschieht."[73]

Zwei Schwerpunkte des feindlichen Aufmarschs vor der HGr. Mitte, übrigens die klassischen von 1914, waren klar zu erkennen: einer vor der Ostfront der 3. Pz. Armee, nordostwärts Gumbinnen, und einer am Narew vor der 2. Armee (vgl. Skizze 66). Ein zweites „Tannenberg" würde es aber nicht mehr geben. Am Silvesterabend 1944 — Guderian hatte an diesem Tag im obigen Sinne einen neuen, vergeblichen Vorstoß bei Hitler unternommen — gab das Oberkommando der Heeresgruppe an alle unterstellten Armeen durch: „Sowjetischer Aufmarsch allem Anschein nach abgeschlossen. Angriffsbeginn damit jederzeit je nach Wetterlage zu erwarten."[74] Um die Jahreswende war es kälter geworden, allmählich setzte bitterer Frost ein. Damit war es soweit.

3. Abwehr- und Rückzugskämpfe bis zur Heilsberg-Stellung

Am Vormittag das 12. 1. — einem geradezu klassischen Termin für die jeweiligen sowjetischen Winteroffensiven — wußte das Oberkommando der HGr. Mitte bereits, daß die Sowjets in den frühen Morgenstunden aus dem Brückenkopf Baranow an der Weichsel auf breiter Front zum Angriff angetreten waren. Jetzt konnte es nur noch eine Frage von Stunden sein, daß die Heeresgruppe selbst angegriffen würde. Tatsächlich setzten zwischen 14.30 und 14.45 Uhr nach einer etwa viertelstündigen Feuervorbereitung auf der gesamten Front des XXXXI. Pz. Korps feindliche Vorstöße in Bataillonsstärke ein. Im Abschnitt der 21. ID. griff der Gegner südostwärts von Zellmühle und wiederum bei Daken an. Der bei Zellmühle geführte Angriff wurde abgewiesen, der in Bataillonsstärke in den Südteil von Daken eingedrungene Feind im Gegenangriff zurückgeworfen.[75]) Am nächsten Tag wurden im Raum Zellmühle und südostwärts davon, bei Wassermühle, vier kleinere Angriffe abgeschlagen, wobei die hier neu aufgetretene 87. GdSD. (261. GdSR.), wie bereits am Vortag, hohe Verluste hinnehmen mußte.[76])

Die Frage, die sich das Panzerkorps noch am 12. 1. abends gestellt hatte, ob es sich bei diesen Vorstößen um Fesselungs- oder Aufklärungsangriffe handle, fand sehr bald schon ihre Beantwortung: am 13. 1 trat der Feind, wie erwartet, gegen das XXVI. AK. der 3. Pz. Armee, zwischen Ebenrode und der Memel, und am 14. 1. gegen die 2. Armee am unteren Narew zum Großangriff an. Die 4. Armee wurde, abgesehen von ihrem Nordflügel bei Gumbinnen, zunächst nicht angegriffen, jedoch waren Angriffsvorhaben auch gegen ihre Front nicht auszuschließen. Aus diesem Grund befahl das AOK. 4 dem XXXXI. PzK. mit der 28. Jg. Div. und der 21. ID. sowie dem FschPz. Korps „Hermann Göring" am 13. 1., ab 13.00 Uhr die eventuell versammelte feindliche Angriffsinfanterie durch Zermürbungsschießen zu zerschlagen. Dasselbe hatte mit einem Korps-Feuerschlag der 28. Jg. Div. und 21. ID. zu beginnen. Hinsichtlich des Beziehens der Großkampfstellung durch die eigenen Truppen herrschte noch Unschlüssigkeit.[77])

Ob das Zermürbungsschießen wirkungsvoll war? Die 3. Weißrussische Front hatte vorerst andere Schwerpunkte. Tagelang wurde bei der 3. Pz. Armee, deren Widerstand mangels Reserven erlahmte, erbittert gerungen.[78]) Ähnlich wie seinerzeit bei Walk hielt auch hier der Gegner seine großen Panzerverbände vorerst noch zurück. In der Nacht zum 18. Januar aber zog das Oberkommando der 3. Weißrussischen Front das südlich Schloßberg bereitgestellte II. Gd. Pz. Korps heran und durchbrach damit am kommenden Tag die Front des XXVI. AK. (Glt. Matzky) und damit die 3. Pz. Armee endgültig. Die Entwicklung der Lage an diesem 19. 1. ließ bald keinen Zweifel mehr darüber, daß es selbst mit Hilfe von Zwischenstellungen nicht mehr gelingen würde, die Offensive des Gegners zum Stehen zu bringen. Sein Durchbruch bei Breitenstein an der Inster gewann im Laufe dieses Tages operative Bedeutung.[79]) Gleichzeitig wurde nun auch der linke Flügel der 4. Armee in die Kämpfe verwickelt, die sich um Gumbinnen entspannen, was wiederum erste Schatten auf die 21. Division warf.

Schon am 15. 1. hatte das AOK. 4 dem XXXXI. Pz. Korps befohlen, „bis spätestens 16. 1., 3.00 Uhr mit Kräften der 21. ID. das südlichste Bataillon des FschPz. Korps ‚Hermann Göring' herauszulösen", was für die 21. Division zunächst eine zusätzliche Frontbreite vom einem Kilometer bedeutete. Außerdem wurde die bisher bei der Division eingesetzte s. Heeres-Art. Abt. 153 dem Fallschirm-Panzerkorps unterstellt.[80]) Das deutete auf nichts Gutes. Tatsächlich war es bei der linken Flügeldivision des Fallschirm-Panzerkorps, bei der 61. ID. schon am 13. 1. zu Einbrüchen gekommen. Am 15. 1. dehnten sich die sowjetischen Angriffe nach Süden auf die 2. FschPz. Gren. Div. „Hermann Göring" aus, die besonders im Raum von Großwaltersdorf an Heftigkeit zunahmen.[81]) Die FschPz. Gren. Division scheint hierbei, wenn auch zunächst nur geringfügig, an Boden verloren zu haben, denn die 21. Division mußte nun ihrerseits ihren linken Flügel etwas verlängern. Am 17. 1. besetzte sie, nördlich der Korpsgrenze, die Höhe 123 zwischen Peterstal und Hoheneck, und zwar mit dem II./GR. 45, das zusammen mit dem schon zwei Tage früher hier eingesetzten Füs. Btl. 21 und der 6./GR. 3 zunächst zu einer Kampfgruppe Mjr. Beuttel zusammengefaßt wurde, bis dann am 18. 1. der Kommandeur GR. 45 persönlich die Führung in diesem Abschnitt übernahm.[82])

Schon am kommenden Tag griff der Gegner mit 900 – 1000 Mann, von vier Panzern unterstützt, auch diesen Raum an. Der Angriff wurde zwar im zusammengefaßten Feuer aller Waffen zerschlagen[83]). Das änderte aber nichts an der zunehmenden Verschärfung der Lage beim FschPz. Korps, etwas, was sich nun auch schon vom linken Flügel der 21. Division, etwa vom Gefechtsstand des II./GR. 3, mit freiem Auge verfolgen ließ: „Hinter der feindlichen Feuerwalze brandete Welle um Welle der feindlichen Infanterie, durchsetzt von einzelnen Panzern, mit linkem Flügel nur 1000 m bis 1500 m von uns entfernt, gegen Schwarzenau und nördlich an; in Schützenkette, -Reihe oder -Rudel, wie auf einem Übungsplatz. Im beobachteten Feuer, auch wir beteiligten uns mit sMG und sPak, darunter auch s. Nebelwerfer ... gingen sie stoisch vor, wieviele Reihen, Ketten oder Rudel auch für immer liegen blieben. Die Masse war so ungeheuer, daß sie in scheinbar unverminderter Zahl allmählich nach Westen verschwand".[84])

Was man auf den Gefechtsständen im Divisionsbereich zwar nicht sehen konnte, was sich aber in der Folge als viel schwerwiegender erweisen sollte, war die Tatsache, daß die aus den Narew-Brückenköpfen beiderseits Pultusk angreifende 2. Weißrussische Front des Marschalls Rokossowsky die deutsche 2. Armee bereits durchbrochen und am 18. 1. Mlawa erreicht hatte. Am 19. 1. überschritt sie die ostpreußische Grenze bei Soldau und westlich davon und stieß zügig auf Osterode vor.[85]) Hier bildete sich also ein zweiter Zangenarm heraus, der im Begriff war, die 4. Armee und mit ihr die 21. Division einzukesseln.

Wie sollte man dem zuvorkommen? Sicher war, daß die 4. Armee in ihrer derzeitigen Stellung nicht verbleiben konnte. Beim AOK. 4 wie bei der Heeresgruppe war man sich darüber sehr bald klar, daß es mit einer Zurücknahme der Armee auf die Masurische Seenplatte allein auch nicht getan war. Dazu waren die Ein- und Durchbrüche auf den beiden Flanken der Armee bereits zu tief. Der einzige Ausweg schien darin zu bestehen, die Armee so schnell wie möglich an die Alle, also auf die sogenannte Heilsberg-Stellung zurückzunehmen. War dies geschehen, dann war allerdings überhaupt erst die eigentliche, grundlegende Entscheidung zu fällen: entweder war aus dem so verkleinerten Kessel mit allen verfügbaren Kräften nach Westen auszubrechen und damit zumindest einem großen Teil der jetzt auf der Flucht befindlichen ostpreußischen Bevölkerung eine Chance zu geben, sich in Sicherheit zu bringen, was freilich die Preisgabe Ostpreußens bedeutete, oder aber es waren alle Kräfte zusammenzufassen, um den ebenfalls schon sehr stark bedrohten Raum von Königberg mit dem Hafen von Pillau so lange als möglich zu verteidigen. Von Dauer konnte das Letztere natürlich auch nicht sein. Für die gleichzeitige Lösung beider Aufgaben erschienen dem AOK. 4 die vorhandenen Kräfte unzureichend, was ja auch, wie die Zukunft lehrte, der Fall war. Wie immer wollte Hitler jedoch beides, nämlich einerseits Wiederherstellung der so gut wie bereits abgeschnittenen Verbindung der Heeresgruppe Mitte zur 2. Armee durch die 4. Armee und andererseits Festhalten von Königsberg durch die 3. Pz. Armee. Nicht genug mit Kurland wollte er nun auch eine „Festung Ostpreußen" schaffen. Das Oberkommando der Heeresgruppe Mitte teilte zunächst den Standpunkt der 4. Armee, d. h. unter Aufgabe Ostpreußens nach Westens auszubrechen, um sich später dann immer mehr der Forderung des OKH. nach unbedingter Verteidigung Ostpreußens, einschließlich Königsberg, anzunähern.[86]) Bei der 21. Division kam diese Diskrepanz der operativen Absichten nur in den wechselnden Unterstellungsverhältnissen zum Ausdruck, indem die Division bei Beginn der nun folgenden Absetzbewegungen zunächst dem FschPz. Korps „Hermann Göring" (Kom. Gen.: Glt. Schmalz) unterstellt [86a]) und mit diesem am 25. 1., nach Erreichen der Masuren-Stellung — wenn auch nur vorübergehend — der 3. Pz. Armee zugeteilt wurde. Damit stand sie jedoch der 4. Armee als eventuelle Reserve für deren am Abend des 26. 1. beginnenden Durchbruchsversuch nach Westen nicht mehr zur Verfügung.

Der Rückzug auf die Masuren-Stellung, der mit dem Stichwort „Fuchs" ausgelöst werden sollte, war von der 4. Armee in drei Sprüngen vorgesehen. Beim ersten Sprung hatte die 21. ID. lediglich mit Zurückbiegen ihres Nordflügels auf den sogenannten „Tulpen-Riegel" zurückzugehen, um damit sowohl die linke Flanke des noch weit nach Osten vorgestaffelten XXXXI. Pz. Korps zu decken, als auch die Verbindung zum linken Flügel des FschPz. Korps „Hermann Göring" zu gewährleisten. Diese Stellung verlief von der Nordspitze des Goldaper-Sees ungefähr über Quellental — Friedrichsberg — Alt-Dingelau bis an die Angerapp und bedeutete für die Division ein Zurückschwenken ihres Nordflügels um ca. 12 Kilometer, während sie in ihrem rechten Abschnitt nur etwa 6 Kilometer zurückzugehen hatte (vgl. Skizze 67).

Während Hitler sich noch, wie üblich, zunächst weigerte, den Rückzug auf die Masuren-Stellung überhaupt zu genehmigen, gab die 4. Armee, allerdings vorerst nur für den linken Flügel des XXXXI. PzK. (21. ID.) und das FschPz. Korps „Hermann Göring" den Befehl, die Bewegung „Fuchs" in der Nacht vom 20./21. 1. einzuleiten.[87]) Es herrschte Schneetreiben und mäßiger Frost, die Wege waren befahrbar, so daß die Bewegungen der Division vollkommen planmäßig verliefen. Bereitstellungen des Gegners ließen allerdings erkennen, daß er sich bereit machte, den Rückzug durch Fesselungsangriffe möglichst zu behindern. Tatsächlich griff der Feind am 21. 1. den neuen Divisionsabschnitt in seiner ganzen Ausdehnung an, wobei kleinere Einbrüche jedoch in sofortigen Gegenstößen und -angriffen bereinigt wurden. Lediglich ein Kilometer ostwärts Raunen gelang dem Gegner ein Einbruch, um den, allem Anschein nach, auch noch am 22. 1. gekämpft wurde, so daß sich das neuerliche Absetzen der Division, mit unterstellter StGesch. Brig. 259 (ohne 1. u. 3.), bis 20.30 Uhr verzögerte.[89]) Diesmal hatte die Division auf die Angerapp-Stellung ostwärts und südlich der Stadt zurückzugehen, wobei — nur einer von tausend tragischen Augenblicken — Leutnant Toussaint, stellvertr. Adjutant des II./GR. 3, sehen mußte, wie sein südostwärts von Angerapp gelegenes Elternhaus, Domäne

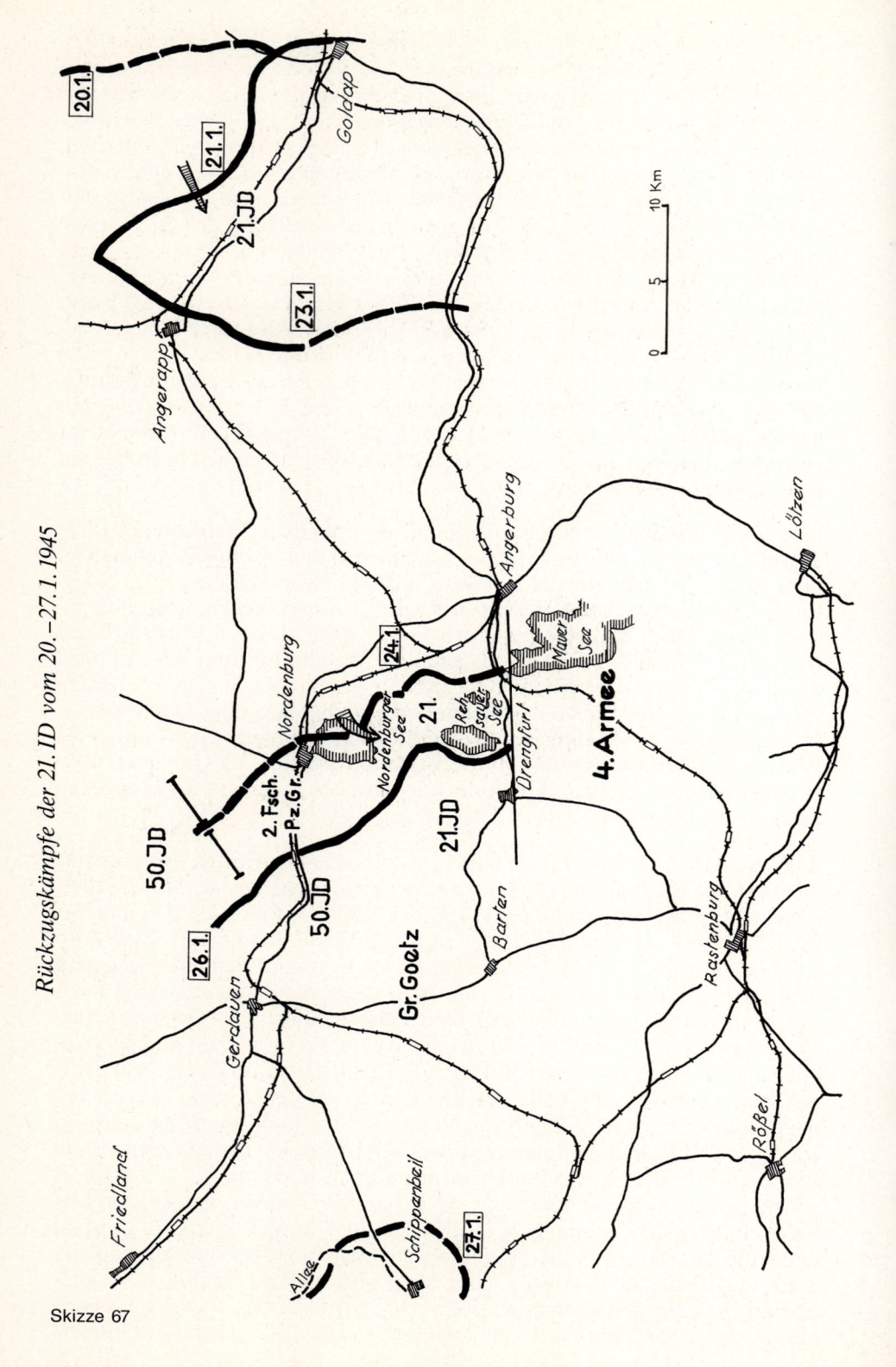

Skizze 67: Rückzugskämpfe der 21. ID vom 20.–27.1.1945

Rößningen, in Feindeshand fiel.[90]) Der dritte Sprung, nun über 30 Kilometer, in der Nacht vom 23./24. 1. und jetzt bereits unter dem Befehl des FschPz. Korps ausgeführt, brachte die Division in eine Stellung knapp vor dem Masuren-Kanal, mit rechtem Flügel an der Nordspitze des Mauer-Sees und nach links bis hinter den Nordenburger-See ausgedehnt. Allem Anschein nach waren dabei rechts GR. 45, Mitte GR. 24 und links GR. 3 eingesetzt.

Ob man sich am rechten Flügel des GR. 45 darüber klar war, daß nur 3 bis 4 Kilometer weiter südlich, in einem Waldstück, jenes Lager „Wolfschanze" lag, von dem aus Hitler bis vor etwas mehr als einem Monat „seinen" Rußlandfeldzug geleitet hatte? Jetzt standen dort die Sprengkommandos bereit, ja hatten vielleicht ihre Arbeit schon getan.

Bereits am Vormittag des 24. 1. tauchten die ersten feindlichen Spähtrupps vor der neuen Stellung auf, und in der folgenden Nacht sickerte der Gegner bei einem links vom II./GR. 3, am Nordenburger-See eingesetzten Volkssturmbataillon durch und griff am Morgen des 25. 1. das II./GR. 3 aus dem Schilfgürtel heraus umfassend an. Erst nach hartem Kampf, der sich vor allem um die weitläufige Gutsanlage von Kl. Guja, einem Besitz des ostpreußischen Heimatschriftstellers und Naturforschers Walter von Sanden, entspann, wurde der Gegner nach zwei Gegenangriffen, unter hohen Verlusten, in das Schilf zurückgeworfen und durch zusammengefaßtes Feuer von sMG und Granatwerfern auch von dort vertrieben. Der Preis, der dafür gezahlt werden mußte, war allerdings hoch: 25 bis 30 Tote und Verwundete beim II./GR. 3, darunter der Führer der 5. und der Chef der 8. Kompanie.[91])

Ungeachtet dieses bescheidenen Erfolges blieb die Lage im Großen natürlich weiterhin höchst kritisch, denn im Abschnitt des FschPz. Korps lag der gegnerische Schwerpunkt nicht am Mauer-See, sondern im Raume Nordenburg – Allenburg und weiter nördlich, wo die Entwicklung einer Krise zusteuerte. Das führte auch dazu, daß die links neben der 21. Division stehende und mit ihr seit 24. 1., 9.00 Uhr zu einer „Gruppe Goetz" (Kdr. 21. ID.) zusammengefaßte 2. FschPz. Gren. Div. „Hermann Göring" herausgezogen und nach Norden verschoben wurde. An ihrer Stelle trat nun die 50. ID. zur „Gruppe Goetz". Infolge dieser Verdünnung der Front kam es am 25. 1. zu Einbrüchen in derselben, wodurch die Verbindung der 4. Armee zur 3. Pz. Armee verloren zu gehen drohte.[92]) Wohl auch aus diesem Grund wurde die Gruppe Goetz und mit ihr die 21. Division in der Nacht vom 25./26. 1. auf die an sich gut ausgebaute Stellung an dem jetzt natürlich zugefrorenen Masuren-Kanal zurückgenommen. Doch auch damit verminderte sich der Druck des Gegners gegen diese Stellung nördlich von Nordenburg in keiner Weise. So sah sich die seit dem 25. 1., 0.00 Uhr in HGr. Nord umgetaufte, bisherige HGr. Mitte veranlaßt, am Nachmittag dieses Tages dem OKH. zu melden: „Nachdem die Front 21., 50. und 61. ID. in der ganzen Breite durchstoßen ist, d. h. also von der Straße Gerdauen – Nordenburg bis über Allenburg hinaus . . . und gleichzeitig vor 10 Minuten der Oberbefehlshaber der 4. Armee gemeldet hat, daß aus der Gegend ostwärts von Gerdauen der Feind nach Süden eindreht, hat der Oberbefehlshaber (der HGr.) um 19.15 Uhr die Genehmigung erteilt, daß die 4. Armee auf die heute morgen von der Heeresgruppe beantragte Linie Bischofsburg — Schippenbeil zurückgeht, weil nur dadurch überhaupt noch ein Flankenstoß in die tiefe Flanke der Armee zu verhindern ist."[93]) Diese Schilderung der Lage traf, zumindest was die 21. Division anging, in dieser Form allerdings kaum zu, zumal die Division mit der Masse ihrer Kräfte gar nicht in dem als durchbrochen gemeldeten Abschnitt gestanden hatte. Im Gegenteil! Bei einem am 26. 1. gegen den Abschnitt GR. 3 (II. Btl.) vorgetragenen feindlichen Vorstoß konnte eine Kompanie eingeschlossen und einschließlich des hochdekorierten Kompanieführers gefangengenommen werden.[94]) Ein für die damaligen Verhältnisse bemerkenswerter Vorgang. Wieso die Heeresgruppe die 21. Division dennoch „in der ganzen Breite" als durchbrochen meldete, ist nicht ganz klar. Mag sein, daß sie durch eine etwas dramatischere Schilderung das widerstrebende OKH. ihren Anträgen zugänglicher machen wollte. War dies beabsichtigt, dann schlug das fehl. Hitler weigerte sich nach wie vor, die Stellung am Masuren-Kanal aufzugeben. Daraufhin befahl die Heeresgruppe am Abend des 26. 1. von sich aus den Rückzug auf die von ihr beantragte Linie.

Jetzt erfolgte eine Reaktion Hitlers umgehend, und zwar in der schon üblichen Weise. Noch am Abend dieses Tages berief er GO. Reinhardt und seinen Chef des Generalstabs ab und beauftragte GO. Rendulic mit der Führung der Heeresgruppe. Und das genau zur selben Stunde, als die 4. Armee zu ihrem Entscheidung suchenden Ausbruchsversuch nach Westen antrat.[95])

Für die 21. Division bedeutete dieser Befehl der Heeresgruppe jedoch die Aufgabe der Stellung am Masuren-Kanal und einen Rückzug von rund 30 Kilometern auf die Heilsberg-Stellung an der Alle, wo sich die Division am 27. 1. früh in einem Brückenkopf um Schippenbeil, der etwa 5 Kilometer tief gewesen sein dürfte, zur Verteidigung einrichtete. Sie stand damit am rechten Flügel des FschPz. Korps „Hermann Göring". Ihr linker Nachbar war die 50. ID. Rechts schloß das LV. AK. mit der Polizei-Kampfgruppe Hannibal an.

Diese Gliederung sollte allerdings nicht lang dauern. Am 29. 1. trat das FschPz. Korps wieder zur 4. Armee zurück, für die an diesem Tag an ihrer Durchbruchsfront nach Westen die Krise eingetreten war. Vielleicht wäre sie zu meistern gewesen. General Hoßbach glaubte jedenfalls daran. Aber am 30. 1. wurde er, wohl wegen Unstimmigkeiten mit dem neuen Oberbefehlshaber der Heeresgruppe, seines Kommandos enthoben, und am folgenden Tag übernahm GdI. Friedrich-Wilhelm Müller den Oberbefehl über die 4. Armee. Das bedeutete zweifellos auch den prinzipiellen Verzicht auf die ursprüngliche Idee Hoßbachs, nämlich Ausbruch nach Westen unter gleichzeitiger Räumung Ostpreußens. Jetzt blieb nur noch der Kampf im Kessel.

Eine der letzten Verfügungen des scheidenden Armee-Oberbefehlshabers war das neuerliche Einschieben des Gen. Kdos. XXXXI. PzK. zwischen das LV. AK und das FschPz. Korps. Am 30. 1., um 4.00 Uhr, übernahm das XXXXI. PzK. den Befehl über die Gruppe Hannibal, die 21. ID. und die 50. ID.

Über das, was sich in diesen Tagen bei der 21. Division selbst ereignete, liegen nur wenige und teilweise auch widersprechende Nachrichten vor. Sicher kam es auch hier zu schweren Kämpfen mit den nachdrängenden Russen (2. GdSD.?). Podzun berichtet: „Die Pi-Züge der Regimenter, bei GR. 3 unter Leutnant Nothelle, bei 24 unter Dobrowolski und bei 45 unter Rudnick, mußten häufig als letzte Reserve die Situation retten".[96]) Dafür sprechen auch die Offiziersverluste, besonders die an Kommandeuren: Hptm. Wittwer (GR. 45), Hptm. Herzberg (GR. 3), Hptm. Gerhard (Füs. 21) wurden verwundet, Mjr. Schulz (GR. 24) fiel. Aber schon über die Dauer der Kämpfe um und in Schippenbeil herrscht keine Klarheit. Während eine sonst sehr verdienstvolle Zusammenstellung des damaligen Oberleutnants im GR. 24, Hans-Ewald Helmich, angibt, daß Mjr. Schulz am 2. 2. bei Döringshof, also rund 3 Kilometer südostwärts Schippenbeil, gefallen sei, und für den folgenden Tag feststellt: „Häuserkämpfe in Schippenbeil", war die Stadt zu diesem Zeitpunkt tatsächlich schon geräumt. Und Podzun dürfte recht haben, wenn er angibt, daß sie fast unzerstört den Russen überlassen wurde.[97]) Der Grund dafür lag wieder einmal außerhalb des Rahmens der Division.

Am 30. 1. hatte nämlich der Gegner handsteichartig Heilsberg genommen und am folgenden Tag, zwischen Heilsberg und Bartenstein, einen Einbruch erzielt, den er am 1. 2. zu einem Durchbruch durch die an der Alle gelegene Heilsberg-Stellung I erweiterte. Am 2. 2. fiel Landsberg in seine Hand, ja der Gegner vermochte über diese Stadt hinaus noch weiter nach Nordosten vorzustoßen. Sein Ziel war klar: Aufspaltung des Kessels der 4. Armee.[98]) Dem gegenüber hatte die Armee bereits am 31. 1. dem XXXXI. PzK. befohlen, ein Grenadierregiment, eine le. Art. Abteilung, eine Pionier-Kompanie und eine Panzerjäger-Kompanie herauszulösen und zur Verfügung der Armee im Raum von Albrechtsdorf bereitzustellen.[99]) Wahrscheinlich handelte es sich hierbei um das verst. GR. 3.

Unter dem Eindruck des sowjetischen Durchbruchs erhielt dann das XXXXI. PzK. am Nachmittag des 1. 2. den Befehl, auf eine etwa 10 Kilometer westlich Schippenbeil verlaufende Linie zurückzugehen und dabei die 21. Division herauszulösen und nördlich Bartenstein für einen Gegenangriff in die Flanke des russischen Durchbruchs bereitzustellen. Ausdrücklich vermerkte die Armee: „Äußerste Beschleunigung beim Abmarsch der Teile 21. ID. in den Bereitstellungsraum ist geboten."[100]) Für die Deckung dieser Bewegung blieb beim XXXXI. PzK. das verst. GR. 24 zurück, dessen letzte Teile demnach Schippenbeil in der Nacht vom 1./2. 2. geräumt haben dürften.

Was sich den zurückmarschierenden Truppen an Bildern des Elends unter der flüchtenden Zivilbevölkerung geboten haben mag, muß in seiner Hoffnungslosigkeit erschütternd gewesen sein. Es gab aber auch andere, geradezu gespenstisch anmutende Szenerien, etwa auf Gut Juditten, nordwestlich von Schippenbeil, der Familie von Kuenheim gehörig und ab 2. 2. in der HKL gelegen. Kurz davor war dort der Hauptverbandsplatz der 21. ID. eingerichtet gewesen, und die dort eingelieferten Verwundeten umfing eine geradezu unwirkliche Welt: während am Rand des Guts-Parks eine feuernde Batterie stand, konnte man die Hofglocke morgens zur Arbeit und mittags zur Pause läuten hören, die Gutsherrin sich um die Verwundeten kümmern sehen,[101]) so als stünde der sichere Untergang nicht unmittelbar vor der Türe. Er kam in wenigen Tagen. Die 21. Division aber rüstete sich, nur wenige Kilometer davon entfernt, zu ihrem letzten größeren Angriffsunternehmen.

4. Schlacht um Heiligenbeil und Balga

Genau genommen blieb der 4. Armee angesichts des sowjetischen Durchbruchs auf Landsberg gar keine andere Wahl, als ähnlich wie seinerzeit bei Gumbinnen und Goldap zu versuchen, die durchgebrochenen Feindverbände durch Flankenangriffe abzuschneiden und dann zu vernichten. Fast wäre dies in den nächsten Tagen auch gelungen. Daß es schließlich doch mißlang, dürfte mehrere Ursachen gehabt haben.

Einmal handelte es sich hier nicht um vorgeprellte Feindteile, sondern zwischen Heilsberg und Bartenstein dürften die zusammengefaßten Kräfte der 31. Armee und Teile der 2. Garde-Armee eingesetzt gewesen sein. Das LV. AK., das die Heilsberg-Stellung beiderseits Bartenstein verteidigte, besaß nur zwei abgekämpfe Divisionen und die „Kampfgruppe Hauser", ein Konglomerat aus Alarm- und Ersatzeinheiten, bei der übrigens auch die le. Art. Ers. und Ausb. Abt. 21 eingesetzt war. Zur vorläufigen Absicherung der bedrohten rechten Korpsflanke wie auch zur Durchführung eines Flankenstoßes gegen den über die Alle vorgedrungenen Feind hatte die 4. Armee, wie schon berichtet, die Masse der 21. Division aus dem Abschnitt Schippenbeil in den Raum Beisleiden — Großmillhof (auf halbem Weg zwischen Bartenstein und Preußisch Eylau) zurückgezogen. Neben der 50. ID. gehörte die Division noch zu den kampfkräftigsten Verbänden des XXXXI. PzK. Sie besaß zu diesem Zeitpunkt noch drei durchschnittlich starke, 4 schwache Bataillone, ein schwaches Felderstzbataillon und ein schwaches Pionier-Bataillon, dazu 17 s. Pak und 1 Sturmgeschütz. Die Artillerie verfügte über 68 Rohre, was auf eine zusätzliche Verstärkung schließen läßt. Dem Kampfwert nach wurden sie mit III (zur Abwehr voll geeignet) beurteilt.[102]) Was ihre Kampfkraft allerdings stark einschränken sollte, war der immer deutlicher auftretende Munitions- und Betriebsstoffmangel. Nach Meldung des XXXXI. PzK. standen der Division für ihre Angriffsaufgaben in den Hauptmunitionsarten lediglich zur Verfügung: 30 % MG, 45 % 8 cm-GrW, 4,1 % 12 cm-GrW, 3,5 % leIG, 5,9 % sIG, 42 % leFH und 2,5 % sFH.[103])

Das war keine günstige Ausgangslage. Dazu kam, daß die Division, wie erinnerlich, zunächst nur über zwei Regimentsgruppen verfügte, und die wurden, da die Zeit drängte, allem Anschein nach auch nicht geschlossen eingesetzt. Als erster Verband wurde das I./GR. 45 vorgeworfen. Es hatte über Tolks auf Neuendorf (an der Straße von Heilsberg nach Landsberg) vorzugehen, um dort, wenn möglich der 292. ID. des XX. AK. die Hand zu reiche. Es kam allerdings nur bis Reddenau, wo das Bataillon einen nach Norden vorgehenden Feind zum Stehen brachte. Inzwischen war die Division mit der Regimentsgruppe GR. 3 ebenfalls über Borken, Tolks auf Reddenau angesetzt worden. Tolks wurde zwar erreicht, aber inzwischen hatte sich der Gegner bis nach Borken vorgearbeitet und griff Tolks wie Spittehnen heftig an, was dazu führte, daß sich die Truppe fast verschoß. Nur dem Einsatz des Stunden später eintreffenden GR. 24 war es zu danken, daß der Feind bei Borken und Spittehnen aufgehalten wurde.[104])

Günstiger verlief der Tag am rechten Flügel der Division, wo am Abend mit Spitzen (der Füsiliere?) die Linie Sisslack — Straßenknick südostwärts davon und Borchertsdorf erreicht wurde. Das GR. 45 hielt Markhausen und Reddenau.[105]) Es hat den Anschein, daß sich in der folgenden Nacht die Division insofern umgruppierte, als die „Front" ostwärts Reddenau durch die 541. VGD. übernommen wurde und das dadurch frei werdende GR. 24 nun westlich Reddenau zum Einsatz kam, um dem geplanten weiteren Vorstoß zusätzliche Kraft zu geben.

Aber auch der Gegner hatte in dieser Nacht offensichtlich seine Maßnahmen getroffen, denn als die Division am Morgen des 3. 2. ihren Vorstoß fortsetzen wollte, stieß sie auf starke gegnerische Bereitstellungen. Außerdem wurde sie in beiden Flanken von heftigen, von Panzern unterstützten Angriffen von etwa zwei Divisionen getroffen, die sie um die Früchte ihres bisherigen Erfolges brachten. Schlimmer noch war, daß ihr linker Nachbar, die 541. VGD., ostwärts Reddenau ebenfalls von etwa zwei Divisionen angegriffen und durchstoßen wurde. Das führte beim LV. AK. zu einer Krise; zumindest klangen die bei der 4. Armee einlaufenden Meldungen besorgniserregend. Das westlich Reddenau fechtende GR. 24 würde von drei sowjetischen Division (88., 220., 438. SD.) angegriffen; ein Gegenangriff des GR. 3 auf Borken habe sich „gegen überstarken Feind" nicht durchsetzen können; die Munitionslage sei äußerst bedenklich. Schließlich funkte die 541. VGD., daß sie sich, zusammen mit der 21. ID., auf die Linie Glomsienen — Bartelsdorf — Pilwen zurückkämpfe.[106]) Es liegt leider keinerlei Hinweis vor, wie es bei der Führung der 21. ID. zu diesem Entschluß gekommen war. Ob da ein Befehl des Korps vorlag? Und ob der Feinddruck wirklich so stark war? Podzun berichtet jedenfalls, daß Albrechtsdorf, ein Brennpunkt späterer Kämpfe, „ohne wesentlichen Grund aufgegeben" wurde.[107])

Für die Armee, die gerade dabei war, auf der Westseite des feindlichen Durchbruchs, beim XX. AK., eine Angriffsgruppe zur Abschnürung desselben zu versammeln, war diese Meldung ein schwerer Schlag. „Es kommt darauf an, die Ausweichbewegung der 21. ID. mit allen Mitteln zu bremsen", gab der Chef des Generalstabs der 4. Armee dem LV. AK. zu verstehen.[108]) Zu diesen Mitteln gehörte freilich auch, daß General Herrlein, der Kommandierende General des LV. AK., der gegen Mittag am Gefechtsstand der 21. ID. in Tappelkeim sich aufhielt, durch den Oberbefehlshaber der Heeresgruppe, GO. Rendulic, seines Postens enthoben und das LV. AK. mit sofortiger Wirkung dem Gen. Kdo. XXXXI. PzK. unterstellt wurde.[109])

Tatsächlich gelang es, die Absetzbewegung anzuhalten. Und nachdem die Division in den Vormittagsstunden des 4. 2. mehrere Feindangriffe im Raum Sand — Albrechtsdorf — Pilwen abgewehrt hatte, trat sie selbst um 13.15 Uhr erneut zum Angriff an. Um 16.00 Uhr meldete die Division dem XXXXI. PzK., daß sie Stettinen, Worglitten und Albrechtsdorf genommen hätte und im Kampf um Gut Grauschienen stehe.[110]) Traf das wirklich zu – und der Kommandierende des XXXXI. PzK., General Weidling, meldete am Abend dieses Tages dem Oberbefehlshaber der 4. Armee tatsächlich: „Regiment 24 zügiger Angriff bis Stettinen – Krausinen (!)"[111]) – , dann bedeutete dies in der Tat einen Angriffserfolg von etwa 10 Kilometern. Nach Podzun wurde auch Kohsten, 2 Kilometer südwestlich Stettinen, im Nahkampf genommen.[112]) Damit schien die Einschließung der bei Landsberg durchgebrochenen Feindgruppe in greifbarer Nähe. Das XXXXI. PzK. plante jedenfalls am 5. 2., um 8.00 Uhr morgens, mit der 21. ID. „rechts tief gestaffelt" in südlicher Richtung anzutreten, von wo ihr das XX. AK. entgegenkommen sollte. Das letztere wollte allerdings, wegen Mangel an Artilleriemunition, noch bei Dunkelheit, um 3.00 Uhr, antreten, und General Müller meinte, es sei erwünscht, wenn „die tapfere 21. auch früher, um 3.00 Uhr antritt." Sogar eine bescheidene Unterstützung durch die eigene Luftwaffe war vorgesehen.[113]) Würde das ausreichen?

Noch am Nachmittag des 4. 2. waren Stettinen und Worglitten gegenüber regimentsstarken feindlichen Angriffen wieder verlorengegangen. Die blutigen Verluste der Division beliefen sich an diesem Tag auf 350 Mann.[114]) Tatsächlich war der Kulminationspunkt auch bereits überschritten. Zwar trat die Division am 5. 2. morgens wie befohlen an, konnte aber keine wesentlichen Fortschritte mehr erzielen. Vielmehr mußte sie sich ihrerseits starker Angriffe erwehren, die vor allem gegen Albrechtsdorf und den Raum ostwärts davon gerichtet waren. Hier griff der Gegner die Südfront der Division und die von Teilen der Kampfgruppe Hauser mit eng zusammengefaßten 6 Schützendivisionen unter starker Artillerie-, Panzer- und Schlachtfliegerunterstützung an.[115]) Staunenswerterweise hielt die Front; ob mit Hilfe von zugeführten Verstärkungen, ist nicht nachweisbar, aber eher wahrscheinlich. Am rechten Divisionsflügel jedoch, der jetzt nicht mehr, wie ursprünglich geplant, nach Süden, sondern offensichtlich nach Westen vorstoßen sollte, mußte zu Mittag der Angriff wegen zu hoher Verluste eingestellt werden.[116]) Die Verluste dieses Tages betrugen – einschließlich einiger Nachmeldungen – 59 Gefallene, 222 Verwundete und 9 Vermißte.[117]) Am Abend stellte der Chef des Generalstabs der Heeresgruppe resigniert fest, daß der Angriff der 21. Division nicht zum Tragen gekommen sei und die Division keine Durchschlagskraft mehr besitze.[118]) War dies ein endgültiges Urteil? Nicht ganz, aber es kam der Wahrheit schon sehr nahe. In der Nacht vom 5./6. 2. eroberte die Division mit letzter Anstrengung, im heftigen Häuserkampf Dixen und etwas später Gut Weskeim. Damit war eine lose Verbindung mit den von Westen über Grauschienen angreifenden eigenen Verbänden hergestellt. Aber nur für Stunden. Dann gingen Dixen und Weskeim durch Feindeinbruch von Süden her und damit die Verbindung wieder und nun endgültig verloren.[119]) Jetzt kam es nur noch darauf an, die Stellung auf der Linie Sand – Albrechtsdorf zu halten, und zwar, wie die Division dem PzKorps meldete, gegen stärkstes Feuer aller Waffen; erstmals zahlreicher Stalinorgeln auf dem Gesamtabschnitt. Trotzdem wurden alle Feindangriffe abgewiesen.[120]) Weiter westlich gelang es dem Gegner jedoch, den Einschließungsring um Landsberg im stärkeren Maße aufzusprengen, so daß die Versuche, ihn in diesem Raum einzukesseln, als gescheitert angesehen werden mußten. Daß dem so war, lag gewiß nicht an dem mangelnden Einsatzwillen der beteiligten Ver-

Einsatzräume der 21. ID bei den Kämpfen um Landsberg
links: Einsatzraum v. 2.–8. 2. 1945
unten: allgemeine Lage am 9. 2. 1945

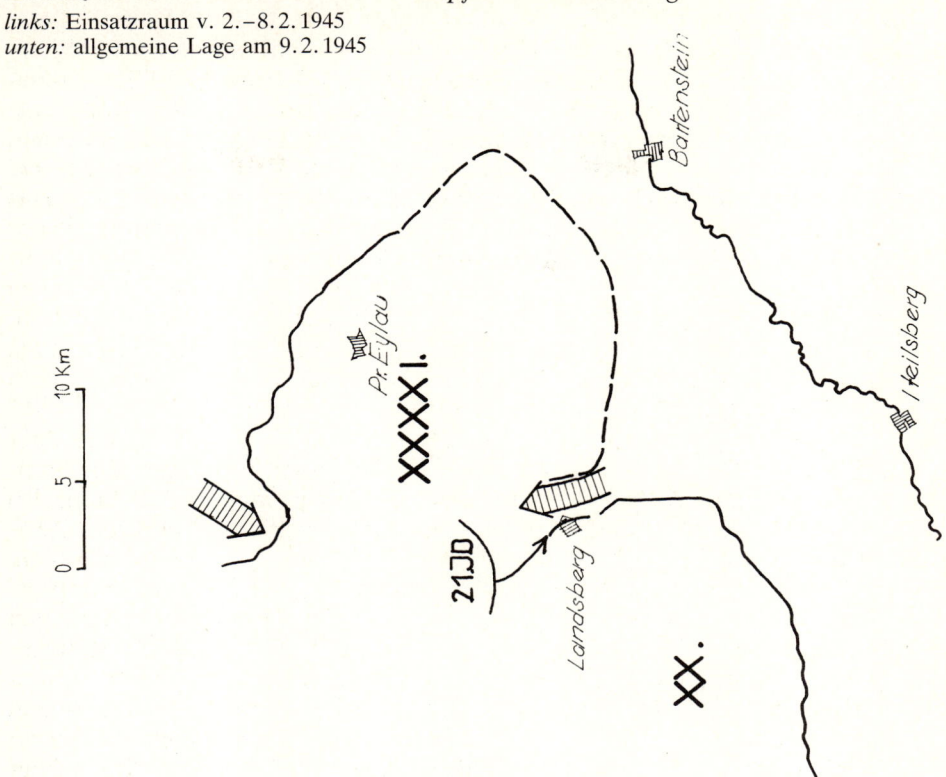

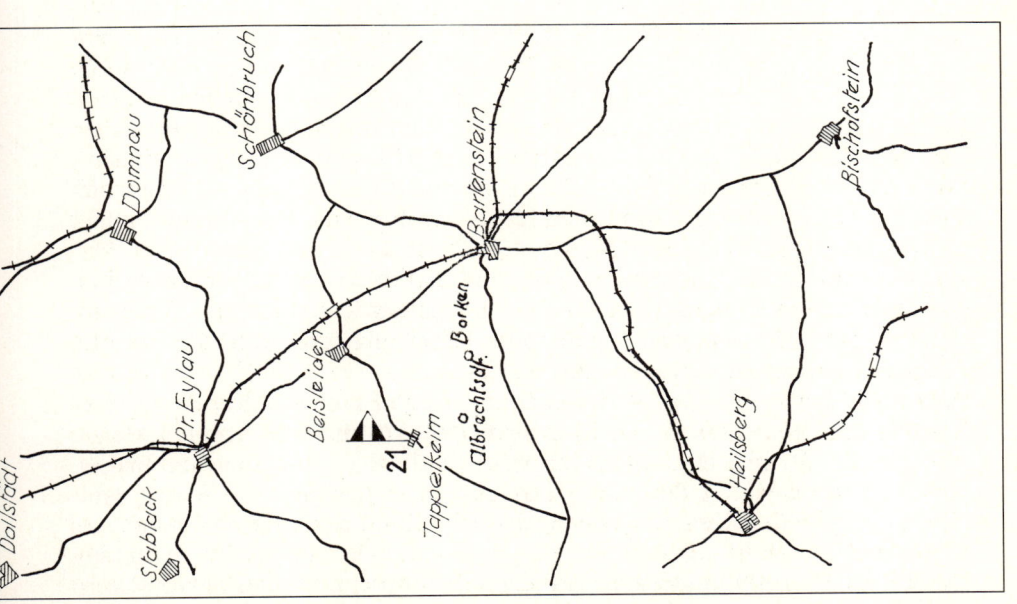

Skizze 68

bände, schon gar nicht an dem der 21. ID., sondern daran, wie es das XXXXI. PzK. am 7. 2. der Armee gemeldet hatte, daß die Kämpfe „aus Betriebstoff- und Munitionsmangel für die schweren Waffen zum größten Teil von der Infanterie getragen werden mußten".[121]) Dem waren die ausgebluteten Bataillone gegenüber dem weit überlegenen Gegner nicht mehr gewachsen. Das Panzerkorps nahm seine Front daher etwas nach Norden zurück und löste die 21. ID. aus ihrem Abschnitt heraus. Die Division sammelte sich in der Nacht vom 8./9. 2., hart nördlich Landsberg, im Raum Wildhof – Eichen, also auf dem Südteil des ihr so vertrauten Truppenübungsplatzes Stablack, als Armeereserve.[122])

An eine Erholung nach diesen schweren Kampftagen war jedoch nicht zu denken. Starke Feindangriffe nordwestlich von Preußisch Eylau und Versuche des Gegners, aus dem Raum Landsberg nach Norden und Nordosten durchzustoßen, zeigten deutlich seine Absicht, das weit nach Osten vorspringende XXXXI. PzK. aus der Front der 4. Armee herauszubrechen. Gerade noch rechtzeitig befahl die Armee für die gleiche Nacht, in der sie die 21. ID. bereitstellte, den Frontvorsprung zu räumen. Bereits am folgenden Tag trat der Gegner „aus dem Raum nördlich Landsberg und im Raum Kreuzburg zum entscheidungsuchenden Durchbruch an".[123]) Offenbar, um eine Ausweitung der Angriffe von Landsberg nach Westen zu verhindern, wurde die 21. ID. noch an diesem Tag in den Raum nordwestlich Landsberg vorgeführt (vgl. Skizze 68). Paustern und der Landsberger Stadtwald waren der Kampfplatz der nächsten Tage, über die leider so gut wie nichts Näheres bekannt ist. Podzun weiß nur zu berichten, daß hierbei GR. 45 rechts, GR. 24 in der Mitte und GR. 3 links eingesetzt waren. An Sturmgeschützen waren nur noch vier vorhanden, die Artillerie dürfte intakt gewesen sein, wenngleich sie weiterhin und zunehmend unter Munitionsmangel litt.[124]) Ab 11. 2. dürfte die Division dem XX. AK. unterstellt und mit der im gleichen Raum schon seit längerem kämpfenden 102. ID. zu einer Gruppe zusammengeschlossen worden sein. Zumindest das GR. 3 wurde an diesem Tag mehrfach angegriffen und hatte starke Ausfälle zu beklagen.[125]) Im wesentlichen wurde die Front aber gehalten.

Dafür setzte am 13. 2. ein weiterer sowjetischer Angriff in Richtung Mehlsack ein, der am 15. 2. zu einem gefährlichen Einbruch mit etwa 4 Divisionen südostwärts dieser Stadt führte. Aufgrund dieser Entwicklung war die Division bereits am 14. 2. aus ihrem bisherigen Einsatzraum wieder herausgelöst und in den Raum Schönborn – Lotterfeld, nordostwärts Mehlsack, versammelt worden. Gleichzeitig wurde die durch die Frontverkürzung bei Preußisch Eylau frei gewordene 61. ID. dem gefährdeten Frontabschnitt zugeführt und rechts von der 21. ID. eingesetzt.[126]) Linker Nachbar könnte die 292. ID. gewesen sein (vgl. Skizze 69).

Am 16. 2. ging Mehlsack verloren, und am gleichen Tag findet sich im Kriegstagebuch des OKW. die Eintragung: „Im Süden Angriffe bei Mehlsack, wo die 21. Inf. Div. wieder angriff."[127]) Es ist dies, soweit man bisher sieht, das letzte Mal, daß die Division „amtlich" erwähnt wird. Von nun an liegen nur noch einzeln, bruchstückartige Mitteilungen und Notizen – weitgehend mit unrichtigen Datierungen – vor, aus denen sich der letzte Kampf der Division mit einiger Mühe ablesen, oder, besser gesagt, erahnen läßt.

Kampfraum der 21. ID vom 14.2.–29.3.1945

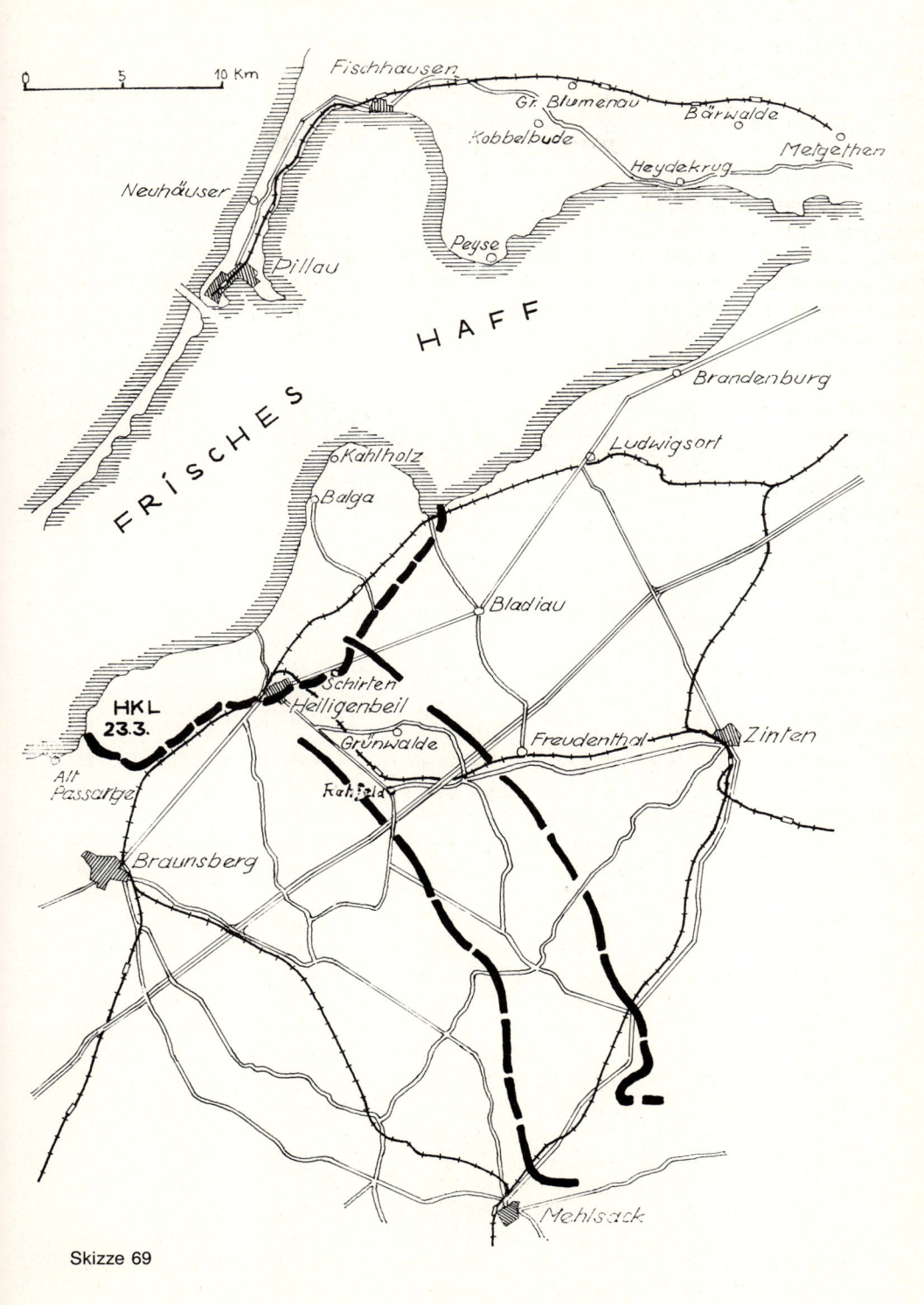

Skizze 69

Podzun, die wichtigste Quelle für die folgenden Tage, berichtet von heftigen Waldgefechten in der Mehlsacker Stadtheide, wo das GR. 45 nach heftigem Nahkampf seinen Gefechtsstand aufgeben mußte. Vielfach ging bei diesen Kämpfen im Walde die Verbindung auch unter den einzelnen Teilen der Division verloren. „Häufig, besonders in der Nacht," so berichtet Podzun, „ist es den einzelnen Gruppen kaum möglich, den eigenen Standpunkt zu ermitteln und die größere Lage zu klären. Die widerspruchsvollen Aussagen der im Walde versteckt sitzenden Zivilisten, die zum Teil mehrfach hintereinander befreit und vom Russen wieder gefangengenommen werden, tragen zu der allgemeinen Verwirrung noch bei. Überall stoßen Einheiten der Division plötzlich auf eingebrochene Feindteile, die zwar in Massen, aber doch auch in gewisser Unsicherheit vorgestoßen sind. Eigene Gegenstöße haben allgemein nur vorübergehenden Erfolg, die einzelnen Kampfgruppen müssen sich allein und meist ohne Funkverbindung herauszuschlagen suchen."[128])

Die in den persönlichen Notizen von Gefechtsteilnehmern auftauchenden Ortsnamen lassen die Verteidigungslinien der Division in diesen Tagen ungefähr erkennen. Offenbar am linken Flügel kämpfte sich das GR. 24 entlang der Straße von Mehlsack nach Zinten, zunächst nach Norden zurück: am 17. 2. bei Bahnhof Wilknitt, am 18. 2 bei Eichholz, dann schwenkte es – wohl auf höheren Befehl – nach Nordwesten ein: am 20. 2. wurde um Kildehnen gekämpft, am folgenden Tag stand das Regiment in der Linie Müngen – Perbanden. – Bei GR. 3, weiter rechts, verlief die HKL am 18. 2. bei Nallaben, das tags darauf in russische Hand fiel. Am 20. 2. mußte der Stab GR. 3 seinen Gefechtsstand bei Wohlau durch die Fenster verlassen, da die Russen die Eingänge bereits besetzt hatten. Es ist nicht ausgeschlossen, daß am rechten Flügel der Division eine Vermischung, wenn nicht Zusammenfassung mit Kräften der 61. ID. stattfand.[129])

So ging es von Riegel zu Riegel, ohne daß jedoch der Zusammenhang verloren wurde. Immer wieder rafften sich Teile der Division sogar zu Gegenangriffen auf. Am 22. 2. ging im Abschnitt GR. 24 Perbanden verloren. Das brennende Gut Schöneberg wurde dafür zurückgewonnen, aber bereits am nächsten Tag wieder verloren. Auch von Nachtangriffen eines „Regiments Mende" ist einmal die Rede. Es könnte sich dabei um das der Division zugeführte Sturmregiment der 4. Armee gehandelt haben. Eine wesentliche Erleichterung vermochte es jedoch nicht zu schaffen. Podzun hat den „Alltag" dieser Rückzugskämpfe vom 19. bis etwa zum 24. 2., während derer trotz drückender Übermacht des Gegners und eines geradezu würgenden Munitionsmangels die Front nicht viel mehr als 7 Kilometer zurückgenommen wurde, in nüchternen Worten geschildert: „Am Morgen Artillerie- und besonders Granatwerferfeuer auf die vordere dünne Linie, die nachts in aller Eile von den wenigen verbliebenen Offizieren und Unteroffizieren mit den Überlebenden des Vortages gebildet wurde. Die Ersatzmannschaften, die in der Nacht zugeführt werden, bedeuten meist nur eine zahlenmäßige Verstärkung, da sie auf die Anforderungen ihres neuen, infanteristischen Einsatzes in der Mehrzahl gar nicht vorbereitet sind und bereits am Morgen einer bisher völlig ungewohnten Situation gegenüberstehen müssen. Gegen Mittag, wenn sich die Geschütze der Panzerjägerabteilung und der 14. Kompanien verschossen haben oder ausgefallen sind, brechen die ersten russischen Panzer durch, von denen die Stalin-Panzer nur schwer ernsthaft zu treffen sind. Die noch einsatzfähigen Sturmgeschütze werden an die Brennpunkte geworfen, doch am Nachmittag ist meist von einer durchgehenden Front nicht mehr die Rede. Die Träger des Kampfes sind dann die Gefechtsstände und einzelne Stützpunkte, in denen vorgeschobene Beobachter der Artillerie ausharren."[130])

Dieses Geschehen aus der Sicht eines damaligen Batteriechefs, genauer des Chefs der 1./AR. 21, speziell während der Kämpfe am 23. und 24. 2. bei Gr. Hasselberg und Gottesgnade, hat viele Jahre nach dem Krieg Werner Möllenkamp dichterisch frei, aber atmosphärisch ungemein dicht und dadurch wesentlich plastischer, als es der Historiker darzustellen vermöchte, geschildert.[131]) Auch ihm und seinen Männern stellte sich, wie vielen anderen auch, die Frage: war das noch sinnvoll, was hier von der Truppe gefordert wurde?

Am 21. 2. erzielte der Gegner, südlich des Autobahn-Übergangs über die Passarge, bei Schalmey einen tiefen Einbruch, der die 4. Armee zwang, auf die Linie Raum südostwärts Zinten – Raum südlich von Lichtenfeld – Raum südlich Hohenfürst – Raum südlich Braunsberg auszuweichen,[132]) um den Zusammenhang der Front einigermaßen wahren zu können. Der 21. ID und ihren beiderseitigen Nachbarn war dies bisher in der Tat auch gelungen. Aber aus ihrem neuen Einsatzraum waren es bis Heiligenbeil nur noch rund 20 Kilometer. Sehr viel Spielraum bestand da nicht mehr, und das Frühjahr war deutlich im Kommen. Am Frischen Haff begann das Eis zu schmelzen, so daß der Verkehr über dasselbe Ende Februar wahrscheinlich würde eingestellt werden müssen. Dann hatte die Armee hinter sich nur noch das Wasser. Glücklicherweise war die Evakuierung der Zivilbevölkerung aus ihrem Bereich im großen und ganzen abgeschlossen. Um so mehr stellte sich von da ab naturgemäß erneut die Frage nach dem Kampfauftrag der 4. Armee. Als GO. Rendulic dementsprechend auf dem Funkweg bei Hitler anfragte, „ob der angegebene Zweck des Haltens von Ostpreußen noch in Kraft sei", erhielt er keine Antwort.[133])

Die Truppe wußte dies zwar nicht, aber das Gefühl, auf verlorenem Posten zu stehen, sinnlos „verheizt" zu werden, breitete sich trotzdem allmählich aus. Und doch hofften viele noch immer auf ein Wunder, klammerten sich an Gerüchte wie an Strohhalme, auch wenn die Vernunft keinen Ausweg mehr zeigte. Und siehe da: nach schweren Kämpfen bei Lütkenfürst, wo bei immer wieder geführten Gegenangriffen Hptm. Ecker, der Kommandeur des I./GR. 3, verwundet wurde, kam die Front in einer verhältnismäßig günstigen Stellung im Raum südlich Rödersdorf – Hanswalde zum Stehen. Und nicht nur hier. Vor der gesamten Südfront der 4. Armee trat etwa um den 1. März eine Kampfpause ein. War der Gegner erschöpft? Wie oft schon hatte man sich diesem irrigen Glauben hingegeben? Nein, die Sowjets nahmen sich bloß die Zeit, um weitere Kräfte nachzuschieben und sodann mit noch größerem Materialeinsatz und dafür geringeren blutigen Verlusten die 4. Armee endgültig vernichten zu können.

Auch bei der 21. Division traf man Vorbereitungen zu diesem letzten Gefecht, wenn auch in der völlig entgegengesetzten Richtung. Da Munition und schwere Waffen nicht mehr nachgeschoben werden konnten, wurde personell „aufgefüllt", mit Versprengten, Drückebergern und aufgegriffenen Angehörigen irgendwelcher rückwärtiger Dienste. Im Grunde war das reines „Kanonenfutter". Die alten erfahrenen Infanteristen waren damit nicht mehr zu ersetzen, die bisherigen Offiziersverluste waren schwer gewesen, die Division praktisch schon jetzt ausgebrannt. Aber unverdrossen arbeitete das Personalwesen weiter, wurden von den noch vorhandenen, bewährten Kommandeuren einige – vielleicht zu ihrem Glück – abkommandiert. Am 1. 3. verabschiedeten sich Hptm. Hildebrandt und Mjr. Glogner. An Stelle Glogners übernahm Hptm. Besch das Pionierbataillon. Am 9. 3. – noch immer herrschte Ruhe – mußte auch das AR. 21 seinen geliebten und bewährten Kommandeur, Oberst Henger, ziehen lassen. Er sollte an Stelle von Oberst Kauffeld, beim Festungskommandanten von Königsberg, bei GdI. Lasch, dem letzten Friedenskommandeur des III./IR. 3, Artillerieführer werden.[134] Den Befehl über das AR. 21 übernahm nun Obstlt. von Selle. Derselbe war schon Ende Januar zum Regiment gekommen und hatte seitdem die III./AR. 21 geführt, deren langjähriger Kommandeur, Mjr. Wendig, nun die I./AR. 21 befehligte. Und in zwei bis drei Wochen, so um den 20. 3. herum, verließ dann auch General Goetz, der am 5. 3. das Eichenlaub zum Ritterkreuz erhielt, die Division, um die bei Rosslau in Aufstellung begriffene Division 35. Welle „Scharnhorst" zu übernehmen. Aber zu diesem Zeitpunkt war bei der 21. Division ohnehin nicht mehr viel zu führen, denn am 13. 3. trat die 3. Weißrussische Front zum Generalsturm an. Sie wurde jetzt vom Marschall der Sowjetunion A. M. Wassilewski geführt, nachdem der bisherige Frontoberbefehlshaber, Armeegeneral I. D. Tscherjachowski, am 18. 2. bei Mehlsack tödlich verwundet worden war.[135]

Um 8.30 Uhr setzte im Abschnitt der Division, wie auch bei deren Nachbarn, ein zwanzig Minuten andauerndes Trommelfeuer ein, das die Sowjets mit einer raffinierten Lautsprecherpropaganda „untermalten". Doch weder das eine noch das andere erzielte aufs erste den gewünschten Erfolg. Die angreifenden Russen wurden mit Feuer empfangen. „In der Höhe der Bataillonsgefechtsstände versteift sich die Abwehr. Von den Höhen im Hintergelände bei Hanswalde feuern die letzten Pak-Geschütze, die V.B.s der Artillerie fordern die begrenzten Rationen an und nützen jeden einzelnen Schuß auf höchstmögliche Weise aus".[136] Und die feindliche Infanterie war gegen Feuer relativ empfindlich. Verständlich; den sicheren Erfolg vor Augen, wünschte sie nicht unnötige Verluste zu erleiden. Ihre erdrückende Materialüberlegenheit vermochte ihr den Weg auch ohne besondere Blutopfer zu bahnen, zumal das klare Frühlingswetter ihrer Luftwaffe den vollen Einsatz gestattete. Es ging eben nur etwas langsamer, was bei Hitler in der fernen Reichskanzlei möglicherweise die Illusion erzeugt haben mochte, daß ein Widerstand noch immer möglich sei. So ganz dürfte er freilich auch nicht mehr daran geglaubt haben, denn sonst wäre es eigentlich nicht ganz verständlich, daß er bereits am 12. 3. seinen „Spezialisten" für Krisenlagen, GO. Rendulic, aus Ostpreußen abberufen und zum Oberbefehlshaber der Heeresgruppe Kurland ernannt und an seiner Stelle den bisherigen Oberbefehlshaber der 2. Armee, GO. Weiß, mit der Führung der Heeresgruppe Nord betraut hatte.[137]

Bis zum 14. 3. wurde die Division auf die Höhe von Herzogswalde zurückgedrängt. Etwa um den 16. 3. kämpfte das GR. 24, oder besser gesagt dessen Reste, bei Deutsch-Thiernau, und dann ging es über die Autobahn nach Nordwesten zurück. In der Linie Waltersdorf – Rehfeld – Grunwalde stellten sich die Divisionskampfgruppen des XX. AK. erneut dem nachdrängenden Feind, wobei die Kampfgruppe 21. ID. Rehfeld zu verteidigen hatte. Ostwärts der Straße nach Heiligenbeil lagen die Reste der beiden Bataillone des GR. 45 unter Hptm. Wittwer (I.) und Oberleutnant Kappis (II.). Den Westteil der Ortschaft verteidigten die Trümmer des GR. 3, das jetzt von Mjr. Beuttel geführt wurde, was darauf schließen läßt, daß General Goetz die Divisionsführung bereits an Oberst Hilgendorff abgegeben hatte.[138] Den Batterien des AR. 21 fiel, in Ermangelung der nötigen Munition für eine normale artilleristische Kampfführung, hauptsächlich die Aufgabe zu, die Panzerabwehr im direkten Richten zu verstärken. Es war der Befehl gegeben worden, die Stellung bis zum letzten Schuß und bis zum letzten Mann zu verteidigen. Daher wurden, als die Batterien in Stellung gingen, da und dort die sechsspännigen Protzen und die vierspännigen Munitionswagen in der Gewißheit zurückgeschickt, daß nie wieder aufgeprotzt werden würde. „Das Verhalten der Soldaten angesichts des sich abzeichnenden Endes war bewunderungswürdig", urteilt der damalige Chef der 1./AR. 21, Hptm. Möllenkamp.[139] Tatsächlich kämpften, allem Anschein nach, viele Batterien bis zur Vernichtung, so daß die Masse der noch vorhandenen Geschütze des AR. 21 hier endgültig verlorenging. Die überlebenden Artilleristen wurden in die Infanterie eingereiht (Skizze 69).

Der Kampf um Rehfeld wird in den Berichten verschieden datiert, dürfte aber ziemlich sicher am 18. 3. ausgefochten worden sein.[140] In Marschkolonnen rückten russische Infanterieeinheiten bei klarem Sonnenschein von Südwesten gegen das Dorf vor. Von Süden rollten einige Panzer heran. Am Nachmittag gingen die ersten Teile des Ortes nach Häuserkampf verloren. Am Abend vernichtete Hptm. Schwanitz, Kommandeur II./GR. 3, im rechten Abschnitt einen Panzer im Nahkampf. Aber der Einbruch des Gegners war nicht mehr aufzuhalten. Nach Einbruch der Dunkelheit mußte Rehfeld aufgegeben werden. Lt. Rudnik sicherte mit einigen wenigen Männern das Ausweichen. Wohin? Viele Möglichkeiten gab es nicht mehr. Im Abschnitt der 21. Division stand der Gegner nur noch 8 Kilometer von der Küste bei Rosenberg entfernt. Es konnte also eigentlich nur noch darum gehen, unter Deckung durch die noch einigermaßen kampffähigen Teile, die Masse der funktionslos gewordenen 4. Armee so weit es ging, wenn auch unter Verlust des gesamten Materials abzutransportieren. In der Tat hatte an dem Tag, als um Rehfeld und die anderen Orte in der HKL der 4. Armee gerungen wurde, der Chef des Generalstabs des Heeres sich erneut bei Hitler dafür eingesetzt, den Abtransport der 4. Armee über das Haff zu genehmigen. Der Mann im Bunker der Reichskanzlei aber, dem bereits jegliche Kenntnis der wahren Verhältnisse abhandengekommen war, befahl den Brückenkopf „bis zum äußersten" zu halten.[141] Etwa zwei Kilometer vor Heiligenbeil, bei Thomsdorf, wurde erneut ein Riegel aufgebaut. Hier wurde durch einen Volltreffer auf seinem Gefechtsstand am 20. 3. Mjr. Wendig, der letzte Angehörige des Friedensoffizierskorps des AR. 21, der sich noch beim Regiment befand, so schwer verwundet, daß er etwa 14 Tage später daran starb.¹⁴²) Schwer zu leiden hatte hier auch das Pionierbataillon der Division, während die Füsiliere wohl schon jetzt der 61. ID. unterstellt waren und sich in den folgenden Tagen, beim Kampf um Heiligenbeil, besonders auszeichneten.¹⁴³) Dafür erhielt die 21. ID. das GR. 912 der 349. VGD. als Verstärkung zugeführt. Dies vermochte zwar an der Lage kaum etwas zu ändern, zumal der Regimentskommandeur sofort ausfiel,¹⁴⁴) jedoch sollte – vielleicht deswegen – die 349. VGD. für die 21. ID. in den allerletzten Kriegstagen noch eine gewisse Rolle spielen.

Kilometer um Kilometer, fast schrittweise, wurden in den nächsten Tagen die Reste der 21. Division, zusammen mit ihren Nachbarn zurückgedrängt. Merkwürdigerweise gab es im Großen – und das nicht nur auf der geduldigen Lagekarte – noch immer so etwas wie eine „Front", wenngleich auch da und dort die Verbindung zwischen den Stützpunkten (mehr war es ja nicht) verlorenging und der Gegner – wie er dies schon immer getan hatte – durch zahlreiche Lücken „einsickerte". Artilleristisch beherrschte er jetzt bereits den gesamten Brückenkopf in seiner vollen Tiefe, um von seiner Luftwaffe einmal abzusehen. Der Feind wäre also durchaus in der Lage gewesen, schon jetzt durch einen wuchtigen Stoß die deutsche Front an jeder beliebigen Stelle aufzubrechen und die Küste zu erreichen. Aber warum unnötige Verluste riskieren? Man hatte ja Zeit, ja konnte die Zeit für sich arbeiten lassen. Dazu genügte es, den Kessel ständig unter Druck zu halten und seine Auflösung dem Chaos zu überlassen, das ja hinter dem dünnen deutschen Abwehrschleier in zunehmender Weise um sich griff. In dichten Reihen lagen am Strand hilflose Verwundete im pausenlosen Hagel der Granaten und Fliegerbomben. Ihr Abtransport hatte absoluten Vorrang. Aber immer mehr suchten verzweifelte Menschen aus diesem Inferno zu entkommen und mit den abenteuerlichsten Übersetzmitteln auf die Nehrung zu gelangen. Der Trieb zur Selbsterhaltung löste die Bande der Disziplin. Der immer wieder in den Berichten auftauchende Vergleich mit „Dünkirchen" ist fehl am Platz. Das Dünkirchen von 1940 dürfte ein „Urlauberstrand" gewesen sein gegenüber dem, was sich etwa zwischen Rosenberg und Deutsch-Bahnau in diesen Tagen abspielte. Der fronterfahrene Soldat wußte daher auch, daß er an der sich immer mehr verzahnenden Front, bei seiner Truppe, noch am besten Einfluß auf das Geschehen nehmen konnte. Auch die einst von Stäben und Versorgungstruppen in der Jarf-Schlucht ostwärts Heiligenbeil angelegten Bunker bildeten für die sich zurückkämpfenden Reste der 21. ID. bessere Deckungsmöglichkeiten als der offene Strand des Haffs.

Am 22. 3. war aber auch das vorüber, denn nun verlief die HKL über das ebenfalls deckungslose Rollfeld des Flugplatzes von Heiligenbeil, von dem aus bis vor wenigen Tagen noch Tausende von Verwundeten ausgeflogen worden waren. Eine einsame Ju 52, die dort noch stand, gab Zeugnis davon. Am Südostrand des Flugfeldes versuchten sich die höchstens noch kompaniestarken Bataillone des GR. 45 einzugraben. Das I. wurde jetzt, nach einer neuerlichen Verwundung von Hptm. Wittwer, durch Oblt. Schulte, bisher Chef der bei Rehfeld zerschlagenen 2./AR. 21, geführt, das II. von Oblt. Kappis. Der Regimentsgefechtsstand (Obstl. v. Reuter) lag im Flughafen-Kommandogebäude, rechts und links davon, in großen Munitions- oder Heizungsbunkern, die Gefechtsstände des GR. 3 (Mjr. Beuttel) und GR. 24 (Obstlt. v. Kalm). In einem Bahnwärterhäuschen am Südwestrand des Flugplatzes hatte sich der Stab AR. 21 eingerichtet. Dahinter, etwa bei Steindorf standen die eine oder andere Batterie, die durch übrig gebliebene Geschütze anderer, aufgelöster Batterien aufgefüllt worden war.[145] Munition gab es so gut wie keine mehr, daher „Feuer frei" höchstens noch gegen anrollende Panzer.

„Ununterbrochen greifen Schlachtflieger die Schützenlöcher und MG-Stände an, die auf dem völlig freien Feld nicht zu tarnen sind ... Hochbomber, amerikanischen Typs, werfen aus dem sonnigen, blauen Himmel ihre Bombenteppiche auf die Feuerstellungen und Versorgungswege."[146] Das Ende war absehbar. Nun mehrten sich auch die Fälle, „daß sich kleinere Gruppen, um ihre Verwundeten geschart, vor körperlicher Erschöpfung und unter dem Eindruck der vorzüglich geleiteten Feindpropaganda den Russen ergeben".[147] Aber noch immer hoffen andere, unter der Führung entschlossener Offiziere, sich zum Stand durchkämpfen zu können und dort abtransportiert zu werden. Tatsächlich begann nun das Korps – „Führerbefehl" hin, „Führerbefehl" her, was ging einen der Mann im Grunde noch an? – zögernd und unkoordiniert erste Maßnahmen zu treffen. Bei Rosenberg wurden die Reste des Pionierbataillons 21 zum Bau von Landungsstegen eingesetzt, die bei dem flachen Haffwasser das Anlegen von Booten ermöglichen sollten. Das nahe Rosenberg war ja auch für die wohl nur noch bataillonsstarke Kampfgruppe der 21. ID. der gegebene Einschiffungsort. Obstlt. v. Selle wurde als Verladeoffizier für die Division bestimmt. Aber zu einer geschlossenen Verschiffung derselben sollte es nicht mehr kommen.

Am 23. 3. war der Gegner bei der Kampfgruppe 61. ID. tief nach Heiligenbeil eingedrungen, nachdem er die Stadt mit Phosphorbomben in Brand geworfen hatte; am folgenden Tag war Heiligenbeil ganz in seinem Besitz.[148] Gleichzeitig wurde das II./GR. 45, trotz Einsatzes des I./GR. 912 (Hptm. Zwing) durch russische Panzer überrollt und auf die Gebäude am Rande des Flugplatzes zurückgeworfen. Die Führer von GR. 3 und GR. 24, Mjr. Beuttel und Obstlt. v. Kalm, fielen bei Fliegerangriffen, außerdem Oblt. Schulte (Führer I./GR. 45), der an einem Offizierspähtrupp teilgenommen hatte, der vom Gefechtsstand GR. 45 ausgesandt worden war, um die Lage zu klären. Der Spähtrupp vermochte jedoch nicht mehr festzustellen, wo sich Freund und Feind befanden. Die Verbindungen waren völlig abgerissen. Spät abends, der Himmel war von Bränden erleuchtet, räumten die letzten 45er ihre Stellung in den Kellern des Flughafengebäudes und zogen sich nach Steindorf, westlich der Bahnlinie Heiligenbeil, Königsberg zurück.

Der Verlauf der nächsten Tage läßt sich nur noch an Hand einiger außerhalb der Division gelegener Fixpunkte rekonstruieren, da die wenigen von Angehörigen der 21. Division vorliegenden Berichten mehr oder minder nur zufällige und, mangels Kenntnis der größeren Zusammenhänge, auch nicht zusammenpassende „Momentaufnahmen" ergeben. Das ausgebrochene Chaos bewirkte außerdem einen Verlust des Zeitbegriffs, was rückblickend dann zu offensichtlich falschen Datierungen führte.[149]) Dennoch sei der Versuch unternommen, den schweren Weg bis zum Ende zu gehen.

Der Morgen des 25. 3. „zieht mit ungewöhnlich dichtem Nebel herauf, die Orientierung ist anfangs so gut wie unmöglich. Auch der Gegner ist stark behindert, durch laute Kommandos muß er seine Gruppen zusammenhalten. Die russischen Laute sind schon bald an verschiedenen Stellen hinter den alten Linien zu hören".[150]) Damit dürfte ziemlich klar sein, daß der Gegner im „Abschnitt" der praktisch nicht mehr existierenden 21. Division durchgebrochen war und im Begriff stand, den Brückenkopf aufzuspalten. An der Haffküste im Raume Rosenberg – Bahrnau brach daraufhin unter den dort zusammengeströmten Massen eine Panik aus.[151]) Die Kampfgruppe 61. ID, dabei wohl auch Füsiliere der 21. Division, aber auch Teile von dieser selbst, wie der Rgt. Stab und Teile AR. 21, möglicherweise auch Pioniere und überhaupt alles, was weiter westlich stand, etwa Reste 28. JgDiv. und 349. VGD., waren, als der Gegner am Nachmittag tatsächlich die Haffküste erreichte, in einem winzigen Kessel eingeschlossen. Da faßte der Kommandeur der 61. ID., Glt. Sperl, die Reste seiner Division und sonstige sich anschließende Teile zusammen und erzwang in den Morgenstunden des 26. 3., entlang der Küste vorstoßend, den Durchbruch nach Nordosten und damit die Wiedervereinigung mit dem nördlichen Teil des Brückenkopfes.[152]) Denjenigen, die sich diesem Ausbruch nicht anschließen konnten und daher bei Rosenberg zurückblieben, gelang es am 27. 3. noch einmal durch einen Gegenangriff nach Süden eine wichtige Höhenstellung zurückzugewinnen, woran sich möglicherweise auch Männer der 6./AR. 21 unter Oblt. Behnke beteiligt haben. Dann erging der Befehl zum Absetzen mit Flößen, die sich rückwärtige Dienste vorsichtshalber früher gebaut hatten.[153])

Unterdessen zogen sich die im Nordteil des Kessels befindlichen Divisionstrümmer in Richtung Follendorf zurück, von wo sie wahrscheinlich in der Nacht vom 26./27. 3. auf die Frische Nehrung hätten überführt werden sollen, denn Hitler hatte am 25. 3. endlich die Räumung des Brückenkopfes genehmigt, so daß nun alle vorhandenen Mittel dafür hätten eingesetzt werden können. – Die Organisation war aber noch in keiner Weise eingespielt, so daß an den Seestegen von Follendorf zunächst ein „unvorstellbares Chaos" herrschte und kein Schiff anlegte.[154]) Als am Morgen des 27. 3. dann doch mit der Einschiffung begonnen wurde, zwangen Fliegerangriffe zum vorzeitigen Ablegen der Transportfahrzeuge, so daß Teile der Division, dabei auch der Divisionsführer, Oberst Hilgendorff, zu deren namenloser Enttäuschung zurückbleiben mußten. Am bewaldeten Steilhang am Haffufer gelang es, vielleicht im Anschluß an die Reste der 61. ID., zusammen mit anderen Einheiten südlich Balga einen neuen Riegel aufzubauen, der sich des vorfühlenden Gegners zwar erwehren, aber schließlich doch auf eine neue Stellung etwa 1 Kilometer südlich Balga zurückgehen mußte.

In der Nacht vom 27./28. 3. fand noch einmal, südlich Balga, eine größere Überschiffungsaktion statt. Reste des XX. AK, der 61. und 170. ID. und sehr wahrscheinlich auch weitere Angehörige der 21. ID., darunter die Divisionsführung, wurden auf die Frische Nehrung übergesetzt.[155]) Offenbar vorher schon waren Teile der Pz. Gren. Div. „Großdeutschland" bei Balga verladen worden.[156]) Letztere hatte bisher den ostwärtigen Zugang zur Halbinsel Balga verteidigt und zog sich mit letzten Teilen am 28. 3. auf Kahlholz zurück. „Inzwischen", so berichtet die Geschichte des Panzerkorps „Großdeutschland", „verteidigten sich in Balga, das völlig von Verwundeten geräumt ist, Teile einer fremden Infanterie-Division".[157]) Das ist ein bemerkenswerter Satz. Denn einmal stimmte es leider nicht, daß Balga völlig von Verwundeten geräumt gewesen sei. Rund 80 deutsche Schwerverwundete lagen in den Kellern der alten Deutsch-Ordensritter-Burg Balga, für die sich während der Einschiffungen entweder niemand zuständig fühlte oder die — wie dies unter den herrschenden Umständen wahrscheinlicher ist — einfach „übersehen" worden waren. Und „übersehen" hatte man wohl auch eine Gruppe von 21ern, verstärkt durch einige Versprengte, die in der vergangenen Nacht keinen Befehl zum Absetzen auf eine Einschiffungsstelle erhalten hatten und unter Führung von Oblt. Kappis daher weiterhin am Feind geblieben waren.

Kappis und seine Männer waren einerseits überzeugt, die letzten deutschen Soldaten auf der Halbinsel Balga zu sein, andererseits gaben sie jedoch die Hoffnung nicht auf, doch noch irgendwie „abgeholt" zu werden. Um nicht im freien Feld überrannt zu werden, schlugen sie sich an bereits durchgesickerten Russen vorbei bis zur Burgruine durch, verschanzten sich dort und lehnten auch eine an sie gerichtete Aufforderung zur Kapitulation ab. Angeblich soll die Heeresgruppe über Funk ihre Abholung versprochen haben, doch steht dies nicht im Einklang mit einem anderen Funkspruch, den die Heeresgruppe am 28. 3. um 14.00 Uhr an die Pz. Gren. Div. „Großdeutschland" abgesetzt hatte und der lautete: „Alles, was auf der Halbinsel Kahlholz an Einheiten ist, wird hiermit sofort GD unterstellt. — Die Halbinsel ist zu halten! . . ." Der Ausdruck „Halbinsel Kahlholz" enthob wohl das Kommando der Pz. Gren. Division, sich um die „Teile einer fremden Division" bei Balga zu kümmern, zumal der Divisionskommandeur zurückfunkte, Kahlholz längstens noch bis zum 29. 3., 5.00 Uhr halten zu können.[158]) Zu ihrem Glück bemerkten jedoch die Verteidiger von Balga das Aufsteigen weißer Leuchtkugeln aus Richtung Kahlholz und eine von Kappis in der Nacht vom 28./29. 3. vorgetriebene Erkundung führte, nach Vernichtung einiger russischer Postierungen, tatsächlich zu einer Verbindungaufnahme mit den letzten Nachhuten der Pz. Gren. Division, die sich eben zur Einschiffung fertig machten. Sie waren bereit, die Verteidiger von Balga mitzunehmen, die sich daraufhin gruppenweise, unter Mitnahme der Leichtverwundeten, nach Kahlholz durchschlugen. Die Schwerverwundeten mußten leider zurückgelassen werden, wobei opferwilliges Sanitätspersonal bei ihnen ausharrte. Im dichten Morgennebel, der die Sicht der sowjetischen Artillerie behinderte, paddelten dann etwa 60 Mann mit Schlauchbooten, die die Panzergrenadiere ihnen überlassen hatten, auf das Haff hinaus, wo Landungsboote durch Autohupen den Booten den Weg wiesen und sie schließlich aufnahmen. In Pillau wurde festgemacht, und damit war die Odyssee dieser Gruppe, wenigstens vorläufig, zu Ende.[159]) Oblt. Kappis erhielt, nicht zuletzt für dieses Ausharren, noch am 28. 4. 1945 das Eichenlaub zum Ritterkreuz verliehen.

5. Schlacht um Königsberg-Fischhausen, Abwehrkämpfe in Pillau und auf der Frischen Nehrung, Kriegsende

Das Ende der 21. Division ist relativ schnell erzählt und gehörte dennoch zum Bittersten, was die Angehörigen dieses Verbandes noch erleben mußten.

Kaum waren sie der Hölle an der Haffküste entkommen, wobei wohl nicht wenige auf einen weiteren Abtransport nach Westen gehofft hatten, so wurden sie in das Samland verlegt und in einem Auffanglager bei Tenkitten, westlich von Fischhausen, gesammelt. Erstaunlich schnell wuchs die Zahl derjenigen, die sich aufgrund von angebrachten Hinweisschildern oder über Meldeköpfe dorthin durchfragten.[160] Sie wollten doch lieber, wenn es nun wirklich zu einem letzten Einsatz kommen sollte, diesen bei ihrer alten Division als bei irgendeiner Alarmeinheit erleben, wo keiner den anderen kannte. Aber so sehr viel anders dürfte es bei dem, was ab jetzt als 21. Infanterie-Division bezeichnet wurde, auch nicht gewesen sein. Am 3. April waren die Reste der alten 21. ID. auf die nahe gelegene Halbinsel Peyse (vgl. Skizze 69) verlegt worden, wo in den Bunker- und Barackenanlagen des dortigen Sperrwaffenarsenals die Neuaufstellung der Division erfolgte, und zwar in der Art, daß unter ihrer alten Bezeichnung die Reste mehrerer zerschlagener Division zusammengefaßt wurden.

Bereits am 21. 3. hatte das AOK. 4 die Eingliederung der 61. ID. in die 21. ID. befohlen.[161] Genau genommen war es eigentlich eine Rückgliederung, denn wie erinnerlich (vgl. S. 9), war die 61. ID. im August 1939 zu einem Drittel durch die 21. Division aufgestellt worden. Darüberhinaus waren auch zwei Volksgrenadierdivisionen zur Auffüllung der 21. ID. vorgesehen. Eine davon war die 349. VGD., deren GR. 912 bereits bei Heilsberg im Rahmen der 21. ID. gekämpft hatte. Der Kommandeur dieser Division, der 36jährige Eichenlaubträger und Generalmajor Karl Koetz wurde zum neuen Divisionskommandeur der 21. ID. ernannt.[162] Mjr. i. G. Collée blieb weiterhin Erster Generalstabsoffizier. Daß die Wahl auf GM. Koetz gefallen war, mag daran gelegen haben, daß der ursprünglich dafür heranstehende Kommandeur der 61. ID., Glt. Sperrl, entgegen dem ursprünglichen Befehl, am 4. 4. mit seinem Divisionsstab, den Stäben des AR. 161 und der Nachrichtenabteilung seiner Division nach Königsberg, zur Verstärkung der dortigen Festungsbesatzung, abkommandiert worden war.

Die neue 21. ID. hatte demnach nur wenig Ähnlichkeit mit der alten, in vielen Schlachten erprobten Division. Das GR. 3, weiterhin von Oberst Hilgendorff geführt, dürfte außer den noch vorhandenen alten Regimentsangehörigen hauptsächlich aus Volksgrenadieren bestanden haben. Im GR. 24, jetzt unter der Führung von Mjr. Krüger, dem bisherigen Kommandeur des GR. 151 der 61. ID., waren hauptsächlich die Angehörigen dieser Division, vor allem der noch vorhandenen Grenadierregimenter 151 und 162, zusammengefaßt. Und schließlich umfaßte das GR. 45 unter seinem bisherigen Kommandeur Obstlt. v. Reuter, den Rest dieses bewährten Regiments und das, was Oblt. Helmich vom alten GR. 24 hatte aufsammeln können. Diese 24er bildeten nun das II./GR. 45. Übel stand es um die Artillerie. Da von diesem Regiment kein Geschütz gerettet worden war, dürften seine Angehörigen zum größten Teil auf die Grenadierregimenter aufgeteilt worden sein. Obstlt. v. Selle, der Kommandeur des AR. 21, verfügte jetzt, neben einem kleinen Stab, nur noch über eine einzige Abteilung unter Hptm. Greßlinger, die aus zwei leFH-Batterien und einer Batterie schwerer Infanteriegeschütze, unter Oblt. Ehlers, bestand. Die beiden leFH-Batterien dürften – zumindest was das Geschützmaterial betraf – von der 61. ID übernommen worden sein. Das Pionierbataillon und die Nachrichtenabteilung 21 wurden auch, so gut es ging, durch Teile der 61. ID. aufgefüllt. – Die Bewaffnung und Ausrüstung der „neuen" Division war völlig unzureichend. Die Männer hatten außer dem, was sie am Leibe trugen, höchstens noch ihre Handfeuerwaffen gerettet. Wie weit schwere Waffen noch zugeschoben wurden, ist nicht bekannt. Am ehesten waren noch Panzerfäuste und „Ofenrohre" zu haben. Verschiedene Kommandeure und Einheitsführer versuchten auch noch aus Königsberg, wohin ja vorderhand noch ein Zugang bestand, wenigstens Bekleidung für ihre Männer zu beschaffen.[163]) Auch sonst wurden verzweifelte Anstrengungen unternommen, um diesen eher zusammengewürfelten „Haufen" zu einem halbwegs kampffähigen Verband zusammenzuschweißen. Am 5. 4. begann man daher mit der „Ausbildung", aber bereits am folgenden Tag traten die Sowjets zum Großangriff auf Königsberg an. Drei Tage später, am 9. 4., kapitulierte General Lasch, von allen Seiten eingeschlossen, nach einem vergeblichen Ausbruchsversuch und von der Sinnlosigkeit eines weiteren Widerstandes überzeugt. Am 10. 4. ergaben sich die letzten Verteidiger, einige Hundert Angehörige der 61. ID.[164]) Damit schlug aber auch für die 21. Division die Stunde.

Noch am Abend des 10. 4. wurde die Division am Südflügel des XXVI. AK., das noch immer ihr ehemaliger Kommandeur, General Matzky, befehligte, zur Verstärkung der neu gebildeten Abwehrfront, westlich Königsberg, eingeschoben. „Beiderseits der Hauptstraße Königsberg, Pillau richten sich die Regimenter vor Vierbrüderkrug zur Abwehr ein. Die neue Linie beginnt rechts am Frischen Haff auf der Höhe der traditionellen Regattastrecke bei Holstein und zieht sich in nördlicher Richtung bis in den Raum von Lehndorf, wo der Abschnitt der 1. Infanterie-Division beginnt. . ."[165]) Diese Angabe Podzuns ist schon früher, wegen der darin enthaltenen großen Frontbreite von etwa 7 Kilometern, in Zweifel gezogen worden.[166]) Tatsächlich erscheint es aufgrund des späteren Kampfverlaufes wahrscheinlich, daß rechts von der 21. Division, unmittelbar an der Küste, noch die 28. Jg. Div. eingesetzt gewesen war, wodurch sich der Abschnitt der 21. Division etwas verengt hätte.

Zwei Tage blieben der Division, um sich auf das vorzubereiten, was kommen mußte. Dann hatte der Gegner seine Umgruppierung abgeschlossen, und am 13. 4., um 6.00 Uhr morgens trat er an der gesamten Front vor Fischhausen unter stärkster Schlachtfliegerunterstützung, mit etwa 25 Verbänden und rund 200 Panzern gegen die vier bis fünf Divisionen des XXVI. AK. zum Angriff an. Der Ausgang des Kampfes konnte nicht zweifelhaft sein. Gen. d. Pz. Tr. von Saucken, der seit 11. 4. mit dem Oberkommando der 2. Armee, als „AOK. Ostpreußen", den Befehl über alle Seebrückenköpfe in der Danziger Bucht führte, meldete am Abend dieses Tages: „Verluste schwer. Haltung der Truppe unterschiedlich, da mit Nichtausgebildeten durchsetzt. Zahlreiche Überläufer wegen körperlicher und seelischer Überbeanspruchung."[167])

Das mag auch stellenweise für die 21. Division zugetroffen sein, aber andererseits wehrten sich Teile derselben bis zum äußersten. Der Regimentsstab GR. 45 ging zur Nahverteidigung über, die 13./GR. 45 hielt ihre Feuerstellung bis zuletzt und unterstützte auch noch den zunächst erfolgreichen Abwehrkampf des Nachbarregiments der 1. ID. bei Seerappen.[168]) Als aber russische Panzer bis zur Försterei Bärwalde durchbrachen, ging beim I./GR. 45 der Anschluß nach links zur 1. ID. verloren, und am Abend mußten die 21. ID. und die 28. Jg. Div. bei Vierbrüderkrug zurückgenommen werden.[169]) Am 14. 4. warfen die Russen den Südflügel des XXVI. AK. noch weiter, bis in den Raum Heydekrug zurück. Vergeblich versuchte das Korps am 15. 4 mit den Trümmern der 28. Jg. Div., der 21. und 1. ID. bei Elenskrug, entlang der Lauke Fließ, vor dem Forst von Koppelbude, einen Riegel aufzubauen. Die Abwehrkraft dieser Verbände reichte nicht mehr aus, diese verhältnismäßig günstige Stellung zu behaupten; der Versuch des XXVI. AK. mit der bisher besonders bewährten 5. Pz. Div. einen Gegenangriff zu führen, um ein weiteres Vordringen des Gegners auf Fischhausen und damit eine Unterbrechung der Landverbindung zur Halbinsel Peyse zu verhindern, scheiterte daran, daß die Division dem Einsatzbefehl nicht mehr Folge leistete.[170]) Damit war das Schicksal der auf der Halbinsel eingesetzten und ab 16. 4. eingeschlossenen Truppen, über die formell die 28. Jg. Div. den Befehl übernommen hatte, besiegelt. Es steht zu befürchten, daß erhebliche Teile der 21. Division mit eingeschlossen waren. Sicher ist, daß hier die gesamte noch vorhandene Artillerie verlorenging. Der Führungsstab der Division wie auch Teile des GR. 45 blieben entweder außerhalb des Kessels oder vermochten sich mit anderen Gruppen über die sogenannte Hengstwiese nach Nordwesten in Richtung Fischhausen durchzuschlagen. Da viel zu wenig Übersetzmittel zur Verfügung standen, wohl auch die Demoralisierung zu weit fortgeschritten war, sah aber die Masse der Eingeschlossenen keinen anderen Ausweg, als sich in ihr Schicksal zu ergeben. „Das Bild des Unterganges", so schildert es Podzun, „ist gezeichnet durch die weißen Flaggen auf den Bunkern, die mit Verwundeten überfüllt sind. Die letzten Riegel brechen, als Stalinorgeln in den Wald feuern. Unzählige fallen in dieser Nacht in Gefangeschaft".[171]) Und nicht nur in dieser Nacht, sondern auch am folgenden Tag. Lothar Walden, ein Angehöriger des Pi. Btl. 21, hat ihn erlebt und seine Gefangennahme sowie die seiner Kameraden, ihre systematische und immer wiederholte Ausplünderung durch die Sieger, dann die allmähliche Formierung langer, unübersehbarer Züge von erschöpften deutschen Soldaten und schließlich deren bitteren Weg in eine grausame Gefangenschaft in erschütternder Weise beschrieben.[172])

Was freilich Entschlossenheit selbst in solchen Lagen vermag, das bewies eine abgesplitterte Gruppe des GR. 45, die, als kein Schiff zu ihrer Abholung mehr zu erwarten war, immer am Strand entlang nach Süden zog, an Truppenteilen vorbei, die sich bereits auf die Gefangennahme vorbereiteten. Endlich an der Südspitze der Halbinsel bei Peyse, fand sich ein Fahrzeug, das sie an Bord nahm. Und wieder war der Oberleutnant oder jetzt schon Hauptmann Kappis unter den letzten, die so über das Haff gelangten.[173])

Inzwischen hatten die Sowjets ihren Angriff auf Fischhausen am 16. 4. mit einem bisher unvorstellbaren Luftbombardement eingeleitet, durch das die von Truppen und Flüchtlingen aus der Zivilbevölkerung ohnedies schon verstopften Straßen vollends unpassierbar wurden.[174]) Bei oder in dem in Flammen stehenden Fischhausen hat am 17. 4. unter nicht näher bekannten Umständen der Kommandeur des GR. 45, Obstlt. v. Reuter, den Tod gefunden. Dem Führungsstab der 21. Division war es aber offenbar gelungen, sich nach Pillau durchzuschlagen. Hier erhielt er vom früheren Kommandierenden General des LV. AK. und seit 23. 3. zum Festungskommandanten von Pillau bestellten Glt. Chill, dem einstigen Kommandeur des GR. 45, den Befehl zu einer neuerlichen „Neuaufstellung" der Division.[175]) Das lief freilich auf nicht viel mehr hinaus, als die eintreffenden Versprengten der Division zu sammeln und dieses Skelett mit Angehörigen von Marine und Luftwaffe aufzufüllen. Das ergab zwar relativ schnell hohe Personalstände, dennoch dürfte die Division jetzt nur noch aus einem einzigen größeren „divisionseigenen" Truppenkörper, nämlich dem GR. 45, bestanden haben, dessen Führung Mjr. Jöres vom GR. 1 der ebenfalls völlig zerschlagenden 1. ID. übernahm[176])

Dieser Verband, dem Soldaten aus allen Truppenteilen der ehemaligen 21. Division angehörten, wurde zunächst am 19. 4. in der sogenannten „Stadtrand-Stellung", und zwar beim Friedhof des Pillauer Stadtteils Himmelreich bereitgestellt, während zum gleichen Zeitpunkt der Gegner — nach der Einnahme von Fischhausen — sich anschickte, den etwa nur 7 Kilometer entfernten Tenkitten Riegel B und den Panzer-Graben I zu durchbrechen (vgl. Skizze 70).

In den nächsten Tagen kämpften die Sowjets, unter sichtbarer Schonung ihrer Truppen, aber dafür unter um so gewaltigerem Materialeinsatz sich langsam nach Süden vor und nahmen am 21. 4. Lochstädt ein. Da auf deutscher Seite sich die versprochene Zuführung neuer Verbände über die Nehrung verzögerte, die Gefahr eines feindlichen Durchbruchs auf Pillau, das nur noch ein einziger Trümmerhaufen war, in dem noch immer Reste der Zivilbevölkerung herumirrten, aber akut wurde, entschloß sich der Festungskommandant, die Kampfgruppe „21. ID." aus ihrer bisherigen Bereitstellung in den Neuhäuser-Riegel vorzuziehen. Es regnete, so daß diese Bewegung von der sowjetischen Luftwaffe augenscheinlich wenig gestört wurde. Aber am 22. 4. klarte es wieder auf, und nun begannen pausenlose Luftangriffe, die die Reste von Pillau schließlich in ein Flammenmeer verwandelten. Gegen die vorletzte Widerstandslinie vor der Stadt, gegen den Neuhäuser-Riegel, trat der Gegner am 23. 4., gegen 17.00 Uhr nach entsprechender Luftwaffen- und Artillerievorbereitung an. In der folgenden Nacht erzielte er einen Durchbruch im Ostteil dieser Stellung. Der dahinter gelegene Panzer-Graben III konnte zwar noch von den Resten der 32. und 21. ID. sowie von letzten Gruppen der Pz. Gren. Div. „Großdeutschland" gehalten werden, ging aber im Laufe des 24. 4. auch verloren. Soweit die Verteidiger desselben überhaupt mit dem Leben davonkamen, setzten sie sich nun zunächst hinter die inzwischen von der 83. ID. besetzte Stadtrand-Stellung und wohl unmittelbar darauf über das Seetief auf die Frische Nehrung ab. Die näheren Umstände sind nicht bekannt, sie können aber nur

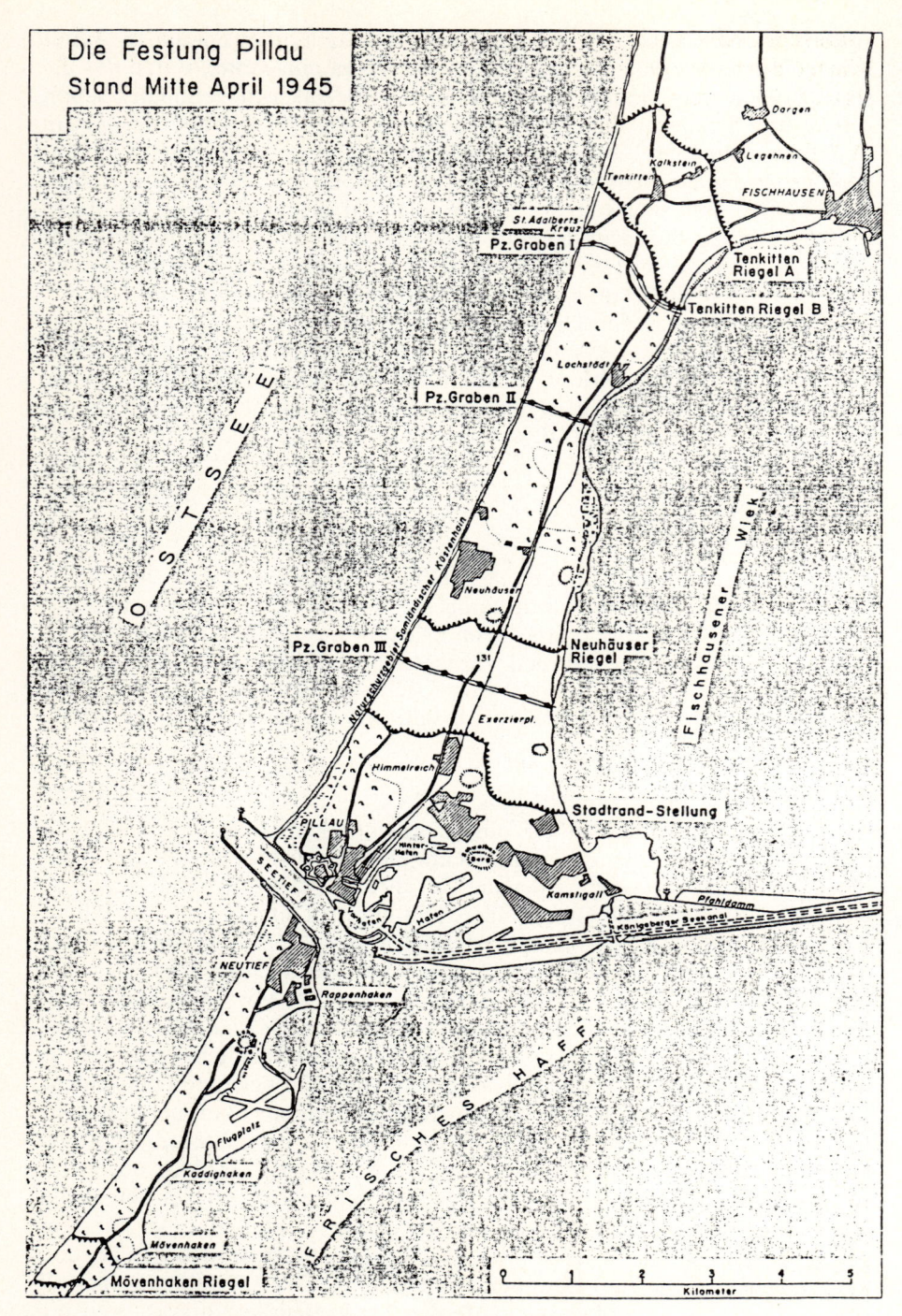

Unterlage: Abwehrkämpfe am Nordflügel der Ostfront 1944–1945,
hgb. vom Militärgeschichtlichen Forschungsamt
(Stuttgart 1963), Skizze 14.

Skizze 70

chaotisch gewesen sein. Am 25. 4., um 4.30 Uhr morgens legte der letzte Marinefährprahm vom Pillauer Ufer ab, und dreißig Minuten später besetzten die Russen den Hafen.[177])

Wie nun die „Allerletzten der Letzten" in den folgenden sechs bis sieben Tagen sich auf der Frischen Nehrung, Kilometer um Kilometer, nach Südwesten zurückkämpften, an sowjetischen Anlandungen vorbei oder diese durchbrechend, ununterbrochen in der Front bedroht, von Fliegern angegriffen und in der Flanke durch russische Batterien von der Haffküste her ständig beschossen, fast ohne Wasser und Verpflegung und so gut wie keiner Munition, das alles im einzelnen zu beschreiben, übersteigt die Möglichkeit des Historikers, zumal von einem geschlossenen Einsatz keine Rede mehr gewesen sein dürfte.[178])

Vielmehr war das, was sich da noch immer zur Wehr setzte, größere oder kleinere Gruppen, unter der Führung entschlossener und verantwortungsbewußter Führer, zusammengehalten durch den Geist der Kameradschaft und noch immer, trotz allem, beseelt von einem Schimmer der Hoffnung. Und tatsächlich: mit großer Wahrscheinlichkeit war es der 30. 4. – die „Front" stand vor Kahlberg, und damit befanden sich nur noch ganz wenige Kilometer ostpreußischen Bodens in deutscher Hand – , da kam von irgendwoher der Befehl, die Divisionsangehörigen herauszulösen, so als wäre mit dem unmittelbar bevorstehenden, vollständigen Verlust ihres Stammlandes damit auch die Aufgabe der 21. Division beendet. Natürlich waren in Wirklichkeit dafür ganz andere Gründe, etwa die absolute Kampfunfähigkeit dieses Divisionsrestes, maßgebend gewesen. Mag dem aber auch wie immer gewesen sein, die Angehörigen der Division hatten sich im Raum Stutthof – Bodenwinkel, also in einem vom XVIII. Geb. AK. rechts der Weichsel auf Danziger Boden noch gehaltenen flachen Seebrückenkopf zu versammeln, um von hier aus auf Siebelfähren, wahrscheinlich am 1. 5., nach Hela, dem letzten für Hochseeschiffe noch anlaufbaren Hafen in der Danziger Bucht, überführt zu werden. Stutthof! Wieder schien sich ein Kreis zu schließen: Runde 15 Kilometer weiter südlich hatte die kriegsstarke 21. Division im Herbst 1939, nach dem Polenfeldzug, für kurze Zeit im Quartier gelegen, voll der Illusionen und ahnungslos von dem, was die Zukunft bringen sollte. Nun waren die Illusionen verflogen, die Schleier zerrissen, das Ende lag klar vor Augen. Oder noch immer nicht?

Nicht alle Divisionsangehörigen hatte der Befehl zum Absetzen zeitgerecht erreicht, so daß sie zu spät beim Einschiffungspunkt anlangten. Dazu gehörte auch eine Gruppe von 6 Offizieren und etwa 120 Unteroffizieren und Mannschaften des aus alten Bataillonsangehörigen neu aufgestellten Pi. Btl. 21. Diese Männer faßten nun unter der Führung von Oblt. Fleer den Entschluß, auf drei fast seeuntüchtigen Motorbooten der Division über die hohe See zu folgen. An „nautischen Hilfsmitteln" standen lediglich Marschkompaß und Großraumkarte zur Verfügung. Am 2. Mai stachen die Männer in See. Bereits in der ersten Nacht ging ein Boot verloren und strandete bei Hela. Zu seinem Glück? Die beiden anderen Motorboote „Margarete" und „Düne" verschlug es nach dem schwedischen Hafen Ahus, wo am 4. Mai, also noch vor Abschluß der allgemeinen Kapitulation, 80 Mann an Land gingen und durchaus korrekt interniert wurden. Ihre Hoffnung, damit dem Schlimmsten entgangen zu sein, sollte sich leider als irrig erweisen. Ende November 1945 entschloß sich nämlich die schwedische Regierung, unter Hintansetzung völkerrechtlicher Regeln und humanitärer Rücksichten, dem sowjetischen Druck nachzugeben und diese Männer, zusammen mit über 2000 ebenfalls nach Schweden geflüchteten Soldaten der Kurlandarmee, an die Sowjets auzuliefern.[179]

Da hatten ihre auf Hela gelandeten Kameraden mehr Glück, obwohl sich hier zunächst ein zweites „Dünkirchen" anbahnte. In den letzten Apriltagen warteten rund 200.000 Menschen, Zivilflüchtlinge, Verwundete und Soldaten, auf engstem Raum zusammengedrängt, auf ein rettendes Schiff. Und gerade das kam scheinbar nicht mehr, nachdem ein größeres Geleit am 28. 4. den Hafen verlassen hatte. Doch der Leiter der Seeleitstelle Hela, Mjr. i. G. Udo Ritgen, wie erinnerlich langjähriger Angehöriger des GR. 3, sandte pausenlos Funksprüche an das OKM., den Seetransportchef in Flensburg und das Marineoberkommando Ost. Und sie wurden erhört. Dem Seetransportchef, Konteradmiral Engelhardt, gelang es noch einmal, ein letztes Aufgebot zusammenzubringen. Insgesamt waren es zwölf Schiffe, die er nach Hela in Marsch setzte und von denen die ersten am Morgen des 2. 5. auf der Reede von Hela eintrafen. Zu dem Geleit gehörten auch die „Hendrik Fisser V" (Baujahr 1944, 1.923 BRT) von der Reederei Fisser & von Doornum in Emden und die „Westpeußen" (Baujahr 1905, 2.877 BRT) von der Reederei F. G. Reinhold in Danzig. Zumindest auf diesen beiden Schiffen, aber möglicherweise auch noch auf anderen, wurden die letzten 21er eingeschifft und erreichten am 3. oder 4. Mai unangefochten von feindlichen Fliegern und Seestreitkräften den Hafen von Kiel. Ein letztes Mal hatte man noch ein wenig Glück gehabt, zumal wenn man bedenkt, daß allein in diesen beiden Tagen 8 Schiffe in der Kieler Bucht verlorengingen.[180]

Von Kiel ging es im Fußmarsch nach Gettdorf und dann nach Ellingstedt, wo die Nachricht von der allgemeinen Kapitulation eintraf. General Koetz ließ daraufhin die hier versammelten etwa 140 Divisionsangehörigen noch einmal zu einem Appell antreten. Vom Divisionsstab waren mit Sicherheit dabei: Mjr. i. G. Collée, der Divisionsarzt Dr. Schneider, Kriegsgerichtsrat Dr. Mackel und der katholische Wehrmachtspfarrer Baumgartner. Auch sonst sind noch Namen bekannt, aber die vollständige Liste dieser 140 Offiziere, Unteroffiziere und Mannschaften ist leider nie publiziert worden. Viel Umstände wurden offensichtlich nicht mehr gemacht. General Koetz dankte für den aufopferungsvollen Einsatz der letzten Monate und erklärte die 21. Division für aufgelöst.[181]

Anmerkungen zu Kapitel XII

1) Zur Angriffsplanung „Blitz" vgl. Abwehrkämpfe am Nordflügel der Ostfront 1944–1945 a. a. O., S. 133 ff. Vgl. auch: Alfred Philippi – Ferdinand Heim, Der Feldzug gegen Sowjetrußland 1941–1945 (Stuttgart 1962), S. 266.
2) Besichtigungsnotiz des OB. 3. Pz. Armee vom 4. 10. 1944; Fernschreiben HGr. Nord an Pz. AOK. 3 vom 2. 10. 1944 (BA/MA, RH 21–3/v. 395) und Notizen von der Fahrt des OB. 3. Pz. Armee am 22. 10. 1944 (BA/MA, RH 21–3/v. 403); Tagesmeldung der Op. Abt. der HGr. Mitte vom 7. 11. 1944 (BA/MA, RH 19–II/213, fol. 327). Vgl. auch HGr. Mitte an OKH/GenSt. d. H./Op. Abt. vom 28. 12.(!) 1944 (BA/MA, RH 19–II/213, S. fol. 375). Im Brückenkopf Memel befanden sich noch Mitte November 1944: 1 Beamter, 4 Uffz. und 46 Mannschaften mit 6 LKW, 1 PKW, 1 Krad, 3 Backanhänger, 1 Teigkneter, 1 Maschinensatz und 1 Holzgasgenerator (AOK. 4, Ia Nr. 2346/44 vom 16. 11. 1944, BA/MA, RH 20–4/605).
3) Fernschreiben 3. Pz. Armee an IX. AK. vom 4. 10. 1944 (BA/MA, RH 21–3/v. 395).
3a) Vgl. Abwehrkämpfe am Nordflügel der Ostfront 1944–1945 a. a. O., S. 219 ff.
4) Vgl. hierzu: ebenda, S. 146 ff sowie S. 195 (Wesentliche Merkmale des Feindbildes vom 4. 10.: PzAOK. 3).
5) KTB. IX. AK. vom 4. 10. 1944 (BA/MA, RH 24–9/133, S. 20).
6) Fernschreiben Pz. AOK. 3 an IX. AK. vom 2. 10. 1944 (BA/MA, RH 21–3/v. 395) und Gen. Kdo. IX. AK., Ia Nr. 3460/44 geh., Fernschreiben an 21. ID. vom 5. 10. 1944 (BA/MA, RH 24–9/136, Anl. 1095).
7) KTB. IX. AK. vom 5. 10. 1944 (BA/MA, RH 24–9/133, S. 20); – IX. AK., Ia Nr. 3460/44 geh. vom 5. 10. 1944 (BA/MA, RH 24–9/136, Anl. 1095).
8) Ebenda.
9) Ebenda vom 6. 10. 1944, 11.15 Uhr (Ebenda, S. 23).
10) Ebenda, 11.15 Uhr und 13.00 Uhr (Ebenda, S. 22 f.)
11) Tagesmeldung des IX. AK. vom 8. 10. 1944 (BA/MA, RH 21–3/v. 396). Vgl. auch: 69. ID. an Kampfgruppe von Kalm vom 6. 10. 1944 (BA/MA, RH 24–9/136, ohne Anl. Nr.).
12) Fernschreiben Pz. AOK. 3 (Nr. 9735/44, geh.) vom 6. 10. 1944 (BA/MA, RH 21–3/v. 396); Fernschreiben IX. AK. an 21. ID. vom 7. 10. 1944 (BA/MA, RH 24–9/136, Anl. 1101).
13) C. v. Kursell, Das Jahr 1944 an der Nordfront a. a. O., S. 77.
14) H.-H. Podzun, Weg und Schicksal der 21. Division a. a. O., S. 22.
15) Über Oberfeldwebel Kutschkau vgl. S. 294.
16) C. v. Kursell a. a. O., S. 77.
17) Bei diesem Stand der Dinge läßt sich die Meldung (Tagesmeldung Pz. AOK. 3 vom 14. 10. 1944, BA/MA, RH 21–3/v. 402), wonach der Obergefr. Maurewitsch der 8./GR. 3 am 8. 10., als Scharfschütze, 39 bestätigte Abschüsse erzielt haben soll, schwer einordnen.
18) C. v. Kursell a. a. O., S. 77 f. – Die von Kursell in diesem Zusammenhang erwähnte 1076. VGD. gab es nicht. Es liegt wohl eine Verwechselung mit dem GR. 1096 der 548. VGD. vor.
19) Tagesmeldung des Pz. AOK. 3 vom 9. 10. 1944 (BA/MA, RH 21–3/v. 397).
20) KTB. IX. AK. vom 9. 10. 1944, 14.45 Uhr (BA/MA, RH 24–9/133, S. 31); vgl. auch Tagesmeldung IX. AK. an Pz. AOK. 3 vom 9. 10. 1944 (BA/MA, RH 21–3/v. 397); siehe auch Tagesmeldung Pz. AOK. 3 vom 9. 10. 1944 (ebenda).
21) H.-H. Podzun a. a. O., S. 21; v. Kursell a. a. O., S. 78.
22) Zu den Kämpfen vom 10.–12. 10.1944 vgl. Morgen-, Zwischen- und Tagesmeldungen der 21. ID. vom 10.–12. 10. 1944 an IX. AK. (BA/MA, RH 24–9/139, fol. 120, 122, 124 f., 127); ferner: KTB. IX. AK. vom 10.–12. 10. 1944 (BA/MA, RH 24–9/133, S. 32 ff); schließlich: v. Kursell a. a. O., S. 78 ff.

23) Vgl. Kampfstärken und Bewaffnung (21. ID.) vom 11. 10. 1944, mit einem handschriftlichen Nachtrag betreffend GR. 24, aber ohne Füs. Btl. 21 (BA/MA, RH 21 – 3/v. 397); etwas differenziert: Gefechtstärken (21. ID.) in Tagesmeldung IX. AK. vom 11. 10. 1944 (ebenda); siehe auch Wochenmeldung IX. AK. an Pz. AOK. 3 vom 15. 10. 1944 (BA/MA, RH 24 – 9/136, Anl. 1117); Kampfstärken und Bewaffnung 21. ID. vom 17. und 19. 10. 1944 (ebenda).

24) Tagesmeldung des IX. AK. an Pz. AOK. 3 vom 11. 10. 44 (Pz. AOK. 3 Ia, Nr. 1116/44 geh. v. 12. 10. 1944, BA/MA, RH 21 – 3/v. 397).

25) Tages- und Kampfstärken, 19. 10. 1944 (BA/MA, RH 21 – 3/v. 403).

26) Pz. AOK. 3, Ia-Tagesmeldung vom 14. 10. 1944 (BA/MA, RH 21 – 3/v. 402).

27) IX. AK., Ia Nr. 3741/44 geh. vom 27. 10. 1944 (BA/MA, RH 24 – 9/136, Anl. 1183).

28) Vgl. A. Philippi – F. Heim, Der Feldzug gegen Sowjetrußland, a. a. O., S. 267.

29) Gen. Kdo. IX. AK., Ia Nr. 3550/44 gKdos vom 16. 10. 1944: Studie über Absetzen auf die Memel-Stellung (BA/MA, RH 24 – 9/136, Anl. 1121).

30) Gen. Kdo. IX. AK., Ia Nr. 3576/44 geh. vom 17. 10.1944, Fernschreiben an 21. ID. (BA/MA, RH 24 – 9/136, Anl. 1128) – Tagesmeldung 21. ID. vom 19. 10. 1944 (BA/MA, RH 24 – 9/139, fol. 148).

31) Gen. Kdo. IX. AK., Ia Nr. 3595/44 geh. vom 19. 10. 1944, Fernschreiben an 21. ID. (BA/MA, RH 24 – 9/136, Anl. 1132).

32) Tagesmeldung 21. ID. vom 20. 10. 1944 (BA/MA, RH 24 – 9/139, fol. 151).

33) Gen. Kdo. IX. AK., Ia Nr. 3610/44 geh. vom 19. 10. 1944 (BA/MA, RH 24 – 9/136, Anl. 1134).

34) Der Kommandierende General des IX. AK., Korpstagesbefehl vom 21. 10. 1944 (BA/MA, RH 24 – 9/212, fol. 5).

35) Ferngespräch O. B. (3. Pz. Armee) mit Kom. Gen. IX. AK. vom 18. 10. 1944, 20.45 Uhr (BA/MA, RH 21 – 3/v. 403) – Gen. Kdo. IX. AK., Ia Nr. 3612/44 geh. vom 20. 10. 1944, Fernschreiben an 21. ID. (BA/MA, RH 24 – 9/136, Anl. 1137) – Gen. Kdo. IX. AK., Ia Nr. 3636/44 geh. an GR. 24 vom 21. 10. 1944 (BA/MA, RH 24 – 9/136, Anl. 1141). Vgl. auch KTB. Pz. AOK. 3 vom 22. 10. 1944 (BA/MA, RH 21 – 3/v. 399, S. 60).

36) Vgl. KTB. des Pz. AOK. 3 (BA/MA, RH 21 – 3/v. 399) vom 25. 10. (S. 88), 26. 10. (S. 98), 27. 10. (S. 102 f), 28. 10. (S. 109), 29. 10. (S. 118), 30. 10. (S. 123) und 31. 10. 1944 (S. 130). Siehe ferner: Morgen- und Tagesmeldungen des XXXX. Pz. Korps an das Pz. AOK. 3 vom 23. – 26. 10. (BA/MA, RH 21 – 3/v. 404) und des IX. AK. vom 27. 10. – 2. 11. (BA/MA, RH 21 – 3/v. 405 und 406).

37) Gen. Kdo. IX. AK., Ia Nr. 3786/44 geh. vom 29. 10. 1944 (BA/MA, RH 24 – 9/136, Anl. 1194).

38) KTB. des Pz. AOK. 3 vom 1. 11. 1944 (BA/MA, RH 21 – 3/v. 400, S. 1).

39) Protokoll der Chef-Besprechung am 1. 11. 1944, 17.00 Uhr im A. H. Qu. Liebenfeld, S. 2 (BA/MA, RH 21 – 3/v. 406).

40) Vgl. KTB. des Pz. AOK. 3 vom 26. 10. 1944 (BA/MA, RH 21 – 3/v. 399, S. 94 f).

41) Ferngespräch O. B. (3. Pz. Armee) am 3. 11. 1944, 21. 43 Uhr mit OB. HGr. Mitte (BA/MA, RH 21 – 3/v. 406).

42) Pz. AOK. 3 Nr. 10783/44 gKdos vom 3. 11. 1944, Fernschreiben u. a. an Gen. Kdo. IX. AK.

43) Tagesmeldungen IX. AK. vom 5. – 7. 11. 1944 an Pz. AOK. 3 sowie Transportlisten des Bv. T. O. beim Pz. AOK. 3 (BA/MA, RH 21 – 3/v. 407).

44) Vgl. Karl Dieckert – Horst Grossmann, Der Kampf um Ostpreußen (München 1960), S. 69 f. – Friedrich Hoßbach, Schlacht zum Ostpreußen (Überlingen/Bodensee 1951), S. 26 ff.

45) AOK. 4 Ia Nr. 1839/44 gKdos v. 4. 11. 1944; Ia Nr. 2221/geh. v. 6. 11. 1944; Ia Nr. 2230/44 geh. vom 6. 11. 1944; Ia Nr. 2234/geh. vom 7. 11. 1944 (BA/MA, RH 20 – 4/605).

46) KTB. AOK. 4 vom 7. 11. 1944, 22.00 Uhr (BA/MA, RH 20 – 4/609).

47) AOK. 4 Id, Ia Nr. 8983/44 geh. vom 7. 11. 1944: Vortrags-Notiz 21. I. D. (BA/MA, RH 20−4/595).

48) Am 14. 11. 1944 hatte die Division noch 962 Fehlstellen, dazu kamen 1.530 „8-Wochen-Kranke", also ingesamt ein Minus von 2.492 (AOK. 4, Ia Nr. 9929/44 vom 14. 1. 1944, BA/MA, RH 20−4/597). Am 1. 12. 1944 erbat das AOK. 4 mindestens 1000 Mann Ersatz für die 21. ID., um die Auffrischung endlich durchführen zu können, da noch immer 2.500 Fehlstellen an Unteroffizieren und Mannschaften vorhanden seien (AOK. 4, Ia Nr. 2501/44 geh. v. 1. 12. 1944, BA/MA, RH 20−4/606). − Am 5. 12. trafen dann das Marsch-Btl. 21/8 mit 526 Mann und außerdem weitere 916 Mann ein (AOK. 4 Ia Nr. 10056/44 geh. v. 5. 12. 1944, BA/MA, RH 20−4/599).

49) wie Anm. 47.

50) AOK. 4, Ia Nr. 2258/44 geh. vom 8. 11. 1944, Fernschreiben an XXXIX. PzK. (BA/MA, RH 20−4/605).

51) KTB. AOK. 4 vom 13. 11. 1944, 21.20 Uhr (BA/MA, RH 20−4/610); Tagesmeldung AOK. 4 vom 15. 11. 1944 (BA/MA, RH 20−4/595).

52) AOK. 4, Ia Nr. 2281/44 geh. und Nr. 2283/44 geh. v. 11. 11. 1944 (BA/MA, RH 20−4/605).

53) AOK. 4, Ia Nr. 1884/44 gKdos vom 10. 11. 1944 (BA/MA, RH 20−4/595).

54) AOK. 4, Ia Nr. 2299/44 geh. vom 13. 11. 1944 (BA/MA, RH 20−4/605).

55) Für den Fall einer Umgliederung auf eine Div. 32. Welle wären für die 21. ID. folgende Ausnahmen vorgesehen gewesen: ein Füs. Bataillon statt einer Füs. Kompanie und ein Pi-Bataillon zu 3 statt nur einer Kompanie (AOK. 4, Id, Ia Nr. 8983/44 geh. vom 7. 11. 1944, BA/MA, RH 20−4/595).

56) AOK. 4, Ia Nr. 9726/44 geh. vom 27. 11. 1944, betr.: Aufstellung von Grenadier-Begleitzügen. Bei 21. ID. bereits erfolgt (BA/MA, RH 20−4/598).

57) Laut Meldung Flivo AOK. 4 vom 18. 1. 1945 besaß die 3./PzJg. Abt. 21 nur sieben 2 cm-Flak (BA/MA, RH 20−4/611).

58) AOK. 4, OQu. IVa, Nr. 751/44 gKdos vom 12. 12. 1944 (BA/MA, RH 20−4/601).

59) H.-H. Podzun a. a. O., S. 23.

60) AOK. 4, Tagesmeldung vom 29. 11. 1944 (BA/MA, RH 20−4/598).

61) Ebenda. − Ferner: Schriftliche Mitteilung von Brig. Gen. a. D. Karlheinz Herzberg vom 28. 2. 1985, vormals Führer II./GR. 3.

62) Ernst Kutschkau wurde im März 1945, nach der Verleihung des Eichenlaubs zum Ritterkreuz sowie der Nahkampfspange in Gold, in das Heimatkriegsgebiet versetzt; bei Kriegsende jedoch im Westen erneut im Fronteinsatz und dann in belgischer Gefangenschaft, in der er am 4. 2. 1947 verstarb. Siehe hierzu: Oberfeldwebel Ernst Kutschkau, Ritterkreuz mit Eichenlaub, in: Tapfer und Treu, als Manuskript gedruckte Dokumentation von Willy Wagemann, November 1980, Nr. 16; vgl. ferner: E. Lenfeld − F. Thomas, Die Eichenlaubträger a. a. O., S. 806.

63) AOK. 4 vom 6. 1. 1945: Zahlenmäßige Verlustmeldung für die Zeit vom 1.−31. 12. 1944 (BA/MA, RH 20−4/617).

64) KTB. des AOK. 4 vom 7. 12. 1944, 10.15 Uhr (BA/MA, RH 20−4/610). − Dazu übereinstimmend: schriftliche Mitteilung von Helmut Kroeg vom 12. 2. 1985, vormals Führer II./GR. 45, auch H.-H. Podzun a. a. O., S. 23.

65) H.-H. Podzun a. a. O., S. 23.

66) Aufzeichnungen des Dr. V. Pogorzelski, vormals Rgt. Arzt AR. 21 und Abt. Arzt III./AR. 21 (Ablichtung). − Vgl. auch H.-H. Podzun a. a. O., S. 24.

67) Vgl. Befehl des OB. HGr. Mitte vom 23. 11. 1944 (BA/MA, RH 19−II/212, fol. 92). Siehe auch: K. Dieckert − H. Grossmann a. a. O., S. 68 f; Edgar Günther Lass, Die Flucht/Ostpreußen 1944/45 (Bad Nauheim 1964), S. 43 ff.

68) Morgenmeldung XXXIX. PzK. an AOK. 4 vom 19. 12. 1944 (BA/MA, RH 20−4/602) und AOK. 4, Ia Nr. 2713/44 geh. vom 31. 12. 1944 (BA/MA, RH 20−4/606).

68a) AOK. 4, Ia Nr. 10695/44 geh. v. 25. 12. 1944 (BA/MA, RH 20−4/603).

69) Anruf von Glt. Metz, Arko 302, bei AOK. 4 am 23. 12. 1944, 10.45 Uhr (BA/MA, RH 20−4/613).

70) Abwehrkämpfe am Nordflügel der Ostfront a. a. O., S. 281.
71) Ebenda, S. 282 f.
72) Vgl. A. Philippi – F. Heim a. a. O., S. 272 f; K. Dieckert – H. Grossmann, a. a. O., S. 73.
73) H.-H. Podzun, a. a. O., S. 24.
74) OB. HGr. Mitte Ia Nr. 18520/44 geh. vom 13. 12. 1944 (BA/MA, RH 19 – II/912, fol. 213).
75) Vgl. H.-H. Podzun a. a. O., S. 24.
76) Tagesmeldung des XXXXI. PzK. an AOK. 4 vom 12. 1. 1945 und Morgenmeldung des Korps an AOK. 4 vom 13. 1. 1945 (BA/MA, RH 20 – 4/623).
77) AOK. 4, Ia Nr. 554/45 geh. v. 13. 1. 1945 (BA/MA, RH 20 – 4/612) und KTB. des AOK. 4 vom 14. 1. 1945, 9.45 Uhr (BA/MA, RH 20 – 4/617).
78) Vgl. Abwehrkämpfe am Nordflügel der Ostfront a. a. O., S. 286 ff.
79) Ebenda, S. 289.
80) AOK. 4, Ia Nr. 664/45 geh. v. 15. 1. 1945 (BA/MA, RH 20 – 4/612).
81) Abwehrkämpfe am Nordflügel der Ostfront a. a. O., S. 311.
82) Tagesmeldung des XXXXI. PzK. an AOK. 4 vom 18. 1. 1945 (BA/MA, RH 20 – 4/625).
83) Tagesmeldung des XXXXI. PzK. an AOK. 4 vom 19. 1. 1945 (ebenda).
84) Schriftliche Mitteilung von Brig. Gen. a. D. Herzberg an den Traditionsverband vom 28. 2. 1985.
85) Vgl. Abwehrkämpfe am Nordflügel der Ostfront a. a. O., S. 303 ff.
86) Ebenda, S. 315 ff.
86a) AOK. 4, Ia Nr. 1010/45 geh. v. 21. 1. 1945 (BA/MA, RH 20 – 4/612).
87) AOK. 4, Ia Nr. 934/45 geh. v. 20. 1. 1945 und Nr. 949/45 gKdos v. 21. 1. 1945 (BA/MA, RH 20 – 4/612). Die in: Abwehrkämpfe am Nordflügel der Ostfront a. a. O., S. 316 getroffene Feststellung, daß das „Unternehmen Fuchs" erst in der Nacht vom 21./22. 1. anlief, bezieht sich daher nur auf das LV. und VI. AK. sowie den rechten Flügel des XXXXI. Pz. Korps. – Vgl. auch AOK. 4 Ia Nr. 882/45 geh. v. 19. 1. 1945 (BA/MA, RH 20 – 4/612).
88) Morgen- und Tagesmeldung des XXXXI. PzK. an AOK. 4 vom 22. 1. 1945 (BA/MA, RH 20 – 4/626).
89) Morgenmeldung des XXXXI. PzK. an AOK. 4 vom 23. 1. 1945 (ebenda).
90) H.-H. Podzun a. a. O., S. 25. – In Gut Rößningen dürfte vom 21./22. 1. 1945 der Stab AR. 21 gelegen haben (Notizen von Dr. V. Pogorzelski damals Rgt. Arzt AR. 21).
91) Schriftliche Mitteilung des Brig. Gen. a. D. Herzberg, damals Führer II./GR. 3, an den Traditionsverband vom 28. 2. 1985.
92) Vgl. Abwehrkämpfe am Nordflügel der Ostfront a. a. O., S. 321 f.
93) Ebenda, S. 322, Anm. 352. – Vgl. auch Tagesmeldung der HGr. Nord Ia Nr. T 290/45 geh. v. 25. 1. 1945 (BA/MA, RH 20 – 4/626). – Bemerkenswerterweise bestritt GdI. Hoßbach, der OB. der 4. Armee, später, daß das FschPzKorps „Hermann Göring" am Masuren-Kanal durchbrochen worden sei. Vgl. F. Hoßbach, Die Schlacht um Ostpreußen a. a. O., S. 60, Anm. 15.
94) Schriftliche Mitteilung des Brig. Gen. a. D. Herzberg an den Traditionsverband vom 28. 2. 1985. – Laut Tagesmeldung der HGr. Nord vom 25. 1. 1945 (BA/MA, RH 20 – 4/626) hatte die 21. ID. bereits an diesem Tag 32 Gefangene eingebracht.
95) Vgl. Abwehrkämpfe am Nordflügel der Ostfront a. a. O., S. 322.
96) H.-H. Podzun a. a. O., S. 25.
97) Ebenda, S. 26. – Die differierenden Angaben finden sich in der undatierten Zusammenstellung von Hans-Ewald Helmich (Bielefeld 1, Hanglehne 61): Orte und Daten der Rückzugskämpfe in Ostpreußen – II. + III. (sic!)/24.
98) Vgl. Abwehrkämpfe am Nordflügel der Ostfront a. a. O., S. 345.

99) AOK. 4, Ia Nr. 1316/45 geh. v. 31. 1. 1945 (BA/MA, RH 20 – 4/624).
100) AOK. 4, Ia Nr. 1342/45 geh. v. 1. 2. 1945 (ebenda).
101) Schriftliche Mitteilung von Brig. Gen. a. D. Herzberg an den Traditionsverband vom 28. 2. 1985.
102) AOK. 4, Ia Nr. 1469/45 geh. v. 6. 2. 1945: Wochenmeldung, Stand: 3. 2. 1945 (BA/MA, RH 20 – 4/624).
103) Tagesmeldung des XXXXI. PzK. an AOK. 4 vom 3. 2. 1945, 19.30 Uhr (BA/MA, RH 20 – 4/629).
104) Vgl. HGr. Nord Ia Nr. (T) 396/44 (sic!) vom 3. 2. 1945, 2.00 Uhr: Tagesmeldung vom 2. 2. 45 (BA/MA, RH 20 – 4/628). – Vgl. auch Funksprüche des LV. AK. an AOK. 4 vom 2. 2. 1945, 12.10 Uhr, 13.45 Uhr und 16.20 Uhr (BA/MA, RH 20 – 4/628) und 21.40 Uhr (BA/MA, RH 20 – 4/629).
105) Tagesmeldung des XXXXI. PzK. vom 2. 2. 1945 (BA/MA, RH 20 – 4/628).
106) Meldungen des LV. AK. an AOK. 4 vom 3. 2. 1945, 9.25 Uhr, 10.45 Uhr und 11.32 Uhr; ferner: Tagesmeldung des XXXXI. PzK. vom 3. 2., 19.30 Uhr und Einzelheiten zur Tagesmeldung vom 3. 2., 22.30 Uhr (BA/MA, RH 20 – 4/629).
107) H.-H. Podzun a. a. O., S. 26.
108) Chef des GenStabs AOK. 4 an Chef des GenStabes LV. AK. vom 3. 2. 1945, 13.10 Uhr (BA/MA, RH 20 – 4/629).
109) Ebenda, 13.40 Uhr (ebenda).
110) Meldungen 21. ID. an XXXXI. PzK. vom 4. 2. 1945, 14.45 Uhr und 16.05 Uhr (ebenda).
111) Meldung von General Weidling an OB. 4. Armee vom 4. 2. 1945, 20.20 Uhr (ebenda).
112) H.-H. Podzun a. a. O., S. 26. – Das dort angegebene Datum: 7. 2. ist mit Sicherheit unrichtig. Auch die übrigen Angaben hinsichtlich dieses „schwungvollen Angriffs" über 20 Kilometer (!) lassen sich kaum einordnen.
113) wie Anm. 111.
114) XXXXI. PzK., Einzelheiten zur Tagesmeldung vom 4. 2. 1945 (BA/MA, RH 20 – 4/629).
115) XXXXI. PzK., Tagesmeldung vom 5. 2. 1945 (ebenda).
116) Meldung des XXXXI. PzK an AOK. 4 vom 5. 2. 1945, 14.20 Uhr (ebenda).
117) AOK. 4, IIa vom 7. 2. 1945, Verluste 6. 2. (BA/MA, RH 20 – 4/630).
118) Chef des GenStabes HGr. Nord im Gespräch mit OB. 4. Armee am 5. 2. 1945, 19.00 Uhr; vgl. auch HGr. Nord Ia Nr. T 433/45 geh. v. 6. 2. 1945, 01.00 Uhr: Tagesmeldung HGr. Nord 5. 2. 45 (BA/MA, RH 20 – 4/629).
119) XXXXI. PzK., Morgenmeldung vom 6. 2. 1945; Meldung 21. ID. an XXXXI. PzK. vom 6. 2. 45, 8.30 Uhr; 21. ID. an XXXXI. PzK., Tagesmeldung vom 6. 2. 1945; vgl. auch HGr. Nord Ia Nr. T 437/45 geh. v. 7. 2. 45, 01.15 Uhr: Tagesmeldung vom 6. 2. 45 (BA/MA, RH 20 – 4/630).
120) 21. ID. an XXXXI. PzK, Tagesmeldung vom 6. 2. 45; ferner: Mitteilung des OB. 4. Armee an Chef GenStab HGr. Nord: „21. hat heute ganzen Tag schwere Angriffe abgewiesen". (BA/MA, RH 20 – 4/630).
121) XXXXI. PzK. Einzelheiten zur Tagesmeldung vom 7. 2. 1945 (ebenda).
122) AOK. 4, Ia Nr. T 39/45 geh. vom 8. 2. 1945, Ia-Tagesmeldung vom 8. 2. 1945 (ebenda).
123) Vgl. Abwehrkämpfe am Nordflügel der Ostfront. a. a. O., S. 356.
124) Meldung von General Weidling an OB. 4. Armee vom 8. 2. 1945 und AOK. 4 Ia Nr. T. 39/45 geh. vom 8. 2. 1945: Ia-Tagesmeldung vom 8. 2. 1945 (BA/MA, RH 20 – 4/630).
125) Aufzeichnungen des Dr. V. Pogorzelski a. a. O., vom 13. 2. 1945.
126) Walter Hubatsch, 61. Infanterie-Division, Kämpfe und Opfer ostpreußischer Soldaten (Kiel 1952), S. 76. – Die Feststellung in dem Werk „Abwehrkämpfe am Nordflügel der Ostfront" a. a. O., S. 359, daß nämlich nördlich von Mehlsack „sich die Reste der 18. Panzergrenadierdivision und der Heeresflakabteilung ‚Großdeutschland' erbittert gegen die Durchbruchversuche von etwa fünf sowjetischen Divisionen" wehrten, erscheint demnach ergänzungsbedürftig.

127) Kriegstagebuch des Oberkommandos der Wehrmacht a. a. O., 4. Band, S. 1100.
128) H.-H. Podzun a. a. O., S. 27.
129) Vgl. hierzu H.-H. Podzun a. a. O., S. 27; Aufzeichnungen des Dr. V. Pogorzelski a. a. O.; Hans-Ewald Helmich, Orte und Daten der Rückzugskämpfe in Ostpreußen a. a. O.; W. Hubatsch, 61. Infanterie-Division a. a. O., S. 76 f und Karte 17. – Die bei K. Dieckert – H. Grossman, Der Kampf um Ostpreußen a. a. O., zwischen Seite 126/127 gebrachte und von Werner Haupt, 1945. Das Ende im Osten (Dornheim/Hessen 1970), S. 71 schematisch übernommene Lagekarte vom 13. 3. 1945 ist zumindest dahingehend zu berichtigen, daß zwischen 61. und 292. ID. nicht die 14., sondern die 21. ID. einzusetzen ist.
130) H.-H. Podzun a. a. O., S. 27.
131) Werner Möllenkamp, Die letzte Nacht muß man wachen (Frankfurt/M. 1957).
132) Vgl. Abwehrkämpfe am Nordflügel der Ostfront a. a. O., S. 359.
133) Lothar Rendulic, Gekämpft, gesiegt, geschlagen (Heidelberg 1952), S. 352.
134) Aufzeichnungen Dr. V. Pogorzelski. – Nach General Otto Lasch, So fiel Königsberg. Kampf und Untergang von Ostpreußens Hauptstadt (München 1985), S. 129 hat Oberst Henger seinen Posten als Artillerieführer in Königsberg am 15. 3. angetreten.
135) Vgl. Abwehrkämpfe am Nordflügel der Ostfront a. a. O., S. 364.
136) H.-H. Podzun a. a. O., S. 29 f. – Podzun setzt den Angriffsbeginn irrrtümlich auf den 12. 3. an.
137) Abwehrkämpfe am Nordflügel der Ostfront a. a. O., S. 363.
138) H.-H. Podzun a. a. O., S. 30. – Ein weiterer Hinweis für den Abgang von General Goetz ist die Führung des II./GR. 45 durch Oblt. Kappis, da Goetz den bisherigen Bataillonsführer, Oblt. Kroeg, laut Podzun a. a. O., S. 32, mit sich nahm.
139) Schriftliche Mitteilung von Dr. Möllenkamp an den Verfasser vom 7. 4. 1988.
140) H.-H. Podzun a. a. O., S. 30 gibt den 16. 3 an; E. Helmich spricht von einem Nachtgefecht Rehfeld am 17./18. 3.; Dr. V. Pogorzelski datiert wohl zutreffend mit 18. 3. 1945.
141) Abwehrkämpfe am Nordflügel der Ostfront a. a. O., S. 365.
142) Notiz von Dr. V. Pogorzelski, der durch den gleichen Einschlag ebenfalls schwer verwundet wurde.
143) H. Hubatsch, 61. Infanterie-Division a. a. O., S. 77.
144) H.-H. Podzun a. a. O., S. 30.
145) Die Behauptung von Obstlt. v. Selle, daß das AR. 21 „bis zu diesem Zeitpunkt noch kein einziges Geschütz verloren hatte" (Balga-Kahlholz, in: Alte Kameraden 5/1961, S. 16) ist kaum aufrechtzuerhalten. Vgl. vielmehr: H.-H. Podzun a. a. O., S. 30 sowie die schriftliche Mitteilung von Dr. Möllenkamp an den Verfasser vom 13. 3. 1988.
146) H.-H. Podzun a. a. O., S. 31.
147) Ebenda, S. 29.
148) Abwehrkämpfe am Nordflügel der Ostfront a. a. O., S. 368.
149) Das gilt vor allem für die beiden wichtigsten Berichte über die letzten Tage bei Balga: Balga-Kahlholz, in: Alte Kameraden 5/1961, S. 16, und: Kämpfend von Heiligenbeil nach Balga, in: Ebenda 11/1960, S. 15, die beide die Ereignisse um etwa zwei Tage zu spät datieren. Wäre Oblt. Kappis tatsächlich, wie dort berichtet, erst am 31. 3. nach Kahlholz durchgestoßen, so hätte er dort niemanden mehr von der Pz. Gren. Div. „Großdeutschland" angetroffen. H.-H. Podzun a. a. O., S. 33 datiert hingegen richtig.
150) H.-H. Podzun a. a. O., S. 31.
151) Abwehrkämpfe am Nordflügel der Ostfront a. a. O., S. 370.
152) Ebenda. Vgl. auch W. Hubatsch, 61. Infanterie-Division a. a. O., S. 77.
153) Abwehrkämpfe am Nordflügel der Ostfront a. a. O., S. 371 f; und: Balga-Kahlholz a. a. O.
154) Abwehrkämpfe am Nordflügel der Ostfront a. a. O., S. 370 f.
155) Ebenda, S. 372; ferner: W. Hubatsch a. a. O., S. 77 f; und: Kämpfend von Heiligenbeil nach Balga a. a. O.

156) Vgl. Die Geschichte des Panzerkorps Großdeutschland, 3. Bd. (Duisburg-Ruhrort 1958), S. 401.
157) Ebenda.
158) Ebenda, S. 401 f.
159) Vgl. Balga-Kahlholz a. a. O. – H.-H. Podzun a. a. O., S. 33 schildert demnach diese letzten Ereignisse nicht ganz zutreffend. Kappis wurde eben nicht abgeholt.
160) H.-H. Podzun a. a. O., S. 33.
161) W. Hubatsch a. a. O., S. 78.
162) Siehe E. Lenfeld – F. Thomas, Die Eichenlaubträger a. a. O., S. 397.
163) Bezüglich der „Neuaufstellung" vgl. H.-H. Podzun a. a. O., S. 34 und W. Hubatsch a. a. O., S. 78.
164) Vgl. W. Hubatsch a. a. O., S. 78 f.
165) H.-H. Podzun a. a. O., S. 34.
166) Abwehrkämpfe am Nordflügel der Ostfront a. a. O., S. 386, Anm. 601.
167) Ebenda, S. 387.
168) H.-H. Podzun a. a. O., S. 34 f.
169) Ebenda, ferner: Abwehrkämpfe am Nordflügel der Ostfront a. a. O., S. 386.
170) Vgl. ebenda, S. 387 ff.
171) H.-H. Podzun a. a. O., S. 35.
172) Lothar Walden, gebürtig aus Heide/Holstein, hat über seine Erlebnisse bei Kriegsende und in sowjetischer Kriegsgefangenschaft einen 46 Schreibmaschinenseiten umfassenden Bericht abgefaßt, von dem dem Verfasser allerdings nur die Seiten 22 – 46 vorlagen. – Walden kehrte am 12. 5. 1949 aus der Gefangenschaft zurück.
173) H.-H. Podzun a. a. O., S. 35.
174) Abwehrkämpfe am Nordflügel der Ostfront a. a. O., S. 390 f.
175) H.-H. Podzun a. a. O., S. 35.
176) Ebenda.
177) Abwehrkämpfe am Nordflügel der Ostfront a. a. O., S. 403 ff. – (H.-H. Podzun), Der Panzergraben – ein Massengrab. Das bittere Ende in Ostpreußen. In: Alte Kameraden, 5/1970, S. 27 – Vgl. auch Heinz Schön, Ostsee '45. Menschen, Schiffe, Schicksale. (Stuttgart, 3. Aufl. 1985), S. 492 ff.
178) Vgl. Abwehrkämpfe am Nordflügel der Ostfront a. a. O., S. 408 ff.
179) H.-H. Podzun a. a. O., S. 36; Fleer – Heckmann. Die letzte Zuflucht war das Wasser. In: Alte Kameraden, 5/1965, S. 22. – Vgl. auch Geschichte der 121. ostpreußischen Infanterie-Division a. a. O., S. 308, 310 – 318.
180) Vgl. hierzu H. Schön a. a. O., S. 593 und 687 f. – Während die „Hendrik Fisser V" (meistens als „Fischer" oder „Fisher" verschrieben) mehrfach als Transportschiff für die 21. Division belegt ist, wird die „Westpreußen" in dieser Hinsicht nur von E. N. (= Ewald Nickel, ehem. AR. 21) in seinem Beitrag: Bis ein Jahr nach Kriegsende. In: Alte Kameraden 6/1980, S. 30 erwähnt. – Das bei Podzun a. a. O., S. 36 angegebene Datum für die Landung in Kiel (1. Mai) kann schon auf Grund der Schiffsbewegungen nicht stimmen. Hans-Ewald Helmich a. a. O. notierte: „4. 5. Hela, anschließend Seetransport nach Kiel", was wiederum etwas spät erscheint, aber der Wahrheit sicher näherkommt.
181) E. Nickel a. a. O. – General Koetz wurde mit 9. 5. 1945 Kommandant des Sonderbereichs OKW in Flensburg, wohin er, allem Anschein nach, auch die nach der Auflösung noch zusammengebliebenen Angehörigen der 21. Division für örtliche Ordnungsaufgaben mitnahm. Vgl. H.-H. Podzun a. a. O., S. 36 und E. Nickel a. a. O.

Kampfraum Sinjawino, Winter 1943

Gegenstoß mit Panzer-Unterstützung

15-cm Nebelwerfer am Balzerweg

Sturmgeschütz mit Stoßtrupp in der Nähe der Kirche von Sinjawino

Kampfraum Karbusell, April 1943

Vernichteter T34 vor der Stellung

Kampfraum Sumpfwald

Einsatz an der Newa, Frühsommer 1943

In diesem Zustand wurde die Stellung übernommen ...

... und so wurde sie ausgebaut

Fabrikation von „Matzky-Steinen" für den Bau von Kampfständen

Blick über die Newa auf das russische Ufer

Newa-Stellung in Nähe des E-Werks

Stützpunkt „Jundel-Höhe", September 1943

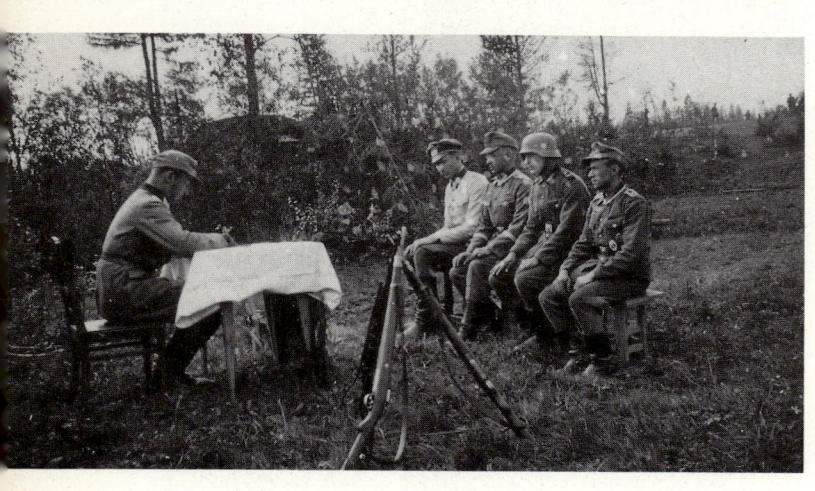

Ferntrauung des Gefr. G., GR 45, durch Rgt. Kdr.

Zwei Monate später: Hubertusjagd in Tschudowo am 4. 11. 1943: der Jagdherr Obst. Henger, Kdr. AR 21

Während der Rückzugskämpfe auf die „Panther-Stellung", Januar–Februar 1944

Gen. Matzky bei Nowosselje, Febr. 1944

GM. Senzfuß (Div. Führer) und Mjr. Eckstein (Div. Adj.) bei der Verleihung des Ritterkreuzes an Gefr. Karl Radermacher 6. GR 45 am 15. 4. 1944 bei Pleskau

Wiederum Pleskau ...

Abwehrschlacht südlich Pleskau, April 1944: Grabenposten bei Starosselje

Stellung vor „Ringdorf"(?)-Graben mit vernichtetem Panzer

Lt. Salewski, GR 3, erteilt seinen Männern den Einsatzbefehl, August 1944

Rettende Überfahrt kleiner Teile Pi.21

Erlebnisberichte

Die folgenden 39 Berichte sollen die vorausgegangene „aktenmäßige" Darstellung aus der individuellen Sicht einstiger Mitkämpfer ergänzen.

Eine Anzahl dieser Berichte ist noch während des Krieges, unmittelbar nach Abschluß der jeweiligen Kampfhandlungen, als Grundlage für eine spätere Beschreibung der Kämpfe, verfaßt worden und befindet sich heute im Bundesarchiv/Militärarchiv in Freiburg/Br.

Nach dem Krieg sind dann dazu noch private Aufzeichnungen gekommen, wie die Tagebücher des ehemaligen Divisionsarztes StA. Dr. Walter Schneider (daraus hier abgedruckt: Bericht Nr. 15, 24 und 27) und die Kriegserinnerungen des Hptm. d. Res. Claus von Kursell. Daraus hat Willy Wagemann einiges in seiner Sammlung von Erlebnisberichten unter dem Titel „Tapfer und Treu" veröffentlicht. Die nachstehenden Berichte Nr. 26, 31 und 32 sind daraus entnommen und leicht verändert sowie verkürzt wiedergegeben.

Die unter Nr. 29, 30, 33, 34, 36 und 38 von verschiedenen Autoren stammenden Schilderungen sind überarbeitete Berichte, die, oft schon vor längerer Zeit, in der Zeitschrift „Alte Kameraden" erschienen sind.

A) Polen-Feldzug

1. *„Im Kampf mit polnischen Bunkern am Narew"* (vgl. Seite 41)

Kanonier Werner Cordier, III./AR. 21, berichtet: „In der Nacht vom 9. auf 10. September 1939 erhielt mein Geschütz den Auftrag, nach vorne zu ziehen und eine Stellung einzunehmen, die den Beschuß der polnischen Bunker am Narew im direkten Richten ermöglichte. Der Marsch nach vorne verlief ohne Zwischenfälle. Doch als wir das Geschütz im Mannschaftzug in Stellung brachten, erhielten wir Artilleriefeuer. Zwischen einzelnen Einschlägen, die recht nahe lagen, gratulierte ich meinem Kameraden Richard Falk aus Mainz zum 19. Geburtstag. – Auf Befehl eröffneten wir das Feuer auf die feindlichen Bunker am jenseitigen Narew-Ufer mit Panzergranaten. Eine schwere Flak schloß sich dem Feuerzauber an. Anschließend erzwang die Infanterie den Übergang über den Narew."

Willy Wagemann, III./IR. 45, erinnert sich: „Der Versuch unserer Pak, mit gezielten Schüssen in die Sehschlitze zu treffen, mißlang; die Leuchtgranaten prallten an den Betonwänden ab und fuhren steil nach oben. Erst Sturmpioniere mit Flammenwerfern, unterstützt durch Infanterie, konnten die Bunkerbesatzungen niederkämpfen. Hierbei hatten wir mehrere Tote und Verwundete. Dabei fiel u. a. Gefr. Godinger, ein Westfale.

Es war ein heißer Tag; wir litten stark unter Durst. Der Gefr. Schwellenbach, ein Zahnarzt aus Essen, mit noch einem Kameraden, dessen Name mir entfallen ist – er war Pfarrer –, sammelten Feldflaschen, um Wasser zu holen. Im Vorfeld lag ein zerschossenes Gehöft. Man konnte mit bloßem Auge einen Brunnenrand ausmachen, der mit einer halb-mannshohen Steinmauer umgeben war. Sie wollten im Schutz von Trümmern und der Steinmauer an den Brunnen herankommen. Ein gefährliches Unternehmen, aber der Durst war größer als der Respekt vor dem Feind. Trotz Feindfeuers kamen beide an den Brunnen heran. Aufrichten konnten sie sich nicht. Eine lange Schnur hatten sie mit; liegend mußten sie eine Feldflasche nach der andern über die Mauer werfen, etwas warten, bis die Feldflasche vollgelaufen sein konnte und dann hochziehen. Es glückte, wenn auch nicht jede vollgelaufen war. Zurück ging es schneller – sie liefen aufrecht, bekamen aber sofort Feuer und mußten Deckung nehmen. Bei einem weiteren Sprung geriet unser ‚Pfarrer' in eine Abortgrube, dessen ‚Häuschen' vom Artilleriebeschuß weggefegt worden war. So stand er nun bis über die Hüften, die Hände mit den Feldflaschen hoch erhoben, in der Sch... – Trotz eingehender Reinigung hat er bis zum Ende des Feldzuges ‚gerochen'."

2. *„Erlebnisse in polnischer Kriegsgefangenschaft"*

Am 1. September 1939 geriet der Leutnant Udo Ritgen, Ordonnanzoffizier beim Stab des I./IR. 3 an der Ossa in polnische Kriegsgefangenschaft. Nach der Rückkehr aus derselben wurde er am 30. November 1939 im Divisionsstabsquartier im Sporthotel am Nürburgring durch den Gerichtsoffizier der 21. ID. dazu vernommen:

Gericht der 21. Inf. Div. z. Zt. Im Westen, den 30.
A. L. 8/39 Feldpost-Nr. 15.432

Gegenwärtig:

1) Kriegsgerichtsrat Dr. Mackel,
2) Gefreiter Czaplewski, als Protokollführer.

In der Ermittlungssache betr. Mißhandlung von Kriegsgefangenen und Behandlung von Volksdeutschen in Polen erscheint der Leutnant *Ritgen* 3. Komp./Inf.-Regt. 3, und erklärt:

Am 1. 9. 1939 wurde ich bei der Försterei Peterhof im Ossaabschnitt bei Graudenz, nachdem ich infolge eines Querschlägers bewußtlos geworden war, von polnischen Baum- und Heckenschützen (Soldaten) überwältigt und gefangen genommen. Die Soldaten gehörten der 18. poln. Division an, wie sie mir sagten:*)

Ich wurde durch einen Korporal und einige Leute zum polnischen Divisionsgefechtsstand,**) der sich südostwärts von Kgl. Dombrowken befand, zurückgeführt. Hierbei wurde ich durch poln. Soldaten die zur vorderen Linie vorgingen, mehrfach gestoßen, geschlagen und sogar bespuckt. Dies geschah bei Versuchen, mir das Hoheitsabzeichen und die Schulterstücke herunterzureißen, was ihnen trotz Gegenwehr auch gelang. Auch wurde mir nach und nach von solchen Soldaten der Stahlhelm, die Gasmaske, die Kartentasche und das Fernglas weggenommen. Die mich begleitenden Wachtmannschaften versuchten zwar, mich vor Tätlichkeiten zu schützen, konnten sich aber nicht durchsetzen. Sämtliche Soldaten gehörten vermutlich der 18. poln. Division an.

Auf dem Divisionsgefechtsstand entschuldigte sich ein poln. Oberst im Auftrage des Generals wegen der Mißhandlungen, von denen er offenbar durch den Korporal Meldung erhalten hatte. Er gab mir auch die Schulterstücke und das Hoheitsabzeichen zurück. Anschließend wurde ich durch einen poln. Hauptmann vernommen. Nach Feststellung meiner Personalien auf Grund meiner Papiere, zu deren Vernichtung ich nicht mehr gekommen war, wollte man von mir nähere Angaben über den Regts. Kdr., Nr. der Division, Panzerkräfte, Feldflughäfen und Stimmung in der Truppe haben. Da ich mich weigerte, derartige Angaben zu machen, wurden mir in dem Protokoll einfach Aussagen untergeschoben, die ich nicht gemacht hatte und die offenbar aus Kenntnissen des Nachrichtendienstes stammten. Als ich mich weigerte, das Protokoll zu unterschreiben, erklärte mir der Hauptmann, daß ich dann die Konsequenzen zu ziehen hätte, ich wisse ja, was das bedeute. Er meinte offenbar damit, daß ich erschossen werde. Trotzdem habe ich das Protokoll nicht unterschrieben. Ich habe nur ein Protokoll unterschrieben, das meine Personalien enthielt, die aus meinem Soldbuch ersichtlich waren.

Nach der Vernehmung wurde ich zur Kommandantur nach Thorn gebracht. Dort wurde ich von einem Nachr.-Offizier vernommen. Es war dies ein früherer österreichischer Kadett und Offizier, der, wie er selbst sagte, im Weltkrieg noch auf unserer Seite gefochten hatte. Dieser poln. Offizier, der im übrigen wieder die gleichen Fragen an mich stellte, nahm mir mein sämtliches Privateigentum außer Ring und Uhr persönlich ab. Obwohl ich ihn darauf aufmerksam machte, daß man mir bei der Division gesagt hatte, ich könne alles behalten, was ich jetzt noch bei mir habe, nahm er mir u. a. folgendes ab:

45,--RM Bargeld, die mir zurückgegebenen Schulterstücke u. das Hoheitsabzeichen, 1 silbernes Taschenmesser, mein Taschentuch, meine Privatpost, die Stiefelsporen mit Riemen. Er gab mir lediglich meine Erkennungsmarke wieder mit dem zynischen Hinweis, daß sie ja in Kürze ihren Zweck erfüllen werde. Auf meinen Hinweis, daß poln. Offiziere von den Deutschen bestimmt nicht derart behandelt würden, erklärte er: „Deutschland befinde sich mit Polen überhaupt nicht im Kriegszustand, da keine Kriegserklärung erfolgt sei. Wir seien also lediglich als Räuber, Mörder und Plünderer zu behandeln und nicht als Soldaten. Aus diesem Grunde komme ich auch ins Gefängnis". Ich wurde dann auch tatsächlich in das Thorner Gerichtsgefängnis gebracht, wo ich mit poln. Schwerverbrechern zusammen auf dem gleichen Flur, allerdings in einer Einzelzelle, untergebracht wurde.

In der Nacht vom 2. zum 3. 9. 1939 wurde ich von Soldaten herausgeholt und gemeinsam mit 9 bis 10 deutschen Zivilpersonen zu einem Ort in

Thorn gebracht. Auf dem Wege wurden in der Dunkelheit die Volksdeutschen von den begleitenden Soldaten mehrfach mit dem Gewehrkolben gestoßen und geschlagen. Ich persönlich erhielt einen kräftigen Schlag, vermutlich mit dem Kolben, in den Rücken, so daß ich strauchelte. Auf dem ganzen Wege mußten wir die Hände auf dem Rücken halten. Unterwegs hatte man mir gesagt, daß ich am nächsten Morgen um 6 Uhr zusammen mit 7 anderen Soldaten erschossen werden würde, und zwar als Vergeltung dafür, daß bei einem deutschen Fliegerangriff auf Thorn Zivilpersonen getötet worden seien. Die 7 anderen deutschen Soldaten, darunter ein Flieger-Leutnant Wenk aus Bodenfels Sachsen (Ritter des goldenen Spanien-Kreuzes) bestätigten mir, als ich mit ihnen zusammen war, daß sie ebenfalls 12 Stunden in diesen Stuben gehalten wären. Die Namen der anderen Soldaten kann ich noch angeben. Tatsächlich wurden wir am nächsten Morgen um 6 Uhr gemeinsam herausgeführt und in die Gegend der Latrine gebracht. Als wir nun glaubten, daß wir erschossen werden sollten, wurde uns gesagt, wir seien nur zum Waschen geführt worden, der Erschießungsbefehl aus Warschau sei noch nicht da. Die Verpflegung an diesen beiden Tagen, d. h. für den 3. und 4. September, bestand nur aus trockenem Brot und Wasser, obwohl wir am 4. 9. 39 einen Marsch von 65 km machen mußten.

In der Nacht vom 3. zum 4. September wurde ein großer Gefangenentransport von Thorn nach Wlozlawek in Marsch gesetzt. Etwa 1 Stunde vor unserem Transport ging ein Transport von etwa 80 bis 100 volksdeutschen Zivilpersonen ab, und zwar zu Fuß und von poln. Soldaten begleitet. Unser Transport bestand aus dem Flieger-Leutnant Wenk und mir, 6 deutschen Soldaten verschiedener Dienstgrade und Truppengattungen und etwa 40 Volksdeutschen. Während des Nachtmarsches hörten wir plötzlich vor uns zahlreiche Schüsse. Der unseren Transport führende Sergeant ging darauf mit uns auf ein Bauerngehöft an der Straße, wo wir die Nacht verblieben. Am nächsten Morgen trafen wir nach einem weiteren Marsch von 1 Stunde plötzlich auf den ersten Transport. Es bot sich uns ein grauenhaftes Bild. Die Polen hatten sämtliche Volksdeutsche, und zwar Frauen, Kinder und alte Männer, etwa 100 an der Zahl, größtenteils mit dem Kolben totgeschlagen, wie man deutlich sehen konnte, und den Rest erschossen. Dies war etwa 20 km südlich von Thorn. Wir sahen ferner, daß poln. Soldaten, vermutlich die Wachmannschaften, aus den anliegenden Gehöften alle Zivilpersonen, vermutlich Voldsdeutsche, und zwar Männer, Frauen und Kinder herausholten und erschossen. Es muß dies hart an der ehemaligen Reichsgrenze gewesen sein.

Auf unserem Weitermarsch fanden dauernd Mißhandlungen durch vor- oder zurückmarschierende Soldaten statt. So wurde ich persönlich aus einem haltenden Militärlastkraftwagen heraus mit einer Stange über den Kopf geschlagen. Leutnant Wenk wurde von Soldaten durch Faustschläge regelrecht niedergeschlagen. Er war Mißhandlungen besonders ausgesetzt, weil er Angehöriger der Luftwaffe war. Außerdem wurden wir dauernd von poln. Soldaten, auch Offizieren, mit beleidigenden Ausrufen wie: „Hitlerhunde, Hitlermörder" bedacht. Auch wurden häufig unsere Wachmannschaften aufgefordert, uns nicht weiterzuführen, sondern uns einfach umzulegen.

Den Höhepunkt fanden die Mißhandlungen bei unserem Einmarsch in Wloczlawek. Zunächst einmal wurden wir von der Zivilbevölkerung, die uns in Horden beiderseits begleitete, auf bereits am Wege liegende ermordete Volksdeutsche aufmerksam gemacht mit dem Hinweis, daß es uns ebenso gehen würde. Dann folgten Steinwürfe und Würfe mit Holzstücken in unsere Reihen. Ich selbst erhielt einen Steinwurf in die linke Seite. Ein Gefreiter, der vor mir ging, erhielt von einem poln. Zivilisten einen Messerstich in den Rücken. Soweit mir bekannt ist, ist er am Leben geblieben. Ein Volksdeutscher, der in der Reihe vor uns Soldaten ging, wurde, da er vor Schwäche taumelte, von einem Zivilisten kurzerhand mit der Pistole durch einen Kopfschuß getötet. Die etwa 30 Mann starke Wachmannschaft war meines Erachtens gegen den Pöbel machtlos, hat aber auch ernstlich nichts zu unserem Schutz unternommen. Ein hoher poln. Marineoffz. aus Gdingen, der dort Kommandant war und bei dem ich mich späterhin beschwerte, erwiderte, wir könnten noch froh sein, daß wir nicht alle abgeschlachtet worden wären. Er könne für nichts garantieren.

Flieger-Leutnant Wenk und Flieger-Uffz. König (Studienrat in Greifswald) wurden hier von uns getrennt und sollten angeblich nach Warschau gebracht werden. Ich habe nichts wieder von beiden gehört.

Wir wurden nun zu 8 Mann in einem kleinen Raum in einem jüdischen Lokal untergebracht. In diesem Raum befanden sich nur die blanken Wände, nicht einmal Stroh auf dem Fußboden. Er hatte auch kein Licht, da er fensterlos war. In diesem Raum wurden wir etwa 4 Tage bis zum 7. 9. 39 festgehalten. Als Verpflegung gab es einmal am Tag eine dünne Suppe, wie auch schon im Gefängnis in Thorn.

Auf unserem Weitermarsch hatten wir sämtlich ständig das Gefühl der absoluten Vogelfreiheit, da unsere Wachmannschaften uns vor Mißhandlungen von der Zivilbevölkerung nicht schützten und eine verantwortliche Stelle überhaupt nicht bestand. Es ereigneten sich zwar keine Mißhandlungen schwerer Art, aber wir wurden doch fortgesetzt mit Steinen und Schlägen durch die Zivilbevölkerung und Soldaten bedacht. Am schlimmsten war dies jedesmal in Dörfern und Städten, wo Kirchen standen und Radioapparate vorhanden waren. Dort wurden wir grundsätzlich mißhandelt. Dies ist vermutlich auf die verhetzende Propaganda zurückzuführen.

Am 12. 9. 39 kamen wir in Kutno an. Dort trafen wir mit 11 Offz. und 550 Soldaten unserer 30. Division zusammen. Dort wurden sämtliche Offiziere (11 oder 12) in einen engen Raum gesperrt, so daß einer über dem anderen liegen mußte. Man ließ uns dort nicht einmal zum Austreten aus dem Raum heraus, obwohl einige von uns, darunter auch ich, infolge der tagelangen Strapazen und schlechten Ernährung eine ruhrähnliche Krankheit hatten. Als ich mich darüber beschwerte, wurde mir von der Wache gesagt: „Scheiß Dir in die Hose, Du Hund". Auf meine weitere Beschwerde bei dem verantwortlichen poln. Hauptmann über schlechte Behandlung erklärte mir dieser, das geschehe alles aus Vergeltung, weil deutsche Flugzeuge vergiftete Schokolade und Bonbons abgeworfen hätten und Kinder u. Frauen daran gestorben seien. Er gebärdete sich ganz fanatisch und erklärte, wenn er Gelegenheit hätte, nach Ostpreußen zu kommen, so würde er dort keinen Menschen leben lassen. Auch dieser Hauptmann war ein ehem. öster. Kadett und Offz. Er gehörte dem Regiment Josef Pilsudski an. Ich würde ihn, sowie auch den Nachr.-Hauptmann in Thorn, bestimmt wieder erkennen.

Auf den nun folgenden Nachtmärschen von Kutno in Richtung Modlin mußten deutsche Soldaten mit Lungenschüssen, schweren Kopf- und Beinschüssen, so daß sie keine Stiefel anziehen konnten, zu Fuß gehen, obwohl reichlich Panjewagen vorhanden waren. Leute, die dabei vor Schwäche und Ohnmacht umfielen, wurden von den Begleitmannschaften mit Kolbenschlägen und Seitengewehrstichen wieder hoch getrieben. Ich nehme an, daß sie, wenn sie liegen blieben, einfach totgeschossen wurden, da es hinter uns häufig knallte und wir die betr. Leute nie wieder sahen. Selbst gesehen habe ich dies aber nicht, d. h. die Erschießung.

Bemerken möchte ich noch, daß die Verbände der Verwundeten während der ganzen Zeit nicht erneuert werden konnten, obwohl wir einen deutschen Ass.-Arzt bei uns hatten. Bei dieser Gelegenheit möchte ich noch erwähnen, daß mir der Nachr.-Hauptmann in Thorn auch mein Verbandspäckchen abgenommen hatte, mit dem Bemerken, daß ich es nicht mehr brauche.

Am 16. 9. 39 schlug ein poln. Hauptmann oder Major einer Art. Abt. in der Gegend von Itow an der Weichsel mit einer schweren Reitpeitsche auf einen schwerverwundeten Oberfeldwebel und einen schwerverwundeten Offz. derartig ein, daß sie niederbrachen. Der Grund hierfür war, daß sie Äpfel angenommen hatten, die ihnen von Kindern am Wege gereicht wurden. Verantwortlich für den ganzen Transport war der obengenannte Hauptmann vom Pilsudski-Regt., der sich jedoch niemals sehen ließ.

Am Sonntag, den 17. 9. 39, ebenfalls in der Gegend von Itow, wurde der bei uns befindl. Ass.-Arzt Dr. Hagelberg (Schönberg/Holstein) von Polen in ein etwa 2 km entferntes Waldstück gerufen, um dort 2 poln. verwundete Offiziere zu verbinden. Er ging auch mit und verband die Offiziere. Auf dem Rückweg schossen die Polen hinter ihm her, ohne ihn jedoch zu treffen. Er kam völlig ermattet bei uns an. Bemerken möchte ich noch, daß mir einer von unseren Soldaten erzählt hat, daß auf dem Transport von Thorn nach Wloczawek poln. Soldaten einem volksdeutschen Mädchen die Brüste abgeschnitten hätten, ihr das Herz herausgerissen und es ihr an einem Bindfaden um den Hals gehängt hätten.

Am 18. 9. 39 gegen 10 Uhr vormittags konnten wir uns mit Hilfe von deutscher Infanterie endlich befreien.

Abschließend erkläre ich, daß sich am grausamsten die gesamte Zivilbevölkerung von Wloczlawek gegen uns benommen hat.

Durch die tagelange schlechte Behandlung und Verpflegung trotz langer Märsche war der Gesundheitszustand unserer Leute geradezu erbarmungsmäßig. Auch sonst sind im übrigen noch kleine Schikanen und Quälereien vorgekommen, so z. B., daß die Mannschaften zwei Nächte lang auf dem Marsch nach Kutno, mit durch Stricke gefesselten Händen, gehen mußten.

     selbst gelesen, genehmigt und unterschrieben:
          Udo Ritgen

Der Zeuge wurde vereidigt.   geschlossen: Dr. Mackel, Czaplewski

(BA/MA, RH 2/v. 53, S. 99)

Vgl. hierzu: Alfred de Zayas, Die Wehrmachtsuntersuchungsstelle, Unveröffentlichte Akten über alliierte Völkerrechtsverletzungen im 2. Weltkrieg, 3. Aufl. München 1980, S. 242.

*) Tatsächlich war es aber die 16. Division.
**) Es war gewiß *nicht* der Div. Gef. St., allenfalls der des Inf. Fü. d. 16. Div.

B) West-Feldzug

3. „Unser erster Einsatz im Westen bei Rethel"
von Unteroffizier Semrau, 8./Art. Rgt. 21, gefallen als Leutnant und V. B. im September 1941 beim Übergang über die Ishora in Richtung Sluzk (Vorstadt von Leningrad). (Vgl. Seite 70)

„In der Nacht zum 18. 5. 1940 haben wir uns in dem harten Kalkboden eingegraben. Wir lagen auf seinem sanft abfallenden Hang. Beim Morgengrauen erschienen vor uns die Umrisse von Rethel. Nicht unbekannt war uns dieser Name. Unsere Väter hatten uns von dort erzählt. Sie haben hier schon im 1. Weltkrieg gestanden. Heiße Kämpfe müssen es damals gewesen sein. Der Heldenfriedhof war uns Beweis.

Am 19. Mai, 16.00 Uhr, sollte der Angriff beginnen. Wir hatten uns auf bestimmte Ziele eingeschossen. Die Angriffszeit rückte immer näher. Rechts vor uns stand die Infanterie angriffsbereit. Alles war aufs äußerste gespannt. ‚Feuerüberfall der Abteilung in 2 Minuten . . . Achtung – jetzt!' Die Stoppuhren liefen. Noch 30 Sekunden . . . 20 Sekunden . . . 10 Sekunden . . . noch 5 Sekunden – 4 – 3 – 2 – 1 – Aufschlag! Die Hölle hatte sich beim Feind aufgetan! Unter diesem starken Feuerschutz ging die Infanterie zum Angriff vor. Mit Angriffsbeginn eröffneten auch die schweren Infanterie-Waffen das Feuer. Nachdem der Stadtrand erreicht war, wurde das Artilleriefeuer vorverlegt; der Kampf Mann gegen Mann war entbrannt. Der Franzose verteidigte sich hartnäckig; tief eingegraben hatte er den Angriff erwartet. Meter für Meter mußte sich die Infanterie vorankämpfen.

Die vordersten Teile der Infanterie waren von der B-Stelle aus bald nicht mehr zu erkennen. Da erhielt ich den Befehl, mit meinen Funkern die Verbindung zur Infanterie wieder herzustellen. Zum ersten Male sollte ich am Kampf in vorderster Linie teilnehmen.

Für mein Vorgehen wählte ich eine Mulde, die sich rechts von der B-Stelle bis kurz vor Rethel erstreckte. Bald mußte ich aber erkennen, daß es unmöglich war, auf diesem Weg voranzukommen. Wie ich später feststellen konnte, war ich von der Feindseite einzusehen. Ich mußte aber nach vorne, die Infanterie brauchte Feuerunterstützung, und die Batterie benötigte zum wirkungsvollen Schießen den Verlauf der vordersten eigenen Linie. Links – zur Chaussee hin – fiel das Gelände ab. Dort – im Straßengraben – war ich wenigstens vor Infanteriegeschossen sicher. Nach etwa 500 m traf ich auf die anderen V. B. der Abteilung, die gleich mir Deckung gegen das Feindfeuer gesucht hatten. Rasch ging es jetzt bis zur Straßengabel kurz vor Rethel, die unter feindlichem Artilleriefeuer lag. Nach wenigen Sprüngen hatte ich diese gefährliche Stelle überwunden und erreichte den mir befohlenen Ort. Beim Eingraben hatten wir bald das Aussehen von Mehlsäcken. Hier befand sich auch der Btl. Gef. Std. der Infanterie. Ich meldete mich beim Btl. Kdr. und bat um Unterrichtung über die Lage.

Der Angriff war wegen der hereinbrechenden Dunkelheit zum Stehen gekommen. Die Stadt war zum größeren Teil in eigener Hand; nur der Südteil war noch in franzӧs. Besitz. Das Btl. richtete sich für die Nacht zur Verteidigung ein. Über Funk meldete ich Einzelheiten an die Batterie. Auf Befehl kehrte ich zur Haupt-B-Stelle zurück.

In der Frühe des 20. Mai war ich wieder vorne und schaffte mir zunächst sichere Grundlagen. Ein Melder der links eingesetzten Kp. bat um Feuerunterstützung gegen 2 feindliche MG in den Häusern vor Sault. Nach dem Feuerkommando über Funk meldete der Funker ‚abgefeuert'. Der Einschlag lag etwas zu weit links; ‚Korrektur – 1 Gruppe!' Eine Granate saß genau im Haus, eine zweite dicht davor. Die beiden MG schwiegen. Alle Batterien feuerten jetzt ununterbrochen auf erkannte Ziele. Aber die Franzosen hatten inzwischen unsere B-Stelle und den Btl. Gef. Std. erkannt und schossen mit allen Kalibern. Zum Glück hatten wir uns gut eingegraben. Ein Granatsplitter prallte an einem Mantelknopf ab und zerriß nur den Mantel. – Dann kam der erwartete Gegenangriff der Franzosen. Mit bloßem Auge erkannte man, wie sie auf uns zukamen.

Noch waren die Franzosen nicht nahe genug heran, um das Feuer der Infanterie zu eröffnen. ‚Warum schießt die Artillerie nicht?' hörte ich den Btl. Kdr. rufen. ‚Ich habe noch kein Feuer frei!' Das Feuerkommando war aber in der Batterie. Später brachte ich in Erfahrung, daß die Batterien von der Abteilung zusammengefaßt waren, um an anderer Stelle zu wirken. Immer näher kam der Feind. Endlich kam „Feuer frei!" Sekunden später heulten die Granaten in den Feind; wenige Gruppen hatten genügt, um den franzӧs. Gegenangriff zusammenbrechen zu lassen."

4. „Schweiß spart Blut – Erinnerungen an Rethel"
von Leutnant der Reserve Helmut Damerau, 3./Inf. Rgt. 24.

„Die Kämpfe um Rethel dauerten vom 21. Mai bis zum Durchbruch durch die Weygand-Linie am 9./10. Juni 1940. Es war den franzӧs. Pionieren gelungen, die Aisne-Brücken kurz vor unseren Stoßtrupps zu sprengen; so blieb nur der Nordteil der Stadt in der Hand des Regiments, der Südteil noch für 18 Tage im Besitz der Franzosen. Täglich gab es Verluste, meist tödliche Kopf- oder schwere Bauchschüsse. Melder, Essenholer, einzelne Offiziere und Ablösungen waren am meisten betroffen. Die Franzosen beobachteten genau und schossen nach jedem Geräusch und auf jeden Schatten. Wir hatten den Eindruck, daß dies z. T. mit eingebauten Gewehren und MG geschah. ‚Schampus' war reichlich vorhanden, Wasser jedoch Mangelware. Gelegentlich wurden daher auch Rasur und Zahnpflege mit Champagner ausgeführt. In ein solches ‚Badefest' war ich bei Hptm. Mischel geraten. Wenige Stunden später war mein Gastgeber gerade an der Stelle gefallen, vor der er mich besonders gewarnt hatte. Wir beerdigten ihn am Abend auf dem Friedhof von Rethel, wo sich zahlreiche frische Gräber unseres Rgt.'s an die alten gefallener deutscher Soldaten aus dem 1. Weltkrieg anschlossen. Bei einem Erkundungsgang traf ich hier später einen Art. Uffz. vor dem Grab seines gefallenen Vaters. Den Ehrensalut zu Hptm. Mischels Begräbnis schoß die französ. Artillerie. Ihr Störungs- und Streufeuer lag in unregelmäßigen Abständen meist auf den Zugangsstraßen und markanten Geländeabschnitten. Die HKL in den Kellern und Gartenlöchern an der Aisne war daher begehrter, als Eingreifreserve zu sein. Rethels Sekt- und Weinvorrat hatte sich herumgesprochen; so kamen am hellen Tage 2 Lkw zum ‚Empfang', der ihnen in Gestalt meines Donnerwetters und nahe einschlagender Granaten nachdrücklich zuteil wurde. So schnell habe ich Lkw nie mehr wenden und verschwinden sehen! Am unangenehmsten waren jedoch das Brüllen und Stöhnen der vielen, durch Splitter getroffenen oder an verdickten Eutern leidenden Kühe in den nahen Weidegärten. Soweit wie möglich wurde durch Melken oder Fangschuß geholfen. Oft genug riskierten die Helfer dabei ihr Leben. – Für die bevorstehende Offensive war die Kp. etwa 1,5 km nach rückwärts in ein lichtes Wäldchen verlegt worden. Nach Rückkehr von den Kalkbergen, wo mich auf seiner B-Stelle der MGK-Chef, Hptm. Schwender (gefallen 1944 als Oberst und Eichenlaubträger), über Beobachtungsergebnisse unterrichtet hatte, fand ich bei meiner Kp. eine kleine Sommerfrische vor: Gefechts- und Gepäcktroß waren eingetroffen, Marketenderware ausgegeben worden, Pullen kreisten und Karten knallten auf provisorische Tische – nur die Panzerdeckungslöcher fehlten! Ich unterbrach das Idyll, zwang sie alle an den Spaten und ruhte nicht eher, bis jeder ein tiefes, schmales Deckungsloch vorweisen konnte. Um Mitternacht rauschte der erste Feuerüberfall heran; noch zwei besonders starke folgten, der letzte im Morgengrauen. Obwohl zahlreiche Einschläge mitten in der Kp. lagen, waren außer einigen Hautabschürfungen bei eingedrückten Deckungslöchern keine Verluste eingetreten. Doch war fast der gesamte Pferdebestand – auch das Reitpferd – dieser Nacht zum Opfer gefallen, während die Gefechtsfahrzeuge und der Lkw stark beschädigt wurden. Ich brauchte jedoch später nie mehr an den Spaten zu erinnern! – Als wir am 9. Juni das von Nebel eingehüllte, deckungslose Gelände durchrasten, um im wütenden Abwehrfeuer die Aisne in Schlauchbooten zu überqueren, landete ich bei der Verbindungsaufnahme zur MGK bei einem ostpreuß. Soldaten, der eifrig „Wurzeln grub". Ich lobte ihn, worauf er fast wörtlich sagte: „Herr Leutnant, es ist doch schade, daß wir den Franzosen den A . . . vollhauen müssen, aber wenn's halt sein muß, denn man schnell!" Lachend erwiderte ich, daß er damit wohl unbewußt die Meinung des ganzen Heeres ausgesprochen habe."

5. „Ein Stoßtruppunternehmen"
von Leutnant Hans Rübener, III./Inf. Rgt. 3 (vgl. Seite 40).

„Wir lagen an der Weygand-Linie vor der Aisne, im Rethel-Abschnitt. Die Stellung der Franzosen bestand aus dem Fluß Aisne und dem dahinter liegenden Kanal. Von da aus stieg das Gelände leicht an und bot dem Feind gute Möglichkeiten zur Verteidigung. Nachdem der Kampf im Norden Frankreichs siegreich beendet war, sollte es auch bei uns wieder losgehen. Der Angriff bei uns sollte in Stoßtrupps erfolgen. Mein Chef hatte mich nach der Karte und Luftbildern eingewiesen und befohlen: ‚Sie führen den rechten Stoßtrupp und nehmen die Schleuse am Kanal. Dann stoßen Sie weiter vor und sichern nach rechts... Vom Gelingen Ihres Unternehmens hängt der weitere Verlauf des Angriffs ab.'

Am 9. Juni 1940, 04.45 Uhr, sollte der Angriff beginnen. Noch im Dunkeln rückte ich mit meinem Stoßtrupp in die Sturmausgangsstellung, einen Graben, 150 m von der Aisne entfernt. Die Artillerie sollte um 04.45 Uhr das Feuer eröffnen; 10 Minuten später sollten wir angreifen und die Feuerwalze der Art. vorverlegt werden. Bis zum Angriffsbeginn – noch 1 Stunde – hingen die einen ihren Gedanken nach, andere schliefen. Ich selber döste vor mich hin. Meine Männer hatte ich soweit wie möglich in alle Einzelheiten eingewiesen.

04.45 Uhr – die nächtliche Stille wurde jäh zerrissen, es heulte, zischte und krachte. Für uns Infanteristen klang das Feuer der Artillerie wie Musik! 04.55 Uhr – jetzt wanderte das Feuer weiter feindwärts. ‚Stoßtrupp Rübener auf, marsch, marsch!' Vor uns war dichter Nebel, durchsetzt mit dem Qualm des eigenen Art. Feuers. Die Sicht betrug etwa 5 Schritt. Unser Sturm ging in diesen Nebel hinein. Meine Soldaten, mit Schlauchbooten und anderem schweren Gerät beladen, liefen was das Zeug hielt. Jetzt war die Aisne erreicht. ‚Pioniere mit den Floßsäcken hier her!' Sie waren aber noch nicht da... Ich schrie, brüllte – vergeblich. ‚Los, die kleinen Boote her, rein und rüber!' – Wenn doch bloß die Pioniere kommen würden – wo blieben diese... nur? Endlich waren sie da. ‚Na los, Beeilung! Wo fahrt Ihr denn bloß hin, mehr links halten!' Wir trieben mit dem Strom ab. Aber gleich mußten wir das jenseitige Ufer erreicht haben – verdammt – zu steil. Die richtige Stelle war verpaßt. ‚Ich ersaufe, ich kann meine Kästen nicht mehr halten' schrie ein Nichtschwimmer. ‚Maul halten – hier – faß an mein Koppel' schrie ich ihn an.

Wir waren auf der Feindseite des Flusses, aber nur ein kleiner Teil meiner Männer war bei mir. ‚Alles, was hier ist, mir folgen!' Wir erreichten zunächst den 50 m vor uns liegenden Waldrand. Dort sicherte ich und wollte den Rest meiner Leute abwarten. ‚Alles da?' ‚Nein, noch nicht!' ‚Sofort 2 Mann zurück, den Rest holen!' Nach einigen Minuten: ‚Jetzt alles da?' ‚Nein, es fehlen immer noch welche!' ‚Egal, los – wie eingeteilt folgen!'

Unsere Artillerie schoß und die eigenen schweren Waffen ebenfalls. Weiter hinein in den Nebel. Meine MPi schußbereit, dicht gefolgt von meinen Männern, stürmten wir ins Ungewisse. Plötzlich ein Strauch, dahinter Stimmen. ‚Kennwort?' ‚Hier Stoßtrupp Edse!' – Weiter. Jetzt muß doch gleich der Bahndamm kommen, der vor dem Kanal liegt. Plötzlich dichtes Strauchwerk vor mir – ich will hinein. Da blitzte unmittelbar vor mir Mündungsfeuer eines MG auf – die Garbe ging an mir vorbei und traf meinen tapferen Melder. Handgranaten – Wurf! ‚Weiter, folgen!' Wo ist bloß diese verdammte Schleuse? Links von uns eigenes MG-Feuer und Rufe: ‚Hier Stoßtrupp Edse.' Also der war auch schon da. Wir wetzen über den Bahndamm bis zum Kanalufer und schon sitze ich bis zu den Hüften im Modder. Meine beiden Begleiter ebenso. Ein Dritter hat noch festen Boden und hilft uns heraus. Ich bin gerade im mitgeführten Boot und stoße vom Ufer ab – da schreien meine Männer, die noch am Ufer lagen: ‚Herr Leutnant, die Schleuse liegt rechts!' ‚Los, rüber!' brülle ich ihnen zu. Sie stürzen über die Schleuse und kommen zu mir gerannt. ‚Hier den Steilhang rauf!' Wir waren kaum oben, da flogen uns Handgranaten entgegen. ‚Weiter, nix wie weiter!' – Feuer von rechts, Verwundete schreien, der Feind schießt wie wild. Hier fällt die Entscheidung! ‚Weiter, nur weiter, drauf und dran bleiben!' Einer schreit: ‚Rechts Bunker!' ‚Feuer!' Einige Leuchtspurgeschosse trafen die 20 m entfernten Scharten. ‚Handgranaten, Feuer, vorwärts!' ‚Weiter rechts noch ein Bunker!' ‚Feuer, Feuer und weiter, weiter!' – Wir erreichten ein Kornfeld und erhielten Feuer von halbrechts. Am Strohschober saßen die Burschen, links an der Straße ebenfalls. – ‚Wie stark sind wir eigentlich noch?' ‚Noch 6 Mann, Herr Leutnant.' Können wir uns hier noch halten? Wir müssen! Ich befehle einem Melder der Kp., der eben zu uns gestoßen ist, Verbindung mit dem Chef aufzunehmen – jeden Augenblick kann der Gegenstoß des Feindes kommen; wir bedürfen dringend der Unterstützung. Der Melder läuft los – wirft die Hände hoch und fällt um – getroffen! ‚Einer hin, ihn verbinden!' – Ein zweiter Melder kommt nicht wieder. Jetzt versuchte ich selbst, Verbindung aufzunehmen und Unterstützung zu suchen – meine paar Mann übergebe ich dem einzigen bei mir weilenden Unteroffizier. Nach einigen Schritten sah ich 2 meiner Männer verwundet liegen. Dem einen war beim Verbinden seines schwer verwundeten Kameraden ein Finger halb weggeschossen worden. Er war dabei, sich selbst zu verbinden und empfing mich mit folgenden Worten: ‚Herr Leutnant, der Ob. Gefr. M. hat einen Becken- und einen Oberarmschuß. Mir haben sie beim Verbinden den halben Finger abgeschossen. Wir bekommen ständig Feuer von rechts. Würden Herr Leutnant so freundlich sein und mir meine Pfeife und mein Feuerzeug aus der Tasche holen?' Der hatte die Ruhe weg! Ich setzte meinen Weg fort und fand den Btl. Gef. Std., der den Kanal bereits überschritten hatte. Hier bekam ich Unterstützung für meinen klein gewordenen Stoßtrupp, mußte ihn dann aber allein lassen, weil ich eine führerlos gewordene Kompanie zu übernehmen hatte."

6. *„Die Artillerie bei Rethel"*
von Unteroffizier Walter Entz, 6./Art. Rgt. 21, Anfang August 1944 als Oblt. und Battr. Chef 8./AR. 21 gefallen.

„In der Feuerstellung vor Rethel am 9. Juni 1940, kurz vor 04.45 Uhr. Angespannt blickten die Geschützführer und Kanoniere zum Bttr. Offz.; alle vier Geschütze waren feuerbereit – noch 30 sec. – noch 20 – 10 – ‚Batteriiie – feuern!' Abgefeuert! –

Sonntag war es – vier Wochen nach dem Antreten zum Kampf im Westen. Neben uns, hinter uns – überall standen die Batterien, leichte und schwere, und jagten ihre Geschosse gegen den Feind. Erst in dieser Nacht haben die Letzten ihre Feuerstellungen bezogen – es hatte ein gewaltiger Aufmarsch der Artillerie stattgefunden für den Angriff, der nun begann.

05.00 Uhr: Seit 15 Minuten rauschte unser ‚Segen' auf den Feind. Immer neue Ziele hatte der Chef endeckt, die es zu bekämpfen galt. Inzwischen waren die Franzosen aufgewacht. Ihr Feuer lag gut. Schießen konnte die französ. Artillerie, das war schon im 1. Weltkrieg so. B-Stelle und Feuerstellung lagen jetzt unter Beschuß. Doch das Feindfeuer wanderte weiter und verstummte schließlich – wir hatten keine Verluste.

Der Franzmann konzentrierte anschließend sein Feuer auf die Straße, die auf ihn zu führte, wo die Infanterie beiderseits in den Gräben kauerte und auf den Befehl zum Angriff wartete. Vorerst aber räumten sie ihre vorderste Stellung, um unnötige Verluste zu vermeiden.

05.50 Uhr: Wechsel des Zielraums um 160 Strich. Die vier Rohre wurden parallel gestellt, der Feuerkampf ging weiter. Trotz Feindeinwirkung hatte alles geklappt – wie zu Hause.

Anschließend mußte ich zur B-Stelle zurück. Die Straße, auf der ich im Morgengrauen die Feuerstellung erreicht hatte, sah böse zugerichtet aus. Die französ. Art. hatte ihr ‚Gewalt angetan'. Auf dem Weg nach vorn traf ich unsere Fernsprecher auf Störungssuche. Ich legte mit Hand an, schnell wurde die Leitung geflickt, die Verbindung B-Stelle – Feuerstellung war wieder hergestellt. Unsere B-Stelle war in einem betonierten Unterstand aus dem 1. Weltkrieg untergebracht. Er bot uns Schutz vor dem Feindfeuer; die Splitter eines Granateinschlags in unmittelbarer Nähe konnten uns nichts anhaben.

Seit meinem Eintreffen auf der Haupt-B-Stelle beobachtete ich mit dem DF die mir zugewiesenen Räume. Der Chef stand am Scherenfernrohr und leitete das Feuer der Bttr. Im Freien befand sich nur noch ein Uffz., der den Fernsprecher bediente; alle anderen arbeiteten im Bunker unter Betonschutz. Auf sich bewegenden Feind wurde mit Abprallern geschossen. Die Wirkung war verheerend. Nur wenige gelangten unverletzt an ihr Ziel, den Rand des Dorfes Acy. Jedes sich bietende Ziel wurde bekämpft.

Die Sonne brannte heiß an diesem Frühsommertag. MG-Nester und Stellungen schwerer Waffen wurden laufend aufgeklärt und anschließend bekämpft. Wir durften nicht müde werden, auch wenn der Schweiß rann und Feuerpausen ausblieben. Die Infanterie bedurfte ständig der Unterstützung. Eine Feindwaffe nach der anderen wurde zum Schweigen gebracht.

Aus weiter zurück liegenden Feuerstellungen schoß der Feind mit schweren Kalibern nach Rethel. Zahllose Häuser sanken – von ihrer eigenen Artillerie getroffen – in Schutt und Asche. Teilweise traf er seine eigene Infanterie. Bis zu unserer B-Stelle reichte sein Feuer anscheinend nicht. Die Brände in der Stadt wüteten und zerstörten, was nicht schon unmittelbar getroffen worden war. Auch als es dunkelte, ging der Kampf weiter. Da jedoch

Ziele vorerst nicht mehr erkannt werden konnten, befahl der Chef ‚Feuerpause'. Mit einem Kameraden übernahm ich die erste Wache; dabei mußte ständig weiter beobachtet werden, um Überraschungen vorzubeugen. Die lodernden Brände verbreiteten ein gespenstiges Licht, das aber die Beobachtung erleichterte.

Bald nach Einbruch der Dunkelheit befahl der Abt. Kdr. die Vorkommandos der Batterien an einen Treffpunkt. Der Kdr. und die Chefs mit ihren Gehilfen erkundeten in der Nacht die neuen Feuerstellungen und bereiteten sie vor. Im Morgengrauen des 10. Juni machten die Geschützstaffeln Stellungswechsel und zogen bei Nanteuil über die Kriegsbrücken, die von den Pionieren über die Aisne und den Kanal geschlagen worden waren. Ein neuer Kampftag stand uns bevor."

7. „Der Sturm auf die „Tunnelhöhe" bei Rethel – Erinnerungen an die Kämpfe an der Aisne"
von Oberleutnant Udo Ritgen, Chef 3./Inf.-Rgt. 3 (vgl. Seite 75).
„10. Juni 1940 – 01.30 Uhr. In den Gräben beiderseits der Straße Rethel, Avonçon im Brückenkopf über die Aisne – tags zuvor in hartem Kampf genommen – lagen die vordersten Teile meiner Kp. Nichts regte sich. Tau bedeckte die Zeltbahnen der Soldaten und ihre Waffen. Halblaut fragte eine Stimme: ‚Wo ist der Chef?' Der ‚Spieß' war mit Verpflegung und Munition nach vorn gekommen. Seit 2 Tagen endlich wieder warmes Essen. Alles war aus dem Halbschlaf erwacht; die heiße Suppe schmeckte und wärmte die fröstelnden Körper der Männer. Wenig später traf der Befehl zum Angriff ein; Beginn: 06.00 Uhr.

Um 05.50 Uhr eröffnete die Artillerie mit einem Feuerüberfall den erneuten Kampftag. Keine Reaktion ‚drüben'; die Spähtrupps hatten keine Feindberührung gemeldet; offensichtlich hatten die Franzosen ‚abgebaut'. – Das Btl. trat an, die Kp. am linken Flügel des Regiments mit Angriffsziel Perthes. Breit gegliedert und tief gestaffelt – wie auf dem Übungsplatz – wurden die nassen Wiesen und feuchten Getreidefelder durchschritten; bis zum Koppel waren alle bald durchnäßt. Das wellige Gelände – von kleinen Waldstücken durchsetzt – bereitete keine Schwierigkeiten. Kein Schuß fiel – es war geradezu unheimlich. Wohin man sah – vorgehende deutsche Infanterie.

Die Kp. näherte sich den steil gegen uns abfallenden Steinbrüchen. Eine quer verlaufende Straße wurde noch überschritten – dann brach es gegen uns los. Die Franzosen hatten uns herankommen lassen und eröffneten nun von den beherrschenden Höhen – darunter verlief der zweigleisige Eisenbahnstrang aus einem Tunnel – mit allen Waffen das Feuer. Wie der Blitz lag alles flach. Die Stellungen des Feindes auf dem Höhenrand waren gut getarnt und nicht zu erkennen – wir aber auf der freien Fläche lagen zunächst einmal fest. Die Lage war höchst ungemütlich. Die ersten Verwundeten riefen nach den Sanitätern. Im hohen Klee und Getreide sahen wir einander nicht. Wer sich bewegte oder aufrichtete, erhielt sofort gezieltes Feuer. Dennoch konnten die zugeteilten schweren Waffen das Feuer eröffnen. Meter um Meter arbeitete sich die Kp. vor; nach 1½ Stunden waren 200 m (!!) gewonnen und – Gott sei Dank – fanden wir hinter einem Erdwall etwa 100 m vor der Eisenbahnlinie notdürftig Schutz gegen das feindliche Infanteriefeuer. Hier sammelte ich die Kp. und ließ verschnaufen. Der Anschluß nach beiden Seiten aber war weg; wir allein auf weiter Flur. Entlastung verschaffte uns das heftige Feuer aller schweren Waffen des Btl's, das auf den feindlichen Stellungen lag.

Die Überwindung des offenen Geländes bis zum Erdwall hatte schmerzliche Ausfälle gekostet. Vor uns lag dieser Koloß von Berg; auch nach hinten bestand keine Verbindung mehr, sie wieder herzustellen war unmöglich. Meine drei Zugführer befanden sich bei mir. Meine Beurteilung der Lage ergab: Weiter angreifen! Der links eingesetzte Zugführer meldete weniger Feuer gegen seinen Zug; also war hier offenbar die ‚weiche' Stelle beim Feind! Der linke und der mittlere Zug – hintereinander mit 80 m Abstand als Stoßtrupp eingesetzt – sollten unter dem Feuerschutz des rechten Zuges den Angriff fortsetzen. Glücklicherweise konnte das alles in Deckung vorbereitet und organisiert werden.

Auf allen Gesichtern lag Spannung und Ernst. Bis zum Fuß des Steilhanges – dem ‚Tunnelberg' – waren es 200 m, in der Mitte verlief der Schienenstrang. Aus allen meinen Männern sprach die Entschlossenheit, den Berg zu nehmen, den Feind von dort oben zu vertreiben. Die Erinnerung an meine prächtigen Soldaten in diesen Minuten hat sich bei mir eingegraben – ich war stolz, ihr Führer zu sein! Im Feuer der schweren Waffen des Btl's. stieß der rechte Arm zweimal in die Luft – die 60 Mann des ersten Stoßtrupps sprangen auf und stürmten vorwärts – über den Bahndamm, am Bahnwärterhaus vorbei – dann war der Fuß des ‚Tunnelberges' erreicht. Dort war etwas Deckung nach oben gegeben. Ein MG nach rechts gegen den Tunneleingang in Stellung gebracht – da jagte auch schon der zweite Stoßtrupp heran und nutzte gleichfalls die spärliche Deckung. Ein wenig verschnaufen – dann ging es weiter hangaufwärts; keine Zeit war zu verlieren. Auf halber Höhe Buschwerk – hindurch – keuchend und hechelnd arbeitete sich jeder voran. Von rechts, aus den Steinbrüchen, Flankenfeuer. Einer der besten Gruppenführer, schon in Polen verwundet, wurde schwer getroffen. Im Verbluten waren seine Worte: ‚Grüßt den Oberleutnant und vergeßt nicht meine Braut!' Nach weiteren Ausfällen, nun schon auf der Höhe, Feuer von vorn; alles preßte sich an den Boden – ein Bunker! Mit aufgepflanztem Seitengewehr stürmten die Vordersten darauf zu – plötzlich ein Freudengeheul – ‚Sie reißen aus – Schießt – Feuer frei!' Stehend freihändig, kniend schossen sie – es war unfaßbar – die Franzosen liefen davon!!

Unmittelbar vor uns spritzte die Grasnarbe auf – das waren unsere sMG weit hinter uns – sie hielten uns, die wir vorstürmten, für zurücklaufende Franzosen. Man hatte uns noch nicht erkannt. Was tun? – Es half nichts – der eigene Sturm mußte eingestellt werden. Mein Ruf: ‚Alles volle Deckung!' zwang die Männer zu Boden. Meine Befürchtung in dieser Lage trat ein: Die Franzosen unterbrachen ihre Rückwärtsbewegung, setzten sich wieder fest und feuerten erneut auf uns; auch aus beiden Flanken erhielten wir plötzlich Feuer – dazu der Beschuß durch die eigenen sMG von hinten – wir Vordersten befanden uns in einem wahren Hexenkessel!! Die Gefahr, an dieser Stelle aufgerieben zu werden, wuchs von Minute zu Minute. Was sollte ich denn nur tun? In dieser Not sprangen zwei meiner Melder herbei. Einer hatte die gerollte Reichskriegsflagge unterm Arm – 7 m lang und 1,50 m breit. ‚Herr Oberlautnant, wir werden die Fahne schwenken, das müssen sie hinten sehen!' Ja – aber das – das brachte diesen beiden Tapferen den sicheren Tod. Aufstehen, schwenken – Wahnsinn bei diesem Feuer von allen Seiten. Die beiden gehörten zu den schneidigsten und zuverlässigsten Männern meiner Kp. Aber es war die einzige Möglichkeit, das Leben von Dutzenden tapferer Soldaten zu retten. Es mußte versucht werden. ‚Los! Hoch!' Da sprangen sie auf, der Wind blähte das leuchtende rote Tuch, unsere Kriegsflagge entfaltete sich – war weithin zu sehen. Heben – schwenken – senken – und wieder: heben – schwenken – senken!! Der Franzose schoß auf diese todesmutigen Männer wie wild – um sie herum spritzte die Erde auf – aber davon unbeeindruckt schwenkten diese beiden unsere Flagge. Wie lange – ich weiß es nicht mehr – aber ihr Ausharren in höchster Gefahr hatte sich gelohnt – der schwere Beschuß von hinten erlosch – dann wanderte er weiter vorwärts. Sie wurden – ein Wunder – nicht getroffen. Alles atmete auf – man hatte uns hinten erkannt. Der Angriff wurde fortgesetzt – kurz darauf war die Höhe in unserer Hand! –

Niemand, der das erlebt hat, wird dies und diese beiden tapferen Soldaten je vergessen. Unsere ‚Kriegsflagge vorderster Linie', unser Symbol für Kampf und Sieg, wurde durch ihre Todesbereitschaft geweiht. Ihr Lohn: Das Eiserne Kreuz und unser aller Dank! –

Der feindliche Widerstand war gebrochen, eine ganze Kompanie gefangen. Das Btl. stieß weiter gegen Perthes, das befohlene Angriffsziel, vor. Im Verein mit dem II. Btl. drangen gegen 16.00 Uhr die ersten Stoßtrupps in den hartnäckig verteidigten Ort ein. Nach schwerem Häuserkampf, im Zusammenwirken mit einer 8,8 cm Flak-Bttr., war Perthes gegen 22.00 Uhr genommen; 400 Gefangene blieben in unserer Hand. Am Ende eines langen und schweren Kampftages stand unser Sieg über einen tapferen Feind."

8. „Sanitääter – Sanitääter ... !!"
von Willi Böhrensen, Musikkorps/Inf. Rgt. 3.

10. Juni 1940. Gegen 14.00 Uhr trat das II./Inf. Rgt. 3 zum Angriff auf Perthes an. Ein Sanitäter erinnert sich:

„Nach dem Durchbruch bei Rethel am 9. Juni wurde ich mit drei weiteren Sanitätern dem II. Btl. zugeteilt. Seit Stunden lagen wir bereit; noch saß uns der Einsatz beim I. Btl. tags zuvor in den Knochen. Neben uns lagen die Rucksäcke, mit Verbandsmaterial vollgestopft und die zusammengeklappte Trage. Bei Angriffsbeginn folgten wir den vorgehenden Kameraden. Längs eines Feldweges pirschten wir uns vorwärts. Rechts von uns beschränkte ein Höhenzug den Blick; nur die Kirchturmspitze von Perthes war zu sehen. Das Feindfeuer wurde stärker; der Franzose wollte also kämpfen.

Der erste Verwundete wurde im Feuer der feindl. Infanterie geborgen. Weitere Verwundete folgten. Von Schweiß und Staub bedeckt, verrichteten wir unsere Arbeit, schleppten getroffene Kameraden aus dem Feuer, legten Notverbände an und übergaben sie den Männern der San. Kp. Dann, bei sengender Sonne, folgten wir dem Btl. Arzt und seinem San. Feldwebel; wir hatten uns dem Vorgehen eines Zuges der 7. Kp. angeschlossen. Am Ortsrand befanden wir uns mitten im Kampf. In einem Haus an der Straße lag Lt. Kohl von der 6. Kp. mit einem Lungenschuß. Der Arzt leistete erste Hilfe. Plötzlich traten die Franzosen zum Gegenstoß an. Unser Oberarzt, die Ruhe selbst, schickte uns zurück und befahl die Mitnahme eines verwundeten Uffz., der noch unversorgt vor dem Ort auf seinen Weitertransport wartete. Wir fanden ihn – Kopfschuß – verbinden – vorsichtig auf die Trage gelegt – im Laufschritt mit ihm zurück. Trotz feindlichen Feuers gelang es, ohne weiteren Ausfall über einen Feldweg und freigelegte Minen unseren verwundeten Kameraden zurückzubringen.

Nach Abwehr des französ. Gegenangriffs erschienen Gefangene mit ihren Verwundeten. Ihnen wurde genau so wie den Unsrigen geholfen. Es war eine Selbstverständlichkeit: Der verwundete (und gefangene) Gegner war kein Feind mehr! Gegen Abend ebbte der Gefechtslärm ab. Müde und erschöpft sanken wir zu Boden. Ein Kampftag war zu Ende."

9. „Aisne-Übergang"
von Willy Wagemann, Melder in der 1./IR. 45.

„Unser gewaltsamer Übergang über die Aisne und den Aisne-Kanal begann nach heftiger Artillerie-Vorbereitung am frühen Morgen des 9. Juni. In Deckung liegend wurde ich gerufen und erhielt vom Kp. Führer den Auftrag, den Platz der Übersetzstelle zu suchen und festzustellen, ob seitens der Pioniere alles vorbereitet sei. Im dichten Nebel, praktisch ohne Sicht, gelangte ich an das Flußufer, das unter starkem Feindfeuer lag. Ich fand den Pionier-Feldwebel, der mir befahl, die Kp. unverzüglich heranzuführen; er warte nur darauf!

Im Nebel und bei heftigem feindl. Feuer hastete ich zurück – verlor die Orientierung – und gelangte mehr durch Zufall zu meiner Kompanie. Ich führte die Kp. – 3. Zug voraus – Richtung Übersetzstelle. Der Zugführer, Obfw. Polakowski, hatte den Auftrag, sich mit seinem Zug am jenseitigen Ufer einzugraben und den Feind niederzuhalten. Den Franzosen war es aber inzwischen gelungen, unsere Schlauchboote mittels gezieltem Feuer unbrauchbar zu machen, sodaß sich der Zug noch auf dem diesseitigen Ufer erstmal eingraben mußte. Als sich der Nebel hob und dem Feind die Sicht frei gab, erlitt unser 3. Zug schwere Verluste; 18 Mann fielen, weitere, dabei der Zugführer, wurden schwer verwundet. Der Übergang war unter diesen Umständen nicht durchführbar; der 3. Zug war weitgehend aufgerieben.

Dagegen gelang der Übergang unserem rechten Nachbarn, dem III./Inf. Rgt. 3. Die französ. Stellungen auf dem jenseitigen Ufer wurden von rechts aufgerollt, sodaß die entscheidenden Geländeteile der feindbesetzten Seite – gemäß Kampfplan gerade noch rechtzeitig – in unsere Hand fielen."

10. „Panzerjäger vor!"
von Unteroffizier Menne, 14. (Pz. Jg.)/IR. 3 (vgl. Seite 45).

„10. Juni 1940. Gestern hat unsere Division Rethel genommen, unsere Kp., dem III. Btl. unterstellt, ist heute Vormittag an Perthes vorbeigestoßen und rastet nun in der Mittagshitze. Wir dösen vor uns hin und harren der Essenausgabe. Plötzlich der Ruf: ‚Panzerjäger vor!' Zum ersten Mal ertönt diese Forderung, seit wir am 10. Mai angetreten sind. Wir rasen nach vorne. Jenseits der Marschstraße, 300 m vor uns, hinter einer Anhöhe, sammeln sich feindl. Panzer. Vermutlich wollen sie unsere Infanterie und eine lange Kolonne von Troßfahrzeugen einer mot. Division, die dicht aufgefahren am Straßenrand steht, angreifen. 150 m vor dem Höhenrand gehe ich mit meinem Geschütz in Stellung. Der Zugführer, Fw. Bauer, auf dem Höhenrand beobachtend, winkt mich heran. Vom Waldrand, Entfernung dorthin 300 m, haben sich drei französ. Pz. gelöst und halten jetzt; auf 200 m haben sie sich der Höhenschwelle genähert. Ich befehle: ‚Stellungswechsel nach vorn!' Im Mannschaftszug bewegt meine Bedienung das Geschütz, keuchend und schweißtriefend wuchten die Männer die schwere Waffe hangaufwärts. Melder und Kraftfahrer schleppen zusätzlich Munition.

Das Nachbargeschütz beginnt den Feuerkampf. Das meinige, hinter einer Hecke gut getarnt, kann noch nicht wirken. Jetzt rollen die Pz. weiter vor. Ein vierter Pz. tritt aus dem Wäldchen heraus. Der vorderste Franzose verhält; hat scheinbar Motorschaden. Das Nachbargeschütz hat keine Munition mehr; ich erbitte und erhalte ‚Feuer frei'.

Erst wird der vorderste bekämpft; nach Treffern zieht er sich zurück; Zielwechsel auf den linken – Treffer, Treffer; jetzt rollen alle vier zurück und verschwinden im Wald. ‚Feuer halt! Stellungswechsel!' Plötzlich liegen wir mitten im feindl. Art. Feuer. Nach einiger Zeit stellt der Feind das Feuer ein. Es hat uns keinen Schaden zugefügt.

Da – Motorengeräusch; schon dringt der Warnruf zu uns: ‚Panzer, Panzer!' Da kommen sie auch schon. ‚Hinlegen, wir lassen sie nahe herankommen!' Der erste schiebt sich über den Rand der Anhöhe, an deren Hinterhang wir stehen; links und rechts ein zweiter und dritter Feindpanzer. Die anderen Geschütze hinter uns eröffnen das Feuer, erzielen Treffer über Treffer, die aber alle abprallen und ihre Flugbahn steil nach oben oder zur Seite verändern. Jetzt drehen die Pz. ab und wollen sich unserem Feuer entziehen. Nun gilts: ‚Entfernung 600, Feuer frei!' Nach einigen Fehlschüssen sitzt jeder Schuß; aber die Pz. zeigen keine sichtbare Wirkung. Der Feind schießt mit Kanonen und MG zurück. Wir merken es kaum. Nur die Erdfontänen um uns herum lassen seine Gegenwehr erkennnen. Zielwechsel auf drei weitere Pz., die plötzlich in unmittelbarer Nähe von rechts auftauchen. Wir schießen was das Zeug hält. Plötzlich ein Art. Einschlag unmittelbar vor uns. Egal, weiter schießen. Meldung: ‚Nur noch drei Kästen Munition!' ‚Wodtke, los, Munition holen!' Er rennt los und schreit: ‚Munition, Munition!' Der Ruf pflanzt sich nach hinten fort.

Da – rechts von uns, rollen zwei der schwersten französ. Pz. Typen, Entfernung: etwa 150 m, auf uns zu. Das Geschütz muß geschwenkt werden. Dann aber wieder ‚Feuer frei!' Um uns herum ist die Hölle los! Krachen und Zischen vermischt sich mit dem Schrei getroffener Kameraden. Die Inf. Sicherung hat schwere Verluste. Uffz. Kamberg mit der Pz. Büchse liegt tot hinter seiner Waffe. Wir aber schießen, als ginge uns das alles gar nichts an. Endlich, das erste der Ungetüme dreht bei und fängt nur wenige Meter vor uns an zu brennen. Jetzt der andere; der ist noch 200 m weg. ‚Der letzte Kasten Munition!' Nach dem Verschuß der letzten Patrone brennt auch der zweite Feindpanzer! Uns bleibt nur noch ‚volle Deckung'. Wir haben keine Munition mehr. Da schlägt es mitten in uns ein. Fw. Bauer und zwei Mann meiner Bedienung sind verwundet. Nun explodieren die beiden Panzer fast gleichzeitig; Panzerplatten und andere schwere Teile wirbeln durch die Luft. Gottseidank werden wir nicht getroffen. Baumgart hat es schwer erwischt. Ich versorge ihn, so gut es geht; dann haste ich zurück, hole Hilfe, und der Tapfere kommt in ärztliche Behandlung. Nur noch ein einziger Feindpanzer ist zu sehen, der aber fährt zurück.

Nun schweigen die Geschütze. Alle sind sie mehr oder minder beschädigt. Der Kampf war hart, aber siegreich. Nach drei Angriffen, unterstützt von 24 Panzern, zieht sich der Feind zurück. Wir haben uns behauptet, auch gegen seine schwersten ‚Tanks'; 8 davon haben wir vernichtet. Ein stolzer Erfolg. Nach der Ablösung sinken wir in einen bleiernen Schlaf."

11. „Kampf um Ortschaften"
von Stabsfeldwebel Obschernings, 7./IR. 3.

„In der Mittagsstunde des 10. Juni erhielt ich den Auftrag, mit meinem 1. Zug in den rechten Ortsteil von Perthes einzudringen und diesen vom Feind zu säubern. Für den Ortskampf bildete ich 2 Stoßtrupps; den einen führte ich, den anderen der Zugtruppführer. Mit Feuerunterstützung der MGK gewannen wir ohne Verluste den Ortsrand. Hier schlug uns starkes Feindfeuer entgegen. Fast jedes Haus wurde verteidigt; die Straßen waren durch Sperren befestigt. Jetzt begann der Häuserkampf. Haus um Haus wurde mittels Feuerwaffen und Handgranaten freigekämpft. Mein Stoßtrupp verlor im Verlauf dieser Kämpfe den Gefr. Schmidt, einen der Tapfersten. Im Zuge des weiteren Angriffs erreichte mich die Weisung des Chefs: ‚1. Zug sammelt an der Kirche und erhält dort weitere Befehle.' Der Feind hatte starke Verluste an Toten, Verwundeten und Gefangenen. Mein Auftrag war erfüllt."

12. „Kampf gegen Panzer"
von Feldwebel Hans Loewen, 12. (MG)/IR. 3.

„Das III./Inf. Rgt. 3 trat nach Überwindung der Aisne und des Aisne-Kanals am frühen Morgen des 10. Juni zum Angriff gegen den Feind an, der sich auf den Höhen nördlich Perthes zur Verteidigung eingerichtet hatte. Nach Wegnahme dieser Höhen setzte das Bataillon nach kurzem, hartem Kampf den Angriff in südlicher Richtung fort. Mit meiner sMG-Gruppe gehöre ich zum 2. Zug. Zur Mittagsstunde, bei großer Hitze, rastet das Btl. entlang der Straße etwa 2 $^1/_2$ km südlich Perthes. Ich erhalte den Auftrag, die Sicherung zu übernehmen. Der Zugführer, Lt. Nehring, erkundet mit mir die Stellung in einem Wäldchen, etwa 200 m von der Straße entfernt. Gegen 15.00 Uhr treten aus einer Waldspitze, ca. 900 m vor meiner Stellung, 4 französ. Panzer heraus und eröffnen das Feuer. Gleichzeitig geht neben uns eine lFH in Stellung, deren Feuer die Panzer zum Rückzug zwingt. Plötzlich taucht aus einer Mulde, die nicht einzusehen war, ein weiterer Feindpanzer auf, der bereits auf ungefähr 250 m herangekommen ist. Auf den Warnruf eines Gewehrführers, des Uffz. Piezcek, befehle ich ‚Volle Deckung!' Ich beobachte jedoch, wie ein Geschütz der Pz. Jäger mit 2 Schuß den Stahlkoloß zum Stehen bringt, wobei im hinteren Teil eine Explosion erfolgt. Die feindl. Pz. Besatzung gibt aber nicht auf; vielmehr nimmt sie meine Gruppe, die die schützende Deckung verlassen hat, unter MG-Feuer. Alles geht wieder blitzschnell in Deckung; ich werfe mich gleichzeitig hinter eines meiner sMG und nehme die Sehschlitze des Panzers unter Dauerfeuer. Nach etwa 50 Schuß schweigt sein MG. Da – nach weiteren etwa 100 Schuß auf das gleiche Ziel fängt das Ungetüm an zu brennen. Ein Jubelschrei meiner Soldaten begleitet das Ende des Einsatzes dieses feindl. Panzers und seiner tapferen Besatzung."

13. „Das letzte Gefecht"
von Schütze August Ruhe, 3./IR. 3 (vgl. Seite 89).

„Anschließend an die harten Kämpfe bei Rethel und Perthes am 9. u. 10. Juni verfolgten wir seit einer Woche in endlos scheinenden Märschen den weichenden Feind nach Süden. Am 17. Juni, während einer Rast im beschwerlichen Höhengländе St. Diziers/Chaumont ostw. der Marne, überbrachte uns der ‚Spieß', Hpt. Fw. Franzke, die befreiende Nachricht vom Waffenstillstands-Angebot der französ. Regierung. Aus der sich verbreitenden Hochstimmung wurden wir aber jäh in die Wirklichkeit des Krieges zurückgeholt. Noch während der Essenausgabe erteilte der Chef, Oblt. Ritgen, den Auftrag, den er unmittelbar vom Div. Kdr., Gen. Sponheimer, erhalten hatte: ‚3. Kp., auf Kfz. verladen, wirkt bei der Gefangennahme feindl. Truppen mit, die in Andelot kapituliert haben!' Der 1. Zug unter Fw. Stube, auf Fahrzeugen der Pz. Jg. Abt. aufgesessen, fuhr Spitze. Am Stadtrand von Andelot angekommen, war jedoch von Kapitulation keine Rede. Ein Pak-Volltreffer im vordersten Wagen kostete Dreien von uns das Leben.

Halt – absitzen – Deckung im Straßengraben. Starkes Infanterie- und Pakfeuer hielt uns nieder. Nur mit unseren Handwaffen, auf dem freien Gelände beiderseits der Straße, waren wir nicht in der Lage, den Feind wirksam zu bekämpfen. Wir lagen fest. Ein Angriff bei Nacht gegen einen kampfstarken Feind schien wenig aussichtsreich, zumal dieser gewiß genaue Ortskenntnisse besaß. – Im Morgengrauen sichteten wir am Ortsrand mit Freude und Erleichterung weiße Fahnen. Der Feind hatte aus seiner verzweifelten Gesamt-Kriegslage erkannt, daß weiterer Widerstand zwecklos war. Mehrere hundert Franzosen ergaben sich. Unsere gefallenen Kameraden Bolz, Dura und Ketzer betteten wir in unmittelbarer Nähe dort, wo sie der Soldatentod ereilt hatte. Sie waren die letzten Opfer der Kompanie im Westfeldzug."

C) Ost-Feldzug

14. Den Beginn des großen „Orlogs" am 21./22. Juni 1941
schildert Leutnant Wilhelm Meinhof, Führer der 2. (Fu)/Nachr. Abt. 21, in seinen persönlichen Aufzeichnungen:

„Der Kommandeur überreichte den Kp. Führern die entsprechenden Unterlagen. Zur Kp. zurückgekehrt, verlas ich den angetretenen Männern der Funkzentrale die Tagesbefehle des Führers, des Kommandierenden Generals und des Div. Kdr's, zuletzt den Div. Befehl für den Angriff. Während der Bekanntgabe dieser schwerwiegenden Sätze, die ich aus Zeitmangel vorher selbst nicht gelesen hatte, lief es mir eiskalt den Rücken herunter. Es war nicht Furcht, die mich erfaßte; aber die Gewißheit, am Beginn eines entscheidenden Abschnittes unserer Geschichte zu stehen, packte mich und zog mich in ihren Bann.

Kaum einer schlief in dieser Sommernacht. Ab 02.00 Uhr waren die Funkgeräte auf Empfang geschaltet. Es war 03.05 Uhr, als das Feuer eröffnet wurde. Auf der Feindseite blieb es still; offensichtlich waren die Sowjets überrascht worden. Der Angriff der Division erfolgte nicht in einem Schwerpunkt. Nur rechts von uns, in Gegend Tauroggen, war Gefechtslärm zu hören. Auf 8 km Breite überschritten die Angriffsgruppen die Reichsgrenze und stießen in Richtung des ersten Angriffszieles vor, das gegen nur geringen Feindwiderstand bereits gegen Mittag erreicht wurde."

15. „Mit den Sanitätern im Einsatz"
Aus dem Tagebuch des Stabsarzts Dr. Walter Schneider, Chef der San. Kp. 1/21.

„23. Juni 1941: Ich fahre mit dem Krad auf verstopften, grundlosen Waldwegen nach vorne. Nach Verbindungaufnahme mit den eingesetzten Truppenteilen richte ich bei Balskai den ersten H. V. Pl. ein. 30 Verwundete, dabei Rotarmisten, sind zu versorgen. In unmittelbarer Nähe ist Hptm. Bührigs, Kdr. III./Inf. Rgt. 24, begraben worden.

25. Juni: Heute werden 212 Verwundete eingeliefert. Schwieriger Abschub. Nach Tilsit sind es 85 km. 10 Kameraden sind gestorben. Korps- und Div. Arzt zu Besuch.

27. Juni: Verlegung über 30 km in ein Waldlager ostw. Schaulen. Ich ‚organisiere' einen Stadtbus, der, hergerichtet und grau gestrichen, künftig gute Dienste leistet.

10. Juli 1941: Ich fahre nach Balvi zur Division und erfahre dort von dem schnellen Vormarsch unserer Verbände. Ich setze daraufhin meine Kp. in drei Staffeln unverzüglich in Marsch, Zwischenziel Liepna, 110 km Wegstrecke. Die Spitze trifft um 02.00 Uhr ein; von hier sind es noch 55 km bis zum Marschziel Ostrow. Dort Ankunft um 04.00 Uhr.

Beim Halt auf der Straße schlafen die Männer, wo sie sitzen und stehen, sofort ein. Trotz meiner Erschöpfung suche ich mit dem Krad einen Rastplatz. Weiter ostwärts, hinter einem Wald, entdecke ich das Dorf Tisina. Davor sprudelt ein artesischer Brunnen. Acht Lkw stehen herum; die Sowjets, die gerade erst getürmt waren, haben sie zurückgelassen. Hier war noch kein deutscher Soldat. Ich schicke den Fahrer zurück, die Kp. holen. Plötzlich bewegt sich eine Rotte Kolchosarbeiter auf mich zu, bewaffnet mit Sensen und ähnlichen ‚Handwaffen'. Bevor ich zur Pistole greife, beendet mein freundlicher Anruf das feindselige Gehabe. Schließlich erscheint die Kompanie.

Wir verbringen einige ruhige Tage, säubern uns gründlich und bringen Gerät und Ausrüstung wieder in Ordnung. Hier erleben wir zum ersten Mal eine Kolchoswirtschaft. Die Menschen sind zerlumpt, die Räume schmutzig. Das Vieh vegetiert halb verhungert in verkommenen Ställen; in Wasserlachen stehen frisch geborene Kälber, die am Verenden sind.

22. Juli 1941. Die Lage für den H. V. Pl. in der Schule von Nowosselje wird kritisch. Die restlichen Kampftruppen der Division bewegen sich durch den Ort, um jenseits des Flusses den Brückenkopf zu erweitern. Als Sicherung gegen den näherrückenden Feind bleibt nur noch die Aufkl. Abt. Die Artillerie richtet in der Schule eine B-Stelle ein. Mit Hptm. Macholz, dem Kdr. der Aufkl. Abt., nehme ich Verbindung auf. Auf einem Krad fahre ich zum Schelonj. Um Szoltzy, auf dem jenseitigen Ufer, wird gekämpft. An einer Scheune liegt Oberarzt Renner neben einem toten Kameraden, wo er während der Versorgung dieses Verwundeten tödlich getroffen worden ist. Ich erhalte MG-Feuer und ziehe mich zurück.

Der Abschub der Verwundeten gestaltet sich sehr schwierig. Vor uns sowie rechts und hinter uns ist der Feind; es bleibt nur der Weg nach links quer durch eine andere Division. Ich stelle eine Kr. Kw.-Kolonne zusammen, die ich erst zwei Tage später wiedersehe. Sie fuhren nach Porchow 180 km hin und zurück. – In der Schule lerne ich Oblt. Heinrich kennen, der mit seiner Bttr. den Ort schützt und zwei Tage später im selben Haus fällt.

23. Juli: Hptm. Macholz erklärt mir, es sei Zeit, Nowosselje zu räumen. Wir ziehen mit 40 Verwundeten 10 km nach Norden und errichten dort wieder einen H. V. Pl. Noch am selben Tage werden wir auf das Nordufer des Schelonj verlegt, da dessen Südufer nur in einem Brückenkopf gehalten werden kann.

1. August 1941: Alle Zufahrten zum Fluß sind wegen des starken Feindfeuers, das auf dem Ufer liegt, gesperrt. Nur unsere Kr. Kw. fahren bis zu den Anlegestellen, wo die Krankenträger jedesmal aus ihren Löchern spritzen, wenn ein Boot mit Verwundeten ankommt. Ich arbeite mich längs des Ufers von einer Anlegestelle zur anderen, muß aber ständig Deckung nehmen. Da stockt mir der Atem: Drüben fahren etwa 8 Panzer hinter unserer Infanterie her und walzen die Pak-Stellungen nieder. Eine beladene Fähre fährt schnell wieder zum Ufer zurück; zum Glück sehen die Panzer sie nicht. Zwar sind eine halbe Stunde später alle Panzer abgeschossen; dennoch wird der feindliche Druck immer stärker. Nach schweren Verlusten muß Inf. Rgt. 24 wieder auf das Südufer zurück.

Einer unserer besten Krankenträger, Obgfr. Radtschun, stirbt auf dem Op.-Tisch an seiner schweren Verwundung; drei andere werden verwundet. Wir haben 344 Durchgänge, meist schwere Verletzungen, die ich alle nach Szoltzy zum Feldlazarett transportieren lasse. 21 Kameraden mußten wir bestatten."

16. „Erinnerungen an die Tage Ende Juli 1941"
von Willy Wagemann, Melder im IR. 24.

„Zweimal war Maj. Macholz, der Kdr. der Pz. Jg. Abt. 21, in Gefangenschaft geraten. Beide Male wurde er im sofortigen Gegenstoß der Gruppe Schwert wieder befreit. Während der harten Kämpfe in diesen fünf Tagen, von den Sowjets fast eingeschlossen, hatten wir nicht versorgt werden können. Erst am 6. Tag tauchte der ‚Spieß', Hfw. Reimann, auf und brachte uns mit Essenträgern Kaffee; so konnten wir wenigstens unseren Durst löschen. Am nächsten Tag gelangte auch Verpflegung nach vorne, sodaß wir uns wieder mal satt essen konnten. Wir hatten schmerzliche Verluste an Toten und Verwundeten erlitten.

Aber schon erhielten wir einen neuen schwierigen Auftrag: Wegnahme der Schelonj-Brücke und Bildung eines Brückenkopfes. Kurz bevor die Gruppe Macholz das befohlene Ziel erreicht hatte, gelang den Sowjets die Sprengung der Brücke. Mit Sturmbooten setzten wir über den Fluß und bildeten den befohlenen Brückenkopf. Die nachfolgenden Angriffe der Sowjets bei Wybeti und Ugoschtschi, von Panzern und Artillerie unterstützt, führten zu kritischen Lagen und fügten uns starke Verluste zu. Da panzerbrechende Waffen nicht zur Stelle waren, bekämpften die Infanterie-Geschütze im direkten Richten diesen gefährlichen Feind. Das verschaffte uns ein wenig Luft.

Nachschub kam nicht über den Fluß, weil die Sowjets durch Art. Feuer und Schlachtflieger jeden Verkehr über den Schelonj abgeriegelt hatten. Dennoch gelangte unser prächtiger ‚Spieß' mit Verpflegung zu uns, wurde dabei aber leider verwundet. Allerdings mußten wir andere Kameraden mitversorgen, so u. a. den Rgt. Pi. Zug unter Lt. Weymann, sodaß nur halbe Portionen an jeden Mann ausgegeben werden konnten.

Bei einem Meldegang geriet ich zwischen die eigenen und feindl. Stellungen. Nur das laute Gerede der Russen und das Wimmern ihrer Verwundeten ließ mich die Gefahr erkennen und bewahrte mich vor der Gefangennahme. Die Leuchtspurgeschosse des eigenen MG-Feuers wiesen mir die richtige Richtung, und so gelangte ich zum 1. Zug. Mein Auftrag war erfüllt."

17. Bericht der 3./Pi. Btl. 21 über ihren Einsatz am Wolchow: Herbst 1941 (vgl. Seite 186)

„Am 24. Oktober 1941 erhielt die Kompanie in Grusino den Auftrag, Nachschubmöglichkeiten auf dem Wasserweg zu erkunden und einen Fährbetrieb über den Tigoda-Fluß einzurichten. Hierzu wurden 4 Pontonwagen und 2 M-Boote zugeführt. Es erfolgte der Bau von zwei 4-to-Fähren, die noch in der Nacht ablegten und nach 3-stündiger Fahrt gegen 05.00 Uhr die Tigoda-Mündung bei Bahnhof Tigoda erreichten. Von dort stromaufwärts fahrend, wurde noch bei Dunkelheit die befohlene Anlegestelle gesucht. Der Fluß war aber bereits auf ganzer Breite zugefroren. Eine 4 cm dicke Eisschicht und eine Holzsperre machten die Verlegung der vorgesehenen Anlegestelle sowie die weitere Erkundung eines Weges vom Bahnhof Tigoda dorthin notwendig.

Der erkundete Weg war jedoch versumpft und erforderte vier- statt, wie vorgesehen, zweispännige Troßfahrzeuge. Einen zusätzlichen Betrieb mit Floßsackfähren verhinderte der Eisgang. So konnte der Nachschubweg vorerst nur für den dringendsten Bedarf entscheidend verkürzt werden.

Die beiden 4-to-Fähren dienten bei der Rückfahrt dem Verwundetentransport. Sie reichten aber bei weitem nicht aus, die benötigten Nachschubmengen zu transportieren. Deshalb wurden zunächst zwei, Tage später zwei weitere 8-to-Fähren zugeführt. Weil der Verkehr aus Sicherheitsgünden nachts ruhte, mußte jeden Morgen eine Fahrrinne neu ins Eis gebrochen werden. Eine gesunkene Fähre mußte unter Wasser abgebaut und gehoben werden, um sie weiterhin einsetzen zu können. Mit den insgesamt 6 Fähren konnten nun täglich 40 to Nachschubgüter, hauptsächlich Munition, Verpflegung und Futter, der auf dem Ostufer des Wolchow kämpfenden Truppe zugeführt werden. Der dringender werdende Bedarf verlangte aber die Fortführung des Betriebes auch bei Nacht. Das größere Risiko führte zu Beschädigungen und dem Ausfall der M-Boote, die dringend hätten ersetzt werden müssen.

Inzwischen konnte die Eisenbahnstrecke bis Bahnhof Irssa vorgetrieben werden. Eine behelfsmäßig erbaute Verladerampe ermöglichte die Entladung der Waggons. Den kürzeren Transport von dort zur neuen Fährstelle am Wolchow übernahmen 3 Lkw. Diese Fährstelle wurde an den Anlegestellen einer inzwischen entdeckten russischen Kahnfähre eingerichtet; so konnte der Fährbetrieb auf dem kürzesten Weg von Ufer zu Ufer aufgenommen und die bisherige mehrere km lange Fährstrecke entscheidend verkürzt werden.

Das völlige Zufrieren des Flusses stand aber bevor; der Fährbetrieb und damit der Nachschubverkehr hätten dadurch zum Erliegen kommen müssen. Deshalb wurde mit dem Bau einer Floßbrücke begonnen, die bei weiterer Zunahme des Frostes im Eis einfrieren sollte, um dadurch die Tragkraft auf 4 to zu erhöhen. Trotz der Neuartigkeit dieses Vorhabens – zahlreiche vorher unbekannte Schwierigkeiten mußten überwunden werden – gelang das Unternehmen. Bis zur Fertigstellung dieses Bauwerks wurde der Nachschubverkehr über einen Laufsteg auf der Eisenbahnbrücke nördl. Kirischi aufrechterhalten. Hierfür wurden Tragen gefertigt, auf denen von Träger-Kolonnen – bestehend aus Gefangenen – der dringendste Bedarf über das Flußhindernis hinübergeschafft wurde. Wenn auch nur knapp ausreichend, konnte so der notwendigste Bedarf an Nachschubgütern für die vorn eingesetzten Teile der Division ständig gewährleistet werden.

Am 11. November übergibt die Kompanie den weiteren Brückenbau und die Sicherstellung des Nachschubs über den Wolchow an Pi. Btl. 44, um anderweitig eingesetzt zu werden.

Kp. Gef. Std., den 10. 11. 1941

                Unterschrift.''

18. „Ein Stoßtrupp zur Murmanskbahn"
von Lothar Walden, 2./Pionierbataillon 21 (vgl. Seite 204).

„Im Spätsommer 1941 hatten wir Leningrad von fast allen Verbindungen über Land abgeschnitten. Entsatz und Nachschub konnten nur noch über die Bahnlinie von Murmansk und – durch uns weitgehend gestört – über den Ladoga-See in die Stadt gelangen. Als ich mich im Herbst 1941 nach Genesung von meiner ersten Verwundung wieder bei meiner Einheit meldete, lag das Btl. in Tschudowo in Ruhe. Zur Wiederaufnahme der Angriffe im großen Stil mußten wir Pioniere mögliche Übergänge über den Wolchow erkunden. Im Oktober – es war schon ziemlich kalt, und wir hatten keine Winterbekleidung – traten wir zum Angriff an. Über eine von uns gebaute Kriegsbrücke konnten Fahrzeuge und schwere Waffen den Fluß überschreiten. Bald setzte der Frost ein, wobei wir wegen der unzulänglichen Bekleidung erste Ausfälle infolge von Erfrierungen erlitten. Unser Brückendienst war noch erträglich; aber die Infanterie war meist Tag und Nacht draußen. Häuser und damit feste Unterkünfte gab es fast keine. Schließlich begann starker Schneefall, verbunden mit tiefem Frost.

Das Angriffsziel der Division bildete Wolchowstroj nördl. Leningrad. Die Sowjets leisteten zwar nur hinhaltenden Widerstand; dennoch wurde das Vorgehen eingestellt, weil die Schwierigkeiten des unwirtlichen Landes, die Erschwernisse der winterlichen Verhältnisse und unsere hierfür unzureichende Ausrüstung dazu zwangen. Wenn auch die völlige Einschließung der großen Stadt Leningrad nicht erreicht wurde, so sollte doch ihre wichtigste Lebensader, die Bahnlinie nach Murmansk, wenigstens an einer Stelle nachhaltig zerstört werden. Das aber war Sache der Pioniere!

Ein Stoßtrupp wurde gebildet, die Durchführung des Sprengauftrages geplant und vorbereitet. Eines Nachmittags brachen wir auf. Die Sowjets hatten sich weiter zurückgezogen; Fühlung mit dem Feind bestand keine mehr. Wir zählten etwa 50 Mann, vorne die Waffenträger, dahinter die Träger mit der Sprengmunition. Die Schneehöhe betrug ungefähr 30 cm. Wir stapften in Reihe, die Vordersten gingen Spur. Einzelne Sträucher und Birken bildeten den spärlichen Bewuchs in dieser Einöde. Stunde um Stunde dauerte der Marsch ohne jede Feindberührung. Der Stoßtruppführer führte nach Karte und Kompaß.

Gegen Abend wurde der Bewuchs stärker und verdichtete sich zum Wald. Endlich wurde eine Rast befohlen. Lautes Sprechen war verboten. Unsere Tarnhemden boten uns gute Sichtdeckung. Plötzlich Halt. ‚Hinlegen!' Ein russ. Spähtrupp! Unser vorderstes MG ratterte los, Schreie auf russisch – wir hatten die drei Iwans gefangen. Jetzt hatten wir Hilfe beim Schleppen unserer Lasten. Der MG-Schütze hatte nicht treffen sollen; wir wollten sie lebend. Es war ein russischer Pendelposten entlang der Bahnstrecke. Also mußten wir gleich am Ziel sein. Wie vorgesehen, genau am richtigen Ort, an einer Brückenstelle, waren wir angekommen. Keine Bewachung. An die Arbeit! Die vorbereiteten Sprengladungen für die beiden Gleise und beiden Brücken wurden angeschlagen, die Zündung angebracht und beide Ladungen mit der Zündschnur verbunden. Wir zogen uns in den Wald zurück, der Stoßtruppführer blieb und zündete – die Ladung ging hoch. Der Leutnant ging noch einmal zurück, um die Wirkung zu begutachten. Er war zufrieden.

Nun aber weg von hier! Der Auftrag war erfüllt. Der Leunant befahl einen anderen Weg zurück, ein Umweg zwar, aber dafür war die Aussicht, ungesehen und ohne Verluste zurückzukehren, erheblich größer. Unsere Gefangenen türmten auch in der Dunkelheit nicht. Plötzlich wieder Halt – Kommandos – dann lautes Krachen: Wir standen hinter einer russ. Art. Feuerstellung. Auch in dieser Lage liefen unsere Gefangenen nicht weg. Wir zogen uns etwas zurück und umgingen die Feuerstellung. Weiter! Da sahen wir in der Ferne am Horizont Leuchtmunition hochsteigen. Nach einigen Stunden pausenlosen Marschierens stiegen die Leuchtsterne immer höher. Wir näherten uns der eigenen HKL; die Russen hatten keine Leuchtmunition.

Wußten die Unsrigen von unserem Kommen? An unserer Spitze konnte man einen deutschen MG-Posten erkennen. Sah er uns? War er über uns unterrichtet? Beim Näherkommen konnte man Einzelheiten unterscheiden; er stampfte und schlug sich Beine und Arme warm. Weiter nichts. Unbegreiflich. Er müßte schießen oder uns mindestens anrufen. Nichts dergleichen. Ohne ‚Parole' ging es weiter, aber mit gemischten Gefühlen. Auf Rufweite hieß es: ‚Hinlegen!' Der Leutnant rief: ‚Hallo, Posten!' Keine Reaktion. Noch ein Stück weiter. Wieder ‚Hinlegen – hallo, Posten!' ‚Ja, was gibts?' fragt der zurück. Ein starkes Stück! ‚Haben Sie uns denn nicht gesehen?' ‚Jawoll! Ich habe mir aber gedacht, daß Sie Deutsche sind.' Der folgende Anpfiff war berechtigt. So leicht also war es, in eine von uns besetzte Stellung zu gelangen! Von uns wisse er nichts, sagte er noch. Wir waren tatsächlich im Abschnitt der Nachbar-Division gelandet; deshalb hatten wir noch einige Kilometer Marsch vor uns. Erschöpft kamen wir ‚zu Hause' an. Erst im Bunker ließ die innere Anspannung nach; vor Übermüdung fielen wir förmlich um."

19. „Im Wintereinsatz"
von Willy Wagemann, 15. (Radf)/IR. 24 (vgl. Seite 246).

„Ende Dezember 1941 mußten wir den Rückzug antreten. Infolge der ständigen Gefechte mit dem nachdrängenden Feind bei Schnee und Eis und Temperaturen um minus 40° war es lebenswichtig, wenigstens für Stunden eine heizbare Unterkunft zu finden, die unsere Lebensgeister nicht einfrieren ließ. Nur um dem Feind dies vorzuenthalten, gingen bei unserem Weitermarsch die Russenkaten in Flammen auf. Es war also keine Zerstörungswut, sondern der Wille zur Selbsterhaltung, der uns dazu zwang.

Kurz bevor wir einen neuen Einsatzraum erreichten, wurde ich mit noch zwei Kameraden dem ‚Spieß', Hfw. Reimann, als Quartiermacher zugeteilt. Wir fuhren mit einem Lkw der Kp. nach dem uns angegebenen ‚Ort' voraus. Tiefe Niedergeschlagenheit erfaßte uns aber, als wir sahen, wo wir ‚Quartier machen' sollten: Ein kahler, völlig offener Landstrich, über den der eisige Wind pfiff, war alles. In einem nahe gelegenen Waldstück fanden wir einige Russenlöcher, die wir vom Schnee befreiten. Wir machten Feuer, um etwas zu schlafen. Hier also sollten die abgekämpften, durchfrorenen Männer unterkommen, mit deren Eintreffen am nächsten Tag zu rechnen war. Unsere Stimmung befand sich auf dem Nullpunkt.

Die Enttäuschung der erschöpften Kp., als sie sah, was sie erwartete, war unbeschreiblich. Nach den unerhörten Anstrengungen dieser Rückzugskämpfe standen die Soldaten ungeschützt bei tiefster Kälte im Schnee, ohne eine vorübergehende Bleibe gefunden zu haben.

Um die Verzweiflung zu überwinden, ließ der Chef gleich zu dem Waldstück marschieren, wo die HKL vorgesehen war. Dort war eine etwa 80 m breite Schußschneise angelegt. Das Thermometer zeigte fast 50^0 unter Null, der Boden war nahezu 1 m tief gefroren. Der Versuch, uns mit dem Schanzzeug einzugraben, mußte aufgegeben werden. Wir schnitten Zweige von den Tannen, auf die wir uns legten. Die gegenüberliegende Seite der Schußschneise mußte scharf beobachtet werden; jeden Augenblick konnte der Russe auftauchen; er durfte auf keinen Fall die Schneise überwinden. Hier mußten wir halten, um jeden Preis.

Und wir haben die HKL dort gehalten, wie es der Auftrag befahl, auch wenn die Kp. ständig Ausfälle erlitt und immer mehr zusammenschmolz. Hier machten wir auch zum erstenmal die Bekanntschaft mit der ‚Stalinorgel'."

20. „Ein wirklich billiges Postamt"
von Josef Hendigte, Nachr. Abt. 21.

„Die Fernsprecher und Funker der Nachr. Abt. waren bei allem Geschehen stets ‚aktiv' dabei. Von ihrem meist unauffälligen Einsatz wird jedoch nur wenig berichtet. −

Vor allen Angriffsunternehmungen mußten die erforderlichen Leitungsnetze gebaut und betriebsbereit sein. So mußte auch wieder einmal das Inf. Rgt. 45 Drahtverbindung zur Division erhalten. Bei Nacht und Nebel zogen wir los und schafften es in kurzer Zeit, den Anschluß herzustellen. Auf dem Rgt. Gef. Std. meldeten wir uns bei Oberst Chill und übergaben nach der Rufprobe die Leitung; die Fernsprechverbindung war hergestellt. Hptm. Scheibel vom Rgt. Stab 45 reichte uns eine Feldflasche voll Rum und äußerte humorvoll: ‚Der Perl (gemeint war unser Chef, Oblt. Perl) besitzt ein billiges Postamt; für eine Feldflasche mit Rum erhalten wir sogar einen Telefonanschluß'."

21. „Winterkampf im Dezember 1941, wie ihn der Landser erlebte"
von Willy Wagemann, IR. 24.

„Nachts griff der Iwan, immer unter Alkohol stehend, unsere miserablen Stellungen stets mehrmals an. Jeden Angriff konnten wir immer schon vorher ausmachen, denn es ging diesem lautes Geschwätz, Scheppern von Gerät und das ständige Rufen und Antreiben der Kommissare voraus. Nur wenige nahmen gegen unser Feuer Deckung. Die Mehrzahl ging stur auf unsere Stellungen los. Manchmal kam es zum Nahkampf. Die Rotarmisten waren mit Winterbekleidung gut ausgerüstet. Sie trugen wattegesteppte Feldjacken, Pelzmützen, Fausthandschuhe und Filzstiefel. Entgegenzusetzen hatten wir vor allem unser Selbstvertrauen − das trotz allem nicht verloren war −, unsere Wachsamkeit, Disziplin, Kameradschaft und unsere guten Maschinengewehre. Unsere Winterausrüstung dagegen war dürftig;

sie war den deutschen Verhältnissen angepaßt und schon im ostpreußischen Winter als ungenügend empfunden worden. Die in der Heimat gesammelte warme Bekleidung konnten wir erst ab Mitte Februar 1942 empfangen, als das Schlimmste schon vorüber war. –

Selten blieb die Unterstützung der Grabenkämpfer durch die sMG und schw. Granat-Werfer aus. Meist war es Fw. Schareina von der 4. Kp., der das Feuer seiner Waffen wirkungsvoll leitete. Er und seine Männer waren ihres Könnens und ihrer Zuverlässigkeit wegen besonders anerkannt. Schareinas Frohnatur war im ganzen Rgt. bekannt. Dazu war er ein besonders tapferer Unterführer; schon Ende 1941 mit dem Deutschen Kreuz in Gold ausgezeichnet, erhielt er im Mai 1943 das Ritterkreuz. Er hat den Krieg überlebt. –

Die herrschende Kälte ließ die Verschlußklappen der MG häufig einfrieren. Diesem Übelstand konnten wir aber mit Petroleum abhelfen. Größere Schwierigkeiten bereiteten die Granatwerfer; deren Granaten gingen entweder nicht ins Rohr oder blieben darin stecken. Die Kämpfe in diesem Zeitraum ruhten auf beiden Seiten ausschließlich auf den Schultern der Infanterie. Weder die Artillerie noch die Luftwaffe von Freund und Feind traten in Erscheinung. War es die Kälte oder Munitionsmangel? Die Verluste der Sowjets waren außerordentlich hoch. Vor unseren Stellungen lagen die Gefallenen teilweise übereinander. Die Klagerufe ihrer Verwundeten hielten oft stundenlang an, ehe sie verstummten. Auch wir hatten Verluste; am 30. Dezember fielen allein 5 Kameraden, dabei Uffz. Maak; außerdem waren 3 Schwerverwundete zu beklagen. Auch Erfrierungen lichteten unsere Reihen, darunter meine Kameraden Weischede aus Düsseldorf und Fürstenberg aus Gelsenkirchen. Die Lücken mußten von den Kp.-Handwerkern und den Männern vom Troß geschlossen werden. Am Jahresende verfügte die Kp. noch über eine Stärke von etwa 50 Mann. Wenn wir die Stellung trotzdem halten konnten, war dies in erster Linie unseren zuverlässigen und standhaften MG-Schützen Bartels, Kienast und Schönrade, alle aus Elbing und Umgebung, zu verdanken."

22. *„Als Nachrichtenoffizier zwischen Lipowik und Mjagry"*
Aus dem Kriegstagebuch von Oberleutnant Wilhelm Meinhof, Führer der 2. (Fu)/Nachr. Abt. 21 (vgl. Seite 246)

„In der Nacht vom 30./31. Dezember 1941 legen wir uns hundemüde nieder, obwohl der Feind überall ist. Die Feldfernkabel zum Korps sind zerstört. Nur noch über Funk haben wir Verbindung. An der Straße nach Grjady liegt mein Gefechtstroß unter feindl. MG-Feuer. Unsere leichte Flak hält dazwischen und erledigt sie teilweise. In Gegend Lipowik, wohin der Div. Stab seine Quartier verlegen will, sind wegen der Verluste durch feindl. Minen alle Wege vorerst gesperrt; es werden Fahrzeuge aus dem Hinterhalt überfallen – und das alles 10 – 15 km hinter der ‚vordersten Linie'. Wo diese eigentlich verläuft, weiß niemand genau anzugeben, auch nicht bei der Division. Nach einer Unterrichtung durch den Ia versuche ich, die HKL aufzuzeichnen; nach allem, was ich erfahre, sind es aber nur vereinzelte konzentrische Kreise – abwechselnd rote und blaue. In der letzten Stunde des alten Jahres besuche ich meine Funkstellen. Für jeden der Männer einen Händedruck – dann zurück in meine Befehlsstelle. Um Mitternacht ein aufgesparter Schluck Alkohol und ein paar Worte an die Soldaten meiner unmittelbaren Umgebung. Niemand erwartet große Reden. Wir stehen in den ersten Minuten des Jahres 1942 in der frostkalten Winternacht und erleben, wie trotz der ernsten Lage vorne Leuchtspurgeschosse in die Luft gejagt werden. Feuerwerk!! Jeder hält auf seine Weise Jahresschlußandacht. Man spürt fast greifbar, wie sie jetzt daheim an uns denken.

Langsam graut der erste Morgen des neuen Jahres. Luftaufklärung meldet starken Feind auf dem Marsch über den Wolchow südl. der Tigoda-Mündung – eine nicht übersehbare Kolonne. Höchste Alarmbereitschaft bei uns! Alles verpacken. Der Div. Gef. Std. wird voraussichtlich 10 km zurück nach Dedelowo verlegt. Marschbereitschaft ab 11.00 Uhr; jetzt ist es 10.55 Uhr. Unmöglich; ich brauche dazu etwa 3 Stunden, bis alle Fahrzeuge bei dieser Kälte laufen.

Bevor ich meine kostbaren Funk-Lkw verliere, spiele ich lieber erstmal ‚vorderste Front'. Offenes Feuer unter den Motoren, Erwärmung mittels Lötlampen, heiße Umschläge um die Zuleitungen, die aber bei minus 38° wenige Minuten später zu Eis erstarren – das alles erfordert viel Zeit. Aus dem Stand geht nichts mehr. Inzwischen liegen wir im Feuer feindl. Granatwerfer. Vereinzelt wird die Eisdecke der Tigoda durchschlagen; das Wasser darunter sprudelt dann wie bei einem Springbrunnen durch die entstandenen Löcher . . ."

23. „Quer durch den Pogostje-Einbruch!"
(Zwischen Leningrad und Wolchow) 21. – 24. März 1942
von Leutnant Traugott Tzschirner, Führer 9./AR. 21 (vgl. Seite 259).

Die Lage aus der Sicht der Division: „Im Februar 1942 hatte der Feind kleinere Einbrüche in die entlang der Bahn Mga-Kirischi verlaufende Abwehrfront im Raum Pogostje-Shala erzielt. Nachdem sein Versuch, eine Vereinigung der über den Wolchow durchgebrochenen sowjet. 2. Stoßarmee mit der südl. des Ladoga-Sees vergeblich angreifenden sowjet. 54. Armee zu erzwingen, gescheitert war, versuchte er die Verbindung durch einen Stoß aus dem Raum Pogostje-Shala auf Ljuban herzustellen. Bereits am 18. 3. erschienen feindl. Ski-Truppen nordwestl Lipowik. Die mit Front nach Osten am Wolchow liegende 21. Inf. Div. und die westl. des Wolchow mit Front nach Norden liegende 11. Inf. Div. sahen sich im Rücken bedroht und zum Aufbau einer Westfront gezwungen . . .

Da der Feind, um Ausnutzung seines Erfolges bemüht, das XXVIII. AK. bei Senino immer energischer angriff und weitere Kräfte heranführte, griffen auf Weisung des I. AK. mit dem Ziel der Verbindungaufnahme zum XXVIII. AK. und der Abschnürung der bereits weiter nach Süden vorgestoßenen Feindkräfte am 21. 3. 42 unter dem Befehl des Inf. Rgt. 176 dessen II. Btl. und des II./Inf. Rgt. 24, unterstützt durch vier Panzer des Pz. Rgt. 203 und zwei vorgezogene Batterien des Art. Rgt. 21 in Richtung Senino an . . ."

Diesem Bericht der Division über die Kämpfe vom 18. 3. – 22. 5. 42 folgt die Darstellung dieses Angriffsunternehmens aus meiner Sicht. Ich habe als

Führer einer der beiden „vorgezogenen Batterien" daran teilgenommen:

Ich verließ mit meiner Batterie die Feuerstellung bei Irssa am 20. 3. und erreichte über Miagry – dort Rgt. Gef. Std. Art. Rgt. 21 – wo ich in die wenig übersichtliche Lage eingewiesen wurde, entlang der dünnen Sicherungslinie (Teile Inf. Rgt. 45) Dubowik, wo die Battr. hart ostw. des Dorfes Feuerstellung mit Schußrichtung nach Westen bezog. In der Nacht wies mich der Kdr. Inf. Rgt. 176 für den Angriff am nächsten Morgen entlang des Weges nach dem etwa 8 km entfernten Senino ein. Die Spitze bildete das II./Inf. Rgt. 24, dazu vier Panzer und der VB, Lt. Gollnick, dann das II./Inf. Rgt. 176 mit mir und der B-Stelle, zuletzt der Rgt. Stab 176. Das I./Inf. Rgt. 176, Hptm. Sterna, blieb um Dubowik in Stellung.

Wegen des knietiefen Schnees blieb alles auf dem Weg, der von einem der Panzer gebahnt wurde. Bis etwa zur Hälfte der Strecke keine Feindberührung. Plötzlich – Halt! „Rollenwechsel": Das II./176 zog am II./24 vorbei und übernahm die Spitze, die Verbindung zwischen beiden Bataillonen sollte ein Zug II./24 halten. Kurz nach Wiederantreten begann eine wilde Schießerei an der Spitze. Ich verließ meinen B-Stellen-Trupp bei II./24, übergab die Führung dem Nachr. Stff.-Führer, Wachtm. Laubner, um mich bei meinem VB, jetzt bei der Spitze, dem II./176, über die Lage zu unterrichten. Dort angelangt, bot sich mir folgendes Bild: Feind zu beiden Seiten im Walde, Sicht 20–30 m, die Panzer an der Spitze feuerten nach beiden Seiten. Es ging nur noch sehr langsam vorwärts, bei immer stärkerem Feindfeuer, überall Ausfälle, Deckung nur durch halbmeterhohe Schneewälle an den Wegrändern. Der VB wirkte infanteristisch mit Gewehr. Als ich ihn gerade zu artilleristischer Unterstützung auffordern wollte, fiel er mir mit Oberschenkeldurchschuß in die Arme. Ab mit ihm nach hinten. Von dorther jedoch, aus Richtung Dubowik, war nun auch Gefechtslärm zu hören. Nun war ich zugleich VB. Die beiden VB-Funker, die Gefr. Krautmann und Voets, hatten ihre schweren Geräte brav geschleppt, bauten sie auf und hatten Verbindung. Feuerkommando! Aber der Bttr. Offz., Lt. Heinrich, konnte kein Feuerkommando ausführen, da die Feuerstellung ostw. Dubowik von Norden angegriffen wurde und im direkten Richten im Feuerkampf stand. Wie ich später erfuhr, wurde zur gleichen Zeit auch die Protzenstellung meiner Bttr. weiter ostw. am Wege nach Miagry angegriffen und hatte Ausfälle.

Der Angriff Richtung Senino gewann langsam an Boden. Das Feindfeuer aus beiden Flanken wurde schwächer – wir schienen „durch" zu sein. Auf einem Panzer standen die Funkgeräte der Infanterie – wohl zur Marscherleichterung dort abgestellt – waren aber von Schüssen durchsiebt. Wir erreichten den Waldrand und sahen Senino unter Feindfeuer etwa 500 m vor uns liegen. Die Sowjets stürmten von Norden, unterstützt von Panzern, das Dorf. Wir kamen zu spät! Unsere Panzer unterstützten mit ihrer letzten Munition den sofort angesetzten Gegenangriff des II./176; unter schweren Verlusten wurde Senino am Nachmittag des 21. 3. wieder genommen und zur Rundumverteidigung eingerichtet. Bei dem Gefecht während des Marsches war die Verbindung zum II./24 und Stab Inf. Rgt. 176 abgerissen. Der Verbindungszug des II./24 hatte sich aber zu uns durchschlagen können. Die Panzer fuhren zum Aufmunitionieren wieder zurück. Wir hörten später, daß wir ein feindl. Waldlager, in dem angeblich sich ein Div. Stab befunden haben sollte, durchstoßen hatten.

Meine tüchtigen Funker versuchten unentwegt aber vergeblich über die Zwischenstelle (B-Stellen-Trupp bei II./24) Verbindung zur Geschützstaffel bei Dubowik zu bekommen. Die Funkgeräte des II./176 waren zerschossen – also blieben wir ohne Unterstützung. Später hörte ich, daß bei der Zwischenstelle der Antennenfuß zerbrochen war; welch lächerliches, aber schwerwiegendes Pech!

Plötzlich wurde durchgerufen: „Der Leutnant von der Artillerie übernimmt die Führung!" Der letzte vorhandene Infanterieoffizier, ein Kp. Chef des II./176, ein blonder Hüne, dessen Name mir leider entfallen ist, war schwerverwundet ausgefallen. Er gab mir noch einige gute Ratschläge zur weiteren Organisation der Abwehr, wurde aber bald bewußtlos. Mir wurde angst und bange! Aber da waren ja auch noch tüchtige Feldwebel, die ihr „Geschäft" verstanden und als harter Kern der Zug vom II./24. Gottlob blieb es in der Nacht einigermaßen ruhig. Immer wieder die verzweifelte Frage: haben die Art. Funker Verbindung? Krautmann und Voets taten ihr Bestes, aber vergeblich.

Die Bestandsaufnahme ergab: außer zahlreichen Toten und vielen Leichtverwundeten über 60 Schwerverwundete, darunter auch die ehemalige Besatzung von Senino vom XXVIII. AK., ich glaube von der 269. Inf. Div. Die wenigen San. Dienstgrade – ich glaube ohne Truppenarzt – waren mit ihren geringen Mitteln unermüdlich tätig. Es war nur noch wenig Granatwerfermunition, aber vorerst noch genug Inf. Munition vorhanden, die überall herumlag und eingesammelt wurde. Ich befahl sparsamsten Mun. Einsatz.

Am Morgen des 22. 3. griffen die Sowjets wieder von Norden an, von Panzern unterstützt über die weite Fläche durch hohen Schnee, konnten aber bis zum Mittag abgewehrt werden. Dabei wurden die Panzer zu unserem Erstaunen durch gut liegendes Art. Feuer von sFH aus westlicher (!) Richtung eingedeckt. Am Nachmittag das gleiche wieder, dazu Art.- und Werferfeuer ins Dorf. Und wieder uns unterstützendes, zweifellos beobachtetes eigenes Art. Feuer von Westen. Und immer noch keine Verbindung, weitere Ausfälle und immer weniger Munition. Der Zug des II./24 sicherte die Schwerverwundeten und bildete gleichzeitig die Btl.-Reserve.

Gegen Abend schickte ich einen Spähtrupp gegen den einige 100 m entfernten Waldrand im Westen; nach Stunden lag das Ergebnis vor: Eigene Infanterie, von dem tiefer liegenden Dorf nicht einzusehen, war um einige schwere Feldhaubitzen geschart; das Ganze stand unter Führung des Chefs der 11./Art. Rgt. 269, Oblt. Carl. Diese Kampfgruppe hatte uns durch direkt gerichtetes Feuer unterstützt! Welche Freude, nicht mehr allein zu sein! In der Nacht ging ich selbst hinüber; man konnte uns aber nur geringe Hilfe anbieten, da auch dort alles knapp war. Meine Hauptsorge galt unseren vielen Schwerverwundeten. Unsere dürftige Lage mit einer Gefechtsstärke von noch rd. 150 Mann wurde über Funk zur Weitergabe an die 21. Inf. Div. gemeldet sowie meine Absicht, am 23. 3. Senino nach Westen zu räumen, die

Verwundeten abzutransportieren und uns Oblt. Carl zu unterstellen. Alles wurde zum Abtransport der Verwundeten vorbereitet, wobei wir glücklicherweise einige große Kastenschlitten in dem nun fast völlig zerschossenen Dorf vorfanden.

Am Morgen des 23. 3. erfolgte der erwartete sowjet. Angriff von Norden, von Art. Feuer unterstützt; wieder gelang die Abwehr mit Hilfe der Bttr. von Oblt. Carl. Aber wieder Verluste – und nun ging auch die Munition zur Neige. Am frühen Nachmittag begann die Räumung, wobei die Verwundeten-Schlitten gezogen und geschoben wurden. Erstaunlicherweise erhielten wir kaum Feindfeuer. Gegen Abend war Senino geräumt, und wir verlängerten die Sicherungen der Bttr. Carl nach Norden und Südwesten. In der Nacht zum 24. 3. wurden einige feindl. Spähtrupps abgewehrt. Am 24. 3. übermittelte mir Oblt. Carl den Befehl, mich mit allen Teilen nach Westen herauszulösen. Er selber würde sich später auch vom Feind lösen und auf die Sicherunglinie des XXVIII. AK. beiderseits Smerdynia-Bassino zurückgehen.

Bei strahlendem Sonnenschein rückten wir ab, alles weit auseinandergezogen, was sehr leichtsinnig war. Aber wir hatten Glück und erreichten ohne Feindberührung Bassino am späten Nachmittag, wo wir unsere Verwundeten in bessere ärztliche Versorgung entlassen konnten. Von dem schwerverwundeten Kp. Chef des II./176, von dem ich die Führung des Btl. übernommen hatte, nahm ich herzlichen Abschied. Ich hoffe, er und alle anderen Verwundeten haben es überlebt.

Am 25. 3. genügten einige Lkw, mit denen die wenigen unversehrt gebliebenen Männer, südl. um den Pogostje-Einbruch herumfahrend, den Rgt. Gef. Std. 176 im Raum Lipowik erreichten. Dort übergab ich die Reste des tapferen Btl. Ich erinnere mich, daß der Rgt. Kdr., Oberst Sattler, der der 61. Inf. Div. unterstand, mich in berechtigter Trauer um sein schönes Btl. nicht sonderlich freundlich empfing. Schwer fiel mir auch der Abschied von den Kameraden des Verbindungszuges II./24, aber die würde ich sicher mal wiedersehen, denn sie waren ja von unserer Division.

Umso wärmer war der Empfang für meine getreuen Funker und mich beim Abt. Kdr. (III./Art. Rgt. 21), Maj. Rips, und bei meiner 9. Battr., die nach schweren Gefechten bei Dubowik nun südl. des Dorfes in Feuerstellung stand. Meine Beobachtungsorgane befanden sich in Dubowik, wo uns zunächst in Zusammenarbeit mit dem I./Inf. Rgt. 176 (Hptm. Sterna) und später mit dem I./Inf. Rgt. 45 (Hptm. Koenenkamp) weitere harte Wochen bis in den April 1942 hinein bevorstanden. –

Vier Tage und Nächte war ich Btl. Führer. Der Rgt. Kdr. hätte es sicher besser und erfolgreicher gemacht. Ob er aber auch mehr Glück gehabt hätte?

24. „Am Wolchow 1942"
Aus dem Kriegstagebuch des Stabsarztes Dr. Schneider, 1. San. Kp. 21.

„23. April 1942. Unser H. V. Pl. Trubnikoff Bor hat während der Frost- und Schlammperiode die Verwundeten sämtlicher nördlich Babino am Wolchow eingesetzten Divisionen aufgefangen und versorgt. Der Abtransport zu den Kranken-Sammelstellen und Feldlazaretten war wegen der Überfüllung oft unmöglich. Die Lazarettzüge waren häufig im Schnee stecken geblieben. Es hatten sich zeitweise 2000 Verwundete angesammelt. Das Schicksal der Verletzten in den behelfsmäßigen Lazarettzügen war während des Frostes meist sehr schwer. Gesamtdurchgang: 5153 Mann; 58 Kameraden mußten wir bestatten.

8. Juni 1942. Die Kp. wird in die Nähe von Mjagry verlegt und errichtet in einem Waldlager den H. V. Pl. für die endlich wieder geschlossen eingesetzte Division. Wir hausen hier in Zelten. Die Verwundeten werden von den Wg. H. Pl., die ich bei den Regimentern errichtet habe, auf schrecklichen Wegen zum H. V. Pl. gebracht. Der Transport der Verwundeten und Kranken zu den Wg. H. Pl. erfolgt durch Krankenträger. Von hier sind bis zum H. V. Pl. vierspännige Krankenwagen eingesetzt. Auf den morastigen Wegen läuft mitunter das Wasser in die Wagen hinein, sodaß nur auf den oberen Tragen transportiert werden kann. Der Weitertransport vom H. V. Pl. zur Bootsanlegestelle Kusino geschieht durch Kr. Kw., nach Regenfällen in vierspännigen Krankenwagen.

Die Mückenplage ist entsetzlich. Der Zugang von Erkrankungen an Malaria und Wolhynischem Fieber mehrt sich. Wir hören oft das Art. Feuer im Wolchow-Brückenkopf, den z. Zt. die 11. ID. verteidigt. Ich vermute, auch unsere Division wird bald dort eingesetzt werden."

25. „Mit der 15. (Radf)/Infanterieregiment 24 in den Wäldern bei Lipowik und am Tigodamoor"
Obergefreiter Willy Wagemann, Melder.

„In der ersten Hälfte des April 1942 wurde die Kompanie aus der Front am Wolchow herausgelöst. Wir verließen damit die uns vertrauten Abschnitte im Brückenkopf Kirischi, im Wolchow-Schlauch, der Erika-Schneise und am Tigoda-Fluß, die wir nach dem Rückzug im harten Winter gegen alle Angriffe gehalten hatten. Frost und Schneefall hielten auch jetzt noch an, und der Boden war gefroren. Wir bezogen eine neue Stellung in Pogosstje.

Unverzüglich ‚versorgten' uns die Sowjets mit Lautsprecher-Propaganda einschl. ‚Passierscheinen'; doch wer nahm das schon ernst? Alle diese Versuche des Feindes, auch während einer 6 Tage dauernden Einschließung nach einem Vorstoß mit der Aufkl. Abt. 21 zum Schelonj, blieben wirkungslos.

Unsere Fahrräder hatten wir am 16. 10. 1941 nach dem Vorstoß auf Tichwin zum Troß abgegeben. Wir haben sie niemals wiedergesehen; die Kp. wurde ab diesem Zeitpunkt wie eine Schützen-Kp. eingesetzt. Aber die Hoffnung, aus dem Stellungskrieg heraus zur angriffsweisen, beweglichen Kampfführung überzugehen, war allgemein noch immer vorhanden.

Anfang April war der Kp. Führer, Lt. Draheim, gefallen. Oblt. Baller, der neue Chef, führte uns in den neuen Einsatzraum in die Wälder bei Lipowik, wo wir der Kampfgruppe des Maj. v. Glasow unterstellt wurden. Hier, in diesem unübersichtlichen Gelände, stand die Kp. ständig dem Feind auf nächste Entfernung gegenüber. Ausgebaute Stellungen waren nicht vorhanden, ebensowenig eine durchgehend besetzte HKL. Der notwendigste Stellungsbau litt unter den laufenden Angriffen des Feindes. Kurze eigene Vorstöße wechselten mit wiederholten Ausweichbewegungen und mehrfacher Zurücknahme der vordersten Teile ab. Der Feind war von der Zahl her weit überlegen. Munition und Verpflegung konnten nur bei möglichst lautloser Stille nach vorn gebracht werden; das gleiche galt für den Melderverkehr; überall lag der Feind auf der Lauer. Der fast ununterbrochene Einsatz der leichten und schweren Waffen, die unregelmäßigen Feuerüberfälle der Artillerie und das schwierige Gelände erschwerten die Verteidigung ungemein. Besonders beschwerlich gestaltete sich der Abtransport der Verwundeten; oft dauerte es Stunden, bis diese Kameraden auf ihrem qualvollen Weg bis zum H. V. Pl. in geregelte ärztliche Versorgung gelangten. Alles freute sich, wenn Obfw. Schareina mit seinem schweren Zug der 4. Kp. zu unserer Unterstützung zur Verfügung stand, was erfreulicherweise mehrfach der Fall war.

Äußerst unangenehm wirkten sich die Angriffe der feindl. Bomber und Schlachtflieger aus. Außerdem wurden die Angriffe der feindl. Infanterie meist von Panzern unterstützt. Ihr Feuer, oft auch im Rücken, verursachte stets Verluste und erzeugte dann auch Verwirrung, wenn es von allen Seiten knallte. Eigene Panzer traten bei uns leider nicht in Erscheinung. Dafür brachten uns die Angriffe der 9./Stuka-Gschw. 2 mit Oblt. Rudel an der Spitze mehrfach wirkungsvolle Entlastung.

Nachdem auch der neue Chef, Oblt. Baller, infolge Verwundung ausgefallen war, hatte die Kp. keinen Offizier mehr. Obfw. Demke, ein Zugführer, führte fortan die Kp. Weil er in jeder Beziehung ein vorbildlicher Mann war, besaß er das Vertrauen aller Soldaten.

Anfang Mai setzte Tauwetter ein. Augenblicklich versanken nicht nur die Straßen und Wege, sondern die ganze Landschaft, in einer einzigen Schlammwüste. Der zähe Brei erforderte für jede Bewegung die doppelte Kraft. Flüsse und Bäche traten über die Ufer und erschwerten den Kampf, den Nachschubverkehr und die Versorgung in unvorstellbarer Weise. Hinzu kam eine schreckliche Stechmückenplage. Diese Plagegeister stürzten sich millionenfach auf Mensch und Tier. Zum Glück standen ausreichend Mückenschleier und -netze zur Verfügung; nur so war unser Dasein einigermaßen erträglich. Am Ende haben wir Frontsoldaten aber auch diese Prüfung bestanden und dem Feind entscheidende Erfolge in diesem Frontabschnitt verwehrt."

26. „Brückenkopf Kirischi"
Aus der Erinnerung des Oblt. Claus von Kursell, Adj. II./IR. 3.

„Im Juli 1942 waren wir die ersten Soldaten des Regiments, die den Brückenkopf Kirischi besetzten. In der folgenden Nacht (zum 31. Juli) wurden wir von unserem I. Btl. unter Hptm. Engbrecht abgelöst. Dieses Btl. erlitt hier starke Verluste.

Am 31. Juli hatten die Sowjets den ganzen Tag über mit überlegenen Kräften angegriffen; sie wurden hierbei von starker Artillerie und zahlreichen Bombern und Schlachtfliegern unterstützt. Die eigenen Verluste waren bedrohlich angestiegen. Der Nachschub war ins Stocken geraten, alle Fernsprechverbindungen unterbrochen. Am Abend dieses Tages meldete ich mich befehlsgemäß auf dem Rgt. Gef. Std. Dort sah ich auch den von allen seinen Soldaten verehrten Rgt. Kdr. Er war soeben aus dem Urlaub zurückgekehrt und hatte unverzüglich die Führung im Brückenkopf übernommen. Ich wartete die Einweisung von Hptm. Alex, dem Kdr. des II./Inf. Rgt. 24, ab, der mit seinem Btl. die Verteidigung des Brückenkopfes verstärken sollte. Anschließend berichtete ich meinem Rgt. Kdr. über die Lage der im Brückenkopf eingesetzten Teile. Der Oberst reagierte außerordentlich ernst, als ich meldete, daß große Nachschubschwierigkeiten bestehen, aber auch viele Männer infolge beginnender Magenkrankheiten keinen großen Hunger haben. Daraufhin meinte er: ‚Hier kann einem schon der Appetit vergehen.' Der Gef. Std.-Bunker in der ‚Roten Fabrik' lag ständig unter feindl. Art. Feuer. Unter der Wirkung mehrerer Treffer hatte er stark gelitten. Auf dem Rückweg zu meinem Btl. begegnete ich den Einheiten des II./Inf. Rgt. 24, die sich im Halbdunkel ihren künftigen Stellungen näherten.

An den folgenden Tagen griff der Feind von früh bis spät mit überlegenen Kräften an, unterstützt von Panzern, Artillerie und Fliegern. Er erzielte Einbrüche und gelangte hierbei in bedrohliche Nähe zum Rgt. Gef. Std. Die harten Kämpfe brachten beiden Seiten schwere Verluste. Alle erkannten Feindpanzer wurden abgeschossen; unsere Gegenstöße warfen die Angreifer zurück; neue Angriffe brachten sie wieder voran. Mit frischen Kräften stand der Feind schließlich mitten im Brückenkopf. Warum er gegen unsere nachlassenden Kräfte nicht weiter vorstieß, blieb rätselhaft; der Brückenkopf wäre verloren gegangen.

Als am 4. August alles mal wieder am ‚seidenen Faden' hing, entschloß sich Oberst Hermann zu einem Gegenstoß, den er persönlich führte. Er kam zunächst gut voran, wurde dann aber von einer MG-Garbe niedergestreckt. Ich habe es selten erlebt, daß der Soldatentod eines Kdr's. von allen seinen Soldaten so schmerzlich empfunden wurde. Die Trauer um den toten Kommandeur erfaßte das ganze Regiment. – Am 24. September wurde Oberst Hermann posthum das Ritterkreuz verliehen.

Die Regimenter waren noch reich an Persönlichkeiten. Hptm. Engbrecht übernahm nach dem Tode von Oberst Hermann die Führung des Rgts. und für kurze Zeit auch die im Brückenkopf. Ganz anders in Temperament und Form als der Oberst, war er eine Siegfried-Gestalt. Der Gefahr sah er lachend ins Auge. Im Kampf war er hart gegen sich, seine Männer und den Feind. Nach dem Kampf war Engbrecht ein lustiger Kamerad, der gern einem fröhlichen Umtrunk huldigte. Er war einfach und klar im Wesen, stark im Handeln, streng und genau im Dienst, den er bis in die letzten Einzelheiten genau kannte. Einige Tage führte er das Rgt., richtiger dessen Reste. Dann fiel er bei einer nächtlichen Erkundung. Nicht einmal begraben konnten wir den strahlenden Vorkämpfer, der schon bei Woronowo mit dem Ritterkreuz ausgezeichnet worden war. Man hat seine Leiche nicht gefunden, wie die der unendlich vielen Soldaten in Kirischi. Das I. Btl. war in diesen Tagen schwerster Kämpfe bis auf 120 Mann zusammengeschmolzen, die beiden Btl. des Inf. Rgt. 24 waren gleichfalls stark geschwächt und wieder herausgezogen worden. Das Inf. Rgt. 45 war mit einem Btl. eingesetzt und auch bereits angeschlagen. Wie in einer Mühle wurden die Truppenteile im Brückenkopf zermahlen.

Die Landschaft um Kirischi war nicht schön. Große Friedhöfe, von Bomben und Granaten zerwühlt, Häuserruinen, die nur noch die Umrisse der ehemaligen Gebäude anzeigten, Baumstümpfe ohne Äste und Blätter. Das Gelände war mit zersplitterten Brettern und Balken, Maschinenteilen, zertrümmerten Waffen und zerrissenen Ausrüstungsstücken bedeckt. Hier und da schwelte das Sägemehl einer ehemaligen Holzfabrik von der letzten Phosphorbombe her. Da und dort lagen ein toter Russe oder ein deutscher Soldat, den man noch nicht hatte bestatten können. Eine Stätte des Schreckens und Grauens, ohne ordentliche Bunker und Gräben, ohne Hindernisse und Minenfelder. Aber der Brückenkopf bildete einen wichtigen Eckpfeiler der Front. Darum mußte er gehalten werden, auch wenn er schreckliche Verluste kostete. Weil dieser Brückenkopf aber gehalten werden mußte – unter allen Umständen –, abgeschnitten vom ‚deutschen Festland', nur durch eine Fähre und eine zerschossene Brücke wie durch einen Zwirnsfaden mit ihm verbunden, so wurden hier Taten vollbracht, die niemand erfuhr. Denn sie sind tot, die es wußten. Hier wurde nicht mehr mit Schwung gestürmt; hier wurde ausgehalten, gesund oder krank. Hier stand der deutsche Infanterist, verpflegt oder hungrig, mit oder ohne Munition, bei rechtzeitiger oder verspäteter Unterstützung schwerer Waffen. Hier blieb der Soldat in seinem Loch hingekauert bis zum Abend. Dann erst durfte er seine Glieder strecken und dehnen. Dann erst konnte ihm geholfen werden, wenn er verwundet worden war. Der Mann blieb in seinem Trichter, ob sich der Feind mit Infanterie heranpirschte, oder ob er mit Panzern angriff. Wenn die feindlichen Bomber erschienen, duckte sich der Landser und spähte: ‚Aha, ausgeklinkt, da purzeln die Bomben, jetzt kommen sie, genau hierher, nein, drüber weg, Schwein gehabt.' Dann flogen die ‚Schlachter' an, warfen erst Bomben, kehrten um und rotzten mit Bordkanonen und MG ein- zweimal in die Stellung. Ganz niedrig flogen sie. Es störte sie ja auch keine Flak und kein Jäger. Alles das geschah auf dem Rücken der Infanterie, der Pioniere, der Panzerabwehrmänner und der tüchtigen Beobachter der schweren Waffen, die in den Löchern und Gräben, in den schäbigen Unterständen und Ruinen von Kirischi saßen.

Es war ja bei den anderen ebenso, aber ich weiß es eben nur von den Dreiern. Hier kämpfte ein Unteroffizier vom I. Btl. mit Handgranaten als letzter seiner Gruppe gegen die ihn umringenden Feinde. Schwer verwundet und kampfunfähig schoß er sich endlich eine Kugel in den Kopf.

Hier streckte der Uffz. Windt mit seiner MPi vier Russen nieder, auf die er unerwartet gestoßen war und verjagte allein den Rest des 20 Mann starken feindlichen Spähtrupps.

In Kirischi brachte es Rackwitz, ‚der alte Rackwitz von der 6. Kompanie', fertig, täglich einen dicken dürren Baum zu ersteigen und dem Feind in die

Stellungen zu gucken. Dann nahm er persönlich einen leichten Werfer und einen Kasten Munition, kroch so weit ins Niemandsland, daß er die vorher erkannten Ziele erreichen konnte, schoß seine 10 Schuß und kehrte gelassen grinsend in seinen Unterstand zurück, während der Feind wütend auf seiner eben verlassenen Feuerstellung herumklopfte. Sogar von seinem Baum aus schoß Rackwitz. ‚Ich habe aber nuscht jetroffen', meinte er hinterher. Das war Rackwitz, den seine Kameraden innig liebten. In Kirischi standen hunderte von Landsern unentwegt auf ihren Posten, obwohl sie Fieber hatten, obwohl sie sich bei dem z. T. rasenden Durchfall längst die Hosen vollgekleckert hatten. Sie wärmten ihre Konservenverpflegung auf dem Esbitkocher und, wenn die Büchse leer war, schissen sie sie wieder voll und warfen sie feindwärts. ‚Flatterminen' sagten sie dazu.

Die Männer strahlten ihren Hptm. Schütze an, wenn er nachts dreckig und müde durch den Graben und an den Löchern entlang schlich und für jeden ein gutes Wort und eine Zigarette hatte. Hier war es, daß ein schwerer KW I die deutschen Linien durchbrach und sich, im Rücken der Stellung herumfahrend, sehr unbeliebt machte, bis er sich in einem Wassergraben festfuhr. Der Funker eines Art. VB stürzte sich mit einer Hafthohlladung auf den Panzerkoloß. Sie detonierte, aber der Panzer zeigte keine Wirkung. Noch einmal flitzte der Funker aus seiner Deckung und setzte seine Mine an. Sie zündete nicht. Nun wurden die Russen im Panzer lebhaft. Sie warfen Handgranaten heraus. Wieder sprang der Funker mit einer Hafthohlladung auf den Panzer los, während sein Kamerad auf die Luke schoß. Diesmal brannte der Panzer aus. Vor Aufregung am ganzen Körper fliegend, strahlte der kleine Funker über seinen Erfolg.

Der Bttr. Führer, Oblt. Tzschirner, saß im vordersten Graben und schoß Sperrfeuer. Aber der Feind unterlief die Sperre und war schon nahe heran. Tzschirner zog das Feuer näher und näher, hundert Meter vor der Stellung, fünfzig Meter. Immer näher rückten die Russen. Tzschirner wußte, daß seine Rohre ausgeschossen waren, daß sie schon 7.000 – 9.000 Schuß hergegeben hatten. Aber lieber sich selbst ‚auf den Kopf schießen', als die Russen hereinlassen. ‚25 abbrechen, höchste Feuergeschwindigkeit!' Wirklich brach der Feindangriff in dieser letzten Sperre zusammen, und auf den zurückgehenden Feind hackten nun alle Waffen ein.

Aber auch der Russe war tapfer. Nachts setzte er beschädigte Panzer vor unseren Stellungen instand und fuhr sie zurück. Wie Schlangen krochen die Iwans vom Waldrand mit Gepäck und Nachschub über das freie Trichtergelände und brachten ihre Lasten in die vordersten Gräben, die 25 bis 150 Meter vor den eigenen Stellungen lagen. Auch für den Feind war Kirischi eine Hölle. Das russische Feuer war schlimm, aber fürchterlicher noch war die deutsche Abwehr. Wo eine Bereitstellung erkannt wurde, da schlugen die Feuerzusammenfassungen ein, Bäume zersplitterten und frisch eingetroffene russische Kompanien konnten nicht mehr angreifen, weil sie schon zuvor zerschmettert worden waren. Fahrer, Monteure, Zivilisten wurden mit Gewehren bewaffnet, mit Waffengewalt vorgetrieben und vom deutschen Feuer vernichtet. Die russischen Panzerfahrer wollten nicht mehr angreifen. Es hatte aber keinen Zweck. Ein gefangener Tankist sagte aus, daß, wer umgekehrt sei, erschossen worden wäre. Neue Fahrer kamen in die

Kampfwagen. Sie fuhren vor und verbrannten in ihren Panzern. Denn wer ausbooten wollte, den schossen die Unseren ab.

Nachts kroch ein russischer Art. Beobachter in einen abgeschossenen Panzer 20 m vor unserer Linie. Am nächsten Tag schlug vorzüglich geleitetes Feuer bei uns ein. Da entdeckten unsere Männer eine Antenne aus dem toten Panzer ragend. Also hier saß der rote VB ... ein Schuß der schweren Pak auf den erkannten Panzer, ein tapferer Feind war nicht mehr. Aber zwei Tage danach wiederholte sich dasselbe Spiel.

Russische Tiefflieger sprühten Flammöl ab. Dicke schwarze Wolken lagerten auf der Erde. Holzstapel fingen an zu brennen. Eine fürchterliche Waffe. Was der Iwan alles hatte! Da –, da hatte sich ein Flugzeug mit dem eigenen Flammöl angezündet, brannte lichterloh. Das zweite Flugzeug prallte auf die erste Maschine. Beide stürzten brennend und qualmend in den Wolchow. Der dritte Flieger konnte seine Maschine noch hochreißen. Er ließ die Flammölspritzerei und verschwand.

Nachts wieder der ‚Eiserne'. Im Dunkeln konnte man sich wenigstens rühren und ‚brannte' ihm doch zu gerne eins, wenn's auch nichts nützte. Die Russen schossen Leuchtkugeln in Richtung unserer Stützpunkte, wenn der ‚Gustav' kam. ‚Kann ich auch', sagte Rackwitz, und schoß eine rote Leuchtkugel nach der anderen zum Feind. Schon hörten wir das Rauschen der Bomben, aber nicht bei uns – zum Feind sauste die böse Last. Beim Russen blitzte und krachte es. Dann hörte man das wütende Gebrüll der Roten und das Wimmern von Verwundeten. Die waren zahlreicher als wir, da traf es auch mehr als bei uns. Der ‚Gustav' wird wohl 14 Tage ‚Geschärften' bekommen haben, meinte Rackwitz.

Unsere Luftwaffe hatte ein Einsehen. Am Himmel schwebten einige Ju 88 heran. Schon lange war hinter dem Minenwäldchen eine Panzerbereitstellung gemeldet worden. Da stürzte die erste Ju, klinkte aus, drehte ab. Nun die zweite, dritte und die weiteren. Ein Rauschen, eine Riesendetonation, viel besser als die der russischen Bomben. An diesem Tage kamen aus dieser Ecke keine Panzer mehr. Auch Jäger erschienen hier und da und hielten die Luft rein. Dann kam unser Freund, das ‚Häschen', der ‚Benjamin' und wie alle seine Kosenamen hießen. Der tapfere, kleine Henschel-Aufklärer. Langsam brummelte er heran, ging trotz Feuer der Russen tiefer und tiefer und beäugte die Lage genau. Manchmal flog er wie ein Schäferhund der Luft über dem Brückenkopf hin und her. Im eigenen Hinterland hörten wir dann eine dicke Kanone schießen. Das war Artilleriebekämpfung mit Luftbeobachtung. Darum schwieg auch die russische Artillerie, wenn unser ‚Häschen' kam. Wenn aber russische Jäger erschienen, mußte unser ‚Benjamin' ‚Leine ziehen'. Er ging auf geringe Höhe und entwetzte mit Vollgas. Flak war endlich auch gekommen. Im Licht der Scheinwerfer fühlten sich die ‚Eisernen' nicht mehr wohl. Dann bellten die 2 cm-Vierlinge, und sie trafen auch. Eine Bttr. 8,8 war endlich auch da. Der Russe mußte vorsichtiger werden.

Am besten aber wirkten die Nachtjäger: Der Oblt. Hildebrandt wußte, daß der Feind unsere Ferngespräche abhörte. Abends vor Dunkelwerden Fernspruch vom Rgt.: ‚Heute ab 22.00 Uhr eigene Nachtjäger; nicht schießen!' Wir gaben den Fernspruch an die Kompanien, diese an die Züge. Jetzt wußte es auch der Feind. Also Vorsicht, ihr Gustave, – deutsche Nachtjäger. Kein Gustav ließ sich blicken. Tagelang dauerte es, ehe die Iwans hinter das Geheimnis von Hildebrandts ‚Nachtjäger' kamen. Nie hat nämlich ein Nachtjäger den Brückenkopf Kirischi auch nur überflogen. Ungezählt und unerzählt bleiben die Einzelheiten dieser Wochen des Großkampfes. Wer spricht denn von dem Lt. Hoffmann, der mit einem Oberschenkelstecksplitter im Graben blieb, weil seine Kp. schon so schwach war, daß jeder Mann dringend gebraucht wurde? Wer spricht schon von den Essenträgern, die täglich den Weg über die Brücke nahmen? Wer weiß noch vom Obgefr. Schmeing, der Tag und Nacht die gefährlichen Wege mit der Krankentrage ging und vielen, vielen Kameraden geholfen hat? Wer denkt noch an den ‚Stalin', den Tscherkessischen Überläufer, der freiwillig immer wieder in die vorderste Linie ging, um Verwundete zu holen? Kennt man noch den Stabsarzt Schneider, der wochenlang in seinem vorgeschobenen H. V. Pl. in einer Fabrikruine aushielt? Dort wurde mancher Schwerverwundete durch rasche Hilfe gerettet. Über 1.000 Verwundete wurden dort versorgt.

Nicht nur der Schrecken herrscht in Kirischi, nicht nur das Gefühl, von der gesitteten Welt abgeschnitten, ja fast ausgestoßen zu sein. Nicht nur der Schmutz auf dem wochenlang ungewaschenen Körper, in den bärtigen Gesichtern, den müden, entzündeten Augen, nicht das Fieber und der Leichengeruch waren allein kennzeichnend für diese Zeit. Alles Schlimme kann den Ruhm nicht überwuchern, den sich die deutschen Soldaten der 11. und 21. Inf. Div. und auch ihre Feinde erworben haben. Auch das Wort ‚stilles Heldentum' erfaßt noch nicht jenes treue, brave Soldatentum, das marschiert, kämpft, stirbt und lustig leben will, ehe es den bitteren Weg ins Kriegergrab antritt. Denn der Heldentod ist ehrenvoll – aber nicht schön. Krieg ist überhaupt nicht schön.

Einmal Brückenkopf genügte uns. Endlich wurden wir abgelöst. 700 Mann waren wir stark gewesen, 400 waren wir mit allen Trossen vier Wochen später. Alle Frontsoldaten waren krank, fiebrig, ihre Füße waren geschwollen, die läusezerstochenen Körper zerkratzt und vereitert. Kaum wollten die Beine noch tragen.

Ablösung! Wie Musik klingt dieses Wort! Die Brücke war passiert. An der Stellung der schweren Haubitzen am Bahnhof Irssa vorbei, dann um mehrere Ecken, und jetzt waren wir im Waldlager in kleinen Blockhütten und Zelten. Dort durften wir nach den anstrengenden Wochen die Ruhe genießen. Wir zogen im Freien unsere verlausten Sachen aus. Wir wuschen den zerkratzten Körper mit warmem Wasser, rieben ihn mit Öl und Kölnisch Wasser ein, rasierten uns mit Genuß, ließen uns die Haare schneiden, und dann zogen wir das beste Hemd, die beste Hose, den besten Rock an und stolzierten mit schwarz glänzenden Stiefeln umher, zwar noch bleich und mager, aber geistig mindestens eine Etage höher als noch vor einer Stunde. Jetzt hatten wir Schokolade, Tabakwaren, Sekt, Schnaps, Bier, kurz – alles was das Herz begehrt. Auf den Butterbroten lag dick Wurst und Käse. Das war ein Frühstück, wie in alten Zeiten. Die Sonne schien dazu. Was störten uns die paar Mücken; die wollten auch leben.

Wer war denn nicht krank gewesen, hatte kein Fieber gehabt? Wem war der ewige ‚Durchmarsch' nicht schlecht bekommen? Jetzt konnte man darüber lachen. Jetzt konnte man das vergessen. Man freute sich am Gespräch, am schönen Wetter, an der ganzen Welt und am Durst. Der Durst – man könnte Bücher darüber schreiben. Der Durst quält den Menschen entsetzlich, er ist schlimmer als Hunger. Aber ein schöner Durst zur rechten Zeit ist ein Gottesgeschenk, für das man seinem Schöpfer mindestens ebenso dankbar sein sollte wie für klares Brunnenwasser, Tee, Kaffee, Wein, Bier, Sekt oder Schnaps. Was sollte man denn mit all den schönen Dingen anfangen, hätte man nicht immer einen so herrlichen Durst. Gott erhalte uns lange unseren Durst, unseren guten Geschmack und die guten Getränke. Das übrige erhält sich dann von selbst."

27. „Als Truppenarzt im Brückenkop Kirischi"
Aus dem Tagebuch von Stabsarzt Dr. Schneider. Chef der 1. San. Kp./21.

25. August 1942:
„Fast jeden Morgen sieht das Trichterfeld nach dem nächtlichen Beschuß durch Bomber und Artillerie anders aus. Da ist wieder ein Schornstein oder ein Mauerrest umgelegt, hier sind frische Trichter und Trümmer. Viele von uns haben Zahnfleischblutungen, alle sind wir stark verlaust. Mich hat Sumpffieber befallen, und ich leide sehr unter den starken Schüttelfrösten, die mich täglich mehrmals überfallen. Jeder sehnt sich nach Licht. Einige von uns gehen in der Morgensonne nach oben, um hinter der Mauer etwas Sonne zu erhaschen und den Blick über Trichter, Holzstrünke, Eisenteile und Mauerreste auf die fernen grünen Wälder jenseits des Wolchow gleiten zu lassen. Plötzlich in der Luft das uns wohlbekannte Rauschen der herannahenden Geschosse einer Stalinorgel – und aus ist es mit dem Morgengenuß.

30. August 1942:
Wohl selten ist es einem Truppenarzt vergönnt, wenige hundert Meter vom Verwundungsort so schnell helfen zu können. Mechanisch und wie im Traum, in einem Dunst von Blut und Modder, versuchen wir Nacht für Nacht die Verwundeten so weit zu versorgen und zu verpflegen, daß sie am darauffolgenden Abend zur Fähre gebracht werden können. Mit einem Brei von Lehm und Blut über und über beschmiert und verkrustet werden sie herangebracht oder schleppen sich oft mit den schwersten Verletzungen aus eigener Kraft heran. Im Bunkergang geht ein Unteroffizier ruhelos auf und ab und winkt mir jedesmal mit stummer Gebärde zu, wenn er mich durch die Tür am OP-Tisch arbeiten sieht. Endlich steht er vor mir und ich sehe, daß durch einen Splitter Kehlkopf und Speiseröhre aufgerissen waren. In der zerfetzten Wunde suche ich die Stümpfe und schiebe je einen Gummischlauch in den Luftröhren- und Speiseröhrenstumpf. Die freien Schlauchenden leite ich durch einen Kragen aus Gips heraus. Durch das eine atmet er, durch das andere ernähren wir ihn. Mit einem Zettel in der einen Hand, die andere schützend vor diesen Öffnungen, so geht (!) er am nächsten Abend hinunter zur Fähre. Welch ein Leidenkönnen! Wegen der Kürze des Weges vom Verwundungsort bis zu uns sterben viele bei uns, die sonst nie in die Hände eines Arztes gekommen wären. Mitten unter uns kämpft der ohnmächtige Ausgeblutete seinen furchtbaren Todeskampf, ertönt das

schwere, langsame letzte Röcheln des Kopfverletzten oder das rasselnde Stöhnen des Lungenverletzten, gibt mit kleinen, krampfhaften und angstvollen Atemstößen der Bauchverletzte sein Leben auf. Und doch, wie manchem haben wir durch sofortige Bluttransfusionen, Amputationen oder Gefäßunterbindungen noch im letzten Augenblick das Leben gerettet. Selbst das Los der Bauchverletzten ist besser als auf manchem anderen Schlachtfeld. Durch Einsatz von Sturmbooten der Pioniere, selbst bei Tag, gelingt es, Bauchschüsse oft in wenigen Stunden zum H. V. Pl. Rutschji zur Operation zu schicken.

September 1942:
Ich sitze in der Morgenkühle vor dem Bunkereingang, erschöpft von der nächtlichen Arbeit im Bunker im Blutdunst. Der Sonnenaufgang bringt jetzt immer eine kurze Zeit der Ruhe, als hätte sich die nächtliche Hölle über dem Trichterfeld erschöpft, ehe der brüllende Tag wieder beginnt. Um mich herum liegen die in der Nacht verstorbenen Kameraden, die wir aus dem Bunker herausbrachten, um sie bei erster Gelegenheit zu bestatten. Die stummen Gestalten stören mich nicht, ich empfinde sie nicht einmal als fremd. Zu lange und zu eng sind wir all die Tage mit ihnen verbunden gewesen. Die erste Sonne taucht alles in ein unwirkliches Licht, Trichter, Steintrümmer und Stahlspieße. Plötzlich läßt mich ein heißer Schreck hellwach werden. Ein Sonnenstrahl trifft das Gesicht eines Toten dicht neben mir; aus dem blassen ausgebluteten Gesichtchen eines jungen Menschen sehen mich zwei offene Augen an, nicken mir gütig lächelnd zu, als wollten sie sagen: ‚Mach Dir nichts draus'. Was nützt es, daß ich weiß, daß die reine Luft den Ausgebluteten ins Leben zurückrief, der unten in dem erstickenden Dunst für tot gehalten und irrtümlich herausgeschafft worden war. Voller Scham und Schuld kniee ich neben ihm, bevor wir beide gemeinsam vor den beginnenden Einschlägen hinunter flüchten müssen.

Vor Beginn der Dämmerung geht die Sonne meistens blutigrot hinter den bizarren Bogen der gesprengten Eisenbahnbrücke unter. Im Süden erhebt sich groß der Mond und sein gelbes Licht spiegelt sich im Wolchow. Der Leichen- und Brandgeruch über dem Trichterfeld wird stärker. Aus allen Löchern huschen dunkle Schatten, Essen- und Munitionsträger hasten von Trichter zu Trichter. Dann bringen unsere Krankenträger die Verwundeten herbei, denn die meist ruhige Stunde bis zum Eintreffen der Nachtflieger muß zum Transport ausgenutzt werden. Hochgeschultert, die weißen Verbände gegen Fliegersicht gut verhüllt, wird Verletzter um Verletzter von je vier Mann zum Fluß getragen. Nie werde ich die dunklen Silhouetten dieser Krankenträgergruppen, die gleich lebenden Denkmälern durch die Dämmerung über das Trichterfeld hinweggleiten, vergessen. Sie sind freilich lohnende Ziele, und mancher Krankenträger, leider auch mancher Verwundete, wird bei diesem Transport erneut getroffen."

28. *„Wiedersehen mit Kirischi!"*
Aus: „Offiziernachrichten Gren. Rgt. 45, November 1942" von Oblt. und Btl. Adj. Willekens, gefallen als Hptm. und Kdr. II./GR. 3 am 3. 8. 1944.

„Es ist beinahe ein Jahr her, da fingerten wir über die Karten, wischten einem schwarzen Strich entlang, das war eine Eisenbahn. Prüften mit den

Augen viele blaue kleine Striche, das war Sumpf und waren gleich darauf am blauen Band des Wolchow. Dort, wo sich der starke schwarze Strich über das Blau spannte, um sich nach Nordwesten am Kartenrand zu verlieren, standen in schlechter Schrift ein paar Buchstaben:
K – I – R – I – S – C – H – I.

Und dann marschierten wir los, immer dem Strich entlang, denn dieser führte in den Feind hinein, in seine tiefe Flanke und seinen Rücken. Erst nahmen wir seine Trosse, seine Mun.- und Verpflegungslager, dann zwangen wir seine Artillerie zum Stellungswechsel und brachen seiner Verteidigung das Rückgrat. Unserem Schwester-Regiment reichten wir mitten in Kirischi die Hand. In einer großen Fabrik schenkten uns die Kameraden ihren letzten Schnaps ein. Das war unsere erste Begegnung mit Kirischi, einem Industriestädtchen, unsere Absprungbasis zum Ladoga-See – dasselbe Kirischi, das Stalin zehn Monate später das „Tor nach Leningrad" nennen wird, um das zwei Monate später ein Gürtel gelegt wird, der es zum Brückenkopf macht – zum
‚W o l c h o w b r ü c k e n k o p f'
vieler Wehrmachtberichte.

Um seinetwillen erteilte Stalin persönliche Befehle, ließ er Kommandierende Generale erschießen, rollten Panzerzüge und -brigaden, verbluteten Garde- und Schützendivisionen, starteten Kampf-, Schlacht- und Jagdflieger, wurden stoßweise Flugblätter gedruckt, orgelten Salvengeschütze, spien mehr als drei Dutzend Batterien schwersten, schweren und leichten Kalibers, plärrten Lautsprecher, brüllten Eisenbahngeschütze . . .

Es ist längst ein Trümmerfeld, die Erde blutet aus unzähligen Wunden, und der stählerne Griffel des Krieges hat ‚ehemalig' vor Kirischi gekratzt.

Und dann ist es eines Tages geschehen. Der Gürtel, aus ost- und westpreußischen Soldatenleibern gebildet, reißt. Der Feind sucht die Halbierung dieses lächerlich kleinen Raumes von acht km², rollen die T 34 und KW I Richtung Wolchow, hat Stalin das ‚Tor nach Leningrad' aus den Angeln gehoben. Nein – er hätte es, wenn nicht ein tapferer Regiments-Kommandeur mit einer handvoll Männer ‚Halt' geboten und dieses mit dem Tode besiegelt hätte. 300 m vor dem Ufer des Stromes wurden die Panzer zum Stehen gebracht, wühlte sich die russ. Infanterie in die Erde. Aber nicht um zu halten, um Atem zu schöpfen zum letzten Sprung. Und diesen können sie von der Höhe aus führen. Die wenigen Männer am Hinterhang werden ihn weder verhindern noch aufhalten können.

In der Nacht vom 8. zum 9. August 1942 überquert das I. Btl. den Strom, um das halboffene Tor zu schließen – das Wiedersehen mit Kirischi beginnt!

Vier Minuten hämmert die eigene Artillerie, dann bricht unser Angriff los. Im ersten Ansturm wird der Feind überrannt, 100, 200, 300 m Boden gewonnen. Noch 500 m, dann ist es geschafft. Doch da hebt ein Brüllen an, ein Rauschen und Sausen, ein Orgeln und Krachen, Dröhnen und Splittern – Sperrfeuer aus 100 Rohren! Die Erde bebt, sie raucht. Brodelnd springen Erdfontänen hoch, ein Meer von Rauch, Dreck und Qualm. Trotzdem geht es weiter! Es ist kein Vorstürmen mehr, kein Überrennen – es ist ein schrittweises Durchkämpfen, ein Durchfressen durch Feuer und Dreck. Noch 100 m werden geschafft, dann schieben sich schwarze Schatten durch den Dunst. Ein halbes Dutzend Panzer rahmt die Angriffsspitze ein. Die Rohre senken sich und im scharfen Knall der Kanonen kommt der eigene Angriff zum Stehen. Aber kein roter Gegenstoß entreißt uns gewonnenen Boden. Verbissen wird verteidigt, was unter Opfern genommen wurde, Stunde um Stunde – bis der Chef der 1. Kp. fällt, dann der Chef der 2., bis die Züge nur noch Gruppen sind, bis die Binden und Spritzen beim Arzt kaum noch ausreichen, bis der Russe versucht, den vorgetriebenen Keil abzukneifen. Da nimmt der Kommandeur die Spitze zurück. Es sind noch ein Feldwebel und sieben Mann. Aber die neu gewonnene Höhe wird gehalten.

Ich will nicht jeden Tag beschreiben, ich kann mich nicht immer wiederholen. Ich werde einige wenige Stunden herausgreifen und die vielen Tage und Nächte übergehn. Die Tage werden geboren mit dem Scheppern der Panzerketten, mit dem Bellen der Kanonen. Sie sind ausgefüllt mit den Feuerschlägen der Artillerie, dem Rattern der Maschinengewehre, den feindlichen Angriffen, den Tiefangriffen roter Jäger und den vielen Reihen krepierender Bomben.

Die Nächte sind erhellt von Leuchtfallschirmen und Leuchtgranaten. Ununterbrochen kurbeln die Nachtbomber im von farbigen Leuchtkugeln zerrissenen Schwarz; hasten viele Schritte in der Finsternis: Verwundete, Essenträger, Mun.-Kolonnen. Manche Augen sehen zum letzten Mal den Sternenhimmel. Offiziere, Unteroffiziere und Männer kriechen in den Schlammtrichtern der Stellungen umher, es regen sich alle Hände, buddeln und schaufeln. Nur wenige sitzen im Bunker, weil es nur noch wenige gibt. Bis auch diese Nacht fahler Helle weicht und das Tuckern der letzten Fähre, des letzten Sturmboots am Fluß von herandröhnenden Panzermotoren verschluckt wird. Es war ein harter, unerbittlicher Kampf, und hinter denen, die ihn ausfochten, waren buchstäblich alle Brücken abgebrochen.

Einmal noch senkte sich die Waage des Erfolgs schwer auf die feindliche Seite. Das war am 13. August. Nach stundenlangem Trommelfeuer eröffnen die russ. Schlachtflieger den Tanz. Die Panzer sammeln sich vor der HKL, decken den Einbruch ihrer Infanterie, rollen gegen den Wolchow und werden dort am Bt. Gef. Std. von der Infanterie getrennt, bis die Vernichtungstrupps sie zum Rückzug zwingen, bis eine Handvoll Männer im Gegenstoß den Einbruch bereinigt. Am Nachmittag trifft ein neuer Stoß die Naht zum rechten Nachbarn. Nach langem Ringen hat der Feind mit Panzern und vielfacher Übermacht seiner Infanterie eine Bresche erzwungen. Von dort funkt der Nachbar: ‚Wir igeln uns ein!' Es ist ein Bataillon mit noch 40 Mann. Kein Lebender steht mehr zwischen dem Feind und dem Wolchow. Aber dieser erkennt seine Chance nicht, sondern geht bei einbrechender Dunkelheit zurück, und am nächsten Morgen hat unser II. Btl. die Lücke geschlossen. Das war unser ‚Wunder an der Marne'. Von nun an trägt auch unser II. Btl. sein gerüttelt Maß an der Last des Kampfes im Brückenkopf – und unser Rgt. Kdr. ist Brückenkopf-Kommandant geworden.

Ununterbrochen giff der Russe nun an, einmal bei uns, ein andermal beim II. Btl. – mit und ohne Panzer, bei Tag und Nacht. Menschen hatte er genug; blieben bei einem Angriff fünf Panzer und 200 Mann liegen, so karrte er beim nächstenmal zehn Panzer und 500 Mann heran – bis auch diese verblutet oder ausgebrannt waren. Und dann wiederholte sich das Spiel von Neuem. Drei Schtz. Div., zwei Schtz. und zwei Pz. Brig. müssen doch diesen winzigen Punkt im weiten Rußland wegfegen können. Aber sie konnten es nicht. Vor, in oder hinter den eigenen Stellungen brachen die Angriffe stets zusammen. –

Am 22. August um 08.05 Uhr brechen aus einem Ruinenfeld zwei starke eigene Spähtrupps vor. Es beginnt ein Unternehmen, das den sinnigen Namen ‚Sektpulle' führt und tagelang bis in alle Einzelheiten vorbereitet wurde. Ziel ist die Wegnahme des vordersten Fabrikgebäudes, anschließend das Aufrollen der feindl. Stellungen und die Vorverlegung der eigenen HKL. Der Feind wehrt sich verbissen. Als aber die 3-kg-Ladungen in seine Löcher purzeln, als Arme und Beine herumwirbeln – da wird der Iwan weich. Die ‚Sektpulle' hat geknallt! Allein hinter einer 10 m breiten Mauer liegen 50 Tote und 63 Braunbemäntelte traben schnatternd in Gefangenschaft.

Das war der Auftakt zu einem schrittweisen Abschnüren und Auskämmen der Einbruchstelle. Was nun in den nächsten Wochen folgte, war ein Stoßtruppkampf um jeden Meter, um Ruinenhaufen, um Balkentrümmer, um bewegungsunfähige Panzer, um Bomben- und Granattrichter. Und jeder Meter wurde vorher geplant, um jeden Trichter wurde erbittert gerungen. Es waren hunderte, und in ihnen saßen jeweils Trauben von Russen. Trotz dieses Trichterkampfes griff der Russe immer wieder unentwegt an und verblutete sich dabei. Aber auch die eigenen Reihen lichteten sich. Der letzte bei den Trossen entbehrliche Mann wird nach vorne geholt.

Am 2. 9. wird, nachdem der feindl. Einbruch auf 400 m verengt ist, ein Angriff durchgeführt, der den tiefen Schlauch bis auf eine kleine Lücke abschnürt. Aber das Auskämmen dauert noch 20 Tage und steht an Härte allem Vorhergegangenen nicht nach. –

Am 21. September wird das Regiment abgelöst. Es hat 7 Wochen ununterbrochen gekämpft, hat Tag für Tag durchschnittlich zwei Feindangriffe abgewehrt. Es hat 7 Wochen lang kaum geschlafen, 7 Wochen nur im Freien in Trichtern gehockt und dem Russen auf 30 m gegenüber gelegen. Es hatte trotzdem noch die Kraft gehabt, ihn zu schlagen und zum Weißbluten zu bringen. 7 Wochen lang hat es im Brennpunkt des Kampfgeschehens gestanden – bis es abgelöst wurde und der Rundfunk verkündete: ‚Am Wolchow-Brückenkopf ist nach siebenwöchigen harten Kämpfen Ruhe eingetreten.'

Das ‚Tor nach Leningrad' war wieder geschlossen – wir haben Stalin den Schlüssel aus der Hand geschlagen. Der Wehrmachtbericht vom 5. 9. zollte der 21. Inf. Div. höchste Anerkennung.

Ich habe die Karte vor mir liegen und sehe auf dem Ostufer des Wolchow einen ovalen Kohlestrich: Den Brückenkopf Kirischi."

29. „Auf dem Idiotenhügel an der Tigoda"
von Fritz Goldberg, Lt. GR. 45.

„November 1942: Kirischi war überstanden, die Kompanien des Gren. Rgt. 45 wurden am ‚Tigoda-Brückenkopf' eingesetzt und durch Ersatz aus der Heimat aufgefüllt. Der Rgt. Gef. Std. lag nordwestlich des Flusses. Kaum war der erste Schnee gefallen, wurde vom Rgt. erfragt, wer schon einmal Ski gelaufen ist. Ohne zu wissen, um was es ging, meldeten sich Kameraden aller Dienstgrade, so auch ich. Meine ‚Erfahrung' hatte ich an den ‚Veilchenbergen' bei Königsberg und am Galtgraben im Samland erlangt.

Wenige Tage nach der Meldung wurden diejenigen, die sich gemeldet hatten, beim Rgt. Gef. Std. zusammengezogen. Oberst Chill wies darauf hin, daß ein Befehl bestehe, eine Ski-Kp. zu bilden. Oblt. Möhring wurde deren Führer, ich erhielt den 1. Zug, Stfw. Moritz und Uffz. Strauß kamen zum Kp. Trupp. Innerhalb 24 Stunden mußten Bunker an der Tigoda bezogen werden, denn bereits am nächsten Tag sollte die Ausbildung beginnen. Strauß, aus den Alpen stammend, sollte sie durchführen. Doch erst galt es, Ausrüstung und Gerät zu übernehmen. Nach Einteilung in Züge und Gruppen marschierten wir zu ‚W. u. G.' beim Rgt. Was sich dort vorfand, war für die ‚Ski-Rekruten' erstaunlich, für den Ski-Lehrer Strauß sicher erschreckend: Aus der Ski-Sammlung in der Heimat stammende Bündel von Skiern! Fast unsortiert lehnten sie samt recht unterschiedlichen Stöcken an den Wänden der Holzhäuser. Nun mußte sich jeder, so gut es ging, ein Paar Bretter und dazu passende Stöcke aussuchen. Fast ein ganzer Tag ging damit hin.

Auf dem Dienstplan des nächsten Tages stand dann: Antreten mit Skiern und den vorgesehenen Ski-Schuhen. Anschließend Herrichten der Schuhe sowie Kontrolle der Skier und der Stocklängen. Dazu sei bemerkt, daß keine Ski-Schuhe zur Verügung standen. So mußten normale hohe Schuhe mit Lederstreifen an den Absätzen versehen werden, damit die Bindungen nicht abrutschten. Später wurde mit Hammer und Kneifzange versucht, die Haltebacken der Skier den Vorschuhen anzupassen. Dann gab es Unterricht im Wachsen der Laufflächen der Skier (woher die alten Plätteisen kamen, ist mir heute noch ein Rätsel!). In der Putz- und Flickstunde waren dann die sonstigen Ausrüstungsstücke herzurichten, wie etwa Ski-Handschuhe und Anoraks.

Der nächste Tag sah uns endlich im Schnee: Wie sollten die Bretter zusammengebunden sein, wie sollten sie getragen werden, wie kann man sie hinter sich herziehen? Schon beim Anprobieren stellte sich heraus, daß ein Großteil der Männer nur wenig Ahnung vom Skilaufen hatte. Kaum waren die Latten an den Füßen, lagen deren Träger schon im Schnee! Die Übung ‚Aufstehen' war somit Inhalt der ersten praktischen Stunde. Auf einer verschneiten Wiese an der Tigoda wurde in einem großen Kreis geübt. Uffz. Strauß kam oft aus dem Lachen nicht heraus, wenn wieder jemand mit verschlungenen Beinen im Schnee lag und einem Maikäfer auf dem Rücken ähnlicher sah als einem im Pulverdampf ergrauten Landser.

Mit sehr viel Geduld, die ich noch heute bewundere, gelang es ihm aber in wenigen Tagen, uns die wichtigsten Grundübungen des Skilaufens beizubringen. Da wir bis auf Strauß alle ‚Flachlandtiroler' waren, mußten auch alle mitüben einschl. Kp.- und Zugführer. Wohl jeder hatte abends einen tüchtigen Muskelkater. Bis auf drei Männer, die beim besten Willen keine Anlagen zum Skilauf hatten und zur Einheit zurückkehren mußten, waren die anderen etwa 90 Mann nach acht Tagen so weit, daß der erste Langlauf über 15 km zwar holprig, aber ohne Ausfälle verlief. Doch die kleinsten Erhebungen und Senken schafften Probleme.

Also ging es in den nächsten Tagen an die Hänge der Tigoda, für einen Ski-Lehrling schon eine ‚Höhe', wenn sie bis zu 25 Meter erreichte; doch für unseren Unteroffizier aus dem Toten Gebirge eben nur ein Idiotenhügel. Da wurde nun unermüdlich geübt, gut herunterzukommen und die Gegenböschung wieder zu erklimmen. Die Tigoda dazwischen war ja fest zugefroren.

Da die Ausstattung mit Karabinern, leichten Granatwerfern, Maschinengewehren und Akjas inzwischen abgeschlossen war, wurden die Übungen schon schwieriger. Auch mußten wir nun den Bau von Iglus lernen, die Verladung von Geräten üben, ‚Verwundete' bergen und transportieren, sowie Hindernisse wie Zäune oder umgefallene Bäume bewältigen.

Geländedienst in Tarnkleidung, verbunden mit Schießübungen in den verschiedensten Lagen, brachte die Kp. der Einsatzbereitschaft näher. Da infolge des strengen Winters – das Thermometer sank auf minus 40° – die Front an Tigoda und Wolchow ruhig blieb, kam es allerdings zu keinem Einsatz. Lediglich einige Kameraden wurden als Kuriere abgestellt, wenn im hohen Schnee Pferde oder Kraftwagen nicht mehr durchkommen konnten. Im übrigen ging die Ausbildung weiter; Langläufe bis 40 km waren keine Seltenheit mehr. Als dann im Dezember bekannt wurde, daß das Rgt. an den Ladoga-See verlegt werden sollte, wurde allen klar, daß eine Verwendung als Ski-Einheit kam mehr zu erwarten war. Als wir dann im Januar 1943 tatsächlich verlegt wurden, stand im neuen Raum bei Ssinjawino die Ski-Kp. als Rgt. Reserve zur Verfügung."

30. „Pionierbataillon 21 im Infanterie-Einsatz"
von Hermann Fleer, Pi. Btl. 21 (vgl. Seite 31).

„Am 12. Januar 1943 hatten die Sowjets den ‚Flaschenhals' südl. Schlüsselburg genommen. Damit bedrohten sie die beherrschenden Höhen bei Ssinjawino. Die überlegene Stärke des Feindes zwang dazu, Pi. Btl. 21 infanteristisch einzusetzen, ab 20. Januar zunächst am Baltzer-Weg nördl. Kelkolowo.

Am 26. Januar 5.30 Uhr Alarm: ‚Feindeinbruch südl. Posselok 6, Auffangstellung besetzen!' Gegen 13.00 Uhr wird befohlen, die beim II./Gren. Rgt. 3 entstandene Lücke angriffsweise zu schließen.

Der Angriffsbeginn wird auf 21.30 Uhr festgesetzt. Die Aufklärung ergibt kein klares Feindbild im Einbruchsraum. Der Angriff wird deshalb auf 27. Januar, 0.30 Uhr, verschoben.

In stockdunkler Nacht erreichen die Pioniere gegen Mitternacht den Bereitstellungsraum südl. der Rollbahn, 500 m westl. Ssinjawino. Vorn 3. (Oblt. Schrade) und 2. Kp. (Oblt. Mill), 1. Kp. (Lt. Wiswe) dahinter als Reserve. Der verst. Zug des Lt. Thomsen (2. Kp.) geht von hier aus nach Westen vor, stößt aber bald auf starken Feind und bleibt liegen. Ab 2.30 Uhr sind 2. und 3. Kp. nach Verbindungaufnahme mit 5./Gren. Rgt. 3 angriffsbereit; 1. Kp. bildet links rückwärts gestaffelt die Reserve.

Plötzlich werden auf der Rollbahn drei T 34 mit Infanterie im Vorgehen auf Ssinjawino erkannt. Oblt. Schrade greift den Feind mit einem Zug an; die feindl. Infanteristen stieben auseinander. Fw. Sawatzki setzt auf dem vordersten Panzer eine Hohlladung an, die aber wegen des zur Tarnung aufgebrachten Zementschlamms nicht haftet. Doch alle Panzer, von ihrer Infanterie verlassen, ziehen sich zurück.

Die Pioniere stoßen weiter vor. Bald stellt sich der Russe zum Kampf. Fw. Sawatzky vernichtet eine MG-Bedienung und erbeutet das Gewehr. Der Stoß gelangt bis kurz vor die 6./Gren. Rgt. 3; fast ist die Lücke geschlossen, der Einbruch abgeriegelt. Oblt. Schrade baut die Abwehr gegen den abgesprengten Feind nach Süden auf, die 2. Kp. stellt die Verbindung nach rechts zur 5./Gren. Rgt. 3 her. Um 4.30 Uhr führt der Feind mit 7 Panzern einen Gegenstoß. Die Pioniere müssen unter Verlusten weichen. Die Masse des Btl. hat aber jetzt Anschluß nach rechts an die 5./Gren. Rgt. 3.

Die Panzer auf der Rollbahn zwingen zur teilweisen Räumung der gewonnenen Stellungen. Sie werden dem Feind im Gegenstoß wieder entrissen, nachdem Fw. Sawatzky mit beherzten Männern der 3. Kp., darunter Franz, Plohr, Pawelzik und Sommerfeld sowie weiteren Kameraden der beiden anderen Kp. sich dem Russen entgegenwerfen. Dabei mischen sie sich unter die Sowjets, wo sie in ihren Schneehemden, die auch der Feind trägt, nicht erkannt werden.

Nach hartem Kampf geben die Sowjets schließlich auf. Fluchtartig gehen ihre Panzer zurück; die Infanterie schließt sich an, verfolgt von den Pionieren, die vom Feuer aller ihrer Waffen unterstützt werden; Josef Zimmermann ist in seinem Element. Alle weiteren Feindangriffe werden blutig abgewiesen.

Oblt. Schrade und andere sichere Schützen bekämpfen mit Zielfernrohrgewehren die Feindpanzer. Dabei fällt Tater durch Kopfschuß. Die Verluste mehren sich trotz beweglicher Kampfweise; aber die Pioniere behaupten weiterhin das Kampffeld.

Gren. Rgt. 3 befiehlt um 11.00 Uhr, mit zusammengefaßten Kräften des Rgt. von West nach Ost anzugreifen, um den noch offenen Teil der Lücke zu schließen. Die Pioniere stehen um 14.45 Uhr mit 2 Offizieren und 65 Uffz. und Mann im Kusselgelände ostw. der Rollbahn bereit, um den Angriff nach Westen vorzutragen. Die Artillerie schießt eine Nebelwand auf die hinter der Rollbahn verlaufende Bahnlinie. Mit Unterstützung von 4 Sturmgeschützen treten die Pioniere gegen 15.00 Uhr zum Angriff an, an der Spitze Lt. Raabe.

Aber erst einem zweiten Angriff, den der Btl. Fhr., Oblt. Mayer, weiter nördl. ansetzt, gelingt es, bis zur 5./Gren. Rgt. 3 durchzustoßen. Bis zum Morgengrauen des 28. Januar wird die gewonnene Linie zur HKL ausgebaut. Aber auch die nach Süden gerichtete Abwehrfront gegen den abgeschnittenen Feind bedarf der Festigung. So haben sich trotz ungünstiger Verhältnisse die Pioniere auch als Infanteristen bewährt. Aber der Blutzoll des Btl. war hoch: 37 Kameraden waren gefallen und 96 Verwundete zu beklagen. Die Division hatte wertvolle Pionierkräfte verloren.

Ehre ihrem Andenken!"

31. „Der Einsatz des Grenadierregiments 3 an Newa und Tossna vom April – Juli 1943"
von Hauptmann der Reserve Claus v. Kursell, Führer 6./GR. 3.

„Das Gren. Rgt. 3 übernahm von einem Jg. Rgt. der 5. Geb. Jg. Div. einen Abschnitt westlich der Tossna, rechts angelehnt an Gren. Rgt. 24 (Grenze: Mitte Tossna, Naht an der Eisenbahnbrücke), links an die SS-Pol. Aufkl. Abt. (Grenze: in einer Senke etwa 2 km südl. des Eisenbahnknies). Rgt. Stab, Pionier- und Reiter-Zug bezogen zunächst pfahlbauartige Unterkünfte in einem lichten Sumpfwald ostw. des Flusses am linken Flügel. Die Trosse lagen in einer Entfernung von etwa 4 km südl. im stark zerstörten Nikolskoje in verwanzten Erdbunkern, immer wieder von feindl. Artillerie heimgesucht.

Der Frontverlauf westl. der Tossna war das Ergebnis von Kämpfen, die sich beim Zangengangriff des Feindes aus den Räumen Woronowo und Kolpino (März 43) ergeben hatten. Während wir uns in der letzten Phase der Zweiten Schlacht am Ladoga-See in den Wäldern von Karbusselj herumgeschlagen hatten, waren andere Truppen in der Lage gewesen, den Feind kurz vor der Tossna zum Stehen zu bringen und sich im gefrorenen Sumpf einzugraben.

Nach Auflösung des III. Btl. am 15. 10. 1942 verfügte das Rgt. nur noch über zwei Bataillone. Eine ausgebaute Stellung bestand bei der Übernahme des Abschnittes noch nicht. Die vorgefundenen Ansätze hierzu sanken während der Schneeschmelze in sich zusammen. Das rechts eingesetzte I. Btl. (Kdr.: Hptm. Ritgen) lag auf und feindwärts der Bahn Mga, Iwanowskoje, Ust. Ishora, Leningrad, bog etwa 1 km westlich der Tossna nach Süden und hatte südl. der Elektroschneise und der Rollbahn Anschluß nach links an das II. Btl. (Kdr.: Maj. Eckstein). Brennpunkte der Abwehr waren beim I. Btl. die Tossna-Brücke, die der Feind immer wieder in die Hand zu bekommen versuchte, die Sappe nördl. der Bahn, die mehrfach ihren Besitzer wechselte und die nach Westen vorspringende Stellung rittlings der Eisenbahn und Rollbahn. Der Feind lag dicht vor der Stellung und kam häufig mit Späh- und Stoßtrupps, schoß jedoch vor allem viel Störungsfeuer mit seiner Artillerie und den Granatwerfern. Eine wohl einmalige Besonderheit stellte der geschlossene Einsatz der 4. (MG) Kp. (Fhr.: Oblt. Schütt) auf dem Ostufer der Tossna dar. Alle 12 sMG und die Grantwerfer konnten aus verdeckter Feuerstellung nicht nur vor den Abschnitt des eigenen Btl., sondern ebenso vor die Nachbarabschnitte wirken. Es gelang der Kp. sogar, eine ‚Rata' abzuschießen. Der Btl. Gef. Std. war in Höhlen im Steilufer der Tossna am Westende einer Fußgängerbrücke eingegraben.

Das II. Btl. lag mit Schwerpunkt und schmaleren Kp. Abschnitten beiderseits der südlichen Elektroschneise, wo der Russe teilweise nur 30 m vor der eigenen Stellung hauste. Die Front der links eingesetzten 6. Kp. war etwa 1.200 m breit und verlief am Westrand des nur noch auf der Karte erkennbaren ‚Rattenwaldes'. Hier lag der Russe an einem Waldrand 400 bis 600 m vor der deutschen Stellung. Der Btl. Gef. Std. war im Südhang der ‚Höllenschlucht' eingegraben. Diese stellte einen Feuerraum der russischen Granatwerfer dar. Die Landser sagten dann, wenn der Btl. Gef. Std. wie so oft unter Feindfeuer lag: ‚Beim Bataillon gibt et Klopse.' Das hohe Ostufer der Tossna war als zweite Linie ausgebaut. Hier stand die Panzerabwehr und tief eingegraben die zusammengefaßte Feuerkraft der 13. (Inf. Gesch.) Kp. (Fhr.: Oblt. Scheer) mit Wirkungsmöglichkeiten vor dem gesamten Rgt. und dem Gren. Rgt. 24. Von der Haupt-B-Stelle der 13. Kp. in einem halbzerschossenen Schornstein sah man nicht nur den ganzen Verlauf der Regimentsfront; man sah auch in das sowjetische Panzerwerk Kolpino, wo angeblich 20.000 deutsche Gefangene für die Iwans Panzer bauen mußten, wo Lastwagen aus- und einfuhren und der Rauch der Eisenbahnen aufstieg. Im Norden übersah man die seenartige Erweiterung der Newa an der Tossna-Mündung, überblickte rechts davon den feindl. Brückenkopf Iwansowskoje und konnte weiter links auf dem Nordufer der Newa die Datschen (Villen) russischer ‚Granden' und einen großen Gebäudekomplex sehen, wo massenhaft Iwans herumliefen.

Die Holzgestelle der ‚Do-Geräte' (28 – 30 cm Raketen) standen in einer Mulde westl. der Tossna im Abschnitt des II. Btl. Diese Waffe wurde durch ein Kommando des Art. Rgt. 21 bedient und wirksam eingesetzt, wenn der Russe mit vorgezogener Pak die eigene Stellung zu zerstören versuchte.

Im Brennofen einer Ziegelei hatte der Rgt. Arzt eine Badeanstalt eingerichtet, die sich großer Beliebtheit erfreute. Als der Rgt. Kdr., Oberst Ziegler, mich mit der Führung der 6. Kp. beauftragte, sah ich mich am Ziel aller meiner militärischen Wünsche. Wie alle Schützen-Kompanien der Division war meine 6. Kp. damals – nach Auffüllung – etwa 10 Uffz. und 80 Mann kampfstark. Sie gliederte sich in zwei Züge zu je drei Gruppen (1/9) und einen als Reserve verstärkten Kp. Trupp. Einer der Zugführer war der außergewöhnlich tapfere Fw. Kutschkau. Die neuen Männer hatten noch keine Fronterfahrung, brachten aber eine gute Heimatausbildung mit. Jede Gruppe bewohnte einen Bunker und stellte tags einen Einzel-, nachts zwei Doppelposten.

Wollte das Regiment den Abwehrkampf erfolgreich und bei möglichst geringen Verlusten führen, so war Stellungsbau die vordringlichste Aufgabe. Die Entwässerung des Grabensystems gelang mit der Hilfe der Pioniere in wochenlanger Arbeit mit Ausnahme der durch Sumpfgelände führenden Stellung meiner 6. Kp. Um das immer wieder nachströmende Wasser in die Tossna abzuleiten, wurden bis 5 m tiefe Stichgräben gezogen, die mehrere hundert Meter lang waren und zugleich als Annäherungsgräben eingerichtet wurden. Alle Kampfgräben waren zu befestigen, alle Kampfstände zu sichern und zu tarnen. Die Drahthindernisse mußten teils neu angelegt, teils im Schutze vorgeschobener Sicherungen so weit vor der Stellung angelegt werden, daß sie durch Feuer überwacht werden konnten.

In den Btl. Abschnitten des Rgt. erforderte die Abwehr russischer Stoßtrupp- und Scharfschützentätigkeit neben dem Kampf gegen das Wasser die besondere Aufmerksamkeit. Am linken Flügel des Rgt., bei meiner 6. Kp., ging jede Nacht eine Gruppe ins Vorgelände bis an einen feindbesetzten Busch. Die Männer brachten Minen und andere Beute von ihren Unternehmungen mit. Das waren weniger gefährliche Einsätze, aber sie waren doch ernster als auf einem heimatlichen Übungsplatz; jeder Mann war einmal wöchentlich im Niemandsland. Einer dieser Stoßtrupps auf einen erkannten Kampfstand brachte uns zwar keine Gefangenen, führte aber zur Vernichtung des Feindnestes und zeigte dem Iwan, daß wir zu privaten ‚Nichtangriffspakten' nicht bereit waren."

32. „Der Beginn der Dritten Schlacht am Ladoga-See"
von Hauptmann der Reserve Claus v. Kursell, Rgt. Adj. GR. 45.

„Am 22. Juli 1943 um 3.30 Uhr setzte starkes Artilleriefeuer ein. Die Bunkerfenster klirrten. Das war nicht nur ein Feuerüberfall, das war mehr. Aber wo lag das Feuer? Beim II. Btl. war nichts los; die Artillerie hatte noch keine Meldungen. Hptm. Anton (Kdr.: I./Gren. Rgt. 45) meinte: ‚Masse des Feuers liegt wohl bei Gleisdreieck, P. 6 und Ssinjawinoblock. Aus Richtung E-Werk Gorodok viel Lärm zu hören. Arbusowo wird beschossen. Ab und zu kommt auch zu uns und rund um die ‚Japan-Brücke' ein Treffer.' Bald danach teilte Lt. Ehlers (Ordz. Offz. I./Art. Rgt. 21) mit, daß Artillerie aus Gegend Gaitolowo und Gorodok die deutsche Front beschoß, während die Art. Gruppe an der Tossna-Mündung sich unserer Nachschubwege annahm. – Mörderisches Krachen im Fernsprecher: der Feind beschoß ohne Schaden anzurichten die 2./Art. Rgt. 21. Dann aber deckte er den Gef. Std. der I. Abt. (Kdr.: Maj. Lange) zu, und unser Draht zur Artillerie war gerissen. Ein Teil dieses Segens kam auch zu uns (Rgt. Gef. Std.). Bald darauf zersprangen alle Fenster im schönen Bunkerdorf der 14. (Pz. Jg.) Kp. (Chef: Hptm. Beuttel). Anschließend beschoß der Russe Otradnoje und den Haltepunkt Pella. Noch ehe ich melden konnte, rief Oberstlt. Schroetter (Ia der Div.) an und berichtete, nachdem ich ihm meine Kenntnisse gemeldet hatte, das Feindfeuer liege mit Masse zwischen Ssinjawino und Newa bei 11. und 23. Inf. Div. Die 11. habe bisher einige Infanterieangriffe abweisen können. Nicht so klar sei die Lage beim Gleisdreieck und südl. Gorodok. Dort klappe es auch mit den Meldungen nicht mehr so recht. Mga werde von großkalibriger Artillerie beschossen. Auch der Ib der Div. in Gory werde seines Lebens nicht mehr recht froh. Wir sollten uns mal um unsere rechte Flanke kümmern.

Das Art. Feuer in unserem Abschnitt ließ endlich nach. In der Ferne wurde es bald leiser, bald schwoll es donnernd wieder an, wenn die Salvengeschütze vor dem Ssinjawinoblock in Tätigkeit traten. Der Fliegereinsatz des Feindes verstärkte sich zu einem gewaltigen Bombardement, weder von eigenen Jägern noch von Flak gestört. Das I. Btl. meldete: ‚Eigene Front ohne Neuigkeiten. Starkes Bombardement auf eigenen und Nachbarraum nördl.

Mga-Fluß. Aufkl. Abt. 23, der rechte Nachbar, nicht auffindbar. Spähtrupps dorthin unterwegs!‘ Die betonierte Besuchs-B-Stelle (Kinderheim) meldete: „Feindliches Newa-Ufer ohne Bewegung. Im E-Werk Gorodok wimmelt es von Russen trotz starker eigener Feuerschläge dorthin. Feindinfanterie mit Panzern hat Front Aufkl. Abt. 23 durchstoßen. In Arbusowo ein T 34 gesichtet. Dort Nahkampf. Dortiger VB schießt ‚sich auf den Kopf' und berichtet selten über Lage. Beton-B-Stelle trotz schwerer Treffer intakt. Hptm. Anton hatte das Südufer des tief eingeschnittenen Moika-Baches schon besetzt. Bis dahin war aber noch kein Feind vorgedrungen. Nordostwärts Arbusowo hielt Lt. Hundert (oder hieß er ‚Tausend') von der Aufkl. Abt. 23, vom Feind umschlossen, unentwegt ein Grabenstück, machte Gegenstöße, schickte ab und zu Melder, die dann bei Hptm. Anton landeten, rief um Hilfe und erbat Befehle."

33. „Im Schutz der Füsiliere bei Roschelewo"
von Hauptmann Kluckert und Leutnant Specht (vgl. Seite 412).

„Im Februar 1944 war das Divisions-Füsilierbataillon 21 Korpsreserve des XXVIII. AK. und wurde zum Schutz der Rückmarschstraße Luga- Pleskau bei Roschelewo eingesetzt. Aus diesem Dorf wurden zunächst Partisanen vertrieben und anschließend das 5 km nordostw. gelegene Star. Roschelewo im Handstreich genommen.

Unverzüglich richteten wir uns im Ort zur Verteidigung ein. Die verst. 2. Schwadron mit reichlich Munition und Verpflegung war sich bei guter Stimmung ihrer Stärke bewußt. Die 1. Schwadr. unter Rittm. Austen ging zwischen den genannten beiden Orten in Stellung, die 3. Schwadr. unter Hptm. Heidekrüger besetzte Roschelewo. Der rege Verkehr zwischen den Schwadronen, der Stellungsbau und Nachschubverkehr sowie die lebhafte Spähtrupptätigkeit ließ den Feind fälschlich auf starke eigene Kräfte schließen und ihn vermuten, daß hier ein Schwerpunkt der deutschen Verteidigung liege. Versuche des Feindes, den Nachschubverkehr zu stören, scheiterten an der Aufmerksamkeit unserer Wachposten.

Inzwischen hatte die Division in dem ihr zugewiesenen Frontabschnitt die Abwehr organisiert. Links von uns ging das II./Gren. Rgt. 45 in Stellung. Wir Füsiliere schützten dabei die rechte offene Flanke. Den äußersten rechten Flügel bildete die 2. Schwadr. in Star. Roschelewo, der aber „in der Luft" hing und keine Verbindung weiter nach rechts besaß. Spähtrupps mußten daher die Feindlage ständig aufklären, um der aus dieser Richtung drohenden Gefahr einigermaßen zu begegnen.

Recht bald wurde unser linker Nachbar, das II./Gren. Rgt. 45, von starken Kräften des Feindes angegriffen. Der Russe konnte jedoch unter schweren Verlusten abgewiesen werden. Es gelang überall, den vordringenden Feind aufzuhalten, sodaß der Auftrag der Division, den Rückmarsch der Masse des Korps hinter ihrem Flankenschutz zu vollziehen, erfüllt wurde. Während der zehn Tage, in denen das Füs. Btl. seine Stellung besetzt hielt, konnte der Feind nirgends einen Erfolg erzielen.

Es ging zwar zurück, aber der bewegliche Einsatz mit seiner ausgedehnten Späh- und Aufklärungstätigkeit war ganz nach unserem Herzen. Endlich war der öde Stellungskrieg zu Ende. Die Erfüllung des Auftrages meldete der Btl. Kdr. über Funk an den Div. Kdr.; Gen. Lt. Matzky funkte zurück: ‚Bravo Füklu, weiter so!' (‚Füklu' war die scherzhafte Bezeichnung für ‚Füsilier Kluckert', den Btl. Kdr.)

Dieser Einsatz hatte bewiesen, daß auch 1944, während des Rückmarsches, der alte Reitergeist in unseren Schwadronen noch immer vorhanden war."

34. „Das Divisions-Füsilier-Bataillon 21 im Alleingang"
von einem unbekannten Kriegsberichter, überarbeitet, ergänzt und verbessert durch den ehem. Kommandeur, Major Kluckert, Leutnant Specht, Führer der 2. Schwadron, und weitere Mitkämpfer.

„Am 10. Februar 1944 trat das Div. Füs. Btl. 21 befehlsgemäß einen Fußmarsch ins Ungewisse an. Anfang Februar zur Korpsreserve bestimmt und gerade in Luga eingetroffen, wurde es unverzüglich zu neuem Einsatz, diesmal gegen Partisanen, eingesetzt. Es galt, die Rückmarschstraße des XXVIII. AK., dem die Division unterstellt war, zwischen Luga und Pleskau zu schützen, die von starken Partisanenkräften bedroht war. Ziel dieses beschwerlichen Marsches durch tiefen Schnee, der allen Männern die letzte Kraft abverlangte, war der Raum südl. Roshelewo.

Am Abend hatten wir das Marschziel erreicht, wo wir einige verfallene Hütten vorfanden. Die Verbindung zum Korps war abgerissen und konnte erst nach stundenlangen Versuchen gegen Morgen des 11. Februar über Funk wieder hergestellt werden. Die Hoffnung, sich hier eingraben zu können, trog. Das Korps erteilte den Befehl, weiter nach Nordosten vorzustoßen. Die 2. Schwadron unter Lt. Specht übernahm die Führung und stieß nach weiteren drei Stunden beschwerlichen Fußmarsches auf ein einsames Gehöft am Fuß eines Berghanges, auf dessen Kuppe ein Dorf erkannt wurde; dies mußte Roschelewo sein.

Das Gehöft war von etwa 40 Zivilisten bevölkert. Nachdem es die Schwadron besetzt hatte, erhielt sie in der hereingebrochenen Dunkelheit Feuer aus Roschelewo und wurde gleichzeitig aus nordwestl. Richtung beschossen. Die Lage entwickelte sich recht ungemütlich. Das Feuergefecht währte die ganze Nacht zum 12. Februar, wobei am Morgen dieses Tages der Mun. Vorrat nur noch 4.500 Schuß für die MG u. Gewehre betrug.

Gegen 9.00 Uhr erschien Lt. Walden mit einem Stoßtrupp der 1. Schwadron und brachte den sehnlich erwarteten Mun. Nachschub. Gegen Abend traf der Kdr. ein und führte die 1. u. 3. Schwadron heran. Lt. Walden hatte auf seinem Rückweg die Zivilisten mitgenommen.

Inzwischen hatte ein Spähtrupp festgestellt, daß das Dorf von zahlreichen Partisanen unter militärischer Führung besetzt war. In einem verlassenen Blockhaus wurde umfangreiche Feldpost gefunden, die den Partisanen bei Überfällen auf der Rollbahn in die Hand gefallen war.

Der Angriff auf Roschelewo in der Nacht zum 13. Februar wurde verschoben, weil die 4. (schw.) Schwadron noch nicht herangekommen war. Am Nachmittag dieses Tages konnte das Btl. nach einem Feuerschlag der schweren Waffen das Dorf nehmen. Die Sowjets und ihre Helfer, die Partisanen, hatten sich im Verlauf des Kampfes abgesetzt. Aus den Verstecken kamen Zivilisten gekrochen, hoben die Hände und versicherten: ‚Nix Partisan, nix Partisan!' Das Btl. richtete sich in dem auf beherrschender Höhe gelegenen Ort zur Verteidigung ein.

Plötzlich beschoß unsere Artillerie das soeben genommene Dorf. Ohne Verluste anzurichten, konnte das Feuer angehalten werden. Es stellte sich später heraus: eine Bttr. der Heeresartillerie hatte nicht rechtzeitig erfahren, daß Roschelewo den Besitzer gewechselt hatte.

Während wir uns zur Verteidigung einrichteten und nach diesem Erfolg bei guter Stimmung die erste warme Mahlzeit seit unserem Aufbruch vor drei Tagen zubereiteten, erreichte uns der Befehl, auch das etwa 5 km entfernte Star. Roschelewo zu besetzen. Der Kdr. bestimmte hierfür die 2. Schwadron, die am 14. 2. um 6.00 Uhr antrat. Ein Spähtrupp, der noch in der Nacht aufgebrochen war, meldete über Funk die Ergebnisse seiner Aufklärung.

Während des Vormarsches über deckungsloses Gelände griffen plötzlich Jabos die schutzlos der Sicht preisgegebenen Soldaten an. Deren zusammengefaßtes Abwehrfeuer aus den sieben MG verhinderte gezielten Bombenwurf und Bordwaffenbeschuß. Der Angriff aus der Luft wurde auf diese Weise abgewehrt.

Um 10.00 Uhr war der Waldrand vor Star. Roschelewo gewonnen. Die MG wurden in Stellung gebracht, die Züge und Gruppen bezogen gegen die nichts ahnenden Iwans Sturmausgangsstellungen. Punkt 11.00 Uhr eröffneten alle MG schlagartig das Feuer; kurz darauf trat die Schwadron zum Angriff an und überrannte den überraschten Feind. Dieser floh, teilweise barfuß und in Unterhosen. Die lebende Beute – etwa 30 Kühe u. 120 Hammel – war hochwillkommen. Um 11.30 Uhr war Star. Roschelewo fest in der Hand der 2. Schwadron.

Der Auftrag des Korps war erfüllt: Eine stützpunktartig ausgebaute Verteidigungslinie konnte rechtzeitig das weitere Vordringen der Sowjets zum Stehen bringen. Der Rückzug der Masse des Korps vollzog sich ungestört in geordneter Weise. Ein spektakulärer Erfolg blieb dadurch dem Feind versagt. Schmerzliche Verluste an Menschen und schwere Einbuße an wertvollem Gerät und Material konnten verhindert werden."

35. *„Die Kämpfe nördlich Pleskau am 17./18. März 1944 im Abschnitt des Grenadierregiments 3"*
Aus dem Gedächtnis niedergeschrieben von Oberstleutnant Kurt Hilgendorff, Kdr. GR. 3 (vgl. Seite 429).

„Nach den schweren Rückzugskämpfen zwischen Wolchow und Peipus-See Anfang 1944 hatte die abgekämpfte Division nur wenige Stunden (!) Ruhe, als sie erneut im Großkampf eingesetzt wurde. In der Panther-Stellung ost- und südostw. Pleskau sollte zunächst vor den Grenzen des Baltikums den Sowjets ‚Halt' geboten werden. Der Angriff des Feindes kam aber nicht wie erwartet von Osten, sondern von Norden rittlings der Straße Gdoff, Pleskau. Unsere bewährte Division wurde aus ihren gerade begonnenen

Vorbereitungen zur Verteidigung ostw. Pleskau herausgelöst und bezog mit Front nach Norden Stellung im Abschnitt Abisha mit (von rechts nach links) Gren. Rgt. 24, Gren. Rgt. 45 und Gren. Rgt. 3. Letzteres hatte sein I. Btl. unter Hptm. Lehmann rechts, sein II. Btl. unter Hptm. Wolff links eingesetzt und stand damit unmittelbar am Ostufer des Peipus-Sees. Dem Rgt. wurden die bisherigen Sicherungskräfte auf dem See und an dessen Ostufer unterstellt. Infolge der hohen Offizier-Verluste wurde die Mehrzahl der Kompanien von bewährten Feldwebeln geführt, die sich ihrer Aufgaben mit beispiellosem persönlichen Einsatz unterzogen. So führte am linken Flügel Fw. Kutschkau die 6. Kp. Den Sowjets war es vor unserem Eintreffen gelungen, die Höhen nördl. Abisha zu nehmen und zu halten; damit hatten sie Einblick bis nach Pleskau hinein, wo die Division in der Zitadelle ihren Gef. Std. eingerichtet hatte.

Die Russen traten bereits am 17. März zum Angriff an. Nur knapp drei Tage hatte das Rgt. Zeit gehabt, sich zur Verteidigung einzurichten. Die Div.- und Rgt.-Vermittlungen erhielten gleich zu Beginn Art. Volltreffer. Neben dem schmerzlichen Verlust der Kameraden hatte der Ausfall des Nachrichtengeräts zur Folge, daß keine Verbindung mehr zur Division, den Bataillonen und zur Artillerie bestand.

Der feindl. Feuerorkan hatte zwar den Rgt. Gef. Std. und die Stellungen der schweren Inf. Waffen erfaßt, nicht aber die am Hinterhang angelegten Kampfstände der Grenadiere und vorgeschobenen Beobachter der Artillerie. Die behelfsmäßig hergestellten Verbindungen bewirkten aber dann doch, daß die mit Pz.-Unterstützung vorgetragenen Angriffe der Sowjets im zusammengefaßten Feuer der Inf. und Art. liegen blieben. Dank der Tapferkeit aller Soldaten blieb dem Feind ein Erfolg versagt, nicht zuletzt deshalb, weil Fw. Kutschkau mit seiner 6. Kp. die beherrschende Höhe 35,8 nördl. Pleskau behauptet hatte.

Gegen Mittag, im Zuge des letzten Angriffs an diesem Tage, brachen 3 Pz. beim I. Btl. durch. Zwei davon waren bald abgeschossen. Der letzte fuhr direkt auf die Stellung der Inf. Gesch. Kp. zu. Sein Abschuß gelang zunächst nicht. In Höhe des Rgt. Gef. Std. blieb er in einem Granattrichter stecken. Jetzt begann ein Kampf Panzer gegen Pz. Vernichtungstrupp. Eine Pz. Mine riß zwar ein Loch, doch wurde der Panzer dadurch nicht außer Gefecht gesetzt. Jeden weiteren Versuch zur Vernichtung beantwortete die Besatzung mit einem Hagel von Geschossen aus ihren Handfeuerwaffen. Dabei fiel der Chef der 13. (Inf. Gesch.) Kp., Hptm. Scheer. Trotz aller Zähigkeit mußte die Besatzung schließlich den aussichtslosen Kampf aufgeben. Der gefangen genommene Kommandant sagte aus, daß die am Vormittag geführten sowj. Angriffe von 4 Divisionen getragen wurden. Infolge der großen Verluste hätten weitere Angriffe eingestellt werden müssen.

Besonderen Anteil an diesem Abwehrerfolg hatte die Artillerie und die 6. Kp. unter ihrem tapferen Führer, Fw. Kutschkau, wofür sie am 18. März im Wehrmachtbericht genannt wurde.

Am folgenden Tag (18. 3.) fehlte den Bolschewisten die Kraft zu einem Angriff auf die gesamte Front der Division. Sie versuchten daher, die 6. Kp. aus ihrer Schlüsselstellung herauszuschießen und durch anschließenden

Angriff herauszuwerfen. Der Abschnitt der Kp. lag unter beobachtetem Punktfeuer schwerer Kaliber. Ununterbrochen stiegen die Erdfontänen der Einschläge auf. Unter diesem Feuerschutz schoben sich die Angreifer bis auf Einbruchsentfernung an die Stellung der Kp. heran. Nur der Tapferkeit und der persönlichen Einsatzbereitschaft des Fw. Kutschkau war es zu danken, daß sein kleines Häuflein tapferer Grenadiere den Kampf nicht aufgab. Überall war er zu finden und sah nach dem Rechten, obwohl eine Fortbewegung nur kriechend in dem allmählich flacher werdenden Kampfgraben möglich war. Als am Nachmittag der Kp. die Nachricht über ihre Nennung im Wehrmachtbericht durchgegeben werden sollte, war die Verbindung abgerissen. Scheinbar zu lange war der Kp. Führer durch das feindliche Feuer an einem Flügel aufgehalten worden. Schon verbreitete sich das Gerücht, er sei gefallen. Panik erfaßte seine Grenadiere, bis er dann doch wieder in seinem Loch erschien, wo er mit seiner Besonnenheit zur Ruhe mahnte. Die Verbindung zum Btl. war wieder hergestellt und ein Feuerschlag der gesamten Div. Art. vor den Abschnitt der Kp. klärte die bedrohliche Lage. Für sein tapferes Verhalten und für die umsichtige Führung der ihm anvertrauten Kp. an entscheidender Stelle wurde Fw. Kutschkau mit dem Ritterkreuz ausgezeichnet."

36. *„Um einen Iwan zu stehlen – ein Stoßtrupp der 1./Grenadierregiment 45 an der Welikaja"*
von den Gefreiten Weinrich und Heckmann.

„Im April 1944 waren die ungestümen Angriffe vieler sowjetischer Inf.- und Pz. Verbände gegen die Welikaja-Front südl. Pleskau zusammengebrochen. Erschöpft ging der Feind zur Verteidigung über, zog sich auf Sehnenstellungen zurück und ließ nur gut ausgebaute Stützpunkte näher an den Stellungen unserer 21. Division. Die ruhige, ja erholsame Welikaja-Zeit begann. Aber auch über diesen Monaten Mai und Juni lastete die Sorge: wo und wann beginnt die sowjetische Sommeroffensive? Mitte Juni war die russische Artillerie verdächtig ruhig. Die Funküberwachung des Feindraumes meldete normalen Funkverkehr, die Luftaufklärung über dem feindl. Hinterland konnte keine Truppenbewegungen erkennen.

Jetzt begann die Arbeit für die Infanterie. Spähtrupps sollten Gefangene machen. Die Division wollte unterrichtet sein. Aber alle Unternehmen hatten keinen zählbaren Erfolg. Da befahl das I. Btl. einen Stoßtrupp der 1. Kp. gegen ein stützpunktartig ausgebautes Grabensystem westl. des Dorfes Klein-Stremutka südl. Ataki. Im rückwärtigen Gebiet wurde der Stoßtrupp eingehend mit seinem Auftrag vertraut gemacht. Feuerschutz, Einbruch und Aufrollen der Gräben wurde so gründlich geübt, daß eigentlich nichts mehr schief gehen konnte.

Am Abend des 19. Juni ist es so weit. Der Btl. Kdr. Hptm. v. Kalm (später als Kdr. Gren. Rgt. 24 gefallen), Oblt. Thomas und Stabsarzt Dr. Zöller kommen in den Graben, überprüfen letzte Vorbereitungen, geben nochmals Anweisungen über das Verhalten bei Verwundungen und wünschen Hals- und Beinbruch.

Es ist dunkel geworden, wir warten auf den Befehl zum Angriff. Nichts regt sich im feindl. Stützpunkt. Gleich werden die 8 cm- und 12 cm-Werfer ihn so lange eindecken, bis wir heran sind. Zwei Pak rechts und links werden die Gräben beschießen, unsere Flanken decken und den Rückweg sichern; die sMG der 4. Kp. werden das gleiche tun. Jetzt – hinter uns die Abschüsse der Werfer, die Pak ballern, die sMG rattern. Mir wird die Kehle trocken. Lt. Hütwohl hebt die Hand, das Zeichen zum Angriff! Im Nu sind wir aus dem Graben und stürmen los. Kein Abwehrfeuer der Sowjets, wir kommen schnell voran. Die Iwans können in diesem Feuer aus der Deckung nicht heraus oder sind getürmt. 50 m vor dem Stützpunkt müssen wir zu Boden, unsere Werfer schießen zu kurz. Neben mir jagt Gefr. Gresch ‚Grün' hoch. Sofort springt das Feuer weiter vor. Vorwärts! 20 m vor dem Graben schlägt uns MPi-Feuer entgegen. Auf das schemenhafte Ziel ein ganzes Magazin der eigenen MPi! Dann Handgranaten und ‚Hurrah'!

Unser Stoßtrupp ist durch das feindl. Feuer zweigeteilt worden: links bricht ein Teil in den Graben ein, rechts springe ich zuerst hinein. Ein Pionier mit geballten Ladungen und die Kameraden folgen. Der tief gebaute russische Graben scheint leer zu sein. Schritt für Schritt, den Finger am Abzug der MPi, gehen wir vor. Verlassen stehen 2 russ. sMG nebeneinander im Kampfstand. Wir biegen in einen Stichgraben ein, sichern jedoch sorgfältig den Hauptgraben.

Nach einigen Schritten stolpere ich fast über einen Russen, der am Boden liegt. Ist er tot? Die ‚Masche' zieht nicht! Die MPi ins Kreuz und auf russisch ‚Hände hoch'. Nichts rührt sich. Noch einmal – nichts! Dann landet meine Stiefelspitze kräftig in seinem Hinterteil – und siehe da, er kommt hoch, die Hände hinter dem Kopf: ‚Da, da'.

Aus Leibeskräften schreien wir nun unser ‚Wir haben einen' – das Rückzugszeichen. Schon sind meine Kameraden mit dem Iwan verschwunden. Ich sichere noch mit dem Pionier an der Grabenbiegung. Ganz nahe Gewehrfeuer und Handgranaten. Die anderen müssen auf Widerstand gestoßen sein. Schritte im Graben, deutsche Laute. Schon stürmt Lt. Hütwohl an mir vorbei: ‚Alles zurück!' Ich klettere die Grabenwand hoch – da zieht mich der Pionier wieder zurück: ‚Die sMG!' Wir sausen in den Gewehrstand, aber die Dinger sind zu schwer, wir kommen mit ihnen nicht zurück. Unter jedes MG schnell eine geballte Ladung – und ‚ab geht die Post'!

Eben bin ich aus dem Graben heraus, da taucht vor mir Gefr. Zenteck auf, der den schwerverwundeten Uffz. Butzek im Arm hält: ‚Halte ihn fest, ich hole eine Trage!' ruft er. Nun wird es mulmig. Hinter mir detonieren Handgranaten: Der Iwan kämpft im Graben gegen seine Schatten. Jeden Augenblick können wir abgeschossen werden. Was soll ich machen? Ich versuche, Uffz. Butzek auf der Erde am Kragen weiter zu ziehen. Es geht nicht, er stöhnt vor Schmerzen. Tragen kann ich ihn auch nicht. Aber da ist auch Zenteck mit der Trage – und in rasendem Tempo geht es zurück. Die ‚Ratsch-Bum' streut schon das Gelände ab, richtet aber keinen Schaden mehr an.

Im eigenen Graben sehen wir uns den Iwan erstmal gründlich an. Er ist im Gesicht leicht verletzt und wird von mir bepflastert. Er freut sich, knöpft seine Jacke auf und schenkt mir ein Foto. Dann reichen wir ihn weiter zum Verhör bei der Division.

Es stellte sich heraus, daß wir einen ‚Goldfisch' an Land gezogen hatten. Unser Iwan hatte etwas auszusagen: Der Feind hat viel Artillerie nach Ostrow abgezogen! Der ObBefh. der Armee gratulierte zum Erfolg; ein Tagesbefehl der Division nannte unsere Namen. Der Div. Kdr., Gen. Foertsch, verlieh Lt. Hütwohl das EK II, den Unteroffizieren Butzek und Krause sowie dem Gef. Weinrich das EK I.

So erfuhren wir auch die Bedeutung unseres Stoßtrupps. Wir waren losgezogen, um halt einen Iwan zu stehlen. Das war eigentlich alles."

37. „Die letzte Nacht am Frischen Haff"
von Oberleutnant Werner Möllenkamp, Chef 1./AR. 21.

„Im zeitigen Frühjahr 1945 führte ich in Ostpreußen die 1. Batterie des Artillerieregiments 21. Die Division hatte den Auftrag, ab der allgemeinen Linie Angerburg – Bartenstein – Landsberg in Richtung Frisches Haff hinhaltend zu kämpfen – also Raum aufzugeben, dabei aber die Angriffskräfte des Feindes nach Möglichkeit abzunutzen. Am 16. März sollte die I. Abt. die Omaza überschreiten und anschließend jenseits der Autobahn weiter nach Nordwesten bis Rehfeld zurückgehen. Hinter Rehfeld sollten wir in Stellung gehen, weil die Division einen Riegel um Heiligenbeil aufbauen wollte. Die Artillerie hatte Befehl, mit der bei ihr noch vorhandenen Munition die sowjetischen Panzer vorwiegend im direkten Richten zu bekämpfen, um dadurch der Infanterie Entlastung zu verschaffen. Der Abt. Kdr., Hptm. Greßlinger, befahl der 1. und 2. Bttr., die Geschütze einzugraben und für die Bedienungen Deckungslöcher ausheben zu lassen. Die Protzen und Mun. Fahrzeuge wurden Richtung Thomsdorf verlegt; ich habe sie nicht wiedergesehen. Das Dorf Rehfeld war zu verteidigen.

Am frühen Morgen des 17. März griff der Feind an. Seine Panzer durchstießen Rehfeld und rollten auf der Straße nach Thomsdorf vor. Im Wirkungsbereich unserer Geschütze wurden drei abgeschossen; die übrigen fuhren in schützende Deckungen. Bis zum Abend des 18. März konnten wir alle weiteren Angriffe aufhalten; dann hatten wir uns verschossen, und neue Munition kam nicht nach. Der Chef der 2. Bttr., Oblt. Schulte, und ich befahlen, die Verschlüsse auszubauen. Unter Ausnutzung der Dämmerung gingen wir gemeinsam mit den letzten Infanteristen auf die Bahnlinie Deutsch Thierau-Heiligenbeil zurück. Unsere Kräfte waren verbraucht, die Männer erschöpft und unversorgt. Eine warme Mahlzeit hätte uns gut getan. Wir befahlen unseren Kanonieren, sich unter Führung eines Wachtmeisters am Ostrand von Thomsdorf zu sammeln und weitere Befehle abzuwarten. Ich ging mit Oblt. Schulte zum Eisenbahnhaltepunkt Rehfeld, wo der Abt. Gef. Std. untergebracht war und meldete dem Kdr. den Verlust der Hälfte meiner Männer und aller Geschütze. Der Kdr. sah mich an: ‚Bleiben Sie hier,' sagte er schließlich, ‚sobald die Strippe zum Rgt. in Ordnung ist, werden wir hören, wo wir eine neue Stellung beziehen werden.'

Später sagte Hptm. Greßlinger: ‚Wir werden aus den Resten Ihrer beiden Batterien eine Artillerie-Kp. bilden und zur Infanterie abgeben.' Oblt. Schulte nahm den Stahlhelm ab und wischte sich mit einem Taschentuch über seine Stirn – ‚Wer wird den verlorenen Haufen führen?' ‚Einer von Ihnen beiden.' – Nach einer Pause: ‚Dachten Sie, wir könnten an dieser Stelle einfach aus dem Krieg heraus?' ‚Das täte ich gern!' antwortete ich.

Während wir uns in einer Kellerecke auf eine dünne Schütte Stroh setzten, fiel mir ein Wort meines Lateinlehrers ein: Calamitas interitus! (Das Unheil des Untergangs). Kanoniere empfanden es stets als eine ‚Calamitas', ihre Geschütze zu verlieren und als Infanteristen eingesetzt zu werden. Was verstanden sie schon von der Infanterie, vom Kampf Mann gegen Mann?

Jemand meldete: ‚Die Fernsprechverbindung zum Rgt. muß jeden Augenblick kommen.' – Draußen schepperten die Einschläge mittlerer Granaten. Die Russen schienen sich auf die Eisenbahn und unseren Haltepunkt einzuschießen.

‚Führer einer Artillerie-Kp. – ich muß Dir sagen, das wäre für mich das Ende.' Heinz Schulte stand auf, ging eine Weile im Kellerraum herum und kam mit einem Eimer voller Wasser wieder. Er stellte ihn auf den Boden, zog seine Feldbluse aus und begann, sich zu waschen. ‚Ich habe das nicht richtig formuliert. Das wäre nicht das Ende, das ist das Ende.' ‚Warum wäschst Du Dich dann noch?' versuchte ich zu flachsen. ‚Mir war so danach.'

Russische Werfergranaten heulten über das Haus hinweg und schlugen krachend in den Acker. Der Feind mußte ein schweres Geschütz herangeschafft haben, das in Abständen von etwa zehn Minuten seine Geschosse nach Rosenberg schickte. Die Reste der Armee befanden sich jetzt in einem Kessel, dessen Rückseite das Haff bildete. Die Sowjets bemühten sich, selbst einen so kleinen Hafen wie Rosenberg zu zerstören.

Heinz Schulte war gerade mit dem Waschen fertig geworden, als auf unseren Haltepunkt und das Haus ein Feuerüberfall niederging. Die letzten Fensterscheiben des Kellers zerbarsten und fielen in das Innere. Die Kerzen erloschen. Jemand rief nach Streichhölzern. Als die erste Flamme den Keller schwach ausleuchtete, kam ein Fernsprecher die Treppe herunter und meldete: ‚Herr Hauptmann, die Verbindung ist . . .', dann brach er zusammen. Ein Granatsplitter hatte ihm den Rücken aufgerissen. Er kippte nach vorn und war tot.

Ein Sanitäter legte einen Beutel auf die Erde. ‚Den hat mir ein Schwerverwundeter in die Hand gedrückt.' Ich öffnete den Beutel. Er enthielt u. a. ein Flugblatt, das mir bekannt vorkam. Es war in Millionen Exemplaren über Ostpreußen abgeworfen worden. Es handelte sich um den Aufruf Ilja Ehrenburgs an die sowjetischen Truppen, über die deutschen Frauen und Kinder herzufallen und sich an ihnen zu vergehen. ‚Vergewaltigt sie, Soldaten, vergewaltigt sie, sie gehören euch. Alles, was ihr tut, sind eure Ruhmestaten!'

Ich habe 1945 nie verstanden und verstehe es heute noch nicht: Diesen Aufruf eines russischen Schriftstellers aus einer jüdisch-bürgerlichen Familie, der nichts anderes bezweckte, als die sowjetische Soldateska gegen eine wehrlose und unschuldige Zivilbevölkerung aufzuhetzen. Mußte sich dafür ein Schriftsteller der Weltliteratur hergeben? –

Wer sollte die ‚Art. Kompanie' führen? Ich war der Jüngere von uns beiden, 23 Jahre alt, ziemlich wurstig und manchmal schnodderig und hatte kein besonderes Verhältnis zum Tod. Ostpreußen, meine Heimat, war so gut wie verloren; wo meine Familie steckte, ahnte ich nicht. Vielleicht hatte Ehrenburgs Aufruf bewirkt, daß sie alle schon verschlungen waren. ‚Wir werden knobeln, wer diese Art. Kp. führen soll', sagte ich zu Heinz Schulte; er war verheiratet und hatte Kinder. ‚Wenn wir uns einigen, wird der Rgt. Kdr. nicht anders entscheiden.' ‚Also gut.' Ich verlor! Ich werde also mit unseren Kanonieren zur Infanterie gehen und kämpfen, solange es geht.

Die Fernsprechverbindung zum Rgt. konnte nicht mehr hergestellt werden. Hptm. Greßlinger befahl, Waffen und Gerät aufzunehmen und nach dem nächsten Feuerüberfall aufzubrechen; Richtung Schirten, Flugplatz Heiligenbeil, entlang der Eisenbahnlinie nördl. des Damms, um ein wenig Deckung zu haben.

Der Abt. Kdr., den ich als einen außergewöhnlich beherrschten Offizier kannte, rauchte jetzt wie ein Schlot. ‚Wir haben nur noch einen vorgeschobenen Verbandsplatz und ein Lazarett', sagte er. ‚Der Verbandsplatz befindet sich in Schirten, das Lazarett in Rosenberg. In beiden herrscht Gasbrand.' ‚Wo kommt der Gasbrand her?' wollte Schulte wissen. ‚Wenn ein Verwundeter zu lange im Dreck liegt, entsteht Gasbrand', sagte Hptm. Greßlinger. ‚Das Beste ist, Sie sehen zu, daß Sie nicht verwundet werden.' ‚Jawohl, Herr Hauptmann!' Schulte lachte.

Am 19. März ging Braunsberg verloren. Der Ring um Heiligenbeil wurde enger. Das Rgt. nahm eine letzte Neueinteilung vor, die die Verteidigung des Flugplatzes einschloß.

Als wir am Vormittag beim Rgt. Gef. Std. hinter der Düne zwischen Rosenberg und Follendorf eintrafen, war kurz zuvor der Rgt. Adj., Oblt. Sahner, gefallen. Der Rgt. Kdr. eröffnete uns, daß ich an die Stelle von Sahner treten solle und Oblt. Schulte die Art. Kp. übernehmen müsse. Ich hatte meine Männer zusammenzutrommeln, Gefechtsgruppen einzuteilen und sie gemeinsam mit Schulte zum Flugplatz zu führen. Nach Einweisung der Kp. solle ich mit meinem Melder zum Gef. Std. zurückkehren.

Kurz vor Mitternacht standen Schulte und ich vor der Wetterstation des Flugplatzes. Es war eine warme Frühlingsnacht. Sobald die Wolkendecke zeitweise aufriß, konnte man die ebene Fläche des Platzes erkennen. ‚Thermopylen sind es nicht', sagte Heinz Schulte. ‚Nein.' ‚Diesen flachen Acker hätten sich nicht einmal die Indianer zum Kampf ausgesucht.' ‚Du hast recht.' ‚Und die Wetterstation eignet sich zur Verteidigung ebenso gut wie die Salvarsanspritze des Sanitätsgefreiten Neumann zum Nahkampf.' ‚Das ist richtig.' ‚Mein Wunschtod war es, von einem wilden Hengst im fliegenden Galopp abgeworfen zu werden und mir dabei das Genick zu brechen.'

‚Hier gibt es keine wilden Pferde – und wenn, würde ich damit in das Haff hineinreiten.' ‚Ich kann Dir nicht eimal die Anschrift meiner Frau mitgeben', sagte Schulte, ‚ich weiß nicht, wo sie ist.' ‚Du mußt nicht davon ausgehen, daß Du hier den Heldentod stirbst', versuchte ich, ihm Hoffnung zu machen. ‚Davon gehe ich auch nicht aus – elend eingehen werde ich hier.'

Das waren seine letzten Worte. Ich ging. Als die Sonne am Horizont auftauchte, war er schon gefallen.

Am Morgen des 20. März wurde befohlen, daß nur Verwundete von den Schlauchbooten der Pioniere aufgenommen werden durften. Der ‚Führer' wolle den Kessel bis zur letzten Patrone halten. Das war das zweite Ereignis, das ich nicht zu verstehen vermochte. Das dritte kam mit Hitlers ‚Nero-Befehl' vier Wochen später. Aber da war am Haff schon alles vorbei.

Die Einschließung der 4. Armee um Heiligenbeil trug im F. H. Q. die Bezeichnung ‚Sichelstellung 4. Armee'. Diese Sichelstellung schrumpfte in der Zeit vom 20. bis zum 27. März zu einem schmalen Streifen zusammen. Die Pioniere hatten alle Hände voll zu tun, um die Verwundeten in Pontons und Schlauchbooten fortzuschaffen. Allein am 26. und 27. März wurden weit über 5.000 Verwundete auf die Nehrung transportiert. Ende März/Anfang April haben deutsche Kriegsgefangene unter sowjetischer Aufsicht das Schlachtfeld aufgeräumt und zwischen Braunsberg und Brandenburg Tausende deutscher Soldaten bestattet, viele von ihnen ohne jede Identifizierung.

Die letzte Nacht brach an. Es war die Nacht vom 28. auf den 29. März. Das feindliche Granatwerfer- und Art. Feuer nahm zu. Als Rosenberg verloren ging und die Russen Richtung Follendorf vorrückten, verließen wir etwa 15 Mann den Rgt.-Bunker und sprangen die Düne hinunter ans Wasser. Der Dünenhang war übersät mit flachen Schützenmulden, in denen lebende, verwundete und tote Soldaten kauerten. Dies war das einprägsamste Bild dieser Nacht, das mich noch einmal an Napoleon erinnerte. Was hatte er auf St. Helena geschrieben? ‚Euer Europa ist nur ein Maulwurfshaufen.'

Die näherrückenden feindlichen Werfer-Batterien begannen, den Dünensand umzupflügen und die Kuppe der Düne ‚abzusäbeln'. Wie die Wange eines Kürbis. Da wurde mancher, der schon gestorben war und seinen Frieden gefunden hatte, noch einmal in die Luft gewirbelt und auf die Erde zurückgeworfen. – –

Auch mich hatte dieser Feuerhagel erfaßt. Plötzlich wurde es Nacht um mich. Wie lange ich begraben war, weiß ich nicht mehr. Als ich unter der Sanddecke zu mir kam, war ich allein. Ich spuckte Sand, hustete und versuchte, Luft zu bekommen. Das Granatfeuer nahm zu. Offenbar stand der Feindangriff bevor. Die Einschläge warfen den Sand hoch, die berstenden Granaten sprühten Funken wie Feuerwerk. Wenn der Lärm für Sekunden aussetzte, hörte man Verwundete wehklagen. Dies war das Inferno.

Ich hob den Kopf über den Rand der Grube. Das Haff lag glatt und ruhig wie ein schwarzblauer Spiegel vor mir. Auf dem Wasser schwammen Holzbohlen, Korkstücke, geborstene Granatkörbe, Feldflaschen, und nahe dem

Ufer ragten Leichen aus dem Wasser. In Richtung Nehrung sah ich ein großes rundes Etwas. Ich kroch aus der Sandgrube, zog meine Stiefel aus, hob sie mit der MPi über den Kopf und stolperte und stakste ins Wasser. Als es mein Koppel erreicht hatte, zogen mich die Pioniere auf die Plattform ihrer selbstgebastelten ‚Arche Noah'.

‚Wir können nicht mehr anlegen, jeder Splitter durchlöchert die dünnen Bootswände.' ‚Schon gut.' ‚Wir haben keine Decke.' ‚Ihr seid phantastisch.' ‚Wir tun, was wir können.' ‚Danke.'

Ich fror. Die Kälte machte mich fertig – dazu der Hunger, das Inferno, der ganze Krieg. Nach einer Weile wiederholte ich müde: ‚Danke.'

Mehr und mehr entschwand die feuerspeiende, menschenverschlingende Düne. Wir schwammen aufs Haff hinaus. Diese Pioniere! dachte ich."

38. „Die letzten Tage der Division"
von Ewald Nickel, AR. 21.

„Die schweren Abwehrkämpfe unserer im Verband des XX. Armeekorps fechtenden Division hatten uns Ende März 1945 in den Raum Heiligenbeil geführt. Im Rücken das Frische Haff, neigte sich der Kampf in Ostpreußen seinem Ende zu. Da erreichte uns ein Befehl, von jeder Einheit sollte ein Dienstgrad mit den wichtigsten Unterlagen (Kriegstagebücher u. Wehrpässe) zur Frischen Nehrung übersetzen. Ich gehörte zu den dafür bestimmten Soldaten. Wir sammelten uns in Follendorf, das laufend aus der Luft angegriffen wurde. In der Nacht wurden wir mit einer Behelfsfähre der Kriegsmarine hinüber transportiert. Auf der Nehrung errichteten wir Auffangstellen, in denen während der folgenden Nächte Reste von Divisionen gesammelt wurden.

Nach einigen Ruhetagen bildete man aus drei zerschlagenen Divisionen eine neue, die die Bezeichung 21. Inf. Div. erhielt. Die Infanterie setzte sich großenteils aus ehemaligen Artilleristen zusammen. Das Art. Rgt. 21 verfügte nur noch über eine Abteilung. Die Ausrüstung war dürftig. Nach wenigen Tagen traf der Befehl zum Einsatz im Samland bei Peyse ein. Von da rückten wir nach Kobbelbude, Front gegen Königsberg (Pr).

Mit der unzulänglichen Bewaffnung und den wenig erfahrenen Infanteristen konnte aber kein nachhaltiger Widerstand geleistet werden. Wir mußten daher über Fischhausen und Lochstädt nach Pillau zurückweichen. Die 21. Inf. Div. sammelte in den alten Kasematten der Hafenstadt. Aber der vor Pillau gebildete Sperriegel konnte auch nicht gehalten werden. Wir setzten nach Neutief über und befanden uns damit wieder auf der Frischen Nehrung. Jetzt ging es in Richtung Kahlberg von einer Auffangstellung zur anderen.

Vor Kahlberg wurde die Division herausgelöst, rückte zur Weichselmündung, um mittels Fähren nach Hela transportiert zu werden. Dort nahmen die Handelsschiffe ‚Westpreußen' (2.877 BRT) und ‚Hendrik Fisser VII' (1.942 BRT) die Reste der einst stolzen 21. Infanterie-Division auf.

Der Seetransport nach Westen verlief, dank auch günstiger Witterung, ohne Störung. Ziel unserer ‚Seereise' war Kiel, wo wir ausgeschifft wurden. Über Gettorf erreichten wir Ellingstedt bei Schleswig. Dort erlebten wir mit der Kapitulation der Wehrmacht das Kriegsende. Was sich noch 21. Inf. Div. nannte, trat zum letzten Appell an. Der Div. Kdr. dankte in seiner Ansprache allen überlebenden Soldaten für ihren aufopfernden Einsatz der letzten Zeit und löste die Division auf.

Jeder war nun auf sich allein gestellt. Einigen westdeutschen Kameraden ist es trotz großer Schwierigkeiten gelungen, ihre Heimat zu erreichen. Alle anderen blieben zusammen und wurden nach Flensburg in Marsch gesetzt. Der letzte Kdr. des Art. Rgt. 21, Oberstlt. v. Selle, wurde dort zum deutschen Kommandanten ernannt. Er konnte die restlichen Männer der Division einsetzen, um die aus Dänemark kommenden Soldaten zu versorgen und weiterzuleiten. Im Juni 1945 suchte die brit. Besatzungsbehörde deutsche Soldaten für militär-polizeiliche Aufgaben. Einige, die keine Möglichkeit zur Heimkehr sahen, meldeten sich. Ihre Aufgabe umfaßte vorwiegend den Schutz der deutschen Bevölkerung vor Übergriffen der in Lagern lebenden Ausländer, zunächst im Raum Kiel, dann bei Lübeck und Eutin. Im Mai 1946 war diese Aufgabe beendet. Daher gehörten Soldaten der 21. Inf. Div. zu den letzten deutschen Männern, die erst ein Jahr nach der Kapitulation ihre Waffen abgegeben haben."

39. Erinnerungen an Soldaten der 21. Infanterie-Division
von Major Heinz Herbert Wolff

I. Es war im Juli 1941 im Brückenkopf Schimsk. Das Inf. Rgt. 24 unter Oberst Heinrichs hatte bereits auf der anderen Seite des Flusses einen Brückenkopf gebildet. Brückenkopf und Fluß standen unter starkem Beschuß, als auf Anweisung der Division der Ordonnanzoffizier unseres II./Inf. Rgt. 45, Lt. Dr. Samulski, den Auftrag erhielt, den Befehl zum Stellungswechsel an den Kdr. des Inf. Rgt. 24 zu überbringen. Bei Erreichen des Flusses stellte Lt. Samulski fest, daß es keine Möglichkeit mehr gab, den Fluß mit einem Übergangsmittel zu überschreiten. Das letzte Sturmboot an dieser Stelle war gerade durch Treffer zerstört worden. Kurz entschlossen entledigte er sich seiner Kleider und schwamm unter feindl. Feuer zum anderen Ufer. Wie Gott ihn erschaffen hatte, erreichte er abgehetzt, aber unverletzt, den Rgt. Gef. Std.; dort hüllte man ihn in eine wärmende Decke. Nach Ausführung seines Auftrages kehrte er zurück und hatte damit dem Rgt. und der Division herbe Verluste erspart. Bei Belobigung durch seinen Btl. Kdr. sagte er nur; „Das war doch meine Pflicht, was hätte ich denn sonst tun sollen?" Die Anerkennung durch die Verleihung des Eisernen Kreuzes ließ dann auch nicht lange auf sich warten.

II. Etliche Zeit später lag das II./Inf. Rgt. 45 in einem bei Tag voll einzusehenden Frontabschnitt. Auf der anderen Seite Scharfschützen; unangenehme Gegner, die man nicht sah, von denen man aber leider gesehen wurde – ein Feind, den man also nicht gezielt Mann gegen Mann bekämpfen konnte. Die Versorgung war deshalb nur bei Dunkelheit möglich.

Trotzdem wußten die Männer in der HKL, daß sie von ihren Führern nicht alleingelassen wurden. So suchten denn die Kp. Führer oder die Offiziere des Btl.-Stabes auch über Tag kriechend den Weg nach vorn, um nach der Lage zu sehen, Befehle zu erteilen und Kraft zum Durchhalten in der Einsamkeit zu vermitteln. Es gab viele Möglichkeiten, den Kampfwillen zu stärken, denn nichts ist schlimmer, als sich auf verlorenem Posten verlassen zu fühlen.

So erlebte ich, daß der Kp. Führer zu einem der vordersten Posten sprang und dabei durch einen Scharfschützen verwundet wurde. Sofort stürmte ein Soldat aus seinem Loch, um seinen Kp. Führer in eine scheinbar sichere Mulde zu ziehen; dabei wurde auch er getroffen. Trotz der Gefahr versuchte ein Dritter, den beiden Kameraden zu helfen, aber auch ihn traf ein Geschoß. Da lagen nun die drei Verwundeten, bis es endlich gelang, sie in Sicherheit zu bringen, wo sie der nach vorn geeilte Btl. Arzt versorgte. Ein freiwilliges Opfer, trotz größter Gefahr, das der Soldat für den Offizier, der Offizier für den Mann brachte: gelebte Kameradschaft!

III. Wie weit der Opfermut des Einzelnen gehen konnte, zeigt folgende Begebenheit; sie geschah schon in den bitteren Jahren der Rückzüge 1943/44: Unser Btl. war durch starke Feindkräfte bedroht. Eine Kp. war schon fast eingeschlossen, als sie den Befehl zum Rückzug erhielt. Der Oberleutnant – leider habe ich den Namen vergessen – war durch eine Verwundung nicht mehr in der Lage, sich aus eigenen Kräften zu helfen. So gab er seinen Leuten den Befehl, sich ohne ihn zurückzuziehen, um den Anschluß an das Btl. nicht zu verlieren. Sie weigerten sich aber, ohne ihn den Rückzug anzutreten und wollten ihn tragen. Doch der Oberleutnant erkannte die Unmöglichkeit, diese Absicht in die Tat umzusetzen. Da aber keiner seiner Männer auf seinen Befehl hören wollte, schoß er sich kurzerhand eine Kugel in den Kopf, um die Rettung seiner ihm anvertrauten Soldaten zu gewährleisten. Sie alle kamen denn auch heil zurück.

Auch so kann eine Gehorsamsverweigerung enden, kann das Opfer eines Einzelnen aussehen, um alle anderen zu retten. Tapfere 21. Infanterie-Division!

IV. Der Druck der Sowjets war immer stärker geworden; wir befanden uns in den Absetzbewegungen vom Wolchow. Ich hatte inzwischen das II./Gren. Rgt. 3 übernommen. Im Winter 1943/44 wurde mein Btl. eilig in den Raum Nowgorod geworfen und der 28. Jg. Div. zugeführt, die aber nach kurzer Zeit dem Druck des überlegenen Feindes nicht mehr standhalten konnte. Da das Btl. am äußersten rechten Flügel eingesetzt war, erhielt ich viel zu spät den Befehl, „entlang der Gitterlinie 98 so lange nach Westen zu marschieren, bis ich in Höhe einer Bahnlinie den Anschluß wieder finden sollte". Ein Weg, für ein Bataillon mit all seinen Waffen nicht leicht – denn nichts durfte zurückbleiben –, der nur durch Wald und unbekanntes Gelände führte. Verpflegung hatten wir nicht mehr empfangen können. So machten wir uns nach einer Befehlsausgabe auf, Mann hinter Mann, vorn im stündlichen Wechsel fünf Männer zum Spurentreten im tiefen Schnee. Keiner durfte sprechen, nichts durfte klappern, geführt wurde nach Handzeichen. In der Ferne hörten wir Gefechtslärm, in der Flanke Motoren- und Kettengeräusche.

In der Mitte des schweigenden Zuges auf einer behelfsmäßigen Trage ein Verwundeter mit Oberschenkelschuß. In seiner Nähe der Btl. Arzt. Wir marschierten bis zum Morgengrauen, als wir plötzlich auf eine Straße stießen, auf dem Nachschubschlitten der Feinde fuhren. Nach kurzem Abwarten griffen wir uns zwei Schlittenbesatzungen, und das Btl. konnte die Straße überschreiten. Die Gefangenen wurden als Waffenträger eingesetzt. Dann plötzlich sowjetische Posten. Mit Schrecken entdeckten wir ein feindl. Truppenlager im Wald, Soldaten an Feuerstellen, Essengeruch – und wir hatten uns seit fast zwei Tagen nur von Schnee ernährt. Halt und Niederknien erfolgten automatisch. Kurze Beurteilung der Lage: Kampf schien aussichtslos. Da wir aber nicht in Gefangenschaft geraten wollten, auch nicht mehr zurück konnten, gab es nur eine Lösung: möglichst schnell schweigend hindurch. Wir mußten die Überraschung ausnutzen. Geflüsterte Befehle von Mann zu Mann, bis sicher war, daß auch der Letzte in der Kette sie empfangen hatte. Dann: „Sprung auf, marsch, marsch!!" Mitten durchs Lager. Die Russen riefen uns Unverständliches zu, wir antworteten nicht und keiner verlor die Nerven. Die Masse des Btl. war schon durch, als die Sowjets sich fanden. Nur noch die Letzten wurden beschossen – keine Ausfälle. Warum folgte uns der Iwan nicht? Niemand konnte sich das erklären.

Als wir uns in Sicherheit fühlten, machten wir Rast. Aber unser Marschziel war noch nicht erreicht. Im Gegenteil, der Gefechtslärm war wieder weiter weg. Der Feind schien noch überall zu sein. Wir marschierten in der Dämmerung um manche sowjet. Stellung herum. Die sich abwechselnden Träger unseres Verwundeten konnten kaum noch. Dieser bat um eine Spritze, damit er im Schnee seinen Tod erwarten konnte, wenn wir nicht bald die eigenen Stellungen erreichten. Schließlich erfüllte ihm der Btl. Arzt seinen Wunsch und gab ihm eine stark wirkende schmerzstillende Spritze; wir versprachen, ihn zu holen, sobald wir Anschluß an unsere Truppen gefunden hätten.

Es ging weiter und bald kamen wir in die Nähe einer feindl. Grantwerfer-Stellung. Nun konnte die Front nicht mehr weit sein. Plötzlich erhielten wir MG-Feuer. Wir formierten uns zum Kampf, wir wollten den Durchbruch. Hier also war die Front. Stoßtrupps machten sich fertig. Dann aber erkannten wir auf der anderen Seite deutsche Soldaten, die uns für Feinde gehalten hatten. Nach kurzer Verständigung stürmten wir auf sie zu und viele lagen sich vor Freude in den Armen – denn welch ein Zufall – wir trafen auf das eigene Regiment, das damals Maj. v. Oeynhausen führte. Und mitten in die Freude hinein – es waren kaum 2 Minuten vergangen – meldete sich bei mir, ich glaube es war Uffz. Kalkgruber, mit einer Gruppe Soldaten, alles Freiwillige, mit den Worten: „Herr Major, dürfen wir jetzt unseren Verwundeten holen?" Da habe ich mich geschämt, weil ich nicht zuerst daran gedacht habe. Sie zogen los.

Als der Befehl zum weiteren Rückzug eintraf, blieb ich mit meinem Btl. so lange als Nachhut zurück, bis der Stoßtrupp zurück sein würde. Nach Stunden bangen Wartens kamen sie, mit dem verwundeten Kameraden, alle unversehrt. Der Verwundete kam in ein Lazarett. Er hat den Krieg überlebt. 3 km jenseits der Front hatte der Verwundete gelegen. In unserer Division war diese Tat eine Selbstverständlichkeit. Da konnte sich jeder auf den anderen verlassen. –

V. Wie gut das Verhältnis zwischen Offizieren und ihren Soldaten war, zeigt folgendes lustige Erlebnis: Gen. Matzky, unser alter, von allen geachteter und geliebter Div. Kdr., hatte gerade das Korps übernommen, als er sich den Abschnitt meines Btl. ansehen wollte. Das Gelände war gut einzusehen, sodaß der Besuch der HKL einige Stunden in Anspruch nehmen würde. Ich bat daher meinen Burschen Heinrich, der in der Division kein Unbekannter war, weil er mich bei jedem Wechsel innerhalb der Division begleiten durfte, für unsere Rückkehr einen kleinen Imbiß vorzubereiten und eine Flasche Sekt kalt zu stellen, die wir noch von der letzten Zuteilung besaßen. Wir freuten uns also nach Rückkehr auf das Frühstück, und Heinrich flüstere mir zu, „da es draußen so kalt sei, habe er den Sekt warm gestellt". Auf meinen „Entsetzensschrei" erkundigte sich der Kommandierende General nach dem Grund, genoß den Imbiß einschl. Sekt und sagte anschließend, er habe noch nie einen so herrlich temperierten Sekt getrunken, lobte Heinrich und gab mir einen leichten Rüffel; denn auch er kannte Heinrich und überreichte ihm als Dank zum Abschluß ein kleines Geschenk. – Leider ist Heinrich gefallen, bevor er mir nach Ausscheiden aus der Division folgen durfte; die Genehmigung hierzu war schon erteilt. –

So waren die Soldaten der 21. Infanterie-Division – eine Mischung aus schwerblütigen, harten und treu ergebenen Ost- und Westpreußen mit leicht beschwingten, aufgeschlossenen Rheinländern, die mitreißen konnten, aber dafür schneller erlahmten. Dann aber entfalteten die Ost- und Westpreußen ihre ganze Kraft. So ergänzten sich beide Teile zu einer fest gefügten Truppe, über die es außerhalb des Kampfgeschehens sicher noch viel zu erzählen gäbe.

Dr. Günther Will

UNSERE STANDORTE IN OST- UND WESTPREUSSEN

Deutscher Orden (Ritter, Priester, dienende Brüder), Hanse (Seefahrer, Kaufleute, Magistratsräte) und Zisterzienserorden erschlossen die Landschaften zwischen unterer Weichsel und Memel dem Glauben der abendländischen Kirche und der politischen, rechtlichen und wirtschaftlichen Kultur Westeuropas. Das Land Preußen – Ost-/Westpreußen – ist während 700 Jahren seiner Geschichte von Deutschen gestaltet und geprägt worden – von Beginn des 13. bis zur Mitte des 20. Jahrhunderts.

Der Antrieb zur Christianisierung der Prussen ging von den Päpsten aus, ihr Motiv: es sollten die Heiden in die „Freiheit der Kinder Gottes" gerufen werden. Die früheren Missionsversuche scheiterten (Märtyrertod Adelberts von Prag 997, Bruns v. Querfurt 1009); ihnen fehlte die politische, diplomatische, rechtliche und auch wirtschaftliche wie siedlungspolitische Absicherung; diese wurde erst zwei Jahrhunderte später geschaffen.

Die Prussen, ein wesentlich freies, teilweise reiches Bauernvolk (Handelsplatz Truso!), allerdings ohne wirksame staatliche Organisation, wurden im Laufe des 12. Jhdts. hart von Russen unter warägischer Führung von Osten her bedrängt, von Westen und Südosten her von Polen. Vermutlich reihten sie die Christianisierungsversuche in den Kreis dieser Feindschaften ein, die sie nicht nur als Bedrohung ihrer Freiheit, sondern auch ihrer altüberkommenen Eigenständigkeit auffassen mochten. Am Ende dieses Jahrhunderts gingen sie zu Gegenzügen gegen die nördlichen polnischen Teilfürstentümer über. Ihre Angriffe richteten die Prussen vornehmlich gegen den Herrschaftsbereich Konrads von Masovien, zu dem auch das Kulmerland und Kujawien gehörten. „Die innere Zerrissenheit Polens verhinderte jede tatkräftige Abwehr solcher Feindseligkeiten" (Bruno Schumacher). So rief Konrad in bedrängter Konfliktlage den Deutschen Orden im Winter 1225/26 um Hilfe an. Vielleicht sollte hier die Bemerkung einfließen, daß völkerübergreifende und – unabhängige Politik im hohen Mittelalter das Gewöhnliche war: in der Zeit *eines* Heiligen Römischen Reiches und *einer* allgemeinen Kirche im abendländischen Europa. Jene Zeit war frei von nationalistischen Vorstellungen oder gar nationalistischen Aggresivitäten.

Fünf Jahre dauerten die Verhandlungen zwischen dem Fürsten von Masovien und dem Deutschen Orden, bis die notwendigen Rechtsgrundlagen für die Tätigkeiten des Ordens und seine künftigen Erwerbungen geschaffen waren.

Die Garantie für diese Verträge ruhte auf zwei Grundlagen. Einmal war das die berühmte Goldene Bulle von Rimini Kaiser Friedrichs II. (1226), die bereits Grundlage und Rahmenbedingungen für die Verhandlungen geboten hatte: der Kaiser stellte das von Konrad dem Orden angebotene Kulmerland nebst weiteren Eroberungen in Preußen unter seinen Schutz und Schirm.

Die zweite Grundlage war die päpstliche Bulle zu Rieti (1234; Gregor IX.): sie verfügte, daß das Kulmerland und alle bereits geschehenen und künftigen Erwerbungen in Preußen in das Eigentum des hlg. Petrus übergehen; sie werden dem Orden zu ewigem Besitz und Nießbrauch übertragen.

Kaiser und Reich wie das Papsttum als Garantiemächte für die Tätigkeiten des Ordens zu gewinnen, war eine große politisch-diplomatische Leistung des Hochmeisters Hermann von Salza, der zugleich Kanzler des Reichs war. Also: Zielsetzung, Aufgaben und Rolle des Deutschen Ordens gründeten sich — nach mehrjährigen Verhandlungen mit Konrad von Masovien — auf vereinbartes Vertragsrecht und auf dessen Gewährleistung durch die Gewalten, die das kirchlich-religiöse, das soziale wie das politische Leben des Mittelalters bestimmten.

Diese Rahmenbedingungen haben sich im Fluß der Geschichte verändern müssen. Am Ende aller — inneren wie äußeren — politischen, kirchlich-religiösen und sozialen Gefährdungen, die das Preußenland in vielfältigen Rivalitäten und Konflikten hat durchstehen müssen, bleibt die Staats- und Kulturleistung der Deutschen in den zurückliegenden Jahrhunderten unbestreitbar.

Bedeutsam für die Ausgangslage des Ordens war der Besitz der Burg Nassau mit dem benachbarten Waffenplatz Vogelsang, auf dem linken Ufer der Weichsel an der ostwärtigen Grenze Kujawiens gegen das Kulmerland auf dem rechten Ufer gelegen. Um Nassau und Vogelsang versammelten der Bruder Hermann Balk und sieben Ordensritter das erste Kreuzfahrerheer mit Zuzug aus dem Reich, aus polnischen Teilfürstentümern und dem piastischen Schlesien (päpstliche Kreuzzugsbulle 1230). Im Frühjahr 1231 setzte das Heer über den Strom und errichtete zur Sicherung des Brückenkopfs die Burg Thorn. Schon ein Jahr später wurde weichselabwärts Kulm gegründet, nur ein Jahr darauf — 1233 — Marienwerder, die älteste von den Garnisonstädten der 21. Infanterie-Division.

Marienwerder: Die Gründungen Thorns, Kulms und nunmehr Marienwerders (Burg Queden) bieten das Grundmuster dreifach gleichzeitiger Tätigkeiten des Ordens während der Aufbauzeit seiner geistlich-weltlichen Herrschaft: Anlage einer Burg, um das Erreichte zu sichern, in derem Weichbild städtische Siedlung, um auf weitere Sicht (Land-) Wirtschaft und Güteraustausch ertragreich zu gestalten, beides im Verein mit der Gründung einer Kirche, um Verkündigung am Ort und im Umland, Belehrung der bodenständig gebliebenen Bevölkerung zu ermöglichen.

Nur drei Jahre nach der Gründung erhielt Marienwerder Stadtrecht verliehen (1236). Die Kulmische Handfeste (1233) bot die Ordnung des öffentlichen Rechts mit Gerichtshoheit, Marktfreiheit, Fischerei-, Jagd- und Mühlenrecht, das Privat- und Wirtschaftsrecht wurde nach dem Magdeburgischen Stadtrecht geordnet, dem verbreitetsten Recht im binnenländischen Osten — bis hinein in die Ukraine über Jahrhunderte in Geltung. Den Hansestädten im Ordensland — Elbing, Braunsberg, Königsberg und zuletzt Danzig — wurde stattdessen lübisches Stadtrecht verliehen; es galt in mehr als 100 Städten an der östlichen Küste der Ostsee bis hinauf ins Baltikum.

Dom St. Maria und Schloß, gotische Backsteinbauten vom Anfang des 14. Jhdts., beherrschen mit ihren drei hochragenden Türmen das Stadtbild Marienwerders und das Umland. Hier residierten bis zur Reformation die Bischöfe von Pomesanien und ihr Domkapitel.

Lange Zeit waren Stadt und Landschaft (Pomesanien) das Einfallstor für kriegerische Unternehmen von Süden und Westen her. Erst im Laufe des 18. Jahrhunderts befriedeten die preußischen Könige diese Landschaft. Sie entwickelten die Stadt zu einem Verwaltungsmittelpunkt mit dem Sitz eines Regierungspräsidenten und eines Landrats.

Ständige Garnison wurde Marienwerder erst im Jahre 1879: bis 1919 lagen hier eine Uffz.-Schule sowie Feldartillerie. Zwischen 1920/21 und dem Herbst 1934 garnisonierte hier das Ausbildungs-Bataillon des 3. (preuß.) Inf.-Rgts., das, zu einer Feldeinheit umgebildet, ein Jahr später das II. Bataillon des Inf.-Rgts 45 wurde.

Marienburg: Auf einem Höhenrücken über der Nogat, dem rechten Mündungsarm der Weichsel, gründete der Orden anfangs der 1270er Jahre die Komturei Marienburg (=Verwaltungs-, Kirchen-, Wirtschaftskreis und Waffenplatz) und errichtete dazu ein Konventshaus.

Gleichzeitig entstand eine Siedlung, die bereits 1276 — wie schon Marienwerder — Kulmische Verfassung und Magdeburgische Rechtsordnung erhielt. Das bürgerliche Gemeinwesen entwickelte in den folgenden Jahrzehnten durchaus ein Eigenbewußtsein, repräsentiert in bemerkenswerten Bauten: dem backsteingotischen Rathaus (1365 – 80) und in den mit — hohen und niederen — Lauben geschmückten Häusern beiderseits des langgestreckten Markts. An seinem der Burg zugewendeten Ende stand einst der Gedenkstein zur Erinnerung an den Abstimmungssieg vom 11. Juli 1920. Am anderen erhob sich das Marientor und zeugte, zusammen mit dem Töpfertor sowie Resten der alten Stadtmauer (14. Jhdt.) noch in unserer Zeit von einer schutzwilligen Bürgerschaft. Doch diesen Ort machte anderes bedeutend und berühmt.

Im Jahre 1309 verlegte der Orden den Sitz seines Hochmeisters von Venedig nach der Marienburg (bis 1459). Unverweilt begann der Ausbau der Konventsanlage und gedieh bis 1398 zu jener einzigartigen Burg- und Schloßanlage, die bis in die Gegenwart ihresgleichen sucht: steingewordener majestätischer Ausdruck des Ordensgedankens. Die Anlage vereinigte in sich alle Bauelemente und Räume für den Gottesdienst wie für die Staatsführung des Ordenslandes. Häufig umkämpft und auch seiner Aufgabe verlustig gegangen, verfiel der einstige Hochmeistersitz. Die Wiederherstellung zu gesicherter ursprünglicher Gestalt Ende des vorigen Jhrdts. überdauerte die schweren Kämpfe anfangs des Jahres 1945 nicht.

Marienburg wurde im Jahre 1773 Garnison; im 19. Jahrhundert Stamm eines Landw. Rgt's. In den Kasernen, die 1911 fertig geworden waren, kamen

Teile des Deutsch-Ordens-Inf.-Rgt. 152 unter, ihnen folgten anfangs der 1920er Jahre das I. Bataillon 3. (preuß.) Inf.-Rgt. 3, im Herbst 1935 Stab und I. Bataillon Inf.-Rgt. 45. Der Rgts.-Stab mit Nachrichtenzug, die 13. (Inf.-Geschütz-) Kompanie und 14. (Panzerabwehr-) Kompanie kamen in der vormaligen Polizeikaserne Sandhof unter.

Elbing: In der Nähe oder auf dem Boden des prussischen Handelsplatzes Truso (bezeugt im 9. Jhrdt.) wurde die Siedlung 1237 gegründet, ein gemeinsames Werk lübischer und meißnischer Kolonisten sowie des Deutschen Ordens. Er verlieh ihr Kulmische Verfassung, Lübeck begabte sie mit ihrem Stadtrecht (1246). Bis zum Niedergang des Ordens sehen wir Elbing in doppelter Funktion: bedeutende Handelsstadt im Verband der Hanse und politisch bedeutsamer Ort des Ordens.

Solange der Hochmeister seinen Sitz in Venedig hatte, residierte in Elbing sein Stellvertreter, der Landmeister. Ihm folgte (1312) ein anderer Großgebietiger des Ordens, der Oberste Spittler; ihm oblag die Gesamtleitung von Krankenpflege und Spitalwesen im Ordensland: die erste staatliche Krankenpflege in Europa, die sonst überall Aufgabe der Kirche war.

Aus wirtschafts- und handelspolitischem Eigeninteresse förderte der Orden die Entwicklung der Stadt nachhaltig. In wenigen Jahrzehnten stieg sie zu einer bedeutenden Handelsstadt auf und gewann so zunehmend auch politische Bedeutung. Elbings Handelsverbindungen in den Westen erstreckten sich bis nach Schottland. Diese Entfaltung von Wirtschaft und Handel zog neue Kolonisten, insbesondere Handwerker an und führte bereits in den 1330er Jahren zur Gründung der Neustadt.

Elbing verlor seine Bedeutung durch den Niedergang des Ordens, durch die Veränderung des Stromverlaufs der Weichsel vom Elbinger zum Danziger Delta und den Aufstieg Danzigs. Mitte des 15. Jhrdts. riß Elbing sich vom Orden los, behauptete sich aber gegenüber dem König von Polen als Freie Stadt. Bedeutende Bauzeugen des mittelalterlichen Gemeinwesens waren die Kirchen St. Marien, St. Nikolai, St. Georgen, das stattliche Markttor und eine Reihe spätgotischer Bürgerhäuser. An den Orden erinnerte die eindrucksvolle Anlage des Heiligen-Geist-Hospitals, einst das Haupthospital im Ordensland.

Erst durch die Industrialisierung im 19. Jhrdt. gewann Elbing wieder Bedeutung. Die Entwicklung zur wichtigen Industrie- und Handelsstadt ist vornehmlich mit dem Namen Ferdinand Schichau verknüpft.

Garnison seit 1717: überwiegend Infanterie, geringer Anteil Kavallerie; von 1886–1914 keine Garnison. − Elbing (1939: 86.000 Einwohner) war wohl die größte Garnisonstadt im Dislozierungsraum der 21. Inf.-Div. Hier lagen Div.-Stab, die Nachrichten-Abt. 21, Sanitäts-Abt. 21 und Lazarett und das Pionier-Batl., sodann der Stab Artl.-Rgt. 21 mit der II. le. Abt., sowie der II. (schweren) Abt. Artl.-Rgt. 57 und vom Inf.-Rgt. 45 das III. Btl.

Braunsberg: Die alte Handels- und Bernsteinstraße ins Samland kreuzte etwa 7 km vor der Haffeinmündung die Passarge. Beim Vorstoß der Ordensritter im Jahre 1240 in den Prussengau Warmien bauten sie an dieser Stelle eine Burg, die durch Prusseneinfälle mehrfach zerstört wurde. Die anderthalb Jahrzehnte später errichtete neue Siedlung wurde 1284 durch die Begabung mit der Kulmer Handfeste und dem lübischen Stadtrecht in den Rang einer Stadt erhoben. Ihre wirtschaftliche Entwicklung setzte allerdings erst ein, nachdem der Bischof von Ermland 1340, dem Gründungsjahr der Neustadt, seinen Sitz von Braunsberg nach Wormditt verlegt hatte (später Heilsberg bis 1772, im 19./20. Jhrdt. Frauenburg). Gegen Ende des 14. Jhrdts zählte Braunsberg mit Königsberg, Elbing, Danzig, Thorn und Kulm zu den sechs großen Hansestädten des Ordenslandes. Wie diese hatte die Stadt Anteil am Güter- und Warenaustausch innerhalb des west- und nordeuropäischen Wirtschafts- und Verkehrsraums der Hanse. Dann fiel sie in ihrer Bedeutung schnell hinter die anderen fünf Gemeinwesen zurück. Die schmale Passarge und der enge Hafen genügten nicht mehr den gesteigerten Ansprüchen des Seeverkehrs. Die Hauptstadt des Ermlands wurde Binnenmarkt, ihr politisches Schicksal mit dem des Bistums wieder verknüpft.

1772 fiel die Diözese an Preußen zurück, nunmehr an das Königreich Preußen (erste Teilung Polens). In seinem Schutz hat die Bevölkerung des Ermlands anders als in den vorausgehenden Jhrdten 173 Jahre lang äußeren Frieden erlebt.

Von einem Manne sollte hier die Rede sein. Der berühmteste ermländische Geistliche und Gelehrte — Mathematiker, Astronom, Kirchenrechtler, Mediziner — war Nikolaus Kopernikus, 1493 in Thorn geboren, gestorben 1543 in Frauenburg. Als Astronom hat er — gegenüber der antik-mittelalterlichen Vorstellung — die Revolutionierung unseres Weltbilds mit seiner Erkenntnis eingeleitet: die Sonne steht im Mittelpunkt der Planetenbahnen, und eben auch die Erde kreist um die Sonne, dreht sich ihrerseits um ihre Achse und wird selbst vom Mond umkreist (1543: Sechs Bücher über die Umläufe der Himmelskörper).

Kopernikus' deutsche Herkunft ist erwiesen; er bediente sich allein der deutschen und lateinischen Sprache (Wissenschafts-, Kirchen- und Urkundensprache). Jedoch galt für diese Zeit und noch bis in das 19. Jhrdt. die abendländisch-europäische Tradition: der Dienst in Kirche, Wissenschaft, am fürstlichen Hof (Verwaltung, Diplomatie) und im Kriegswesen kannte keine „nationalen" Bindungen. Das lateinische Wort „natio" hatte zu jener Zeit und noch lange Zeit darüber hinaus die Erstbedeutung „(Volks-) Abstammung, Herkunft, Heimat" ohne jede politische oder gar ideologische Bedeutung, die wir heute damit verbinden oder verbanden. Die ältere Auffassung schloß ein eigenständiges Herkunfts- und Heimatbewußtsein allerdings nicht aus, Ursprung mancherlei Konflikte.

Garnison wurde Braunsberg zuerst im Jahre 1773; von 1809–1912 meist ein Btl. Inf./Gren. Rgt. 3. Von der 21. Inf. Div. garnisonierten hier der Stab des Inf.-Rgts. 24 mit seinem Nachrichtenzug, die 13. (Inf.-Geschütz-) Kompanie, die 14. (Panzerabwehr-) Kompanie, das I. und III. Btl. Inf.-Rgt. 24

sowie die I. schwere Abt. Artl.-Rgt. 57. Abschließend sei vermerkt, daß die Stadt 21.000 Einwohner 1939 zählte.

Bevor von den anderen Garnisonstädten der 21. Inf.-Div. die Rede sein soll, erscheint eine Bemerkung über das preußische Stadtwesen nützlich zu sein. Bis zum Jahre 1410, dem Jahr der schweren Niederlage des Ordensheeres bei Tannenberg, hatte der Orden im Preußenland 93 Städte gegründet. Kulmische Verfassung und magdeburgische oder lübische Rechte prägten die Lebensordnungen dieser Gemeinwesen und ihrer Bürger. Orden, Kirche, Städte und die bäuerlichen Siedlungen haben diesen Raum der abendländisch-europäischen Zivilisation erschlossen, die Hanse ihn mit der damaligen Wirtschaftswelt verbunden. Allerdings haben unter diesen 93 Städten einen das Preußenland grenzüberschreitenden Rang nur wenige erlangt. Sie konnten auf Verlauf und Gestaltung der Geschichte nach ihren Möglichkeiten einwirken, die Mehrzahl hat Geschichte eher erlebt.

Preußisch Eylau: Die Kreisstadt im Osten des Stablacks — Truppenübungsplatz seit 1936 — zählte 7.500 Einwohner im Jahre 1939. Ihr Gewerbe gründete sich auf Industrie und die Verarbeitung landwirtschaftlicher Erzeugnisse mit Eisengießerei, Maschinenfabriken und Ziegelei sowie Mühlenbetrieben und Molkereien.

Seit 1935 diente Pr. Eylau dem II. Btl. Inf.-Rgt. 24 und der III. Abt. des Artl.-Rgts. 21 als Garnison. Wie bei anderen Garnisonen in Ostpreußen (mit dem Regierungsbezirk Westpreußen) fällt auch hier der hohe Anteil der Soldaten im Verhältnis zur Bevölkerungszahl auf.

Der Name Preußisch Eylau mag darauf zurückzuführen sein, daß im Umfeld der Ordensburg prussische Bevölkerung angesiedelt blieb oder angesiedelt wurde. Als der Orden am 12. November 1248 den Prussenherzog Swantopolk zum Frieden genötigt hatte, wurde für die westlichen Prussengaue durch Vermittlung des päpstlichen Legaten am 7. Februar 1249 zwischen dem Orden und den Prussen der Vertrag von Christburg geschlossen, der den Orden verpflichtete, die einmal bekehrten Prussen als gleichberechtigt anzuerkennen. Die Aufrufe zur Missionierung und zum Kreuzzug gingen weiter. Auch König Ottokar II. vom Böhmen nahm an dem Zug gegen die Samen als Heerführer teil und erstürmte die Prussenburg Rudau. Zur Sicherung des Samlands wurde 1255 an der Pregelmündung eine Stadt gegründet, die ihm zu Ehren Königsburg genannt wurde. Sie wurde von 1701 an die Krönungsstadt der preußischen Könige.

Die Gründung der Ordensburg gehört in die Landnahme innerhalb der Flußsysteme Passarge, Alle und unterer Pregel (Warmien, Natangen). Die Burg wurde an der uralten Bernsteinstraße nach dem Samland errichtet. Während des großen Prussenaufstands 1260 zerstört, wurde sie bald danach wieder aufgebaut. Sie hat während der Ordenszeit offensichtlich nur der Sicherung der Straße gedient. Der Durchgangsverkehr zog Krüger und einzelne Handwerker an, die neben der Burg sich ansiedelten. Aus dieser Lischke (aus altpreußisch likis = Lager) entwickelte sich über einen sehr langen Zeitraum ein stadtähnliches Gebilde, das endlich 1585 zur Stadt erhoben wurde.

Der Ort ist mehrfach umkämpft, aber auch behauptet worden. Die Schlacht bei Pr. Eylau am 7./8. Februar 1807 zählt als ein früher Meilenstein auf dem Weg zu den Freiheitskriegen. Sie zeigte zum ersten Mal die Grenzen, die Napoleons Gefechtsführung und der Kampfführung seiner Truppen gesetzt waren; das harte Winterwetter tat ein Übriges.

Am 8. Februar nachmittags war der linke Flügel der Russen auf den Kriege-Bergen überwältigt worden, die Franzosen setzten zur Verfolgung an. In dieser Krisensituation überraschte das (bereits geschwächte) preußische Korps L'Estocq die Franzosen aus dem Anmarsch mit einem kräftig geführten Gegenstoß. Der Sieg blieb Napoleon versagt. Damit war sein Operationsplan, den er seit November 1806 im polnisch-ostpreußischen Raum gegen die russische Armee und das verbündete preußische Korps verfolgt hatte, gescheitert.

Deutsch Eylau: Noch vor dem Ende des 13. Jhrdts. wurde die Burg an der Südostspitze des Geserich-Sees errichtet. Ihre Aufgabe war es, die Enge zwischen der Drewenz und dem See, das Einfallstor in Richtung Preußisch-Mark und das Ermland (Schönbergs Aufgabe, den Paß zwischen See und Quellgebiet der Ossa) zu sichern. Bald nach dem Jahre 1280 nahm die Dichte der Dorfsiedlungen stetig zu; die Gründung einer Stadt wurde notwendig. Als Mittelpunkt eines dörflichen Siedlungsgebiets hatte sie den Absatz der landwirtschaftlichen Erzeugnisse zu ermöglichen und im Gegenzug für den Bedarf an Wirtschaftsgütern auf den Dörfern vorzusorgen. Diese marktpolitische Bedeutung Deutsch Eylaus machte seine Bürger wohlhabend – schon im 14. Jhdt. Zeugnis dafür war der Bau der Stadtkirche mit der reichen Ausgestaltung ihres Ostgiebels.

Der Name Deutsch Eylau rührt von der Ansiedlung deutscher Bauern her, die hier zu Waldrodungen oder Ödlandkultivierung angesetzt wurden.

Die Stadt hat gleich vielen anderen preußischen Städten in den Jhdten. der politischen Schwäche des Ordens und unter Kriegszügen des Herzogtums Preußen gelitten. Erst das erstarkte Königreich Preußen leitete im 18. Jhdt. die Befriedung Ost- und Westpreußens ein und somit auch für Deutsch Eylau. Dies hat bis zum Herbst 1944 angedauert – unterbrochen nach der Katastrophe Preußens 1806 für sechs Jahre, gefährdet zeitweilig zu Beginn des I. Weltkriegs. Der Verlust der Reichszugehörigkeit konnte durch die Abstimmung am 11. Juli 1920 abgewehrt werden. Im Regierungsbezirk Marienwerder stimmten 92% der Bevölkerung für das Verbleiben beim Deutschen Reich.

Deutsch Eylau war eine Garnison mit langer Tradition. Seit 1719 standen hier Kavallerie und Infanterie; seit 1890 nur Feldartillerie. Vom 3. (preußischen) Inf. Rgt. standen hier seit 1920/21 der Rgts.-Stab und sein Nachrichtenzug, die 13. (Minenwerfer-) Kompanie und das II. Btl. Im Jahre 1936 wurde die 13. Kp. in eine Inf.-Geschütz-Kompanie umgerüstet, die 14. (Panzerabwehr-) Kompanie aufgestellt.

Osterode: Die Stadt, an der Einmündung der Drewenz in den See gleichen Namens gelegen, geht auf ein Burggründung im Jahre 1302 zurück. Wie in Deutsch Eylau erforderte auch hier die zunehmende Besiedlungsdichte die Gründung einer Stadt (1329), die mit der Kulmer Handfeste und Magdeburger Stadtrecht bewidmet wurde. Zwölf Jahre später entstand – durch Abtrennung von Christburg – die Komturei Osterode.

Die Komtureien bildeten das Rückgrat des Landes. Durch die Komture ließ der Hochmeister das Land siedlungspolitisch erschließen, wirtschafts- und handelspolitisch entwickeln und gleichzeitig sichern. – Modern gesprochen: Der Hochmeister delegierte an die Komture Kompetenz und Verantwortung für die Entwicklung und Sicherung ihrer Komtureibezirke.

Was das Land beschwerte, beschwerte auch jeweils Osterode, was das Land in befriedeten Zeiten an Entwicklungsmöglichkeiten bot, verstanden die Osteroder Bürger zum Vorteil ihres Gemeinwesens zu nutzen. Das 19. Jhdt. bot solche Möglichkeiten im Zusammenhang mit den Entwicklungsschüben in Landwirtschaft, Gewerbe, Industrie und Verkehr. Vor dem I. Weltkrieg zählte die aufstrebende Kreisstadt mehr als 14.000 Einwohner.

Schon 1716 war Osterode Garnisonstadt: Kavallerie bis 1880, danach Infanterie und Feldartillerie.

Am 25. August 1914 war im Raum Osterode der linke Flügel der Westgruppe der deutschen 8. Armee versammelt und trat am folgenden Tag zum Angriff auf die russische Narew-Armee an; die Einleitung zur Schlacht bei Tannenberg.

Aus dem III. Btl. des 3. (preußischen) Inf.-Rgt., das seit Anfang der 1920er in Osterode stand, wurde 1936 das II. Btl. Inf.-Rgt. 3; noch im selben Jahr wurde hier die Panzer-Abwehr-Abt. 21. aufgestellt.

Mohrungen: Im Seengebiet des südlichen Pomesanien (preußisches Oberland), dort, wo die alte Handelsstraße von Truso nach dem Schwarzen Meer die Baltische Landschwelle passierte, errichtete der Orden um 1280 eine Burg. Dieser Platz erschien ihm bedeutend genug, um im Weichbild des Ordenshauses eine Stadt anzulegen. Ihre Gründung vollzog sich zwischen den Jahren 1320 und 1331, wahrscheinlich 1327. Die Siedler kamen aus dem mitteldeutschen Raum zwischen Harz und Thüringen. Kulmer Handfeste und magdeburgisches Stadtrecht ordneten das Verfassungs- und Rechtsleben ihrer Bürger und galten in ihren Grundzügen über die Zeit des Ordens hinaus im Herzogtum Preußen bis zur Verkündung des landeseinheitlichen „Preußischen Landrechts" im Jahre 1620. Mit der Aufrichtung des weltlichen Herzogtums Preußen (seit 1525) änderte sich die Verwaltungsorganisation des Landes und ihre personelle Besetzung. Die Ordensvogtei Mohrungen wurde herzogliches Hauptamt; in die Leitung (Amtshauptmann) wurden Angehörige der Adelsfamilie Dohna (-Schlobitten) eingewiesen. Sie erbauten das Schlößchen an der Stadtmauer (1562/71).

Mohrungen nahm an der steten Entwicklung des fürstlichen Territoriums teil und erlitt mit ihm einen starken Rückschlag im 30jährigen Krieg

(Hauptquartier Gustav Adolfs in Elbing 1626/30), Folge der Verweigerung der Stände, ein „Landesdefensionswerk" zu errichten.

Auf der Grundlage des Landesausbaus Friedrich Wilhelm I. hat sein Sohn, Friedrich d. Gr., (Ost-) Preußens Verwaltung reformiert. Mohrungen wurde Hauptort des Kreises. Abgesehen von den Jahren 1807/13 hat die Stadt sonst eine stete Entwicklung in Frieden und Sicherheit erlebt, bis das bittere Ende eintrat.

Mohrungens bedeutendster Sohn war Johann Gottfried Herder (1744 in Mohrungen geboren – 1803 gestorben in Weimar), ein Theologe, Philosoph und Philologe von europäischem Rang. Politisch bedeutsam wurde Herders Sammlung „Die Stimmen der Völker in Liedern" (2. Aufl. 1807). Sie haben das kulturelle und das nationale Eigenbewußtsein der ostmittelosteuropäischen Völker erneut ins Leben gerufen. Goethe hat den Einfluß bezeugt, den Herder auf sein Schaffen besaß. Als Superintendent und Kirchenpräsident in Weimar hat er weiterführende Reformen für Schule und Lehrerbildung inganggesetzt.

Im 18. Jhdt. war Mohrungen Kavalleriegarnison. Das Dragoner-Rgt. von Moellendorf war das berühmteste; es ritt die Attacke in der Schlacht bei Hohenfriedberg mit (4. Juni 1745).

Von der 21. Inf.-Div. standen das I. Btl. Inf.-Rgt. 3 und die I. Abt. Artl.-Rgt. 21 in Mohrungen.

Dr. Fritz Scheunemann

Die Entstehung des Traditionsverbands Kameradenhilfswerk e.V.

Anfang 1952 fanden im Frankfurter Raum erste Gespräche ehemaliger Divisionsangehöriger mit dem Ziel statt, den in Kriegszeiten so bewährten Zusammenhalt beizubehalten und dies durch Gründung eines Traditionsverbands auch zu manifestieren.

Der im gleichen Jahr gegründete Kameradenkreis Frankfurt wächst durch Einbeziehung von Kameraden aus dem Raum Wiesbaden und ergreift unter Führung von Oberst a. D. Dr. Brechtel (AR. 21) die Initiative zur Gründung eines Traditionsverbands der 21. Infanteriedivision; „vorläufiger Vorstand" ist Dr. Brechtel.

Im April 1953 führen gleichfalls schon bestehende, lose Verbindungen alter Divisionsangehöriger im Umkreis von Hamburg zur Gründung eines KK (Kameradenkreis) Hamburg unter Führung von Gen. Maj. a. D. Becker.

Am 24. Mai 1953 findet unter großer Beteiligung das 1. Divisionstreffen in Herford statt; es gelingt, viele Vermißtenschicksale aufzuklären.

Wenn die KK Frankfurt und Hamburg „überregionale Initiativen" entfalteten, so sind innerhalb Jahresfrist doch bereits 12 weitere KK gegründet: auch sie sind nicht nur Stätten der Begegnung und Fortsetzung im Krieg bewährter Kameradschaft, sondern auch in der Lage, beim Einfinden in völlig neue Verhältnisse — gerade auch bei den vielen Flüchtlingsschicksalen — nicht nur mit Rat, sondern oft mit Tat zu helfen.

Sinn und Zweck des *Traditionsverbands* der 21. Inf. Division werden zum 2. Treffen — 1954 — in Bielefeld dann wie folgt definiert: „Kameradschaftlicher Zusammenhalt aller ehemaligen Angehörigen der Division ohne Rücksicht auf frühere Dienstgrade und jetzige Lebensstellung pflegen und fördern". Der 1. Vorsitzende ist nunmehr Gen. Maj. a. D. Becker. Diese Zielsetzung wird am 10. 4. 1956 durch Schaffung des *Kameradenhilfswerks* erweitert; Eintragung am 31. 10. 1956 als „e.V." beim Amtsgericht Hamburg.

Gemäß Beschluß vom 5. 6. 1960 heißt der Verband nunmehr — unter Eintragung beim Amtsgericht Hamburg — „Traditionsverband Kameradenhilfswerk 21. (ostpr.-/westpr.) Infanterie Division e.V." Name und Sitz des Vereins werden dann gem. Beschluß beim 9. Divisionstreffen, 1968, nach Bückeburg verlegt. Aufgrund der Zielsetzung wird der Verband als gemeinnützigen Zwecken dienend anerkannt: „Er dient der Unterstützung hilfsbedürftiger Kameraden und Angehörigen von Gefallenen, Vermißten und Verschollenen sowie in Zusammenarbeit mit dem Deutschen Roten Kreuz, den Landsmannschaften, dem Heimkehrerverband und den kirchlichen

Hilfsdiensten der Aufklärung der Schicksale der gefallenen, vermißten und verschollenen Kameraden". (Auszug aus Satzung 1959 § 2).

In vielen Fällen konnte – gerade bei der Klärung von Flüchtlingsschicksalen – durch Beweismittel-Beschaffung geholfen werden.

Inzwischen haben 19 Divisionstreffen stattgefunden, seit 1954 in einem 2-Jahres-Rhythmus, wobei 13 Male Bückeburg Tagungsort war.

Hier am Ehrenmal für die Gefallenen des 1. Weltkriegs ist eine Tafel mit Zeichen und Namen unserer alten Division angebracht.

Vorsitzende des Verbandes: 10. 4. 1954 – Ende 1964 Becker
10. 1. 1964 – 23. 10. 1968 Kluckert
24. 10. 1968 – 30. 10. 1970 Becker
31. 10. 1970 – 28. 9. 1984 Wittwer
29. 9. 1984 – Dr. Scheunemann

*Divisionskommandeure bzw. Führer
der 21. Inf. Division
1935—1945*

10. 10. 1935 – 10. 11. 1938	GM./Glt. Albert Wodrig
10. 11. 1938 – 26. 10. 1939	Glt. Kuno Hans von Both
26. 10. 1939 – 12. 1. 1943	GM./Glt. Otto Sponheimer
12. 1. 1943 – Anfang Juni 1944	GM./Glt. Gerhard Matzky

Vertretungen:

vom 29. 10. – Ende Dezember 1943 war Gen. Matzky mit der Führung des XXVIII. AK. betr., an seiner Stelle dürfte die Division geführt haben — Oberst Karl Arning (Kdr. GR. 24)

Vom 28. 3. – 28. 5. 1944 führte Gen. Matzky neuerlich vertretungsweise das XXVIII. AK. An seiner Stelle war vom 28. 3. – 10. 5. 1944 — GM. Franz Sensfuß m. d. Fü. betr.

vom 10. 5. – Ende Mai 1944	Oberst Wolf Henger (Kdr. AR. 21)
Anfang Juni – 23. 8. 1944	Glt. Hermann Foertsch
23. 8. – 25. 9. 1944	GM. Heinrich Goetz
25. 9. – Anfang November 1944	Oberst Wolf Henger (Kdr. AR. 21)
Anfang November – 12. 12. 1944	Oberst Eberhard Scharenberg m. d. Fü. betr.
12. 12. 1944 – 17. 1. 1945	Oberst d. Res. Friedrich Beyse m. d. Fü. betr.
17. 1. – 18. 3. 1945	GM. Heinrich Goetz
18. 3. – 3. 4. 1945	Oberst Kurt Hilgendorff (Kdr. GR. 3)
4. 4. – 8. 5. 1945	GM. Karl Koetz

Anmerkungen: Die Tatsache, daß die hier angeführten Daten sich nicht selten mehr oder minder stark von den in der Generalsliste bei W. Keilig, Das Deutsche Heer, angegebenen unterscheiden, dürfte darin ihren Grund haben, daß die bei Keilig vermerkten Daten den personaltechnischen Termin „mit Wirkung von ...", nicht aber den tatsächlichen Dienstantritt wiedergeben.

Die Ritterkreuzträger der 21. Division

Eichenlaub zum Ritterkreuz des Eisernen Kreuzes

Nr. 442 Oberst Schwender, Herbert, Kdr. Gren. Rgt. 45, 6. 4. 1944, gef. 22. 9. 1944
Nr. 765 Gen. Maj. Goetz, Heinrich, Kdr. 21. Inf. Div., 5. 3. 1945
Nr. 775 Lt. d. R. Rogalski, Hans, Adj. II./Gren. Rgt. 45, 11. 3. 1945
Nr. 777 O.Feldw. Kutschkau, Ernst, Führer 6./Gren. Rgt. 3, 11. 3. 1945
(Nr. 849) Oblt. Kappis, Hans-Joachim, Führer II./Gren. Rgt. 45, 28. 4. 1945

Ritterkreuz des Eisernen Kreuzes

Adrian, Josef-Hubert, O.Feldw., Führer 6./GR. 24, 28. 3. 1945
Arning, Karl, Oberst, Kdr. GR. 24, 10. 10. 1943
Beuttel, Wilhelm, Major d. R., Kdr. II./GR. 45, 5. 3. 1945, gef. 24. 3. 1945 als Führer GR. 3 b. Heiligenbeil/Ostpr.
Demke, August, O.Feldw., Meldestaffelführer i. d. 2./GR. 24, 17. 3. 1945
Dicke, Anton, O.Gefr., 5./GR. 3, 21.2.1943, gef. 26. 1. 1943 westl. Sinjawino.
Engbrecht, Herbert, Hptm, Kdr. III./IR. 3, 23. 11. 1941, gef. 7. 8. 1942 bei Kirischi
Fischer, Wilhelm, Lt., Führer 3./GR. 24, 28.3. 1945
Foertsch, Hermann, Gen. Lt., Kdr. 21. ID., 27. 8. 1944
Gaißer, Wilhelm, Lt. d. R., Führer 1./GR. 3, 17. 3. 1945
Heinrichs, Konrad, Oberst, Kdr. IR. 24, 13. 9. 1941, gef. 8. 9. 1944 als Gen. Lt. und Kdr. 89. ID. im Westen
Henger, Wolfgang, Oberst, Kdr. AR. 21, 17. 3. 1945
Hermann, Alfred, Oberst, Kdr. IR. 3, 24. 9. 1942, gef. 4. 8. 1942 b. Kirischi
Hilgendorff, Kurt, Oberstlt., Kdr. GR. 3, 5. 4. 1944
Iwaneck, Otto, O.Gefr. Melder, 2./GR. 45, 17. 3. 1945
Kalkgruber, David, Uffz., Gruppenführer, 5./GR. 3, 19. 8. 1944
v. Kalm, Hennig-Tite, Major, stv. Führer GR. 24, 17. 9. 1944, gef. 24. 3. 1945 als Oberstlt. und Kdr. GR. 24 bei Heiligenbeil/Ostpr.
Kappis, Hans, Oblt., stv. Führer I./GR. 45, 18. 2. 1945
Knollmann, Karl-Heinz, Lt., Kp. Führer, GR. 45, 21. 3. 1944
Kroeg, Helmut, Oblt., Führer II./GR. 45, 28. 3. 1945
Kummer, Gotthard, Feldw., Zugführer, 1./GR. 45, 11. 3. 1943
v. Kursell, Claus, Hptm., Führer II./GR. 3, 17. 10. 1944
Kutschkau, Ernst, O.Feldw. Führer 6./GR. 3, 16. 4. 1944
Lehmann, Waldemar, Hptm., Führer II./GR. 3, 19. 8. 1944
Lemke, Fritz, Hptm., Führer I./GR. 3, 16. 2. 1944, gef. 24. 6. 1944
v. Malotki, Wolfgang, Oblt. d. R., Chef 3./GR. 45, 7. 3. 1943
Marchel, Oskar, Uffz., Zugführer, 3./GR. 45, 15. 4. 1944, gef. 10. 3. 1944
Matzky, Gerhard, Gen. Lt., Kdr. 21. ID., 5. 4. 1944
Morawietz, Willi, O. Feldw., Zugführer, 13./GR. 3, 5. 11. 1944
Moser, Wilhelm, O.Gefr., Gruppenführer, 3./GR. 24, 5. 9. 1944
Mothes, Heinz, Hptm. Führer I./GR. 3, 18. 10. 1943

Neuhierl, Josef, Uffz., Gruppenführer, 8./GR. 3, 17. 3. 1945, gef. 25. 3. 1945
Oehler, Helmut, Hptm. d. R., Führer I./GR. 3, 30. 3. 1945
Pauls, Werner, Oblt., Chef 9./IR. 45, 23. 11. 1941
Radermacher, Karl, Gefr., GrW. Trupp-Führer 6./GR. 24, 15. 4. 1944
v. Reuter, Derfflinger, Oberstlt., Kdr. GR. 45, 17. 3. 1945, gef. 17. 4. 1945 b. Fischhausen/Ostpr.
Rudnik, Erich, Lt., Pi-Zugf., GR. 45, 18. 2. 1945
Sawatzki, Kurt, O.Feldw., Zugf., 14./GR. 3, 23. 2. 1944
Sawatzki, Otto, O.Feldw. Zugf., 3./Pi. Btl. 21, 10. 9. 1944
Schaper, Siegfried, Major, stv. Führer GR. 3, 20. 10. 1944, gef. 20. 9. 1944 bei Ergeme
Schareina, Emil, O.Wachtm., Zugf., 8./GR. 24, 10. 5. 1943
Schwanitz, Joachim, Hptm., Führer II./GR. 3, 9. 5. 1945
Schwender, Herbert, Major, Führer GR. 3, 11. 3. 1943
Schwill, Hellmuth, Hptm. Führer I./GR. 45, 17. 3. 1944
Sponheimer, Otto, Gen. Lt., Kdr. 21. ID., 8. 8. 1941
Weiß, Josef, O.Gefr. Kp. Trupp-Melder, 1./GR. 24, 23. 3. 1945

Quelle: Die Ritterkreuzträger 1939 – 1945. Bearbeitung durch Gerhard von Seemen. Friedberg (Podzun-Verlag) o. J. – Erwin Lenfeld – Franz Thomas, Die Eichenlaubträger 1940 – 1945 (Wiener-Neustadt 1983).

Statistik der Ritterkreuzträger:

Jahr	Generale	Stabsoffz.	Hptm.	Oblt. u. Lt.	Uffz.	Mannsch.	Gesamt
1939	–	–	–	–	–	–	–
1940	–	–	–	–	–	–	–
1941	1	1	1	1	–	–	4
1942	–	1	–	–	–	–	1
1943	–	2	1	1	2	1	7
1944	2	3	4	1	6	2	18
1945	–	3	2	5	3	2	15
Ges.	3	10	8	8	11	5	45

davon entfielen auf: Div. Stab: 3, GR. 3: 18, GR. 24: 10, GR. 45: 12, AR. 21: 1 Pi. Btl. 21: 1.

Die Träger des Deutschen Kreuzes in Gold der 21. Division

Arning, Karl, Oberst, Kdr. GR. 24, 30. 4. 1943
Austen, Alfons, Rittm. d. R., 4./Füs. Btl. 21, 6. 1. 1945
Babel, Herbert, Major, Kdr. III./GR. 24, 15. 9. 1943

Bartel, Siegfried, Hptm. d. R., II./GR. 45, 24. 3. 1945
Belkner, Karl, O.Feldw., 4./GR. 3, 14. 11. 1944
Beuttel, Wilhelm, Hptm. d. R., II./GR. 45, 27. 11. 1944
Brandenburg, Emil, Uffz. d. R., Stab I./GR. 24, 30. 12. 1944
Dr. Brechtel, Eugen-Franz, Oberstlt., Kdr. AR. 21, 21. 10. 1942
Brosowski, Heinrich, O.Feldw., 11./GR. 24, 23. 3. 1944
Buddrus, Bruno, O.Feldw., 8./GR. 3, 9. 3. 1945
Busack, Karl, O.Feldw., 2./GR. 3, 20. 5. 1944
v. der Chevallerie, Bernhard, Oberstlt. i. G., Ia/21. ID., 8. 6. 1942
Czieczerski, Ernst, Lt. d. R., 8./GR. 24, 30. 3. 1945
Dempke, August, O.Feldw., GR. 24, 17. 12. 1943
Dieckmann, Erich, Hptm. d. R., Stab Pi. Btl. 21, 30. 3. 1945
Ditzon, Leo, O.Feldw., 10./GR. 24, 23. 3. 1944
Dobrowolski, Gustav, St.Feldw., St. Kp./GR. 24., 30. 8. 1944
Doerksen, Gerhard, Oblt., 7./GR. 45, 2. 10. 1943
Dreyer, Alfred, Feldw., 11./GR. 24, 8. 6. 1944
Eckstein, Hans, Hptm., II./GR. 3, 2. 3. 1943
Entz, Walter, Lt. d. R., 3./AR. 21, 30. 4. 1943
Fege, Kurt, Lt., II./GR. 45, 20. 1. 1945
Fehrholz, Ludger, Feldw., 2./PzJg. Abt. 21, 25. 3. 1944
Fischer, Gotthard, Oberst., Kdr. AR. 21, 29. 1. 1942
Fischer, Walter, Uffz., 7./GR 45, 11. 5. 1944
Fleer, Hermann, Oblt. d. R., 3./Pi. Btl. 21
Foth, Paul, O.Feldw., 7./GR. 45, 24. 4. 1944
Framke, Heinrich, Feldw. d. R., 4./GR. 24, 30. 3. 1945
Freyer, Kurt, Oblt. d. R., 6./GR. 24, 2. 8. 1944
Fritzki, Ernst, O.Feldw. d. R., 3./Div. Füs. Btl. 21, 15. 4. 1945
Fronzeck, Gerhard, Uffz., 14./GR. 24, 30. 8. 1944
Gambal, Heinz, O.Wachtm., 5./AR. 21, 15. 4. 1945
Glaß, Siegfried, Oblt., 8./GR. 3, 9. 3. 1945
Glogner, Peter-Heinrich, Major d. R., Pi. Btl. 21, 27. 11. 1944
Goldberg, Fritz, Oblt., 2./GR. 45, 14. 11. 1944
Gorgs, Bruno, O.Wachtm. d. R., 2./Füs. Btl. 21, 6. 1. 1945
Gorontzi, Richard, Oblt., II./GR. 45, 5. 5. 1943
Gräfe, Helmut, O. Wachtm., 1./Füs. Btl. 21, 1. 2. 1945
Gruhn, Bruno, San.Uffz., 3./GR. 45, 14. 11. 1944
Haarbrücker, Georg, O.Wachtm., 2./Füs. Btl. (AA.) 21, 28. 5. 1944
Haeckel, Bernhard, Lt., 1./PzJg. Abt. 21, 27. 2. 1943
Heidekrüger, Lorenz, Hptm. d. R., Füs. Btl. (AA) 21, 30. 9. 1944
Heinrich, Hans-Ewald, Lt. d. R., II./GR. 24, 30. 3. 1945
Hemker, Josef, Feldw., 5./IR. 45, 7. 10. 1942
Hermann, Alfred, Oberstlt., I./IR. 3, 25. 1. 1942
Hildebrandt, Horst, Hptm., GR 45, 27. 3. 1944
Hilgendorff, Kurt, Hptm., II./IR. 45, 21. 2. 1942
Hoefer, Fritz, Hptm., I./IR. 3, 21. 2. 1942
Holz, Otto, Feldw., 12./GR. 24, 23. 3. 1944
Homeister, Franz, O.Fähnr., 14./GR. 45, 12. 3. 1944
Hüning, Heinrich, Hptm., II./GR. 24, 20. 1. 1945
Hufenbach, Helmut, Hptm., III./IR. 45, 27. 11. 1941
Irion, Wolfgang, Hptm. d. R., Felders. Btl. 21, 9. 3. 1945

Janke, Rudolf, Oblt., 10./GR. 24, 8. 5. 1943
Jeckstadt, Walter, St.Feldw., 6./GR. 3, 22. 3. 1945
Jelkman, Karl, Oblt. d. R., 4./GR. 3, 30. 3. 1945
Jogmin, Gustav, O.Feldw., 7./GR. 3, 30. 9. 1944
Jundel, Günther, Oblt., 7./GR. 24, 25. 8. 1944
Jung, Wilhelm, O.Feldw., 8./GR. 24, 8. 6. 1944
Kamczyk, Josef, Wachtm., 1./AR. 21, 28. 3. 1945
Kappis, Hans-Joachim, Lt. d. R., 8./GR. 45, 8. 9. 1944
Kelm, Friedrich, Oblt., 5./GR. 45, 9. 3. 1945
Kison, Ernst, O.Gefr., 7./GR. 3, 23. 9. 1944
Kleiner, Walter, Lt. d. R., 6./GR. 45, 28. 3. 1945
Kliewer, Erich, Lt., 14./GR. 3, 19. 8. 1944
Kloß, Kurt, Uffz., II./GR. 45, 1. 9. 1944
Kluckert, Erich, Major, Füs. Btl. (AA.) 21, 25. 3. 1944
Köhler, Josef, O.Feldw., 6./GR. 24, 26. 9. 1943
Koenenkamp, Volker, Oblt., 3./IR. 45, 21. 2. 1942
Kolkowski, Paul, Feldw. d. R., 4./GR. 24, 1. 2. 1945
Korioth, Josef, Feldw., 4./GR. 45, 14. 11. 1944
Korn, Vitus, Rittm., 2./AA. 21, 14. 6. 1942
Kotzur, Kunibert, Lt., 2./PzJg. Abt. 21, 31. 10. 1942
Krickhahn, Franz, O.Feldw., 4./GR. 45, 27. 4. 1945
Kroeg, Helmut, Oblt., 6./GR. 45, 15. 4. 1945
Krumberg, Wilhelm, O.Feldw., 6./GR. 45, 22. 9. 1944
Kuck, Anton, O.Feldw., 1./PzJg. Abt. 21, 30. 3. 1945
v. Kursell, Claus, Hptm., GR. 45, 15. 12. 1944
Kuschnereit, Heinz, Feldw., 1./Pi. Btl. 21, 12. 9. 1944
Kutschkau, Ernst, O.Feldw. d. R., 6./GR. 3, 9. 3. 1945
Latsch, Walter, Hptm. d. R., GR. 24, 14. 11. 1944
Lehmann, Waldemar, Hptm., II./GR. 3, 23. 11. 1944
Lemke, Fritz, Oblt., 7./IR. 45, 5. 11. 1942
Lessner, Hans, O.Feldw., 2./Pi. Btl. 21, 24. 4. 1944
Linsen, Johann, Feldw., 3./GR. 45, 22. 9. 1943
Lipka, Heinz, Oblt., 7./GR. 45, 24. 3. 1945
Löfke, Hans, Hptm. d. R., PzJg. Abt. 21, 20. 1. 1945
Maczollek, Karl, Lt., 1./IR. 3, 11. 6. 1942
v. Malotki, Wolfgang, Lt., 1./IR. 45, 30. 7. 1942
Marquardt, Otto, O.Feldw., 4./GR. 3, 24. 3. 1945
Maruhn, Ernst, O.Feldw., 8./GR. 45, 27. 4. 1945
Meik, Franz, Feldw. d. R., 6./GR. 24, 30. 3. 1945
Mengershausen, Heinrich, O.Feldw., 4./GR. 3, 14. 11. 1944
Menne, Wilhelm, Lt., 14./GR. 45, 11. 5. 1944
Mertes, Alfons, Gefr., I./GR. 3, 30. 12. 1944
Meseck, Robert, Major, I./IR. 45, 21. 2. 1945
Mindt, Fritz, Feldw. d. R., 1./GR. 24, 30. 12. 1944
Modersitzki, Paul, O.Feldw., 9./IR. 24, 14. 2. 1942
Nekat, Ernst, Feldw., 4./Div. Füs. Btl. 21, 27. 4. 1945
Neumann, Horst, St. Gefr. d. R., 3./GR. 45, 15. 4. 1945
Noll, Adolf, O.Feldw. d. R., 3./PzJg. Abt. 21, 30. 3. 1945
Nussbeutel, Helmut, O.Feldw., 5./GR. 3, 23. 9. 1944
Oehlmann, Hans, Major, Pi. Btl. 21, 7. 7. 1942

v. Oeynhausen, Hans, Major, II./GR. 24, 17. 10. 1943
Ohlendorf, Robert, O.Feldw. d. R., 4./GR. 24, 15. 4. 1945
Ohlerich, Ludwig, Oblt. d. R., II./GR. 45, 29. 10. 1943
Pfeiffer, Karl, Fw. d. R., 3. (Fla)/PzJg. Abt. 21, 27. 4. 1945
Philipowski, Ernst, O.Feldw., 8./GR. 45, 28. 4. 1945
Pietrock, Kurt, Uffz., 1./GR. 24, 28. 8. 1944
Pitschmann, Hans, Feldw., 2./Pi. Btl. 21, 11. 4. 1944
Platen, Bruno, O.Feldw., Stab I./GR. 3, 1. 12. 1943
Puff, Georg, Uffz. d. R., 8./GR. 24, 24. 3. 1945
Quednau, Albert, Feldw., 3./Pi. Btl. 21, 7. 10. 1943
Raabe, Horst, Lt. d. R., 3./PzJg. Abt. 21, 21. 3. 1943
Rackwitz, Kurt, Oblt., 6./GR. 3, 18. 3. 1943
Radermacher, Karl, Feldw., 6./GR. 45, 27. 11. 1944
Radtke, Erich, O.Feldw., 1./PzJg. Abt. 21, 28. 4. 1945
Radtke, Paul, O.Feldw., 11./GR. 24, 25. 10. 1943
Raggl, Alois, Uffz., 7./GR. 24, 28. 8. 1944
Rehling, Johannes, Feldw. d. R., Stab I./GR. 24, 30. 3. 1945
Retzlaff, Wilhelm, Feldw., 7./GR. 3, 25. 9. 1943
Rieck, Ernst, Hptm., 2./Pi. Btl. 21, 17. 9. 1944
Riemke, Walter, O.Feldw., 13./GR. 3, 30. 12. 1944
Ritgen, Udo, Oblt., 15./IR. 3, 11. 4. 1942
Rohde, Erwin, O.Feldw., GR. 24, 13. 12. 1944
Rucks, Theo, Fhj.O.Feldw., 4./GR. 3, 11. 4. 1944
Rudnick, Erich, Lt., GR. 45, 4. 9. 1944
Rudnick, Robert, O.Feldw., 8./GR. 45, 27. 3. 1944
Rydzik, Heinrich, Uffz., 2./GR. 45, 16. 10. 1944
Salewski, Walter, O.Feldw., 3.GR. 24, 28. 8. 1944
Sawatzki, Otto, Feldw., 3./Pi. Btl. 21, 29. 3. 1943
Schaper, Siegfried, Oblt., 5./IR. 3, 11. 6. 1942
Schareina, Emil, O.Feldw., 4./IR. 24, 2. 2. 1942
Scheffler, Hans, Uffz., 1./Füs. Btl. (AA.) 21, 8. 11. 1944
Schlüppmann, Ernst, Uffz., 3./GR. 45, 30. 8. 1944
Schmidt, Alfons, Feldw. d. R., 8./GR. 24, 30. 3. 1945
Schmidt, Harry, Oblt. d. R., II./GR. 24, 14. 11. 1944
Schmidt, Hubert, Lt., 6./GR. 24, 17. 8. 1944
Dr. Schneider, Walter, Stabsarzt, San. Kp. 1/21, 7. 10. 1942
Schrade, Ernst, Oblt., Pi. Btl. 21, 7. 10. 1943
Schroetter, Friedrich, Oberstt. i. G., Stab 21. ID., 3. 10. 1944
Schütt, Gerhard, Oblt., 1./IR. 45, 30. 5. 1942
Schütt, Hans, Hptm. d. R., 4./GR. 3, 6. 8. 1944
Schulz, Alfred, Hptm., 7./GR. 3, 5. 12. 1943
Schwanitz, Joachim, Oblt., 14./GR. 3, 30. 9. 1944
Schwender, Herbert, Hptm., III./IR. 24, 27. 11. 1941
Sperling, Ernst, O.Feldw. d. R., Stab II./GR. 24, 24. 3. 1945
Sponheimer, Otto, Gen. Lt., Kdr. 21. ID., 29. 11. 1942
Spreu, Willi, Major, PzJg. Abt. 21, 28. 5. 1943
Strauß, Herbert, Uffz., 4./Div. Füs. Btl. 21, 15. 4. 1945
Strunk, Kurt, San. O.Feldw., 2./Füs. Btl. (AA.) 21, 28. 5. 1944
Stüwe, Kurt, O.Feldw., 1./Pi. Btl. 21, 14. 6. 1942
Sürenhagen, Dieter, Oblt., 9./IR. 3, 31. 1. 1942

Thams, Heinrich, Hptm., II./GR. 45, 22. 9. 1943
Voigt, Alfred, O.Feldw., 8./GR. 45, 11. 5. 1944
Voß, Ernst, Oberstlt., I./IR. 24, 17. 8. 1942
Wallesch, Ernst, Uffz., 7./GR. 45, 9. 3. 1945
Wardel, Valentin, O.Feldw., St. Kp./GR. 24, 30. 3. 1945
Weber, Benno, Oblt., 5./IR. 45, 14. 1. 1942
Weiler, Anton, Uffz., 3./PzJg. Abt. 21, 26. 6. 1942
Weiss, Eberhard, Feldw., 2./GR. 3, 23. 11. 1944
Wendig, Otto, Major, III./AR. 21, 30. 9. 1944
Werth, Gerhard, O.Feldw., 1./Div. Füs. Btl. 21, 27. 4. 1945
Wiedenberg, Ernst, Uffz., 7./GR. 45, 27. 11. 1944
Wirzoch, Gustav, O.Feldw., II./GR. 45, 27. 4. 1944
Wittwer, Herbert, Hptm., I./GR. 45, 18. 12. 1944
Wolff, Hans-Joachim, Lt., 2./Radf. Abt. 21, 11. 3. 1943
Wolff, Heinz-Herbert, Hptm., II./GR. 3, 14. 5. 1944
Ziefler, Eugen-Karl, Oberst, GR. 3, 1. 12. 1943
Zimmermann, Josef, O.Gefr., 3./Pi. Btl. 21, 1. 12. 1944

Quelle: Die Träger des Deutschen Kreuzes in Gold – Das Heer –. Hrsg. von Horst Scheibert. Friedberg (Podzun-Pallas-Verlag) o. J.

*Die Träger
der Nahkampfspange in Gold
21. Division*

Name	Dienstgrad	Truppenteil	Verleihungsdatum
Boenke, Alfred	Uffz. d. R.	7./GR. 45	15. 06. 44
Fege, Kurt	Leutnant	7./GR. 45	21. 11. 44
Fleer, Hermann	Oberleutnant d. R.	3./Pi. Btl. 21	20. 04. 45
Kroeg, Helmut	Hauptmann	II./GR. 45	01. 03. 45
Kutschkau, Ernst	Oberfeldwebel	6./GR. 3	01. 02. 45
Lehmann, Waldemar	Hauptmann	II./GR. 24	15. 05. 44
Mindt, Fritz	Feldwebel	1./GR. 24	30. 12. 44
Quednau, Albert	Feldwebel	3./Pi. Btl. 21	30. 12. 44
Radermacher, Karl	Uffz.	6./GR. 45	12. 12. 44
Rudnick, Erich	Leutnant	Pi. Zug/GR. 45	03. 45
Rutetzki, Ernst	Oberfeldwebel	GR. 3	15. 12. 44
Sawatzki, Otto	Oberfeldwebel	3./Pi. Btl. 21	29. 12. 44
Scheffler, Joachim	Uffz.	1./Füs. Btl. 21	10. 8. 44
Seibert, Josef	Uffz.	II./GR. 45	09. 04. 45
Stegk, Artur	Uffz.	II./GR. 45	24. 12. 44

Wallesch, Ernst	Uffz.	7./GR. 45	24. 12. 44
Wardel, Valentin	Oberfeldwebel	GR. 45	09. 04. 45
Wiedenberg, Ernst	Uffz.	7./GR. 45	15. 06. 44

Quelle: Dörr, Manfred:
„Die Träger der Nahkampfspange in Gold"
Heer, Luftwaffe, Waffen-SS, 2. Auflage
Biblio Verlag Osnabrück 1988.

*Die Träger
der Ehrenblatt-Spange des Heeres
21. Division*

Name	Dienstgrad	Truppenteil	Verleihungs-datum
Babel, Herbert	Major	III./GR. 24	7. 4. 44
Baran, Erich	OGefr.	6./GR. 24	45
Beuttel, Wilhelm	Hptm.	14./GR. 45	17. 3. 44
Bolz, Helmut	OFw.	4./GR. 3	27. 12. 44
Ecker, Siegfried	Hptm.	I./GR. 3	45
Eichstaedt, Kurt	Oblt.	I./GR. 3	45
Ellert, Kurt	OFw.	2./StG/PzJg. Abt. 21	27. 3. 44
Etmanski, Hans	Lt. d. R	13./GR. 3	25. 11. 44
Fronzeck, Gerhard	Gefr.	14./IR. 24	28. 8. 41
Funk, Horst	Lt.	2./Pi. Btl. 21	8. 2. 42
Gresslinger, Josef	Hptm.	I./AR. 21	15. 12. 44
Hasselberg, Rudolf	Uffz. d. R.	3./GR. 45	15. 3. 45
Hemker, Josef	Fw.	5./GR. 45	17. 9. 44
Hinzke, Fritz	Lt.	3./GR. 24	5. 9. 44
Hüning, Heinrich	Hptm. d. R.	II./GR. 24	15. 3. 45
Frh. v. Kettler, Carl-Arthur	Hptm.	Füs. Btl. 21	27. 2. 44
Koenenkamp, Volker	Hptm.	I./GR. 45	17. 3. 43
Kolkowski, Paul	Fw.	4./GR. 24	15. 3. 45
Korioth, Josef	Fw.	4./GR. 45	15. 10. 43
Krocy, Helmut	Oblt.	6./GR. 45	5. 2. 45
Lackmann, Horst	Lt. d. R.	1./Füs. Btl. 21	45
Lehmann, Waldemar	Hptm.	I./GR. 3	17. 3. 44
Lessner, Hans	Uffz.	2./Pi. Btl. 21	8. 2. 42
Liedtke, Kurt	Lt.	3./Füs. Btl. 21	45
Lutowski, Heinrich	OGefr.	I./GR. 3	25. 3. 45
Maruhn, Ernst	OFw.	8./GR. 45	8. 4. 43
Pietrzyk, Ewald	Uffz. d. R.	14./GR. 3	45

Pitschmann, Hans	OFw.	2./Pi. Btl. 21	5. 2. 45
Prange, Günther	Uffz.	6./GR. 45	17. 9. 44
Quien, Willi	Lt. d. R.	1./GR. 24	17. 12. 44
Rückbrodt, Hans Joachim	Lt.	I./GR. 3	17. 10. 44
Sawatzki, Kurt	StFw.	7./GR. 3	25. 11. 44
Sawatzki, Otto	Fw.	3./Pi. Btl. 21	27. 6. 44
Schaper, Siegfried	Mjr.	GR. 3	7. 9. 44
Schareina, Emil	OFw.	4./IR. 24	15. 7. 42
Schotkowski, Karl	Lt. d. R.	5./AR. 21	27. 11. 44
Schulz, Alfred	Hptm.	GR. 24	15. 10. 44
Schwedler, Erich	Uffz. d. R.	1./PzJg. Abt. 21	28. 3. 43
Strotzki, Kurt	HFw.	2./Pi. Btl. 21	25. 9. 44
Staufenberg, Heinrich	Lt.	Füs. Btl. 21	25. 3. 45
Sürenhagen, Dietrich	Hptm.	II./GR. 3	17. 3. 43
Tode, Hans	Oblt.	Füs. Btl. 21	5. 11. 44
Dr. Trier, Helmut	Lt.	6./GR. 3	45
Tzschirner, Traugott	Lt.	9./AR. 21	4. 5. 42
Wiebe, Helmut	Lt.	5./GR. 24	15. 3. 45
Wittwer, Herbert	Hptm.	I./GR. 45	25. 3. 45
Zimmermann, Josef	OGefr.	3./Pi. Btl. 21	26. 2. 43

Zusammengestellt von Dr. Friedrich-Christian Stahl (Gundelfingen).

Statistik der Träger der Ehrenblatt-Spange:

Jahr	Mjr.	Hptm.	Oblt.	Lt.	StFw.	HFw.	OFw.	Fw.	Offz.	OGefr.	Gefr.
1941											1
1942				2			1		1		
1943		2					1	1	1	1	
1944	2	5	1	5	1	1	2	2	1		
1945		3	2	5			1	1	2	2	
	2	10	3	12	1	1	5	4	5	3	1

Demnach verteilten sich die 47 Träger der Ehrenblatt-Spange wie folgt:
GR. 3: 12, GR. 24: 10, GR. 45: 9, Füs. Btl.: 5, PzJg. Abt: 2, AR. 21: 3, Pi. Btl.: 6.

Anlage 1

Schematische Gliederung einer Infanteriedivision (1. Welle)
(die erst im Mob.Fall hinzukommenden Einheiten sind kursiv gesetzt)

Divisionskommando mit Kradmeldezug und Kartenstelle (mot)
3 Infanterieregimenter mit je
   3 Infanteriebataillone zu je
      3 Schützenkompanien   (9 l.M.G., 2 s.M.G., 3 l. Gran. W.)
      1 Maschinengewehr Kompanie   (8 s.M.G., 6 mittl. Gran. W.)
   Infanteriegeschützkompanie   (2 s., 6 l. Inf. Gesch.)
   Reiterzug
   Inf. Pz. Abw. Komp. (mot Z)   (12 Pak)
   [leichte Inf. Kolonne]
Aufklärungsabteilung mit
   Reiterschwadron   (9 l.M.G., 2 s.M.G.)
   Radfahrerschwadron   (9 l.M.G., 2 s.M.G., 3 l. Gran. W.)
   Schwere Schwadron mit
      Pz. Abw. Zug (mot Z)   (3 Pak)
      Geschützzug (mot)   (2 l. Inf. Gesch.)
      Pz. Spähtrupp   (2 Pz. Spähwagen)
Artillerieregiment mit
   3 leichte Art. Abteilungen zu je
      3 Batterien   (je 4 l.F.H. – 10,5 cm)
   1 schwere Art. Abteilung zu
      3 Batterien   (je 4 s.F.H. – 15 cm)
   Beobachtungsabteilung (mot)
Panzerabwehrabteilung mit
   3 Pz. Abw. Komp. (mot Z)   (je 12 Pak)
   [1 Masch. Gew. Komp (S) (mot Z)   (je 12 Flak 2 cm)]

Pionierbataillon mit
  2 Pionierkomp. (9 l.M.G.)
  1 Pionierkomp. (mot) (9 l.M.G.)
  Brückenkolonne B (mot)
  [leichte Pionierkolonne (mot)]

Nachrichtenabteilung mit
  Fernsprechkomp. (tmot)
  Funkkomp. (mot)
  [leichte Nachr.Kolonne (mot)]

Feldersatzbataillon mit
  3 Schützenersatzkompanien *(je 9 l.M.G., 2 s.M.G., 3 l. Gran. W.)*

Nachschubdienste mit
  Stab Divisionsnachschubführer mit
    3 kl. Kraftw. Kolonnen (30 t)
    3 Gesp. Kolonnen (30 t)
    1 kl. Kraftw. Kol. für Betr. Stoff
    (25 cbm)
    Werkstattkomp. (mot)
    Nachschubkomp. (mot)

Verwaltungsdienste mit
  Bäckereikomp. (mot)
  Schlächtereizug (mot)
  Verpflegungsamt

Sanitätsdienste mit
  Sanitätskompanie
  Sanitätskomp. (mot)
  Feldlazarett
  2 Krankenkraftwagenzüge

Veterinärkompanie

Feldgendarmerietrupp (mot)

Feldpostamt (mot)

Anlage 2

Offiziersstellenbesetzung der 21. Division
(Stand: 3. 1. 1939)

Stab 21. Division

Divisionskommandeur: Gen. Lt. **von Both**			1.10.38	(1)

Generalstab

Obstlt. **von Kurowski**	1. 6.38	(27)	Hptm. **Bloch von Blottnitz**			
			(U. z. A. Abt. 1), z. Dienstl. kdt.	1. 5.35	(51)	

Stab

Obstlt. **von Hillebrandt**			Hptm. (E) **Heilmeyer**	1. 9.37	(3)
(U. K. R. 3)	1. 6.38	(26) Adj	Oblt. (W) **Reinhardt**		
Hptm. (E) **Kriszat**	1. 4.34	(244)	(H. Ma. Neuruppin)	1. 8.38	(14)

Divisionsarzt: Oberst-A. **Harling**, zugl. Kdr. d. S. 21	1. 4.36	(2)
St. A. Dr. **Giehrach**, zugl. S. 21 1.10.37 (3) Adj		

Divisionsveterinär: Ob. Feld-Vet. Dr. **Daniels**	1. 3.36	(1)

Infanterieregiment 3

Kommandeur: Oberst **von Reibnitz**			1. 8.36	(12)
Obstlt. **Becker**			1. 4.36	(13)	II
· **Kolar** (Geb. Jäg. R. 137)			1. 4.36	(63)	RSt
· **Lasch**			1. 1.37	(47)	III
· Dr. **Spalcke**			1.10.37	(37)	I
· (E) **Wisotzki**			1.10.38	(2)	E
Maj. **Werner**			1. 6.38	(19)	5
· **von Tippelskirch** (Gen. St. III. A. K.)			1.10.38	(1)	11

Hptm. (E) **Vellah**	1. 7.33	(31)	1 (E)	Lt. **Gabelick**	1. 4.36	(564)	Adj I
· **Hermann**	1. 1.34	(46)	9	· **Klövekorn**	1. 4.36	(1082)	12 (MG)
· **Riedelsdorf**	1. 1.34	(138)	7	· **von Burgsdorff**	1. 4.36	(1136)	2
· **Pruskowsky**	1. 4.34	(193a2)	3	· **Kirberg**	1. 4.37	(139)	4 (MG)
· (E) **Holsowski**	1. 4.34	(211)	3 (E)	· **Sürenhagen**	1. 4.37	(364)	Adj E
· **von Foelkersamb**	1. 6.34	(22i)	12 (MG)	· **Bieler**	1. 4.37	(395)	8 (MG)
· **Hammerschmidt**	1. 6.34	(86)	14 (PzAbw)	· **Fien**	1. 4.37	(1111)	12 (MG)
				· **Darjes**	1. 4.37	(1426)	2
· **Fabian**	1. 5.35	(24s)	6	· **Trondl**	1. 4.37	(1724)	6
· (E) **Kallweit**	1. 9.37	(2)	4 (E MG)	· **Griesinger**	1. 1.38	(71)	11
				· **von Kursell**	1. 1.38	(126)	7
Oblt. **Lüben**	1.12.34	(168)	13 (JG)	· **von Broecker**	1. 1.38	(857)	9
· **von Bothmer**	1.12.34	(178)	4 (MG)	· **Schaper**	1. 1.38	(1064)	1
· **Lorek**	1.12.34	(213)	2 (E)	· **Ritgen**	1. 1.38	(1077)	3
· **Tribukait**	1.10.35	(150)	8 (MG)	· **Kramp** Ern.	1. 9.38	(92)	1 (E)
· **von Siebert**	1. 8.37	(11)	10	· **Baumert** Ern.	1. 9.38	(176)	8 (MG)
· **Hoefer**	1. 8.37	(103)	R Adj	· **Weber** Ern.	1. 9.38	(354)	4 (E MG)
· **Engbrecht**	1. 8.38	(103)	1				

625

· Hentschel	1. 8.38	(167)	RSt		· Nehring	Ern. 1. 9.38	(451)	9
· Reichelt	1.10.38	(360)	14		· Meyer	Ern. 1. 9.38	(519)	7
			(PzAbw)		· Albers	Ern. 1. 9.38	(583)	3
· Dr. Jungbluth	1.10.38	(361)	13 (JG)		· Bierfreund	Ern. 1. 9.38	(616)	2
Lt. Schütze	1. 4.36	(39)	RSt		· von Wallen-			
· Freiherr von					berg	Ern. 1. 9.38	(784)	3 (E)
Wangenheim	1. 4.36	(260)	Adj III		· Horn	Ern. 1. 9.38	(1076)	5
· Eckstein	1. 4.36	(484)	Adj II		· Grun	Ern. 1. 9.38	(1356)	2 (E)
· Wolfram	1. 4.36	(506)	13 (JG)		· Fidorra	Ern. 1.11.38		10
· Anton	1. 4.36	(551)	4 (MG)					

Rgt. Vet.: Ob. St. Vet. Dr. Salus   1. 11.35   (4)   RSt

Infanterieregiment 24

Kommandeur: Oberst Sponheimer					1.10.35	(23a)		
Obstlt. Sattler					1. 4.37	(26)	RSt	
· Lohmeyer (Kr. Schule München)					1.10.37	(51)	II	
· Schulzen					1. 6.38	(19)	III	
Maj. Gaze (J. R. 45)					1.12.35	(16)	I	
· Schreiber					1.10.37	(39)	4 (MG)	
· Reichert					1. 8.38	(48)	3	
Hptm. Gericke	1. 2.34	(21)	7		Lt. Oesterle	1. 4.37	(283)	Adj I
· Schmidt	1. 3.34	(27)	12 (MG)		· Lübbert	1. 4.37	(665)	8 (MG)
· Voß	1. 6.34	(169)	14		· von Wantoch-			
			(PzAbw)		Rekowski	1. 4.37	(704)	4 (MG)
· Münchau	1. 6.34	(191)	11		· Bleß	1. 4.37	(1094)	8 (MG)
· Hamsler	1. 8.34	(37)	6		· Bauer	1. 1.38	(400)	Adj III
· Koßack	1.10.34	(52)	8 (MG)		· Kellner	1. 1.38	(660)	13 (JG)
· Radete	1.11.35	(37)	13 (JG)		· Eck	1. 1.38	(778)	14
· Lindow	1. 4.36	(70)	RAdj					(PzAbw)
· Pesth	1. 8.36	(57)	5		· Lange	1. 1.38	(882)	2
· Mischel	1. 4.37	(37)	1		· Engser (J. R. 3)	1. 1.38	(1552)	7
· Hufenbach	1. 2.38	(13)	10		· Pestke	1.10.38	(64a)	13 (JG)
· Brutzer	1. 4.38	(80)	9		· Mothes	1.10.38	(86)	10
Oblt. Kutzbach	1.12.34	(135)	RSt		· Rase	Ern. 1. 9.38	(289)	6
· von Kummer	1. 6.38	(218)	2		· Hermann	Ern. 1. 9.38	(313)	11
· Graf Finck von					· Hand	Ern. 1. 9.38	(373)	3
Finckenstein	1. 8.38	(202)	Adj II		· Ullrich	Ern. 1. 9.38	(743)	5
Lt. Krehe	1. 4.36	(186)	13 (JG)		· Meinhardt	Ern. 1. 9.38	(1097)	1
· Hoffmann	1. 4.36	(489)	RSt		· Hoeth	Ern. 1. 9.38	(1481)	9
· Pohl	1. 4.36	(705)	13 (JG)					
· Alex	1. 4.36	(714)	14					
			(PzAbw)					

Rgt. Vet.: St. Vet. Dr. Schwieger   1. 4.33   (1)   RSt

Infanterieregiment 45

Kommandeur: Oberst von Behr		1. 1.37	(8)	
Obstlt. Schalber		1.10.35	(29a)	RSt
· Krüger		1.10.37	(48)	I
· Gurran		1. 3.38	(5)	III
Maj. Anders		1. 1.37	(23)	II
· Klapp		1. 6.38	(45)	1
Hptm. von Tresckow				
[Gen. St. d. H. 1. Abt.]	1. 5.34	(55)	10	
· Zabka	1. 6.34	(174)	2	
· Rauser				
(Gen. St. XI. A. K.)	1. 7.34	(19)	11	
· Petzold	1.11.34	(30a)	7	
· Fischer	1. 3.35	(6)	13 (JG)	
· Finkel	1. 3.36	(7)	14	
			(PzAbw)	
· Mattern	1. 4.36	(78)	6	
· Meseck	1. 4.37	(66)	5	
· Dünker	1. 8.37	(32)	12 (MG)	
· Jeschke	1.10.37	(48)	8 (MG)	
· von Haacke	1. 4.38	(25)	RAdj	
Oblt. Menzel				
(J. R. 24)	1.10.35	(133)	4 (MG)	
· Stern (J. R. 24)	1.10.35	(214)	9	
· Hilgendorff	1.10.36	(113)	3	
· Wyneken	1. 8.37	(154)	St III	
· Freiherr von Oeynhausen	1. 8.38	(15)	Adj I	
· Görg	1.10.38	(14)	Adj III	
Oblt. Scheibel		1.10.38	(199)	Adj II
· Pannerich		1.10.38	(311)	12 (MG)
· Hoefer		1.10.38	(357)	12 (MG)
Lt. Reinhardt		1. 4.36	(707)	RSt
· Zinkel		1. 4.36	(724)	4 (MG)
· Heckmann		1. 4.36	(801)	8 (MG)
· Koenenkamp		1. 4.36	(824)	14 (PzAbw)
· Gericke		1. 2.37	(1)	RSt
· Froböse		1. 4.37	(59)	13 (JG)
· Preiß		1. 4.37	(225)	13 (JG)
· Giesenhagen		1. 4.37	(481)	6
· Keppler		1. 4.37	(677)	9
· Hoffmann		1. 4.37	(1451)	1
· Bitschkowski		1. 1.38	(405)	5
· Buszinsky		1. 1.38	(868)	7
· Salkowski		1. 1.38	(878)	10
· Pischel		1. 1.38	(1322)	2
· Poetschke		1. 1.38	(1463)	11
· Kessel		1.10.38	(245)	3
· Lentz	Ern.	1. 9.38	(556)	11
· Hirth	Ern.	1. 9.38	(825)	3

Rgt. Vet.: Ob. St. Vet. Dr. Heck	1. 6.38	(1)	RSt

Artillerieregiment 21

Kommandeur: Oberst Steinbach		1.10.37	(1)	
Obstlt. Raab (Geb. A. R. 111)		1.10.35	(17)	RSt
Maj. Weikinn		1. 4.36	(20)	II
· Dr. Brechtel (A. R. 9)		1.10.38	(34)	I
Hptm. Kresin	1. 1.34	(108)	III	
· Mellien	1. 4.34	(129)	2	
· Schulz	1. 8.36	(1)	1	
· Rips (A. R. 1)	1. 1.37	(52)	4	
· Borowski	1. 4.37	(83)	7	
· Przybylla	1.10.37	(18)	RSt	
Oblt. Ritter und Edler von Fischern	1.10.35	(142)	8	
· Kuhn	1. 8.37	(16)	9	
· Schaschke	1.10.37	(11)	3	
· Hundsalz	1.10.37	(221)	10 (E)	
Lt. Müller-Grothe		1. 4.37	(533)	3
· Liedtke		1. 4.37	(686)	Adj I
· Mundstock		1. 1.38	(90)	St II
· Reuter		1. 1.38	(153)	St I
· Wendig, Kdt. H. Reit- u. Fahrschule		1. 1.38	(473)	St I
· von Roeder		1. 1.38	(1127)	6
· Hofmann (L./A. R. 57)		1. 1.38	(1262)	St III
· Bludau		1. 1.38	(1652)	8
· Maeder		1.10.38	(180)	10 (E)

· von Koblinski	1. 6.38	(215)	6	· Bablitz		1.10.38	(251a)	8
· Buhe	1.10.38	(251)	RAdj	· Lehmann	Ern.	1. 9.38	(352)	2
Lt. Rothe	1. 4.36	(243)	Adj III	· Scheune-				
· Kapp	1. 4.36	(361)	RSt	mann	Ern.	1. 9.38	(533)	9
· Zuedtz	1. 4.36	(1000)	RSt	· Gosse	Ern.	1. 9.38	(1255)	5
· Podehl	1. 4.36	(1087)	1	· Wätjen	Ern.	1. 9.38	(1553)	3
· Hinz	1. 9.36	(10)	Adj II	· Lickfett	Ern.	1. 9.38	(1563)	7
· Wiebe	1. 4.37	(102)	5	· Klövekorn	Ern.	1. 9.38	(1670)	4

Kommandiert zur Dienstleistung:

Lt. Springborn
d. Res. d. R.   4

I. und II. Abt. Art. Rgt. 57

Maj. Barsnick						1.10.36	(96)	II
· Belau (I./A. R. 47)						1.10.37	(41)	I
Hptm. Hellwig				Lt. Fink		1. 4.37	(1269)	Adj I
(II./A. R. 57)	1. 2.34	(60)	1	· Pasternack		1. 4.37	(1441)	3
· Hain	1. 5.34	(52)	6	· Augustin		1. 1.38	(215)	1
· Schulz-Kleyen-				· Miehe,				
stüber	1. 4.38	(52)	2	kdt. Aufkl. Fl. Schule				
Oblt. Hübner	1.12.34	(183)	5	Braunschweig		1. 1.38	(506)	5
· von Harder				· Danzfuß		1. 1.38	(1012)	2
(A. R. 21)	1.10.37	(129)	4	· Mallach		1. 1.38	(1018)	6
Lt. Weber	1. 4.36	(145)	3	· Schmodde	Ern.	1. 9.38	(33)	3
· Walter	1. 4.36	(648)	Adj II	· Bohn	Ern.	1. 9.38	(992)	2
· Hoffmann	1. 4.37	(304)	St II	· Bartsch	Ern.	1. 9.38	(1279)	5
· Feist (A. Lehr-R.)	1. 4.37	(426)	4	· Siede	Ern.	1. 9.38	(1681)	6
· Schernich				· Klein-Wisen-				
(II./A. R. 57)	1. 4.37	(709)	St I	berg	Ern.	1. 9.38	(1743)	4

Rgt. Vet.: Ob. St. Vet. Dr. Janssen (Hans)					1. 8.36	(5)	RSt
Ob. Vet. Dr. Wilke	1. 3.37	(27)	III	Ob. Vet. Schröder			
· · Meier				(K. R. 3)	1.10.37	(16)	I
(Peter)	1.10.37	(9)	II	· · Dr. Schall			
				(A. R. 12)	1. 7.38	(3)	I./A.R.57

Maschinengewehrbataillon 9

Kommandeur: Maj. Erdmann   1. 4.36   (64)

Hptm. Grundmann	1.11.35	(9)	2	Lt. Schendel			
· Schütte	1.10.36	(49)	4	(J. R. 45)	1. 4.36	(384)	3
			(PzAbw)	· Lambeck	1. 4.36	(761)	4
· Kuck	1.10.38	(18)	1				(PzAbw)
Oblt. Pauly	1.12.34	(34)	3	· Kaiser (J. R. 24)	1. 4.36	(833)	1
· Schwender	1.10.35	(107)	Adj	· Blunck	1. 4.36	(1143)	2
· Jordan	1. 8.37	(27)	St				

Panzerabwehrabteilung 21

Kommandeur: Maj. Hitzeroth (Aufkl. Abt. 1)   1. 6.38   (31)

Hptm. von Stuck und				Lt. Brückner	1. 4.37 (1037)	Adj
Toschonowitz	1. 4.34	(112)	2	- Zopp	1. 4.37 (1399)		1
- Reinel	1.10.36	(57)	3	- Leitner	1. 1.38 (1768)		3
Oblt. Augstein	1.10.37	(113)	1	- Lingk	1. 9.38 (2)		2
Lt. Gümbel	1. 4.36	(915)	St	- Arendt	Ern. 1. 9.38 (467)		2
- Büsching	1. 9.36	(14)	3	- Gottschalk	Ern. 1. 9.38 (527)		1

Kommandiert zur Dienstleistung:

Lt. Broll
    b. Res. d. Abt.   1

Pionierbataillon 21

Kommandeur: Maj. Witt   1. 3.37   (30)

Hptm. (E) Burmester	1. 4.34	(513)	St	Lt. Funk	1. 4.36 (388)	Adj
- (E) Conradski	1. 6.34	(142)	4 (E)	- Müller	1. 4.37 (535)	St
- Krüger	1. 4.37	(34)	3	- Schoenborn	1. 4.37 (999)	3
Oblt. Schneider	1.12.34	(191)	1	- Wiechert	1. 4.37 (1056)	1
- Schmidt (Pi. 41)	1. 8.37	(115)	2	- Schulze	1. 1.38 (1158)	2
- Albers,				- Barkholz	1. 1.38 (1732)	3
kdt. Pi. Schule I	1.10.38	(80)	St	- Appel	Ern. 1. 9.38 (785)	1
- Kihn	1.10.38	(296)	2			
Lt. Eltrich,						
kdt. Pi. Schule I	1. 4.36	(317)	St			

Nachrichtenabteilung 21

Kommandeur: Maj. Wolff   1. 1.37   (71)

Maj. Achenbach   1. 4.38   (19)   1 (Fe)

Hptm. (E) Elvers	1.10.33	(68)	St	Lt. Laupichler	1. 4.36 (1051)	1 (Fe)
- (E) Middeldorpf	1. 1.34	(225)	3 (E Fe)	- Meinhof	1. 1.38 (1615)	2 (Fu)
- Kius	1. 3.34	(22)	2 (Fu)	- Selmke	1.10.38 (165)	1 (Fe)
- Zimmermann	1. 5.35	(80a)	3 (E Fe)	- Kondel	Ern. 1. 9.38 (1077)	2 (Fu)
Lt. Perl (N. 41)	1. 4.36	(565)	Adj	- Helwing	Ern. 1. 9.38 (1139)	1 (Fe)

Kraftfahrabteilung 1

Kommandeur: Maj. **Arndt** (H. Nachsch. Schule)   1.10.38 (11)

Hptm. Dr. **Ba-**
  niseth (Kf. 9) 1. 6.34 (219) | 1
- **Volberg** (Kf. 9) 1. 8.37 (79) | 2
- **Scherer** (Kf. 6) 1.10.37 (60) | 3

Lt. **Knaak** (F. 14) 1. 4.37 (320) | Adj
- **Weizenmiller**
  (Kf. 9) 1. 4.37 (1537) | 3

Lt. **von Pawel-**
  Rammingen
  (Kf.10) 1. 1.38 (1703) | 1
- **Renzing**
  (F. 14) Ern. 1. 9.38 (1669) | 2

Sanitätsabteilung 21

Kommandeur: Oberst-A. **Harling**, Div. Arzt d. 21. Div.   1. 4.36 (2)

St. A. Dr. **Giehrach**,
  b. St. d. 21. Div. 1.10.37 (3) Adj

San. Staff. Braunsberg (Ostpr)

Ob. St. A. Dr. **Schneider**
  (Helmuth) (San. Staff.
  Heiligenbeil) 1. 3.37 (6)
Ob. A. **Noack** (San. Staff. Elbing) 1. 7.38 (3)

San. Staff. Deutsch Eylau

St. A. Dr. **Hoffmann** (Willy)
  (San. Staff. Elbing) 1. 8.33 (3c)
Ob. A. **Kühn** (Wolfgang) 1. 7.38 (23)

San. Staff. Elbing

Ob. Feld-A. Dr. **Rehberg** (Heinz) 1. 4.37 (8)
Ob. St. A. Dr. **Drescher** (Karl) 1. 4.38 (20)
St. A. Dr. **Schreiber** (Fritz) 1.12.35 (23)
- Dr. **Scholz** (Wolfgang) 1. 8.36 (4)
Ob. A. Dr. **Steffen** (Peter) 1. 9.37 (9)
- - **Seidenkranz** 1. 5.38 (9)
A. A. Dr. **Wagenitz** 1.11.38 (30)

San. Staff. Heiligenbeil

Ob. St. A. Dr. **Ehrhardt**
  (San. Staff. Braunsberg
  [Ostpr]) 1. 1.38 (15)

San. Staff. Marienburg (Westpr)

St. A. Dr. **Janik** (San. Staff.
  Braunsberg [Ostpr]) 1. 2.34 (4)

San. Staff. Marienwerder (Westpr)

St. A. Dr. **Eispert** (S. 29) 1.12.37 (18)

San. Staff. Mohrungen

St. A. Dr. **Rischke** 1.12.37 (9)

San. Staff. Osterode (Ostpr)

St. A. Dr. **Wernicke** 1. 8.35 (10)
Ob. A. Dr. **Rehberg** (Wolfgang) 1. 5.38 (6)

San. Staff. Preußisch Eylau

Ob. A. Dr. **Schneider** (Walter) 1.10.37 (4)

San. Staff. Stablack

Ob. A. Dr. **Wrobel** 1.10.37 (7)

San. Staff. Zinten

St. A. Dr. **Göbbert** 1. 4.38 (28)

Anlage 2a

Liste der „Spieße" — Stand 1. 9. 1939

Div.Stab: Hfw. Dreyer

I.R. 3:
I. Btl.:
1. Kp.
2. Kp. Ofw. Stenzel
3. Kp.
4. Kp.
II. Btl.: Hfw. Hinz
5. Kp. Hfw. Baldauf
6. Kp. Hfw. Eichstädt
7. Kp. Hfw. Wolf
8. Kp. Hfw. Spata
III. Btl.:

9. Kp.
10. Kp.
11. Kp.
12. Kp. Hfw. Schacht

13. Kp.
Hfw. Orzekowski
14. Kp.

A.A. 21:
1. Schw.
Hfw. Schikorra
2. Schw.
Hfw. Stankewiz
3. Schw.
4. Schw.

I.R. 24: Stbsfw. Psicholz
I. Btl.:
1. Kp.
2. Kp.
3. Kp. Hfw. Stahnke
4. Kp. Hfw. Döring
II. Btl.:
5. Kp. Hfw. Schön
6. Kp.
7. Kp. Hfw. Fernau
8. Kp. Hfw. Arendt
III. Btl.:
Hfw. Hermann
9. Kp. Hfw. Luft
10. Kp. Hfw. Radusch
11. Kp. Hfw. Collin
12. Kp.
Hfw. Klempnauer

13. Kp.

14. Kp.

Pz.Jg.:
1. Kp. Hfw. Stamm

2. Kp. Hfw. Puschke

3. Kp.

I.R. 45: Obfw. Grote
I. Btl.: Hfw. Kosel
1. Kp. Hfw. Anders
2. Kp.
3. Kp. Hfw. Lemke
4. Kp. Hoffmann
II. Btl.: Hfw. Boese
5. Kp.
6. Kp.
7. Kp.
8. Kp.
III. Btl.:

9. Kp.
10. Kp.
11. Kp. Hfw. Tambs
12. Kp.
Hfw. Erdmann

13. Kp. Hfw. Witt

14. Kp.

Pi.:
1. Kp. Hfw. Reimann

2. Kp. Hfw. Gajek

3. Kp. Hfw. Skrotzki
le. Pi.Kol.Hfw. Mühlen

A.R. 21:

I. Abt.	III. Abt. Hmw. Kessler	I.A.R. 57: Hwm Saal
1. Batt. Hwm. Schikorra	7. Batt. Hwm. Splittgerber	1. Batt. Hwm. Radtke
2. Batt. Hwm. Krumm	8. Batt. Hwm. Wien	2. Batt. Hwm. Pritsch
3. Batt. Hwm. Radvan	9. Batt. Hwm. Kirschnick	3. Batt.
II. Abt. Hwm. Schnackers	NA	
4. Batt. Hwm. Kindermann	1. Kp. Hfw. Winter	
5. Batt. Hwm. Zachau	2. Kp. Hwm. Dilling	
6. Batt. Hwm. Korneffel	le. Kol. Ofm. Sigmund	

Trotz intensiver Bemühungen und Unterstützungen von vielen Seiten ist es leider nicht gelungen, die Liste der „Mütter der Kompanien" auch nur annähernd zu vervollständigen.

Anlage 3

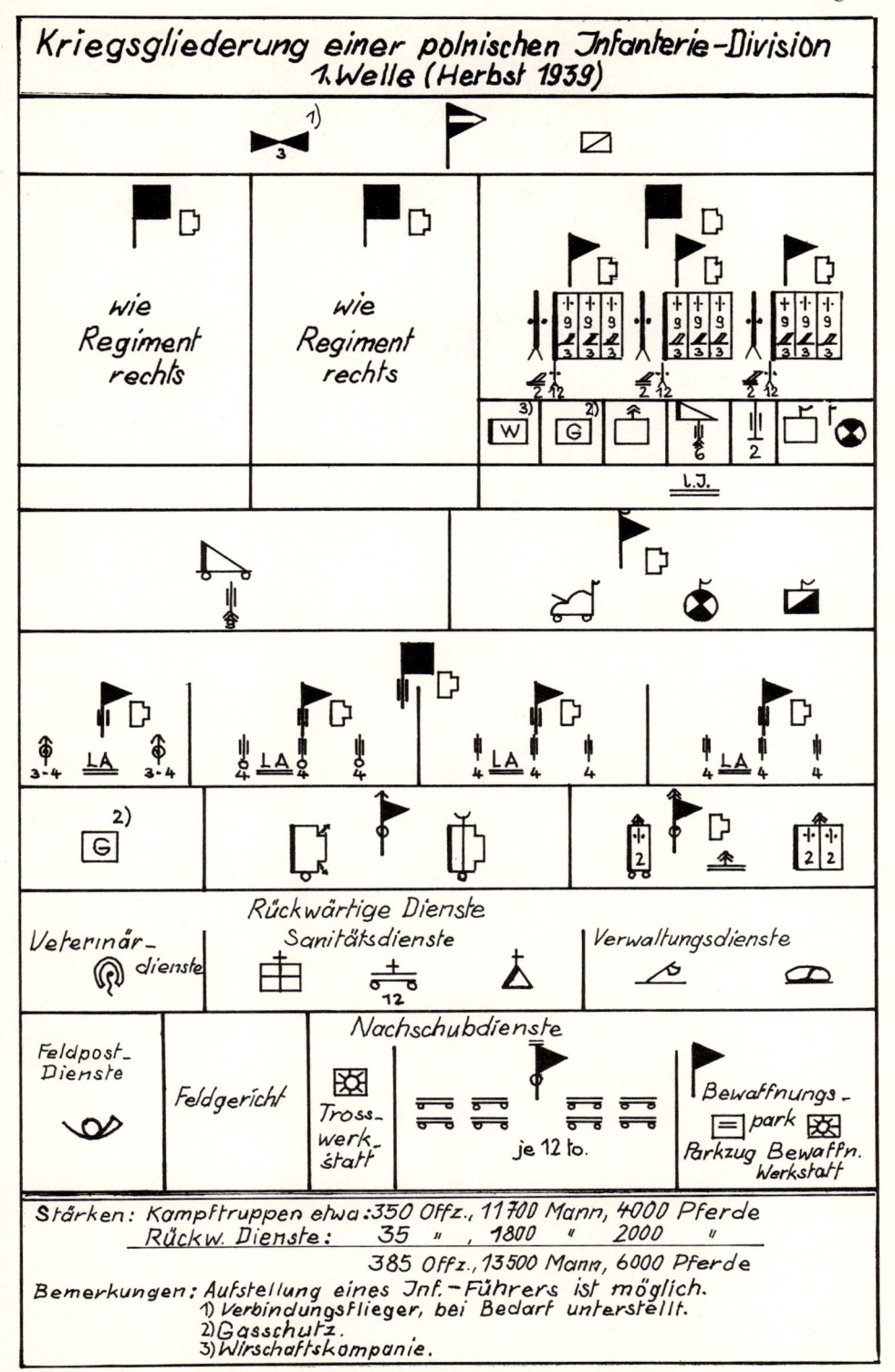

Kriegsgliederung einer polnischen Infanterie-Division 1. Welle (Herbst 1939)

Stärken: Kampftruppen etwa: 350 Offz., 11700 Mann, 4000 Pferde
Rückw. Dienste: 35 " , 1800 " 2000 "
385 Offz., 13500 Mann, 6000 Pferde

Bemerkungen: Aufstellung eines Inf.-Führers ist möglich.
1) Verbindungsflieger, bei Bedarf unterstellt.
2) Gasschutz.
3) Wirtschaftskompanie.

Quelle: BA-MA: OKH/GenStdH/AbtFrdHeere Ost, H3/1800.

Anlage 4

*Befehlsgliederung und Stellenbesetzung auf polnischer Seite
vor dem XXI. AK. am 31. 8. 1939*

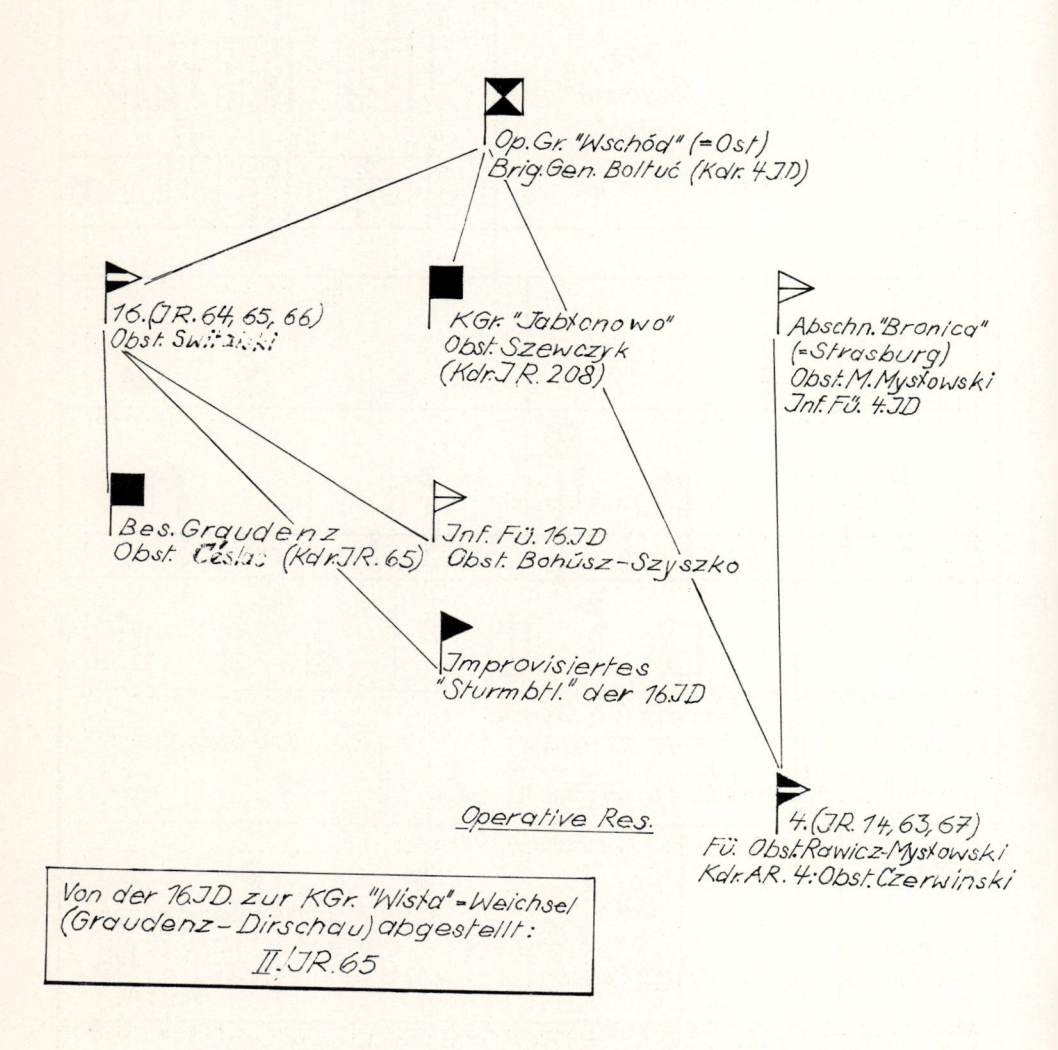

Op.Gr. "Wschód" (=Ost)
Brig.Gen. Boltuć (Kdr. 4.J.D.)

16.(JR.64, 65, 66)
Obst. Świtalski

KGr. "Jablonowo"
Obst. Szewczyk
(Kdr.J.R.208)

Abschn. "Bronica"
(=Strasburg)
Obst. M. Mystowski
Inf.Fü. 4.J.D.

Bes. Graudenz
Obst. Ćeslar (Kdr.JR.65)

Inf.Fü. 16.J.D.
Obst. Bohusz-Szyszko

Improvisiertes
"Sturmbtl." der 16.J.D.

Operative Res.

4.(JR. 14, 63, 67)
Fü: Obst.Rawicz-Mystowski
Kdr.A.R. 4: Obst. Czerwinski

Von der 16.J.D. zur KGr. "Wisla"=Weichsel
(Graudenz-Dirschau) abgestellt:
II./JR.65

Anlage 5

Verluste der 21. Division während des Feldzuges in Polen

Insgesamt verlor die Division vom 1.–20. 9. 1939:

an Gefallenen: 5 Offiziere, 43 Unteroffiziere und 183 Mannschaften
an Verwundeten: 27 Offiziere, 86 Unteroffiziere, 523 Mannschaften.

Davon entfielen auf den Einsatz vor Graudenz:

Truppen	Offiziere			Uffz. und Mannschaften		
	tot	verw.	vermißt	tot	verw.	vermißt
IR. 3		6	1*)	39	106	4
IR. 24		1		42	130	7
IR. 45	1	10		30	110	2
PzAbw. A. 21				1	1	
AR. 21		2		2	30	
I./AR. 57		1				
AA. 21	1			15	26	4
Pi. 21					1	
NA. 21		2			2	
Krad-Meldezg 21				1		
Insgesamt:	2	22	1	130 (27)	406 (61)	17

auf den Einsatz am Narew und danach:

IR. 3	1	1		27	61	3
IR. 24				15	26	
IR. 45	1	1		41	82	2
AR. 21		3		1	17	
AA. 21				2	5	2
Pi. 21	1			10	12	
Insgesamt:	3	5		96 (16)	203 (25)	7

davon entfielen auf die Kämpfe nach
dem 12. 9. 1939

15	47	7

Die Zahlen in ( ) = Unteroffiziere

*)Lt. Ritgen, am 18. 9. aus polnischer Kriegsgefangenschaft zurückgekehrt.

Unterlage: BA/MA, RH 24–21/11

Anlage 6

Offiziersstellenbesetzung der 21. Inf. Div.
(Stand: 10. 5. 1940)

Stab 21. Division

Divisionskommandeur: GM. Sponheimer
I. GenSt. Offz: Hptm. i. G. von der Chevallerie
II. GenSt. Offz:Hptm. i. G. von Coelln
III. GenSt. Offz: Rittm. Schroetter
Div. Adjutant: Hptm. von Kalm
Div. Arzt: ObstArzt Dr. Bohmann
Div. Veterinär: Ob. St. Vet. Dr. Salus

Infanterieregiment 3

Kommandeur: Oberst Hube
Adjutant: Oblt. Höfer

Kommandeur I.: Mjr. Hermann	Kommandeur III.: Mjr. Ulrich
Adjutant: Oblt. Gabelick	Akjutant: Oblt. Sürenhagen
Chef	Chef
1. Kp.: Oblt. Engbrecht	9. Kp.: Oblt. Fiehn
2. Kp.: Lt. Grun	10. Kp.: Hptm. v. Siebert
3. Kp.: Oblt. Ritgen	11. Kp.: Oblt. von Broecker
4. Kp.: Oblt. von Bothmer	12. Kp.: Oblt. Schümann
Kommandeur II.: Mjr. Arning	Chef
Adjutant: Oblt. Eckstein	13. Kp.: Oblt. von Kalkstein
Chef	Chef
5. Kp.: Oblt. Reichelt	14. Kp.: Oblt. Schütze
6. Kp.: Oblt. Engler	le. Inf. Kol.: Oblt. Kwandt
7. Kp.: Oblt. Lietz	
8. Kp.: Lt. Baumert	

Infanterieregiment 24

Kommandeur: Oberst Heinrichs
Adjutant: Oblt. Hoffmann

Kommandeur I.: Major Voß	Kommandeur III.: Obstlt. Schulzen
Adjutant: Lt. Mothes	Adjutant: Oblt. Bauer
Chef	Chef
1. Kp.: Oblt. Pohl	9. Kp.:
2. Kp.: Lt. Keil	10. Kp.: Oblt. Ruppelt
3. Kp.: Oblt. Götz	11. Kp.: Oblt. Klett (?)
4. Kp.: Hptm. Schwender	12. Kp.: Oblt. Kuhn
Kommandeur II.: Hptm. Hamfler	Chef
Adjutant: Oblt. Schwertfeger	13. Kp.: Oblt. Radecke
Chef	Chef
5. Kp.: Oblt. Haffke	14. Kp.: Oblt. Alex
6. Kp.: Oblt. Zybarth	le. Inf. Kol.:
7. Kp.:	
8. Kp.: Oblt. Höfer	

Infanterieregiment 45

Kommandeur: Oberst von Behr
Adjutant: Oblt. Scheibel

Kommandeur I.: Mjr. Finke
Adjutant: Oblt. Giesenhagen
Chef
1. Kp.: Oblt. Preiß
2. Kp.: Oblt. Zinkel
3. Kp.: Oblt. Koenenkamp
4. Kp.: Oblt. Frh. v. Oeynhausen
Kommandeur II.: Mjr. Hammerschmidt
Adjutant: Lt. Kessel
Chef
5. Kp.: Oblt. Gericke
6. Kp.: Oblt. Gabriel
7. Kp.: Oblt. Dr. Jungbluth
8. Kp.: Lt. Rothe

Kommandeur III.: Mjr. von Foelkersamb
Adjutant: Lt. Tewaag
Chef
9. Kp.: Hptm. Stern
10. Kp.: Hptm. Remmling
11. Kp.: Oblt. Giesenhagen
12. Kp.: Hptm. Duenker
Chef
13. Kp.: Hptm. Hilgendorff
Chef
14. Kp.: Oblt. Hoffmann
le. Inf. Kol.: Oblt. Wiehler

Artillerieregiment 21

Kommandeur: Obstlt. Fischer
Adjutant: Oblt. Buhe
Kommandeur I.: Mjr. Dr. Brechtel
Adjutant: Oblt. Reuter
Chef
St. Battr.: Oblt. Eichstädt
 1. Battr.: Oblt. Podehl
 2. Battr.: Oblt. Juedtz
 3. Battr.: Oblt. Rothe
Kommandeur II.: Hptm. Brohm
Adjutant: Oblt. von Roeder
Chef
St. Battr.: Lt. Bucholz
 4. Battr.: Oblt. Müller-Grothe
 5. Battr.: Oblt. Hinz
 6. Battr.: Oblt. von Koblinski

Führerreserve: Obstlt. Weikinn
Kommandeur III.: Hptm. Rips
Adjutant: Lt. Lickfett
Chef
St. Battr.: Lt. Lehmann
 7. Battr.: Oblt. Behlau
 8. Battr.: Hptm. von Fischern
    (kdrt), m. F. betraut: Oblt. Müller
 9. Battr.: Oblt. Reichwald
Kommandeur I/57: Mjr. Behlau
Adjutant: Oblt. Augustin
Chef
St. Battr.:
 1. Battr.: Oblt. Fink
 2. Battr.: Oblt. Tarin
 3. Battr.: Oblt. Weber

Radfahrschwadron 21

Chef:
Oblt. Korn

Panzerjägerabteilung 21

Kommandeur: Mjr. Hitzeroth
Adjutant: Oblt. Seratzki

Chef
1. Kp.: Oblt. Schwarz
2. Kp.: Oblt. Gümbel

Pionierbataillon 21

Kommandeur: Hptm. Oehlmann
Adjutant: Oblt. Müller-Wilke
Chef
1. Kp.: Oblt. Funk

Chef
2. Kp.: Oblt. Schmidt (Walter)
3.(mot) Kp.: Oblt. Barkholz
Brückenkol.: Hptm. Wlottkowski
le. Pi. Kol.: Lt. Mill

Nachrichtenabteilung 21

Kommandeur: Mjr. Wolff
Adjutant: Lt. Friedel

Chef
1. Kp.(Fe): Oblt. Perl
2. Kp.(Fu): Lt. Meinhof
le. Nach. Kol.:

Div. Nachschubführer 21

Kommandeur: Hptm. Vollberg
Adjutant: Hptm. Karb

Anlage 7

Kriegsgliederung der 21. Inf. Division am 10.5.1940.

419 l.M.G. 6 s.J.G.   128 M.Pi.   15994 Mann
110 s.""   60 Pak   4882 Pferde
84 ..Gr.W. 36 l.F.H.
54 s.""   12 s.""
18 l.J.G.   30 Pz.Büchsen

Panzerjägerabteilung

Aufklärungsabteilung

Artillerie

Nachrichtentruppen

Pioniere

Verwaltungsdienste

Nachschubdienste

Feldpostdienste | Ordnungsdienste | Vetrinärdienste | Sanitätsdienste

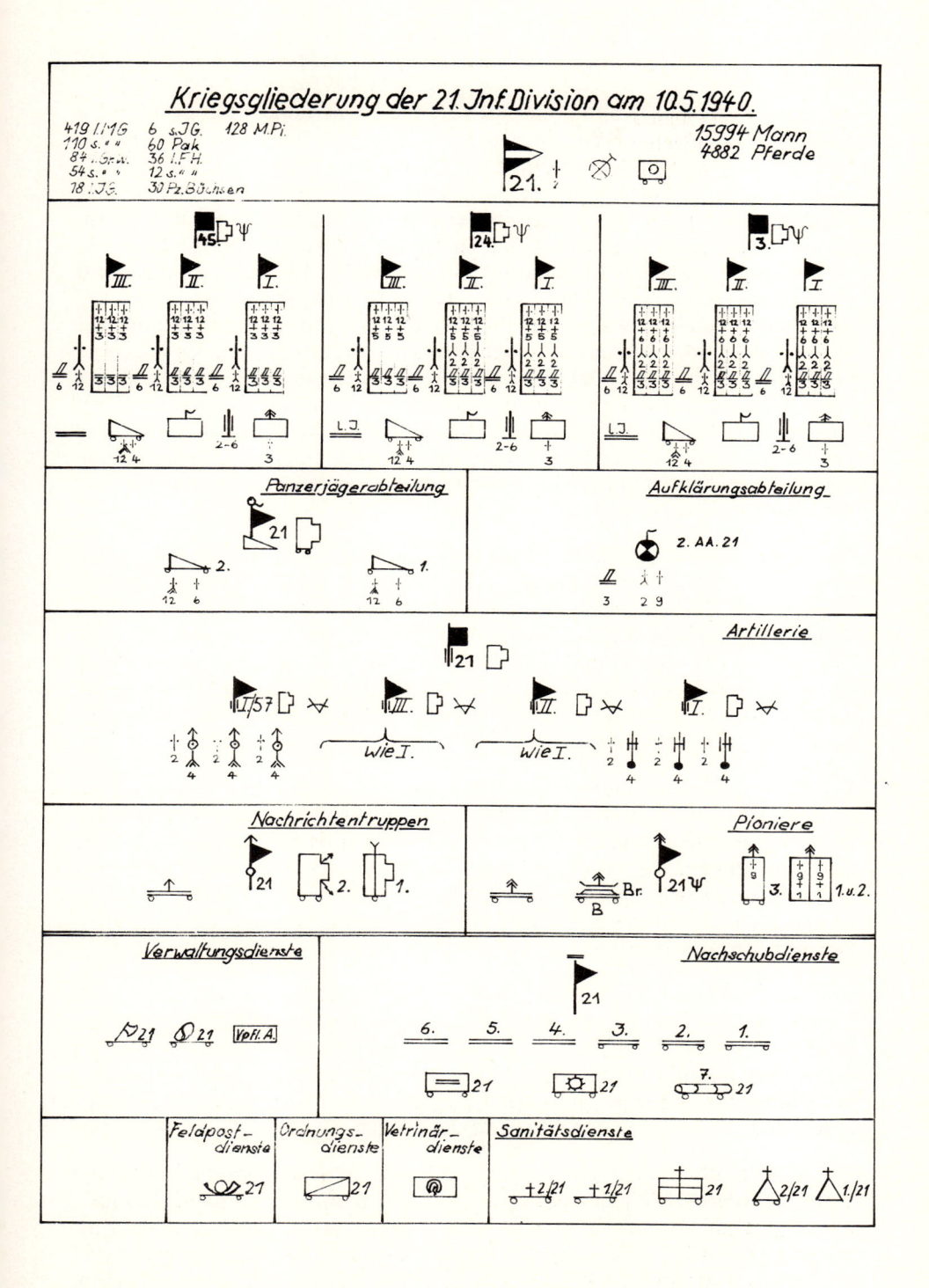

Anlage 8

Sonderunternehmen von zwei Gruppen IR. 45 am Morgen des 10. Mai 1940

Zu den zahlreichen Kommandounternehmen, mit denen der Frankreichfeldzug von deutscher Seite eingeleitet wurde, zählte auch eine kleinere Aktion, an der zwei Schützengruppen des IR. 45 beteiligt waren. Das AOK. 12 beabsichtigte, in der Nacht vor Angriffsbeginn durch Behelfspanzerzüge möglichst weit nach Westen hinein belgische Bahnlinien in Besitz zu nehmen und die Zerstörung von Objekten am Bahnkörper zu verhindern. Mit dieser Aufgabe war das Eisenbahn-Pionierregiment 4 beauftragt, das dafür zwei Behelfspanzerzüge bereitstellte. Diese Behelfspanzerzüge waren gewöhnliche Dieseltriebwagen der Reichsbahn, feldgrau gestrichen (auch die Fenster) und mit zahlreichen weißen Balkenkreuzen versehen. Sie waren jedoch unbewaffnet und auch nicht gepanzert. Vorne und hinten befand sich eine offene Lore mit einem 60 cm hohen Seitenbord, hinter dem in 35 cm Abstand ein Parallelbord errichtet war. Der Zwischenraum war mit Sand gefüllt. Auf jeder dieser Loren fand ein lMG auf Fliegerdreibein Aufstellung. Vor der vorderen MG-Lore war noch eine leere Lore vorgespannt, die als eine Art „Minenräumer" dienen sollte.

Als Kampfbesatzung dieser „Panzer"Züge stellte nun das IR. 45 in den letzten Apriltagen zwei Gruppen in der Stärke von je 1 Offizier, 2 Unteroffizieren, 10 Soldaten und zwei lMG ab. Die erste Gruppe stellte die 2./IR. 45 unter Führung von Leutnant Ecker, die zweite die 5./IR. 45 unter Führung von Leutnant Herzberg. Der eine Zug hatte aus dem Raum Prüm über die Grenzstation Steinebrück nach Norden in Richtung Malmedy, der andere von Steinebrück nach Südwesten gegen die große Bahnlinie Luxemburg-Lüttich vorzugehen.

Die Tage vor dem Einsatz wurden zur intensiven Ausbildung und zu Übungen im Überrumpeln von Brückensicherungskräften benützt. Über den Einsatz selbst liegt nur ein Bericht von der Gruppe 5./IR. 45 vor, die der 2./Eisenbahn-Pi. Rgt. 4 (Chef Oblt. Hofmann-Schmidt) unterstellt war und den nordwärts fahrenden Zug zu begleiten hatte. Die Masse der Gruppe saß auf der vorderen MG-Lore, auf der rückwärtigen war ein Unteroffizier mit 3 Mann postiert.

„Punkt 00.00 Uhr in der Nacht vom 9./10. 5. fuhren wir an, der kleine Triebwagen vollgestopft mit Pionieren, die in unterschiedlicher Stärke eingeteilt waren, um unter unserem Feuerschutz ein Dutzend Brücken bis zum mächtigen Viadukt unmittelbar vor St. Vith und darüber hinaus möglichst bis Malmedy zu stürmen, falls Sprengungen vorbereitet waren, diese zu entladen und die Objekte anschließend zu sichern.

Wir fuhren über die nicht gesperrte Grenze und verringerten dann die Fahrt. 50 Meter vor jeder Brücke wurde gehalten, die Pioniere stürmten hinaus und gaben sodann das Zeichen zur Weiterfahrt. Der Bahnhof Lommersweiler wurde besetzt, Sekunden bevor der diensthabende Beamte andere Stationen alarmieren konnte. An allen Brücken waren übrigens bereits

Männer des Regiments Brandenburg. Ganz verborgen dürften wir allerdings nicht geblieben sein, denn als wir uns dem Viadukt von St. Vith näherten, flog derselbe etwa 600 Meter vor uns in die Luft, zudem erhielt der Zug aus Richtung Brücke Infanteriefeuer."

Die halbe Gruppe 5./IR. 45 ging darauf unter Führung von Leutnant Herzberg gegen die Brücke vor, überrumpelte die über 30 Mann starke Brückenwache, nahm sie ohne eigene und feindliche Verluste gefangen und setzte sie in dem Wartesaal des feindfreien Bahnhofes St. Vith fest.

Inzwischen war der Angriffstermin, 5.35 Uhr, vorüber und das Dröhnen der nach Westen und Südwesten fliegenden Geschwader der Luftwaffe deutlich zu vernehmen. Obwohl Bewohner von St. Vith aussagten, daß sich in und um den Ort sonst kein belgischer Soldat befände, durchpirschte Lt. Herzberg mit seinen Männern die Stadt, fand die Angabe bestätigt und konnte gegen 7 Uhr dies dem an der Spitze seines Verbands eintreffenden Kommandeur einer Panzerdivision melden.

Der andere Panzerzug mit der Gruppe Ecker war auch nicht weiter vorgedrungen, sondern bei Oudler hängengeblieben. Da die dort gesprengte Brücke nur einen allerdings ziemlich hohen Überbau von etwa 60 m Länge erforderte, entschied das Pionierregiment, diese befahrbar zu machen.

Die beiden Gruppen wurden noch acht Tage für Sicherungsaufgaben festgehalten und am 19. 5. in der Frühe mit einem LKW zu ihrem Regiment, das sich zu diesem Zeitpunkt bereits jenseits der Maas befand, in Marsch gesetzt, wo sie sich am Abend dieses Tages vollzählig zurückmeldeten.

(Quelle: Mitteilung von Brigadegeneral a. D. Herzberg an den Verfasser).

Anlage 9

*Ungefähre Kriegsgliederung der 3. franz. Panzerdivision –
im Juni 1940.*

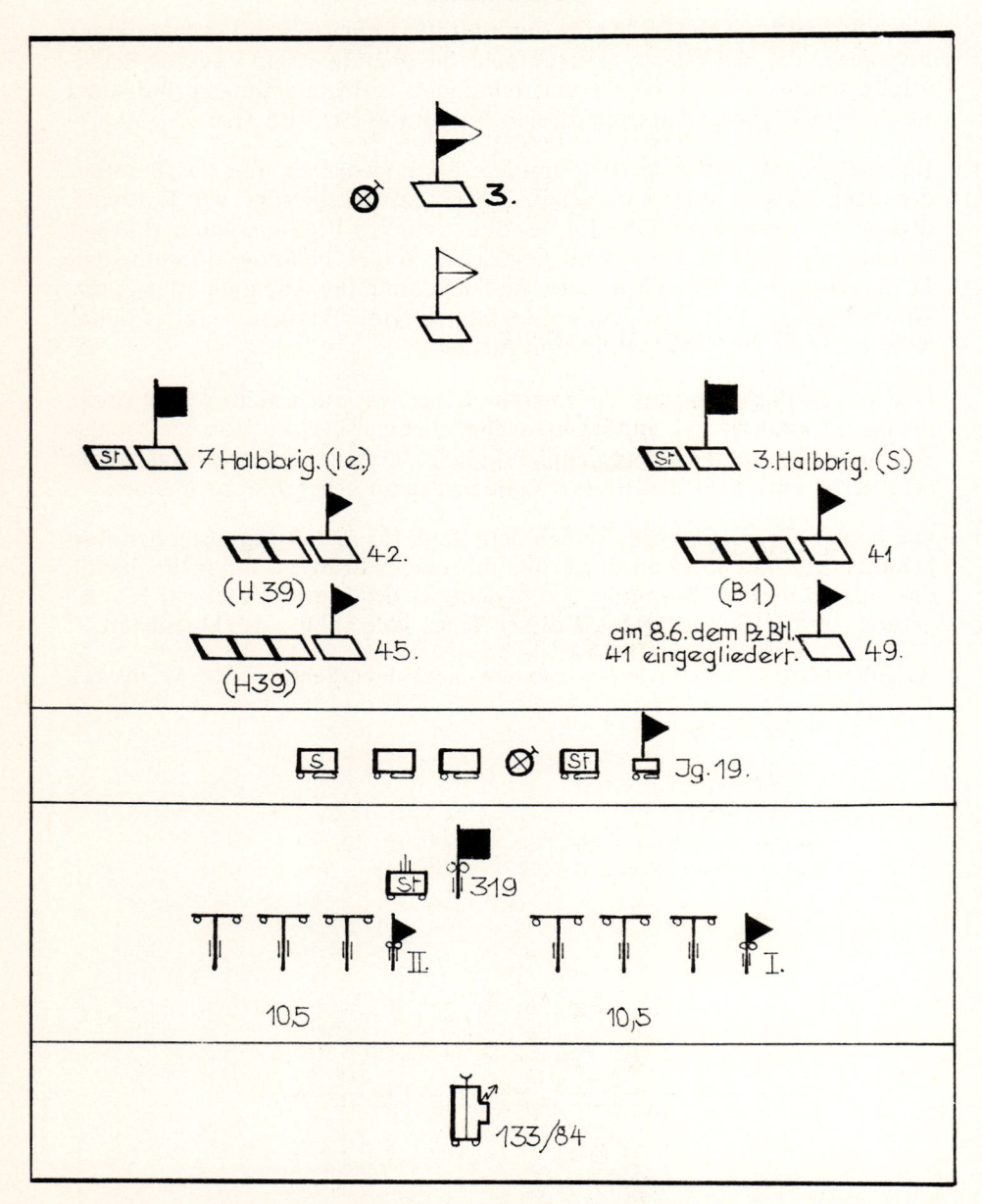

[organizational chart of the 3rd French Armored Division showing:
- 3. (Division HQ)
- 7. Halbbrig. (le.) with 42. (H 39) and 45. (H 39)
- 3. Halbbrig. (S) with 41. (B1) and 49. (am 8.6. dem Pz.Btl. 41 eingegliedert)
- Jg. 19.
- 319 with II. 10,5 and I. 10,5
- 133/84]

Am 10. 6. 1940 war der Division außerdem von der 7.le.mech.Division die Pz.Gr.508 und das 31.Dragonerregiment (mot) unterstellt. Die 3.Pz.Div. besaß demnach zu diesem Zeitpunkt: 30 Panzer B1bis, 50 Panzer H39 und 40 Panzer R35. – Bei dem Jg.Btl.16 (mot) fehlten 50% der Kampffahrzeuge. Die Division besaß keine Pioniereinheit, zudem fehlten weitgehend die Versorgungsfahrzeuge.

Anlage 10

Französische Panzertypen die vor der 21. Division auftraten
Unterlagen: Panzertypen aus dem 2. Weltkrieg (1939–1945), hgb. vom BMfLV, Militärwiss. Abteilung, Wien 1962.

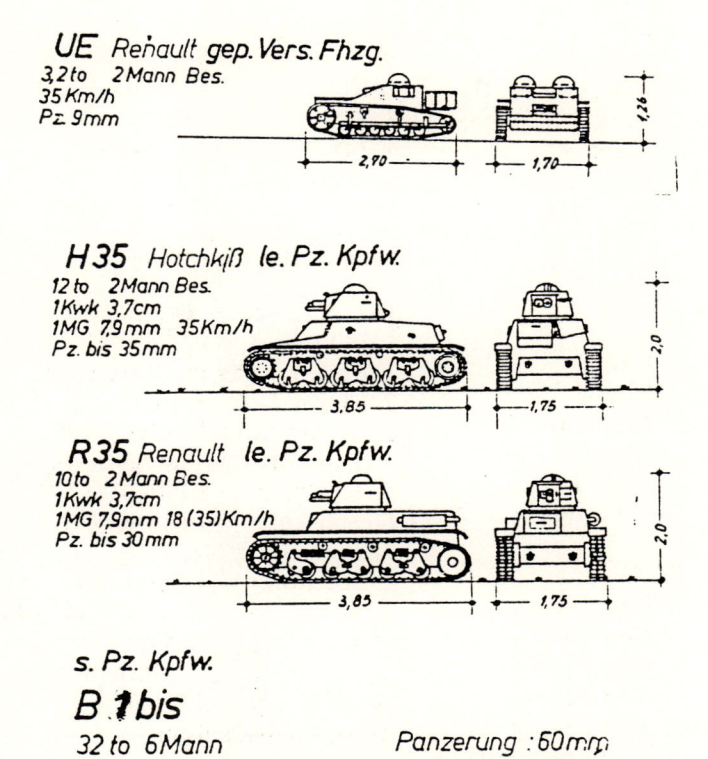

UE Renault gep. Vers. Fhzg.
3,2 to   2 Mann Bes.
35 Km/h
Pz. 9 mm

H 35 Hotchkiß le. Pz. Kpfw.
12 to   2 Mann Bes.
1 Kwk 3,7 cm
1 MG 7,9 mm   35 Km/h
Pz. bis 35 mm

R 35 Renault le. Pz. Kpfw.
10 to   2 Mann Bes.
1 Kwk 3,7 cm
1 MG 7,9 mm   18 (35) Km/h
Pz. bis 30 mm

s. Pz. Kpfw.
B 1 bis
32 to   6 Mann   Panzerung : 60 mm
im Turm: 1 Kwk 4,7 cm L/35 1 MG   im Turm : 40 mm
in Front: 1 Kwk 7,5 cm L/19 1 MG   25 Km/h

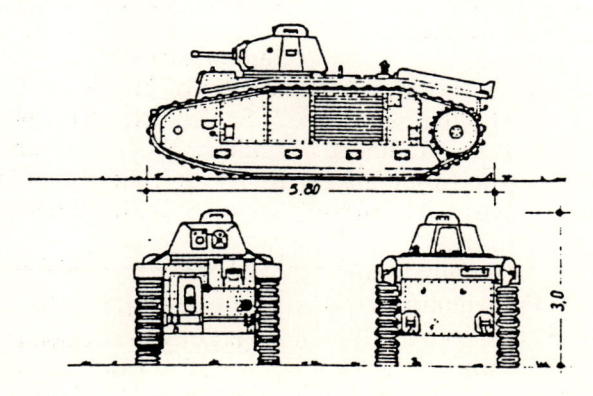

Anlage 11

Die Winterquartiere der 21. Division vom Oktober 1940 – März 1941

Divisionsstab: Marienburg

IR. 3:		Pi. Btl. 21:	
Rgt. Stab:	Riesenburg	St.:	Stuhm (ab 31. 10.)
I. Batl.:	Mohrungen (ab 22. 11.)	1. Kp.:	Rehhof
		2. Kp.:	Elbing
II. Batl.:	Rosenberg	3. Kp.:	Gr. Weide
III. Batl.:	Riesenburg	Brü. Kol.:	Bönhof
13. Kp.:	Freystadt	le. Pi. K.:	Dietrichsdorf
14. Kp.:	Freystadt		
le. I. Kol.:	Kl. Tromnau	Nachr. Abt. 21:	Elbing
		Div. Nachsch.	
IR. 24:		Führer:	Elbing
Rgt. Stab:	Elbing	1. Kl. Kw. Kol.:	Pr. Rosengart
I. – III. Batl.:	Elbing	2. Kl. Kw. Kol.:	Stalle
13. u. 14. Kp.:	Elbing	3. Kl. Kw. Kol.:	Posilge
le. I. Kol.:	Maibaum (12 km nordostw. Elbing)	4. Fahrkol.:	Thiergart
		5. Fahrkol.:	Elbing (?)
		6. Fahrkol.:	Fichthorst
IR. 45:		7. Betr. Str. Kol.:	Elbing (?)
Rgt. St.:	Marienburg	Werkstattkp.:	1. u. 3. Zug: Elbing
I. Batl.:	Marienburg		2. Zg.: Marienwerder
II. Batl.:	Marienwerder		
III. Batl.:	Marienburg	Versorg. Kp.:	Elbing
13. u. 14. Kp.:	Marienburg	Verwaltungsdienste:	
le. I. Kol.:	Braunswalde (?)		
		Verpflegsamt:	Christburg
AR. 21:		Bäckereikp.:	Christburg
Rgt. St.:	Elbing	Schlächtereikp.:	Christburg
I. Abt.:	Mohrungen		
II. Abt.:	Elbing	Sanitätsdienste:	
III. Abt.:	St. u. 7. Battr.: Mühlhausen	1. SanKp. 21:	Riesenburg
		2. SanKp. 21:	Riesenburg
		Feldlaz. 21:	Marienburg
	8. Battr.: Lohberg (nw. Mühlhausen)	Kr. Kw. St 1/21:	Riesenburg
	9. Battr.: Herrndorf (ostw. Mühlhausen)	Kr. Kw. St 2/21:	Riesenburg
		Veterinärkp.:	Grunau (südostw. Elbing)
I./AR. 57:	Frauenburg		
2./AA. 21:	Stuhm	Feldgen. 21:	Marienburg (?)
PzJg. Abt.21:	Pr. Holland	Feldpostdienst 21:	Marienburg

Anlage 12

Offizierssstellenbesetzung der 21. Inf. Div.
(Stand: 22. 6. 1941)

Stab 21. Divsion

Divisionskommandeur: GM. Sponheimer
I. GenSt. Offz.: Mjr. i. G. von der Chevallerie
II. GenSt. Offz.: Hptm. i. G. von Prittwitz und Gaffron
III. GenSt. Offz.: Oblt. d. R. Skowronski
Div. Adj.: Hptm. von Kalm
Gerichtsoffz.: Kr. Ger. Rat. Dr. Mackel
Div. Intendant: Int. Rat Zitzlaff
Div. Arzt: ObstArzt Dr. Bohrmann
Div. Veterinär: Ob. St. Vet. Dr. Flachs
Wehrmachtspfarrer (ev.) Dr. Surkau
Wehrmachtspfarrer (kath.) Baumgartner

Infanterieregiment 3

Kommandeur: Oberst Becker
Adjutant: Oblt. Schütze

Chef St. Kp.: Oblt. Ledwig

Kommandeur I.: Mjr. Hermann
Adjutant: Lt. Barop
Chef
 1. Kp.: Oblt. Engbrecht
 2. Kp.: Lt. d. R. Pluhm
 3. Kp.: Oblt. Babel
 4. Kp.: Oblt. Schümann

Kommandeur II.: Obstlt. Arning (Führ. Res.)
Btl. Führer: Hptm. Höfer
Adjutant: Lt. Baumert
Chef
 5. Kp.: Oblt. Schaper
 6. Kp.: Oblt. d. R. Engler
 7. Kp.: Oblt. d. R. Beermann
 8. Kp.: Oblt. Eckstein

Kommandeur III.: Hptm. Radecke
Adjutant: Lt. Hildebrandt
Chef
 9. Kp.: Oblt. Sürenhagen
 10. Kp.: Oblt. von Kursell
 11. Kp.: Oblt. Lutz
 12. Kp.: Oblt. Anton

Chef 13. Kp.: Oblt. Mans
Chef 14. Kp.: Oblt. Reichelt
Chef 15. Kp.: Oblt. Ritgen
le. Inf. Kol.: Lt. Wunder

Infanterieregiment 24

Kommandeur: Oberst Heinrichs
Adjutant: Oblt. Hoffmann

Chef
St. Kp.: Oblt. Nimz
Kommandeur I.: Mjr. Voß
Adjutant: Lt. d. R. Blonck
Chef
 1. Kp.: Lt. d. R. Meene
 2. Kp.: Lt. Keil
 3. Kp.: Oblt. Grun
 4. Kp.: Oblt. von Wantoch-Rekowski

Kommandeur II.: Hptm. Hamfler
Adjutant: Lt. Worch
Chef
 5. Kp.: Oblt. von Oldenburg
 6. Kp.: Oblt. Lange
 7. Kp.: Oblt. Zybarth
 8. Kp.: Oblt. Lübbert

Btl. Führer III.: Hptm. Bührigs
Adjutant: Lt. d. R. Kalinowsky
Chef
 9. Kp.: Oblt. Goetz
 10. Kp.: Hptm. Schwender
 11. Kp.: Oblt. Damerau
 12. Kp.: Oblt. Kuhn
Chef
 13. Kp.: Oblt. Bartl
 14. Kp.: Oblt. Alex
 15. Kp.: Oblt. Pohl
le. Inf. Kol.: Oblt. Braemer

Infanterieregiment 45

Kommandeur: Oberst Chill
Adjutant: Oblt. Scheibel

Chef St. Kp.: Oblt. Kessel

Kommandeur I.: Hptm. Meseck
Adjutant: Lt. Ecker

Chef
 1. Kp.: Oblt. Schütt
 2. Kp.: Oblt. Will
 3. Kp.: Oblt. Koenenkamp
 4. Kp.: Oblt. Frh. v. Oeynhausen

Kommandeur II.: Obstlt. Matussik
(Führ. V. Abt. 21. ID.)
Btl. Führer: Hptm. Hilgendorff
Adjutant: Lt. Wolff (Heinz-Herbert)
Chef
 5. Kp.: Oblt. Borowski
 6. Kp.: Oblt. Wolf (Heinrich)
 7. Kp.: Hptm. d. R. von Zedlitz
 8. Kp.: Oblt. d. R. Rothe

Kommandeur III.: Hptm. Hufenbach
Adjutant: Lt. Ikier
Chef
 9. Kp.: Oblt. d. R. Pauls
 10. Kp.: Oblt. d. R. Schroeter
 11. Kp.: Oblt. Zinkel
 12. Kp.: Lt. Krähahn
Chef
 13. Kp.: Hptm. Dr. Jungbluth
 14. Kp.: Oblt. d. R. Beuttel
 15. Kp.: Oblt. Bahr

le. Inf. Kol.: Oblt. Wiehler

Artillerieregiment 21

Kommandeur: Oberst Fischer
Adjutant: Oblt. Buhe
St. Battr.: ?
Kommandeur I.: Mjr. Dr. Brechtel
Adjutant: Oblt. Allmayer-Beck
Chef
St. Battr.: Oblt. d. R. Eichstädt
 1. Battr.: Oblt. Podehl
 2. Battr.: Oblt. Rothe
 3. Battr.: Hptm. d. R. Zonewitz
Kommandeur II.: Mjr. Brohm
Adjutant: Oblt. Belz
Chef
St. Battr.: ?
 4. Battr.: Oblt. Müller-Grothe
 5. Battr.: Oblt. Reuter
 6. Battr.: Oblt. Wendig
Kommandeur III.: Hptm. Rips
Adjutant: Oblt. Lickfett
Chef
St. Battr.: Lt. Remy
 7. Battr.: Oblt. Scheunemann
 8. Battr.: Oblt. Behlau
 9. Battr.: Oblt. Lehmann
Kommandeur I./57: Mjr. Anders
Adjutant: Lt. Boldt

Chef
St. Battr.: Oblt. Penner
 1. Battr.: Oblt. Fink
 2. Battr.: Oblt. Weber
 3. Battr.: Oblt. Augustin

Aufklärungsabteilung 21

Kommandeur: Mjr. von Glasow
Adjutant: Oblt. Wilkat
Chef
 1. Schw.: Rittm. Zornig
 2. Schw.: Oblt. Korn
 3. Schw.: Rittm. Lippold

Panzerjägerabteilung 21

Kommandeur: Mjr. Macholz
Adjutant: Oblt. Seratzki
Chef
 1. Kp.: Oblt. Schwarz
 2. Kp.: Hptm. Spreu
 3. Kp.: Oblt. Stamm

Pionierbataillon 21

Kommandeur: Hptm. Oehlmann
Adjutant: Oblt. d. R. Meyer
Chef
 1. Kp.: Oblt. Schulze
 2. Kp.: Oblt. Müller-Wilke
Chef 3. Kp.: Oblt. Barkholz
Brückenkol.: Hptm. Wlotkowski
le. Pi. Kolonne: Lt. Mill

Nachrichtenabteilung 21

Kommandeur: Mjr. d. R. Loibl
Adjutant: Lt. Friedel
Chef
 1. Kp.: Oblt. Perl
 2. Kp.: Oblt. Meinhof
le. Nachr. Kolonne: Lt. Fischer

Div. Nachschubführer 21

Kommandeur: Hptm. Scherer
Adjutant: Oblt. Hetz
z. b. V.: Hptm. Hopp
Führ.
 1. (mot) Nach. Kol.: Lt. Breitbach
 2. (mot) Nach. Kol.: Oblt. Froeschke
 3. (mot) Nach. Kol.: Oblt. Bahr
 4. Fahr-Kol.: Rittm. Plock-Sechserben
 5. Fahr-Kol.: Hptm. Fittkau
 6. Fahr-Kol.: Hptm. Pallokat
 7. Betr. Kol.: ?

Chef Werkst. Kp.: Hptm. Becker
Chef Nachschub-Kp.: Oblt. Beyer

Sanitätsabteilung 21

Kommandeur: siehe Div. Arzt

Chef
1. San. Kp.: St. Arzt Dr. Gal
2. San. Kp.: St. Arzt Dr. Gerasch

Kr. Kw. Züge: O. A. Dr. Seidenkranz
Feldlazarett: OStA. Dr. Jannings

Chef Veterinär-Kp. 21: Vet. (?) Dr. Ortmann
Chef Bäckerei-Kp. 21: Hptm. Rausch
Chef Schlächterei-Kp. 21: St. Vet. Dr. Wiehoff
Divisions-Verpflegsamt 21: St. Zahlm. Jacoby
Feldpostamt 21: Feldpostmeister Wiebe

Anlage 13

Ungefähre Gliederung der sowjetischen Nordwestfront am 22.6.1941.

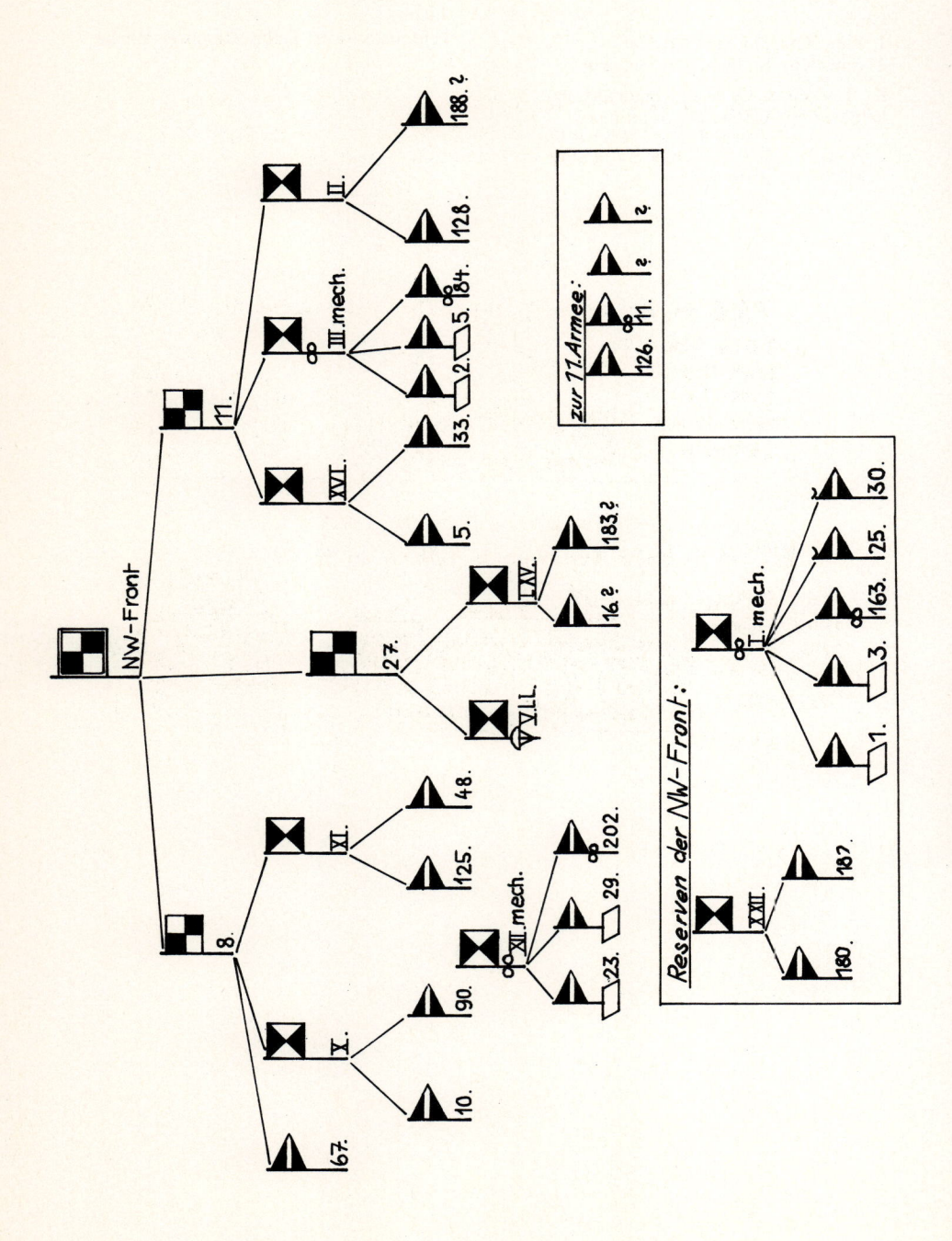

Anlage 14

Russische Panzertypen, die vor der 21. Division 1941 auftraten.
Unterlagen: Panzertypen aus dem 2. Weltkrieg (1939–1945), hgb. vom BMfLV, Militärwiss. Abteilung, Wien 1962.

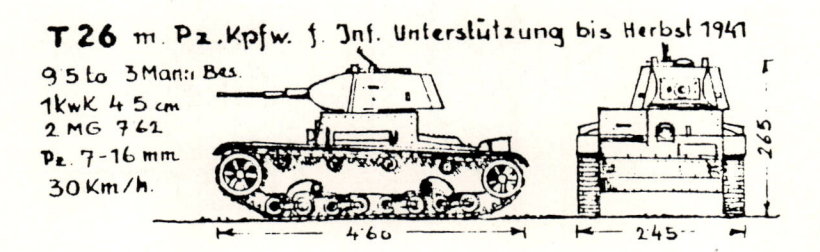

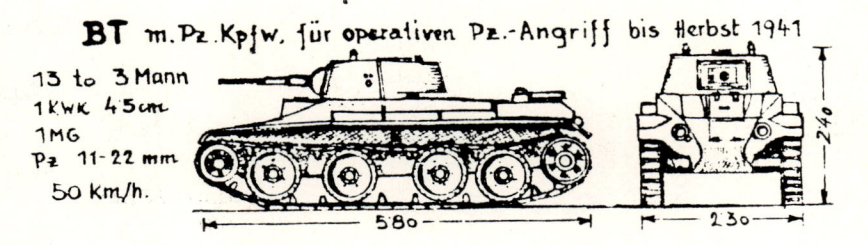

T 26 m. Pz.Kpfw. f. Jnf. Unterstützung bis Herbst 1941
9,5 to 3 Mann Bes.
1 KwK 4,5 cm
2 MG 7,62
Pz. 7-16 mm
30 Km/h.
460 — 245 — 265

BT m. Pz.Kpfw. für operativen Pz.-Angriff bis Herbst 1941
13 to 3 Mann
1 KwK 4,5 cm
1 MG
Pz 11-22 mm
50 km/h.
580 — 230 — 240

649

Unterlagen: Panzertypen aus dem 2. Weltkrieg (1939–1945), hgb. vom
BMfLV, Militärwiss. Abteilung, Wien 1962.

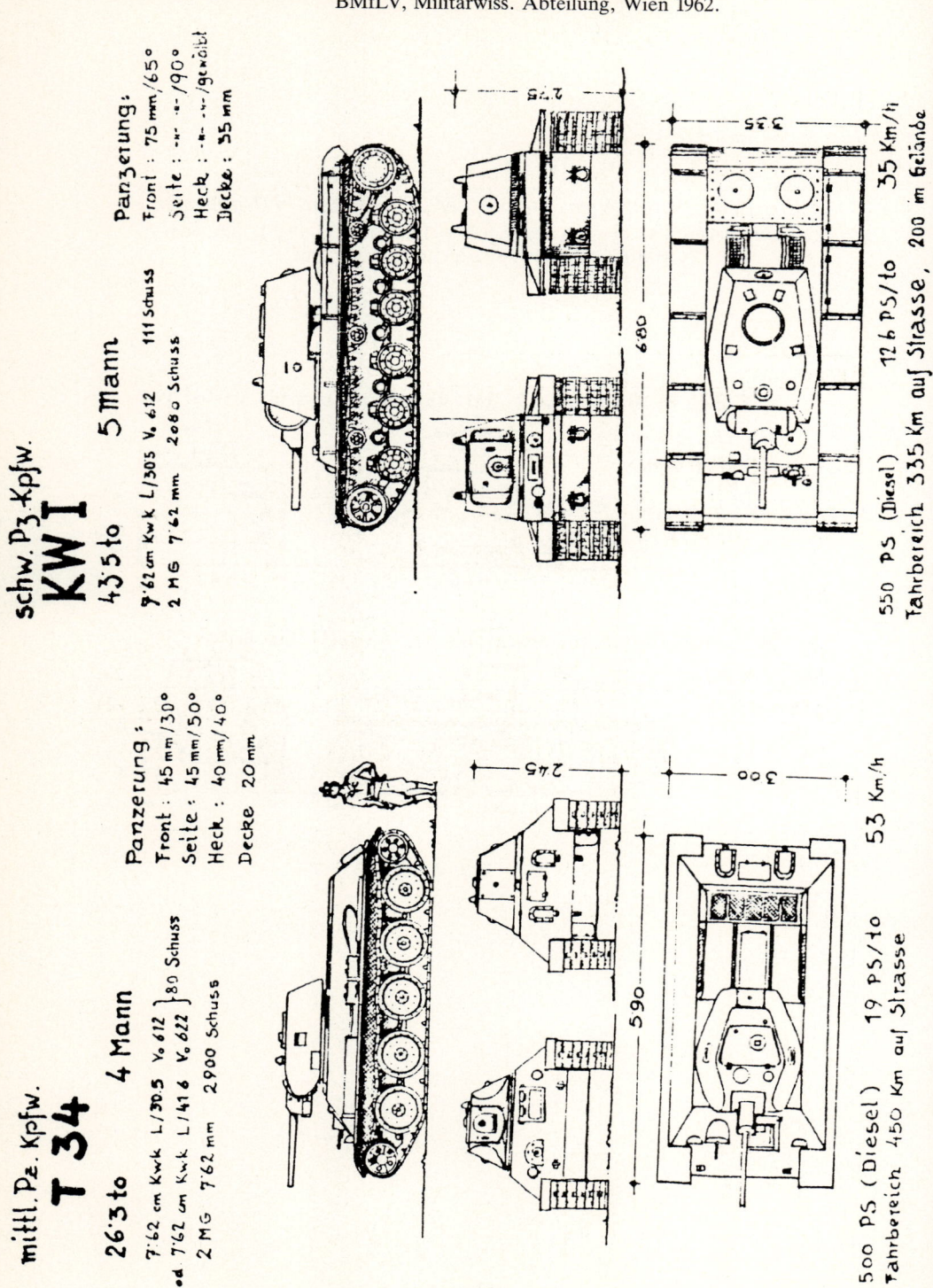

schw. Pz. Kpfw. KW I

43·5 to 5 Mann

7·62 cm KwK L/30·5 V₀ 612 111 Schuss
2 MG 7·62 mm 2080 Schuss

Panzerung:
Front: 75 mm/65°
Seite: " " /90°
Heck: " " /gewölbt
Decke: 55 mm

550 PS (Diesel) 126 PS/to 35 Km/h
Fahrbereich 335 km auf Strasse, 200 m Gelände

mittl. Pz. Kpfw. T 34

26·3 to 4 Mann

7·62 cm KwK L/30·5 V₀ 612 ⎫ 80 Schuss
7·62 cm KwK L/41·6 V₀ 622 ⎭
2 MG 7·62 mm 2900 Schuss

Panzerung:
Front: 45 mm/30°
Seite: 45 mm/50°
Heck: 40 mm/40°
Decke: 20 mm

500 PS (Diesel) 19 PS/to 53 Km/h
Fahrbereich 450 Km auf Strasse

650

Anlage 15

Verluste der 21. Division in der Zeit vom 15. 7. – 27. 7. 1941

I. Vom Brückenkopf Porchow bis zum Schelonj

Zeit	Offiziere			Uffz ( ) u. Mannschaften		
	tot	verw.	verm.	tot	verw.	verm.
15. 7.					2 (2)	
16. 7.					1	
17. 7.	1	1		3 (1)	13 (1)	
18. 7.	3			38 (9)	89 (20)	3
19. 7.	1	2		12	53 (9)	
20. 7.	1			6	28 (12)	1
Insgesamt:	6	3		59 (10)	186 (12)	4

II. Angriff über den Schelonj u. Verteidigung im Brückenkopf

Zeit	tot	verw.	verm.	tot	verw.	verm.
21. 7.		1		3	23	3
22. 7.		1		3 (1)	30 (5)	7 (1)
23. 7.	1	4		30	117 (26)	3
24. 7.	1	2	1	16 (2)	49 (3)	8
25. 7.	2	5		18 (6)	92 (11)	
26. 7.		7		19 (5)	92 (16)	6
27. 7.	1	1		8 (1)	54 (7)	5 (1)
Insgesamt:	5	21	1	97 (15)	457 (68)	32 (2)

III.

| Total | 11 | 24 | 1 | 156 (25) | 643 (112) | 36 (2) |

Unterlage: Bericht der 21. Division vom 9. 9. 1941 über ihren Einsatz vom 15. – 27. 7. 1941 (Orginal im Besitz des Verfassers).

Einsatz des IR. 24 gegen die Brücken bei Schimsk vom 30. 7.–1. 8. 1941

Verluste des IR. 24 vom 30.7.–2. 8.:
(laut Gef. Bericht IR. 24, Nachlaß Heinrichs)

	gefallen	verw.	verm.
Offiziere	1	5	–
Uffz.	14	26	–
Mannschaften	45	193	4
Insgesamt	60	224	4

Laut KTB. des I. AK. vom 2. 8. 41, fol. 160 betrugen die Verluste nach Meldung des Kommandeurs IR. 24: 90 Tote und 230 Verwundete. In diesen zahlen dürfte außer den oben angeführten Verlusten des IR. 24 auch die des III./IR. 45 und I./IR. 424 mit enthalten sein.

Anlage 16

Gliederung des VIII. Fliegerkorps am 8.8.1941.

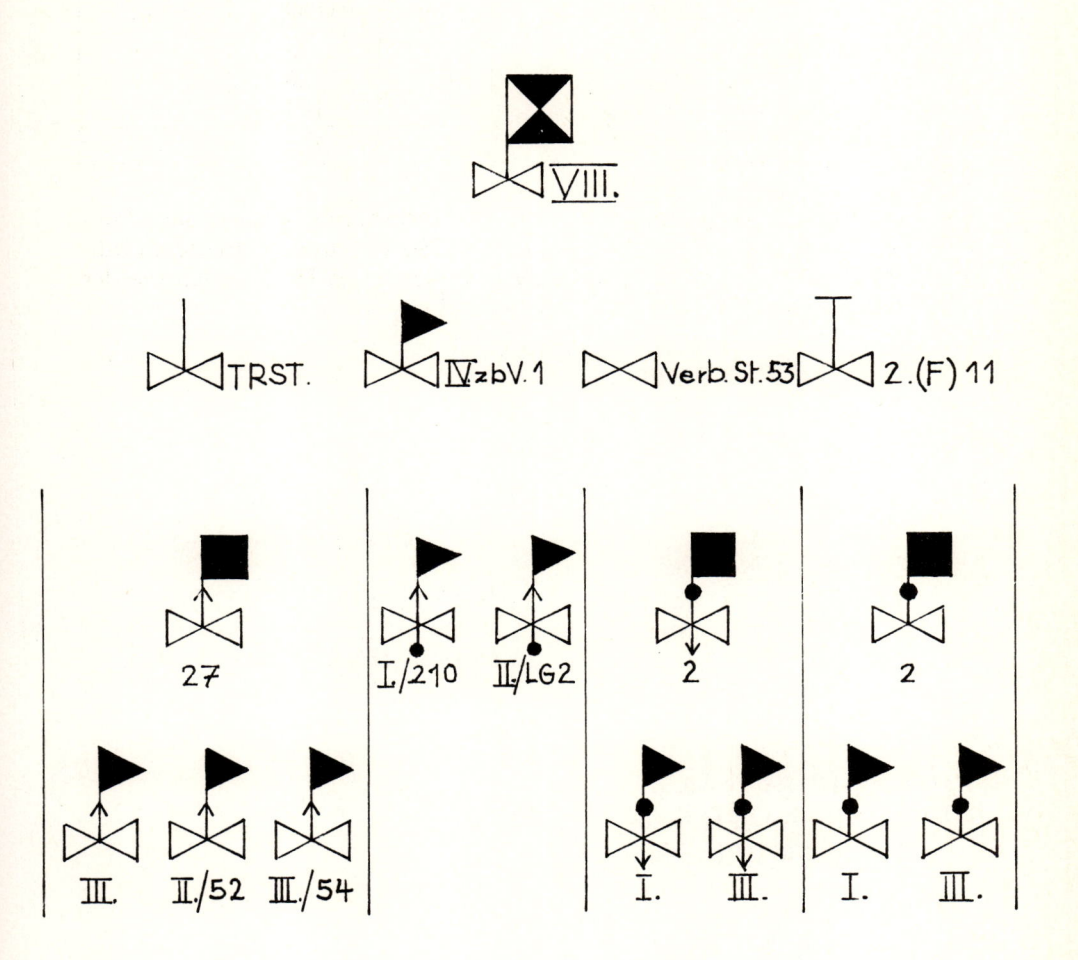

VIII.

TRST.   IV zbV.1   Verb.St.53   2.(F) 11

27   I./210 II./LG2   2   2

III. II./52 III./54   I. III.   I. III.

Zeichenerklärung:

↑ Jagdflieger
• Kampfflieger
↕ Sturzkampfflieger
↑• Schlachtflieger
| Aufklärer

653

Anlage 17

Artilleriegliederung des I. AK. am 10. August 1941

11. ID.	21. ID.
Glt. von Böckmann	GM. Sponheimer

Rgt. Stab AR. 11
I. – III./AR. 11 (lFH. besp.)
I./AR. 47 (sFH. besp.)
II./AR. 196 (von 96. ID.) (lFH. besp.)
Nebelwerfer-Abt. 9
St. Gesch. Battr. 659 (o. 1 Zug)

Rgt. Stab AR. 21
I. – III./AR. 21 (lFH. besp.)
I./AR. 57 (sFH. besp.)
H. Fla-Abt. 272
Stab St. Gesch. Abt. 600
St. Gesch. Battr. 666

Auf Zusammenarbeit angewiesen:

Flak-Rgt. Stab 99 (vom VIII. Flk.)
I./Flak-Abt. 38 (mit 21. ID.)
II./Flak-Abt. 38 (mit 11. ID.)

Arko 123	Arko 130
GM. Burdach	Obst. Gschwandtner

AR. Rgt. Stab z. b. V. 782
mit: II. AR. 37 (sFH. mot)
  II. AR. 47 (sFH. mot)
  Stab Art. Abt. 625
  verst. 2./AR. 625 (15 cm Kan.mot)

I./AR. 126 (v. 126. ID.) (lFH. besp.)
IV./AR. 126 (v. 126. ID.) (sFH. besp.)

Rgt. Stab AR. 196 (v. 96. ID.)
mit: III./AR. 196 (lFH. besp.)
  IV./AR. 196 (sFH. besp.)

Art. Rgt. Stab 802
mit: Stab Art. Abt. 768
  verst. 1./AR. 768 (21 cm Kan. mot)
  I./AR. 84 (24 cm Kan./K3 mot)

Beob. Abt. 4

  zur Verfügung:
  AR. Rgt. Stab z. B. V. 110
  Nebelwerfer-Rgt. Stab 3
  1./AR. 625
  2./AR. 768

Anlage 18

Munitionsverbrauch der 21. ID. in der Zeit vom 10. – 20. 8. 1941

Mun.-Art:	Zeit v. 10. – 15. 8. 41	unterst.		Zeit v. 16. – 20. 8. 41	unterst.	
	Div. Tr.	Tr.	Sa.	Div. Tr.	Tr.	Sa.
Patr.s.S.i.L.	19.600	3.230	22.830	11.600	6.600	18.200
" s.S.o.L.	131.350	108.175	239.525	142.200	55.200	197.400
" S.m.K.	3.100	50	3.150	1.500	–	1.500
" " " L'sp.	7.450	–	7.450	18.300	1.200	19.500
" 318	120	37	157	–	–	–
Pist. Patr.	15.051	4.096	19.147	31.830	5.560	37.390
Sch. 7,5 cm				1.856	516	2.372
Jgr. 18	2.097	652	2.749	250	257	507
" 15 cm Jgr. 38	173	190	363			
3,7 cm Pzgr.P.				32		32
3,7 cm Sprgr.P.				110		110
5 cm Pzgr.P.40	120	–	120	26		26
5 cm Wgr. 36	1.080	360	1.440	1.025	20	1.045
8 cm Wgr. 34	1.685	527	2.212	742	860	1.502
Stielhdgr.	1.486	342	1.828	640	630	1.270
Eihandgr.	865	580	1.445	1.765	580	2.345
L'-Patr.	653	130	783	720	210	930
Sign.Patr.,rot	248	10	258	370	105	475
" grün	160	30	190	410	120	530
Nb-Handgr.	50	–	50	–	–	–
Rauchsichtzeichn., orange	30	–	30	–	–	–
7,5 Gr. Patr. Kw.K.	–	1.244	1.244	–	1.000	1.000
7,5 Pzgr.Patr. Kw.K.	–	200	200	–	200	200
F.H.Gr.m.A.Z.	5.538	1.802	7.340	4.069	1.362	5.431
" B.Z.	265	81	346	361	64	425
F.H.Gr.Nb.	–	419	419	50	–	50
15 cm Gr. 19						
" m.A.Z.	1.811	1.950	3.761	963	1.590	2.553
" m.B.Z.	178	163	341	145	171	316
" Bo	–	123	123	–	43	43

Gewichtsmässig:	10. – 15. 8. 41:	63,6 t Inf.-Mun.
		465,0 t Art.-Mun.
	16. – 20. 8. 41:	62,8 t Inf.-Mun.
		318,0 t Art.-Mun.
Gesamtverbrauch:	v. 10. – 20. 8. 41:	126,4 t Inf.-Mun.
		783,0 t Art.-Mun.

Unterlage: Gefechtsbericht der 21. Div. über die Kämpfe vom 10. – 20. 8. 1941 (BA/MA, RH 26 – 21/33).

Anlage 19

Verluste der 21. Division vom 10.–20. 8. 1941

Tag	Offiziere			Uffz.( ) u. Mannsch.		
	gef.	verw.	verm.	gef.	verw.	verm.
10. 8. 41	2	3	–	12 (10)	82 (15)	–
11. 8. 41	1	1	–	13 (1)	33 (7)	2
12. 8. 41	2	–	–	28 (3)	57 (10)	–
13. 8. 41	–	–	–	4	16 (1)	–
14. 8. 41	–	2	–	13 (2)	50 (7)	1
15. 8. 41	–	4	–	7	56 (5)	–
16. 8. 41	1	4	–	5 (1)	27 (4)	–
17. 8. 41	–	–	–	28 (6)	86 (13)	–
18. 8. 41	–	–	–	31 (5)	57 (15)	–
19. 8. 41	1	–	–	8 (2)	47 (6)	–
20. 8. 41	2	6	–	37 (5)	71 (13)	3
	9	20	–	186 (35)	582 (96)	6

Unterlage: Gefechtsbericht der 21. Div. über die Kämpfe vom 10.–20. 8. 1941 (BA/MA, RH 26–21/33).

Anlage 20

Artilleriegliederung bei der 21. ID. am 16.10.1941
Gem. Art. Befehl für den Angriff über den Wolchow am 16.10.1941;
AR. 21, Ia vom 15.10.1941, 01.15 Uhr (Original im Besitz des Verf.)

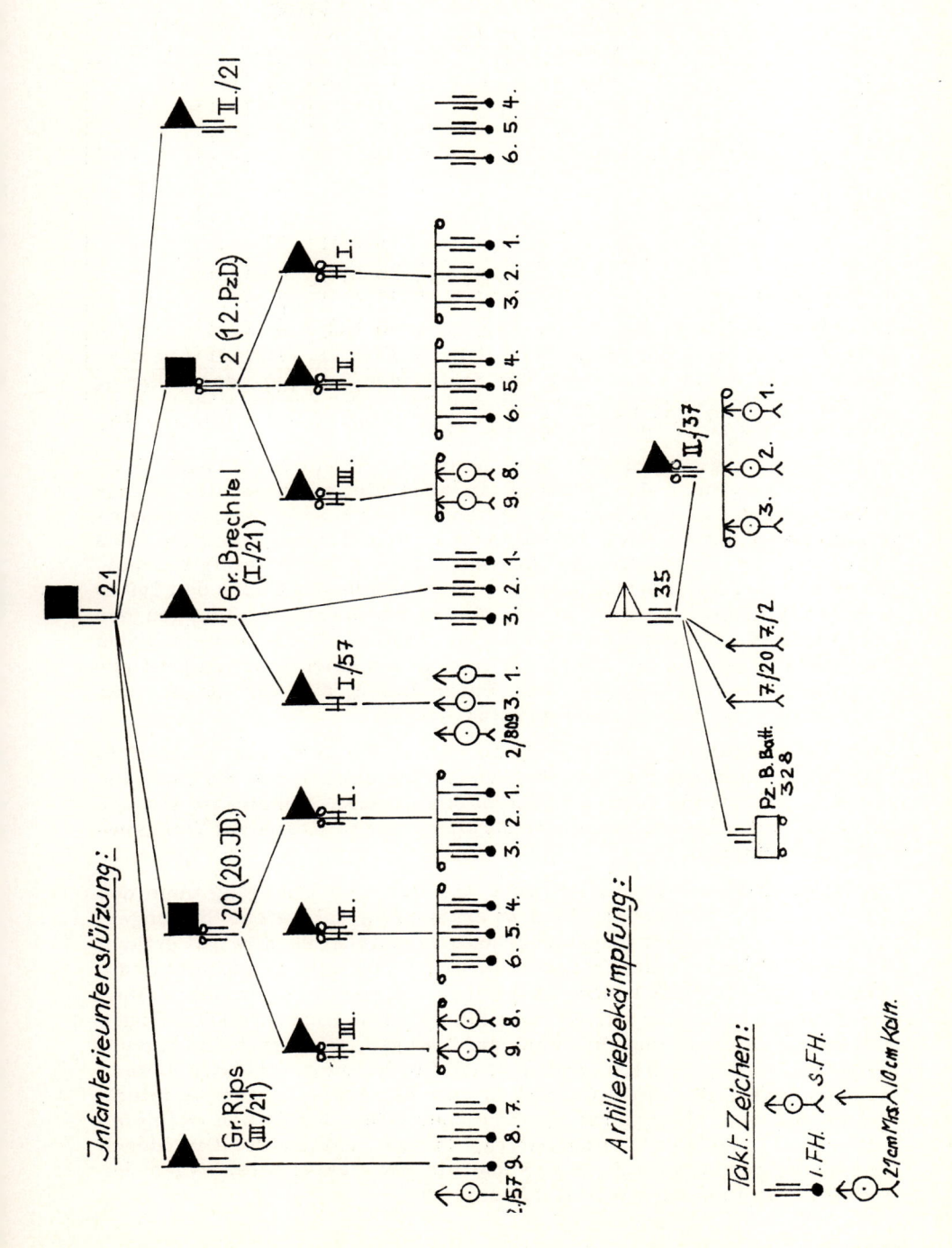

Anlage 21

BERICHT
*Des Gen. Kdo. I. AK. an das AOK 16
über die Leistungen und den Zustand der 21. ID.
in der Zeit vom 16. 10.–23. 11. 1941*

Generalkomnando I. A.K.   K. Gef. Std., den 23.11.1941

Betr.: 21. Division

    An
    Armeeoberkommando 16

Der Vorstoß der 21. Div. vom Flußübergang bei Grusino am 16. 10. bis zur Sprengung der Murmansk-Bahn am 16. 11. 41 stellt eine derartig ungewöhnliche Leistung der fechtenden Truppen, der Führung sowie der Versorgungsdienste dieser Div. dar, daß sie vom I. A.K. höheren Orts zur Kenntnis gebracht wird.

Am 16. 10. erzwang die 21. Div. unter dem Befehl des XXXIX. A.K. den Übergang über den Wolchow an einer Stelle, an der der Gegner sich nachhaltig zur Verteidigung eingerichtet und seine Kräfte zusammengezogen hatte. Nach dreitägigem harten Ringen gelang es, das festungsartig ausgebaute und bis zum letzten Mann verteidigte Grusino zu nehmen und die Möglichkeit zum Brückenschlag über den 250 m breiten Wolchow, sowie zum Vorführen der schnellen Truppen des XXXIX. A.K. in Richtung Tichwin zu schaffen. Die Erweiterung des Brückenkopfes in einer Tiefe von etwa 10 km machte den Angriff gegen mehrere Befestigungs- und Bunkerlinien, die der Gegner zäh verteidigte, nach allen Richtungen notwendig.

Nach Durchführung dieser Aufgabe wurde die Div. zum Angriff in nördlicher Richtung mit der linken Schulter entlang des Wolchow angesetzt, um wieder unter den Befehl des I. A.K. gemeinsam mit den westlich des Flusses stehenden Kräften dieses Korps auf Wolchowstroj vorzustoßen.

Im Verlauf dieser Operation hatte die Div. den Übergang über den Ptschewa- und Tschernaja-Fluß zu erkämpfen, zahlreiche Stellungen, die der Gegner unter Einsatz erheblicher Arbeitskräfte gut getarnt ausgebaut hatte, zu durchbrechen und um fast alle Ortschaften, die Gegner auch trotz Einsatzes schwerer Kaliber nicht räumte, einen Straßenkampf von Haus zu Haus zu führen. Der Angriff mußte vorgetragen werden fast ausschließlich auf 2 Wegen, die durch das Sumpfgebiet ostw. des Flusses führten. Nur durch den geschickten umfassenden Ansatz der Angriffstruppen war ein Erfolg gegen die feindl. Stellungen und Stützpunkte zu erreichen. Bei den letzten Kämpfen südl. der Eisenbahn Wolchowstroj, Tichwin erhielt die Div. durch Zuführung des Kradschtz. Btl. 8 und einiger Panzerkampfwagen des Pz. Rgt. 29 einen fühlbaren Kräftezuwachs.

Wenige Tage nach Überschreiten der Bahnlinie Wolchowstroj, Tichwin gelang auch die Sprengung der Murmansk-Bahn nordostw. Wolchowstroj zunächst an einer Stelle und danach die nachhaltige Unterbrechung dieser wichtigen Bahnlinie. Damit ist die südl. des Ladoga-See stehende Feindgruppe von jeder Bahnzufuhr abgeschnitten und das der 21. Div. zunächst gesetzte Operationsziel erreicht worden.

Bei diesem Angriff auf Wolchowstroj standen der 21. Div. 3 feindl. Divisionen, Teile von 2 weiteren Divisionen, 1 Pz.- und 1 Marinebrigade gegenüber. Die 288. russ. Div. wurde bei Grusino völlig vernichtet, die 292. Div. beim weiteren Angriff nach Norden geschlagen. Die von der Front südl. des Ladoga-See herangeführte 310. Div. und Teile der 153. Div. sowie die 6. Marinebrigade, 16. Panzerbrigade, Teile der 281. Div. und der zahlreiche, aus Leningrad mit Flugzeugen herantransportierte Ersatz konnten ebenfalls den Vorstoß der 21. Div. auf Wolchowstroj nicht aufhalten und büßten damit zum größten Teil ihre Kampfkraft ein.

Das, was der Gegner auf dem Schlachtfeld gelassen hat, konnte zahlenmäßig bisher nicht ermittelt werden.

Eingebracht wurden :

    8.673 Gefangene, 7 Panzer (im Kampf vernichtet),
    14 Geschütze, 15 Granatwerfer, 113 M.G.,
    über 10.000 Gewehre,
    40 Lkw., 11 sonstige Fahrzeuge, darunter 3 mot. Feldküchen,
    2 Zugmaschinen, 1 Panzerzug mit zwei 7.6-cm Geschützen,
    1 gepanzerte Draisine, 1 Brennstofflager mit ca. 70.000 Ltr.

Die dargelegten Kampfhandlungen wurden unter Verhältnissen durchgeführt, die die Truppe sehr viel stärker beanspruchten, als es dies in den früheren Kämpfen der Fall war. Der Angriff begann am 16.10. bei Schneetreiben, wobei die Mehrzahl der Sturmboote durch Vereisung der Motore ausfiel. Tau- und Regenwetter folgte. Die wenigen, an sich schon schlechten Wege wurden durch die Nässe so grundlos, daß die Truppe den Angriff ohne Fahrzeuge fortsetzte und dabei tagelang ohne Versorgung blieb oder sich mit kalter Verpflegung begnügen mußte. Bei der danach plötzlich einsetzenden Kälteperiode hatte die Truppe in Ermanglung von Unterkünften bei 20 Grad Frost nächtelang draußen zu bleiben. Die im Antransport befindliche Winterbekleidung konnte nicht zur Ausgabe gelangen. Auch jetzt liegt ein großer Teil der Div. noch ständig draußen, da die wenigen Ortschaften das Hauptziel der feindl. Artillerie sind und die enge Belegung der Häuser zu nicht tragbaren Verlusten führte. Ein fühlbarer Ausfall durch die Witterung ist unvermeidlich geworden.

Durch das ständige Absinken der Gefechtsstärken ist ein dauernder Einsatz aller fechtenden Einheiten in vorderer Linie erforderlich, so daß die Masse der Div. seit über 5 Wochen keinen Tag Ruhe mehr gehabt hat.

Bei der Beurteilung der Leistungen der Div. müssen die Versorgungsschwierigkeiten ganz besonders in Betracht gezogen werden. Der Nachschub wurde getätigt auf einem Weg, der zugleich dem Vormarsch und dem Abschub zu dienen hatte. Er mußte von der fechtenden Truppe durch den Bau von Knüppeldämmen über lange Strecken erst passierbar gemacht werden. Zeitweise wurde eine Sperrung bis zu 4 Tagen zur Vornahme der nötigen Instandsetzungen erforderlich. Nach Inbesitznahme des Ortes Kirischi ostw. der gesprengten Eisenbahnbrücke über den Wolchow war es möglich, den Nachschub auf der vom I. A.K. in Betrieb gesetzten Eisenbahnlinie Tschudowo, Szaltzo bis Tigoda später Jrssa zu bringen.

Von den Eisenbahnendpunkten wurden die Versorgungsgüter bis an den Wolchow gebracht, dort umgeschlagen auf Ponton und Fähren, bzw. mit Trägerkolonnen über einen Fußgängersteg auf das Ostufer gebracht, um von dort auf schlechten Wegen mit den Nachschubkolonnen der Truppe zugeführt zu werden. Die von den Nachschubkolonnen z. Zt. noch immer zu überbrückende Wegstrecke beträgt über 60 km.

Durch das Zufrieren des Wolchow, das man an den Fährstellen zunächst zu verhindern versuchte, wurde das Hinüberbringen der Nachschubgüter über den Fluß bei dem plötzlichen einsetzenden starken Frost unmöglich. Mit Trägerkolonnen, die aus den Gefangenen gebildet wurden, mußte man einen erheblichen Teil der Versorgung über den Fluß schaffen, bis das Eis und eine von den Pionieren geschaffene Knüppelbrücke gemeinsam die notwendige Tragfähigkeit für Fahrzeuge hatten. In der gleichen Weise hatte auch das Zurückbringen der Verwundeten über den Wolchow bis zur Einladestelle an der Eisenbahn vor sich zu gehen. Unter diesen Umständen waren tägliche Versorgungskrisen unvermeidlich, die dazu führten, daß aus Versorgungsschwierigkeiten die Fortführung der Angriffe mehrmals um 1-2 Tage verschoben werden mußte. Dadurch wurde die angreifende Truppe außerstand gesetzt, die angebahnten Erfolge in dem möglichen Umfange auszunutzen, andererseits gewann der angeschlagene Feind die Zeit zum erneuten Widerstand. Wenn trotz der aufgezeigten Versorgungsschwierigkeiten die Truppe die enormen Erfolge zu erringen vermochte, so ist das ein Beweis für den hervorragenden Geist der 21. Div. und die Fähigkeit der Führung sowie der die Versorgung leitenden Persönlichkeiten, mit diesen Aufgaben fertig zu werden.

Bei dem Angriff von Grusino bis zur Murmansk-Bahn hat die 21. Div. einen Raum von über 100 km Tiefe durchstoßen. Sie hat dabei in der Breite eines Armeekorps gefochten und hinsichtlich der Versorgung einen Raum nach rückwärts zu überbrücken gehabt, wie dies nur mit Mitteln und Unterstützung der Versorgungseinrichtungen einer Armee möglich ist. Dies trifft auch zu für die Bewertung der Leistungen der Div.-Nachr.-Abt., die es fertiggebracht hat, unter Ausnutzung einer Hochspannungsleitung die Verbindung mit der 75 km ostw. kämpfenden 12. Pz. Div. aufzunehmen.

Zusammenfassend ist zu sagen, daß die 21. Div. unter schwierigsten Verhältnissen eine Aufgabe bewältigt hat, bei der das äußerste aus der Truppe herausgeholt werden mußte.

Die blutigen Verluste der Div. belaufen sich seit dem 16. 10. auf 3.150 Mann, dazu kommen noch 1.030 Mann Erkrankungen, davon etwa 1/4 durch Erfrierungen. Die Pferde- und Kraftfahrzeuglage weist entsprechende Lücken auf.

Die hohen Ausfälle haben das Zusammenlegen mehrerer Einheiten erforderlich gemacht, so daß die Inf.-Regimenter jetzt nur noch 6 Schtz.-Kpn. zu je 40 - 60 Mann - etwa die Kampfstärke eines Batl.- zählen.

Umso höher ist zu werten, was mir über die Haltung und die Stimmung der Truppe berichtet worden ist.

Wenn auch die Einheiten, vor allem bei der Infanterie, stark ausgezehrt und die Ermüdungserscheinungen insofern erkennbar sind, als die Truppe dem feindl. Feuer gegenüber sich gleichgültig verhält, so ist die Disziplin in keiner Weise beeinträchtigt. In tadelloser Haltung wird in jeder Lage dem Vorgesetzten die ihm gebührende Ehrenbezeigung erwiesen, die Truppe ist wachsam, sucht dem Gegner dort Abbruch zu tun, wo es möglich ist, geht bei Feindeinbrüchen unverzüglich zum Gegenstoß über, hält die Waffen in dauernder Verwendungsbereitschaft und sorgt in vorbildlicher Weise für das Pferdematerial.

Es wird von allen Stellen der Div. versucht, durch Verbesserung der Verpflegung, Entlausung, Zuführung von Winterbekleidung durch Verwendung der entwesten, sehr brauchbaren russ. Winterausrüstung und dauernde Fürsorge den derzeitigen Zustand der Truppe wieder zu heben.

Man muß sich jedoch darüber klar sein, daß die 21. Div. mit dem z. Zt. Erreichten an der Grenze ihrer Leistungsfähigkeit angekommen ist.

                         Der Kommandierende General
                         gez.:   von   Both

<u>Quelle:</u> BA/MA, RH 26 - 21/34

Anlage 22

Verluste der 21. Division vom 16. 10. – 15. 12. 1941

A.) Vom 16. 10. – 16. 11. 1941:

Gemäß dem Gefechtsbericht der Division „Von Tschudowo bis Wolchowstroj" (BA/MA, RH 26 – 21/34) betrugen die blutigen Verluste insgesamt 2.924 Mann. Der Bericht des Gen. Kdo. I. AK. an das AOK. 16 (vgl. Anlage 21) spricht von 3.150 Mann an Toten und Verwundeten, dazu noch 1.030 Kranke, davon ein Viertel Erfrierungen. Vermißte werden in diesen Berichten nicht ausgewiesen. Nach dem Gefechtsbericht der Division verteilten sich die Verluste folgendermaßen:

Zeitabschnitt	Offiziere		Unteroffiziere und Mannschaften	
	tot	verw.	tot	verw.
16./17. 10.	3	15	104	567
18./20. 10.	2	12	49	249
21./24. 10.	3		57	181
25./31. 10.	2	10	90	249
1./ 3. 11.	4	11	101	347
4./10. 11.	6	11	130	398
11./16. 11.	2	4	51	266
Insgesamt	22	63	582	2.257

B.) Vom 16. 11. – 15. 12. 1941:

Nach dem Zustandsbericht der Division vom 15. 12. 1941 (BA/MA, RH 26 – 21/37a, Anl. 359) hatte die Division während dieser Zeit folgende blutige Verluste (Unteroffiziere in Klammer):

2	9	136 (21)	455 (115)	verm. 4

Dazu kamen an Kranken: 8 Offz., 40 Uffz. und 324 Mannschaften an sonstigen Abgängen: 7 Offz., 26 Uffz. und 68 Mannschaften.

Anlage 23

Kampfstärke der 21. ID. vor Wolchowstroj, Dezember 1941

A. Kampfstärken:

	Offiziere am		Unteroffiziere am		Mannschaften am	
	7./8. 12.	16. 12.	7./8. 12.	16. 12.	7./8. 12.	16. 12
IR. 3	29	29	182	202	885	937
IR. 24	30	33	184	194	993	1041
IR. 45	39	40	215	218	1055	2031
Ar. 21 + I./7	51	51	209	188	791	713
AA. 21	9	8	60	56	284	256
Pi. Btl. 21	9	11	28	28	326	353
Pz.Jg. Abt. 21	17	17	53	53	241	207
NA. 21	?	10	?	55	?	286
Gesamt		199		994		4824

B. Die Durchschnittskampfstärke einer Schützenkompanie betrug am 7. 12. 41:

beim IR. 3   1 Offz.   11 Uffz.   67 Mannschaften
beim IR. 24 1 Offz.   13 Uffz.   76 Mannschaften
beim IR. 45 2 Offz.   7 Uffz.   60 Mannschaften

C. An Waffen waren am 7. 12. 1941 vorhanden und davon besetzt:

Vorhandene Waffen:	Besetzte Waffen:	Vorhandene Waffen, die z. Zt. instandgesetzt werden:
431 l. M. G. 34	246 l. M. G. 24	5 l. F. H. 18
47 l. M. G. 08/15	47 l. M. G. 08/15	5 s. F. H. 18
102 s. M. G.	60. s. M. G.	
72 l. Gr. W.	31 l. Gr. W.	
44 s. Gr. W.	27 s. Gr. W.	
17 l. J. G.	16 l. J. G.	
6 s. J. G.	6 s. J. G.	
61 Pak 3,7 cm	56 Pak 3,7 cm	
3 Pak 5,0 cm	3 Pak 5,0 cm	
1 Pak 5,0 cm (russ.)	1 Pak 5,0 cm (russ.)	
36 l. F. H. 18	31 l. F. H. 18	
12 s. F. H. 18	7 s. F. H. 18	
89 Pz.-Büchsen (dt.)	30 Pz.-Büchsen (dt.)	
563 Masch.-Pist.	496 Masch.-Pist.	

Unterlagen: BA/MA, RH 26–21/34 und 26–21/36, Anl. 218a, b, 230b.

Anlage 24

Kriegsgliederung der 21. Inf. Division

Stand: 7.12.1941

12.678 Mann
4.931 Pferde

Anmerkung: + = Masch. Pist.
⚶ = LMG 108/15
*) = Davon 1 russ. Pak

Unterlage: BA/MA, RH 26-21/36, Anl. 218b.

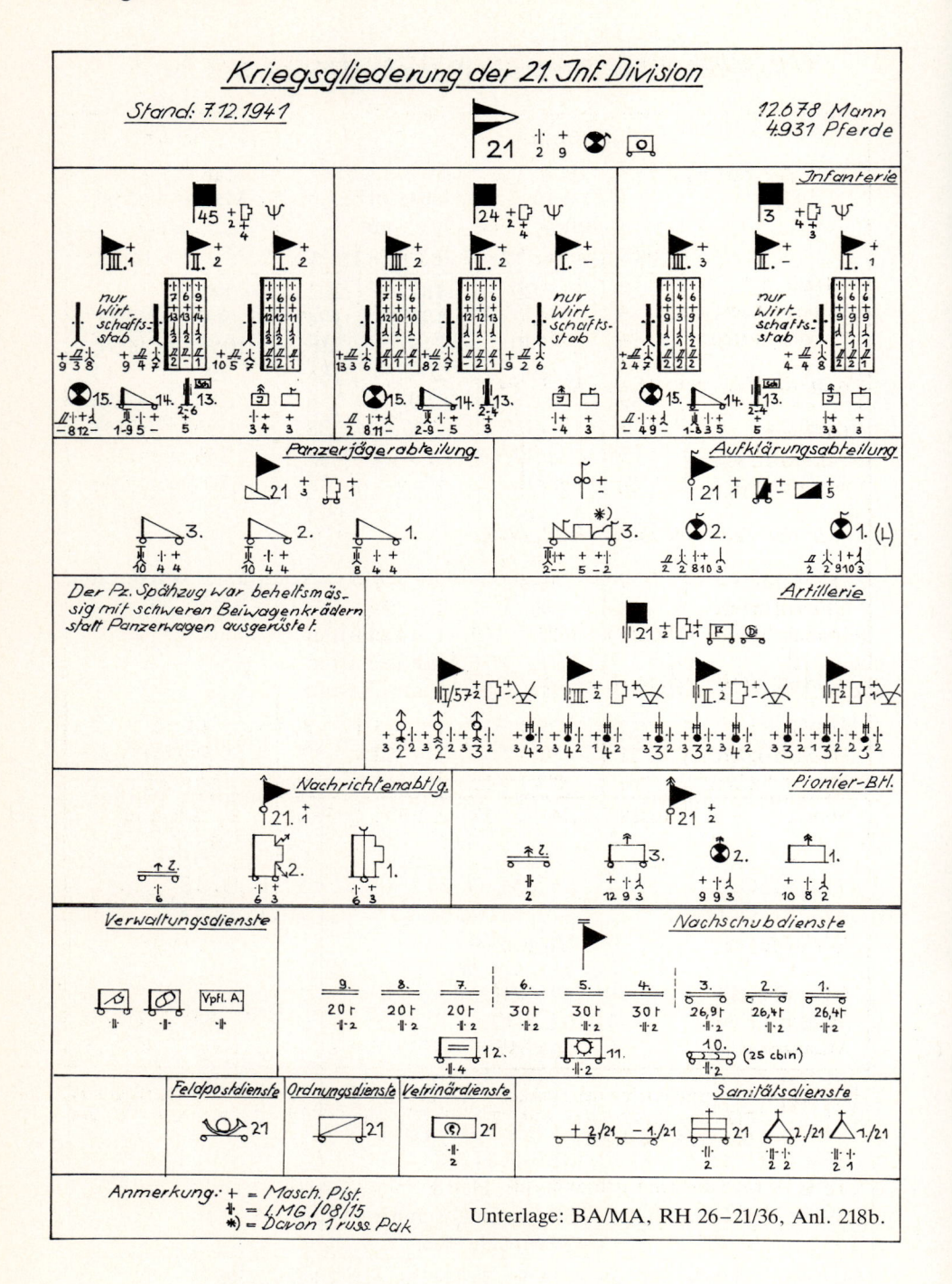

Anlage 25

Entwicklung der Personallage der 21. ID. vom 16. 1. – 15. 5. 1942

	Abgänge					Ersatz
a. in der Zeit vom 16. 1. – 15. 2. 1942						Zahlen in ( ) = Res. I. u. II, sowie Ldw.
	tot	verw.	verm.	krank	sonst.	
Offiziere	4	4	–	4	4	8 (6)
Unteroffiziere	4	15	–	48	10	86 (49)
Mannschaften	44	156	–	397	44	358 (229)
b. in der Zeit vom 16. 2. – 15. 3. 1942						
Offiziere	5	6	–	4	5	28 (18)
Unteroffiziere	7	40	–	46	20	266 (142)
Mannschaften	90	206	–	239	73	1.652 (1.125)
c. in der Zeit vom 16. 3. – 15. 4. 1942						
Offiziere	7	15	–	2	7	11 (5)
Unteroffiziere	34	96	2	50	23	40 (27)
Mannschaften	625*)	625	9	402	62	307 (193)
d. in der Zeit vom 16. 4. – 15. 5. 1942						
Offiziere	5	22	–	5	8	14 (8)
Unteroffiziere	31	92	–	22	32	38 (11) +)
Mannschaften	161	484	11	165	75	146 (92)
Summe a – d	1.018	1.761	22	1.384	363	+) Außerdem FEBtl. 21/3 mit 7 Offz, 63 Uffz, 963 Mannsch.
e. *Insgesamt*	*Abgänge*					*Ersatz*
Offiziere	107					61 (37)
Unteroffiziere	592					430 (229)
Mannschaften	3.868					2.463 (1.693)

Unterlagen: Zustandsberichte der Division vom 15. 2., 15. 3., 15. 4. u. 15. 5. 1942 (BA/MA, RH 26 – 21/42; Anl. 440, 26 – 21/47, Anl. 9a; 26 – 21/49, Anl. 420 und 26 – 21/51, Anl. 881).

*) Diese Angabe erscheint sehr zweifelhaft und ist wahrscheinlich zu hoch gegriffen.

Anlage 26

Verzeichnis

der im Pogostje-Einbruch aufgetretenen Feindverbände der 54. Armee bzw. des IV. Garde-Schützenkorps

(die kursiv gesetzten Verbände waren zeitweise mit Sicherheit vor der 21. Division aufgetreten)

3. Gd.-SD.: Gd. SR. 435, 505, 666
11. SD.: SR. 163, 219, 320, AR. 72
80. SD.: SR. 77, 153, 218, AR. 72
115. SD.: SR. 456, 576, 638
177. SD.
198. SD.: SR. 1027, 1029, „3. Regiment", Pi. Btl. 109
281. SD.: SR. 1062, 1064, 1066, Art. Regt. der 261. SD.
285. SD.: SR. 1013, 1015, 1017
294. SD.: SR. 857, 859, . . .
311. SD.: SR. 1067, 1069, 1071, AR. 855
16. PzBrig.
98. PzBrig.
122. PzBrig.
124. PzBrig.
32. SBrig.
33. SBrig.
137. SBrig.
140. SBrig.
333. SBrig.
6. Marine-Brig.
2. Ski-Regt.: Ski-Btl. 57 (273), 58 (274), 59, 60 (276)
Ski-Btl. 241
Ski-Btl. 242 (zur 32. SBrig. gehörig?)
Ski-Btl. 243

Anlage 27

Artilleriegliederung der 21. ID. (Stand: 8. 4. 1942)
Unterlage: Art. Bef. Nr. 13 des AR. 21 (Ia, 123/42 geh.) (Original im Besitz des Verfassers)

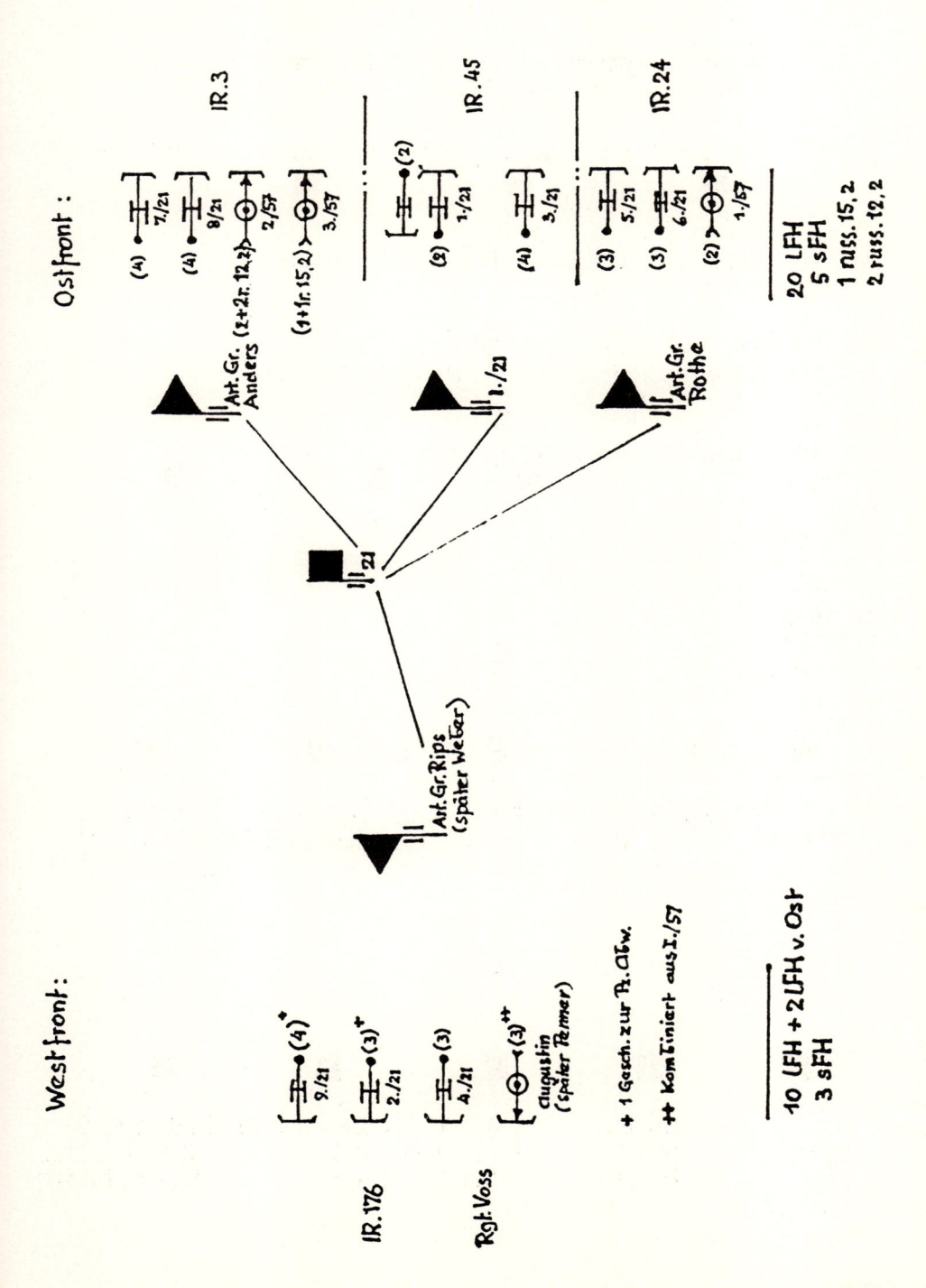

Anlage 28

Truppengliederungen der 21. Inf. Div.
bei den Abwehrkämpfen um Lipowik–Dubowik

bis 17.3.1942

21.

3	45	24
I./3	I./45	II./24
II./3	Rgts-Truppen 45	III./24
III./3		

19.3.1942

21.

Spreu	3	45	Voss
Teile Pz.Jg.Abt.21	I./3	I./45	II./24
Teile Nachr.Abt.21	II./3	Rgts.-Truppen 45	Teile A.A.21
Teile A.A.21	III./3		Marsch-Btl.11/2

23.3.1942

21

176	Spreu	3	45	Voss
I./176	1 Kp.IR.45	I./3	Rgts.Truppen 45	Teile J.R.24
II./176	Kan.Kp.AR.21	II./3	Btl. Koenenkamp	Teile A.A.24
III./176	St.Kp.IR.24	III./3	(2 Kp.)	Marsch-Btl.11/2
II./24				

28.3.1942

21.

Voss	176	3	45	v.Glasow
II./24	I./176	I./3	II.45 (bisher bei 11.D.)	Teile J.R.24
III./3	II./176	II./3	Teile J.R.45	Teile A.A.21
I./45	III./176	I./333	Teile J.R.3	Marsch-Btl.11/2
Teile J.R.24				

Truppengliederungen der 21. Inf.Div.
bei den Abwehrkämpfen um Lipowik–Dubowik

3.4.1942

▶ 21.

Voss	176	3	45	v. Glasow
II./24	I./176	I./3	II./45	Teile J.R.24
III./3	II./176	II./3	Teile J.R.45	Teile A.A.21
Teile J.R.24	III./176	I./333	Teile J.R.3	Marsch-Btl.11/2
Btl. Hoffmann				
(11.Div.)				

15.4.1942

▶ Gr. Sponheimer ▶ 11.

▽2	Voss	176	3	45	v. Glasow
I./2	II./24	I./176	I./3	II./45	Teile J.R.24
II./2	III./3	II./176	II./3	Teile J.R.45	Teile A.A.21
IV./2	Teile JR.24	III./176	I./333	Teile J.R.3	Marsch-Btl.11/2
III./151	I./390	I./45			
		A.A.291			

25.4.1942

▶ Gr. Sponheimer ▶ 11.

Div. Res.	▽Sturm	Willam	Voss	Hermann	Hilgendorff	v. Glasow
Div.Reserve	II./2	I./45	II./45	I./3	Teile J.R.45	Teile J.R.24
III./176	IV./2	A.A.122	III./151	II./3		Teile A.A.21
	II./24	II./272	II./176	I./333		Marsch-Btl.21/3
	III./3	I./390	II./390			
			Teile J.R.3			

Vermerk: I./176 aufgelöst

5.5.1942

▶ Gr. Sponheimer ▶ 11.

Div.Res.	▽Sturm	Willam	Voss	Hermann	Hilgendorff	v. Glasow
Div.Reserve	II./2	I./45	II./45	I./3	Btl. Oeyn-	Teile IR.24
II./24	IV./2	A.A.122	III./151	II./3	hausen u.	Btl. Kluckert
	I./333	II./272	II./176	III./3	Teile IR.45	(1./A.A.21 u. 1.,
		I./390	II./390			3. u. 4./
		III./176				estn.Sich.Btl.181)

669

*Truppengliederungen der 21. Inf.Div.
bei den Abwehrkämpfen um Lipowik–Dubowik*

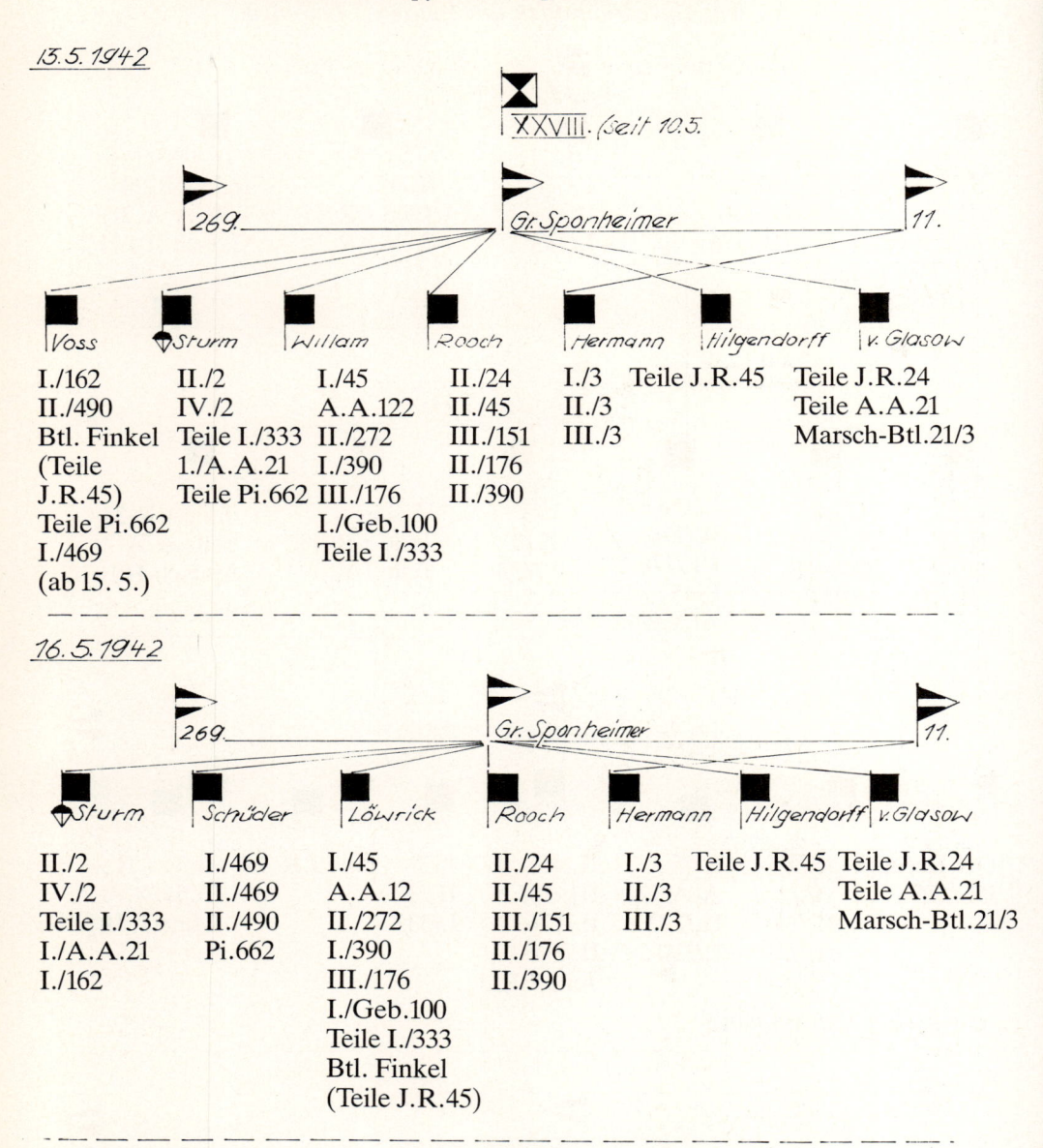

13.5.1942

XXVIII. (seit 10.5.)

269. — Gr. Sponheimer — 11.

Voss	Sturm	Willam	Rooch	Hermann	Hilgendorff	v. Glasow
I./162	II./2	I./45	II./24	I./3 Teile J.R.45		Teile J.R.24
II./490	IV./2	A.A.122	II./45	II./3		Teile A.A.21
Btl. Finkel	Teile I./333	II./272	III./151	III./3		Marsch-Btl.21/3
(Teile	1./A.A.21	I./390	II./176			
J.R.45)	Teile Pi.662	III./176	II./390			
Teile Pi.662		I./Geb.100				
I./469		Teile I./333				
(ab 15.5.)						

16.5.1942

269. — Gr. Sponheimer — 11.

Sturm	Schüder	Löwrick	Rooch	Hermann	Hilgendorff	v. Glasow
II./2	I./469	I./45	II./24	I./3 Teile J.R.45		Teile J.R.24
IV./2	II./469	A.A.12	II./45	II./3		Teile A.A.21
Teile I./333	II./490	II./272	III./151	III./3		Marsch-Btl.21/3
I./A.A.21	Pi.662	I./390	II./176			
I./162		III./176	II./390			
		I./Geb.100				
		Teile I./333				
		Btl. Finkel				
		(Teile J.R.45)				

Vermerk: Nicht berücksichtigt wurden:
einzelne Kompanien u. Züge,
Artillerie u. schw. Inf.-Waffen,
Sturmgeschütze u. Panzer,
Bautruppen u. estnische Verbände

Anlage 29

Gliederung einer sowjetischen Schützendivision
(Stand 18.3.1942)

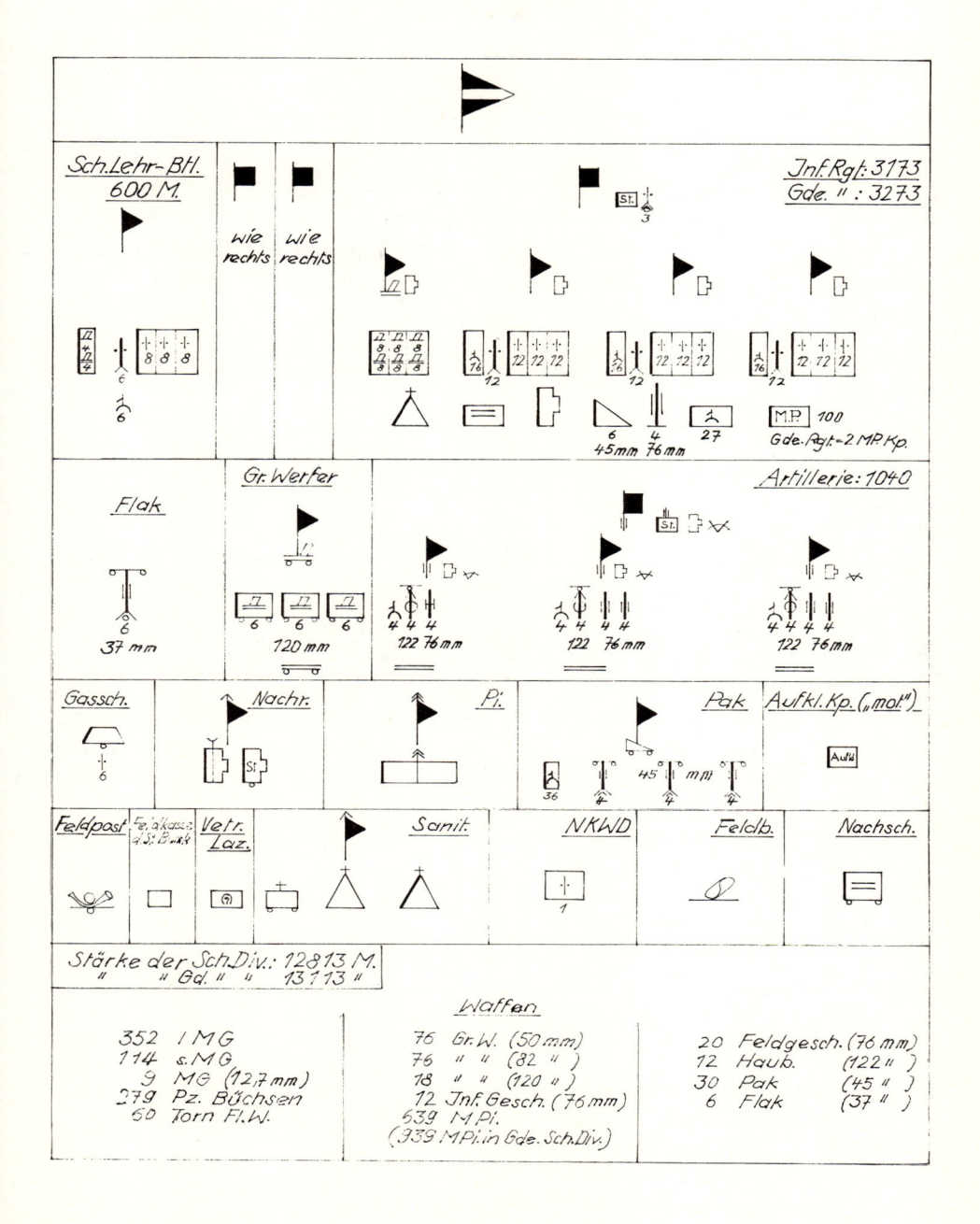

Inf.Rgt.: 3173
Gde. ": 3273

Sch.Lehr-Btl. 600 M.

wie rechts | wie rechts

Flak — 37 mm

Gr.Werfer — 120 mm

Artillerie: 1040 — 122 76mm

Gassch. | Nachr. | Pi. | Pak | Aufkl.Kp.("mot.")

Feldpost | Fe.akass d.S.Bank | Vetr. Laz. | | Sanit. | NKWD | Feldb. | Nachsch.

Stärke der Sch.Div.: 12813 M.
" " Gd. " " 13113 "

Waffen

- 352 l MG
- 114 s.MG
- 9 MG (12,7 mm)
- 279 Pz.Büchsen
- 60 Torn.Fl.W.

- 76 Gr.W. (50 mm)
- 76 " " (82 ")
- 18 " " (120 ")
- 12 Inf.Gesch. (76 mm)
- 639 M.Pi.
- (939 M.Pi.in Gde.Sch.Div.)

- 20 Feldgesch. (76 mm)
- 12 Haub. (122 ")
- 30 Pak (45 ")
- 6 Flak (37 ")

671

Anlage 30

Vermutliche Kriegsgliederung einer sowjetischen Panzerbrigade

Etat vom April 1942 (Gef. Aussag.)

Stärke und Ausrüstung.

Einheit	Offiziere	Polit.Leiter	Beamte	Uffz.u.Mannsch	Insgesamt	Panzer			M.G.		Pz.Büchsen 14,5mm	Gr.Wf. 82mm	Pak 37mm	Pkw.	Lkw.	Bes.Lkw.	Schlepper	Kräder	Funkanlagen
						s.KW.	m.T34	l.T60	le.	s.									
Stab	10	4	2	6	22										1			2	
Stabskomp.	4	1	1	164	170													6	3
2 Pz.Btle.	56	6	10	228	300	10	20	16										4	18
Schtz.Btl.mot.	21	4	2	380	407				6	6	8								1
Flak Bttr.	4	1	–	42	47								4						1
Nachschubkomp.	9	1	5	169	184											8			
Sanitätszug	–	–	2	20	22											5			
insgesamt	104	17	22	1009	1152	10	20[1]	16	200[3]	6	6	8	4	1	143[3]	13	8[2]	12	23

[1] Für die Brigade sind 2 Reserve-Pz. T34 vorgesehen, aber vielfach <u>nicht</u> vorhanden.
[2] Werden <u>je nach Bedarf</u> den Einheiten zugeteilt.
[3] Verteilung im einzelnen nicht bekannt, Zahl der le.M.G. erscheint fraglich.

Anlage 31

Übersicht

über die von der 21. ID. abgegebenen und ihr dafür zugeführten, divisionsfremden Truppen

(Stichtag: 19. 5. 1942)

Abgestellt waren:		
zur SS-Pol. Div.:		
Rgts. Stab IR. 24 III./IR. 24		
1. u. 2./Pi. Btl. 21 2./AA. 21		
3 Funktrupps der NA. 21		
Tle. Fahrkol. 5./21		
zur 11. ID.:		
IR. 3 und Art. Gr. Anders (ab 12. 5.)		
zur 215. ID.:		
1 Zg. 2./PzJg. Abt. 21		
zur 254. ID.:		
2 Züge 2./PzJg. Abt. 21		
Teile d. kl. Kw. Kol. l. u. 3./21		
Fahrkol. 4., 6., 7., 9./21		
Nachschubkp. 12./21		
zu Versorgungseinrichtungen der Armee und des Korps im Hinterland:		
insgesamt: 2 Offz., 7 Uffz. und 56 Mann		

Zugeführt und unterstellt waren

	seit:
von der 11. ID.:	
Btl. Hoffmann	7. – 9. 4. 42
Marsch-Btl. 11/2	
1./Pi. Btl. 11	12. 5. 42
von der 61. ID.:	
IR. 176	20. 3. 42
III./IR. 151	14. 4. 42
eine PzJg. Kp.	16. 4. 42
von der 81. ID.:	
I./IR. 161	12. 5. 42
von der 93. ID.:	
II./IR. 272 u.	
13./IR. 272	
(o. sIg. Zg.)	20. 4. 42
von der 122. ID.:	
AA. 122	7. 5. 42(?)
von der 215. ID.:	
I./IR. 390	11. 4. 42
II./IR. 390	18. 4. 42
von der 225. ID.:	
I./IR. 333	25. 3. 42
von der 269. ID.:	
II./IR. 490	12. 5. 42
I./IR. 469	14. 5. 42
II./IR. 469	15. 4. 42
von der 291. ID.:	
AA. 291	12. 4. 42
11./AR. 291	12. 4. 42
von der 5. GbD.:	
I./GbJgR. 100	8. 5. 42
von der 12. PzD.:	
II./PzRgt. 203	20. 3. 42
6./PzRgt. 29	17. 4. 42
von der 7. Flieger-Div.:	
FJgRgt. 2 (o. III. Btl)	13. 4. 42
(I. Btl. am 15. 4. abgezogen)	
von Armee- u. Korpstr.:	
Tle. Nb. W. Abt. 2	26. 12. 41
Bau-Btl. 101	23. 3. 42
Pi. Btl. 662	12. 5. 42
1., 3., 4./estn. Sich. Btl. 181	3. 4. 42
10./estn. Sich. Btl. 183	?

BA/MA, RH 26 – 21/50, Anl. 436, 437 (ergänzt)

Anlage 32

Kriegsgliederung der der 21. ID unterstellten Truppen.
Stand: 1.6.1942

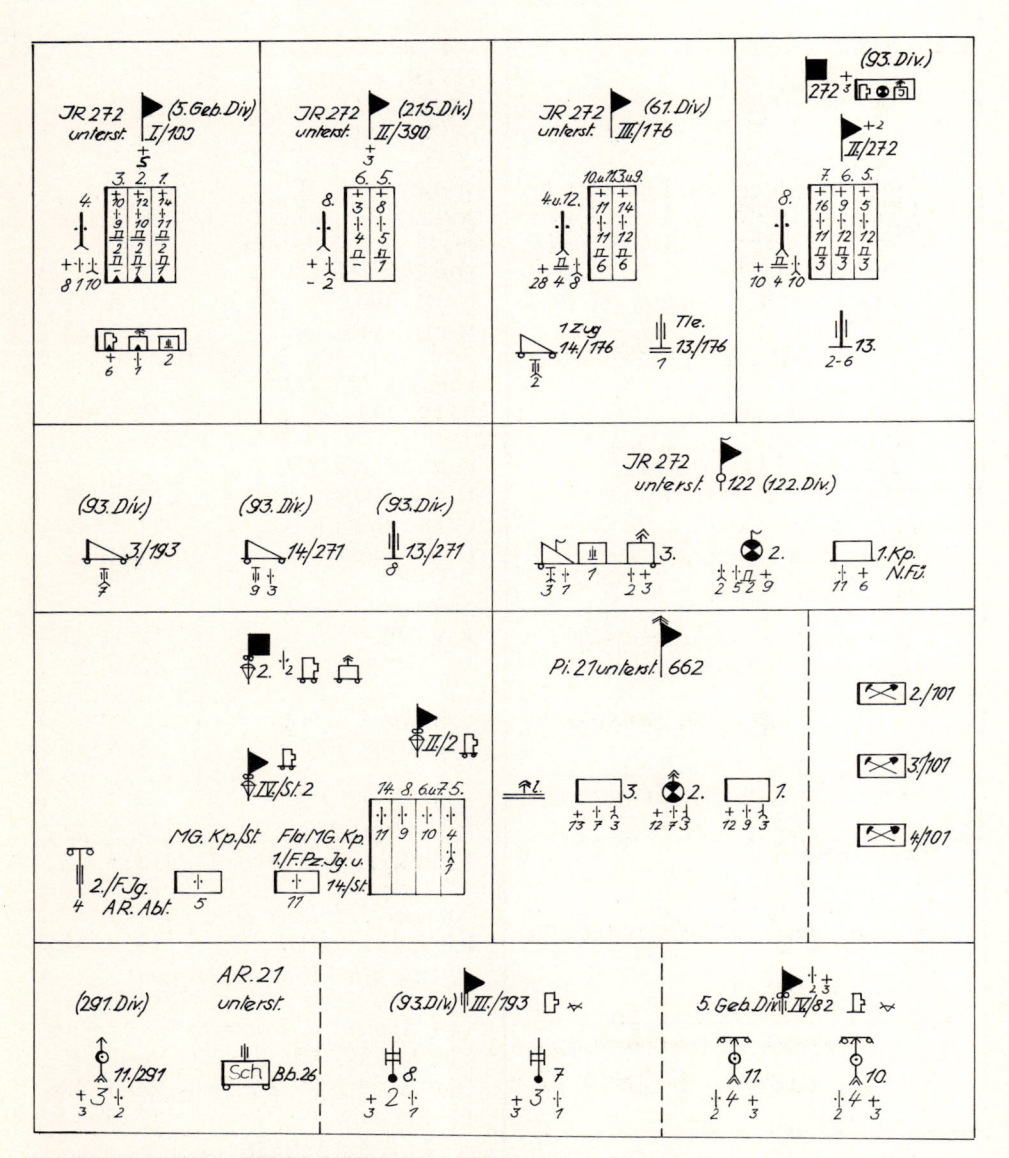

Unterlage: BA/MA, RH 26–21/52, Anl. 1.137

Anlage 33

Kriegsgliederung der 21. Inf. Division

13 221 Mann
4 834 Pferde

Stand: 1.7.1942
Unterlage: BA/MA, RH 26-21/60, Anl. 241
+ = MPi

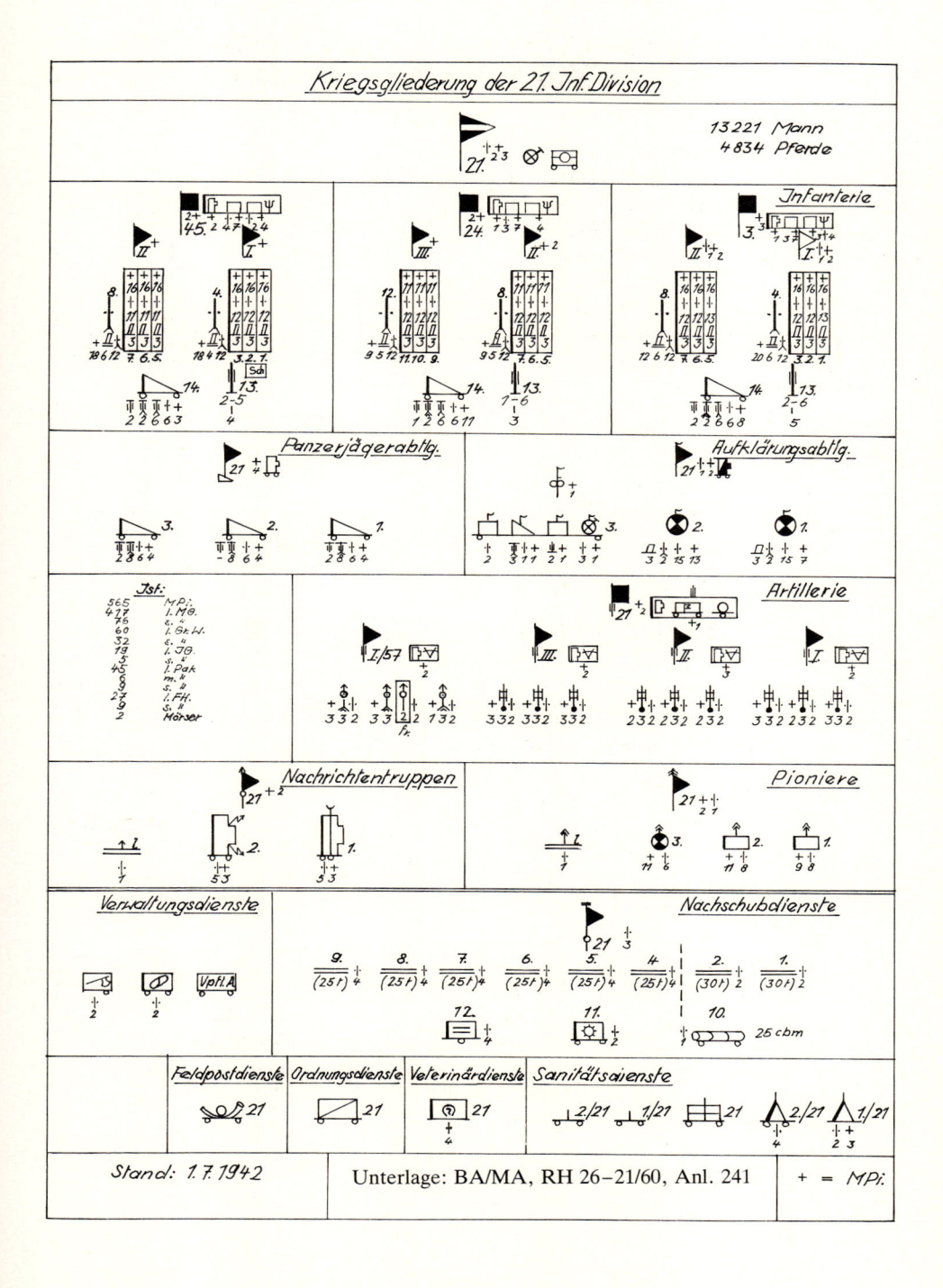

Anlage 34

Kommandeurstellenbesetzung der 21. Division
(Stand: 1. 7. 1942)

Div. Stab:
Kdr.: Glt. Sponheimer
Ia: (i. V.) Mjr. i. G. von Prittwitz und Gaffron
Ib: Hptm. Beusterien (kdt. zur Div.)
Ic: Hptm. d. Res. Skowronski
IIa u. Div. Adj.: Mjr. Eckstein

IR. 3:
Kdr.: Obst. Hermann
I./3: Hptm. Engbrecht
II./3: Hptm. Schütze

IR. 24:
Kdr.: Obst. Arning
II./24: Hptm. Reichelt
III./24: Hptm. Schwender

IR. 45:
Kdr.: Obst. Chill
I./45: Mjr. Meseck
II./45: Hptm. Hilgendorff

AA. 21:
Kdr.: Mjr. v. Glasow (kdt. zum Div. Stab als Fü. Res., m. d. Fü. betr.:
   Mjr. Zorning, Chef 1. Schw.)

PzJg.Abt. 21:
Kdr.: Hptm. Spreu

Pi. Btl. 21:
Kdr.: Mjr. Oehlmann

AR. 21:
Kdr.: Obstlt. Dr. Brechtel
I./21: Mjr. d. Res. Lange
II./21: Hptm. Rothe
III./21: Hptm. Weber
I./57: Obstlt. Anders

Nach. Abt. 21:
Kdr.: Mjr. Loibl

Anlage 35

Artilleriegliederung der 21. ID
Stand: 5. 8. 1942

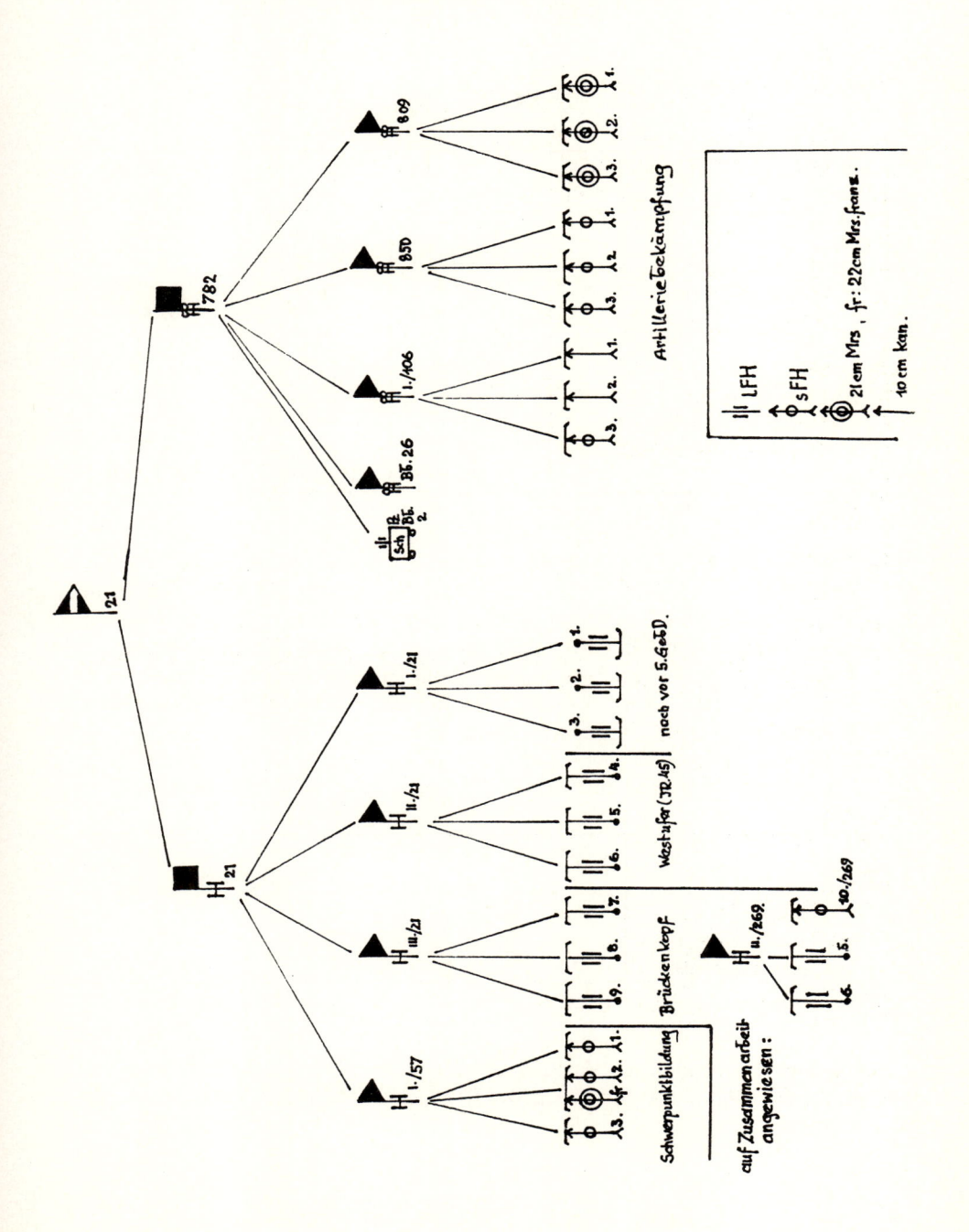

Anlage 36

*Verluste der 21. Division während ihres
Einsatzes im Brückenkopf Kirischi 1942*

a) vom 30. 7. – 25. 8. 1942

Truppe:	Einsatztage:	Kampfstärke		Verluste
		Beginn:	Ende:	jeder Art:
I./3	18	12/576	6/149	6/427
II./3	26	12/610	7/311	5/299
II./24	13	11/568	3/100	8/468
III./24	12	13/568	4/155	9/413
I./45	17	11/541	7/234	4/307
II./45	15	10/386	9/330	1/56
PzJg. 21	15	3/60	2/56	1/4
A.A. 21	14	6/166	6/126	0/40
Pi. Btl. 21	22	4/127	4/91	0/36
Insgesamt		82/3.602	48/1.552	34/2.050

(Unterlage: BA/MA, RH 26 – 21/65)

b) Die *blutigen* Verluste der Division, allerdings einschließlich der des unterstellten I./IR. 489 und III./GbJg. Rgt. 100, beliefen sich vom 30. 7. – 25. 8. 1942 auf 42 Offiziere (einschließlich der verwundet bei der Truppe verbliebenen), 305 Uffz. und 1.353 Mannschaften. – Das AR. 21 verlor an B-Stellenpersonal im Brückenkopf während des Monats August: 2 Offz. (verw.) und 45 Uffz. und Mannschaften (6 tot, 2 verm., 37 verw.). Insgesamt: 1.747 Mann.

c) Die Verluste der Division in der Zeit vom 1. – 30. 9. 1942 betrugen:

	tot	verw.	verm.	krank	sonstige Abgänge	gesamt
Offiziere	3	8	–	11	6	28
Uffz. und Mannsch.	202	598	43	293	53	1.189

(Unterlage: Zustandsbericht d. 21. ID. vom 1. 10. 1942, BA/MA, RH 26 – 21/73, Anl. 175)

d) Man wird demnach die Verluste der Division allein *im* Brückenkopf mit rund 60 Offizieren und 3.230 Uffz. und Mannschaften annehmen müssen.

Anlage 37

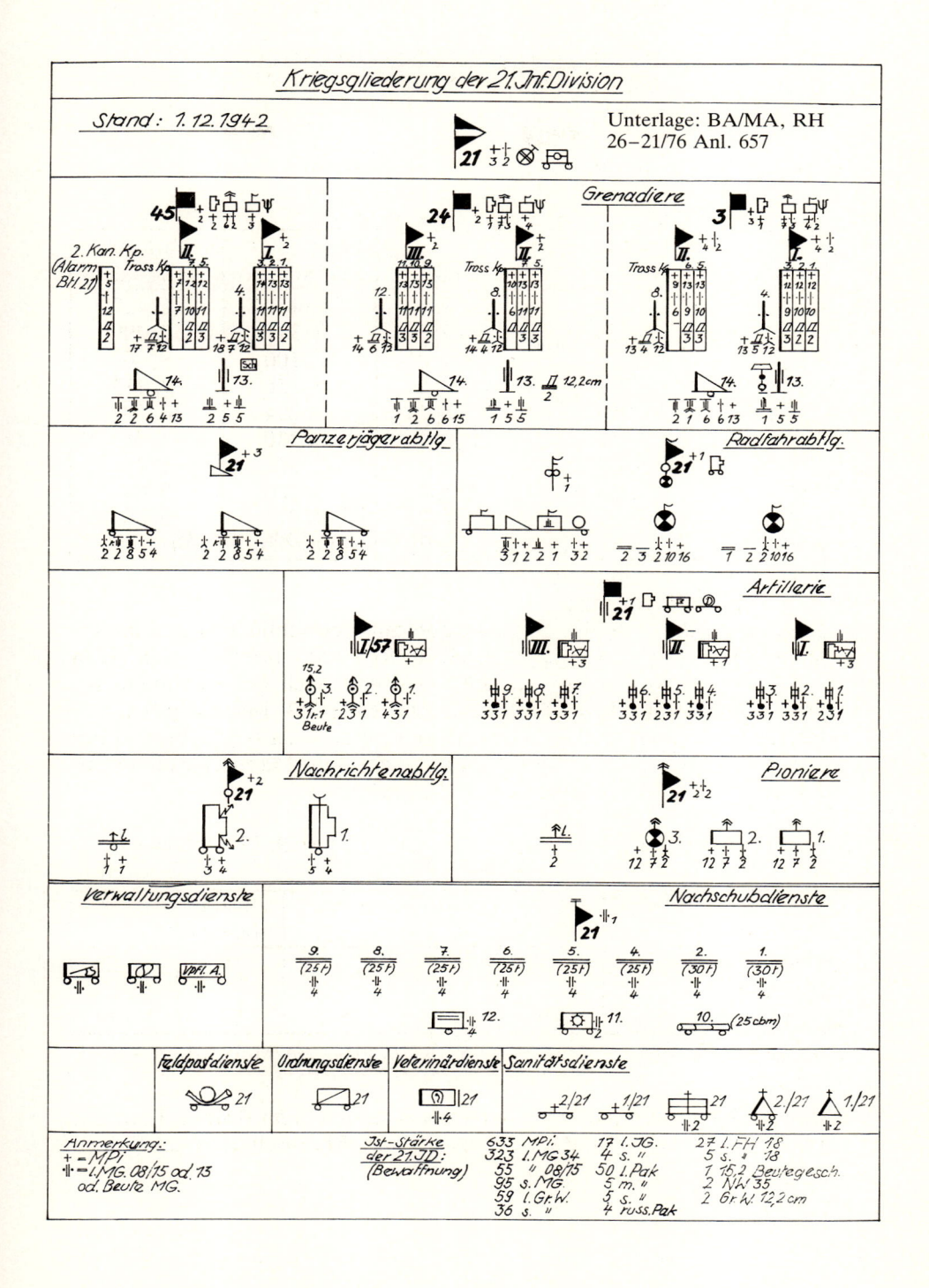

Anlage 38

Vor der 21. Division während der 2. Ladogaschlacht aufgetretene Feindverbände

a) Einsatz Ssinjawino
   (27. 1. – 16. 3. 1943)

67. Armee

13. SD.
SR. 113, 172, 296

86. SD.
Kdr.: Obst. W. A. Trubatschow
SR. 169 (aufgelöst), 284, 330
zugeteilt: selbst. Pi. Btl. 120

90. SD.
SR. 19, 173, 286

142. SD.
Kdr.: Obst. Meschoschin
SR. 461, 588, 946, AR. 334
7. selbst. Ing. Btl.

b) Einsatz Karbusel
   (19. 3. – 4. 4. 1943)

8. Armee
64. GdSD. u. *239. SD.* siehe
2. Stoßarmee

256. SD.
Kdr.: Obst. Wjatissow
SR. 930, 934, 937, AR. 792.
selbst. Pi. Btl. 224 (?)

286. SD.
Kdr.: Obst. Welkow
SR. 994, 996, 998

372. SD.
SR. 1236 . . .

374. SD.
SR. 1242, 1244, 1246

378. SD.
SR. 1254, 1256, 1258

382. SD.
SR. 1265, 1267, 1269

2. Stoßarmee

64. GdSD.
(unbenannte 327. SD.)
Kdr.: Obst. bzw. GM. N. A. Poljakow
GdSR. 191 (früher SR. 1098),
   194 (früher SR. ?)
   197 (früher SR. 1102),
AR. 134, schw. (?) AR. 2

80. SD.
Kdr.: GM. Fanejew
SR. 77, 153, 218, AR. 88

147. SD.
SR. 15, 600, 640

224. SD.
Kdr.: Obst. Gerassimenko
SR. 143, 160, 185, AR. 111,
Pz. Abt. 76

239. SD.
SR. 239, 813, 837

364. SD.
Kdr.: GM. Solowjow
SR. 1212, 1214, 1216, AR. 937

376. SD.
SR. 1248, 1250, 1252

Anlage 39

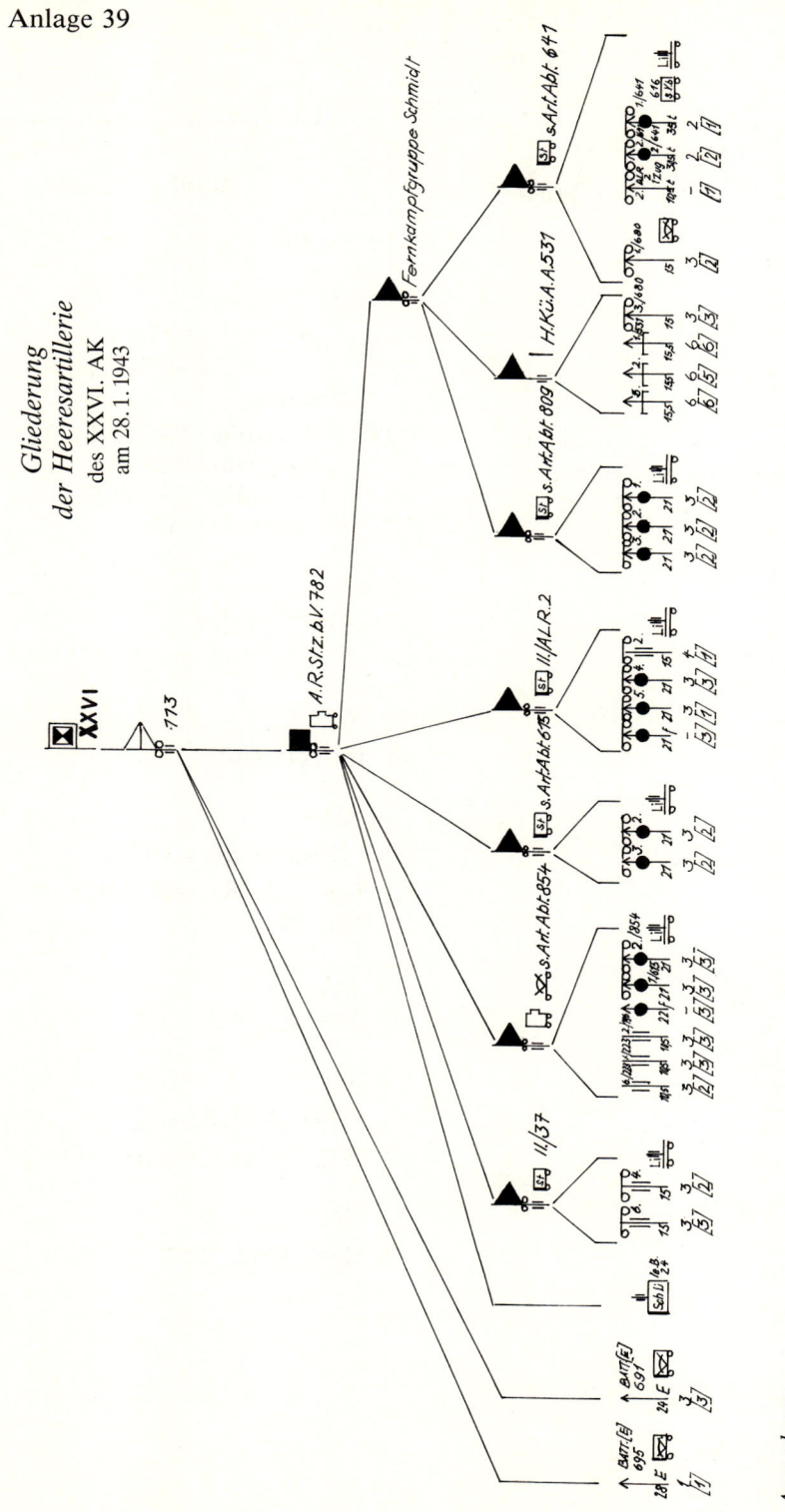

*Gliederung
der Heeresartillerie
des XXVI. AK
am 28.1.1943*

Anmerkung:
Zahlen unter den Geschützzeichen: Sollzahl der Rohre.
Eingeklammerte Zahlen: Feuerbereite u. kurzfristig
instandzusetzende Rohre.

Anlage 40

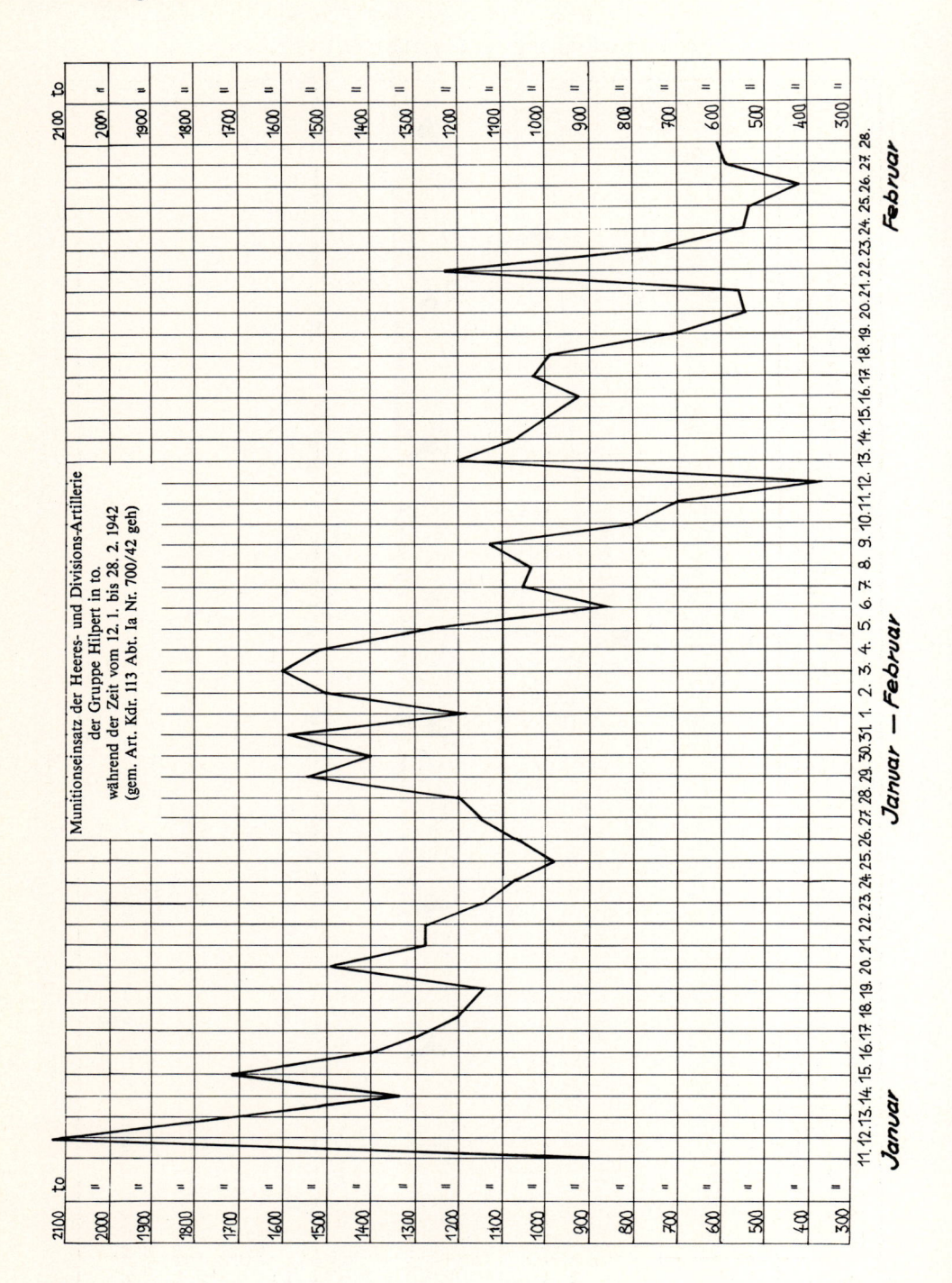

Munitionseinsatz der Heeres- und Divisions-Artillerie der Gruppe Hilpert in to. während der Zeit vom 12.1. bis 28.2.1942 (gem. Art. Kdr. 113 Abt. Ia Nr. 700/42 geh)

Anlage 41 Verluste der 21. Division
vom 27. 1. – 16. 3. 43
(2. Ladoga-Schlacht, Einsatz Ssinjawino)

Tag	Offiziere			Unteroffiziere			Mannschaften		
	gef.	verw.	verm.	gef.	verw.	verm.	gef.	verw.	verm.
27. 1. 43		2		2	6		9	28	1
28. 1. 43	1	1		1	10		19	44	1
29. 1. 43	2	7		13	37	3	68	228	54
30. 1. 43		6		10	32	2	38	163	25
31. 1. 43	1	4		8	29	4	27	137	43
1. 2. 43	2	4		4	28	1	24	121	26
2. 2. 43	2	3		2	9		13	34	3
3. 2. 43				2	9		9	56	1
4. 2. 43		1		4	7		8	29	
5. 2. 43	1	1	1	6	2		21	58	3
6. 2. 43		1		1	1		1	17	
7. 2. 43				5	9		6	58	1
8. 2. 43				1	4		12	43	
9. 2. 43	1	3		1	9		38	60	1
10. 2. 43		1		10	8		10	27	5
11. 2. 43		1		10	8		10	27	5
12. 2. 43				1	3		4	20	
13. 2. 43	2	7		6	21		42	156	5
14. 2. 43		1			6		5	25	
15. 2. 43	1	1		1	12		3	27	
16. 2. 43				1	2		6	41	
17. 2. 43				1	11		3	30	
18. 2. 43		1			1		1	8	
19. 2. 43		1		1	4		5	24	
20. 2. 43							1	12	
21. 2. 43		1	1	1	2		2	6	
22. 2. 43		10		7	30		20	88	
23. 2. 43		2		1	15		16	52	1
24. 2. 43		1		2	5		11	44	
25. 2. 43		2			9		10	56	3
26. 2. 43		2			6		7	65	
27. 2. 43					1		1	17	
28. 2. 43		1			3		2	18	
1. 3. 43					1		2	15	
2. 3. 43				1			5	16	
3. 3. 43					1			8	
4. 3. 43								3	
5. 3. 43							1	12	
6. 3. 43								3	
7. 3. 43		1		1	2			5	
8. 3. 43	1			1	6		5	13	
9. 3. 43					2		3	7	
10. 3. 43					3			1	
11. 3. 43					1			4	
12. 3. 43							2	4	
13. 3. 43								4	
14. 3. 43								4	
15. 3. 43								3	
16. 3. 43					1				
Gesamt:	14	66	2	105	356	10	470	1921	178
		82			471			2569	

683

Anlage 42

Truppengliederung der 21. Division
vom 20.–26. 3. 1943

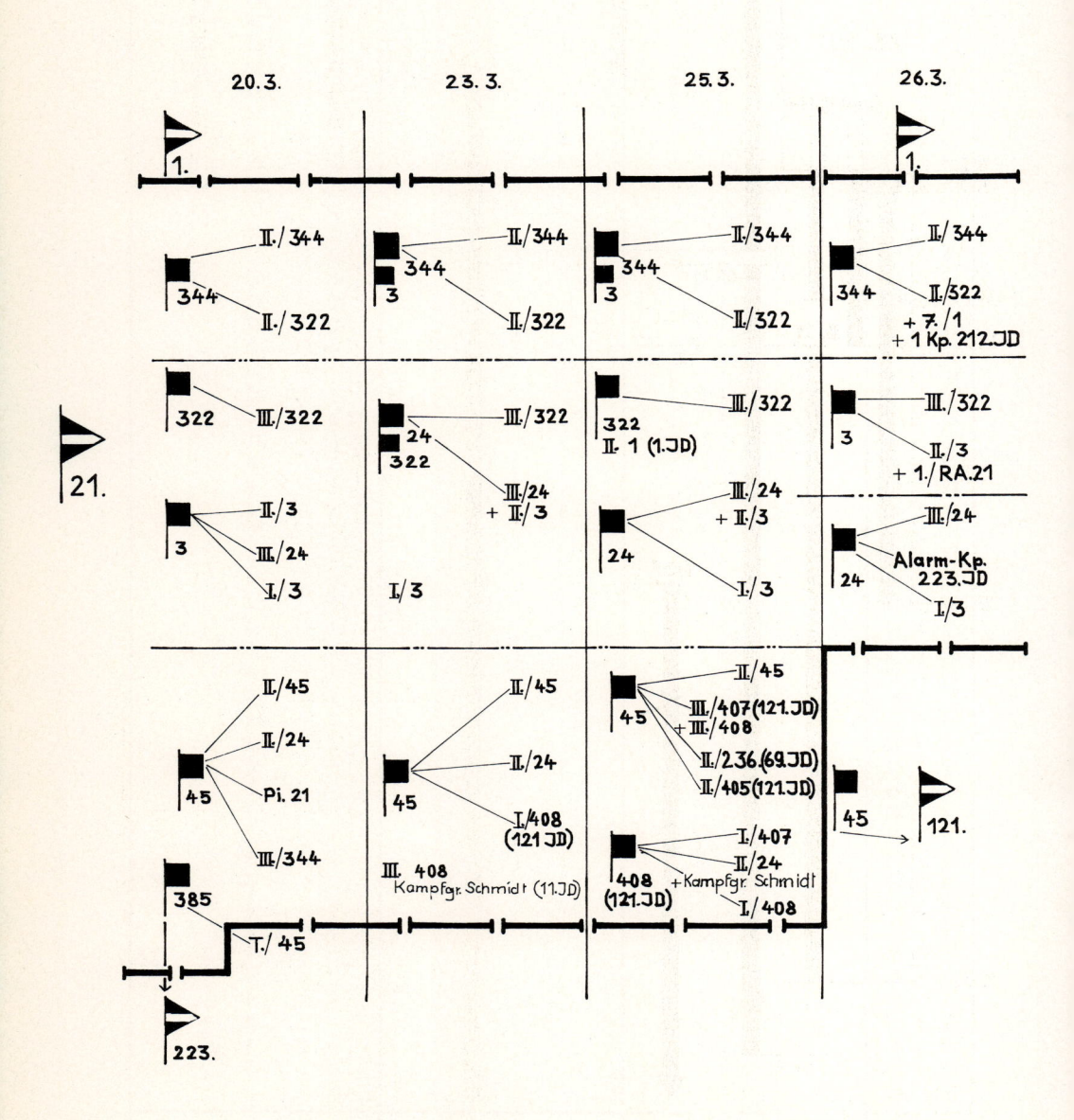

	20.3.	23.3.	25.3.	26.3.
1.				1.
21.	344 — II./344, II./322	344 / 3 — II./344, II./322	344 / 3 — II./344, II./322	344 — II./344, II./522, +7./1, +1 Kp. 212.JD
	322 — III./322; 3 — II./3, III./24, I./3	24 / 322 — III./322, III./24, +II./3; I./3	322 — III./322, II.-1 (1.JD); 24 — III./24, +II./3, I./3	3 — III./322, II./3, +1./RA.21; 24 — III./24, Alarm-Kp. 223.JD, I./3
	45 — II./45, II./24, Pi.21, III./344; 385 — T./45	45 — II./45, II./24, I./408 (121.JD); III. 408 Kampfgr. Schmidt (11.JD)	45 — II./45, III./407 (121.JD), +III./408, II./236 (69.JD), II./405 (121.JD); 408 (121.JD) — I./407, II./24, +Kampfgr. Schmidt, I./408	45 → 121.
223.				

Anlage 43

AR 21

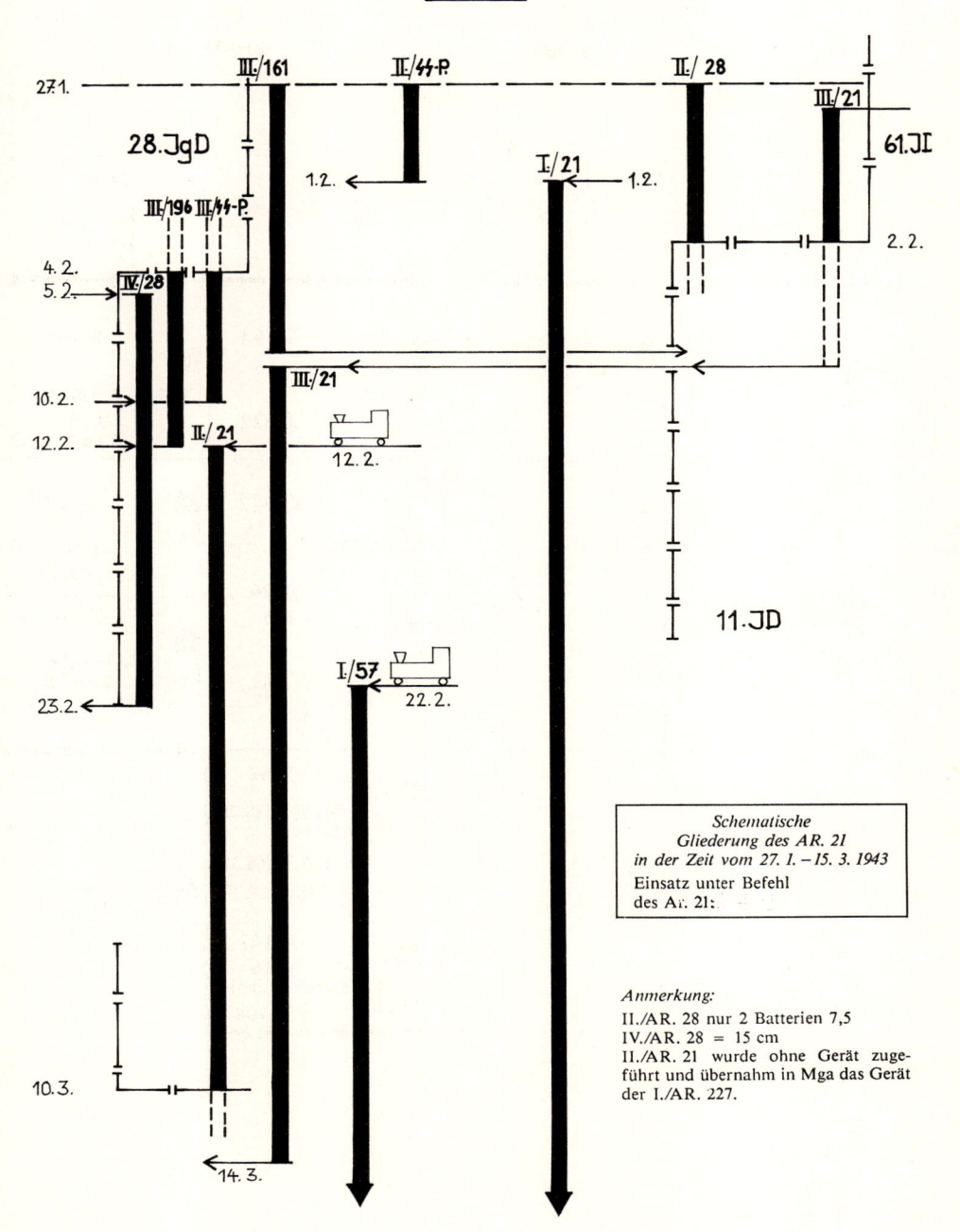

Schematische Gliederung des AR. 21 in der Zeit vom 27. 1. – 15. 3. 1943
Einsatz unter Befehl des Ar. 21:

Anmerkung:
II./AR. 28 nur 2 Batterien 7,5
IV./AR. 28 = 15 cm
II./AR. 21 wurde ohne Gerät zugeführt und übernahm in Mga das Gerät der I./AR. 227.

Anlage 44

Gliederung des AR. 21
Stand: 23.3.43

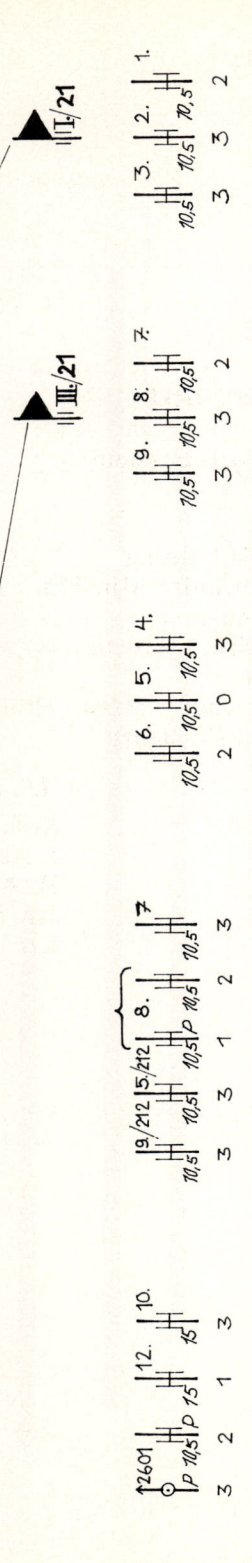

Anlage 45

Kommandeurstellenbesetzung der 21. Division
Stand: 1. 7. 1943

Div. Kdr.: Glt. Matzky
Ia: Obstlt. i. G. Schroetter

GR. 3
Kdr.: Obst. Ziegler
I. Btl.: Mjr. Ritgen
II. Btl.: Mjr. Eckstein

GR. 24
Kdr.: Obst. Arning
m. d. F. beauft.: Mjr. Frh.
von Oeynhausen
II. Btl.: Mjr. Frh. von
Oeynhausen
m. d. F. beauft.: Hptm. Hüning
III. Btl.: Mjr. Babel

GR. 45
Kdr.: Obstlt. Schwender
I. Btl.: Hptm. Anton
II. Btl.: Mjr. Schaper

FEBtl.: Mjr. Hilgendorff

PzJg. Abt. 21: Mjr. Spreu

Aufkl. Abt. 21: Rittm. Kluckert

Pi. Btl. 21: Mjr. Muschner

Nachr. Abt. 21: Hptm. Krebs

AR. 21
Kdr.: Obstlt. Henger
I. Abt.: Mjr. Lange
II. Abt.: Hptm. Fink
III. Abt.: Hptm. Wendig
I./57: Mjr. Weber

Anlage 46

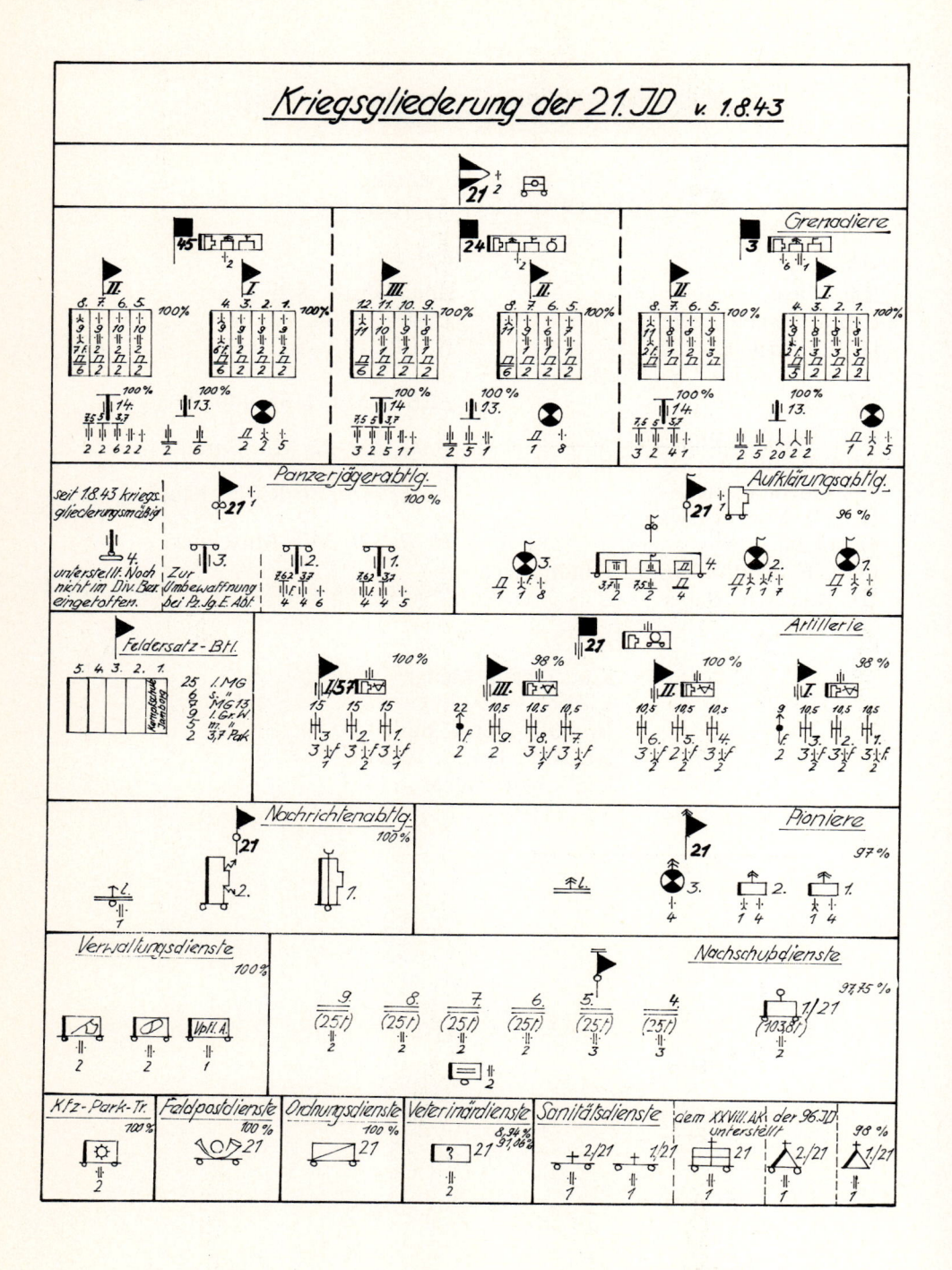

Kriegsgliederung der 21. ID v. 1.8.43

Anlage 47

Gliederung des AR.21

Stand: 26.7.43

Anlage 48

Verluste der 21. Division
vom 14. 8. – 20. 9.43
(3. Ladoga-Schlacht)

Tag	Offiziere			Unteroffiziere			Mannschaften		
	gef.	verw.	verm.	gef.	verw.	verm.	gef.	verw.	verm.
14. 8. 43					1		3	16	1
15. 8. 43					7		12	27	
16. 8. 43					1		5	14	
17. 8. 43	1				1		5	18	
18. 8. 43	1	8		14	32	1	56	149	15
19. 8. 43	1	4		14	33		56	183	10
20. 8. 43		4		11	23		38	178	8
21. 8. 43	2	7		3	33	1	58	215	18
22. 8. 43		3		5	13		26	100	3
23. 8. 43		1		5	9		21	101	6
24. 8. 43				2	6		19	54	
25. 8. 43	1				6		19	62	2
26. 8. 43	1			1	12		23	66	8
27. 8. 43				2	9	1	14	66	3
28. 8. 43					4		6	19	1
29. 8. 43					3		8	31	
30. 8. 43		1			2		4	30	
31. 8. 43		1		1	3		7	44	
1. 9. 43	1			2	2		6	25	
2. 9. 43	1	2			1		3	17	
3. 9. 43					3		3	31	
4. 9. 43		1			2		5	7	
5. 9. 43					3		3	18	
6. 9. 43					5		5	12	
7. 9. 43		1		2	8		9	50	
8. 9. 43					6		3	17	
9. 9. 43				1	1		5	21	
10. 9. 43		1			4		2	10	
11. 9. 43					8		7	36	
12. 9. 43					2		1	18	
13. 9. 43					2		2	13	
14. 9. 43		1			3		3	28	
15. 9. 43	9	19	2	13	56	33	66	309	180
16. 9. 43		4	1	13	50	12	62	198	39
17. 9. 43		2		7	21	1	38	115	16
18. 9. 43	1	1		4	22	2	21	110	14
19. 9. 43		1		2	2		2	15	1
20. 9. 43		1		1	2			7	
Gesamt:	19	63	3	103	401	48	626	2430	325
		85			552			3381	

Gesamtsumme der Verluste: 4018
Unterlage: BA/MA, RH 26 – 21/96

Anlage 49

Munitionsverbrauch der 21. Division
während der Großkämpfe auf den Ssijawino-Höhen im August/September 1943

A. Verschuß an Infanteriemunition:

August	Patr. s.S.	Patr. SmK.	Patr. SmK. L.	Gew. Pz. Gr.	Gew. Spr. Gr.	Pist. Patr.	Stiel-HGr. 24	Ei-HGr. 39
15.	118.500	1.500	3.200	417	315	19.300	852	644
16.	47.200	3.000		20	205	2.000	345	145
17.	45.200		300		162	2.200	625	185
18.	214.800		9.000	342	1.464	19.000	2.245	2.225
19.	169.900		7.000	825	1.548	24.100	3.552	3.155
20.	119.000		4.000	110	1.916	9.000	2.930	2.820
21.	121.000	2.000	10.000	960	1.300	33.000	3.850	3.900
22.	63.000		2.000	365	330	4.000	2.810	2.850
23.	39.000		1.000		415	4.000	1.050	900
September								
14.	42.000				345	5.000	255	270
15.	138.000		30.000	900	1.470	17.000	2.900	3.120
16.	139.000		11.000	510	235	13.200	2.130	2.567
17.	136.000		15.000	400	1.240	9.000	3.940	4.266
18.	96.000		7.000	800	530	25.000	980	1.230
19.	252.000		30.000		100	20.000	600	150
20.	18.500	2.000				400	15	15

Außerdem wurden verbraucht:

	Leuchtpatr.	Signal-Patr.
vom 15.–23. August	12.019	2.947
vom 14.–20. September	6.202	3.420

B. Verschuß von Werfer- und Artilleriemunition:

August	le. WGr. 36	8 cm WGr.	le IG.	sIG.	Nb. Wf. 12 cm	lFH	sFH	Mörser 22 cm
15.	780	1.360	1.781	342		583	150	30
16.	344	315	749	32		813	87	
17.	225	758	491	105		242	45	5
18.	3.330	2.889	2.540	467		7.751	881	130
19.	3.155	1.956	1.259	180		7.895	1.030	109
20.	2.050	1.388	776	208		4.615	394	75
21.	1.210	1.400	1.211	327		4.925	1.123	52
22.	1.130	1.190	486	129			3.621	566
23.	420	1.227	899	245		4.123	556	17
September								
14.	160	342	103			1.358	66	60
15.	840	1.940	1.492	341	140	6.852	1.708	150
16.	1.253	2.225	272			7.649	1.774	110
17.	600	2.132	1.174	229		6.084	827	57
18.	300	1.090	1.120	75		10.910	1.826	108
19.	1.100	1.300	800			3.841	416	3
20.	25							

C. Verschuß von Pak- und Flak-Munition:

August	3,7 Pz. Gr.	3,7 Spr. Gr.	5 cm Pz. Gr.	5 cm Spr. Gr.	7,5 Pz. Gr.	7,62 Spr. Gr.	2 cm Spr. Gr.
15.–23.	348	342	115	75	141	128	–
September							
14.	–	–	–	–	169	–	–
15.	–	–	–	–	–	–	2.850
16.	–	–	–	–	243	138	–
17./18.	–	–	–	–	–	–	–
19.	600	1.400	550	300	300	750	–

Unterlage: BA/MA, RH 26–21/96, S. 291, 292.

Anlage 50

Offiziersrangliste der 21. Division
Stand: Ende November 1943

(Innerhalb der einzelnen Dienstgrade
in alphabetischer Reihenfolge)

Stab 21. Division

Divisionskommandeur: Glt. Matzky

Obstlt. i. G. Schroetter	Ia	ObFeldA. Dr. Mohr	Div. Arzt
		ObstVet. Dr. Flachs	Div. Vet.
Mjr. Eckstein	Div. Adj.		
Mjr. i. G. Hoefer	Ib	ObA. Dr. Scherer	Adj. IVb
Mjr. Woelk	Kdt. StQ.	ObVet. Dr. Green	Adj. IVc
Hptm. Behrens			
Hptm. Blonck		Min. Rat. Rimat	
Hptm. Froeschke		ObSt. Int. Zitzlaff	Div. Int.
Rittm. Groll			
Hptm. Herrmann		ObZm. Knochendöppel	IVa
Hptm. Jurksch		ObZm. Resagk	IVa
Hptm. Kramer		ObZm. Schulz	IVz
Oblt. Borgolte	Fü. Verpf. Tr.	KGer. Rat Dr. Mackel	III
Oblt. (W) Gerullis	WuG	Insp. Arnold	
Oblt. d. Feldgen. Hahn	Fü. FGend. Tr.	Insp. Bergmann	
Oblt. Jrion	Chef Jg. Kdo. Kp.	W. Pf. Baumgartner	kath. Pf.
Oblt. Mundt		W. Pf. Dr. Surkau	ev. Pf.
Oblt. Dr. Sanzenbacher	Ia/Meß		
Oblt. Dr. Wunderlich	Ic		
Lt. Dr. Jung	2. Richter		
Lt. Krackher	IVb		
Lt. Liedigk	O3		
Lt. Müller			
Sdfhr. (z)Kirschner	Dolm.		

Grenadierregiment 3		Grenadierregiment 24	
Kommandeur: Mjr. Hilgendorff		Kommandeur: Obst. Arning	
Mjr. Ritgen	Kdr. I. Btl.	Mjr. v. Oeynhausen	Kdr. II. Btl.
		Mjr. Babel	Kdr. III. Btl.
Hptm. Lehmann			
Hptm. Lemke		Hptm. Barop	Regt. Adj.
Hptm. Schütt	Chef 4. Kp.	Hptm. Glaubitt	Chef 14. Kp.

693

Hptm. Schulz
Hptm. Walden
Hptm. Willekens   Rgt. Adj.
Hptm. Wolff   Fü. II. Btl.

Oblt. Bader
Oblt. Bolz
Oblt. Griebentrog
Oblt. Kuhn
Oblt. Lachmann   Chef 1. Kp.
Oblt. Schroeder

Lt. Budzuhn
Lt. Broschinski
Lt. Gronau
Lt. Etmanski
Lt. Hartje
Lt. Heldt
Lt. Herfurth
Lt. Koch
Lt. Lerch
Lt. Limbart
Lt. Lischert   Chef 3. Kp.
Lt. Lotz
Lt. Meggers   Regt. Ord. O.
Lt. Remshagen
Lt. Rückbrodt
Lt. Sawatzki
Lt. Schiemer
Lt. Schiml
Lt. Schneppe
Lt. Schwanitz   Chef 14. Kp.
Lt. Träger
Lt. Dr. Trier   Adj. I. Btl.
Lt. Wedekind
Lt. Wurzel

Rgt. Arzt: StA. Dr. Cornelius
Btl. Ärzte: ObA. Dr. Bockbreder
            ObA. Dr. Luchterhand

Rgt. Vet.: StVet. Dr. Marquardt

Oblt. v. d. Brelie
Oblt. Dr. Förster
Oblt. Freyer
Oblt. Latsch
Oblt. Meyer
Oblt. Mundt   Chef 12. Kp.
Oblt. Prahler
Oblt. Rothkegel
Oblt. Sallamon
Oblt. Wandow

Lt. Bartning
Lt. Blankenburg
Lt. Donner
Lt. Helmich
Lt. Hinzke
Lt. Jundel
Lt. Koch
Lt. Krupnick
Lt. Poetting
Lt. Prott
Lt. Rolbes
Lt. Sanders
Lt. Schauß
Lt. Scheer
Lt. Schmidt, Harry
Lt. Schmidt, Hubert
Lt. Schmitz
Lt. Schultheiß

Rgt. Arzt: StA. Dr. Milthaler
Btl. Ärzte: ObA. Dr. Benzler
            ObA. Dr. Endisch

Rgt. Vet.: St. Vet. Dr. Kulisch

Grenadierregiment 45

Kommandeur: Obst. Schwender

Hptm. Beuttel   Chef 14. Kp.
Hptm. Herzberg   Chef St. Kp.
Hptm. Hildebrandt   Fü. II. Btl.
Hptm. Schwill   Fü. I. Btl.
Hptm. Thams   Chef 13. Kp.

Panzerjäger-Abteilung 21

Kommandeur: Mjr. Spreu

Hptm. Seratzki

Oblt. Bohn
Oblt. Eichholz
Oblt. Stein
Oblt. Weber

Oblt. Funke
Oblt. Kalinowsky
Oblt. Köllermeier
Oblt. v. Kursell   Rgt. Adj.
Oblt. Goldberg   Chef 2. Kp.
Oblt. Neuhaus
Oblt. Ohlerich
Oblt. Schroeder   Adj. II. Btl.
Oblt. Thiel
Oblt. Thomas   Chef 1. Kp.
Oblt. Wehr
Oblt. Ziegler Dr.

Lt. Blaudszun
Lt. Brückelmann
Lt. Färber
Lt. Gropp
Lt. Heekell
Lt. Holtkamp
Lt. Kabitzki
Lt. Kappis
Lt. Klaffke
Lt. Knollmann   Fü. Ski-Kp.
Lt. Kroeg
Lt. Lipka
Lt. Menne
Lt. Schönborn
Lt. Schrüfer
Lt. Schwantz   Adj. I. Btl.
Lt. Seibel
Lt. Theissen
Lt. Werner

Rgt. Arzt:
Btl. Ärzte: AssA. Dr. Lasius
             ObA. Zöller
Rgt. Vet.: StVet. Boßdorf

Feldersatzbataillon 21

Kommandeur: Hptm. Hüning

Hptm. Holst

Oblt. Hermenau
Oblt. Siebert

Lt. Friese
Lt. Haeckel
Lt. Siemer

Lt. Dr. Ernst
Lt. Ibenthal
Lt. Münchau
Lt. Pose
Lt. Schaub

Abt. Arzt: ObA. Dr. Feldbaum

Füsilierbataillon (AA.) 21

Kommandeur: Mjr. Kluckert

Oblt. Frh. v. Doernberg
Oblt. Heidekrüger
Oblt. Wolff
Oblt. Austen

Lt. Klesczewski
Lt. Kriszat
Lt. Petrikowski
Lt. Specht
Lt. Walden

Btl. Arzt: ?

Pionierbataillon 21

Kommandeur: Mjr. Muschner

Hptm. Heuer
Hptm. Schrade

Oblt. Rieck
Oblt. Sahr
Oblt. Starp

Lt. Berger
Lt. Dreyer
Lt. Kanitz
Lt. Raabe
Lt. Sperling
Lt. Stettner
Lt. Uschkoreit
Lt. Voss

Btl. Arzt: ObA. Dr. Solbach

Artillerieregiment 21
(einschl. I./57)

Kommandeur: Obstlt. Henger

Mjr. Schulze-Breustedt Kdr. I./21

Hptm. Allmayer-Beck   Fü. 7./21
Hptm. Arndt   Chef 1./21
Hptm. Fink   Kdr. II./21
Hptm. Redweik   Chef 8./21
Hptm. Scheunemann   Rgt. Adj.
Hptm. Tünsmeyer   Fü. I./57
Hptm. Wendig   Kdr. III./21

Oblt. Behnke
Oblt. Dielitz
Oblt. Grigo
Oblt. Jungius   Chef 1./57
Oblt. Korff   Rgt, Ord. O.
Oblt. Lehmann
Oblt. Meiritz   Chef 4./21
Oblt. Möllenkamp   Adj. III./21
Oblt. Murza
Oblt. Sahner   Adj. I./21
Oblt. Schulte   Chef 2./21
Oblt. Schirmann   Chef 6./21
Oblt. Sippold
Oblt. Sturm
Oblt. Szembeck Chef St. B. II./21
Oblt. Tharann   Chef 5./21
Oblt. (W) Wiese   Rgt., WuG

Lt. Bath
Lt. Dey
Lt. Dohnke
Lt. Drabe
Lt. Ehlers
Lt. Gresch
Lt. Harken
Lt. Kemke   Adj. I./57
Lt. Kochanski
Lt. Liedtke
Lt. Mierau
Lt. Nießwandt
Lt. Papendick
Lt. Pick
Lt. Ruhnke
Lt. Schmidt   Fü. Rgt. St. B.
Lt. Dr. Schulz
Lt. Schwengers
Lt. Schotkowski

Nachrichtenabteilung 21

Kommandeur: Hptm. Krebs

Oblt. Erdmann
Oblt. Rodeck

Lt. v. Andrian-Werburg
Lt. Dilling
Lt. Grimm
Lt. Knauf
Lt. Peschel
Lt. Plöw
Lt. Schäl
Lt. Simon

Sdfhr. (Z)Czerpinski   Dolm.

Abt. Arzt: ObA. Dr. Mingramm

Kdr. Divisionsnachschubtruppen

Kommandeur: Hptm. Pallokat

Rittm. Braemer
Hptm. Heinrich
Rittm. Herrmann
Hptm. Wieler
Hptm. Wunder

Oblt. Breitbach
Oblt. Komm
Oblt. Schmidt

Lt. Bricke
Lt. Hardt
Lt. Höck
Lt. Jäger
Lt. Jonatat
Lt. Keuchel
Lt. Laugstien
Lt. (W) Lohse
Lt. Packhäuser
Lt. Schefler
Lt. Schreiber   Adj.

Arzt: StA. Dr. Pogorzelski
Vet.: StVet. Ortmann

Sanitätsdienste

San. Kp. 1/21

ObStA. Dr. Schneider   Chef
StA. Dr. Dettmar

Lt. Steinhoff
Lt. Steuer
Lt. Wirtschaft
Lt. Zimdars   Adj. II./21

Abt.   StA. Dr. Martin Rgt. u. I./21
Ärzte: ObA. Dr. Albrecht
       ObA. Schmitz-Herzberg
       ObA. Dr. Thau   I./57

Abt.   StVet. Bertschinger Rgt. u. I.
Vet.: StVet. Dr. Lehrbaß
       ObVet. Dr. Troisch
       ObVet. Dr. Wallstabe

Versorgungsdienste

Feldpostamt
  Feldpostmeister Müller

Bäckerei-Kompanie
  Lt. Otto

Schlächterei-Kompanie
  StVet. Dr. Wiethoff

Veterinar-Kompanie
  StVet. Dr. Dissing
  StVet. Witthpal
  ObVet. Dr. Bannenberg

StA. Dr. Follmer
ObA. Dr. Pauls
ObA. Dr. Wolter (?)
AssA. Dr. Armsen
AssA. Dr. Langer

San. Kp. 2/21
StA. Dr. Blümcke
StA. Dr. Maurer   Chef

StA. Dr. Meier
StA. Dr. Neumann
ObA. Dr. Wank
AssA. Dr. v. Sehrwald
AssA. Dr. Schönfelder

Krankenkraftwagen-Kp. 21

  Oblt. Uecker

Unterlage: „Geburtstags-Kalender", hgb. von 21. Inf. Div., Abt. IIa, o. D.
           (Stand: etwa Ende November 1943). Original im Besitz des Verfassers.)

Anlage 51

A. Verluste und eingetroffener Ersatz der 21. Division vom Dezember 1943 bis Mai 1944

	Verluste		eingetroffener Ersatz	
	Offiziere	Uffz. und Mannschaften	Offiziere	Uffz. und Mannschaften
Dez. 1943	3	174	7	388
Januar 44	26	794	–	–
Februar 44	33	1.042	20	1.337
März 44	36	1.601	33	1.305
April 44	10	664	17	989
Mai 44	1	77	32	1.245
Insgesamt	109	4.352	109	5.264

Quelle: BA/MA, RH 19 – III/531

B. Ist- und Gefechtsstärken der 21. ID. vom 28. 2. – 8. 7. 1944

	Iststärke (ohne Hiwi)	erweiterte Gef.-Stärke	Gefechts-stärke	Graben-stärke
28. 2.	10.134	7.621	3.810	2.473
6. 3.	9.258	7.009	3.871	2.822
13. 3.	10.066	7.558	4.208	2.661
20. 3.	9.255	7.879	4.529	2.982
25. 3.	9.261	7.891	5.060	2.993
1. 4.	9.312	7.932	5.356	3.017
8. 4.	9.281	7.895	5.069	2.995
15. 4.	8.999	7.703	4.776	2.706
22. 4.	8.993	7.706	4.777	2.702
29. 4.	9.114	7.820	4.341	2.810
6. 5.	9.236	8.029	5.073	2.916
13. 5.	9.338	8.111	5.149	2.972
20. 5.	9.594	8.396	5.412	3.122
		Tages-stärke		Kampfstärke der Inf.
3. 6	13.824	10.808	6.315	4.951
10. 6.	14.011	10.642	6.129	3.745
17. 6.	13.906	10.747	6.488	3.930
24. 6.	14.065	11.246	6.796	4.215
1. 7.	13.739	11.490	7.061	4.323
8. 7.	13.655	11.194	7.457	4.804

Quelle: BA/MA, RH 20 – 18/824

Anlage 52

Kriegsgliederung der 21. Division

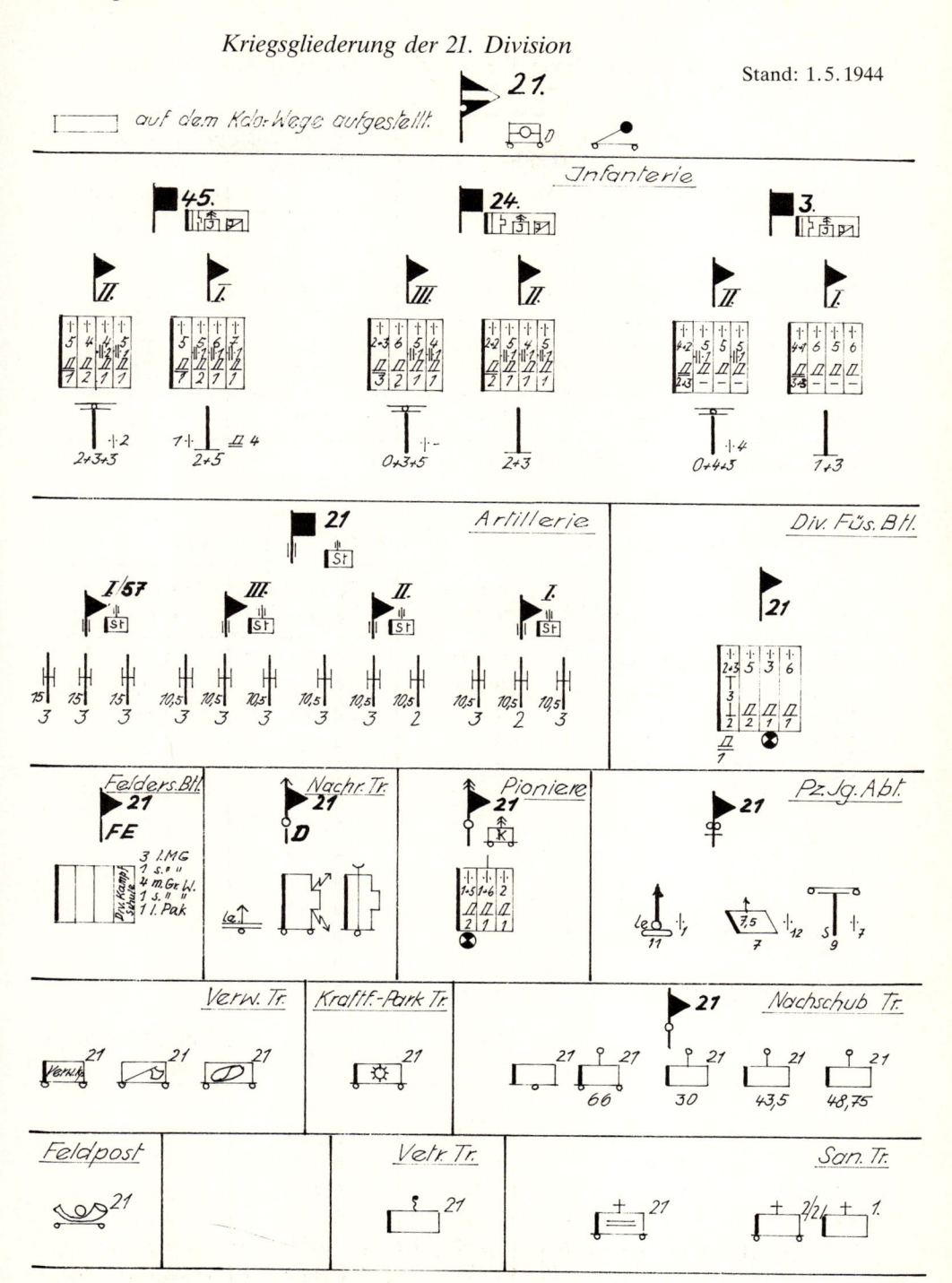

Stand: 1.5.1944

☐ auf dem Kdo-Wege aufgestellt.

Unterlage: AOK.18, Ia Nr. 2058/44 gKdos
(BA/MA, RH 20-18/747)

Anlage 53

Offiziersrangliste der 21. Division
Stand: 23. Mai 1944
(Innerhalb der einzelnen Dienstgrade
in alphabetischer Reihenfolge)

Stab 21. Division

Divisionskommandeur:		ObStA. Dr. Schneider	Div. Arzt
Glt. Matzky*)		ObStVet. Dr. Glaser	Div. Vet.
Obstlt. i. G. Schroetter	Ia	StA. Dr. Scherer	Adj. IVb
		ObVet. Dr. Green	Adj. IVc
Mjr. Eckstein	Div. Adj.		
Mjr. i. G. Herrmann	Ib	ObStInt. Zitzlaff	Div. Int.
Mjr. Woelk	Kdt. StQu.		
		ObZm. Knochendöppel	IVa
Rittm. Groll		ObZm. Resagk	IVa
Hptm. Kalinowsky		ObZm. Schulz	IVz
Hptm. Jurksch			
		KGer. Rat Dr. Mackel	III
Oblt. Borgolte	Fü. Verpf. Tr.		
Oblt. Esch		W. Pf. Baumgartner	kath. Pf.
Oblt. (W) Gerullis	WuG.	W. Pf. Dr. Surkau	ev. Pf.
Oblt. Irion	Chef Jg. Kdo. Kp.		
Oblt. Mundt		Sek. Monien	
Oblt. Sanzenbacher	Ia/Meß	Insp. Arnold	
Oblt. Dr. Wunderlich	Ic	Insp. Bergmann	
Lt. Ernst			
Lt. Jung	2. Richter		
Lt. Müller			
Lt. Porth	Fü. FGend. Tr.		

Musikmeister Schubert

Sdfhr. (z) Kirschner   Dolm.

---

*) Glt. Matzky führte am Stichtag noch das XXVIII. AK. (bis 28. 5. 44). Da GM. Sensfuß die Division aber etwa um den 10. Mai bereits abgegeben hatte, besaß die 21. ID. zu diesem Zeitpunkt praktisch keinen Divisionskommandeur. Möglicherweise hatte Obst. Henger (AR. 21) die Division in diesen Tagen geführt.

Grenadierregiment 3

Kommandeur: Obstlt. Hilgendorff

Hptm. Bonkowski
Hptm. Lehmann
Hptm. Lemke
Hptm. Willekens
Hptm. Wolff

Oblt. Bader
Oblt. Brunn
Oblt. Eichstädt
Oblt. Fischer
Oblt. Glaß
Oblt. Hermenau
Oblt. Lerch
Oblt. Lischert
Oblt. Schiml
Oblt. Schubert
Oblt. Schwanitz

Lt. Duwe
Lt. Etmanski
Lt. Freyer
Lt. Hartje
Lt. Heldt
Lt. Hildebrandt
Lt. Hoffmann
Lt. Kalscher
Lt. Kliewer
Lt. Koch
Lt. Meggers
Lt. Overtheil
Lt. Rückbrodt
Lt. Salewski
Lt. Tröger
Lt. Vick
Lt. Vlasak-Warsitzka
Lt. Voigt
Lt. Wurzel

Rgt.
Arzt: ObA. Dr. Benzler

Btl. ObA. Dr. Bockbreder I./3
Ärzte: ObA. Dr. Luchterhand II./3

Rgt. Vet.: StVet. Dr. Leonardy

Grenadierregiment 24

Kommandeur: Obstlt. Ludz
Hptm. Bachus
Hptm. Barop   Kdr. II./2
Hptm. Besskow
Hptm. Blonck

Oblt. v. d. Brelie
Oblt. Forster
Oblt. Koch
Oblt. Latsch
Oblt. Meyer

Lt. Bardning
Lt. Böttger
Lt. Demant
Lt. Erben
Lt. Friese
Lt. Froese
Lt. Helmich
Lt. Hinzke
Lt. Jundel
Lt. Krupnick
Lt. Scheer
Lt. Schmidt, Harry
Lt. Schmidt, Hubert
Lt. Schmitz
Lt. Wagener
Lt. Wiebe

Ärzte: ObA. Dr. Endisch
       ObA. Dr. Hackelberg

Rgt. Vet.: StVet. Dr. Kulisch

Grenadierregiment 45
Kommandeur: Oberst Schwender

Mjr. v. Kalm	Kdr. I. Btl.
Hptm. Beuttel	
Hptm. Hildebrandt	Kdr. II. Btl.
Hptm. v. Kursell	Rgt. Adj.
Hptm. Schwill	
Hptm. Swaczina	
Hptm. Wittwer	
Oblt. Bartel	Rgt., O. O.
Oblt. Funke	
Oblt. Kroeg	
Oblt. Neuhaus	
Oblt. Schroeder	
Oblt. Schwantz	
Oblt. Thiel	
Oblt. Thomas	
Oblt. Ziegler	

Lt. Beginski
Lt. Denker
Lt. Germershausen
Lt. Hanke
Lt. Holtkamp
Lt. Hütwohl
Lt. Kappis
Lt. Kelm
Lt. Korsch
Lt. Lau
Lt. Podzun
Lt. Poppeck
Lt. Schmitt
Lt. Schönborn
Lt. Schönteich
Lt. Schrüfer
Lt. Schulz
Lt. Voltz
Lt. Zothner

Btl. Ärzte: AssA. De. Lesius I./45
   ObA. Zöller II./45

Feldersatzbataillon 21

Kommandeur: Mjr. Schaper

Hptm. Hüning
Hptm. Walden

Oblt. Griepentrog

Lt. Heckmann

Panzer-Jäger-Abteilung 21
Kommandeur: Mjr. Schönbrunner

Hptm. Löfke	Chef 2. Kp.
Hptm. Stein	
Oblt. Bohn	
Oblt. Eichholz	

Lt. Grygo
Lt. Häckel
Lt. Lensing
Lt. Münchau
Lt. Pose
Lt. Puschke
Lt. Schaub

Abt. Arzt: StA. Dr. Feldbaum

Füsilierbataillon (AA.) 21

Kommandeur: Mjr. Kluckert

Rittm. Austen	Chef 1. Schw.
Rittm. Wolff	Chef 2. Schw.
Hptm. Heidekrüger	Chef 3. Schw.
Rittm. Siebert	Chef 2. Schw.

Lt. Brühn
Lt. Kriszat
Lt. Maier
Lt. Petrikowski
Lt. Powilleit
Lt. Walden

Btl. Arzt:
   ObA. Dr. Schmitz-Herzberg

Pionierbataillon 21

Kommandeur: Hptm. Glogner

Oblt. Rieck
Oblt. Sahr

Lt. Jessen
Lt. Kanitz
Lt. Schindler
Lt. Sperling
Lt. Uschkoreit
Lt. Wind

Btl. Arzt: ObA. Dr. Solbach

Artillerieregiment 21
(einschl. I./AR. 57)

Kommandeur: Oberst Henger

Mjr. Schulze-Breustedt   Kdr. I./21

Hptm. Allmayer-Beck   Fü. II./21
Hptm. Arendt   Chef 1./21
Hptm. Heintel
Hptm. Jungius
Hptm. Liedtke
Hptm. Trageser
Hptm. Tünsmeyer   Kdr. I./57
Hptm. Wendig   Kdr. III./21

Oblt. Behnke
Oblt. Belau
Oblt. Dielitz
Oblt. Entz   Chef 8./21
Oblt. Korff   Chef Rgt. St. Batt.
Oblt. Lehmann
Oblt. Meiritz   Chef 4./21
Oblt. Möllenkamp
Oblt. Murza
Oblt. Sahner   Rgt. Adj.
Oblt. Schmidt
Oblt. Schulte
Oblt. Sippold
Oblt. Sturm
Oblt. Szembek
Oblt. Tharann
Oblt. Zimdars   Adj. II./21

Lt. Barth
Lt. Blank
Lt. Dey
Lt. Dietz
Lt. Ehlers
Lt. Gresch
Lt. Grigo
Lt. Halstrick
Lt. Harken
Lt. Jurkschat
Lt. Kemke
Lt. Kochanski
Lt. Nießwandt   Fü. 7./21
Lt. Papendick   Rgt. O. O.
Lt. Pieck
Lt. Pohle
Lt. Quadt
Lt. Ruhnke

Nachrichtenabteilung 21

Kommandeur: Mjr. Krebs

Hptm. Erdmann

Oblt. v. Andrian-Werburg
Oblt. Schäl

Lt. Dilling
Lt. Grimm
Lt. Knauf
Lt. Lippmann
Lt. Plöw
Lt. Simon

Abt. Arzt: ObA. Dr. Mingramm

Kdr. Divisionsnachschubtruppen

Kommandeur: Hptm. Pallokat

Hptm. Frh. v. Dörnberg
Hptm. Heinrich
Rittm. Herrmann

Oblt. Breitbach
Oblt. Bricke
Oblt. Schefler

Lt. Hardt
Lt. Höck
Lt. Jonatat
Lt. Keuschel
Lt. Laugstien
Lt. (W) Lohse
Lt. Otto
Lt. Pokhäuser
Lt. Redderoth
Lt. Schreiber   Adj.

Arzt: StA. Lindemann
Vet.: StVet. Ortmann

Lt. Schotkowski
Lt. Schulz
Lt. Schwengers
Lt. Steinhoff
Lt. Steuer
Lt. Wirtschaft

Abt.
Ärzte: StA. Dr. Albrecht   II./21
       StA. Dr. Martin   I./21
       StA. Dr. Pogorzelski
                     Rgt. u. III./21
       ObA. Dr. Thau   I./57

Abt.
Vet.:   StVet. Bertschinger
                Rgt. u. I./21
      StVet. Dr. Schollhammer
      St.Vet. Dr. Troisch
      ObVet. Dr. Wallstabe

Sanitätsdienste

San. Kp. 1/21

StA. Dr. Dettmar
StA. Dr. Follmer
StA. Dr. Neumann
ObA. Dr. Armsen
ObA. Dr. Pauls
ObA. Dr. Wolter
AssA. Dr. Langer

San. Kp. 2/21

StA. Dr. Blümke
StA. Dr. Maurer
StA. Dr. Meier
ObA. Dr. v. Sehrwald
ObA. Dr. Schönfelder
Oblt. Dr. Wank

Krankenkraftwagen-Kp. 21

Oblt. Uecker

Versorgungsdienste

Feldpostamt
    Feldpostmeister Müller

Bäckerei-Kompanie
   ?

Schlächterei-Kompanie
   StVet. Dr. Wiethoff

Veterinär-Kompanie
   StVet. Dr. Dissing
   StVet. Dr. Wittphal
   ObVet. Dr. Bannenburg
   Vet. Dr. Gravert

Unterlage: „Geburtstags-Kalender" hgb. von 21. Inf. Div., Abt. IIa, vom 23. Mai 1944. Original im Besitz von Mjr. Eckstein, Ablichtung im Besitz von Brig. Gen. Ritgen, München)

Anlage 54

Ungefähre Gliederung eines sowjetischen Panzerkorps

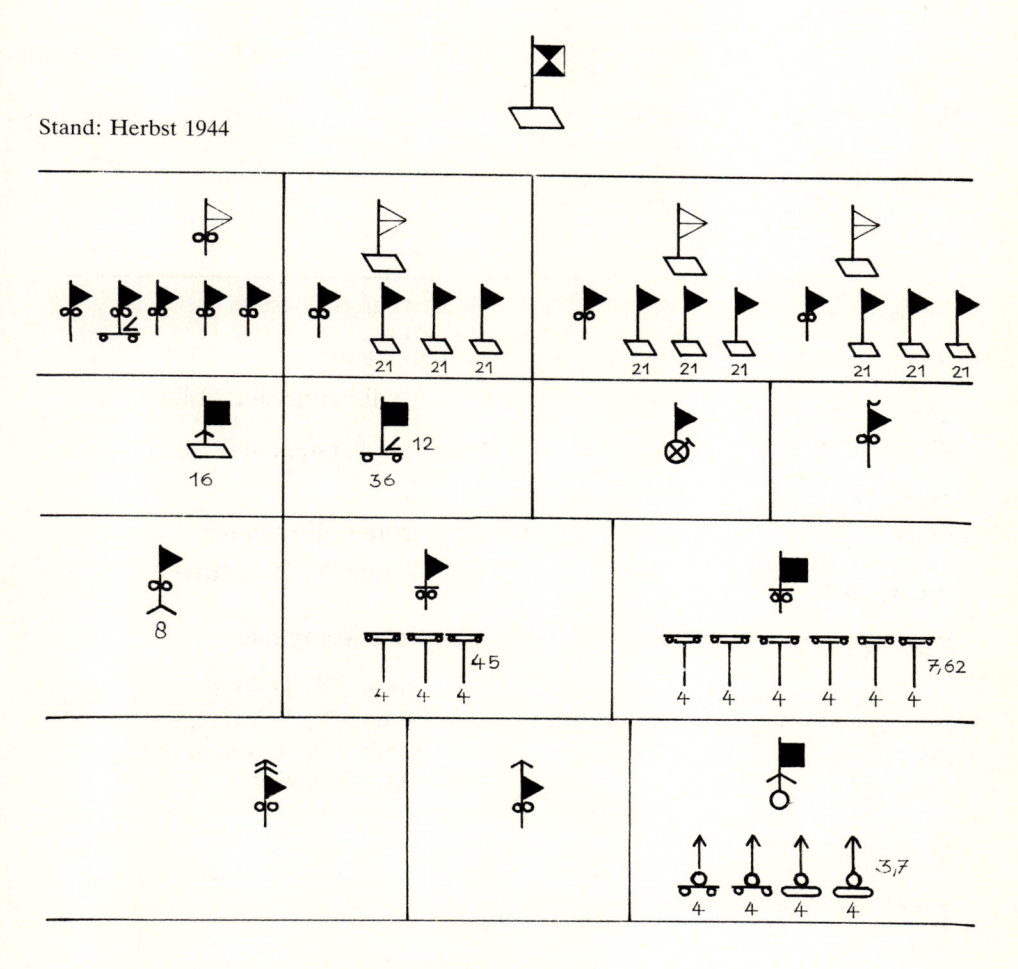

Stand: Herbst 1944

Versorgungstruppen

Anlage 55

Kampfstärken und Bewaffnung der 21. ID. am 11. 10. 1944 (ergänzt)

Truppenteil	Kampfstärken				Bewaffnung				
	Offz.	Uffz.	Mannsch.	Gesamt	leMG	sMG	GrW	leIG	sIG
GR. 3									
I. Btl.	5	28	161	194	11	3	2 m.		
II. Btl.	4	47	199	250	9	3			
13. Kp.	1	25	84	110			3 s.	3	2
14. Kp.	1	11	54	66	3		1 3,7 cm, 1 5-cm, 1 7,5 f, 1 7,5/40 Pak		
Stabskp.	5	14	51	70	3				
	16	125	549	690					
GR. 45									
I. Btl.	6	50	191	247	17	2	7 m.		
II. Btl.	7	60	180	247	19	3	5 m.	1 „Ofenrohr"	
13. Kp.	1	19	75	95	1		4 s.	3	2
14. Kp.	1	14	62	77	1		2 3,7 cm, 5 „Ofenrohre" 2 „Puppchen"		
Stabskp.	6	11	95	112	13		2 „Ofenrohr"		
	21	154	603	778					
Pi. Btl. 21	2	11	49	62					
	1		21	22 [3]					
1. PzJg. 21	1	10	44	55			2 sPak		
2. PzJg. 21		5	22	28			2 2 cm Flak		
AR. 21				632 [1]			9 lfH, 9 sFH, 8 10-cm Kan.		

außerhalb des Divisionsrahmes eingesetzt:

GR. 24 [2]									
I. Btl. ⎫ II. Btl. ⎭	7	26	118	151	14	2	3 m.		
Rgt. Einheiten				294				3	2
							2 7,5 cm/40 Pak		
Jäger-Kp. (bei GR. 24)	–	6	21	27	1				

1) Stand vom 17. 10. 1944
2) Stand vom 9. 10. 1944 für die Btlne, vom 17. 10. 1944 für Rgt. Einheiten und Bewaffung
3) Noch nicht aufgeteilter Ersatz

Unterlage: Beilage zur Tagesmeldung Pz. AOK. 3 vom 11. 10. 1944 (BA/MA, RH 21 – 3/v. 397).

Anlage 56

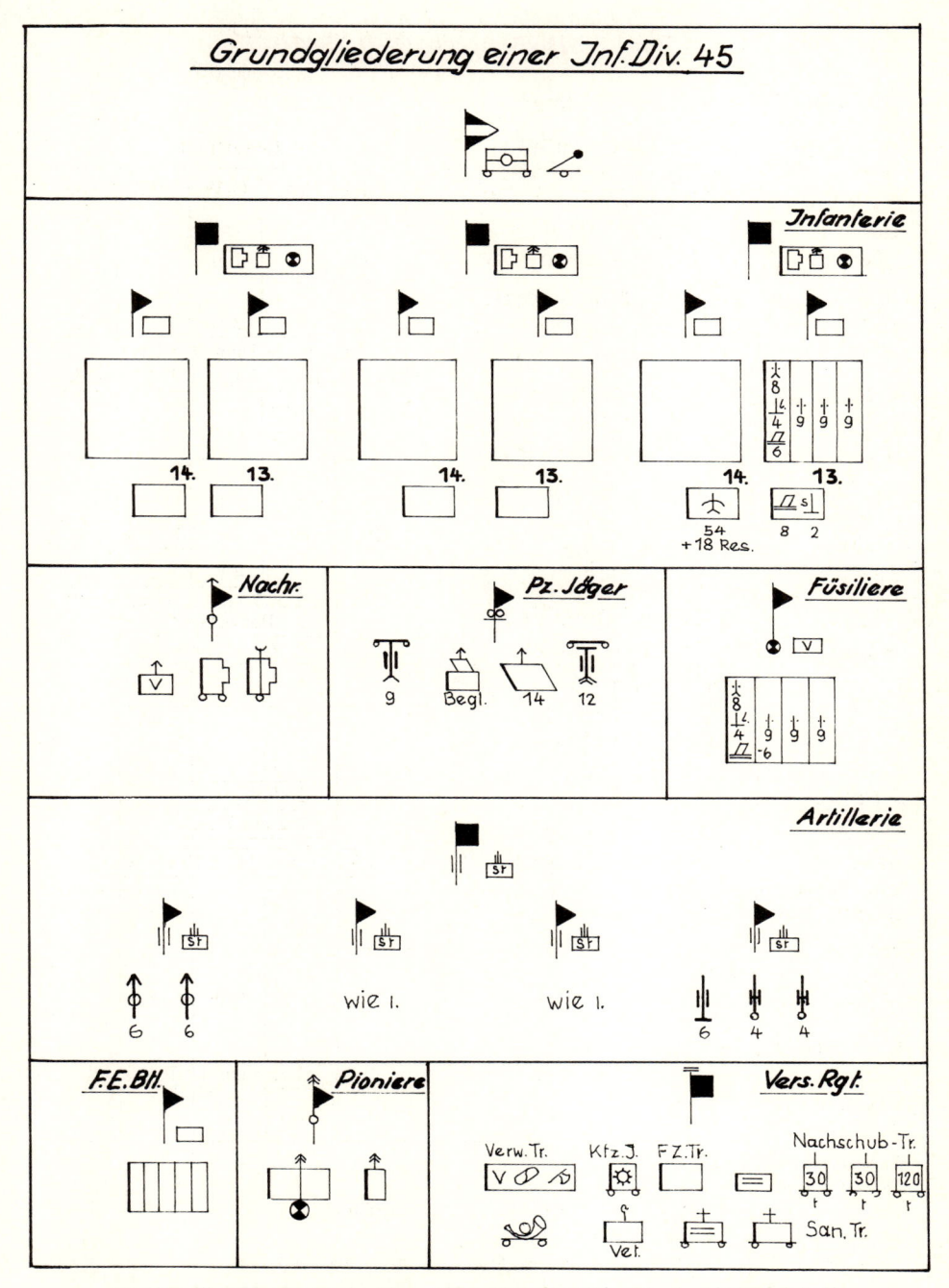

Wolf Keilig, Das Deutsche Heer 1939–1945 (1956ff), Absch. 101/VI, S.51ff

Anlage 57

Kommandeurstellenbesetzung der 21. Division am 12. 11. 1944

Div. Kdr.:	Oberst Scharenberg (m. d. F. beauftr.)
Ia:	Mjr. i. G. Adler
Ib:	Mjr. i. G. Schäfer
Ic:	Lt. Ernst
IIa:	Mrj. Eckstein
NSFO:	Hptm. Kalinowsky
GR. 3, Kdr.:	Obst. Hilgendorff
I./3:	Hptm. Ecker
II./3:	Hptm. Herzberg
GR. 24, Kdr.:	Obstlt. v. Kalm
I./24:	Mjr. Schulz (?)
II./24:	Hptm. Barop (?)
GR. 45, Kdr.:	Mjr. v. Reuter
I./45:	Hptm. Wittwer
II./45:	Hptm. Kroeg
AR. 21, Kdr.:	Oberst Henger
I./21:	Hptm. Greßlinger
II./21:	Hptm. Trageser
III./21:	Mjr. Wendig
I./57:	?
Füs. Btl. 21:	Hptm. Gerhards
PzJg. Abt. 21	Hptm. Löfke
Pi. Btl. 21:	Mjr. Glogner
NA. 21:	Hptm. Schroeder
FEB. 21:	Mjr. Hildebrandt
Div. Vers. Rgt.:	Obstlt. Vogelreuter

Unterlage: BA/MA, RH 20–4/596, Stellenbesetzung vom 12. 11. 1944 (vom Verfasser ergänzt).

Anlage 58

Kampfstärken der 21. ID.
vom 9. 11. 1944 – 17. 1 1945

Datum	Kampfstärke	Reserve	
9. 11. 44	2148	523	FEB. 21
11. 11. 44	2040	232	FEB. 21
17. 11. 44	1647	279	Füs. 21
			FEB. 21
19. 11. 44	1905	607	FEB. 21
22. 11. 44	1887	671	FEB. 21
25. 11. 44	1850	690	FEB. 21
3. 12. 44	1791	601	FEB. 21
6. 12. 44	1830	697	FEB. 21
10. 12. 44	1508	1127	I./24
			II./45
			FEB. 21
17. 12. 44	1831	891	I./45
			FEB. 21
20. 12. 44	1850	446	FEB. 21 (Div. Res)
		281	II./24 (Korps-Res.)
23. 12. 44	1524	909	Füs. 21 (Div. Res.)
			FEB. 21 (Div. Res.)
			I./45 (Korps-Res.)
26. 12. 44	1636	287	I./45 (Korps-Res.)
		351	Füs. 21 (Korps-Res.)
		315	FEB. 21 (Div. Res.)
3. 1. 45	1622	309	I./45 (Korps-Res.)
		351	Füs. 21 (Korps-Res.)
		387	FEB. 21 (Div. Res)
14. 1. 45	1624	331	I./45 (Korps-Res.)
		363	Füs. 21 (Div. Res.)
		803	FEB. 21 (Div. Res.)
17. 1. 45	2002	329	II./45 (Div. Res.)
		684	FEB. 21 (Div. Res.)

Kampfstärken der Grenadierbataillone der 21. ID.

am:	9. 11. 1944	21. 1. 1945
I./GR. 3	309	382
II./GR. 3	282	360
I./GR. 24	230	322
II./GR. 24	277	319
I./GR. 45	258	317
II./GR. 45	291	307

Zusammengestellt aufgrund der Unterlagen in den Tagesmeldungen an das AOK. 4 (BA/MA, RH 20 – 4/595, 596, 597, 598, 602, 603, 612, 623).

Aus unserem weiteren Programm:

DOKUMENTATION ÜBER DAS

„TOTENKOPF-GESCHWADER"

Siegfried Radtke: **Kampfgeschwader 54. Von der Ju 52 zur Me 262.**

Eine Chronik nach Kriegstagebüchern, Berichten und Dokumenten 1935–1945.

384 Kunstdruckseiten, davon 63 Seiten mit 204 Fotos, 13 faksimilierte Dokumente, 17 Anlagen, Geschwaderübersicht, Einleitung. Format 16,5 x 24 cm, Vorwort, Inhaltsverzeichnis, lackiertem Pappband mit mehrfarbigem Überzug.

ISBN 3-88014-98-7   **DM 72,–**

Im Anhang befinden sich, u.a.: Einsatzorte – Stellenbesetzungen – Flughafenbetriebskompanien – Ritterkreuz- und Eichenlaubträger – Träger des Deutschen Kreuzes in Gold und Silber – Flugzeugtypen – Auszug aus: Generalluftzeugmeister, III. Abt. ,,Zuweisung von Frontflugzeugen an die Luftflotten'' – Flugzeugbewaffnung – Feldpostnummern – Personalverluste – Flugzeugverluste – Decknamenverzeichnis.

Das bewährte Deutsche Soldatenjahrbuch liegt in seiner 38. Ausgabe vor.

Das **Geleitwort** schrieb Generalleutnant a.D. (Bw) **Günther Rall.** Mit 275 Luftsiegen einer der erfolgreichsten Jagdflieger. Inhaber des 34. Eichenlaubs mit Schwertern zum Ritterkreuz des Eisernen Kreuzes. Zuletzt Inspekteur der Luftwaffe.

Das vierfarbige Titelbild zeigt eine Offiziers-Patrouille vom Schleswig-Holsteinischen Ulanen-Regiment Nr. 15. Nach einer Zeichnung von Erich R. Döbrich-Steglitz.

Das Deutsche Soldatenjahrbuch 1990 /38. Deutscher Soldatenkalender umfaßt 480 Bilderdruck-Seiten. In ihnen sind rd. 450 Abbildungen aller Art, darunter etwa 50 mehrfarbige Reproduktionen, enthalten. Mehrfarbig lackierter Pappband.

ISBN 3-88014-096-0 (ISSN-0417-3635)   **DM 63,–**

Verlangen Sie das ausführliche und mehrfarbige Verzeichnis über alle noch lieferbaren Jahrgänge, sowie über die ,,Wegweiser durch das Deutsche Soldatenjahrbuch 1953–1977 Band I'' und ,,1978–1987 Band II.''

ZWEI UNENTBEHRLICHE REISEBEGLEITER UND GESCHICHTSFÜHRER ÜBER DEN ATLANTIKWALL!

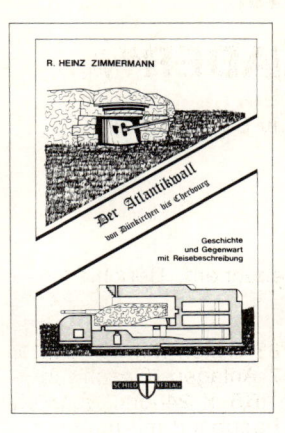

Band 1

Von Dünkirchen bis Cherbourg

DM 36,–

ISBN 3-88014-102-9

3. Auflage

Band 2

Von Cherbourg bis Brest mit den Kanalinseln Jersey, Guernsey, Alderney

DM 44,–

ISBN 3-88014-094-4

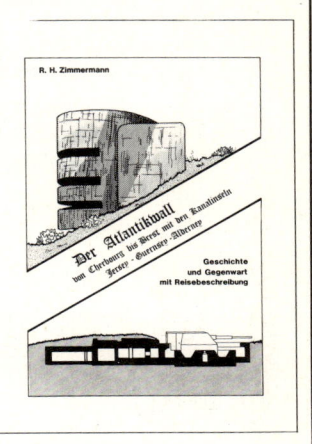

192 Seiten, davon 76 Textseiten mit 110 Fotos, 57 Seiten mit 81 Zeichnungen von Schnitten, Grundrissen, Lageplänen und Kartenskizzen; Vorwort, Einleitung, Quellen- und Inhalts-Verzeichnis, Format 16 x 22 cm, lackiert, kartoniert.

328 Seiten, davon 179 Textseiten, 79 Seiten mit 158 Fotos, 70 Seiten mit 70 Zeichnungen von Schnitten, Grundrissen, Lageplänen und Kartenskizzen; Vorwort, Einleitung, Quellen- und Inhalts-Verzeichnis, Format 16 x 22 cm, lackiert, kartoniert.

Über den **ATLANTIKWALL** sind seit Erscheinen des 1. Bandes, im Jahre 1982, einige Bücher und Broschüren erschienen. In keinem Buch aber ist dieses Thema so umfassend mit Fotos des heutigen Zustandes, mit Zeichnungen, Plänen, Schnitten und Grundrissen beschrieben worden wie in diesen beiden Bänden von Dünkirchen bis Brest mit den Kanalinseln Jersey, Guernsey und Alderney.

Jeder Reisende, der diese Gegenden in Frankreich und England besucht, findet mit Hilfe der zwei Führer mühelos die beschriebenen Batterien und Anlagen.

Der Verfasser und seine Frau fahren seit über 15 Jahren mit Auto und Wohnwagen – vier bis fünf Wochen pro Jahr – an die verschiedenen Küstengebiete Frankreichs und waren auch auf den englischen Kanalinseln.

Sie haben die Vermessungen vorgenommen; gestochen scharfe Fotos gemacht und die vielen Zeichnungen, Schnitte, Pläne, Grundrisse und Kartenskizzen angefertigt. Einige tausend Kilometer legten sie im Auto zurück.

Diese zwei Führer sind allen unbekannten Männern gewidmet, die diese Aufgaben vollbrachten und denen, die nicht mit der Waffe in der Hand hier standen und trotzdem ihr Leben lassen mußten.

Nach einem kurzen Abriß über Entstehung und Geschichte des Atlantikwalls wird jede Batterie und Anlage von Dünkirchen bis Brest mit den Kanalinseln Jersey, Guernsey und Alderney ausführlich beschrieben.

Fahren Sie an die Atlantikküste und sehen Sie sich diese Bauwerke an. In diesen 2 Führern finden Sie alles Wissenswerte darüber.

Der Verfasser arbeitet zur Zeit am Abschlußband (3), der Brest bis Biarritz umfassen wird.

Literatur über Ost- und Westpreußen:

Helmut Motekat
Ostpreußische Literaturgeschichte mit Danzig und Westpreußen 1230 – 1945

456 Kunstdruck-Seiten, 12 mehrfarbige, 258 einfarbige Abbildungen, darunter 4 Karten, Anmerkungen, Register, Leinen mit Schutzumschlag, Format 17 cm breit x 24,2 cm hoch.

ISBN 3-88014-053-7　　　　　　DM 69,—

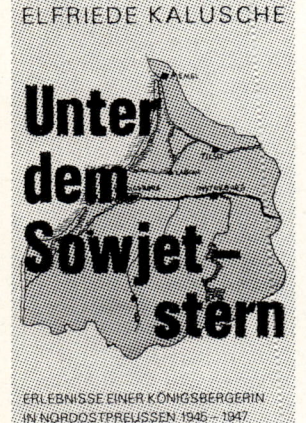

Elfriede Kalusche
Unter dem Sowjetstern
3. Auflage

Erlebnisse einer Königsbergerin in Nordostpreußen 1945 – 1947.

Herausgegeben von der Ost- und Westpreußen-Stiftung in Bayern als Band I.

236 Seiten, davon 8 Kunstdruckseiten mit 3 mehr- und 10 einfarbigen Abbildungen, 3 Zeichnungen und 1 Kartenskizze im Text, 2 Kartenskizzen im Vorsatz, Zeittafel, Rückschau über die militärischen Ereignisse in Königsberg, Verzeichnis, Efalineinband.

ISBN 3-88014-045-6　　**Sonderausgabe nur DM 19,80**

Hans-Hermann Steppuhn
Heimat-Kreisbuch Bartenstein

Geschichte und Dokumentation des Kreises Bartenstein/Ostpreußen.

360 Bilderdruck-Seiten, 246 Fotos, Zeichnungen, Wappen, Kartenskizzen und Faksimiles; 1 Stadtplan und 1 Kreiskarte in Tasche, Anhang, Verzeichnis der Amtsbezirke, Quellen-, Literatur-, Orts-Inhalts- und Bilderverzeichnis; Einleitung; Vorwort; Geleitwort. Leinen mit mehrfarbigem Schutzumschlag.

ISBN 3-88014-078-2　　　　　　DM 72,—

Postkarten und Kunstdrucke:

Serie I:　　320 mehrfarbige Fahnen und Standarten.
Serie III:　　104 mehrfarbige Uniformdarstellungen von bekannten u. berühmten Malern.
Serie IV:　　mehrfarbige Wappen mittel-, ostdeutscher u.a. deutscher Städte.
120 Kunstdrucke — mehrfarbige Uniformdarstellungen.

Bitte fordern Sie kostenlos unsere Liste 10 an!

Bitte fordern Sie unsere ausführlichen Prospekte an.

SCHILD-VERLAG GMBH · Federseestraße 1 · D-8000 München 60